Psicología del Desarrollo
Infancia y Adolescencia

Boy and Cat (cubierta) y ***Doorway to Possibility*** (contra cubierta) de Christian Pierre. Afecto, curiosidad, amor...¿cuál es la relación entre el niño y el gato? No podemos estar seguros, pero sabemos que cada niño en desarrollo se vincula con otras criaturas (principalmente con otros individuos, pero no siempre) en miles de momentos cotidianos. En esos acercamientos siempre suceden cosas sorprendentes, como lo indica en la pintura el colorido inusual del niño, el gato y el fondo, y la multiplicidad de posibilidades convierte al estudio del desarrollo en una fuente de asombro y de ciencia.

Ilustración de la cubierta: Christian Pierre, *Boy and Cat*

Ilustración de contra cubierta: Christian Pierre, *Doorway to Possibility*

Con autorización para la reimpresión de las siguientes fotografías:

Portadas de capítulos

1. Tony Savino/The Image Works, vii, 4
2. Shu-Tung-Unep/Peter Arnold, vii, 34
3. David M. Phillips/Photo Researchers, Inc., vii, 64
4. Stephanie Rausser/Taxi/Getty Images, viii, 96
5. Lisi Dennis/The Image Bank/Getty Images, vii, 130, 219
6. Banana Stock/Picture Quest, viii, 164, 219
7. Johner/Photonica, viii, 190, 219
8. Banana Stock/Punchstock, ix, 222, 321
9. Tom Hood, *The Daily Courier*/AP Photo, ix, 252, 321
10. Deborah Davis/PhotoEdit, Inc., ix, 284, 321
11. Osamu Koyata/Pacific Press Service, x, 324, 427
12. Jim Cummins/Getty Images, x, 356, 427
13. Sean Sprague/The Image Works, x, 394, 427
14. James Oliver/Getty Images, x, 430, 529
15. Walter Hodges/Getty Images, xi, 464, 529
16. David Grossman/The Image Works xi, 494, 529

Portadas de partes

1. Laura Dwight, vi, vii, 2
2. Rommel/Masterfile, vi, viii 128, 219
3. Johner/Photonica, vi, ix, 220, 321
4. Steffen Honzera/Peter Arnold, vi, ix, 322, 427
5. Antonio Mo/Taxi/Getty Images, vi, x, 428, 529

Séptima edición

Psicología del Desarrollo
Infancia y Adolescencia

KATHLEEN STASSEN BERGER

Bronx Community College

City University of New York

EDITORIAL MEDICA
panamericana

BUENOS AIRES - BOGOTÁ - CARACAS - MADRID - MÉXICO - SÃO PAULO
www.medicapanamericana.com

Título del original en inglés
THE DEVELOPING PERSON THROUGH CHILDHOOD AND ADOLESCENCE, Seventh Edition
Publicado originalmente en los Estados Unidos por W. H. Freeman and Company, New York y Basingstoke
Copyright © 2006 de W. H. Freeman and Company - Todos los Derechos Reservados
First published in the United States by W. H. Freeman and Company, New York and Basingstoke
Copyright © 2006 by W. H. Freeman and Company - All Rights Reserved

© Gestora de Derechos Autorales, S.L. - Madrid - España

© EDITORIAL MÉDICA PANAMERICANA S.A.
Alberto Alcocer 24, 6ª - Madrid, España

Traducción de
EDITORIAL MÉDICA PANAMERICANA S.A.
efectuada por las doctoras Diana S. Klajn y Adriana Latrónico

Los editores han hecho todos los esfuerzos para localizar a los poseedores del copyright del material fuente utilizado. Si inadvertidamente hubieran omitido alguno, con gusto harán los arreglos necesarios en la primera oportunidad que se les presente para tal fin.

Gracias por comprar el original. Este libro es producto del esfuerzo de profesionales como usted, o de sus profesores, si usted es estudiante. Tenga en cuenta que fotocopiarlo es una falta de respeto hacia ellos y un robo de sus derechos intelectuales.

La medicina es una ciencia en permanente cambio. A medida que las nuevas investigaciones y la experiencia clínica amplían nuestro conocimiento, se requieren modificaciones en las modalidades terapéuticas y en los tratamientos farmacológicos. Los autores de esta obra han verificado toda la información con fuentes confiables para asegurarse de que ésta sea completa y acorde con los estándares aceptados en el momento de la publicación. Sin embargo, en vista de la posibilidad de un error humano o de cambios en las ciencias médicas, ni los autores, ni la editorial o cualquier otra persona implicada en la preparación o la publicación de este trabajo, garantizan que la totalidad de la información aquí contenida sea exacta o completa y no se responsabilizan por errores u omisiones o por los resultados obtenidos del uso de esta información. Se aconseja a los lectores confirmarla con otras fuentes. Por ejemplo, y en particular, se recomienda a los lectores revisar el prospecto de cada fármaco que planean administrar para cerciorarse de que la información contenida en este libro sea correcta y que no se hayan producido cambios en las dosis sugeridas o en las contraindicaciones para su administración. Esta recomendación cobra especial importancia con relación a fármacos nuevos o de uso infrecuente.

U.S. AND CANADA
Worth Publishers, Inc.
41 Madison Avenue, 35th floor
New York, NY 10010
Tel.: (1) 800-903-3019 / (1) 212-576-9400 - Fax: (1) 212-561-8281
http://www.worthpublishers.com
psychology@worthpublishers.com

LATIN AMERICA AND SPAIN
Editorial Médica Panamericana
Alberto Alcocer, 24, 6ª - 28036 Madrid - España
Tel.: (34-91) 1317800 - Fax: (34-91) 1317805
http://www.medicapanamericana.com
info@medicapanamericana.es

Visite nuestra página web:
  http://www.medicapanamericana.com

ARGENTINA
Marcelo T. de Alvear 2145
(C1122AAG) Buenos Aires, Argentina
Tel.: (54-11) 4821-5520 / 2066 / Fax (54-11) 4821-1214
e-mail: info@medicapanamericana.com

COLOMBIA
Carrera 7a A Nº 69-19
Santa Fe de Bogotá D.C., Colombia
Tel.: (57-1) 345-4508 / 314-5014 / Fax: (57-1) 314-5015 / 345-0019
e-mail: infomp@medicapanamericana.com.co

ESPAÑA
Alberto Alcocer 24, 6ª
(28036) - Madrid, España
Tel.: (34) 91-1317800 / Fax: (34) 91-1317805 / (34) 91-4570919
e-mail: info@medicapanamericana.es

MÉXICO
Hegel Nº 141, 2° piso
Colonia Chapultepec Morales
Delegación Miguel Hidalgo
C.P. 11570 -México D.F.
Tel.: (52-55) 5262-9470 / Fax: (52-55) 2624-2827
e-mail: infomp@medicapanamericana.com.mx

VENEZUELA
Edificio Polar, Torre Oeste, Piso 6, Of. 6 C
Plaza Venezuela, Urbanización Los Caobos,
Parroquia El Recreo, Municipio Libertador, Caracas
Depto. Capital, Venezuela
Tel.: (58-212) 793-2857/6906/5985/1666 Fax: (58-212) 793-5885
e-mail: info@medicapanamericana.com.ve

■ Acerca de la autora

Kathleen Stassen Berger estudió en la Stanford University y en el Radcliffe College, obtuvo un M.A.T. en Harvard University y un M.S. y Ph.D. en Yeshiva University. Su amplia experiencia como educadora incluye la dirección de un establecimiento preescolar, la enseñanza de filosofía y humanidades en la United Nations International School, la enseñanza del desarrollo infantil y adolescente a estudiantes graduados en la Fordham University, la enseñanza de pregrado en la Montclair State University en New Jersey y la Quinnipiac University en Connecticut, y la enseñanza a reclusos en la prisión de Sing Sing.

Durante los últimos 35 años ha enseñado en el Bronx Community College de la City University of New York. Ha impartido cursos de introducción a la psicología, desarrollo del niño y del adolescente, adultez y envejecimiento, psicología social, psicología diferencial y motivación humana. Sus estudiantes –con antecedentes étnicos, económicos y educativos diversos y con una amplia variedad de intereses– la honran constantemente con las máximas calificaciones docentes. Sus cuatro hijas concurrieron a escuelas públicas de Nueva York, y ésta es una de las razones por las que fue elegida presidenta del Community School Board del Distrito 2.

Kathleen Berger también es autora de *The Developing Person Through the Life Span*. Sus libros sobre el desarrollo son utilizados actualmente en casi 700 establecimientos terciarios y universidades de todo el mundo y se encuentran disponibles en español, francés, italiano y portugués, así como en inglés. Su investigación está centrada en la identidad adolescente, las relaciones entre los hermanos y la intimidación, y ha aportado artículos sobre temas del desarrollo a la *Wiley Enciclopedia of Psychology*. El interés de la autora en la educación terciaria se refleja en los artículos publicados en 2002 por la American Association for Higher Education y por la National Education Association for Higher Education. En cada semestre de sus cursos y con cada libro, continúa enseñando y aprendiendo.

■ Índice resumido

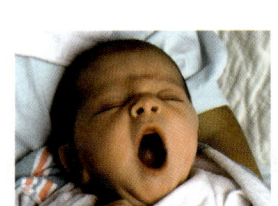

■ Índice

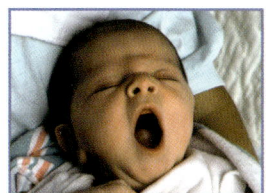

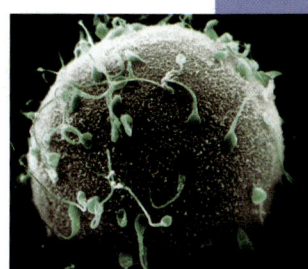

Parte II

Los primeros dos años   129

Parte III

Los años del juego   221

Parte V

La adolescencia   429

■ Prefacio

El desarrollo es un proceso inevitable. En cada año de la vida se gana y se pierde algo; hay fenómenos que comienzan y otros que se interrumpen. Hay cambios evolutivos previsibles y otros que son descubiertos por los científicos, que usted y yo debemos comprender. Otros cambios pueden ser muy personales.

Entre la sexta y la séptima ediciones de este libro, muchos de los niños del mundo sufrieron catástrofes, como el huracán Katrina y el *tsunami* del sudeste asiático, y las guerras en Irak y en otros sitios. La globalización mejoró las perspectivas económicas de muchas familias y llevó a otras a la más profunda pobreza; no sólo la música se propagó por todo el mundo, sino también distintas enfermedades y estilos de vida, cada uno con sus ventajas y desventajas.

Cuando observamos a los niños, las ventajas son más evidentes que las desventajas. Muchos niños están más sanos y son más felices de lo que hubieran sido si hubieran nacido una década antes. Por ejemplo, más bebés son amamantados, más niños pequeños son inmunizados, más niños mayores aprenden a leer y escribir, e incluso los niños más pobres tienen posibilidad de acceder a la enseñanza secundaria. La tasa de natalidad está disminuyendo en todos los países del mundo, lo que significa que cada persona en desarrollo recibe más atención. En todo el mundo se están elevando los estándares educativos.

El desarrollo es un proceso personal, y eso ha sido muy evidente para mí. Desde la publicación de la sexta edición, han fallecido mi madre, mi padre y mi esposo. Han sido pérdidas muy grandes, pero también tuvieron su lado bueno: estoy más cerca de mi hermano y de mis hijas. Mi dedicación a escribir el mejor libro posible es más firme que nunca.

Desde la primera edición, he procurado que este libro refleje los valores de mi salón de clases: estándares altos y expectativas claras, dentro de un contexto de respeto por cada alumno. Esa es la base de la educación pero, para que el aprendizaje sea eficaz, también es necesario que el docente tenga entusiasmo, buen humor y honestidad, características que intento reflejar en mis libros.

Espero que usted aprecie mi fascinación por el desarrollo, mi integridad intelectual y, sobre todo, mi respeto por el alumno. Agradezco a mis muchos modelos y guías. Éstos incluyen no sólo a mis excelentes profesores, que estudiaron directamente con Erikson, Piaget y Skinner, sino también a los investigadores a quienes admiro desde la fría distancia que impone una página impresa: Ainsworth, Baltes, Bam, los Coles, Garbarino, Gardner, los Gibson, Lightfoot, Olweus, Plomin, Rutter, Schaie, Vygotsky, Whitborne, Zigler –y muchos otros (lo cual explica porqué la bibliografía es más extensa que en cualquier otro libro de este estilo)– además de los miles de compañeros y estudiantes que continúan enseñándome.

A continuación se describen las características específicas de este texto, incluidas las novedades. Si desea comenzar a estudiar de inmediato, diríjase a la primera página del capítulo 1.

M. MEYERSFELD / MASTERFILE

Sin bloqueo de escritor El contexto está ideado para ayudar a esta niña sudafricana de segundo grado a concentrarse en su tarea escolar. Pupitres grandes para una persona, uniformes, cuadernos y lápices con punta pueden ser manejados por los cerebros y las habilidades de los niños de la escuela primaria, pero no aún por los niños de edad preescolar.

Características nuevas de esta edición

Más integración entre teoría y práctica

Mis guías me enseñaron que nada es tan práctico como una buena teoría, y nada de lo que se relaciona con el desarrollo es una simple abstracción. En esta nueva edición, más que nunca, las ideas teóricas están conectadas con cuestiones prácticas. Esta vinculación es evidente en todo el libro, sobre todo en las preguntas "Especialmente para..." situadas en los márgenes (muchas de las cuales han sido revisadas y actualizadas para este edición) y a través de las secciones "Temas para el análisis", "Pensando como un científico" y "Estudio de un caso", que ayudan a los lectores a comprender cómo la experiencia de cada niño en desarrollo ilustra las teorías y las aplicaciones.

Investigación actualizada

Cada año trae nuevos conceptos e investigaciones. En el texto se han agregado las mejores, incluso cientos de nuevas referencias sobre muchos temas, entre ellos, controversias sobre la teoría de Piaget, orígenes del lenguaje infantil, origen de la regulación emocional, características demográficas del consumo de drogas en la adolescencia y el impacto de la amenaza de los estereotipos. Gran parte de estas nuevas investigaciones se refiere al desarrollo encefálico y la educación. A continuación se mencionan algunos de estos materiales nuevos:

Desarrollo encefálico
Investigación sobre la amígdala cerebral en varias disciplinas, pp. 12-13
Síndrome de Down y desarrollo encefálico, p. 86
Desarrollo encefálico fetal, pp. 101-102
Crecimiento prenatal del encéfalo, p. 103
Teratógenos y desarrollo encefálico, pp. 104-105
Desarrollo encefálico en el lactante y el niño que comienza a caminar, pp. 138-145
Sensibilidad, percepción y encéfalo, pp. 146-149
Algunas técnicas utilizadas por los científicos en neurociencias para comprender la función encefálica, p. 171
Técnicas modernas en neurociencias, pp. 170-172
La memoria y los sistemas encefálicos, p. 177
El desarrollo biosocial y el encéfalo durante la primera infancia, pp. 227-234
Desarrollo cognitivo y maduración encefálica durante la primera infancia, pp. 290-292
Los años escolares: el desarrollo encefálico, pp. 333-343
Las hormonas en la adolescencia, pp. 433-434
El desarrollo encefálico en la adolescencia, pp. 445-449

Educación
Condicionamiento operante en el salón de clases, p. 42
La zona de desarrollo próximo en el salón de clase, pp. 51-52
Los cuidadores y el desarrollo de las habilidades del lenguaje, pp. 187-188
La guardería, pp. 212-214
Aprendizaje y salud, p. 246
Aprendizaje de dos idiomas, pp. 271-272
La educación en la primera infancia, pp. 275-272
Estudio de un caso: Dos niños de origen hispano: ¿típicos o únicos?, p. 326
Temas para el análisis: No hay suficientes lugares en donde jugar, pp. 336-337
Midiendo la mente, pp. 339.341
Trastornos del aprendizaje, pp. 341-349
La educación de los niños con necesidades especiales, pp. 351-354

Capítulos revisados sobre la adolescencia

Durante el desarrollo del libro consideré con especial atención las investigaciones actuales, y me ha impresionado particularmente la magnitud de los cambios que están ocurriendo en nuestro conocimiento de la adolescencia. En consecuencia, he escrito nuevamente los tres capítulos sobre este tema. Se destacan los nuevos descubrimientos acerca del cerebro en la adolescencia, los períodos definidos de la adolescencia temprana (la "preadolescencia") y el comienzo de la vida adulta y un conocimiento más actualizado del impacto de la escolaridad, el sexo y los pares sobre el desarrollo.

Nuevos recursos para el aprendizaje

En cada edición, los cambios en el texto apuntan a mejorar la comprensión del lector acerca de los avances científicos. El libro brinda a los lectores muchas oportunidades para probar sus habilidades analíticas y de observación. En la nueva sección **Temas para el análisis** se esclarecen asuntos de actualidad, desde el castigo hasta el tamaño de la clase. También he agregado al final de cada sección importante un resumen intermedio, titulado **Síntesis**, para que los estudiantes hagan una pausa y reflexionen sobre lo que han aprendido. Las nuevas **Preguntas clave** y los **Ejercicios de aplicación** al final de cada capítulo ofrecen a los estudiantes formas de explorar y perfeccionar lo que han aprendido sobre el tema. Estos elementos reflejan las últimas investigaciones en estrategias pedagógicas.

Características clásicas

Muchas características de este libro fueron bienvenidas desde la primera edición y se mantienen en esta revisión.

Redacción amena y estimulante

Un panorama de la ciencia del desarrollo humano debería reflejar la vivacidad propia de los niños y adolescentes. En consecuencia, cada frase ha sido elaborada para transmitir el contenido y un tono determinado. Se agregaron más resúmenes y más información de transición para exponer con claridad la conexión lógica entre una idea y la siguiente. Las frases son más cortas, aunque incluyen palabras de vocabulario específico que ayudarán a lograr una mayor comprensión. Las ilustraciones de las portadas de los capítulos son más evocadoras y se presenta el tema a los estudiantes desde el primer párrafo del capítulo.

© OWEN FRANKEN / STOCK, BOSTON

¿Demostración de un CI alto? Si las pruebas de inteligencia en América del Norte reflejaran verdaderamente todos los aspectos de la mente, los niños serían considerados mentalmente retrasados si no pudieran replicar de la manera adecuada las posiciones faciales y de la mano, el brazo, el torso de una danza tradicional, como lo hace en forma brillante esta niña indonesia. Es obvio que ella posee inteligencia interpersonal y cinestésica. Es probable que para su cultura no importe que sea deficiente en la inteligencia lógico-matemática que se requiere para usar Internet en forma eficaz o para superar a un par norteamericano en un juego de vídeo.

Inclusión de la diversidad

Denominaciones como intercultural, internacional, multiétnico, rico y pobre, varón y mujer son términos e ideas necesarios para apreciar cómo nos desarrollamos. Los estudios de diversos grupos aclaran que todos somos iguales, aunque cada uno de nosotros es único. Desde el análisis del contexto cultural en el capítulo 1 hasta el estudio de las diferencias culturales en la depresión durante la adolescencia en el capítulo 16, cada capítulo se refiere a la amplia diversidad de la experiencia cultural humana. Las nuevas investigaciones sobre las estructuras familiares, la inmigración, el bilingüismo y las variaciones étnicas ante la enfermedad son algunos de los muchos temas que se presentan en el libro, siempre con un gran respeto por la pluralidad humana. A continuación se enumeran sólo algunos de los varios análisis sobre la cultura y la diversidad de esta nueva edición:

Temas actualizados

Mis alumnos y mis hijas me mantienen actualizada a través de sus preguntas y preocupaciones. Mis guías académicos alimentaron mi curiosidad, mi creatividad y mi escepticismo; en consecuencia, soy una lectora ávida y analizo miles de artículos de revistas y libros sobre temas que van desde el abuso sexual hasta la cigosidad. Los impresionantes avances recientes de la investigación en neurociencia y genética me han estimulado nuevamente, a comprender y después a explicar, muchos hallazgos complejos.

Organización de los temas dentro de un encuadre cronológico

La organización básica del libro es semejante a la de las ediciones anteriores. La primera parte, distribuida en cuatro capítulos, presenta definiciones, teorías, genética y desarrollo prenatal, y expone no sólo los fundamentos del desarrollo sino también la estructura para explicar la perspectiva del ciclo de la vida, la plasticidad, la naturaleza y la crianza, la comprensión multicultural, el análisis de riesgo, el ciclo de daño y reparación, los vínculos familiares y muchos otros conceptos que permiten comprender el desarrollo humano.

Las cuatro partes siguientes corresponden a los principales períodos del desarrollo. Cada una contiene tres capítulos referidos a los tres dominios: biosocial, cognitivo y psicosocial. La organización cronológica de los temas ayuda al estudiante a comprender la relación entre la edad y el dominio. La conexión entre la ciencia y la vida cotidiana es una forma de ampliar el conocimiento. Los capítulos están codificados con franjas en color en los márgenes derechos: las páginas de los capítulos biosociales tienen una franja verde, los capítulos cognitivos tienen franjas lilas y los capítulos psicosociales tienen franjas de color salmón.

Secciones destacadas

Algunos libros incluyen recuadros para que el texto parezca más actual o más multicultural de lo que en realidad es. Esta edición contiene cuatro tipos de explicaciones más detalladas integradas al texto, ubicadas sólo donde son relevantes. Los lectores de ediciones anteriores conocen tres de ellas, denominadas "En persona", "Estudio de un caso" y "Pensando como un científico". La edición actual incluye una nueva sección denominada "Temas para el análisis".

Recursos didácticos

Cada capítulo termina con un resumen, una lista de palabras clave (con los números de página que indican dónde se presenta y se define la palabra), preguntas clave y tres o cuatro ejercicios de aplicación diseñados para que los estudiantes apliquen los conceptos a la vida cotidiana. Los términos importantes están definidos en los márgenes del texto (en negrita) y también en el glosario al final del libro. El índice de temas en la primera página de cada capítulo y el sistema de subtítulos principales y secundarios facilita el enfoque basado en la secuencia encuesta-pregunta-lectura-escritura-revisión (SQR3). En esta edición se incorpora una "Síntesis" al final de cada sección, que facilita el aprendizaje. Las

FIGURA 7.1 ¿Cambia el temperamento de los bebés? Los datos indican que los bebés temerosos no necesariamente están destinados a seguir siendo así. Los adultos que los tranquilizan y no actúan con temor ellos mismos pueden ayudar a los niños a superar un temor innato. Sin embargo, algunos niños temerosos no cambian, y no se sabe si es debido a que sus padres no son los suficientemente tranquilizadores (crianza) o debido a que son temperamentalmente más temerosos (naturaleza).

? PRUEBA DE OBSERVACIÓN (véase la respuesta en p. 202) De cada 100 bebés de 4 meses que reaccionaron positivamente a los ruidos y otras experiencias, ¿cuántos son temerosos en etapas posteriores de la primera infancia?

ESPECIALMENTE PARA PROFESIONALES DE LA SALUD Los padres de un niño al que consideran demasiado activo le solicitan que le prescriba algún medicamento porque dicen no poder manejarlo. ¿Cómo respondería?

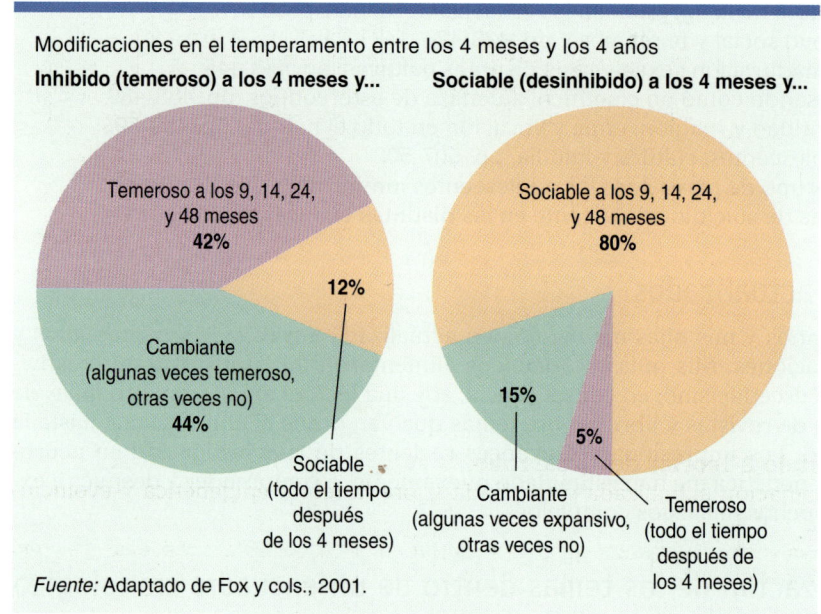

Modificaciones en el temperamento entre los 4 meses y los 4 años

Inhibido (temeroso) a los 4 meses y...

Temeroso a los 9, 14, 24, y 48 meses **42%**

Cambiante (algunas veces temeroso, otras veces no) **44%**

12%

Sociable (todo el tiempo después de los 4 meses)

Sociable (desinhibido) a los 4 meses y...

Sociable a los 9, 14, 24, y 48 meses **80%**

15%

Cambiante (algunas veces expansivo, otras veces no)

5%

Temeroso (todo el tiempo después de los 4 meses)

Fuente: Adaptado de Fox y cols., 2001.

preguntas de observación enseñan a los lectores a observar con más detenimiento los datos y las fotografías. Las preguntas "Especialmente para..." en los márgenes del texto, muchas de las cuales son nuevas en esta edición, aplican los conceptos a las profesiones y los roles sociales de la vida real.

Fotografías, cuadros y gráficos adaptados al texto

Las ilustraciones de este libro son muy útiles para los alumnos porque los editores alientan a los autores a elegir fotos, cuadros y gráficos, a escribir las leyendas de las fotos y a modificar las figuras para que se adapten al texto, y no al revés. En consecuencia, las fotos y los epígrafes aportan información y complementan y amplían el texto. El apéndice A es otro recurso valioso y, para cada capítulo, presenta al menos un diagrama o un cuadro con datos adicionales.

Cambios en los contenidos de la séptima edición

El desarrollo del niño y el adolescente, así como el de las ciencias, se basa en el aprendizaje previo. Por eso, en cada nueva edición de un libro hay que revisar muchos hechos y conceptos ya establecidos: las etapas y las edades, la normalidad y sus variaciones, los riesgos y la diversidad, las teorías clásicas y sus aplicaciones prácticas. Sin embargo, el estudio del desarrollo está en continuo cambio a causa de los descubrimientos y las innovaciones; por lo tanto, ningún párrafo de esta séptima edición es exactamente igual a los de la anterior, y menos aun a los de la primera. La actualización es evidente en todas las páginas. A continuación se presentan los puntos destacados.

Capítulo 1 Introducción
- Sección ampliada sobre las cinco características del desarrollo
- Mayor énfasis en el aporte de la investigación sobre el encéfalo y su relación con el desarrollo, con un enfoque particular en la depresión infantil y la neurociencia sociocognitiva
- Pensando como un científico: Etnia, raza, cultura e ingresos
- Temas para el análisis: "Mi nombre no era Mary"

DAVID YOUNG-WOLFF / PHOTOEDIT

El mismo cumpleaños. Los mismos (¿o diferentes?) genes Los gemelos de diferente sexo o los que tienen diferencias obvias de personalidad son dicigóticos y sólo comparten la mitad de sus genes. Muchos gemelos del mismo sexo con temperamentos similares también son dicigóticos.

Capítulo 2 Teorías del desarrollo
- Información actualizada y ampliada sobre la teoría epigenética y evolucionista
- Nueva subsección sobre la interrelación entre la naturaleza y la crianza en el TDAH

Capítulo 3 La herencia y el entorno
- Contenido sustancialmente renovado que refleja los últimos avances en genética y desarrollo fetal
- Pensando como un científico: Diversidad genética
- En persona: Aumento de la fecundidad
- Nueva subsección sobre la agudeza visual como ejemplo de la compleja interacción entre los genes y el entorno
- Material actualizado sobre clonación, riesgos de los nacimientos múltiples y pruebas y el asesoramiento y genéticos

Capítulo 4 Desarrollo prenatal y nacimiento
- Temas para el análisis: ¿Deben los gobiernos proteger a los fetos del SIDA y el alcohol?
- Estudio de un caso: "¿Para qué viven las personas?"
- Estudio de un caso: "¿Qué dijo eso de mí?"
- Datos actualizados sobre viabilidad fetal, pruebas prenatales, variaciones culturales en el proceso del nacimiento y rol del padre después del nacimiento

SHEHZAD NOORANI / PETER ARNOLD, INC.

Una madre adolescente Este bebé de una semana, nacido en un pueblo pobre de Myanmar (Burma), tiene mejor posibilidad de supervivencia de lo que de otra forma hubiera tenido, porque su madre de 18 años se ha vinculado con él.

Capítulo 5 Los primeros dos años: el desarrollo biosocial
- Explicación actualizada del crecimiento encefálico, que incluye el impacto del cortisol, el desarrollo dependiente de la experiencia y expectante de la experiencia y la autorreparación
- Nueva investigación sobre las variaciones culturales en el sueño del bebé
- Sección ampliamente revisada sobre problemas e iniciativas de salud pública de todo el mundo, con énfasis especial en el amamantamiento y las vacunaciones

Capítulo 6 Los primeros dos años: el desarrollo cognitivo
- Controversias acerca de la teoría de la cognición temprana de Piaget sobre la base de las investigaciones
- Nueva exposición sobre la memoria del bebé
- Sección ampliada sobre las variaciones culturales en el desarrollo temprano del lenguaje

Capítulo 7 Los primeros dos años: el desarrollo psicosocial

■ Pensando como un científico: La técnica de la ausencia de expresión

■ Reorganización importante del capítulo para destacar las nuevas investigaciones y teorías sobre el desarrollo emocional

■ Nuevas secciones importantes sobre la teoría sociocultural (que incluye las teorías étnicas y los estilos de crianza cercana y distante) y la teoría epigenética

■ Estudio revisado de la guardería infantil (que incluye los últimos informes del NICDH), el temperamento (incluso las nuevas correlaciones fisiológicas) y el apego (que incluye las variaciones culturales y los factores que predicen un apego seguro)

Capítulo 8 Los años del juego: el desarrollo biosocial

■ Nueva subsección sobre las diferencias étnicas, culturales y de nivel socioeconómico en los hábitos alimentarios

■ Información ampliada del desarrollo del encéfalo centrada en el desarrollo de la atención, la corteza prefrontal, las emociones y el daño encefálico

■ Sección actualizada sobre el maltrato infantil

No hay leche derramada Esta niña está demostrando su dominio de la motricidad involucrada en el acto de verter leche, con evidente admiración de su amiga. La siguiente habilidad será beber la leche, eventualmente, dada la intolerancia a la lactosa de algunos niños, el escaso apetito y la notoria selección de alimentos de los niños de esta edad.

? PRUEBA DE OBSERVACIÓN (véase la respuesta en la p. 226): ¿Qué tres cosas puede ver que indican que este intento por verter leche probablemente tendrá éxito?

LAURA DWIGHT

Capítulo 9 Los años del juego: el desarrollo cognitivo

■ Descripciones clásicas de las investigaciones de Piaget y Vygotsky revisadas para facilitar la comprensión

■ Estudio ampliado y actualizado de la teoría de la mente

■ Información adicional sobre el desarrollo del lenguaje bilingüe

■ Información revisada de la educación infantil temprana, que incluye los programas de Reggio Emilia y de Montessori, entre otros

Capítulo 10 Los años del juego: el desarrollo psicosocial

■ Temas para el análisis: La planificación del castigo

■ Descripción muy actualizada del desarrollo emocional, que incluye material adicional sobre la motivación intrínseca y extrínseca, las diferencias culturales en la regulación emocional, la internalización y la externalización de los problemas, y el papel del encéfalo

■ Información nueva sobre la creatividad, las estrategias para manejar la agresión infantil, las diferencias culturales en los estilos de crianza, la disciplina (incluidas las diferencias culturales) y las controversias sobre los medios de comunicación

RESPUESTA PARA PROFESIONALES DE LA SALUD (de p. xviii): la medicación ayuda a algunos niños hiperactivos, pero no a todos. Podría ser útil para este niño, pero se deben intentar primero otras formas de intervención. Felicite a los padres por la preocupación por su hijo, pero derívelos a un especialista en primera infancia para que realice una evaluación y les dé recomendaciones. La primera estrategia consistiría en técnicas de manejo conductual dirigidas a la situación particular, y no la medicación.

Capítulo 11 Los años escolares: el desarrollo biosocial

■ Información ampliada sobre la obesidad infantil

■ Descripción actualizada del impacto de la pubertad temprana en los años escolares

- Análisis revisado sobre el asma infantil
- La sección actualizada sobre el desarrollo encefálico en los años escolares incluye la atención y la automatización
- Material revisado sobre trastornos generalizados del desarrollo (que incluyen el autismo y el síndrome de Asperger) y el TDAH, con nuevo enfoque sobre educación y tratamiento

Capítulo 12 Los años escolares: el desarrollo cognitivo
- Pensando como un científico: Madres y moral
- Temas para el análisis: ¿Más niños, menos aprendizaje?
- Sección actualizada sobre el procesamiento de la información durante la infancia temprana y los años escolares
- Sección nueva sobre educación que incluye controversias como las guerras de lectura y matemáticas, las evaluaciones de alta exigencia y el tamaño de la clase
- Explicación revisada del desarrollo moral, que incluye la nueva investigación acerca de la moral actuante

Capítulo 13 Los años escolares: el desarrollo psicosocial
- Explicación ampliamente revisada de la función y la estructura de la familia durante los años escolares
- Nueva explicación de la resiliencia en los niños de edad escolar y la importancia del apoyo social y la fe religiosa para afrontar el estrés

Capítulo 14 La adolescencia: el desarrollo psicosocial
- Nuevo enfoque sobre los subperíodos de la adolescencia temprana, media y tardía
- Descripción actualizada sobre la cronología de la pubertad y la actividad sexual del adolescente
- Información ampliada sobre investigaciones recientes acerca del encéfalo en la adolescencia

Capítulo 15 La adolescencia: el desarrollo cognitivo
- Pensando como un científico: La amenaza de los estereotipos
- Nueva sección importante sobre el aprendizaje durante toda la adolescencia, que incluye la escuela secundaria, la preparatoria y la universidad

Capítulo 16 La adolescencia: el desarrollo psicosocial
- Estudio de un caso: "Dale una oportunidad"
- En persona: Las mujeres Berger tienen rituales extraños
- Nueva información sobre la identidad religiosa, el empleo en la adolescencia, los vínculos entre padres y adolescentes, la cultura y los pares, las parejas y las relaciones sexuales en la adolescencia, las variaciones culturales en la depresión y el suicidio de los adolescentes

KAZ MORI / THE IMAGE BANK

Con la vista en la pelota La concentración de este niño al cabecear la pelota y prepararse simultáneamente para caer es una señal que indica que ha practicado esta maniobra la cantidad suficiente de veces como para realizarla de manera automática. Si no tiene que pensar en lo que debe hacer mientras cae, puede pensar en lo que va a hacer cuando se levante; por ejemplo, perseguir la pelota o volver a cubrir su puesto.

NANCY SHEEHAN / PHOTOEDIT

Ayuda memoria La motivación personal y la acción son cruciales en la memoria temprana, y es por eso que Noel no tiene problemas en recordar qué figura cubre la fotografía de ella misma cuando era bebé.

Materiales complementarios*

Como profesora, conozco la importancia de contar con materiales complementarios adecuados. Durante mis cursos he evitado usar ciertos libros porque la editorial que los publicaba carecía de una trayectoria satisfactoria en el desarrollo de bancos de preguntas para la evaluación o porque brindaba materiales complementarios poco atractivos y un servicio lento. Afortunadamente, Worth tiene una reputación bien merecida basada en la calidad de estos materiales, tanto los destinados a los profesores como los dirigidos a los estudiantes. Los materiales que complementan esta edición son:

Exploring Child Development: un conjunto de herramientas multimedia para comprender el desarrollo

Este conjunto de CD (también disponible para los profesores en VHS y DVD) fue elaborado por un talentoso equipo de profesores. Ellos son: Sheridan Dewolf (Grossmont College); Lisa Huffman (Ball State University); Thomas Ludwig (Hope College); Cathleen McGreal, (Michigan State University); Amy Obegi (Grossmont College); Tanya Renner (Kapiolani Community College); Catherine Robertson (Grossmont College) y Stavros Valenti (Hofstra University). Mediante una combinación de vídeos, animaciones, ejercicios de autoevaluación e interactivos, *Exploring Child Development Media Tool Kit* favorece el aprendizaje de un modo interactivo y práctico. Las actividades incluidas varían desde investigaciones basadas en experimentos clásicos (como el "precipicio visual" y la "situación extraña") hasta la observación del juego en los niños y de las conductas riesgosas en los adolescentes. El material para los estudiantes incluye 48 actividades basadas en vídeos, tarjetas pedagógicas y cuestionarios interactivos que se relacionan con cada capítulo del libro. El conjunto para los docentes incluye más de 250 videoclips y animaciones, consejos prácticos para la enseñanza y temas seleccionados para motivar el debate.

Journey Through Childhood

Estos vídeos acerca del desarrollo infantil permiten que los alumnos aprendan observando y escuchando a niños reales, ampliando de este modo los conocimientos adquiridos a través del libro. Los estudiantes podrán observar a los niños desde el nacimiento hasta la adolescencia, en ambientes que van desde las guarderías infantiles hasta la escuela, el hogar y los consultorios médicos, y en culturas y comunidades de todo el mundo (África, Europa, América Latina y Asia). Asimismo, algunos de los expertos más notables en el desarrollo infantil (Patricia Greenfield, Charles Nelson, Barbara Rogoff y Carolyn Rovee-Collier) comentan su experiencia en diferentes áreas que van desde la biología del desarrollo cerebral inicial hasta la conducta prosocial de la segunda infancia. Estos dos vídeos contienen más de cuatro horas de filmación, que incluyen una hora de fragmentos de observaciones sin narración. Una guía de ejercicios para el profesor proporciona consejos prácticos útiles para la enseñanza y para preparar actividades, mientras que la guía de ejercicios para el estudiante favorece la capacidad de observación y ayuda a relacionar el material presentado en el libro con situaciones de la vida real.

Scientific American Frontiers: vídeos sobre Psicología del Desarrollo

Este invalorable recurso le ofrece a los profesores 17 fragmentos de vídeos, de aproximadamente 15 minutos cada uno, sobre temas que van desde el desarrollo del lenguaje hasta aquellos relacionados con la "naturaleza-crianza". Pueden utilizarse para presentar conferencias o para realzar y aclarar el material del curso. Una guía *(Faculty Guide),* elaborada por Richard O. Straub de la University of Michigan, describe y relaciona cada segmento con temas específicos del libro.

Curso sobre el desarrollo infantil

El curso *Child Development: Stepping Stones,* desarrollado por Coast Learning Systems y Worth Publishers, explica los fundamentos del desarrollo infantil. También explora los distintos contextos individuales y evolutivos que influyen en el desarrollo, como el nivel socioeconómico, la cultura, la genética, la familia, la escuela y la sociedad. Cada lección incluida en el vídeo ofrece ejemplos específicos basados en la vida real, que se complementan con comentarios de expertos en cada materia. Además, algunas lecciones describen al niño en su totalidad, mientras que otras se centran en diferentes temas como los padres, el maltrato o la escuela. El curso incluye 26 lecciones de vídeo de media hora cada una, una guía de estudio *(Telecourse*

*Disponibles solamente en Estados Unidos y Canadá. Para comprar estos materiales en inglés, por favor diríjase a la página web http://www.bfwpub.com/contactus.asp

Study Guide) y un manual *(Faculty Manual)* con un banco de preguntas para la evaluación, también disponible en formato electrónico.

Biblioteca electrónica que acompaña a *The Developing Person Through the Life Span* (sexta edición)

La nueva biblioteca electrónica de Worth Publishers, que se encuentra en www.worthpublishers.com/irel, reúne el contenido del libro y los recursos complementarios en una única interfaz muy fácil de usar. Este recurso integrador basado en Internet permite realizar búsquedas temáticas e incluye materiales del libro, recursos para docentes y materiales electrónicos seleccionados, como diapositivas en PowerPoint y videoclips. Los docentes pueden buscar fácilmente los contenidos y descargarlos en sus ordenadores o crear una página web para compartir con los alumnos. La biblioteca electrónica también ofrece recopilaciones ya diseñadas de cada capítulo, que pueden personalizarse, lo que permite acceder rápidamente a "lo mejor" de la biblioteca y adaptarlo a las necesidades de cada docente. Aunque no se dispone de una biblioteca electrónica específica para esta obra la que pertenece a *The Developing Person Through the Life Span* será muy útil durante el curso de psicología del desarrollo de la infancia y la adolescencia.

Recursos para docentes

Este conjunto de recursos didácticos, elaborado por Richard O. Straub, fue aclamado como el más valioso para los docentes de psicología del desarrollo. Este manual ofrece presentaciones sobre cada tema y guías para diseñar las clases en cada capítulo, objetivos de aprendizaje, temas seleccionados para motivar el debate, fichas útiles para los proyectos de trabajo de los alumnos y lecturas complementarias provenientes de distintas publicaciones. También incluye sugerencias para planificar los cursos, ideas para las clases y una guía de los recursos audiovisuales e informáticos. En esta edición se han incorporado sugerencias para la enseñanza basada en recursos multimedia.

Guía de estudio

La Guía de estudio, elaborada por Richard O. Straub, ayuda a los estudiantes a evaluar su comprensión y a conservar los conceptos aprendidos en forma duradera. Cada capítulo incluye una revisión de los conceptos clave, preguntas para el estudio y revisiones de las secciones del libro que promueven la participación activa de los estudiantes en el proceso de aprendizaje. Para ayudarlos a evaluar la comprensión del material se incluyen dos exámenes de práctica y una prueba adicional que anima al estudiante a pensar en forma crítica.

Diapositivas en PowerPoint

En la página web o en el CD-ROM *Exploring Child Development: Instructor's Media Tool Kit* hay varias presentaciones en diapositivas. Para cada capítulo del libro hay dos conjuntos de diapositivas de PowerPoint prediseñados: uno que presenta los temas principales del capítulo y otro con ilustraciones. Estas diapositivas pueden utilizarse del modo provisto o adaptarse a las necesidades individuales. Además, Kate Byerwalter (Grand Rapids Community College) creó un conjunto de diapositivas para dictar las clases que enfocan los temas clave del libro y comprenden cuadros, gráficos e ilustraciones.

Galería de imágenes y presentaciones docentes de Worth

A través de la *Worth Image and Lecture Gallery*, www.worthpublishers.com/ilg, permite acceder fácilmente a las versiones electrónicas del material para las clases. Los profesores pueden buscar y descargar a su ordenador ilustraciones de todas las obras de Worth, así como presentaciones en PowerPoint prediseñadas que contienen ilustraciones y los títulos de cada capítulo. También es posible crear carpetas personales en una página de inicio personal para organizar los materiales más fácilmente.

Transparencias para retroproyector

Este conjunto de 75 transparencias a todo color contiene ilustraciones, diagramas, gráficos y cuadros clave del libro.

PIOTR KAPA / CORBIS

¿Cómo pensamos acerca de las flores? La etapa de crecimiento cognitivo en la que se encuentra una persona influye en la forma de pensar acerca de todas las cosas, incluidas las flores. Para un bebé, en el período sensoriomotor, las flores se "reconocen" arrancándolas, oliéndolas y tal vez degustándolas. El pensamiento es un proceso activo que dura toda la vida.

Banco de preguntas para evaluación y banco de preguntas computarizado

El banco de preguntas, preparado por Vivian Harper (San Joaquin Delta College) y yo, incluye para cada capítulo al menos 90 preguntas de elección múltiple y 70 preguntas para completar, de verdadero-falso o de desarrollo. Cada pregunta tiene referencias al tema y el número de página del libro y consigna el nivel de dificultad. El banco de preguntas computarizado *Diploma*, disponible en un CD-ROM compatible con Windows y Macintosh, guía a los docentes gradualmente a través del proceso de creación de una evaluación y les permite añadir de manera rápida una cantidad ilimitada de preguntas, editar, reordenar o renumerar los temas, darle formato a la evaluación, e incluir figuras, ecuaciones y enlaces multimedia. La libreta de calificaciones que lo acompaña permite a los docentes registrar y ordenar las puntuaciones de los alumnos durante el curso, analizar en forma detallada los ítems de las pruebas, representar gráficamente los resultados, elaborar informes y establecer jerarquías, entre otras cosas.

El CD-ROM también permite acceder al sistema *Diploma Online Testing*, que le permite a los docentes crear y tomar exámenes en forma segura dentro de una red local o a través de Internet. Además, el sistema es capaz de restringir las evaluaciones a ciertos ordenadores o a determinados períodos. El CD-ROM incluye versiones en formato Blackboard y WebCT de cada ítem del banco de preguntas. Para obtener más información sobre *Diploma*, visite la página web www.brownstone.net.

Cuestionarios en Internet creados por Questionmark®

A través de la página web de *Psicología del Desarrollo–Infancia y Adolescencia,* www.worthpublishers.com/berger, los docentes pueden implementar cuestionarios "en línea" para sus alumnos fácilmente y con seguridad, utilizando preguntas de elección múltiple preparadas para cada capítulo. Además, estas preguntas no forman parte del banco de preguntas para la evaluación. Los estudiantes reciben una respuesta instantánea y pueden realizar el cuestionario en varias oportunidades. Mediante la libreta de calificaciones que ofrece la página los docentes pueden ordenar los resultados por cuestionario, por alumno o por pregunta, o bien recibir los resultados por correo electrónico cada semana.

BOB DAEMMRICH / THE IMAGE WORKS

Realidad y fantasía Dado que los adolescentes pueden pensar en forma analítica e hipotética, pueden usar los ordenadores no sólo para obtener información de los hechos y para enviar e-mails a sus amigos, sino también para imaginar y explorar posibilidades futuras. Esta oportunidad puede ser muy importante para los adolescentes como Julisa, de 17 años (derecha). Ella es una estudiante de una escuela secundaria de Brownsville, Texas, que cuenta con salas de ordenadores y otros programas para los hijos de los trabajadores que emigran.

Página web

La página web gratuita que acompaña al libro original, **www.worthpublishers.com/berger**, fue diseñada por Catherine Robertson (Grossmont College), Michael S. Swett (University of California, Berkeley Extension Online) y Shelley Janiczek Woodson (Holyoke Community College) y representa un entorno educativo valioso para los estudiantes y los docentes. Aunque la mayoría de estos recursos y las páginas web relacionadas están en inglés, incluyen muchos contenidos sumamente útiles para los **estudiantes**:

- *Presentación de los capítulos (Chapter Outlines):* describe el contenido del capítulo en forma sucinta.
- *Objetivos de aprendizaje (Learning Objectives):* enumera, para cada capítulo, los objetivos de aprendizaje que el estudiante debería alcanzar.
- *Cuestionarios (Quizzes):* incluye dos conjuntos de 20 preguntas de autoevaluación para cada capítulo, con sus respuestas correctas.
- *Tarjetas en español para practicar:* facilitan la comprensión de los conceptos y términos más importantes del capítulo; permiten asimismo que el alumno se evalúe a sí mismo mediante un mecanismo interactivo. Están disponibles también en inglés (*Flashcards*).
- *Ejercicios basados en Internet (Internet Exercises):* invitan al lector a visitar páginas web seleccionadas que se relacionan con temas destacados del capítulo.
- *Ejercicios basados en casos clínicos (Case Study Exercises):* presentan casos clínicos modelo, con referencias a páginas web relacionadas.
- *Preguntas de razonamiento (Critical Thinking Questions):* para cada capítulo se incluyen dos preguntas que incitan al estudiante a pensar en forma crítica.
- *Glosario español-inglés (Spanish/English Glossary):* el lector encontrará el glosario del libro traducido al español, que incluye también el término definido en inglés. Este material puede consultarse en línea o descargarse al ordenador del lector.
- *Enlaces a páginas web (Web Links):* es una selección comentada de páginas web relevantes que incluyen contenidos que enriquecerán el aprendizaje.
- *Preguntas frecuentes (Frequently Asked Questions):* reúne un conjunto de preguntas seleccionadas sobre Psicología del Desarrollo, con su respuesta y enlaces a páginas web que amplían la información.
- *Guía de pronunciación (Glossary Pronunciation Guide):* el lector encontrará aquí el glosario del libro en inglés, con la pronunciación correcta en este idioma del término definido.

Para **los docentes**, la página web incluye un conjunto amplio de herramientas pedagógicas:

- *Diapositivas en PowerPoint*
- *Presentación de los temas de estudio*
- *Libreta de calificaciones basada en Internet*
- *Enlaces a páginas web seleccionadas:* entre otros, se incluyen vínculos con WebCT, Blackboard, la Biblioteca electrónica de Worth y la Galería de imágenes y presentaciones docentes (*Worth Image and Lecture Gallery*)

Agradecimientos

Agradezco a los revisores académicos que han leído cada edición de este libro y que me brindaron sugerencias, críticas, referencias y estímulo. Ellos colaboraron para mejorar este libro. Quiero mencionar especialmente a los que participaron en la revisión de esta edición.

Melissa Atkins, *Marshall University*
Cynthia L. Baer, *Lamar Community College*
Kirsten Bell, *Waukesha County Technical College*
Patricia Bellas, *Irvine Valley College*
Penelope L. Blair, *Evergreen Valley College*
Krista Carter, *Colby Community College*
Kimberly Chapman, *Blue River Community College*
Nancy E. Clavere, *Woodland Community College*
Alison Corsino, *Concordia University*
Marcie Coulter-Kern, *Manchester College*
Shawn DiNarda Watters, *Mount Union College*
Gary G. Felt, *City University*
Killian James Garvey, *University of New England*
Donna Goetz, *Elmhurst College*
Laura Gruntmeir, *Redlands Community College*
Sandra Hellyer, *Butler University*
April Mansfield Juárez, *Long Beach City College*
Kathy G. Kelley, *Chabot Community College*
Iris Obille Laferty, *Mira Costa College*
Paul T. Lewis, *Bethel College*
Laura Manson, *Santa Monica College*
Jessica Miller, *Mesa State College*
Mary Bet Miller, *Fresno City College*
J. Ann Molyan, *California State University, Sacramento*

Winnie Mucherah, *Ball State University*
Ronnie Naramore, *Angelina College*
Amy Obegi, *Grossmont College*
John W. Otey, *Southern Arkansas University*
Wendy Parise, *Santa Monica College*
Jeff Pedroza, *Santa Ana College*
Antoinette Phillips, *El Camino College*
Ralph G. Pifer, *Sauk Valley Community College*
Michelle L. Pilati, *Rio Hondo College*
Dawn M. Pope, *University of Winsconsin, Oshkosh*
John Prange, *Irvine Valley College*
Jim Previte, *Victor Valley College*
Gaile Price, *Loyola Marymount University Extension, East Los Angeles College*
Kathie Reid, *California State University, Fresno*
Amy Kathleen Resch, *Citrus College*
Eileen Roth, *Los Angeles Community College District –Instructional Television, Glendale Community College*
Sherry Schanke, *St. Mary of the Woods College*
Susan Schlicht, *St. Cloud Technical College*
Bernard Schwartz, *Santiago Canyon College*
Peggy Skinner, *South Plains College*
Ling-Yi Zhou, *University of St. Francis*

Además, deseo agradecer a los docentes que participaron en nuestra encuesta basada en Internet. Hemos intentado aplicar los conocimientos obtenidos de sus experiencias con la sexta edición para mejorar ésta.

Madeleine Boskovitz, *University of Houston, Downtown*
Peter Carson, *South Florida Community College*
Jurgen Combs, *Shenandoah University*
James Greene, *Brigham Young University, Idaho*
Kathy Harris, *Iowa Western Community College*
Danijela Korom, *University of Connecticut*
Deborah Laible, *Lehigh University*
Bill Mesa, *Colorado Christian University*

Mary Beth Miller, *Fresno City College*
Jane Ogden, *East Texas Baptist University*
Catherine Perz, *University of Houston –Victoria*
Patti Price, *Wingate University*
Deb Reay, *University of Nebraska Medical Center*
Betsy Stern, *Milwaukee Area Technical College, North*
Shelley Warm, *Palm Beach Community Centre South*
Shelley Janiczek Woodson, *Holyoke Community College*

Las personas que trabajan en los departamentos editorial, de producción y de comercialización de Worth Publishers están dedicadas a satisfacer los máximos estándares de excelencia. Su dedicación de tiempo, esfuerzo y talento a todos los aspectos de la publicación de un libro representa un modelo para la industria editorial. Quiero agradecer especialmente a Stacey Alexander, Jessica Bayne, Eve Conte, Cele Gardner, Tom Kling, Tracey Kuehn, Bianca Moscatelli, Katherine Nurre, Danny Pucci, Babs Reingold, Kimberly Rossi, Barbara Seixas, Nicole Villamora, Vivien Weiss v Catherine Woods.

PARTE I

Los orígenes

La ciencia del desarrollo humano tiene diferentes orígenes, como veremos en los cuatro capítulos que siguen.

El capítulo 1 presenta nuestro objeto de estudio, por qué y en qué modo lo abordaremos, y la explicación de algunas estrategias y métodos de investigación utilizados para comprender el desarrollo humano.

El capítulo 2 explica de qué modo las teorías se organizan y guían nuestro estudio. Presentamos las cinco teorías más importantes que se utilizan en la investigación del desarrollo: tres grandes teorías tradicionales y dos teorías emergentes.

El capítulo 3 detalla la interacción entre la herencia y el ambiente. Cada ser humano se desarrolla de acuerdo con instrucciones químicas que recibe de los genes y los cromosomas, las cuales ejercen su influencia en todos los aspectos, desde el grosor de las uñas de los pies hasta la velocidad de las ondas del encéfalo. Los rasgos de la personalidad, muchas enfermedades y el desarrollo biológico también son, en parte, genéticos. Pero los genes nunca actúan solos. El ambiente, es decir, todo lo que rodea al individuo, también ejerce su influencia en muchos aspectos. Entender los fundamentos de la interacción entre los genes y el ambiente constituye la base para la comprensión del desarrollo.

El capítulo 4 describe el comienzo de la vida humana, desde una célula en división hasta la llegada de un bebé. Los meses expectantes del período prenatal y los primeros minutos de vida influyen sobre las décadas que siguen.

Estos cuatro capítulos, en conjunto, inician nuestro estudio de la vida humana.

Introducción

Qué les sucederá al recién nacido, o al bebé de un año que dice "abu" por primera vez, o al escolar que trata de hacerse un amigo? ¿Y a usted, a su hijo o a su padre? ¿De qué modo cada uno llegó a ser quién es, y qué les sucederá mañana, o el próximo año? Este libro se dedicará al estudio de esos individuos y a los miles de millones de personas que existen en todo el mundo.

¿Por qué debemos prestar atención a estos temas? Hay muchas razones: algunas las explicaremos en este capítulo, otras se harán evidentes a medida que progrese en sus estudios, y una de ellas es ésta: aprenderá a observar más detenidamente a las personas que lo rodean, y los pequeños momentos serán inolvidables. Ésta es mi experiencia:

> Un día entré a la habitación de mi bebé de 8 meses, y me recibió con una sonrisa y un "ah", mientras se sostenía de la barandilla de su cuna, y pataleaba entusiasmada con sus piernitas regordetas.
>
> "Hola, Elissa", le sonreí, feliz. "¡Estás hablando!"

La mayoría de las personas no considera que la expresión "ah" sea hablar. Pero el estudio de los lactantes me ha enseñado que el lenguaje comienza con ruidos y gestos, aunque las primeras palabras identificables no se hagan presente hasta más tarde. Experimentará esa alegría también en otros momentos, en los que no habría advertido nada si no se hubiera dedicado al estudio del desarrollo del niño.

Definiciones de desarrollo

La **ciencia del desarrollo humano** *busca comprender cómo y por qué las personas –todas las personas, en todos los lugares– cambian o se mantienen iguales a lo largo del tiempo.* Esta definición tiene tres elementos fundamentales.

Primero, y más importante, el estudio del desarrollo es una *ciencia*. Se basa en teorías, datos, análisis, pensamiento crítico y métodos al igual que otras ciencias como la física o la economía. El objetivo es comprender el cómo y el porqué, es decir, descubrir los procesos del desarrollo y sus motivos. La utilización del método científico significa que los psicólogos del desarrollo formulan preguntas cruciales y buscan respuestas precisas.

La ciencia no puede definir cuál es el propósito de la vida; necesitamos para ello la ayuda de la filosofía o de la religión. La literatura y el arte a veces nos ofrecen alguna comprensión más allá de los datos que nos brindan los experimentos científicos. Pero "las ciencias empíricas nos mostrarán el camino, los medios y los obstáculos" (Koops, 2003, p. 18) para hacer de la vida lo que queremos que sea. Decir que algo es *empírico* significa que está basado en datos, en variadas experiencias, en hechos reales. Sin las conclusiones y las aplicaciones de la ciencia empírica –todas las cosas, desde los antibióticos a la inmunización– la vida humana sería "solitaria, pobre, horrible, brutal y corta", como lo señaló Thomas Hobbes en 1651.

Segundo, la ciencia del desarrollo estudia *todas las clases de personas:* jóvenes y ancianos, ricos y pobres, de cualquier etnia, origen, orientación sexual, cultura y nacionalidad. El desafío es identificar las generalidades (más allá de las que son evidentes, como el nacimiento y la muerte) y las diferencias (más allá del código genético único de cada nueva persona), y

ciencia del desarrollo humano Ciencia que trata de entender cómo y por qué las personas cambian o se mantienen iguales a través del tiempo. Dicha ciencia estudia individuos de todas las edades y circunstancias.

entonces describir esas generalidades y esas diferencias de modo que simultáneamente distingan y unifiquen a todos los seres humanos. Por ejemplo, cuando por primera vez se encuentra con alguien, usted puede reconocer que esa persona es un ser humano (general) y también que pertenece a un sexo y a una generación (diferencias dentro de las generalidades; todos pertenecemos a un sexo y tenemos una edad). Pero cuando usted piensa en sí mismo, o en alguien que conoce bien, se da cuenta cuánto más complejo es un individuo. Los científicos del desarrollo buscan transmitir ambas cosas: las generalidades y las características específicas.

Los psicólogos del desarrollo no son los únicos que pueden lograr ese objetivo. Los novelistas también pueden llegar a esta comprensión. Christina García escribió una novela en la que relata la historia de una mujer cubano-estadounidense, vehemente anticomunista, ocupada en la crianza de una hija adolescente que odia las ideas políticas de su madre. En un capítulo, la madre le pide a la hija que pinte un mural de la Estatua de la Libertad para la apertura de una nueva tienda. Al descubrirlo públicamente durante la inauguración, la madre ve que la Estatua tiene un alfiler de gancho que le atraviesa la nariz y que la antorcha flota fuera de su alcance. La hija relata:

> El rostro de mi madre se puso pálido y sus labios se movían como si quisiera decir algo y no pudiera hallar las palabras... Un hombre alterado se abalanzó contra la Estatua de la Libertad con una navaja... Mamá, blandiendo su bolso nuevo, le asestó un golpe de plano al sujeto, a centímetros del cuadro... Y en ese momento amé a mi madre con todas mis fuerzas.
>
> *[García, 2004, pp. 143, 144]*

Si nos referimos a las características específicas, ¿podemos decir que este episodio ocurrió en realidad? No, probablemente no (sucede en una obra de ficción). En cuanto a las generalidades ¿puede el amor madre-hija superar las diferencias políticas y generacionales? Sí, los investigadores han documentado el poder de los lazos familiares, el gran poder de este incidente surge de esa generalidad.

Usted podrá preguntarse cómo una novela se relaciona con la ciencia, ya que la ciencia, a diferencia del arte, depende de datos objetivos, observaciones empíricas y teorías comprobadas. Sin embargo, la lucha por comprender lo general y lo singular en *toda clase de personas* es tarea fundamental tanto de artistas como de científicos, y en ese sentido, de filósofos, predicadores y cualquier ser humano reflexivo. Utilizar la ciencia para el estudio de las personas es un medio efectivo para lograr ese fin.

El tercer elemento fundamental de la definición es el de *cambio a través del tiempo*. La misma palabra *desarrollo* implica crecimiento y cambio. El estudio del desarrollo humano incluye todas las modificaciones que se producen en la vida humana, desde su mismo comienzo hasta el último instante. Este libro finaliza antes de la edad adulta, pero los mismos principios son los que subyacen durante toda la vida. Hay una "conexión recíproca" entre la niñez y la edad adulta (Baltes y cols. 1998); entre la vida prenatal y posnatal; entre los 2 años, los 12, los 22, etc. Esto significa que aun cuando nuestro interés principal se oriente a los niños y su desarrollo, una parte de nuestra formación intelectual deberá centrarse en el desarrollo durante la vida (Baltes y cols., 1998, p. 1030).

continuidad Término que se refiere a los desarrollos a lo largo del tiempo que parecen persistir, sin cambios, de una edad a la siguiente. Los padres pueden reconocer en sus hijos ya crecidos los mismos rasgos de personalidad que veían en ellos cuando eran bebés.

discontinuidad Término que se refiere a los desarrollos que parecen ser muy distintos de los que ocurrieron anteriormente. Una persona o un investigador pueden creer que "todo ha cambiado", por ejemplo, cuando se comienza la escuela o cuando comienza la pubertad.

La definición se refiere tanto a cómo *cambian las personas* y a *cómo siguen siendo las mismas*. **Continuidad** y **discontinuidad** son palabras clave que describen los procesos del desarrollo. La *continuidad* se refiere a las características que permanecen estables a lo largo del tiempo (sin cambio), y la *discontinuidad* se refiere a las características que parecen ser muy diferentes de las que se poseían antes (cambiantes). Tanto la continuidad (como el sexo biológico o el temperamento) y la discontinuidad (como aprender un nuevo idioma o abandonar una droga adictiva) se manifiestan a lo largo de la vida de cada persona.

Cinco características del desarrollo

Los psicólogos del desarrollo son extremadamente conscientes de la conexión recíproca que existe entre un momento y otro de la existencia, y esto los ha llevado a establecer cinco principios que han surgido del estudio del desarrollo que abarca la totalidad de la vida. Estas cinco características, valiosas para la comprensión de cualquier edad, son (Baltes y cols., 1998; Smith y Baltes, 1999; Staudinger y Lindenberger, 2003):

- *Multidireccional.* El cambio se produce en todas direcciones, no siempre es lineal. Ganancias y pérdidas, crecimiento predecible y transformaciones inesperadas son parte de la experiencia humana que se manifiestan a cualquier edad y en todas las formas del desarrollo.
- *Multicontextual.* La vida humana está incluida en numerosos contextos, entre los que se incluyen las condiciones históricas, las limitaciones económicas y las tradiciones culturales.
- *Multicultural.* La ciencia del desarrollo reconoce diferentes culturas, no sólo en el nivel internacional, sino también dentro de cada nación, cada una con un conjunto distintivo de valores, tradiciones y herramientas para subsistir.
- *Multidisciplinario.* Numerosas disciplinas académicas –especialmente la psicología, la biología, la educación, y la sociología, y también la neurociencia, la economía, la religión, la antropología, la historia, la medicina, la genética y otras más– aportan datos y hallazgos a la ciencia del desarrollo.
- *Plasticidad.* Cada individuo y cada rasgo individual se pueden alterar en cualquier momento de la existencia. El cambio es continuo, aunque no se produce al azar ni es fácil.

Cada uno de estos cinco principios merecen una explicación más profunda.

Multidireccional

El estudio del desarrollo humano es el estudio del cambio; no es un cambio estático, sino dinámico. Los psicólogos del desarrollo analizan cada fracción de segundo, como cuando se produce una modificación apenas perceptible en el rostro de un recién nacido que refleja una mirada fugaz de los padres (p. ej., Lavelli y Fogel, 2005). Más a menudo se analizan años y no segundos. Al estudiar los cambios dinámicos, los psicólogos del desarrollo han descubierto que cada aspecto de la vida (la salud física, el desarrollo intelectual, la interacción social) es multidireccional; toda dirección –arriba, abajo, estable o errática– es posible. Hay pruebas de crecimiento simple, transformación radical, superación y declinación, como también de continuidad día a día, año a año, generación tras generación (véase fig. 1.1).

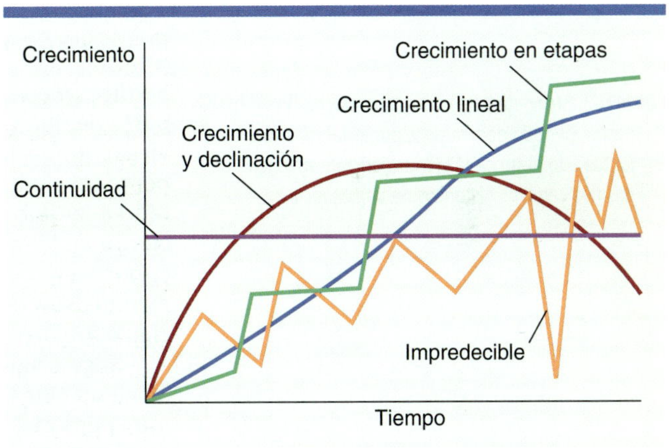

El efecto mariposa

Los cambios pequeños pueden tener grandes efectos, precisamente debido a que cada cambio es parte de un sistema dinámico. El poder potencial de un pequeño cambio se denominó el **efecto mariposa**, luego de una conferencia ofrecida por el meteorólogo Edward Lorenz titulada "Predictibilidad: ¿el aleteo de una mariposa en Brasil puede originar un tornado en Texas?".

La idea del efecto mariposa implica que, así como una gota de agua puede hacer que un vaso lleno de pronto se derrame, un pequeño aumento en la velocidad del viento en el Amazonas puede ser la fuerza final que desencadene un frente climático que origine una tormenta a miles de kilómetros de distancia. La posibilidad de que un pequeño aporte tenga como resultado grandes consecuencias también se aplica a los pensamientos y acciones de los seres humanos (Masterpasqua y Perna, 1997). Para usar un ejemplo relacionado con el desarrollo, digamos que un cigarrillo que fuma una mujer embarazada puede ser asunto de vida o muerte si el feto, por otras razones, ya es débil y de bajo peso. Sin embargo, la realidad dice que la mayoría de los aleteos de las mariposas no tienen ningún efecto evidente, ni tampoco la mayor parte de las bocanadas de humo de cigarrillos. El efecto mariposa significa que un suceso pequeño *podría* tener un enorme impacto, y no que siempre lo tiene.

FIGURA 1.1 Modelos de crecimiento Muchos modelos de crecimiento fueron descubiertos a partir de investigaciones cuidadosas. Aunque el progreso lineal (o casi lineal) parece el más común, los científicos advierten que ningún aspecto del cambio humano sigue un patrón exactamente lineal.

efecto mariposa   Idea que sostiene que un suceso o una cosa de poca importancia es capaz de tener gran impacto si logra alterar el equilibrio reinante, desencadenando cambios que provocan un suceso de grandes proporciones.

Abrazados   Niños de la devastada Kosovo descansan en un centro de refugiados en las cercanías de Sarajevo, Bosnia. Sobrellevan activamente la situación de la mejor manera posible, abrazando a un amigo, a una hermana, o sujetando un trozo de pan entre sus manos.

cohorte   Grupo de personas que nacen en un mismo período de tiempo y, por lo tanto, viven juntas a lo largo de la vida experimentando los mismos cambios históricos de importancia.

Continuidad en tiempos de guerra

También puede ocurrir lo contrario: grandes cambios pueden no tener efectos perceptibles. Por ejemplo, un grupo de niños entre 4 y 6 años de edad que habían escapado con sus madres de la Bosnia destruida por la guerra, estaban desnutridos, habían recibido disparos y sabían que algunos de sus familiares habían muerto, sorpresivamente presentaban "características positivas muy altas y muy pocos síntomas y problemas psicológicos", según los asistentes del campo de refugiados (Dybdahl, 2001, p. 1225).

Esta capacidad de los preescolares para "enfrentar y funcionar en la vida diaria" (p. 1226) es menos sorprendente cuando se considera otro aspecto de la investigación. En general, los niños pequeños sobreviven a las experiencias traumáticas en la medida en que sus madres estén cerca de ellos y les brinden su apoyo. Un vínculo estrecho con una persona afectuosa protege contra diferentes tipos de adversidad, incluidas las enfermedades, la pobreza y también la guerra (Burlingham y Freud, 1942). En este ejemplo, la continuidad (el vínculo madre-hijo) fue más poderosa que la terrible discontinuidad que los niños experimentaron.

Multicontextual

Los seres humanos se desarrollan en muchos contextos que afectan profundamente su desarrollo. Entre ellos se incluyen el ambiente físico (p. ej., el clima, el nivel de ruidos, la densidad de la población) y la situación familiar. Aquí explicaremos dos aspectos del *contexto social*, esto es, la sociedad o el entorno social: el contexto histórico y el contexto socioeconómico.

El contexto histórico

Se dice que todas las personas que nacen con pocos años de diferencia forman parte de una **cohorte**, un grupo de personas que comparten su edad y que atraviesan juntas las etapas de la vida. (El término *cohorte* antes designaba sólo a las personas de una misma región y clase social que tenían la misma edad, pero debido a la globalización y a la democratización, ahora incluye a todos los que nacieron en la misma época.) En otras palabras, las personas que pertenecen a una cohorte en particular experimentan los mismos hechos históricos, comparten los mismos supuestos, los sucesos públicos importantes, la tecnología y las tendencias populares.

Si se pregunta de qué modo las tendencias y sucesos nacionales pueden llegar a afectar la vida de un individuo, considere su primer nombre, una palabra muy personal, elegida especialmente para usted. Quizás no se dé cuenta en qué medida esa elección y su reacción a ella recibe su influencia del contexto histórico hasta que observe el cuadro 1.1, en el que hay una lista de los cinco nombres de varón y mujer más frecuentes que recibieron los recién nacidos en los Estados

Experto en computación en gorra de béisbol
Con la aparición de nuevas tecnologías las diferencias de cohortes son más evidentes. ¿Qué grupo etario es más probable que "baje" música a un dispositivo *ipod* o que envíe mensajes de texto desde un teléfono celular?

"Y éste es Charles, nuestro experto en Internet."

CUADRO 1.1   ¿Qué popularidad tuvo cada nombre en cada época?

Nombres de varón	Nombres de mujer	Año
1. David, John, Michael, James, Robert	1. Lisa, Mary, Maria, Susan, Karen	___
2. John, Robert, William, James, Charles	2. Mary, Dorothy, Helen, Margaret, Betty	___
3. Michael, Christopher, Matthew, David, Daniel	3. Jennifer, Jessica, Ashley, Amanda, Sarah	___
4. Jacob, Michael, Joshua, Matthew, Andrew	4. Emily, Emma, Madison, Hannah, Olivia	___
5. James, Robert, John, William, Richard	5. Mary, Barbara, Patricia, Linda, Carol	___

Fuente: Social Security Administration, EE.UU., 2004.

Unidos en los años 1923, 1943, 1963, 1983 y 2003. Si puede hacer coincidir estos cinco grupos de nombres con sus años, usted es sensible a los cambios de la cohorte. Lo que usted piensa acerca de su propio nombre se ve afectado por el número de personas que también lo tienen, y además por cuál es la edad y el entorno social de esas personas. Éste es un ejemplo del modo en que el contexto histórico incide en usted.

Algunas costumbres, como los castigos físicos severos y el trabajo infantil, parecen asegurar el sufrimiento, que las personas han aceptado cuando las condiciones históricas daban como resultado muchos niños no deseados. Aunque la mayoría de los padres modernos están encantados cuando sus bebés comienzan a gatear, en los Estados Unidos de la época de la colonia, los bebés eran fajados y atados a las cunas día y noche de modo que casi no podían moverse, y menos gatear, porque

> los padres y los médicos por igual veían el hecho de gatear no como una etapa natural del desarrollo humano, sino como un mal hábito que, si no se coartaba, quedaría en el bebé como una forma de locomoción primaria por el resto de su vida. ...Como es la forma común de locomoción de la mayoría de los animales, el gateo hacía surgir demasiados temores y asociaciones negativas.
>
> *[Calvert, 2003, p. 65]*

Evidentemente, la forma "correcta" de educar a un niño depende del contexto histórico.

El contexto socioeconómico

Cuando los científicos sociales estudian la segunda influencia contextual más importante, el contexto socioeconómico, generalmente se centran en la **posición socioeconómica.** También se lo denomina "clase social" (como en "clase media" o "clase trabajadora").

? PRUEBA DE OBSERVACIÓN (véase la respuesta en la p. 10): ¿qué grupo de nombres corresponden a cada año: 1923, 1943, 1963, 1983, 2003?

posición socioeconómica Parte del contexto socioeconómico por medio del cual se clasifica a las personas como ricas, pobres, de clase media, etc., según factores tales como ingresos, educación y ocupación.

ASIM TANVEER / REUTERS / CORBIS

Culturalmente aceptable El trabajo infantil es todavía una costumbre muy extendida en muchos lugares del mundo. La Organización Internacional del Trabajo estima que en todo el mundo existen 246 millones de niños entre 5 y 17 años que trabajan, generalmente con salarios muy bajos. En la fotografía, niños que trabajan en un taller de bordado en Pakistán.

La posición socioeconómica es particularmente importante para los niños. En casi todas las naciones del mundo, más niños que adultos viven en hogares de bajos ingresos (Qvortrup, 2000). Es probable que los niños en desarrollo, aún más que los adultos, reciban nutrición, educación o atención médica inadecuadas. Por ejemplo, el porcentaje de niños es mayor que el de adultos entre los que mueren víctimas del hambre.

Los científicos miden la posición socioeconómica de una familia a partir de una combinación de ingresos y otros factores, como la educación, el lugar de residencia y la ocupación de los padres. (En el pasado, la ocupación del padre era fundamental; ahora los investigadores toman en cuenta la ocupación de cualquiera de los progenitores.) La posición socioeconómica de una familia compuesta por un bebé, una madre desempleada y un padre que gana 12 000 dólares anuales podría ser considerada de clase baja si el trabajador fuera un lavaplatos analfabeto que habita en un barrio marginal, pero sería de un nivel más elevado si el trabajador es un estudiante graduado que vive en un campus y da clases durante medio día.

Como este ejemplo lo ilustra, la posición socioeconómica incluye ventajas y desventajas, oportunidades y limitaciones, la historia pasada y las perspectivas futuras, y todos estos factores influyen sobre la posición socioeconómica a través del poder adquisitivo, el conocimiento y los hábitos. Aunque evidentemente la pobreza limita el acceso a las viviendas y a la atención médica de calidad, otros factores (como el nivel de educación de la madre) pueden hacer que la posición socioeconómica de bajos ingresos mejore o empeore la vida de un niño.

Multicultural

La cultura afecta a cada ser humano en todo momento. Precisamente, debido a que la cultura es omnipresente, las personas rara vez advierten sus características mientras están inmersas en ella, del mismo modo que un pez no sabe que está rodeado de agua.

Las decisiones que hay que tomar a cada momento

Cuando los científicos sociales utilizan el término *cultura*, se refieren a incontables manifestaciones específicas de un "estilo de vida" dentro de un grupo social. El grupo social puede estar formado por ciudadanos de una nación, por residentes de una región dentro de una nación, por miembros de un grupo étnico, por niños de un vecindario y hasta por los estudiantes de una comunidad escolar. Todo grupo puede tener su propia cultura, la cual incluye valores, tecnologías, costumbres, ropas, vivienda, cocina y patrones de conducta.

Por lo tanto, la cultura incluye todas las decisiones que las personas realizan, desde taparse la boca cuando ríen hasta lo que toman en el desayuno. Por ejemplo, ¿utiliza un resaltador, estudia en la biblioteca o llama a los profesores por su nombre de pila? ¿Por qué o por qué no? Los motivos son, en parte, culturales.

Cuiden al niño La visión de algo tan personal como el tamaño ideal de la familia varía enormemente según las culturas. La política del "hijo único" de China insta a las familias a limitar la reproducción con el fin de disminuir la población del país y expandir la economía.

? **Prueba de observación** (véase la respuesta en la p. 12): ¿qué tres signos nos indican que esta comunidad disfruta del niño?

JOAN LEBOLD COHEN / PHOTO RESEARCHERS, INC.

STEVE RUARK / SYRACUSE NEWSPAPERS / THE IMAGE WORKS

¿Cómo cambió usted desde la infancia?
Muchos colegios realizan un festival de primavera, en el que los estudiantes pueden comportarse como niños otra vez, como hacen estos estudiantes de segundo año en el Colegio LeMoyne en Syracuse, Nueva York. Aunque soplar burbujas puede parecer un juego de niños, los dos han cambiado obviamente desde la infancia. El cambio es evidente no sólo en su tamaño físico y formas sino en su buena disposición para ser amigos de alguien del otro sexo.

? **PRUEBA DE OBSERVACIÓN** (véase la respuesta en la p. 12): un tipo de cambio es el histórico. ¿Puede ver en esta foto tres signos que indiquen que fue tomada en 2000 y no 20 años antes?

Las personas pueden pertenecer a más de una cultura, seguir más de un estilo de vida y tomar decisiones particulares según su contexto inmediato. En las naciones en las que conviven múltiples etnias, como los Estados Unidos y Canadá, muchos individuos son considerados multiculturales; ellos funcionan bien no sólo dentro de la cultura dominante (la cultura nacional) sino también dentro de la cultura regional, étnica, escolar y otras.

Las culturas son dinámicas, siempre cambiantes, en parte debido a que los individuos típicamente abandonan algunos aspectos de las culturas a las que pertenecían cuando eran niños. Los cambios culturales en los individuos y en los grupos sociales no son infrecuentes, especialmente cuando cambian las circunstancias históricas, geográficas o familiares; "la cultura es externa, adquirida y transmisible" (Smedley y Smedley, 2005). Debido a los contextos y a las elecciones cambiantes, cada generación experimenta una cultura de algún modo diferente de la experimentada por las generaciones anteriores.

Multidisciplinario

El estudio del desarrollo humano requiere la comprensión y la información de muchas disciplinas, debido a que cada persona evoluciona simultáneamente en cuerpo, mente y espíritu. Por lo tanto, el desarrollo puede dividirse en tres ámbitos –*biosocial*, *cognitivo* y *psicosocial*– que a grandes rasgos corresponden a la biología, a la psicología y a la sociología. (La fig. 1.2 ofrece una descripción detallada de cada uno.)

Sin embargo, como veremos con frecuencia, los tres ámbitos interactúan. Aunque el aprendizaje del lenguaje es ante todo cognitivo, un bebé aprende a hablar debido a una combinación entre el *desarrollo biosocial* (maduración del encéfalo y de las cuerdas vocales), *desarrollo cognitivo* (habilidad para comprender las conexiones entre los objetos, ideas y palabras), y *desarrollo psicosocial* (las reacciones del bebé ante las respuestas del otro). La ubicación de un tema dentro de un ámbito determinado no significa que éste sea exclusivamente biosocial, cognitivo o psicosocial.

Por otra parte, hay otras disciplinas además de la biología, la psicología y la sociología que contribuyen a nuestro estudio. Como un experto dijo: "El estudio del desarrollo es una iniciativa comunitaria enorme que abarca varias generaciones y muchas disciplinas" (Moore, 2002, p. 74). Son necesarias múltiples disciplinas debido a que los seres humanos se desarrollan en diferentes ámbitos, contextos multifacéticos y culturas.

ÁMBITOS DEL DESARROLLO HUMANO

Desarrollo biosocial	Desarrollo cognitivo	Desarrollo psicosocial
Incluye el crecimiento y los cambios que ocurren en el cuerpo de una persona, y los factores genéticos, nutricionales y de salud que influyen en el crecimiento y los cambios. Las habilidades motoras, desde agitar un sonajero hasta conducir un coche, son parte del ámbito biosocial. En el texto, a este ámbito se lo llamará biosocial, más que físico o biológico.	Incluye todos los procesos mentales que una persona utiliza para llegar al conocimiento o para pensar sobre el entorno. La cognición comprende la percepción, la imaginación, el discernimiento, la memoria y el lenguaje, es decir, los procesos que usan las personas para pensar, decidir y aprender. La educación, no sólo el currículo formal dentro de las escuelas sino además el aprendizaje informal, también es parte de este ámbito.	Comprende el desarrollo de las emociones, el temperamento y las habilidades sociales. La familia, los amigos, la comunidad, la cultura y la gran sociedad son fundamentales para el ámbito psicosocial. Por ejemplo, forman parte de este ámbito las diferencias culturales en cuanto a los roles sexuales "adecuados" o a las estructuras familiares.

FIGURA 1.2   **Los tres ámbitos**   La división del desarrollo humano en tres ámbitos facilita su estudio, pero recuérdese que muy pocos factores pertenecen exclusivamente a un ámbito o a otro. El desarrollo no se produce por partes sino que es una totalidad: cada aspecto del desarrollo se relaciona con los tres ámbitos.

Psicopatología de la niñez

Cuando un niño sufre problemas graves, como trastornos psicopatológicos o enfermedades mentales (autismo, depresión grave, fobias, etc.) se requiere con particular urgencia un abordaje multidisciplinario. Los trastornos psicopatológicos tienden a manifestarse en el seno de algunas familias, pero no se sabe con certeza si el trastorno mental del niño es el resultado de su herencia genética o de una educación incorrecta.

Ha habido avances en la investigación de los miedos, debido a que esta respuesta se localiza dentro de la *amígdala cerebral*, una pequeña estructura ubicada en una zona profunda del encéfalo. Los profesionales dedicados a la neurociencia ahora saben que la amígdala cerebral es la fuente principal del miedo y la ansiedad. Durante décadas, los psiquiatras han observado que algunas personas son mucho más ansiosas que otras, algunas veces padecen fobias extremas (miedos irracionales) o crisis de ansiedad (ansiedad súbita y abrumadora). Los psicólogos del desarrollo han debatido si esos extremos emocionales se debían a factores genéticos o aprendidos, heredados de los padres o enseñados a través de los propios temores de los progenitores. Las investigaciones recientes arrojaron luz sobre este debate.

Investigación sobre la amígdala cerebral en varias disciplinas

Las imágenes cerebrales de la página 13 muestran la actividad promedio de la amígdala cerebral en dos grupos de personas, que trabajaron en un ambiente seguro dentro del laboratorio, en respuesta a la observación de fotos de rostros que expresaban miedo o sorpresa (Hariri y cols., 2002). Las zonas rojas muestran la activación de la amígdala cerebral. El tamaño promedio de la zona roja para el grupo de la izquierda es el doble que el tamaño promedio para el grupo de la derecha.

Lo que hace interesante a esta investigación es que estos dos grupos se diferencian genéticamente. Los investigadores analizaron primero un gen determinado (el gen del transportador de serotonina) que generalmente se hereda en una de dos formas (alelos). Las personas que heredan la versión corta del gen tienen más probabilidades de obtener una puntuación alta en los niveles de miedo en las pruebas clínicas de personalidad que aquellos que han heredado la versión larga.

❗ RESPUESTA A LA PRUEBA DE OBSERVACIÓN

(de p. 10): al menos cuatro adultos le sonríen; el niño come una manzana de las que tienen en el mercado para la venta; le permitieron sentarse sobre la mesa que tiene alimentos. Si usted encontró otro signo –sus sandalias verdes nuevas– tiene un crédito extra.

❗ RESPUESTA A LA PRUEBA DE OBSERVACIÓN

(de p. 11): camisetas impresas y sueltas, gorros de béisbol hacia atrás, tazas con tapa y pico de plástico que eran raras antes de 1980.

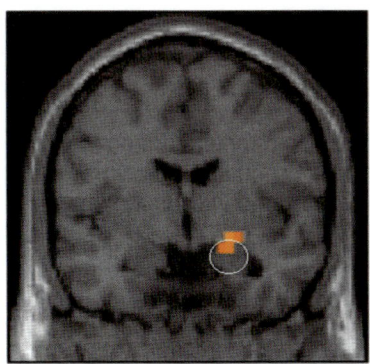 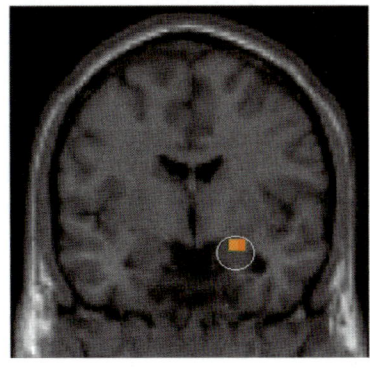

Cerebro alerta Estas dos imágenes corresponden a los resultados promedio de las resonancias magnéticas funcionales cerebrales en dos grupos de personas que observaban las mismas fotografías de rostros que mostraban temor. Las áreas en rojo reflejan la actividad de la amígdala cerebral. ¿Qué grupo sentía más miedo, y por qué? Para saber la respuesta, lea el texto.

Al combinar las investigaciones de la genética con el estudio de las estructuras del encéfalo, estos investigadores hallaron que las personas con la versión corta del gen tenían amígdalas cerebrales más activas. Este hallazgo indica que "pequeñas diferencias genéticas podrían determinar el modo en que las personas responden en el mundo" (Miller, 2002, p. 319). Como este estudio revela, la herencia, la actividad cerebral y las emociones están directamente relacionadas.

El enfoque multidisciplinario debe incluir tanto la investigación psicológica como los estudios biológicos, genéticos y neurocientíficos. Un campo denominado "neurociencia social cognitiva" (que combina varias disciplinas en las tres esferas del desarrollo) ha demostrado que las experiencias pasadas de cada persona y el contexto inmediato también afectan la actividad de la amígdala cerebral (Phelps y cols. 2000; Wheeler y Fiske, 2005).

En una serie de experimentos, los participantes examinaron fotografías de personas desconocidas pertenecientes a diferentes grupos étnicos. La actividad de la amígdala cerebral se produjo cuando la tarea era categorizar (en este caso, estimar la edad de las personas de las fotos) pero no cuando la tarea era neutral (observar si aparecía un punto en los rostros) o individualizada (decir si a esa persona podría gustarle un tipo particular de vegetales, p. ej., espárragos, berenjenas o brócolis). Cuando a los participantes se les decía que percibieran categorías, y no individuos, los centros del miedo en su cerebro se activaban (Wheeler y Fiske, 2005). Los investigadores llegaron a la conclusión que "los objetivos sociocognitivos mostraban diferencias en los patrones de actividad de la amígdala cerebral" (p. 61).

Por lo tanto, la activación de la amígdala cerebral depende no sólo de los genes, sino también del aprendizaje pasado y del contexto presente. En otras palabras, la biología, la psicología y la sociología ayudan a explicar por qué algunas personas se sienten amenazadas en situaciones que otras perciben como inofensivas.

Plasticidad

El término *plasticidad* denota dos aspectos complementarios del desarrollo: los rasgos humanos pueden ser moldeados de diferentes formas y configuraciones (igual que el plástico), aunque las personas mantienen cierta durabilidad en su identidad (una vez más, como el plástico, que lleva décadas destruir). La cultura y la educación son importantes para estos dos aspectos de la plasticidad, del mismo modo que los genes y otras restricciones biológicas. Esta influencia dual se hace sorprendentemente manifiesta en la historia del desarrollo de mi sobrino David.

La plasticidad incluye tanto la esperanza como el realismo: la esperanza debido a que el cambio es posible, y el realismo porque los niños deben construir sobre las experiencias del pasado. En cierto modo, el concepto de plasticidad comprende las otras cuatro características del desarrollo: su naturaleza multidireccional, multicontextual, multicultural y multidisciplinaria. Las personas pueden sobreponerse a las desventajas y reexaminar valores, pero no pueden ignorarlos. No importa la dirección del trayecto que un ser humano tome, el viaje comienza en un punto en particular y avanza a partir de ese punto, hacia arriba, hacia abajo o derecho hacia adelante, pero siempre relacionado con el desarrollo temprano.

ESPECIALMENTE PARA PROFESIONALES DE LA SALUD PÚBLICA ¿Puede la inmunización proteger al embrión?

Mi sobrino David

En la primavera de 1967, en la zona rural de Kentucky, una epidemia de rubéola afectó a mi cuñada, quien sufrió una erupción y dolor de garganta durante un par de días, pero su embrión de 4 semanas quedó dañado de por vida. David nació en noviembre con una malformación cardíaca que ponía en riesgo su vida y cataratas en ambos ojos. También tenía malformaciones menores en los dedos pulgares, en los pies, la mandíbula y los dientes, así como en el cerebro.

Mi hermano es profesor y su esposa es enfermera; el contexto cultural y socioeconómico al que pertenecían los impulsó a buscar ayuda externa. Pidieron consejo a un maestro de la *Kentucky School for the Blind* quien consideraba que una de las características del desarrollo es la plasticidad. Les dijo que no debían culparse más y dejaran de sobreproteger a David. Si querían que su hijo aprendiera acerca del mundo, tendría que explorarlo.

Por ejemplo, en lugar de limitar a David a una cuna o a un corral, deberían darle una gran alfombra para que la use como área de juego. Cuando gateara por fuera de la alfombra, tendrían que decirle "no", y reubicarlo en ella nuevamente. De esta forma, aprendería a utilizar su sentido del tacto para decidir dónde explorar sin peligro y sin golpearse contra las paredes o los muebles.

Aun con los cuidados especiales, el progreso era lento. Cuando tenía tres años, David aún no podía hablar, ni masticar alimentos sólidos, ni ir al baño solo, ni coordinar el movimiento de sus dedos; ni siquiera podía caminar normalmente. Una prueba de CI demostró que padecía un retardo mental grave. Afortunadamente, aunque los defectos auditivos son una consecuencia frecuente en los niños con rubéola, David podía oír. En 1972, cuando tenía cinco años, perdió la visión de un ojo, pero le practicaron una cirugía y le eliminaron la catarata del otro ojo, lo que le otorgó algo de visión. También resultaron exitosas dos operaciones de corazón.

Para entonces, la construcción social que establecía que los niños con una discapacidad grave no podían aprender estaba cambiando. Los padres de David lo matricularon en cuatro escuelas. Dos de ellas eran para niños con parálisis cerebral: asistía a una por la mañana y a la otra (ubicada a 60 km de distancia) por la tarde. Los viernes, cuando estas escuelas estaban cerradas, David asistía a una escuela para niños con retraso mental.

Los domingos por la mañana concurría a una escuela religiosa, su primera experiencia con la integración, la entonces nueva idea de que los niños con necesidades especiales podían educarse junto a los alumnos de una escuela normal. Dentro de la comunidad religiosa, el contexto étnico y cultural en el norte de Kentucky benefició a David: aceptar a los discapacitados y ayudar al prójimo son valores básicos en los Apalaches.

Cuando tenía siete años, David ingresó a una escuela pública. Era uno de los primeros niños con discapacidad grave que era integrado a una escuela común. Su habilidad motora era deficiente (entre otras cosas, tenía dificultades para manejar el lápiz); sus esfuerzos para leer estaban limitados debido a su visión defectuosa y el desempeño social era problemático (pellizcaba a quienes le caían mal, abrazaba a las niñas con mucha fuerza, lloraba y reía en momentos inoportunos).

A los diez años, David había hecho grandes progresos. Logró adelantar un año de escuela e ingresó en quinto grado. Podía leer (con una lupa) en el nivel escolar de 11° grado, y lo calificaron como "intelectualmente dotado" según pruebas verbales y matemáticas. Fuera de la escuela comenzó a aprender una segunda lengua, a tocar el violín y a cantar en un coro.

Hoy David trabaja como traductor de alemán y manifiesta que

> en general soy bastante feliz, y en el fondo, aún más feliz en estos últimos tiempos, especialmente a partir de noviembre, ya que he logrado un buen vibrato al cantar, tanto cuando estoy solo como cuando canto himnos en la iglesia. (Pregunté qué era el vibrato.) Ocurre cuando una nota rebota arriba y abajo en un cuarto de tono a partir de la nota de base, y lo óptimo es entre 5,5 y 8,2 veces por segundo.
>
> *[David, 2002]*

Sorprendente. David no sólo está feliz, sino que también es culto y continúa desarrollando sus habilidades. Posee también un agudo sentido del humor. Cuando le comenté que no estaba progresando a la velocidad que deseaba en la corrección de este texto, aun trabajando mucho todos los días, me respondió: "Eso me suena conocido".

El daño provocado por la rubéola siempre estará con David, limitando su desarrollo. Pero como tía, yo lo he visto superar pronósticos pesimistas. David es un testimonio de la plasticidad: ningún ser humano está restringido por completo o inevitablemente limitado por sus experiencias pasadas.

Tres hermanos Cuando se logra entender la historia personal de otro, no hay forma de no conmoverse. Yo aprendí muchas cosas con David, como se ve en esta foto reciente con sus dos hermanos mayores, Bill (izquierda) y Michael (derecha). Una es el papel de los hermanos: Bill y Michael protegieron a su hermano menor, pero también aprendieron de David a ser más afectuosos que otros jóvenes de su comunidad. Yo sé bien que estos muchachos fueron para mis hijas como hermanos mayores y les toleraron cosas que otros primos no les hubieran permitido.

KTHLEEN BERGER

La persona en sus contextos

Las cinco características del desarrollo humano conducen a una conclusión: nadie es exactamente igual a la persona estadísticamente "promedio" de su cohorte, posición socioeconómica o cultura. Cada ser humano recibe influencias de muchos contextos, que lo afectan en diferentes direcciones y cuya fuerza varía de un individuo a otro, de una edad a otra, en distintas situaciones y de una familia a otra. Además, cada persona posee genes y experiencias que son únicas y que pueden desafiar las predicciones simples. No esperábamos que David sobreviviera, y mucho menos que contribuyera a la sociedad.

Resiliencia

Un tema de gran interés para los psicólogos del desarrollo es la **resiliencia**, la capacidad de algunos niños de superar graves obstáculos para su desarrollo (Clarke y Clarke, 2003; Luthar, 2003b; Luthar y cols., 2000; Masten, 2001; Walsh, 2002). Por ejemplo, un niño que crece en un hogar de bajos ingresos, en un barrio empobrecido, con una madre que padece una enfermedad mental, un padre alcohólico y desempleado, y varios hermanos y hermanas, probablemente llegue a ser delincuente, marginado, adicto a las drogas y criminal, Las estadísticas revelan que, no importa cuál sea la cultura o la etnia, esa niñez generalmente conduce a una adultez problemática.

Sin embargo, algunos niños que crecen en esas terribles circunstancias llegan a ser adultos felices, saludables y productivos. Estos individuos podrán graduarse en la universidad, mantenerse en un buen empleo, casarse con cónyuges afectuosos y educar niños felices y productivos. Ellos son resilientes. ¿Cómo se produce este fenómeno?

Como podremos deducir si empleamos una perspectiva multicontextual, la personalidad de un niño, las características de su educación, la naturaleza de la vida familiar y las características del barrio en el que vive, todo contribuye a la resiliencia. Ninguno de estos factores es simple.

Eficacia del vecindario

Contrariamente a la opinión popular, el nivel de ingresos no es la mejor medida del modo en que funciona un vecindario para el niño. Algunos barrios de bajos ingresos cuentan con un nivel elevado de características denominadas *eficacia colectiva*, como cuando los vecinos crean una red activa e informal de personas que se preocupan por los demás y por su cuadra. Algunas acciones como reco-

No es el camino típico El sueño de esta señora es recorrer a pie los 3 500 kilómetros del sendero de los Apalaches desde Maine hasta Georgia. Ella es considerablemente más activa que el individuo promedio de su cohorte.

resiliencia Capacidad de algunas personas de tolerar situaciones que son a menudo dañinas (por ejemplo, la pobreza, la enfermedad mental, los problemas sociales y la poca inteligencia) y de adaptarse hasta el punto de fortalecerse.

Un lugar peligroso para los niños Este vecindario en Washington D.C. no demuestra signos de eficacia colectiva por parte de sus residentes adultos. La basura, las ventanas cerradas con tablas y el pavimento roto son señales de que cualquier niño que viva cerca se encuentra expuesto a un riesgo mayor de padecer deterioros en la salud, maltrato familiar y desatención social.

ger la basura de la calle, reparar las ventanas rotas y cuidar de los niños son signos más precisos de salud emocional y física del vecindario que sus ingresos promedio (Cohen y cols., 2000: Sampson y cols., 1997). Debido a que las instituciones religiosas y sociales pueden aumentar la eficacia colectiva, los científicos sociales evalúan si las iglesias, los templos, las mezquitas, las escuelas, las clínicas, las tiendas y los centros comunitarios locales realmente construyen la eficacia colectiva y por lo tanto favorecen la resiliencia.

La estabilidad residencial también es más importante que el nivel de ingresos (Adam, 2004). Los niños se benefician si su familia y sus vecinos viven en la misma casa durante años, probablemente debido a que una buena relación y un efectivo funcionamiento vecinal llevan mucho tiempo para desarrollarse.

La resiliencia se estudiará con más detalle en el capítulo 13. Por ahora, sólo recordemos que el desarrollo de un niño se ve afectado, pero no necesariamente determinado, por sus contextos. Como ejemplo, consideremos el caso de la poeta afroamericana Maya Angelou, quien no aceptó que su vida se viera determinada por su contexto histórico, cultural y socioeconómico.

TEMAS PARA EL ANÁLISIS

"Mi nombre no era Mary"

Maya Angelou nació en 1929 con el nombre de Marguerite Johnson, en una comunidad rural de Arkansas, en la que había tal segregación racial que ella pensaba que "los blancos no pueden ser personas porque sus pies son muy pequeños, su piel es muy blanca y transparente, y no caminan apoyando la planta del pie, como todo el mundo, sino que caminan sobre los talones, como los caballos" (Angelou, 1970, p. 76). Cuando tenía diez años, Marguerite comenzó a aprender acerca de la gente blanca como aprendiz de la señorita Glory (el "colegio de señoritas", como ella le decía), quien trabajaba como empleada doméstica para la señora Cullinan. Un día, cuando Marguerite servía a la señora Cullinan y sus amigas...

Hoy, todo el mundo conoce su nombre La poetisa y autora de bestsellers Maya Angelou da un discurso en la University of Northern Iowa sobre el poder curativo y reparador de la poesía. Instó a los miembros de la audiencia a ser los "compositores" de sus vidas.

...una de las mujeres preguntó: "¿Cuál es tu nombre, pequeña?" Era la vieja de las pecas. La señora Cullinan respondió: "No habla mucho, su nombre es Margaret"...

Le sonreí. Pobrecita... no podía ni siquiera pronunciar mi nombre correctamente.

"Es una niña muy adorable, sin embargo."

"Bueno, puede ser, pero su nombre es demasiado largo. Yo ni me molestaría. La llamaría Mary si fuera tú."

Me retiré enojada hacia la cocina. Esa horrible mujer nunca tendría la posibilidad de llamarme Mary porque aunque me estuviera muriendo de hambre, jamás trabajaría para ella. Decidí que nunca le tendería una mano aunque su corazón se estuviera incendiando...

Al día siguiente... la señorita Glory y yo lavábamos la vajilla del almuerzo, cuando la señora Cullinan entró por la puerta. "¿Mary?"

La señorita Glory preguntó: "¿Quién?"... "Su nombre es Margaret, señora, su nombre es Margaret."

"Es muy largo. De ahora en adelante se llamará Mary. Calienta la sopa de anoche, sírvela en la sopera china y tráela con cuidado, Mary."

Todas las personas que conocía tenían terror de ser llamadas de distinta forma. Era una práctica peligrosa nombrar a un negro de cualquier modo que pudiera interpretarse como un insulto, dados los siglos en los que les pusieron tantos apodos distintos.

Por un instante la señorita Glory sintió lástima por mí. Luego, mientras me entregaba la sopera caliente dijo, "no le des importancia. Palos y piedras pueden romper mis huesos, pero las palabras... tú sabes, he estado trabajando para ella por más de veinte años... veinte años... No era mucho más grande que tú. Mi nombre era Hallelujah. Así me llamaba Ma, pero mi señora me puso 'Glory', y ahí quedó..."

Durante algunos segundos tuve una lucha interna acerca de si debía reír (imagina ser llamada Hallelujah) o llorar (imagina que una mujer blanca te cambie el nombre para su comodidad). Mi enojo me salvó de cualquiera de los dos posibles arrebatos. Tenía que renunciar al trabajo, pero el problema era cómo lo iba a hacer. Mamá no me dejaría retirarme por cualquier razón...

Durante una semana me dediqué a mirar fijamente a la señora Cullinan [un insulto] cuando me llamaba Mary. Ella ignoraba el hecho de que yo llegara tarde y me retirara antes de hora. La señorita Glory estaba un tanto molesta porque había comenzado a dejar yema de huevo en la vajilla y no ponía mucho empeño al lustrar la platería. Yo esperaba que se quejara ante nuestra jefa, pero no lo hacía.

Entonces Bailey [el hermano de Maya, de 11 años de edad] resolvió mi dilema. Me pidió que le describiera el contenido del armario y la vajilla favorita de la señora. Lo que más apreciaba era una cazuela en forma de pez y las tazas de café de vidrio verde. Mantuve en mente los consejos de Bailey y al día siguiente, cuando la señorita Glory estaba colgando la ropa y a mí me habían ordenado servir a las viejas en el porche, dejé caer la bandeja vacía. Cuando escuché a la señora Cullinan gritar, "¡Mary!", tomé la cazuela y dos de las tazas verdes con rapidez. Y mientras se acercaba a la puerta de la cocina, las dejé caer sobre el piso de baldosas.

Nunca pude describirle a Bailey por completo qué sucedió luego, ya que cada vez que llegaba a la parte en la que ella caía al piso y arrugaba su cara horrible para llorar, estallábamos de risa. Literalmente "temblaba en el piso mientras recogía los trozos de las tazas, lloraba y decía: "Oh madre. Oh, Dios mío. Era la vajilla china de Virginia de mi madre. Oh madre, lo siento mucho".

La señorita Glory entró corriendo desde el jardín... casi tan deshecha como su señora. "¿Dice que rompió la vajilla de Virginia? ¿Qué haremos ahora?"

La señora Cullinan gritó más fuerte, "esa negra torpe, mocosa negra torpe".

"Vieja Pecosa" se inclinó y preguntó: "¿Quién hizo esto, Viola? ¿Fue Mary? ¿Quién fue?"...

La señora Cullinan dijo: "Su nombre es Margaret, maldita sea, su nombre es Margaret". Y me arrojó un pedazo de vajilla rota. Probablemente su histeria haya afectado su puntería, ya que el trozo de loza se dirigió hacia la señorita Glory y dio justo sobre su oreja, y ella comenzó a gritar.

Dejé la puerta principal abierta de modo que los vecinos pudieran escuchar.

La señora Cullinan tenía razón en una cosa. Mi nombre no era Mary.

[Angelou, 1970, pp. 90-93]

El comportamiento de Maya Angelou en este episodio no es el esperado para una niña pobre afroamericana (como tampoco lo es en muchos otros hechos descritos en su autobiografía), pero ella no cuestionaba otros aspectos de su situación. Nótese que nunca se le ocurrió pedirle a la señora Cullinan que la llamara "Marguerite", ni decirle a su madre que quería renunciar. Su cultura infantil hacía que ese tipo de cosas resultaran inimaginables.

La influencia de su hermano fue decisiva, no sólo en este incidente particular sino incluso en su nombre. Bailey solía llamarla *"Mya sister"* (por *"my sister"*, "mi hermana" en español), un apodo que a ella le agradaba. En general, las personas resilientes crean sus propios nombres, roles y desafíos, y resisten aquellos que les son impuestos.

¿Por qué el comportamiento de Maya era tan distinto del de la señorita Glory? El contexto social es parte de la respuesta. La señorita Glory no sólo había nacido 20 años antes que Maya, sino que también era descendiente de esclavos de Virginia de posesión de la familia de la señora Cullinan. Otras razones posibles incluyen la personalidad de Maya, la influencia de su hermano, su orgullo étnico y su intelecto: todos éstos son factores en la determinación de la resiliencia. Una cosa está clara: el pasado no siempre determina el futuro. Como lo demuestra este episodio, los niños reaccionan ante los hechos de una forma inesperada, tomando algunos aspectos de su entorno y de su historia, pero también siendo ellos mismos.

SÍNTESIS

La ciencia del desarrollo humano busca comprender de qué modo las personas cambian a través de su vida. Cada vida es un sistema dinámico, caracterizado por el cambio, que es *multidireccional*. El desarrollo también es *multicontextual*, en el sentido que cada contexto tiene un impacto. Por ejemplo, las condiciones históricas y socioeconómicas influyen en el rumbo de la vida mucho más que otras condiciones. El mismo concepto de "niñez" es una construcción social, que depende de circunstancias históricas y económicas. La cultura tiene una influencia omnipresente, afecta cada elección que una persona realiza. El enfoque *multicultural* del estudio del desarrollo hace que los contrastes y las semejanzas sean más evidentes. El estudio del desarrollo también es *multidisciplinario*, ya que recurre a la biología, la psicología, la educación, la sociología y muchas otras disciplinas. Cuantas más disciplinas contribuyen, mejor llega a comprenderse el desarrollo. La *plasticidad* es siempre evidente, especialmente cuando pone de manifiesto la resiliencia en los niños que han superado condiciones adversas. Aunque los cambios en el desarrollo deben construirse sobre bases biosociales, cognitivas y psicosociales previas, los seres humanos nunca están limitados totalmente por su pasado, ni completamente libres de él. La vida de una persona recibe la influencia de todos los factores que intervinieron en su desarrollo, pero no está determinada por ninguno de ellos.

El estudio del desarrollo como ciencia

El estudio del desarrollo es una ciencia, por lo tanto debe basarse en pruebas objetivas. Debido a que se refiere a la vida y al crecimiento humanos, también está cargado de implicaciones y aplicaciones subjetivas. Este interjuego entre lo objetivo y lo subjetivo, de lo universal y lo personal, hace que la ciencia del desarrollo sea un estudio desafiante, fascinante y aun transformador. Esta característica también hace difíciles las conclusiones firmes y supone controversias.

Los adultos se forman opiniones espontáneas de cómo los niños deben crecer y por qué son como son; hasta opinan si los adolescentes deben encontrar trabajo, enamorarse o seguir una religión, y cómo deben hacerlo. Las opiniones son subjetivas, reciben su influencia del entorno, de la cultura y las experiencias. Para pasar de la opinión a la verdad, de los deseos a los resultados, necesitamos la ciencia.

Los científicos promueven el conocimiento al formular preguntas y buscar respuestas, siempre examinando los supuestos. Para evitar la distorsión de las opiniones y controlar el sesgo de las experiencias personales, utilizan el **método científico**. Este método, utilizado en todas las ciencias desde la física hasta la economía, incluye cuatro etapas básicas y algunas veces una quinta:

1. *Formulación de la pregunta*. Sobre la base de la investigación previa o de una teoría en particular, o de la observación personal, plantea el problema. Los científicos sienten curiosidad por casi todas las cosas.
2. *Desarrollo de la hipótesis*. Reformula y segmenta la pregunta en **hipótesis**, predicciones específicas que deben probarse.
3. *Prueba de la hipótesis*. Diseña y conduce la investigación que proporcionará la evidencia empírica –en forma de datos– sobre la validez o la falsedad de las hipótesis.
4. *Extracción de las conclusiones*. Usa las pruebas para sostener o refutar las hipótesis. Advierte las limitaciones de la investigación (incluyendo las características de los participantes) y las explicaciones alternativas.
5. *Publicación de los hallazgos*. Publica el procedimiento y los resultados con los detalles suficientes como para que otros científicos puedan evaluar las conclusiones o duplicar la investigación. **Duplicación** es la repetición de un estudio científico, utilizando los mismos procedimientos en un grupo diferente de participantes, para verificar o refutar las conclusiones del estudio original.

Entre las preguntas que los científicos del desarrollo se formulan (pasos 1 y 2) y las respuestas que ellos encuentran (pasos 4 y 5) subyace la *metodología*, que es el conjunto de estrategias específicas o métodos utilizados para reunir y analizar los datos y para probar las hipótesis. Estas estrategias son de importancia fundamental porque "el modo en que se intente aclarar un fenómeno en gran medida determina la validez de la solución" (Cairns y Cairns, 1994). En otras palabras, la *validez* de un estudio de investigación (¿mide lo que se propone medir?), la *confiabilidad* (¿son las medidas exactas en el sentido que mostrarán los mismos resultados si se repiten?), la *generalizabilidad* (¿se aplica a otras poblaciones y situaciones?) y la *utilidad* (¿puede solucionar los problemas reales de la vida?) afectan la fuerza de las conclusiones. El diseño de investigación puede mejorar o debilitar esa fuerza.

Algunas estrategias generales para que la investigación sea válida, confiable, generalizable y útil se describen en el apéndice B. Algunas teorías del desarrollo, que hicieron surgir muchas preguntas relativas a la investigación, se explican en el capítulo 2. Ahora, volveremos a los cuatro métodos de probar las hipótesis: observaciones, estudios experimentales, encuestas y estudios de casos. Recuerde, el objetivo final es encontrar pruebas que den respuesta a las preguntas lo más fielmente posible.

La observación

La **observación científica** requiere una conducta de observación y registro de manera sistemática y objetiva. En la ciencia del desarrollo humano, las observaciones generalmente se producen en un entorno natural como el hogar, la escue-

---

método científico Manera de responder a preguntas que requiere una investigación empírica y conclusiones basadas en datos.

hipótesis Predicción específica que se hace de manera tal que es posible someterla a prueba y confirmarla o refutarla.

duplicación Repetición de un estudio científico, en el cual se aplican los mismos procedimientos en otro grupo de participantes, para verificar o cuestionar las conclusiones del estudio original.

observación científica Método que examina hipótesis mediante la observación y recopilación de notas sobre el comportamiento de los participantes, sin interferencias y de manera sistemática y objetiva, ya sea en un laboratorio o en un ambiente natural.

No molestar: la ciencia progresa ¿Comprende un bebé de seis meses que las tazas van con los platillos, que los círculos no son cuadrados y que las madres saben las respuestas que los niños desconocen? En esta observación de laboratorio, una científica provoca las respuestas mientras otra graba en vídeo los resultados para un análisis posterior.

la, un parque público, ya que estos encuadres alientan a las personas a comportarse del modo en que habitualmente lo hacen. Generalmente, los científicos que observan tratan de no interferir y dejan que el participante de la investigación actúe naturalmente, mientras ellos recogen los datos de tal modo que queden protegidos contra sus prejuicios o sus pensamientos tendenciosos.

La observación se ha utilizado para arrojar luz sobre el incremento mundial del peso promedio de los niños en las últimas décadas. Los datos obtenidos en los Estados Unidos se muestran en la figura 1.3, y todas las pruebas indican que el problema va en aumento (Hedley y cols., 2004). Una pregunta importante que se formula la ciencia del desarrollo (paso 1 del método científico) es "¿por qué la obesidad en los niños está en aumento?". Una hipótesis (paso 2) es que los niños de hoy son menos activos que los de las generaciones anteriores.

Una pregunta específica es "¿cuántos niños van a la escuela caminando o en bicicleta?". Algunos observadores concurrieron a ocho escuelas primarias (algunas rurales, otras urbanas) en Carolina del Sur, para hacer un recuento de cuántos niños llegaban en colectivo, en auto, en bicicleta o a pie (paso 3). Para asegurarse que podrían controlar todas las fluctuaciones que pudieran producirse según el día de la semana, las observaciones de cada escuela se estudiaron durante 5 días consecutivos. Como lo muestra la figura 1.4, sólo el 5% de los niños realizaba ejercicio físico concurriendo a la escuela a pie o en bicicleta (Sirard y cols., 2005).

Estos números son menores que los del promedio nacional (13% camina hasta la escuela según una encuesta telefónica realizada a los padres). Uno de los motivos de la discrepancia puede ser el contexto. Ninguna de las ocho escuelas estaba en una gran ciudad, donde la mayor parte de los establecimientos están a distancias que se pueden recorrer caminando desde el lugar de residencia de los niños. Además, los investigadores consideraron que "el sistema de observación utilizado por este estudio puede proporcionar estimaciones prevalentes más exactas comparadas con estimaciones previas basadas en encuestas" (Sirard y cols., 2005, p. 237).

La observación tiene una limitación importante: no indica las causas que hacen que las personas hagan lo que hacen. ¿Los niños son más pesados porque sus padres los llevan en auto a la escuela? o ¿los padres son más proclives a llevarlos en auto a la escuela porque ellos son demasiado pesados como para caminar o llegar en bicicleta? ¿La inactividad es el resultado o la causa del sobrepeso? Este estudio observacional no puede darnos esta respuesta.

FIGURA 1.3 **La epidemia de obesidad** El porcentaje de niños y adolescentes con sobrepeso u obesos aumentó más de tres veces en menos de 50 años, y la velocidad de crecimiento ha sido particularmente elevada en los últimos 15 años. En la actualidad, el 16% de la población de los EE.UU. de 18 años o menos tiene valores de IMC (índice de masa corporal) que se encuentran dentro del percentil 95, o por encima de éste, en las tablas de crecimiento del *Centers for Disease Control*, que establecen el criterio para la clasificación del sobrepeso.

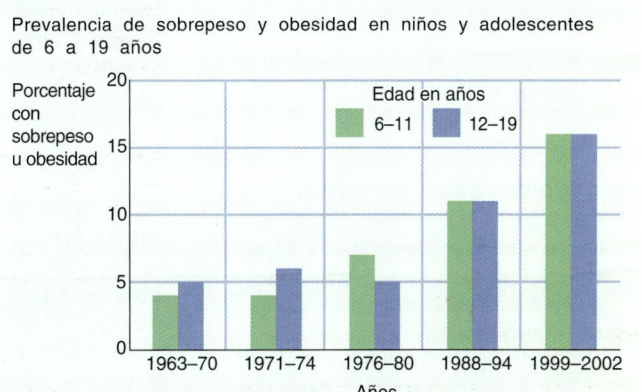

Prevalencia de sobrepeso y obesidad en niños y adolescentes de 6 a 19 años

Fuente: Centers for Disease Control, National Center for Health Statistics Web site, http://www.cdc.gov/nchs/products/pubs/pubd/hestats/overwght99.htm; 1° de marzo de 2005.

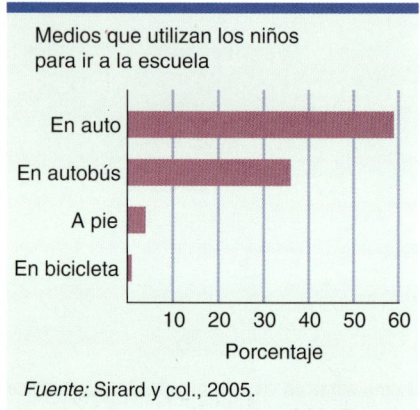

Medios que utilizan los niños
para ir a la escuela

Fuente: Sirard y col., 2005.

FIGURA 1.4 **¿Para qué caminar cuando se puede conducir?** Un estudio observacional de ocho escuelas primarias de Carolina del Sur demostró que sólo el 5% de los niños se dirigen a la escuela a pie o en bicicleta. El estudio, sin embargo, no pudo determinar *la razón* por la cual estos niños no fueron a la escuela por sus propios medios. Para eso, sería necesario realizar un estudio experimental.

estudio experimental Método de investigación en el cual el investigador trata de determinar la relación de causa y efecto que existe entre dos variables, manipulando una de esas variables (denominada *variable independiente*) y luego observando y anotando los cambios resultantes en la otra variable (denominada *variable dependiente*).

variable independiente En un estudio experimental, la variable que se incorpora para observar el efecto que produce en la variable dependiente. (También se denomina *variable experimental.*)

variable dependiente En un estudio experimental, variable que puede cambiar cuando el investigador incorpora una nueva condición o situación. O sea, la variable dependiente *depende* de la variable independiente.

grupo experimental Grupo de participantes de una investigación que pasan por la manipulación o tratamiento que constituye la parte principal del experimento.

grupo de comparación (grupo control) Grupo de participantes de una investigación que son similares a los del grupo experimental en todos los detalles relevantes, excepto en que no son sometidos a la manipulación experimental (la variable independiente).

ESPECIALMENTE PARA ENFERMERAS En el campo de la medicina ¿por qué se realizan experimentos para probar nuevas drogas y tratamientos?

El estudio experimental

El **estudio experimental** es el método de investigación que los científicos utilizan para establecer causas. En las ciencias sociales, los experimentadores, en general, les dan a las personas un tratamiento particular, o los exponen a una condición específica, y luego observan si hay cambios en su conducta.

En términos técnicos, los investigadores manipulan una **variable independiente** (el tratamiento o condición especial, también denominada la *variable experimental*). Observan si la variable independiente que ellos han impuesto afecta la conducta específica que están estudiando, denominada **variable dependiente** (la que, en teoría, *depende* de la variable independiente). Por lo tanto, la variable independiente es el tratamiento nuevo y especial; la variable dependiente es el resultado.

El propósito de un estudio experimental es averiguar si una variable independiente afecta la variable dependiente. Las estadísticas son utilizadas con frecuencia en el análisis de los resultados. Algunas veces los resultados se informan por el *tamaño del efecto*, para distinguir los efectos leves, moderados o amplios. Algunas veces se utilizan las pruebas de *significación*, para indicar si los resultados podrían haber ocurrido por azar. (Un hallazgo de que el azar produciría resultados en menos de cinco veces en cien, es significativo al nivel 0,05; una vez en cien es significativo al 0,01.) El propósito del experimento es tratar de establecer las relaciones causa-efecto; las estadísticas indican la fuerza de esa relación. Ningún otro método señala qué conduce a qué.

Para asegurarse si fue este tratamiento especial y no alguna otra variable que no puede medirse lo que causa la modificación de la variable dependiente, los investigadores generalmente comparan dos grupos de participantes: un grupo que se somete al tratamiento especial y otro grupo, similar en todos los demás aspectos, que no se somete al tratamiento. Por lo tanto, en un típico estudio experimental (como el diagramado en la fig. 1.5) se estudian dos grupos de participantes: un **grupo experimental** al que se le aplica un tratamiento particular (la variable independiente) y el **grupo de comparación** (también denominado **grupo control**), que no recibe ese tratamiento especial. Algunas veces los mismos participantes actúan como su propio grupo control, ya que son evaluados antes y después del tratamiento experimental (variable independiente) para observar si se produce algún cambio (variable dependiente).

La necesidad de un estudio experimental se hace evidente al considerar los datos de los niños que caminan hacia la escuela. Los datos históricos demuestran que la mayor parte de los niños y los adultos caminan mucho menos que antes en su rutina diaria, pero la relación entre ese hecho y el incremento en la obesidad no es claro. ¿La inactividad produce aumento de peso o se trata de lo contrario?

Para establecer las causas es necesario realizar un estudio experimental. Por razones éticas (que se explicarán más adelante en este capítulo), algunos estudios son más fáciles de implementar en adultos que en niños.

Los investigadores reunieron a un grupo de adultos inactivos (que se describían a sí mismos como "patatas de sofá" ("*couch potatoes*", apelativo con el que se denomina, en Estados Unidos, a quienes se quedan sentados mirando TV buena parte del día) y que aceptaron utilizar un equipo de monitoreo electrónico para registrar sus movimientos corporales y la posición 120 veces por minuto, las 24 horas del día. La mitad de los voluntarios eran delgados y la mitad, en cierto modo obesos. Los adultos delgados se movían más en las "rutinas de todos los días" que los adultos con sobrepeso (Levine y cols., 2005). Por ejemplo, los adultos delgados pasaban un promedio de nueve horas por día parados o caminando; los obesos sólo seis horas.

Luego se realizó el estudio experimental. Ambos grupos comenzaron con una dieta por dos meses. Los participantes con sobrepeso perdieron alrededor de 8 kg (20 libras) debido a la dieta, y los delgados ganaron alrededor de 4 kg (10 libras). Luego se midió nuevamente la actividad diaria. No hubo cambios estadísticos; de hecho, los que pesaban más continuaron moviéndose ligeramente menos aunque habían perdido peso. Este estudio muestra cuál es la causa y cuál el efecto: el patrón diario de movimientos de una persona afecta su peso corporal y no lo contrario. Para lograr una pérdida de peso permanente, es necesario incrementar los niveles de movimiento habituales.

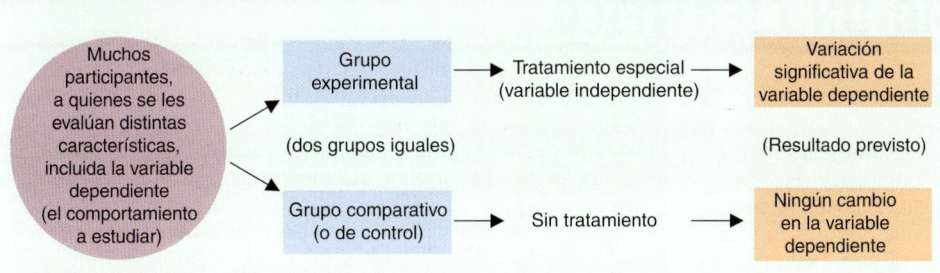

Procedimiento:

1. Separar a los participantes en dos grupos que compartan características esenciales, especialmente el comportamiento, que es la variable dependiente que se estudia.

2. Dar un tratamiento especial, o intervención (la variable independiente), a un grupo (el grupo experimental).

3. Comparar la variable dependiente de ambos grupos. Si ahora difieren, la causa de la diferencia probable-mente sea la variable independiente.

4. Publicar los resultados.

FIGURA 1.5 Cómo llevar a cabo un estudio experimental

? PRUEBA DE OBSERVACIÓN (véase la respuesta en la p. 23): ¿el grupo experimental siempre cambia?

Si se aplica este resultado en los niños, es probable que el hecho de incrementar el nivel de actividad diario les permita bajar de peso. Llevarlos a la escuela en auto, en lugar de permitirles caminar o ir en bicicleta, es una de las razones por las que los niños de hoy son más pesados de lo que eran en el pasado.

Las encuestas

Un tercer método de investigación son las **encuestas.** La información se recoge entre un gran número de personas por medio de entrevistas, cuestionarios u otros instrumentos. Ésta es una forma fácil, directa y rápida de obtener datos. Sin embargo, la obtención de datos válidos a través de una entrevista o un cuestionario es más difícil de lo que parece. Uno de los motivos es que las personas que son encuestadas pueden no ser verdaderamente representativas del grupo que se desea investigar.

Este problema surge en todas las encuestas que buscan predecir qué candidato ganará una elección. Especialmente, si los números son semejantes, es crucial que los que responden voten realmente, voten como dicen que lo harán y reflejen el punto de vista de miles de ciudadanos de los que se supone que son representativos.

Además, la forma en que están formuladas las preguntas del cuestionario puede influir en las personas para que respondan de un modo particular. Hasta el orden de las preguntas puede hacer diferencias. Además, muchos entrevistados dan respuestas inexactas con la esperanza de que los hagan más inteligentes o más buenos, especialmente si la verdad es vergonzosa. Por ejemplo, algunos de los padres que afirmaron que sus hijos iban a la escuela caminando podrían haber distorsionado la verdad.

Muchos estudios han hallado que cuando las madres y los padres, o los padres y los maestros, o los adultos y los niños son encuestados sobre el mismo tema, las dos respuestas grupales difieren. Por ejemplo, cuando se les pregunta sobre la salud de sus hijos, "muchos padres describen un cuadro mucho más optimista del bienestar de sus hijos que el que describen los niños de ellos mismos" (Scott, 2000, p. 99). Los datos de las encuestas que inducen a error son particularmente comunes cuando se les pregunta a los adolescentes acerca de drogas o sexo. Los muchachos tienden a exagerar sus conquistas sexuales, y las mujeres tienden a negar su actividad sexual, pero podría ser que un grupo respondiera con más sinceridad que el otro.

Los problemas con las encuestas pueden comenzar aún antes de obtener las respuestas. Por ejemplo, los psicólogos del desarrollo están muy interesados en las diferencias entre las personas de distintos entornos; pero tan pronto como la raza, la etnia o los ingresos aparecen en el cuadro, se vuelve más difícil categorizar a las personas, como se explica a continuación.

estudio o encuesta　Método de investigación en el cual se recopila información de un gran número de personas mediante entrevistas personales, cuestionarios escritos u otros medios.

ESPECIALMENTE PARA CIENTÍFICOS SOCIALES
¿Cuáles son los beneficios de la investigación intercultural?

PENSANDO COMO UN CIENTÍFICO

Origen étnico, raza, cultura e ingresos

Siempre hay confusión cuando alguna persona (científico o no) se refiere a los grupos étnicos, razas, culturas y clases socioeconómicas, dado que estas categorías comparten elementos de forma compleja. Por lo tanto, los investigadores buscan desentrañar estas categorías especificando con exactitud a qué se refieren cuando utilizan estos términos.

Los miembros de un **grupo étnico** pueden compartir determinados atributos, casi siempre un patrimonio cultural ancestral y generalmente el lugar de procedencia, la religión y la lengua (Whitfield y McClearn, 2005). (El *patrimonio cultural* se refiere a costumbres y tradiciones conservadas hasta el presente; el *lugar de procedencia* se refiere al país de origen del antepasado.) Cada grupo étnico tiene una cultura. Es elección de la persona que nace dentro de un grupo étnico identificarse o no con el grupo y formar parte de su cultura. Una persona con otro patrimonio cultural puede adoptar aspectos de la nueva cultura, pero no se consideran parte del grupo étnico a personas que no hayan nacido en él; es decir, una persona no puede unirse voluntariamente a un grupo étnico.

Las categorías étnicas emergen de la historia, de la sociología y de la psicología, no de la biología. El término **raza**, en cambio, ha sido utilizado para categorizar grupos de personas genéticamente distintas basándose en su apariencia (p. ej., el tono de la piel, el color y la textura del cabello, el color y la forma de los ojos y la estructura corporal). Sin embargo, en la realidad no existen límites raciales claros y alrededor del 95% de las diferencias genéticas entre una persona y otra ocurren *dentro de* los supuestos grupos raciales y no entre ellos. La variación genética es particularmente evidente en las personas de piel oscura cuyos antepasados eran africanos (Tischkoff y Kidd, 2004).

Generalmente, los científicos sociales se refieren a las categorías étnicas y culturales utilizadas en las sociedades que han estudiado, dado que estas clasificaciones pueden afectar el desarrollo. El prejuicio y la discriminación a menudo surgen a partir de las diferencias raciales que se perciben, y la autoidentificación racial puede afectar su cognición. Pero no se debe olvidar que la raza "es un concepto construido socialmente y no biológicamente" (Sternberg y cols., 2005). Es un concepto torpe y engañoso, a menos que se lo defina claramente como una construcción social y no como una realidad biológica.

Se pueden encontrar pruebas de que la raza es una construcción social en las categorías utilizadas en el Censo de los Estados Unidos, el que en un principio computaba sólo a las personas blancas. Hacia 1970, el *U.S. Bureau of the Census* determinaba tres categorías raciales: "blanco", "negro" y "otros". En el censo de 1980, "otros" fue reemplazado por "asiático e isleño del Pacífico", "aborigen, esquimal, aleutiano" e "hispano, de cualquier raza". En 1980, los hispanos también debían clasificarse ellos mismos como "blancos" o "negros"; esta clasificación era imprecisa dado que prácticamente todos los latinos poseían antepasados europeos, africanos y aborígenes (Shields y cols., 2005). En el censo realizado en 2000, la categoría "hispano" se mantuvo; "asiático" fue

separado de "hawaiano e isleño del Pacífico"; y, por primera vez, las personas podían simplemente identificarse como "más de una raza". En el censo de 2010 sin duda se ajustarán aún más las categorías. Basta con decir que, aunque las investigaciones científicas (algunas de ellas se informan en este texto) tradicionalmente han utilizado categorías raciales, el concepto de raza se utiliza con menor frecuencia, y hoy es cada vez de menor utilidad.

Para complicar aún más las cosas, la posición socioeconómica tiende a seguir variaciones del desarrollo y étnicas, las cuales superponen las viejas categorías raciales y los nuevos patrones culturales. Algunos estudios demuestran que las diferencias que en un principio fueron identificadas como étnicas son en realidad diferencias de clase social. Por ejemplo, un estudio del censo en Rhode Island y Massachusetts demostró que la mitad de las diferencias de salud entre los norteamericanos de procedencia africana, asiática, europea e hispana no se deben al origen étnico sino a la posición socioeconómica baja (Krieger y cols., 2005).

La superposición de los conceptos de origen étnico, posición socioeconómica y cultura hace que sea difícil identificar una raíz única como causa de cualquier diferencia. Por ejemplo, en los Estados Unidos, los norteamericanos de procedencia europea tienen tres veces más posibilidades de vivir solos que los norteamericanos de procedencia hispana (*U.S. Bureau of the Census*, 2003). ¿Es esto un patrón étnico que refleja el apego a la familia, el valor que la gente de Latinoamérica pone en la cercanía de la familia? ¿O está relacionado con el nivel de ingresos, dado que el ingreso de los hispanos es alrededor del 60% del ingreso promedio de los norteamericanos de procedencia europea, y por lo tanto no pueden solventar residencias separadas? ¿Es cultural, es decir, una decisión tomada por los más viejos de vivir con sus hijos porque ésa es la norma cultural? ¿O es el resultado de una etapa del desarrollo, ya que la edad mediana de los norteamericanos de procedencia hispana es 27, comparado con los 40 años promedio de los norteamericanos de procedencia europea? Esto significa que las familias hispanas tendrían más niños pequeños, quienes obviamente no pueden vivir solos. Cada una de estas posibles explicaciones es plausible.

Los científicos pueden separar origen étnico, posición socioeconómica, cultura y etapa de desarrollo, pero tal análisis es complicado porque estos cuatro factores interactúan dentro de cada grupo étnico. Obviamente, es importante realizar más distinciones dentro de cada grupo. Por ejemplo, aunque se encuentran dentro de la categoría de "norteamericanos de procedencia europea", el grupo de los italoamericanos se diferencian del grupo de los norteamericanos con antepasados de Noruega de acuerdo con distintos factores críticos, entre los cuales figuran la religión, el idioma y la historia inmigratoria. Pensar como científico significa prestar especial atención a que las conclusiones que se pueden extraer de un grupo no se extiendan irreflexivamente a otros grupos.

---

grupo étnico Personas cuyos antepasados nacieron en la misma región y generalmente comparten el mismo idioma y profesan la misma religión.

raza Grupo de personas consideradas (por sí mismas o los demás) distintas en términos genéticos sobre la base de sus rasgos físicos.

Estudio de un caso

Un cuarto método de investigación, el **estudio de un caso**, es el estudio intensivo de un individuo. Generalmente comienza con una entrevista, en la que un individuo describe su historia, su pensamiento actual y sus acciones. Otras personas (amigos, familiares, vecinos, maestros) que lo conocen también son entrevistadas. Generalmente el entrevistador cuenta con una serie de preguntas preparadas por anticipado y las respuestas se registran completas y no son resumidas en una lista de control, y el seguimiento de las preguntas se enmarca en un punto, con el objeto de comprender y registrar todos los matices de esa persona en particular.

El estudio de un caso puede ser muy útil si el autor es perspicaz. A veces, alguien que recuerda su vida proporciona un conocimiento emocional que es difícil de obtener de otro modo. Frank McCourt lo hizo en *Las cenizas de Ángela,* su autobiografía, que fue un gran éxito en ventas y que comienza así:

> Cuando recuerdo mi niñez, me pregunto cómo mis hermanos y yo nos las ingeniamos para sobrevivir. Fue, desde luego, una niñez miserable. Peor que la niñez miserable común y corriente es la niñez miserable irlandesa y aún peor es la niñez miserable católica irlandesa. La gente en todas partes se jacta o se queja de los infortunios de sus primeros años, pero nada se puede comparar con la versión irlandesa: la pobreza, el padre alcohólico, locuaz e inestable; la piadosa y derrotada madre gimiendo junto al fuego, los ingleses y las cosas terribles que nos hicieron durante ochocientos largos años. Y sobre todo: vivíamos mojados.
>
> *[McCourt, 1996, p. 9]*

El problema con el estudio de un caso es que sólo revela verdades sobre la persona en cuestión y que podría haber otras versiones válidas acerca de ella. Un hermano de McCourt, Malachi, no recuerda su niñez como Frank (McCourt, 1998). Como un estudioso señaló, muchos investigadores podrían hallar inmediatamente en Irlanda "una muestra de niños que no estaban mojados, sólo un poco mojados, o simplemente mojados por la noche". Sin embargo, este estudioso elogia a McCourt por "encontrar los términos que describen su niñez, y que indirectamente la comparan con la de otros" (Qvortup, 2003, p. 78).

El estudio de un caso tiene tres aplicaciones importantes:

- Hace posible el conocimiento profundo de un individuo en particular.
- Proporciona un punto de partida motivador para realizar otras investigaciones.
- Ilustra, de modo destacado, verdades generales.

Inevitablemente, la recolección y la interpretación de la información en el estudio de un caso reflejan sesgos e idiosincrasias individuales. Los datos se obtienen de una persona y las conclusiones se aplican a una persona. Ciertamente, otros niños, aun los pobres de Irlanda, pasan por experiencias contrastantes, y ciertamente muchos adultos que no crecieron en Irlanda argumentarán que su niñez fue, en todos sus detalles, tan miserable como la de McCourt. Una limitación adicional, que discutiremos más tarde, es que el estudio de un caso se basa en palabras, más que en números.

Estudio de los cambios a través del tiempo

Recuerde la definición de la página 5: la ciencia del desarrollo humano busca comprender cómo y por qué las personas –todas las personas, en todos los lugares– cambian o se mantienen iguales *a lo largo del tiempo.* Los científicos que estudian el desarrollo utilizan los métodos que hemos descrito –observación, experimentación, encuestas y estudios de casos– pero deben agregar otra dimensión para medir los cambios en el desarrollo. Ellos diseñan su investigación de modo que puedan incluir el tiempo, o la edad, como factor. Por lo general, utilizan uno de los tres tipos básicos de investigación: transversal, longitudinal o secuencial (como se ilustra en la fig. 1.6).

estudio de un caso Método de estudio en el cual se estudia intensivamente a un individuo.

RESPUESTA PARA ENFERMERAS (de p. 20): los experimentos son la única manera de determinar las relaciones causa-efecto. Si queremos asegurarnos que una droga o tratamiento son efectivos, debe llevarse a cabo un experimento para establecer que esa droga o tratamiento hace que las personas se sientan mejor.

! RESPUESTA A LA PRUEBA DE OBSERVACIÓN (de p. 21): no. Deténgase en la palabra *predecir.* La hipótesis dice que el cambio sucederá en el grupo experimental y no en el grupo control, pero la razón por la que se hace el experimento es descubrir si la predicción ocurre.

RESPUESTA PARA CIENTÍFICOS SOCIALES (de p. 21): diferentes culturas tienen diferentes ideas acerca de la crianza de los niños. La investigación intercultural nos brinda la información que puede compartirse entre varias culturas y beneficiar a los niños de esas culturas.

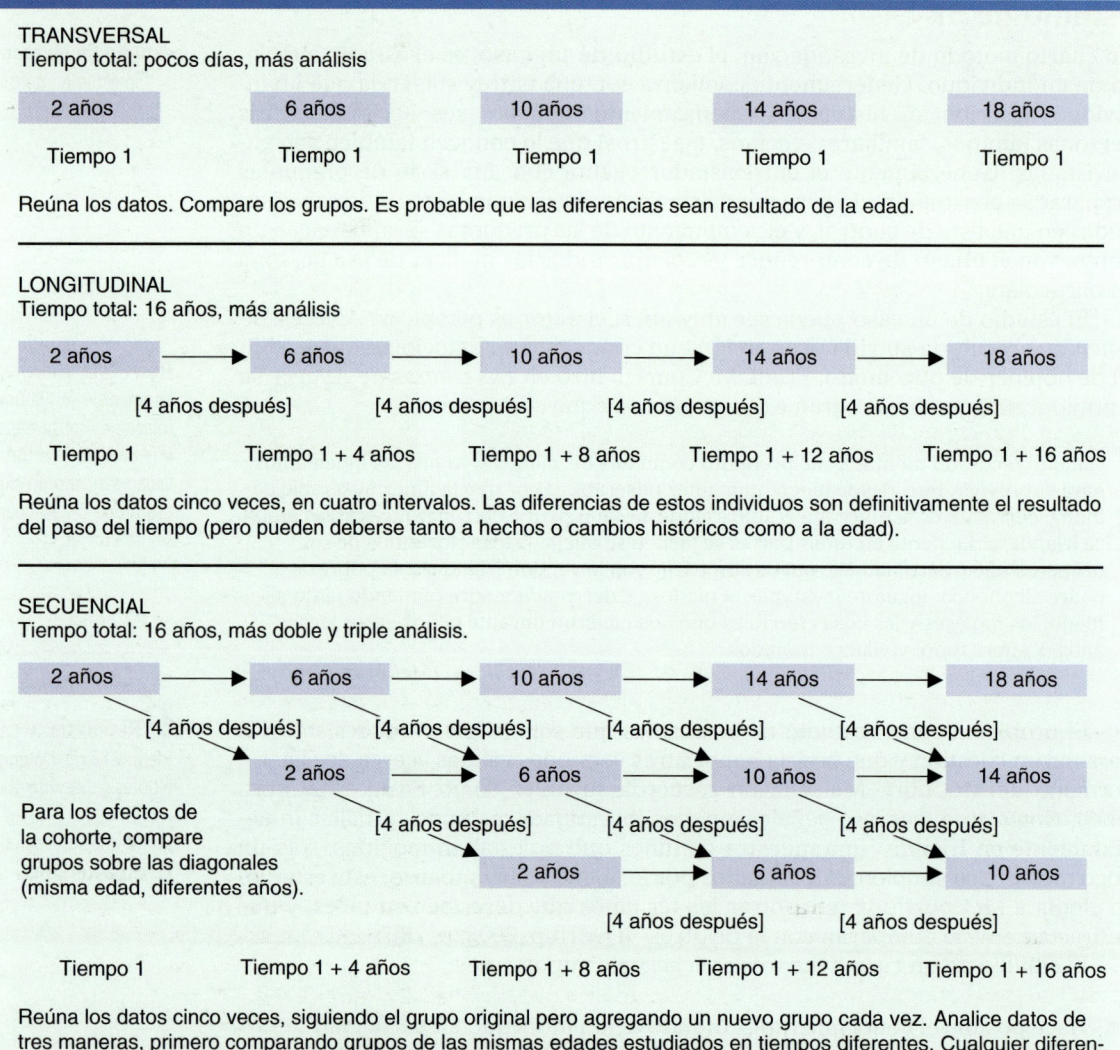

TRANSVERSAL
Tiempo total: pocos días, más análisis

2 años	6 años	10 años	14 años	18 años
Tiempo 1	Tiempo 1	Tiempo 1	Tiempo 1	Tiempo 1

Reúna los datos. Compare los grupos. Es probable que las diferencias sean resultado de la edad.

LONGITUDINAL
Tiempo total: 16 años, más análisis

2 años → 6 años → 10 años → 14 años → 18 años

[4 años después] [4 años después] [4 años después] [4 años después]

Tiempo 1   Tiempo 1 + 4 años   Tiempo 1 + 8 años   Tiempo 1 + 12 años   Tiempo 1 + 16 años

Reúna los datos cinco veces, en cuatro intervalos. Las diferencias de estos individuos son definitivamente el resultado del paso del tiempo (pero pueden deberse tanto a hechos o cambios históricos como a la edad).

SECUENCIAL
Tiempo total: 16 años, más doble y triple análisis.

2 años → 6 años → 10 años → 14 años → 18 años

[4 años después] [4 años después] [4 años después] [4 años después]

2 años → 6 años → 10 años → 14 años

Para los efectos de la cohorte, compare grupos sobre las diagonales (misma edad, diferentes años).

[4 años después] [4 años después] [4 años después]

2 años → 6 años → 10 años

[4 años después] [4 años después]

Tiempo 1   Tiempo 1 + 4 años   Tiempo 1 + 8 años   Tiempo 1 + 12 años   Tiempo 1 + 16 años

Reúna los datos cinco veces, siguiendo el grupo original pero agregando un nuevo grupo cada vez. Analice datos de tres maneras, primero comparando grupos de las mismas edades estudiados en tiempos diferentes. Cualquier diferencia entre los grupos que tienen la misma edad medidos en diferentes momentos temporales son probablemente efecto de la cohorte. Luego compare el mismo grupo a medida que avanza en edad. Las diferencias son el resultado del tiempo (no sólo de la edad). En el tercer análisis, compare las diferencias entre las mismas personas a medida que *aumentan su edad*, *después* de que los efectos de la cohorte (del primer análisis) hayan sido tomados en cuenta. Es casi seguro que las diferencias restantes son el resultado de la edad.

FIGURA 1.6 **¿Cuál es el mejor enfoque?** La investigación secuencial es el abordaje que más tiempo insume y también el más complejo, pero proporciona la mejor información sobre el desarrollo. Por esta razón cientos de científicos dirigen investigaciones sobre los mismos temas, duplicando el trabajo de otro, para conseguir algunas de las ventajas de la investigación secuencial sin tener que esperar todos esos años.

Estudio transversal

La forma más conveniente, y por lo tanto la más común, de estudiar el desarrollo es con un **estudio transversal**. En este tipo de investigación se comparan grupos de personas que difieren en edad, pero que comparten otras características importantes (como el nivel de educación, la posición socioeconómica y el grupo étnico). El diseño transversal parece simple, pero es muy difícil asegurar que los diferentes grupos que se comparan son similares, dejando de lado la edad, en todas las variables importantes.

Además, los cambios históricos pueden afectar una cohorte más que otra. Esto sucedió entre 1950 y 1954, cuando el promedio del tiempo que miraban televisión se incrementó, en niños de edad preescolar, de cero a casi tres horas por día. Las características relacionadas con el hecho de mirar televisión (como la obesidad, la agresión o los juegos en los que interviene la fantasía) podrían pare-

estudio transversal Diseño de investigación en el cual se comparan grupos de personas que difieren en la edad pero tienen otras características importantes en común.

cer consecuencia de la edad en una investigación transversal pero, en realidad, serían producto de la tecnología. Como podemos ver, cualquier conclusión basada sólo en comparaciones transversales puede conducir a error.

Estudio longitudinal

Para ayudar a descubrir si la edad, más que otras diferencias dentro de una cohorte, es el motivo de un cambio evolutivo, los científicos se valen del **estudio longitudinal**, que consiste en la recolección de datos de modo repetido en los mismos individuos a medida que maduran.

La investigación longitudinal es particularmente útil en el estudio del desarrollo durante un largo período (Elder, 1998). Algunos hallazgos valiosos y sorprendentes en la investigación longitudinal se indican en el cuadro 1.2.

La investigación longitudinal que incluye la repetición de medidas durante un período breve puede revelar los procesos de cambio, una técnica de "micronivel" particularmente útil en el estudio del desarrollo en los niños (Granott y Parziale, 2002). Por ejemplo, ¿los niños aprenden a leer de un modo repentino, "descifrando el código", o gradual? La respuesta no puede hallarse simplemente comparando los preescolares de 4 años y los niños de 8 años que ya poseen una lectura fluida. Sin embargo, el seguimiento de los niños mes a mes puede revelar la respuesta: el aprendizaje de la lectura es, generalmente, un proceso gradual (Adams y cols., 1998).

El diseño de la investigación longitudinal tiene algunos inconvenientes serios. A lo largo del tiempo, los participantes pueden abandonar, mudarse o morir. Esto puede causar un sesgo en los resultados finales, si aquellos que desaparecen son diferentes de los que permanecen, como generalmente sucede. (Es probable que las personas de nivel socioeconómico bajo y los enfermos de gravedad se pierdan.) En el estudio de Hawai, se realizaron grandes esfuerzos para ubicar a todos los participantes, y esto dio como resultado la revelación de que todos los que habían abandonado Kauai a comienzos de la edad adulta tendían a ser más resilientes y exitosos que los que se quedaron. En una investigación longitudinal, sin embargo, no siempre es posible localizar a los participantes que se mudaron, especialmente si desaparece una familia completa.

Otra dificultad es que los participantes pueden "mejorar" a medida que se familiarizan con las preguntas o con los objetivos del estudio. Hasta los hawaianos resilientes pueden haber sido motivados para ser exitosos por el conocimiento de que sus logros serían divulgados.

Compare a unos con los otros La aparente semejanza de estos dos grupos en la composición étnica y en el género los convierte en candidatos para una investigación transversal. Antes de que podamos estar seguros de que la diferencia entre los dos grupos es la diferencia de edad, deberíamos estar seguros de que los grupos son semejantes en otras formas, como el estatus socioeconómico y la afiliación religiosa. Aun si ambos grupos parecieran idénticos en todo menos en la edad, podría haber diferencias desconocidas.

estudio longitudinal Diseño de investigación en el cual se estudian los mismos individuos a lo largo del tiempo, evaluando repetidamente su desarrollo.

CUADRO 1.2 **Algunos hallazgos de estudios longitudinales**

- *La adaptación de los niños frente al divorcio de los padres.* Los efectos negativos persisten, aunque no en todos los casos (Hetherington y Kelly, 2002)

- *Los beneficios de alistarse en el ejército durante la adolescencia.* Aunque obviamente algunos soldados mueren o terminan gravemente heridos, aquellos que sobrevivieron a la Segunda Guerra Mundial tuvieron una vida mucho más próspera que aquellos que no se alistaron. (Elder, 1986)

- *El rol del padre.* Aun hace 50 años, el padre tenía mucha más influencia en la futura felicidad de sus hijos que lo que sugiere el estereotipo de padre tradicional y distante (Snarey, 1993)

- *Prevención de la delincuencia.* Educar a los hijos empleando la paciencia cuando tiene 5 años, utilizando la conversación en lugar del castigo físico, reduce la probabilidad de caer en la delincuencia 10 años más tarde (Pettit, 2004)

- *Los efectos del servicio de guardería.* La calidad y el alcance del cuidado de los niños en guarderías es algo tan influyente como lo es la madre. Su calidez y receptividad, o su frialdad y rechazo, son factores determinantes. (NICHD Early Child Care Research Network, 2003)

Probablemente, el mayor problema proviene del contexto histórico cambiante. La ciencia, la cultura popular y la política modifican las experiencias de vida de cada generación, lo cual limita la aplicabilidad actual de los datos recolectados en personas nacidas hace décadas. Este problema es particularmente frustrante, debido a que los científicos quieren conocer el efecto que tienen las drogas, el estilo de vida o las experiencias en el desarrollo sin esperar décadas hasta que el niño que participa crezca. Esto hace imperioso estudios sobre los efectos del tabaco, el asbesto y el plomo en niños que estuvieron expuestos a esas sustancias antes de conocerse sus riesgos.

Estudio secuencial

La investigación transversal y la longitudinal poseen cada una ciertas ventajas que tienden a compensar las desventajas de la otra. Los científicos las utilizan en conjunto de diversos modos, a menudo junto a análisis estadísticos complejos (Hartmann y George, 1999). La combinación más simple es el **estudio secuencial** (también denominado *estudio secuencial de cohorte* o *secuencial de tiempo*) (Schaie, 1996). Según este diseño, los investigadores estudian varios grupos de personas de edades diferentes (enfoque transversal) y luego realizan un seguimiento durante años (enfoque longitudinal).

Al utilizar el diseño secuencial, pueden compararse los hallazgos en un grupo de 18 años con los hallazgos en el mismo grupo cuando tenían 2 años, y también con grupos que tenían 18 años hace una década o dos y con grupos que tienen 2 años en la actualidad (véase fig. 1.6). La investigación secuencial permite así a los científicos separar las diferencias relacionadas con la edad cronológica de las que se vinculan con el período histórico. Los investigadores que utilizan este método son como buscadores de oro, que tamizan los elementos buscando las pepitas genuinas del desarrollo relacionadas con la edad.

Teoría de los sistemas ecológicos: una síntesis

Es evidente la utilidad de combinar diferentes métodos, utilizando un enfoque multidisciplinario y multicultural para comprender la persona en desarrollo dentro de diferentes contextos y sistemas dinámicos. Ninguna persona puede comprenderse de manera aislada y en un momento preciso.

Urie Bronfenbrenner merece un reconocimiento por advertir este hecho. Al referirse en 1977 a la investigación sobre la relación madre-hijo (que se estudiará en el cap. 7), criticó la entonces frecuente investigación de laboratorio: "Gran parte de la psicología del desarrollo contemporánea es la ciencia de las conductas extrañas de los niños en situaciones extrañas con adultos extraños, durante breves períodos" (p. 513).

Bronfenbrenner recomendó la **teoría de los sistemas ecológicos** para el estudio del desarrollo. Así como un naturalista que estudia un organismo examina la ecología, o la interrelación entre el organismo y su ambiente, él indicó que, del mismo modo, los psicólogos del desarrollo necesitan examinar todos los sistemas que rodean la evolución de cada niño (Bronfenbrenner y Morris, 1998).

Entre los sistemas que Bronfenbrenner describió estaban los *microsistemas* (elementos del entorno inmediato de las personas como la familia y el grupo de pares), los *exosistemas* (las instituciones locales como la escuela y la iglesia), los *macrosistemas* (los entornos sociales más amplios que incluyen valores culturales, políticas económicas y procesos políticos) y los *cronosistemas* (las condiciones históricas). Un quinto sistema, el *mesosistema*, incluye las conexiones entre microsistemas; por ejemplo, el mesosistema hogar-escuela incluye todos los procesos de la comunicación (notas a los padres, reuniones entre padres y maestros, llamadas telefónicas, noches en la escuela) que ocurren entre los padres de un niño y sus maestros (véase fig. 1.7).

Es difícil incorporar todos los sistemas en un estudio, así como es difícil utilizar todos los métodos y estrategias científicas simultáneamente. El objetivo, sin embargo, es considerar todos los sistemas multidireccionales y dinámicos en el

estudio secuencial   Método de investigación compuesto en el cual los investigadores primeramente estudian varios grupos de personas de distintas edades (enfoque transversal) y luego realizan un seguimiento a esos grupos a lo largo de los años (enfoque longitudinal). (También se denomina *investigación secuencial de cohorte* o *investigación secuencial de tiempo*.)

teoría de los sistemas ecológicos   Idea según la cual se debe estudiar el desarrollo de una persona teniendo en cuenta el conjunto de todos los contextos e interacciones que componen una vida.

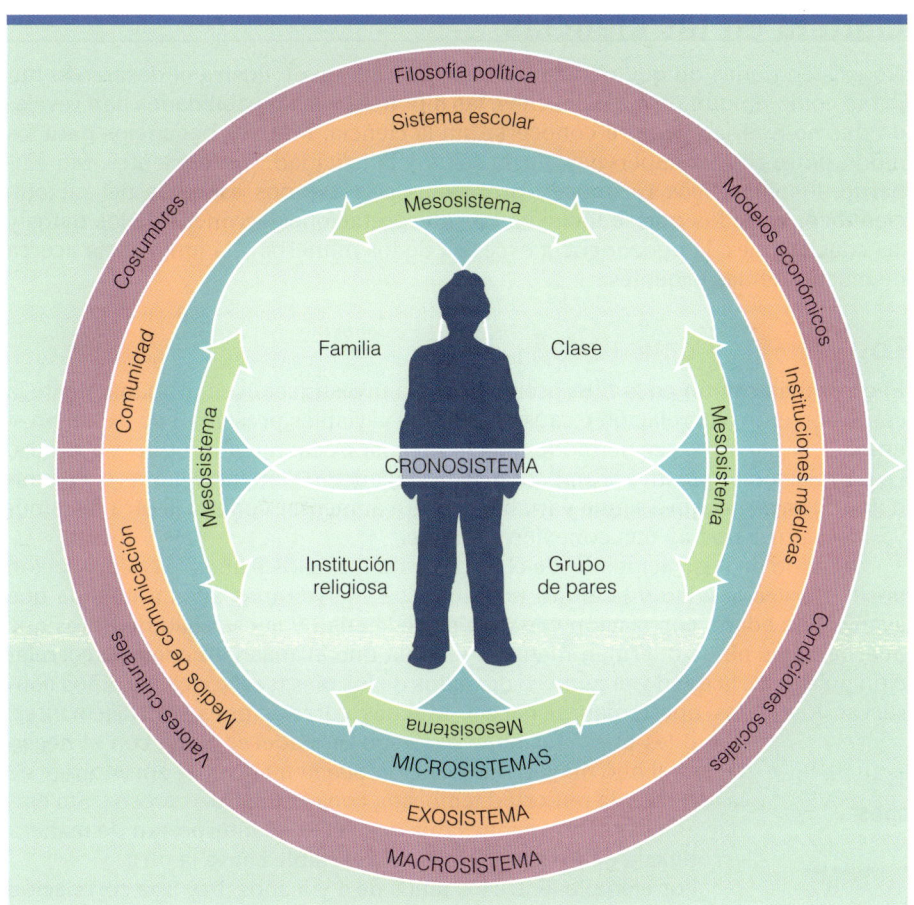

FIGURA 1.7 **El modelo ecológico** Según el investigador del desarrollo Urie Bronfenbrenner, cada persona es afectada de modo significativo por las interacciones de una serie de sistemas que se superponen y que conforman el contexto del desarrollo. La familia, el grupo de pares, el aula, el vecindario y el templo son *microsistemas* que configuran en forma íntima e inmediata el desarrollo humano. Los *mesosistemas* se refieren a las interacciones entre los microsistemas, como cuando los padres coordinan sus esfuerzos con los docentes para educar a los niños. En torno de los microsistemas y en su apoyo están los *exosistemas*, que incluyen todas las redes externas como las estructuras del barrio y los sistemas locales de educación, atención médica, empleo y comunicaciones que influyen en los microsistemas. El *macrosistema* influye sobre los tres sistemas anteriores e incluye valores culturales, ideologías políticas, modelos económicos y condiciones sociales. Bronfenbrenner agregó hace poco un quinto sistema, el *cronosistema*, para destacar la importancia del tiempo histórico.

tiempo, mediante una estrategia que utilice diferentes métodos, que sea multidisciplinaria y multicultural, y que abarque la totalidad del desarrollo.

Aunque cada método y estrategia presente deficiencias, todos los psicólogos del desarrollo valoran el hecho de que la investigación ha conducido a que haya más niños felices y saludables. Alguna vez se pensó que los niños necesitaban ser sumergidos en agua helada poco después de haber nacido para lograr la salvación, o que debían ser envueltos para crecer, castigados para aprender, separados del otro sexo para evitar los embarazos, y mucho más.

ESPECIALMENTE PARA FUTUROS INVESTIGADORES
¿Cuál es el mejor método para la recolección de los datos?

SÍNTESIS

El método científico ha sido diseñado para ayudar a los investigadores a responder preguntas de modo objetivo y honesto, a través de pruebas recolectadas cuidadosamente, extrayendo conclusiones basadas en los datos que encuentran. Los métodos, los hallazgos y las conclusiones se informan de modo que otros científicos puedan basarse en los trabajos anteriores y reexaminar los resultados. Cada método tiene virtudes y debilidades propias. Los investigadores observan a las personas en sus entornos naturales o en el laboratorio, y llevan a cabo experimentos bajo condiciones controladas. Pueden encuestar a cientos o a miles de personas, entrevistar a un número pequeño pero en profundidad, o estudiar un caso en detalle. Las estrategias para el estudio del modo en que los seres humanos cambian a lo largo del tiempo incluyen la investigación transversal (se comparan grupos de personas de diferentes edades), la investigación longitudinal (se realiza el seguimiento de un individuo a lo largo del tiempo) y la investigación secuencial (se combinan la estrategia transversal y la longitudinal). En situaciones ideales, se combinan diferentes estrategias y métodos en el enfoque de los sistemas ecológicos, y se consideran todos los contextos y sistemas que afectan el desarrollo.

Cautela en las ciencias

No existen dudas de que el método científico ilumina e ilustra el desarrollo humano como ningún otro. Los hechos, las hipótesis y las posibilidades han revelado que no podrían llegar a conocerse sin la ciencia. Muchos beneficios para los niños, entre ellos la supervivencia, la salud y la felicidad, son evidentes. Sin embargo, los científicos reconocen problemas con algunos aspectos del método científico, entre los que se incluyen las interpretaciones erróneas de los datos y las conclusiones, la dependencia excesiva de los números y la ignorancia acerca de muchos temas urgentes.

Correlación y causalidad

El error más común en la interpretación de la investigación es probablemente la confusión entre correlación y causalidad. Dos variables presentan **correlación** si una de ellas se produce de modo más (o menos) frecuente al producirse la otra. La correlación es *positiva* si ambas variables tienden a aumentar juntas o a disminuir juntas; es *negativa* si una variable tiende a aumentar cuando la otra disminuye, y es *cero* si no hay una conexión evidente.

A modo de ilustración: desde el nacimiento hasta los 9 años, hay correlación positiva entre la edad y la altura (los niños se vuelven más altos a medida que avanzan en edad), correlación negativa entre la edad y la cantidad de horas que duermen (los niños duermen menos a medida que avanzan en edad), y correlación nula entre la edad y el número de dedos de los pies (casi todos los niños conservan los dedos que tenían al nacer). Muchas correlaciones son fascinantes, como las que relacionan el riesgo de padecer asma con el hecho de ser el hijo mayor, o la relación con la madre y el aprendizaje de la lectura o la pubertad temprana con el embarazo precoz. Sin embargo, esas correlaciones muchas veces se interpretan de manera errónea; la gente supone que una variable causa la otra.

Por ejemplo, entre los niños de 4 y 5 años, hay una correlación positiva de + 0,46 entre el hecho de ser golpeados y tener problemas de conducta (véase cuadro 1.3). Al comienzo, el motivo podría ser evidente: los padres son más propensos a golpear a los niños difíciles. Pero en cada correlación, la relación puede tener cualquier dirección; por lo tanto los problemas de conducta pueden conducir a ser golpeado o el hecho de recibir golpes puede causar problemas de conducta, o puede haber una tercera variable como causa subyacente. Veamos las siguientes explicaciones alternativas, pertenecientes a cada una de las tres esferas del desarrollo.

- *Biosocial:* la conducta antisocial de ira puede ser genética; los genes hacen que los padres tengan más predisposición a golpear a sus niños, y los niños que heredan esos genes tienen una tendencia mayor a comportarse mal (una tercera variable).
- *Cognitiva:* el hecho de ser golpeado puede hacer que un niño se vuelva más agresivo, debido a que ha aprendido de la agresión física observada en la conducta de los padres. En otras palabras, la disciplina física puede ocasionar mala conducta, más que la situación opuesta (dirección opuesta de la interpretación usual).
- *Psicosocial:* el estrés por motivos económicos puede hacer que los padres sean punitivos y los niños difíciles. Los bajos ingresos y no la conducta de los padres de los niños puede causar esta correlación (una tercera variable).

Todas éstas son hipótesis lógicas. Podrían formularse muchas hipótesis más. La correlación + 0,46 no prueba a ninguna de ellas, debido a que la correlación indica relación y no causa y efecto o explicación. De modo similar, hay correlación positiva entre las ventas de helados y el número de asesinatos cometidos, no porque un helado induzca a las personas a matar, sino porque ambos fenómenos se incrementan con el tiempo cálido. Y hay correlación negativa entre la pérdida de los dientes de leche y el aprendizaje de la lectura, pero no porque la lectura afloje los dientes, sino porque ambos hechos tienden a ocurrir alrededor de los 6 años.

correlación   Número que indica el grado de relación que hay entre dos variables. Se expresa en términos de la probabilidad de que una de las variables se produzca (o no) cuando ocurra (o no ocurra) la otra. La correlación no indica que una variable cause la otra.

CUADRO 1.3	Correlación entre las nalgadas recibidas por niños de 4 a 5 años de edad y otras variables
Individuos afectados: niñas	–0,06
Padres efusivos	–0,23
Niños con problemas de conducta	+0,46

Fuente: McLoyd y Smith, 2002.

Cantidad y calidad

Una segunda advertencia se refiere a cuánto pueden los científicos confiar en los datos producidos por la **investigación cuantitativa** (que deriva de la palabra *cantidad*). Los datos de la investigación cuantitativa pueden categorizarse, clasificarse, numerarse y por lo tanto pueden traducirse fácilmente de una cultura a otra. Por ejemplo, las personas responden "sí" o "no" a ciertas preguntas (y no "tal vez"), o los niños hablan un idioma extranjero* bien, un poco o no hablan (sólo tres opciones), o una familia está por arriba o por debajo de la línea de pobreza (dos opciones, definidas por un valor de corte), o un estudiante universitario tiene un promedio de notas (GPA), esa puntuación en las pruebas de razonamiento (SAT) y una suma de sus créditos (muchas opciones, pero todas expresadas en números).

Como los números pueden fácilmente resumirse, compararse, registrarse y ser reproducidos, en general la investigación cuantitativa es la preferida y la respetada por los científicos. Estadísticas de todo tipo, incluyendo la correlación, la significación, el tamaño del efecto, comienzan con datos cuantitativos, los cuales han sido descritos como los que proporcionan "representaciones rigurosas y empíricamente comprobables" (Nesselroade y Molenaar, 2003, p. 635).

Sin embargo, si se reducen los datos a categorías y números, se pierden algunos matices y distinciones individuales. La investigación cuantitativa puede ser particularmente limitante cuando se trata de describir niños, no sólo porque cada niño es único y cada grupo de niños tiene su propia cultura, sino también porque los cambios parecen ser en la niñez especialmente rápidos y multidireccionales, características difíciles de cuantificar.

Por esta razón, muchos investigadores del desarrollo utilizan la **investigación cualitativa** (de calidad), es decir, la investigación que formula preguntas de final abierto y obtiene respuestas que no son fácilmente traducidas en números y categorías. Un equipo de investigadores explica que esos abordajes "generalmente están relacionadas con la exploración, la descripción y la comprensión de experiencias personales y sociales de los participantes" (Smith y Dunworth, 2003, p. 603).

Consideramos este ejemplo de investigación cuantitativa, un producto de la observación natural. Un grupo de niños del jardín de infantes comienza una "guerra de pasto" provocada por la hierba recién cortada y un muchacho que golpea a Carlotta.

> La guerra de pasto ahora se intensifica, con niños y niñas de ambos lados que se involucran. De hecho, participan todos los del grupo de 5 años, excepto unos pocos. La guerra continúa durante algún tiempo hasta que Marina (una de las niñas) sugiere a uno de los niños hacer las paces. Marina, con algunos niños que la siguen, marcha hacia el niño que había golpeado a Carlotta y le ofrece su mano en son paz. El muchacho responde arrojando pasto en el rostro de Marina... a pesar de las objeciones de otro niño que está en el mismo grupo del muchacho. Marina permanece en su lugar después de ser golpeada con el pasto. El segundo muchacho empuja a su amigo hacia un costado y acepta hacer las paces. El otro niño está en contra de esta actitud, pero finalmente acepta y los dos estrechan sus manos con Marina. Entonces Marina regresa a nuestro grupo y declara: "Se ha ganado la paz". Los dos grupos se encuentran en una ronda para estrechar las manos.
>
> *[Corsaro y Molinari, 2000, p. 192]*

Note que ésta es una observación científica. El investigador no interviene. A esta altura, cuando ya han transcurrido meses desde que comenzó el estudio, los niños no esperan que lo haga. Como resultado de su neutralidad, el investigador obtuvo pruebas de que los niños pequeños, por sí mismos, pueden resolver conflictos.

Algo se hubiera perdido si esta observación se hubiera expresado en números. Por ejemplo, como las armas eran puñados de pasto, ¿podría este episodio ser considerado como un conflicto, o no? ¿Es un hecho significativo que una niña haya sido la conciliadora? Este particular incidente ocurrió en una escuela preescolar en Italia, lo que podría, o no, ser significativo. El hecho de estrechar las manos, por ejemplo, podría ser un rasgo más europeo que americano, pero si

---

investigación cuantitativa Estudio que proporciona datos que se pueden expresar con números, tales como niveles o escalas.

investigación cualitativa Estudio que considera las cualidades en vez de las cantidades. Generalmente, las descripciones de situaciones particulares y las ideas expresadas por los participantes son parte de las investigaciones cualitativas.

RESPUESTA PARA FUTUROS INVESTIGADORES (de p. 27): no hay un método que sea el mejor para la recolección de los datos. El método utilizado depende de muchos factores, como la edad de los participantes (los bebés no pueden completar cuestionarios) la pregunta que se quiere investigar y el encuadre temporal.

---

* *N. de T.:* español, en el original inglés.

ESPECIALMENTE PARA ASPIRANTES A LA UNIVERSIDAD O A LOS CURSOS DE POSGRADO
¿Los procesos de admisión se basan en la calidad o en la cantidad?

código de ética Conjunto de principios que deben seguir los miembros de un grupo o profesión.

el observador estuviera codificando sólo ejemplos interculturales de estrechar manos, los otros aspectos de este incidente se hubieran ignorado. Hasta que no tengamos informes cualitativos y similares de varias culturas, no podemos juzgar si este ejemplo ilustra un rasgo de los niños pequeños o es característico de Italia o es único de estos niños. Probablemente todos sean verdaderos, debido a los diferentes aspectos de este incidente, pero alguno se hubiera perdido si se hubiera expresado numéricamente.

La investigación cualitativa puede parecer de preferencia, ya que refleja la diversidad, con toda la complejidad cultural y contextual descrita. Pero también es más vulnerable al sesgo, más difícil de replicar y por lo tanto considerada menos científica por muchos investigadores. Los psicólogos del desarrollo prestan atención a ambos tipos de investigación, algunas veces traduciendo la investigación cualitativa en datos cuantificables, otras veces utilizando información cualitativa para sugerir hipótesis para la investigación cuantitativa

Ética

Uno de los factores que más deben cuidar todos los científicos, especialmente los que realizan estudios con seres humanos, son las normas éticas. Cada disciplina académica y cada asociación profesional involucrada en el estudio del desarrollo humano tiene un **código de ética**, o un conjunto de principios morales y una cultura científica que protege la integridad de la investigación. Como el progreso de la ciencia misma, las normas y códigos de ética son cada vez más rigurosos y a los científicos les preocupa que "la investigación que realizan los profesionales no sólo sea válida, sino también ética" (Lindsay 2000, p. 20). La mayor parte de los institutos de formación profesional y las universidades cuentan con un grupo denominado *Institutional Review Board* (*IRB*) que se encarga de asegurar que la investigación cumpla con las normas de ética en cada institución.

Protección de los participantes

Los investigadores deben asegurarse que la participación sea voluntaria, confidencial e inocua. En las naciones occidentales, esto se realiza a través de un "consentimiento informado" de los participantes y, si hay niños involucrados, de los padres. En otros países, se requiere, además, el consentimiento de los mayores del pueblo, de los jefes de familia y finalmente de las madres (Doumbo, 2005).

La necesidad de que los investigadores protejan a los participantes es especialmente evidente en el caso de los niños, pero los mismos principios se aplican sin importar cuál sea la edad de los participantes (Gilhooly, 2002). Esto incluye la explicación de los propósitos y procedimientos del estudio por anticipado, la obtención de un permiso escrito y la posibilidad de los pacientes de interrumpirlo en cualquier momento.

Si los investigadores descubren algo que puede ser particularmente dañino para cualquier participante, deben dejar de ser observadores imparciales y objetivos. Deben intervenir aunque su estudio peligre. Lo que sigue a continuación es un intercambio entre un investigador y un participante, un muchacho que se encontraba en atención domiciliaria:

[Investigador:] A veces una persona tiene que contar sobre una situación en la que ha sido damnificada por otro. Si esto ocurre quizás deba comentárselo a alguien más, especialmente si es algo horrible que todavía te sigue sucediendo a ti, o si la persona que te dañó también lo está haciendo con otros. Quisiera que nos pusiéramos de acuerdo para decidir qué habría que hacer y a quién deberíamos decírselo.

[Participante:] Bien, ésa es una parte de mi vida que no voy a poder comentarle a usted ¿no es cierto?, entonces no voy a dejar que usted decida a quién ir y contarle sobre mí.

[Morris, 1998]

Ya hemos mencionado el modo en que la investigación del desarrollo ha beneficiado a los niños. Deberíamos agregar que muchos investigadores de los comienzos llevaron a cabo experimentos que hoy nunca serían aprobados, incluyendo "estudios realizados por psicólogos respetables y publicados en las mejores revistas del momento. Hemos recorrido un largo camino, amigos. Y los bebés, agradecidos" (Black, 2005).

La protección de los participantes a veces entra en conflicto con los objetivos de la ciencia, y crea un dilema. Por ejemplo, estudios sobre los mayores beneficios potenciales con frecuencia incluyen a los grupos más vulnerables, como niños maltratados y padres solteros muy jóvenes. Irónicamente, algunos grupos (mujeres, niños, adictos a las drogas) eran excluidos como sujetos de la investigación de drogas para el tratamiento del SIDA debido a que las drogas experimentales podrían haber ocasionado un daño no previsto; como resultado, el primer tratamiento efectivo contra el SIDA no fue probado entre las personas que más lo necesitaban (Kahn y cols., 1998). Este ejemplo muestra que los beneficios de la investigación deben ser considerados al igual que los costos.

La *Canadian Psychological Association* sostiene que el primer principio de la investigación ética es "el respeto por la dignidad de las personas"; el segundo y el tercero son "la atención responsable" y la "integridad de las relaciones". La "responsabilidad hacia la sociedad" ocupa el cuarto lugar. Aunque en lo posible deben observarse los cuatro principios, la clasificación está ordenada según la importancia; los individuos son considerados más importante que el bien social más general (CPA, 2000).

Las implicaciones de los resultados

Una vez que un estudio se ha completado, surgen temas éticos adicionales. Los científicos están obligados a informar los resultados de la investigación del modo más exacto y completo que sea posible, sin distorsionar los resultados para apoyar ninguna postura política, económica o cultural.

Una violación evidente a la ética es cuando se "cocinan los datos", modificando los números para que una conclusión parezca la única razonable. La falsificación deliberada no es frecuente. Conduce al ostracismo por parte de la comunidad científica, a la destitución de los puestos de docente o investigador y algunas veces a un proceso penal.

Un peligro más insidioso aún es que la investigación tenga un sesgo no intencional. Por este motivo, el entrenamiento científico, la colaboración y la replicación son de fundamental importancia. El informe incompleto, o un trabajo de investigación que arribe a una conclusión que tenga sólo una interpretación posible es comprensible, ya que los científicos están sujetos a fallas humanas.

Para evitar estas situaciones, se toman numerosas precauciones al delinear la metodología, algunas de las cuales ya se han explicado. Además, los informes científicos en las publicaciones profesionales incluyen (1) detalles para la duplicación, (2) una sección en la que se describen las limitaciones de los hallazgos y (3) interpretaciones alternativas.

Ninguna de éstas debe darse por supuesta, como explica un científico dedicado a la investigación con animales: "Los modos deseables de la conducta científica requieren considerable autoconciencia así como la reafirmación de las antiguas virtudes de honestidad, escepticismo e integridad" (Bateson, 2005, p. 645). Cada investigador, cada escritor y cada estudiante del desarrollo del niño debe poner énfasis en estas virtudes, incluidos usted y yo.

Hay todavía una preocupación ética adicional. "Al informar los resultados, ... el investigador debe ser consciente de las implicaciones sociales, políticas y humanas de su investigación (*Society for Research in Child Development,* 1996). ¿Qué significa estar "consciente" de las implicaciones de la investigación?

En un estudio llevado a cabo entre estudiantes universitarios, los que escuchaban a Mozart antes de someterse a un test cognitivo tuvieron una puntuación más alta que los estudiantes de otro grupo que no escuchaba música (Rauscher y cols., 1993; Rauscher y Shaw, 1998). Este "efecto Mozart" fue malinterpretado de manera absurda: el gobernador de Georgia ordenó que a todos los bebés que nacieran en su estado se les obsequiara un CD de Mozart, con el objetivo de mejorar su inteligencia, y en Florida se aprobó una ley que requería que en cada centro de día para el cuidado de bebés fundado por el estado, se escuchara música clásica. De hecho, la investigación inicial no se realizó con lactantes. Los resultados no pudieron replicarse (McKelvie y Low, 2002; Nantais y Schellenberg, 1999; Steele y cols., 1999).

¿Qué debemos estudiar?

Por último, cada lector de este libro deberá considerar el tema ético más importante de todos: ¿responden los científicos a los interrogantes fundamentales del desarrollo humano?

RESPUESTA PARA ASPIRANTES A LA UNIVERSI-
DAD O A LOS CURSOS DE POSGRADO (de p. 30):
la mayoría de esas instituciones se basan en la puntuación de las pruebas de razonamiento (SAT), el
promedio de notas (GPA) y cómo está clasificado
dentro de la clase, etc. Decida si este método es
más justo que un enfoque más cualitativo.

- ¿Conocemos lo suficiente sobre nutrición y empleo de fármacos durante el embarazo como para proteger a todos los fetos?
- ¿Conocemos lo suficiente acerca de la disciplina en los niños como para prevenir la agresión, la delincuencia y los delitos violentos?
- ¿Conocemos lo suficiente acerca de la pobreza como para que todos los niños puedan ser saludables?
- ¿Conocemos lo suficiente acerca de la alfabetización como para enseñarles a leer a todos los niños?
- ¿Conocemos lo suficiente acerca de los impulsos sexuales como para evitar el SIDA, los embarazos no deseados y el abuso sexual?

La respuesta a todas estas preguntas es *¡NO!* Incluso el hecho de decidir qué preguntas formular ya es un tema ético. Dos científicos explican:

> Es nuestra tarea como investigadores, tanto desde las consideraciones prácticas como éticas, asegurarnos de formular en nuestro estudio las preguntas correctas, aquellas que son importantes, y realizar nuestro trabajo de investigación de modo que optimice la oportunidad de que las perspectivas de los niños sean escuchadas, y oídas.
>
> *[Lewis y Lindsay, 2000, p. 197]*

Ética significa mucho más que cuidar de los participantes e informar la investigación de modo honesto. También significa elegir los temas de mayor importancia para la familia humana. Millones de niños sufren debido a que muchas preguntas todavía no tienen respuesta, o ni siquiera se han formulado. La próxima cohorte de científicos del desarrollo construirá sobre los temas que necesitan explorarse. Ésta es una respuesta más a la pregunta con la que comenzamos el capítulo: ¿Por qué debemos prestar atención a estos temas?

SÍNTESIS

Las correlaciones son útiles, pero no prueban causalidad. La investigación cuantitativa es más objetiva y fácil de replicar pero pierde los matices que la investigación cualitativa revela. Las correlaciones y los estudios cualitativos se exploran en la investigación experimental.

Los científicos se rigen según códigos de ética y emplean varias medidas preventivas para proteger a los participantes de la investigación y para asegurar que los datos puedan ser utilizados por otros científicos. Debe tenerse particular cuidado para estar seguros no sólo de que ningún niño será damnificado, sino también de que las necesidades y opiniones de todos —incluyendo padres, maestros y los mismos niños— serán consideradas. Los temas más urgentes tienden a ser las dificultades para explorar de manera objetiva y realizar informes honestos. Éste es precisamente el motivo de la necesidad nuevos trabajos de investigación.

■ RESUMEN

Definiciones de desarrollo

1. El estudio del desarrollo humano es la ciencia que busca comprender de qué modo las personas cambian a través del tiempo. A veces estos cambios son lineales –graduales, regulares y predecibles– y otras no. Los cambios pueden ser grandes o pequeños, causados por algo aparentemente insignificante como el aleteo de una mariposa, o grandes y generalizados.

Cinco características del desarrollo

2. El desarrollo es multidireccional, multicontextual, multicultural, multidisciplinario y plástico, producto de sistemas dinámicos. Cualquier cambio afecta a un sistema interconectado, y cualquier persona influye sobre los otros miembros de su familia o de su grupo social.

3. *Plasticidad* significa que el cambio siempre es posible pero nunca ilimitado: la niñez es la base del crecimiento posterior.

4. Cada individuo se desarrolla dentro de tres contextos: histórico, cultural y socioeconómico. La vida es bastante diferente para los niños de hogares de bajos ingresos en una cultura tradicional, por ejemplo, que para un niño de clase media de una sociedad moderna y multicultural.

5. Para comprender el desarrollo, es necesario comparar diferentes culturas y utilizar la investigación de diferentes disciplinas. Sin embargo, como cada persona tiene genes y experiencias únicos, los contextos no determinan el desarrollo individual, aunque siempre influyen en él.

El estudio del desarrollo como ciencia

6. El método científico conduce a los investigadores a cuestionar supuestos y a recolectar datos para probar conclusiones. Aunque dista mucho de ser infalible, el método científico ayuda a los investigadores a evitar sesgos y los guía en la formulación de las preguntas.

7. Entre los métodos de investigación más utilizados, están la observación científica, el estudio experimental, las encuestas y el estudio de casos. Cada método tiene sus puntos fuertes y débiles. Las conclusiones son más confiables cuando varios métodos llegan a conclusiones similares y cuando las replicaciones llevadas a cabo por diferentes sujetos en diferentes culturas confirman los resultados.

8. Para estudiar los cambios en el tiempo, los científicos utilizan tres diseños de investigación: la investigación transversal (compara personas de diferentes edades), la investigación longitudinal (estudia las mismas personas a través del tiempo), y la investigación secuencial (combina los dos métodos anteriores). Cada método tiene sus ventajas.

9. Una síntesis más profunda es el objetivo del enfoque de los sistemas ecológicos, que tiene en cuenta varios componentes del ambiente del individuo, desde el contexto inmediato (el microsistema) hasta la cultura general (el macrosistema).

Cautela en las ciencias

10. Un modo estadístico útil para demostrar que dos variables están relacionadas es la correlación, un número que indica la conexión entre dos variables pero no informa si una variable causa la otra.

11. Otro método de utilidad es la investigación cualitativa, en la cual la información se registra sin ser cuantificada, o traducida en números. La investigación cualitativa es la que mejor capta los matices de la vida individual, pero la investigación cuantitativa es más fácil de replicar y verificar.

12. La conducta ética es de fundamental importancia en todas las ciencias, quizás especialmente en la investigación del desarrollo en la que se ven involucrados niños. No sólo se debe proteger a los participantes, sino también hay que informar los resultados de modo claro y comprensible.

13. La aplicación correcta de la investigación científica depende en parte de la integridad del método científico utilizado y especialmente de la explicación e interpretación cuidadosa de los resultados. Las cuestiones éticas más importantes son el planteo de las preguntas fundamentales y la realización de la investigación necesaria.

■ PALABRAS CLAVE

ciencia del desarrollo
  humano (p. 6)
continuidad (p. 6)
discontinuidad (p. 6)
efecto mariposa (p. 7)
cohorte (p. 8)
posición socioeconómica
  (p. 9)
resiliencia (p. 15)

método científico (p. 18)
hipótesis (p. 18)
duplicación (p. 18)
observación científica (p. 18)
estudio experimental (p. 20)
variable independiente
  (p. 20)
variable dependiente (p. 20)
grupo experimental (p. 20)

grupo de comparación
  (grupo control) (p. 20)
estudio o encuesta (p. 21)
grupo étnico (p. 22)
raza (p. 22)
estudio de un caso (p. 23)
estudio transversal (p. 24)
estudio longitudinal (p. 25)
estudio secuencial (p. 26)

teoría de los sistemas
  ecológicos (p. 26)
correlación (p. 28)
investigación cuantitativa
  (p. 29)
investigación cualitativa
  (p. 29)
código de ética (p. 30)

■ PREGUNTAS CLAVE

1. ¿Qué significa afirmar que el estudio del desarrollo humano es una ciencia?

2. Dé un ejemplo de construcción social. Explique por qué es una construcción, no un hecho.

3. ¿Cuál es la diferencia entre grupo étnico y cultura?

4. ¿Por qué el concepto de raza no es tan útil como concepto biológico?

5. ¿Por qué la mayoría de los niños *no* son considerados como resilientes?

6. ¿Cuáles son las diferencias entre observación científica y observación diaria?

7. ¿De qué modo las encuestas pueden considerarse como opuestas a un estudio?

8. ¿Por qué decide un científico realizar una investigación transversal?

9. Mencione una correlación positiva y una negativa de la forma en que usted emplea el tiempo.

10. ¿Cuáles son las ventajas y desventajas de la investigación cualitativa?

11. ¿Por qué algunas personas se niegan a participar de una investigación o abandonan antes de que el estudio finalice?

12. ¿Cuál es la pregunta relacionada con el desarrollo que usted piensa que debería plantearse?

■ EJERCICIOS DE APLICACIÓN

1. Se dice que la cultura es omnipresente pero que las personas no son conscientes de ella. Enumere 30 cosas que usted hizo hoy y que podría haber hecho de un modo diferente en otra cultura. (Confeccione una columna con lo que hizo y otra columna con lo que hubiera hecho.)

2. ¿Es la posición socioeconómica un contexto importante? ¿De qué modo su vida sería diferente si sus padres tuvieran bastante menos o más educación e ingresos que los que en realidad tienen?

3. Diseñe un experimento para probar una hipótesis que usted tenga relacionada con el desarrollo. Especifique la hipótesis, luego describa el experimento, incluyendo el tamaño de la muestra y las variables. (Lea primero el apéndice B, al final de este libro.)

Teorías del desarrollo

Como hemos visto en el capítulo 1, la ciencia del desarrollo humano comienza con preguntas. Entre la gran cantidad de preguntas importantes hay cinco que mencionaremos a continuación, que son de fundamental importancia para cada una de las cinco teorías que describiremos en este capítulo.

1. ¿Las primeras experiencias como la lactancia, el vínculo o el maltrato pueden dejar huellas en los adultos, aunque parezcan olvidadas?
2. ¿El desarrollo de la inteligencia depende de lo que se le enseñe a un niño, a través de la enseñanza específica, los castigos y los ejemplos?
3. ¿Los niños desarrollan de modo natural los valores morales, o se les debe enseñar a distinguir lo que está bien de lo que está mal?
4. ¿La cultura promueve la conducta? Por ejemplo, ¿en Okinawa o en Ontario votan más personas que en Ohio debido a las costumbres o leyes locales?
5. Si ambos padres de un bebé sufren de depresión, esquizofrenia o alcoholismo, ¿es ese niño más susceptible de desarrollar la misma afección?

Para cada respuesta, surgirán nuevas preguntas: ¿Por qué? o ¿por qué no? ¿Cuándo y cómo? ¿Y entonces qué? Esta última es la más importante de todas, debido a que las consecuencias y aplicaciones de las respuestas afectan la vida diaria.

Para qué sirven las teorías

Cada una de las cinco teorías más importantes responde afirmativamente a cada una de las cinco preguntas formuladas más arriba, y en orden son: 1) la teoría psicoanalítica, 2) el conductismo, 3) la teoría cognitiva, 4) la teoría sociocultural y 5) la teoría epigenética. Para muchas otras teorías, la respuesta a estas preguntas es "no" o "no necesariamente".

Otros interrogantes que surgieron a partir de innumerables observaciones son fundamentales para comprender el desarrollo humano. Para hallar y encuadrar las preguntas más importantes, y luego buscarles una respuesta, debemos determinar cuáles son las observaciones pertinentes. Luego, hay que organizar los hechos para producir un conocimiento más profundo. En resumen, necesitamos una teoría. La **teoría del desarrollo** busca establecer sistemáticamente principios y generalizaciones que proporcionen un marco coherente para la comprensión de cómo y por qué las personas cambian a medida que envejecen. Los teóricos del desarrollo "tratan de encontrarle un sentido a las observaciones... (y) construyen una historia del viaje humano, desde el período de la lactancia y a través de la niñez o la adultez" (Miller, 2002, p. 2). Esa historia, o teoría, relaciona los hechos y las observaciones con patrones y explicaciones, y entreteje los detalles de la vida en un todo significativo. Como analogía, imaginemos la construcción de una casa. Una persona puede tener una pila de maderas, clavos y otros materiales, pero sin un plan y obreros no podrá construir, los elementos no podrán ser ensamblados para formar una casa. Las observaciones del desarrollo humano son la materia prima, pero se necesitan las teorías para ela-

teoría del desarrollo Grupo de ideas, suposiciones y generalizaciones para interpretar y esclarecer las miles de observaciones relacionadas con el desarrollo o crecimiento del ser humano. De este modo, las teorías del desarrollo proporcionan un marco para explicar los patrones y problemas del desarrollo.

grandes teorías Teorías globales de la psicología que han inspirado y dirigido el pensamiento de los psicólogos acerca del desarrollo de los niños. La teoría psicoanalítica, el conductismo y la teoría cognitiva son consideradas grandes teorías.

miniteorías Teorías que apuntan a un tema específico. En el desarrollo, por ejemplo, son miniteorías varias teorías del aprendizaje infantil del lenguaje. Éstas son menos generales y abarcadoras que las grandes teorías, aun cuando demuestren ser útiles por sí solas.

teorías emergentes Teorías que reúnen información de muchos campos del conocimiento y se van tornando completas y sistemáticas en sus interpretaciones del desarrollo, pero no están aún establecidas ni son suficientemente detalladas como para considerarse grandes teorías.

borarlas. Como alguna vez dijo Kurt Lewin: "Nada es tan práctico como una buena teoría".

Para ser más específicos sobre la utilidad de las teorías digamos que:

■ Las teorías producen hipótesis. Formular las preguntas fundamentales es más difícil que hallar las respuestas. Las teorías proponen preguntas y luego hipótesis, las que llegan a ser "una prueba directa de una pregunta" (Salkind, 2004, p. 14).
■ Las teorías generan descubrimientos: "los datos nuevos modifican las teorías y los cambios en las teorías originan nuevos experimentos y a su vez nuevos datos" (Miller, 2002, p. 4).
■ Las teorías ofrecen una guía práctica. Si un niño de 5 años grita "te odio" a su padre, la reacción del hombre (sonreír, ignorarlo, pegarle o preguntarle "¿por qué?") depende de su teoría del desarrollo del niño (aunque conozca o no que tiene una teoría).

Muchas teorías pertenecen a la ciencia del desarrollo (Hartup, 2002). Algunas se denominan **grandes teorías**, debido a que describen procesos universales y el desarrollo en toda su extensión. Ofrecen un "encuadre convincente para la interpretación y la comprensión... de los cambios y el desarrollo de todos los individuos" (Renninger y Amsel, 1997, p. ix). Otras son **miniteorías** y explican sólo una parte del desarrollo o se aplican sólo a algunos individuos (Parke y cols., 1994). Y algunas son **teorías emergentes,** que pueden llegar a ser las nuevas teorías sistemáticas y globales del futuro.

La distinción entre *grandes teorías* y *teorías emergentes* se comprende mejor si nos referimos a la perspectiva multidisciplinaria. Las grandes teorías del desarrollo humano se originan en la disciplina de la psicología, con su foco puesto especialmente en la niñez. El énfasis en la niñez se hace evidente, en especial en el trabajo de dos grandes teóricos: Sigmund Freud y Jean Piaget, ya que ambos describieron la etapa *final* del desarrollo humano en el comienzo de la adolescencia temprana.

Las observaciones y explicaciones que se basan en la historia, la biología, la sociología y la antropología conducen a las teorías emergentes. Los hechos históricos (de manera notable, el incremento de la globalización y la inmigración) y los descubrimientos genéticos (más recientemente los del Proyecto Genoma Humano) pusieron de relieve la necesidad de nuevas teorías, utilizando enfoques genéticos y culturales. Estas teorías emergentes no son todavía tan coherentes como las grandes teorías, pero son más perspicaces, actuales e integrales que las teorías inspiradas sólo en la psicología.

SÍNTESIS

Las teorías son útiles porque proporcionan un encuadre para la organización de las observaciones relacionadas con todos los aspectos del desarrollo. Este capítulo describe tres grandes teorías (psicoanalítica, conductista y cognitiva) y dos teorías emergentes (sociocultural y epigenética). En los capítulos que siguen, haremos referencia nuevamente a estas cinco teorías, y también a varias miniteorías (véase en el Índice de Materias la ubicación de cada teoría en el libro, y en "Teorías comparadas", el número de página correspondiente).

Las grandes teorías

En la primera mitad del siglo XX, dos corrientes opuestas –el psicoanálisis y el conductismo (también denominado "teoría del aprendizaje")– comenzaron como teorías generales de la psicología y luego se aplicaron específicamente al desarrollo infantil. Hacia mediados del siglo, surgió la teoría cognitiva, que gradualmente llegó a ser el semillero más importante de las hipótesis de investigación. Las tres teorías son consideradas como "grandes" debido a que se aplican de modo integral, perdurable y extendido.

La teoría psicoanalítica

Los impulsos y las motivaciones internas, muchos de ellos irracionales y originados en la niñez, y el inconsciente (lo oculto a la conciencia) constituyen el fundamento de la **teoría psicoanalítica**. Se considera que estas fuerzas subyacentes básicas influyen en todos los aspectos del pensamiento y la conducta, desde los detalles más pequeños de la vida cotidiana hasta las elecciones más importantes del transcurso de la existencia. La teoría psicoanalítica considera a estos impulsos y motivaciones como la base de las etapas del desarrollo, y afirma que cada una de esas etapas se construye sobre la anterior.

teoría psicoanalítica Considerada una de las grandes teorías del desarrollo humano, esta teoría sostiene que detrás del comportamiento humano existen impulsos y motivos irracionales e inconscientes que a menudo se originan en la niñez.

Las ideas de Freud

Sigmund Freud (1856-1939), un médico austríaco que trataba a los pacientes que padecían enfermedades mentales, fue el creador de la teoría psicoanalítica. Escuchaba los relatos de sueños y fantasías, así como los pensamientos que fluían "sin censura", y construyó y elaboró una teoría multifacética. Según Freud, el desarrollo en los primeros seis años se produce en tres etapas, cada una caracterizada por el interés y el placer sexual centrados en una zona particular del cuerpo.

En el lactante, la zona erótica del cuerpo es la boca (*etapa oral*); en la primera infancia es el ano (*etapa anal*); en el preescolar, es el pene (*etapa fálica*), una fuente de orgullo y temor entre los niños y un motivo de tristeza y envidia entre las niñas. Luego el niño ingresa en la *latencia* y hacia el comienzo de la adolescencia, en la *etapa genital*. (El cuadro 2.1 describe las etapas de la teoría freudiana.)

Freud sostuvo que en cada etapa la satisfacción sexual (proveniente de la estimulación de la boca, el ano o el pene) se relaciona con las principales necesidades y desafíos que surgen del desarrollo. Durante la etapa oral, por ejemplo, la succión no sólo proporciona alimento al bebé, sino que también le otorga placer sensual a la madre (particularmente en los senos) y fortalece su apego emocional con el lactante. Luego, durante la etapa anal, el placer relacionado con el control y el auto control, inicialmente con la defecación y el control de esfínteres, son de primordial importancia.

Una de las ideas de Freud que ha tenido mayor influencia es que cada etapa incluye sus propios conflictos potenciales. El conflicto se produce, por ejemplo, cuando los padres tratan de destetar a los niños (etapa oral) o los maestros esperan que un niño de 6 años sea independiente de sus padres (etapa fálica). De acuerdo con Freud, el modo en que las personas experimentan y resuelven esos conflictos –especialmente aquellos relacionados con el destete, el control de esfínteres y el placer sexual– determinarán los patrones de la personalidad, debido a que "las primeras etapas proporcionan las bases para la conducta del adulto" (Salkind, 2004, p. 125).

Aunque a veces no puedan advertirlo, algunos adultos sufren conflictos inconscientes que tienen sus raíces en las etapas infantiles cuando fuman (oral), o si les interesa demasiado el dinero (anal), o se sienten atraídos hacia

Freud trabajando Además de ser el primer psicoanalista del mundo, Sigmund Freud fue un escritor prolífico. Sus numerosos artículos e historias de casos, mayormente descripciones de extraños síntomas e impulsos sexuales de sus pacientes, ayudaron a hacer que la perspectiva psicoanalítica fuera una fuerza dominante en gran parte del siglo xx.

AKG / PHOTO RESEARCHERS, INC.

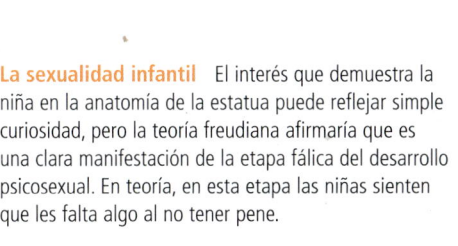

La sexualidad infantil El interés que demuestra la niña en la anatomía de la estatua puede reflejar simple curiosidad, pero la teoría freudiana afirmaría que es una clara manifestación de la etapa fálica del desarrollo psicosexual. En teoría, en esta etapa las niñas sienten que les falta algo al no tener pene.

SUSAN LAPIDES / DESIGN CONCEPTIONS

CUADRO 2.1   Comparación entre las etapas psicosexuales de Freud y la etapas psicosociales de Erikson

Edad aproximada	Freud (psicosexual)	Erikson (psicosocial)
Desde el nacimiento hasta el año	*Etapa oral* La boca, la lengua y las encías son el centro de las sensaciones placenteras en el cuerpo del bebé, y la succión y la alimentación son las actividades más estimulantes	*Confianza versus desconfianza* Los bebés aprenden a confiar en quienes se ocuparán de sus necesidades básicas de alimentación, afecto, aseo y contacto físico o aprenden a no tener confianza en el cuidado que los demás les puedan brindar
1-3 años	*Etapa anal* El ano es el centro de las sensaciones placenteras en el cuerpo del bebé, y el entrenamiento para el control de esfínteres es la actividad más importante	*Autonomía versus vergüenza y duda* Los niños aprenden a ser autosuficientes en muchas actividades como controlar esfínteres, alimentarse, caminar, explorar y hablar, o bien aprenden a dudar de sus propias habilidades
3-6 años	*Etapa fálica* El falo o pene es la parte más importante del cuerpo del niño, y el placer deriva de la estimulación genital. Los varones están orgullosos de sus penes y las niñas se preguntan por qué ellas no tienen uno	*Iniciativa versus culpa* Los niños quieren emprender actividades típicas de los adultos, o bien pueden temer los límites impuestos por sus padres y sentir culpa
6-11 años	*Latencia* No es una etapa sino un intervalo, durante el cual las necesidades sexuales se aquietan y los niños emplean toda su energía psíquica en actividades convencionales como las tareas escolares y los deportes	*Laboriosidad versus inferioridad* Los niños pueden aprender activamente a ser competentes y productivos en el dominio de nuevas habilidades, o bien pueden sentirse inferiores e incapaces de hacer algo bien
Adolescencia	*Etapa genital* Los genitales constituyen el centro de las sensaciones placenteras y los jóvenes buscan la estimulación sexual y la satisfacción sexual en relaciones heterosexuales	*Identidad versus confusión de roles* El adolescente intenta saber "quién es". Para ello establece las identidades sexual, política y profesional o se siente confundido respecto de los roles que debe desempeñar
Adultez	Freud creía que la etapa genital perdura en la adultez. Él también decía que el objetivo de una vida saludable es "amar y trabajar"	*Intimidad versus aislamiento* Los adultos jóvenes buscan la compañía y el amor de otra persona o bien se aíslan de los demás porque temen el rechazo y la desilusión *Generatividad versus estancamiento* Los adultos de mediana edad colaboran con la generación siguiente a través del trabajo significativo, las actividades creativas o la crianza de los hijos, o se estancan *Integridad versus desesperación* Los adultos mayores tratan de encontrar sentido a sus vidas, considerando la vida como un todo significativo, o bien desesperándose ante los objetivos nunca alcanzados

personas mucho mayores (fálica). Para todos nosotros, las fantasías y los recuerdos infantiles siguen siendo poderosos durante el transcurso de nuestra vida. Si alguna vez se ha preguntado por qué muchos amantes se llaman "bebé" o por qué algunas personas se refieren a su pareja como "vieja" o "papito", la teoría freudiana les dará una explicación: la relación padres-hijo es el modelo para todas las relaciones íntimas.

Freud propuso muchas otras ideas acerca de la personalidad y la psicopatología que han tenido una influencia fundamental en la interpretación de la conducta del adulto. Sin embargo, las ideas relacionadas con las etapas y la crianza de los hijos en los primeros cinco años, como ya hemos descrito, son las más relevantes para el desarrollo infantil.

Las ideas de Erikson

Muchos de los seguidores de Freud llegaron a ser famosos teóricos del psicoanálisis. Aunque todos reconocieron la importancia del inconsciente, de los impulsos irracionales y de las primeras etapas de la infancia, cada uno de estos neofreudianos expandió y modificó las ideas de Freud. El más notable fue Erik Erikson (1902-1994), quien formuló su propia versión de la teoría psicoanalítica y la aplicó al desarrollo humano.

Erikson nunca conoció a su padre biológico. Pasó su niñez en Alemania, su adolescencia viajando por Italia y los primeros años de su vida adulta en Austria, trabajando con Freud. Se casó con una mujer norteamericana y huyó a los Estados Unidos poco antes de que comenzara la II Guerra Mundial. Sus investigaciones realizadas con estudiantes de Harvard, con niños de Boston y sus juegos, y de las culturas de las tribus nativas norteamericanas, condujeron a Erikson a poner énfasis en la diversidad cultural, en el cambio social y en las crisis psicológicas que se producen durante el transcurso de la vida. Por ejemplo, realizó un importante estudio acerca de Mahatma Gandhi, quien nació en India, se educó en Gran Bretaña, ejerció abogacía en Sudáfrica y luego condujo la revolución no violenta que ayudó a la India a lograr su independencia.

Erikson describió ocho estadios evolutivos, cada uno caracterizado por una dificultad concreta o *crisis del desarrollo* (resumidos en el cuadro 2.1). Aunque Erikson mencionó dos polos en cada crisis, reconoció que hay un amplio rango de consecuencias entre estos pares opuestos. Para la mayoría de las personas, el desarrollo dentro de cada etapa no las conduce a ninguno de los extremos, sino a algún punto intermedio.

Como podemos observar en el cuadro 2.1, las primeras cinco etapas de Erikson están estrechamente relacionadas con las etapas que postuló Freud. Erikson, al igual que Freud, consideraba que los problemas de la vida adulta eran el eco de los conflictos no resueltos de la niñez. Por ejemplo, un adulto que tiene dificultades para establecer una relación mutua segura con otra persona, tal vez no pudo resolver la crisis de la primera etapa, *confianza versus desconfianza*. Sin embargo, las etapas de Erikson difieren significativamente de las de Freud, en el sentido que enfatizan las relaciones de las personas con su familia y su cultura y no con los impulsos sexuales.

En la teoría de Erikson, la resolución de cada crisis depende de la interacción entre el individuo y el entorno social. En la etapa *iniciativa versus culpa*, por ejemplo, los niños entre 3 y 6 años generalmente quieren realizar actividades que exceden sus habilidades o los límites que les imponen sus padres: se arrojan a la piscina, se visten solos, quieren preparar y hornear una torta según recetas propias. Estos esfuerzos para actuar de un modo independiente los expone a sentimientos de orgullo o fracaso, y les origina sentimientos de culpa si ocultan sus acciones ante los adultos y son culpados por ello.

El resultado de la crisis de iniciativa versus culpa depende en parte del modo en que cada niño busca su independencia, en parte de las reacciones de los padres y en parte de la cultura. Como ejemplo, diremos que algunos padres y culturas *alientan* al asertivo niño de 5 años, y los ven como espíritus creativos que

CORBIS

¿Qué hay en un nombre? Erik Erikson
Cuando era joven, este neofreudiano cambió su apellido por el que conocemos. ¿Qué cree usted que implica esta elección? (Véase el pie de la próxima fotografía.)

GIDEON MENDEL / CORBIS

¿Quiénes somos? La más famosa de las ocho crisis de Erikson es la crisis de identidad, que ocurre durante la adolescencia, cuando los jóvenes encuentran su propia respuesta a la pregunta: "¿Quién soy?". Erikson mismo lo hizo, al elegir un apellido que, en conjunto con su nombre de pila, significa "hijo de mí mismo" (Erik Erikson, "Erik hijo de Erik" en español). Estos niños de Irlanda del Norte probablemente fuman porque su búsqueda de identidad se lleva a cabo en un contexto sociocultural que permite hábitos dañinos para la salud en el camino hacia la adultez.

ESPECIALMENTE PARA MAESTROS El niño preescolar es conversador y siempre está moviéndose. Casi nunca permanece sentado tranquilo y escuchando. ¿Qué hubiera recomendado Erikson?

ESPECIALMENTE PARA MAESTROS En el mismo ejemplo anterior, ¿qué recomendaría un conductista?

Un conductista original John Watson fue un precursor de la teoría del aprendizaje, cuyas ideas todavía se mantienen en vigencia.

conductismo Una de las grandes teorías del desarrollo humano, que estudia el comportamiento observable. El conductismo también se denomina *teoría del aprendizaje*, porque describe las leyes y los procesos por los cuales se aprenden los comportamientos.

condicionamiento De acuerdo con el conductismo, condicionamiento es el proceso de aprendizaje. El término *condicionamiento* se emplea para enfatizar la importancia de la práctica repetida, como en el caso de un atleta que se pone en forma mediante un entrenamiento que dura varias semanas o meses. (A veces se denomina *condicionamiento ER [estímulo-respuesta]*.)

conocen su mente, permitiéndoles equivocarse al elegir la ropa, mientras que otros *desalientan* sus iniciativas llamándolos "groseros" o "impertinentes" cuando quieren actuar por sus propios medios.

Los niños internalizan, o aceptan, las respuestas de sus padres, de los pares y de la cultura y las reacciones internalizadas persisten durante toda su vida. Aun en la adultez tardía, una persona mayor podrá ser descarada e insoportable, mientras otra se muestra temerosa de decir las cosas equivocadas, debido a que resolvieron su etapa iniciativa frente a culpa de modos opuestos. Erikson consideraba que la reacción de un padre hacia la expresión de su hijo "¡te odio!" refleja las experiencias de su niñez con su propio padre.

El conductismo

La segunda gran teoría surgió como oposición directa al énfasis que había puesto el psicoanálisis en los impulsos ocultos e inconscientes (descritos en el cuadro 2.2). El problema era que tales impulsos no podían estudiarse y cuantificarse, lo que implicaba que la psicología parecía no ser científica. A comienzos del siglo XX, John B. Watson (1878-1958) expuso que, para que la psicología fuera considerada una ciencia, los psicólogos debían examinar sólo lo que pudieran ver y medir: la conducta, y no los pensamientos y los impulsos ocultos. En palabras de Watson:

> ¿Por qué no hacemos de lo que podemos *observar* el campo real de la psicología? Limitémonos a lo que podemos observar y formulemos leyes referidas sólo a estas cosas... Podemos observar la conducta, lo que el organismo hace o dice.
>
> *[Watson, 1924/1998, p. 6]*

Según Watson, si los psicólogos se centran en la conducta, se darán cuenta de que todo lo demás se puede aprender. Watson dijo:

> Denme una docena de niños sanos y bien formados y el entorno que yo determine para educarlos, y me comprometo a escoger uno de ellos al azar y entrenarlo para que sea el especialista del tipo que yo elija que sea: médico, abogado, artista, hombre de negocios, y hasta mendigo o ladrón, independientemente de sus talentos, aficiones, tendencias, habilidades, vocaciones y de la raza de sus antepasados
>
> *[Watson, 1924/1998, p. 82]*

Otros psicólogos, especialmente en los Estados Unidos, estuvieron de acuerdo. Les resultaba difícil utilizar el método científico para verificar los impulsos y motivaciones inconscientes que Freud había descrito (Uttal, 2000). Entonces desarrollaron la teoría denominada **conductismo,** con el propósito de estudiar la conducta presente, de manera científica y objetiva. El conductismo, también denominado *teoría del aprendizaje*, describe el modo en que las personas aprenden y desarrollan hábitos, paso por paso.

Las leyes de la conducta

Para todos los individuos de todas las edades, desde el recién nacido hasta el octogenario, los conductistas describen las leyes naturales que gobiernan el modo en que las acciones simples y las respuestas del entorno configuran las habilidades más complejas, como leer un libro o preparar la cena para la familia. Los teóricos del aprendizaje consideran que el desarrollo se produce a partir de pequeños incrementos. Como los cambios son acumulativos, los conductistas, a diferencia de Freud o Erikson, no describen etapas específicas (Bijou y Baer, 1978).

Las leyes específicas del aprendizaje se aplican al **condicionamiento,** que es el proceso por el cual las respuestas se unen a un estímulo particular; también se lo denomina *condicionamiento ER* (estímulo-respuesta). Hay dos tipos de condicionamiento: clásico y operante.

Condicionamiento clásico. Hace un siglo, el científico ruso Iván Pavlov (1849-1936), luego de ganar el premio Nobel por su trabajo sobre la digestión en los animales, comenzó el estudio de la conexión entre estímulo y respuesta. Mientras realizaba una investigación sobre el proceso de salivación, Pavlov notó que los perros que utilizaba para el estudio comenzaban a salivar, no sólo ante la visión y el olor de la comida, sino también, luego de un tiempo, al escuchar los pasos de

CUADRO 2.2 Teoría psicoanalítica frente al conductismo

Tema en desacuerdo	Teoría psicoanalítica	Conductismo
El inconsciente	Enfatiza los deseos y necesidades inconscientes, desconocidos para la persona pero igualmente poderosos	Sostiene que el inconsciente no sólo es incognoscible sino que puede llegar a ser una ficción destructiva que no permite que las personas cambien
Comportamiento observable	Sostiene que el comportamiento observable es un síntoma, no la causa; es la punta de un iceberg, con la mayor parte del problema sumergido	Le presta atención sólo al comportamiento observable; lo que una persona hace más que lo que piensa, siente o imagina
La importancia de la niñez	Enfatiza que la niñez temprana, incluyendo la infancia, es crítica; aun si la persona no recuerda lo que pasó, el legado de lo sucedido se mantiene a lo largo de la vida	Sostiene que el condicionamiento actual es crucial; los hábitos y patrones tempranos pueden ser olvidados, incluso revertidos, si se utilizan técnicas apropiadas de reforzamiento y castigos
Estatus científico	Sostiene que la mayoría de los aspectos del desarrollo humano están más allá del alcance de la experimentación científica; utiliza mitología antigua, palabras de adultos con trastornos, sueños, juegos y poesía como materia prima	Se siente orgulloso de ser una ciencia, de que depende de información comprobable y de experimentos cuidadosamente controlados; descarta ideas que suenan bien pero que no se pueden probar

Un contemporáneo de Freud Ivan Pavlov fue un fisiólogo que recibió el premio Nobel en 1904 por su investigación sobre el proceso digestivo. Fue esta línea de trabajo la que lo condujo al descubrimiento del condicionamiento clásico.

los encargados que les llevaban la comida. Esta observación impulsó a Pavlov a llevar a cabo su famoso experimento en el que condicionó a un grupo de perros para que salivaran cuando escuchaban una campana.

Pavlov comenzó por tocar una campana justo antes de presentarles la comida. Luego de un número de repeticiones de la secuencia campana-comida, los perros comenzaron a salivar cuando escuchaban el sonido de la campana, aun cuando no hubiera comida. Este simple experimento demostró el **condicionamiento clásico** (también denominado *condicionamiento pavloviano*).

En el condicionamiento clásico una persona o animal es condicionado para asociar un estímulo neutro con un estímulo significativo, y gradualmente responderá al estímulo neutro de la misma forma que al significativo. En el experimento original de Pavlov, el perro asociaba el sonido de la campana (estímulo neutro) con el alimento (estímulo significativo), y respondía al sonido como si fuera el alimento mismo. La respuesta condicionada a la campana (la que ya no era más neutra, sino que ahora era un estímulo condicionado) era la prueba de que se había producido un aprendizaje.

Condicionamiento operante. El defensor más influyente del conductismo en los Estados Unidos fue B. F. Skinner (1904-1990). Skinner reconoció junto a Watson que la psicología debía centrarse en el estudio científico de la conducta, y opinó como Pavlov que el condicionamiento clásico explica algunas conductas. Sin embargo, Skinner creía que otro tipo de condicionamiento, el **condicionamiento operante** (*también denominado condicionamiento instrumental*), tiene importancia fundamental, particularmente en el aprendizaje complejo.

En el condicionamiento operante, los animales llevan a cabo una conducta particular y experimentan una consecuencia. Si la consecuencia es útil o placentera, es probable que el animal repita la conducta. Si la consecuencia no es placentera, es menos probable que el animal repita la conducta.

Las consecuencias placenteras generalmente se denominan "recompensas", y las consecuencias no placenteras se denominan "castigos". Sin embargo, los conductistas dudan en utilizar estas palabras, debido a que las personas con frecuencia piensan en un castigo que puede en realidad ser una recompensa y viceversa. Por ejemplo, algunos padres castigan a sus hijos retirándoles el postre, dándoles unas palmadas, prohibiéndoles jugar, hablándoles con rigor, etc. Pero es posible

condicionamiento clásico Proceso de aprendizaje mediante el cual se asocia un estímulo que acarrea significado (tal como el olor de un alimento para un animal) con un estímulo neutro que no tenía ningún significado especial antes del condicionamiento. Por ejemplo, el dinero es neutro para un bebé; sin embargo, los adultos han sido condicionados a desear el dinero porque han aprendido que éste se relaciona con la obtención de alimentos y otras cosas básicas. (También se denomina condicionamiento pavloviano.)

condicionamiento operante Proceso de aprendizaje por el cual una acción en particular es seguida por algo deseable (lo cual hace más factible que la persona o animal repita la acción) o por algo no deseable (lo cual hace menos factible que se repita la acción). Un estudiante, por ejemplo, estudia durante varias horas porque anteriormente el estudio le proporcionó satisfacción intelectual, notas altas o elogios de sus padres. Su aplicación es consecuencia del condicionamiento operante. (También se denomina *condicionamiento instrumental*.)

© SAM FALK / MONKMEYER

Ratas, palomas y personas B. F. Skinner es más conocido por sus experimentos con ratas y palomas, aunque también aplicó sus conocimientos a los problemas humanos. Diseñó para su hija una cuna rodeada con vidrio, en la que se podían controlar la temperatura, la humedad y la estimulación para que los momentos que ella pasaba allí fueran placenteros y educativos. Skinner escribió acerca de una sociedad ideal, basada en los principios del condicionamiento operante, en el que los trabajadores de los empleos menos solicitados, por ejemplo, pudieran obtener mejores remuneraciones.

reforzamiento Técnica empleada en el condicionamiento de una acción en la cual algo deseado sigue a dicha acción, tal como alimento para un animal hambriento o una sonrisa cordial para una persona que se siente sola.

RESPUESTA PARA MAESTROS (de p. 40): Erikson postuló que la conducta de los niños de 5 años recibe la influencia de la etapa del desarrollo y de la cultura; por lo tanto, usted podría diseñar una currícula que incluya a los niños activos y ruidosos.

RESPUESTA PARA MAESTROS (de p. 40): los conductistas consideran que todas las personas pueden aprender todo. Si su objetivo es lograr niños tranquilos y atentos, comience por reforzar un momento de tranquilidad o un niño atento, y pronto sus compañeros tratarán de poner atención durante algunos minutos.

que a un niño en particular, por ejemplo, no le gusten los postres, de modo que privarlo de ellos no significa un castigo. Tal vez a otro niño puede no importarle recibir unas palmadas, especialmente si es el único modo en que ese padre le presta atención. En este caso, el castigo que se ha intentado aplicar, en realidad es una recompensa.

De igual modo, algunas veces los maestros castigan a los niños de mala conducta enviándolos fuera de la clase y aun suspendiéndolos de la escuela; pero si a ese niño no le gusta el maestro o la escuela, el hecho de ser retirado es realmente una recompensa por su mala conducta. La verdadera prueba es el *efecto* que tiene una consecuencia en la conducta futura del individuo, y no si lo que intenta es ser una recompensa o un castigo. El niño que comete la ofensa la segunda vez puede haber sido reforzado y no castigado por la primera infracción.

Una vez que una conducta ha sido condicionada (aprendida), los animales (incluyendo los seres humanos) continuarán llevándola a cabo aun si las consecuencias placenteras ocurrieron sólo ocasionalmente o tratarán de evitarla aun si el castigo se produjo en contadas ocasiones. Casi todos nuestros comportamientos cotidianos, desde la socialización hasta el hecho de ganar dinero, pueden comprenderse como resultado del condicionamiento operante del pasado. Por ejemplo, cuando el bebé esboce una media sonrisa en respuesta al estómago lleno, la madre puede devolverle la sonrisa. Pronto, el bebé está condicionado para sonreír con el objetivo de ver la sonrisa de su madre como respuesta. El bebé sonríe abiertamente a su madre, y ella (quien también ha sido condicionada), alienta esa sonrisa amplia, tal vez tomando al bebé en sus brazos. Cuando el tiempo pasa, ese bebé se convierte en un pequeño que sonríe, en un niño alegre, en un adolescente sociable, en un adulto simpático, y todo debido al condicionamiento operante temprano y al reforzamiento periódico.

De modo similar, si los padres quieren que sus hijos aprendan a compartir, deben alentar desde un comienzo sus esfuerzos en esa dirección. Cuando el bebé les entrega un juguete, o quizás media galleta pegoteada, los padres deberían aceptar el regalo con aparente deleite, y luego devolvérselo, sonriendo. Los adultos nunca deberían tirar de un juguete que un bebé sostiene; eso los alienta a sostenerlo con más fuerza (un juego que algunos desconocidos jugaron con mis hijas) y que les enseña a ser posesivos y a no compartir.

En estos ejemplos de condicionamiento operante, el proceso de repetir una consecuencia para hacer más probable que la conducta en cuestión vuelva a ocurrir se denomina **reforzamiento** (las consecuencias que hacen que una conducta sea *menos* probable se denominan *castigos* o *consecuencias aversivas*) (Skinner, 1953). Por lo tanto, una consecuencia que incrementa la posibilidad de que una conducta se repita se llama *reforzador*. En el ejemplo mencionado más arriba, la sonrisa de la madre es el reforzador, y el reforzamiento temprano a las primeras sonrisas del bebé da como resultado un adulto socialmente receptivo y cordial.

La ciencia del desarrollo humano se ha beneficiado con el conductismo. El énfasis de esa teoría en las causas y consecuencias de la conducta observada condujo a los investigadores a notar que muchos patrones de conducta que parecían ser innatos, o resultado de problemas emocionales muy profundamente arraigados, en realidad eran aprendidos. Y si algo se aprende, puede desaprenderse.

El conductismo es una teoría muy optimista. Alienta a los científicos a encontrar la forma de eliminar ciertos problemas humanos individuales, entre ellos ataques de ira, fobias y adicciones. Para hacerlo, el científico (o el maestro, o el padre) debe primero analizar todos los refuerzos, castigos y condicionamientos que instalaron el problema. Luego, debe romper esas cadenas de estímulo-respuesta del pasado y reemplazarlas por nuevas asociaciones. Los ataques de ira cesarán, las fobias desaparecerán, los adictos se recuperarán. Muchos maestros, orientadores y padres utilizan las técnicas del conductismo para romper hábitos indeseables y enseñar nuevas conductas (Kazdin, 2001).

Como todas las buenas teorías, tanto el conductismo como la teoría psicoanalítica han sido fuente de hipótesis para muchos experimentos científicos, tales como los que se describen en el recuadro "Pensando como un científico".

PENSANDO COMO UN CIENTÍFICO

¿Para qué una madre?

¿Por qué los hijos siempre aman a sus madres, aun cuando éstas sean feas, mezquinas o indiferentes? ¿Es porque los alimentaron cuando eran bebés? Todo el mundo ha visto a madres y bebés, pero la respuesta a esta simple pregunta no es evidente. Las teorías organizan las percepciones, ayudando a los científicos a interpretar las observaciones, desarrollar hipótesis y luego ponerlas a prueba. Cuando emergen preguntas, como éstas acerca del amor hacia la madre, los científicos buscan información para refutar o confirmar sus teorías.

Originalmente, tanto el conductismo como la teoría psicoanalítica plantearon como hipótesis que las madres se ganan el amor de sus hijos porque satisfacen sus necesidades básicas de hambre y succión. En otras palabras, "el apego del hijo a la madre proviene de fuerzas internas que disparan actividades relacionadas con la succión del pecho de la madre. Esta creencia es la única que alguna vez tuvieron en común estos dos grupos teóricos" (C. Harlow en Harlow, 1986).

La hipótesis, derivada de ambas teorías, era que el amor de un hijo para con su madre era el resultado directo de la alimentación que ésta le proveía. Una vez que los médicos establecieron la teoría germinal de la enfermedad, supusieron que las madres que se mostraban demasiado afectuosas con sus hijos los "malcriaban" e incluso los enfermaban. Esta hipótesis fue aceptada no sólo por los psicólogos, sino por casi todo el mundo. En consecuencia, a fines del siglo XIX y principios del siglo XX, los orfanatos y los hospitales mantenían a los bebés limpios y bien alimentados pero sin cuidadores con los cuales pudieran interactuar, o que pudieran besarlos o abrazarlos, ya que "el contacto humano era el peor enemigo de la salud" (Blum, 2002, p. 35). Una guía de 1949 para madres de un hospital de Kansas advertía: "No levante a su bebé cada vez que llora. Los niños normales lloran un poco diariamente como una forma de ejercitarse. El niño rápidamente se malcría si lo sostiene demasiado tiempo en brazos" (citado en Rogoff, 2003, p. 130).

En la década de 1950, Harry Harlow (1905-1981), un psicólogo que estudió el aprendizaje en los monos, observó algo que lo hizo cuestionar esta hipótesis:

> Habíamos separado de sus madres a más de 60 de estos animales luego de 6 a 12 horas de su nacimiento, y los amamantamos con biberones. La tasa de mortalidad infantil fue una fracción de la que hubiéramos obtenido si hubiésemos dejado que las madres criaran a sus bebés. Los monitos alimentados con biberones eran más saludables y pesados que los monos criados por sus madres... (pero) durante el transcurso de nuestros estudios notamos que los bebés criados en el laboratorio demostraban un apego muy fuerte con el lienzo que recubría el... piso de sus jaulas.
>
> [C. Harlow, 1986, p. 103]

De hecho, los monitos demostraban mucho más cariño al lienzo que a sus biberones. Esto era contrario a las dos teorías que prevalecían, dado que la teoría psicoanalítica predecía que los infantes apreciarían cualquier cosa que satisficiera sus necesidades orales y el conductismo

Abrazado a mamá Aunque no daba leche, esta "madre" era lo suficientemente suave y cálida para que los monitos pasaran casi todo el tiempo abrazados a ella. Muchos bebés, algunos niños y hasta algunos adultos se abrazan a un juguete de paño cuando se sienten atemorizados. Según Harlow, los motivos son los mismos: todos los primates sienten consuelo cuando tocan algo suave, cálido y familiar.

postulaba que los infantes le tomarían más cariño a cualquier cosa que les proveyera un alimento reforzador. Ambas teorías llevaban a la predicción de que los monos sin madre sentirían aprecio por los biberones.

Harlow se propuso realizar un "análisis experimental directo" utilizando a sus monos. El empleo de monos para estudiar las emociones humanas podría resultar extraño para algunas personas, pero no para un psicólogo experimental que creía que "los procesos básicos relacionados con el afecto, incluidos el cuidado, el contacto físico y aun la exploración visual y auditiva, no muestran diferencias esenciales en las dos especies" (H. Harlow, 1958). El problema de Harlow era que pocos psicólogos reconocían el rol fundamental del contacto físico, como acariciar, calmar, abrazar y demás, en todas las especies sociales, incluidos los monos y los seres humanos.

Harlow crió a ocho monos bebés en jaulas sin otros animales pero con dos madres "sustitutas" (artificiales), ambas de tamaño natural. Una de ellas estaba hecha sólo de alambre, y la otra fue cubierta con un tejido suave, con una cara fea (dos reflectores de bicicleta rojos como ojos y una tira de tela verde como boca). Cuatro de los monitos fueron alimentados con un biberón colocado en el pecho de la "madre" de paño y los otros cuatro, por medio de otro biberón ubicado en el pecho de la "madre" de alambre.

Harlow midió el tiempo que pasó cada bebé abrazado a cada una de las dos madres sustitutas. Los monos alimentados por la madre de paño se prendían a ella e ignoraban a la madre de alambre. Esta reacción era la esperada, dado que la alimentación estaba relacionada con la maternidad. Sin embargo, también los cuatro monos que se alimentaban de la madre de alambre pasaron más tiempo prendidos a la madre de paño e iban a la madre de alambre sólo cuando tenían hambre (véase fig. 2.1). En pocas palabras, mientras no se observaba cariño alguno hacia la madre de alambre que los alimentaba, la madre de paño parecía tener el cariño de los monos aun en los casos en los que no recibían la alimentación de ella.

Harlow luego se preguntó si las madres de paño podrían tranquilizar a los bebés al ocurrir eventos que los atemorizaran, tal como una madre real. Entonces ideó otro experimento. Consistía en colocar un juguete mecánico dentro de cada jaula. Los monos inmediatamente buscaron ayuda en la madre de paño. Se prendían de su suave vientre con una mano, mientras que con la otra exploraban tímidamente el nuevo objeto.

La madre de alambre no proporcionó esa tranquilidad, les haya provisto alimento o no. Los monos a los que se confrontaba con el mismo juguete mecánico con acceso únicamente a la madre de alambre estaban aterrorizados; se quedaban estáticos, gritaban, temblaban, se escondían o se orinaban. Harlow llegó a la conclusión de que la maternidad no consiste solamente en proveer alimentación, sino en el contacto, el consuelo y el abrazo, al que Harlow denominó el "consuelo del contacto" o "amor" (H. Harlow, 1958). En investigaciones posteriores, estudiantes de Harlow descubrieron que el amor de la madre implica más que el contacto; que los bebés monos necesitaban de la interacción con otro ser viviente y en movimiento para lograr ser adultos psicológicamente saludables (Blum, 2002).

Esta investigación revolucionó el tratamiento de niños enfermos o huérfanos de

madre. Incluso los niños prematuros más pequeños y frágiles tienen contacto con sus padres, que típicamente incluye contacto físico muy suave. Debido a eso, sus posibilidades de sobrevivir son mayores (véase cap. 4).

La investigación de Harlow es un ejemplo clásico del uso de las teorías. Aunque su estudio refutó un aspecto del conductismo y de la teoría psicoanalítica, ése no es el punto más significativo. Recordemos que las teorías deben ser útiles, pero no necesariamente verdaderas. (Si fueran verdaderas en todos sus aspectos, serían leyes científicas y no teorías.) Dado que Harlow sabía lo que las teorías psicoanalítica y conductista decían respecto del amor y el bienestar, la preferencia que los monos bebés mostraban por el lienzo de las jaulas y no por los biberones llamó la atención de Harlow. Esto lo llevó a una observación más detenida, a una hipótesis, a una serie de experimentos más inteligentes y a algunos resultados sorprendentes. Tanto la teoría psicoanalítica como el conductismo fueron revisados y ampliados en respuesta a los experimentos de Harlow y a otras evidencias. Harlow fue criticado por exagerar el rol de las madres y por ignorar el sufrimiento de los animales, pero esta investigación tuvo aplicaciones beneficiosas (Blum, 2002). Las madres de hoy son más cariñosas con sus hijos y los niños lloran mucho menos que sus predecesores de hace un siglo, gracias a un científico creativo que comparó las predicciones teóricas con su propia observación y realizó ingeniosos experimentos para probar una hipótesis.

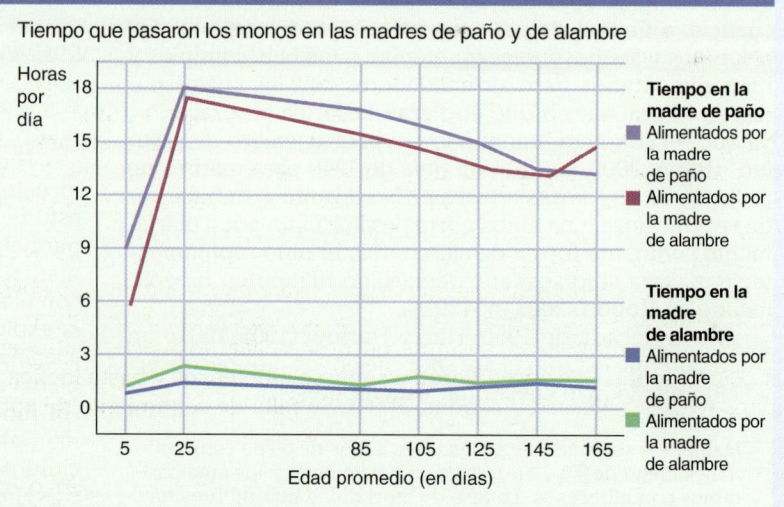

FIGURA 2.1 **Más suave es mejor** Durante las primeras tres semanas del experimento de Harlow, los monitos desarrollaron una marcada preferencia por las "madres" de paño. Esa preferencia perduró durante todo el experimento, incluso entre los monitos que eran alimentados por una madre de alambre.

? **PRUEBA DE OBSERVACIÓN** (véase la respuesta en la p. 48): a los cinco días, ¿cuánto tiempo pasaron los monitos alimentados por la madre de alambre (comparados con los alimentados por la madre de paño) abrazados a las madres de paño?

El aprendizaje social

En un principio, los conductistas trataron de explicar todas las conductas como producto de una cadena de respuestas aprendidas, resultado de los condicionamientos clásico y operante. Un refinamiento del conductismo, basado en miles de estudios, surgió de la comprensión de que todas las criaturas (tanto seres humanos como monos) valoran el contacto, el afecto, la confianza y el ejemplo.

Esta revisión se denomina **teoría del aprendizaje social** (véase fig. 2.2). Los seres humanos aprenden de la observación de terceros, sin relacionar un estímulo con otro (condicionamiento clásico) y sin experimentar personalmente ningún refuerzo (condicionamiento operante). Aprendemos debido a que somos seres sociales, que buscamos la aprobación y la aceptación de los otros. Por esta razón, los otros nos enseñan de modos que van más allá del condicionamiento clásico u operante.

> **El aprendizaje ocurre por:**
>
> ■ **Condicionamiento clásico** Por medio de la asociación, el estímulo neutro se convierte en estímulo condicionado.
>
> ■ **Condicionamiento operante** Por medio del enfocamiento, las respuestas débiles o no comunes se convierten en respuestas fuertes y frecuentes.
>
> ■ **Aprendizaje social** A través de los modelos, los comportamientos observados se convierten en comportamientos copiados.

teoría del aprendizaje social Extensión del conductismo que enfatiza el poder que tienen las demás personas sobre nuestra conducta. Aun sin refuerzo específico o castigo, el ser humano aprende muchas cosas observando e imitando a otras personas.

FIGURA 2.2 **Tres tipos de aprendizaje** El conductismo es también denominado "teoría del aprendizaje", debido a que enfatiza los procesos del aprendizaje, como se muestran aquí.

Un aspecto esencial del aprendizaje social es el **modelado**, que consiste en observar el comportamiento de otras personas y luego copiarlo. El modelado es una actividad de aprendizaje compleja, más que la simple imitación, ya que las personas modelan sólo algunas acciones, de algunos individuos, en algunos contextos. Como ejemplo, tal vez usted conozca adultos que, cuando niños, vieron a sus padres golpearse. Algunos de estos adultos maltratan a sus parejas, mientras otros tratan de evitar todo conflicto marital. Estas dos respuestas parecen completamente opuestas, pero ambas confirman la teoría del aprendizaje social porque muestran el impacto continuo del ejemplo original. En general, es más probable que el modelado ocurra cuando el observador está inseguro o carece de experiencia (lo que explica por qué el modelado es especialmente importante en la niñez) y cuando el modelo es admirado, poderoso, afectuoso o se parece a nosotros (Bandura, 1986, 1997).

Como vemos en este ejemplo, el aprendizaje social se conecta a las percepciones y a las interpretaciones. También se relaciona con la autocomprensión, la autoconfianza, la reflexión social y los sentimientos de **autoeficacia**, que es la creencia en que el éxito personal se debe a las propias aptitudes. Las personas desarrollan un sentimiento de eficacia cuando tienen aspiraciones elevadas y experimentan logros destacables (Bandura y cols., 2001).

La autoeficacia explica la paradoja hallada en una reciente investigación: los padres que no creen en su propia eficacia y que piensan que sus bebés son tercos, son más estrictos y menos receptivos que otros padres. Sus propios padres, probablemente, nunca les permitieron desarrollar un fuerte sentimiento de sí mismos, de modo que aprendieron a sentirse indefensos y hasta ineficaces como adultos (Guzell y Vernon-Feagons, 2004). Su falta de sentimiento de autoeficacia

modelado Proceso principal del aprendizaje social, mediante el cual los seres humanos observan las acciones de los demás y luego las copian.

autoeficacia Según la teoría del aprendizaje social, creencia de que uno es eficaz. La autoeficacia motiva a las personas a cambiarse a sí mismas y a modificar su entorno, porque conocen su capacidad para realizar acciones efectivas.

El aprendizaje social en acción El aprendizaje social valida la vieja máxima que dice: "Mejor es hacer que decir". Si cada momento es de fundamental importancia para cada niño, es probable que la niña de la foto crezca conociendo la importancia de ese momento particular en el cuidado de los bebés. Lamentablemente, el niño de la foto de la derecha probablemente se convierta en fumador como su padre, aunque él le advierta acerca de los riesgos de este hábito.

? PRUEBA DE OBSERVACIÓN (véase la respuesta en la p. 48): ¿qué conductas demuestran que estos niños imitan a sus padres?

y el ejemplo dado por sus propios padres los llevaron a controlar demasiado a sus hijos.

Como vimos en el capítulo 1, la *eficacia colectiva* da lugar a que los sistemas familiares y comunitarios se unan para trabajar y obtener mejoras (Sampson y cols., 1997). Evidentemente, la teoría del aprendizaje social y, en un nivel más general, el conductismo estimula la acción. El modelado y el condicionamiento pueden cambiar a un individuo, a un grupo social y aun a una cultura entera. El aprendizaje social depende no sólo de la observación y del reforzamiento sino también de la cognición, centro de la próxima gran teoría.

La teoría cognitiva

teoría cognitiva Una de las grandes teorías del desarrollo humano que estudia los cambios en la manera de pensar a través del tiempo. Según esta teoría, los pensamientos dan forma a la conducta, las actitudes y las creencias del ser humano.

La tercera gran teoría es la **teoría cognitiva**, que enfatiza la estructura y el desarrollo de los procesos de pensamiento. Según esta doctrina, nuestros pensamientos y expectativas afectan profundamente nuestras actitudes, creencias, valores, supuestos y acciones. Ha dominado la psicología aproximadamente desde 1980, y se ha diversificado en numerosas versiones.

Una de las principales teorías cognitivas es la *teoría del procesamiento de la información,* que se centra en la activación paso a paso de diferentes partes del cerebro, desde la percepción sensorial hasta el análisis y la exposición sofisticados. Esta teoría se describirá con más detalle en el capítulo 6.

Jean Piaget (1896-1980), científico suizo, fue el gran precursor de la teoría cognitiva. Piaget se había formado dentro de las ciencias naturales, y su especialidad académica era el estudio de los moluscos, con lo que aprendió a ser meticuloso en sus observaciones.

Piaget comenzó a interesarse en los procesos del pensamiento humano cuando fue contratado para realizar una prueba piloto de preguntas para un test de inteligencia estándar en París. Se suponía que Piaget determinaría la edad en que la mayor parte de los niños puede responder cada pregunta correctamente, pero lo que más llamó su atención fueron las respuestas equivocadas de los niños. Piaget llegó a la conclusión de que comprender *cómo* piensan los niños es mucho más revelador de la capacidad mental que conocer *qué* saben.

YVES DEBRAINE / BLACK STAR

¿Le gustaría hablar con este hombre? A los niños les gustaba conversar con Jean Piaget, y él aprendía escuchándolos con mucha atención, en especial en sus explicaciones incorrectas a las que nadie antes había prestado atención. Durante toda su vida, Piaget se dedicó al estudio del modo en que piensan los niños. Se llamó a sí mismo "epistemólogo genético", una persona que estudia cómo los niños adquieren el conocimiento del mundo a medida que crecen.

El interés de Piaget en el desarrollo cognitivo creció a medida que observaba a sus tres hijos, desde las primeras semanas de vida. Se dio cuenta de que los bebés son mucho más curiosos y atentos que lo que otros psicólogos habían imaginado. Ideó y registró muchos experimentos simples para explorar lo que sus hijos comprendían, y de ese modo pudo seguir el rastro del desarrollo intelectual durante la primera infancia. Posteriormente estudió a los niños en edad escolar.

A partir de su trabajo, Piaget desarrolló la tesis central de su teoría cognitiva: de qué modo el pensamiento de los niños cambia con el tiempo y la experiencia, y que esos procesos de pensamiento siempre influyen sobre la conducta. Según la teoría cognitiva, si los psicólogos comprenden el pensamiento de una persona, comprenderán de qué modo y por qué esa persona se comporta como lo hace, y éste es el objetivo de toda la psicología.

Piaget sostuvo que el desarrollo cognitivo se produce en cuatro períodos o etapas principales: el período *sensoriomotor,* el período *preoperacional,* el período *operacional concreto* y el período *operacional formal* (véase cuadro 2.3). Estos períodos se relacionan con la edad y, como veremos en capítulos posteriores, cada período fomenta ciertos tipos de conocimiento y entendimiento (Piaget, 1952b; Inhelder y Piaget, 1958).

equilibrio cognitivo Según la teoría cognitiva, estado de equilibrio mental que permite a una persona emplear procesos mentales ya existentes para comprender sus experiencias e ideas sin confundirse ni desconcertarse.

El avance del intelecto se produce porque los seres humanos buscan el **equilibrio cognitivo,** es decir, un estado de equilibrio mental. Una forma fácil de lograr este equilibrio es interpretar las nuevas experiencias a través de la lente de las ideas preexistentes. Por ejemplo, los bebés descubren que un nuevo objeto puede ser aferrado del mismo modo que los objetos que les son familiares, y los adolescentes explican las noticias del día como prueba de su propia visión del mundo.

A veces se produce una nueva experiencia que es discordante e incomprensible. Entonces el individuo experimenta un *desequilibrio cognitivo,* que en un primer momento crea confusión. Como se observa en la figura 2.3, el desequilibrio conduce al desarrollo cognitivo, debido a que las personas deben adaptar sus viejos conceptos. Piaget describe dos tipos de adaptación:

CUADRO 2.3   Los períodos del desarrollo cognitivo de Piaget

Edad aproximada	Período	Características del período	Principales adquisiciones durante el período
Desde el nacimiento hasta los 2 años	Sensoriomotor	El niño utiliza los sentidos y las habilidades motoras para entender el mundo. El aprendizaje es activo; no hay pensamiento conceptual o reflexivo	El niño aprende que un objeto todavía existe cuando no está a la vista (*permanencia del objeto*) y empieza a pensar utilizando acciones mentales
2-6 años	Preoperacional	El niño utiliza el *pensamiento simbólico*, que incluye el lenguaje, para entender el mundo. El pensamiento es *egocéntrico*, y eso hace que el niño entienda al mundo sólo desde su propia perspectiva	La imaginación florece y el lenguaje se convierte en un medio importante de autoexpresión y de influencia de otros
6-11 años	Operacional concreto	El niño entiende y aplica operaciones o principios lógicos para interpretar las experiencias en forma objetiva y racional. Su pensamiento se encuentra limitado por lo que puede ver, oír, tocar y experimentar personalmente	Al aplicar capacidades lógicas, los niños aprenden a comprender los conceptos de conservación, número, clasificación y muchas otras ideas científicas
A partir de los 12 años	Operacional formal	El adolescente y el adulto son capaces de pensar acerca de abstracciones y conceptos hipotéticos y razonar en forma analítica y no sólo emocionalmente. Pueden incluso pensar en forma lógica ante hechos que nunca experimentaron	La ética, la política y los temas sociales y morales se hacen más interesantes a medida que el adolescente y el adulto son capaces de desarrollar un enfoque más amplio y más teórico de la experiencia

- *Asimilación,* en la que las nuevas experiencias son reinterpretadas para que encajen o se *asimilen* con las viejas ideas.
- *Acomodación,* en la que las viejas ideas se reestructuran o se *acomodan* para incluir nuevas experiencias.

La acomodación es más compleja que la asimilación, pero es necesaria debido a que las nuevas ideas y experiencias pueden no encajar en las estructuras cognitivas existentes. La acomodación produce un crecimiento intelectual significativo, que incluye el avance hacia la etapa siguiente del desarrollo cognitivo. Por ejemplo, si un amigo expresa ideas que revelan inconsistencia cognitiva con las propias opiniones, o si la estrategia favorita en el ajedrez fracasa, o si su madre dice algo que usted nunca hubiera esperado de ella, experimentará un desequilibrio cognitivo. En el último ejemplo, usted puede *asimilar* las palabras de su madre y decidir que ella no quiso decir lo que dijo. Quizás sólo repetía algo que había leído o quizás usted no la escuchó bien. El crecimiento intelectual se producirá si, en cambio, usted se adapta modificando su punto de vista con respecto a su madre para *acomodarse* a una nueva y más amplia comprensión. Usted puede llegar a la conclusión de que no la conoce tan bien como pensaba.

Lo ideal sería que, cuando dos personas no están de acuerdo, o cuando se sorprenden entre ellas por cosas que dicen, la adaptación fuera mutua. Por ejemplo, los padres generalmente están asustados por las crecientes opiniones de sus hijos. Si los padres pueden crecer intelectualmente, ellos revisan sus conceptos acerca de la crianza, se acomodan a una percepción actualizada. Los hijos también pueden acomodarse a una nueva comprensión de sus padres, quizás respe-

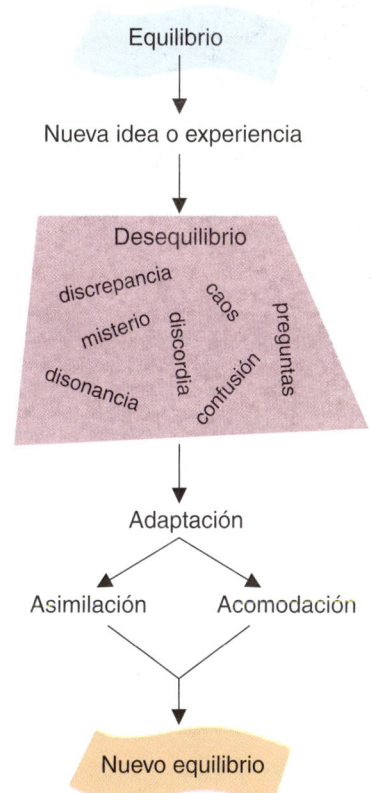

FIGURA 2.3 **Desafíenme** La mayoría de nosotros, la mayor parte del tiempo preferimos la comodidad de nuestras conclusiones convencionales. Para Piaget, sin embargo, cuando nuevas ideas perturban nuestro pensamiento, nos dan la oportunidad de ampliar nuestra cognición con una comprensión más extensa y más profunda.

❗ RESPUESTA A LA PRUEBA DE OBSERVACIÓN

(de p. 44): seis horas, o un tercio menos de tiempo. Nótese que, posteriormente, los monitos alimentados por la mamá de alambre (comparados con los monitos alimentados por la mamá de paño) pasaron igual cantidad de tiempo, y a veces más que estos últimos.

❗ RESPUESTA A LA PRUEBA DE OBSERVACIÓN

(de p. 45): la respuesta más evidente diría que la niña alimenta a su muñeca y el niño simula fumar un cigarrillo, pero el modelado va más allá. Nótese que la niña sostiene la cuchara exactamente en el mismo ángulo que su madre, y el muchacho usa jeans y está sentado del mismo modo informal que su padre.

¿Cómo pensamos acerca de las flores? La etapa de crecimiento cognitivo en la que se encuentra una persona influye en la forma de pensar acerca de todas las cosas, incluidas las flores. (a) Para un bebé, en el período sensoriomotor, las flores se "reconocen" arrancándolas, oliéndolas y tal vez degustándolas. (b) Un niño un poco mayor puede demostrar su egocentrismo juntando y comiendo las hortalizas en el momento. (c, d) En el período operacional formal del adulto, las flores pueden ser parte de un esquema lógico, más amplio, ya sea para ganar dinero o para cultivar la belleza. Observe, sin embargo, que el pensamiento es un proceso activo que dura toda la vida.

(a) (b) (c) (d)

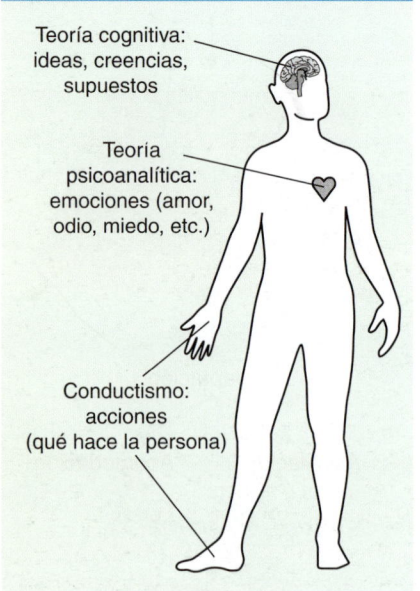

Teoría cognitiva:
ideas, creencias, supuestos

Teoría psicoanalítica:
emociones (amor, odio, miedo, etc.)

Conductismo:
acciones
(qué hace la persona)

FIGURA 2.4 **Principales enfoques de las tres grandes teorías**

tándolos más o descubriendo que son falibles. El punto es que el desarrollo cognitivo es un proceso activo, que depende de ideas en conflicto y experiencias desafiantes, y no básicamente de la maduración (como postula la teoría psicoanalítica) o de la repetición (como postula el conductismo).

SÍNTESIS

Las tres grandes teorías se originaron hace casi un siglo. Cada una fue propuesta por hombres que aún son admirados por su capacidad para presentar las teorías psicológicas de un modo tan abarcador y creativo que merecen el calificativo de "grandes". Cada gran teoría tiene un foco diferente: las emociones (teoría psicoanalítica), las acciones (el conductismo) o los pensamientos (teoría cognitiva) (véase fig. 2.4). Las conclusiones a las que arribaron las teorías también difieren. Freud y Erikson consideraron que era importante comprender los impulsos inconscientes y las primeras experiencias para entender la personalidad y los actos. En cambio, los conductistas pusieron el énfasis en las experiencias del pasado reciente, especialmente en el aprendizaje por asociación, por reforzamiento y por observación. La teoría cognitiva sostiene que, para comprender a una persona, debemos entender qué piensa, una capacidad que de acuerdo con Piaget se desarrolló en cuatro etapas diferentes.

Los métodos utilizados por estas tres grandes teorías también difieren. La teoría psicoanalítica se basa principalmente en los sueños, en la literatura clásica y en el estudio de casos de adultos, con el objeto de descubrir los impulsos ocultos. Los conductistas llevan a cabo experimentos con ratas y otros animales para encontrar las leyes universales del aprendizaje. Los teóricos cognitivos formulan preguntas a los niños y analizan las respuestas inesperadas.

Las teorías emergentes

Seguramente habrá notado que los grandes pensadores eran todos hombres, científicos de Europa occidental o de Norteamérica, la mayoría nacidos hace más de cien años. Estas variables del entorno son limitantes. (Por supuesto, las mujeres pensadoras no occidentales y contemporáneas también están limitadas por su entorno.) A pesar de sus admirables hallazgos, las tres grandes teorías ya no parecen ser tan completas como alguna vez se pensó.

Como contraste de las grandes teorías, han surgido dos nuevas corrientes de pensamiento que son multiculturales y multidisciplinarias. La primera teoría emergente que describiremos, una teoría sociocultural, basa su investigación en la educación, la antropología y la historia; la segunda, la teoría epigenética, surge de la biología, la genética y la neurociencia. Este enfoque abarcador hace que estas teorías sean especialmente pertinentes a nuestro estudio.

Ninguna de las teorías emergentes ha desarrollado aún una explicación coherente y completa del desarrollo humano, ni de la forma y el motivo por el cual las personas cambian. Sin embargo, ambas proporcionan encuadres significativos y útiles que conducen a una mejor comprensión, lo que es precisamente lo que las buenas teorías hacen.

La teoría sociocultural

El capítulo 1 pone el énfasis en el desarrollo humano dentro de los contextos sociales. Barbara Rogoff, una destacada científica, insiste en que, mientras "la teoría sociocultural aún está emergiendo" (Rogoff, 1998, p. 687), "el desarrollo individual debe comprenderse en su contexto social e histórico-cultural y no puede separarse de él" (Rogoff, 2003, p. 50). La tesis central de la **teoría sociocultural** es que el desarrollo humano es el resultado de la interacción dinámica entre las personas en desarrollo y la sociedad que las rodea. La cultura es vista, no como una variable externa que incide en la persona en desarrollo, sino como una parte integral del desarrollo de cada persona (Cole, 1996).

Consideremos lo siguiente: ¿qué debe hacer usted si su bebé de 6 meses tiene una rabieta? Puede darle un chupete, hacer girar un móvil musical, cambiarle el pañal, prepararle el biberón, caminar con el bebé en brazos, cantarle una canción de cuna, ofrecerle el pecho, sacudir un sonajero, pedir ayuda, o cerrar la puerta e irse. Cada una de estas acciones puede ser la "correcta" en algunas culturas pero no en otras. De hecho, a muchos padres se les aconseja no "malcriar" a sus bebés, y no levantarlos cuando tienen una rabieta, mientras que a otros se les dice que si no cargan a sus bebés virtualmente todo el día y la noche, son padres que maltratan o negligentes.

Pocos adultos notan que estas respuestas están determinadas por la cultura, aunque esto es precisamente lo que sostiene la teoría sociocultural. Las sociedades proporcionan no sólo las costumbres y las prácticas, sino también las herramientas y las teorías. Por ejemplo, en algunos lugares no se conocen los chupetes, los biberones ni los móviles, ni tampoco los pañales o las puertas. El tipo de herramientas que se dispone para el cuidado del bebé influye profundamente sobre ellos, así como sobre sus padres, por el resto de su vida. Las posesiones y la privacidad son valorados mucho más por algunos adultos que por otros, probablemente debido a sus primeras experiencias culturales.

La interacción social

El pionero de la perspectiva sociocultural fue Lev Vygotsky (1896-1934), un psicólogo de la ex Unión Soviética. Vygotsky estaba particularmente interesado en las competencias cognitivas que se desarrollaban entre las personas con diferencias étnicas y culturales que habitaban esa inmensa nación, así como por los niños que eran considerados como mentalmente retardados. Estudió de qué modo los agricultores utilizan sus herramientas, cómo los analfabetos emplean las ideas abstractas y la forma en que los niños con distintas capacidades aprenden en la escuela. Según su visión, cada persona, instruida o no, desarrolla competencias que aprende de los miembros más hábiles de la sociedad, que son tutores o instructores en un **aprendizaje del pensamiento** (Vygotsky, 1934/1986).

teoría sociocultural Teoría emergente que sostiene que el desarrollo humano se debe a la interacción dinámica entre cada persona y las fuerzas sociales y culturales de su entorno. Esta teoría apunta a las similitudes y diferencias que hay entre los niños que se crían en diversas naciones, grupos étnicos y épocas.

aprendizaje del pensamiento Según la teoría sociocultural, proceso por el cual los aprendices desarrollan competencias cognitivas realizando sus tareas con miembros más experimentados de la sociedad, generalmente los padres o los maestros, que cumplen la función de tutores y mentores.

participación guiada Proceso por el cual los individuos aprenden de otros que guían sus experiencias y exploraciones. Según la teoría sociocultural, es la técnica más eficaz empleada por los mentores expertos para asistir a los neófitos en el proceso de aprendizaje. Los mentores no sólo proveen instrucción, sino que permiten la participación directa y compartida en la actividad.

ESPECIALMENTE PARA ENFERMERAS Utilizando la participación guiada, ¿cómo le enseñaría a un joven que padece asma a respirar con un nebulizador?

El fundador de la teoría sociocultural Lev Vygotsky, hoy reconocido como un pensador fundamental cuyas ideas acerca del rol de la cultura y de la historia están revolucionando la educación y el estudio del desarrollo; fue contemporáneo de Freud, Skinner, Pavlov y Piaget. Sin embargo, Vygotsky no consiguió aquel renombre mientras vivió, en parte porque su trabajo, que fue llevado a cabo en la Rusia estalinista, era prácticamente inaccesible para el mundo occidental, y en parte porque murió a la temprana edad de 38 años.

Una estructura temporaria de soporte Los andamios sostienen a los trabajadores mientras construyen un nuevo edificio o reparan alguno ya existente, como el California State Capitol en Sacramento, que aparece en la fotografía. De forma análoga, los maestros expertos construyen andamios educativos, utilizando pistas, ideas, ejemplos y preguntas para sostener al alumno novato hasta que logre construir una estructura cognitiva sólida.

El objetivo implícito de este aprendizaje es proporcionar la instrucción y el apoyo que los principiantes necesitan para adquirir cualquier tipo de conocimiento o habilidades que su cultura valora. La mejor manera de lograr este objetivo es a través de la **participación guiada**: los tutores involucran a los aprendices en actividades conjuntas, y les ofrecen no sólo instrucción sino también "compromiso mutuo en varias prácticas culturalmente extendidas de gran importancia para el aprendizaje: relatos, rutinas y juegos" (Rogoff, 2003, p. 285). El aprendizaje activo y la participación guiada son conceptos centrales de la teoría sociocultural, debido a que cada persona depende de otras para aprender. Este proceso es informal, dominante y social.

Por ejemplo, hace algún tiempo una de mis estudiantes llegó a mi oficina con su pequeño hijo, quien miraba mi caramelera, pero no tomaba ningún caramelo.

"Puede servirse uno, si te parece bien", susurré a su madre.

Ella asintió y le dijo, "la Dra. Berger te permite tomar un caramelo".

Él sonrió tímidamente y se sirvió uno con rapidez.

"¿Qué se dice?", le apunté.

"Gracias", respondió el niño mirándome con el rabillo del ojo.

"Por nada", le respondí.

En ese breve momento, los tres estuvimos involucrados en una participación guiada, ya que a la madre y a mí nos habían enseñado, y el niño estaba aprendiendo de nosotras. Estábamos rodeados por tradiciones y prácticas culturales, incluyendo mi autoridad como profesora, el hecho de que yo tenga una oficina y una caramelera (costumbre que aprendí de uno de mis profesores), y la autoridad directa de la madre sobre su hijo. Esta madre había enseñado a su hijo que *gracias* es la "palabra mágica", lo que puede ser verdadero en algunas familias y no en otras. Los detalles difieren, pero todos los adultos enseñan a sus niños las destrezas que necesitan en la sociedad en la que viven.

La interacción social es fundamental en la teoría sociocultural, lo que es bastante diferente del descubrimiento individual de un estudiante o la enseñanza en clase de un profesor. Este concepto contrasta con la noción de aprendizaje que se postula en las grandes teorías, en las que el proceso depende principalmente del estudiante o del profesor, y no de ambos simultáneamente. Sin embargo, en la participación guiada se supone que ni el estudiante ni el profesor son pasivos; aprenden uno del otro, a través de palabras y actividades en las que se involucran *juntos* (Karpov y Haywood, 1998), porque "el desarrollo cognitivo se produce y surge de las situaciones sociales" (Gauvain, 1998, p. 191). Los adultos aprenden de los niños y viceversa, y todos aprenden más de los pares que de individuos mayores o menores.

El concepto que postula que los patrones y creencias culturales son construcciones sociales (como se explicó en el capítulo 1) es fácil de comprender para los teóricos socioculturales. Ellos creen que las ideas que se construyen socialmente no son menos poderosas que las realidades físicas; más bien lo contrario. Los valores son fuerzas poderosas y modelan el desarrollo de cada miembro de esa cultura, aunque los valores son construidos. Este punto fue destacado por Vygotsky, quien postuló que los niños con discapacidades físicas y mentales debían recibir educación (Vygotsky, 1925/1994). Si las personas creen que todos los niños pueden aprender, encontrarán el modo de enseñarles. Esta idea se sostuvo durante los últimos 30 años y revolucionó la educación de los niños con necesidades especiales (Rogoff, 2003).

La zona de desarrollo próximo

De acuerdo con la teoría sociocultural, *aquello* que las personas necesitan aprender depende de su cultura, pero *cómo* lo aprenden siempre es igual, ya sea una habilidad manual, una costumbre social o un idioma. El contexto cultural, las costumbres sociales y la participación dirigida siempre forman parte de este proceso.

Para que el aprendizaje se produzca, el maestro (que puede ser un padre, un par o un profesional) ubica la **zona de desarrollo próximo** del aprendiz, que es el conjunto de habilidades, conocimientos y conceptos que está adquiriendo, pero que no puede aún dominar sin ayuda. A través de una evaluación adecuada de las aptitudes y capacidades del aprendiz, el maestro compromete la participación del estudiante, guiando la transición desde el desempeño asistido hasta el logro independiente. El maestro debe evitar dos peligros: el aburrimiento y el fracaso. Cierto grado de frustración está permitido, pero el aprendiz debe estar activamente comprometido, y nunca ser pasivo o sentirse abrumado (véase fig. 2.5).

Para hacer más concreto este proceso aparentemente abstracto, veamos un ejemplo sencillo, un padre que enseña a su hija a andar en bicicleta. Comienza ayudando a su hija a desplazarse lentamente, mientras le dice que sujete bien el manubrio y afirme los pies sobre los pedales, empujando con ritmo el derecho y el izquierdo y mirando hacia adelante. A medida que ella tome más confianza y se sienta más cómoda, él la alentará a ir un poco más rápido, elogiándola por pedalear a un ritmo constante. Luego de una lección o dos, él irá corriendo a su lado, sujetando solamente el manubrio. Luego de unos días o semanas de práctica, él sentirá que ella puede mantener el equilibrio por sí misma durante breves momentos y le dirá que pedalee más rápido y poco a poco la soltará. Tal vez, sin siquiera notarlo, ella estará conduciendo su bicicleta sin ayuda. Entonces, tanto el padre como su hija estarán encantados por el logro.

ESPECIALMENTE PARA MAESTROS Según los preceptos de Vygotsky, ¿cómo podría usted enseñar a leer a una clase entera de niños de primer nivel con aptitudes diferentes?

zona de desarrollo próximo Término de Vygotsky que designa una "zona" metafórica donde está incluido el conjunto de todas las destrezas, conocimientos y conceptos que un alumno está "próximo" a adquirir, pero que aún no es capaz de dominar sin ayuda de otros.

ARIEL SKELLEY / CORBIS

Aprender a andar en bicicleta Aunque no siempre sean conscientes de ello, los niños aprenden la mayor parte de sus habilidades porque los adultos los guían con mucho cuidado. ¿Qué pasaría si este padre soltara a su hijo?

Lo que el alumno no está aún listo para aprender (no enseñar; demasiado difícil)

Zona de desarrollo próximo
Lo que el alumno es capaz de entender si es orientado a ello (enseñar; es emocionante y desafiante)

Lo que el alumno ya sabe (no volver a enseñar; se torna aburrido)
El alumno

FIGURA 2.5 **El medio mágico** En algún lugar entre lo aburrido y lo imposible está la zona de desarrollo próximo, donde la interacción entre el maestro y el alumno produce un conocimiento nuevo o destrezas aún no dominadas. La excitación intelectual de esa zona es el origen de la alegría que la instrucción y el estudio generan.

RESPUESTA PARA ENFERMERAS (de p. 50): debería guiar al niño hacia la zona de desarrollo próximo, donde el maestro y el niño interactúan. Por lo tanto, podría alentarlo a preparar el nebulizador (por ejemplo colocando la medicación) y luego mostrarle cómo respirar, haciéndolo usted mismo y turnándose con el niño.

Nótese que ésta no es una instrucción con reglas programadas. El aprendizaje sociocultural es activo: ningún niño aprende a andar en bicicleta leyendo y memorizando instrucciones escritas. Las destrezas sociales y culturales necesitan un aprendizaje paso a paso. El instructor ya debe dominar la destreza para que la participación guiada tenga efecto. En este ejemplo, si un padre comprende intelectualmente los principios generales pero no sabe andar en bicicleta, es mejor que le deje la tarea a su esposa.

Cada estudiante trae rasgos personales, experiencias pasadas y aspiraciones futuras al contexto educacional, lo que significa que el aprendizaje debe ser individualizado. Los estilos de aprendizaje varían: algunos niños necesitan más reaseguro que otros; algunos aprenden más fácilmente mirando, otros escuchando. El instructor necesita percibir exactamente cuándo debe dar más apoyo o más libertad, y cuál puede ser el estilo de aprendizaje del niño. La naturaleza y el proceso de instrucción se ajustan constantemente a medida que la zona de desarrollo próximo se expande o se modifica.

Estas incursiones en la zona de desarrollo próximo, como el niño a quien se insta a decir "gracias" o la niña que aprende a mantener el equilibrio en la bicicleta, son habituales a lo largo de toda la vida. Idealmente, el aprendizaje siempre sigue el mismo patrón general: los instructores, en sintonía con las habilidades y las motivaciones del aprendiz siempre cambiantes, lo estimulan continuamente para que adquiera nuevos niveles de competencia; el aprendiz formula preguntas, demuestra interés y exhibe progresos que guían e inspiran a los instructores. Como podemos ver, cuando la educación sigue el camino correcto, tanto maestros como estudiantes están plenamente comprometidos y son productivos. Las destrezas y los procesos particulares varían enormemente de una cultura a otra, pero la interacción social es la misma.

Los teóricos del pensamiento sociocultural han sido criticados por omitir los procesos del desarrollo que no son principalmente sociales. La teoría de Vygotsky, en particular, ha desvalorizado la influencia de los genes en el desarrollo, especialmente si la inmadurez neurológica o discapacidad, hace imposible el aprendizaje (Wertsch, 1998; Wertsch y Tulviste, 1992). Es cierto que todos los niños pueden aprender, pero no todos pueden aprender todas las cosas en cualquier momento. La otra teoría emergente que trataremos ahora elude estas críticas.

La teoría epigenética

teoría epigenética Teoría emergente del desarrollo que comprende tanto los orígenes genéticos del comportamiento (en una misma persona y en una misma especie) como la influencia directa y sistemática que tienen las fuerzas ambientales en los genes a lo largo del tiempo. La teoría estudia la interacción dinámica que ocurre entre ambas influencias a lo largo de décadas y siglos.

La idea central de la **teoría epigenética** es que los genes interactúan con el ambiente de un modo dinámico y recíproco para hacer posible el desarrollo (Gottlieb, 2003). Este concepto de interacción contrasta con las ideas del **preformismo**, que postula que los genes lo determinan todo, hasta el desarrollo que requiere de la maduración.

La teoría epigenética es la teoría del desarrollo más reciente, pero incorpora varias líneas de investigación bien establecidas. Muchas disciplinas pertenecientes a las ciencias naturales, incluyendo la biología (especialmente los principios de la evolución), la genética y la química, forman la base de esta teoría. Algunos psicólogos, como Erikson o Piaget, describieron aspectos de sus teorías como "epigenéticos" y reconocieron que el desarrollo se construye sobre los genes, pero no está determinado por ellos.

preformismo Idea de que las características del desarrollo están determinadas de manera permanente antes del nacimiento. Algunas facetas del desarrollo aparecen en el curso de la maduración, pero surgen debido al paso del tiempo y no por la experiencia.

Muchas especialidades dentro de las ciencias sociales, especialmente la *sociobiología* (el estudio del modo en que los individuos dentro de una sociedad buscan pasar por alto su herencia genética), la *psicología evolucionista* (el estudio de los patrones de conducta heredados que alguna vez fueron adaptativos) y la *etología* (el estudio de los animales en su ambiente natural), ponen énfasis en la interacción de los genes y el ambiente (Alcock, 2001; Laland y Brown, 2002). Todas ellas se incorporaron a la teoría epigenética, aunque al igual que las otras cuatro teorías que hemos descrito en este capítulo, muchas fuentes divergentes configuran un complejo entramado con el objeto de presentarnos esta teoría.

Antes y después de los genes

Entonces, ¿qué tiene de nuevo esta teoría? Una forma de responder a esta pregunta es considerar su nombre, que deriva de la raíz *genético* y el prefijo *epi*. La palabra *genético* alude tanto al genoma completo, que comprende los genes que determinan que una persona sea genéticamente única (excepto en los casos de gemelos monocigóticos), los genes que distinguen a nuestra especie como seres humanos y los genes que comparten todas las criaturas vivas.

La raíz *genético* pone el énfasis en los poderosos instintos y destrezas que surgen de nuestra herencia biológica. El Proyecto Genoma Humano ha dejado en claro que tanto los rasgos psicológicos como físicos, desde la timidez hasta el grupo sanguíneo, desde la irritabilidad hasta el metabolismo, desde las aptitudes vocacionales hasta el tono de la voz, reciben su influencia de los genes.

Esta verdad fue ignorada durante alrededor de 30 años, en parte como reacción contra la *eugenesia*, una seudociencia desacreditada en la actualidad, que hacía énfasis en la genética para asegurar que sólo deberían reproducirse los individuos bien constituidos genéticamente (Wahlsten, 2003).

La otra mitad es igualmente importante: la necesidad de evitar la exageración del poder de los genes (Singer, 2003). El prefijo *epi* significa "con", "alrededor", "antes", "después", "sobre" o "cerca". Por lo tanto, epigenético se refiere a todos los factores del entorno que influyen en la expresión genética. Esos factores detienen algunos genes antes de que tengan algún efecto y hace que otros influyan en cada aspecto del desarrollo de una persona. Algunos son factores de estrés, como las lesiones, la temperatura y las aglomeraciones. Algunos son factores facilitadores, como el alimento nutritivo, los cuidados amorosos y la libertad para actuar. Estos factores y muchos otros surgen del entorno en el que el organismo se desarrolla.

La teoría epigenética une los dos aspectos en una palabra para significar la inevitable interacción entre los genes y el entorno. La figura 2.6 ilustra este concepto tal como fue publicado por primera vez en 1992 por Gilbert Gottlieb, un destacado defensor de la teoría epigenética. Este simple diagrama, con flechas que se dirigen hacia arriba y abajo a lo largo del tiempo, fue publicado en innumerables oportunidades (Gottlieb, 2003) para enfatizar que la interacción dinámica continúa mucho después de la concepción.

Los efectos epigenéticos más evidentes y directos son más fáciles de encontrar en los animales inferiores que en el ser humano. Por ejemplo, la forma del rostro de un animal y el color de su piel están genéticamente determinados, pero las condiciones ambientales hacen que algunas especies desarrollen rasgos faciales anormales o cambien el color de la piel (algunas especies de conejos son blancos en climas fríos pero marrones en los cálidos). Hasta el sexo biológico puede ser epigenético. Los investigadores descubrieron que todos los huevos de caimán nacen machos si la temperatura del nido es de 34 °C durante los días 7 y 21 de la incubación, y hembras si es de 28 a 31 °C (Ferguson y Joanen, 1982).

Muchos factores epigenéticos pueden afectar el desarrollo del organismo humano y del cerebro; algunos genes y factores ambientales influyen en casi todos los rasgos, mientras otros no son significativos (Marcus, 2004). Hasta los gemelos idénticos, que tienen exactamente los mismos genes, nacen con diferentes redes y estructuras encefálicas debido a factores prenatales casuales. Y a medida que crecen desarrollan otras diferencias, una vez más debido a los factores epigenéticos (Finch y Kirkwood, 2000). Los hermanos difieren entre sí un poco más y los que no son parientes, mucho más.

A medida que el desarrollo progresa, cada persona avanza según el curso establecido por las primeras interacciones genético-ambientales, lo que permite una variación de posibles consecuencias denominada *rango de reacción*. Algunos aspectos del desarrollo llegan a ser menos plásticos con la edad, lo que explica por qué las condiciones prenatales (por ejemplo, drogas y alcohol en el torrente sanguíneo) pueden dañar las estructuras neurológicas y los rasgos físicos de un feto mucho más que el encéfalo o el organismo de una mujer embarazada. Sin embargo, aun en la adultez, nuevos contextos pueden modificar los patrones genéticos ya establecidos.

Respuesta para maestros (de p. 51): en primer lugar, usted no debería enseñarles a "leer"; habría que investigar en qué etapa se encuentra cada niño y qué es capaz de aprender, de modo que la enseñanza debería adaptarse a cada zona de desarrollo próximo de cada niño. Para algunos podría estar en el reconocimiento de las letras, para otros, en la comprensión de los párrafos en la lectura silenciosa. En segundo lugar, usted no tendría que enseñar a toda la clase. Debería individualizar la enseñanza, quizás formar pares y hacer que un niño le enseñe al otro; podría establecer una enseñanza apropiada a través de ordenadores y haciendo que los padres o maestros auxiliares trabajen con pequeños grupos de tres o cuatro niños.

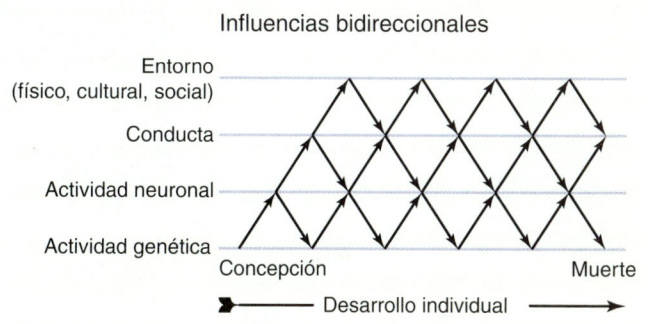

Fuente: Adaptado de Gottlieb, 1992.

FIGURA 2.6 **Un modelo epigenético del desarrollo** Nótese que hay tantas flechas que se dirigen hacia abajo como hacia arriba, en todos los niveles. Aunque el desarrollo comienza con los genes en el momento de la concepción, requiere la interacción de los cuatro factores.

? **Prueba de observación** (véase la respuesta en la p. 55): según este diagrama ¿la influencia de la genética se detiene en el momento del nacimiento?

Las pruebas más contundentes provienen de los estudios de la adicción a las drogas. El potencial de una persona para convertirse en adicto es genético. Ese potencial se desarrolla –una persona genéticamente vulnerable se vuelve adicta o alcohólica– si la persona consume la sustancia en repetidas oportunidades. Por lo tanto, la adicción es epigenética, el resultado de la interacción entre los genes y el ambiente. Una vez que esa interacción se ha producido y la persona es adicta, algo en su cerebro y en su bioquímica la hace hipersensible a una droga en particular. Por ejemplo, una copa hará que una persona que no es alcohólica se ponga alegre, pero en un alcohólico despertará un intenso deseo de beber más. El papel de la experiencia en el desarrollo de la adicción y en el surgimiento de la hipersensibilidad a una droga quedó demostrado en incontables experimentos (Crombag y Robinson, 2004). No obstante, como un equipo de investigadores ha explicado:

> Dentro del modelo de la teoría epigenética, cada fenotipo intermediario [manifestación genética] es el resultado y el precursor de una consecuencia posterior, que depende de la calidad de las interacciones persona-ambiente... Pueden ocurrir... cambios súbitos. En este sentido, es de notar que el 86% de los consumidores habituales de heroína entre los soldados de Vietnam finalizó abruptamente el consumo al regresar a los Estados Unidos (Robins, Helzer y Davis, 1975). En efecto, un cambio considerable en el entorno produce una modificación fenotípica de enorme importancia.
>
> *[Tarter y cols. , 1999, p. 672]*

El hecho de que la mayoría de los soldados que consumieron heroína en Vietnam abandonaran la droga por sus propios medios al regresar a sus hogares es sorprendente para todo el que ha visto alguna vez a un adicto recuperarse y luego de un tiempo sufrir una recaída. La explicación más común es que la fuerza de la droga en el nivel bioquímico es demasiado intensa como para resistir. Sin embargo, el ejemplo de los veteranos de Vietnam indica que los aspectos bioquímico y genético de la adicción no funcionan aislados; el contexto social ("epi") también es una fuerza poderosa.

Por lo tanto, un aspecto fundamental de la teoría epigenética es que los genes nunca actúan solos; su potencial no se realiza a menos que ciertos factores "epi" se produzcan. Por ejemplo, muchos trastornos psicológicos, entre ellos la esquizofrenia, el autismo, el trastorno antisocial de la personalidad y algunas formas de depresión, tienen un componente genético. Pero ninguno es totalmente genético; todos son epigenéticos (Reiss y Neiderhiser, 2000; Rutter y Sroufe, 2000; Sánchez y cols., 2002). Las personas que heredan una variante particular de un gen (el denominado alelo corto del gen que codifica el 5-HTT) tienen más probabilidades de sufrir depresión. Sin embargo, aun aquellos que poseen esta variante no desarrollan depresión a menos que sufran maltratos en la niñez o experimenten sucesos estresantes en la edad adulta (Caspi y cols., 2003). Una vez más, la teoría epigenética.

La adaptación genética

Hasta ahora hemos descrito los factores epigenéticos que afectan a los individuos. Sin embargo, estos factores también afectan a las especies. A lo largo del tiempo, en un proceso denominado **adaptación selectiva**, los genes que incrementan la probabilidad de supervivencia y reproducción se hacen más comunes entre la población, y los que son destructivos se vuelven raros.

La adaptación selectiva comienza cuando una variante particular de un gen beneficia al organismo que lo hereda y le permite sobrevivir y tener descendencia. Como la mitad de esa descendencia hereda el mismo gen del progenitor afortunado y también tendrán su propia descendencia, ese gen beneficioso será más común en la población con cada generación exitosa. Finalmente, casi todos poseerán ese gen y la especie se beneficiará.

Que un gen sea beneficioso, dañino o neutro depende del entorno particular. Por ejemplo, la alergia al aguijón de las abejas es genética, pero esta variante genética no es un problema si en el vecindario no hay abejas y la persona alérgica no realiza un viaje. Los rasgos complejos, tales como el ser temeroso, también son en parte genéticos, y este rasgo podría ser un beneficio si el medio es hostil

adaptación selectiva Proceso por el que los seres humanos y otros animales se adaptan gradualmente a su ambiente. Específicamente, la frecuencia de cierto rasgo genético en una población aumenta o disminuye durante varias generaciones, si dicho rasgo contribuye o no, respectivamente, a la supervivencia y reproducción de los miembros de esa población.

(la persona temerosa podría escapar al ataque) pero podría ser un problema si el entorno es benigno (la persona temerosa no aceptaría la ayuda de otras personas). La adaptación selectiva es, en este sentido, epigenética, es decir el resultado de la interacción entre los genes y los factores del entorno.

Dentro de las especies, la adaptación selectiva es más evidente en los no humanos que en los seres humanos. Muchas especies de pájaros y de insectos desarrollan marcas o coloraciones que los protegen de los predadores. De la misma manera, la forma del pico (en los pájaros) o los dientes (en los mamíferos) les permiten a las criaturas obtener el alimento de su entorno. Por ejemplo, el pico angosto y fuerte del pájaro carpintero puede hurgar en la corteza de los árboles y sacar insectos, pero el pico ancho y redondeado del pato es mejor para escurrir los alimentos del agua.

Según la teoría epigenética, las diferencias en los seres humanos pueden explicarse a través de la adaptación selectiva. Quizás originalmente el ser humano haya sido intolerante a la lactosa y se haya sentido mal al consumir leche de vaca; pero en las regiones donde se producían lácteos hace miles de años, sólo unos pocos afortunados heredaron el gen de la enzima que les permitía digerir la leche de vaca. Esas personas eran más robustas y saludables y procreaban más hijos. Como resultado, esta variante genética gradualmente fue extendiéndose en la población, especialmente en las regiones más frías, donde las proteínas provenientes de las plantas eran menos abundantes y la leche de vaca era una necesidad nutritiva.

Tanto para los grupos como para los individuos, la interacción de los genes con el ambiente influye en la supervivencia. Las variaciones genéticas son particularmente beneficiosas cuando el entorno se modifica. Si los genes de una especie no incluyen al menos algunas variantes que les permitan adaptarse, esa especie puede desaparecer. Alrededor del 90% de todas las especies que alguna vez existieron se han extinguido porque, a medida que se modificaban las condiciones, los animales que no se adaptaron murieron y no fueron reemplazados (Buss y cols., 1998).

El proceso de extinción no es sólo genético: las especies que dejaron de saber cómo evitar a los predadores también se han extinguido cuando las condiciones cambiantes permitieron a los predadores reaparecer (Berger y cols., 2001). La variación entre los seres humanos también es una razón por la que nuestras especies han sobrevivido y se han multiplicado. Además, los seres humanos tienen genes beneficiosos que favorecen la socialización y el lenguaje, así como libros y universidades, una combinación epigenética que les permite a los hombres aprender los unos de los otros y así evitar algunas enfermedades y lesiones letales.

La adaptación selectiva está menos definida cuando involucra la forma del cuerpo (la altura o la robustez), la apariencia física (el cabello, la piel, etc.) o los rasgos de la personalidad (la timidez o la agresividad) en poblaciones diversas y móviles. Pero la teoría epigenética indica que la adaptación y la expresión selectiva ocurren en todas las criaturas vivas, no importa dónde y cómo vivan, y las variaciones en la apariencia de las personas y en la forma en que actúan son la prueba de la adaptación humana a su entorno (Fish, 2002).

Las variantes en la forma del cuerpo entre las especies de primates son evidentemente adaptativas. Observemos a los seres humanos y a los chimpancés, dos especies que comparten el 99% de sus genes. El 1% restante es el que produce algunas diferencias de fundamental importancia que pueden no ser distintivas en apariencia pero que son fundamentales para la supervivencia humana. Por ejemplo, como especie, los seres humanos son más altos que los chimpancés y tienen piernas más largas y brazos más cortos. Estos rasgos les facilitan a los seres humanos transportar cosas mientras recorren largas distancias. Como consecuencia, la locomoción bípeda (en dos patas) fue adaptativa debido a que incrementaba la movilidad y le permitió al hombre (y no al chimpancé) viajar desde África hasta regiones distantes más fértiles. El ser humano es el único mamífero que ha viajado, se ha reproducido y ha prosperado en todos los continentes (excepto en el glacial continente antártico).

Consideremos un ejemplo más controvertido: las estrategias para aparearse de los machos y las hembras. Según algunos estudiosos, las mujeres, cuya biología las hace aptas para concebir, amamantar y continuar la especie, se benefician

! RESPUESTA A LA PRUEBA DE OBSERVACIÓN
(de p. 53): no, las flechas que se originan en la actividad genética se extienden a través del desarrollo hasta la muerte

ESPECIALMENTE PARA ESTUDIANTES QUE ESTÁN ABURRIDOS DE LEER ACERCA DE LOS GENES
¿Cómo puede la lectura de este libro colaborar para que usted viva una vida más larga y sea más feliz?

si tienen un hombre a su lado que las proteja a ellas y a sus hijos; por lo tanto, buscan una pareja estable. Los hombres, al contrario, tendrán más descendencia si tienen sexo con muchas mujeres, de modo que son naturalmente más promiscuos, menos fieles. Debido a las diferencias biológicas y genéticas entre machos y hembras, aun los hombres de hoy, de todas las edades, tendrán más parejas sexuales que las mujeres.

Es posible que el machismo, y no la estructura genética, esté detrás de los diferentes patrones de apareamiento y de la conducta sexual de hombres y mujeres. Sin embargo, este ejemplo se da para mostrar el alcance de la teoría epigenética, que puede utilizarse para explicar la conducta de grupos de personas y no sólo de los individuos. Gran parte de las sólidas pruebas de la teoría epigenética proviene de la investigación realizada en animales inferiores que luego se ha extendido a las personas, lo que explica por qué no todos los estudiosos concuerdan con todas las aplicaciones (Laland y Brown, 2002).

Algunos aspectos de la teoría epigenética son ampliamente aceptados, incluyendo el que nos ayuda a comprender por qué los niños y sus padres desarrollan afecto mutuo: éste tiene origen en los genes y es provocado por la experiencia de vivir juntos en familia. Note que los seres humanos, a diferencia de otros animales, siguen siendo dependientes de sus padres durante una década o más. Los adultos deben pasar años dedicados a la crianza de los hijos, debido a que el cerebro infantil tarda una década o más en madurar.

Para que la especie humana continúe, los niños deben ganar el afecto de los que los cuidan durante una larga infancia. Como consecuencia, los bebés sonríen espontáneamente al rostro humano, y las expresiones faciales de los niños y el confiado apego despiertan el afecto protector de casi todos los padres. La investidura parental se produce porque, a lo largo de los milenios, los genes han fortalecido el amor de los padres por sus hijos. Es más probable que los niños que no son amados mueran, y, por lo tanto, es más probable que los genes de los padres que fomentan la supervivencia pasen a la generación siguiente. Esta inclinación natural comienza con las mismas hormonas que acompañan el nacimiento, un ejemplo de adaptación selectiva cuya influencia he experimentado yo misma.

▶ **RESPUESTA PARA ESTUDIANTES QUE ESTÁN ABURRIDOS DE LEER ACERCA DE LOS GENES** (de p. 55): la adaptación genética de las especies les ha permitido a las personas aprender los unos de los otros, y así evitar la extinción de la raza humana. El mismo proceso puede aplicarse a los individuos que aprenden en el colegio.

EN PERSONA

Mis hermosas bebés sin pelo

La perspectiva de la teoría epigenética se centra en las "micro" interacciones de los genes a nivel individual y en los "macro" sistemas genéticos desarrollados dentro de las especies a lo largo del tiempo. Con respecto a esto, la teoría epigenética construye la *etología*, el estudio de los modelos de conducta animal, en especial la conducta que se relaciona con la supervivencia de las especies. La perspectiva etológica es especialmente pertinente en la infancia. Muchos de los comportamientos instintivos de los bebés y de quienes los cuidan promueven la supervivencia (Marvin, 1997).

Los recién nacidos poseen predisposiciones y habilidades que los ayudan a asegurar su nutrición. Por ejemplo, pueden distinguir los sonidos y los ritmos del habla, reconocer las expresiones faciales de miedo y placer, y diferenciar una persona de otra por medio del olfato, el tacto y el sonido. A pesar de parecer indefensos, los recién nacidos están genéticamente programados con reflejos, como la prensión, abrazar, el llanto y los sonidos vocales, que llaman a los adultos o los mantienen cerca. Al principio, los bebés aceptan la ayuda de cualquier persona, una buena estrategia de supervivencia en los siglos en los que las mujeres frecuentemente morían en los partos. Para el momento en el que pueden gatear, sin embargo, los bebés se encuentran emocionalmente ligados a sus cuidadores específicos y les temen a las situaciones desconocidas; otra buena táctica de supervivencia.

Tanto el hecho de aceptar ayuda de cualquiera como más tarde poder crear lazos afectivos con un cuidador específico son prueba de la adaptación selectiva. A través del curso de la historia, los bebés que fueron criados bajo la protección y el cuidado de adultos han tenido más probabilidades de sobrevivir, por lo que esos rasgos se transformaron en parte de la herencia genética.

Del mismo modo, los adultos cuidadores están equipados genéticamente para criar bebés. Pensándolo de forma lógica, ningún adulto razonable podría ser padre. Es irracional tener que soportar noches sin dormir, pañales sucios e interrupciones frecuentes. Afortunadamente, los genes no piensan de forma lógica. Los seres humanos están programados para cuidar y proteger a sus bebés. De hecho, parecen estar predispuestos para apreciar la maternidad, especialmente la maternidad de bebés, de forma tal que la razón y la lógica se desvanecen y la maternidad se transforma en un "campo minado" de emociones y explosiones que pueden afectar a mujeres, hombres y niños (Hrdy, 2000).

Como madre de cuatro hijas, muchas veces el poder de la programación genética me ha sorprendido. Cuando nació mi primera hija, le pregunté al pediatra si no creía que Bethany era una de las niñas más hermosas y perfectas que haya visto.

"Sí", dijo, con brillo en sus ojos. "Y mis pacientes son más bellos que los pacientes de todos los otros pediatras de la ciudad."

Cuando mi segunda hija tenía un día de vida, el hospital ofreció venderme una fotografía de ella; sin cabello,

sin mentón y con los párpados hinchados. Miré la fotografía y respondí que no, pues no se parecía en casi nada a mi hija: casi hacía que mi hermosa Rachel se viera fea. De modo similar, estuve también enamorada de Elissa y de Sarah. Sin embargo, no soy sólo una mujer que ama a sus hijas; también soy una mujer que ama dormir. En la madrugada, cuando me despertaba una vez más para alimentar a Sarah, me preguntaba por qué había elegido por cuarta vez agregar otra persona a mi vida que me privaría de mi precioso sueño. La respuesta, por supuesto, es que algunos instintos genéticos son aún más poderosos que el instinto de conservación.

Bien abierta Los cuidadores y los bebés producen respuestas mutuas que aseguran la supervivencia de la generación siguiente. El papel de los cuidadores en esta interacción vital es evidente, pero la etología ha demostrado que los bebés mueren de inanición si no pían, maúllan, gimen, balan, gritan o muestran algún signo de hambre; entonces abren su boca bien grande cuando se acerca la comida. Tanto los pajaritos como Jonah, de cinco meses, saben lo que tienen que hacer.

SÍNTESIS

Las dos teorías emergentes señalan direcciones opuestas. La teoría sociocultural mira hacia el exterior, hacia los patrones sociales, históricos y culturales que influyen en las comunidades, en las familias y, por último, en los individuos. La teoría sociocultural enfatiza el modo en que los grupos sociales y culturales transmiten sus valores y sus destrezas —a través del aprendizaje— a los individuos durante la niñez. Por el contrario, la teoría epigenética comienza con una mirada hacia adentro, hacia los miles de genes, y luego busca en el afuera, para incorporar los factores del ambiente que influyen directamente en la expresión de esos genes. La teoría epigenética salta desde la transmisión genética hacia los patrones de adaptación selectiva, que vienen desde hace siglos y que se han extendido por especies enteras y parece pasar por alto lo que enfatiza la teoría sociocultural.

Ambas teorías emergentes combinan hallazgos, datos y métodos de varias disciplinas académicas y tienen en cuenta las investigaciones actuales y las técnicas de análisis que no estaban disponibles para las generaciones anteriores. Ambas son vías apasionantes e innovadoras que conducen a una mejor comprensión del desarrollo.

Contribuciones de las teorías

Cada una de las teorías principales analizadas en este capítulo ha contribuido en gran parte a nuestra interpretación del desarrollo humano (véase cuadro 2.4):

▪ *La teoría psicoanalítica* nos ha hecho conscientes del impacto que tienen las experiencias vividas en la niñez temprana en el desarrollo posterior, ya sea que se recuerden o no.
▪ *El conductismo* nos ha mostrado los efectos que tienen las respuestas inmediatas, las asociaciones y los ejemplos en el aprendizaje cotidiano.
▪ *La teoría cognitiva* trajo consigo la comprensión de los procesos intelectuales y de cómo nuestros pensamientos y creencias afectan cada uno de los aspectos de nuestro desarrollo.
▪ *La teoría sociocultural* nos ha recordado que el desarrollo está enraizado en un contexto cultural rico y multifacético, el cual es evidente en cada interacción social.
▪ *La teoría epigenética* enfatiza la interacción entre las fuerzas heredadas y el entorno.

Respectivamente, estas cinco teorías nos plantean la niñez temprana, el entorno, la mente, la cultura y los genes. Ninguna visión integral del desarrollo puede ignorarlas.

CUADRO 2.4	Cinco perspectivas sobre el desarrollo humano		
Teoría	**Temas centrales**	**Descripción fundamental de la actividad de las personas**	**Importancia relativa de la naturaleza o de la crianza**
Teoría psicoanalítica	Etapas psicosexuales (Freud) o psicosociales (Erikson)	Luchar contra los impulsos inconscientes y superar las grandes crisis	Más naturaleza (impulsos biológicos y sexuales, y vínculos padre-hijo)
Conductismo	Condicionamiento a través del estímulo y la respuesta	Responder a los estímulos, el reforzamiento y los modelos	Más crianza (las influencias directas del entorno producen diferentes conductas)
Teoría cognitiva	Pensamiento, recuerdo, análisis	Tratar de comprender las experiencias mientras se elaboran conceptos y estrategias cognitivas	Más naturaleza (la actividad mental y la motivación propias son fundamentales)
Teoría sociocultural	Contexto social expresado a través de la gente, el lenguaje, las costumbres	Aprender las herramientas, las habilidades y los valores de la sociedad	Más crianza (la interacción entre el maestro y el alumno, dentro del contexto cultural)
Teoría epigenética	Los genes y los factores que reprimen o alientan la expresión genética	Expresar impulsos, intereses y patrones heredados de los antepasados	Comienza con la naturaleza; la crianza es también muy influyente a través de los nutrientes, las toxinas y demás

perspectiva ecléctica Enfoque adoptado por la mayoría de los psicólogos del desarrollo, en el que se aplican partes de las distintas teorías del desarrollo en vez de adherir exclusivamente a una teoría.

Cada una de estas teorías ha sido objeto de críticas. A la teoría psicoanalítica se la ha acusado de ser demasiado subjetiva; al conductismo, de ser muy mecanicista; a la teoría cognitiva, de devaluar la diversidad cultural; a la teoría sociocultural, de desatender la iniciativa propia, y a la teoría epigenética, de ignorar el espíritu humano. La mayoría de los desarrollistas prefieren utilizar una **perspectiva ecléctica**: es decir, en lugar de adoptar alguna de estas teorías exclusivamente, hacen uso selectivo de todas ellas. El estado actual de la investigación del desarrollo humano ha sido calificado correctamente como "pluralismo teórico", dado que no existe una única teoría que pueda explicar en su totalidad el comportamiento de los seres humanos a lo largo de la vida (Dixon y Lerner, 1999).

Ser ecléctico, es decir, no aferrarse exclusivamente a una teoría, es beneficioso porque todos, tanto los científicos como cualquier otra persona, tienden a ser parciales. Es muy sencillo desestimar los puntos de vista diferentes, pero entender y utilizar las cinco teorías puede abrir nuestros ojos y mentes para identificar aspectos del desarrollo que de otra forma podríamos ignorar.

La controversia naturaleza-crianza

Cualesquiera que sean las limitaciones de las teorías individuales, las teorías del desarrollo iluminan una y otra vez las miríadas de sucesos y experiencias de la vida. El desarrollo es deslumbrante y confuso si no se cuenta con alguna perspectiva. Las ideologías y los prejuicios fácilmente pueden superar a la realidad sin una teoría científica e información. Hay un ejemplo que proviene de la disputa que ha resonado a través de cada década del estudio desarrollista: *la controversia naturaleza-crianza.*

Naturaleza hace referencia a la influencia de los genes que se heredan de los padres en el momento de la concepción. **Crianza** alude a todas las influencias del entorno, que comienza con la salud y la alimentación de la madre durante el desarrollo prenatal y continúa durante toda la vida, en la familia, en la escuela, en la comunidad y en la sociedad.

A la controversia naturaleza-crianza se le ha adjudicado muchos nombres, entre ellos *herencia-entorno* y *maduración-aprendizaje*. Cualquiera que sea el nombre, la pregunta básica es: ¿en qué proporción una característica, comportamiento o patrón de desarrollo es el resultado de los genes, y en qué proporción es el resultado de las experiencias? Nótese que la pregunta es "¿en qué proporción?", y no "¿cuáles?", dado que siempre están involucradas tanto la naturaleza como la crianza, en proporciones variables.

Los psicólogos del desarrollo están de acuerdo en que tanto la naturaleza como la crianza interactúan para producir cada rasgo específico; ninguna característica se desarrolla como resultado exclusivo de la naturaleza o de la crianza. Investigaciones longitudinales recientes confirman esta interacción. Por ejemplo, un estudio longitudinal de hermanos gemelos, hermanastros, hermanos y hermanos por adopción demostró que los genes influyen más que un entorno familiar en común, pero...

> es poco probable que los rasgos hereditarios de los niños se manifiesten como auténticas victorias o como auténticos fracasos sin... interacciones forjadoras en las familias... (Las familias) no son simplemente proveedoras pasivas de respuestas. Son también iniciadoras; responden a una señal genética del niño (mejor dicho, una *matriz* de señales), y esa respuesta se le envía nuevamente al niño.
>
> *[Reiss y cols., 2000, p. 354]*

En otras palabras, los rasgos genéticos de los niños necesitan una respuesta por parte de la familia para que puedan emerger en su totalidad, para bien o para mal. Las respuestas que proporciona la familia no son aleatorias, sino que son provocadas por los genes de los niños; pero cada padre responde a cada hijo en forma particular (en parte por influencia de sus propios genes y en parte por su cultura). La interacción de estas expresiones (y no una o la otra de modo individual) conduce al desarrollo.

Esta interacción es compleja –"espirales de retroalimentación que se curvan en todas las direcciones, inextricablemente entrelazados" (Lippa, 2002, p. 197)–, aunque a veces es muy importante poder establecer con exactitud la forma en la que la naturaleza y la crianza interactúan para formar un rasgo determinado. Como escribió un gran experto:

> Tanto la naturaleza como la crianza tienen ahora un lugar en la mesa teórica, por lo tanto, recién ahora comienza el verdadero trabajo arduo; poder especificar hasta el más mínimo detalle, el modo en que funcionan en conjunto los diferentes factores biológicos y sociales del entorno que han sido identificados por las teorías recientes.
>
> *[Lippa, 2002, p. 206]*

Como vemos, las teorías pueden ayudar a realizar este trabajo ya que proporcionan nuevas perspectivas para estudiar el comportamiento. Imagine al padre y al profesor comentando el comportamiento de un niño. Cada uno sugiere una explicación posible que provoca en el otro una respuesta del tipo "nunca lo vi de ese modo". Entonces ambos entienden mejor al niño. Tener cinco teorías es como tener cinco observadores muy perspicaces. No todas pueden dar en el blanco, pero es sin duda mejor utilizar todas estas teorías para expandir la percepción que

naturaleza Término general que se refiere a las características, capacidades y limitaciones que cada individuo hereda genéticamente de sus progenitores en el momento de la concepción. A veces se denomina *natura.*

crianza Término general que se refiere a todas las influencias ambientales que afectan el desarrollo del individuo después de la concepción. A veces se denomina *nurtura.*

quedarse estancado en una misma idea. Una mano funciona mejor con cinco dedos, aun cuando cada dedo es diferente y algunos son más útiles que otros.

Perspectivas teóricas acerca de la hiperactividad y la homosexualidad

Veamos dos temas muy diferentes: la hiperactividad y la homosexualidad. ¿Cómo y en qué medida se involucran aquí los conceptos de naturaleza y crianza?

La hiperactividad

Algunos niños parecen estar siempre activos y corren sin descanso, aun cuando deberían estar quietos. Son impulsivos, incapaces de prestarle un momento de atención a nada. Esto se conoce como *trastorno por déficit de atención con hiperactividad* o TDAH (*American Psychiatric Association*, 2000). ¿Es el TDAH principalmente un tema de la *naturaleza* (producto de los genes del niño) o de la *crianza* (producto del hogar del niño, de la escuela o de la sociedad)? Existen evidencias a favor de ambas posibilidades.

Varios hechos apoyan el argumento de que la responsable es la "naturaleza" (herencia genética):

■ Los niños con TDAH son por lo general varones.
■ Los niños con TDAH a menudo tienen familiares cercanos varones que presentan el mismo problema.
■ Los niños con TAH son hiperactivos en cualquier contexto, tanto en el hogar como en la escuela.
■ Los niños con TDAH normalmente se calman al tomar estimulantes tales como Ritalin, Adderall, o incluso café.

Este último hecho es concluyente para muchos: dado que el tratamiento bioquímico funciona, la causa del TDAH debería ser bioquímica; es decir, en esencia la naturaleza.

Pero, un momento. También hay evidencias de que la crianza es la causa:

■ El porcentaje de la población de los Estados Unidos a la que se ha diagnosticado TDAH ha aumentado del 1 al 5% en los últimos 50 años. Dado que los genes no varían en forma natural a esa velocidad, este rápido cambio sugiere la existencia de una causa relacionada con el entorno.
■ Se han sugerido varias causas posibles relacionadas con el entorno, entre ellas el hacinamiento, la televisión, el plomo, el azúcar refinado y los aditivos en los alimentos. Algunas de estas causas han sido corroboradas en investigaciones correlacionadas (p. ej., Bateman y cols., 2004).
■ Existen más niños con TDAH en algunos salones de clase que en otros, lo que sugiere que el tipo y estilo de educación que se brinda puede provocar o reprimir el TDAH .
■ No existe ningún examen biológico, como el microanálisis de sustancias químicas de la sangre o las neuroimágenes del encéfalo, que pueda distinguir con certeza a un niño con TDAH de otro que no padece el trastorno.

Este último hecho también es convincente para muchos. Si no existe ningún indicador biológico del trastorno, entonces la causa debe buscarse en la crianza.

La homosexualidad

Ahora considere la influencia de la naturaleza y la crianza en la orientación sexual. La mayoría de los científicos sociales se apegaban a la teoría de que la homosexualidad era producto de la crianza, considerada causante de diversas maneras. La teoría psicoanalítica ubicó sus orígenes en la niñez temprana, con los

Construcción del futuro Estos padres sonríen orgullosos mientras su hijo de 19 meses utiliza bloques para construir un alto edificio. Erik Erikson y otros teóricos del psicoanálisis estarían igual de felices: Erikson observó que los niños construyen torres mientras que las niñas diseñan recintos circulares. Los teóricos del psicoanálisis podrían no estar tan felices, sin embargo, con la orientación sexual de los padres del niño.

BOB DAEMMRICH / THE IMAGE WORKS

padres (específicamente, un padre débil y una madre dominante) como los causantes. Los conductistas pensaron que las personas aprendían el comportamiento sexual de la misma forma que aprendían todas las otras cosas, a través del reforzamiento y el castigo. La teoría cognitiva sugirió que, dado que los pensamientos y las ideas de las personas determinan sus acciones, algunos pensamientos los llevaban a rebelarse en contra de la familia y de la sociedad haciéndose homosexual. La teoría sociocultural descubrió que algunas culturas esperan que todos sean homosexuales en la adolescencia, y otras culturas matan a los homosexuales. La frecuencia de la homosexualidad se mantiene en línea con estas expectativas culturales; otro argumento a favor de la influencia preponderante de la crianza.

Cuando los investigadores comenzaron a poner a prueba las hipótesis basadas en estas teorías, la crianza parecía menos decisiva. Se realizó una distinción entre la **orientación sexual**, que engloba la inclinación erótica y las fantasías, y la *expresión* sexual, que abarca las actividades sexuales. Las encuestas demostraron que muchas personas poseen impulsos homosexuales (naturaleza), pero que la sociedad las ha alentado a mantener interacciones heterosexuales, incluso el matrimonio (crianza). Este descubrimiento respalda todas las teorías y sugiere que la crianza afecta el comportamiento sexual pero que la orientación sexual puede ser traída por la naturaleza.

Los investigadores han fracasado al tratar de encontrar pruebas que demuestren que las características de los padres determinan la orientación sexual, contrariamente a lo que ha propuesto la teoría psicoanalítica. Los niños criados por parejas homosexuales (tanto los adoptados como aquellos que son hijos naturales de uno de los padres) terminan siendo homosexuales o heterosexuales en casi la misma proporción que los niños criados por padres heterosexuales, lo que nuevamente sugiere que la naturaleza, y no la crianza, es lo que determina la orientación sexual. (Wainwright, Russell y Patterson, 2004). De hecho, varios análisis genéticos han encontrado conexiones entre parientes cercanos (en especial en gemelos monocigóticos, y en tíos y sobrinos) (Bailey y cols., 2000). Las anomalías genéticas heredadas también incrementan la prevalencia de homosexualidad (Hines, 2004).

Aún no hay respuestas

Tanto la hiperactividad como la homosexualidad se estudiarán con más detalle en capítulos posteriores. Ahora no es el momento de decidir cuánto de la naturaleza o la crianza contribuyen a cada una de ellas. De hecho, elegir entre naturaleza *o* crianza es un "peligroso atolladero", según un equipo de psicólogos:

> Los que dicotomizan la orientación sexual en causas puramente biológicas o sociales caen en un peligroso atolladero. Negar toda influencia de la biología sostiene un punto de vista científico del desarrollo que es indefendible. Igualmente rígido y determinista sería negar la importancia del entorno.
>
> *[Savin-Williams y Diamond, 1997, p. 235]*

También para la hiperactividad se tienen opiniones diametralmente opuestas basadas en las emociones y no en los datos, pero cualquiera de los extremos puede dañar a algunos niños. Por ejemplo, los que ponen énfasis en la crianza se preocupan porque la restricción en el juego normal hace que algunos niños sean hiperactivos y porque la sociedad medica a los niños bulliciosos antes que reorganizar el papel de la escuela o de la vida familiar. En el lado opuesto, aquellos que creen que la hiperactividad es el resultado de la naturaleza arguyen que, simplemente como un padre da insulina a un niño que heredó la diabetes tipo 1, es cruel no proporcionar medicación a los niños con TDAH.

Ambas posturas lamentan que muchos niños sean mal diagnosticados, pero aquellos que creen en la crianza piensan que muchos de los que son medicados en realidad están bien, mientras que los que creen en la naturaleza se quejan de que muchos niños y adultos luchan para concentrarse cuando un correcto diagnóstico y tratamiento podría hacer su vida mucho mejor. Como se puede ver, ambas ideas consideran que los niños se perjudican por razones opuestas.

De modo similar surgen opiniones enfervorizadas con respecto a la homosexualidad o, en realidad, con respecto a los defectos de nacimiento, el desempeño

orientación sexual Impulsos y dirección interna de una persona con respecto al interés sexual. El ser humano puede orientarse hacia personas del sexo opuesto (orientación heterosexual), del mismo sexo (orientación homosexual) o de ambos sexos (orientación bisexual). La orientación sexual puede diferir de la expresión sexual, la apariencia, la identidad sexual o el estilo de vida.

ESPECIALMENTE PARA HERMANOS Y HERMANAS MAYORES Los psicólogos consideran que el mejor modelo para los niños son los hermanos mayores y otras personas que conocen bien, que ven diariamente, más que las estrellas del deporte o los héroes políticos. ¿Por qué?

escolar, la agresión en la infancia, las leyes de divorcio, etc. La ideología con frecuencia aumenta la polarización de las opiniones. Como lo señaló un estudioso: "Las diferencias individuales en la agresión pueden explicarse por diferencias genéticas o de socialización, con científicos políticamente conservadores que tienden a creer en lo primero y los más liberales en lo último (Lewis, 1997, p. 102). Por lo tanto, una cuestión de la ciencia del desarrollo llega a ser, en cambio, un arma en una guerra política.

Sobre naturaleza versus crianza, "las opiniones cambian una y otra vez entre posiciones extremas (Singer, 2003, p. 438). Debido a que opiniones erróneas pueden conducir a políticas contradictorias y aun dañinas, es fundamental separar los supuestos de los hechos y poner los datos como una barrera entre opiniones y conclusiones. ¿Cómo podemos evitar los extremos, resistir la fuerza de la ideología, superar el sesgo de los supuestos políticos? ¡Tengamos en cuenta las teorías!

SÍNTESIS

Como la descripción de la controversia naturaleza-crianza aclara, las teorías necesitan sugerir hipótesis, estudios y finalmente respuestas, de modo que la investigación objetiva pueda reemplazar a las suposiciones personales. Por ejemplo, aunque es bien conocido que las relaciones parentales no son la causa de la homosexualidad, esta conclusión no pudo extraerse hasta que los investigadores probaron la hipótesis psicoanalítica. Las teorías como tales no son verdaderas o falsas, sino que sirven para avanzar en el proceso científico. Dado el impacto de algunas prácticas (por ejemplo, la medicación ampliamente extendida en niños con TDAH), ese proceso es imprescindible.

En los últimos capítulos, a medida que encuentre más detalles y ecos de las cinco teorías principales y de varias miniteorías, usted podrá formarse sus propias opiniones sobre la validez y la utilidad de cada una. Probablemente, usted tendrá un punto de vista ecléctico, uno que elija lo mejor de cada teoría, para guiar su exploración. Usted aun podrá comenzar a construir un enfoque coherente, completo y sistemático por sus propios medios.

Recuerde que las teorías –grandes, mini o emergentes– son muy prácticas. Muchos temas relacionados con el desarrollo humano –la hiperactividad, la homosexualidad y cientos más– despiertan intensos sentimientos y tienen consecuencias prácticas. Las teorías ayudan a los estudiosos a encontrar el camino a través de la maraña de los supuestos personales y políticos, les permiten formular hipótesis y realizar trabajos de investigación que van más allá de los supuestos que prevalecen. La mayoría de los estudiosos están abiertos a varias perspectivas teóricas y eligen ser eclécticos en sus enfoques más que atarse a un punto de vista único.

RESPUESTA PARA HERMANOS Y HERMANAS MAYORES (de p. 61): un hermano mayor es un modelo de rol ideal, porque ha sobrevivido o, mejor aún, ha sido exitoso en la misma familia y contexto comunitario en el que el niño menor vive, pero tiene también puntos débiles que son evidentes. Por el contrario, los modelos de rol más distantes son visualizados como extraordinariamente dotados o afortunados, sin puntos débiles, a menos que alguna flaqueza haga que el niño pierda la fe en esos héroes.

■ RESUMEN

Para qué sirven las teorías

1. La teoría proporciona un encuadre de principios generales que guían la investigación y explican las observaciones. Cada una de las cinco teorías principales, la psicoanalítica, el conductismo, la teoría cognitiva, la teoría sociocultural y la teoría epigenética, interpreta el desarrollo humano desde una perspectiva diferente y cada una proporciona una guía para la comprensión de cómo las experiencias y conductas humanas cambian a lo largo del tiempo. Las buenas teorías son prácticas ya que ayudan a preguntar y a interpretar e influyen en la vida cotidiana.

Las grandes teorías

2. La teoría psicoanalítica destaca que las acciones y los pensamientos humanos se originan en los impulsos y conflictos de la infancia. Freud explicó que los impulsos sexuales surgen durante tres etapas del desarrollo infantil: oral, anal y fálica. Las reacciones de los padres a los conflictos relacionados con los impulsos eróticos de los niños tienen un impacto duradero sobre la personalidad.

3. La versión de Erikson de la teoría psicoanalítica enfatiza el papel del desarrollo psicosocial, especialmente el modo en que las sociedades, las culturas y los padres responden a los niños. Erikson describió ocho etapas sucesivas en el desarrollo psicosocial, cada una de las cuales da origen a una crisis que se produce a medida que las personas maduran dentro de sus contextos.

4. Los conductistas, o teóricos del aprendizaje, consideran que los científicos deben estudiar las conductas observables y comparables. El conductismo enfatiza el papel del condicionamiento, una forma de aprendizaje. En el condicionamiento clásico, un estímulo neutro se asocia a un estímulo significativo. En el condicionamiento operante, el reforzamiento hace que ciertas conductas se repitan.

5. La teoría del aprendizaje social reconoce que gran parte de la conducta humana se aprende a través de la observación de la conducta de los otros. El proceso básico es el modelado. Los niños son particularmente vulnerables al aprendizaje social. A lo largo de la vida, la motivación y el contexto son fundamentales.

6. Los teóricos cognitivos creen que los procesos de pensamiento tienen una influencia poderosa en las actitudes, la conducta y el desarrollo humanos. Piaget propuso que el pensamiento de los niños se desarrolla a través de cuatro períodos relacionados con la edad, impulsados por una búsqueda activa del equilibrio cognitivo.

Las teorías emergentes

7. La teoría sociocultural explica el desarrollo humano en términos de la guía, el apoyo y las estructuras que proporcionan las culturas y las sociedades, Para Vygotsky, el aprendizaje se produce a través de las interacciones sociales, cuando los miembros instruidos de una sociedad guían a los aprendices a través de la zona del desarrollo proximal.

8. La teoría epigenética comienza con los genes, poderosos y omnipresentes, que afectan todos los aspectos del desarrollo. Sin embargo, los genes son inertes sin las influencias ambientales, desde las toxinas y nutrientes que afectan la vida prenatal hasta el estrés a largo plazo. Esta interacción puede detener, modificar o fortalecer el efecto de los genes en una persona y, a través de la adaptación selectiva y con el transcurso del tiempo, en las especies.

Contribuciones de las teorías

9. La teoría psicoanalítica, el conductismo, la teoría cognitiva, la teoría sociocultural y la teoría epigenética han colaborado, cada una de ellas, con nuestra comprensión del desarrollo humano, aunque ninguna teoría en sí misma es lo suficientemente abarcativa como para describir completamente la complejidad y la diversidad de la experiencia humana. La mayoría de los psicólogos del desarrollo son eclécticos, es decir que utilizan varias teorías.

10. Cada teoría puede arrojar alguna luz en casi todos los temas relacionados con el desarrollo. Un ejemplo es la controversia naturaleza-crianza. Todos los investigadores concuerdan en que ambos factores influyen en todos los aspectos del desarrollo en cierto grado, pero la aplicación específica de naturaleza o de crianza puede afectar a los niños de maneras opuestas. Se necesitan más trabajos de investigación y las teorías señalan el camino hacia donde deben dirigirse las preguntas para hallar respuestas.

■ PALABRAS CLAVE

teoría del desarrollo (p. 35)	condicionamiento operante (p. 41)	equilibrio cognitivo (p. 46)	preformismo (p. 52)
grandes teorías (p. 36)	reforzamiento (p. 42)	teoría sociocultural (p. 49)	adaptación selectiva (p. 54)
miniteorías (p. 36)	teoría del aprendizaje social (p. 45)	aprendizaje del pensamiento (p. 49)	perspectiva ecléctica (p. 58)
teorías emergentes (p. 36)	modelado (p. 45)	participación guiada (p. 50)	naturaleza (p. 59)
teoría psicoanalítica (p. 37)	autoeficacia (p. 45)	zona de desarrollo próximo (p. 51)	crianza (p. 59)
conductismo (p. 40)	teoría cognitiva (p. 46)	teoría epigenética (p. 52)	orientación sexual (p. 61)
condicionamiento (p. 40)			
condicionamiento clásico (p. 40)			

■ PREGUNTAS CLAVE

1. ¿Por qué los científicos sociales utilizan las teorías en lugar de depender completamente de los datos y los experimentos?

2. ¿Cómo puede un teórico del psicoanálisis interpretar una experiencia infantil, como la llegada de un nuevo hermano?

3. ¿Por qué los conductistas utilizan animales como sujetos principales de la experimentación?

4. ¿Cuáles son los reforzamientos y el aprendizaje social que pueden inducir a algunos adolescentes a comenzar con el hábito de fumar cigarrillos?

5. Según la teoría de Piaget, ¿qué ocurre cuando una persona experimenta un desequilibrio cognitivo?

6. ¿Cuáles son las diferencias y similitudes esenciales entre Freud, Pavlov y Piaget?

7. ¿Cuáles son las diferencias entre las grandes teorías y las teorías emergentes?

8. La teoría sociocultural pone el énfasis en el impacto de la cultura. ¿Cómo puede este énfasis utilizarse para explicar el modo en que los estudiantes se comportan en clase?

9. ¿Cómo explica la teoría epigenética la conducta de una mascota, por ejemplo, un perro o un gato?

10. Explique el modo en que la naturaleza y la crianza pueden interactuar en un niño que aprende a leer.

11. ¿Por qué se dice que la mayoría de los psicólogos del desarrollo son eclécticos?

12. Explique por qué se produce una diferencia al considerar que la hiperactividad se debe principalmente a la naturaleza o a la crianza.

■ EJERCICIOS DE APLICACIÓN

1. Los psicólogos del desarrollo algunas veces se refieren a las "teorías populares", que son teorías desarrolladas por las personas comunes, que no saben que están teorizando. Elija tres refranes comúnmente utilizados en su cultura, como "el ahorro es la base de la fortuna" o "al que madruga, Dios lo ayuda". Explique los supuestos, o las teorías, que subyacen y que cada uno de los dichos refleja.

2. El debate naturaleza-crianza puede aplicarse a muchos temas. Pregúntele a tres personas sus teorías acerca de cuáles son los factores que hacen que una persona se convierta en delincuente, y de qué modo los delincuentes deben ser castigados o rehabilitados.

Identifique qué teoría de las que aquí se describen está más cerca de cada explicación que le dan.

3. El conductismo ha sido utilizado para modificar hábitos personales. Piense en un hábito que le gustaría cambiar (por ejemplo, dejar de fumar, hacer más ejercicios, mirar menos TV). Haga un recuento de esa conducta durante una semana, note los reforzamientos para cada ejemplo. Entonces, y sólo entonces, trate de desarrollar una conducta sustituta para reforzarse a usted mismo. Lleve un registro cuidadoso; registre los datos durante algunos días. ¿Qué ha aprendido?

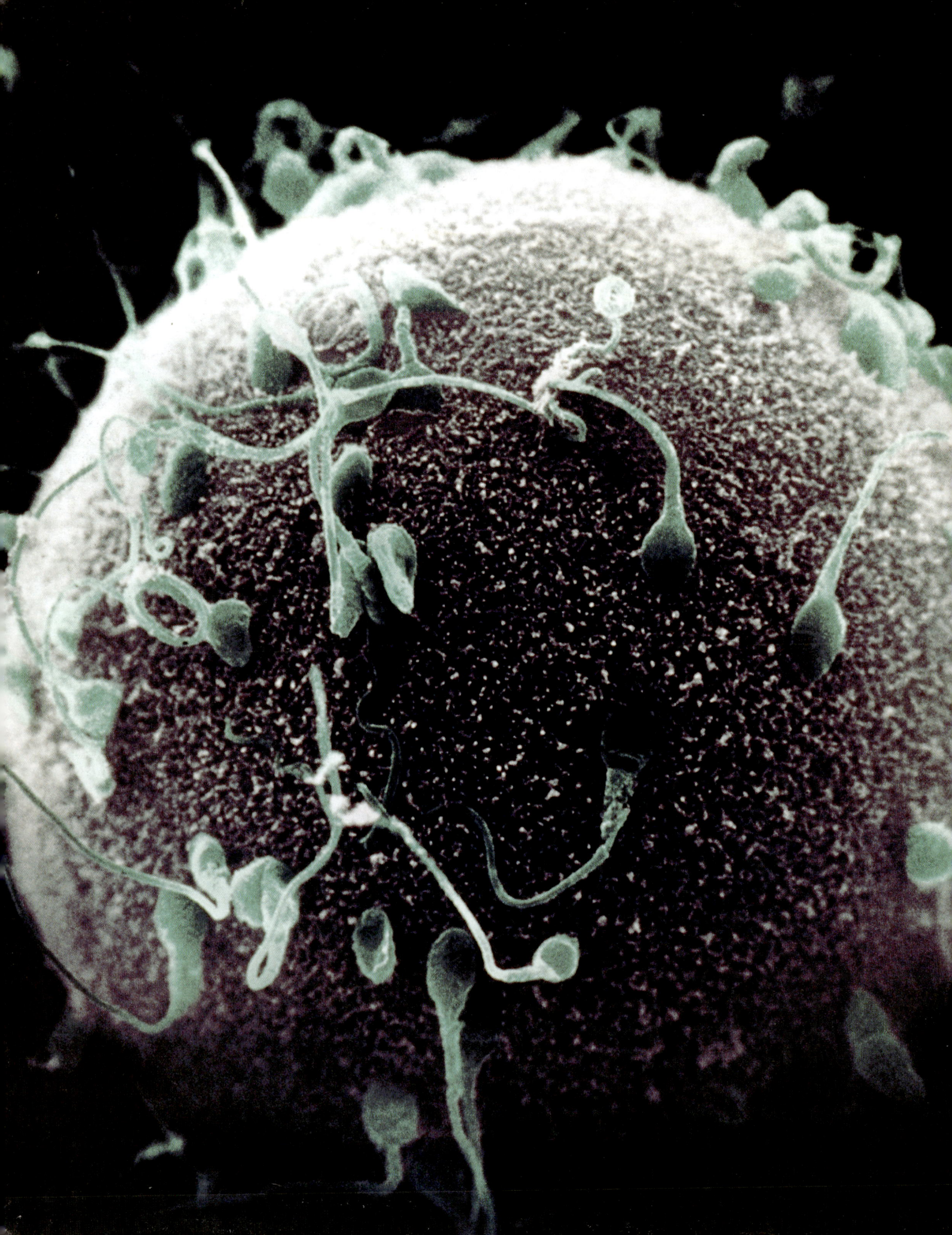

Capítulo 3

La herencia y el entorno

Los genes tienen un papel central en las contingencias del desarrollo humano. Los futuros padres tratan de predecir qué rasgos heredarán sus hijos; los médicos interrogan a los pacientes acerca de familiares y antepasados lejanos; equipos multinacionales de científicos han descodificado el genoma humano y todos los estudiantes del desarrollo humano reconocen que "una vez que tomamos en serio el desarrollo, también debemos tomar en serio la genética" (Pennington, 2001). Sin embargo, los genes a veces permanecen en el misterio: dominantes y poderosos, pero también ocultos y esquivos.

Un día, cuando llegué a la escuela para retirar a mi hija Raquel, otra madre me llamó aparte. Ella me dijo en voz baja que Raquel se había caído sobre la mano y que su dedo meñique podría estar quebrado. Mi hija estaba jugando feliz, pero cuando examiné su pequeño dedo, observé que estaba torcido. Intentando evitar el pánico innecesario y la desatención médica, llevé a Raquel a casa y consulté a mi esposo. Él sonrió y extendió sus manos, mostrando el mismo dedo meñique torcido. ¡Ajá! Una anomalía hereditaria, no una lesión. ¿Pero por qué nunca lo había notado antes?

Ese dedo torcido es un pequeño ejemplo de millones de sorpresas genéticas en el desarrollo humano. El capítulo que nos ocupa anticipa y explica algunos de esos misterios y explora más allá para mostrar no sólo qué son los genes sino también cómo actúan. La genética plantea muchos problemas éticos que también exploraremos. En primer lugar, los hechos básicos.

El código genético

Como leyó en los capítulos precedentes, una persona es mucho más que un conjunto de instrucciones genéticas. El desarrollo siempre es dinámico, continuo e interactivo. Cada persona es distinta de cualquier otra anterior a causa de instrucciones invisibles, encerradas en el ADN, que se transmiten durante toda la vida.

Qué son los genes

Para revelar los secretos del código genético, comenzamos revisando algo de biología. Todas las cosas vivas están formadas por células diminutas. El trabajo de estas células es realizado por *proteínas*. Cada célula fabrica estas proteínas según las instrucciones almacenadas en el corazón de cada célula en moléculas de **ADN (ácido desoxirribonucleico)**, la famosa doble hélice (véase fig. 3.1). Cada molécula de ADN se denomina **cromosoma** y estos cromosomas contienen las instrucciones para producir todas las proteínas que necesita un ser vivo.

Los seres humanos tienen 23 pares de cromosomas (46 cromosomas en total). Los 46 cromosomas se replican en cada célula, con pocas excepciones. Un miembro de cada par es heredado de cada uno de los padres. Las instrucciones en estos 46 cromosomas están organizadas en unidades denominadas genes y cada **gen** (aproximadamente 25 000 en total para un ser humano) se localiza en un cromosoma particular. Por lo tanto, cada gen es un segmento individual de un cromosoma y contiene las instrucciones para proteínas específicas.

ADN (ácido desoxirribonucleico)
Molécula que contiene las instrucciones químicas para que las células produzcan diversas proteínas.

cromosoma   Portador de genes; cada una de las 46 moléculas de ADN (dispuestas en 23 pares) que existen en las células del cuerpo humano y que, en conjunto, contienen la totalidad de los genes. Otras especies tienen un número mayor o menor de cromosomas.

gen   Unidad básica de transmisión de la herencia que consta de una cadena de códigos químicos para la síntesis de ciertas proteínas.

genoma humano   Conjunto de aproximadamente 25 000 genes que constituyen todas las instrucciones para la creación de un ser humano.

ESPECIALMENTE PARA AFICIONADOS A LOS NÚMEROS   Hace cien años, se creía que los seres humanos tenían 48 cromosomas, no 46; 10 años atrás, se pensaba que los seres humanos tenían 100 000 genes, no 25 000. ¿Por qué?

Usted está familiarizado con las proteínas de la dieta; son abundantes en la carne, el pescado y la soja, por ejemplo. Pero, ¿qué es exactamente una proteína? Una proteína está compuesta por una secuencia de unidades químicas denominadas *aminoácidos*, que conforman una larga cadena. La fórmula de la célula para producir una proteína consiste en instrucciones sobre el encadenamiento de los aminoácidos adecuados en el orden correcto. Estas instrucciones se transmiten a la célula a través de pares de sustancias químicas, dispuestas en tripletes (tres pares) en un gen.

La mayoría de los genes tienen miles de pares y tripletes precisos, que forman cientos de aminoácidos (20 tipos en total). Algunos son fundamentales y cualquier error en su código –incluso algunas repeticiones extra de un triplete– puede ser fatal. Otros códigos erróneos son variaciones normales y otros no tienen importancia (Marcus, 2004). La mayoría de los genes vienen de a pares o duplicados, como se observa en los cromosomas, donde cada uno de los miembros del par se hereda de cada uno de los padres.

El paquete total de instrucciones para crear un organismo vivo se denomina genoma. Existe un genoma para cada especie, aun para cada planta. El **genoma humano** es el código para producir un ser humano. Las distintas personas (a excepción de los gemelos monocigóticos) tienen códigos ligeramente diferentes, pero el genoma humano tiene una semejanza del 99,9% para todos los seres humanos. Nuestras similitudes superan en mucho a nuestras diferencias.

Por lo tanto, el genoma humano contiene alrededor de 25 000 genes en 46 cromosomas, que instruyen al cuerpo en desarrollo en la producción de las pro-

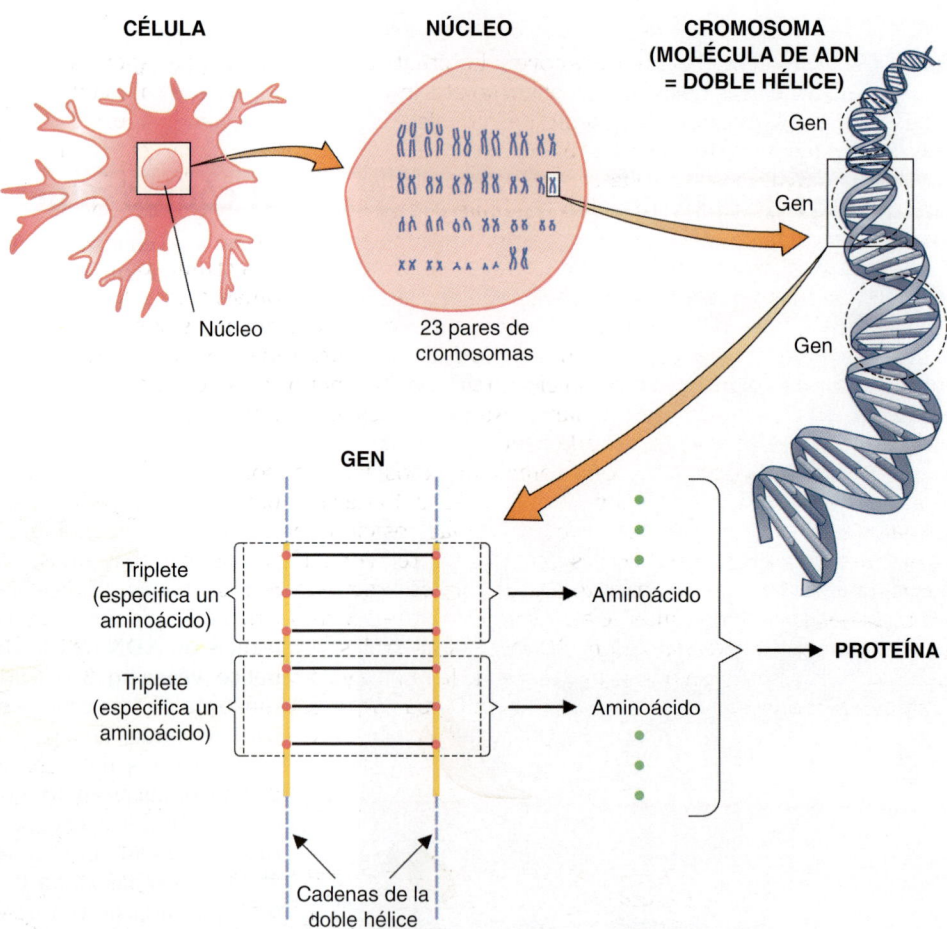

FIGURA 3.1 **¿Cómo se fabrican las proteínas?** Los genes en los cromosomas del núcleo de cada célula instruyen a ésta para que fabrique las proteínas necesarias para mantener la vida y el desarrollo.

teínas que hacen que cada persona sea única, aunque similar a todas las otras personas. El total es impresionante. Como explica un experto:

> Si cada triplete se considera una palabra, esta secuencia de genes es... tan larga como 800 Biblias. Si yo leyera su genoma a un promedio de una palabra por segundo durante ocho horas por día, me tomaría un siglo... Éste es un documento gigantesco, un libro enorme, una fórmula de una extensión fantástica, y todo esto cabe dentro del núcleo microscópico de una célula minúscula que cabe con holgura en la cabeza de un alfiler.
>
> [Ridley, 1999, p. 7]

Esta cita captura algo de la inmensidad del código genético, pero hay otra parte asombrosa de la genética humana referida a cómo los genes trabajan en conjunto para producir seres humanos.

Los comienzos de la vida

El desarrollo comienza en la concepción, cuando una célula reproductora masculina, o *espermatozoide*, penetra la membrana de una célula reproductora femenina u *óvulo*. Cada célula reproductora humana o **gameto** contiene sólo 23 cromosomas (ésta es la principal excepción mencionada antes: los cromosomas de los gametos de cada persona no están *apareados*).

El miembro particular de cada par de cromosomas que aparece en un gameto dado es aleatorio; algunos gametos tienen un cromosoma del par de la persona y algunos tienen el otro. Cada hombre o cada mujer puede producir 2^{23} gametos diferentes, lo cual es más de 8 millones de versiones de sus propios cromosomas.

Emparejamiento de genes

Cuando ocurre la concepción de la forma habitual, uno de los miles de espermatozoides viaja a través de la vagina, el cuello uterino, el útero y luego la trompa de Falopio donde, si ocurrió recientemente la ovulación, entra en un óvulo. Aproximadamente después de una hora, el núcleo del espermatozoide se encuentra con el núcleo del óvulo y se fusionan para formar una nueva célula viva denominada **cigoto**. Las dos células reproductoras se han convertido literalmente en una y la célula nueva es distinta de las células de cualquiera de sus padres.

Los cromosomas provenientes del padre se aparean con los cromosomas de la madre, de modo que el cigoto contiene 23 pares de cromosomas, dispuestos en pares padre/madre. La información genética de esos 46 cromosomas constituye la herencia genética del organismo o **genotipo**, que dura toda la vida, repetido en casi todas las células. A veces un cigoto tiene más o menos de 46 cromosomas, problema que se explica más adelante. Aun entonces, el genotipo de la concepción se mantiene igual durante toda la vida.

En 22 de los 23 pares de cromosomas humanos, los dos cromosomas de cada par están íntimamente apareados. Cada cromosoma del par contiene cientos de genes en las mismas posiciones y la misma secuencia, y cada uno de estos genes se aparea con su análogo del otro padre. El emparejamiento no siempre es exacto porque algunos genes varían ligeramente en los tripletes que constituyen ese gen. Cada versión alternativa de estos genes variables se denomina **alelo**. Por lo tanto, un gen proveniente de la madre y un gen proveniente del padre en conjunto constituyen un par de genes. El par

gameto Célula reproductora (espermatozoide u óvulo) que es capaz de producir un nuevo individuo al combinarse con un gameto del sexo opuesto y formar un cigoto.

cigoto Célula formada por la fusión de dos gametos: un espermatozoide y un óvulo.

genotipo Totalidad de la herencia genética o potencial genético de un organismo.

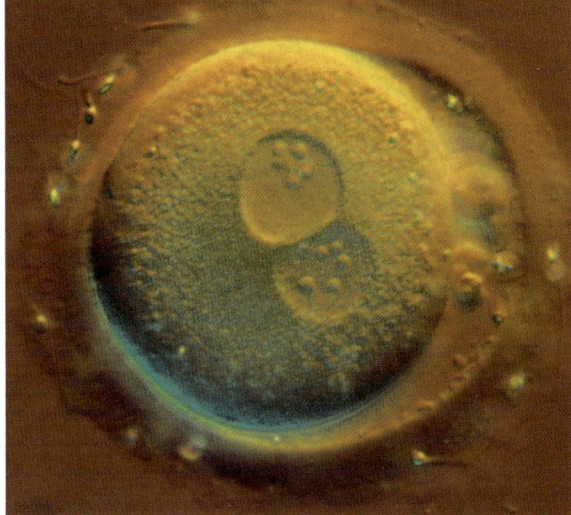

El momento de la concepción El óvulo que aparece aquí está a punto de convertirse en un cigoto. Ha sido penetrado por un único espermatozoide, cuyo núcleo está ahora junto al núcleo del óvulo. En poco tiempo, los dos núcleos se fusionarán uniendo aproximadamente 25 000 genes que guiarán el desarrollo.

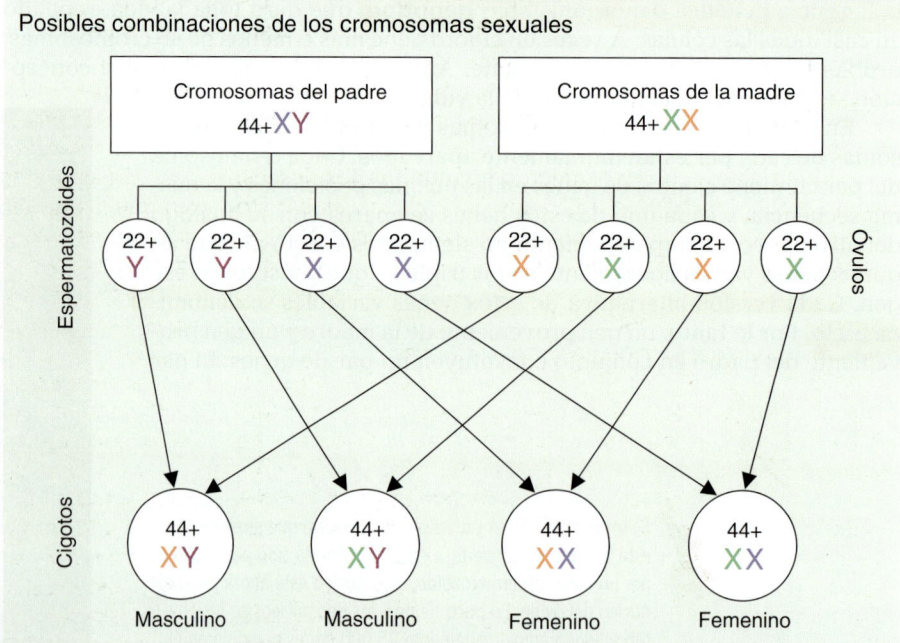

OMIKRON / PHOTO RESEARCHERS, INC.

Mapa del cariotipo El *cariotipo* muestra los
cromosomas de una persona. Para obtener un cariotipo,
se hace crecer una célula en el laboratorio, se amplifica
y entonces, por lo general, se fotografía. La foto se corta
en partes y se vuelve a componer, de modo que los
pares apareados de cromosomas estén dispuestos desde
el par más grande *(arriba a la izquierda)* hasta el más
pequeño *(abajo a la derecha, cuarta celda desde la
izquierda)*. En las dos últimas celdas, abajo a la derecha,
están las dos posibilidades normales para el vigésimo
tercer par de cromosomas: XX para una mujer y XY
para un varón.

? **PRUEBA DE OBSERVACIÓN** (véase la respuesta
en la p. 70): ¿es éste el cariotipo real de una persona?

alelo   Sutil variante normal de un gen en particular. Un alelo típico difiere en algunos de los
tripletes de aminoácidos, pero se mantiene igual
en la mayor parte del código genético.

par 23   Par de cromosomas que, en los seres
humanos, determina el sexo del cigoto (y, por lo
tanto, el sexo de la persona). Los otros 22 pares
son autosomas, que son iguales en los dos
sexos.

XX   Vigésimo tercer par formado por dos cromosomas en forma de X, un cromosoma X
proveniente de la madre y otro cromosoma X,
del padre. Los cigotos XX se convierten sucesivamente en embriones femeninos, fetos
femeninos y niñas.

XY   Vigésimo tercer par formado por un cromosoma en forma de X proveniente de la madre y
un cromosoma en forma de Y proveniente del
padre. Los cigotos XY se convierten sucesivamente en embriones masculinos, fetos
masculinos y niños varones.

podría encontrarse en un emparejamiento exacto o podría diferir, si el alelo del
padre no es el mismo que el alelo de la madre. Muy pocas veces, un gen no tiene
análogo en los otros cromosomas y ese gen permanece solo. Pero más del 99%
de los genes en 22 pares encuentran un emparejamiento exacto.

¿Varón o mujer?

El **par cromosómico 23** es un caso especial. En la mujer, el par 23 está compuesto por dos cromosomas grandes en forma de X. En consecuencia, se denomina
XX. En el varón, el par 23 está compuesto por un cromosoma grande en forma
de X y un cromosoma más pequeño en forma de Y. Se denomina **XY**.

Como el par de cromosomas número 23 de una mujer es XX, cada óvulo que
produzca contendrá una X o la otra, pero siempre una X. Y como el par número
23 de un varón es XY, la mitad de sus espermatozoides contendrá un cromosoma
X y la otra mitad contendrá un cromosoma Y. El cromosoma Y (pero no el X) contiene un gen (llamado SRY) que dirige el desarrollo de un feto para que éste tenga órganos masculinos. De modo que el factor decisivo en la determinación del
sexo del cigoto es qué espermatozoide llega primero al óvulo –uno con una Y,
creando un varón (XY) o uno con una X, creando una mujer (XX) (véase fig. 3.2).

FIGURA 3.2 **Determinación del sexo de
un cigoto** Cualquier pareja puede producir cuatro combinaciones posibles de cromosomas
sexuales; dos que producen una niña y dos, un varón. Con respecto al futuro sexo de una persona, no
importa qué cromosoma X de la madre hereda el cigoto. Todo lo que importa es si el espermatozoide
con un cromosoma Y o X del padre fecundó el óvulo. Sin embargo, para los trastornos ligados con el
cromosoma X tiene mucha importancia, porque típicamente uno de los cromosomas X de la madre
contiene ese rasgo, pero no ambos.

Si bien sólo un cromosoma determina el sexo, la carrera entre un número igual de espermatozoides X e Y no es la única influencia sobre la proporción de los sexos al nacimiento. Pocas veces, un hombre es portador de un gen que hace que el espermatozoide X o Y sea inmóvil, de modo que sólo tiene hijos varones o sólo hijas. En ocasiones, el útero de una mujer es extraordinariamente ácido o alcalino, lo que proporciona una ventaja a los espermatozoides X o Y. La proporción de los sexos en el recién nacido también refleja la salud materna: si la madre está enferma, mal nutrida o si sufre estrés, es más probable que los embriones XY sean expulsados en un **aborto espontáneo**.

Para la población en su totalidad, estos factores suelen ser uniformes y la proporción natural de los sexos al nacimiento es cercana a 50/50. La proporción real de los sexos de los recién nacidos en los Estados Unidos es de unos 52 varones por cada 48 mujeres. Se observan variaciones étnicas menores al nacimiento: los estadounidenses de origen chino tienen la mayor proporción de varones (55/45) y los de origen hawaiano la más baja 50/50 (Martin y cols., 2002). A medida que nuestro conocimiento se aclare, algunas parejas preferirán algún sexo sobre el otro y adoptarán medidas para tener el varón o la niña que desean.

aborto espontáneo Interrupción de un embarazo que ocurre de manera natural antes de que el embrión o feto se desarrolle completamente. Si una mujer toma la decisión de interrumpir el embarazo, el aborto se denomina *aborto provocado*.

TEMAS PARA EL ANÁLISIS

¿Demasiados varones?

Históricamente, las guerras y las enfermedades a veces mataban más miembros de una población dada antes de que pudieran reproducirse y las niñas sobrevivían más que los varones. Cuando había muchas más mujeres jóvenes que hombres, muchas sociedades alentaban la poligamia o la existencia de madres solteras. A veces se estimulaba el infanticidio de niñas (una práctica tan frecuente que tuvo que ser prohibida en forma explícita por el Corán) o se permitía a los hombres divorciarse de las esposas que no tenían hijos varones (el rey Enrique VIII de Inglaterra se divorció o asesinó a cinco esposas por esta razón). Cuando la extinción cultural o el linaje real no se veían amenazados, muchas mujeres comían alimentos "calientes" o "fríos", dormían en determinada posición, seguían rituales religiosos o seguían los consejos de curanderos para producir varones o niñas. Ahora sabemos que el espermatozoide determina el sexo. Ninguna dieta ni acción posterior a la concepción puede alterar el sexo de un embrión.

Sin embargo, el conocimiento no modifica los deseos; sólo cambia los medios utilizados para alcanzarlos. Esto se aprecia en forma espectacular en Asia. Desde 1990, el gobierno de China ha aplicado una política de un hijo por pareja. Como resultado, se redujo espectacularmente la sobrepoblación y la pobreza, pero esa política dio lugar a un efecto inesperado: demasiados varones.

Para 1993 se hizo evidente que si sólo podían tener un hijo, muchas parejas chinas deseaban que fuera un varón. Millones de mujeres embarazadas realizaban pruebas en la mitad del embarazo para determinar el sexo del feto y luego inducían el aborto si el feto era femenino. Al mismo tiempo, miles de niñas recién nacidas no deseadas eran entregadas para adopción en el extranjero. En consecuencia, el gobierno prohibió las pruebas prenatales sólo para determinar el sexo, pero "la ley ha sido cumplida con dificultad" (French, 2005, p. 3). En la ciudad de Guiyang,

la proporción de sexos fue de unas 75 niñas nacidas por cada 100 varones (French, 2005).

Se obtuvieron datos similares de otros lugares. En 1999, en el estado de Punjabi, India, sólo nacieron 79 mujeres por cada 100 varones (Dugger, 2001). En Nepal, muchas más mujeres utilizan métodos anticonceptivos después del nacimiento de un hijo varón que de una hija (Leone y cols., 2003), lo que nuevamente desvía la proporción de sexos. En los Estados Unidos, la proporción de sexos se está desviando ligeramente hacia los varones.

¿Se trata de un asunto privado o de un problema público? Los médicos chinos están preocupados de que el SIDA se propague más rápidamente si hay muchos hombres solteros, porque sin esposas podrían adoptar prácticas sexuales de riesgo (Cohen, 2994). Otras preocupaciones son que una sociedad con demasiados varones podría tener más problemas de aprendizaje, abuso de drogas, crímenes violentos, guerras y suicidios, pero menos enfermeras, centros de cuidados diurnos y lazos familiares estrechos.

¿Discrepa usted con estas preocupaciones al insistir en que las preferencias culturales, y no el sexo biológico, afectan estas disparidades? Está en lo correcto. Los cromosomas y los genes no determinan directamente el comportamiento; las culturas pueden adaptarse a cualquier problema que pudiera provocar un desequilibrio en la proporción de sexos. Por ejemplo, si bien las mujeres tradicionalmente unen a los miembros de la familia, los hombres pueden hacerlo también, como lo han hecho muchos padres solteros y amantes abuelos.

El Ethics Committee of the American Society for Reproductive Medicine (2001) permite la selección de espermatozoides humanos (separación de los espermatozoides con cromosma X o Y), sobre todo para evitar la enfermedad genética que sólo se presenta en uno u otro sexo. Al contrario de China y la India, la mayoría de las naciones no tienen leyes sobre la selección de sexo. ¿Deberían tenerlas?

! **RESPUESTA A LA PRUEBA DE OBSERVACIÓN**
(de la p. 68): no. Cada persona tiene un par de cromosomas sexuales, nunca dos. Aquí se muestran dos pares para ilustrar las dos posibilidades normales, XX y XY.

fenotipo Todas las características observables de una persona, incluidos los rasgos físicos, la personalidad y la inteligencia.

SÍNTESIS

La fusión de un espermatozoide y un óvulo crea un cigoto, una diminuta criatura unicelular que tiene el potencial de desarrollar un ser humano. El momento de la concepción puede ser considerado el resultado de un largo proceso de formación de gametos. Una forma de describir ese proceso es desde el punto de vista químico: el ADN de la herencia está compuesto por sustancias químicas que se disponen en pares; tres de estos pares (un triplete) codifican la producción de un aminoácido; los aminoácidos en una secuencia particular constituyen una proteína y las proteínas producen una persona. Otra forma de describirlo es con números: el código genético para un ser humano consiste en unos 25 000 genes en 46 cromosomas. Esos 46 cromosomas son la combinación de 23 que provienen del padre y 23 de la madre, y el cromosoma 23 del padre (X o Y) determina el sexo de la persona.

De una a muchas células

Como ya explicamos, cuando el espermatozoide y el óvulo se combinan en un cigoto, forman el genotipo de una persona, un conjunto completo de instrucciones para crear una persona. Esta creación de una persona viva a partir una célula viva involucra varios procesos complejos de duplicación de la información genética, división celular y diferenciación de las células en distintos tipos.

Algunas de las instrucciones sobre el genotipo son ignoradas y otras son amplificadas a medida que los genes dirigen la formación del **fenotipo**, que es el aspecto real y el comportamiento manifiesto de la persona. La vida comienza con una célula, pero ésta se vuelve cada vez más compleja, no sólo a medida que las células se multiplican y diferencian sino también a medida que factores no genéticos influyen en el crecimiento (Johnston y Edwards, 2002). Comencemos nuestra explicación de la interacción genética y la diversidad describiendo los cambios en esa célula original.

Nuevas células, nuevas funciones

A las pocas horas de la concepción, el cigoto comienza los primeros estadios de crecimiento, al duplicarse y dividirse. En primer lugar, los 23 pares de cromosomas se duplican, formando dos conjuntos completos del genoma para esa persona. Luego estos dos conjuntos se mueven hacia lados opuestos del cigoto y la célula única del cigoto se divide limpiamente por la mitad. La membrana externa rodea ahora las dos células, y cada una contiene un conjunto completo del código genético original. Estas dos células se duplican y dividen para convertirse en cuatro; a su vez, estas cuatro se duplican y dividen para convertirse en ocho, y así sucesivamente.

En el momento en que usted, yo, o cualquier otra persona nacimos, el cigoto original se ha convertido en aproximadamente 10 billones de células. En la edad adulta, esas células se han convertido en más de 100 billones. Pero no importa cuán grande sea el número total, no importa cuánta división y duplicación ocurra, cada célula (excepto los gametos y algunas células del sistema inmune) contiene una copia exacta de las instrucciones genéticas completas heredadas por el cigoto de célula única. Esto explica por qué el examen de ADN de cualquier célula corporal, aun de una gota de sangre o de un recorte de cabello, puede identificar "al padre verdadero" o "al criminal culpable" o "al hermano perdido".

El hecho de que todas las células en el embrión contengan el código genético completo del ser humano en desarrollo no significa que cualquier célula puede convertirse en una persona ni nada parecido. Aproximadamente en el estadio de ocho células, se agrega un tercer proceso a la duplicación y la división, la *diferenciación*. Las células comienzan a especializarse, adoptando diferentes formas y reproduciéndose a diferentes velocidades, en dependencia de dónde se localicen en la masa de células en crecimiento. Como explica un experto, "nos sentamos con partes de nuestro cuerpo que podrían haber sido utilizadas para pensar" (Gottlieb, 2002, p. 172).

Como resultado de esta especialización y diferenciación, muy temprano en el desarrollo las células cambian de ser capaces de convertirse en una criatura a ser capaces de convertirse sólo en una parte; un ojo o un dedo de la mano, por ejemplo. Todas las células contienen el mismo código genético, pero las células adoptan nuevas funciones según sea necesario y no pueden volver atrás. Una pestaña no puede convertirse en una rodilla, aunque las células originales podrían haber sido rodillas o pestañas.

Los genes dirigen esta diferenciación. Algunos genes codifican para proteínas que activan o desactivan otros genes, asegurando que produzcan proteínas en momentos apropiados. Estos *mecanismos de activación e inactivación* operan durante toda la vida, instruyendo a las células a reparar el daño, a captar nutrientes, multiplicarse, atrofiarse e incluso a morir.

Algunos genes se activan a edades determinadas. Por ejemplo, los genes activan partes específicas del encéfalo que son importantes en el desarrollo cognitivo, como la capacidad para pensar en abstracciones o planificar por adelantado (Marcus, 2004). Uno de los aspectos fascinantes del desarrollo humano es el crecimiento y el funcionamiento de las distintas partes del encéfalo; ese proceso en parte es madurativo (lo que explica por qué nadie puede hablar a los 6 meses y por qué pocos adolescentes de 16 años pueden hacer planes realistas para su jubilación) y en parte empírico.

Tenga en mente que "los genes simplemente producen proteínas, no rasgos maduros" (Gottlieb, 2002, p. 164). En otras palabras, el genotipo puede instigar la formación del cuerpo y del encéfalo, pero la expresión genética de rasgos en el fenotipo depende de la influencia de otros genes y del entorno. Un cigoto puede tener los genes para convertirse, digamos, en un genio musical, pero ese potencial no se realizará a menos que genes y factores adicionales en el medio ambiente permitan el desarrollo de ese rasgo. La epigénesis –la interacción de los genes y el medio ambiente (véase capítulo 2)– siempre es manifiesta. Genotipo no es igual que fenotipo, una verdad ilustrada con muchos ejemplos en todo este capítulo.

La interacción gen-gen

La concepción combina las instrucciones genéticas de ambos padres para todas las características humanas. ¿Exactamente de qué modo influyen estas instrucciones en las características específicas que heredará un descendiente dado? La respuesta es muy compleja, porque la mayor parte de los rasgos son tanto **poligénicos** (es decir, afectados por muchos genes), como **multifactoriales** (es decir, influidos por muchos factores, tanto genéticos como ambientales).

Casi todo rasgo humano importante es el resultado de las interacciones entre varios genes (Hoh y Ott, 2003). Esas interacciones son fundamentales. Por ejemplo, el **Proyecto Genoma Humano** (iniciativa internacional para obtener el mapa de todo el genoma humano) encontró que los seres humanos tienen sólo 25 000 genes, no los 10 000 que se había estimado previamente. Además, casi todos esos 25 000 genes no son exclusivamente humanos sino que están presentes en otras criaturas también. Por ejemplo, los ojos de las moscas, los ratones y las personas se originan a partir del gen Pax6; otro gen produce las patas de una mariposa, un gato, un ciempiés y las piernas de una persona. Diferencias minúsculas en la interacción pueden conducir a grandes variaciones.

La similitud genética entre las criaturas vivientes hace evidente que algunos genes afectan a todos los otros. Lo que diferencia a un ser humano de un chimpancé son más o menos 100 genes "reguladores", que influyen en miles de otros genes (Marcus, 2004). Los genes reguladores forman una criatura que habla, camina y piensa como los seres humanos, a diferencia de otros animales. Los genes reguladores regulan la interacción genética, y eso constituye toda la diferencia.

Otra sorpresa del Proyecto Genoma Humano es que las particularidades genéticas que en otra época se creía que diferenciaban a las razas humanas son su-

poligénico Literalmente significa "muchos genes". Casi todas las características importantes del ser humano, entre ellas sus habilidades y emociones, son resultado de la interacción de muchos genes.

multifactorial Término que significa literalmente "muchos factores". En la genética, *multifactorial* significa que las características de un organismo reciben la influencia de muchos factores, tanto genéticos como ambientales.

Proyecto Genoma Humano Proyecto de colaboración internacional para trazar el código genético completo del ser humano. El proyecto se completó casi en su totalidad en 2001, aunque su análisis continúa.

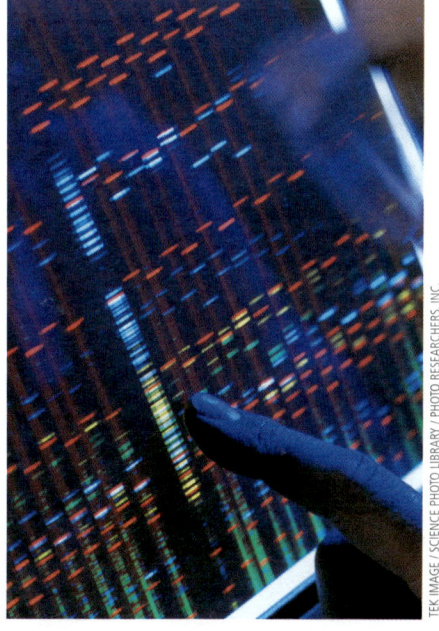

Lectura del código Un pequeño segmento de la molécula de ADN es secuenciado en bandas, con un color para cada par de bases. Estos pares dirigen la síntesis de enzimas y proteínas que, a su vez, dirigen la formación de una criatura viviente. Un pequeño cambio en un gen podría determinar una alteración física o una discapacidad mental. Unos cientos de genes diferentes podrían producir una jirafa en lugar de una ballena.

perficiales y a menudo inconsecuentes. Como explica una comunicación, "las diferencias dentro de una misma población entre los individuos representan el 93 al 95 por ciento de la variación genética; las diferencias entre los grupos principales constituyen sólo el 3 al 5 por ciento" (Rosenberg y cols., 2002, p. 2381). Esto significa que usted podría tener más genes en común con alguien cuyos ancestros provienen del lado opuesto del globo que con alguien cuyos ancestros eran vecinos de sus antepasados.

Ahora observemos algunos tipos específicos de interacción gen-gen. Como acabamos de mencionar, algunos genes reguladores instruyen, digamos, al gen de las patas para que forme las dos piernas en una persona y muchas más patas en un ciempiés. Otros genes activan o desactivan el desarrollo. Aquí consideraremos otros dos tipos de genes: aditivos y dominantes-recesivos.

Herencia aditiva

gen aditivo   Gen que tiene influencia en una característica específica (tal como el color de la piel o la estatura) mediante su interacción con otros genes.

Algunos genes se denominan **genes aditivos** porque sus efectos se combinan para formar el genotipo. Cuando los genes interactúan en forma aditiva, el rasgo refleja contribuciones de todos los genes que están involucrados. Los múltiples genes que afectan la estatura, el pelo ensortijado y el color de piel, por ejemplo, suelen interactuar como genes aditivos. En efecto, se estima que la estatura es afectada por unos 100 genes, y cada uno de ellos contribuye con una pequeña cantidad (Little, 2002).

Consideremos una pareja poco probable. Un hombre alto con padres y abuelos muy altos se casa con una mujer baja cuyos padres y abuelos eran muy bajos. Suponga que cada uno de los 100 genes de estatura de él son para la talla alta y cada uno de los genes de ella son para la talla baja. Los hijos de la pareja heredarán genes de estatura alta a través del espermatozoide paterno y genes de estatura baja a través del óvulo materno. Como los genes que afectan la estatura son aditivos, los niños tendrán una estatura media (suponiendo que las influencias ambientales, como la nutrición y la salud física, sean adecuadas). Ninguno de ellos será tan alto como su padre ni tan bajo como su madre, porque cada uno tiene la mitad de los genes para talla alta y la mitad de los genes para talla baja, promediados.

En realidad, la mayoría de las personas tienen ambos tipos de antepasados –relativamente altos y relativamente bajos– de modo que los hijos pueden ser más altos o más bajos que cualquiera de los padres. Mi hija Raquel (con el dedo meñique doblado) tiene una estatura más baja que la de mi esposo o la mía y la más baja de nuestros 4 hijos. Sin embargo, Raquel es más alta que cualquiera de sus abuelas. Ella heredó muchos de los genes de la estatura baja de sus abuelas de nuestros genotipos, aun cuando esos genes tuvieron un efecto mínimo en nuestros fenotipos.

ESPECIALMENTE PARA FUTUROS PADRES Suponga que usted quisiera que sus hijas fueran bajas y sus hijos altos. ¿Podría lograrlo?

Cómo se manifiesta ese rasgo aditivo depende de todos los genes (la mitad proveniente de cada uno de los padres) que hereda un niño. Todos los genes aditivos contribuyen de algún modo al fenotipo. Otros genes aumentan los genes aditivos. Por ejemplo, las hormonas masculinas producidas por el gen SRY del cromosoma Y agregan aproximadamente 7,5 centímetros que no se agregarían si todos los otros 45 cromosomas fueran los mismos pero el cromosoma 46 fuera una X en lugar de una Y.

Herencia dominante y recesiva

patrón dominante y recesivo   Interacción de un par de alelos de manera tal que el fenotipo manifiesta la influencia de un alelo (el gen dominante) más que del otro (el gen recesivo).

Los genes no aditivos, en los cuales el fenotipo muestra mucha más influencia de un gen que del otro, son menos frecuentes que los genes aditivos. En una forma no aditiva, los alelos interactúan según el **patrón dominante y recesivo**. Cuando un par de alelos interactúa de acuerdo con este patrón, el fenotipo resultante muestra la influencia de un alelo, denominado *gen dominante*, más que del otro alelo, denominado *gen recesivo*.

Algunas veces el gen dominante controla por completo la característica. En este caso, el gen recesivo es portado sobre el genotipo pero no tiene ningún efecto obvio sobre el fenotipo. Algunas características fisiológicas se expresan según el patrón dominante y recesivo. Los tipos de sangre A y B son dominantes y el tipo 0 es recesivo, lo cual conduce a una relación compleja de genotipo y fenotipo (véase apéndice A, p. A-3). Se dice que los ojos de color marrón son dominantes sobre los ojos azules y muchas enfermedades genéticas son recesivas. (En la interacción genética real, muchos genes recesivos no están completamente ocultos. Un fenotipo de ojos castaños claros, avellana, por ejemplo, señala un gen recesivo para ojos azules.)

Un caso especial de patrón dominante y recesivo ocurre con los genes ligados al cromosoma X, lo que significa que se localizan sobre el cromosoma X. Si un gen ligado al cromosoma X es recesivo –como son los genes para la mayoría de las formas de ceguera para los colores, muchas alergias, varias enfermedades y algunas discapacidades del aprendizaje– es fundamental el hecho de que se encuentren sobre el cromosoma X. Recuerde que los hombres sólo tienen un cromosoma X y un cromosoma Y mucho más pequeño. Entonces, muchos genes recesivos que un hombre hereda en su cromosoma X no son dominados por alelos sobre su otro cromosoma X, porque no tiene el segundo cromosoma X. En consecuencia, la mayoría de los genes recesivos en su cromosoma X se expresarán.

Los genes ligados al cromosoma X constituyen la razón de por qué los rasgos recesivos que están en el cromosoma X pueden ser transmitidos de la madre al hijo, pero no del padre al hijo (dado que el cromosoma Y no porta ese rasgo) (véase cuadro 3.1). Esto explica por qué los varones tienen más trastornos ligados al cromosoma X, como la ceguera para los colores.

Más complicaciones

Por más complejas que puedan parecer las explicaciones anteriores, hacen que la interacción genética parezca mucho más simple de lo que en realidad es. Esto es así porque, para poder ocuparnos por completo de la interacción, nos vemos for-

ligado al cromosoma X Se dice de un gen que está en el cromosoma X. Un niño varón manifiesta una característica recesiva ligada al cromosoma X si la hereda de la madre, ya que el cromosoma Y de su padre no tiene ningún gen que lo contrarreste. Es más probable que las niñas sean portadoras de características ligadas al cromosoma X, aunque es menos probable que las manifiesten.

| CUADRO 3.1 | El par 23 y el daltonismo ligado al cromosoma X |

X indica un cromosoma X con el gen ligado al cromosoma X para el daltonismo

Par 23	Fenotipo	Genotipo	Generación siguiente
1. XX	Mujer normal	No es portadora	Sin daltonismo a partir de la madre
2. XY	Hombre normal	Cromosoma X normal de la madre	Sin daltonismo a partir del padre
3. XX	Mujer normal	Portadora a partir del padre	La mitad de sus hijos heredará su cromosoma X. Las niñas con su cromosoma X serán portadoras; los varones con su cromosoma X serán daltónicos
4. XX	Mujer normal	Portadora a partir de la madre	La mitad de sus hijos heredará su cromosoma X. Las niñas con su cromosoma X serán portadoras; los varones con su cromosoma X serán daltónicos
5. XY	Hombre daltónico	Heredado de la madre	Todas sus hijas tendrán el cromosoma X del padre. Ninguno de los hijos tendrá el cromosoma X del padre. Todos sus hijos tendrán visión normal, a menos que la madre también haya tenido un cromosoma X para el daltonismo
6. XX	Mujer daltónica (raro)	Heredado de ambos progenitores	Cada niño tendrá un cromosoma X de la madre. Por lo tanto, cada hijo será daltónico. Las hijas serán sólo portadoras, a menos que también hayan heredado un cromosoma X del padre, como su propia madre

RESPUESTA PARA FUTUROS PADRES (de p. 72): sí, pero no le gustaría hacerlo. Usted debería elegir una pareja para tener a sus hijos varones y otra para sus hijas y aún debería utilizar métodos de selección del sexo. Aun así, puede fallar, dados todos los genes de su genotipo. Lo que es más importante, el esfuerzo sería poco ético, poco natural y posiblemente ilegal.

zados a tratar los genes como si estuvieran funcionando a modo de "dispositivos de control" separados. Pero recuerde que los genes simplemente dirigen la creación de 20 tipos de aminoácidos, cuya combinación produce miles de proteínas, que luego formarán las estructuras físicas y dirigirán sus funciones bioquímicas. Las proteínas de cada célula del cuerpo están continuamente afectadas por otras proteínas, nutrientes y toxinas que influyen en la función celular.

Los científicos se encuentran bien consciente de que "ningún gen opera en el vacío" y que cada gen "interactúa, ya sea directamente o a través de su producto proteico, con muchos otros genes o productos genéticos" (Peltonen y McKusick, 2001, p. 1226). Es difícil predecir el resultado de esta interacción. De hecho, una pequeña alteración o varias repeticiones extra en un triplete pueden no tener consecuencias o desencadenar una cascada que crea una anomalía mayor. El resultado depende de docenas de otros factores, muchos de los cuales aún no se conocen (Kirkwood, 2003; Plomin y McGuffin, 2003).

Por ejemplo, un gen dominante podría, en realidad no "penetrar" en el fenotipo por completo (es decir, podría no ser expresado de forma completa) por razones desconocidas. Tal vez la penetrancia dependa de otros genes o tal vez de factores no genéticos, como temperatura o estrés. Asimismo, en el patrón aditivo, a veces los genes contribuyen sustancialmente más de lo que comparten, tal vez porque su influencia es amplificada por otros genes. Otro enigma es que si bien las mujeres siempre son XX, uno de esos cromosomas X es inactivo y el otro dominante; parece aleatorio que el cromosoma inactivo provenga de la madre o del padre. Para descubrir las razones de estas complicaciones, los genetistas estudian el comportamiento de ratones que han sido obtenidos cuidadosamente por endogamia para que sean prácticamente idénticos. No obstante, los ratones con genotipos casi idénticos actúan de modo diferente de un laboratorio a otro, lo que refleja variaciones ambientales desconocidas pero importantes (Wahlsten, 2003).

PENSANDO COMO UN CIENTÍFICO

Diversidad genética

Algunos individuos, incluso algunos científicos del desarrollo, en otra época temían que los descubrimientos genéticos pudieran negar que cada ser humano es único y probar que el entorno tiene poco impacto. Esos temores eran infundados. En la actualidad, los científicos saben que cada persona es doblemente única, tanto en biología como en crianza. Cuando un individuo que presenta una enfermedad terminal le pregunta al médico "¿cuánto tiempo me queda?" la mejor respuesta puede ser sólo una estimación. Muchas personas siguen vivas años después de que el médico predijera la muerte dentro de los seis meses. Estos sobrevivientes pueden darle las gracias a Dios y criticar a la medicina, pero los verdaderos científicos no están sorprendidos.

También es cierto lo opuesto. Se puede predecir la muerte y la enfermedad, pero nunca con precisión. De hecho, la diversidad genética convierte a toda precisión en la mejor conjetura, no en una garantía. Los psicólogos del desarrollo pueden realizar predicciones bastante precisas acerca del mes en que un lactante comenzará a caminar, si un niño de 4 años leerá para los 6 años o si un niño de 8 años se convertirá en un atleta; pero nadie puede asegurar qué día se dará el primer paso o quién será el siguiente genio poético o estrella deportiva. La diversidad humana siempre es evidente, hecho que los científicos aprecian ahora más que nunca.

El fundamento de esta diversidad es la variación en "todos los aspectos de los sistemas biológicos, que incluyen morfología, comportamiento, fisiología, desarrollo y susceptibilidad a las enfermedades frecuentes" (Glazier y cols., 2002). Esta variación biológica comienza en el momento de la concepción. Usted ya sabe que un solo individuo puede producir alrededor de 8 millones de óvulos o espermatozoides cromosómicamente diferentes, lo que significa que cualquier pareja puede engendrar 64 billones de hijos diferentes. Más aún, antes de que un par de cromosomas se divida para formar gametos, se pueden intercambiar los genes de los segmentos correspondientes, alterando así la composición genética de ambos miembros del par y creando billones de posibilidades adicionales.

Una vez que un niño nace, cada momento de la vida moldea a esa persona de formas singulares. Para tomar un ejemplo obvio, en este momento nadie más que usted está leyendo este libro exactamente en la situación en que usted se encuentra, con las mismas memorias y actitudes que lleva usted para la comprensión del texto. Si usted comenta lo que acaba de leer con sus compañeros de clase, rápidamente se aprecia que el impacto de las palabras varía dependiendo de lo que ya ha experimentado cada persona.

Pensar como un científico significa disfrutar muchísimo de esta diversidad, impresionarse con su impacto sobre la supervivencia humana y por la variación de una persona a otra y una sociedad a otra. De hecho, la diversidad es una razón de por qué la especie humana ha sobrevivido durante miles de años. Un ejemplo sorprendente se relaciona con el VIH, el virus de la inmunodeficiencia humana que conduce al SIDA (síndrome de inmunodeficiencia adquirida). Algunas personas que están expuestas repetidas veces al VIH nunca adquieren el virus porque una pequeña diferencia en el código de un gen (un alelo raro) impide que el virus infecte sus células (Little, 2002). Otros alelos permitieron que algunos de nuestros antepasados sobrevivieran a la peste, la tuberculosis, el paludismo u otros azotes. Ellos impidieron que se extinguiera la especie.

Los científicos están encantados con el descubrimiento, a través del Proyecto Genoma Humano, de que distintas especies comparten muchos genes. Esto significa que la investigación en los mamíferos pequeños puede encontrar causas y tratamientos para las enfermedades humanas, incluido el cáncer, la enfermedad mental y los trastornos hemáticos (Demant, 2003; Little, 2002). Muchos métodos de investigación, como la endogamia (para la pureza genética), la hibridación (para aislar genes), la creación de genes inactivados (desactivar un gen para aprender su función) y la experimentación con fármacos (para descubrir efectos deseados e indeseables), son imposibles de utilizar con las personas y llevarían años con la mayoría de los mamíferos. Sin embargo, el empleo de estas técnicas con ratones pone de manifiesto mucho acerca de las enfermedades humanas.

El mejor ejemplo de los beneficios de la diversidad genética y la similitud proviene del cáncer, un conjunto de enfermedades que ha preocupado a los científicos durante décadas, no sólo porque el cáncer es una causa frecuente de muerte sino también porque adopta muchas formas, cada una con sus propios patrones genéticos. Algunas cepas de ratones pueden diferir 100 veces en su susceptibilidad a formas particulares de cáncer (Demant, 2003) y esto proporciona indicios poderosos acerca de la protección genética y ambiental. ¡Se han desarrollado tratamientos para el cáncer humano a partir de lo que hemos aprendido de los genes de los ratones!

Los psicólogos del desarrollo están tan intrigados por la genética de la diversidad humana como los investigadores médicos. Actualmente, los científicos sociales estudian cómo revertir la adicción, prevenir la enfermedad mental y aumentar el aprendizaje con tratamientos ajustados a la personalidad particular y el estilo de aprendizaje de cada individuo. Pronto un mejor conocimiento de cada niño conducirá a aplicaciones aún no imaginadas. Por ejemplo, el objetivo del educador, "todo niño un aprendiz", se acercará más a su realización a medida que se conozca mejor la diversidad de estilos de aprendizaje y de ventajas.

Cuanto más apreciamos todas las fuentes de la maravillosa diversidad entre los 6 000 millones de personas que habitan ahora sobre la Tierra, más cerca estamos del objetivo del estudio del desarrollo: ayudar a cada persona a desarrollar su potencial pleno.

Gemelos y clones

Aunque cada cigoto es genéticamente único (es decir, tiene un genotipo único) y la mayoría de los recién nacidos (aun los gemelos) son asimismo únicos, existen algunas excepciones entre los seres humanos (gemelos monocigóticos) y algunas excepciones entre los animales inferiores (clones). En primer lugar, explicaremos los gemelos genéticamente distintos, que no comparten más genes que cualquier otro hermano y hermana.

Gemelos dicigóticos

Aproximadamente dos tercios de todos los gemelos son **gemelos dicigóticos**, también llamados *gemelos fraternos*. Ellos comienzan la vida como dos cigotos separados originados por la fertilización de dos óvulos aproximadamente en el mismo momento. (Por lo general, sólo se libera un óvulo por mes, pero a veces se encuentran disponibles dos o más óvulos para la fecundación.) Aunque las concepciones dicigóticas pueden ocurrir con una frecuencia de hasta uno cada ocho embarazos, en general un embrión muere al inicio del embarazo (el fenómeno del "gemelo evanescente") y sólo nace un niño (Bryan, 1999).

La incidencia de gemelos dicigóticos varía con el grupo étnico: por ejemplo, las mujeres yorubas de Nigeria engendran gemelos dicigóticos aproximadamente una vez cada 11 nacimientos; las mujeres inglesas, uno en 100, y las mujeres japonesas, uno en 700 (Gall, 1996; Piontelli, 2002). La edad también tiene influencia: las mujeres con edades cercanas a los cuarenta años tienen una probabilidad tres veces mayor de tener gemelos dicigóticos que las mujeres al comienzo de la tercera década de la vida (Mange y Mange, 1999), probablemente porque la ovulación se torna irregular a medida que se aproxima la menopausia y algunos ciclos no liberan óvulos y otros liberan múltiples óvulos.

Cada gemelo dicigótico se forma a partir de su propio óvulo y espermatozoide, de modo que los gemelos dicigóticos comparten alrededor del 50% de sus genes, al igual que cualquier otro hermano de los mismos padres. Los gemelos dicigóticos pueden diferir mucho en aspecto debido a los cromosomas y genes particulares en los gametos que los originaron. La diferencia más obvia está en el par 23, que en el 50% de los casos origina un gemelo dicigótico XY y el otro XX.

gemelos dicigóticos Gemelos que se forman más o menos al mismo tiempo, al ser fecundados dos óvulos distintos por dos espermatozoides distintos. Tales gemelos comparten aproximadamente la mitad de los genes, como ocurre siempre entre hermanos. (También se denominan *gemelos bivitelinos o fraternos*.)

El mismo cumpleaños. Los mismos (¿o diferentes?) genes Los gemelos de diferente sexo o los que tienen diferencias obvias de personalidad son dicigóticos y sólo comparten la mitad de sus genes. Muchos gemelos del mismo sexo con temperamentos similares también son dicigóticos. Uno de estos pares de gemelas es dicigótico; el otro es monocigótico.

? **Prueba de observación** (véase la respuesta en la p. 78): ¿Puede decir qué par es monocigótico?

Aunque los gemelos dicigóticos, incluso del mismo sexo, habitualmente tienen diferencias fenotípicas que indican sus genotipos no compartidos, pueden verse muy similares, como sucede a veces con hermanos no gemelos. En ocasiones, las similitudes son tan próximas que se utilizan pruebas genéticas para determinar si se trata de gemelos monocigóticos o dicigóticos.

Gemelos monocigóticos

Pocas veces, alrededor de una de cada 250 concepciones, en el primer día más o menos del desarrollo, las células no sólo se duplican sino que también se dividen completamente, originando dos o cuatro o incluso ocho cigotos separados e idénticos. Estos gemelos se denominan monocigóticos porque se originan a partir de un (mono) cigoto. Si cada uno de ellos se implanta y crece, dan lugar a partos múltiples, habitualmente **gemelos monocigóticos** (también denominados gemelos idénticos), pero a veces cuatrillizos u octillizos monocigóticos.

Como los gemelos monocigóticos se originan del mismo cigoto, su genotipo es el mismo, al igual que sus instrucciones genéticas para la apariencia física, los rasgos psicológicos, la vulnerabilidad a las enfermedades y otras más. Por ejemplo, un gemelo monocigótico puede donar un riñón para su implante quirúrgico en el otro gemelo sin ningún riesgo de rechazo del órgano.

Como recordatorio, los genes comienzan el proceso de desarrollo, que afecta todos los rasgos, pero los factores ambientales siempre inciden de algún modo. Los gemelos monocigóticos suelen diferir en el peso al nacimiento en 450 gramos o más. Los padres responden de modo diferente a los dos gemelos monocigóticos, a veces a favor del más grande, a veces del más pequeño (Caspi y cols., 2004; Piontelli, 2002).

Clones

Un **clon** tiene exactamente el mismo genotipo de otro organismo vivo. Al contrario de los gemelos monocigóticos, que se producen de forma natural, los clones son creados artificialmente por los seres humanos. La clonación consiste en tomar una célula de una criatura viva y a partir de ella desarrollar otra criatura, genéticamente idéntica. Como cada célula de cualquier organismo porta la totalidad del código genético del individuo huésped, la clonación es teóricamente posible para todas las cosas vivas. La clonación es de rutina entre las plantas, pero es muy difícil con los animales; más del 99% de todos los intentos de clonación con animales han fracasado. Es ilegal intentar la clonación de un ser humano.

gemelos monocigóticos Término que significa literalmente "de un cigoto". Parto de gemelos y otros partos múltiples de bebés que se formaron a partir de un cigoto que se dividió muy al comienzo de su desarrollo. (También se denominan *gemelos univitelinos.*)

clon Organismo que tiene exactamente el mismo genotipo que otro organismo que ya estaba vivo.

El clon exitoso más famoso fue una oveja llamada Dolly. Fue creada en Escocia en 1997 cuando los científicos tomaron una célula de la glándula mamaria de una oveja, la indujeron químicamente a iniciar la duplicación y luego implantaron el embrión en el útero de otra oveja. Dolly fue el único nacimiento entre 434 intentos de clonación con ovejas, envejeció rápidamente y pronto murió.

Los peligros de los partos múltiples

Otros partos múltiples, como triples o cuádruples, pueden ser monocigóticos, dicigóticos, tricigóticos, cuadricigóticos, etc. (o combinaciones de éstos). El parto de más de un niño es peligroso tanto para la madre como para los recién nacidos. Las complicaciones del embarazo, que incluyen hipertensión arterial y toxemia, son más frecuentes y los partos múltiples casi siempre se producen demasiado temprano: los gemelos en general se adelantan tres semanas, los trillizos seis y los cuatrillizos nueve semanas.

Los problemas presentes al nacimiento a menudo continúan, y los niños nacidos en partos múltiples tienen tasas más altas de mortalidad, enfermedad y discapacidad. En general, cuanto más embriones se desarrollan juntos, más pequeños, menos maduros y más vulnerables son. Por ejemplo, los trillizos producen más estrés en sus padres, desarrollan el lenguaje más lentamente y forman lazos sociales más débiles que los niños únicos o los gemelos igualmente pequeños (Feldman y Eidelman, 2004).

Muchos métodos para superar la esterilidad conducen a partos múltiples. En los Estados Unidos, los partos triples han aumentado 500% desde 1980, según el Center for Health Statistics, y la tasa de partos gemelares casi se ha duplicado (Bureau of the Census de los Estados Unidos, 2004-2005).

Como los tratamientos para la esterilidad constituyen una causa de partos múltiples, algunos países restringen estos tratamientos. Finlandia sólo permite el implante de dos cigotos a la vez después de una fertilización in vitro. El límite es tres en Noruega y cuatro en otros distintos países. Los Estados Unidos no tienen ningún límite legal (Jones y Cohen, 2001), pero muchos médicos recomiendan el aborto selectivo cuando una mujer tiene múltiples embriones, sacrificando algunos para permitir la supervivencia y la salud de otros. Esto plantea uno de los muchos problemas éticos que rodean a los medios alternativos de concepción, como se explica a continuación.

esterilidad Incapacidad de concebir un bebé después de intentarlo por lo menos durante un año.

técnicas de reproducción asistida Término general que se refiere a las técnicas diseñadas para asistir a parejas estériles en la concepción y el mantenimiento del embarazo.

fecundación in vitro (FIV) Literalmente, fertilización que se realiza "en vidrio", o sea, en una probeta de laboratorio, en vez de realizarse dentro del cuerpo de la mujer. Los espermatozoides se mezclan con óvulos extraídos quirúrgicamente del ovario de la mujer. Si la combinación produce un cigoto, éste se introduce en el útero de la mujer, donde puede implantarse y desarrollarse hasta convertirse en bebé.

EN PERSONA

Aumento de la fecundidad

Dependiendo de la población encuestada, entre el 2 y el 30% de todas las parejas tienen problemas de **esterilidad** o incapacidad para concebir un bebé después de intentarlo por lo menos durante un año. (El intervalo del 2 al 30% se explica por las amplias diferencias regionales en las prácticas culturales y la atención médica; las parejas más jóvenes de los países médicamente más avanzados tienden a ser más fértiles.)

Las parejas estériles a menudo buscan ayuda en las **técnicas de reproducción asistida** para concebir y luego mantener un embarazo. El primer paso es intentar localizar la causa de la esterilidad. Cada miembro de la pareja es el responsable primario en un tercio de los casos, y el tercio restante es causado por incompatibilidad biológica entre los miembros de la pareja o por algún factor desconocido. El tratamiento comienza con el asesoramiento acerca del mejor momento en el ciclo de la mujer para mantener relaciones sexuales. Otro tratamiento simple para la esterilidad femenina es utilizar fármacos para producir la ovulación. Si el varón es estéril, se pueden insertar espermatozoides de un donante en el útero de la mujer en el momento de la ovulación por medio de una jeringa. Este proceso, denominado *inseminación artificial*, se ha utilizado durante 50 años.

Un método más complicado que puede superar algunas causas de esterilidad masculina o femenina es la **fecundación in vitro (FIV)**. Se extraen quirúrgicamente los óvulos de la mujer y se mezclan con espermatozoides. Si se produce la fecundación, los cigotos viables comienzan a duplicarse in vitro, lo que literalmente significa "en vidrio" (es decir, una probeta de laboratorio). Después de unas tres duplicaciones, se insertan las células en desarrollo en el útero. Aproximadamente un tercio de las veces, se implanta al menos un cigoto y se desarrolla hasta convertirse en un bebé (American Society for Reproductive Medicine, 2002).

Si bien el fracaso es más frecuente que el éxito, han nacido un millón de niños mediante FIV (más del 50% de ellos gemelos o trillizos) en 40 países desde que nació el primer bebé de "probeta" en Inglaterra en 1978 (Gerris y cols., 2004). Un procedimiento in vitro cada vez más frecuente para superar los problemas con los espermatozoides es inyectar un único espermatozoide viable en un óvulo (Bentley y Mascie-Taylor, 2000).

En general, la FIV exitosa produce varios cigotos. La pareja y el centro clínico enfrentan entonces una difícil elección: se podrían insertar todos los cigotos viables; algunos podrían congelarse para el uso posterior; otros se podrían utilizar para investigación o se podrían destruir. Cada opción ha sido elegida por algunos países, centros clínicos y parejas, y prohibida por otros (IFFS Surveillance, 2001). Un factor en la decisión es el costo: en los Estados Unidos en 2004, cada intento de FIV cuesta alrededor de 12 000 dólares. Algunas parejas viajan hasta países donde los costos son más bajos; otras mejoran su probabilidad implantando varios cigotos, lo que aumenta la probabilidad de partos múltiples.

Surgen cuestiones éticas por muchas razones, entre ellas que las técnicas de reproducción asistida pueden separar completamente la paternidad biológica de la crianza de un niño. En efecto, se puede realizar la FIV con espermatozoides y óvulos de donantes, y los embriones resultantes se insertan en el útero de otra mujer. Esta madre gestacional puede incluso permitir que otra mujer, otro hombre o ambos adopten al recién nacido. Al nacer, el niño ya tiene cinco "padres".

Las técnicas de reproducción asistida también plantean los siguientes problemas éticos:

- ¿Tiene todo cigoto derecho a ser implantado? (Las leyes de Inglaterra permiten congelar los cigotos in vitro para su uso posterior, pero exigen que sean destruidos después de cinco años.)
- Si una mujer porta múltiples embriones, ¿está obligada o tiene prohibido abortar a algunos de ellos para salvar a los otros? (Algunos países prohíben cualquier aborto, aun para salvar la vida de un feto.)
- ¿El costo de las técnicas de reproducción asistida debe ser soportado por el público o por las parejas?

Esta última pregunta pocas veces se discute pero afecta a toda pareja estéril. Las técnicas de reproducción asistida son muy costosas y no siempre son cubiertas por los sistemas de seguro o de asistencia pública. En los Estados Unidos, en 2004, la mujer promedio menor de 35 años que buscaba una FIV pagaba unos 24 000 dólares por dos intentos; las mujeres mayores de 35 años tenían un costo promedio de 70000 dólares.

Algunos países tienen sistemas de atención pública que cubren las técnicas de reproducción asistida pero estipulan si una mujer debe ser heterosexual, casada o si debe automantenerse. En los Estados Unidos, cualquiera que pueda pagar una FIV puede obtenerla. Otras cuestiones relacionadas con la esterilidad también reciben influencias del nivel socioeconómico. Es más probable que las mujeres de bajos ingresos proporcionen óvulos o gesten un feto para otra mujer, que habitualmente tiene una salud relativa. Asimismo, los niños de regiones pobres y políticamente inestables tienen mayor probabilidad de ser adoptados por parejas de países más ricos.

Una última pregunta: ¿deben las leyes, la ética médica y la cultura actual prohibir a los individuos estériles que incurran en grandes costos económicos (así como el estrés psíquico y, a veces, el dolor físico) en un esfuerzo por tener hijos? ¿Está mal aconsejar la FIV cuando miles de niños con necesidades especiales esperan amantes padres adoptivos?

Cuando sugerí que la respuesta podría ser positiva a una amiga estéril, me acusó de ser insensible, arrogante e ignorante. Tal vez sea cierto. Desde entonces he leído las palabras de muchas mujeres estériles. Una de ellas escribió:

> No puedo imaginar que voy a sentirme bien de nuevo. Tampoco sé si mi marido se quedará conmigo cuando se dé cuenta de que jamás tendremos un hijo. Supongo que encontrará otra mujer que le pueda dar un hijo. Como yo no puedo dárselo, me cuesta imaginar que él podría ser feliz conmigo. Me siento mal conmigo misma.
>
> *[Citado en Deveraux y Hammerman, 1998]*

Otra explicaba:

> Cuando usted se entera de que no está en condiciones de engendrar un hijo, es como tener que enfrentar la muerte, como si parte de usted empezara a morir. Tener hijos les permite a las personas enfrentarse con el hecho de que son mortales.
>
> *[Citado en Hodder, 1997]*

Las personas compasivas y pensativas –incluidos los psicólogos del desarrollo– difieren ampliamente en sus respuestas a las técnicas de reproducción asistida. La cultura puede tener más influencia que los hechos, y muchos futuros padres y líderes políticos ignoran el consejo médico (Gerris y cols., 2004). Algunos países prohíben las prácticas que otros recomiendan (IFFS Surveillance, 2001), aunque casi todos concuerdan en que los niños no sólo pertenecen a sus padres sino también a sus comunidades. Los problemas relacionados con las técnicas de reproducción asistida nos involucran a todos.

! RESPUESTA A LA PRUEBA DE OBSERVACIÓN
(de p. 76): las niñas de ascendencia japonesa son las gemelas monocigóticas. Si no está seguro, observe sus dientes, sus cejas y la forma de sus rostros.

SÍNTESIS

El genotipo particular que hereda una persona influye en casi todas las características, aunque no suelen ser evidentes los elementos específicos a partir de los fenotipos de los padres. Los genes interactúan de forma aditiva, recesiva y de muchas otras formas; casi todo rasgo es poligénico. La interacción genética sólo es el comienzo. La diversidad humana está garantizada no sólo por el proceso de formación de los gametos y la concepción, sino también por las experiencias desde ese momento en adelante. Cada cigoto es distinto a cualquier otro concebido antes.

La mayoría de los gemelos son dicigóticos, sin otros genes en común que cualquier otro hermano. Aproximadamente un tercio de todos los gemelos son monocigóticos, se desarrollan a partir de un cigoto y por ende tienen el mismo genotipo. Los clones también tienen el mismo genotipo, pero la clonación es ilegal para los seres humanos y problemática en los animales. Algunos adultos son mucho menos fértiles que otros, y algunas parejas estériles recurren a las técnicas de reproducción asistida para intentar tener un bebé.

Del genotipo al fenotipo

El principal objetivo de este capítulo es ayudar a todos los lectores a comprender la complejidad de la interacción entre genotipo y fenotipo. Con este fin, consideremos un par de citas referentes a la investigación reciente. Un genetista escribió:

> Los resultados fueron constantemente notables, aunque de lenta aceptación. Se demostró que los genes influían en casi todos los aspectos de la personalidad humana, el temperamento, el estilo cognitivo y los trastornos psiquiátricos. Los efectos de la herencia eran sustanciales; representaban en los casos típicos el 30 al 70% de la variación total y eran altamente reproducibles entre las sociedades y las culturas. El largo alcance de los genes se extendía desde una disposición amigable hasta la xenofobia, desde la enfermedad bipolar hasta la enuresis, desde casarse hasta mantener un trabajo.
>
> *[Hamer, 2002, p. 71]*

La investigación refuerza otra conclusión: la naturaleza siempre interactúa con la crianza y viceversa. Como explica un equipo de investigadores sobresalientes:

> El primer mensaje es que los genes desempeñan un papel sorprendentemente importante en toda la psicología. El segundo mensaje es también importante: las diferencias individuales en los rasgos psicológicos complejos se deben al menos tanto a las influencias del entorno como a las influencias genéticas.
>
> *[Plomin y cols., 2001, p. 323]*

Explorando la interacción genotipo-fenotipo

Para alcanzar estas conclusiones, cientos de científicos de muchos países han estudiado miles de gemelos, tanto monocigóticos como dicigóticos, criados juntos en el mismo hogar y criados en hogares diferentes. Cuando comenzó esta investigación, los científicos suponían que los gemelos monocigóticos criados juntos compartirían ambos genes y el entorno y que los gemelos monocigóticos criados en hogares separados tendrían los mismos genes pero ambientes contrastantes. Los científicos esperaban distinguir así las influencias genéticas de las ambientales (por ejemplo Segal, 1999).

La siguiente generación de científicos fue escéptica. Ellos llevaron a cabo más investigaciones, sobre hermanastros, hermanos adoptados y criados juntos, hermanos biológicos criados separados y todo tipo de gemelos criados en todo tipo de hogares. Descubrieron tres generalidades, aceptadas por casi todos los psicólogos del desarrollo pero que aún siguen sorprendiendo a algunos no científicos.

1. Los genes afectan a todos los aspectos del comportamiento humano.
2. La mayor parte de las influencias ambientales sobre los niños criados en el mismo hogar no son compartidas.
3. Los genes provocan respuestas de las otras personas que moldean el desarrollo de cada hijo. En otras palabras, muchos genes afectan los rasgos a través de las reacciones de las otras personas hacia la característica genética.

A medida que usted aprenda más acerca de las interacciones entre las influencias genéticas y no genéticas, recuerde distinguir entre el *genotipo* de una persona, o su potencial genético, y el *fenotipo*, la expresión real de esa herencia genética en el aspecto físico, la salud, la inteligencia y las acciones.

Todos tienen muchos genes que no se expresan. En términos genéticos, cada persona es un **portador** de algunos genes no expresados; es decir, una persona podría "portar" un gen y transmitirlo a sus descendientes a través de los espermatozoides o de los óvulos. Dependiendo de otros genes, así como de efectos facilitadores o represores del entorno, los hijos de esa persona pueden expresar ese gen en sus fenotipos o pueden simplemente portarlo en sus genotipos, tal vez para afectar a la siguiente generación.

Sólo en oasiones un gen único, o incluso un par, produce un rasgo o un trastorno único e identificable (algunos de esos casos se describen más adelante en

portador Persona que tiene un gen en su genotipo que no es evidente en su fenotipo. Los portadores transmiten esos genes no expresados a la mitad de sus gametos y, por lo tanto, a la mitad de sus hijos, quienes también tienen gran probabilidad de ser portadores. Generalmente, la característica aparece en el fenotipo sólo cuando el gen se hereda de ambos padres.

La timidez es universal   La inhibición es un rasgo psicológico influido por la genética. Es más común en algunas edades (al final del primer año de vida y en la adolescencia temprana) y en algunos grupos étnicos (nativos del norte de Europa y del este de Asia) que en otros. Pero cada comunidad incluye algunos individuos que son inconfundiblemente tímidos, como este niño en Woleai, a más de 4 800 kilómetros (3 000 millas) al oeste de Hawai.

este capítulo). La mayoría de los patrones de la personalidad y las habilidades cognitivas son afectadas por varias combinaciones genéticas. Es incorrecto suponer que un fenotipo es el resultado de un genotipo o viceversa (Rutter y Sroufe, 2000). En cambio, pequeñas diferencias genéticas tienen efectos pequeños pero mensurables, y las especificidades dependen de otros genes, así como de la familia y la cultura (Hardy y cols., 2002). Esto es explicado por un equipo de ocho científicos que está trabajando para descifrar las variaciones de codificación de alrededor de 11 millones de alelos:

> Muchos genes diferentes distribuidos en todo el genoma humano contribuyen a la variabilidad genética total de un rasgo complejo particular, y cualquier gen aislado no explica más que un pequeño porcentaje de la variabilidad global.

> [Hinds y cols., 2005, p. 1079]

Por lo tanto, cuando algo es "genético", no significa que sus orígenes genéticos sean sustanciales, fijos o inalterables. Significa, en cambio, que es parte del fundamento de una persona, que afecta muchos aspectos de la vida pero que no determina ninguno (Johnston y Edwards, 2002). Incluso el meñique doblado de Raquel, mencionado en la apertura del capítulo, podría no haberse desarrollado de esa forma si el entorno prenatal hubiese sido diferente.

Como lo expresó un experto, "un gen es un lienzo enmarcado sobre el cual el entorno psicológico pinta a esa persona" (Brown, 1999). Cada rasgo, acción y actitud de todo organismo vivo tiene un componente genético: sin los genes, ningún comportamiento podría existir. Pero sin el entorno, ningún gen se expresaría. Ahora observemos tres ejemplos de rasgos complejos –psicopatología, adicción y agudeza visual– cada uno con un ejemplo específico que ha sido el tema de una investigación extensa. A medida que usted lea estos ejemplos –esquizofrenia, alcoholismo y miopía– observará que el conocimiento de la progresión del genotipo al fenotipo tiene muchas aplicaciones prácticas.

Psicopatología

Las enfermedades mentales o las psicopatologías –que incluyen la depresión, el comportamiento antisocial, las fobias y las compulsiones, así como casi todo otro trastorno psicológico– son los resultados de la interacción gen-gen y gen-entorno (Plomin y McGuffin, 2003). La esquizofrenia es un ejemplo.

Genes y esquizofrenia

La tasa de la esquizofrenia es de alrededor del 1% en la población global pero del 12% si un padre o un hermano completo tiene esquizofrenia (Plomin y cols., 2001). Si un gemelo monocigótico desarrolla esquizofrenia, aproximadamente en el 66% de las veces el otro lo hace también, aun cuando el otro gemelo sea criado en una familia diferente (Rutter, 2002).

Estas estadísticas han convencido a casi todos los científicos de que la esquizofrenia está influida por los genes. Sin embargo, mirado desde otro punto de vista, la misma estadística pone en evidencia la importancia del entorno: un tercio de los gemelos monocigóticos cuyo gemelo idéntico tiene esquizofrenia no se afecta, ni alrededor del 88% de los descendientes de un padre con la enfermedad. Además, muchas personas con esquizofrenia no tienen familiares inmediatos con la enfermedad y la mayoría de los familiares de las personas con esquizofrenia *no* desarrollan el trastorno.

Alrededor de 30 genes predisponen para esta disfunción encefálica, e incluyen al menos uno en cada uno de los cromosomas 1, 5, 6, 10, 13, 15 y 22 (McGuffin y cols., 2001). Ninguno de estos genes actúa solo. De hecho, algunas personas con uno u otro de estos genes son sanas mentalmente; algunas personas sin uno u otro de estos genes tienen esquizofrenia. Esa variación conduce a los científicos a observar la influencia causal del entorno.

Esquizofrenia y entorno

Las experiencias al nacimiento o incluso antes del nacimiento –posiblemente un virus de acción lenta, un traumatismo de cráneo, el oxígeno insuficiente al nacimiento u otra agresión física– pueden ser fundamentales para el desarrollo de la esquizofrenia (Cannon y cols., 1999). Un ejemplo intrigante se observa en la siguiente correlación: más personas que desarrollan esquizofrenia nacieron durante el último período del invierno que durante cualquier otra época del año. ¿Por qué? Tal vez algún virus que es más prevalente a fines del otoño o comienzos del invierno afecta a un feto vulnerable (Mortensen y cols., 1999). Pero la fecha del nacimiento tiene sólo un efecto pequeño, así como lo hace casi cualquier otra influencia prenatal.

Las experiencias después del nacimiento también tienen efecto. La investigación multicultural confirma que la esquizofrenia es prevalente en todas partes del mundo, pero el deterioro que provoca parece más leve en África e India que en América del Norte y Europa Occidental (un argumento a favor de los efectos del entorno). En los Estados Unidos, el contexto familiar afecta la frecuencia y la gravedad de los episodios en las personas con diagnóstico de esquizofrenia. La interacción familiar no produce la enfermedad; sus orígenes son genéticos y bioquímicos. Pero si una persona con esquizofrenia vive con miembros de la familia que son muy críticos, hostiles o hiperprotectores, es más probable que sufra una recaída que si la familia fuera menos exigente (Hooley, 2004).

Evidencias adicionales de la importancia del entorno fueron provistas por las cuatrillizas Genain, cuatro gemelas monocigóticas nacidas en Canadá a comienzos del siglo XX. En esos días, la supervivencia de la totalidad de los cuatrillizos era casi milagrosa y los expertos no sabían que la comodidad del contacto y el amor maternal eran fundamentales (recuerde los monos de Harlow del capítulo 2). En consecuencia, las cuatrillizas Genain fueron criadas por enfermeras en un laboratorio de vidrio, donde podían ser observadas por el público curioso.

Entre la edad de 22 y 24 años, las cuatro desarrollaron esquizofrenia. Cada una de ellas tuvo un tipo y una gravedad diferente de la enfermedad, aun cuando todas tenían genes idénticos, evidencia de que el entorno desempeña un papel en la esquizofrenia. Además, otras pruebas señalan que los monocigóticos múltiples no necesariamente se vuelven todos ellos esquizofrénicos si uno de ellos lo hace, de modo que al menos una de las cuatrillizas debía haber escapado de la enfermedad. El hecho de que estas cuatro mujeres recibieran el diagnóstico de esquizofrenia sugiere que algo al comienzo de sus vidas amplió su riesgo genético. La separación de sus padres y el bajo peso al nacimiento, ambos factores ambientales, son explicaciones probables.

Resultados similares se encuentran para casi cualquier forma de psicopatología. Las raíces son genéticas, lo que significa que no se debe culpar a las familias del origen del trastorno. No obstante, una cascada de factores –algunos en el entorno– desencadena todo el trastorno psicológico.

Adicciones

En diversas épocas, la adicción a las drogas, incluido el alcoholismo, era considerada como una debilidad moral y un defecto de la personalidad (Leonard y Blane, 1999). Los adictos eran encerrados en celdas o en instituciones para enfermos mentales. Algunos países han intentado detener el alcoholismo prohibiendo el alcohol, como lo hizo Estados Unidos desde 1919 a 1933, y la mayoría de las naciones tienen leyes en contra de algunas drogas y gravan a otras para desalentar su consumo. Las personas que no son adictas se preguntan desde hace mucho tiempo por qué algunas personas no pueden dejar de beber en exceso, consumir drogas ilegales, fumar cigarrillos, etc., mientras que los adictos y alcóhólicos intentan limitar su consumo y fracasan.

CORTESÍA DE EDNA MORLOK

¿Demasiado lindas? Este retrato de las hermanas Genain se tomó 20 años antes de que todas desarrollaran esquizofrenia. Sin embargo, desde sus cintas idénticas para el cabello hasta la posición idéntica de sus pies, es evidente que su condición inusual de cuatrillizas las separó como curiosidades. ¿Es posible que su vida expuesta a la luz pública haya nutrido su potencial para la esquizofrenia? No hay manera de estar seguros.

En la actualidad sabemos que la bioquímica heredada de algunos individuos los hace muy susceptibles a cada tipo de adicción. Cualquiera puede abusar del alcohol y las drogas, pero la composición genética de cada persona crea un impulso adictivo que puede ser abrumador, extremadamente débil o intermedio. La explicación probable es una reacción genética que se transmite entre las generaciones.

Alcohol y biología

Los investigadores han estudiado la biología del alcoholismo durante décadas (Agarwal, 2001). La afinidad genética queda demostrada por el hecho de que los hijos de alcóholicos que nunca han bebido tienen, no obstante, patrones encefálicos definidos similares a aquellos de los adultos alcóholicos. La bioquímica permite a algunas personas mantenerse sobrias y por lo tanto beber demasiado; otras, sobre todo muchos asiáticos orientales, después de beber unos pocos sorbos de alcohol se ponen colorados y empiezan a transpirar. Esta reacción desagradable, sobre todo para las mujeres, es un incentivo para evitar el alcohol (McGue, 1995). Algunas personas se adormecen, otras tienen náuseas, otras se ponen agresivas y otras eufóricas cuando el alcohol alcanza sus encéfalos. La reacción de cada persona aumenta o disminuye la probabilidad de tomar otro trago.

Personalidad, cultura y alcoholismo

El alcoholismo no es simplemente una reacción bioquímica. Como todas las adicciones, el alcoholismo es tanto psicológico como físico. Las adicciones se correlacionan con ciertos rasgos de la personalidad (impulsividad, tendencia a los comportamientos de riesgo y un nivel alto de ansiedad) que se observan en algunas personas que tienen el gen para metabolizar alcohol, pero no en todas ellas (Bau y cols., 2001; Nielson y cols., 1998). Todos estos rasgos son tanto genéticos como ambientales y ninguno es un precursor inevitable.

Por lo tanto, el alcoholismo es poligénico, casi todos los alcóholicos heredan una combinación particular de genes que influyen sobre la bioquímica y sobre el temperamento y los empujan a abusar de las bebidas. También es multifactorial. Por ejemplo, antes era menos probable que las mujeres se vieran impulsadas hacia el alcoholismo, porque sus familias y las culturas las empujaban en dirección opuesta. Ahora que más mujeres son libres de seguir sus impulsos genéticos, parecen tan susceptibles al alcoholismo heredado como los hombres (Health y cols., 1997).

La cultura sigue siendo importante. Si una persona con fuerte tendencia genética hacia el alcoholismo vive en un entorno donde el alcohol no está disponible (en una familia islámica devota en Arabia Saudita, por ejemplo), el genotipo nunca se expresará en el fenotipo. Del mismo modo, si una persona habita en un país donde el alcohol se consigue fácilmente (como en los Estados Unidos o Japón) pero pertenece a una religión que lo prohíbe (mormones o adventistas del séptimo día, por ejemplo) o a un grupo que pocas veces se emborracha (como las mujeres japonesas), puede escapar a su destino genético.

ESPECIALMENTE PARA PERSONAS QUE SE ABURREN FÁCILMENTE ¿Es probable que su deseo de emociones conduzca a la adicción?

ESPECIALMENTE PARA LOS ESTUDIANTES UNIVERSITARIOS QUE DISFRUTAN DE UNA FIESTA Usted se pregunta si uno de sus amigos es un alcóholico porque algunas veces bebe demasiado. Aunque él parece estar bien, porque todavía puede hablar con claridad después de tomar el doble que usted, ¿qué le preguntaría?

FABIAN FALCON / STOCK, BOSTON

¿Son todos alcohólicos? Es probable que no Estos granjeros de Provenza, Francia, hacen un alto para una comida completa con pan, vino, vasos y un mantel. Habitualmente beber alcohol sólo es un signo de alcoholismo; beber alcohol con amigos y comer no lo es. Por cierto, la presión cultural para beber crea problemas, lo cual constituye una razón en Francia para la alta tasa de cirrosis, pero éste no es el caso de este grupo: una de las dos botellas contiene agua.

sual

ctor que afecta el desarrollo en general
én la visión. La edad es el más obvio. Los
os no pueden enfocar a más de 60 cm;
mejor cada año y luego empeoran nue-
medida que la adolescencia produce un
forma del globo ocular que vuelve a
lescentes miopes; en las décadas de la
visión mejora gradualmente, pero lue-
la mediana edad, la elasticidad del cris-
e, de modo que casi todas las perso-
cesitan anteojos para leer. Hacia el
la ceguera afecta a más del 10% de
os.

Ceguera y genes

Ahora veamos específicamente el problema visual
más frecuente en los niños, la miopía. La miopía es
un síntoma de más de 150 síndromes genéticos (Morgan, 2003). También puede
ser causada por traumatismo físico o enfermedad (como el virus de la rubéola
que produjo las cataratas de mi sobrino David; véase cap. 1) o por mala nutrición
(como la deficiencia de vitamina A). La mayoría de estos factores producen una
miopía "alta", tan grave que puede conducir a la ceguera. ¿Qué sucede con la forma más frecuente de miopía, en la cual simplemente es difícil leer signos que están muy alejados?

Jóvenes escolares En Japón y en otros países de Asia Oriental, la incidencia de miopía está aumentando a un ritmo rápido. Una razón puede ser la cantidad de tiempo que los niños de esas culturas pasan en el interior estudiando, lo cual excede en mucho al tiempo que pasan los niños de las sociedades occidentales.

Un estudio de gemelos británicos observó que el gen Pax6, que gobierna la
formación de los ojos, contiene variaciones menores que tornan a las personas
vulnerables a la miopía (Hammond y cols., 2004). Esta investigación observó una
herencia de casi 90%. Esto significa que si un gemelo monocigótico es miope, el
otro gemelo será miope aproximadamente el 90% de las veces (Hammond y cols.,
2004). A partir de esta y otras investigaciones, es evidente que los genes afectan
la miopía, como lo hacen con casi todo lo demás. Sin dudas la forma del ojo es
genética y familiar.

Cultura y cohortes

Si la ciencia del desarrollo humano surgiera del estudio de una única cohorte o
cultura (en este caso, como los bretones contemporáneos), los científicos podrían
arribar a la conclusión de que los genes constituyen la causa principal de la escasa visión (Farbrother y Guggenheim, 2001). Sin embargo, la investigación histórica y multicultural encuentra que el entorno influye poderosamente en la
incidencia de miopía. El ejemplo más obvio es que si una cultura proporciona a
los niños una dieta deficiente en vitamina A, como lo hacen muchos grupos étnicos de África, entonces los niños tendrán problemas visuales. Más de 100 000 niños en África tienen sólo una visión parcial o incluso son ciegos, por esa razón
(West y Sommer, 2001). En este caso específico, la causa ambiental y la solución
(suplemento de vitamina A) son claras.

¿Pero qué sucede con los niños bien nutridos? A excepción del traumatismo,
¿su agudeza visual es totalmente genética? La investigación intercultural indica
que no es así.

En Hong Kong, Taiwan, Singapur y Japón, la miopía ha aumentado recientemente en un grado que ha sido llamado epidémico. La primera investigación publicada sobre este fenómeno apareció en 1992, cuando los científicos observaron
que, en los exámenes médicos de todos los hombres de 17 años de Singapur, el
43% era miope en 1990 comparado con sólo el 26% una década antes (Tay y cols.,
1992). Otros estudios de niños mostraron que en Taiwan, las tasas de miopía aumentaron del 12% entre los niños de 6 años hasta el 84% entre los niños de 17
años; en Singapur, del 28% entre los niños de 6 años hasta el 44% entre los niños
de 9 años; y en Hong Kong, del 10% entre los niños de 7 años hasta el 60% entre
los de 12 años (citado en Grosvenor, 2003).

RESPUESTA PARA PERSONAS QUE SE ABURREN FÁCILMENTE (de p. 82): depende de usted. Algunas personas que gustan de los comportamientos de riesgo se vuelven adictas; otras desarrollan un estilo de vida sano que incluye aventura, nuevas personas y lugares exóticos. Cualquier rasgo puede conducir en distintas direcciones.

RESPUESTA PARA LOS ESTUDIANTES SECUNDARIOS QUE DISFRUTAN DE UNA FIESTA (de p. 82): la habilidad de su amigo para mantenerse sobrio es un signo ominoso; su cuerpo probablemente metaboliza el alcohol en forma diferente de como lo hace la mayoría de las personas. Los alcóholicos suelen engañar respecto de sus hábitos para beber, de modo que usted debería preguntarle sobre los hábitos para beber de sus parientes. Si él tiene parientes alcóholicos o abstemios, usted debería preocuparse, ya que ambos son signos de un problema genético con el alcohol. Pregúntele si puede tomar sólo un trago por día durante un mes. Para los alcóholicos, estas restricciones en la bebida son prácticamente imposibles.

Este aumento es en parte evolutivo; recuérdese que la tasa de miopía aumenta con la pubertad. Algunos observadores desean estudios experimentales longitudinales antes de arribar a la conclusión de que "la miopía está aumentando a un ritmo 'epidémico', sobre todo en Asia Oriental" (Park y Congdon, 2004, p. 21). Sin embargo, los datos son alarmantes: el aumento es mucho mayor que en niños comparables fuera de Asia Oriental y las tasas son mucho más altas que entre los padres de estos niños. El pool de genes no ha cambiando mucho en años recientes, de modo que al parecer algo en el entorno podría estar interactuando con los genes para producir esta epidemia (Morgan, 2003; Saw, 2003).

Se ha mencionado una y otra vez un posible culpable: el tiempo creciente que pasan los niños en íntimo estudio de libros y artículos. En el capítulo 12 observarán datos sobre el éxito educativo actual de los escolares de Asia Oriental, cuya competencia en matemáticas y ciencias excede en mucho a la de los niños de América del Norte, Europa y Medio Oriente. Los niños de Singapur, Taiwan, Hong Kong y Japón pasan mucho más tiempo estudiando y en otras "tareas de proximidad" que los niños occidentales. Sus ojos en desarrollo deben enfocar objetos cercanos, de modo que finalmente podrían perder agudeza para los objetos alejados, lo que significa exactamente la miopía. Los oftalmólogos sugieren que si estos niños pasan más tiempo afuera jugando o incluso caminando o descansando en la luz diurna regular, sus ojos seguirían siendo más capaces de adaptarse a todas las distancias focales (Goss, 2002; Grosvenor, 2003).

La investigación en otros niños asiáticos conduce a las mismas conclusiones. Los hombres jóvenes de la India tienen miopía con una tasa de alrededor del 10%, pero los varones de 17 años de descendencia hindú en Singapur tienen una tasa de miopía del 70%. Los niños sherpa que viven en Nepal pasan todo el tiempo en el exterior, sólo el 3% de ellos es miope. Otros niños tibetanos que viven en Nepal tienen genes similares, pero pasan mucho más tiempo estudiando; su tasa de miopía es del 22% (Garner y cols., 1999).

No parece haber dudas en que "los cambios extremadamente rápidos en la prevalencia de miopía y la dependencia de la miopía del nivel de educación indican que existen impactos ambientales muy fuertes" sobre el hecho de que un niño necesite o no anteojos para la edad de 12 años (Morgan, 2003, p. 276). Tampoco existen dudas de que los genes son fundamentales; los científicos ya no están sorprendidos de observar otro ejemplo de un trastorno que es en gran medida hereditario y en gran medida ambiental.

Derivaciones prácticas

La investigación sobre las interacciones naturaleza-crianza involucradas en la esquizofrenia, el alcoholismo, la miopía y prácticamente cualquier otro trastorno tiene muchas derivaciones prácticas, pero no todos están de acuerdo en sus características específicas (Ridley, 2004). Por ejemplo, los niños de descendencia china parecen extraordinariamente vulnerables a la miopía. Sin embargo, más allá de eso, algunos sugieren que la epidemia en China debe alertar a los adultos de todo el mundo de que dedicar un tiempo excesivo a actividades que requieren proximidad –como estudiar, mirar televisión o usar la computadora– y jugar poco en el exterior aumentan la miopía entre los niños de cualquier antecedente étnico. Algunos están en desacuerdo y argumentan que esta combinación sólo crea problemas en Asia Oriental.

Los genes pocas veces actúan solos, por lo tanto los efectos prácticos son complejos. Un conjunto de factores, algunos hereditarios y otros ambientales, producen una persona que sufre de trastornos psicológicos, adicciones o deterioro visual. Si bien los genes o el traumatismo ambiental tienen un impacto sustancial en algunos casos, más a menudo ambos participan, y si alguno de ellos faltara, el problema no aparecería en el fenotipo.

Sin embargo, algunas derivaciones son obvias. Primero, saber que existe un componente genético en cada uno de estos trastornos puede ayudar a los padres de los niños con esquizofrenia, alcoholismo o miopía a aceptar que ni las prácticas de crianza de sus hijos ni los niños propiamente dichos son el origen del problema. Los problemas genéticos comienzan en el momento de la concepción, pero se pueden adoptar medidas prácticas tempranas para reducir la manifestación de estas vulnerabilidades genéticas: especialmente cuando hay esquizofrenia en una familia, los cuidados prenatales y las prácticas obstétricas pueden minimizar las complicaciones del nacimiento. Si el alcoholismo se encuentra especialmente en los genes, los niños y adolescentes deben mantenerse alejados del alcohol. Si la miopía es especialmente familiar, los niños deben pasar mucho tiempo cada día jugando en el exterior.

Por supuesto, se recomiendan estas medidas protectoras para todos los niños al igual que docenas de otros comportamientos, como limpiarse los dientes con hilo, ser cortés, dormir el tiempo suficiente, ingerir verduras y escribir notas de agradecimiento. Sin embargo, ningún niño puede hacer todo bien y ningún padre puede hacer todo en forma perfecta. Por eso es útil la conciencia de la vulnerabilidad genética: alerta a los padres para establecer prioridades en relación con lo que deben hacer y los alienta para aceptar lo que no pueden cambiar.

Abundan ejemplos de los beneficios de este enfoque combinado en relación con muchos trastornos que cada vez son más frecuentes, desde al autismo en los niños que comienzan a caminar hasta el suicidio en los adolescentes más grandes. Saber que surgen tanto de la naturaleza como de la crianza mantiene a raya la culpa y permite una acción constructiva.

Como ilustración consideremos otra epidemia: la diabetes tipo 2, que se solía llamar diabetes de inicio en el adulto. En los Estados Unidos en 2004, la diabetes fue la sexta causa de muerte y se estima que 1 de cada 3 niños nacidos en el año 2000 desarrollará diabetes (Lazar, 2005). Algunos grupos étnicos (p. ej., afroamericanos, norteamericanos de origen hispano y miembros de muchas grupos de americanos nativos) son genéticamente más vulnerables a la diabetes que otros norteamericanos. En todo el mundo, se piensa que la incidencia de diabetes se duplicará para el año 2025, cuando 300 millones de personas tendrán la enfermedad (Kiberstic, 2005).

La diabetes tipo 2 no suele comenzar a menos que una persona sea genéticamente vulnerable *y* tenga más grasa corporal de la ideal para alguien de su edad y altura (Lazar, 2005). Por lo tanto, en sus tierras natales ancestrales, muchos individuos africanos e hispanos no eran suficientemente obesos como para desarrollar diabetes. Sin embargo, en los Estados Unidos, a medida que la obesidad se vuelve más frecuente en los niños, la diabetes tipo 2 está apareciendo entre los adolescentes. No es que los genes hayan cambiado: algunos adolescentes siempre han sido genéticamente susceptibles a la diabetes. Pero casi ninguno desarrollaba diabetes tipo 2 hasta la epidemia actual de obesidad. Conociendo esto, los padres con antecedentes de diabetes en su familia deben redoblar sus esfuerzos para estimular una alimentación saludable y el ejercicio en sus hijos y en sus propias personas. Nuevamente, el conocimiento de la interacción entre naturaleza y crianza puede ayudar a evitar o moderar los problemas genéticos.

SÍNTESIS

Los genes afectan todos los rasgos, ya sea algo maravilloso, como un sentido del humor jovial; algo espantoso, como un carácter violento, o algo muy común, como la tendencia a estar aburrido. El entorno afecta también todos los rasgos, de formas que cambian a medida que se despliegan los procesos madurativos, culturales e históricos. A veces, la expresión de los genes puede ser dirigida o desviada, dependiendo de la cultura y la sociedad e incluso del individuo y la familia. Esto es claro en la esquizofrenia, el alcoholismo y la miopía, todos los cuales tienen fuertes raíces genéticas pero a su vez son afectados por el entorno. Los genes siempre forman parte de la historia, influyentes en cada página, pero nunca determinan la trama o el párrafo final.

Anomalías cromosómicas y genéticas

Ahora nos ocuparemos de las anomalías causadas por un problema identificable, como un cromosoma adicional o un gen único. Las anomalías cromosómicas ocurren cuando las células de un cigoto tienen más o menos cromosomas que la cantidad normal de 46. Las anomalías genéticas ocurren cuando un gen codifica una proteína que crea problemas o no codifica una proteína preventiva.

Si bien las anomalías cromosómicas y genéticas son infrecuentes, son importantes por tres razones:

- Proporcionan datos sobre las complejidades de la interacción genética.
- El conocimiento de sus orígenes ayuda a limitar las consecuencias dañinas.
- La información precisa puede detener la información errónea que complica los problemas genéticos.

No exactamente 46 cromosomas

Los gametos que tienen más o menos de 23 cromosomas se forman por muchas razones, tanto hereditarias como ambientales (como la exposición de uno de los padres a la radiación excesiva). La variable más correlacionada con las anomalías cromosómicas es la edad de la madre. La edad del padre (cuando el padre es mayor de 40 años) también tiene importancia, pero la edad materna es fundamental (Crow, 2003), presumiblemente porque los óvulos (que comienzan a formarse antes de que una niña nazca) se vuelven cada vez más frágiles para la mitad de la vida.

Las anomalías cromosómicas también pueden producirse no sólo antes de la concepción, a medida que se forman los gametos, sino también cuando los gametos se fusionan para formar un cigoto o en los estadios tempranos de la duplicación. En ese caso, algunas células pueden tener más o menos que 46 cromosomas, mientras que otras tienen exactamente 46. El resultado es una persona que es un mosaico, es decir, que tiene una mezcla de células.

En realidad, los cigotos a menudo tienen demasiados cromosomas o muy pocos. Un científico estima que sólo el 50% de todas las concepciones tiene la cantidad normal de 46 (Borgaonkar, 1997). La mayoría de los cigotos anormales no comienzan a duplicarse, dividirse ni diferenciarse (Moore y Persaud, 2003). Pocos se desarrollan hasta el término, con frecuencia a causa de un aborto espontáneo al comienzo del embarazo o por un aborto electivo una vez que los padres conocen el trastorno. Si un feto sobrevive el desarrollo prenatal, el parto suele ser peligroso: alrededor del 5% de los niños mortinatos (muertos al nacer) tienen más de 46 cromosomas (Miller y Therman, 2001).

Un bebé sobrevive, en uno de aproximadamente 200 nacimientos, con 45, 47 o, rara vez, 48 o 49 cromosomas. Cada anomalía cromosómica particular conduce a un *síndrome* reconocible, un grupo de características definidas que tienden a presentarse juntas. Habitualmente la causa son tres cromosomas; en lugar de los dos habituales (trastorno denominado *trisomía*) en una localización particular.

El síndrome de Down

El **síndrome de Down** es el trastorno extracromosómico más común, también se denomina *trisomía 21* porque todos los individuos con el síndrome tienen tres copias del cromosoma 21, no dos. Según una estimación, una mujer de 20 años tiene una posibilidad aproximada de 1 en 800 de tener un feto con síndrome de Down; una mujer de 39 años, de 1 en 67 y una mujer de 44 años, de 1 en 16 (véase apéndice A, p. A-3). Unas pocas décadas atrás, casi todos estos niños morían en la infancia temprana, pero los adelantos en los tratamientos han contribuido a que la mayoría ahora sobreviva hasta la adultez.

Algunas de las 300 características diferentes pueden deberse a la presencia de ese cromosoma adicional, pero ningún individuo con el síndrome de Down se parece a otro, ni en los síntomas ni en la gravedad. (Una razón es que algunos son mosaicos, tienen algunas células con 46 cromosomas y otras con 47; otra razón es que los otros genes y las experiencias ambientales difieren en cada persona.) A pesar de la variabilidad, la mayoría de las personas con trisomía 21 tienen algunas características faciales específicas: la lengua gruesa, la cara redonda, los ojos mongoloides, así como las manos, los pies y las huellas dactilares distintivos. Muchos tienen problemas de audición, anomalías cardíacas, debilidad muscular y estatura baja.

En cuanto al desarrollo neurológico, casi todos los individuos con el síndrome de Down presentan algún grado de lentitud mental, sobre todo en el lengua-

mosaico Individuo que presenta un trastorno celular (*mosaicismo*), en el que unas células son normales y otras tienen un número impar de cromosomas o carecen de una serie de genes.

síndrome de Down Trastorno en el cual la persona tiene 47 cromosomas en vez de 46, que es lo usual, con 3 cromosomas, en vez de 2, en el vigésimo primer par. Los individuos que sufren el síndrome de Down presentan características distintivas: rasgos faciales inusuales, trastornos cardíacos y dificultades con el lenguaje. (También se denomina *trisomía 21*.)

GETTY (TAXI)

¿Es ella la abuela del bebé? No En la actualidad, las mujeres mayores de 40 años tienen una tasa de natalidad más alta que la que tenían las mujeres de esa edad tan sólo algunas décadas atrás. Es más probable que los embarazos a una edad mayor involucren complicaciones, pero el resultado a veces es lo que vemos acá: una madre canosa emocionada con su lactante sano y feliz.

je. Su posible desarrollo intelectual varía: algunos sufren retraso mental grave; otros alcanzan un nivel promedio o incluso por encima del promedio. Por lo común, pero no siempre, aquellos que son criados por la familia y reciben la estimulación cognitiva adecuada progresan hasta un punto en el que son capaces de leer y escribir y cuidarse a sí mismos (y a veces más que esto). La estimulación temprana específica y la guía en las capacidades del lenguaje a menudo logran un progreso pronunciado (Miller y cols., 1999).

Muchos jóvenes con trisomía 21 son extraordinariamente dulces; son menos propensos a llorar o a quejarse que los otros niños. El temperamento puede ser una desventaja, sin embargo. Si un niño con síndrome de Down es más pasivo que sus hermanos y sus padres se sienten aliviados de que su hijo especial no necesita mucha atención, esas características producen un aprendizaje más lento y un CI más bajo a medida que pasa el tiempo (Wishart, 1999).

Las personas con el síndrome de Down envejecen antes que otros adultos. Para ellos, las dolencias de la vejez comienzan alrededor de los 30 años (Hassold y Patterson, 1999). Para la vida adulta media, "casi siempre" desarrollan la enfermedad de Alzheimer, que afecta gravemente sus capacidades comunicativas y les hace mucho menos obedientes (Czech y cols., 2000). También son más propensos a sufrir diversos problemas que son más comunes en las personas mayores, como las cataratas y ciertas formas de cáncer. En consecuencia, la tasa de mortalidad empieza a incrementarse aproximadamente a los 35 años y la expectativa de vida es inferior que para otros adultos con retraso mental y mucho menor que para el promedio de las personas (Strauss y Eyman, 1996).

Esta descripción por lo general pesimista, no obstante, no refleja la experiencia real de muchos individuos con el síndrome de Down. Todos tienen dificultades con el lenguaje, y muchos otros padecen problemas de salud. Pero ellos también pueden ser jóvenes adultos felices, orgullosos y exitosos. Uno les dio el siguiente consejo a otros:

> Ustedes tienen que trabajar mucho, pero no se rindan jamás. Recuerden siempre que son importantes. Cada uno de ustedes es especial. Y una de las mejores maneras de sentirse bien con ustedes mismos es compartiendo su vida con alguien más.

> [Christi Todd, citado en Hassold y Patterson, 1999]

Anomalías del par veintitrés

Como ya explicamos, cada ser humano que sobrevive tiene por lo menos un cromosoma X en el par veintitrés; un embrión no puede desarrollarse sin un cromosoma X. No obstante, aproximadamente 1 de cada 500 bebés o bien ha perdido un cromosoma sexual (entonces el cromosoma X queda solo) o bien tiene dos o más cromosomas sexuales además del primer cromosoma X.

Un número impar de cromosomas sexuales deteriora el desarrollo cognitivo y psicosocial y la maduración sexual. Las características específicas dependen del síndrome particular. La única persona con 45 cromosomas que puede sobrevivir es una niña que sólo tiene un cromosoma X (se escribe X0, donde el 0 señala la ausencia de cromosomas). Esto se denomina *síndrome de Turner*, y la niña tiene órganos femeninos subdesarrollados y otras anomalías.

Si existen tres cromosomas sexuales en lugar de dos, un niño puede parecer normal hasta la pubertad, sobre todo si tiene el *síndrome de Klinefelter*, XXY. Este varón será un poco lento en la escuela primaria, pero alrededor de los 12 años, cuando el doble cromosoma X impida el crecimiento de su pene y cuando se comience acumular grasa alrededor de sus mamas, será evidente que algo anda seriamente mal. En estos varones, las hormonas pueden aliviar algunos problemas y la educación especial ayudará en el aprendizaje (otro ejemplo de crianza que compensa la naturaleza).

Trastornos por gen único

Todos los individuos portan genes o alelos que podrían producir enfermedades o minusvalías graves en la siguiente generación (véase cuadro 3.2). En general, estas enfermedades sólo se expresan si otros genes específicos están en el genotipo o si se presentan factores facilitadores en el entorno. La sección anterior de

MACPHERSON / MONKMEYER

Él se gana el pan diario Este hombre con síndrome de Down trabaja en una cafetería y, por todos los informes, es un empleado consciente y fiable.

? PRUEBA DE OBSERVACIÓN (véase la respuesta en la p. 90): hay cuatro signos visibles del síndrome de Down; no visibles (y tal vez no presentes) son por lo menos otros cuatro signos. Nombre los ocho.

CUADRO 3.2 Enfermedades y trastornos genéticos frecuentes

Nombre	Descripción	Pronóstico	Herencia probable	Incidencia*	¿Detección del portador?[†]	¿Detección prenatal?
Albinismo	Falta de melanina; la persona es muy rubia y pálida	Normal, pero se debe evitar la exposición al sol	Recesivo	Globalmente es raro; 1 de cada 8 indios Hopi es portador	No	No
Enfermedad de Alzheimer	Pérdida de memoria y deterioro mental progresivo	El final es la muerte, a menudo después de largos años de dependencia	Comienzo precoz: dominante; después de los 60 años: multifactorial	Menos de 1 cada 100 adultos de edad mediana; el 40% de todos los adultos mayores de 85	Sí, para algunos genes; el alelo ApoE4 aumenta la incidencia.	No
Cáncer de mama	Tumores en la mama que se pueden propagar	Si el tratamiento es temprano, la mayoría se cura; de lo contrario, la muerte sobreviene dentro de los 3 años	Los genes BRCA1 y BRCA2 parecen dominantes; otros casos, multifactoriales	Una mujer de cada 8 (sólo el 20% de las pacientes con cáncer de mama tiene BRCA1 o BRCA2)	Sí, para BRCA1 y BRCA2	No
Fisura palatina, labio leporino	Los dos lados del labio superior o del paladar no están unidos	Se puede corregir con cirugía	Multifactorial	Uno de cada 700 nacimientos; más frecuente entre los estadounidenses de ascendencia asiática y los indios estadounidenses	No	Sí
Pie zambo	El pie y el tobillo están torcidos	Se puede corregir con cirugía	Multifactorial	Uno de cada 200 nacimientos; más frecuente entre los varones	No	Sí
Fibrosis quística	Obstrucciones por tapones de moco, en especial en los pulmones y los órganos digestivos	La mayoría vive hasta la mitad de la edad adulta	Gen recesivo; también mutaciones espontáneas	Uno en 2 500; 1 de cada 20 estadounidenses de ascendencia europea es portador	Algunas veces	Sí, en la mayoría de los casos
Diabetes	Metabolismo anormal del azúcar porque el cuerpo no produce suficiente insulina	La aparición temprana (tipo I) es fatal a menos que se controle con insulina; para el inicio en la adultez (tipo II), los riesgos son variables	Multifactorial; para el comienzo de la adultez, el entorno es fundamental	Tipo I: 1 en 500 nacimientos; más frecuente entre los indios estadounidenses y los estadounidenses de ascendencia africana. Tipo II: un adulto de cada 10.	No	No
Sordera (congénita)	Incapacidad para oír desde el nacimiento	Los niños sordos pueden aprender el lenguaje de signos y vivir normalmente	Multifactorial; algunas formas son recesivas	Uno en 1 000 nacimientos; más frecuente entre personas de Medio Oriente	No	No
Hemofilia	Ausencia del factor de coagulación en la sangre	La muerte se produce por hemorragias internas; las transfusiones de sangre previenen el daño	Recesivo ligado a cromosoma X; también mutaciones espontáneas	Uno de cada 10 000 hombres; las familias reales de Inglaterra, Rusia y Alemania la padecieron	Sí	Sí
Hidrocefalia	Una obstrucción provoca exceso de líquido en el encéfalo	Puede provocar daño encefálico y muerte; la cirugía puede brindar una vida normal	Multifactorial	Uno en 100 nacimientos	No	Sí
Distrofia muscular (13 enfermedades)	Debilitamiento muscular	Incapacidad para caminar, moverse; deterioro progresivo y a veces la muerte	La enfermedad de Duchenne está ligada al cromosoma X; otras formas son recesivas o multifactoriales	Uno de cada 3 500 varones desarrolla la enfermedad de Duchenne	Sí, para algunas formas.	Sí, para algunas formas

* Las estadísticas de la incidencia varían de país en país; las que aparecen aquí son para los Estados Unidos. Todas estas enfermedades pueden ocurrir en cualquier grupo étnico. Muchos grupos afectados limitan la transmisión a través del consejo genético; por ejemplo, la incidencia de enfermedad de Tay-Sachs está disminuyendo porque muchos adultos jóvenes judíos obtienen pruebas y consejo antes de casarse.

[†] "Sí" se refiere a la detección de portadores. Los antecedentes familiares también pueden poner en evidencia el riesgo genético.

Nombre	Descripción	Pronóstico	Herencia probable	Incidencia*	¿Detección del portador?†	¿Detección prenatal?
Defectos del tubo neural (columna vertebral abierta)	Anencefalia (faltan partes en el encéfalo) o espina bífida (no está cerrada la porción inferior de la columna veretebral)	Anencefalia: retraso grave; espina bífida: escaso control de la parte inferior del cuerpo	Multifactorial; los defectos se producen en las primeras semanas del embarazo	Anencefalia: uno en 1 000 nacimientos; espina bífida: 3 en 1 000; es más frecuente entre los galeses y escoceses	No	Sí
Fenilcetonuria	Digestión anormal de las proteínas	Retraso mental; hiperactividad; se puede evitar mediante la dieta	Recesivo	Uno en 10 000 nacimientos; uno de cada 100 estadounidenses de ascendencia europea es portador; en especial los descendientes de noruegos e irlandeses	Sí	Sí
Estenosis del píloro	Desarrollo excesivo de músculo en el intestino	Vómitos, pérdida de peso, finalmente la muerte; se puede corregir mediante cirugía	Multifactorial	Un varón de cada 200, una mujer de cada 1 000; menos frecuente entre los estadounidenses de ascendencia africana	No	No
Síndrome de Rett	Trastorno del desarrollo neurológico	Los varones mueren al nacimiento. A los 6-18 meses, las niñas pierden las habilidades de comunicación y motoras	Ligado al cromosoma X	Una de cada 10 000-23 000 niñas nacidas vivas	No	Algunas veces
Esquizofrenia	Procesos de pensamiento gravemente distorsionados	No se cura; los fármacos, la hospitalización y la psicoterapia alivian los síntomas	Multifactorial	Una de cada 100 personas desarrolla esta patología en la adultez temprana	No	No
Anemia de células falciformes	Células sanguíneas anormales	Posible "crisis" de dolor; insuficiencia cardíaca y renal; tratable con medicamentos	Recesivo	Uno de cada 500 estadounidenses de ascendencia africana; son portadores 1 de cada 10 estadounidenses de ascendencia africana y 1 de cada 20 de ascendencia latina	Sí	Sí
Enfermedad de Tay-Sachs	Enfermedad enzimática	Niños aparentemente sanos se tornan más débiles y mueren a los 5 años de edad	Recesivo	Uno en 4 000 nacimientos; 1 de cada 30 judíos estadounidenses y 1 de cada 20 francocanadienses son portadores	Sí	Sí
Talasemia	Células sanguíneas anormales	Palidez y languidez, baja resistencia a las infecciones	Recesivo	Uno de cada 10 estadounidenses de ascendencia griega, italiana y tailandesa e indios estadounidenses es portador	Sí	Sí
Síndrome de La Tourette	Tics incontrolables, sacudidas corporales, obscenidades verbales	A menudo imperceptible en los niños; empeora con la edad	Dominante, pero con penetrancia variable	Uno en 250 nacimientos	Algunas veces	No

Fuentes: Briley y Susler, 2001; Klug y Cummings, 2000; Mange y Mange, 1999; McKusick, 1994; Moore y Persaud, 2003; National Academy of Sciences, 1994; Shanin y cols., 2002.

este capítulo describe esta interacción poligénica y multifactorial. Dado que la mayoría de los genes sólo contribuye con una pequeña cantidad a un trastorno y que el mapeo del genoma humano es relativamente reciente, no se conoce aún el impacto exacto de cada alelo de estos trastornos multifactoriales (Hinds y cols., 2005). Sin embargo, durante décadas se han realizado investigaciones sobre trastornos por gen único y se han descubierto muchas características específicas.

síndrome del cromosoma X frágil
Trastorno genético en el cual una parte del
cromosoma X parece estar adherida al resto
del cromosoma por una fina cadena de
moléculas. La causa verdadera es un exceso
de repeticiones de una parte en particular
del código de un gen.

ESPECIALMENTE PARA ESTUDIANTES DE HISTORIA
Algunas enfermedades genéticas pueden haber
cambiado el curso de la historia. Por ejemplo, el
último zar de Rusia tenía cuatro hijas sanas y un
hijo con hemofilia. En otra época denominada la
enfermedad real, la hemofilia está ligada al cromosoma X. ¿De qué modo este raro trastorno pudo
haber afectado a las monarquías de Rusia,
Inglaterra, Austria, Alemania y España?

Trastornos dominantes

La mayoría de los 7 000 trastornos genéticos *conocidos* son dominantes (siempre
se expresan). Se los conoce porque es fácil notarlos: sus efectos dominantes son
evidentes en el fenotipo. Salvo pocas excepciones, los trastornos dominantes dis-
capacitantes son raros porque las personas con estos trastornos no suelen tener
hijos y por lo tanto el gen muere con ellos.

Una excepción a esta generalidad es la *enfermedad de Huntington,* un trastorno fatal del sistema nervioso central causado por una mutación genética, esta
vez, más de 35 repeticiones de un triplete particular. Al contrario de la mayoría
de los rasgos dominantes, esta mutación permanece inactiva hasta la adultez. Para entonces una persona podría haber tenido varios hijos, el 50% de los cuales
heredan el mismo gen dominante y, por lo tanto, finalmente desarrollan la enfermedad de Huntington.

Otro trastorno, que probablemente sea dominante, es el *síndrome de la Tourette,* que es común porque no es discapacitante y porque los efectos varían.
Aproximadamente el 30% de aquellos que heredan el gen para el síndrome de la
Tourette muestran tics incontrolables recurrentes y arranques explosivos de obs-
cenidades verbales. El 70% restante presenta síntomas más leves, como una con-
tracción ocasional que apenas se nota o un impulso inevitable de hablar de forma
inapropiada. Una persona con un síndrome de la Tourette leve puede maldecir y
temblar en su hogar pero se comporta normalmente en público. Para aumentar
las complicaciones, en una mujer con el gen dominante de Tourette, la expresión
es menos probable.

Síndrome del cromosoma X frágil y trastornos recesivos

Varios trastornos genéticos recesivos están ligados al sexo, es decir son portados
sobre el cromosoma X. Por esta razón, es más probable que se afecten los hombres. Uno de estos trastornos, denominado **síndrome del cromosoma X frágil**,
es causado por un único gen que tiene más de 200 repeticiones de otro triplete
(Plomin y cols., 2001). (Algunas repeticiones son normales, pero no tantas.) Las
repeticiones se multiplican a medida que ese cromosoma X se transmite de una
generación a la siguiente. Se afecta el 50% de los hijos de una mujer, pero a menudo sus hijas no se afectan si el cromosoma X de su padre es normal.

Si bien es un trastorno por gen único, el síndrome del cromosoma X frágil
no es estrictamente recesivo, dominante ni aditivo. De las mujeres portadoras,
aproximadamente dos tercios son normales y un tercio muestran cierta deficiencia mental. Entre los hombres que heredan un cromosoma X frágil, aproximadamente el 20% parece normal; el 33% padece ligero retraso, y el resto, retraso
grave. Cuando un hombre con un cromosoma X frágil es normal, es probable
que el 50% de los hijos de sus hijas (sus nietos) tenga un deterioro importante
por la cantidad aumentada de repeticiones con cada generación.

Los déficit cognitivos producidos por el síndrome del cromosoma X frágil
constituyen la forma más frecuente de retraso mental heredado (muchas otras
formas no son heredadas) (Sherman, 2002). Además de tener problemas cognitivos, los niños con el síndrome del cromosoma X frágil a menudo son tímidos,
con discapacidades sociales (Hagerman, 2002).

Cientos de otros trastornos recesivos no están ligados al sexo, entre ellos la
fibrosis quística, la talasemia y la anemia de células falciformes. Estos tres trastornos tienen una frecuencia igual en hombres y mujeres (véase cuadro 3.2).
Aproximadamente 1 de cada 12 estadounidenses es portador de alguno de ellos.
Estos trastornos se difunden porque, si bien el gen recesivo doble es letal, el gen
recesivo único es protector. Por ejemplo, los portadores de un rasgo de células
falciformes tienen menor probabilidad de morir por paludismo, que sigue siendo
un problema en África Central. Sus descendientes en los Estados Unidos, incluido el 10% de todos los norteamericanos de ascendencia africana, son portadores
de un gen que ya no es necesario para la protección.

A veces una persona portadora de un gen letal tiene muchos descendientes
que tienden a casarse entre ellos. En ese caso, un grupo particular de personas
que se casan entre ellas comienzan a tener hijos con una enfermedad inusual. Es-

to sucedió entre los judíos de un área de Europa Oriental, que a menudo eran portadores de la enfermedad recesiva de Tay-Sachs, y entre las familias reales de Europa en el siglo XIX, que a menudo eran portadores de hemofilia, un trastorno recesivo ligado al sexo en el cual está alterada la capacidad de coagulación de la sangre.

consejo genético Programa de consulta y pruebas que le permite a un individuo conocer su herencia genética, incluso la existencia de afecciones que perjudicarían a los hijos que concibiera en el futuro.

Pruebas y consejo genético

Hasta hace poco tiempo, después del nacimiento de un niño con un trastorno grave o incluso fatal, las parejas pensaban que la culpa la tenía el destino y no los genes o los cromosomas. En la actualidad, muchos adultos jóvenes se preocupan por sus genes mucho antes de casarse. Casi todo adulto tiene un familiar con una enfermedad grave que es en parte genética. El **consejo genético** puede aliviar algunas de estas preocupaciones al proporcionar hechos y plantear cuestiones a los futuros padres para que las utilicen en la decisión de cómo proceder. En general, las pruebas genéticas preconcepcionales o incluso prenupciales y el consejo genético se recomiendan para:

- Los individuos que tienen un padre, un hermano o un hijo con problemas genéticos graves.
- Las parejas que tienen antecedentes de abortos espontáneos, bebés muertos al nacer o infertilidad.
- Las parejas del mismo grupo o subgrupo étnico, especialmente si son familiares cercanos.
- Las mujeres de 35 años o mayores y los hombres de 40 años o mayores.

Los consejeros genéticos intentan seguir dos pautas éticas. Primero, los resultados de las pruebas de sus pacientes se mantienen confidenciales, más allá del alcance de las compañías de seguros y de los registros públicos. Segundo, las decisiones son tomadas por los pacientes, no por el consejero. (La fig. 3.3 señala el proceso de toma de decisiones.) Estas pautas no siempre son fáciles de seguir. Consideremos estos casos:

1. Una mujer embarazada y su esposo tienen ambos enanismo acondroplásico, un trastorno dominante que afecta el aspecto (estatura muy baja, cabeza grande) pero no la inteligencia. Ellos quieren un análisis genético de su feto, pues intentarían abortar si el niño tuviera una estatura normal.
2. Una mujer de 40 años pide una prueba y recibe malas noticias: ella tiene el gen BRCA1, que da el 80% de probabilidades de desarrollar cáncer de mama antes de los 70 años, y tal vez también cáncer de ovario o de colon. Ella rechaza la evidencia e insiste en que no lo sepa nadie de su familia, incluida su madre, sus cuatro hermanas y sus tres hijas. Es posible que varias de ellas tengan el gen y puedan estar en los estadios tempranos del cáncer sin saberlo.
3. Una mujer de 30 años, madre de dos hijas (sin hijos varones) se entera de que es portadora de hemofilia. Ella solicita análisis de preimplantación, exigiendo que implanten sólo em-

FIGURA 3.3 **Decisión ante el riesgo** Con la ayuda de un consejero genético, incluso las parejas que saben que corren riesgo de tener un bebé con un defecto genético podrían decidirse a seguir con el embarazo. Si bien esta decisión es más complicada para ellos que para las parejas que no padecen alguna enfermedad genética familiar y cuyas pruebas no son positivas con respecto a genes recesivos perjudiciales, habitualmente nace un bebé sano. Los consejeros genéticos muestran hechos y alternativas; las parejas toman las decisiones.

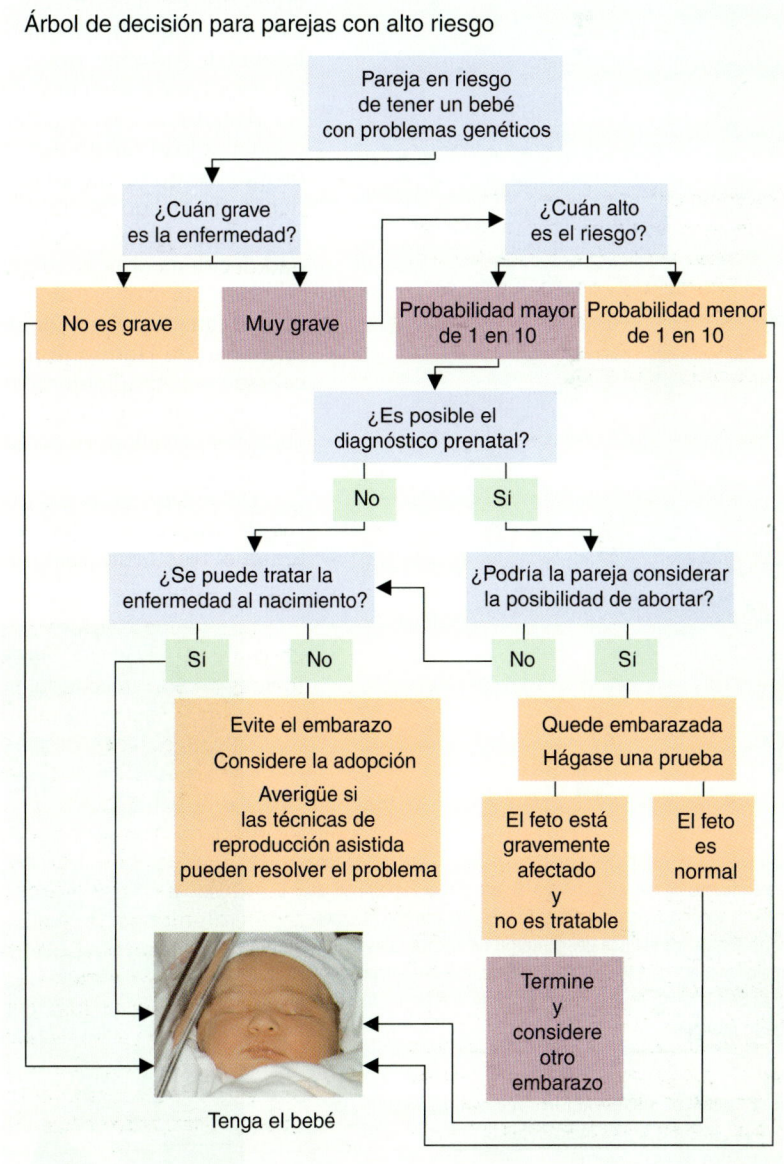

Árbol de decisión para parejas con alto riesgo

Pareja en riesgo de tener un bebé con problemas genéticos

¿Cuán grave es la enfermedad? — ¿Cuán alto es el riesgo?

No es grave — Muy grave — Probabilidad mayor de 1 en 10 — Probabilidad menor de 1 en 10

¿Es posible el diagnóstico prenatal?

No — Sí

¿Se puede tratar la enfermedad al nacimiento? — ¿Podría la pareja considerar la posibilidad de abortar?

Sí — No — No — Sí

Evite el embarazo
Considere la adopción
Averigüe si las técnicas de reproducción asistida pueden resolver el problema

Quede embarazada
Hágase una prueba

El feto está gravemente afectado y no es tratable — El feto es normal

Termine y considere otro embarazo

Tenga el bebé

briones de sexo masculino sin su cromosoma X portador de la hemofilia. Esto significa que los cigotos femeninos, sólo la mitad de los cuales serían portadores, no tendrían ninguna probabilidad de desarrollarse.

4. Una pareja tiene un hijo con fibrosis quística. Quieren saber si ambos poseen el gen recesivo o si la enfermedad del hijo se produjo a consecuencia de una mutación espontánea (como suele ocurrir). Si ambos son portadores, su próximo hijo tiene una posibilidad de uno en cuatro de tener fibrosis quística. En caso contrario, podrían tener otro hijo con muy bajo riesgo de fibrosis quística. Durante la prueba, el consejero descubrió que la esposa tenía el gen pero el esposo no, y también descubrió que el papá no era el padre biológico del niño.

[Adaptado de Fackelmann, 1994]

¿Deben mantenerse confidenciales los resultados de las pruebas incluso para otros miembros de la familia que están afectados directamente (ejemplos 2 y 4)? ¿Se debe permitir que un paciente tome una decisión que el consejero considera poco ética (ejemplos 1 y 3)? La mayoría de los asesores responden "sí" a ambas preguntas, pero muchos estudiantes dicen que ellos romperían el secreto médico para los ejemplos 2 y 4 y rechazarían realizar la prueba en los ejemplos 1 y 3. ¿Qué haría usted?

Los consejeros genéticos, los científicos y el público en general por lo común creen que es mejor efectuar las pruebas porque es mejor tener algo de información que ninguna. Sin embargo, los individuos de alto riesgo (con mayor probabilidad de escuchar malas noticias) muchas veces no lo aceptan, especialmente si la verdad podría hacer peligrar el matrimonio, la cobertura del seguro de salud o las probabilidades de paternidad (Duster, 1999). Si las pruebas genéticas pueden revelar sólo el riesgo para el adulto, pero no para un futuro hijo, muchos adultos de alto riesgo rechazan las pruebas. Por ejemplo, la mayoría de las personas que tienen un riesgo 50/50 de desarrollar la enfermedad de Huntington no buscan conocer los hechos (Peterson, 2001). Sólo cuando están contemplando la paternidad deciden conocer su propio estado.

Descubrir el propio estado simplemente alerta a una persona acerca de sus probabilidades. Por ejemplo, si las personas tienen un gen dominante para enfermedad de Huntington, el 50% de sus hijos lo obtendrá, pero antes de la concepción son simplemente probabilidades, no certezas. Los portadores del gen de la enfermedad de Huntington saben que finalmente perderán el control del muscular y morirán, pero no saben si el deterioro comenzará a los 30 o a los 50 años, otra incertidumbre.

Del mismo modo, si ambos miembros de una pareja saben que son portadores de una enfermedad recesiva grave, es probable que un hijo de cada cuatro tenga el trastorno. Eso no predice qué embarazo será el desafortunado. Así, si

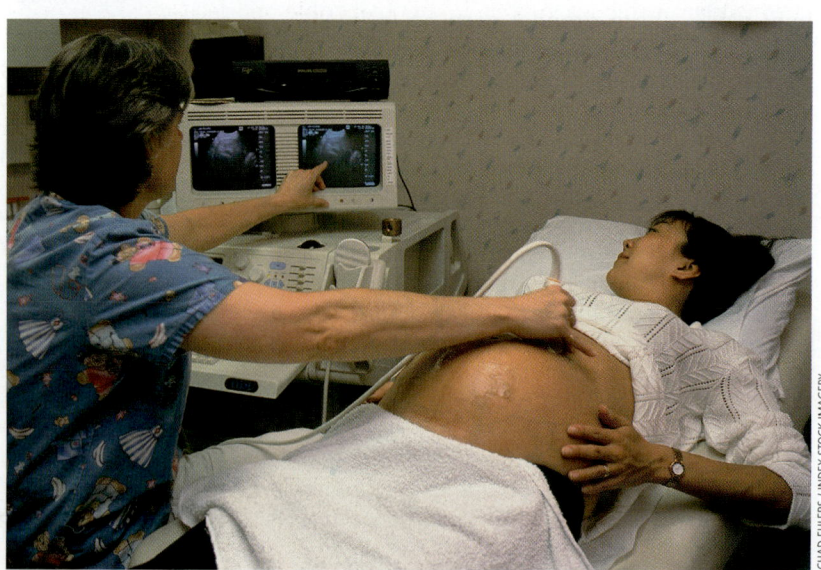

Aquí está el bebé Para muchos padres, la primera visión de su futuro hijo es una imagen de ecografía. El perfil de la cabeza y del cuerpo del feto es visible una vez que el experto lo señala. La medida del contorno de la cabeza es la mejor manera de estimar la edad fetal, y la presencia de más de un latido es la primera señal de que se producirá un parto múltiple.

? Prueba de observación (véase la respuesta en la p. 94): ¿qué dos signos indican que el procedimiento ecográfico no es doloroso?

CHAD EHLERS / INDEX STOCK IMAGERY

ROBERT SPENCER / THE NEW YORK TIMES

"La decisión más difícil que he tenido que tomar" De ese modo esta mujer describió su decisión de terminar su tercer embarazo cuando las pruebas genéticas mostraron que el feto tenía síndrome de Down. Pronto ella quedó embarazada nuevamente con un feto de sexo masculino que tenía los 46 cromosomas normales, al igual que sus dos hermanas. Muchos factores personales influyen en estas decisiones. ¿Cree usted que ella y su marido hubieran tomado la misma decisión si no hubieran tenido ningún otro hijo?

ambos miembros de la pareja tienen el gen recesivo para la anemia de células falciformes, entonces todos, algunos o ninguno de sus hijos podrían tener la enfermedad. La probabilidad predice –pero no garantiza– que un hijo de cada cuatro estará afectado, dos de cada cuatro serán portadores (uno debido a la madre y uno debido al padre) y uno de cada cuatro ni siquiera será portador. Cada nuevo embarazo es un nuevo riesgo, otro tiro del mismo dado con las cuatro combinaciones igualmente posibles.

Como lo ha destacado este capítulo, la interacción de los genes y del entorno convierte a cada persona en desarrollo en algo impredecible, aún cuando los genes se conozcan. Por ejemplo, algunas personas con anemia de células falciformes sufren terriblemente y entonces mueren jóvenes, mientras que otras viven vidas satisfactorias con crisis dolorosas ocasionales que pueden ser atemperadas. Algunas parejas con alto riesgo rehúsan a hacer las pruebas. Otras con el mismo genotipo realizan las pruebas y entonces adoptan en lugar de correr el riesgo de tener un hijo con la enfermedad. Otras aun se arriesgan, esperando tener un hijo sin la enfermedad u optando por realizar la prueba durante el embarazo y terminar el embarazo si el feto tiene el doble gen recesivo. La información es poder que se puede utilizar de muchas formas.

En muchos problemas hereditarios, incluida la mayoría de los trastornos genéticos recesivos y los errores cromosómicos, se pueden realizar pruebas exactas durante el embarazo pero no antes de la concepción. ¿Desea una pareja comenzar un embarazo y luego terminarlo si el embrión manifestara una enfermedad grave? En el siguiente capítulo se presenta una pareja que dijo "no" y una que dijo "sí", al igual que una explicación más general de los métodos y las pruebas prenatales. En la mayoría de los casos, las pruebas genéticas se realizan después de tener un hijo con un problema, no antes.

Sólo después de que Raquel se cayó y pareció haberse roto su dedo me di cuenta que tenía un gen que me absolvía de la necesidad de buscar atención médica para ella. Del mismo modo, con todos mis hijos cuando surgieron problemas, el conocimiento de las posibilidades genéticas y de la experiencia me ha ayudado a decidir qué hacer. Sin embargo, cuando todo parece estar desarrollándose bien, no me cuestiono los fenotipos o los genotipos de mis hijos. Asimismo, para todos los científicos, la genética ayuda a interpretar el desarrollo que ya ha ocurrido, pero es necesario aprender mucho antes de poder prever con exactitud los problemas prenatales o posnatales futuros.

ESPECIALMENTE PARA UNA AMIGA Una amiga le pide que la acompañe al hospital, donde la van a esterilizar quirúrgicamente. Ella dice que no quiere tener hijos, sobre todo desde que murió su hermano más joven hace poco a causa de anemia de células falciformes, una enfermedad recesiva. ¿Haría usted algo? ¿Qué?

! **RESPUESTA A LA PRUEBA DE OBSERVACIÓN** (de p. 92): la sonrisa de la mujer y su mano sosteniéndose el vientre. Ella se encuentra relajada y concentrada en su feto, no en su propia persona.

RESPUESTA PARA UNA AMIGA (de p. 93): ella necesita la información que usted tiene. Es probable que ella no sea portadora del rasgo de células falciformes (usted sabe que ella no tiene esa enfermedad, de modo que tiene una posibilidad en tres de no ser portadora). Aun cuando fuese portadora, ella podría tener un hijo con la enfermedad sólo si se casara con un hombre que también es portador, y entonces sólo habría una posibilidad en cuatro. No permita que su amiga haga algo irreversible.

SÍNTESIS

Cuando el espermatozoide y el óvulo se combinan, el cigoto resultante siempre es portador de algunos genes para susceptiblidad a distintos síndromes, anomalías o enfermedades. Tal vez en hasta el 50% de las veces el número total de cromosomas no es la cantidad normal de 46. Si el cigoto tiene una alteración cromosómica grave, es posible que sea demasiado defectuoso para crecer, mucho menos para convertirse en un bebé de término. Las principales excepciones son el síndrome de Down (trisomía 21) y las anomalías de los cromosomas sexuales, que permiten que los descendientes se desarrollen durante décadas.

Como parte de la adaptación selectiva, pocos cigotos con problemas graves por gen único sobreviven y luego se reproducen. Son excepciones los problemas menos graves (como el síndrome de Tourette), las enfermedades dominantes que no se presentan hasta la edad mediana (como la enfermedad de Huntington) y las enfermedades recesivas que transmiten mayor posibilidad de supervivencia si sólo se hereda un gen (como la anemia de células falciformes); estos trastornos se transmiten porque es probable que sus portadores se reproduzcan. El consejo genético ayuda a las parejas a aclarar sus valores y comprender las probabilidades antes de que conciban, pero cada elección es una combinación personal de hechos, probabilidades y valores.

■ RESUMEN

El código genético

1. Los genes brindan la base para todo el desarrollo, organizando primero a la criatura viva para que forme un cuerpo y un encéfalo, y luego regulando el comportamiento. La concepción humana se produce cuando se combinan dos gametos (un óvulo y un espermatozoide, cada uno con 23 cromosomas) para formar un cigoto, 46 cromosomas en una sola célula.

2. El sexo de un embrión depende del espermatozoide: un espermatozoide Y crea un embrión XY (masculino); un espermatozoide X crea un embrión XX (femenino). Cada célula de toda criatura viva tiene el código genético único del cigoto que comenzó esa vida. El genoma humano contiene aproximadamente 25 000 genes en total.

De una a muchas células

3. Los genes interactúan de distintas formas, a veces en forma aditiva, y cada uno de ellos contribuye al desarrollo, a veces en un patrón dominante-recesivo. Algunos factores del entorno influyen también en el fenotipo.

4. El entorno interactúa con las instrucciones genéticas para cada rasgo, aun para el aspecto físico. Cada característica de una persona casi siempre es multifactorial y poligénica. Esto es igualmente cierto para los rasgos que no son evidentes hasta mucho después del nacimiento, como las discapacidades del aprendizaje y la hiperactividad.

5. Las combinaciones de cromosomas, las interacciones entre los genes y muchas influencias del entorno aseguran tanto la similitud como la diversidad dentro de las especies y entre ellas. Esto ayuda a la salud y la supervivencia.

6. Se presentan gemelos si un cigoto se divide en dos seres separados (gemelos monocigóticos o idénticos) o si dos óvulos son fecundados por dos espermatozoides (gemelos dicigóticos o fraternos). Los nacimientos múltiples monocigóticos son genéticamente lo mismo. Los nacimientos múltiples dicigóticos tienen sólo la mitad de sus genes en común.

7. Un clon tiene los mismos genes que otra criatura viva. Es muy difícil crear clones de animales inferiores. La clonación humana es ilegal.

8. Los tratamientos para la esterilidad, que incluyen fármacos y fertilización in vitro, han conducido a millones de bebés muy deseados pero también a varias cuestiones éticas espinosas. Un problema es cómo equilibrar las necesidades y los deseos del adulto estéril con aquellos del futuro hijo.

Del genotipo al fenotipo

9. Las influencias ambientales son fundamentales para casi todo rasgo complejo. Esto incluye esquizofrenia, alcoholismo y miopía. Algunas personas son genéticamente susceptibles a cada uno de ellos, pero factores no genéticos afectan todos los trastornos.

Anomalías cromosómicas y genéticas

10. A menudo un gameto presenta una cantidad mayor o menor de 23 cromosomas y se crea un cigoto con un número impar de cromosomas. En general, estos cigotos no se desarrollan, a menos que se trata de tres cromosomas número 21 (síndrome de Down) o un número impar de cromosomas sexuales. En estos casos, el niño presenta problemas físicos y cognitivos pero puede vivir una vida casi normal.

11. Cada persona es portadora de anomalías genéticas, pero habitualmente esos trastornos son recesivos (no afectan su fenotipo), leves o no tienen consecuencias hasta la adultez tardía. Si la portación de una anomalía genética es protectora, el gen puede difundirse en una población.

12. Las pruebas y el consejo genético pueden ayudar a muchas parejas a saber si sus futuros hijos corren riesgo de una anomalía cromosómica o genética. En general, las pruebas genéticas proporcionan información sobre riesgos, no sobre certezas. Las parejas, los consejeros y las culturas difieren en las decisiones que toman.

■ PALABRAS CLAVE

ADN (ácido desoxirribonu-
   cleico) (p. 66)
cromosoma (p. 66)
gen (p. 66)
genoma humano (p. 66)
gameto (p. 67)
cigoto (p. 67)
genotipo (p. 67)
alelo (p. 68)
par 23 (p. 68)

XX (p. 68)
XY (p. 68)
aborto espontáneo
   (p. 69)
fenotipo (p. 70)
poligénico (p. 71)
multifactorial (p. 71)
Proyecto Genoma Humano
   (p. 71)
gen aditivo (p. 72)

patrón dominante y recesivo
   (p. 72)
ligado al cromosoma X
   (p. 73)
gemelos dicigóticos
   (p. 75)
gemelos monocigóticos
   (p. 76)
clon (p. 76)
esterilidad (p. 77)

técnicas de reproducción
   asistida (p. 77)
fecundación in vitro (FIV)
   (p. 77)
portador (p. 79)
mosaico (p. 86)
síndrome de Down (p. 86)
síndrome del cromosoma X
   frágil (p. 90)
consejo genético (p. 91)

■ PREGUNTAS CLAVE

1. ¿Cuáles son las relaciones entre las proteínas, los genes, los cromosomas y el genoma?

2. ¿Cómo y cuándo se determina el sexo de un cigoto? ¿Por qué tiene importancia, tanto antes como actualmente?

3. Compare los grados de certeza para identificar a un criminal: una fila de sospechosos, una confesión, una coincidencia de huellas digitales, la identificación del ADN.

4. En términos genéticos, ¿qué similitud tienen las personas entre ellas?

5. A veces los padres tienen un hijo que no se parece a ninguno de ellos. ¿Cómo sucede?

6. ¿Cuáles son las diferencias entre gemelos monocigóticos, gemelos dicigóticos, nacimientos únicos y clones?

7. Desde la perspectiva de los futuros padres, ¿cuáles son las ventajas y las desventajas de la adopción y las técnicas de reproducción asistida?

8. Explique de qué modo la naturaleza y la crianza afectan el curso de la esquizofrenia, el alcoholismo o la miopía.

9. ¿Cuáles son las causas y los efectos del síndrome de Down?

10. ¿Por qué el consejo genético es una decisión personal y habitualmente es confidencial, no debe ser publicado ni legislado?

■ EJERCICIOS DE APLICACIÓN

1. Tome uno de sus rasgos y explique las influencias que tienen sobre él la naturaleza y la crianza. Por ejemplo, si tiene poco carácter, explique sus orígenes en su genética, su cultura y sus experiencias infantiles.

2. Muchos hombres desean un hijo varón. Entreviste a varios hombres para descubrir si siguen este patrón. Si le brindan la respuesta socialmente aceptable ("no tiene importancia"), pregunte qué diferencias existen entre los sexos y qué deben hacer los padres por sus hijos e hijas. Escuche y anote sin discutir. Analice las implicaciones.

3. Realice una historia genética de sus familiares biológicos, remontándose a tantas generaciones como pueda, y enumere todas las enfermedades graves y causas de muerte. Incluya los antepasados que murieron en el primer año de vida. ¿Observa alguna susceptibilidad genética? En caso afirmativo, ¿cómo puede superarla? En caso de no poder hacerlo, ¿por qué?

Desarrollo prenatal y nacimiento

Interrogantes y preocupaciones, preocupaciones e interrogantes. Los padres que esperan un hijo se preguntan: ¿Será un varón o una niña? ¿Un bebé o dos? ¿Qué nombre debemos elegir? ¿Qué color de cabellos, ojos y piel tendrá? ¿Qué forma tendrá su cabeza, su nariz y su mentón? ¿Cuándo y cómo nacerá? ¿Qué atención va a necesitar, dónde y de quiénes? Los padres, preocupados, también ruegan que su hijo nazca sano y completo.

Mi amiga Judy enseñaba historia en la United Nations International School in New York City. A menudo señalaba el contraste entre las generalizaciones amplias y las diferencias particulares locales de la historia humana. Cuando estaba embarazada de su primer hijo, hizo lo mismo: se acarició el vientre prominente y dijo a sus estudiantes, "según las estadísticas internacionales muy probablemente sea un varón chino".

Judy tenía razón, al menos en un sentido. La mayoría de los fetos son varones (aproximadamente el 52%) y hay más bebés chinos que de cualquier otro grupo étnico (alrededor del 30%). Dadas estas generalidades estadísticas, la afirmación de Judy era exacta. Sin embargo, dadas las particularidades locales de Judy (genes, edad, ecografía), en absoluto estuvo sorprendida cuando dio a luz una saludable niña norteamericana de ascendencia europea. Judy parecía embobada: volvía a contar repetidas veces pequeños detalles, como si nunca hubiera habido ningún bebé como el suyo. También tenía razón en eso.

Este ejemplo ilustra las dos facetas de este capítulo, que describe el desarrollo humano desde la concepción hasta el nacimiento. Todos los temas que aquí se tratan –desarrollo embrionario, teratógenos, ecografías, bajo peso al nacimiento, asistencia médica, vinculación afectiva, etc.– se refieren directamente a los 200 millones de bebés que nacen en el mundo cada año. Por otra parte, cada embarazo y cada parto son únicos y nunca se desarrollan exactamente como fue previsto. Este capítulo incluye tanto generalidades como variaciones. Aprenda todo lo que pueda y entonces, si se convierte en padre, espere asombrarse por su milagro personal.

Del cigoto al recién nacido

La transformación más espectacular e importante de toda la vida se produce antes del nacimiento. Para facilitar su estudio, el asombroso proceso del desarrollo prenatal es dividido a menudo en tres períodos principales. Las dos primeras semanas se denominan **etapa germinal**; la **etapa embrionaria** se extiende desde la tercera hasta la octava semana y la **etapa fetal** desde la novena semana hasta el nacimiento. (En el cuadro 4.1 se analizan términos alternativos.)

La etapa germinal: los primeros 14 días

Aprendimos en el capítulo 3 que el cigoto unicelular, mientras se desplaza lentamente por la trompa de Falopio hacia el útero, comienza a duplicarse y multiplicarse (véase fig. 4.1). Aproximadamente en el estadio de ocho células se inicia la diferenciación. Las células "madre" tempranas adoptan pronto diferentes características y se orientan hacia un lugar particular, lo que prefigura los tipos de células que resultarán.

etapa germinal   En el desarrollo prenatal, primeras dos semanas después de la concepción; se caracteriza por una división celular rápida y el comienzo de la diferenciación celular. Es el período más riesgoso del desarrollo.

[anotación manuscrita: 2 semanas]

etapa embrionaria   Aproximadamente de la tercera a la octava semana después de la concepción; fase durante la cual se desarrollan las formas básicas de todas las estructuras del cuerpo, incluidos los órganos internos.

[anotación manuscrita: 3 a 8]

etapa fetal   Etapa del desarrollo prenatal desde la novena semana después de la concepción hasta el nacimiento; período durante el cual los órganos de la persona en desarrollo aumentan de tamaño y maduran en sus funciones. A lo largo de esta etapa también madura el encéfalo y aumenta el peso corporal.

[anotación manuscrita: 9 → nacer]

implantación   Penetración del cigoto en el revestimiento del útero, en donde recibirá nutrición y protección mientras se desarrolla, aproximadamente a partir de una semana después de la concepción.

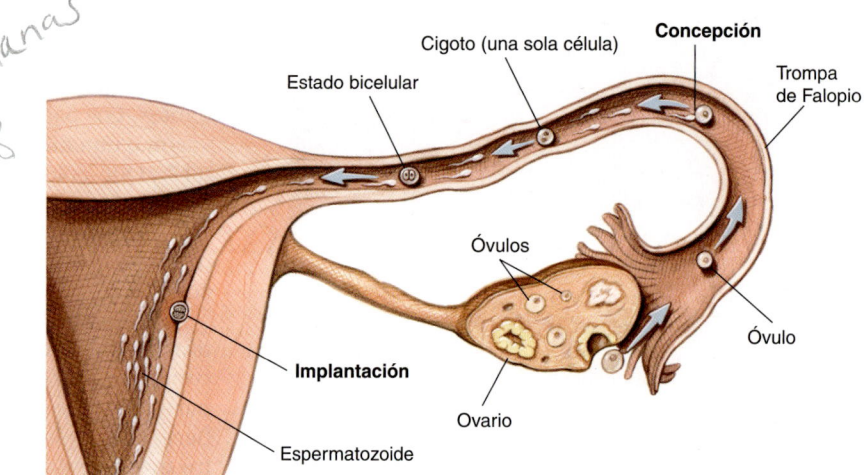

FIGURA 4.1   **El viaje más peligroso**   En los primeros 10 días después de la concepción, el organismo no aumenta de tamaño porque todavía no está alimentado por la madre. No obstante, el número de células aumenta rápidamente a medida que el organismo se prepara para la implantación, que ocurre con éxito aproximadamente en un tercio de las veces.

Aproximadamente una semana después de la concepción, las células que se van multiplicando (que ahora suman más de 100) se separan en dos masas distintas. Las células externas forman una capa que se convertirá en la *placenta* (el órgano que rodea y protege a la criatura en desarrollo) y las células internas forman un núcleo que se convertirá en el embrión.

La primera tarea de las células externas es lograr la **implantación**, o sea, introducirse en el medio nutritivo del útero. La implantación tarda aproximadamente una semana y dista mucho de ser automática (Moore y Persaud, 2003). Por lo menos el 60% de todas las concepciones naturales y el 70% de todas las fecundaciones in vitro no se implantan (véase cuadro 4.2). La mayor parte de las nuevas vidas terminan incluso antes de que el embrión comience a formarse o antes de que la mujer sospeche que está embarazada. Para los que sobreviven, son factores críticos la salud de la mujer antes del embarazo, así como su nutrición y el uso de drogas en ese período.

CUADRO 4.1	**Tiempo y terminología**

Las publicaciones populares y los textos médicos utilizan diversas expresiones para dividir el embarazo. Las siguientes aclaraciones pueden ser útiles:

■ *Comienzo del embarazo*: en este texto, el embarazo comienza en la concepción, que es el punto de partida de la *edad gestacional*. Sin embargo, el organismo no se convierte en un *embrión* hasta unas dos semanas después, y el embarazo no afecta a la mujer (y no puede confirmarse por una prueba de orina o de sangre) hasta la implantación. Paradójicamente, muchos obstetras estiman el comienzo del embarazo a partir de la fecha en que comenzó el último período menstrual, unos 14 días *antes* de la concepción

■ *Duración del embarazo*: los embarazos de tiempo completo duran 266 días, o 38 semanas, o 9 meses. Si la fecha de la última menstruación se utilizó para estimar el tiempo de gestación, el embarazo dura 40 semanas, algunas veces se expresa como 10 meses lunares. (Un mes lunar dura 28 días)

■ *Trimestres*: en lugar de etapa germinal, etapa embrionaria y etapa fetal, algunos autores dividen el embarazo en períodos de tres meses llamados *trimestres*. Los meses 1, 2 y 3 se denominan primer trimestre; los meses 4, 5 y 6 constituyen el *segundo trimestre*, y los meses 7, 8 y 9 componen el *tercer trimestre*

■ *Cálculo de la fecha*: aunque los médicos asignan una fecha específica (basada en el último período menstrual de la mujer), sólo el 5% de los bebés nacen en ese día exacto. Los bebés nacidos entre tres semanas antes y hasta dos semanas después se consideran "de término". Los bebés que nacen antes se denominan de *pretérmino* (prematuros) los que nacen después se llaman de *postérmino*

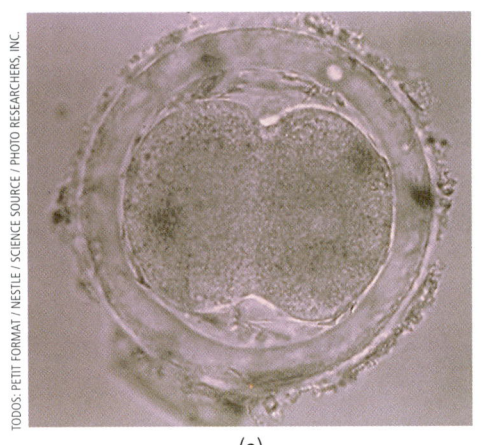 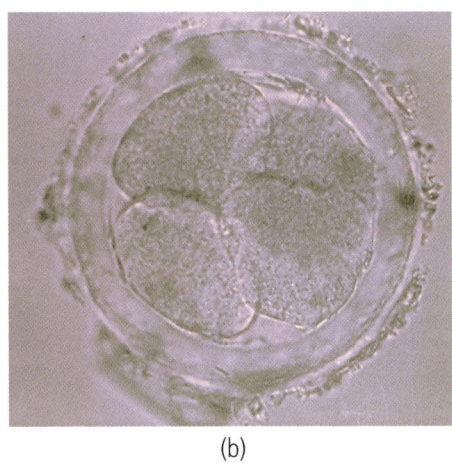 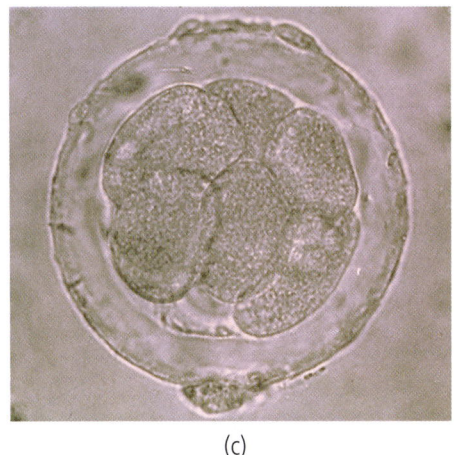

(a)   (b)   (c)

Primeras etapas de la etapa germinal El cigoto original se divide en *(a)* dos células, *(b)* cuatro células y *(c)* ocho células. En ocasiones, en este período temprano, las células se separan por completo, formando el comienzo de gemelos, cuatrillizos y octillizos monocigóticos.

CUADRO 4.2	**Vulnerabilidad durante el desarrollo prenatal**

La etapa germinal
Por lo menos el 60% de todos los organismos que empiezan a desarrollarse no consiguen implantarse o crecer adecuadamente, por lo que no sobreviven la etapa germinal. La mayoría de estos organismos son claramente anormales

La etapa embrionaria
Aproximadamente el 20% de todos los embriones son abortados de forma espontánea, con mayor frecuencia a causa de anomalías cromosómicas

La etapa fetal
Alrededor del 5% de todos los fetos o bien son abortados espontáneamente antes de alcanzar la viabilidad a las 22 semanas o bien nacen muertos si tienen más de 22 semanas

El nacimiento
Casi el 31% de todos los cigotos crece y sobrevive para convertirse en un recién nacido vivo

Fuente: Bentley y Mascie-Taylor, 2000; Moore y Persaud, 2003.

El embrión: desde la tercera hasta la octava semana

Al principio de la tercera semana después de la concepción se inicia la *etapa embrionaria*, durante la cual la masa amorfa de células se convierte en un ser definido; todavía no es un ser humano reconocible, pero es digno de tener un nuevo nombre, **embrión**. El primer signo de una estructura del cuerpo humano aparece como una línea delgada (denominada la *línea primitiva*) que desciende por el centro del embrión. Esta línea se convierte en el tubo neural 22 días después de la concepción y finalmente se transformará en el sistema nervioso central, que consiste en el encéfalo y la médula espinal (Moore y Persaud, 2003).

La cabeza comienza a tomar forma en la cuarta semana, cuando se inicia la formación de los ojos, las orejas, la nariz y la boca. También, en la cuarta semana, empieza a latir un vaso sanguíneo minúsculo que se convertirá en el corazón, de manera que el aparato cardiovascular es el primero en mostrar alguna actividad.

Para la quinta semana aparecen esbozos que se convertirán en los brazos y las piernas y un apéndice similar a una cola se extiende desde la columna. Aparecen los brazos y luego los antebrazos, las palmas y los dedos de las manos unidos. Las piernas, los pies y los dedos de los pies unidos emergen, en ese orden, unos días después, cada uno con el inicio de una estructura esquelética. Más tarde –52 y 54 días después de la concepción, respectivamente– se separan los dedos de las manos y de los pies.

embrión Término que se refiere al organismo en desarrollo, desde aproximadamente la tercera hasta la octava semana después de la concepción.

TODOS: PETIT FORMAT / NESTLE / SCIENCE SOURCE / PHOTO RESEARCHERS, INC

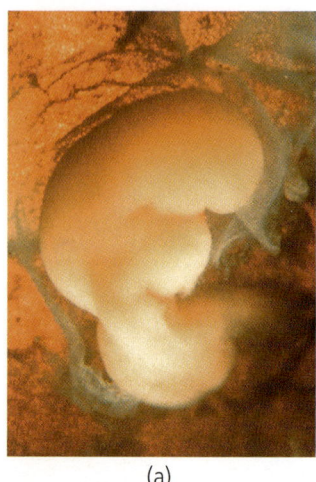
(a)

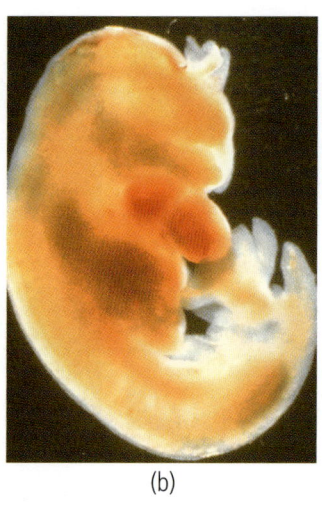
(b)

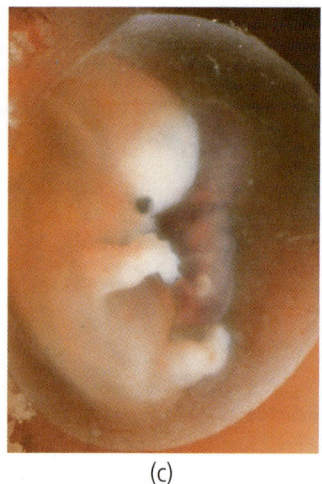
(c)

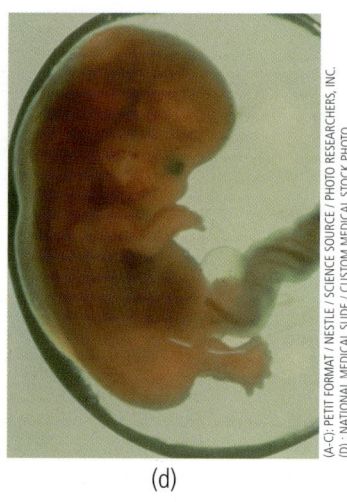
(d)

(A-C): PETIT FORMAT / NESTLE / SCIENCE SOURCE / PHOTO RESEARCHERS, INC.
(D): NATIONAL MEDICAL SLIDE / CUSTOM MEDICAL STOCK PHOTO

La etapa embrionaria *(a)* A las 4 semanas después de la concepción, el embrión mide sólo unos 3 mm de largo, pero la cabeza (arriba a la derecha) ya ha tomado forma. *(b)* A las 5 semanas después de la concepción, el embrión ha crecido el doble del tamaño que tenía a las 4 semanas. Su corazón primitivo, que ya venía latiendo hace una semana, es visible, así como lo que parece una cola primitiva, que pronto quedará rodeada de piel y de tejido protector en el extremo de la columna vertebral (el cóccix). *(c)* A las 7 semanas, el organismo mide algo menos de 2,5 cm de longitud. Se pueden observar los ojos, la nariz, el aparato digestivo y también el primer estadio de formación de los dedos de los pies. *(d)* A las 8 semanas, se puede reconocer claramente un organismo de 2,5 cm de longitud: el feto humano.

A la octava semana después de la concepción (56 días), el embrión pesa sólo un gramo y mide aproximadamente 2,5 cm. La cabeza se ha vuelto más redondeada y se han formado los rasgos faciales. El embrión tiene todos los órganos básicos y las partes del cuerpo (excepto los órganos sexuales) de un ser humano, incluso los codos y las rodillas. Se mueve con frecuencia, aproximadamente 150 veces por hora, pero este movimiento es aleatorio e imperceptible (Piontelli, 2002). Si bien aún no tiene órganos masculinos o femeninos, para la sexta semana tiene una "gónada indiferenciada", que se convertirá en los ovarios o los testículos (según sea el caso) y otros órganos sexuales al comienzo de la etapa fetal (Moore y Persaud, 2003).

El feto: desde la novena semana hasta el nacimiento

feto Término que se refiere al organismo en desarrollo desde la novena semana después de la concepción hasta el nacimiento.

El organismo se denomina **feto** desde la novena semana después de la concepción hasta que nace. Este período implica un cambio enorme, desde una criatura pequeña sin sexo, más pequeña que la última articulación del dedo pulgar hasta un varón o una niña de 3,4 kilos y 51 centímetros.

El tercer mes

Especialmente para feministas Muchas personas piensan que las diferencias entre los sexos son fundamentalmente socioculturales, no biológicas. ¿Hay algún dato relacionado con el desarrollo prenatal que sustente este punto de vista?

Si el embrión es de sexo masculino (XY), un gen del cromosoma Y envía la señal que inicia el desarrollo de los órganos sexuales masculinos en la novena semana; sin esta señal (XX), la gónada indiferenciada se desarrolla en los órganos sexuales femeninos (O'Rahilly y Muller, 2000). Para la duodécima semana, los órganos genitales están completamente formados y envían hormonas al encéfalo en desarrollo. Aunque la mayoría de las funciones del encéfalo no tienen género, algunas diferencias entre los sexos ocurren en la organización encefálica para mediados del embarazo (Cameron, 2001).

Al final del tercer mes, el feto tiene todas sus partes corporales, pesa aproximadamente 87 g, y mide alrededor de 7,5 cm de longitud. El crecimiento prenatal temprano es muy rápido, pero hay considerable variación de un feto a otro, sobre todo en el peso corporal (Moore y Persaud, 2003). (En valores aproximados útiles para recordar, se puede decir que a los 100 días el feto mide 100 mm y pesa alrededor de 100 g.)

A pesar de las variaciones, algunos aspectos del crecimiento del tercer mes son universales. El feto es diminuto (más pequeño que el dedo de un adulto), demasiado pequeño como para sobrevivir fuera del útero, y aunque los órganos aún no son funcionantes, todas las estructuras corporales están en su lugar.

El segundo trimestre: preparándose para sobrevivir

En los meses cuarto, quinto y sexto, el ritmo cardíaco es más fuerte y el aparato cardiovascular toma una forma más definida y una función más activa. Se desarrollan los aparatos digestivo y excretor. Se forman las uñas de los dedos de las manos y de los dedos de los pies y los brotes de los dientes, y también crece el cabello (incluidas las pestañas).

Así como es sorprendente el crecimiento corporal, el del encéfalo es incluso más impresionante ya que aumenta casi seis veces su tamaño y desarrolla muchas neuronas nuevas (en un proceso denominado *neurogénesis*) y sinapsis o conexiones entre las neuronas (*sinaptogénesis*). En este momento también las neuronas (células encefálicas) comienzan a organizarse, algunas mueren y otras extienden largos axones hasta neuronas distantes (Kolb y Whishaw, 2003). El crecimiento encefálico y la organización neurológica continúan durante años, como se verá en los próximos capítulos (en los cuales se explican e ilustran las neuronas, las sinapsis y los axones), pero todo el sistema nervioso central empieza a responder y a ser sensible a partir de la mitad del embarazo.

Los progresos en el funcionamiento del encéfalo fetal son decisivos en el logro de la **edad de viabilidad** (la edad en la cual un recién nacido prematuro puede sobrevivir), porque es el encéfalo el que regula las funciones corporales básicas, como la respiración y la succión. Con los cuidados médicos especializados, la edad de viabilidad comienza alrededor de las 22 semanas después de la concepción. Los bebés que nacen antes de las 22 semanas de gestación pocas veces sobreviven más de unas pocas horas, porque incluso los respiradores y los equipos de apoyo cardíaco más sofisticados no pueden mantener la vida sin una respuesta del encéfalo. A las 23-26 semanas, la tasa de supervivencia mejora, pero el 20% tendrá parálisis cerebral, el 41% mostrará cierto retraso mental y sólo el 20% no tendrá ninguna discapacidad global para los 6 años de edad (Marlow y cols., 2005).

Alrededor de las 28 semanas después de la concepción, los patrones de ondas encefálicas incluyen salvas ocasionales de actividad que parecen los ciclos de sueño-vigilia de un recién nacido (Joseph, 2000). De la misma manera, a causa de la maduración en curso del encéfalo, el movimiento corporal regula progresivamente la frecuencia cardíaca (aumenta durante la actividad y disminuye durante el descanso) entre las 28 y las 32 semanas después de la concepción (DiPietro y cols., 1996). El movimiento corporal propiamente dicho se torna reactivo, no

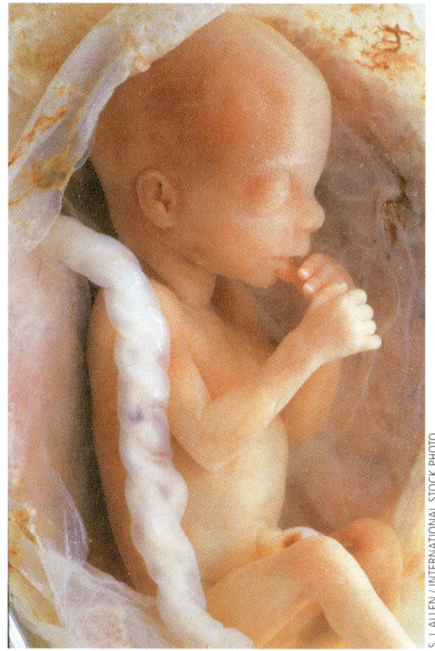

S. J. ALLEN / INTERNATIONAL STOCK PHOTO

El feto Al final de los 4 meses, el feto ya tiene 15 cm de longitud, aparece formado por completo pero desproporcionado: la distancia desde la parte superior del cráneo hasta el cuello es casi tan grande como desde el cuello hasta las nalgas. Durante muchas semanas más, el feto depende de las membranas translúcidas de la placenta y el cordón umbilical (el cordón blanco que se ve adelante a la izquierda) para su supervivencia.

? **PRUEBA DE OBSERVACIÓN** (véase la respuesta en la p. 103): ¿puede usted ver las cejas, las uñas de los dedos de las manos y los genitales?

edad de viabilidad fetal Tiempo de gestación (unas 22 semanas) al cual un feto ya es capaz de sobrevivir fuera del útero de la madre si se dispone de cuidado médico especializado.

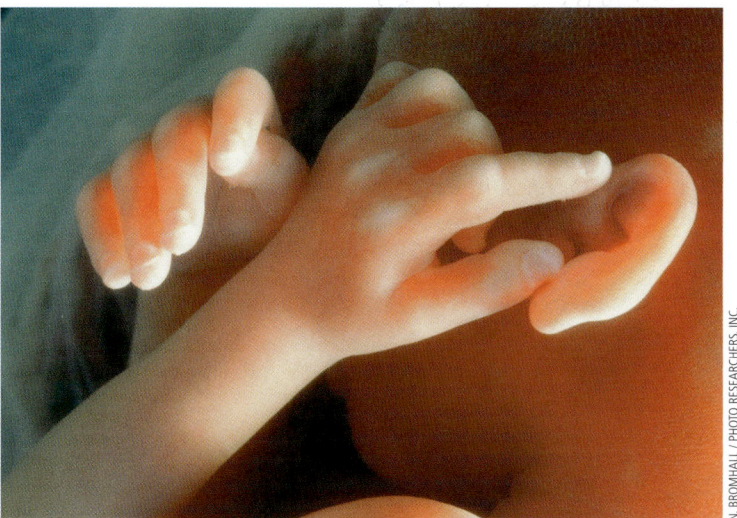

N. BROMHALL / PHOTO RESEARCHERS, INC.

¿Puede oír? Se muestra un feto, aproximadamente en la edad de viabilidad, tocándose la oreja. Es probable que estos gestos sean aleatorios; pero sí, puede oír.

TOM CARTER / PHOTOEDIT, INC.

¿Ellos debían haberse quedado con dos?
Pronto un tercer hijo se unirá a la familia. La mayoría de las familias de China e Italia tienen un solo hijo; la mayoría de las familias de África tienen cuatro y la mayoría de las familias de los Estados Unidos, como ésta, tienen dos.

? **PRUEBA DE OBSERVACIÓN** (véase la respuesta en la p. 104): ¿qué tres cosas en esta fotografía sugieren que esta pareja se manejará bien con un tercer hijo?

RESPUESTA PARA FEMINISTAS (de p. 100): sólo uno de los 46 cromosomas determina el sexo y los genitales se desarrollan últimos en la secuencia prenatal.

aleatorio, y disminuye realmente en frecuencia cuando el feto necesita descansar. En gran parte, debido a este despertar neurológico, las probabilidades de supervivencia son buenas en los bebés prematuros que tienen al menos 28 semanas de edad.

El peso también es decisivo para la viabilidad. Incluso con cuidados excelentes, sólo sobrevive el 20% de los fetos que pesan menos de 680 g, habitualmente con serios problemas de salud (Sweet y cols., 2003). Alrededor de las 28 semanas, el feto típico pesa alrededor de 1,3 kg y sus posibilidades de supervivencia son del 95%.

Sin embargo, la madurez es incluso más crucial que el peso al nacer. Algunos bebés muy pequeños sobreviven, pero sólo cuando han pasado por lo menos algunas semanas de la edad de la viabilidad. Rumaisa Rahmon, el bebé viable más pequeño del mundo hasta la actualidad, nació en Chicago en septiembre de 2004 y sólo pesó 244 gramos. Rumaisa tenía cuatro ventajas además de su madurez gestacional: su sexo (la probabilidad de supervivencia es mayor en las niñas); el lugar donde nació (Loyola University Hospital, que se especializa en el cuidado de los bebés de peso extremadamente bajo al nacer); el procedimiento de parto (por intervención cesárea, que es más sencillo para el feto) y la razón de su pequeño tamaño (porque era gemela, no por causa de enfermedad materna, desnutrición o consumo de drogas). Rumaisa fue dada de alta a su hogar en febrero de 2005 después de aumentar 2,2 kg. Su hermana Hiba, que pesó 600 gramos al nacer, había sido dada de alta dos meses antes. Se espera que ambas niñas se desarrollen normalmente (BBC News Online, 2005).

El tercer trimestre: desde la viabilidad hasta el término completo

Alcanzar la viabilidad sólo significa que la vida fuera del útero es *posible*. Durante los tres meses finales del desarrollo prenatal cada día que transcurre supone una mejora de las posibilidades, no sólo de supervivencia sino también de que el bebé crezca sano y feliz. Un niño de pretérmino viable que nace en el séptimo mes es una criatura pequeña que requiere cuidados intensivos en el hospital y sistemas de apoyo vital para cada gramo de peso y para cada respiración superficial.

Por el contrario, después de los nueve meses el recién nacido de término típico es un vigoroso que crecerá en su hogar alimentado con leche materna, sin necesidad de la ayuda de expertos, ni de aporte de oxígeno ni alimentación especial.

El bebé más pequeño del mundo   Por las razones explicadas en el texto, la diminuta Rumaisa Rahmon tiene buenas posibilidades de vivir una vida normal plena.

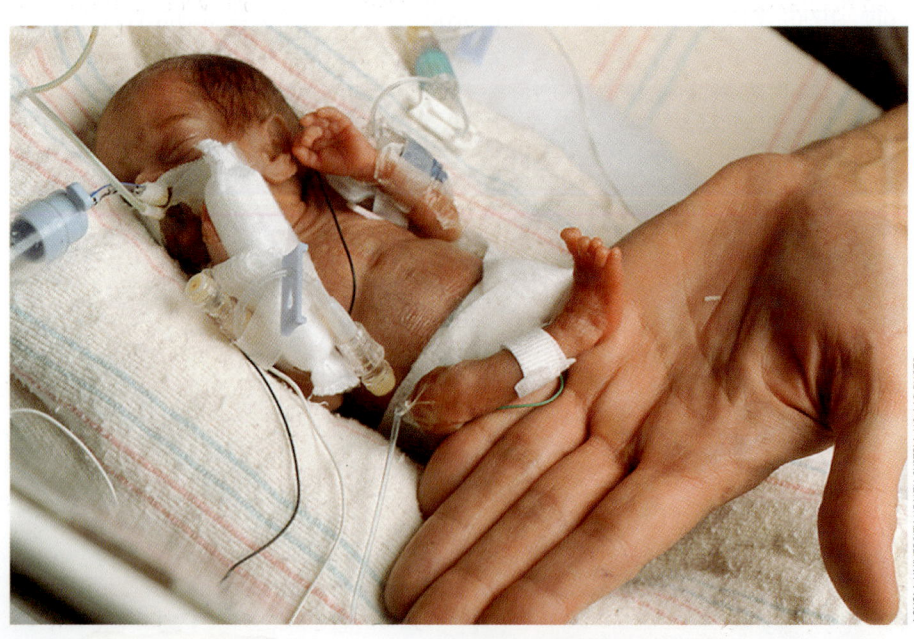

LOYOLA UNIVERSITY HEALTH SYSTEM, HO / AP PHOTO

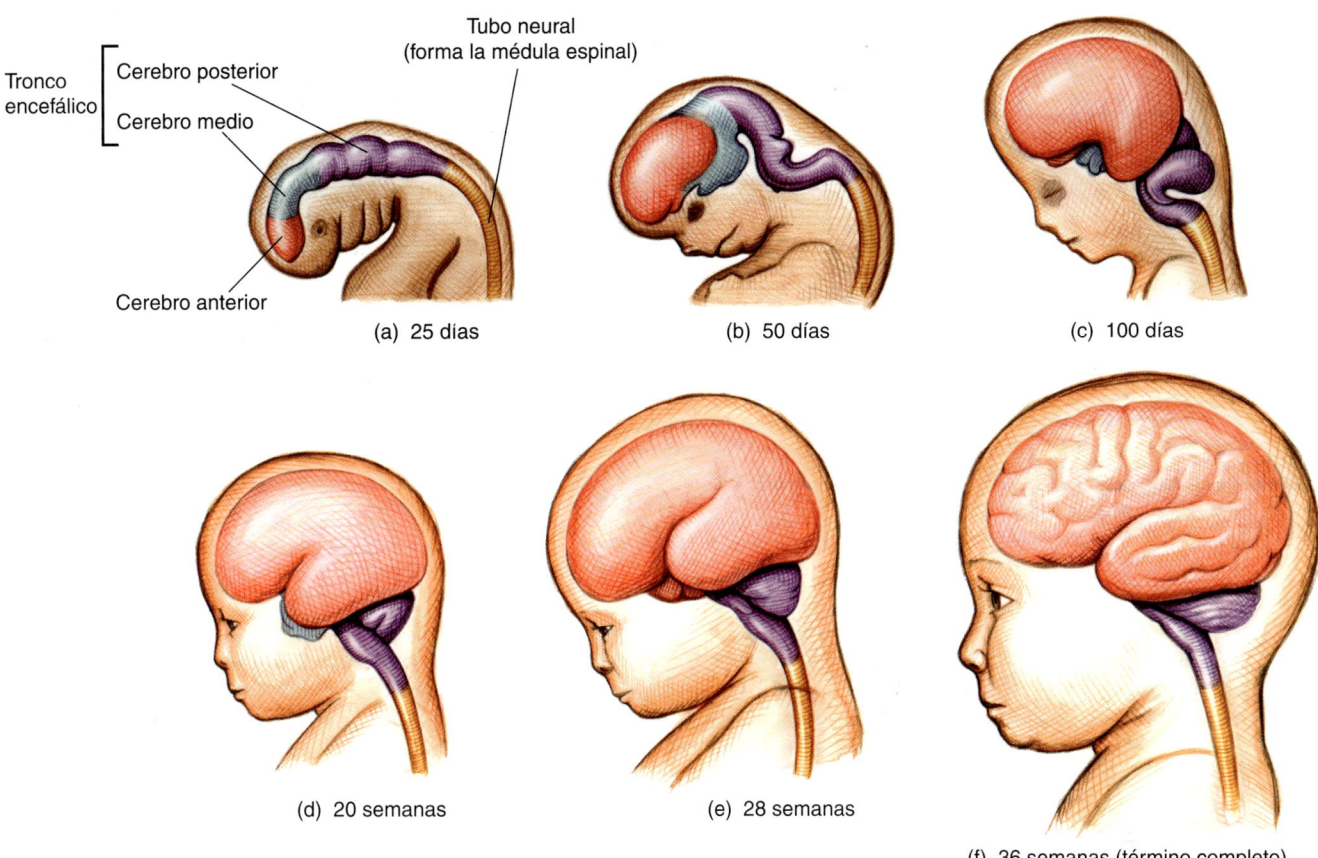

Fuente: adaptado de Cowan, 1997, p. 116.

FIGURA 4.2 **El crecimiento prenatal del encéfalo** A los 25 días después de la concepción *(a)*, el sistema nervioso central ya es evidente. El encéfalo toma una forma definidamente humana hacia el día 100 *(c)*. Alrededor de las 28 semanas después de gestación *(e)*, las diversas secciones del encéfalo son reconocibles. Cuando el feto es a término *(f)*, ya se han formado todas las partes del encéfalo, incluida la corteza (la capa externa), al plegarse una sobre otra y tornarse más enrolladas o arrugadas a medida que aumenta el número de células cerebrales.

La diferencia fundamental entre el frágil bebé de pretérmino y el robusto recién nacido de término es la maduración del sistema nervioso y los aparatos respiratorio y cardiovascular. En los últimos tres meses de vida prenatal, los pulmones comienzan a expandirse y retraerse con los movimientos de los músculos respiratorios que se ejercitan al valerse del líquido amniótico como sustituto del aire. Las válvulas cardíacas pasan por un proceso de maduración final, al igual que las arterias y las venas de la totalidad del cuerpo. Entre otras cosas, esto ayuda a evitar que el "encéfalo sangre", trastorno en el cual se colapsan los vasos sanguíneos intracraneales.

En general, el feto suele aumentar 2 000 g durante el tercer trimestre, con lo que la ganancia de peso hasta el nacimiento es de unos 3 400 g (véase cuadro 4.3). El incremento de peso también asegura que el encéfalo en desarrollo está bien nutrido. La desnutrición grave en el segundo o el tercer trimestre reduce la capacidad del futuro niño para aprender (Georgieff y Rao, 2001). Para el término completo, el crecimiento del encéfalo humano es tan extenso que la *corteza* (la capa externa avanzada del cerebro) forma varios pliegues para adaptarse al cráneo (véase fig. 4.2).

La relación entre la madre y el niño se intensifica durante los tres últimos meses, pues el tamaño y los movimientos del feto influyen para que la madre esté muy pendiente de él. Por su parte, los sonidos, olores (a través del líquido amniótico) y el comportamiento de la madre forman parte de la conciencia fetal. La comunicación puede comenzar a las 28 semanas de gestación, a medida que el feto oye muchos sonidos, incluidos los latidos cardíacos y la voz de la madre (Aslin y

! RESPUESTA A LA PRUEBA DE OBSERVACIÓN
(de p. 101): sí, sí y no. Los genitales están formados, pero no son visibles en esta fotografía. El elemento que está creciendo en el abdomen inferior es el cordón umbilical.

CUADRO 4.3   Peso promedio en diferentes tiempos del período prenatal*

Período del desarrollo	Semanas después de la concepción	Peso	Observaciones
Fin de la etapa embrionaria	8	1 g	El peso de nacimiento por debajo de los 1 000 g es extremadamente bajo
Fin del primer trimestre	13	100 g	
Edad de viabilidad (probabilidades de supervivencia 50/50)	22	600 g	
Fin del segundo trimestre	26-28	1 000-1 300 g	El peso inferior a los 1 300 g es muy bajo
			El peso por debajo de los 2 500 g es bajo
Fin del período pretérmino	35	2 500 g	El peso entre 2 500 y 4 500 g es considerado normal
Término completo	38	3 400 g	

* Para facilitar la memorización, los pesos están redondeados. Los pesos reales varían. Por ejemplo, un recién nacido normal de término puede pesar entre 2,5 y 4 kilogramos; un bebé viable, sobre todo uno nacido a las 26 o más semanas, puede pesar menos de lo que se muestra aquí.

! RESPUESTA A LA PREGUNTA DE OBSERVACIÓN (de p. 102): ambos padres parecen proporcionar cuidados excelentes sin ansiedad ni estrés. Según lo que se observa, el padre acostumbra cargar a la niña de 2 años y la madre toma por la muñeca a la hija mayor para asegurarse de que no se extravíe. Además, la mujer parece tomar el embarazo con calma, usa zapatos cómodos y está dando un paseo en este festival del Día del trabajo, como lo recomendaría su médico.

Hunt, 2001). El feto se acostumbra al ritmo y al tono de los sonidos que oye: música, conversación o la voz de la madre leyendo un libro en voz alta. Además, el feto percibe el movimiento materno: la marcha regular es tranquilizadora y los sobresaltos hacen que el feto salte. Si la madre se encuentra muy temerosa o ansiosa, el corazón del feto late más rápido y sus movimientos corporales aumentan (DiPietro y cols., 2002).

SÍNTESIS

En dos semanas de duplicación celular rápida, diferenciación y finalmente implantación, el organismo se transforma desde un cigoto unicelular hasta un embrión multicelular. El embrión pronto desarrolla el comienzo del sistema nervioso central (3 semanas) el corazón y la cara (4 semanas), brazos y piernas (5 semanas), manos y pies (6 semanas) y los dedos de las manos y los pies (7 semanas), mientras toman forma los órganos internos. Aproximadamente a las 8 semanas, están en su lugar todas las estructuras corporales, excepto los órganos masculinos y femeninos. Entonces el desarrollo fetal prosigue rápidamente e incluye el aumento de peso del segundo trimestre (alrededor de 1 kg) y la maduración encefálica, que hace posible la viabilidad para las 22 semanas. Con 3,4 kg el recién nacido de 35 a 40 semanas es un sobreviviente, nacido "en tiempo" y listo para la vida.

Reducción de riesgos

Muchas toxinas, enfermedades y experiencias pueden dañar a un individuo en desarrollo antes del nacimiento. Si este tema lo alarma, tenga en cuenta que la gran mayoría de los recién nacidos son sanos y capaces. Sólo alrededor del 3% de todos los fetos nacen con anomalías estructurales mayores, como fisura palatina, órganos malformados o miembros faltantes (Moore y Persaud, 2003). Además, la mayor parte de los riesgos se pueden evitar, o reducir sus efectos.

Por lo tanto, el desarrollo prenatal debería ser pensado no como un período peligroso y temible, sino como un proceso natural que debe ser protegido. El objetivo de la *teratología*, el estudio de los defectos de nacimiento, es aumentar las probabilidades de que los recién nacidos empiecen su vida sanos. Los **teratógenos** son sustancias (como fármacos y contaminantes) y trastornos (como la desnutrición grave y el estrés extremo) que aumentan el riesgo de anomalías prenatales.

Los teratógenos no sólo producen problemas físicos obvios al nacimiento, sino también deterioran el aprendizaje y el comportamiento. Los teratógenos que dañan el encéfalo y en consecuencia provocan en el niño hiperactividad, comportamiento antisocial o discapacidad del aprendizaje se denominan **teratóge-**

ESPECIALMENTE PARA LA AMIGA DE UNA MUJER EMBARAZADA Suponga que su amiga está asustada porque teme que su hijo sea anormal. Rechaza cualquier lectura sobre el desarrollo prenatal porque tiene miedo de saber que algo podría salir mal. ¿Qué le diría?

teratógenos Agentes y afecciones (incluidos los virus, los fármacos y las sustancias químicas) que pueden afectar el desarrollo prenatal y provocar defectos de nacimiento e incluso la muerte.

nos conductuales. No es fácil señalar las causas de estos problemas, pero alrededor del 20% de todos los niños tienen dificultades que podrían estar relacionadas con los teratógenos conductuales.

Determinación de riesgos

Hace 60 años se pensaba que la placenta eliminaba todas las sustancias nocivas, impidiendo que alcanzaran al feto y lo perjudicaran. Entonces dos hechos trágicos demostraron lo contrario. La causa del aumento de la cantidad de bebés que nacían ciegos se rastreó hasta una epidemia de sarampión en una base militar australiana (Gregg, 1941, reimpreso en Persaud y cols., 1985) y la del aumento de los recién nacidos con deformación de las extremidades fue rastreada hasta el uso materno de talidomida, un nuevo fármaco prescrito ampliamente en Europa (pero no en los Estados Unidos) a fines de la década de 1950 (Schardein, 1976).

La teratología es una ciencia que se ocupa del **análisis de riesgos,** es decir que pondera los factores que afectan la probabilidad de que un teratógeno determinado cause daño. El conocimiento del riesgo es fundamental para comprender el desarrollo humano; cada período de la vida implica ciertos riesgos y es posible evitar un gran daño. Aunque todos los teratógenos aumentan el *riesgo* de daño, ninguno causa daño *siempre*. El impacto de los teratógenos depende del interjuego de muchos factores, tanto destructivos como protectores. Varios de estos factores (como momento, dosificación y vulnerabilidad genética) se describen luego; otros (como cuidados tempranos, vinculación afectiva y educación) se explican en los tres capítulos sobre el lactante (5, 6 y 7).

Momento de la exposición

Un factor fundamental es el momento –la edad del organismo en desarrollo– en que se produce la exposición al teratógeno. Algunos teratógenos causan daño sólo durante determinados días al comienzo del desarrollo prenatal, cuando se está formando una parte específica del cuerpo. Una de estas sustancias fue la talidomida, que detuvo la formación de los brazos y las piernas en las semanas 6 o 7 sin producir ningún daño después de la semana 9. Otras, como la rubéola, pueden ser perjudiciales desde la semana 3 hasta la semana 30, pero la gravedad y el sitio de la lesión dependen de cuándo ocurre la exposición (Moore y Persaud, 2003).

El momento de mayor susceptibilidad se denomina **período crítico**. Como se puede ver en la figura 4.3, cada estructura corporal tiene su período crítico propio. La totalidad de las seis semanas de la etapa embrionaria se puede denominar período crítico para las estructuras físicas y la forma, con especificidades que varían algo de una semana a otra (Moore y Persaud, 2003).

Puesto que los primeros días son críticos, la mayoría de los obstetras en la actualidad recomienda que todas las parejas *antes* del nacimiento busquen asesoramiento, dejen de consumir drogas psicoactivas (especialmente alcohol) y actualicen sus inmunizaciones (Kuller y cols., 2001). Además, la futura madre debe asegurarse de que su cuerpo esté preparado complementando una dieta equilibrada con un suplemento de ácido fólico y hierro. No todas las mujeres siguen estas recomendaciones (véase cuadro 4.4). Dado que el encéfalo y el sistema nervioso pueden ser dañados durante todo el desarrollo prenatal, no existe ningún período seguro para los teratógenos conductuales. Los teratógenos que producen un nacimiento prematuro o bajo peso al nacer (de manera notable el cigarrillo) son particularmente perjudiciales en la segunda mitad del embarazo.

Grado de exposición

El segundo factor importante es la dosis o la frecuencia de la exposición, o ambas. Algunos teratógenos tienen un **efecto umbral**; esto es, son casi inocuos hasta que la exposición alcanza cierto nivel, en el que "exceden el umbral" y se vuelven perjudiciales (O'Rahilly y Muller, 2000). Por cierto, ciertas sustancias, como la vitamina A, son beneficiosas en pequeñas cantidades pero terriblemente teratogénicas en grandes cantidades (Kraft y Willhite, 1997). Por ejemplo, la vitamina A es una parte esencial de la dieta prenatal, pero más de 10 000 unidades

teratógenos conductuales   Agentes y trastornos que pueden dañar el cerebro prenatal, afectando el futuro funcionamiento intelectual y emocional del niño.

análisis de riesgo   Método que considera los efectos potenciales de un suceso, una sustancia o una experiencia en particular, para determinar la probabilidad de que cause daño. En la teratología, el análisis de riesgo intenta evaluar todo aquello que influye en la probabilidad de que un agente o situación cause daño.

período crítico   En el desarrollo prenatal, período en el que un órgano en particular u otra parte del cuerpo del feto es más susceptible al daño causado por teratógenos.

efecto umbral   Situación en la cual cierto teratógeno es relativamente inofensivo en pequeñas cantidades pero se torna dañino cuando la exposición alcanza cierto nivel (o umbral).

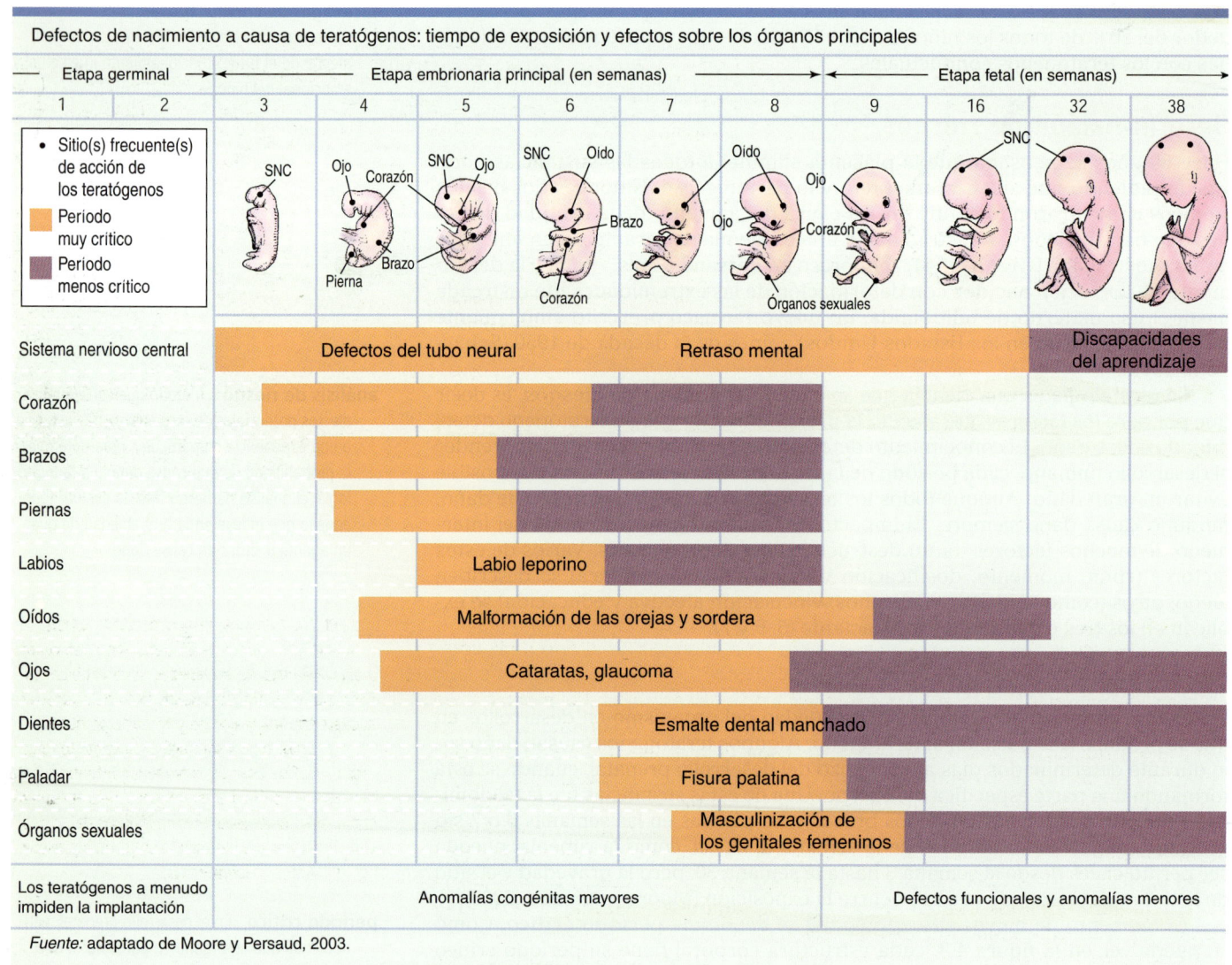

Defectos de nacimiento a causa de teratógenos: tiempo de exposición y efectos sobre los órganos principales

Fuente: adaptado de Moore y Persaud, 2003.

FIGURA 4.3 **Los períodos críticos en el desarrollo humano** El daño más grave causado por los teratógenos *(barras anaranjadas)* ocurre con mayor probabilidad al comienzo del desarrollo prenatal. Sin embargo, también puede ocurrir un daño significativo *(barras violeta)* en muchas partes vitales del cuerpo, incluidos el encéfalo, los ojos y los genitales, durante los últimos meses de embarazo. SNC, sistema nervioso central.

por día pueden ser excesivas y 50 000 unidades pueden producir anomalías de las estructuras corporales.

Para la mayoría de los teratógenos, los expertos son reacios a especificar un umbral por debajo del cual la sustancia es segura. Una razón es el **efecto de interacción**, que tiene lugar cuando una sustancia tóxica intensifica los efectos de otra. El alcohol, el tabaco y la marihuana están entre las sustancias que interactúan, ya que juntas hacen más daño que lo que cualquiera de ellas podría hacer por separado.

efecto de interacción   Resultado de la combinación de teratógenos. A veces, el riesgo aumenta enormemente cuando el embrión está expuesto a más de un teratógeno al mismo tiempo.

Vulnerabilidad genética

Un tercer factor que determina si un teratógeno específico será perjudicial y en qué medida son los genes del organismo en desarrollo (O'Rahilly y Muller, 2000). Cuando una mujer está embarazada de gemelos dicigóticos y toma alcohol, por ejemplo, los niveles de alcohol en la sangre de los mellizos serán exactamente iguales; sin embargo, uno puede estar más gravemente afectado que el otro (Maier y cols., 1996). Esta diferencia probablemente involucra a un gen que afecta a la enzima específica para metabolizar el alcohol.

CUADRO 4.4	Antes de que quede embarazada

Lo que debe hacer la futura madre	Lo que hace realmente la futura madre
1. Ingerir un polivitamínico diario con ácido fólico	1. En 2004, el 40% de las mujeres de 18 a 45 años lo hicieron, hasta el 30% en años anteriores
2. Evitar la ingesta excesiva de alcohol (definida como 4 o más tragos* seguidos)	2. Una de cada ocho mujeres que podrían quedar embarazadas (sexualmente activas, sin uso de métodos anticonceptivos) tienen bebidas únicas excesivas (el 55% de ellas son alcóholicas)
3. Actualizar las vacunaciones contra todos los virus teratógenos, sobre todo el de la rubéola	3. A causa de las leyes relacionadas con el ingreso escolar, la mayoría de las mujeres jóvenes de los Estados Unidos están bien inmunizadas
4. Aumentar de peso o reducir de peso, según sea adecuado	4. Los bebés nacidos de mujeres con peso por debajo del normal corren riesgo de tener bajo peso al nacer. Los bebés de mujeres obesas tienen una tasa de complicaciones al nacer tres veces mayor
5. Volver a examinar el uso de fármacos recetados	5. El 85% de las mujeres embarazadas recibe fármacos prescritos (sin contar las vitaminas)
6. Conocer su estado en relación con las enfermedades de transmisión sexual	6. Sólo un tercio de las mujeres sexualmente activas realizan pruebas para la enfermedad de transmisión sexual más frecuente, la clamidia. Aun menos son evaluadas para otras infecciones más peligrosas, como la sífilis y el VIH

* *N. de T.:* en inglés, un *drink* se utiliza para denominar cantidades equivalentes de alcohol como una botella chica o una lata mediana de cerveza, un vaso chico de vino o una medida de una bebida de alta graduación alcohólica.
Fuentes: Andrade y cols., 2004; MMWR, 17 de septiembre, 2004; MMWR, 29 de octubre; MMWR, 24 de diciembre, 2004; Cedergren, 2004.

Se sospecha susceptibilidad genética ante otros problemas congénitos, como labio leporino, fisura palatina y pie bot, que pueden ser resultado de la combinación de vulnerabilidad genética y factores lesivos (Hartl y Jones, 1999). Una comparación internacional de casos de malformaciones congénitas mostró gran variabilidad; por ejemplo, sólo 1 de cada 2 000 recién nacidos canadienses tienen labio leporino, en comparación con 1 de cada 600 recién nacidos japoneses. Otras malformaciones congénitas tienen variabilidad similar y cada nación (y a veces incluso regiones dentro de una nación) tienen tasas relativamente altas de algunos defectos específicos y tasas bajas de otros (Organización Mundial de la Salud, 2003). Por supuesto, los contaminantes y los cuidados médicos afectan la tasa de malformaciones congénitas, pero las tasas altas *y* bajas dentro de la misma región sugieren que los individuos de algunos lugares tienen mayor probabilidad de alguna vulnerabilidad y de protección genética.

Los genes están específicamente involucrados en el efecto teratogénico de una deficiencia de ácido fólico en la dieta de la futura madre. La deficiencia de esta vitamina del complejo B puede producir *defectos del tubo neural*, tanto *espina bífida*, en cuyo caso la columna no cierra como corresponde, como *anencefalia*, en la cual parte del encéfalo no se forma.

Los defectos del tubo neural se producen con mayor frecuencia en determinados grupos étnicos (específicamente, irlandeses, ingleses y egipcios) que en otros (la mayoría de las etnias asiáticas y africanas). Esta variabilidad llevó a los investigadores a identificar un gen defectuoso que produce una enzima que impide la utilización normal del ácido fólico (Mills y cols., 1995). En 1996, el gobierno de los Estados Unidos estableció por ley que todo el pan y los copos de cereal envasados fueran fortificados con esta vitamina. Gracias a esta ley hubo una reducción del 26% de la tasa de defectos del tubo neural (MMWR, 13 de septiembre, 2002). Canadá exigió el agregado de ácido fólico a toda la harina en 1998. Aproximadamente un tercio de todas las mujeres jóvenes realiza dieta, lo que implica una menor ingesta de productos horneados que contienen harina y, por lo tanto, mayor riesgo de defectos del tubo neural en un feto genéticamente vulnerable (MMWR, 17 de septiembre, 2004).

En algunos casos, la vulnerabilidad genética se relaciona con el sexo del organismo en desarrollo. Por lo general, los embriones y los fetos masculinos (XY) tienen un riesgo mayor. Ésta es una explicación de por qué los fetos masculinos se abortan espontáneamente con más frecuencia. Además, los varones tienen más defectos de nacimiento, más discapacidades del aprendizaje y otros problemas originados por los teratógenos conductuales.

RESPUESTA PARA LA AMIGA DE UNA MUJER EMBARAZADA (de p. 104): tranquilícela en cuanto a que casi todos los embarazos terminan bien, en parte porque la mayoría de los fetos defectuosos se abortan espontáneamente y en parte porque los factores protectores están activos durante todo el embarazo. Otra cosa igualmente importante: cuanto más aprenda sobre los teratógenos, más aprenderá sobre cómo proteger a su feto. Muchos defectos y complicaciones del nacimiento se pueden prevenir con un buen cuidado prenatal.

ESPECIALMENTE PARA NUTRICIONISTAS ¿Es beneficioso que la mayoría de los cereales para el desayuno se encuentre fortificada con vitaminas y minerales?

Teratógenos específicos

A causa de las muchas variables involucradas, el análisis de riesgo no puede predecir con exactitud los resultados de la exposición teratogénica en casos individuales. Sin embargo, se sabe mucho acerca de los teratógenos más frecuentes y perjudiciales, y acerca de cómo los individuos y la sociedad pueden reducir los riesgos. El cuadro 4.5 enumera algunos teratógenos y sus posibles efectos, así como las medidas preventivas.

Recuérdese que los efectos varían mucho. El cuadro menciona posibles problemas e intervenciones prácticas, pero muchas mujeres embarazadas están expuestas a estos teratógenos sin ningún daño evidente para sus fetos y se presentan algunos defectos no descritos en él. De hecho, alrededor del 20% de todos los defectos graves ocurren por razones que se desconocen. Se aconseja a las mujeres evitar todos los posibles teratógenos, sobre todo las sustancias químicas de productos que varían desde insecticidas en aerosol hasta tinturas para el cabello y consultar a sus médicos *antes* del embarazo, porque el daño puede ocurrir en las primeras semanas clave.

Este consejo es fácil de dar, pero no siempre es fácil para las mujeres embarazadas seguirlo. Por ejemplo, los médicos recomiendan medicamentos para las mujeres VIH positivas y la abstinencia de alcohol en las mujeres alcóholicas em-

RESPUESTA PARA NUTRICIONISTAS (de p. 107): útil, sí; óptimo, no. Faltan algunas vitaminas esenciales (son muy costosas) y las necesidades individuales difieren, dependiendo de la edad, el sexo, la salud, los genes y los hábitos alimentarios. Hay buena reducción de los defectos del tubo neural, pero muchas mujeres no se benefician porque no comen suficiente cantidad de cereales envasados ni ingieren suplementos vitamínicos antes del embarazo.

CUADRO 4.5   Teratógenos: efectos de la exposición y prevención del daño

Teratógenos	Efectos de la exposición sobre el niño	Medidas para prevenir el daño
Enfermedades		
Rubéola	En la etapa embrionaria, produce ceguera y sordera; en el primer y el segundo trimestre, produce daño encefálico	Inmunizarse antes de quedar embarazada
Toxoplasmosis	Daño encefálico, pérdida de visión, retraso mental	Evitar la ingestión de comidas poco cocidas y la manipulación de heces de gatos, y suciedad del jardín
Sarampión, varicela, gripe	Puede deteriorar el funcionamiento encefálico	Inmunizarse antes de quedar embarazada; evitar a las personas infectadas durante el embarazo
Sífilis	El niño nace con sífilis, la cual si no es tratada, conduce a daño del encéfalo y el hueso y finalmente a la muerte	Diagnóstico prenatal temprano y tratamiento con antibióticos
SIDA	Véanse Temas para el análisis (p. 110) para una explicación completa	
Otras enfermedades de transmisión sexual, incluidas gonorrea y clamidia	Habitualmente no es nocivo durante el embarazo pero puede producir ceguera e infecciones si es transmitido durante el parto	Diagnóstico temprano y tratamiento; si es necesario, cesárea, tratamiento del recién nacido
Infecciones, incluidas infecciones urinarias, encías y dientes	Puede producir trabajo de parto prematuro, lo que aumenta la vulnerabilidad al daño encefálico	Tratar la infección, preferiblemente antes de quedar embarazada
Contaminantes		
Plomo, mercurio, PCB (bifenilos policlorados), dioxina y algunos pesticidas, herbicidas y compuestos de limpieza	Puede producir aborto espontáneo, trabajo de parto prematuro y daño encefálico	Las sustancias más frecuentes son inofensivas en dosis pequeñas, pero las mujeres embarazadas deben evitar aun la exposición regular y directa, como beber de agua de pozo, comer frutas o verduras no lavadas, utilizar compuestos químicos, ingerir pescados provenientes de aguas contaminadas
Radiación		
Exposición masiva o repetida a la radiación como en las radiografías médicas	En la etapa embrionaria puede producir una cabeza anormalmente pequeña (microcefalia) y retraso mental; en la etapa fetal, se sospecha que produce daño encefálico, pero no se ha comprobado. La exposición a la radiación de fondo, como sucede en las plantas de potencia, suele ser demasiado baja como para tener efecto	Durante el embarazo realizar ecografías, no radiografías; las mujeres embarazadas que trabajan directamente con radiación necesitan protección especial o la asignación transitoria a otra tarea

Teratógenos	Efectos de la exposición sobre el niño	Medidas para prevenir el daño
Factores sociales y conductuales		
Estrés muy alto	Al comienzo del embarazo, puede producir labio leporino o fisura palatina, aborto espontáneo o trabajo de parto prematuro	Obtener descanso, reposo y sueño adecuados; reducir las horas de empleo; obtener más ayuda con las tareas del hogar y el cuidado de los hijos
Desnutrición	Cuando es grave, puede interferir con la concepción, la implantación, el desarrollo fetal normal y el nacimiento a término	Ingerir una dieta equilibrada (con vitaminas y minerales suficientes, que incluyan, sobre todo, ácido fólico, hierro y vitamina A); lograr un peso normal antes de quedar embarazada, luego aumentar 10-15 kilogramos durante el embarazo
Ejercicio excesivo y extenuante	Puede afectar el desarrollo fetal cuando interfiere con el sueño o la digestión de la mujer embarazada	Realizar ejercicio regular y moderado
Fármacos		
Litio	Puede producir anomalías cardíacas	Evitar todas las medicinas, ya sean prescriptas o de venta libre, durante embarazo, a menos que estén aprobadas por un profesional médico que sepa que la mujer está embarazada y conozca la investigación más reciente
Tetraciclina	Puede dañar los dientes	
Ácido retinoico	Puede producir deformidades de las extremidades	
Estreptomicina	Puede producir sordera	
Inhibidores de la ECA	Puede dañar los órganos digestivos	
Fenobarbital	Puede afectar al desarrollo encefálico	
Talidomida	Puede detener la formación de los oídos y las extremidades	
Agentes psicoactivos		
Cafeína	El consumo normal no plantea ningún problema	Evitar el uso excesivo: no beba más de tres tazas al día de bebidas que contienen cafeína (café, té, gaseosas, chocolatadas)
Alcohol	Puede producir síndrome de alcoholismo fetal o efectos fetales del alcohol (véase Temas para el análisis, p. 110)	Suspender o limitar seriamente el consumo de alcohol durante el embarazo; sobre todo son peligrosas tres o más bebidas al día o cinco o más bebidas en una ocasión
Tabaco	Aumenta el riesgo de malformaciones de las extremidades y las vías urinarias y puede afectar los pulmones del bebé	Dejar de fumar antes y durante el embarazo
Marihuana	La exposición importante puede afectar el sistema nervioso central; cuando es fumada puede obstaculizar el crecimiento fetal	Evitar o limitar estrictamente el consumo de marihuana
Heroína	Disminuye el crecimiento fetal o puede producir trabajo de parto prematuro; los recién nacidos con heroína en su torrente sanguíneo necesitan tratamiento médico para evitar el dolor y las convulsiones de la abstinencia súbita	Tratar la adicción a la heroína antes de quedar embarazada; si ya está embarazada, la abstinencia gradual con metadona es mejor que el consumo continuo de heroína
Cocaína	Puede causar un crecimiento fetal lento, trabajo de parto prematuro y problemas de aprendizaje en los primeros años de vida	Suspender el consumo de cocaína antes del embarazo; los bebés de madres que consumen cocaína pueden requerir atención médica y educativa especial en sus primeros años de vida
Solventes inhalatorios (pegamento o aerosol)	Puede causar una cabeza anormalmente pequeña, estrabismo y otras indicaciones de daño encefálico	Dejar de aspirar inhalatorios antes de quedar embarazada; tener presente que puede ocurrir un daño grave antes de que una mujer sepa que está embarazada

Observación: Este cuadro resume algunos efectos teratógenos relativamente frecuentes. Como se aclara en el texto, muchos factores individuales en cada embarazo condicionan que un teratógeno dado realmente produzca daño, y de qué tipo. Se trata de un resumen general de lo que se sabe; se comunican pruebas nuevas casi diariamente, de modo que algunas de estas generalidades se modificarán. Las mujeres embarazadas o las mujeres que desean quedar embarazadas deben consultar con sus médicos. ECA, enzima convertidora de angiotensina.
Fuentes: Brown, 1997; Larsen, 1998; Lyons y Rittner, 1998; Synger, 1999; O'Rahilly y Muller, 2000; Singer y cols., 2002.

barazadas, pero no todas las mujeres siguen estas recomendaciones. Además, los médicos no son tan cuidadosos como podrían serlo. Según un estudio masivo de 152 000 madres recientes en ocho organizaciones que proveen servicios de salud en los Estados Unidos, los médicos realizaron un promedio de tres prescripciones por mujer, que incluían fármacos que no habían sido declarados seguros durante el embarazo (prescritos para el 40% de las mujeres embarazadas) y fármacos con riesgos comprobados para el feto (prescritos en el 2%) (Andrade y cols., 2004). ¿Debe intervenir el gobierno para proteger al feto? El punto siguiente señala este dilema.

ESPECIALMENTE PARA ASISTENTES SOCIALES
¿Cuándo es más importante convencer a las mujeres de que se hagan la prueba del VIH: un mes antes del embarazo, un mes después de la concepción o inmediatamente después del nacimiento?

TEMAS PARA EL ANÁLISIS

¿Debe el gobierno proteger los fetos del SIDA y el alcohol?

En las últimas décadas los científicos han identificado cientos de teratógenos que *podrían* dañar a un embrión o un feto. Se sospecha que casi cualquier enfermedad común, casi cualquier aditivo de los alimentos, la mayoría de fármacos recetados y de venta libre (incluso la cafeína y la aspirina), vestigios de minerales en el aire y el agua, el estrés emocional, el agotamiento e incluso el hambre pueden deteriorar el desarrollo prenatal, pero sólo en algunos momentos, en ciertas cantidades y en algunos mamíferos. La mayor parte de la investigación sobre nuevas sustancias se ha realizado en ratones; el daño en los seres humanos pocas veces se ha comprobado como para satisfacer a todos los científicos. La idea de adoptar medidas para prevenir los defectos de nacimiento en seres humanos que podrían o no ocurrir plantea muchas cuestiones éticas.

El teratógeno viral más devastador es el **virus de la inmunodeficiencia humana (VIH)**, que debilita gradualmente la respuesta inmunitaria natural del organismo y finalmente conduce al *SIDA (síndrome de la inmunodeficiencia adquirida)*. Las mujeres embarazadas que no saben que están infectadas por el VIH transmiten el virus a alrededor del 25% de sus bebés y a menos que se obtenga un tratamiento médico, los niños infectados suelen morir antes de los 5 años (Parker, 2002).

Afortunadamente, el SIDA pediátrico puede prevenirse. Los casos de SIDA en los Estados Unidos han disminuido significativamente (véase fig. 4.4). Las mujeres embarazadas que saben que son VIH positivas y toman, como parte de los cuidados prenatales, agentes antirretrovirales a partir de las 14 semanas después de la concepción, que dan a luz mediante intervención cesárea y que no amamantan a su bebé transmiten el virus a sus hijos en menos del 1% de los casos (Santora, 2005).

No obstante, casi un millón de niños VIH positivos nacen en todo el mundo cada año, el 50% en el África subsahariana, donde la mayor parte de las mujeres VIH positivas no reciben ningún tratamiento (Leroy y cols., 2002). Aun en Brasil, donde los fármacos son gratuitos y en la India, donde se utilizan combinaciones de fármacos económicos, muchas mujeres embarazadas que necesitan medicamentos no los reciben. El contexto sociocultural de estas mujeres es hostil hacia las personas con SIDA. Ellas temen que sus esposos las dejen y sus familias las rechacen, de modo que evitan el estigma evitando el tratamiento.

En vista de estos hechos, ¿deben los fabricantes, los médicos y los gobiernos facilitar el acceso a los agentes antirretrovirales para todos los individuos del mundo? En caso afirmativo, ¿se debe permitir a las mujeres embarazadas rechazar las pruebas prenatales y el tratamiento?

Los derechos y las obligaciones de las mujeres son igualmente temas de controversia en relación con el alcohol, el teratógeno más frecuente en los Estados Unidos (National Task Forces on Fetal Alcohol Syndrome and Fetal Alcohol Effects, 2002). El alcohol produce el **síndrome alcohólico fetal** y un trastorno menos perjudicial denominado *efectos fetales del alcohol*.

En el síndrome alcohólico fetal, el alcohol ingerido durante el embarazo afecta el desarrollo de los rasgos faciales del bebé (especialmente los ojos, las orejas y el labio superior). Aun cuando el recién nacido no parezca tener alteraciones, el alcohol puede afectar el encéfalo y producir hiperactividad, escasa concentración, deterioro del razonamiento espacial y lentitud en el aprendizaje (Streissguth y Conner, 2001). Si bien tanto el síndrome alcohólico fetal como los efectos fetales del alcohol están relacionados con la dosis (la bebida única excesiva es especialmente riesgosa), la variación genética y los efectos de interacción son factores de confusión en la predicción del grado de daño que aquellos pueden provocar.

Sin embargo, dada la gravedad del daño potencial, muchos expertos aconsejan a las mujeres la abstinencia completa del alcohol (y de otras drogas psicoactivas, o modificadoras del estado de ánimo, como heroína, cocaína y LSD). La abstinencia completa requiere que las mujeres embarazadas y potencialmente embarazadas eviten el alcohol, aun cuando es una sustancia legal que la mayoría

FIGURA 4.4 **Descenso hasta sólo 11 por año** El número de niños pequeños que reciben diagnóstico de SIDA ha caído espectacularmente en la última década en los Estados Unidos. La velocidad de declinación es mucho mayor que aquella de los niños mayores y adultos. La razón es la reducción en la transmisión madre-hijo, gracias a mejores fármacos y al mejor conocimiento del proceso de la infección. En los países menos desarrollados, la incidencia de SIDA pediátrico sigue aumentando.

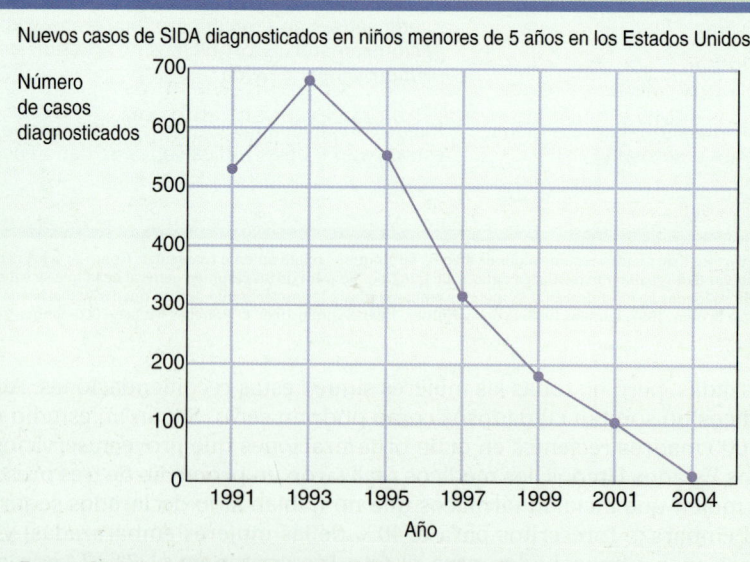

Nuevos casos de SIDA diagnosticados en niños menores de 5 años en los Estados Unidos

Número de casos diagnosticados

Año

Fuente: Statistical Abstract of the United States, varios años.

Esperanza para el futuro Marilis y Anol, de la República Dominicana, están especialmente fascinados con su hija de 18 meses, Yolanda, porque su primera hija falleció a causa del SIDA a la edad de 2 años. Ambos padres son VIH positivos, pero Yolanda no lo es. Para evitar la transmisión del virus a su hija, Marilis tomó el antirretroviral AZT contra el SIDA durante el embarazo, el parto fue por cesárea y le dio el biberón en lugar de amamantarla. Yolanda también recibió AZT durante los primeros 6 meses de vida. Marilis y Anol esperan que su historia les sirva a otras personas para que hagan todo lo necesario para reducir la transmisión del VIH.

de las personas, incluidas más del 50% de todas las mujeres jóvenes, consumen de rutina.

Nuevamente, surgen interrogantes complejos sobre las regulaciones de las acciones públicas: *¿se debe permitir que las mujeres embarazadas beban si deciden hacerlo? ¿Deben intervenir los gobiernos, arrestando a las mujeres embarazadas que beben? En caso afirmativo, ¿debe ser castigado también el esposo, la madre o el barman por no impedir que ella beba?*

Los dilemas de esas regulaciones complican con los datos sobre análisis de riesgo. En primer lugar, tanto con el SIDA como con el alcohol, muchos fetos están expuestos pero no sufren ningún daño. Además, muchas mujeres VIH positivas o alcohólicas tienen otros problemas: abuso de drogas; patrones inestables de alimentación y de sueño; crisis de ansiedad, estrés o depresión; lesiones por accidentes; violencia doméstica; infecciones de transmisión sexual; desnutrición; otras enfermedades; falta de apoyo familiar, y asistencia médica insuficiente. Y estos problemas pueden continuar después del nacimiento, lo que empeora las cosas para el lactante. Por lo tanto, a menos que el síndrome alcohólico fetal sea evidente en las deformidades faciales, es posible que las dificultades de aprendizaje de un niño no se atribuyan directamente al consumo prenatal de alcohol y, a menos que se evalúe al recién nacido VIH positivo, sus problemas de salud pueden parecer el resultado de cuidados de crianza deficientes.

Del mismo modo, muchos maestros y psicólogos escolares adjudican las dificultades de aprendizaje de los niños al consumo de "crack" de cocaína por parte de la madre, pero incluso los consejeros experimentados se equivocan cuando deben decir cuáles niños de edad preescolar con problemas del aprendizaje tuvieron exposición prenatal a la cocaína y cuáles no la tuvieron (Rose-Jacobs y cols., 2002). Los estudios longitudinales sólo observaron efectos sutiles del consumo prenatal de cocaína, y estos efectos no se ven en todos los casos (Frank y cols., 2001; Seifer y cols., 2004). La madre que consume cocaína y su hijo casi siempre necesitan intervenciones por muchas razones y probablemente lo mismo también sea cierto para las mujeres que consumen otras drogas.

¿Deberían realizarse pruebas de detección del VIH en las mujeres que podrían quedar embarazadas (y no en los hombres) y en caso de resultados positivos deberían recibir drogas antirretrovirales si concibiesen? ¿Se debe exigir a las mujeres la abstinencia de alcohol (y de otras drogas) antes y durante el embarazo? El consumo de drogas en altas dosis es sin duda riesgoso, como lo es el consumo de múltiples drogas. Incluso no se recomienda el consumo ocasional de una pequeña cantidad de cualquier agente psicoactivo. Pero si los funcionarios del gobierno se dirigieran a un único teratógeno o utilizaran una única estrategia –la coerción bajo amenaza de castigo– ignorarían la complejidad del análisis de riesgo, a la teratología y a las diferencias humanas individuales.

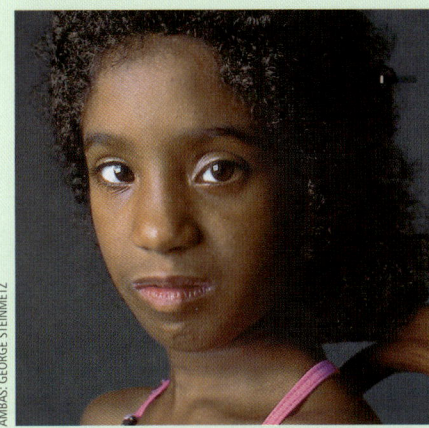

Diferencias y semejanzas Las diferencias entre estas dos niñas son obvias a simple vista: una es una adolescente estadounidense de origen africano; la otra, una niña sueca en la edad de comenzar a caminar. Una semejanza es obvia, también: las dos son niñas. Sin embargo, la semejanza más importante, el síndrome alcohólico fetal, es evidente sólo con una observación más detenida. Entre las características evidentes del síndrome alcohólico fetal están los ojos anormalmente espaciados y el labio superior fino.

virus de la inmunodeficiencia humana
(VIH) Virus que causa el SIDA (síndrome de inmunodeficiencia adquirida), en el cual el sistema inmunitario se deteriora gradualmente y el individuo se torna vulnerable a infecciones oportunistas. Aun con tratamiento, el SIDA lleva finalmente a la muerte por causa de una de las enfermedades oportunistas.

síndrome alcohólico fetal Conjunto de defectos de nacimiento (que incluyen rasgos faciales anormales, crecimiento físico lento y retraso del desarrollo mental) causados por la ingestión materna de alcohol durante el embarazo.

Conocimiento y responsabilidad

Los cuidados prenatales tempranos implican muchas ventajas. Una de las principales es la protección contra los teratógenos: saber qué medicinas se deben evitar o qué alimentos se deben ingerir, por ejemplo. Algunos teratógenos letales, especialmente la sífilis y el SIDA, tienen menor probabilidad de dañar al feto cuando la mujer tiene un diagnóstico y es tratada al comienzo del embarazo. Muchas pruebas prenatales pueden tranquilizar a una pareja ansiosa y la primera imagen de su feto en una ecografía a menudo es pegada en la heladera para verla con frecuencia. (El cuadro 4.6 proporciona información acerca de las ecografías y otras pruebas prenatales.)

Es más probable que el nacimiento esté libre de problemas si el embarazo es confirmado antes, si los gemelos son detectados aproximadamente a las 12 semanas de gestación, si se suspende el consumo de drogas antes del segundo trimestre, etc. Sin embargo, alrededor del 20% de las pruebas tempranas para el embarazo sugieren que no todo está bien. Por ejemplo, la concentración de alfafetoproteína (AFP) puede ser demasiado alta o demasiado baja o una ecografía puede indicar múltiples fetos o una pelvis demasiado estrecha. Muchas de estas

CUADRO 4.6 Métodos de examen posconcepción

Método	Descripción	Riesgos, preocupaciones e indicaciones
Pruebas previas a la implantación	Después de la fecundación in vitro, se extrae una célula de cada cigoto en el estadio de cuatro u ocho células, la cual es analizada	Requieren fecundación in vitro y no son totalmente exactas
		Requieren cirugía, fecundación in vitro y una evaluación rápida. Esto retarda la implantación y reduce la probabilidad de un nacimiento exitoso. Se utiliza sólo cuando las parejas tienen alto riesgo de trastornos genéticos conocidos y evaluables
Concentración de alfa-fetoproteína (AFP)	Se evalúa la sangre materna para determinar la concentración de AFP	Indica defectos del tubo neural, embriones múltiples (ambos producen un aumento de la AFP) o síndrome de Down (AFP baja). Las concentraciones normales cambian cada semana; la interpretación requiere una determinación precisa de la fecha de la concepción
		La prueba en sí misma no es riesgosa, pero las concentraciones altas o bajas de AFP indican que se necesitan otras pruebas
		Alrededor del 10% de todas las mujeres embarazadas muestran AFP alta o baja, pero el 98% de éstas son falsos positivos. Ello puede provocar preocupaciones innecesarias
		También puede arrojar un falso negativo, lo que sugiere la ausencia de problemas cuando en realidad existe un defecto
Ecografía	Se utilizan las ondas sonoras de alta frecuencia para producir un "cuadro" del feto. Esto se puede realizar desde las 8 semanas. Las ecografías son más precisas más tarde y se pueden realizar varias veces, para detectar problemas menos evidentes, confirmar sospechas anteriores y anticipar complicaciones del parto	Pone en evidencia problemas como una cabeza pequeña u otras deformaciones corporales, exceso de líquido que se acumula sobre el encéfalo, síndrome de Down y varias enfermedades (por ejemplo, de los riñones)
		Estima la edad fetal y pone en evidencia los fetos múltiples, la posición de la placenta y el crecimiento fetal, todo lo cual es útil en todos los embarazos. A veces se aprecia el sexo
		Sin riesgos conocidos, al contrario de las radiografías a las que ha reemplazado
Biopsia de vellosidades coriónicas	Se obtiene una muestra de corion (parte de la placenta) (mediante una ecografía y una jeringa) aproximadamente a las 10 semanas, la cual es analizada. Como las células de la placenta son genéticamente idénticas a las células del feto, esto puede indicar muchas anomalías cromosómicas o genéticas	Proporciona la misma información que la amniocentesis pero se puede realizar antes
		Puede producir un aborto espontáneo (1%)
Amniocentesis	Se extrae alrededor de 15 ml de líquido del interior de la placenta (mediante una ecografía y una jeringa) aproximadamente a las 16 semanas. Se cultivan y analizan las células, proceso que lleva alrededor de una semana	Detecta anomalías cromosómicas y otros problemas genéticos y prenatales
		El líquido amniótico también pone en evidencia el sexo del feto
		Se realiza más tarde durante el embarazo que otras pruebas, y se tarda una semana o más en conocer los resultados. Puede producir un aborto espontáneo (1% de los casos). En gran parte ha sido reemplazada por la biopsia de vellosidades coriónicas

Fuentes: Harmon, 2004; Moore y Persaud, 2003; Newnham y cols., 2004; Philip y cols., 2004.

advertencias son "falsos positivos", lo que significa que sugieren la presencia de una anomalía que no existe en realidad. Estas falsas alarmas producen una ansiedad innecesaria, la cual podría ser problemática para la pareja que espera, sobre todo si el problema es suficientemente serio como para que la decisión de terminar el embarazo sea una posibilidad, como se muestra en el caso siguiente.

ESTUDIO DE UN CASO

"¿Para qué viven las personas?"

John y Martha, estudiantes graduados en Harvard, estaban esperando su segundo hijo. Martha tenía cuatro meses de embarazo y su primera evaluación prenatal mostró una concentración anormalmente baja de AFP, lo cual podría indicar que el feto tenía síndrome de Down. Era demasiado temprano para la amniocentesis, una prueba más definitiva, de modo que se programó la repetición del examen sanguíneo para monitorizar la concentración de AFP.

John se reunió con Martha en un café después de que una enfermera le extrajera la segunda muestra de sangre, antes de que el laboratorio comunicara el resultado de la prueba. Más tarde, Martha escribió acerca de la conversación.

"¿Te dijeron algo sobre la prueba?", dijo John. "¿Cuál es exactamente el problema?"

"Tenemos una posibilidad en 895 de tener un bebé retrasado."

John sonrió, "puedo vivir con estas probabilidades".

Traté de sonreír también, pero no podía... Quería decirle a John que lo presentía en mis entrañas. Quería contarle que más que un presentimiento era una certeza. Entonces me di cuenta de qué ridículo era. "Todavía estoy un poco atemorizada."

Él me extendió su mano y tomó la mía. "Seguro", dijo. "Es comprensible. Pero incluso si existiera un problema, estamos a tiempo... La peor situación posible sería que tengas que hacerte un aborto, pero es una posibilidad remota. Todo va a salir bien."

..."Yo *tendría que hacerme* un aborto?" El escalofrío en mi interior se había ido. En su lugar podía sentir mi rostro ruborizado de enojo. "¿Desde cuándo tú decides lo que *tengo que* hacer con mi cuerpo?"

John se veía sorprendido. "Nunca dije que iba a decidir nada", protestó. "Es sólo que si las pruebas muestran que hay algo malo en el bebé, por supuesto nosotros abortaremos. Hemos hablado sobre esto."

"Hemos hablado", le dije a John alarmada y en voz baja, "de que yo era partidaria de la determinación individual. Esto significa decidir si debo abortar o no un niño con un defecto de nacimiento... No estoy tan segura de esto."

"Antes lo estabas", dijo John.

"Sé que lo estaba." Me froté los ojos. Me sentía terriblemente confundida. "Pero ahora... mira, John, no es como si estuviéramos decidiendo si tener o no un bebé. Estamos decidiendo qué *tipo* de bebé queremos aceptar. Si es perfecto en todo sentido, lo mantenemos. Si no se ajusta a las especificaciones correctas, ¡es eliminado...!"

John se veía cada vez más confundido. "Martha, ¿por qué este sermón improvisado? ¿Qué quieres decir?"

"Quiero decir", dije, "que estoy intentado que me digas a qué consideras un bebé 'defectuoso'. ¿Qué opinas de, no sé, un bebé hiperactivo? ¿O de uno feo?"

"No se pueden hacer pruebas para esas cosas y...".

"Bien, ¿y si se pudieran hacer?" dije. "La medicina puede hacer todo tipo de trucos mágicos estos días. Muy pronto vamos a estar abortando niños porque tienen el gen para el alcoholismo, o la homosexualidad o la depresión maníaca... ¿Sabes que en China se abortan muchos fetos sólo porque son mujeres?", gruñí. "¿Ser una niña es suficientemente 'defectuoso' para ti?"

"Mira", dijo. "Sé que no siempre puedo ver las cosas desde tu perspectiva. Y lo siento. Pero la forma en que lo veo es que si un bebé va a ser deforme o algo parecido, el aborto es una forma de evitar que todos sufran, *especialmente* el bebé. Es como dispararle a un caballo que se ha quebrado una pata... Un caballo cojo muere lentamente, ¿sabes...? Muere con un terrible dolor. Y ya no puede correr. De modo que no puede disfrutar más de la vida aun cuando no muera. Los caballos viven para correr; eso es lo que hacen. Si un bebé nace sin poder hacer lo que hacen otras personas, pienso que es mejor no prolongar su sufrimiento."

"...Y eso qué es", dije suavemente, más para mis adentros que para John, "¿qué es lo que hace la gente? El caballo vive para correr, y nosotros, para hacer qué vivimos?"

[Beck, 1999, pp. 132-133, 135]

La segunda prueba de AFP vino baja pero dentro del intervalo normal, "indicando que no había ninguna razón para temer que (el feto) tuviera síndrome de Down" (p. 137).

Obsérvese que John creía que ya habían conversado y decidido abortar un feto si se detectaba algún problema grave. Sin embargo, el estrés de una anomalía inesperada angustia a muchos futuros padres. Como leyó en el capítulo 3, un consejero genético no sólo explica la probabilidad sino que también ayuda a la pareja a conversar sobre sus elecciones *antes* de que la mujer quede embarazada. John y Martha no habían buscado consejo genético antes de concebir porque el embarazo fue inesperado y porque su riesgo de sufrir algún problema, especialmente uno cromosómico, era bajo.

Lo opuesto del falso positivo es el falso negativo, una tranquilidad errónea de que todo está bien. Aun cuando la segunda prueba de AFP mostró que no había ningún problema, Martha escribió que ella tenía un presentimiento en sus entrañas... Ella realizó una amniocentesis más tarde y supo que el resultado de la segunda prueba de AFP era falso negativo. Su feto tenía síndrome de Down después de todo. No obstante, Martha decidió en contra del aborto.

Antes de concebir, muchas parejas tienen una posición bien definida acerca de si proseguirían un embarazo si el feto presentara anomalías graves. Pero como lo demuestra el diálogo entre Martha y John, las parejas suelen estar mucho menos seguras una vez ocurrido el embarazo. Consideremos otro caso difícil.

ESTUDIO DE UN CASO

"Qué diría eso sobre mí"

Cuando Tom Horan y su esposa supieron en abril de 2004 que las piernas de su feto estaban arqueadas y acortadas, se les dijo que el trastorno podía curarse mediante ortesis, hormonas de crecimiento y procedimientos quirúrgicos en la infancia.

Pero antes que decidieran qué hacer, un examen más cuidadoso efectuado por un especialista con un ecógrafo tridimensional puso en evidencia otras deformidades: el brazo izquierdo faltaba por debajo del codo y la mano derecha sólo estaba parcialmente desarrollada. Además, los doctores les contaron que a veces estas características constituyen un signo de un deterioro neurológico, pero en este caso era imposible decirlo.

"Nuestra principal preocupación era la calidad de vida que tendría ese niño creciendo con estas amplias deformidades de las extremidades, aun en ausencia de problemas cognitivos", dijo el señor Horan. Él y su esposa, que tienen otros tres niños, fueron criados como católicos apostólicos romanos y nunca habían pensado en abortar. Sin embargo, el señor Horan dijo que incluso su padre, que durante mucho tiempo se había opuesto al aborto, apoyó su decisión de terminar el embarazo.

"Confrontado con este interrogante y sabiendo lo que sabía, cambió de opinión", dijo el señor Horan. "No es sólo una cuestión de si es correcto o incorrecto; introduce todo tipo de otros interrogantes que es necesario considerar, ya sea la posibilidad de supervivencia del niño, la calidad de vida de los padres, la calidad de vida de los hermanos, las necesidades sociales. Y se vuelve mucho más real cuando uno se enfrenta con una situación real."

Después de terminado el embarazo, un examen mostró... un trastorno extremadamente raro, el síndrome de Cornelia de Lange. El niño habría tenido una discapacidad mental y física grave.

Las noticias fueron un alivio para el señor Horan, que dijo que sentía tristeza y pena, pero no remordimiento... Antes del diagnóstico, sentía culpa e incertidumbre... "Me preguntaba sobre las implicaciones éticas... qué diría eso sobre mí."

[Harmon, 2004, p. 22]

Confrontados con la información provista por el examen ecográfico, los Horan descubrieron que debían replantearse sus valores. Como lo comunica una revisión,

"la mayoría de las parejas dicen que están profundamente agradecidos por la nueva información, pero que sienten una carga enorme por las elecciones que los obliga a tomar" (Harmon, 2004, p. 1).

En estas situaciones, los consejeros genéticos, clérigos y médicos son fundamentales. Algunos de estos consejeros son más experimentados que otros. Después de haber perdido un hijo recién nacido por una trisomía, una pareja con un embarazo no se ponía de acuerdo con respecto a la amniocentesis. La mujer la quería, pero el hombre no. El esposo preguntó al consejero, "Bien, ¿qué tenemos que hacer?" El consejero respondió, "no es mi problema. Yo no soy usted. Usted debe llegar a alguna resolución con su conciencia y resolverlo con su esposa" (citado en Kessler, 200, p. 154).

Una respuesta más útil fue sugerida por un experto en consejo genético: "Cuando usted me pregunta '¿qué debemos hacer?', ¿cuál considera que es el problema?" (citado en Kessler, 2000, p. 156). Esta respuesta desafía a la pareja a identificar los aspectos de la situación que son críticos para ellos: ideas religiosas, vínculo matrimonial, otros hijos, miedo de perder otro recién nacido, tolerancia para el riesgo, sentimientos de vergüenza y culpa, capacidad para criar un hijo con problemas médicos o psicológicos graves.

Los miembros de la profesión médica suelen decidir qué pruebas se deben realizar y se diferencian en el modo de presentar las pruebas prenatales a los futuros padres. Por ejemplo, en un hospital británico que exigía que los médicos ofrecieran las pruebas genéticas a todas las mujeres embarazadas, un médico le contó a una paciente del "enorme dolor que genera un falso positivo"; otro le dijo a una paciente que comience preguntándose "¿cómo me sentiría por tener un hijo con síndrome de Down?" y luego tome una decisión (citado en Heyman y Henriksen, 2001, pp. 100, 145). No es sorprendente que la paciente del primer médico decidiera en contra de la prueba genética y que la paciente del segundo médico decidiera hacer la amniocentesis.

RESPUESTA PARA LOS ASISTENTES SOCIALES (de p. 109): la prueba y el tratamiento posterior son útiles en cualquier momento, porque las mujeres que saben que son VIH positivas tienen más probabilidades de seguir un tratamiento, reducir el riesgo de transmisión y evitar el embarazo. Si se produjera el embarazo, el diagnóstico temprano es mejor. Realizar las pruebas después del nacimiento es demasiado tarde para el bebé.

Debemos destacar nuevamente que la mayoría de los recién nacidos están bien y que la investigación y los cuidados médicos logran salvaguardar muchos embarazos que hubieran terminado en tragedia hace algunas décadas. En todo el mundo, sólo las naciones con cuidados médicos escasos e insuficientes tienen una tasa de mortalidad neonatal del 10% o mayor.

También debemos reconocer que las pruebas médicas pueden plantear difíciles dilemas para todos. Esto fue reconocido explícitamente por Martha, la mujer del primer estudio de un caso. Ella estaba hablando a un grupo sobre su decisión de dar a luz a su feto con síndrome de Down. Una mujer de la audiencia dijo que había estado en la misma situación pero que había tomado la decisión "incorrecta". Martha respondió que no había ninguna decisión correcta o incorrecta; cualquier decisión sobre las pruebas prenatales es difícil y cada elección tiene sus costos (Beck, 1999).

Bajo peso al nacer

El peso corporal insuficiente a veces es considerado una complicación del *nacimiento*, no prenatal. Sin embargo, lo estudiamos en esta sección porque el bajo peso al nacer es causado por teratógenos y otros factores durante el embarazo e incluso antes de él.

El **bajo peso al nacer** es definido por la Organización Mundial de la Salud como un peso corporal de menos de 2,5 kilogramos al nacer. Los bebés con bajo peso al nacer han sido agrupados adicionalmente en bebés con **muy bajo peso al nacer**, cuyo peso es inferior a los 1,3 kilogramos y bebés con **extremadamente bajo peso al nacer**, un peso inferior a 1 kilogramo.

La tasa de bajo peso al nacer varía ampliamente entre los diferentes países (véase fig. 4.5). La tasa de los Estados Unidos del 8% en 2002 fue la más alta en más de 30 años (véase fig. 4.6) (Hamilton y cols., 2004).

Recuérdese que el peso corporal fetal normalmente se duplica en el último trimestre del embarazo, con un aumento típico de casi 900 gramos que ocurre en las tres últimas semanas. Por lo tanto, un bebé nacido **prematuro**, definido como 3 o más semanas antes de las 38 semanas estándares, suele tener bajo peso al nacer (aunque no siempre).

Aunque la mayor parte de los bebés prematuros tienen bajo peso al nacer, algunos bebés de término también tienen un peso inferior al normal. Algunos fetos aumentan de peso con mucha lentitud durante todo el embarazo. Se denomi-

bajo peso al nacer Peso al nacer de menos de 2,5 kilogramos. La causa puede ser el crecimiento lento durante el desarrollo prenatal, el nacimiento antes de las 36 semanas de gestación o ambas cosas.

muy bajo peso al nacer Peso de menos de 1,3 kilogramos que presenta un bebé al nacer.

peso extremadamente bajo al nacer Peso de menos de 1 kilogramo que presenta un bebé al nacer.

parto prematuro Parto que ocurre tres o más semanas antes del fin normal del embarazo, o sea, como máximo 35 semanas después de la concepción.

pequeño para la edad gestacional Término que se refiere al bebé que pesa considerablemente menos de lo debido para el tiempo transcurrido desde la concepción. Por ejemplo, un recién nacido de 2,2 kilogramos es pequeño para la edad gestacional si nació al término del embarazo, pero no lo es si nació dos meses antes.

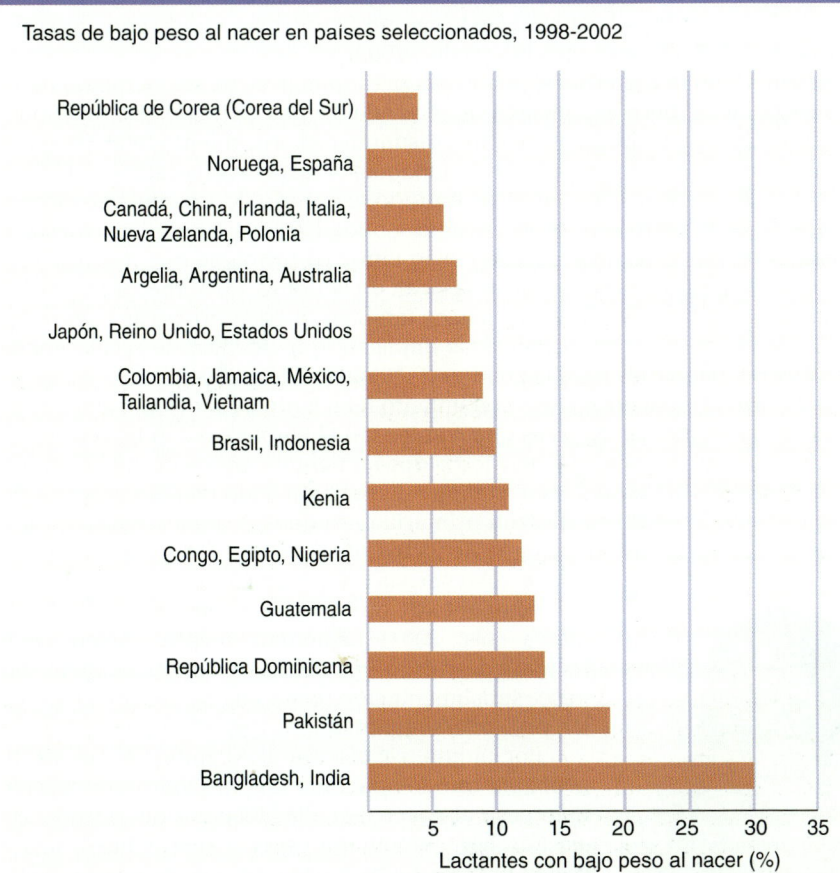

Tasas de bajo peso al nacer en países seleccionados, 1998-2002

Lactantes con bajo peso al nacer (%)

Fuente: sitio web del United Nations Development Program, 22 de abril, 2005.

FIGURA 4.5 Recién nacidos de bajo peso en todo el mundo La tasa de niños con bajo peso al nacer suele ser considerada un reflejo de la responsabilidad de un país para con sus niños y de sus recursos económicos.

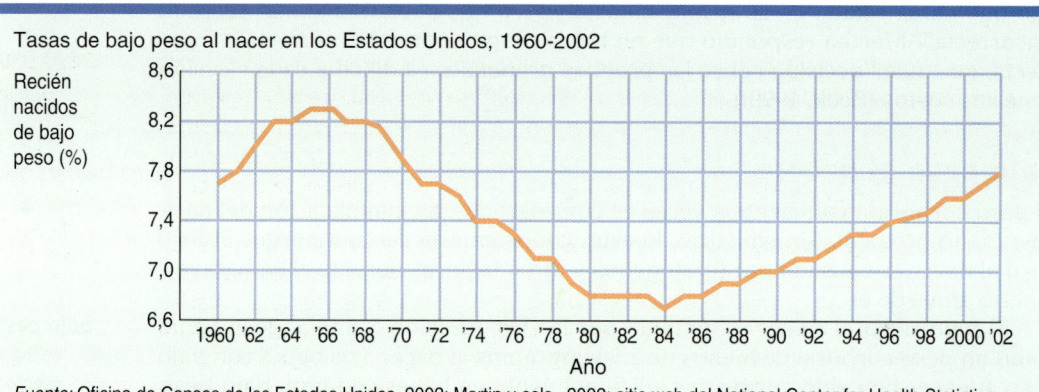

Tasas de bajo peso al nacer en los Estados Unidos, 1960-2002

Fuente: Oficina de Censos de los Estados Unidos, 2002; Martin y cols., 2002; sitio web del National Center for Health Statistics, acceso 22 de abril, 2005.

FIGURA 4.6   **Sin mejoría**   La tasa de bajo peso al nacer a menudo es tomada como una medida de la salud global de una nación. En los Estados Unidos, el ascenso y la caída de esta tasa se relaciona con muchos factores, entre los cuales figuran el cuidado prenatal, el consumo de drogas por parte de la madre, la nutrición global y la cantidad de nacimientos múltiples.

? PRUEBA DE OBSERVACIÓN   (véase la respuesta en la p. 118): ¿en qué año uno de cada 13 bebés en los Estados Unidos (7,5%) nació con un peso inferior a 2,5 kilogramos?

¿Qué bebé es el de mayor edad?   El bebé de la izquierda es el mayor, de aproximadamente 1 mes; el bebé de la derecha es el más joven, de tan sólo 2 días. ¿Está sorprendido? La explicación es que el bebé de 1 mes nació 9 semanas antes y ahora, con 7,5 semanas, pesa menos de 2,5 kilogramos; el niño de 2 días fue a término y pesa casi 3,6 kilogramos. El bebé del centro, nacido a término, pero con un peso de tan sólo 1 kilogramo, es el más preocupante. Sus orejas y sus manos son más grandes que las del bebé prematuro, pero su cráneo es pequeño; la desnutrición puede haber privado a su encéfalo y su cuerpo.

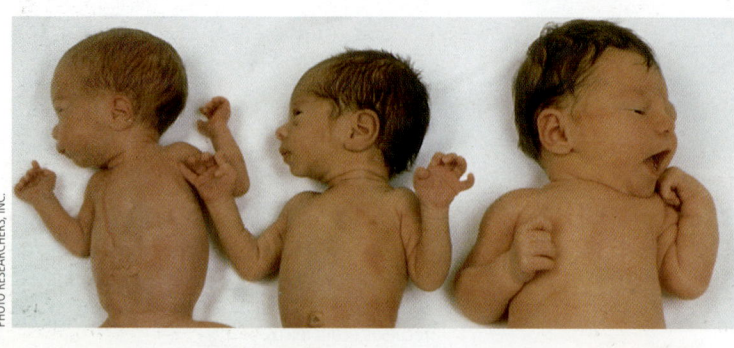

nan **pequeños para la edad gestacional**. Estos bebés producen mayor preocupación que el recién nacido prematuro de bajo peso, porque los neonatos pequeños para la edad gestacional implican deterioro durante todo el embarazo. Para prevenir las consecuencias neurológicas del crecimiento lento continuo, se puede inducir el nacimiento temprano. Los recién nacidos de pretérmino pequeños para la edad gestacional constituyen la categoría que más rápido aumentó de recién nacidos de bajo peso (Ananth y cols., 2003).

La enfermedad materna es una razón para que un bebé sea pequeño para la edad gestacional, pero el consumo materno de drogas es una causa mucho más frecuente. Cualquier droga psicoactiva disminuye el crecimiento fetal, pero el tabaco es la peor y la más prevalente. El tabaquismo está involucrado en el 25% de todos los nacimientos con bajo peso en todo el mundo. El tabaquismo entre las mujeres de edad fértil está disminuyendo en los Estados Unidos, pero está aumentando en muchos otros países. Por lo tanto, es probable que muchas de las tasas de bajo peso al nacer que se muestran en la figura 4.5 aumenten en el futuro cercano (Satcher, 2001). Los fármacos también pueden provocar bajo peso al nacer. Por ejemplo, los antidepresivos duplican la incidencia de recién nacidos prematuros y pequeños para la edad gestacional (Källén, 2004).

Otra razón frecuente para el crecimiento fetal lento es la desnutrición materna. Es probable que las mujeres que comienzan el embarazo con bajo peso, que se alimentan mal durante la gestación o que aumentan menos de 1,3 kilogramos por mes en los últimos seis meses tengan un recién nacido de bajo peso. La desnutrición (y no la edad) es la razón primaria para que las adolescentes tengan a menudo bebés pequeños: si comen de forma poco sistemática y mal, la dieta no puede sostener su propio crecimiento, mucho menos el crecimiento de otro individuo en desarrollo (Buschman y cols., 2001). Lamentablemente, muchos de los factores de riesgo que acabamos de mencionar –bajo peso, subalimentación, poca edad y tabaquismo– suelen presentarse juntos.

Por último, recuérdese del capítulo 3 que es más probable que los nacimientos múltiples conduzcan a bajo peso al nacer y que las técnicas de reproducción asistida han aumentado espectacularmente la tasa de recién nacidos de bajo peso. Ésta es una razón para el aumento del problema entre los recién nacidos estadounidenses (Pinborg y Anderson, 2004). Por ésta y otras razones, las tasas de bajo peso al nacer, muy bajo peso al nacer y peso extremadamente bajo al nacer están aumentando en los Estados Unidos (Hamilton y cols., 2004).

Ninguno de los factores que impiden el crecimiento prenatal normal o lo interrumpen son inevitables. La calidad de la atención médica, la educación, la cultura y el apoyo social afectan a cualquier individuo en desarrollo antes del nacimiento, a través de su influencia sobre la mujer embarazada. La importancia de estos factores se aprecia con claridad en datos provenientes de Gambia, un país pobre de África. El mayor porcentaje de nacimientos prematuros (17%) ocurre en julio, cuando las mujeres suelen trabajar muchas horas en el campo. Los nacimientos pequeños para la edad gestacional son más frecuentes (31%) en noviembre, el final de la "estación del hambre", cuando la mayoría de las mujeres han estado expuestas a subnutrición durante tres meses o más (Rayco-Solon y cols., 2005).

Los padres y otros familiares, los vecinos, las costumbres culturales, los centros clínicos y otros factores pueden reducir mucho los riesgos. Por ejemplo, la tasa de bajo peso al nacer entre los estadounidenses de origen mexicano es más baja que la tasa global para los Estados Unidos, porque es más probable que las familias se aseguren de que las mujeres que pertenecen a ella y están embarazadas no fumen, no beban ni coman poco.

SÍNTESIS

El análisis de riesgo es un aspecto complejo pero necesario del desarrollo prenatal porque la placenta no protege al feto de todos los peligros, sobre todo de las enfermedades, las drogas y los contaminantes. Muchos factores reducen el riesgo, entre ellos la salud y la nutrición maternas antes del embarazo y los cuidados prenatales tempranos (para diagnosticar y tratar los problemas y enseñar a la mujer cómo proteger al feto). El riesgo está condicionado por la dosis y la frecuencia de los teratógenos, así como por la vulnerabilidad genética y la etapa del desarrollo del feto. Las pruebas prenatales a menudo tranquilizan a los futuros padres, pero pueden poner en evidencia varios problemas que exigen la toma de decisiones difíciles. Si el feto aumenta de peso lentamente o nace prematuro como resultado de una enfermedad, consumo de drogas o desnutrición de la madre, el bajo peso al nacer aumenta la vulnerabilidad a las malformaciones congénitas.

El proceso de nacer

Para un bebé de término y una madre saludable, el nacimiento puede ser simple y rápido. En algún momento durante el último mes del embarazo, la mayoría de los fetos cambia su posición, girando la parte de arriba hacia abajo de modo que la cabeza quede en la cavidad pelviana de la madre. Ahora se encuentran en posición de nacer de la forma habitual, con la cabeza primero. Aproximadamente 1 de cada 20 bebés no se dan vuelta y están ubicados para nacer "en pelviana", es decir, las nalgas o, pocas veces, los pies primero. Los obstetras a veces dan vuelta a estos fetos antes del nacimiento o realizan una intervención cesárea (descrita más adelante) porque los niños nacidos en pelviana pueden tener insuficiente oxígeno durante el trabajo de parto.

Aproximadamente el día 266 después de la concepción, el cerebro fetal envía señales para la liberación de algunas hormonas que pasan al torrente sanguíneo materno (Lye y Challis, 2001). Estas hormonas impulsan a los músculos uterinos a contraerse y relajarse, y comienza el proceso activo del trabajo de parto. El proceso desencadenante aún no se conoce plenamente. Es "un sistema extremadamente complejo que abarca varias hormonas y tejidos" y las contracciones irregulares en los casos típicos se presentan horas, días o incluso semanas antes de que comience el trabajo de parto activo (Chow y Yancey, 2001). Muchas mujeres creen que estuvieron en trabajo de parto durante dos días o más antes de dar a luz.

Finalmente las contracciones uterinas se vuelven más fuertes y regulares, con menos de 10 minutos entre una y otra.

ESPECIALMENTE PARA MUJERES EN EDAD FÉRTIL Si usted hubiera decidido embarazarse pronto, es obvio que no podría cambiar sus genes, su edad ni su condición económica. Pero usted puede hacer tres cosas en los próximos dos meses que podrían reducir de manera pronunciada el riesgo de tener un recién nacido de bajo peso o con otro tipo de deterioro en un año a partir de ahora. ¿Cuáles son?

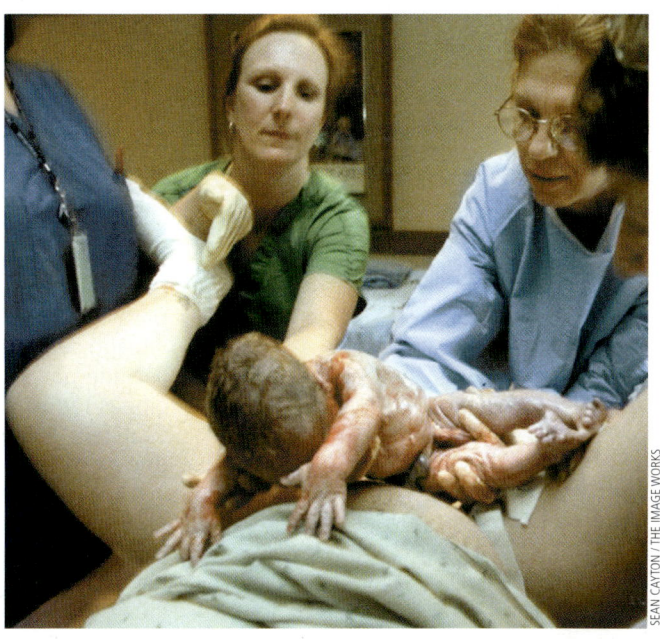

No se necesita un médico En esta maternidad de Colorado Springs, la mayoría de los bebés nacen con la ayuda de las parteras. La apariencia de este recién nacido ensangrentado y con los dedos azulados es completamente normal; la prueba de Apgar a los 5 minutos reveló que el corazón del bebé estaba latiendo a un ritmo normal y que el cuerpo estaba "totalmente rosado".

SEAN CAYTON / THE IMAGE WORKS

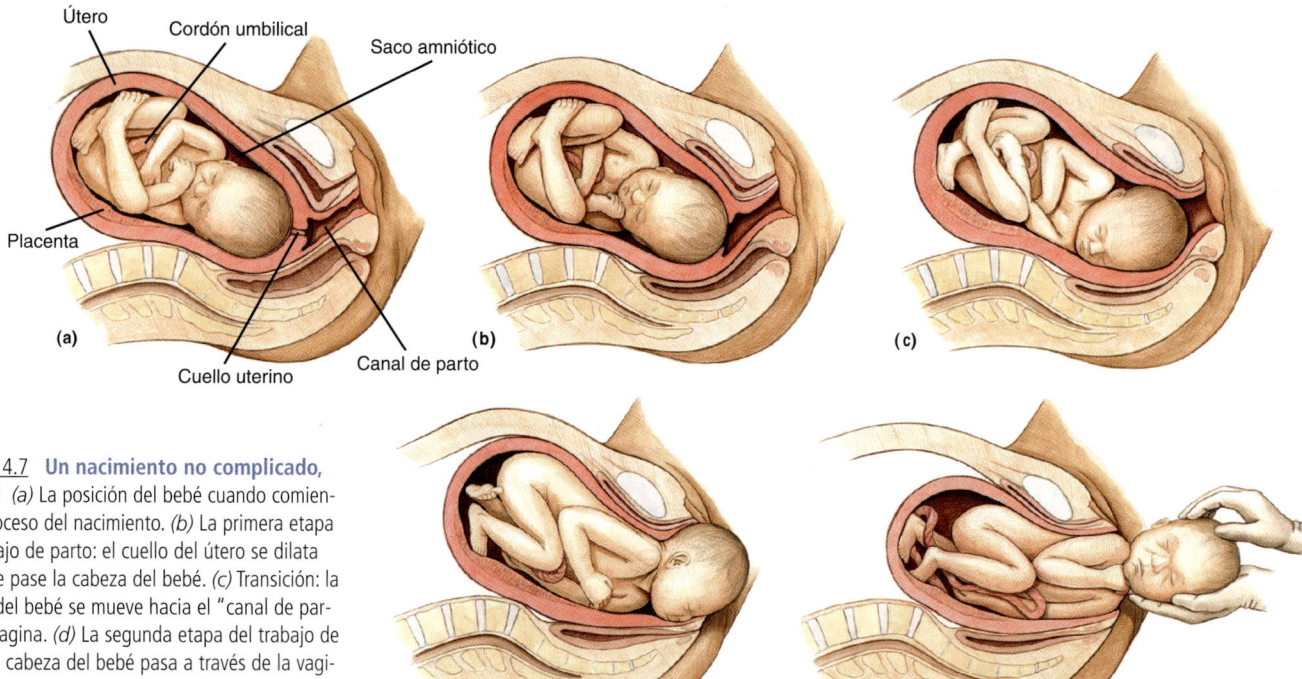

Útero   Cordón umbilical   Saco amniótico   Placenta   Cuello uterino   Canal de parto

(a)   (b)   (c)   (d)   (e)

FIGURA 4.7   **Un nacimiento no complicado, normal**   *(a)* La posición del bebé cuando comienza el proceso del nacimiento. *(b)* La primera etapa del trabajo de parto: el cuello del útero se dilata para que pase la cabeza del bebé. *(c)* Transición: la cabeza del bebé se mueve hacia el "canal de parto", la vagina. *(d)* La segunda etapa del trabajo de parto: la cabeza del bebé pasa a través de la vagina ("corona") y *(e)* aparece por completo.

? **PRUEBA DE OBSERVACIÓN** (véase la respuesta en la p. 120): en el dibujo (e), ¿qué está haciendo el asistente a medida que se asoma la cabeza del bebé?

! **RESPUESTA A LA PRUEBA DE OBSERVACIÓN** (de p. 116): en 1998. Después de haber disminuido desde mediados de la década de 1960, la tasa de bajo peso al nacer comenzó a ascender a mediados de la década de 1980.

escala de Apgar   Evaluación rápida del funcionamiento del organismo de un recién nacido. Dos veces, una al minuto de nacer y otra a los cinco minutos, se adjudican puntuaciones (de 0 a 2) al color del recién nacido, la frecuencia cardíaca, los reflejos, el tono muscular y el esfuerzo respiratorio. Las puntuaciones totales se comparan con la ideal, que es 10.

El bebé nace, en promedio, después de 12 horas de trabajo de parto activo para los primeros nacimientos y de 7 horas para los nacimientos ulteriores (Moore y Persaud, 2003), si bien es común que el trabajo de parto lleve el doble de duración o la mitad. Las posiciones del parto para las mujeres también varían: sentada, agachada, recostada (Blackburn, 2003) o incluso sumergida en agua tibia. La figura 4.7 muestra la secuencia de etapas en el proceso de nacimiento.

Los primeros minutos del recién nacido

¿Usted tiene la imagen de que los niños que acaban de nacer son sostenidos con la cabeza hacia abajo y se les aplica una palmada en las nalgas para que comiencen a llorar y respirar? Es una imagen equivocada. Es mejor una manipulación suave, porque los recién nacidos suelen respirar y llorar por sí mismos. Entre los llantos espontáneos, las primeras bocanadas de aire hacen que el color del lactante cambie desde un tinte azulado a rosado a medida que el oxígeno comienza a circular en todo su sistema, y las manos y los pies son las últimas partes del cuerpo en volverse rosadas. ("Azulado" y "rosado" se refieren al color de la sangre, visible por debajo de la piel, y se aplican a los recién nacidos de todos los colores de piel.) Los ojos se abren ampliamente; los pequeños dedos de la mano se agarran de todo lo que pueden, e incluso los diminutos dedos de los pies se estiran y encogen. El recién nacido está de golpe y con entusiasmo listo para vivir.

Sin embargo, los que asisten el trabajo de parto tienen mucho que hacer. Hay que extraer la mucosidad de la garganta del niño, sobre todo si las primeras respiraciones parecen poco profundas o forzadas. Se corta el cordón umbilical para separarlo de la placenta y en su base se formará el ombligo. Se pesa al recién nacido y luego se lo envuelve para preservar la temperatura corporal. Si el nacimiento es asistido por una persona entrenada –como en el 99% de los nacimientos en las naciones industrializadas y alrededor del 50% de los nacimientos en todo el mundo (Rutstein, 2000)– los recién nacidos son pesados y examinados para asegurarse de que no existan problemas que requieran una atención médica rápida.

Una evaluación ampliamente utilizada es la **escala de Apgar** (véase cuadro 4.7). El examinador controla cinco signos vitales (la frecuencia cardíaca, el esfuerzo respiratorio, el tono muscular, el color y los reflejos) al minuto después del nacimiento y nuevamente a los cinco minutos, asignando a cada uno una puntuación de 0, 1 o 2 (Moster y cols., 2001). Si la puntuación total a los cinco minutos es

CUADRO 4.7	Criterios y puntuación de la escala de Apgar				
Puntuación	Color	Ritmo cardíaco	Irritabilidad refleja	Tono muscular	Esfuerzo respiratorio
0	Azul, pálido	Ausente	Sin respuesta	Fláccido, hipotónico	Ausente
1	Rosa en el cuerpo y azul en las extremidades	Lento (por debajo de 100)	Muecas	Débil, inactivo	Irregular, lento
2	Totalmente rosa	Rápido (más de 100)	Tos, estornudos, llanto	Fuerte, activo	Bueno; el bebé llora

Fuente: Apgar, 1953.

7 o más, no hay peligro. Si a los cinco minutos es inferior a 7, el recién nacido necesita ayuda para respirar normalmente. Si es inferior a 4, el bebé requiere cuidados intensivos urgentes. La mayoría de los recién nacidos se encuentra bien, lo que tranquiliza a la nueva madre y al padre, que abrazan a su bebé y se felicitan mutuamente.

Variaciones

Cuán exactamente se aproxima cualquier nacimiento dado a la descripción precedente depende de la preparación de los padres para el nacimiento, el apoyo físico y emocional que brindan los que participan en el parto, la posición y el tamaño del feto y el contexto cultural. En las naciones desarrolladas, en los nacimientos se suelen emplear medicamentos para calmar el dolor o aumentar las contracciones, accesorios y procedimientos estériles que incluyen batas especiales, guantes y el lavado de las manos, y la monitorización tanto de la madre como del feto. Aproximadamente en el 28% de los nacimientos en los Estados Unidos, se realiza una **cesárea**. El feto es extraído a través de incisiones en el abdomen y el útero de la madre (Hamilton y cols., 2004). La tasa de nacimientos quirúrgicos varía mucho de un lugar a otro: muchos países desarrollados tienen muchas menos cesáreas que los Estados Unidos, pero otros tienen más (véase fig. 4.8).

Si se detectan anomalías graves, la microcirugía cardíaca, pulmonar y digestiva de los pequeños órganos ha sido sorprendentemente exitosa en años recientes. Miles de bebés, que en otra época hubieran fallecido, han podido desarrollarse normalmente. Hace 80 años, el 5% de todos los recién nacidos en Estados Unidos moría (De Lee, 1938).

En muchas naciones, incluidos los Estados Unidos, los recién nacidos son evaluados para enfermedades genéticas, casi siempre para fenilcetonuria y anemia de células falciformes y a menudo para muchas otras (algunos estados evalúan a los recién nacidos para 40 enfermedades). Si las pruebas indican un problema que es confirmado me-

cesárea Parto quirúrgico. Intervención con incisiones en el abdomen y el útero de la madre que permiten extraer rápidamente al bebé en vez de esperar un parto vaginal.

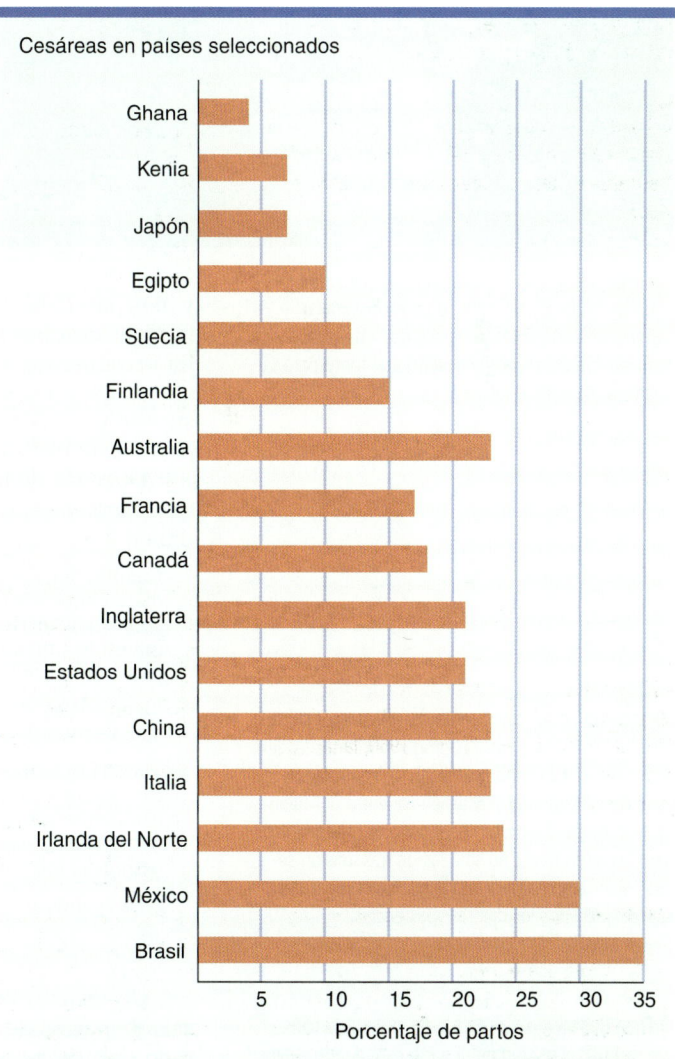

Cesáreas en países seleccionados

Porcentaje de partos

FIGURA 4.8 **¿Demasiadas cesáreas o muy pocas?** Las tasas de parto por cesárea varían ampliamente de un país a otro. En general, los nacimientos por cesárea están disminuyendo en los Estados Unidos y aumentando en África. Latinoamérica tiene las tasas más altas del mundo (obsérvese que el 35% de todos los nacimientos en Brasil son por cesárea) y África subsahariana tiene la más baja. La cuestión subyacente es si algunas mujeres que deberían tener una cesárea no la tienen, mientras que otras mujeres tienen cesáreas innecesarias.

Fuentes: Balizan y cols., 1999; Buekens y cols., 2003; Gomes y cols., 1999; Khawaja y cols., 2004; Royal College of Obstetricians and Gynecologists, 2001.

diante nuevas pruebas, los padres y el personal médico comienzan la aplicación de medidas para evitar las peores consecuencias (MMWR, 15 de octubre, 2004).

En todo el mundo, cada año, las acciones de obstetras, parteras y enfermeras salvan millones de vidas, de las madres y de los bebés. De hecho, la falta de atención médica durante el parto y los abortos ilegales constituyen las razones principales por las cuales la maternidad aún conlleva riesgos en las naciones menos desarrolladas; aproximadamente una de cada 20 mujeres africanas muere por las complicaciones del embarazo y el parto (Daulaire y cols., 2002).

La asistencia médica moderna tiene innegables beneficios, pero muchos aspectos del parto hospitalario han sido criticados como enraizados en la costumbre, no en la necesidad. Incluso peor, consideraciones económicas o el miedo a las demandas judiciales afectan también las decisiones médicas. Por ejemplo, un estudio cuidadoso del Medio Oeste observó que la tasa de partos por cesárea era del 17% de las mujeres con seguro médico privado, del 14% de las que tenían Medicaid, y de sólo el 10% de aquellas que no tenían seguro (Aron y cols., 2000). La explicación más plausible es que las mujeres con seguro reciben una asistencia más costosa, lo que tal vez aumente el estrés del parto, o tal vez aumente su alegría. Del mismo modo, la sabiduría convencional –y el miedo a las demandas– exige que las mujeres que se han sometido a una intervención cesárea tengan cesáreas en todos los partos ulteriores para evitar rotura del útero, aun cuando la complicación es inusual.

En respuesta a las críticas, ha crecido el número de alternativas al nacimiento hospitalario convencional. Para la década de 1990, sólo el 41% de todos los nacimientos en los Estados Unidos se produjeron en las salas de parto de los hospitales con equipo de alta tecnología, mientras que el 53% tuvo lugar en una *habitación para el trabajo de parto*, que es habitualmente una habitación más pequeña y más parecida al hogar, donde la futura madre permanece con su esposo u otro familiar desde el momento en que entra en el hospital hasta que ella y su bebé se han recuperado del parto. En este entorno, los médicos y las enfermeras intervienen cuando es necesario, pero la mujer tiene mucho más control sobre lo que sucede y cuándo. Es *su* habitación y ella está con *su* pareja, de modo que es *su* parto; esto por sí sólo reduce la ansiedad, el dolor, el estrés y las complicaciones.

Otro 5% de los nacimientos en los Estados Unidos ocurre en *maternidades independientes*, que están aún más centradas en la familia. Como lo relató una mujer:

> Cuando llegamos a la maternidad para tener el bebé, nos dijeron que fuéramos inmediatamente a la habitación que habíamos elegido. Allí no había olor a hospital, ni personas que corrieran de un lado a otro, ni papeles que Gary tuviera que completar mientras a mí me llevaban sola en una silla de ruedas por un largo pasillo. Aquí estábamos juntos caminando hacia nuestra habitación.
>
> Siempre hay mucha ansiedad cuando empieza el trabajo de parto; pero la atmósfera en la maternidad era tan relajante que me sentí tranquila...
>
> Varias horas más tarde, nació nuestra tercera hija. Jamás fue llevada a una sala de recién nacidos de fuertes luces y en compañía de otros bebés que lloran sino que permaneció en nuestra tranquila habitación con nosotros. La podíamos alzar cuando ella lo necesitaba y alimentarla cuando ella lo deseaba. Gary y yo estábamos juntos cuando el pediatra vino a revisarla.
>
> Aun cuando fue mi parto más difícil, fue el nacimiento más feliz.
>
> [*Citado en La Leche, 1997*]

Un testimonio como éste no prueba que una maternidad es mejor que una sala de partos de hospital, pero la comparación cuidadosa de las dos refleja que todo tipo de intervención médica es menos frecuente en las maternidades (por ejemplo, menos líquidos intravenosos, más alimentación o bebida para la madre durante el trabajo de parto) y que los resultados del parto son similares. La ma-

WATERBIRTH INTERNATIONAL

Un momento tierno Un porcentaje pequeño pero creciente de partos tiene lugar en piscinas o bañeras de agua tibia. Se piensa que este método es más fácil que el parto convencional tanto para la madre como para el niño.

RESPUESTA PARA LAS MUJERES EN EDAD FÉRTIL (de p. 117): evitar todas las drogas (incluidas las legales, como la nicotina y el alcohol), controlar su peso (aumentar algo si éste se encuentra por debajo de lo normal) y recibir diagnóstico y tratamiento para las infecciones, no sólo las de transmisión sexual, sino también para las de cualquier lugar del cuerpo, incluidos los dientes y las encías.

! RESPUESTA A LA PRUEBA DE OBSERVACIÓN (de p. 118): el asistente del parto está dando vuelta la cabeza del bebé una vez que ha salido; al hacerlo facilita la salida de los hombros.

ternidad de San Diego, California, que fue el centro de este estudio, es una de las mejores. Las enfermeras y las parteras rápidamente derivan a las mujeres embarazadas a los doctores y a los hospitales cuando está indicado. Globalmente, los datos sugieren que los nacimientos tradicionales en hospitales no son mejores para el bebé que los nacimientos con más orientación familiar (Jackson y cols., 2003).

Sólo el 1% de los nacimientos en los Estados Unidos ocurre en las casas: casi la mitad, por elección y atendidos por un médico o una partera, y la otra mitad, porque se producen inesperadamente. Estos nacimientos por lo general son bastante normales y saludables, pero cualquier complicación puede volverse muy grave mientras se espera la ayuda médica de emergencia (Pang y cols., 2002).

En muchas regiones del mundo, a medida que se introduce la medicina moderna, se produce una confrontación entre los nacimientos tradicionales en el hogar asistidos por una partera y los nacimientos en hospitales asistidos por un obstetra. Con mucha frecuencia, las mujeres deben decidir entre uno y otro, más que combinarlos. Se describe un ejemplo referente a individuos inuit del norte de Canadá:

> Hasta hace 30 o 40 años, todas las mujeres y la mayoría de los hombres aprendían las habilidades de las parteras y sabían qué hacer para ayudar al nacimiento si era necesario... Ellos ayudaban a la mujer a arrodillarse o ponerse en cuclillas sobre las pieles del caribú y ataban el cordón con tendones del caribú.... Desde la década de 1950, a medida que el sistema médico asumió el control con la idea de que el nacimiento hospitalario era más seguro, cada vez más mujeres embarazadas eran evacuadas por aire para dar a luz en grandes hospitales en Winnipeg y otras ciudades... Alrededor de tres semanas antes de la fecha prevista para el parto, una mujer es llevada hacia el sur para que espere en una casa donde le dan cama y desayuno hasta el comienzo del trabajo de parto; éste a veces debe inducirse si el niño no llega cuando es esperado. Ansiosas porque sus hijos han quedado en el hogar, las madres se aburren y deprimen... Las mujeres... dan a luz en decúbito dorsal (apoyadas sobre sus espaldas) en lugar de la posición erecta que practican tradicionalmente, y también describen que son atadas mientras están dando a luz. Muchas mujeres dicen que los hijos que han nacido en un hospital son diferentes y no se adaptan tan bien al estilo de vida inuit... Varias maternidades nuevas se han creado ahora (en la tierra natal de los inuit) y las enfermeras-parteras traen a las parteras tradicionales como asistentes durante el parto, entrenando a algunas parteras inuit para que trabajen con ellas al tiempo que aprenden algunas de las viejas formas inuit.
>
> *[Kitzinger, 2001, pp. 160-161]*

Otro ejemplo de una costumbre tradicional incorporada en un parto moderno es la presencia de una **comadrona**. Costumbre largamente enraizada en muchos países latinoamericanos, una comadrona es una mujer que ayuda a otra con el trabajo de parto, el parto, la lactancia y los cuidados del recién nacido. Un número creciente de mujeres en Estados Unidos están contratando ahora a una comadrona profesional para realizar estas funciones (Douglas, 2002). Desde la perspectiva del desarrollo, estas combinaciones de prácticas tradicionales y modernas de parto son excelentes. En todas las culturas, algunas prácticas son útiles y otras son nocivas para el desarrollo. Es probable que una combinación seria sea mejor.

comadrona Mujer que asiste en el parto. En la tradición latinoamericana, la comadrona era semejante a una partera, o sea, la única profesional que atendía a la parturienta. En la actualidad, las comadronas a menudo trabajan con el personal médico de un hospital para asistir a la mujer durante el parto.

Complicaciones en el nacimiento

Cuando un feto ya se encuentra en riesgo porque tiene bajo peso, nace antes de término, presenta una anomalía genética o está expuesto a un teratógeno, o su madre es demasiado joven, o mayor, o pequeña o enferma, son más probables las complicaciones en el nacimiento. El punto crucial que debemos señalar es que estas complicaciones forman parte de una secuencia de acontecimientos y condiciones, que comienzan mucho antes de las primeras contracciones del trabajo de parto y siguen en los meses y años posteriores. Esto significa que la prevención y el tratamiento deben ser continuos.

Un ejemplo es la **parálisis cerebral** (las dificultades en el control de los movimientos a causa de un daño cerebral) que antes se pensaba que se debía exclusivamente a ciertos procedimientos en el parto, como la excesiva medicación para el dolor, el parto lento en pelviana o el parto con fórceps (instrumento que se usaba algunas veces para traccionar de la cabeza fetal a través del canal de

parálisis cerebral Trastorno ocasionado por una lesión de los centros motores del cerebro. Los individuos que sufren de parálisis cerebral tienen dificultades con el control muscular, lo cual a veces afecta el habla y los movimientos corporales.

anoxia Falta de oxígeno que, de prolongarse durante el parto, puede causarle al niño daño cerebral o la muerte.

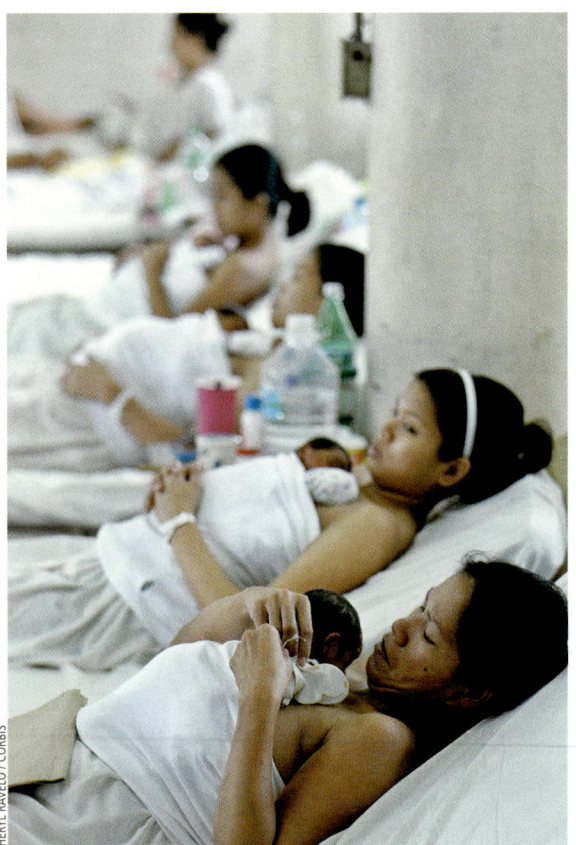

CHERYL RAVELO / CORBIS

Un comienzo beneficioso Estas madres recientes en una sala de maternidad de Manila reciben entrenamiento en la denominada técnica canguro para sus recién nacidos de bajo peso.

técnica canguro Cuidados que aplica la madre de un recién nacido de bajo peso, que consisten en sostener al menos una hora diaria al niño entre los senos, como lo hace la hembra del canguro cuando lleva su cría inmadura en el marsupio o bolsa abdominal. Si el bebé tiene la fortaleza necesaria, será fácilmente amamantado de esta manera.

parto). Sin embargo, de hecho la parálisis cerebral a menudo es el resultado de una vulnerabilidad genética y puede empeorar por los teratógenos y un parto prematuro con **anoxia**, es decir, falta transitoria de oxígeno.

La anoxia tiene muchas causas y siempre es peligrosa; por eso se registra la frecuencia cardíaca durante el parto y por eso el color de los recién nacidos es uno de los cinco criterios de la escala de Apgar. Cuánto tiempo un bebé puede experimentar anoxia sin daño cerebral depende de los genes, el peso, la madurez neurológica, los medicamentos en el torrente sanguíneo (ya sea ingeridos por la madre antes del parto o administrados por el médico durante el parto) y otros factores.

Los bebés que nacen con bajo peso corren el riesgo de tener muchos problemas antes, durante e inmediatamente después del parto, en especial cuando son muy prematuros o muy pequeños. Como ya hemos visto, esos problemas tienen sus orígenes en factores presentes aun antes de la concepción, como el peso muy bajo, el tabaquismo o el consumo de drogas de la mujer.

Primero, los cuidados intensivos...

A los bebés vulnerables por lo común se los coloca en salas de cuidados intensivos neonatales donde permanecen conectados a una máquina u otra y rodeados por luces brillantes y ruidos. Si bien estas medidas están justificadas en general por cuestiones médicas, también privan a los neonatos del suave balanceo en la penumbra que experimentarían si todavía estuvieran en el útero o de la manipulación habitual que conllevan la alimentación y el baño si estuvieran en bajo riesgo. Para superar esta carencia, muchos hospitales brindan a los bebés de alto riesgo un masaje regular y estimulación relajante, para que aumenten de peso y acrecienten su estado global de alerta (Field, 2001).

En condiciones ideales, los padres participan en estos cuidados tempranos al reconocer que ellos también sufren privación y estrés. Se sienten inseguros sobre el futuro de su bebé y a menudo no aptos, tristes, culpables o enojados. Estas emociones se alivian algo si ellos pueden acunar y cuidar a su bebé vulnerable.

Una forma de lograr la participación de los padres es mediante la **técnica canguro**, en la cual la madre de un recién nacido de bajo peso pasa al menos una hora diaria sosteniendo a su diminuto bebé entre sus senos, piel con piel, lo que permite que el diminuto niño oiga sus latidos cardíacos y perciba el calor de su cuerpo. Un estudio comparativo (Feldman y cols., 2002) observó que los recién nacidos sometidos a la técnica canguro duermen más profundamente y pasan más tiempo en estado de alerta que los que reciben cuidados convencionales. Aproximadamente a los 6 meses de edad, los bebés en quienes se utilizó la técnica canguro respondían más a sus madres. Estos hallazgos podrían ser el resultado de una mejor maduración del niño o de un aumento de la sensibilidad materna, pero de cualquier forma son buenas noticias.

...y luego el hogar

A los recién nacidos de alto riesgo que sobreviven, los acechan complicaciones que incluyen problemas médicos menores y un desarrollo lento. Los prematuros a menudo tardan en sonreír, en sostener el biberón y en comunicarse. A medida que pasan los meses, pueden surgir dificultades cognitivas a corto y a largo plazo. Los bebés de alto riesgo son más distraídos, menos obedientes y más lentos para empezar a hablar (Girouard y cols., 1998; Taylor y cols., 2000). Incluso persisten algunos riesgos en la adultez temprana (Hack y cols., 2002). Irónicamente, los recién nacidos de bajo peso tienen en la adultez tasas relativamente altas de obesidad y diabetes, así como otras enfermedades.

La discapacidad a largo plazo no es una condición ineludible, incluso en los recién nacidos diminutos y frágiles. Algunos bebés con defectos cardíacos u otras anomalías graves, o que pesan 900 gramos o menos, se desarrollan con bastante normalidad si reciben cuidados tempranos excelentes. Sin embargo, la mayoría permanece con discapacidades durante largo tiempo (Miller y cols., 2001; Sweet y cols., 2003). Por lo tanto, los padres de los bebés de alto riesgo deben entender que el parto no es el último desafío grande pero también que los problemas intelectuales y físicos graves no son un destino inevitable. Es posible que se requieran cuidados médicos continuos, apoyo familiar y servicios de educación especial durante muchos años (Petrou y cols., 2001). El mejor elemento predictivo del desarrollo cognitivo de los bebés prematuros no son sus complicaciones en el nacimiento sino el apoyo social que reciben en el primer año de vida.

Las madres, los padres y un buen comienzo

Los seres humanos son criaturas sociales que siempre interactúan con sus familias y las sociedades en que viven. En consecuencia, el desarrollo prenatal y el parto no sólo involucran al feto sino también a la madre, el padre y muchos otros. Como ya ha leído, la posibilidad que tiene una mujer de evitar los riesgos durante el embarazo depende en parte de su familia, su grupo étnico y el país donde vive.

El apoyo para las madres

La experiencia de las mujeres nacidas en México que ahora viven en los Estados Unidos es otra situación ilustrativa de la diferencia que puede lograr el entorno social. Como lo muestra la figura 4.9, estas mujeres tienen con menos frecuencia bebés de bajo peso que las estadounidenses de ascendencia hispana (de cualquier grupo étnico) y que las estadounidenses de origen europeo o africano. Esto es especialmente notable porque las mejicanas que viven en los Estados Unidos reciben menos cuidados prenatales e ingresos más bajos que las embarazadas de los otros grupos e incluso que las estadounidenses de origen mejicano de segunda generación provenientes de los mismos vecindarios. La razón debe estar vinculada con las prácticas sociales y no con los genes (Aguirre-Molina y cols., 2001).

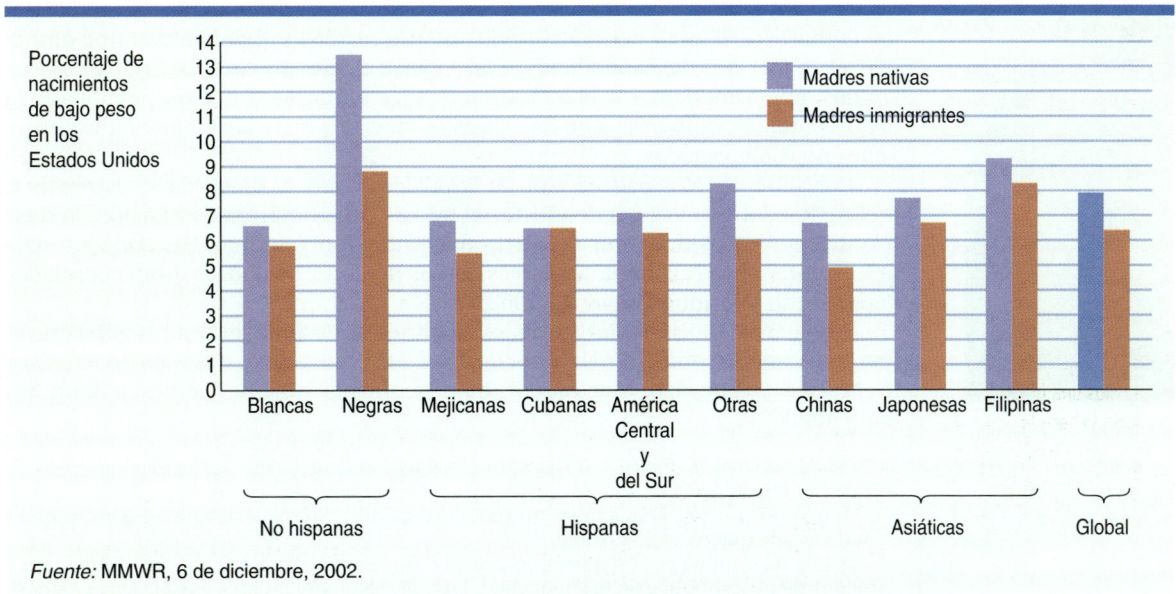

Fuente: MMWR, 6 de diciembre, 2002.

FIGURA 4.9 **Bajo peso al nacer y país de origen de la madre** Globalmente, y para casi cualquier grupo étnico, las madres estadounidenses tienen una tasa más alta de recién nacidos de bajo peso que las madres nacidas en cualquier otro país que han inmigrado a los Estados Unidos. Este beneficio de las inmigrantes se da a pesar de tres riesgos: suelen ser más pobres, menos educadas y es menos probable que accedan a cuidados prenatales. Sin embargo, suelen tener tres ventajas: con menos frecuencia son adolescentes, solteras y consumidoras de drogas y de alcohol.

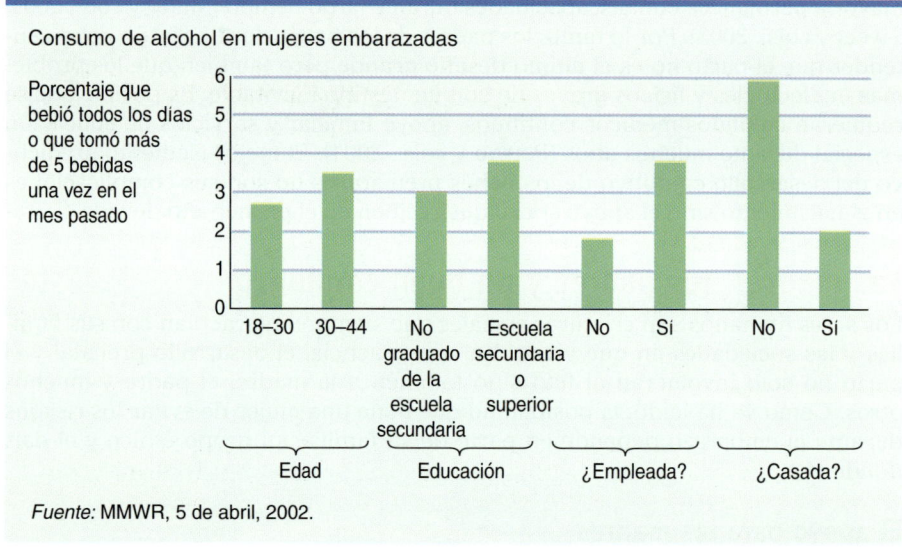

Consumo de alcohol en mujeres embarazadas

Porcentaje que bebió todos los días o que tomó más de 5 bebidas una vez en el mes pasado

Fuente: MMWR, 5 de abril, 2002.

FIGURA 4.10   **La sabiduría no lo interrumpe** Lógicamente, se podría pensar que las mujeres de más edad y las mujeres con experiencia laboral y educación nunca beberían hasta el punto de poner en peligro a su feto, pero no es así. El único factor que parece lograr una diferencia importante es el matrimonio.

La ayuda de los padres

Este ejemplo señala otro punto importante: los padres pueden ser fundamentales. Un futuro padre que brinde apoyo ayuda a la futura madre a mantenerse saludable, bien nutrida y libre de drogas. El alcohol no es bueno para un feto, como lo muestra la figura 4.10, ni la educación ni el empleo se correlacionan con una disminución del consumo de alcohol durante el embarazo. Sí el matrimonio. En lo que se refiere al alcohol, al menos, los esposos parecen ayudar a sus esposas con la abstinencia.

Una explicación alternativa para esta correlación es que es más probable que los embarazos dentro del matrimonio sean queridos y planificados por ambos padres, y un niño deseado alienta a la mujer a cuidar su cuerpo. En los Estados Unidos, aproximadamente el 50% de todos los embarazos no son planificados y el porcentaje de embarazos no deseados es más alto entre las mujeres que son jóvenes no están casadas.

Por supuesto, los padres y otros familiares pueden aumentar el estrés de la madre, lo cual a su vez puede afectar al feto al interrumpir la circulación, la dieta o la digestión. Los dos futuros padres necesitan apoyo mutuo. Las concentraciones de cortisol, la hormona del estrés, en los dos futuros padres están correlacionadas (Berg y Wynne-Edwards, 2002).

¿Recuerda a John y Martha, la joven pareja cuya amiocentesis mostró que su feto tenía una trisomía 21? Una noche a las 3 de la mañana, después de unos siete meses de embarazo, Martha lloraba descontroladamente. Le dijo a John que tenía miedo.

> "¿Miedo de qué?", dijo él; "¿de un pequeño varón que no es tan perfecto como crees que debería serlo?"
>
> "Yo no dije que quería que fuera perfecto", respondí. "Sólo quería que fuese normal. Es todo lo que quiero. Sólo normal."
>
> "Es una total tontería... no quieres que este niño sea normal. Lo arrojarías en un contenedor de desechos si sólo fuera normal. Lo que realmente quieres es que sea un superhumano."
>
> "Para tu información", dije en mi tono más ácido, "yo fui quien decidió mantener a este bebé, aun cuando tuviera síndrome de Down. Tú eras el que quería arrojarlo al contenedor de desechos."
>
> "¿Cómo puedes saber?", la voz de John aumentó más de volumen. "Nunca me preguntaste qué quería, ¿no es cierto? No. Ni siquiera me preguntaste..."
>
> [Beck, 1999, p. 255]

Su bebé. También La devoción de este padre por su bebé ilustra un tópico que la investigación evolutiva sólo ha reflejado recientemente: los padres contribuyen mucho más que con la mitad de los genes de su hijo.

Especialmente para los futuros padres
¿Cuándo comienza la influencia no genética del hombre sobre sus hijos?

Este episodio terminó bien, con una larga, cálida y honesta conversación entre los dos futuros padres. Ambos padres supieron lo que significaba el feto para el otro, un tema tabú hasta esa noche. Adam, su futuro hijo, se convirtió en una parte importante de la relación. Su falta de comunicación hasta ese momento, y la súbita irrupción de emociones no expresadas, no es inusual durante el embarazo. Es difícil una conversación honesta entre los futuros padres, sobre todo porque el embarazo propiamente dicho evoca recuerdos de la infancia y miedos por el futuro. No obstante, una comunicación abierta e íntima es fundamental durante todo el embarazo y durante la crianza del niño para formar una **alianza entre los padres**, el compromiso de ambos padres para cooperar en la crianza del niño.

Problemas de las nuevas madres

Entre las mujeres de los Estados Unidos que dieron a luz entre 1993 y 1997, el 42% tenía algún tipo de problema médico. En el 4%, el problema precedió al parto (como una cardiopatía), en el 29% fue una complicación directamente relacionada con el parto (como una infección) y en el 9% fue una cesárea sin otras complicaciones (Danel y cols., 2003). Muchas de estas mujeres, así como la mayoría de las que no sufren complicaciones, se encuentran encantadas con ellas y sus bebés, pero el parto casi siempre es estresante de alguna forma.

En los días y semanas que siguen al parto, entre el 8% y el 15% de las mujeres experimentan **depresión puerperal**, un sentimiento de ineptitud y tristeza (cuya forma leve se denomina *tristeza puerperal*, y su forma grave *psicosis puerperal*) (Perfetti y cols., 2004). La madre encuentra que los cuidados normales del niño (alimentación, cambio de pañales, baño) constituyen una carga muy grande y puede pensar en descuidar al bebé o abusarse de él. La depresión puerperal que dura más de algunas semanas puede tener un impacto prolongado sobre el niño, de modo que debe ser diagnosticada y tratada tan pronto como sea posible (Goodman y Gotlib, 2002; Hay y cols., 2001).

Desde una perspectiva evolutiva, algunas causas de depresión puerperal son anteriores al embarazo (como la depresión preexistente, la tensión por la situación económica o los problemas conyugales), otras ocurren durante el embarazo (las mujeres más a menudo están deprimidas dos meses antes del parto que dos meses después) y otras son específicas del bebé particular (la salud, la alimentación o los problemas del sueño) (Ashman y Dawson, 2002; Evans y cols., 2001). En cualquier caso, el apoyo del padre beneficia a la madre, y su vínculo afectivo con el bebé puede superar cualquier impacto negativo sobre el niño en desarrollo (National Institutes of Health, 2001).

El enfoque en las emociones de la madre plantea el interrogante: ¿en qué medida las primeras horas son fundamentales para establecer el **vínculo entre los padres y el bebé**, es decir, el fuerte lazo de afecto que se forja cuando los padres cargan, observan y alimentan al recién nacido? Se ha afirmado que este vínculo se desarrolla en las primeras horas después del parto, cuando la madre tiene contacto con su bebé desnudo, así como las ovejas y las cabras deben oler y acariciar con el hocico a sus hijos recién nacidos que van a criar (Klaus y Kennell, 1976).

Si bien el concepto de vínculo se ha utilizado para argumentar en contra de la institucionalización impersonal del parto, la investigación no ha descubierto que el contacto temprano de la piel sea esencial en los seres humanos (Eyer, 1992, Lamb, 1982). Al contrario de las ovejas y las cabras, la mayoría de los mamíferos no necesita un contacto inmediato para que los padres puedan criar a su descendencia. De hecho, una importante investigación en monos comienza con la *crianza cruzada*, estrategia en la cual los recién nacidos son separados de sus madres biológicas en los primeros días de vida y criados por otra hembra o incluso por un macho. A veces se desarrolla una relación fuerte y beneficiosa (Suomi, 2002).

SHEHZAD NOORANI / PETER ARNOLD, INC.

Una madre adolescente Este bebé de una semana, nacido en un pueblo pobre de Myanmar (Burma), tiene mejor posibilidad de supervivencia de lo que de otra forma hubiera tenido, porque su madre de 18 años se ha vinculado con él.

alianza de los padres Cooperación entre la madre y el padre por el compromiso que comparten de criar a sus hijos. En esta alianza, los padres están de acuerdo en darse mutuo apoyo en el papel que cumplen y comparten como progenitores.

depresión puerperal Sentimiento profundo de tristeza, ineptitud y desesperación que sufre una madre durante los primeros días y semanas después del parto. Estos sentimientos son en parte de origen fisiológico (especialmente hormonal) y en parte cultural, particularmente si la mujer no recibe la asistencia o el aliento apropiados por parte del padre del bebé y otras personas allegadas.

vínculo entre los padres y el bebé Fuerte lazo de afecto que se forja cuando los padres cargan en brazos al recién nacido. El vínculo comienza por lo general antes del nacimiento y continúa a lo largo de la infancia, por lo cual el contacto de la madre con el bebé durante los primeros minutos después del nacimiento es importante pero no es crucial.

ESPECIALMENTE PARA CIENTÍFICOS La investigación con animales puede beneficiar a las personas, pero a veces es utilizada muy rápidamente para apoyar conclusiones acerca de los seres humanos. ¿Cuándo sucede esto?

SÍNTESIS

RESPUESTA PARA LOS FUTUROS PADRES (de p. 124): antes de la concepción y durante todo el desarrollo prenatal, a través de su influencia sobre las actitudes y la salud de la madre.

RESPUESTA PARA LOS CIENTÍFICOS (de p. 125): cuando apoya una afirmación que es popular pero sin sustento en datos experimentales, como la construcción social de que el contacto físico es fundamental para el vínculo entre los padres y los bebés.

La mayoría de los recién nacidos pesan alrededor de 3,4 kilogramos, tienen una puntuación de 7 en los 10 de la escala de Apgar y crecen sin ayuda médica. Cuando es necesario, la cirugía y los cuidados intensivos neonatales pueden salvar las vidas y evitar las complicaciones a largo plazo. Si bien la medicina moderna ha hecho menos frecuente la muerte o el compromiso serio de la madre o el bebé en los países desarrollados, muchas críticas deploran la tendencia a tratar el parto como un problema médico en lugar de un acontecimiento natural. Los psicólogos del desarrollo señalan que las complicaciones duraderas pocas veces son consecuencia de las prácticas obstétricas aisladas; los problemas prenatales y los cuidados posnatales suelen estar involucrados en cualquier complicación. La depresión puerperal no es rara pero, nuevamente, factores anteriores y posteriores al parto afectan la gravedad y la persistencia de estos problemas. El contacto físico íntimo luego del parto parece beneficiar a los padres y los bebés, pero no es esencial en los seres humanos para la formación del vínculo afectivo. La relación familiar comienza antes de la concepción, puede ser fortalecida por el proceso del nacimiento y continúa durante toda la vida.

■ RESUMEN

Del cigoto al recién nacido

1. Las dos primeras semanas del crecimiento prenatal se denominan etapa germinal. Durante este período, el cigoto unicelular se desarrolla en un organismo de más de 100 células, desciende por la trompa de Falopio y se implanta en el revestimiento uterino. La mayoría de los cigotos no se desarrollan y nunca se implantan.

2. El período desde la tercera hasta la octava semana después de la concepción se denomina etapa embrionaria. El corazón comienza a latir y los ojos, las orejas, la nariz y la boca empiezan a formarse. Hacia la octava semana, el embrión tiene los órganos básicos y los rasgos de un humano, con la excepción de los órganos sexuales.

3. La etapa fetal se extiende desde la novena semana hasta el nacimiento. Hacia la duodécima semana todos los órganos y las estructuras corporales están formados. El feto logra ser viable cuando el encéfalo está lo suficientemente maduro como para regular las funciones corporales básicas.

4. El feto promedio aumenta alrededor de 2 kilogramos durante los tres últimos meses de embarazo y pesa 3,4 kilogramos cuando nace. La maduración del encéfalo, los pulmones y el corazón asegura la supervivencia de más del 99% de todos los bebés de término. Hacia el final del desarrollo prenatal, el feto puede oír y responde al movimiento, y los padres asimismo están mucho más conscientes de su bebé.

Reducción de riesgos

5. Algunos teratógenos (enfermedades, drogas y contaminantes) producen deterioro físico. Otros, llamados teratógenos conductuales, dañan el cerebro y por lo tanto deterioran las capacidades cognitivas y las tendencias de la personalidad.

6. El hecho de que un teratógeno determinado dañe a un embrión o un feto depende del momento, la cantidad de la exposición y la vulnerabilidad genética. Para protegerse de las complicaciones prenatales, se recomiendan firmemente buenas prácticas sanitarias públicas e individuales. Sin embargo, no existen garantías de ninguna forma.

7. Muchos métodos de pruebas prenatales informan a las parejas que esperan un hijo durante los primeros meses de embarazo cómo se está desarrollando el feto. Este conocimiento puede traer ansiedad y una responsabilidad inesperada así como una información bienvenida.

8. El bajo peso al nacer (inferior a los 2,5 kilogramos) puede ser causado por enfermedad, desnutrición, tabaquismo, alcoholismo, consumo de drogas y corta edad de la madre. En comparación con los recién nacidos de término, los recién nacidos de pretérmino y bajo peso experimentan más dificultades clínicas, sobre todo problemas respiratorios y daño encefálico.

El proceso de nacer

9. El nacimiento comienza típicamente con contracciones que empujan el feto, primero la cabeza, fuera del útero y luego a través de la vagina. La escala de Apgar, que estima los signos vitales del neonato al minuto de vida y nuevamente a los cinco minutos después del nacimiento, proporciona una evaluación rápida de la salud del recién nacido.

10. La intervención médica puede acelerar las contracciones, aliviar el dolor y salvar vidas. Sin embargo, muchos aspectos del nacimiento en instituciones han sido imperfectos. Las prácticas obstétricas actuales están dirigidas a encontrar un equilibrio, proteger al bebé pero también permitir a la madre y al padre más participación y control.

11. Las complicaciones del parto, como un trabajo de parto muy largo y estresante que incluye anoxia (la falta de oxígeno para el feto), tienen muchas causas. Los recién nacidos vulnerables se colocan en una unidad de cuidados intensivos neonatales para su control y tratamiento. Las discapacidades a largo plazo no son inevitables en estos niños, pero puede ser necesaria una crianza cuidadosa por parte de sus padres.

12. Los padres y las madres experimentan estrés durante el embarazo y el parto. En condiciones ideales, los padres forman una alianza y trabajan juntos para asegurarse que su bebé tenga un buen comienzo de la vida.

13. Muchas mujeres se sienten desdichadas, incompetentes o indispuestas en los días inmediatamente posteriores al parto. La depresión puerperal puede ceder con la ayuda apropiada, y los padres son particularmente importantes para la madre y el hijo. Se debe alentar la interacción entre la madre y el recién nacido, aunque el vínculo entre los padres y el bebé depende de muchos factores, no sólo de las prácticas obstétricas.

■ PALABRAS CLAVE

etapa germinal (p. 98)

etapa embrionaria (p. 98)

etapa fetal (p. 98)

implantación (p. 98)

embrión (p. 99)

feto (p. 100)

edad de viabilidad fetal
   (p. 101)

teratógenos (p. 104)

teratógenos conductuales
   (p. 105)

análisis de riesgo (p. 105)

período crítico (p. 105)

efecto umbral (p. 105)

efecto de interacción (p. 106)

virus de la inmunodeficiencia
   humana (VIH) (p. 112)

síndrome alcohólico fetal
   (p. 112)

bajo peso al nacer (p. 115)

muy bajo peso al nacer
   (p. 115)

peso extremadamente bajo al
   nacer (p. 115)

parto prematuro (p. 115)

pequeño para la edad
   gestacional (p. 115)

escala de Apgar (p. 118)

cesárea (p. 119)

comadrona (p. 121)

parálisis cerebral (p. 121)

anoxia (p. 122)

técnica canguro (p. 122)

alianza de los padres (p. 125)

depresión puerperal (p. 125)

vínculo entre los padres y el
   bebé (p. 125)

■ PREGUNTAS CLAVE

1. ¿Cuáles son las principales diferencias entre un embrión a las 2 semanas y a las 8 semanas después de la concepción?

2. ¿Cuáles son los factores para lograr la viabilidad?

3. Dado que casi todos los fetos nacidos a las 30 semanas de gestación sobreviven, ¿por qué las mujeres no evitan el último mes de embarazo con una cesárea electiva en ese momento?

4. ¿Qué comportamiento o característica materna parece más dañina para el feto: ingerir una dieta con bajo contenido en ácido fólico, beber mucho alcohol o ser VIH positiva? Explique su respuesta.

5. Vuelva a considerar las decisiones de los Horan para abortar su feto. De acuerdo con el relato publicado, ¿qué consideraciones fueron fundamentales para ellos? Si usted se encontrara en esa situación, ¿qué consideraciones serían fundamentales para usted?

6. ¿Qué influencia tienen los esposos y las madres sobre las mujeres embarazadas? Explique su respuesta.

7. ¿De qué modo los procedimientos médicos han ayudado y perjudicado el proceso del nacimiento?

8. ¿Por qué los hospitales alientan a los padres de recién nacidos débiles a proporcionar algún tipo de cuidado, aun cuando el recién nacido se encuentre en un estado crítico y pueda morir?

9. ¿Qué factores aumentan la probabilidad de un vínculo fuerte entre la madre y el bebé?

10. ¿Qué se puede hacer en la depresión puerperal por la madre y su hijo?

■ EJERCICIOS DE APLICACIÓN

1. Diríjase a un negocio cercano de tarjetas de felicitaciones y analice las tarjetas destinadas al embarazo y el parto. ¿Observa alguna actitud cultural (por ejemplo, variaciones según el sexo del recién nacido o de los padres)? Si es posible, compare estas tarjetas con las de otro negocio que provee a otro grupo económico o cultural.

2. Entreviste a tres madres de distintos entornos sobre sus experiencias en el parto. Realice entrevistas con final abierto: déjelas que decidan qué quieren decirle, mientras realicen una descripción de por lo menos 10 minutos. A continuación compare y contraste los tres relatos, observando especialmente cualquier influencia de cultura, personalidad, circunstancia o cohorte.

3. Las personas se preguntan a veces por qué una mujer embarazada podría poner en peligro la salud de su feto. Considere su propia conducta relacionada con la salud en el último mes: ejercicio, sueño, nutrición, uso de drogas, cuidados médicos y dentales, evitación de enfermedades, etc. ¿Modificaría su conducta si estuviera embarazada? ¿Sería diferente si su familia, su pareja o usted misma no quisieran al bebé?

PARTE II

Los primeros dos años

Los adultos no cambian demasiado en un año o dos. Algunas veces tienen más largo el cabello, más canoso o más débil; o aumentan o disminuyen un poco de peso, o aprenden algo nuevo. Pero si usted se reuniera con amigos a los que no ha visto durante dos años, los reconocería de inmediato.

Por el contrario, si usted cuidara un recién nacido durante las 24 horas en su primer mes y luego se alejara por dos años, probablemente no lo reconocería al volver. Imagínese tratando de reconocer a su mejor amigo que ha cuadruplicado su peso, ha crecido alrededor de 35 cm y ha desarrollado una abundante cabellera. Su conducta también habrá cambiado. Un recién nacido hambriento simplemente llora; un niño que ha comenzado a caminar y está hambriento dice "más" o se trepa a la encimera de la cocina para alcanzar las galletas.

Un año o dos años no es mucho tiempo si los comparamos con los 75 años o más del promedio de vida. Sin embargo, en dos años el recién nacido pequeño e incapaz de hablar alcanza la mitad de la altura que tendrá cuando sea adulto, hablará formando oraciones y expresará casi todas las emociones, no sólo alegría y miedo, sino también amor, celos y vergüenza. En los tres capítulos que siguen, se describen estos cambios radicales y maravillosos.

Capítulo 5

Los primeros dos años: el desarrollo biosocial

Durante los primeros dos años de vida, el rápido crecimiento se hace evidente en los tres ámbitos: cuerpo, mente y relaciones sociales. Observemos el desarrollo biosocial, desde el nacimiento hasta los dos años: ¡Rotar... sentarse... pararse... caminar... correr! ¡Alcanzar objetos... tocarlos... asirlos... arrojarlos! ¡Escuchar... ver... mirar! Cada cosa, cada persona, cada lugar, se transforman en algo que hay que explorar con todos los sentidos, con cada miembro, con cada órgano. La ropa queda pequeña antes de ensuciarse o de romperse.

El desarrollo invisible es aún más sorprendente. El pequeño cerebro del bebé se agranda, las neuronas se conectan entre sí a un ritmo vertiginoso, ya programado. El diminuto estómago digiere más y más alimentos, y envía los nutrientes al cerebro y al resto del organismo, y de este modo es posible un crecimiento asombroso.

Los padres, y cada cultura, son elementos fundamentales en el desarrollo y hacen que éste sea un proceso bio*social*, y no meramente biológico. La naturaleza siempre interactúa con la crianza. Los adultos proporcionan la crianza que permite el crecimiento del bebé y se ajusta a sus constantes cambios diarios, porque los bebés cambian todos los días. Como lo explica un experto: "La crianza de un bebé puede compararse con el intento de dar en un blanco móvil" (Bornstein, 2002, p. 14).

Este capítulo describe ese blanco con sus movimientos, no sólo en cuanto a talla, peso y habilidades motoras en las edades clave sino también en cuanto al desarrollo del cerebro, que proporciona la base para todos los demás desarrollos. En este capítulo aprenderá cómo ayudar a los niños que conoce, y a algunos que nunca conocerá, a crecer sin riesgos hasta más allá de los 2 años.

Los cambios físicos

Durante la infancia, el crecimiento es tan rápido y las consecuencias del abandono son tan graves que se hace necesario un seguimiento estricto. Los controles médicos que incluyen la medición del peso, la talla y el perímetro cefálico deberían realizarse al principio cada algunas semanas o meses. La lentificación en este proceso debe ser motivo de preocupación inmediata, debido a que las sensaciones, la percepción y la cognición dependen del desarrollo temprano.

El tamaño del cuerpo

¿Con qué rapidez se produce exactamente el crecimiento normal? Vimos en el capítulo 4 que en el momento de nacer el bebé pesa aproximadamente 3,4 kg y mide alrededor de 51 cm.

Hacia el cuarto mes, el bebé duplica el peso que tenía en el momento del nacimiento y al cumplir su primer año, lo habrá triplicado. El crecimiento físico se hace más lento durante el segundo año, pero aún es muy rápido. Hacia los 24 meses de vida, la mayoría de los niños pesará alrededor de 13 kg y medirá entre 81 y 91 cm. Esto significa que un niño de 2 años promedio tendrá casi la mitad de la altura a la que llegará cuando sea adulto. También tendrá ya entre el 15 y el 20% del peso que alcanzará en la edad adulta y será cuatro veces más pesado que en el momento de nacer. (Véase apéndice A pp. A-6, A-7.)

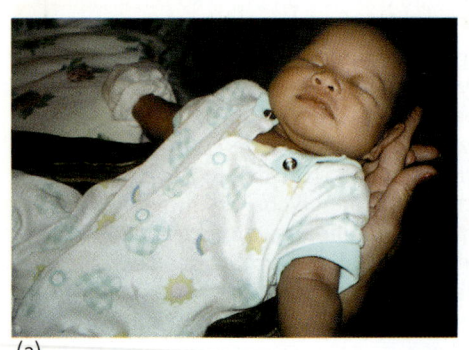

(a)

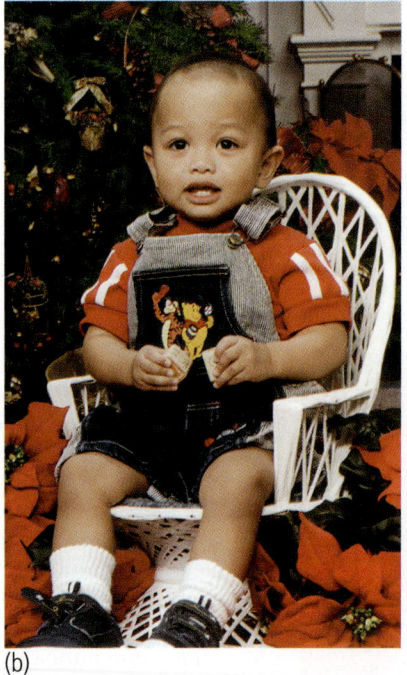

(b)

(c)

TODAS: INES YVETTE LAURAYA-ERESE

Tan sorprendente como natural El crecimiento de Juwan de los *(a)* 4 meses a los *(b)* 12 meses y luego a los *(c)* 24 meses es una sorpresa y un placer para todos los que lo conocen. A los 2 años, este niño filipino-americano parece haberse convertido en un individuo extrovertido y seguro de sí mismo, obviamente único. Y aún así las normas indican que se está desarrollando según lo previsto en cuanto a peso, dentadura, habilidades motoras y todo lo demás.

preservación cerebral Mecanismo biológico de protección encefálica que ocurre cuando la desnutrición afecta el crecimiento del cuerpo. El encéfalo es la última parte del cuerpo en dañarse a causa de la desnutrición.

normalidad Medición promedio o estándar calculada a partir de las mediciones obtenidas de un gran número de individuos dentro de un grupo o población en especial.

percentil Punto en una escala de clasificación del 1 al 99. El percentil 50 es el punto medio de dicha escala; la mitad de las personas de un grupo se clasificarán más alto y la otra mitad, más bajo. Si un niño está en el 5% más bajo, u obtiene una medición más baja que la anterior, existe razón para preocuparse.

Gran parte del aumento de peso de los primeros meses proviene de la grasa, que brinda protección y calor y es una reserva de nutrientes. Estos nutrientes almacenados mantienen el cerebro en crecimiento aunque el proceso de dentición o un resfriado puedan interferir en la alimentación. Cuando durante algún tiempo la nutrición es inadecuada, el organismo detiene su crecimiento, pero no ocurre lo mismo con el cerebro, un fenómeno denominado **preservación cerebral** (Georgieff y Rao, 2001). (La desnutrición crónica se estudiará en capítulos posteriores.)

Los números que figuran aquí son la **normalidad**, es decir las medidas promedio o estándares para una población en particular. La normalidad debe interpretarse cuidadosamente. "La población particular" a la que se refiere la normalidad mencionada precedentemente es una muestra representativa de bebés americanos, que puede diferir de la de bebés de otros continentes. Para comprender la normalidad, también es necesario entender los **percentiles**. Un niño promedio está en el percentil 50, un número que se encuentra en la mitad entre 1 y 99, con 49% de niños por encima y 49% de niños por debajo.

Los percentiles no sólo permiten comparar el crecimiento de un niño con otros, sino también con su propio desarrollo anterior. Los pediatras y enfermeras siguen de cerca a los niños cuyo crecimiento no se ajusta a la normalidad, pero le prestan especial atención a las variaciones: una caída en el percentil significa que algo puede estar mal. Veamos el caso de Toni.

ESTUDIO DE UN CASO

Toni visita al médico

El que sigue es un pasaje del informe escrito por un equipo médico.

> Toni es una niña de 17 meses que traen a la consulta para control y que no recibió adecuadamente el esquema de vacunación indicado en la última visita, cuando tenía 11 meses. Toni había nacido de término, con 3 850 g de peso (percentil 75) y una talla de 50 cm (percentil 50); su madre tenía 18 años en el momento del parto. La historia prenatal se desarrolló sin problemas y la salud, según su madre, fue buena. En la última consulta, su peso y su talla estaban en el percentil 50.
>
> Hoy Toni pesa 9 400 g (percentil 20) y mide 79 cm (percentil 40). Según su madre, el desarrollo es normal aunque presenta algún retraso en el lenguaje: tiene un vocabulario de sólo cinco palabras. Ella la describe como una niña inquieta, siempre en movimiento. No presenta antecedentes familiares de enfermedades. La mamá tiene una estatura de 1,65 m y pesa 59 kg. Su padre mide aproximadamente 1,80 m. Él no vive en la misma casa.
>
> No presentó enfermedades significativas desde su última visita. El examen físico así como las pruebas de laboratorio son en general negativas, excepto por una anemia leve.
>
> La madre de Toni ha retomado desde hace 4 meses su empleo como camarera. El cuidado de la niña está bastante desorganizado. Actualmente está a cargo de diferentes miembros de la familia. La madre manifestó que teme dejarla al cuidado de personas ajenas a la familia. Tiene dificultades para ordenar la información sobre la alimentación debido a que son muchas las personas que se ocupan de darle de comer a Toni y aparentemente no se comunican entre sí respecto de la alimentación de la niña. Los horarios para las comidas, así como otras rutinas, por ejemplo, las siestas o el sueño nocturno, son diferentes en función de quien la cuida. Las comidas de la madre también son desordenadas, y rara vez comen juntas. Toni se duerme frente al televisor todas las noches, y en general se despierta demasiado tarde para desayunar en la casa antes de salir, ya que su mamá debe irse rápidamente para no llegar tarde al trabajo.

[*Yoos y cols., 1999, pp. 380, 381, 383*]

El caso de Toni se verá en los tres capítulos referidos a la lactancia (5, 6 y 7). A partir de lo estudiado en el capítulo 4, se pueden identificar varios puntos de importancia. El de Toni fue un parto de término, pesó 3,8 kg y su madre tenía 18 años en el momento del parto. Todas estas son características de bajo riesgo (habría existido un riesgo mayor si su peso al nacer hubiera sido menor a 2,5 kg o si su madre hubiera sido menor de 16 años). Además, la madre de Toni la llevó a su médico de confianza para que le realizara un chequeo sólo unos meses más tarde. Muchos padres adolescentes faltan a las citas acordadas, buscan ayuda médica sólo en emergencias y suelen cambiar de médico. La continuidad de la atención médica permite realizar un historial clínico preciso con respecto a las vacunas, las complicaciones al nacer y el crecimiento.

Para Toni, la atención constante y el mantenimiento de un registro fueron particularmente útiles. Su peso y talla a los 17 meses no eran en sí mismos preocupantes; pero veamos su historia clínica. Bajó del percentil 75 al 50 y luego al 20 con respecto al peso. A los 17 meses aún no había triplicado su peso, una marca que generalmente se alcanza a los 12 meses. Nótese que Toni es también anémica; sus padres son de estatura normal pero ella es de baja estatura; su madre no puede informar un historial de alimentación; los médicos no pueden coordinar la alimentación de Toni; sus rutinas no son constantes; su percentil de altura está decreciendo, y Toni se saltea el desayuno. Ninguno de estos hechos en su individualidad prueban que Toni está desnutrida, pero la combinación de todos ellos sugiere que sí.

Debido a la *preservación cerebral*, la desnutrición de Toni todavía no ha dañado su cerebro. Normalmente, el primer síntoma de desnutrición es el bajo peso, luego se detiene el aumento de la talla y finalmente el crecimiento de la cabeza se vuelve lento (Rao y Georgieff, 2000). Aquí no hay indicación de que la circunferencia de la cabeza de Toni sea demasiado pequeña, y su peso y talla todavía se mantienen dentro de los rangos normales. Tampoco su estado es el riesgoso **retraso del crecimiento**, cuando el niño deja de crecer o incluso pierde peso. Este caso fue publicado en parte para mostrar cuándo era necesaria una intervención. En poco tiempo Toni recuperó peso. Con seguridad, la recuperación del crecimiento y la tendencia humana a desarrollarse siempre que le sea posible (denominada *tendencia autoestabilizadora*; se verá más adelante) la protegerán de daños más graves. En el capítulo 7 se presentan las recomendaciones para el seguimiento de Toni.

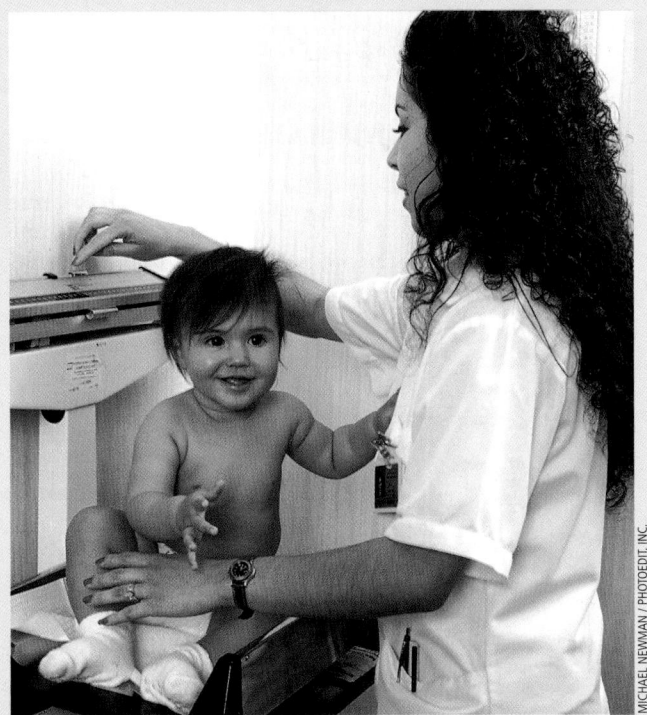

El pesaje En su chequeo médico del primer año de vida, Blair puede sentarse con seguridad, pesa más de 9 kilogramos, y si pudiera se pondría de pie. Tanto el desarrollo de Blair como el brazo protector de la enfermera son adecuados.

retraso del crecimiento Situación en la cual el niño deja de crecer o incluso baja de peso, a pesar de presentar una salud aparentemente normal.

El sueño

Los niños pequeños pasan la mayor parte del tiempo durmiendo y comiendo. El motivo por el que comen tanto es evidente: deben duplicar su peso en cuatro meses. Sin embargo, no es tan evidente la razón por la que duermen 17 horas o más por día, es que las hormonas del crecimiento tienden a liberarse durante el sueño. Una razón posible por la que los bebés en desarrollo duermen tanto (véase fig. 5.1). Durante la niñez, un sueño regular y suficiente se correlaciona con la maduración del cerebro, el aprendizaje, el equilibrio emocional y la adaptación psicológica dentro de la escuela y de la familia (Bates y cols., 2002; Sadah y cols., 2000). Un niño que no duerme bien es un niño con algún problema, aunque no se sabe bien si el déficit en el sueño es la causa o un síntoma de ese problema.

sueño REM o MOR (con movimientos oculares rápidos)   Etapa del sueño que se caracteriza por movimientos rápidos de los ojos con los párpados cerrados, sueños y ondas cerebrales rápidas.

Durante los primeros meses, la cantidad relativa de tiempo que dura cada etapa del sueño se modifica. Los recién nacidos parecen soñar mucho. El **sueño REM o MOR** (con movimientos oculares rápidos, caracterizado por los sueños y las ondas cerebrales rápidas) disminuye luego de las primeras semanas, al igual que el "sueño transicional", el estado de adormecimiento en el que una persona está medio despierta. Alrededor de los 3 o 4 meses, el sueño tranquilo (también denominado sueño de ondas lentas) se incrementa de modo significativo (Salzarulo y Fagioli, 1999). En este momento, los diferentes "estados" de sueño y vigilia se hacen más evidentes. Entonces, aunque muchos recién nacidos rara vez parecen profundamente dormidos o despiertos por completo, hacia los tres meses la mayoría de los bebés tiene períodos de alerta en los que no están hambrientos ni somnolientos, sino listos para aprender.

Los psicólogos se preguntan por qué los bebés sueñan tanto. Muchos nuevos padres están muy preocupados acerca de *cuándo* sus niños duermen. Quieren que los bebés duerman durante toda la noche, pero su organismo es todavía demasiado inmaduro (el cerebro, los órganos de la digestión y los ritmos biológicos) para que esto ocurra. El desajuste entre el estado de vigilia de los niños y el deseo de los padres es especialmente notable en los ajetreados esquemas de la vida moderna.

La crianza de los niños era mucho más fácil en los días en que la mayoría de las madres no trabajaba fuera del hogar. En las culturas tradicionales, si un bebé se despertaba varias veces durante la noche, la madre simplemente lo alzaba y lo ponía en el pecho. Luego ella volvía a dormir y tomaba una siesta durante el día, si la necesitaba. Eso, nunca más. Muy pocas madres de las que hoy están empleadas pueden dormir una siesta en su lugar de trabajo.

Los padres, gradualmente, dejan de estar privados del sueño. Entre el momento del nacimiento y el primer año de vida, los esquemas de sueño de los niños se hacen similares a los ritmos familiares de sueño y vigilia. No es el caso de los recién nacidos, pero el 80% de los niños de 1 año "duerme toda la noche", aunque muchos preescolares aún se despiertan por la mañana antes que sus padres (Weissbluth, 1999).

DAVID YOUNG-WOLFF / PHOTOEDIT, INC.

¿Duerme, dormita o está despierto?   Los bebés pasan la mayor parte de su tiempo durmiendo.

? **PRUEBA DE OBSERVACIÓN** (véase la respuesta en la p. 136): ¿podría usted decir qué etapa del sueño atraviesa este bebé?

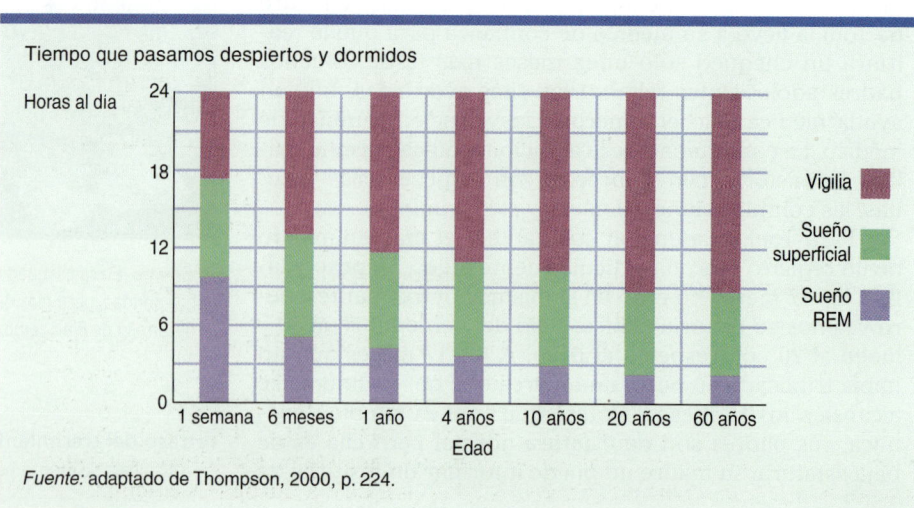

Tiempo que pasamos despiertos y dormidos

Horas al día

Vigilia
Sueño superficial
Sueño REM

Edad

Fuente: adaptado de Thompson, 2000, p. 224.

FIGURA 5.1   **Dulces sueños**   En promedio, cuanto mayores somos menos horas dormimos, tal vez a causa de que la gente mayor sueña menos. A los 60 años, soñamos sólo una hora por día. El misterio es: ¿qué pueden soñar los recién nacidos?

Tanto la naturaleza como la crianza influyen en todos los aspectos del desarrollo fisiológico, incluido el sueño. Por naturaleza, los recién nacidos duermen gran cantidad de tiempo y se despiertan muy a menudo. Sin embargo, los ciclos del sueño se ven afectados por el orden del nacimiento, la dieta y las prácticas de crianza, así como por la maduración cerebral. Por ejemplo, si los padres responden a los llantos de madrugada con alimento y juegos, los bebés aprenden a despertarse todas las noches. Los bebés primogénitos generalmente "reciben más atención y mejores cuidados" (Bornstein, 2002, p. 28), lo que puede ser el motivo de que tengan más problemas a la hora del sueño que sus hermanos menores. Éste es el informe de una madre:

> Lo llevaba siempre a todos lados, confiando en que se adaptaría. Era un niño feliz, pero nunca durmió bien y los primeros 4 años fueron muy difíciles para mí (me quejaba porque no logró dormir durante toda la noche hasta que tuvo 4 años, pero yo podía estar equivocada, debido a mi propia privación del sueño)...
> [Cuando llegó mi tercera hija]... yo estaba decidida a establecer un horario... y ella duerme MUY bien, se va feliz a la cama. Estoy convencida de que los horarios son lo más importante de todo esto. Cuando le hablo a las nuevas madres, les doy el siguiente consejo: dejen que el bebé determine su propio horario y no permitan que nada interfiera con él.
>
> *[Freda, comunicación personal, 1997]*

Éste es un buen consejo. Los psicólogos del desarrollo están de acuerdo en que la insistencia para que el bebé se ajuste a los horarios de los padres puede ser frustrante para ellos, y en algunos casos perjudicial para el niño; pero dejar que un niño interrumpa continuamente el sueño de los adultos puede ser perjudicial para los padres. Lo ideal es que las familias interactúen y se adapten hasta que las necesidades básicas de todos los miembros queden satisfechas.

Una pregunta que se formulan muchos padres es: ¿dónde debe dormir el bebé? En Occidente, lo tradicional es que los padres pongan a sus hijos a dormir en una cuna, en habitaciones separadas, a menos que la familia no tenga otra habitación. Los padres de Asia, África, y América Latina duermen al lado de sus bebés, una práctica denominada ==colecho.== Hoy, muchos padres occidentales están de acuerdo en compartir la cama, al menos durante los primeros meses. De hecho, una encuesta reciente entre padres británicos informó que la mitad de ellos durmieron con sus bebés durante algún tiempo (Blair y Ball, 2004). Un estudio realizado entre familias de California halló que alrededor de un tercio practicaba el colecho desde el nacimiento; alrededor de un cuarto de las parejas hacía dormir a sus recién nacidos en otra habitación, pero permitían a los que habían comenzado a caminar dormir con ellos; y el resto mantuvo a sus bebés en una habitación separada durante toda la infancia (Keller y Goldberg, 2004). Hacia los 3 a 5 años, los niños que siempre dormían con sus padres se habían desarrollado bien y de manera independiente, lo que sugiere que el colecho no los perjudicó. Entonces se plantea una pregunta adicional: ¿cómo se toma la decisión de poner a los niños a dormir en un lugar que no sea la habitación de los padres?

¿Quién duerme con quién?

Suponga que le piden que encuentre una vivienda para una familia de inmigrantes. Usted halla un departamento de cuatro habitaciones en un vecindario decente, con un alquiler bajo, un logro que lo haría poner orgulloso. Sin embargo, cuando la familia llega, usted se da cuenta que está compuesta por el matrimonio, dos hijas de 15 y 4 años y dos hijos de 13 y 6 años. El departamento tiene una sala de estar y comedor, una pequeña cocina, un baño y dos habitaciones. ¿Dónde duerme cada uno?

Piense un momento y observe la figura 5.2 antes de seguir leyendo.

¿Encontró alguna solución? Si se tratara de una cultura asiática, podría ver dos soluciones fáciles: los hombres duermen en una habitación y las mujeres en la otra, o todos duermen en la misma habitación, quizás sobre mantas en el suelo y la otra habitación se utiliza como sala de lectura o estudio. El hecho de compartir las habitaciones es algo aceptado, aún deseado, en las culturas donde la compañía de los otros, despiertos o dormidos, es preferible al aislamiento (Shweder, 2003). Sin embargo, si usted pertenece a los Estados Unidos o a Europa Occidental,

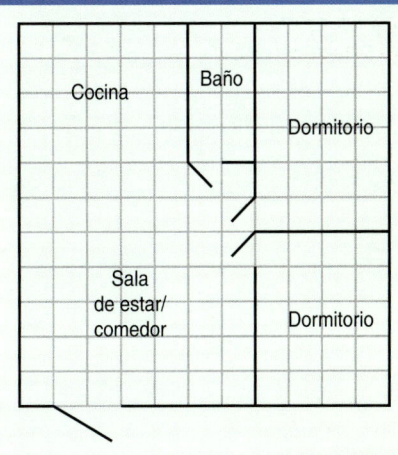

FIGURA 5.2 ¿En dónde dormirá cada uno?
Una familia de seis integrantes vivirá en el apartamento aquí diagramado. Está formada por madre, padre, dos hijas de 4 y 15 años, y dos hijos de 6 y 13 años. ¿Podría definir en qué lugar debería dormir cada uno de los integrantes?

usted cree en el ritualizado aislamiento de los niños durante la noche, la institución de "la hora de ir a dormir" y la protección de la privacidad de la "sagrada pareja" sostenida por una norma cultural que es un mandato de la exclusividad del colecho del marido y la mujer.

[Shweder y cols., 1998, p. 873]

La mayor parte de las culturas de los Estados Unidos y Europa aprueban estas tres costumbres: 1) el marido y la mujer duermen juntos, 2) los niños no duermen con sus padres, 3) los adolescentes necesitan privacidad por las noches, especialmente la separación de hermanos de sexo opuesto. Desde esta perspectiva, la familia de inmigrantes tiene un problema sin solución, excepto la sugerida por uno de mis estudiantes: "deberían mudarse". Otro estudiante quería saber las dimensiones de las habitaciones y de una cama doble, para dividirlas en habitaciones más pequeñas.

Este ejemplo conduce a otro punto. No sólo las personas suponen que su cultura es la mejor, sino que también la justifican con razones que parecen extrañas a los de afuera. Por ejemplo, los occidentales relacionan el dormir en comunidad con el abuso sexual. Los orientales ven al aislamiento del niño para dormir como un signo de rechazo. Mis estudiantes explican que los padres necesitan privacidad para las relaciones sexuales, como si se necesitara una habitación exclusiva para la intimidad.

En un sentido más amplio, todas las culturas aprueban ciertas estrategias que adoptan los padres (para dormir, conversar, alimentarse, disciplinarse, alentar, jugar, etc.) para guiar a los niños a que desarrollen las habilidades, valores y expectativas para determinado momento y lugar. Por lo tanto, los niños que duermen con sus padres pueden aprender a depender de ellos para encontrar calor y protección, los niños que duermen solos pueden llegar a ser más independientes (McKenna, 2000). De hecho, ambas prácticas producen adultos razonablemente sanos.

La casa de los niños

Los "adultos razonablemente sanos" parecen desarrollarse a partir de una variedad de modos de dormir. ¿Eso significa que no hay diferencias que surjan del lugar en que duermen los bebés y los niños? No muchas.

Consideremos una disposición poco habitual para dormir, pero que fue común en Israel aproximadamente entre 1950 y 1980 en cientos de *kibbutzim*. Un kibbutz es una especie de comuna agrícola cuyos miembros comparten el trabajo, las comidas, los ingresos y el cuidado de los niños. Los adultos jóvenes se unían a los kibbutzim mucho antes de ser padres y adoptaban la cultura del kibbutz, incluso las costumbres con respecto a la crianza de los hijos.

Los bebés de los kibbutzim originalmente pasaban al anochecer varias horas con sus padres, pero dormían en la "casa de los niños", que era un lugar separado, con otros niños y sin adultos. (Los adultos rotaban semanalmente para controlar a los niños a través de un intercomunicador, por si surgía alguna emergencia durante la noche.) En la cultura comunal de los kibbutzim, la construcción social era que esta disposición alentaría a todos los niños a ser leales a sus "hermanos y hermanas" del kibbutz.

La casa de los niños tenía una explicación lógica, pero esa práctica fue gradualmente abandonada. Primero, en algunos kibbutzim, luego en otros, algunos niños comenzaron a dormir cerca de sus padres (Oppenheim, 1998). Mientras tanto, otros niños en Israel eran criados no en kibbutzim, sino en familias tradicionales (padres y niños en un hogar, durmiendo en habitaciones separadas). Estas variaciones permitieron la comparación de las diferentes prácticas con respecto al sueño en niños nacidos en el mismo país, en la misma época.

Así, un investigador (Scharf, 2001) estudió cuatro grupos de adolescentes, un total de 131 sujetos de entre 16 y 18 años. Tres de los grupos habían sido criados en kibbutzim: 33 pasaron todas las noches de su infancia alejados de sus padres, 34 habían dormido en la casa de los niños cuando eran muy pequeños pero se habían cambiado alrededor de los 6 años para dormir cerca de sus padres, y 33 habían dormido siempre cerca de sus padres. Además, también estudió un cuarto grupo, que había tenido una niñez convencional: 31 adolescentes israelíes

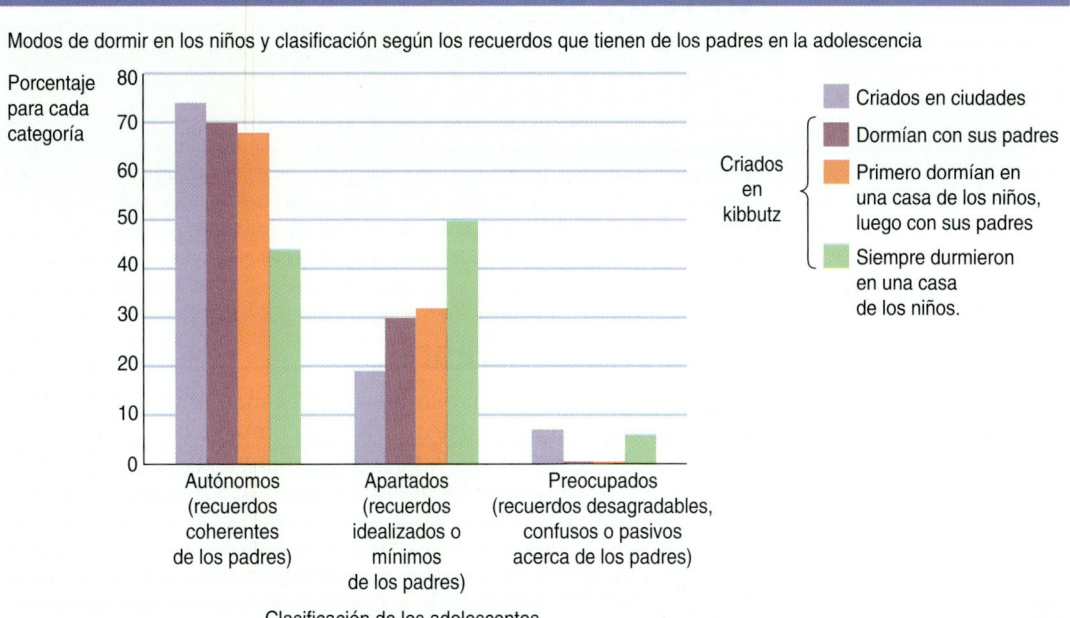

Modos de dormir en los niños y clasificación según los recuerdos que tienen de los padres en la adolescencia

Fuente: Scharf, 2001, p. 243

que crecieron con sus padres en hogares en las ciudades y durmieron cerca de ellos en la primera infancia (aunque no en la misma cama).

Este investigador evaluó los cuatro grupos de adolescentes, particularmente las emociones relacionadas con sus padres (véase fig. 5.3). Muchos en el grupo de 33 adolescentes que siempre habían dormido en la casa de los niños tenían dificultades para hablar y relacionarse con los miembros de su familia (Scharf, 2001). Ésta es una medida del apego, un tema que se estudiará en el capítulo 7. Los adolescentes que habían dormido cerca de sus padres eran bastante parecidos entre sí (y a los adolescentes de otros países).

Observe que el factor más importante no era que habían crecido dentro del kibbutz o el hecho de ser israelíes, sino la costumbre de dormir separados de los padres. Un aspecto específico de la cultura, y no el modelo total, tenía consecuencias inesperadas. Otro trabajo de investigación mundial indica que es más probable que los bebés sean niños y adultos más sanos si duermen con sus madres o cerca de ellas, que si duermen lejos de ellas (Shweder, 2003).

¿Qué nos dice la investigación?

El colecho no parece ser una costumbre nociva a menos que el adulto consuma drogas o alcohol y exista así el peligro de "sofocar" al niño. Según un informe:

> Las madres toman instintivamente una postura protectora cuando comparten la cama con sus bebés, y duermen en posición fetal con el antebrazo más arriba de la cabeza del bebé y el bebé a una distancia de 20-30 cm del pecho de la madre. La posición de los muslos de la madre previene que el bebé se deslice de la cama

> [Wailoo y cols., 2004, p. 1083]

Aunque el análisis de un vídeo demostró que los bebés que dormían en colecho se despertaban el doble de veces (seis veces por noche) que los bebés que dormían solos (tres veces), los que durmieron con la madre dormían tanto tiempo como los que lo hacían solos porque volvían a retomar el sueño más rápidamente (Mao y cols., 2005). Como en otros aspectos del cuidado del bebé, parece que muchos patrones con respecto al hábito de dormir son los apropiados para un normal funcionamiento familiar. Sin embargo, los bebés y los niños se desarrollan mejor, despiertos o dormidos, cuando sus padres están cerca.

FIGURA 5.3 **El costo de la separación de niños y padres por la noche** Los recuerdos de los participantes adolescentes acerca de sus padres fueron grabados y evaluados por investigadores que no conocían la forma en la que dormían. Los jóvenes fueron catalogados como autónomos, apartados o preocupados, de acuerdo con el criterio establecido por el *Adult Attachment Interview*. Aquellos que cuando vivían en un *kibbutz* dormían en una casa de los niños, en lugar de pasar sus horas de sueño cerca de sus padres, tenían menos probabilidades de ser evaluados como autónomos.

ESPECIALMENTE PARA NUEVOS PADRES Usted conoce las diferencias culturales en las prácticas para dormir, y esto hace surgir un tema práctico: ¿su bebé recién nacido debe dormir en la cama con usted?

SÍNTESIS

El crecimiento del organismo en tan sólo dos años es sorprendente. El peso al nacer se duplica, triplica y cuadruplica a los 4 meses, 12 meses y 24 meses, respectivamente. La talla se incrementa en alrededor de 30 cm. Estas normas, en general, son útiles como guía, pero los percentiles referidos al tiempo son medidas más significativas. Indican si un bebé en particular crece según lo esperable, ya que el percentil debe permanecer igual a medida que el niño se desarrolla. Los períodos en los que duermen se hacen más regulares, los sueños son menos frecuentes y se desarrollan diferentes patrones de sueño-vigilia que generalmente incluyen, alrededor del primer año de vida, el dormir durante toda la noche. El tiempo que pasa soñando disminuye hasta casi lo que será en un niño más grande. Las prácticas culturales y de crianza influyen en las normas, horarios y expectativas.

El desarrollo cerebral

Ningún aspecto del desarrollo biosocial es más crítico que el rápido desarrollo del cerebro, "por lejos, la estructura más compleja conocida en todo el universo" (Thompson, 2000, p. 1). Recordemos que el cráneo del recién nacido es desproporcionadamente grande. La causa es que debe tener el tamaño suficiente como para contener el cerebro, cuyo peso al nacer es casi el 25% de su peso en la edad adulta. El cuerpo del recién nacido, en comparación, tiene generalmente sólo el 5% del peso del adulto. A los 2 años, el cerebro tiene casi el 75% del peso del adulto; el cuerpo del niño es sólo el 20% de lo que será (véase fig. 5.4)

Las conexiones cerebrales

La circunferencia de la cabeza nos brinda una idea aproximada del crecimiento del cerebro, y es por eso que los controles médicos incluyen la medida del cráneo. La medida de la circunferencia del cráneo aumenta normalmente alrededor del 35% (de 34 a 46 cm) durante el primer año. Mucho más significativos, pero difíciles de medir, son los cambios en las redes de comunicación del cerebro, lo que hace que la crianza en los primeros años de vida sea de especial importancia. El abandono, el maltrato, la desnutrición o la sobreestimulación pueden dañar el cerebro infantil. Para comprender de qué modo se producen estas modificaciones, revisaremos los puntos básicos de la estructura del cerebro y su funcionamiento (véase fig. 5.5).

La estructura cerebral básica

El sistema de comunicación del cerebro comienza con las células nerviosas, llamadas neuronas. La mayoría de las neuronas se origina antes del nacimiento, a una velocidad de 250 000 nuevas células nerviosas por minuto en la mitad del embarazo (Bloom y cols., 2001). En la primera infancia, el cerebro humano posee miles de millones de neuronas, de las cuales el 70% se encuentra en la **corteza cerebral**, constituida por las cuatro a seis capas exteriores del cerebro (generalmente se denomina *neocorteza o materia gris*) (Kolb y Whishaw, 2003). La corteza cerebral es de suma importancia para los seres humanos, como resulta evidente según estos tres hechos:

- Alrededor del 80% de toda la materia cerebral se encuentra en la corteza.
- El tamaño de la corteza de otros mamíferos es mucho menor, y los animales no mamíferos, aunque tienen cerebro, no poseen corteza cerebral en absoluto.
- La mayor parte del procesamiento del pensamiento, de los sentimientos y las sensaciones ocurre en la corteza, aunque también están involucradas otras partes del cerebro.

Las distintas áreas de la corteza se especializan en determinadas funciones. Así, por ejemplo, existe una corteza para la visión, una corteza para la audición y un área dedicada al sentido del tacto para cada parte del cuerpo, incluso para cada uno de los dedos de una persona, o en las ratas, para cada bigote (Bloom y cols., 2001). La especialización por regiones dentro de la corteza cerebral abarca no sólo las habilidades motoras sino también cada aspecto particular de la cognición.

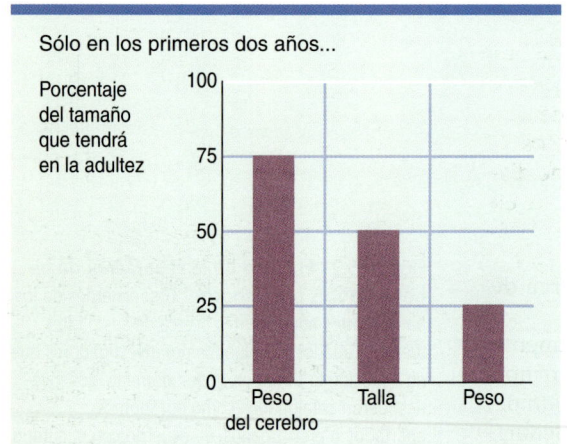

Sólo en los primeros dos años...

Porcentaje del tamaño que tendrá en la adultez

FIGURA 5.4 **Creciendo** Los niños de 2 años apenas hablan y son totalmente dependientes de los adultos, pero ya han llegado a la mitad de su estatura de adultos y han alcanzado el 75% del tamaño de su cerebro adulto. Ésta es una prueba notable de que el crecimiento biosocial es la base de la cognición y la madurez social.

neurona Célula nerviosa del sistema nervioso central. La mayoría de las neuronas (miles de millones) se hallan en el cerebro.

corteza cerebral Capas externas del cerebro de los seres humanos y otros mamíferos. La mayor parte del pensamiento, los sentimientos y las sensaciones se procesan en la corteza cerebral.

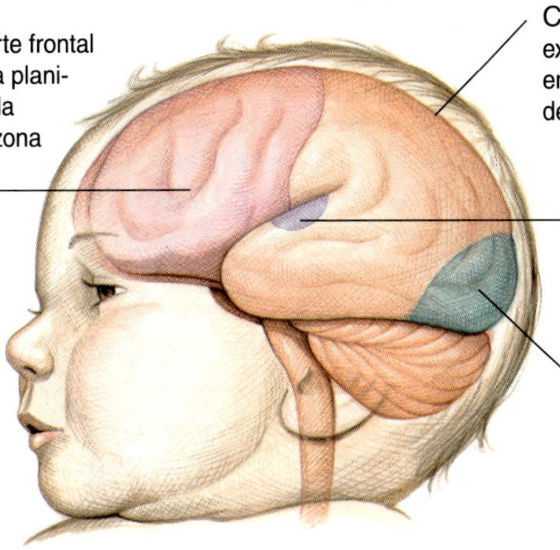

Corteza frontal La parte frontal de la corteza influye en la planificación, el autocontrol y la autorregulación. Es una zona muy inmadura en el recién nacido.

Corteza cerebral La arrugada capa externa del cerebro (aquí coloreada en rosa, marrón, violeta y azul) se denomina corteza cerebral.

Corteza auditiva La audición se encuentra bastante desarrollada al nacimiento, como resultado de lo que el feto ha oído dentro del útero durante meses.

FIGURA 5.5 **La corteza en desarrollo** La corteza consiste en cuatro a seis capas delgadas de tejido que cubren el cerebro. Contiene virtualmente todas las neuronas que hacen posible el pensamiento consciente. Algunas regiones de la corteza, como las destinadas a los sentidos básicos, maduran relativamente temprano. Otras, como la corteza frontal, maduran más tarde.

Corteza visual La visión es el sentido menos desarrollado al nacimiento dado que el feto no tiene nada que pueda observar mientras se encuentra en el útero.

No se ha podido aún comprender en forma precisa cómo funciona cada una de estas regiones cognitivas, pero los científicos están de acuerdo en que todos los aspectos del pensamiento emergen de un área específica del cerebro, que a su vez está interconectada con otras áreas (Kolb y Whishaw, 2003). Los distintos tipos de memoria, algunas áreas particulares del habla y el reconocimiento de distintos tipos de patrones se encuentran cada uno conectados a un conjunto de neuronas. El pensamiento en esas áreas aumenta el nivel de disparos neurológicos y provoca más actividad cerebral en muchas otras partes del cerebro. Como un periodista científico explica:

> El mundo es una cosa compleja; visualmente, está lleno de cosas que se parecen mucho entre sí. Y aún así, las personas muy rara vez confunden un control remoto de televisión con un teléfono celular o un lápiz con un agitador para cócteles (...) En estos últimos años, los estudios de las imágenes del cerebro han identificado una región (de un área del cerebro llamada *corteza temporal ventral*) que se especializa en el reconocimiento de rostros y otra región que procesa los lugares. Más recientemente, los investigadores han descubierto que aun objetos cotidianos como zapatos, sillas y botellas de plástico también activan con claridad diferentes áreas del cerebro.

> [Helmuth, 2001, pp. 196, 198]

Esta especialización regional se descubrió a partir de la investigación del funcionamiento de cerebros normales, así como de individuos con lesiones cerebrales, capaces de elaborar algunas formas de pensamiento pero no otras. Hay personas que pueden bailar, pero no pueden caminar, hay quienes pueden recitar poemas pero no pueden responder una pregunta sencilla. Un bestseller que describe los trastornos neurológicos, llamado *"El hombre que confundió a su mujer con un sombrero"* (Sacks, 1970/1998), habla de un hombre que tenía dificultades para el reconocimiento visual. No podía identificar a su esposa cuando la veía, pero la amaba y podía reconocerla de modos no visuales.

Dentro de las áreas cerebrales, y entre ellas, las neuronas se conectan unas con otras generando complicadas redes de fibras nerviosas denominadas **axones** y **dendritas** (véase fig. 5.6). Cada neurona tiene un solo axón y numerosas dendritas, las cuales se despliegan como las ramas de un árbol. El axón de una neurona se encuentra con las dendritas de otras neuronas en intersecciones denominadas **sinapsis**, que son los eslabones de comunicación fundamentales dentro del cerebro.

Para ser más específicos, las neuronas se comunican enviando impulsos eléctricos a través de sus axones hacia las sinapsis, para que luego sean recogidos por las dendritas de otras neuronas. Las dendritas llevan el mensaje a los cuerpos celulares de aquellas neuronas, las cuales, a su vez, lo transportan a través de sus axones a otras neuronas. Los axones y las dendritas no se tocan en las sinapsis. En cambio, por medio de impulsos eléctricos se excitan ciertas sustancias químicas del cerebro denominadas neurotransmisores, que llevan la información desde el axón de la neurona que la envía, atravesando la brecha sináptica, hacia las dendritas de la neurona receptora. Este proceso se acelera por medio de la mielinización (se describe en el cap. 8).

RESPUESTA PARA NUEVOS PADRES (de p. 137): partir de la perspectiva psicológica y cultural, los bebés pueden dormir en cualquier lugar mientras los padres puedan escucharlos si lloran. La principal consideración que deben tener en cuenta es la seguridad: los bebés no deben dormir en un colchón que sea demasiado blando, ni al lado de un adulto que haya consumido alcohol o drogas o tenga un sueño muy profundo (Nakamura y cols., 1999). Aparte de eso, la familia debe decidir por sí misma dónde sus miembros dormirían mejor.

axón Fibra nerviosa que se extiende desde una neurona y transmite los impulsos eléctricos de esa neurona a las dendritas de otras neuronas.

dendrita Fibra nerviosa que se extiende desde una neurona y recibe los impulsos eléctricos que transmiten los axones de otras neuronas.

sinapsis Intersección entre el axón de una neurona y las dendritas de otras neuronas.

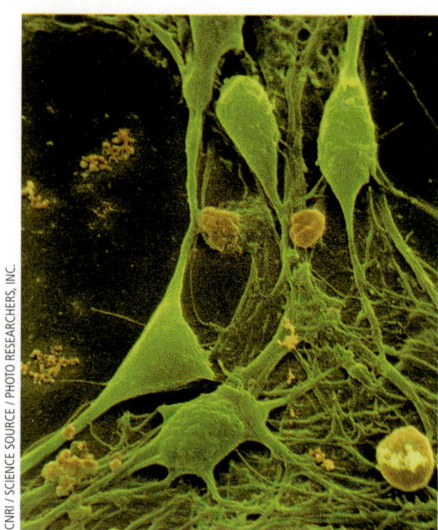

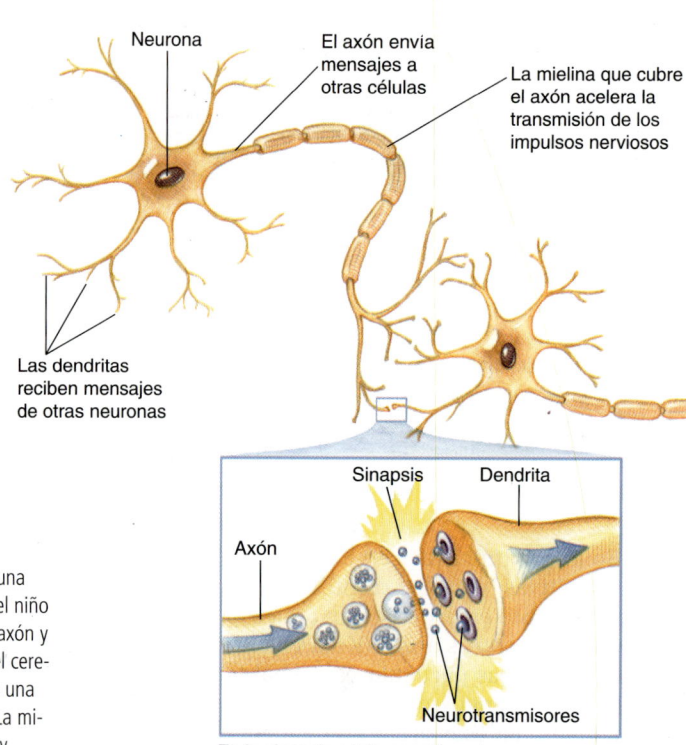

En la sinapsis o intersección entre un axón y una dendrita, los neurotransmisores conducen la información de una neurona a otra.

FIGURA 5.6 Cómo se comunican dos neuronas El enlace entre una neurona y otra se muestra en este diagrama simplificado. El cerebro del niño contiene en realidad miles de millones de neuronas, cada una con un axón y muchas dendritas. Todos los mensajes electroquímicos desde o hacia el cerebro provocan que miles de neuronas se activen al mismo tiempo, cada una transmitiendo el mensaje a través de sinapsis a las neuronas vecinas. La microfotografía electrónica que se ve arriba muestra varias neuronas, muy magnificadas, con sus conjuntos de dendritas y axones entrelazados pero muy organizados y bien coordinados.

Exuberancia

Al nacer, el cerebro contiene más de cien mil millones de neuronas, muchas más de las que cualquier persona puede llegar a necesitar (de Haan y Johnson, 2003). Por el contrario, el cerebro de un recién nacido posee muchas menos dendritas y sinapsis de las que tendrá en el futuro. Durante los primeros meses y los primeros años, se produce un crecimiento y refinamiento acelerados en los axones y dendritas, y se producen las sinapsis, especialmente en la corteza cerebral. El crecimiento dendrítico es la principal razón por la cual el cerebro triplica su peso en los primeros dos años.

Se estima que el número de dendritas de la corteza cerebral se multiplica por cinco durante los primeros 24 meses de vida, con alrededor de 100 billones de sinapsis a los 2 años de edad (Schwartz y Begley, 2002). Por *cada neurona*, pueden llegar a formarse hasta 15 000 nuevas conexiones (Thompson, 2000). Este desarrollo temprano se denomina **exuberancia pasajera**, ya que a este crecimiento acelerado de dendritas le sigue un proceso de modelado o "poda" (*pruning*) (véase fig. 5.7), en el que las neuronas que no se utilizan y las dendritas que no se conectaron correctamente se atrofian y mueren (Barinaga, 2003). La exuberancia pasajera permite que las neuronas se conecten y se comuniquen con un número creciente de otras neuronas dentro del cerebro. Las sinapsis, las dendritas e incluso las neuronas continúan formándose y muriendo a lo largo de la vida, aunque de manera mucho más lenta que en la primera infancia.

Estos enlaces son de fundamental importancia dado que el pensamiento y el aprendizaje requieren la creación de conexiones entre muchas regiones del cerebro. Por ejemplo, para poder comprender cualquier palabra de este texto, usted necesita entender las palabras que la rodean,

exuberancia pasajera Aumento considerable en el número de dendritas que ocurre en el cerebro del niño durante los primeros 2 años de vida.

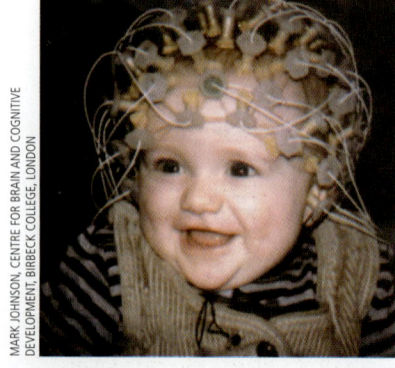

Excitación eléctrica El placer de este bebé al ver las expresiones faciales de su madre es evidente, no sólo en los ojos y la boca sino también en las neuronas de la capa externa de su corteza. Los electrodos captan su activación cerebral región por región y momento a momento. Cada mes de vida hasta los 2 años muestra aumentos en la activación eléctrica.

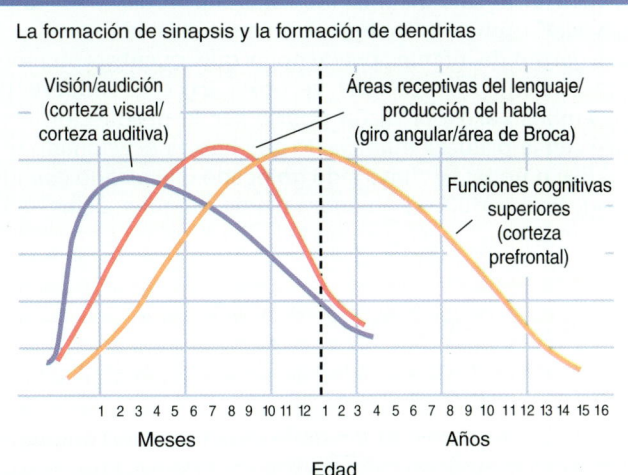

La formación de sinapsis y la formación de dendritas

Visión/audición (corteza visual/ corteza auditiva)

Áreas receptivas del lenguaje/ producción del habla (giro angular/área de Broca)

Funciones cognitivas superiores (corteza prefrontal)

Meses | Años

Edad

Fuente: adaptado de Thompson y Nelson, 2001, p. 8.

FIGURA 5.7 **El crecimiento del cerebro en respuesta a la experiencia** Estas curvas muestran la rápida tasa de formación de las sinapsis dependientes de la experiencia para tres funciones cerebrales (sentidos, lenguaje y análisis). Después del aumento inicial, las neuronas de poco uso se "podan" o inactivan gradualmente, ya que de ellas se forman dendritas que no funcionan.

? PRUEBA DE OBSERVACIÓN (véase la respuesta en p. 143): ¿por qué aparecen tanto "12 meses" como "un año" en el eje "Edad"?

las ideas que expresan, y cómo se relacionan con sus otros pensamientos y experiencias. El cerebro de los bebés tiene el mismo requerimiento, aunque al principio sólo cuenta con pocas experiencias sobre las cuales construir.

La experiencia interviene en el desarrollo cerebral

Los detalles de la estructura cerebral y de su desarrollo dependen no sólo del funcionamiento preestablecido de las células sino también de la experiencia, la que produce el "crecimiento y decaimiento posnatal" de las sinapsis (de Haan y Johnson, 2003, p. 5). Poco después de la expansión exuberante, algunas dendritas se atrofian porque no se utilizan; es decir, porque las experiencias vividas no han originado una conexión con los axones de otras neuronas en las sinapsis. Las neuronas que no fueron utilizadas se desactivan. Curiosamente, esta pérdida en realidad aumenta el poder cerebral; el "aumento de la complejidad cognitiva de la niñez está relacionada con pérdida, más que con aumento de las sinapsis" (de Haan y Johnson, 2003, p. 8).

El proceso se denomina *poda* (*pruning*) porque se asemeja a la forma en la que un jardinero recorta un rosal, seccionando algunos tallos para posibilitar el crecimiento de otros; o para que florezca más cantidad de rosas o para que sean más bellas. También se lo ha denominado *modelado,* en alusión a la forma en la que un escultor toma un bloque de piedra o de madera y lo talla para crear una obra de arte, desechando los pedazos sobrantes. Ambas analogías ilustran la manera en la que la muerte de algunas células puede beneficiar los procesos de pensamiento.

Existen más pruebas que provienen de investigaciones neurológicas acerca de una forma de retraso mental denominada *síndrome de X frágil,* descrita en el capítulo 3. Un síntoma importante del síndrome de X frágil es el "fracaso persistente en la poda normal de las sinapsis" (Irwin y cols., 2002, p. 194). En los niños que poseen el síndrome, las dendritas son muy densas y muy largas; sin la poda, estos niños no pueden pensar normalmente.

Las hormonas del estrés

Un ejemplo práctico de la importancia que tiene la experiencia en el desarrollo cerebral temprano proviene de las reacciones ante el estrés. En respuesta al estrés que se padece a lo largo de la vida, el cerebro produce cortisol y otras hormonas, pero la cantidad que se libera está relacionada en parte con las primeras experiencias (Gunnar y Vasquez, 2001). Si se producen muchas hormonas del estrés en la primera infancia (p. ej., si un bebé se asusta frecuentemente, anticipando el dolor), entonces el cerebro en desarrollo pierde la capacidad de producir respuestas normales ante el estrés. Si esta región del cerebro se daña en forma permanente, entonces puede producir hormonas de estrés en exceso, y en consecuencia esa persona se vuelve hipervigilante (está siempre en estado de alerta), o bien puede producir en forma insuficiente estas hormonas y ser una persona emocionalmente "vacía" (nunca está alegre, o triste, o enojada).

Una maestra de jardín de infantes puede notar que, mientras un niño se enfurece o se aterroriza ante una provocación leve, otro parece ser indiferente ante todo. ¿Por qué? En ambos casos, la razón podría ser la producción excesiva de hormonas del estrés en la primera infancia, lo que habría ocasionado una alteración en el cerebro. Ese niño tal vez haya sido golpeado o asustado cuando era bebé. En forma análoga, si un adulto se enamora u odia a alguien demasiado rápido, de modo extremo e irracional, la causa puede haber sido un desarrollo cerebral anormal como resultado de maltrato sufrido en la infancia (Teicher, 2002).

Experiencias comunes e inesperadas

Un científico llamado William Greenough identificó dos aspectos del desarrollo cerebral relacionados con la experiencia:

- Las funciones cerebrales **expectantes de la experiencia** requieren situaciones comunes básicas para desarrollarse; son experiencias por las que pasan casi todos los niños, necesarias para el desarrollo normal del cerebro.
- Las funciones cerebrales **dependientes de la experiencia** dependen de la exposición del individuo a sucesos particulares y variables, que ocurren en algunas familias y culturas pero no en otras (Greenough y cols., 1987).

Las funciones expectantes de la experiencia *requieren* que la experiencia ocurra para que la maduración del cerebro en crecimiento sea correcta, y casi siempre ocurren: el cerebro está diseñado para esperarlas y utilizarlas en el desarrollo. En cambio, las experiencias dependientes *pueden o no* ocurrir; y es por ellas que los cerebros se diferencian unos de otros.

El cerebro humano está *expectante* de muchas experiencias. En los desiertos y en el Ártico, en granjas aisladas y en ciudades atestadas de gente, los bebés necesitan ver ciertas cosas y contar con determinadas personas para que cuiden de ellos. Como resultado, el cerebro se desarrolla con normalidad. Algunas experiencias particulares varían, tales como el lenguaje que un bebé escucha o la forma en la que la madre reacciona ante la frustración. Al *depender* de esas experiencias dispares, el cerebro de los bebés se estructurará y creará las conexiones de una forma u otra, mientras las dendritas crecen y las neuronas se desarrollan. En consecuencia, cada persona es similar a todas las demás, pero es también un producto único de las experiencias particulares vividas en la infancia.

Esta distinción puede realizarse para todos los mamíferos. Algunas de las investigaciones más convincentes provienen del estudio de los pájaros cantores. Todos los machos tienen una región en el cerebro dedicada a escuchar y reproducir sonidos (expectante de la experiencia), pero cada especie de cada localidad en particular aprende a reproducir un sonido ligeramente distinto (dependiente de la experiencia) (Knudsen, 1999). Investigaciones más profundas demostraron que

expectante de la experiencia Se dice de las funciones cerebrales que requieren experiencias comunes básicas (que se espera que el recién nacido experimente) para el desarrollo normal.

dependiente de la experiencia Se dice de las funciones cerebrales que dependen de experiencias especiales y variables y que, por lo tanto, pueden o no desarrollarse en el recién nacido.

Conversemos Los bebés evocan las expresiones faciales y el lenguaje infantil, sin importar dónde están o con quién. La comunicación es entonces expectante de la experiencia: el joven cerebro humano la espera y la necesita.

? Prueba de observación (véase la respuesta en p. 146) : ¿estas dos personas son padre e hija? ¿dónde están?

EASTCOTT / MOMATINK / THE IMAGE WORKS

los pájaros desarrollan las nuevas neuronas que más necesitarán: las que intervienen en el aprendizaje de nuevos cantos (canarios) o en el hallazgo de semillas ocultas (paros o *chickadees*). Ambas son funciones dependientes de la experiencia que algunos pájaros necesitan en su contexto, pero que otros no (Barinaga, 2003).

El cerebro expectante de la experiencia madura según cierta programación, debido a que se produce la experiencia esperada. A cierta edad, el cerebro es sensible a esas experiencias esperadas. Por ejemplo, los recién nacidos ven patrones de luz y oscuridad en el campo visual que los rodea, y esto desencadena el desarrollo de la corteza visual (Maurer y cols., 1999).

En situaciones poco frecuentes, el conocimiento de qué sucesos del desarrollo son esperables, y a qué edad, es útil para proteger la corteza. Por ejemplo, la proliferación y el modelado se producen primero en la corteza visual y en la auditiva, proceso que comienza alrededor de los 4 meses. Como consecuencia, el diagnóstico de ceguera o sordera en el recién nacido y su posterior tratamiento (cirugía, anteojos, audífonos, etc.) debería realizarse en las primeras semanas de vida para prevenir la atrofia prematura de las regiones del cerebro preparadas para codificar imágenes y sonidos (Leonard, 2003). Si las conexiones tempranas neuronales visuales y auditivas no se producen, esas áreas del cerebro podrían intervenir en otros sentidos, como por ejemplo el tacto. Por esa razón, las personas ciegas aprenden con más facilidad a leer con el sistema Braille, ya que generalmente tienen más neuronas dedicadas al sentido del tacto (Pascual-Leone y Torres, 1993).

De modo similar, las áreas del lenguaje en el cerebro se desarrollan más rápidamente entre los 6 y los 24 meses; por lo tanto, el bebé necesita escuchar los sonidos de la palabra durante ese período para hablar con fluidez. La última parte del cerebro que madura es la **corteza prefrontal**, el área de la anticipación, la planificación y el control de los impulsos. Está virtualmente ausente en la primera infancia y gradualmente se vuelve más eficaz con los años de la niñez y la adolescencia (Luciana, 2003). Por lo tanto, decirle a un bebé que deje de llorar es inútil, ya que todavía no puede cumplirlo. Tales decisiones requieren capacidad cerebral que aún no está presente.

Consecuencias para los encargados del cuidado de los niños

¿Qué significa el desarrollo cerebral temprano para los que cuidan los niños? En primer lugar, el crecimiento cerebral temprano es rápido y refleja la experiencia. Esto significa que acariciar al bebé, hablarle a un niño que se encuentra en el período preverbal y demostrarle afecto pueden ser actitudes fundamentales para que desarrolle plenamente su potencial. Si esas experiencias no se producen desde las primeras semanas o meses, las consecuencias son trágicas. Como veremos más adelante, la falta de atención en las primeras semanas puede reverberar durante toda la vida.

En segundo lugar, cada zona del cerebro tiene una secuencia de desarrollo, de conexión y de poda. Algunos tipos de estimulación carecen de sentido antes de que el cerebro esté preparado, y algún aprendizaje potencial puede ser irrelevante para una persona en particular. Esto significa que debemos seguir las pistas que nos ofrece el niño para comprender qué tipo de estimulación necesita. Los lactantes están alertas a lo que su cerebro necesita; ésta es la razón por la que a los bebés más pequeños les gusta mirar y escuchar móviles musicales, a personas extrañas en la calle y, principalmente, al encargado de su cuidado. Esto refleja la predisposición general a la **autorreparación, una tendencia innata a remediar ciertos déficit del desarrollo.** Un lactante con estimulación limitada utilizará todas sus experiencias disponibles para desarrollar el cerebro. Los bebés no necesitan el último juguete educativo; el cerebro se desarrollará con la estimulación normal. Simplemente, no lo deje en un lugar oscuro y silencioso todo el día.

El cerebro humano está diseñado para crecer y adaptarse; posee cierto grado de plasticidad que se conservará durante toda la vida. El cerebro se protege a sí mismo de la sobreestimulación (los bebés sobreestimulados lloran o duermen), así como de la falta de estimulación, a través del desarrollo de nuevas conexiones que durarán toda la vida y que dependen de la experiencia (Greenough, 1993; Schwartz y Begley, 2002). ¿Hay límites para la plasticidad del cerebro? Veamos a continuación algunos trabajos de investigación realizados en ratas y en seres humanos huérfanos.

! **RESPUESTA A LA PRUEBA DE OBSERVACIÓN**
(de p. 141): "un año" significa el año entero, desde el día 365 hasta el día 729, y por eso está indicado en esa ubicación, entre "12 meses" y "2 años".

corteza prefrontal Parte de la corteza cerebral, en la zona frontal del cerebro, que se especializa en anticipar, planificar y controlar impulsos.

autorreparación Tendencia del recién nacido a remediar un déficit del desarrollo.

PENSANDO COMO UN CIENTÍFICO

La plasticidad y los niños huérfanos

En un principio, los neurocientíficos creían que el cerebro se forma únicamente a partir de los genes y de las influencias prenatales. En cambio, muchos científicos sociales pensaban que el entorno del niño era un factor fundamental: la cultura (según los antropólogos), la sociedad (de acuerdo con los sociólogos) o los padres (según los psicólogos) podían también ser responsables de las acciones y las emociones del niño.

En la actualidad, la mayor parte de los científicos son multidisciplinarios, especialmente los psicólogos dedicados al estudio del desarrollo a lo largo de la vida (como se ha estudiado en el capítulo 1), e incorporan los puntos de vista tanto de la neurociencia como de las ciencias sociales. Creen en la *plasticidad* (también descrita en el capítulo 1). La personalidad, el intelecto, los hábitos y las emociones cambian a lo largo de la vida por varias, no sólo por una, razones biológicas y sociales (Wachs, 2000). Existen **etapas de sensibilidad**, que son períodos en la secuencia del desarrollo en las que distintos tipos de avances particulares se producen porque "este momento de plasticidad no durará para siempre" (de Haan y Johnson, 2003); pero la sincronización no es tan rígida como pensaban en su momento los neurocientíficos.

La pregunta es: ¿en qué medida puede la experiencia afectar la estructura cerebral, y en qué momento lo hace? Dos proyectos de investigación (uno con ratas enjauladas y otro con bebés adoptados) iluminaron un poco el camino.

En la investigación de Marion Diamond, William Greenough y cols., se criaron ratas en grandes jaulas provistas de juguetes interesantes. Otras ratas fueron aisladas en pequeñas jaulas sin atractivo, sin juguetes ni otra estimulación. Para minimizar la influencia de posibles diferencias innatas, todas las ratas del experimento estaban relacionadas genéticamente, y fueron aleatorizadas tanto al entorno que proveía estimulación como al que no. Luego de que las ratas murieron, se examinaron sus cerebros. El cerebro de las ratas que habían vivido en el entorno con estimulación estaba mucho más desarrollado (eran de mayor tamaño, más pesados y con más ramificaciones dendríticas) que el cerebro de las ratas provenientes del otro grupo (Diamond y cols., 1988; Greenough y Volkmar, 1973).

Muchos otros investigadores confirmaron este fenómeno: el aislamiento y la privación sensorial dañan el cerebro en desarrollo de una rata, y un entorno social complejo aumenta el desarrollo neurológico (Curtis y Nelson, 2003). La plasticidad no es imaginaria; es un hecho probado. Las derivaciones más recientes de esta investigación sugieren también que es menos probable que las ratas criadas en ambientes estimulantes sufran alguna enfermedad cerebral, en los últimos años de la edad adulta.

No se pueden aplicar estos mismos experimentos en seres humanos, pero un estremecedor experimento natural tuvo lugar en Rumania en la década del 80, cuando el dictador Nicolae Ceausescu prohibió cualquier tipo de control natal y el aborto excepto para aquellas mujeres que ya tenían cinco hijos (el aborto clandestino se transformó en la primera causa de muerte de mujeres en edad fértil) (Verona, 2003). Se les pagaba a los padres por cada recién nacido, pero no percibían ayuda financiera para criarlo.

Como resultado, más de 100 000 niños fueron abandonados en las calles o en orfanatos del Estado, abarrotados y con personal insuficiente (D. E. Johnson, 2000). A diferencia de las ratas, estos niños no estaban aislados o privados cognitivamente. Sin embargo, en términos de lo que un cerebro humano necesita para desarrollarse, su experiencia podría incluso haber sido negativa: estaban estresados y sobreestimulados por la multitud, sin la contención del reaseguro social y el afecto. Experimentaron "restricciones severas y generalidades en la interacción social, en los juegos, en la conversación y en las experiencias" (Rutter y cols., 2004, p. 91).

Ceausescu fue destituido y asesinado en 1989. Durante los dos años que siguieron, miles de niños rumanos fueron sacados de los orfanatos y adoptados por norteamericanos y familias de Europa occidental, quienes creían que "mucho amor y buena comida transformarían aquellos cuerpos flacos y caídos en los hijos soñados" (D. E. Johnson, 2000, p. 154).

Todos los niños rumanos adoptados recuperaron su crecimiento, y alcanzaron tallas normales (Rutter y cols., 2004). Sin embargo, muchos mostraron signos de daño emocional: eran muy amistosos ante extraños, o se enojaban sin razón, o se asustaban ante hechos normales (Chisholm, 1998). Los niños que se adaptaron mejor fueron los adoptados antes de los 2 años de edad que inicialmente recibieron los cuidados de sus padres biológicos, por cuya razón tuvieron un desarrollo expectante de la experiencia antes de ser entregados al orfanato (Verona, 2003).

Para aquellos científicos que esperaban consecuencias desastrosas, las noticias fueron buenas: "Los niños habían construido defensas contra la adversidad temprana" (O'Connor y cols., 2000). La tendencia a la autoestabi-

Un dúo feliz Elaine Himelfarb *(fondo)*, de San Diego, California, se encuentra en Bucarest para adoptar a María, de 22 meses. Esta adopción es una excepción a la norma que prohíbe las adopciones internacionales, promulgada por el gobierno de Rumania. Los niños adoptados como María, que ha sido bien alimentada y que tiene menos de 2 años de edad, tienen más probabilidades de desarrollarse con normalidad.

lización era evidente, especialmente en peso y talla, y, en algunos niños, también en otros aspectos. Para aquellos científicos que esperaban una recuperación total, las noticias fueron malas: los investigadores encontraron "déficit persistentes en los niños posinstitucionalizados... en todos los estudios longitudinales de esos niños rumanos" (D. E. Johnson, 2000, p. 152). Los déficit a largo plazo fueron en general evidentes en la interacción social y en la cognición, precisamente las funciones controladas por la corteza.

Las investigaciones realizadas en los niños maltratados en los Estados Unidos llegaron a conclusiones similares. Si el maltrato comienza en una etapa temprana de la vida y continúa durante años, la recuperación social y emocional es poco frecuente, mucho más difícil de alcanzar que la recuperación del crecimiento físico (Bolger y Patterson, 2003). La plasticidad no es infinita; algún tipo de daño cerebral temprano probablemente persista, no importa cuán nutrida sea la vida posterior. Un estudio detallado de 144 de los niños rumanos que estuvieron más de dos años en un instituto pero que luego fueron aceptados en hogares estimulantes y afectuosos encontró que su CI era 20 puntos menor al promedio. En la figura 5.8 se puede observar un gráfico de su CI a los 6 años de edad. Se evidencian variaciones marcadas: un niño adoptado a los 3 años tenía CI más alto que el promedio, dos tenían CI promedio y cinco padecían retraso mental. Existe también correlación entre bajo CI y desnutrición grave, lo que llegaba a afectar el perímetro cefálico (Rutter y cols., 2004).

Nótese que las predicciones extremas y deterministas acerca de los niños maltratados pueden estar equivocadas. Un grupo de científicos que ha dedicado su vida al estudio de los niños afectados aconseja: "Sea escéptico con respecto a las curas 'milagrosas' de individuos severamente afectados que aparecen en los medios, o incluso en publicaciones científicas, y al mismo tiempo reconozca que en casos individuales pueden ocurrir mejoras parciales" (Clarke y Clarke, 2003, p. 131).

Pensar como un científico, en este caso, significa condenar a los gobiernos, culturas o familias que permiten que los niños sean criados sin las experiencias que necesitan para desarrollarse normalmente. También significa saber apreciar la preservación cerebral, la plasticidad, la autorreparación y a los hechos expectantes de la experiencia; todos estos factores ayudan a compensar privaciones tempranas, siempre que aquellas privaciones sean relativamente cortas y no abrumadoras.

El entorno del niño puede reparar o bien causar privaciones, especialmente en los primeros años, lo cual es una razón que justifica la aplicación de esta investigación. Se están llevando a cabo esfuerzos para saber por qué algunos niños se encuentran preservados. ¿Se encuentran protegidos por sus genes, por sus cuidadores en las instituciones o por algún otro factor?

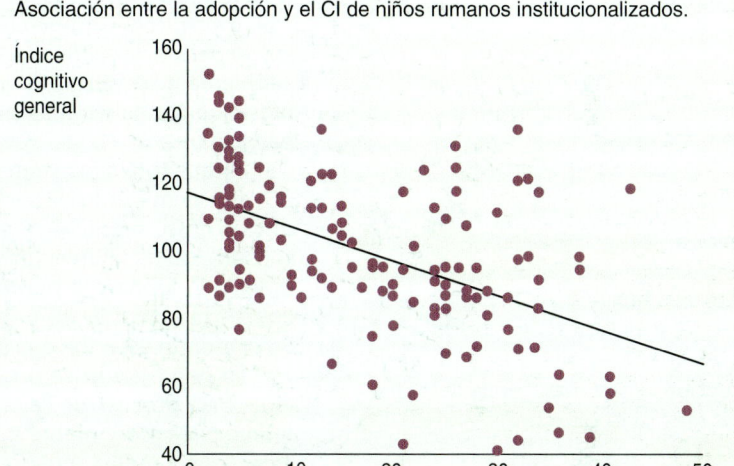

Asociación entre la adopción y el CI de niños rumanos institucionalizados.

Índice cognitivo general

Edad de ingreso al Reino Unido (en meses)

Fuente: Rutter y cols., 2004, p. 90.

FIGURA 5.8 **Los déficit a largo plazo persisten** Gráfico de dispersión y recta de regresión de la asociación entre nivel cognitivo y edad de ingreso al Reino Unido.

SÍNTESIS

El desarrollo del cerebro es asombrosamente rápido durante los primeros meses de vida, cuando las dendritas y las sinapsis de la corteza se incrementan de manera exponencial. Alrededor de los 2 años, el cerebro ya pesa tres cuartas partes de lo que será en la edad adulta, ha crecido rápidamente (exuberancia pasajera) y ha comenzado una notable poda. La reducción de las dendritas poco utilizadas o no conectadas comienza en las áreas sensitivas y motoras y luego sigue hacia otras áreas, inclusive aquellas dedicadas al lenguaje. Aunque en cierto aspecto el desarrollo del cerebro es madurativo, la experiencia también es fundamental, tanto las experiencias universales que casi todos los niños pequeños tienen (desarrollo cerebral expectante de la experiencia) como las experiencias individuales, cuya naturaleza depende de la familia o de la cultura (desarrollo cerebral dependiente de la experiencia).

etapa de sensibilidad Período de tiempo en el que es más factible que ocurra cierto tipo de crecimiento o desarrollo, o en el que dicho desarrollo ocurre más fácilmente.

ESPECIALMENTE PARA TRABAJADORES SOCIALES
Una pareja infértil, de casi 40 años, le solicita ayuda para la adopción de un niño de Europa del este. Ellos en particular desean un niño ya mayor. ¿Qué les respondería?

sensación Respuesta de un sistema sensorial (la vista, el oído, el tacto, el gusto, el olfato) cuando detecta un estímulo.

percepción Procesamiento mental de información sensorial, cuando el cerebro interpreta una sensación.

ESPECIALMENTE PARA PADRES DE NIÑOS MAYO-RES Suponga que usted nota que rara vez le habla a su hijo antes que él se dirija a usted y que nunca utilizó una silla de paseo o un andador, pero sí lo dejó en la cuna o en el corralito. ¿Ha limitado su desarrollo cerebral y su capacidad sensorial?

Los sentidos y las habilidades motoras

Ya hemos visto en el capítulo 2 que Piaget denominó al primer período de la inteligencia *período sensoriomotor*, y puso énfasis en que la cognición se desarrolla a partir de los sentidos y de las habilidades motoras. El mismo concepto, es decir que el desarrollo del cerebro infantil depende de las experiencias sensoriales y de los primeros movimientos del bebé, subyace en las páginas anteriores. Del mismo modo, a las pocas horas del nacimiento, los médicos y las enfermeras se aseguran del funcionamiento de los órganos vitales, evaluando los sentidos básicos y las respuestas motoras. Muchos de ellos utilizan el *Brazelton Neonatal Assessment Scale* (escala de evaluación neonatal de Brazelton), que mide 26 ítems de la conducta de los recién nacidos, tales como acurrucarse, escuchar y calmarse, y también una variedad de reflejos. Ahora estudiaremos estos sentidos y habilidades motoras.

La sensación y la percepción

Todos los sentidos ya desempeñan una función en el momento del nacimiento. El recién nacido abre los ojos, tiene oídos sensibles, y nariz, lengua y piel receptivas. Durante el primer año de vida, usa los sentidos para organizar y clasificar sus experiencias. Por cierto, "los bebés pasan la mayor parte de su primer año simplemente observando a su alrededor" (Rovee-Collier, 2001, p. 35). Habrá notado que los bebés más pequeños parecen atender a todo, sin enfocar nada en particular.

Ya que todos los sentidos funcionan en el recién nacido ¿por qué no parecen percibir demasiado? Para poder comprenderlo, necesita ser consciente de la distinción entre sensación y percepción. La **sensación** se produce cuando el sistema sensorial detecta un estímulo, como cuando el oído interno reverbera con los sonidos o la retina y la pupila del ojo intercepta la luz. Por lo tanto, las sensaciones comienzan cuando un órgano externo (ojo, oído, piel, lengua o nariz) halla algo en el mundo exterior que se puede ver, escuchar, tocar, gustar u oler.

La **percepción** se produce cuando el cerebro advierte y procesa una sensación. Este proceso se lleva a cabo en la corteza, generalmente como resultado de un mensaje proveniente de uno de los órganos de los sentidos, un mensaje que la experiencia indica que podría valer la pena interpretar. Algunas sensaciones están, al principio, más allá de la comprensión: el recién nacido no sabe que las letras de una página pueden tener un significado, que el rostro de la madre se diferencia del rostro del padre, o que el perfume de las rosas y del ajo suscitan respuestas diferentes. Las percepciones requieren la experiencia.

El cerebro del bebé está especialmente adaptado para armonizar las experiencias que se repiten, y se esfuerza por encontrarles un sentido (Leonard, 2003). Por lo tanto, la recién nacida Emily no tiene idea que *Emily* es su nombre, pero tiene la capacidad de escuchar los sonidos en su rango normal para el habla (no los sonidos agudos que sólo pueden escuchar los perros) y una preferencia innata por los patrones que se repiten. Alrededor de los 4 meses, en especial cuando su corteza auditiva se encuentra creando y puliendo dendritas rápidamente, la palabra que se repite *Emily*, es percibida y sentida, y el sonido se asocia con la atención por parte de las otras personas (Mandel y cols., 1995). A los 6 meses, Emily probablemente abrirá sus ojos y volverá la cabeza cuando escuche su nombre. Le llevará algunos meses más antes de que ella trate de decir "Emmy", y algunos meses más para que descubra que *Emily* es su nombre. Cuando esto ocurre, la cognición se hace evidente.

Por lo tanto, la cognición va más allá de la percepción. Se produce cuando las personas piensan e interpretan lo que han percibido. (A medida que el tiempo pasa, la cognición ya no requiere la sensación y la percepción: las personas imaginan, fantasean y formulan hipótesis.) Hay una secuencia para la comprensión, desde la sensación a la percepción y a la cognición. Los órganos sensoriales de un bebé deben funcionar para que esta secuencia se inicie. No extraña que las áreas de la corteza que corresponden a los sentidos se desarrollen rápidamente: ése es el prerrequisito para los demás desarrollos.

La audición

El sentido de la audición es ya bastante fino al nacer. Ciertos sonidos parecen provocar algunos reflejos, aun sin que intervenga la percepción conciente. Los ruidos súbitos sobresaltan al recién nacido y lo hacen llorar; los sonidos rítmicos, como las canciones de cuna o los latidos cardíacos, los calman y los adormecen. Incluso en los primeros años de vida, los bebés vuelven la cabeza hacia la fuente de sonido, y pronto comienzan a adaptar esa respuesta y a relacionar la visión con el sonido, con una precisión que va en aumento (Morrongiello y cols., 1998).

Los bebés más pequeños están particularmente atentos a la voz humana, desarrollan una rápida comprensión de la palabra hablada e ignoran los sonidos irrelevantes. Una perspectiva general de la audición en la niñez explica este asombroso ejemplo de programación genética para la interacción social:

> Los bebés están expuestos a una variedad de sonidos diferentes en su entorno original. Algunos los producen con gran frecuencia otros seres vivos no humanos, como las mascotas de la familia, y otros, los aparatos electromecánicos como un reloj despertador. Pero los sonidos que los bebés eligen para imitar, los que más parecen atraer su atención, son los que producen otros seres humanos.
>
> [Aslin y cols., 1998, p. 158]

El cerebro humano detecta las diferencias significativas e ignora las que no lo son; la experiencia se construye sobre esas habilidades y conecta los detalles. Un factor significativo es el tono. Una palabra tiene el mismo significado para el cerebro, aunque la pronuncie un hombre, una mujer o un niño, o la dice un miembro de la familia o un extraño (Leonard, 2003). Los ingleses aprenden a ignorar algunas leves variaciones en la pronunciación (como cuando una persona pronuncia *orange* con una *o* larga o una *a* corta) y a prestar atención a otras (como pequeños matices en la pronunciación de *did*, que podría cambiar su significado de *"did"* [hizo] a *"dead"* [muerto]).

Esta forma de atención selectiva puede observarse en la vida cotidiana. Cuando llamo a mis alumnos por su nombre, algunas veces no lo pronuncio en la forma en que sus padres lo hacen o en el modo que ellos prefieren. Ellos saben inmediatamente a quién me refiero, porque ignoran esas diferencias. Los bebés aprenden a responder a su nombre aun cuando lo pronuncie un extraño entre el ruido del ambiente (Newman, 2005). Los perros tienen mejor audición que las personas, pero también aprenden a ser selectivos con respecto a qué sonidos perciben. Mi hija Rachel consiguió su mascota en Hungría y le puso un nombre húngaro, Cipu. El perro vivió en Minnesota durante cinco años y responde a su nombre cuando se lo llama, pero aún contesta mejor cuando se lo pronuncia con el correcto acento húngaro.

A medida que el tiempo pasa, la audición sensible se combina con el desarrollo del cerebro, para distinguir patrones de sonidos y sílabas. Los bebés pronto se acostumbran a las reglas de su idioma, como por ejemplo qué sílaba se acentúa (varios dialectos ingleses tienen diferentes reglas), si el cambio en el tono de la voz es significativo (como en el chino) o si ciertas combinaciones de sonidos son frecuentes o nunca se repiten. Todo se basa en una audición cuidadosa del habla humana, aunque lo que se dice no esté dirigido a esa persona o se pronuncie en un idioma que no comprenden (Jusczyk, 1997; Marcus, 2000).

La visión

La visión es el sentido menos maduro al nacer. El feto no tiene nada para ver, por lo tanto la conexión entre los ojos y la corteza visual no puede formarse. Los recién nacidos enfocan los objetos que están a una distancia entre 30 y 75 cm y contemplan todo (generalmente el rostro de la persona que los cuida) sin comprender de qué se trata. Prefieren los rostros pero no saben por qué, y esta preferencia desaparece en uno o dos meses (Johnson, 1998).

Poco después, la experiencia visual se combina con la maduración de la corteza visual, lo que aumenta la destreza visual. Alrededor de los dos meses, el bebé mira más atentamente al rostro humano, y sonríe de modo tímido y fugaz. Con el transcurso del tiempo, la exploración visual se hace más organizada, más eficaz, y se centra en puntos importantes. Por lo tanto, el bebé de 3 meses obser-

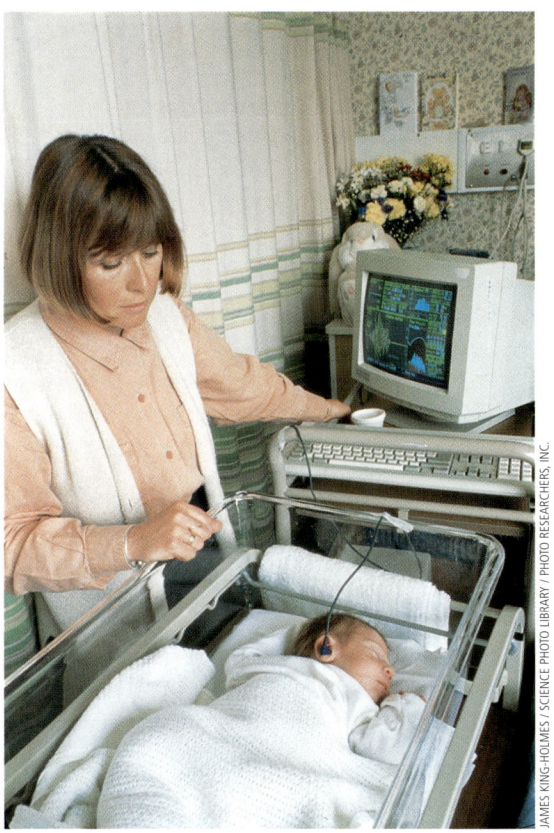

JAMES KING-HOLMES / SCIENCE PHOTO LIBRARY / PHOTO RESEARCHERS, INC.

Antes de dejar el hospital Aún mientras duerme, se prueba la audición de este recién nacido por medio de las vibraciones del oído interno en respuesta a varios tonos. El ordenador interpreta la información e indica si hay necesidad de realizar más pruebas, como ocurre en alrededor de un caso cada 100. Los recién nacidos normales oyen bastante bien.

Respuesta para trabajadores sociales (de p. 145): dígales que ese niño necesitará tiempo y dedicación extra, más que si adoptaran un niño más pequeño. Pregúnteles si ambos están dispuestos a disminuir sus horarios de trabajo para reunirse con otros padres adoptivos de niños de otros países para obtener ayuda profesional (por dificultades en el habla, nutricionales, del desarrollo físico y para una terapia familiar) y con respecto a las tareas escolares, juegos, etc. Usted puede alentarlos en cambio a adoptar un niño de su zona con necesidades especiales o a ser padres sustitutos, o a ser voluntarios en un centro de día al menos por 10 horas semanales. Su respuesta podría indicar su voluntad de ayudar a un niño real y no imaginario. Si ellos manifiestan comprender los requerimientos, entonces usted podrá ayudarlos a adoptar el niño que ellos desean.

visión binocular Capacidad de enfocar los dos ojos coordinadamente con el fin de ver una sola imagen.

va con más atención los ojos y la boca, las partes del rostro que contienen la mayor información, y ellos prefieren las fotos de rostros con rasgos que las fotos con rostros en blanco (Johnson y Morton, 1991).

La **visión binocular** es la capacidad para coordinar los dos ojos para ver una imagen. Dentro del útero el bebé no puede usar los dos ojos a la vez, por lo tanto muchos recién nacidos parecen enfocar con un ojo o con el otro, o utilizar los dos ojos de manera independiente, y por momentos parecen estrábicos. Hacia las 14 semanas aparece la visión binocular de modo bastante repentino, probablemente debido a que los mecanismos cerebrales que subyacen se activan y entonces el bebé puede enfocar ambos ojos en un mismo objeto (Atkinson y Braddick, 2003).

El gusto, el olfato y el tacto

De igual modo que la visión y la audición, los sentidos del gusto, el olfato y el tacto ya funcionan al nacer y rápidamente se adaptan al mundo social. Por ejemplo, un estudio descubrió que el gusto del azúcar calmaba a los bebés de 2 semanas, pero no producía ningún efecto en los de 4 semanas, a menos que estuviera acompañado por la mirada segura de la persona que los cuida (Zeifman y cols., 1996). En otro estudio se demostró que el azúcar es un buen calmante para el recién nacido (Gradin y cols., 2002). Sin embargo, los bebés más grandes pueden llorar cuando ven al médico, anticipándose al dolor e ignorando el consuelo del azúcar. Pueden llegar a odiar los chupachups si el doctor les regala uno justo antes de colocarles una inyección.

RESPUESTA PARA PADRES DE NIÑOS MAYORES
(de p. 146): probablemente no. El desarrollo del cerebro expectante de la experiencia está programado para que ocurra en todos los bebés, y requiere sólo de la estimulación que todas las familias pueden brindar: calor, confianza, conversación, expresiones faciales, movimientos. Los elementos extra como la música, el ejercicio, los móviles y los masajes pueden ser beneficiosos, pero no son esenciales.

Una adaptación similar se produce para los sentidos del olfato y el tacto. A medida que los bebés aprenden a reconocer el olor y la forma de manipularlos de la persona que los cuida, se relajan sólo cuando son acunados por quien les resulta familiar, aun cuando sus ojos estén cerrados. La capacidad de ser consolados por el tacto humano, es una de las "destrezas" más importantes evaluadas en la *Brazelton Neonatal Assessment Scale* (escala de evaluación neonatal de Brazelton). Aunque casi todos los recién nacidos responden a las caricias, con el tiempo la respuesta se hace más específica a los que les brindan cierto tipo de abrazos.

El conjunto de sensaciones tempranas parece organizarse hacia dos objetivos: la interacción social (para responder a las personas que les resultan conocidas) y el bienestar (para calmarse entre los disturbios de la vida infantil). Aunque las sensaciones de dolor y de movimiento no se encuentran entre los cinco sentidos básicos, debido a que ninguna zona del organismo está dedicada a ellos, son adaptadas por los bebés para colaborar con la socialización y el bienestar.

Las experiencias más importantes se perciben con todos los sentidos a la vez. La leche materna, por ejemplo, es un anestésico suave, por lo tanto el recién nacido se siente más feliz en el pecho de la madre, y conecta el placer con el gusto, el tacto, el olor y la vista. De modo similar, debido a que los bebés responden al movimiento tanto como a la visión y a los sonidos, muchos padres novatos acunan, cargan y hasta conducen (con el bebé en el asiento especial para ellos) mientras les cantan canciones de cuna para aliviar el malestar del niño, una vez más conectando la comodidad del niño con la interacción social. En resumen, los bebés parecen estar programados genéticamente con sentidos que los ayudan a integrarse rápidamente a la familia humana, y luego esos sentidos se adaptan a los detalles de las experiencias individuales de cada niño.

Conocer la lima Como cualquier otro niño normal, la curiosidad de Jacqueline la lleva a probar, y luego a una reacción lenta, de la confusión al disgusto que la hace sacar la lengua. La reacción de Jacqueline demuestra que el sentido del gusto es agudo en la infancia y que todavía tienen que llegar reacciones cerebrales veloces.

TODAS: CINDY CHARLES / PHOTOEDIT, INC.

Las habilidades motoras

Llegamos entonces a los avances más visibles y sorprendentes de la primera infancia, aquellos que permiten al niño "caminar con la frente en alto". Gracias a los cambios en el tamaño y la proporción que se llevan a cabo, y a la maduración constante del cerebro, los bebés mejoran notablemente su **habilidad motora, necesaria para moverse y controlar el cuerpo.**

Para comprender la secuencia de las habilidades motoras, es de gran utilidad conocer dos términos latinos: *proximal-distal* y *céfalo-caudal*. El primer término significa "desde lo cercano hacia lo lejano". El término hace referencia al hecho de que el desarrollo avanza desde el centro del cuerpo hacia las extremidades. Por consiguiente, el torso del bebé es mucho más grande y desarrollado que las manos o los pies.

Céfalo-caudal significa "desde la cabeza hacia la cola y se utiliza para referirse a la dirección en que avanza el desarrollo. De este modo, el cerebro, los ojos y la boca se desarrollan antes que las piernas y los pies; y la habilidad de succionar se desarrolla más de dos años antes que la habilidad para patear con cierta puntería. Juntos, los términos *proximal-distal* y *céfalo-caudal* describen la secuencia del desarrollo las destrezas motrices. Por ejemplo, el desarrollo *céfalo-caudal* se observa cuando los bebés pueden levantar la cabeza, luego pueden erguir los hombros, luego sentarse, pararse, caminar y, cerca de los 18 meses, pueden correr.

Los reflejos

Los recién nacidos pueden mover su cuerpo; pueden mover los dedos de sus pies, sostener algo con los dedos de sus manos, y arrugar el rostro, pero estos movimientos no son voluntarios. En rigor, las destrezas motrices no son otra cosa más que reflejos. Un **reflejo es una respuesta involuntaria a un estímulo particular**. Los recién nacidos poseen docenas de ellos. Existen tres grupos de reflejos que son de suma importancia para la supervivencia y para el desarrollo mientras el bebé madura:

- *Los reflejos que aseguran el suministro de oxígeno.* El *reflejo de la respiración* comienza en los recién nacidos normales aun antes de que el cordón umbilical, con su propio suministro de oxígeno, se corte. Otros reflejos que mantienen el oxígeno son el *hipo* y los *estornudos*. También es un acto reflejo cuando los bebés mueven sus brazos y piernas para librarse de algo que les cubre la cara.
- *Los reflejos que mantienen la temperatura corporal constante.* Cuando los bebés tienen frío, *lloran, tiemblan* y *acercan sus piernas* al resto del cuerpo para, de esta forma, mantener la temperatura. Cuando tienen calor, *se liberan* de las mantas que los cubren y se quedan quietos.
- *Los reflejos que controlan la alimentación.* El *reflejo de succión* hace que los recién nacidos succionen cualquier cosa que toca sus labios; los dedos de la mano, de los pies, las mantas y sonajeros, como también pezones naturales

habilidad motora Destreza para mover una parte del cuerpo, ya sea un gran salto o un ligero movimiento del párpado. Estos movimientos se denominan habilidades porque no son automáticos sino aprendidos.

reflejo Movimiento de respuesta que parece automático porque casi siempre se produce como respuesta a un estímulo en particular. Los recién nacidos tienen muchos reflejos, algunos de los cuales desaparecen con la maduración.

Nunca subestime el poder de un reflejo Para los psicólogos del desarrollo, los reflejos de los recién nacidos son mecanismos de supervivencia, indicadores de la maduración cerebral y vestigios de la historia evolutiva. Para los padres, en su mayoría son encantadores y algunas veces sorprendentes. Ambos puntos de vista son ilustrados por estos tres actores estelares: una niña de un día de edad que da pasos con entusiasmo, con piernas muy pequeñas como para que puedan sostener su cuerpo; un recién nacido sosteniéndose con tanta fuerza que sus piernas se bambolean en el aire, y un recién nacido succionando tranquilamente el dedo del doctor.

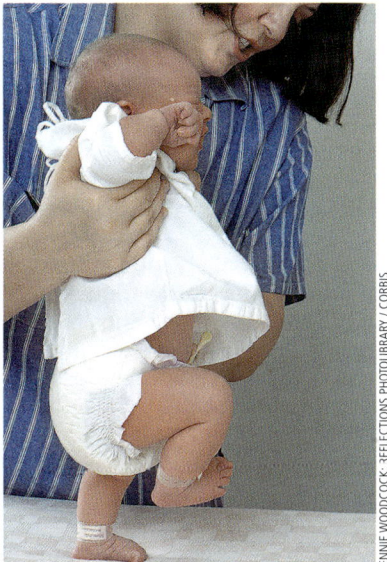

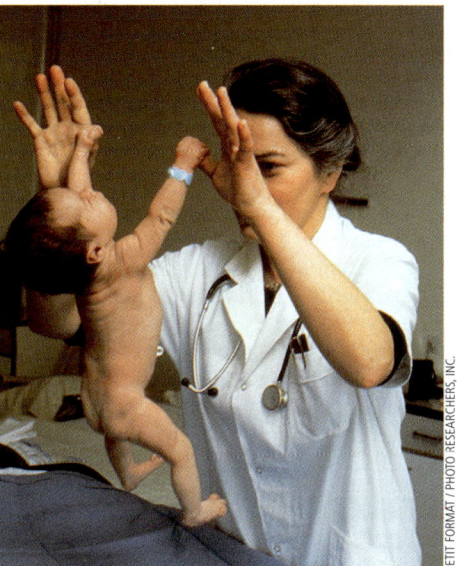

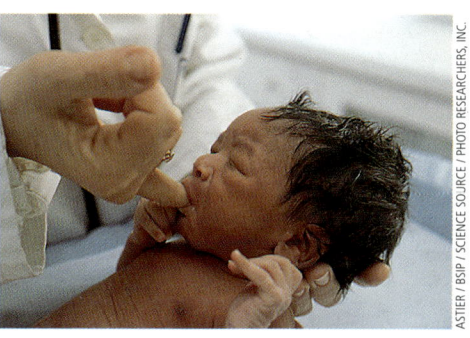

y artificiales de distintas texturas y formas. El *reflejo de búsqueda* hace que los bebés giren su boca hacia cualquier cosa que roce sus mejillas (en búsqueda de un pezón) y entonces comienzan a succionar. El *reflejo de deglución* es también un reflejo importante que contribuye a la alimentación, como también lo es *llorar,* cuando el estómago está vacío, y *escupir* cuando se ha ingerido demasiado alimento en un período de tiempo breve.

Hay otros reflejos que no son necesarios para la supervivencia, pero son signos importantes de un correcto funcionamiento cerebral y corporal. Entre ellos se encuentran:

■ *El reflejo de Babinski.* Cuando se acarician los pies de un bebé, sus dedos se abren en abanico hacia arriba.
■ *El reflejo de marcha.* Cuando se sostiene a los bebés en forma vertical y sus pies tocan una superficie plana, mueven sus piernas como si estuvieran caminando.
■ *El reflejo de natación.* Cuando se los sostiene horizontalmente sobre el estómago, los bebés estiran sus brazos y piernas.
■ *El reflejo de prensión.* Cuando algo toca la palma de los bebés, cierran sus manos y sostienen al objeto con firmeza.
■ *El reflejo de Moro.* Cuando alguien golpea la mesa en la que se encuentran recostados, los bebés separan sus brazos y los vuelven a juntar hacia el pecho, como si quisieran sostenerse de algo; y al mismo tiempo lloran con los ojos bien abiertos.

La motricidad gruesa

motricidad gruesa Habilidades físicas que implican movimientos amplios del cuerpo, tales como caminar y brincar. ("Gruesa" en este caso se refiere a los movimientos amplios.)

Las acciones deliberadas que coordinan las distintas partes del cuerpo y producen grandes movimientos se denominan **motricidad gruesa**. Estas acciones surgen directamente de los reflejos. Gatear es un ejemplo. Los recién nacidos que se colocan apoyados sobre su estómago mueven los brazos y las piernas como si estuvieran nadando. A medida que van adquiriendo más fuerza muscular, empiezan a desplazarse, e intentan avanzar empujando con los brazos, los hombros y el torso contra la superficie sobre la que se encuentran. Por lo común a los 5 meses o más, pueden usar sus brazos y luego sus piernas para avanzar, apoyados en el abdomen.

Entre los 8 y los 10 meses, la mayor parte de los bebés pueden gatear, coordinando los movimientos de sus manos y rodillas de una forma suave y equilibrada. (Adolph y cols., 1998). Gatear es una actividad dependiente de la experiencia. Algunos bebés normales nunca lo hacen, especialmente los que siempre durmieron boca arriba.

Dentro de los dos meses siguientes, los bebés aprenden a subirse a sillones y sillas, como también a los alféizares de las ventanas, y pueden acceder a lugares peligrosos, como piscinas. En poco tiempo el cerebro del bebé madurará y lo ayudará a anticipar el peligro, pero mientras tanto los cuidadores deben estar alertas ante un bebé que ya se desplaza pero es aún inmaduro.

La habilidad para sentarse también se desarrolla en forma gradual. A simple vista parece que sentarse sin ayuda es un logro repentino, cuando los bebés ya no se inclinan hacia los lados como una muñeca de trapo al ubicarlos en posición de sentarse. Aunque los recién nacidos se parecen en cierta forma a las muñecas de trapo, y no pueden sentarse ni siquiera con ayuda en el regazo de alguien, a los 3 meses de edad ya tienen un control muscular suficiente como para sentarse sobre el regazo siempre que esa persona provea los brazos como soporte. Este logro gradualmente lleva a que los niños puedan sentarse sin ninguna ayuda a los 6 meses.

La habilidad para caminar demuestra una progresión similar: comienzan dando pasos lentos, dubitativos, y con la ayuda de los adultos; más tarde adquieren un andar suave, veloz y coordinado (Bertenthal y Clifton, 1998). En términos generales, un niño puede andar de la mano de un adulto a los 9 meses, puede estar de pie solo por momentos a los 10 meses y puede caminar sin ayuda a los 12 meses.

Caminar es un excelente ejemplo del desarrollo multifacético. Existen tres factores que se combinan para permitir que un bebé pueda caminar (Adolph y cols., 2003):

■ *La fuerza muscular.* Los recién nacidos, que poseen piernas pequeñas, y los bebés que se encuentran en el agua realizan movimientos con las piernas como si estuvieran caminando, pero los bebés de 6 meses que no se encuentran en el agua no pueden; sus piernas son muy pesadas para sus músculos poco desarrollados.

■ *La maduración del cerebro en la corteza motora.* Los primeros movimientos de las piernas y la habilidad de patear (con una alternación de las piernas luego del nacimiento, y a los 3 meses pateando con ambas piernas al mismo tiempo o con una repetidamente), ocurre sin involucrar demasiado pensamiento o voluntad. A medida que el cerebro madura, comienza a haber una actividad voluntaria de las piernas.

■ *La práctica.* Las zancadas cortas y desequilibradas, con las piernas abiertas, se transforman en un andar firme y suave luego de horas de práctica.

Una vez que los primeros dos factores se desarrollan y hacen posible que el bebé pueda caminar, éste comienza a sentir pasión por esta actividad, y empiezan a llevar a cabo la práctica que requieren. Caminan en distintas superficies, con los pies descalzos, con medias, con pantuflas o zapatos, o con cualquier cosa. Detestan que los lleven en los cochecitos cuando ya son capaces de caminar. El entusiasmo que tienen por desarrollar su habilidad de caminar es digna de elogios:

> Los niños que ya pueden caminar practican manteniendo el equilibrio erguidos y en movimiento por más de 6 horas por día en total. Promedian entre 500 y 1 500 pasos por hora, por lo cual al fin de cada día ya han caminado 9 000 pasos y recorrido el equivalente a 29 canchas de fútbol.

> [Adolf y cols., 2003, p. 494]

La motricidad fina

Los movimientos pequeños del cuerpo se denominan **motricidad fina.** En las personas, el movimiento de los dedos es el ejemplo más evidente de la motricidad fina, y es la que nos permite escribir, dibujar, escribir a máquina, hacer nudos y demás. Los movimientos de la lengua, la mandíbula, los labios y los dedos de los pies también son ejemplos de motricidad fina. Como ejemplo del desarrollo céfalo-caudal y proximal-distal, podemos observar que las habilidades de los movimientos finos de la boca se desarrollan varios meses antes que las habilidades del movimiento de los dedos, aunque la destreza que puede tener un niño de un año al escupir o al masticar no resulta tan reconocida como el hecho de que un niño de 4 años pueda copiar letras.

Con respecto a las habilidades del movimiento de los dedos, los recién nacidos tienen un reflejo importante que les permite cerrar las manos y agarrar, pero carecen de control sobre los dedos y las manos. En el curso de los primeros 2 meses, los bebés suelen mover sus brazos con excitación hacia un objeto que se encuentra suspendido cerca de su alcance. A los 3 meses de edad, generalmente son capaces de tocarlo, pero aún no pueden sostenerlo a menos que el objeto sea colocado entre sus manos, en parte debido a que la coordinación ojos-manos es muy limitada.

A los 4 meses, generalmente los bebés pueden recoger y sostener algo, pero la sincronización no es óptima; cierran las manos antes o después de tiempo, y pueden sostener el objeto sólo por un corto período. Finalmente, a los 6 meses, y con una mirada concentrada e intencional, la mayoría de los bebés pueden alcanzar, tomar y sujetar casi cualquier objeto que sea del tamaño apropiado. Pueden sostener una botella, sacudir un sonajero o tirar de las trenzas de alguna hermana. Además, no necesitan observar sus manos para recoger algo; pueden incluso tomar algún objeto que se encuentre en lento movimiento, iluminado individualmente, en un cuarto que no posea ningún otro tipo de iluminación (Robin y cols., 1996), aunque, cuando todas las luces se encuentran encendidas, utilizan la visión para poder alcanzar aquel objeto con mayor precisión (McCarty y Ashmead, 1999).

Una vez que consiguen esta habilidad, la practican con entusiasmo. De hecho, "de los 6 a los 9 meses, pareciera que alcanzar objetos y tomarlos fuera un comportamiento compulsivo cuando se les presentan objetos pequeños dentro del rango de alcance del brazo" (Atkinson y Braddick, 2003, p. 58). Una progresión similar ocurre con el uso de ambas manos.

A los 4 meses, los bebés pueden transferir objetos de la mano a la boca (la succión del pulgar suele ser una motivación importante). A los 6 meses, la mayoría de los bebés pueden pasar objetos de una mano hacia

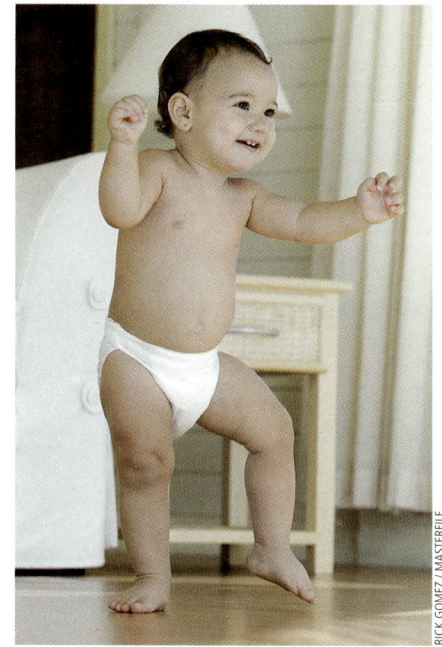

¿Bebé bossa nova? Este niño de Brasil demuestra su alegría al adquirir su motricidad gruesa de caminar, la cual enseguida se transforma en un baile siempre que haya música de fondo.

motricidad fina Habilidades físicas que implican movimientos ligeros del cuerpo, especialmente de las manos y sus dedos, tales como dibujar y levantar una moneda. ("Fina" en este caso se refiere a los movimientos ligeros.)

Una mente en formación Tirar, asir, mirar y escuchar. El uso de todos los sentidos al mismo tiempo es la mejor forma que tiene un bebé de experimentar la vida, generando conexiones cerebrales y también conmoción.

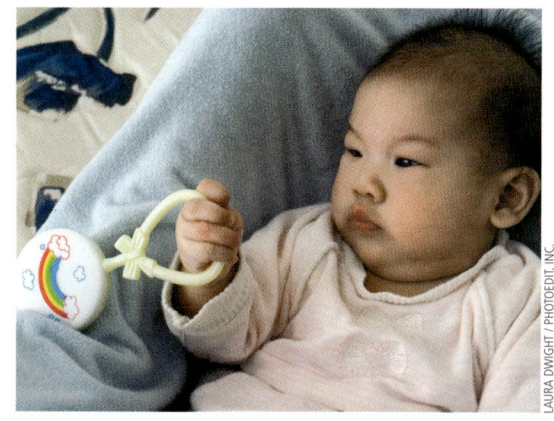

la otra. Alrededor de los 8 o 9 meses, regulan el alcance en un esfuerzo (no siempre exitoso) de atrapar un objeto en movimiento rápido. A los 11 o 12 meses, ya son capaces de coordinar ambas manos para poder "encerrar" un objeto demasiado grande como para que pueda ser sostenido por una sola mano (de Róiste y Bushnell, 1996).

Hacia el fin del primer año y a lo largo del segundo, las habilidades de los dedos mejoran, cuando los bebés comienzan a acostumbrarse a técnicas como el movimiento de pinza (utilizando el pulgar y el índice para recoger objetos pequeños) o a alimentarse por sus propios medios (primero con las manos, luego con los dedos y luego con utensilios). En el segundo año, recoger algo se transforma en un hecho más selectivo y no tan compulsivo (Atkinson y Braddick, 2003). Los niños comienzan a aprender cuándo tirar de las trenzas de su hermana, de los aros de la madre y de los lentes del padre, aunque, como se verá en el próximo capítulo, saber que una actividad específica no es apreciada no siempre significa que no la llevarán a cabo con el fin de observar, por curiosidad, el efecto que produce tal comportamiento.

Las variaciones étnicas

Todos bebés sanos desarrollan sus destrezas motrices en la misma secuencia, pero no necesariamente en el mismo momento. En el cuadro 5.1 se pueden observar las edades normales en las que los bebés adquieren el dominio de las habilidades motrices más importantes. Estos percentiles están basados en una muestra multiétnica, amplia y representativa, de bebés estadounidenses. Las diferencias dentro de los Estados Unidos entre los distintos grupos étnicos son apreciables. En general, los negros estadounidenses tardan menos tiempo en desarrollar cada destreza motriz que los estadounidenses de ascendencia hispana, quienes a su vez tardan menos que los de ascendencia europea. A nivel internacional, los bebés que caminan antes son los nativos de Uganda. En ese país, los bebés sanos y bien alimentados comienzan a caminar en promedio a los 10 meses de edad. Francia es un lugar en donde no es infrecuente que un bebé dé sus primeros pasos sin ayuda a los 15 meses.

¿Cuál es la explicación a esta variación? Se sugiere la influencia de los genes no sólo porque explicaría las diferencias étnicas sino también por el estudio de algunos casos relacionados con gemelos; es más común que dos gemelos univitelinos logren caminar por primera vez el mismo día que dos gemelos bivitelinos. Las diferencias individuales más llamativas se hacen evidentes en las estrategias, el esfuerzo y la concentración de los bebés al intentar dominar las destrezas motrices, lo que también sugiere una fuerte influencia genética para la adquisición de estos logros (Thelen y Corbetta, 2002).

Como se ha visto en el capítulo 1, las diferencias étnicas implican mucho más que diferencias genéticas; los patrones culturales en la crianza de los niños también varían de un grupo étnico a otro. Es más difícil que los primeros reflejos desaparezcan si la cultura y las condiciones permiten la práctica de una destreza motriz en particular. Esto fue demostrado en el caso de las piernas (el reflejo de la marcha), de las manos (el reflejo de prensión) y al gatear (el reflejo de natación). Los sentidos y las habilidades motoras son parte de un sistema complejo y dinámico en el cual cuenta la práctica (Telen y Corbetta, 2002).

Los patrones para el cuidado infantil también influyen de diferentes maneras. Por ejemplo, en Uganda, se sostiene a los bebés durante casi todo el día, usualmente en posición vertical contra el cuerpo de los adultos, quienes los acunan mientras trabajan. Sentir en forma constante el ritmo y los cambios del andar de un adulto estimula al bebé a practicar movimientos, en contraposición a los niños a los que se los deja ho-

? Prueba de observación (véase la respuesta en p. 154): ¿un bebé de 6 meses se desarrolla normalmente si puede sentarse correctamente, pero no puede permanecer parado, aun con ayuda?

CUADRO 5.1	Normas para la adquisición de la motricidad gruesa según edad	
Habilidad	**Momento en el que el 50% de los bebés dominan la habilidad**	**Momento en el que el 90% de los bebés dominan la habilidad**
Levanta la cabeza 90° cuando está boca abajo	2,2 meses	3,2 meses
Rueda	2,8	4,7
Se sienta erguido (mantiene firme la cabeza)	2,9	4,2
Se sienta sin apoyo	5,5	7,8
Se pone de pie con apoyo	5,8	10,0
Camina con apoyo	9,2	12,7
Se mantiene de pie momentáneamente	9,8	13,0
Se mantiene de pie en forma permanente	11,5	13,9
Camina solo	12,1	14,3
Camina hacia atrás	14,3	21,5
Sube escaleras (con ayuda)	17,0	22,0
Patea una pelota hacia adelante	20,0	24,0

Nota: estas normas provienen de una gran investigación transversal realizada en 1960 en el medio oeste de los Estados Unidos. Los niños nacidos más recientemente o habitantes de otros países pueden tener diferentes normas.
Fuente: The Denver Developmental Screening Test (Frankenburg y cols., 1981).

Seguro y a salvo Como este bebé algonquino en Québec, muchos niños nativos americanos aún pasan varias horas del día dentro de la cuna, generando angustia en algunos adultos no nativos, hasta que ven que la mayoría de los bebés son bastante felices de esta forma. El descubrimiento en la década de 1950 de que los niños nativos norteamericanos caminaban más o menos a la misma edad que los estadounidenses de origen europeo sugirió que es la maduración, y no la práctica, la que lleva al desarrollo de las destrezas motrices. Investigaciones posteriores descubrieron que los niños nativos norteamericanos también hacían ejercicios especiales diariamente, lo que demostraba que la práctica juega un papel más importante de lo que creían los psicólogos al principio.

ras en sus corrales. El gateo aparece tarde si el piso es demasiado rugoso o frío, o si el bebé no ha pasado el tiempo suficiente acostado boca abajo.

Aunque algunos padres norteamericanos creen que el gatear favorece el desarrollo cognitivo posterior y actualmente la mayor parte de los adultos occidentales disfrutan de los primeros pasos de sus hijos, en algunas culturas se desalienta, y hasta se impide que los niños gateen o caminen. En Bali, Indonesia, no se permite a los niños gatear, porque los niños son considerados seres divinos y el gateo es para los animales (Diener, 2000). Un razonamiento similar prevaleció en la América colonial, donde fueron diseñados unos "taburetes para permanecer de pie" para los niños, de modo que ellos pudieran fortalecer los músculos que posibilitan la marcha sin sentarse ni gatear (Calvert, 2003). Por el contrario, los integrantes del pueblo beng de la Costa de Marfil se sienten orgullosos cuando sus hijos comienzan a gatear, pero no les permiten caminar hasta que cumplen un año. Aunque los beng no reconocen la relación, uno de los motivos para esta prohibición es el control de la natalidad: las madres beng no reanudan las relaciones sexuales hasta que sus bebés comienzan a caminar (Gottlieb, 2000).

Aunque las variaciones en el tiempo de desarrollo de las habilidades motoras es normal, un patrón lento en este proceso puede indicar que el bebé necesita una evaluación exhaustiva, ya que podrían existir anormalidades en el cerebro. Un bebé lento puede sufrir retraso mental, una enfermedad orgánica, puede estar seriamente desatendido, o puede encontrarse en perfectas condiciones, como lo ha demostrado la experiencia.

En PERSONA

Las hijas normales de Berger

Las creencias culturales y las demandas de la vida diaria afectan a cada padre y a cada bebé. Cuando nació nuestra primera hija, Bethany, yo ya me había graduado. Había memorizado algunas normas, como "podrá sentarse a los 6 meses y caminar a los 12 meses". A lo largo de su primer año, Bethany alcanzó todas estas metas en tiempo normal. Sin embargo, a los 14 meses aún no caminaba.

Comencé a preocuparme. Leí acerca de estas normas con más detenimiento y aprendí tres cosas que me tranquilizaron:

- La variación en los ritmos del desarrollo es normal.
- Cuando el retraso al caminar es consecuencia de daño cerebral, existen también otros síntomas de desarrollo tardío. (Afortunadamente, Bethany ya podía hablar.)
- Los plazos para el desarrollo de habilidades motoras varían de un país a otro. (Mi abuela era francesa, y la

tendencia allí era que los bebés comenzaran a caminar más tarde de lo normal.)

Dos meses después, Bethany ya caminaba. Comencé entonces a reunir algunas pruebas de que las habilidades motoras son genéticas. Mis estudiantes atestiguaron a favor del poder de los genes. Los bebés de Jamaica, Cuba y Barbados tendían a caminar antes que los bebés de Rusia, China y Corea. Muchos de mis estudiantes afroamericanos comentaban orgullosos que sus hijos, hijas y hermanos menores habían comenzado a caminar a los 10, o incluso 8 meses, a disgusto de sus compañeros de clase euroamericanos.

Al creer, entonces, en una agenda genética para el desarrollo de la marcha, no me sorprendí cuando nuestra segunda hija, Rachel, dio sus primeros pasos a los 15 meses. Nuestra tercera hija, Elissa, también comenzó a caminar "tarde"; aunque a tiempo para ser una niña Berger con ancestros franceses. No me preocupé por sus habilidades motoras tardías, en parte porque Bethany era para entonces la niña más veloz del jardín de infantes.

Cuando nació nuestra cuarta hija, Sarah, yo era una profesora y autora ya bien establecida. Podía permitirme una persona que cuidara de mis hijas de jornada completa; la señora Todd venía de Jamaica. Ella consideraba que Sarah era la niña más brillante y avanzada que jamás había visto, a excepción quizás de su propia hija Gillian. Yo estuve de acuerdo, pero le advertí a la señora Todd que las niñas Berger caminaban tarde.

"Va a comenzar a caminar cuando tenga alrededor de un año", me dijo la señora Todd. "Quizás antes. Gillian comenzó a caminar a los 10 meses".

"Ya veremos", le respondí, segura de mi interpretación genética.

Subestimé a la señora Todd. Ella jugaba con Sarah sobre su regazo, día tras día. Cuando Sarah tenía 8 meses de edad, la señora Todd pasaba gran parte de su tiempo inclinada, sosteniendo a Sarah con ambas manos para que pudiera practicar su marcha, y para el deleite de Sarah. ¿Quién lo hubiera dicho?, Sarah dio sus primeros pasos cuando tenía exactamente un año de edad; tarde para una bebé Todd, pero sorprendentemente temprano para una bebé Berger.

Como científica, yo sé que un caso aislado no prueba nada. Pudo haber sucedido que las influencias genéticas de Sarah hayan sido diferentes de las de sus hermanas. Además, ella tenía sólo un octavo de sangre francesa; un número que ignoré cuando buscaba seguridad al observar a Bethany. Pero en mi corazón creo que es probable que la práctica, fomentada por una cuidadora con tradición cultural distinta de la mía, hiciera la diferencia. Actualmente, cuando enseño, siempre enfatizo tanto la importancia de la naturaleza como la de la crianza al describir el desarrollo de las destrezas motrices.

Mi hija menor a los 8 meses Cuando observo esta foto, puedo ver pruebas de la devoción de la señora Todd. El cabello de Sarah ha sido lavado y cuidadosamente peinado, su vestido y su blusa están limpios y planchados, y la alfombra y la escalera son ideales para que pueda practicar la postura de pie. Las piernas de Sarah, regordetas y separadas, indican que todavía no está lista para caminar; pero, dados los signos de la atención que le pone la señora Todd, no sorprende, visto en retrospectiva, que mi cuarta hija haya sido la que caminó a menor edad.

HAZEL HANKIN

! RESPUESTA A LA PRUEBA DE OBSERVACIÓN (de p. 152): sí, en cierto modo es lento, pero aún bastante normal. Alrededor de los 6 meses, el bebé promedio puede pararse mientras lo sostienen, pero el 40% adquiere esa destreza más tarde, entre los 6 y los 10 meses.

SÍNTESIS

Los cinco sentidos (la visión, la audición, el gusto, el tacto y el olfato) funcionan bastante bien en el momento del nacimiento, aunque la audición es por lejos, superior a la vista, probablemente debido a la experiencia: el feto tiene mucho más para escuchar que para ver. Luego del nacimiento, la visión se desarrolla rápidamente y conduce a la visión binocular hacia las 14 semanas. La percepción sensible de todos los órganos de los sentidos ya es bien evidente al cumplir un año. Los sentidos trabajan juntos y están especialmente sintonizados para facilitar las interacciones humanas.

Las habilidades motoras comienzan con los reflejos que han permanecido, pero rápidamente se expanden para incluir varios movimientos del cuerpo que el pequeño llega a dominar. Los bebés sostienen la cabeza, luego se sientan, más tarde se paran, y después caminan y corren. Las habilidades sensitivas y motoras siguen un patrón tanto genético como madurativo, pero también están poderosamente influidas por las experiencias que resultan de las acciones específicas de la persona que atiende al niño, que a su vez recibe las influencias de la cultura. Los bebés practican por sí mismos todas las habilidades que pueden, mirando, alcanzando o caminando durante varias horas por día.

Medidas de salud pública

Aunque no se dispone de estadísticas mundiales precisas, al menos 6 mil millones de niños nacieron entre 1950 y 2000. Más de mil millones murieron antes de los 5 años. Tan elevada como esta cifra, el número de muertes habría sido de por lo menos 2 mil millones, sin los avances en el cuidado del recién nacido, especialmente los referidos a la vacunación infantil, la terapia de rehidratación oral (por medio de la que se reponen los líquidos en los niños que padecen diarrea; esta medida por sí sola ha salvado alrededor de 3 millones de vidas infantiles *por año*), el agua potable y una mejor nutrición.

Según estadísticas confiables, en 2005 en los países con mejores índices de salud (como Japón, los Países Bajos y Francia), menos del 0,1% (1 de cada 1 000) de los bebés que sobrevivieron a los primeros días posteriores al nacimiento fallecieron antes de los 5 años. Aún en las naciones con mayor cantidad de muertes infantiles (Malawi, Níger y Afganistán), menos del 25% de los recién nacidos que sobrevivieron murieron dentro de los primeros 5 años (UNICEF, 2003). En 1900, por el contrario, no importa dónde hubieran nacido, alrededor de 1 de cada 3 niños (en muchos lugares 1 de cada 2) morían a tan temprana edad.

Inmunización

El sarampión, la tos ferina, la neumonía y otras enfermedades fueron alguna vez una causa de muerte común en la niñez. Aunque todavía sus consecuencias pueden ser fatales, especialmente en los niños desnutridos, ya no son tan frecuentes. La mayor parte de los niños están protegidos debido a la **inmunización** (que prepara al sistema inmunológico innato del organismo para defenderse contra una enfermedad contagiosa específica), un desarrollo científico del que se dice "tuvo el mayor impacto sobre la reducción de la mortalidad humana y del crecimiento de la población que cualquier otra medida de salud pública, además del agua potable" (Baker, 2000).

Cuando una persona contrae una enfermedad contagiosa, su sistema inmunitario produce anticuerpos que lo protegen de contraer esa enfermedad nuevamente. En una persona sana, una vacuna (una pequeña dosis de virus inactivo, generalmente aplicada en forma de inyección en el brazo) estimula la producción de anticuerpos para protegerlo de la enfermedad. En el cuadro 5.2 se explican algunos detalles referidos a diferentes vacunas. El éxito contundente de la inmunización incluye:

- La viruela, una de las enfermedades más letales para todos los niños en el siglo pasado, fue erradicada en todo el mundo en 1971. La vacunación de rutina contra la viruela ya no se recomienda. Las reservas del virus y de la vacuna, y la vacunación a los que trabajan en emergencias son medidas de precaución que se toman sólo en relación al bioterrorismo, y no porque se espere que ocurra una epidemia natural.
- La poliomielitis, una enfermedad de graves consecuencias muchas veces fatales, ya no es común. La vacunación generalizada comenzó en 1955 y condujo a la eliminación de la poliomielitis en la mayor parte de los países (incluidos los Estados Unidos). En 2003, se informaron solamente 784 casos en todo el mundo.
- El sarampión, que puede causar deshidratación grave, está desapareciendo gracias a la vacuna desarrollada en 1963. En el continente americano, menos de 100 casos de sarampión se produjeron en 2003, bien por debajo de los 53 683 de 1997 (MMWR, junio 13, 2003). Uno de los motivos de este éxito es el nuevo método de vacunación contra el sarampión, que se realiza por medio de la inhalación y no administrando una inyección, y que se está utilizando ampliamente en México.

Al proteger a los niños contra las enfermedades comunes de la infancia, la vacunación también evita las complicaciones graves que también pueden suceder como consecuencia, entre ellas la sordera, la ceguera, la esterilidad, la meningitis y hasta la muerte. De manera menos evidente, la inmunización de cada niño protege a otras personas. Los bebés que no han sido vacunados pueden morir si se contagian una enfermedad de un niño mayor; el feto de una madre que contrae rubéola puede nacer ciego, sordo y con daño cerebral; los adultos sanos que se contagian paperas o sarampión sufren más que un niño; las personas vulnerables (los de edad avanzada, los que son HIV positivos o los pacientes que reciben quimioterapia y cuyo sistema inmunitario es deficiente) pueden morir a causa de cualquiera de estas enfermedades "infantiles".

Los padres pueden no advertir una afección mientras no produzca un compromiso grave en el niño, pero los defensores de la salud pública hacen notar que aun una enfermedad "benigna" como la varicela puede ser mortal. Un padre de

inmunización Proceso que estimula el sistema inmunitario del organismo para que éste se defienda de una enfermedad contagiosa en particular. La inmunización a veces ocurre de forma natural (cuando se padece la enfermedad) y otras veces se adquiere mediante la vacunación (por vía inyectable, oral, inhalatoria o mediante el uso de un parche).

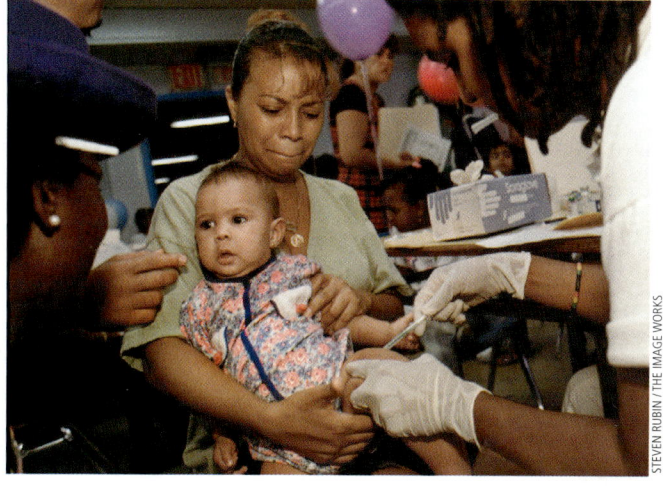

¡Mira para otro lado! Los beneficios de la vacunación justifican la breve incomodidad de este bebé, pero muchos padres todavía no valoran la importancia de seguir el calendario de vacunación recomendado para los hijos.

STEVEN RUBIN / THE IMAGE WORKS

CUADRO 5.2	Detalles sobre el esquema de vacunación

Vacuna	Año de introducción	Cantidad máxima de casos por año	Total de 1999	Evolución natural de la enfermedad	Porcentaje de niños vacunados (EE.UU.)	Efectos secundarios conocidos de la vacuna
Varicela	1995	4 millones*	S/D	Encefalitis (2 de cada 10 000 casos), infecciones bacterianas de la piel, herpes (300 000 por año)	59,4	Sarpullido leve (1 de cada 20 dosis)
DPT					83,3	Llanto prolongado, fiebre igual o mayor de 40,5 °C
Difteria	1923	206 939	1	Muertes (5 a 10 de cada 100 casos), parálisis muscular, insuficiencia cardíaca		
Tétanos	1927	1 560*	40	Muertes (30 de cada 100 casos), fractura de huesos, neumonía		Neuritis periférica, síndrome de Guillain-Barré (parálisis temporaria, con poca frecuencia)
Tos ferina	1926 (de célula entera) 1991 (acelular)	265 269	7 288	Muertes (2 de cada 1 000 casos), neumonía (10 de cada 100 casos), convulsiones (1 a 2 de cada 100 casos)		Afecciones cerebrales (0 a 10 de cada 1 millón de dosis, con vacuna de célula entera únicamente)
H. influenzae B (en la niñez)	1985	20 000*	71	Muerte (2 a 3 de cada 100 casos), meningitis, neumonía, septicemia, inflamación de la epiglotis, infecciones de la piel o huesos	93,5	
Hepatitis B	1981	300 000*	7 694	Muerte por cirrosis o cáncer de hígado (4 000 a 4 500 por año)	88,1	
MMR					91,5	Fiebre igual o mayor de 39,4 °C (5 a 15 de cada 100 dosis)
Sarampión	1963	894 134	100	Encefalitis (1 de cada 1 000 casos), neumonía (6 de cada 100 casos), muerte (1 a 2 de cada 1 000 casos), convulsiones (6 a 7 de cada 1 000 casos)		
Paperas	1967	152 209	387	Sordera (1 de cada 20 000 casos), inflamación de los testículos (20 a 50 de cada 100 varones pospuberales)		
Rubéola	1969	56 686	267	Ceguera, sordera, anomalías cardíacas y/o retraso mental en el 85% de los niños nacidos de madres infectadas al comienzo del embarazo		Dolor temporario de articulaciones (25 de cada 100 dosis en mujeres adultas)
Neumococo[+] (en la niñez)	2000	93 000	Vacuna nueva	Meningitis (800 casos por año), neumonía (77 000 casos), septicemia (15 000 casos)	Vacuna nueva	Fiebre mayor de 37,9 °C (22 de cada 100 dosis)
Polio (parálisis)	1955	21 269	0	Muerte (2 a 5 de cada 100 casos en niños), insuficiencia respiratoria, parálisis, síndrome pospolio	89,6	Polio inducida por la vacuna (vacuna oral únicamente; 1 de cada 2,4 millones de dosis)

* Valor estimado
†Lieu y cols., 2000.
Fuente: Centers for Disease Control and Prevention, en *Consumer Reports*, agosto 2001, p. 19.

Kansas, de 36 años, contrajo la varicela de su hija de 9 años. Ingresó al hospital el 19 de enero de 2002, y luego de numerosas complicaciones, falleció el 9 de marzo (MMWR, junio 13, 2003). Ninguna persona dentro de su grupo familiar había sido vacunada; a diferencia de los otros estados, Kansas no exige la vacunación contra la varicela para el ingreso a la escuela. Aunque la niña de 9 años era la transmisora directa de la enfermedad de su padre, ambos padres, la escuela, el pediatra y los legisladores tuvieron su papel en esta tragedia. En los Estados Unidos, antes de existir la vacuna contra la varicela, morían más de 100 personas todos los años debido a esta enfermedad y más de 1 millón se ven abatidos por las erupciones y la fiebre durante una semana o más. La tasa de mortalidad disminuyó un 92% entre los niños, y en 2001 murieron 27 personas, por lo general adultos que no estaban vacunados (Nguyen y cols., 2005).

Muchos padres están preocupados por los efectos secundarios potenciales de las vacunas. Sin embargo, los riesgos de las enfermedades que alguna vez fueron comunes son, por lejos, mayores que los riesgos de la vacunación. Una revisión de todos los trabajos de investigación publicados concluye: "Las vacunas no están lejos de los problemas y las críticas, pero los datos demuestran de manera consistente que los beneficios globales de las vacunas están entre los logros más importantes de la salud pública de la actualidad" (Dershewitz, 2002).

El mayor problema del siglo XXI es que más de 1 millón de niños en los países en vías de desarrollo mueren cada año debido a que aún no se han aprobado vacunas efectivas contra el SIDA, la malaria, el cólera, la fiebre tifoidea y la gastroenteritis por shigella (Rusell, 2002). Otra gran cantidad de niños, entre 2 y 3 millones, mueren en África debido a que el porcentaje de niños vacunados contra la difteria, el tétanos y el sarampión es sólo del 50% (Mahmoud, 2004). (Los esquemas actuales de vacunación infantil para los Estados Unidos se describen en el Apéndice A, p. A-4).

Síndrome de muerte súbita del lactante

La mortalidad infantil en todo el mundo tuvo un brusco descenso en los últimos años (véase la fig. 5.9). Varias de las causas ya han sido mencionadas: avances en el cuidado del recién nacido, mejor nutrición, el acceso al agua potable y la vacunación generalizada. Otros de los motivos es la caída en el número de bebés que fallecen por causas desconocidas, especialmente debido al **síndrome de muerte súbita del lactante (SMSL)**.

Algunos bebés aparentemente sanos, que han aumentado de peso, aprenden a jugar con el sonajero, comienzan a rodar y sonríen a la persona que los cuida, mueren de manera inesperada mientras duermen. Si la autopsia y una cuidadosa investigación no encuentran otra causa, el diagnóstico es SMSL (Byard, 2004). El SMSL es quizás la causa más alarmante de mortalidad infantil, debido a que no se conoce la causa.

En los Estados Unidos, durante 1990, murieron alrededor de 5 000 bebés debido al SMSL, aproximadamente 1 cada 800. Canadá, Inglaterra, Australia y casi todos los países europeos y sudamericanos experimentaron tasas similares. Hoy, el porcentaje se ha reducido casi a la mitad, principalmente debido a que menos bebés son acostados boca abajo, y porque menos madres fuman cigarrillos. La primera de estas medidas preventivas ha surgido del creciente respeto por las diferencias culturales.

ESPECIALMENTE PARA ENFERMEROS Y PEDIATRAS una madre se rehúsa a vacunar a su bebé porque quiere evitar los efectos secundarios. Ella requiere su firma para ser exceptuada por motivos religiosos. ¿Usted qué debe hacer?

síndrome de muerte súbita del lactante (SMSL) Situación en la cual un bebé aparentemente saludable, de por lo menos 2 meses de vida, deja de respirar de manera repentina y muere inesperadamente mientras duerme. Se desconoce la causa del síndrome, aunque se lo relaciona con el dormir boca abajo y tener padres que fuman.

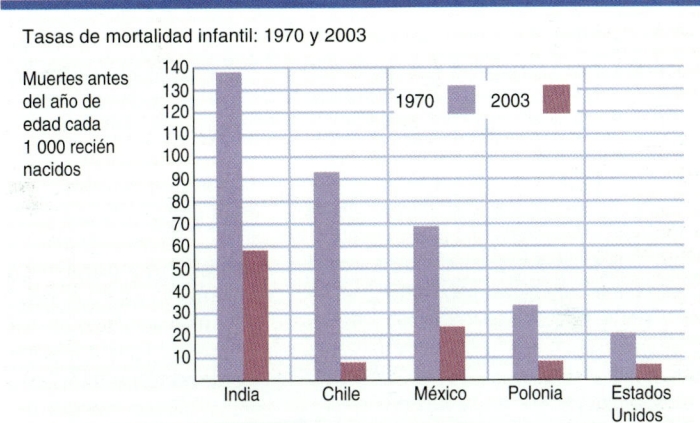

Tasas de mortalidad infantil: 1970 y 2003

Fuentes: National Center for Health Statistics, 2000; U.S. Bureau of the Census, 2004.

FIGURA 5.9 **Hoy sobreviven más bebés** Las mejoras en la salud pública (mejor nutrición, el agua potable, mayor difusión de la vacunación) durante las últimas tres décadas han significado millones de sobrevivientes.\

? PREGUNTA DE PENSAMIENTO CRÍTICO (véase la respuesta en p. 159) En los Estados Unidos parece que están haciendo las cosas bien con respecto a la reducción de la mortalidad infantil. ¿Podría indicar otra forma de presentar los datos que pudieran sugerir otra impresión?

A dormir boca arriba Es mejor recostar a los bebés sobre sus espaldas para dormir, incluso si se encuentra en una hamaca en un templo camboyano.

RESPUESTA PARA ENFERMEROS Y PEDIATRAS (de p. 157): es muy difícil convencer a la gente de que el método que utilizan en la crianza de sus hijos es erróneo, aunque, según lo que aprendimos, debemos hacerlo. En este caso, escuche con respeto y luego describa los ejemplos específicos de enfermedades graves o muertes debidas a enfermedades infantiles. Sugiera a esa madre que consulte con sus abuelos si conocen a alguna persona que haya sufrido polio, tuberculosis o tétanos (probablemente conozcan a alguien). Si no puede convencerla, no se desespere, la vacunación del 95% de los niños protege al otro 5%. Si la madre tiene profundas convicciones religiosas, hable con su consejero espiritual, si no es para cambiar la opinión de la madre, al menos para comprender su punto de vista.

Origen étnico y SMSL

En los países con diversidad étnica como los Estados Unidos, Canadá, Gran Bretaña, Australia y Nueva Zelanda, los bebés descendientes de familias asiáticas tienen menos probabilidades de sucumbir al SMSL que los bebés descendientes de familias europeas (Byard, 2004). Aunque la posición socioeconómica baja también es un factor de riesgo, la pobreza no parece ser la explicación principal para esta diferencia étnica. Por ejemplo, los bebés de Bangladesh tienden a ser de bajo peso y a pertenecer a familias de posición socioeconómica baja, aunque tienen una tasa menor de SMSL que los lactantes británicos blancos que presentaron un peso normal al nacer y pertenecían a familias de clase media. Durante décadas, los pediatras pensaron que la causa subyacente eran los genes.

Afortunadamente, al prestar mayor atención a las diferencias culturales, se llegó a una visión más próxima de las rutinas específicas del cuidado de los bebés. Los lactantes pertenecientes a las familias de Bangladesh generalmente eran amamantados y, aun al dormir, estaban rodeados por muchos miembros de la familia en un ambiente lleno de estímulos, escuchando ruidos todo el tiempo y sintiendo el afecto de las personas que los cuidan. En consecuencia, no duermen profundamente durante mucho tiempo. Por el contrario, los bebés británicos blancos de la misma edad tienden a dormir en sus habitaciones privadas en un ambiente forzadamente tranquilo, y estos "largos períodos de sueño solitario parecen contribuir a tasas más altas de SMSL entre los niños blancos" (Gantley y cols., 1993).

Del mismo modo, los niños chinos, nacidos en China o en otros lugares, tienen una tasa baja de SMSL (Beal y Porter, 1991). De hecho, *antes* de la campaña mundial para reducir los riesgos del SMSL, sólo 1 bebé cada 3 000 moría en Hong Kong debido a este síndrome, comparado con 1 bebé cada 200 de Nueva Zelanda (Byard, 2004). ¿Por qué? En primer lugar, los padres chinos acostumbran a vigilar a sus niños mientras duermen y les acarician las mejillas o le acomodan los brazos o las piernas. Segundo, casi todos los bebés chinos son amamantados por sus madres y concilian un sueño menos profundo, y el sueño más profundo contribuye al SMSL (la leche de vaca, es más pesada para digerir, por lo tanto provoca más cansancio y un sueño más profundo).

"Dormir boca arriba"

Cuando los pediatras, enfermeros y antropólogos observaron el cuidado de los bebés entre asiáticos y europeos, notaron otra diferencia fundamental: la posición para dormir. En todos los grupos étnicos con baja incidencia de SMSL acostaban a los bebés boca arriba; en todos aquellos con tasas elevadas, los bebés dormían boca abajo. Había varias razones para ello, no relacionadas con el SMSL. Por ejemplo, hasta no hace mucho tiempo, un libro del Benjamín Spock (1976), que vendió más de 30 millones de ejemplares, recomendaba a los padres que los bebés durmieran boca abajo:

> Hay dos inconvenientes que pueden surgir cuando los bebés duermen boca arriba: Si vomitan, pueden ahogarse. También tienden a girar la cabeza hacia el mismo lado, por lo general hacia el centro de la habitación. Esto puede aplanar ese lado de la cabeza. Esto no dañará el cerebro, y poco a poco se enderezará, pero tardará un par de años.

> *[Spock, 1976, p. 199]*

Por el contrario, en Turquía se aconsejaba a las madres: "Nunca ponga a un bebé a dormir boca abajo, porque podría tener dificultades para respirar. En cambio, colóquelo boca arriba" (Delaney, 2000, p. 131).

Ambos expertos estaban equivocados: los bebés que duermen boca abajo pueden respirar y los que duermen boca arriba no se ahogan. Ninguno advirtió la conexión entre el SMSL y la posición para dormir.

Al poco tiempo de ser madre, recuerdo haber leído estas palabras escalofriantes: "En algunas ocasiones, un bebé entre las 3 semanas y los 7 meses, es hallado muerto en su cuna. Nunca hay una explicación adecuada, aun cuando se realice la autopsia" (Spock, 1976, pp. 576-577). Yo puse a dormir a mis bebés boca abajo, como lo hizo mi madre conmigo, y como hicieron en el hospital donde nacieron miles de recién nacidos, todos los días. Mis bebés sobrevivieron, pero otros no.

Hace alrededor de dos décadas, los investigadores australianos aconsejaron a un grupo de madres no asiáticas que pusieran a sus hijos a dormir boca arriba. Otros científicos en otros países hicieron el mismo experimento. Los resultados fueron contundentes: muchos menos niños murieron. Por ejemplo, un estudio comparativo descubrió que el riesgo del SMSL era cuatro veces menor cuando los niños dormían en decúbito dorsal (boca arriba) en lugar de en decúbito ventral (Ponsoby y cols., 1993).

En la actualidad se acepta que dormir boca arriba ("back to sleep", como anunciaba el eslogan de la campaña) es más seguro. En todo el mundo, las tasas de SMSL han disminuido (en Nueva Zelanda a 1 en 1 000, por ejemplo). En los Estados Unidos, en los cuatro años entre 1992 y 1996, la tasa de niños que dormían boca abajo disminuyó de 70 a 24%, y la tasa de SMSL cayó de 1,2 a 0,7 por 1 000, un "éxito notable" (Pollack y Frohna, 2001). Como estas estadísticas muestran, la posición para dormir no evita todas las muertes por SMSL. El tabaquismo de los padres antes y después del nacimiento del bebé, el bajo peso al nacer, el exceso de abrigo, la maternidad adolescente y la alimentación con biberón siguen siendo factores de riesgo (Byard, 2004). De hecho, a medida que más bebés duerman boca arriba, el tabaquismo de las madres se ha convertido en un factor de riesgo relativamente mayor para el SMSL (Anderson y cols., 2005).

La nutrición

De modo indirecto, la nutrición ha sido el tema de todo este capítulo. Hemos visto que los pediatras controlan muy de cerca los primeros aumentos de peso, que la preservación cerebral protege al cerebro de la falta de nutrición temporaria, que la terapia de rehidratación oral evita que la diarrea infantil sea fatal. Ahora enfocaremos directamente en el modo en que un lactante se alimenta.

Amamantar es lo mejor

Para la mayoría de los recién nacidos, una buena nutrición comienza con la leche materna. Al principio aparece el *calostro*, un alimento espeso, rico en calorías, segregado por las mamas desde el momento del parto. Luego de tres días, las mamas comienzan a producir leche, que es el alimento ideal para el bebé (véase cuadro 5.3). La leche materna ayuda a evitar casi todas las alergias y enfermedades infantiles (Isolauri y cols., 1998). Siempre es estéril y está a la temperatura del cuerpo; contiene más hierro, vitaminas C y A, y muchas otras sustancias nutritivas que la leche de vaca o de cabra; proporciona anticuerpos contra todas las enfermedades para las que la madre esté inmunizada. Un trastorno que recientemente se ha incrementado entre los niños en edad escolar es el asma (que se estudiará en el capítulo 11), y una manera de reducir el riesgo a padecer asma es el hecho de amamantar al niño de manera exclusiva durante seis meses o más (Oddy, 2004).

Las grasas específicas y los azúcares que contiene la leche materna la hacen más digerible y probablemente es mejor para el cerebro infantil que los preparados para el biberón (Riordan, 2005). La particular composición de la leche materna se ajusta a la edad del bebé, ya que la leche para los bebés prematuros es distinta de la leche para los bebés más grandes. La cantidad se incrementa para satisfacer la demanda: los mellizos y los trillizos pueden crecer fuertes aunque sean alimentados exclusivamente con la leche materna durante varios meses (Riordan, 2005). De hecho, la leche materna tiene tantas ventajas sobre el biberón que los críticos cuestionan la validez de las investigaciones: aunque en los estudios se controlaron las variables educación y nivel de ingresos, es posible que las mujeres que eligen amamantar sean mejores cuidadoras en otros sentidos.

El biberón puede ser mejor que el pecho en algunas circunstancias poco frecuentes: cuando la madre es HIV positiva, consume drogas tóxicas o adictivas, o presenta alguna otra patología que hace que su leche sea, decididamente, poco sana. Sin embargo, aún así, la leche materna puede llegar a ser mejor que el biberón. En África, a las mujeres que son HIV positivas se les recomienda amamantar debido a que el riesgo de contraer el virus es menor que el riesgo de morir de infecciones, diarrea o desnutrición como consecuencia de la alimentación con biberón. Éste se recomienda sólo cuando es "aceptable, factible, asequible, sostenible y seguro (OMS, 2000), criterios que muy rara vez se cumplen en las naciones en vías de desarrollo.

Virtualmente, todas las organizaciones internacionales referidas a la salud recomiendan que los niños sean alimentados exclusivamente con la leche materna durante los cuatro a seis primeros meses. En ese punto, podrán agregarse otros alimentos, especialmente cereales y bananas, que son fácilmente digeribles y proporcionan el hierro y la vitamina C que los bebés más grandes necesitan.

! RESPUESTA A LA PREGUNTA DE PENSAMIENTO CRÍTICO (de p. 157): los mismos datos pueden presentarse en función de la tasa de reducción de la mortalidad infantil. En Chile, la tasa en 2003 fue sólo el 10% de la registrada en 1970, mucho menor que en los Estados Unidos, que en 2003 alcanzó al 35% de 1970. En el mismo período, la reducción en la India fue aun menor: sólo llegó al 50%. (Otros datos muestran que cerca de 25 países desarrollados tienen tasas de mortalidad infantil más bajas que los Estados Unidos.)

ESPECIALMENTE PARA FUNCIONARIOS POLICIALES Y TRABAJADORES SOCIALES Si un bebé muere repentinamente, ¿qué indicios deberían buscarse para diferenciar el SMSL de un homicidio?

Relax y nutrición profunda La lactancia materna es ideal, aunque no siempre tan idílica como en esta escena, en Palm Beach Gardens, Florida.

AMY ETRA / PHOTOEDIT, INC.

CUADRO 5.3	Las ventajas de la lactancia materna

Para el bebé:

El equilibrio de los nutrientes (grasas, proteínas, etc.) se ajusta a la edad del bebé

La leche materna posee micronutrientes que no se encuentran presentes en las fórmulas preparadas para biberón

Menor número de enfermedades del lactante, entre ellas alergias, infecciones del oído y molestias gástricas

Menos casos de asma en la niñez

Mejor visión en la niñez

Menos enfermedades en la adultez, entre ellas diabetes, cáncer y problemas cardíacos

Protección contra del sarampión y todas las demás enfermedades infantiles, dado que la leche materna contiene anticuerpos

Mandíbulas más fuertes, menos caries, mayores reflejos de respiración (menos SMSL)

Mayor CI, menor probabilidad de deserción escolar, más probabilidades de estudiar en una universidad

Pubertad más tardía, menor propensión a embarazos adolescentes

Menor propensión a la obesidad

Para la madre:

Conexión natural con el bebé

Menor riesgo de padecer cáncer de mama y osteoporosis

Método anticonceptivo natural (con la lactancia exclusiva, de varios meses de duración)

Placer en la estimulación mamaria

Satisfacción al proveer las necesidades básicas del bebé

No hay fórmulas para preparar; no se requiere esterilización

Más fácil de transportar con el bebé

Para la familia:

Mayor supervivencia de los otros niños (dada la separación entre nacimientos)

Aumento en los ingresos familiares (ya que tanto las fórmulas preparadas como la atención médica son costosas)

Menor estrés en el padre, en especial a la noche (dado que no se le puede reclamar que alimente al bebé)

Fuente: DiGirolano y cols., 2005; Oddy, 2004; Riordan, 2005.

desnutrición proteínica y calórica Trastorno que ocurre cuando una persona no consume alimentos suficientes de ningún tipo. Esto ocasiona diversas enfermedades, pérdida de peso y, a veces, la muerte.

marasmo Enfermedad de desnutrición extrema por falta de calorías y proteínas al inicio de la infancia, en la cual se interrumpe el crecimiento, los tejidos del cuerpo se consumen y finalmente se produce la muerte del niño.

Los niños de piel oscura a los que se mantiene en el interior de las viviendas, pueden necesitar vitamina D adicional para prevenir el raquitismo. Una vez que se incorporan otros alimentos, la alimentación con leche materna debe continuar al menos hasta que el bebé tenga un año o más, si el niño y la mamá lo desean (Savage y Lhotska, 2000).

En los países en vías de desarrollo, la leche materna reduce significativamente el riesgo de mortalidad infantil. En los países industrializados, el biberón es una alternativa aceptable, pero muchas mujeres eligen amamantar a sus hijos por el bienestar de ellos. Sin embargo, en los Estados Unidos, mientras las dos terceras partes de los recién nacidos son alimentados con leche materna sólo un tercio sigue siendo amamantado a los 6 meses y sólo un sexto al año.

Muchas mujeres deciden cómo alimentarán a su bebé mucho antes del parto, de modo que inmediatamente después del nacimiento es demasiado tarde para convencerlas de que es mejor amamantarlos. Si una madre continuará amamantando a su bebé hasta los 6 meses (como lo recomiendan los pediatras), depende en gran medida de sus experiencias durante la primera semana. Esos primeros días son cuando las madres necesitan más aliento y ayuda práctica (DiGirolamo y cols., 2005). Desafortunadamente, muchos factores sociales (el empleo, los padres y otros familiares) pueden desalentar el amamantamiento (véase apéndice A, p. A-5, para las variaciones dentro de los Estados Unidos).

La desnutrición

La **desnutrición proteínica** y **calórica** se produce cuando una persona no consume suficientes alimentos de cualquier tipo. Aproximadamente el 8% de los niños de todo el mundo padece desnutrición grave, debido a que no obtienen la cantidad suficiente de calorías y proteínas (UNICEF, 2003). Este 8% son niños que, no sólo son demasiado bajos para su edad, sino también demasiado delgados para su altura. Más aún, algunos son demasiado delgados *o* demasiado bajos (2 o más desviaciones estándar por debajo del promedio de los niños bien nutridos). Según este criterio, entre el 27 y el 32% de los niños del mundo padecen desnutrición (UNICEF, 2003).

Para evaluar el estado nutricional de un niño en particular, compare el peso y la altura con las normas detalladas que se presentan en el apéndice A, pp. A-6 y A-7. Un niño puede simplemente ser genéticamente pequeño, pero la pérdida de peso o una disminución en el percentil durante los dos primeros años no es un buen signo. El peso que un niño tiene al nacer debería triplicarse al cumplir un año, y sus piernas y mejillas deben ser regordetas debido a la grasa (que desaparece pocos años después).

Los bebés y los niños desnutridos crónicos padecen de tres maneras:

■ El cerebro no se desarrolla normalmente. Si la desnutrición se sufre durante un tiempo prolongado como para afectar la altura del bebé, también puede verse afectado el cerebro (Grantham-McGregor y Ani, 2001).

■ Los niños desnutridos no tienen reservas en su organismo que los protejan contra las enfermedades comunes, como el sarampión. Alrededor de la mitad de todas las muertes en la infancia se producen porque la desnutrición hace que las enfermedades en esa edad sean mucho más letales de lo que serían en condiciones normales (Rice y cols., 2000). Como agravante, es mucho menos probable que un niño desnutrido esté vacunado. Por ejemplo, en Afganistán en 2001, menos de la mitad de los niños tenía las vacunas básicas y más de la mitad presentaba bajo peso o raquitismo. Uno de cada cuatro recién nacidos afganos moría antes de los 5 años (UNICEF, 2003).

■ Algunas enfermedades son el resultado directo de la desnutrición.

El peor trastorno causado directamente por la desnutrición es el **marasmo**. El desarrollo se detiene, los tejidos se consumen y finalmente el bebé muere. La prevención del marasmo comienza mucho antes del nacimiento, con una buena

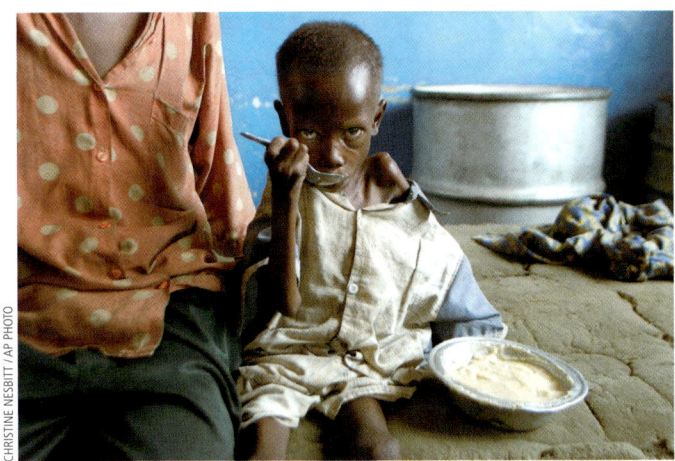

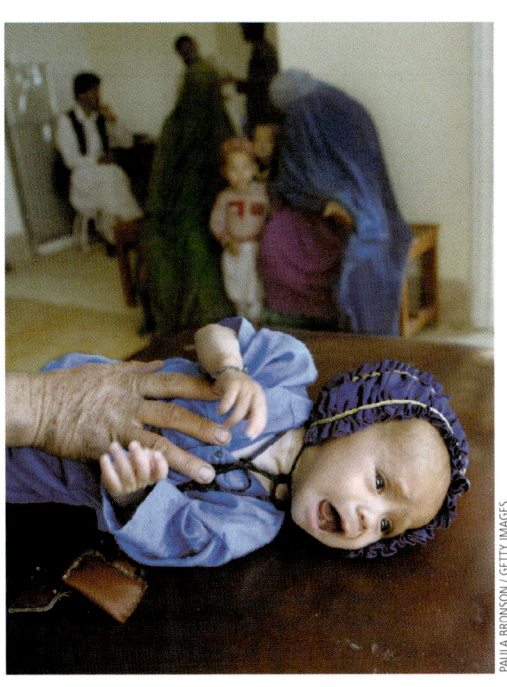

CHRISTINE NESBITT / AP PHOTO

PAULA BRONSON / GETTY IMAGES

La misma situación, a miles de kilómetros de distancia Estos niños del Congo y de Afganistán comparten un destino común: la desnutrición grave causada por la guerra civil. El bebé de la derecha tiene más probabilidades de morir, pero el niño de 8 años de edad a la izquierda enfrenta un futuro incierto. Su madre ha sido asesinada, su aldea fue quemada y él mira enfadado y hambriento.

nutrición para la mujer embarazada. Luego, el amamantamiento a demanda (ocho o más veces por día) y los controles frecuentes del peso pueden detener el marasmo antes que se instale. Los bebés que muestren dificultad en su desarrollo podrán ser hospitalizados y tratados antes que se produzca daño cerebral.

Si la desnutrición comienza antes del primer año, puede tomar la forma de **kwashiorkor**, una enfermedad causada por la ingesta insuficiente de proteínas. Irónicamente, la palabra *kwashiorkor* significa "enfermedad de los hermanos mayores cuando llega un nuevo bebé", porque cesa la alimentación a pecho y hay menos atención por parte de la madre. En el kwashiorkor, el rostro, las piernas y el abdomen del niño se hinchan con líquido; los órganos esenciales absorben cualquier nutriente disponible; la energía está reducida (los niños desnutridos juegan mucho menos que los bien nutridos); los órganos no esenciales se degradan (incluido el cabello, que se vuelve fino, quebradizo y descolorido, un signo revelador de la desnutrición crónica).

kwashiorkor Enfermedad de desnutrición crónica durante la niñez, en la cual la deficiencia de proteínas vuelve al niño más vulnerable a otras enfermedades como el sarampión, la diarrea y la gripe.

SÍNTESIS

Muchas prácticas de salud pública salvan a millones de bebés por año. La vacunación generalizada, poner a los niños a dormir boca arriba y la alimentación con leche materna son pasos simples pero que salvan muchas vidas. Sin embargo, nótese que se denominan medidas de "salud pública" más que prácticas parentales, debido a que van más allá de las decisiones privadas tomadas por aquellos que tienen a su cargo el cuidado de los niños. Las jóvenes vidas pueden salvarse a través de políticas nacionales y prácticas culturales; son responsabilidad de todos. La mortalidad infantil varía de una región a otra, desde menos de 1% hasta más de 20%, y depende de las políticas y prioridades nacionales y de las prácticas dentro de cada familia.

El tema que subyace en todo este capítulo es que el desarrollo biológico saludable no es simplemente el resultado de los genes y la nutrición, sino también del entorno social que proporciona las oportunidades para el crecimiento: canciones de cuna y móviles para la estimulación de los sentidos del bebé, alentar el desarrollo de las primeras destrezas motoras y la protección contra las enfermedades. Cada aspecto del desarrollo se relaciona con todos los demás y cada persona en desarrollo está unida a su familia, a su comunidad y al mundo, como veremos con más claridad en los próximos dos capítulos sobre la infancia temprana.

RESPUESTA PARA FUNCIONARIOS POLICIALES Y TRABAJADORES SOCIALES (de p. 159): se requiere una autopsia o al menos el pronto y cuidadoso examen de un médico anatomopatólogo. Las sospechas de encubrimiento deberán justificarse o descartarse, de modo que los padres sean detenidos o advertidos por las condiciones que provocaron el accidente o que puedan vivir su duelo sin interferencias. Son cruciales las anotaciones detalladas sobre las circunstancias inmediatas del suceso, como la posición en la que se encontraba el cuerpo cuando fue descubierto, la disposición del colchón y las frazadas, la calefacción y la humedad del ambiente en el que se encontraba el bebé y su estado previo de salud. Además, aunque las víctimas del síndrome de muerte súbita del lactante a veces están moradas y parece que presentan hematomas, raras veces presentan signos de lesiones específicas o de abandono, como fracturas de extremidades, cicatrices faciales, erupciones e inflamación o signos de caquexia.

■ RESUMEN

Los cambios corporales

1. En los primeros dos años de vida, los niños crecen, aumentan de peso e incrementan la circunferencia de la cabeza, todos indicadores del desarrollo. El promedio al nacer es de algo mas de 3,33 kg y 51 cm. El peso que trae en el momento del nacimiento se duplica alrededor de los 4 meses, se triplica en el primer año y se cuadruplica a los 2 años, cuando pesan aproximadamente 14 kg.

2. El sueño disminuye gradualmente durante los dos primeros años (de 18 a 11 horas por día), con menos sueño REM, menos interrupciones nocturnas y más ondas lentas en el sueño. Como con todas las áreas del desarrollo, las variaciones en los patrones del sueño son normales y están originadas tanto por la influencia de la naturaleza como por la crianza. El colecho es cada vez más común con los bebés muy pequeños y los psicólogos del desarrollo cada vez lo aprueban más.

El desarrollo cerebral

3. El cerebro aumenta su tamaño en forma muy notoria, del 25 al 75% de su peso adulto en los primeros 2 años. También aumenta la complejidad y se produce la exuberancia pasajera del crecimiento celular, el desarrollo de las dendritas y las conexiones sinápticas. Tanto el crecimiento como el modelado o poda (*pruning*) favorecen la cognición.

4. La experiencia es fundamental para que las dendritas y las sinapsis produzcan los enlaces entre las neuronas. Durante el primer año, hay zonas de la corteza dedicadas a la maduración de las habilidades motoras y sensoriales. Si las neuronas no se utilizan, se atrofian y esas regiones del cerebro se dedican a otras funciones. La estimulación normal, que reciben casi todos los lactantes, les permite la maduración expectante de la experiencia.

5. La mayor parte del crecimiento cerebral dependiente de la experiencia refleja las variadas experiencias específicas de la cultura a la que pertenece el bebé. Por lo tanto, el cerebro difiere de una persona a otra, pero todos los bebés normales están igualmente capacitados en diferentes aspectos básicos –emocional, lingüístico y sensorial– que comparten todos los seres humanos.

Los sentidos y las habilidades motoras

6. Al nacer, todos los sentidos ya responden a los estímulos. Las experiencias prenatales hacen que la audición sea el más maduro de los sentidos y la visión el menos maduro. La visión mejora rápidamente; la visión binocular aparece aproximadamente a las 14 semanas. Los bebés usan sus sentidos para fortalecer sus interacciones sociales tempranas.

7. Los recién nacidos tienen varios reflejos entre los que se incluyen los que son necesarios para la supervivencia como el de succión y respiración. Las habilidades motoras gruesas pronto se hacen evidentes, desde rodar hasta sentarse (alrededor de los 6 meses), desde la posición de pie hasta caminar (alrededor del primer año), desde trepar hasta correr (antes de los 2 años).

8. Las habilidades motoras finas son más difíciles para los bebés, pero ellos desarrollan progresivamente el control de la mano y de los dedos que necesitan para asir y manipular casi todas las cosas que se encuentran a su alcance. La experiencia, el tiempo y la motivación hacen posible que los bebés progresen en todas sus habilidades motoras.

Las medidas de salud pública

9. Alrededor de mil millones de muertes infantiles se han evitado en los últimos cincuenta años con las mejoras en el cuidado de la salud. Uno de los mayores avances es la vacunación, que erradicó la viruela y casi ha eliminado la polio y el sarampión en toda América, pero aún no en el África subsahariana o el sur de Asia.

10. El síndrome de muerte súbita del lactante (SMSL) llegó a provocar la muerte de casi 5 000 bebés por año en los Estados Unidos, y miles más en todo el mundo. Este número se ha reducido a la mitad desde 1990, principalmente porque los investigadores descubrieron que poner a los bebés a dormir boca arriba disminuía la cantidad de muertes por SMSL. Si los adultos abandonan el hábito de fumar, se salvarán aún más vidas.

11. La alimentación con leche materna es la mejor para los bebés, en parte debido a que esta leche reduce las enfermedades y promueve el desarrollo en todos sus aspectos. La Organización Mundial de la Salud promueve la alimentación con leche materna durante los primeros meses de manera exclusiva y hasta los 2 años complementada con otros alimentos.

12. La desnutrición grave detiene el desarrollo y puede causar la muerte, directamente a través del marasmo o el kwashiorkor o indirectamente a través del estado de vulnerabilidad que hace que un niño contraiga sarampión, un trastorno intestinal u otras enfermedades.

■ PALABRAS CLAVE

preservación cerebral (p. 132)
normalidad (p. 132)
percentil (p. 132)
retraso del crecimiento (p. 133)
sueño REM o MOR (p. 134)
neurona (p. 138)
corteza cerebral (p. 138)

axón (p. 139)
dendrita (p. 139)
sinapsis (p. 139)
exuberancia pasajera (p. 140)
expectante de la experiencia (p. 142)
dependiente de la experiencia (p. 142)

corteza prefrontal (p. 143)
autorreparación (p. 143)
etapa de sensibilidad (p. 145)
sensación (p. 146)
percepción (p. 146)
visión binocular (p. 148)
habilidad motora (p. 149)
reflejo (p. 149)
motricidad gruesa (p. 150)

motricidad fina (p. 151)
inmunización (p. 155)
síndrome de muerte súbita del lactante (SMSL) (p. 157)
desnutrición proteínica y calórica (p. 160)
marasmo (p. 160)
kwashiorkor (p. 161)

■ PREGUNTAS CLAVE

1. ¿En qué aspectos del desarrollo sería mejor estar ubicado en el percentil 10º, en el 50º y en el 90º? Dé ejemplos para cada uno.

2. ¿Cómo pueden las hormonas del estrés afectar el desarrollo posterior?

3. ¿Por qué el modelado o poda (*pruning*) es una parte esencial del desarrollo cerebral?

4. ¿Cuál es la relación entre la corteza y las dendritas?

5. ¿Cuáles son las diferencias entre las destrezas visuales de un recién nacido y un bebé de 3 meses?

6. ¿Qué características del cerebro humano parecen estar diseñadas para la audición y la comprensión del habla?

7. ¿Por qué motivo los padres pueden alentar la marcha precoz (antes de los 12 meses) o tardía (después de los 12 meses)?

8. ¿Cómo se aplican las secuencias proximal-distal y céfalo-caudal a la motricidad fina?

9. ¿De qué manera la vacunación salva vidas?

10. ¿Cuáles son los signos de la desnutrición?

11. Ya que la lactancia materna es la mejor, ¿por qué la mayoría de las mujeres norteamericanas alimentan a sus bebés con biberón?

■ EJERCICIOS DE APLICACIÓN

1. Las normas y las prácticas de vacunación varían, en parte, debido a motivos sociales y políticos. Pregunte al menos a dos miembros del personal de la facultad o administrativos qué vacunas deben tener los estudiantes de su establecimiento y por qué. No se detenga si le responden "es una ley"; pregunte por qué esa ley está en vigencia. Si ambos informantes responden lo mismo, pregúntele a una tercera persona.

2. Observe 3 bebés que no conozca en un lugar público, como una tienda, un parque o un autobús. Observe detenidamente el tamaño del cuerpo y las habilidades motoras, especialmente cuánto control tiene ese bebé de sus piernas y manos. A partir de esos datos, estime su edad en meses, y luego pregúntele a la persona que lo cuida qué edad tiene el bebé. (En su mayoría estas personas saben la edad exacta y responderán de buen grado.)

3. *Este proyecto puede realizarse de manera individual, pero es más informativo si responden varios estudiantes en conjunto.* Pregunte a un grupo de entre 3 y 10 adultos si fueron alimentados con leche materna o con biberón; y si fueron amamantados, durante cuánto tiempo. Si alguna persona no lo sabe, o si alguien manifiesta vergüenza acerca del tiempo en que fue amamantado, ése no tiene validez. ¿Hay alguna correlación entre el tamaño del cuerpo del adulto y el modo en que fue alimentado cuando era bebé?

Los primeros dos años: el desarrollo cognitivo

Este capítulo se refiere a la *cognición* del bebé, palabra que significa "pensamiento" en un sentido muy amplio, y que incluye el lenguaje, el aprendizaje, la memoria y la inteligencia en los primeros dos años de vida. El esposo de mi tía, mi tío Henry, se jactaba de que no tuvo nada que hacer con sus tres hijos hasta que comenzaron a hablar, a los 2 años de edad aproximadamente. Es posible que hubiera hallado una buena excusa para evitar bañarlos, cambiarles los pañales, y hacerlos eructar, pero sus creencias acerca de las habilidades cognitivas de los bebés estaban equivocadas. Los bebés son inteligentes desde los primeros días de vida, y se comunican bastante bien desde mucho antes de comenzar a hablar. Al evitar el trabajo que implica la crianza de sus hijos, mi tío Henry también se perdió los logros cognitivos más impresionantes de la vida de sus hijos.

Los bebés se esfuerzan por organizar las sensaciones y las percepciones y por agruparlas en categorías como secuencia o dirección, familiar o desconocido, objetos o personas, eventos o experiencias, permanente o transitorio, causa o efecto. Hacia el fin del primer año de vida (y generalmente mucho antes) los bebés completan con éxito esta tarea. Logran organizar las percepciones, tienen objetivos y saben cómo alcanzarlos, comprenden qué deben hacer con los distintos objetos y personas, y comienzan a hablar. Hacia el final del segundo año, pueden hablar formando oraciones, piensan antes de hablar e incluso simulan ser alguien o algo (una madre, un avión) que saben que no son. ¿Inteligencia en bebés? Claro que sí.

Comenzaremos este capítulo con el estudio del esquema que Jean Piaget proporcionó para la observación de esta sorprendente evolución intelectual; desde el recién nacido, que no tiene conocimiento alguno, hasta el niño que empieza a caminar, que ya puede pedir un deseo y soplar las velas de su pastel de cumpleaños. Concluiremos con el análisis de distintas teorías acerca del modo en que estos logros cognitivos se llevan a cabo.

La inteligencia sensoriomotriz

Como se ha visto en el capítulo 2, Jean Piaget fue un científico suizo que nació en 1896. Sus ideas "aún son fuente de inspiración importante para la investigación de los bebés en nuestros días" (Rochat, 2001, p. 7). A diferencia de todas las ideas populares de su época (y también de las de mi tío Henry), Piaget llegó a la conclusión de que los seres humanos de todas las edades y circunstancias son aprendices activos.

El pensamiento se adapta a la experiencia. Se vio en el capítulo 2 que la **adaptación** se produce en dos formas complementarias: por asimilación y por acomodación. *Asimilación* significa introducir nueva información en la mente mediante su incorporación a categorías mentales o patrones de acción previamente desarrollados ("esquemas", en la terminología de Piaget). *Acomodación* significa introducir nueva información en la mente para ajustar, perfeccionar o expandir los esquemas previos.

Estos procesos de adaptación se producen a lo largo de toda la vida. Según Piaget, la adaptación es la esencia de la inteligencia: las personas poco inteligentes son rígidas y no pueden o no poseen la voluntad de adaptar sus procesos cognitivos.

adaptación Proceso cognitivo mediante el cual se incorpora nueva información y se responde a ella. La asimilación y la acomodación son tipos de adaptación.

CUADRO 6.1   **Las seis etapas de la inteligencia sensoriomotriz**

Para tener una visión general de las etapas del pensamiento sensoriomotriz, es útil agrupar las seis etapas en pares. Las dos primeras se refieren a las respuestas del bebé a su cuerpo (*reacciones circulares primarias*)

Etapa 1 (del nacimiento al primer mes)	*Reflejos:* succionar, agarrar, mirar, escuchar
Etapa dos (1-4 meses)	*Las primeras adaptaciones adquiridas* (asimilación y coordinación de los reflejos). Ejemplos: succionar un chupete en forma diferente de un pezón; tomar un biberón para beber su contenido

Las dos etapas siguientes incluyen las respuestas del bebé a las personas y a los objetos (*reacciones circulares secundarias*):

Etapa tres (4-8 meses)	*La conciencia de las cosas* (responder a las personas y a los objetos). Ejemplo: aplaudir cuando la madre dice "tortitas"
Etapa cuatro (8-12 meses)	*Adaptación y anticipación nuevas* (responder a las personas y a los objetos más deliberadamente y con un propósito). Ejemplo: unir las manos de la madre para hacerla jugar a hacer "tortitas"

Las últimas dos etapas son las más creativas, en primer lugar con la acción y luego con las ideas (*reacciones circulares terciarias*):

Etapa cinco (12-18 meses)	*Nuevos medios a través de la experimentación activa:* la experimentación y la creatividad en las acciones del "pequeño científico". Ejemplo: ubicar un oso de peluche en el inodoro y luego tirar de la cadena
Etapa seis (18-24 meses)	*Nuevos medios a través de las combinaciones mentales:* el hecho de pensar antes de hacer proporciona a los niños métodos nuevos para lograr su objetivo sin tener que recurrir a los experimentos de ensayo y error. Ejemplo: antes de tirar de la cadena, recordar que el inodoro desbordó la última vez, y dudar

---

inteligencia sensoriomotriz Término de Piaget que se refiere a la inteligencia de los bebés durante la primera etapa del desarrollo cognitivo, cuando los bebés piensan empleando los sentidos y las habilidades motoras.

reacciones circulares primarias El primero de los tres tipos de circuitos de retroalimentación, que está asociado con el cuerpo del bebé. El bebé percibe y trata de entender cómo se mueve, mama, escucha sonidos y otras sensaciones del cuerpo.

ESPECIALMENTE PARA PADRES ¿En qué momento los padres deben decidir si alimentan a su hijo sólo con leche materna, sólo con biberón, o con alguna combinación? ¿En qué momento los padres deben decidir si le permiten a su hijo usar chupete o no?

Piaget describió cuatro períodos característicos de la inteligencia. El primero comienza con el nacimiento y finaliza aproximadamente a los 24 meses. Piaget lo denominó **inteligencia sensoriomotriz**, ya que los bebés aprenden a través de sus sentidos y sus habilidades motoras. El período sensoriomotor, de dos años de duración y cambios acelerados, se subdivide en seis etapas (véase cuadro 6.1).

Etapas uno y dos: las reacciones circulares primarias

En cada aspecto de la inteligencia sensoriomotriz existe una interacción activa entre el cerebro y los sentidos. La sensación, la percepción y la cognición se reciclan en un ida y vuelta, en lo que Piaget llamó reacción circular. Las primeras dos etapas de la inteligencia sensoriomotriz son ejemplos de **reacciones circulares primarias**; reacciones que involucran el propio cuerpo del bebé.

La primera etapa, denominada *etapa de los reflejos*, dura sólo un mes. Incluye los reflejos estándares (estudiados en el capítulo 5), como el de succión y el de prensión, y también los sentidos, que son capaces de responder de tal forma desde el nacimiento que parecen reflejos. Las acciones innatas simples son todo aquello con lo que los recién nacidos cuentan para responder a sus experiencias, pero los reflejos simples también ayudan a los bebés a pensar. La sensación se transforma en percepción, lo que luego se convierte en cognición; los reflejos se transforman en acciones deliberadas, y así comienza la inteligencia sensoriomotriz.

A medida que los reflejos se ajustan a la experiencia, el bebé entra en la segunda etapa; las *primeras adaptaciones adquiridas* (también se denomina etapa de los primeros hábitos). Esta conversión de reflejos a acciones deliberadas se produce porque la repetición de las acciones provee información acerca de lo que el cuerpo hace y cómo se siente al realizar aquella acción. Esto marca el comienzo de la *adaptación* de los reflejos y los sentidos, y para Piaget, la adaptación *es* inteligencia.

Como ejemplo, los recién nacidos succionan cualquier cosa que roza sus labios; la succión es uno de los reflejos más claros e intensos. Al llegar al mes de vida, los bebés comienzan a adaptar la succión. Algunos objetos, como la tetina de un biberón (para un niño que es amamantado, simplemente requieren ser asimilados: el mismo reflejo de succión provee también alimentación. Otros objetos requieren acomodación: los chupetes no proveen alimento, por lo tanto deben succionarse sin los reflejos de empujar con la lengua y tragar. Esta adaptación es una señal de que los bebés han comenzado a organizar sus percepciones; a medida que se acomodan a los chupetes, están "pensando".

En otras palabras, la adaptación en las primeras semanas se basa principalmente en la asimilación de los reflejos: todo lo que se puede succionar se asimila como algo que debe ser succionado hasta que se produce la acomodación. Luego de varios meses, se amplía la adaptación. Las respuestas inteligentes del bebé incluyen: succionar algunas cosas para calmar el hambre, succionar otras como forma de placer, y nunca succionar determinados objetos (frazadas, pelotas grandes). Si el bebé tiene hambre, sólo succionará objetos conocidos, como los pezones, que sabe que pueden calmarle el hambre; cualquier otro objeto será rechazado.

La adaptación resulta evidente cuando los bebés no tienen hambre pero quieren la seguridad que otorga la succión rítmica. Entonces succionan un chupete, o si no se han adaptado a uno (porque no le fue ofrecido en la etapa de los reflejos), succionan sus pulgares, sus dedos o sus nudillos (el que haya sido asimilado primero).

Etapas tres y cuatro: las reacciones circulares secundarias

En las etapas tres y cuatro, el desarrollo cambia de las reacciones circulares primarias, en las que interviene el cuerpo del bebé (etapas uno y dos), a las **reacciones circulares secundarias**, en las que participan el bebé y otro objeto u otra persona.

Al principio, durante la tercera etapa (de los 4 a los 8 meses), los bebés interactúan diligentemente con personas y con objetos para producir experiencias emocionantes y *hacer que los acontecimientos interesantes perduren*. Aprender que los sonajeros producen ruido, por ejemplo, y mueven sus brazos y ríen cuando alguien pone uno en sus manos. La vista de algo que normalmente le ocasiona placer (el juguete preferido, la comida favorita, un padre sonriente) puede producir un intento activo de interacción.

La cuarta etapa (de los 8 meses al año) se denomina *adaptación nueva y anticipación*, o "coordinación entre medios y fines", ya que los bebés ahora piensan

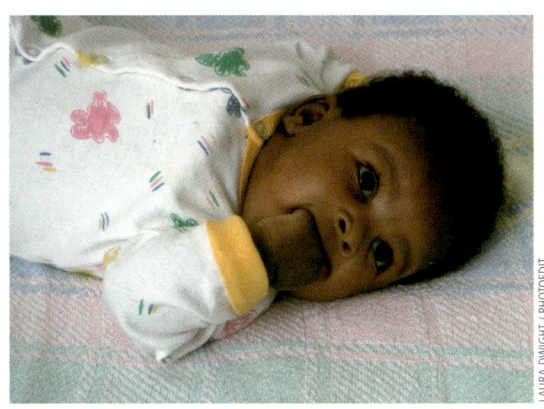

Hora de adaptarse La succión es un reflejo al principio, pero la adaptación comienza ni bien el bebé diferencia un chupete del pezón de su madre, o entiende que su mano ha crecido demasiado como para que entre en su boca. La expresión de concentración del bebé de la foto sugiere que está por realizar esa adaptación y comenzar a succionar su pulgar de ahora en más.

reacciones circulares secundarias El segundo de los tres tipos de circuitos de retroalimentación, que está asociado con las personas y los objetos. El bebé es receptivo con respecto a otras personas y a los juguetes y otros objetos que puede manipular.

Háblame Este bebé de 4 meses de edad está aprendiendo cómo hacer que las miradas interesantes duren: la mejor forma de hacer que papá responda es vocalizar, mirarlo fijamente, sonreír y darle palmadas en su mejilla.

LAURA DWIGHT

¿En dónde está Rosa? A los 18 meses, Rosa sabe todo acerca de la permanencia del objeto y su ocultamiento. El único problema que demuestra aquí es distinguir entre "sí misma" y "otro".

permanencia del objeto Entendimiento de que los objetos (inclusive las personas) continúan existiendo cuando no se los ve, toca o escucha.

en un objetivo y comienzan a comprender cómo lograrlo. El pensamiento es mucho más innovador en la cuarta etapa que en la tercera. Los bebés que se encuentran en la etapa tres sólo pueden comprender cómo continuar una experiencia una vez que ya se está llevando a cabo; los que atraviesan la etapa cuatro ya pueden anticipar.

De este modo, en la etapa cuatro, los bebés continúan adaptándose de modos nuevos y más deliberados. Anticipan sucesos que satisfarán sus necesidades y sus deseos, e intentan hacer que ocurran. Una bebé de 10 meses que disfruta jugar en la bañera puede ver un pan de jabón, y gatear hasta su madre con él como una señal de que le gustaría que comience su baño, y luego quitarse la ropa para que quede bien en claro qué es lo que desea; más tarde reirá con deleite al ver que corre agua en la bañera. De forma similar, si un bebé de 10 meses ve a su madre poniéndose el abrigo para salir, puede comenzar a jalar de él para evitar que se vaya, o bien podría arrastrar su propio abrigo como una señal de que quiere ir con ella.

Todos estos ejemplos relevan una *conducta orientada a un objetivo*; es decir, una acción intencionada. Las acciones de un bebé claramente orientadas hacia un objetivo provienen de una mayor conciencia de la causa y el efecto, como también de una mejor memoria de las acciones ya realizadas y de una mejor comprensión de las intenciones de otras personas (Behne y cols., 2005; Willatts, 1999). La conciencia cognitiva coincide con el surgimiento de las destrezas motrices (gatear, caminar) para lograr los objetivos; ambos son el resultado de la maduración neurológica.

Piaget consideraba que el concepto de la **permanencia del objeto** surge durante la etapa cuatro, a los 8 meses aproximadamente. La permanencia del objeto se refiere a la conciencia de que los objetos o las personas continúan existiendo aun cuando no se encuentren dentro del campo visual. Otros investigadores estuvieron de acuerdo en que la búsqueda orientada a un objetivo de algún juguete que se ha caído de la cuna del bebé, que ha rodado debajo de un sofá o ha desaparecido entre las sábanas no aparece hasta los 8 meses aproximadamente, tal como Piaget lo indicó. Sin embargo, muchos científicos actuales ponen en duda las interpretaciones de Piaget, como se explica en el siguiente recuadro.

PENSANDO COMO UN CIENTÍFICO

La permanencia del objeto

Aunque es indudable que los objetos, animales y la propia madre siguen existiendo aun cuando no podamos verlos, la permanencia del objeto no es evidente en absoluto para los niños muy pequeños. Si un bebé de 5 meses ve, por ejemplo, un manojo de llaves y trata de alcanzarlo, una forma fácil de quitarlo de su alcance es simplemente hacer que "desaparezca" colocándolo a sus espaldas o encerrándolo en nuestra mano. Probablemente mostrará por un instante cierta decepción pero dejará de llorar y no tratará de alcanzarlo. En un sentido bastante literal, fuera de su vista es fuera de su mente.

No ocurre lo mismo con los bebés de 10 meses. En la misma escena, ellos pueden demostrar la permanencia del objeto (quizás tratando de abrirle la mano para conseguir las llaves), porque ahora se dan cuenta de que las cosas existen de manera permanente, aun cuando no son visibles. Si usted se niega a darle las llaves o cualquier otro objeto atractivo, el bebé más grande podrá berrear de frustración.

La permanencia del objeto es tema de profundos estudios de investigación relacionados con el desarrollo; muchos científicos han tratado de comprender exactamente cuándo y qué saben los bebés acerca de la desaparición de los objetos. Piaget mismo descubrió que los bebés más grandes tienen problemas con algunos tipos de permanencia del objeto si el escondite cambia. El diseño y las consecuencias de la investigación sobre este tema siguen siendo sorprendentes y controvertidos (Baillargeon, 1999; Butler y cols., 2002; Ruffman y cols., 2005).

Para comprender esa controversia, volvamos a la investigación inicial de Piaget. Antes de él, se creía que los niños comprendían los objetos del mismo modo que los adultos. El primer experimento de Piaget, que fue repetido en miles de niños en muchos países, probó que ese supuesto estaba equivocado. Un adulto le muestra a un bebé un objeto muy interesante, y luego lo cubre con una manta o un trapo fácil de quitar. Los resultados:

■ Los bebés menores de 8 meses no buscan (si se retira la manta) los objetos escondidos.
■ Alrededor de los 8 meses, los bebés buscan, en caso que puedan hacerlo inmediatamente; pero pierden interés u olvidan el objeto si tienen que esperar durante algunos segundos.
■ Hacia los 2 años, el concepto de permanencia del objeto se comprende bastante bien, pero no perfecta-

mente. Cuando juegan a esconder y buscar, los preescolares pueden temer que alguien haya desaparecido realmente, o pueden esconderse en lugares evidentes (como detrás de un perchero con los pies a la vista o como un bulto debajo de las sábanas en la cama.

Como estudiamos en el capítulo 1, pensar como un científico significa, en primer lugar, repetir el experimento original, y segundo, interpretar los resultados. Entre distintas interpretaciones Piaget postuló que el fracaso en la búsqueda de un objeto oculto significaba que ese bebé no tenía el concepto de permanencia del objeto, pero ¿podría la falta de madurez de otro tipo, como las habilidades motoras imperfectas o una memoria frágil, enmascarar la comprensión de que el objeto aún existe cuando no lo pueden ver?

Según parece, sí. Como un investigador infantil explica: "Entre sus profundas observaciones y esta brillante teoría... Piaget confundió la incapacidad motriz del niño con la incapacidad conceptual" (Mandler, 2004, p. 17). Una serie de experimentos inteligentes en los cuales los objetos parecían desaparecer detrás de una pantalla, mientras los investigadores registraban los movimientos oculares y la actividad cerebral, reveló que cierta insinuación de la permanencia del objeto ya existe en los bebés de cuatro meses y medio (Baillargeon y DeVos, 1991; Spelke, 1993). Los bebés de esa edad parecían sorprendidos cuando un objeto escondido por una pantalla desaparecía o se transformaba en dos o se movía de una forma inesperada. Evidentemente, los bebés tenían el mismo concepto de permanencia del objeto; ellos sabían que el objeto aún existía detrás de la pantalla y esperaban que respondiera como un objeto normal.

Una comprensión más profunda del pensamiento de los bebés provino de una serie de experimentos reciente, en los que niños de 2, 4 y 6 meses observaban cómo se movían unas pelotas hacia atrás de una pantalla y luego reaparecían (Johnson y cols., 2003). En algunos casos, la trayectoria de las pelotas era continua. En otros casos, una pelota parecía desaparecer, pero no reaparecía o lo hacía en un lugar erróneo. Se observó que los bebés de 2 meses no eran concientes de que algo extraño ocurría, sin importar de qué pelota se tratara; los de 4 meses, mostraban signos de saber que algo no estaba bien, y los de 6 meses demostraron (con una mirada atenta) que ellos esperaban que las pelotas se movieran del modo acostumbrado, y se sorprendían cuando no lo hacían.

Estos investigadores están convencidos de que la idea de la permanencia del objeto (o, al menos, la percepción relacionada con la trayectoria de un objeto) no es algo innato (Johnson y cols., 2003). La permanencia del objeto es el resultado de la maduración y de la experiencia, igual que en las ideas que postuló Piaget. La diferencia entre este trabajo de investigación y el de Piaget es la edad a la cual la comprensión del concepto se advierte por primera vez: en condiciones apropiadas (es decir, la localización visual más que el retirar una manta) comienza a verse a los cuatro meses y medio y no a los 8 meses.

La mayoría de los psicólogos del desarrollo aún aprecia el trabajo de Piaget acerca de los lactantes, particularmente dos descubrimientos: 1) el pensamiento de los bebés no es el mismo que el pensamiento de los adultos, y 2) los lactantes comprenden más de lo que los adultos advierten. Piaget desestimó la velocidad del desarrollo cognitivo en los lactantes, pero sus observaciones básicas fueron correctas: los bebés son inteligentes de muchas formas.

¿Dónde está? El mejor objeto escondido es mamá debajo de una frazada que se puede sacar fácilmente, como lo ha descubierto Elias, de 7 meses. El juego de "¿dónde está?" es el más divertido de los 7 a los 12 meses. Un mes más tarde, Elias buscará objetos escondidos de forma más convencional. En un año o dos, la sorpresa y el placer de encontrar a su mamá desaparecerán.

AMBAS: LAURA DWIGHT

Etapas cinco y seis: las reacciones circulares terciarias

En el segundo año, los niños comienzan a experimentar con los hechos y con los pensamientos; de manera característica, primero actúan y más tarde piensan. Las **reacciones circulares terciarias** comienzan cuando los bebés de un año realizan acciones variadas e independientes para descubrir activamente las propiedades de otras personas, de los animales y de las cosas. Los bebés van más allá de la simple respuesta a su propio cuerpo (reacciones primarias) o a las otras personas u objetos (reacciones secundarias).

> **reacciones circulares terciarias** El tercero de los tres tipos de circuitos de retroalimentación, que está asociado con la exploración activa y la experimentación. El bebé explora una variedad de actividades nuevas y varía sus respuestas para aprender cómo funciona el mundo.

Con babero Aprender a comer con utensilios puede ser una experiencia muy estimulante que se trata en gran medida de un método de ensayo y error (a menudo, ensuciándose).

pequeño científico Término de Piaget que se refiere al niño que pasa por la quinta etapa de desarrollo (entre los 12 y 18 meses de edad) y que experimenta sin prever los resultados.

imitación diferida Secuencia en la cual un bebé percibe algo hecho por alguien y luego lleva a cabo la misma acción horas más tarde e incluso días después.

Te escucho Este bebé de 14 meses es un experto en la imitación diferida. Sabe cómo sostener un teléfono celular y qué gestos utilizar mientras se lleva a cabo la "conversación".

habituación Proceso mediante el cual uno se acostumbra a un objeto o suceso mediante el contacto repetido con tal objeto o suceso.

La primera de las dos etapas de las reacciones circulares terciarias es la etapa cinco (entre los 12 y los 18 meses) y se denomina *descubrimiento de nuevos medios a través de la experimentación activa*. La etapa cinco se construye directamente sobre los logros de la etapa cuatro. Las actividades del bebé que están dirigidas a determinados objetivos y propósitos, se vuelven más expansivas y creativas. La etapa del bebé que ya camina es el momento de la exploración activa en la que, como dijo la mamá de Toni en el capítulo 5, los bebés "se meten en todo". Tratan de descubrir todas las posibilidades que el mundo tiene para ofrecerles. Se complacen en extraer todo el dentífrico del tubo, hacen pedazos un casete, hurgan en un hormiguero.

Debido a la experimentación que caracteriza esta etapa, Piaget se refirió al niño que comienza a caminar de la etapa cinco como a un **pequeño científico** quien "experimenta con el objetivo de averiguar". Cuando descubre alguna acción o conjunto de acciones, que son posibles con un objeto dado, el bebé de la etapa cinco parece preguntar: "¿Qué más puedo hacer con esto?". El método científico que emplea es el de ensayo y error. Su devoción para descubrir es conocida por todos los adultos científicos, y por todos los padres.

En la sexta y última etapa de la inteligencia sensoriomotriz (entre 18 y 24 meses) el niño comienza a anticipar y resolver problemas simples utilizando las *combinaciones mentales*. Ésta es una especie de experimentación intelectual que reemplaza la experimentación activa de la etapa cinco. El niño de la etapa seis prueba mentalmente entre varias acciones antes de llevarlas a cabo en la práctica. Piensan en las consecuencias que sus acciones podrían traerles, dudan un momento antes de tirar de la cola al gato o de arrojar un huevo crudo al piso. Pueden calcular mal y aún quieren descubrir, de modo que el niño de la etapa seis no siempre elige la seguridad antes que el peligro. Pero, al menos, algún pensamiento precede a la acción.

Como es capaz de realizar combinaciones mentales, el niño también puede simular. En esta etapa puede cantarle a una muñeca antes de acostarla en la cama. Tal conducta contrasta marcadamente con la del lactante más pequeño, quien trata a la muñeca como a cualquier otro juguete, arrojándola o mordiéndola; o con la del niño de la etapa cinco, quien le tira de la cabeza, los brazos y las piernas para ver qué hay adentro.

Piaget describe otro logro intelectual de la etapa seis, que involucra tanto al pensamiento como a la memoria. La **imitación diferida** que se produce cuando el bebé copia las conductas que ha observado algunas horas o días anteriores (Piaget, 1962). Un ejemplo clásico es la hija de Piaget, Jacqueline, quien observaba a otro niño

> que estaba de mal humor. Él gritaba mientras trataba de salirse del corralito y lo sacudía, golpeando sus pies contra el suelo. Jacqueline, que nunca antes había visto una escena similar, lo miró estupefacta e inmóvil. Al día siguiente, ella gritaba en su corral e intentaba moverlo, empujando con los pies varias veces seguidas.
>
> *[Piaget, 1962, p. 63]*

Piaget y la metodología de investigación

Los bebés muchas veces alcanzan las etapas de la inteligencia sesoriomotriz a edades más tempranas que lo que predijo Piaget. No sólo el bebé de cuatro meses y medio muestra en algún sentido la permanencia del objeto, sino que los bebés demuestran la simulación y la imitación diferida ya a los 9 meses (Meltzoff y Moore, 1999). Uno de los motivos por los que Piaget subestimó la cognición infantil, es que él estaba limitado por la observación directa de sus tres hijos. Además, no contaba con herramientas de investigación avanzadas, particularmente los estudios de habituación y la resonancia magnética funcional.

La **habituación** (del término *hábito*) se refiere al proceso de acostumbramiento a una experiencia luego de la exposición repetida. La habituación se produce en los niños en edad escolar cuando el comedor sirve el mismo menú todos los días, o cuando un bebé escucha el mismo sonido o mira el mismo cuadro una y otra vez. En los bebés, la habituación es evidente cuando pierden interés en cualquier estímulo que se repite. Este método es muy útil para el estudio de los lactantes en los primeros meses, cuando aún no pueden hablar para decir qué ven.

En la forma clásica del estudio de la habituación, un estímulo se repite hasta que el bebé pierde interés (está habituado) y luego se le presenta otro estímulo ligeramente diferente (un sonido, visión o sensación nuevos). Diversos indicadores (una mirada más sostenida o mejor enfocada, el ritmo cardíaco más rápido o más lento, más o menos tensión muscular alrededor de los labios, un cambio en el ritmo, en la frecuencia o en la presión de la succión del pezón) pueden indicar que el bebé detecta una diferencia entre los dos estímulos. Todos estos signos se registran por medio de una tecnología especial que no estaba disponible para Piaget.

Al inducir la habituación y luego presentar un nuevo estímulo, los científicos han aprendido que incluso un bebé de un mes puede detectar la diferencia entre un sonido *pah* y un sonido *bah*, entre un círculo con puntos adentro y un círculo sin puntos, y mucho más. Éstas son las reacciones circulares secundarias que Piaget no esperaba sino hasta los 4 meses.

Algunas técnicas recientes incluyen medidas de la actividad cerebral (véase cuadro 6.2) (Thomas y Casey, 2003). Por ejemplo, la **resonancia magnética funcional** y otras técnicas indican que los lactantes en la etapa preverbal tienen recuerdos, objetivos y hasta combinaciones mentales que se anticipan a las etapas de Piaget. En esencia, una explosión de actividad eléctrica en el cerebro muestra que las neuronas de una región particular se activan, lo que conduce a los investigadores a la conclusión de que un estímulo particular ha sido advertido y procesado. Por ejemplo, el succionar un chupete podría reducir la actividad del centro del miedo del cerebro e incrementar la actividad en el centro del placer.

RESPUESTA PARA PADRES (de p. 166): ambas decisiones deben tomarse dentro del primer mes, durante la etapa de los reflejos. Si los padres esperan hasta que el bebé tenga 4 meses o más, pueden descubrir que ya es demasiado tarde. Es difícil que un bebé de 4 meses que ha sido amamantado exclusivamente se acostumbre al biberón, o que un bebé que ya ha adaptado el reflejo de succión al pulgar pueda acostumbrarse a succionar un chupete.

resonancia magnética funcional Técnica de medición en la cual las propiedades magnéticas del cerebro indican actividad en cualquier parte de dicho órgano. Esta técnica permite ubicar las respuestas neurológicas a los estímulos.

CUADRO 6.2 **Algunas técnicas utilizadas por los neurólogos para entender las funciones cerebrales**

Técnica	Utilización	Limitaciones
EEG (electroencefalograma)	Mide la actividad eléctrica en las capas superiores del cerebro, donde está la corteza	Especialmente en la lactancia, mucha de la actividad de interés ocurre bajo la corteza
PE (potenciales evocados)	Observa la amplitud y la frecuencia de la actividad eléctrica (como muestran las ondas cerebrales) en partes específicas de la corteza que reaccionan a los diferentes estímulos	Las reacciones en la corteza significan percepción, pero la interpretación de la amplitud y el tiempo de las ondas cerebrales no es sencilla
RMf (resonancia magnética funcional)	Mide los cambios en la actividad en cualquier parte del cerebro (no sólo en las capas externas)	Significa actividad cerebral, pero los lactantes son particularmente activos, lo que puede hacer que la resonancia magnética sea inútil
PET (tomografía por emisión de positrones)	También (como la RMf) revela la actividad en diversas partes del cerebro. Las ubicaciones pueden ser determinadas con precisión, pero la PET requiere la inyección de una sustancia radiactiva, que será la que muestre las partes activas del cerebro	Muchos padres e investigadores dudan acerca de la inocuidad de inyectar una sustancia radiactiva en el cerebro del bebé, excepto cuando se sospecha alguna anormalidad seria

Tanto por razones prácticas y éticas, estas técnicas no han sido utilizadas en muestras grandes y representativas de bebés normales. Uno de los desafíos de la neurología es desarrollar métodos inofensivos, simples de aplicar e integrales para el estudio de niños normales

Muchas mediciones de las neuronas muestran que el desarrollo cerebral temprano tiene un gran alcance, las dendritas proliferan y la poda es amplia. Los tres primeros años de vida parecen ser la etapa del máximo desarrollo cognitivo.

De hecho, algunos descubrimientos acerca del cerebro infantil le han dado a los psicólogos del desarrollo una nueva preocupación: las personas podrían llegar a la conclusión de que estos años son los *únicos* que proporcionan las bases para el desarrollo del cerebro y el aprendizaje. Pero no es así. Un informe de 20 profesionales de gran prestigio resume que:

> Las primeras experiencias afectan claramente el desarrollo del cerebro. Sin embargo, centrarse en la etapa de "cero a tres" como un período crítico o especialmente sensible es muy problemático, no porque no sea un período importante para el desarrollo del cerebro, sino porque la atención exagerada que se le da a este período desde el nacimiento hasta los 3 años comienza demasiado tarde y finaliza demasiado pronto.

[National Research Council and Institute of Medicine, 2000, p. 7]

ESPECIALMENTE PARA PADRES Uno de los padres desea retirar todos los objetos rompibles o peligrosos porque su bebé, en la etapa del deambulador, ahora puede moverse por todos lados de manera independiente. El otro dice que el bebé debe aprender a no tocar ciertas cosas. ¿Quién tiene razón?

"Comienza demasiado tarde y finaliza demasiado pronto"... ¿Pudo la sofisticada tecnología y los análisis computarizados de las investigaciones recientes distraer a los observadores de advertir el gran alcance del desarrollo intelectual? Al recolectar los datos acerca de los bebés, momento a momento, neurona a neurona, ¿ignoraron la construcción cerebral y la reorganización mental que caracterizan la inteligencia humana, que comienza aún antes del nacimiento y continúa durante toda la vida? El punto de vista de Piaget con respecto a la cognición fue limitado, pero al menos él no cometió ese error.

SÍNTESIS

Piaget descubrió, describió y luego celebró el aprendizaje activo infantil. Los bebés utilizan sus sentidos y las destrezas motrices para lograr la comprensión de su mundo, primero con los reflejos y luego con el mecanismo de adaptación a través de la asimilación y la acomodación. La permanencia del objeto, la persecución de los objetivos y la imitación diferida se desarrollan en la primera infancia. Un concepto fundamental en las seis etapas del período sensoriomotriz es la idea de las reacciones circulares: los bebés utilizan las experiencias sensoriales básicas para construir las estructuras cognitivas. En las primeras dos etapas, los bebés usan su cuerpo (reacciones circulares primarias); en las dos etapas siguientes, emplean sus experiencias inmediatas (reacciones circulares secundarias), y en las últimas dos etapas, utilizan la experimentación creativa con cualquier cosa que tengan al alcance (reacciones circulares terciarias). Aunque la investigación moderna descubrió que Piaget subestimó la cognición infantil, sus conceptos básicos aún inspiran a los investigadores.

El procesamiento de la información

Piaget fue un "magnífico" teórico de la cognición, con una visión de los cambios en la naturaleza de este proceso que se producen aproximadamente a los 2, a los 6 y a los 12 años. Su perspectiva general de las diferentes etapas contrasta con otra visión de la cognición infantil, la **teoría del procesamiento de la información**, un punto de vista de los procesos del pensamiento humano inspirado en el funcionamiento del ordenador.

Los teóricos del procesamiento de la información consideran que una descripción paso a paso de los mecanismos del pensamiento humano ayuda a nuestra comprensión del desarrollo de la cognición a cualquier edad. El procesamiento de la información humana comienza con entradas en forma de mensajes sensoriales recogidos por los cinco sentidos; continúa con las reacciones y conexiones cerebrales y los recuerdos almacenados y concluye con algún tipo de resultado. Para los bebés, el resultado podría ser el movimiento de una mano para descubrir un juguete escondido (permanencia del objeto), el pronunciar una palabra (por ejemplo, *mamá*) para demostrar el reconocimiento, o el enfocar la mirada para demostrar que se reconoció un nuevo estímulo.

Con la ayuda de la nueva tecnología que se ha descrito en la sección anterior, la investigación sobre el procesamiento de la información ha desestimado algunos de los hallazgos de Piaget. Por ejemplo, los conceptos y categorías parecen desarrollarse en el cerebro del bebé alrededor de los 6 meses (Mandler, 2004; Quinn, 2004).

La perspectiva del procesamiento de la información ayuda a enlazar los diferentes aspectos de la cognición infantil que ha merecido extensos estudios y ha producido valiosos descubrimientos. Haremos una revisión de dos de ellos: la funcionalidad (*affordance*) y la memoria. La funcionalidad se refiere a la percepción o, por analogía, a la entrada o "input". La memoria se refiere a la organización cerebral y a la salida o "output"; en otras palabras, almacenamiento y recuperación.

Funcionalidad (*affordance*)

Recordemos que la percepción es el procesamiento mental de la información que llega al cerebro desde los órganos de los sentidos. Éste es el primer paso en el procesamiento de la información. Uno de los misterios del desarrollo es que dos personas pueden tener percepciones discrepantes de la misma situación, no sólo a través de una interpretación diferente, sino también de una observación diferente. Además, una persona puede percibir la misma cosa de un modo opuesto en diferentes momentos de su vida.

teoría del procesamiento de información Perspectiva que, por analogía, compara los procesos del pensamiento humano con el análisis de datos que realizan los ordenadores, incluidas la estimulación sensorial, las conexiones, las memorias acumuladas y la respuesta.

RESPUESTA PARA PADRES (de p. 171): es más fácil y más seguro adaptar el hogar "a prueba de bebés", debido a que el niño que comienza a deambular, al ser un pequeño científico, quiere explorar. Sin embargo, es importante para ambos padres alentar y guiar al niño, de modo que es preferible dejar al alcance unos pocos objetos que no puedan tocarse, si eso ayudará a evitar un conflicto entre marido y mujer.

Mírame Estos bebés de un año de edad recién comienzan a aprender acerca de la funcionalidad (*affordance*) de los objetos. De este modo, un sonajero puede empujarse contra la cara de un amigo para atraer su atención. Este pequeño científico no ha descubierto aún que hacer eso puede no resultar una buena idea.

? **PRUEBA DE OBSERVACIÓN** (véase la respuesta en p. 174): ¿Estos dos pequeños son niños o niñas?

Luego de décadas de trabajo e investigación, Eleanor y James Gibson llegaron a la conclusión de que la percepción dista mucho de ser un proceso automático (E. Gibson, 1969; J. Gibson, 1979). La percepción, tanto en los lactantes como en todos nosotros, es un logro cognitivo que requiere de la selección: "La percepción es activa, es el proceso por el que se obtiene la información sobre el mundo... No sólo vemos, también miramos" (E. Gibson, 1988, p. 5).

Los Gibson sostuvieron que el entorno (las personas, los lugares y los objetos) ofrece muchas oportunidades para la percepción y la interacción (E. Gibson, 1997). Cada una de estas oportunidades se denomina **funcionalidad (*affordance*)**. Qué tipo de funcionalidad se percibe en particular y prosigue depende de cuatro factores: conciencia sensorial, motivación inmediata, desarrollo actual y experiencias pasadas.

Como un ejemplo simple, diremos que un limón puede percibirse como algo cuya funcionalidad consiste en olerlo, gustarlo, tocarlo, verlo, arrojarlo, exprimirlo y morderlo (entre otras cosas). Cada una de estas posibilidades se percibe con mayor profundidad si ofrece placer, dolor o alguna otra emoción. Cuál de las diferentes posibilidades percibe y actúa una persona depende de los cuatro factores mencionados: sensaciones, motivaciones, edad e historia. Consecuentemente, un limón puede provocar percepciones bastante diferentes, ya sea para un artista que va a pintar una naturaleza muerta, para un adulto sediento que necesita una bebida refrescante y para un bebé en la época de la dentición, que necesita algo para morder.

Claramente, los bebés y los adultos perciben aspectos de la funcionalidad bastante diferentes. La idea del niño que comienza a caminar de lo que tiene funcionalidad para correr podría ser una superficie sin obstrucciones (un prado, un largo pasillo en un edificio de departamentos, o un camino). Para la visión del adulto, el grado en que estos lugares tienen funcionalidad para correr puede estar restringido por otros factores como que en el prado hay un toro pastando, los vecinos se encuentran en el pasillo y el tránsito en el camino. Además, a los niños más pequeños les encanta correr, por lo tanto ellos buscan la funcionalidad para llevar a cabo esta acción; algunos adultos prefieren quedarse quietos, por lo tanto, ellos no perciben si tienen la posibilidad de correr o no.

La funcionalidad de cada cosa es reconocida por los bebés a cualquier edad. Por ejemplo, un estudio descubrió que cuando a los bebés de entre 9 y 12 meses se les presenta un objeto desconocido que hace ruido, repica, cruje o no produce sonidos, ellos deciden qué respuesta posibilita el objeto basándose en su forma, viendo si les resulta similar a otro objeto que hace ruido, repica o cruje (Graham y cols., 2004).

En otro experimento, los bebés de 12 a 24 meses observaban a los adultos mirar o curvar una fotografía plastificada y luego la observaban o la curvaban ellos mismos. Todavía no saben que las fotos son, en principio, para mirar, pero ellos usan cualquier forma de funcionalidad que se les enseña (Callahan y cols.,

funcionalidad (*affordance*) Oportunidad de percepción y de interacción que ofrecen las personas, los lugares y los objetos del entorno.

Bebé a cargo Como esta madre sin duda se da cuenta, para su niño jugar con los bloques tiene la funcionalidad de tocarlos, apilarlos y arrojarlos, y no de permitir identificar las letras y los números escritos en ellos.

precipicio visual   Aparato experimental que da la ilusión de una caída abrupta entre una superficie horizontal y otra.

Percepción de la profundidad   Este bebé se encuentra en un laboratorio en Berkeley, California. Se encuentra gateando sobre un sistema experimental denominado precipicio visual. Ella frena en el borde de lo que percibe como un precipicio.

percepción dinámica   Percepción dirigida a enfocarse en el movimiento y el cambio.

preferencia por otras personas   Atracción innata que sienten los bebés por otros seres humanos, que se manifiesta en preferencias visuales, auditivas, táctiles, etc.

ESPECIALMENTE PARA PADRES DE BEBÉS
¿Cuándo debería preocuparse especialmente de que su bebé pueda caerse de la cama o rodar por las escaleras?

2004). La imitación diferida descrita por Piaget (y demostrada por su hija Jacqueline) es un ejemplo de cierta funcionalidad experimentada. Los bebés característicamente observan a otros niños atentamente para aprender qué tipo de funcionalidad ellos mismos pueden querer.

La caída abrupta

Los tipos de funcionalidad que el bebé percibe evolucionan a medida que gana experiencia. Un ejemplo lo proporciona el **precipicio visual**, un aparato diseñado para simular la ilusión de una caída entre una superficie horizontal y otra (véase la fotografía de la izquierda).

Los investigadores alguna vez pensaron que la percepción de un precipicio visual era puramente cuestión de maduración visual: los bebés más pequeños, debido a su percepción de profundidad inadecuada, no pueden ver la caída abrupta, pero alrededor de los 8 meses, la maduración de la corteza visual permite una mayor conciencia. La "prueba" de ello fue que los bebés de 6 meses se los podía atraer para que se arrastraran sobre el supuesto borde del precipicio visual, en contraste con los de 10 meses, quienes temerosamente se rehusaban a moverse aun cuando sus madres los llamaran (E. Gibson y Walk, 1960).

Las investigaciones posteriores (que se beneficiaron con una mejor tecnología) descubrieron que las primeras interpretaciones de los datos estaban equivocadas. Hasta los niños de 3 meses notaron la diferencia entre una superficie sólida y un precipicio aparente, como lo demostró la disminución de la frecuencia cardíaca y los ojos muy abiertos cuando se posaban sobre el "borde". Pero no comprendían que una de las formas de funcionalidad del precipicio es la caída. Esa comprensión llegó después que comenzaron a gatear. El recuerdo del temor de la persona que los cuida (o quizás el recuerdo de su propia caída de la cama) les ha enseñado que el borde de un precipicio (como en las escaleras cuando bajan) tiene como posibilidad el peligro (Campos y cols., 1978).

El movimiento y las personas

A pesar de todas las variaciones entre un bebé y otro en los tipos de funcionalidad particular que cada uno de ellos percibe, todos los bebés comparten dos principios generales de la percepción. Uno es la **percepción dinámica**, que es la que está dirigida a enfocarse en el movimiento y el cambio. Los bebés adoran el movimiento. Tan pronto como pueden, se mueven con su cuerpo: se aferran, se escapan, gatean y caminan. Para su placer, estos movimientos cambian lo que el mundo les posibilita. Otras criaturas que se mueven, especialmente la persona que los cuida, están entre las primeras y mejores fuentes de placer, una vez más, debido a la percepción dinámica. Ésa es una razón por la que es casi imposible enseñarle a un bebé que no persiga y agarre a un perro, un gato y hasta una cucaracha, especialmente si la criatura se mueve.

El segundo principio universal de la percepción del bebé es la **preferencia por otras personas**. Esta característica parece haber evolucionado a lo largo de los siglos debido a que los seres humanos de todas las edades sobrevivieron por el aprendizaje de ocuparse y confiar los unos en los otros. Como estudiamos en el capítulo 5, todos los sentidos del ser humano están preparados para responder a los estímulos sociales. Aun en los primeros días de vida, los bebés escuchan voces, contemplan rostros y se calman con el tacto humano. Pronto prefieren la voz, el rostro y el tacto de la persona que los cuida; conectan el sonido con la visión, y establezcan otras relaciones (Aslin y cols., 1998; Kellman y Banks, 1998).

Desde una etapa muy temprana de la vida, los seres humanos están interesados en la funcionalidad emocional de las personas que los cuidan, y utilizan sus destrezas perceptivas limitadas para centrarse en el mundo social. Por ejemplo, los bebés conectan las expresiones faciales con el tono de la voz antes de comprender el lenguaje. Esta capacidad condujo a una hipótesis:

> Dado que los bebés están expuestos a las demostraciones emocionales de las personas que los cuidan y además a la oportunidad de ver la funcionalidad (Gibson, 1959, 1979) de aquellas expresiones emocionales, proponemos que las expresiones de las personas que les resultan familiares son significativas para los bebés desde una edad muy temprana.

> *[Kahana-Kalman y Walker-Andrews, 2001, p. 366]*

Como en los primeros trabajos de investigación, estos estudiosos presentaron a los bebés dos imágenes móviles en una pantalla de vídeo. Ambas imágenes eran de una mujer. En una, expresaba visiblemente alegría; en la otra, tristeza. Cada imagen estaba acompañada por una grabación de lo que esa mujer alegre o triste decía. A los 7 meses, pero no antes, los bebés pueden relacionar las palabras con matiz emocional con las expresiones faciales. Algunos de los bebés que participaron en este experimento tenían sólo tres meses y medio de edad. No es sorprendente que, dada su inmadurez, cuando los bebés no conocían a la mujer, fracasaban al relacionar la emoción verbal con el rostro. En otras palabras, cuando el rostro era de una persona extraña, los bebés de tres meses y medio no tuvieron la tendencia a mirar durante más tiempo al de expresión feliz al escuchar la voz de tono alegre, ni a relacionar el rostro triste con la voz triste. Sin embargo, cuando vieron las dos imágenes (triste y feliz) de sus propias madres, y escucharon las voces de ellas, también con un tono triste o feliz, relacionaron correctamente las emociones visuales y vocales. Miraron por más tiempo a sus madres felices cuando hablaban de un modo alegre, pero también miraron a sus madres con expresión triste cuando escuchaban la voz triste (una muestra sorprendente de la capacidad de los bebés muy pequeños de conectar el tono de la voz con las expresiones faciales).

Los investigadores notaron algo más. Cuando los niños vieron y escucharon a sus madres felices, como oposición a los extraños felices, sonrieron en la mitad del tiempo, con una duración de la sonrisa siete veces mayor y con mucha más intensidad (las mejillas y las comisuras de los labios hacia arriba) (Kahana-Kalman y Walker-Andrews, 2001). Evidentemente, la experiencia les ha enseñado a estos bebés que una madre sonriente les brinda como funcionalidad la alegría, especialmente si le devuelven la sonrisa. La funcionalidad que ofrece un extraño que sonríe es más difícil de juzgar.

La memoria

Cierta cantidad de vivencias y de maduración son necesarias para procesar y recordar la experiencia. Los bebés tienen grandes dificultades para almacenar recuerdos nuevos durante el primer año de vida, y los niños más grandes no pueden describir sucesos que ocurrieron cuando eran más pequeños. Pero, basándose en una serie de experimentos, los psicólogos del desarrollo ahora concuerdan en que los bebés muy pequeños *pueden* recordar *si* se producen las situaciones que siguen:

- Las condiciones experimentales son similares a la vida real.
- La motivación es intensa.
- Algunas medidas especiales ayudan a la recuperación de la memoria.

La prueba más contundente de la memoria de los bebés proviene de una serie de experimentos innovadores en los que a un grupo de bebés de 3 meses se les enseñó a causar el movimiento de un móvil pateando con sus piernas (Rovee-Collier, 1987, 1990). Los bebés estaban acostados boca arriba en sus cunas y estaban conectados a un móvil por medio de una cinta atada a un pie.

Casi todos los bebés comenzaron a dar patadas ocasionales (así como movimientos con los brazos y ruidos) y se dieron cuenta, después de un momento, que el pataleo ocasionaba el movimiento del móvil. Luego pateaban más vigorosamente y con más frecuencia, muchas veces sonriendo ante sus logros. Por supuesto, no es sorprendente que ese movimiento autogenerado sea altamente reforzador para un bebé y que constituya parte

Una percepción constante y multisensorial
Por el ángulo de su brazo, y la curvatura de su mano, parece que esta niña reconoce la fidelidad del objeto lleno de pelos, percibiéndolo como un ser singular tanto si está quieto en ese lugar, corre por la arena, o camina por la playa.

ESPECIALMENTE PARA PADRES Esta investigación relacionada con los primeros reconocimientos de la funcionalidad enseñan una lección importante acerca de cuántas niñeras debe tener un bebé. ¿Cuál es esa enseñanza?

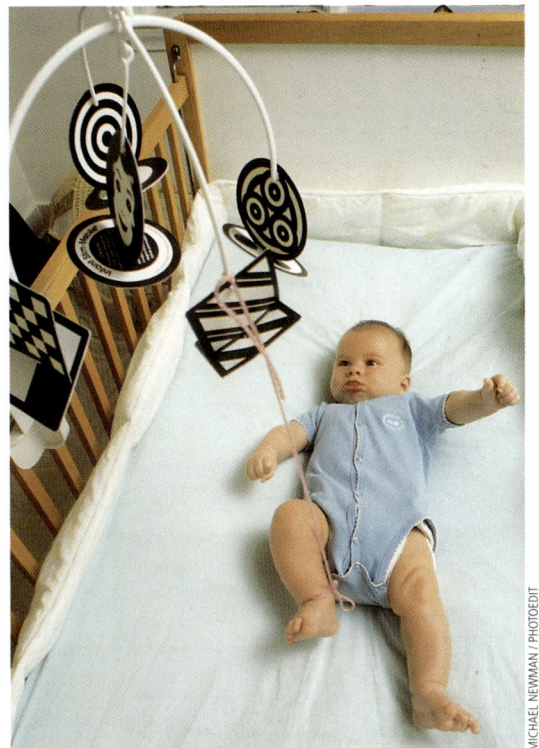

¡Se acuerda! En esta demostración del experimento de Rovee-Collier, un bebé recuerda inmediatamente cómo mover el móvil conocido. (Los móviles que no son familiares no provocan la misma reacción.) Patea con su pierna derecha y mueve los brazos, como lo aprendió unas semanas atrás.

RESPUESTA PARA PADRES DE BEBÉS (de p. 174):
la vigilancia constante se hace necesaria durante
los primeros años de vida del niño, pero la edad de
mayor peligro está entre los 4 y los 8 meses, cuando los bebés pueden moverse pero aún no tienen
miedo de caer de un borde.

sesión para recordar Experiencia de percepción que permite a alguien recordar una idea o
experiencia, sin hacer una prueba para verificar
que la persona en verdad recuerda dicha idea o
experiencia en ese momento.

Ayuda memoria La motivación personal y la acción son cruciales en la memoria temprana, y es por
eso que Noel no tiene problemas en recordar qué figura cubre la fotografía de ella misma cuando era
bebé.

de la percepción dinámica. Además, los bebés de 3 meses ya están en la etapa
dos, adaptando los reflejos, y casi en la etapa tres, obteniendo interesantes visua-
lizaciones. El pataleo y la sonrisa ante los resultados es lo esperable.

Cuando, *una semana después*, se volvió a instalar el móvil y la cinta en la cuna, la mayoría de los bebés comenzó a patalear inmediatamente; esta reacción
indicaba que ellos recordaban la experiencia previa. Pero cuando otro grupo de
bebés volvió a pasar la prueba *dos semanas después*, comenzaron con patadas
aleatorias. Al parecer, habían olvidado lo aprendido, lo que prueba la fragilidad
de la memoria en las primeras etapas de la vida.

Recuerdo y repetición

La coordinadora de esta investigación, Carolyn Rovee-Collier, puso en marcha
otro experimento en el que intentaba demostrar que los bebés de 3 meses *podían*
recordar después de 2 semanas, si eran sometidos a una breve sesión de reactivación de la memoria antes de ser evaluados por segunda vez. (Rovee-Collier y
Hayne, 1987). Una **sesión para recordar** es toda experiencia perceptiva que hace que una persona recupere alguna idea o cosa.

En esta particular sesión de reactivación de la memoria, dos semanas después del entrenamiento inicial, los bebés observaron el móvil cuando se movía,
pero no estaban atados a él y estaban ubicados de modo que *no* podían patear.
Al día siguiente, cuando estuvieron nuevamente conectados al móvil y ubicados
de modo que podían mover las piernas, ellos patearon como habían aprendido
dos semanas antes. En efecto, el observar el móvil en los días previos reactivó su
memoria. La información acerca de cómo mover el móvil estaba almacenada en
el cerebro; ellos necesitaban algún tiempo de procesamiento de la información
para recuperarla, y con la sesión de reactivación lo lograron.

En general, algunos recuerdos tempranos son "muy perdurables, y lo son aún
más después de repetidos encuentros con reactivadores" (Rovee-Collier y Gerhardstein, 1997). La repetición y los reactivadores son la clave: los bebés de menos
de 6 meses no recuerdan a sus abuelos si los vieron una o dos veces, como tampoco recuerdan un trauma súbito como una cirugía de urgencia. En los comienzos
de la vida, y bajo las mejores condiciones, el almacenamiento a largo plazo y la recuperación de los recuerdos son procesos frágiles e inciertos. La memoria en los
bebés se ve facilitada por la repetición, la reactivación y la participación activa.

El hecho de que los bebés puedan recordar es sorprendente; muchos científicos alguna vez creyeron que era imposible. Por ejemplo, Sigmund Freud (1901-
1966) escribió acerca de la "amnesia infantil". Es cierto, sin embargo, que los
recuerdos que se forman en el período de lactancia se desvanecen mucho más
rápidamente que más tarde, durante la infancia.

Un poco mayor, un poco más de memoria

Después de los 6 meses, los bebés pueden retener la información durante períodos más largos que los bebés más pequeños, con menos entrenamiento o reactivación. Hacia finales del primer año, muchos tipos de memoria, incluida la
imitación diferida, se hacen evidentes (Meltzoff y Moore, 1999). Por ejemplo,
pensemos en un bebé de 9 meses que mira a alguien que juega con un juguete
que nunca había visto antes. Al día siguiente, si se le ofrece el juguete, es probable que el bebé de 9 meses juegue del mismo modo que lo hacía la persona que
observó el día anterior (los bebés más pequeños no lo hacen). En los meses siguientes, la imitación diferida se hace más elaborada; los niños tienden a imitar a
otros niños (Heimann y Meltzoff, 1996; Ryalls y cols., 2000).

En la mitad del segundo año, el niño puede recordar y volver a ejecutar secuencias aún más complejas. En un experimento, niños de entre 16 y 20 meses
observaron a un experimentador ejecutar varias actividades, tales como poner
una muñeca en la cama, hacer un sombrero de fiesta y limpiar la mesa (Bauer y
Dow, 1994). Para cada actividad, el experimentador utilizaba determinados elementos y daba una breve "instrucción" para ejecutar cada paso. Por ejemplo, para limpiar la mesa, el experimentador la mojaba con agua de un vaporizador
blanco y decía "echar agua"; la secaba con una toalla de papel y decía, "secar", y
tiraba la toalla en un cesto de madera para los desperdicios diciendo "tirar".

Una semana después, la mayoría de los niños recordaba como llevar a cabo la secuencia tras oír "echar agua, secar, tirar". Ellos lo hicieron, no sólo con los mismos objetos que había utilizado el experimentador, sino también con elementos diferentes (por ejemplo, una botella transparente, una esponja y una papelera plástica con tapa). Esto demuestra que los bebés desarrollan conceptos y no sólo imitan las conductas de manera mecánica (Mandler, 2004). Muchos otros experimentos también demostraron que en la edad de caminar piensan de un modo conceptual, y no sólo repiten lo que han experimentado.

La memoria no es una cosa única, "no es una entidad unitaria o monolítica" (Schacter y Badgaiyan, 2001, p. 1). Las personas no son precisas cuando dicen "tengo buena memoria" o "mi memoria está fallando". Algunos estudios como la resonancia magnética funcional revelan que existen diferentes regiones en el cerebro dedicadas a aspectos particulares de la memoria, como hemos estudiado en el capítulo 5. Existe una diferencia entre la *memoria implícita*, que es la que evoca las rutinas y los recuerdos que permanecen ocultos cuando un estímulo específico los trae a la mente (como el móvil), y la *memoria explícita*, que son los recuerdos que una persona puede traer a la memoria deliberadamente. Como puede observarse en el cuadro 6.3, la memoria explícita es casi imposible en los primeros meses de vida. Aproximadamente a los 5 o 6 años, cuando los niños ingresan a la escuela, la memoria explícita mejora notablemente, como parte de la maduración cerebral (Nelson y Webb, 2003). Los neurocientíficos y los psicólogos siguen descubriendo diversos tipos de memoria, pero es evidente que los seres humanos tienen memoria para las palabras, para las imágenes, para las acciones, para los olores, para las experiencias, para los hechos "memorizados", para los rostros "olvidados" y muchas más. Cada tipo de memoria es codificada por diferentes neuronas en zonas específicas del cerebro.

Debido a que existen tantos tipos de memoria, no es sorprendente que los bebés recuerden algunas cosas mejor que otras: así está construido el cerebro humano. Por lo tanto, los primeros recuerdos son tanto frágiles como duraderos, según de qué tipo de memoria se trate (Nelson y Webb, 2003). Los bebés probablemente almacenen en el cerebro muchas emociones y sensaciones que no pueden recuperar rápidamente, mientras que los recuerdos relacionados con el movimiento (per-

RESPUESTA PARA PADRES (de p. 175): es importante que los niños tengan tiempo para la exposición repetida a cada una de las personas que se encargan de su cuidado, debido a que ellos ajustan su conducta para maximizar los tipos de funcionalidad que cada una de estas personas les permite en el modo de jugar, en las emociones, y en las vocalizaciones. Los padres deben hallar una niñera permanente y no varias.

La memoria no es sencilla Este cuadro ilustra la complejidad y el nivel de la investigación actual sobre la memoria y su vinculación con el encéfalo. Pocos investigadores del desarrollo y mucho menos estudiantes noveles podrían dominar los detalles de la información que aquí se esboza. Ésta se presenta a fin de reflejar el espectro de investigaciones más avanzadas sobre la memoria; lea el cuadro, considere la diversidad de investigaciones relacionadas, pero no piense que debe memorizar cada palabra.

CUADRO 6.3   **Los principales sistemas de la memoria y funciones durante el desarrollo**

Sistema general	Subsistemas	Funciones	Sistemas cerebrales relacionados con las funciones	Ejemplos en el lactante
Memoria implícita (memoria no-declarativa)	Aprendizaje del procedimiento	Tiempo de reacción en serie	Cuerpo estriado, asociación motora suplementaria, corteza motora, corteza frontal	Patear para hacer que un móvil se mueva
		Paradigma de expectativa visual	Corteza frontal, áreas motoras	
	Condicionamiento	Condicionamiento	Cerebelo, ganglios basales	Reírse al hacerle cosquillas
	Sistema de representación de la percepción	Paradigmas de preparación perceptiva	Dependiente de la modalidad, corteza parietal, corteza occipital, corteza temporal inferior, corteza auditiva	Reconocer la voz de la madre
Memoria explícita	Memoria pre-explícita	Detección novedosa en la habituación y tareas de comparación en pares	Hipocampo	Distinguir diferencias entre sonidos
No antes del año de edad	Memoria semántica (conocimiento genérico)	Recuperación semántica, preparación de la palabra y preparación asociativa	Corteza prefrontal izquierda, corteza cingulada anterior, corteza del hipocampo	Primeras palabras habladas
	Memoria episódica (autobiográfica)	Codificación episódica	Corteza prefrontal izquierda, corteza órbito-prefrontal izquierda	Recordar rutinas usuales al sentarse a comer
		Memoria y reconocimiento	Corteza prefrontal derecha, corteza cingulada anterior, corteza parietal, cerebelo, corteza del hipocampo	Recordar cuándo y cómo ocurrió una situación dolorosa

Fuentes: Adaptado de Nelson y Webb, 2003, p. 103.

cepción dinámica) se recuerdan una vez que un contexto facilita una determinada acción, como cuando los bebés recuerdan cómo patear hace mover el móvil).

Hasta el momento en que se establece el lenguaje, las habilidades motoras se recuerdan en la región no verbal del cerebro. Esto explica por qué la mayor parte de los adultos recuerdan cómo gatear, pero pocos pueden describirlo verbalmente (¿brazos y piernas primero de un lado y luego del otro? ¿Rodillas y codos? Piénselo, ¿puede describirlo sin hacerlo?).

SÍNTESIS

La cognición en el bebé puede estudiarse utilizando la perspectiva del procesamiento de la información, la cual analiza cada componente del sistema de aprendizaje. La percepción en los bebés recibe poderosa influencia de las experiencias individuales, por cuya razón los tipos de funcionalidad percibidos por un bebé difieren de los percibidos por otro. Los recuerdos dependen tanto de la maduración cerebral como de la experiencia, y ése es el motivo por el que la memoria es frágil durante el primer año (cuando recibe la influencia de la percepción dinámica y de la reactivación) y se hace más manifiesta (aunque sigue siendo frágil) en el segundo año.

El desarrollo del lenguaje hasta los dos años

El lenguaje, con un vocabulario de miles de palabras, cientos de expresiones idiomáticas, docenas de reglas gramaticales y muchas excepciones a las reglas, es el logro intelectual más impresionante de los niños. De hecho, el lenguaje es el logro más extraordinario del ser humano: diferencia al *homo sapiens* de todas las demás especies, y puede ser la razón por la que el cerebro humano es más complejo que el de otros animales (Leonard, 2003).

Por ejemplo, los seres humanos y los gorilas son parientes cercanos, y comparten alrededor del 99% de sus genes. Los gorilas son más grandes que las personas, pero el cerebro de un ejemplar adulto mide sólo un tercio del cerebro humano y tiene muchas menos dendritas, sinapsis y otros componentes. Esto significa que el cerebro de un ser humano de 2 años de edad, tiene el doble de capacidad que el de un gorila adulto.

De manera similar, el cerebro humano es tres veces más grande que el del chimpancé. Los elefantes tienen un cerebro más grande que el del ser humano, pero pesan 20 veces más, por lo tanto, proporcionalmente, su cerebro mucho más pequeño (Kolb y Whishaw, 2003). El tamaño y la complejidad de la corteza es la clave de la diferencia. Otros animales se comunican, pero ninguna especie tiene nada que se asemeje a las neuronas y a las redes que dan sustento a uno o más de los 6 000 idiomas humanos.

La secuencia universal

Los niños de todo el mundo siguen la misma secuencia de desarrollo en las primeras etapas del lenguaje (véase cuadro 6.4). El momento y la complejidad de la capacidad lingüística varían; el 10% de los niños de 2 años más avanzados conoce más de 550 palabras, y el 10% de los menos avanzados, menos de 100 palabras, es decir la quinta parte (Merriman, 1999). (Algunas explicaciones se verán al final de este capítulo.) Pero la secuencia del aprendizaje del lenguaje es la misma para casi todos, con seres humanos que superan en mucho al más inteligente de los monos. Ahora describiremos esa secuencia.

Los primeros ruidos y gestos

Los bebés comienzan a adquirir el lenguaje aun antes del nacimiento, con la reorganización cerebral y las experiencias auditivas que ocurren al final del período prenatal. Los recién nacidos prefieren oír la voz a otros sonidos; les gusta el habla aguda, simplificada y repetitiva de los adultos. Esta forma de habla es bastante distinta de la normal. Se la denomina *media lengua* o también *maternés*, ya que las madres de todo el mundo lo hablan. Ambos términos pueden tener implicaciones engañosas, por lo tanto los científicos prefieren el término más formal de **lenguaje dirigido a los niños**.

lenguaje dirigido a los niños   Forma de hablar sencilla, repetitiva y con tono agudo, en que los adultos hablan con los bebés. También se denomina *lenguaje infantil o lenguaje materno.*

Los recién nacidos son mucho más que oyentes del lenguaje dirigido a los niños. Son criaturas que emiten sonidos: lloran, susurran y producen una diversidad de sonidos ya en las primeras semanas de vida. Estos ruidos gradualmente se hacen más variados hasta que hacia los 4 meses la mayor parte de los bebés tiene un repertorio verbal que incluye chillidos, gemidos, gorjeos, gruñidos, canturreos y alaridos, así como algunos sonidos que se asemejan al habla (Hsu y cols., 2000).

El balbuceo

Entre los 6 y los 9 meses, los bebés comienzan a repetir ciertas sílabas (*ma-ma-ma, da-da-da, ba-ba-ba*), un fenómeno conocido como **balbuceo** debido al modo en que suena. El balbuceo es un aprendizaje expectante de la experiencia; todos los bebés lo hacen cuando tienen la oportunidad. Además, los sonidos que producen son similares, no importa cuál sea el idioma de sus padres. También realizan gestos rítmicos y agitan las manos de un modo particular mientras balbucean (Iverson y Fagan, 2004).

Hacia el final del primer año, a medida que los bebés imitan los sonidos que escuchan, el balbuceo incorpora más sonidos del lenguaje nativo. Muchas culturas asignan significados importantes a los sonidos que los niños balbucean; *mama-ma, da-da-da* y *pa-pa-pa* generalmente se refieren a personas significativas en la vida del bebé (Bloom, 1998). (Véase apéndice A, p. A-4.)

Los bebés sordos producen balbuceos más tarde y con menos frecuencia que los bebés oyentes. Sin embargo, están más avanzados en el uso de los gestos, comienzan a balbucear con las manos al mismo tiempo que los oyentes comienzan a balbucear verbalmente (Petitto y Marentette, 1991). El análisis de algunos vídeos de niños sordos cuyos padres se comunican por medio del lenguaje de señas revelaron que los bebés sordos de 10 meses usan alrededor de doce gestos manuales diferentes que se asemejan a los signos que utilizan los padres, y de una forma rítmica y repetitiva similar a las expresiones *ma-ma-ma* o *da-da-da*. Los bebés oyentes también se comunican con gestos antes de hablar. El hecho de

¿Demasiado joven para hablar? No. Las primeras etapas del lenguaje son la comunicación a través de los sonidos, los gestos y las expresiones faciales, muy evidentes en esta fotografía de una abuela Kung y su nieta.

balbuceo Repetición prolongada de ciertas sílabas, tales como *ba-ba-ba*, que comienza aproximadamente a los 6 o 7 meses de edad.

CUADRO 6.4	El desarrollo del lenguaje hablado en los primeros dos años
Edad*	**Formas de comunicación**
Recién nacido	Comunicación refleja: llantos, movimientos, expresiones faciales
2 meses	Una gama de ruidos significativos: murmullos, quejidos, llantos, risas
3-6 meses	Nuevos sonidos, como chillidos, rezongos, canturreos, trinos, sonidos vocálicos
6-10 meses	Balbuceo, con sonidos vocálicos y consonánticos repetidos en sílabas
10-12 meses	Comprensión de palabras sencillas, entonaciones similares a las del habla, vocalizaciones específicas que tienen significado para los que conocen bien al niño. Los bebés sordos expresan los primeros signos; los bebés oyentes utilizan gestos específicos (p. ej., señalar) para comunicarse
12 meses	Primeras palabras habladas reconocibles como parte de la lengua materna
13-18 meses	Desarrollo lento del vocabulario, hasta unas 50 palabras
18 meses	Eclosión del vocabulario; tres o más palabras aprendidas por día. Existe mucha variación: algunos niños aún no hablan
21 meses	Primera frase de dos palabras
24 meses	Frases con varias palabras. La mitad de las expresiones son de dos o más palabras

* Las edades que se indican en este cuadro se refieren a valores normativos. Muchos niños saludables con inteligencia normal alcanzan estas etapas del desarrollo del lenguaje antes o después de lo que se indica aquí.
Fuentes: Bloom, 1993, 1998; Fenson y cols., 2000; Lenneberg, 1967.

Lenguaje infantil   La comprensión verbal de los bebés se desarrolla mucho antes que sus habilidades de producción verbal. *Pececito* es probablemente una de las docenas de palabras que este bebé reconoce aun cuando todavía no es capaz de pronunciarla.

señalar, por ejemplo, es un gesto avanzado, ya que requiere una comprensión de la perspectiva de la otra persona. La mayor parte de los animales nunca interpreta correctamente cuando se les señala; la mayoría de los seres humanos puede hacerlo a los 10 meses. Hay una buena razón para alentar el uso de los gestos, aun en los bebés oyentes. Los niños comprenden conceptos expresados con gestos un poco antes que los conceptos expresados en palabras.

Las primeras palabras

Finalmente, alrededor del primer año de vida, el bebé promedio habla (o gesticula) algunas palabras. Generalmente, la persona que lo cuida comprende la primera palabra antes que los extraños, por lo que a los investigadores les resulta difícil establecer con exactitud qué puede decir un bebé de 12 meses (Bloom, 1998). Por ejemplo a los 13 meses, Kyle conocía palabras estándar como *mamá*, pero también sabía *da, bo, tam, pa* y *tre*, que sus padres conocían como "bajar", "botella", "panza", "patata" y "estrella de mar" (sí, *tre* significaba esto) (Lewis y cols., 1999).

La explosión del lenguaje y las primeras etapas de la gramática

Una vez que el vocabulario alcanza alrededor de 50 palabras, comienza a construirse rápidamente, a un promedio de 50 a 100 palabras por mes (Fenson y cols., 1994). Esta explosión del lenguaje se denomina **irrupción verbal**, y estas primeras palabras incluyen un número desproporcionado de sustantivos (Gentner y Boroditsky, 2001). En casi todos los idiomas del mundo, entre los 12 y los 18 meses aparecen palabras con las que el niño denomina a cada una de las personas relevantes en su cuidado (a menudo son *dada, mama, nana, papa, baba, tata*), a sus hermanos y a veces a las mascotas. Otras palabras que pronuncian con frecuencia son las que se relacionan con sus comidas favoritas, y si se encuentra en la etapa del control de esfínteres, aquellas referidas a la eliminación. (*pi-pi, po-po, ca-ca*). Estos sonidos son universales, con pequeñas variaciones en los niños de diferentes países.

Sin duda, usted habrá notado que todas estas palabras tienen una estructura similar: dos sílabas idénticas, cada una con una consonante seguida por una vocal. Las variaciones siguen ese patrón, no sólo dicen baba, sino también *bobo, bebe, bibi*. Algunas son un poco más complicadas, no sólo dicen *mama,* sino también *ma-me, ama* y otras más.

La palabras cortas de dos sílabas con *m, n, t, d, b* o *p* les resultan más fáciles al niño para pronunciar porque siguen directamente al balbuceo. Como ya mencionamos, todas las culturas usan estos balbuceos espontáneos para formar palabras. Este patrón facilita la temprana comunicación entre el niño y quien lo escucha. A su vez, esta comunicación simple facilita al niño pequeño la rápida adquisición de palabras adicionales (véase fig. 6.1).

irrupción verbal Ampliación repentina del vocabulario del bebé, especialmente del número de sustantivos, que comienza aproximadamente a los 18 meses de vida.

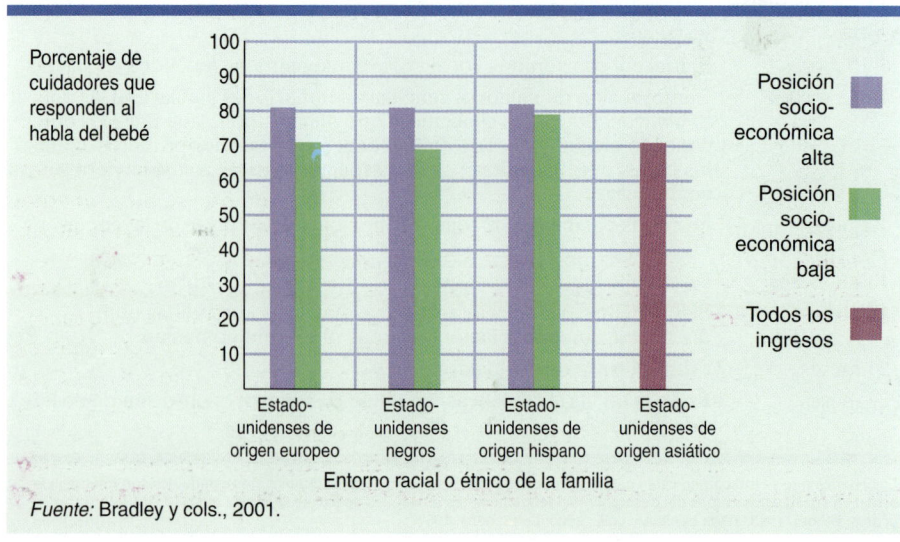

FIGURA 6.1 **Cuando los niños hablan, los que los cuidan responden** Más de 5 000 pares de cuidadores y niños de menos de 3 años de edad fueron observados y entrevistados en sus casas. La mayor parte de los cuidadores, sin importar el entorno étnico o racial o la posición socioeconómica, respondían al habla de los bebés. Ésta puede ser una razón por la cual el desarrollo del lenguaje progresa tan velozmente.

Fuente: Bradley y cols., 2001.

Las diferencias culturales

Aunque todos los niños que recién comienzan a hablar pronuncian nombres, usan sonidos similares y todos utilizan más sustantivos que cualquier otra categoría gramatical, la proporción de sustantivos, verbos y adjetivos muestra las influencias culturales (Bornstein y cols., 2004). Por ejemplo, a los 18 meses, los bebés de habla inglesa utilizan más sustantivos, pero menos verbos que los bebés chinos o coreanos. Una explicación es lingüística: el idioma chino y el coreano son lenguajes muy verbales, y los adultos utilizan más verbos y los colocan al principio o al final de las oraciones, lo que los hace más fáciles de aprender. En el idioma inglés, los verbos son más difíciles porque se incluyen en diferentes ubicaciones dentro de la oración y su forma cambia de manera ilógica (pensemos en *go* "ir", *gone* "ido", *will go* "iré", *went* "fue"). Esta irregularidad hace que los verbos ingleses sean más difíciles para los aprendices. (Gentner y Boroditsky, 2001).

¿En qué lugar del mundo? Las diferentes culturas influyen el lenguaje de los niños en diferentes formas. Los niños que pasan mucho tiempo con adultos están muy expuestos a los únicos patrones de habla de su cultura.

? PRUEBA DE OBSERVACIÓN (véase la respuesta en p. 183): ¿Qué elementos en esta fotografía sugieren diferencias culturales entre esta familia y la mayoría de los europeos o los norteamericanos?

Una explicación alternativa considera el contexto social en su totalidad: la cultura norteamericana enfatiza el hecho de jugar con una variedad de juguetes y aprender el nombre de cierto número de objetos, mientras que en la cultura del Este de Asia se enfatizan las interacciones humanas, específicamente el modo en que una persona responde a otra. En consecuencia, los bebés norteamericanos necesitan nombrar cosas inanimadas, mientras que los bebés asiáticos necesitan codificar las interacciones sociales en forma de lenguaje.

A medida que el niño pequeño construye su vocabulario, utiliza algunas palabras de manera incorrecta. Cada idioma tiene algunos conceptos que a los pequeños les resultan difíciles de aprender: los bebés de habla inglesa confunden *antes* con *después*; los alemanes dicen mal *afuera* cuando se refieren a quitarse la ropa y los coreanos necesitan aprender dos significados diferentes para *en* (Mandler, 2004). Sin embargo, en todos los idiomas, los niños muestran velocidad y eficacia admirables al adquirir tanto el vocabulario como la gramática (Bornstein y cols., 2004).

El niño que ya camina parece "experimentar para ver" con las palabras, como el pequeño científico que describió Piaget (etapas cinco y seis) experimenta con los objetos. Los pequeños científicos se convierten en pequeños lingüistas, al aprender las palabras de su cultura. No es infrecuente que un niño de 18 meses que camina por la calle señale todos los vehículos preguntando "¿auto?" "¿camión?" y aún más "¿autobomba?" "¿motocicleta?" ; o una y otra vez "¿qué eto?", quizás para confirmar su hipótesis acerca de qué palabra corresponde a cada objeto o simplemente porque disfruta de la conversación, y al preguntar "¿qué es esto?" hace que continúe.

Las oraciones

Las primeras palabras pronto adquieren matices en cuanto al tono, al volumen, a la cadencia, que son los precursores de la primera gramática, porque una sola palabra puede transmitir muchos mensajes por la forma en que se dice. Imagine oraciones significativas encapsuladas en "¡dada!" "¿dada?" "dada". Cada una es una **holofrase**, una palabra única que expresa un pensamiento completo.

La **gramática** incluye todos los métodos que los idiomas utilizan para comunicar significados. El orden de las palabras, los prefijos, los sufijos, la entonación, el volumen, los tiempos verbales, los pronombres y negaciones, preposiciones y artículos, todos son aspectos de la gramática. Los bebés comienzan a usar la gramática ya en las holofrases, pero se hace especialmente evidente cuando comienzan a combinar palabras en oraciones simples (Bloom, 1998).

A los 21 meses aproximadamente, los bebés producen sus primeras oraciones de dos palabras, mientras que algunos lo logran a los 15 meses y otros a los

holofrase Palabra que expresa un pensamiento completo y con significado.

gramática Todos los métodos, tales como orden de palabras y conjugaciones verbales, que tienen los idiomas para comunicar un significado, aparte de las palabras en sí.

RESPUESTA PARA LOS QUE CUIDAN A LOS BEBÉS
(de p. 180): no, en absoluto. El niño escucha que varias personas son llamadas "mamá": (su propia madre, su abuela, las madres de sus primos y amigos) y experimenta el nombre como perteneciente a diferentes personas, de modo que no es sorprendente que ellos extiendan su uso. Finalmente estrecharán el concepto para aplicarlo a una persona.

RESPUESTA PARA ENFERMEROS Y PEDIATRAS
(de p. 180): insista a los padres para que acepten el diagnóstico y se pongan en acción. Pueden comenzar aprendiendo el lenguaje de señas inmediatamente y a investigar la posibilidad de un implante coclear. El balbuceo tiene una base biológica y comienza en un momento determinado tanto en los bebés sordos como en los oyentes. Sin embargo, los bebés sordos finalmente comienzan a usar gestos con más frecuencia y a vocalizar menos que los bebés oyentes.

Valores culturales   Si la infancia de este bebé de 2 meses es como la de la mayoría de los bebés criados en la relativamente poco expresiva cultura Ottavado de Ecuador, entonces escuchará menos conversaciones significativas que los niños de la mayor parte de otras regiones del mundo. Según muchos teóricos del aprendizaje, la falta de reforzamiento afecta la capacidad verbal de un niño, y en la mayoría de las culturas occidentales esto se podría considerar una negligencia educativa. No obstante, cada cultura tiende a alentar a sus miembros a adquirir las cualidades que más se necesitan y se valoran, y la fluidez verbal no es una prioridad en esa comunidad. En realidad, las personas que hablan demasiado no son muy apreciadas, mientras que las que guardan secretos son más valoradas, de modo que estimular el lenguaje puede ser aquí una forma de maltrato.

24 meses. Estas oraciones toman la forma de "bebé llora" o "más jugo", en ese orden. Pronto combinan tres palabras, generalmente sujeto-verbo-objeto, como en "mami lee libro", más que en cualquiera de las otras ocho combinaciones para tres palabras.

Al menos durante los primeros años, la gramática que utiliza un niño se correlaciona con el tamaño de su vocabulario. El niño que dice "bebé está llorando" tiene un desarrollo del lenguaje más avanzado que aquel que dice "bebe llorando" o simplemente la holofrase "bebe" (Dionne y cols., 2003). Cada una de estas oraciones es la prueba de la gramática.

Las teorías del aprendizaje del lenguaje

En todo el mundo, las personas que pesan menos de 15 kg y no tienen aún 2 años, ya utilizan el lenguaje bastante bien, y algunas veces hablan dos idiomas. Los niños bilingües de esa edad saben quien comprende cada idioma y eligen las holofrases correctas para comunicarse: un logro sorprendente. El proceso de aprendizaje del lenguaje continúa durante toda la niñez. En la adolescencia, componen poemas o pronuncian oraciones que llegan a miles de sus lingüistas colegas. En la edad adulta, algunas personas tienen fluidez en dos, tres o más idiomas. ¿Cómo se produce este aprendizaje?

Tres escuelas de pensamiento intentaron responder a esta pregunta, cada una con su propia historia, su cuerpo de investigación y sus expertos comprometidos, y cada una conectada con alguna de las principales teorías (el conductismo, la teoría epigenética y la teoría sociocultural) estudiadas en el capítulo 2. La primera dice que el lenguaje se enseña, la segunda que los bebés lo comprenden naturalmente y la tercera que los estímulos sociales promueven la comunicación en los niños.

Cada teoría del aprendizaje del lenguaje tiene profundas consecuencias para los padres y los educadores dedicados a los primeros años de la infancia. Todos desean que los niños hablen con fluidez y correctamente, pero ninguno quiere perder tiempo ni esfuerzo tratando de enseñar algo que los de un año no pueden comprender o aprenderán sin ninguna instrucción. ¿Qué teoría podrá orientarlos?

Teoría uno: a los niños se les enseña

La primera perspectiva tuvo sus comienzos hace más de 50 años, cuando la teoría dominante en la psicología norteamericana era el conductismo, o teoría del aprendizaje. La idea principal era que todo el aprendizaje es adquirido, paso a paso, a través de la asociación y el reforzamiento. Del mismo modo que los perros de Pavlov aprendieron a asociar el sonido de una campana con la presentación del alimento (véase cap. 2), los conductistas creen que los bebés asocian los objetos con las palabras que han escuchado con frecuencia, especialmente si se produce el reforzamiento.

B. F. Skinner (1957) advirtió que el balbuceo espontáneo a los 6 u 8 meses casi siempre es reforzado. Generalmente, cada vez que el bebé dice "ma-ma-ma-ma", aparece una madre sonriente, que repite el sonido mientras lo colma de atenciones, elogios y, quizá, comida. Esta funcionalidad de las madres es exactamente lo que el bebé quiere, y producirá estos sonidos una y otra vez para lograrla nuevamente.

Muchos padres son excelentes instructores intuitivos. Por ejemplo, los que hablan con sus bebés normalmente nombran cada objeto; "aquí está tu *biberón*", "éste es tu *pie*", "¿quieres tu *jugo*?", y así con todas las cosas: a menudo tocan y mueven el objeto mientras lo nombran en forma clara y pausada (Gogate y cols., 2000). Utilizan esta forma de hablar como expertos, y captan la atención del bebé con un timbre más alto, oraciones más cortas, alargando las palabras, enfatizando los sustantivos y utilizando una gramática más simple. Todas estas características ayudan a los bebés a asociar las palabras con los objetos (L. Smith, 1995).

Las ideas principales de esta teoría son las siguientes:

- Los padres son los primeros maestros, aunque otros familiares y cuidadores también enseñan el lenguaje.
- La repetición frecuente es instructiva, especialmente cuando está relacionada con situaciones y objetos de la vida cotidiana.
- Los bebés a los que se les enseña bien se convierten en niños que hablan bien, con el acento y la gesticulación de sus maestros.

Las evidencias que apoyan la teoría de que a los niños se les debe enseñar el lenguaje provienen de un hecho innegable: es claro que existen grandes variaciones en la fluidez del lenguaje entre los niños, especialmente cuando se los compara entre culturas. Algunos niños de 3 años conversan utilizando oraciones elaboradas; otros apenas son capaces de combinar una palabra con otra.

Tales variaciones se correlacionan con las prácticas de enseñanza y aprendizaje. Los padres de los niños con mayor capacidad verbal les enseñan el lenguaje durante toda la infancia; al cantarles, al explicarles, al escucharlos y al responderles. Los padres de los niños con menor capacidad verbal raramente hablan con sus bebés y no comprenden que los retrasos en el aprendizaje del lenguaje de sus hijos están conectados con las prácticas de crianza (Law, 2000).

Muchos estudios que realizan comparaciones entre niños de hogares de distintos ingresos han encontrado diferencias muy grandes en el lenguaje de los niños directamente relacionadas con cuánto lenguaje han escuchado, lo que a su vez se relaciona indirectamente con la posición socioeconómica de la familia (Hart y Risley, 2005; Hoff, 2003). Un estudio descubrió que entre los 9 meses y los 4 años de edad, aquellos niños cuyos padres eran profesionales (como doctores o abogados) escuchaban un promedio de 20 *millones* más de palabras que lo que escuchaba un niño cuyos padres percibían un único y magro ingreso (Hart y Risley, 1995). Al realizar una comparación entre padres de clase media de posición socioeconómica alta y baja, y al estudiar a sus bebés en el momento en el que comienza la irrupción verbal, aquellos bebés cuyas madres poseen estudios universitarios escuchan más palabras, y dentro de oraciones más complejas. Como resultado, aumenta su propio desarrollo del lenguaje (Hoff, 2003).

La importancia del aporte de los padres (no sólo órdenes, sino también conversación acerca de distintas cosas) ha sido confirmada muchas veces. Consideremos los detalles de un estudio realizado en un grupo de bebés de entre 9 y 17 meses de edad (Tamis-LeMonda y cols., 2001). Los investigadores analizaron el lenguaje que las madres (todas de clase media) utilizaban con sus bebés, que se encontraban todos en la etapa preverbal. Una de las madres nunca imitó el balbuceo de su bebé; otra lo imitó 21 veces en 10 minutos, balbuceando con su hijo como si fuera una conversación. En general, las madres describían cosas o acciones (por ejemplo, "ésa es una cuchara que estás sosteniendo; cuchara"). El rango era muy amplio: una madre describió un objeto o acción 4 veces en 10 minutos, mientras otra lo hizo 33 veces en el mismo período.

La frecuencia de la receptividad de la madre a los 9 meses pudo predecir el grado de adquisición del lenguaje de muchos meses después (véase fig. 6.2). No sucedió simplemente que los bebés ruidosos, en su camino a ser grandes habladores, provocaran que la madre hablara más. Algunos bebés tranquilos tenían madres muy habladoras, que sugerían actividades para jugar, describían cosas y formulaban preguntas. Los bebés tranquilos con madres habladoras generalmente también se convertían en habladores. Según este punto de vista conductista, los adultos enseñan lenguaje y luego los niños lo aprenden.

Esta investigación concuerda con la teoría conductista en cuanto a que los adultos les enseñan el lenguaje y entonces los bebés lo aprenden. La teoría sostiene que la mayor diferencia lingüística entre un niño y otro se origina en el comportamiento de la persona que lo cuida. Si los adultos desean niños conversadores, entonces deben hablarles mucho cuando son bebés.

! RESPUESTA A LA PRUEBA DE OBSERVACIÓN
(de p. 181): al menos cuatro elementos son infrecuentes en las familias occidentales de hoy: el gran tamaño (cuatro hijos), un niño en la falda de su madre para comer (es decir, no está sentado en la silla alta para bebés), el padre que les sirve a todos y el hecho de que toda la familia, incluidos los adolescentes, comen juntos. Esta familia vive en Mozambique, en el sudeste de África.

ESPECIALMENTE PARA ENFERMEROS Y PEDIATRAS
Bob y Joan han leído acerca del desarrollo del lenguaje en los niños. Están convencidos de que el lenguaje está "programado", de modo que no necesitan hablarle a su hijo de 6 meses. ¿Qué les respondería?

FIGURA 6.2 **La capacidad de respuesta de la madre y la adquisición del lenguaje infantil**
El aprendizaje de las primeras 50 palabras es un hito en la adquisición del lenguaje temprano, como si predijera la llegada de la irrupción verbal y las frases con muchas palabras unas pocas semanas después. Para los investigadores, la mitad de los niños de madres que tienen una buena respuesta (el 10% superior) alcanza este hito a los 15 meses de edad y la otra mitad la alcanza a los 17 meses. Los niños cuyas madres no son respondedoras (el 10% inferior) tienen un retraso bastante significativo.

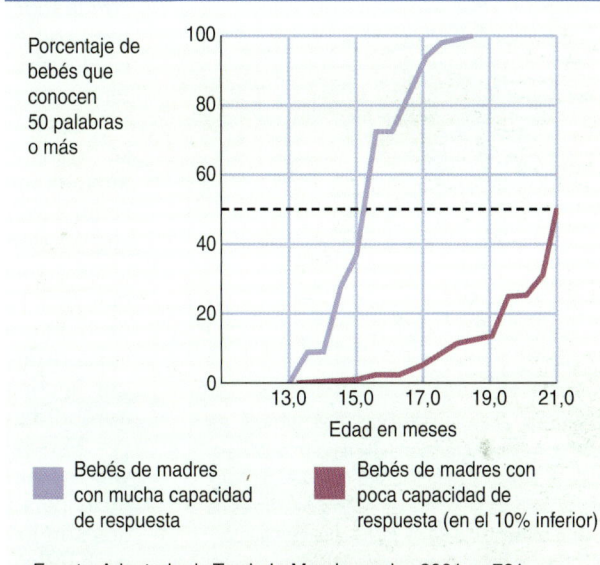

Porcentaje de bebés que conocen 50 palabras o más

Edad en meses

Bebés de madres con mucha capacidad de respuesta

Bebés de madres con poca capacidad de respuesta (en el 10% inferior)

Fuente: Adaptado de Tamis-LeMonda y cols., 2001, p. 761.

MICHELLE D. BRIDWELL / PHOTOEDIT, INC.

Muéstrame dónde Señalar es uno de las formas de comunicación más tempranas, que emerge a alrededor de los 10 meses. Como demuestra Carlos, señalar de forma adecuada requiere una comprensión básica de interacción social, dado que quien apunta debe considerar también el ángulo de visión del otro observador.

mecanismo de adquisición del lenguaje
Expresión de Chomsky que se refiere a una estructura cerebral hipotética que permite a los seres humanos aprender el lenguaje, incluso las partes básicas de la gramática, el vocabulario y la entonación.

RESPUESTA PARA ENFERMEROS Y PEDIATRAS (de p. 183), mientras gran parte del desarrollo del lenguaje está programada, muchos expertos afirman que se necesita la exposición al lenguaje. No es necesario convencer a Bob y Joan sobre este punto, aunque sólo habrá que convencerlos de que su bebé será más feliz si ellos le hablan.

Teoría dos: los bebés aprenden solos

Una teoría contraria sostiene que el aprendizaje del lenguaje es innato. Los orígenes de esta teoría surgieron poco después de que Skinner propusiera su teoría del aprendizaje verbal. Noam Chomsky (1968, 1980) y sus seguidores creían que el lenguaje es demasiado complejo para que sea dominado de manera tan precoz y tan fácilmente, sólo por el condicionamiento paso a paso. Aunque los conductistas se centran en las diferencias entre los bebés en el tamaño y las semejanzas de vocabulario, Chomsky notó que todos los niños del mundo aprenden los rudimentos de la gramática aproximadamente a la misma edad.

Chomsky plantea como hipótesis que el cerebro humano está excepcionalmente equipado para aprender lenguaje. Es decir, que la obtención de un lenguaje es una función expectante de la experiencia, dado que los siglos de evolución han adaptado a los seres humanos para que pudieran utilizar palabras para comunicarse. Chomsky ha escrito acerca de la *gramática universal,* lo que significa que todos los seres humanos nacen con estructuras cerebrales que los preparan para buscar elementos del lenguaje humano; por ejemplo, que un tono más agudo al finalizar una expresión indica una pregunta o que los nombres de los objetos en general hacen referencia al objeto entero y no a una parte de él. Chomsky creía que la gramática universal pone en evidencia la estructura cerebral.

Con algo de atrevimiento, Chomsky denominó a esta hipotética estructura neurológica, **mecanismo de adquisición del lenguaje**. Este mecanismo posibilita que los niños obtengan las reglas gramaticales de manera veloz y efectiva a partir del habla que escuchan a diario, sin importar si su lengua madre es el inglés, el tailandés o el urdu.

Todos los investigadores de renombre han entendido que se requiere *algún* aporte del entorno para que se logre el aprendizaje del lenguaje, pero sólo unos pocos de ellos admiten el enfoque epigenético (genes más entorno) y están de acuerdo con Chomsky en que los bebés se encuentran listos, de forma innata, para utilizar su mente para comprender y hablar cualquier idioma que se les ofrezca (Gopnik, 2001). Las distintas lenguas del mundo, aun cuando parezcan muy distintas una de la otra, son todas lógicas, coherentes y sistemáticas. A los bebés, quienes también son lógicos, se los prepara para asimilar la lengua particular a la que están expuestos, haciendo que el habla de la persona que los cuida "no sea un 'disparador', sino más bien un 'nutriente'" (Slobin, 2001, p. 438). De acuerdo con la teoría dos, no se necesita un "disparador" del lenguaje, dado que las palabras son "esperadas" por el mecanismo de adquisición del lenguaje del cerebro en desarrollo, el cual de forma veloz y efectiva interconecta neuronas para sustentar cualquier lengua particular que el bebé escuche.

Las investigaciones apoyan esta perspectiva también. Como puede recordarse, todos los bebés balbucean sonidos similares a *ma-ma* y *da-da* (sin referirse aún a la madre y al padre) de los 6 a los 9 meses de edad (Goldman, 2001). No se requiere ningún tipo de reforzamiento o de enseñanza; sólo se necesita que crezcan las dendritas, que se desarrollen los músculos de la boca y que se conecten las neuronas; luego, existirá el habla. Existen aún más pruebas que provienen de gemelos. Aunque se crían juntos y presumiblemente oyendo la misma cantidad de habla, los gemelos bivitelinos son mucho menos parecidos entre sí en su aprendizaje temprano del lenguaje que los gemelos univitelinos. Esto sugiere que la construcción del vocabulario es más genética y basada en el cerebro que aprendida y basada en la experiencia (Johnson y cols., 2003).

Más generalmente, en la primera infancia, "la cognición en desarrollo provee los fundamentos de las habilidades gramaticales" (Langer, 2001, p. 38). En otras palabras, el pensamiento (y no la instrucción) produce el lenguaje. Los niños son lo suficientemente inteligentes como para aprender el lenguaje sólo escuchándolo, como muchos padres terminan descubriendo, a menudo para su consternación (Akhtar y cols., 2001).

Teoría tres: los impulsos sociales fomentan el desarrollo del lenguaje

La tercera teoría se denomina *pragmático-social* porque considera que el punto de inicio fundamental no es ni el reforzamiento del vocabulario (conductismo) ni la conexión innata pensamiento-lenguaje (epigenética), sino que más bien el objetivo social del lenguaje: la comunicación. De acuerdo con esta perspectiva, los bebés se comunican de todas las formas que pueden ya que los seres humanos son seres sociales, dependientes uno del otro para la supervivencia y el placer.

Los recién nacidos observan todo buscando caras humanas y escuchan las voces humanas con atención porque quieren responder a los tonos emocionales, y no porque deseen conocer el contenido. Antes del primer año de vida, los bebés pueden vocalizar, balbucear, gesticular, escuchar y señalar con un pequeño dedo índice estirado que más adelante será acompañado con una sofisticada mirada que comprueba si la otra persona está mirando hacia el punto correcto. Éste y muchos otros ejemplos muestran cómo los seres humanos están obligados a ser sociales desde el comienzo de su vida y cómo el lenguaje se utiliza para favorecer la interacción social (Bloom, 1998).

Si un bebé de un año juega intensamente con un nuevo juguete de nombre desconocido, y un adulto pronuncia una palabra que podría ser el nombre del juguete, ¿asociaría el niño aquella palabra con el juguete? Desde un punto de vista puramente conductista y desde una perspectiva de "aprendizaje por asociación", la respuesta sería afirmativa, pero la respuesta real es negativa. En un experimento, un grupo de bebés jugaba con juguetes intrigantes y desconocidos, y escucharon a un adulto decir una palabra. Los niños dejaron de jugar, miraron hacia arriba, y observaron qué era lo que el adulto estaba mirando cuando pronunció la palabra. Los bebés entonces asignaron la nueva palabra a aquél objeto, y no al fascinante juguete que tenían en frente de ellos (Baldwin, 1993). Este estudio apoya la tercera teoría al sugerir que los bebés se centran en el pensamiento social, y consideran el lenguaje como una herramienta social.

Entonces, de acuerdo con la teoría tres, los impulsos sociales, y no la enseñanza explícita o la maduración cerebral (como plantean las dos primeras perspectivas), son los que hacen que un bebé aprenda el lenguaje, "como parte del paquete de ser un animal social humano" (Hollich y cols., 2000). Buscan comprender los deseos y las intenciones de los otros, y por lo tanto "los niños adquieren símbolos lingüísticos como una forma de subproducto de la interacción social con los adultos" (Tomasello, 2001).

Una teoría híbrida

¿Cuál de estas tres perspectivas es la correcta? Como podrá ver, cada postura ha sido apoyada por numerosas investigaciones, por lo tanto encontrar una y sólo una respuesta es imposible (Bloom, 1998). Muchos científicos buscan reconciliar todas las investigaciones y teorías, reconociendo los méritos de cada una (p. ej., Bowerman y Levinson, 2001; Boysson-Bardies, 1999; Leonard, 2003; K. Nelson, 1996).

Tres estudiosos trataron de integrar las tres perspectivas en una monografía basada en 12 experimentos diseñados por ocho investigadores (Hollich y cols., 2000). Los autores desarrollaron un híbrido (que literalmente significa una criatura nueva, creada por la combinación de otras dos cosas ya existentes) de teorías previas. Denominaron a su modelo *coalición emergente* debido a que combina aspectos válidos de varias teorías acerca del surgimiento del lenguaje en la niñez.

Estos investigadores señalan que los niños aprenden el lenguaje para hacer muchas cosas, indican intención, llaman a los objetos por su nombre, juntan palabras, hablan con los miembros de la familia, se cantan, expresan sus deseos, recuerdan el pasado y muchas cosas más. Por lo tanto, los científicos construyeron la hipótesis de que algunos aspectos del lenguaje se aprenden mejor de un modo a una cierta edad, y otras de una manera diferente a otra edad.

Por ejemplo, el nombre del perro de la familia puede aprenderse por asociación y repetición, y los miembros de la familia, y hasta el perro, refuerzan el

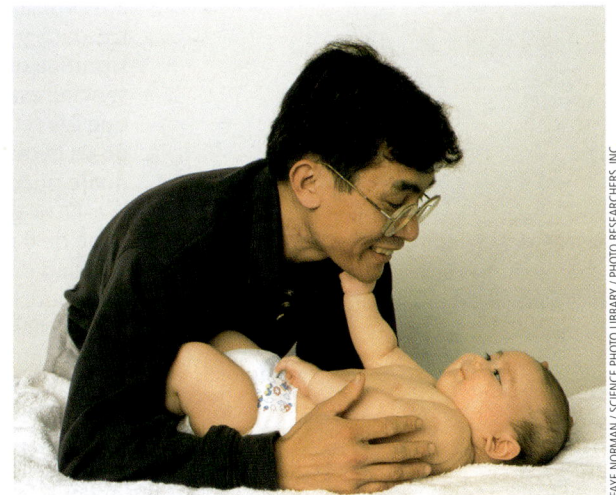

FAYE NORMAN / SCIENCE PHOTO LIBRARY / PHOTO RESEARCHERS, INC.

¿No habla? No hay palabras aún, pero este bebé se comunica bien con papá, utilizando los ojos, la boca y las manos. ¿Qué se dicen uno al otro?

ESPECIALMENTE PARA NIÑERAS ¿Debería hacer algo por los bebés que cuida, además de mantenerlos limpios y seguros?

aprendizaje del nombre, un proceso conductista. Sin embargo, la distinción entre *gato* y *perro* puede reflejar una predilección neurológica (epigenética), que significa que el cerebro humano puede estar genéticamente preparado para diferenciar esas especies. Del mismo modo en que los neurocientíficos descubrieron que los recuerdos provienen de diferentes partes del cerebro, y que cada recuerdo es evocado bajo diferentes condiciones, la teoría emergente indica que el lenguaje puede aprenderse y expresarse de diferentes modos.

Otro ejemplo tiene que ver con un hecho sorprendente: la capacidad de un bebé de 6 meses para escuchar una diferencia entre varios sonidos predice la capacidad de ese niño para hablar a los 13 meses, a los 18 meses y a los 24 meses. Esto podría ser el resultado del modo en que le hablan los adultos desde los primeros días de vida (conductismo), del potencial innato (Chomsky) o de los impulsos sociales (teoría sociocultural). El equipo que informó sobre este hecho, luego de estudios intensivos, aprobó la teoría híbrida, y llegó a la conclusión que "múltiples claves sociales, lingüísticas y relacionadas con la atención" contribuyen en las primeras etapas del desarrollo del lenguaje" (Tsao y cols., 2004, p. 1081).

Otra teoría que subyace a la teoría híbrida es la que postula que el lenguaje aparece hacia el primer año de vida debido a que los bebés ya se han formado algunos conceptos aproximadamente a los 6 meses. Los primeros procesos de la formación de los conceptos asimismo siguen muchos "cursos de desarrollo diferentes", del mismo modo que el aprendizaje de las primeras palabras, en parte debido a que todos los bebés deben desarrollar conceptos de un modo u otro, sin importar qué modalidades utilizan cada familia y cada cultura (Mandler, 2004, p. 304).

La corteza no contiene un centro del lenguaje, sino varios, como lo demuestran los estudios por imágenes cerebrales. De igual modo, décadas de estudios transculturales descubrieron que las culturas varían en gran medida con respecto a las prácticas de adquisición del lenguaje. Por ejemplo, las personas encargadas del cuidado de los niños en algunas culturas rara vez, o nunca, les leen a los niños, mientras que otros lo hacen diariamente (véase fig. 6.3). A algunos niños les enseñan casi exclusivamente sus madres, mientras que otros están rodeados por la conversación de una docena o más de personas (Blum-Kulka y Snow, 2002).

Pero, aunque las condiciones varían, todos los bebés normales aprenden su idioma nativo hablando en la forma en que su cultura los alienta. Por ejemplo, los bebés franceses aprenden a usar las formas del pronombre "tú" y llegan a dominar la tarea muy difícil de utilizar el respetuoso *vous* con los adultos, quienes emplean el informal *tu* con ellos. Una diferencia cultural está el los objetivos del aprendizaje del lenguaje y por lo tanto en las reacciones de los adultos. Un bebé parlanchín es generalmente admirado por los estadounidenses de clase media con ascendencia europea, quienes detendrán su conversación para responder a las preguntas del niño; pero esas interrupciones pueden ser menos apreciadas por los latinoamericanos, quienes desean que los niños muestren respeto y no hablen todo el tiempo (D. Johnson y cols., 2003).

FIGURA 6.3 **¿Ni siquiera un cuento antes de dormir?** Para construir el vocabulario, la mayoría de los psicólogos y los educadores recomiendan leerles a los niños varias veces por semana. El gráfico refleja el hecho de que en los Estados Unidos, quienes cuidan niños de menos de 3 años usualmente no ponen en práctica este consejo, especialmente si son pobres y no son descendientes de europeos. Algunos teóricos del aprendizaje del lenguaje opinan que estas variaciones no son peligrosas, pero los conductistas están preocupados por esto.

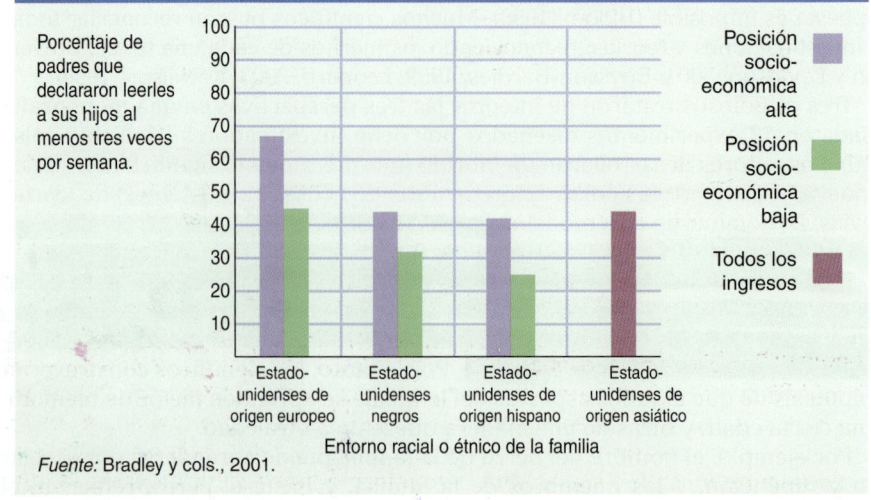

Fuente: Bradley y cols., 2001.

Esta variabilidad hace que el aprendizaje del lenguaje sea complicado para comprender, pero fácil de llevar a cabo por los niños, y así es como debe ser. La comunicación es fundamental. Los bebés necesitan comunicarse desde el momento en que nacen para hacer que la persona que los cuida sepa cuándo alimentarlos y cambiarlos y cuándo satisfacer sus necesidades.

Esto da sentido lógico y práctico a que la naturaleza proporcione varias vías para el aprendizaje del lenguaje. Cada una de estas vías puede ser preferida o más eficiente en algunas etapas, culturas y familias, pero cada niño debe comunicarse. Ése es el modo en el que la familia humana está diseñada. La perspectiva híbrida trae de nuevo al niño al centro del escenario. Los bebés son aprendices activos, no sólo de los conceptos descritos en la primera parte de este capítulo, sino también del lenguaje. Como un experto concluyó:

> Las teorías del aprendizaje de las palabras tendrán que llegar a aceptar el hecho de que los niños... son más que seres que perciben, reciben o poseen un apoyo externo. En su lugar, el niño que aprende las palabras tiene sentimientos y pensamientos referidos a otras personas, es un niño comprometido en los hechos dinámicos de la vida real, un niño que aprende a pensar en un mundo de relaciones físicas y psicológicas cambiantes; en resumen, es un niño dispuesto a actuar, a influir, a obtener el control para aprovechar el aprendizaje del lenguaje por las posibilidades de expresión que éste le ofrece.
>
> *[Bloom, 2000, p. 13]*

ESPECIALMENTE PARA EDUCADORES Una guardería infantil recibió a un bebé nuevo, cuyos padres hablan un idioma diferente al de los maestros. ¿Deben estos últimos aprender las palabras elementales del otro idioma o deben aspirar a que el niño aprenda el idioma de la mayoría?

SÍNTESIS

Desde los primeros días de vida, los bebés están expuestos a palabras y expresiones, y responden de la mejor manera en que su limitada capacidad lo permite: llorando, susurrando y, hacia los 9 meses, con el balbuceo. Antes de cumplir un año, comprenden palabras simples y se comunican mediante gestos. Cuando tienen un año, la mayoría de los bebés pueden hablar. El vocabulario se amplía, lentamente al comienzo, pero las holofrases, la irrupción verbal y las oraciones de dos palabras surgen como prueba de que estos niños son aprendices veloces del lenguaje, y dominan tanto la gramática como el vocabulario.

El sorprendente aprendizaje del lenguaje que se produce durante los dos primeros años puede explicarse de muchas formas. Una teoría afirma que los adultos deben enseñar el lenguaje, reforzando todas las expresiones verbales del niño con el empleo de palabras para describir los diferentes objetos y experiencia de la vida del bebé. Otra teoría se basa en un "sistema de adquisición del lenguaje" innato, lo que significa que, dado un ambiente y una exposición al lenguaje normales, los bebés hablarán. La tercera teoría enfatiza la interacción social, lo que implica que los bebés aprenderán el lenguaje a medida que su contexto social les de su apoyo. El modelo híbrido combina las tres teorías. Como los bebés varían en cuanto a su cultura, su estilo de aprendizaje y las características de sus familias, cada teoría puede adaptarse para describir un aspecto particular del aprendizaje del lenguaje en determinado momento y lugar.

Nota para las personas que tienen a su cargo el cuidado de los niños

Hay muchas maneras de fomentar el desarrollo del lenguaje infantil, o en realidad, de la cognición. Las tres teorías pueden aplicarse: al bebé se le puede enseñar y alentar, el cerebro y la curiosidad pueden alimentarse y apoyarse, y el impulso social puede valorarse y festejarse.

Como puede observar en la figura 6.1, alrededor de las tres cuartas partes de todas las personas que cuidan a un niño responden a las primeras expresiones, como lo recomienda la teoría tres; pero, como muestra la figura 6.3, muchos padres no incrementan el aprendizaje del lenguaje de sus bebés leyéndoles con regularidad, como lo recomendarían los conductistas. Muchos padres creen que no es necesario leerles a los niños pequeños. Sin embargo, esa conclusión puede ser riesgosa, especialmente en una cultura que premia la fluidez.

Toni, la niña de 17 meses que conocimos en el capítulo 5, tiene un vocabulario expresivo de tan sólo 5 palabras, que es el promedio para los bebés varios meses menores que ella. Muchos niños de 17 meses ya hablan alrededor de 50 palabras. Las tres teorías ofrecen explicaciones para el retraso de Toni en el lenguaje: 1) el conductismo (enseñanza inadecuada debido a las diferentes personas que la cuidan y el hecho de pasar mucho tiempo frente al televisor); 2) la teoría epigenética (desarrollo cerebral anómalo, quizás relacionado con una nutrición pobre o experiencias irregulares y desorganizadas), y 3) la teoría pragmático-social (la falta de incentivo social para comunicarse, por recibir atención de diferentes personas).

RESPUESTA PARA EDUCADORES (de p. 187) Probablemente deban hacer ambas cosas. A los bebés les encanta comunicarse y no pierden oportunidad de hacerlo. Por lo tanto, los maestros deben tratar de comprender el idioma del bebé y sus padres, pero también deben empezar a enseñarle al niño el idioma predominante en la escuela.

Por lo que sabemos de la cognición infantil y el desarrollo cerebral, el vocabulario limitado de Toni es preocupante. Desde el punto de vista de todas las teorías del aprendizaje del lenguaje, Toni puede estar en problemas. Es el momento de controlar la audición de Toni y de examinar su interacción social con su madre y con las otras personas dedicadas a su atención. En la publicación de este estudio, no se menciona si Toni utiliza gestos o si su madre le brinda caricias y expresiones faciales. Esta información es fundamental para evaluar el contexto en el que se produce el aprendizaje del lenguaje de Toni. Sin este informe, no podemos decir si Toni está al borde de la irrupción verbal o si en este momento necesita una intervención especial.

Aunque las normas para el desarrollo del lenguaje indican que la mayoría de los bebés hablan más que Toni al año y medio, algunos niños, especialmente varones cuyas madres no son muy instruidas, son mucho más lentos y algunos (quizás el 10%) no hablan en absoluto a los 18 meses. En un importante estudio se descubrió que el 16% de los niños de 3 años presentaba algún retraso en el lenguaje, un vocabulario inusualmente escaso o un habla ininteligible (Campbell y cols., 2003). Se espera que tres cada cuatro de ellos lo alcancen para los 6 años. Es bastante posible que Toni ya esté comunicándose con gestos, que pronto esté formando oraciones, que su retraso sea un problema momentáneo. Ella cuenta con dos ventajas evidentes: su sexo y su madre (que trajo a Toni a la consulta para su control, y esto es un buen signo). Pero algo debe hacerse, como veremos en el próximo capítulo.

Todos los trabajos de investigación y las normas advierten a las personas a cargo de los bebés y a los profesionales de la importancia del intelecto en estos primeros dos años. Si la próxima generación de niños va a ser brillante, con grandes aptitudes verbales y grandes logros en una sociedad que valora el conocimiento, entonces proporcionarles a los niños los objetos adecuados, las palabras y el juego social puede ser fundamental. O quizás los bebés aprendan por sí mismos, en tanto su familia no se los impida. Pero como todos los bebés disfrutan con los descubrimientos, los logros y las respuestas sociales, no hay peligro alguno en proporcionarles las oportunidades para aprender desde sus comienzos.

De hecho, lo que se conoce de la inteligencia sensoriomotriz, del procesamiento temprano de la información y de la rápida adquisición del lenguaje indica en gran medida que los bebés se benefician con la facilitación intelectual. El próximo capítulo describe en profundidad lo que deben hacer las personas que tienen a su cargo el cuidado de los niños para promover un entorno saludable.

■ RESUMEN

La inteligencia sensoriomotriz

1. Piaget observó que los bebés muy pequeños son activos aprendices, y buscan comprender sus observaciones y experiencias complejas. La adaptación en la primera infancia se caracteriza por la inteligencia sensoriomotriz, la primera de las cuatro etapas del desarrollo cognitivo que postuló Piaget. En cada momento de su vida, el ser humano adapta sus pensamientos a sus experiencias.

2. La inteligencia sensoriomotriz se desarrolla en seis etapas, tres pares de seis etapas cada una, y que comienzan con los reflejos y finalizan con la exploración activa del niño que camina y el uso de las combinaciones mentales. En cada par de etapas, el desarrollo se produce en uno de tres los tipos de reacciones circulares, o circuitos de retroalimentación, en las que el bebé capta las experiencias y trata de darles sentido.

3. Los reflejos proporcionan las bases de la inteligencia. El continuo proceso de asimilación y acomodación es evidente en las primeras adaptaciones adquiridas, aproximadamente entre 1 y 4 meses. El reflejo de succión acomoda los pezones y otros objetos que el bebé aprende a succionar. A medida que el tiempo transcurre, los bebés están cada vez más orientados en sus objetivos, son creativos y pueden experimentar.

4. Los bebés desarrollan gradualmente la comprensión de los objetos, a lo largo de los primeros dos años de vida. Como se demostró en un experimento clásico de Piaget, los bebés comprenden la permanencia del objeto y comienzan a investigar objetos ocultos alrededor de los 8 meses. Otro trabajo de investigación demostró que Piaget subestimaba la cognición de los bebés más pequeños.

El procesamiento de la información

5. Otro enfoque para la comprensión de la cognición de los bebés es la teoría del procesamiento de la información, que observa cada paso de los procesos de pensamiento, desde la entrada del estímulo hasta la respuesta. Las percepciones de un bebé pequeño se adaptan a la funcionalidad (*affordance*) particular u oportunidades para la acción, que están presentes en el mundo del bebé.

6. Los objetos que se mueven son particularmente interesantes para los bebés, al igual que los otros seres humanos. Los objetos, así como las personas, tienen cierta funcionalidad (*affordance*) que posibilita la interacción y la percepción, y por lo tanto favorecen la cognición temprana.

7. La memoria de los bebés es frágil, pero no está completamente ausente. Las sesiones de reactivación ayudan a desencadenar recuerdos, y los jóvenes cerebros aprenden secuencias motrices mucho antes de poder recordar de manera verbal. La memoria es multifacética; los recuerdos explícitos son raros en la primera infancia.

El desarrollo del lenguaje hasta los dos años

8. Los afanosos intentos para comunicarse son evidentes en el primer año de vida. Los bebés balbucean entre los 6 y los 9 meses, comprenden palabras y gestos alrededor de los 10 meses, y dicen sus primeras palabras alrededor del año de vida.

9. El vocabulario comienza a construirse muy lentamente hasta que el bebé conoce aproximadamente 50 palabras. Luego se produce la irrupción verbal. Hacia fines del segundo año, el niño comienza a unir dos palabras, y demuestra por el ordenamiento de las palabras que ya comprende los rudimentos de la gramática.

10. Varias teorías intentan explicar de qué modo los bebés aprenden el lenguaje tan rápidamente. Las tres teorías principales enfatizan diferentes aspectos de los comienzos del aprendizaje del lenguaje; que a los bebés se les debe enseñar, que su cerebro está genéticamente adaptado al lenguaje y que sus impulsos sociales fomentan el aprendizaje.

11. Cada una de estas teorías parece ser en parte verdadera. El desafío para los científicos del desarrollo ha sido formular una teoría híbrida que utiliza todos los descubrimientos y la investigación de las primeras etapas del aprendizaje del lenguaje. El desafío para los encargados del cuidado de los bebés es responder adecuadamente a los primeros intentos del niño para comunicarse.

■ PALABRAS CLAVE

adaptación (p. 166)
inteligencia sensoriomotriz (p. 166)
reacciones circulares primarias (p. 166)
reacciones circulares secundarias (p. 167)
permanencia del objeto (p. 168)

reacciones circulares terciarias (p. 169)
pequeño científico (p. 170)
imitación diferida (p. 170)
habituación (p. 170)
resonancia magnética funcional (p. 171)
teoría del procesamiento de información (p. 172)

funcionalidad (*affordance*) (p. 173)
precipicio visual (p. 174)
percepción dinámica (p. 174)
preferencia por otras personas (p. 174)
sesión para recordar (p. 176)
lenguaje dirigido a los niños (p. 178)

balbuceo (p. 179)
irrupción verbal (p. 180)
holofrase (p. 181)
gramática (p. 181)
mecanismo de adquisición del lenguaje (p. 184)

■ PREGUNTAS CLAVE

1. ¿Por qué el primer período de Piaget del desarrollo cognitivo se denomina inteligencia sensoriomotriz? Dé algunos ejemplos.

2. Dé ejemplos de algunas cosas que los adultos aprenden por medio de la inteligencia sensoriomotriz.

3. ¿Qué indica a los padres la experimentación activa del niño de la etapa cinco?

4. ¿Por qué algunos investigadores están preocupados acerca del gran énfasis que se le dio al desarrollo cognitivo temprano?

5. ¿De qué modo los investigadores llegan a comprender si un bebé tiene un concepto acerca de algo, aun cuando no pueda hablar?

6. ¿Qué indica la investigación sobre la funcionalidad (*affordance*) acerca de las diferencias cognitivas entre un bebé y otro?

7. ¿Por qué un niño recuerda muy poco acerca de las primeras experiencias de su infancia?

8. ¿Qué indica que los niños en edad de caminar utilizan cierta gramática?

9. ¿De qué modo los bebés sordos y los oyentes se pueden comparar en las primeras etapas del aprendizaje del lenguaje?

10. ¿De qué modo una persona encargada del cuidado de un bebé que suscribe a la teoría conductista del aprendizaje del lenguaje responde cuando un bebé balbucea?

11. De acuerdo con la teoría sociocultural del aprendizaje del lenguaje, ¿qué podría explicar el motivo por el que un bebé de 18 meses aún no habla?

12. ¿Qué sugiere la investigación sobre el aprendizaje del lenguaje a las personas que tienen a su cargo el cuidado de los bebés?

■ EJERCICIOS DE APLICACIÓN

1. Provoque vocalizaciones en un bebé que balbucea, si tiene menos de un año, o palabras si es un bebé mayor. Escriba todo lo que el bebé diga durante 10 minutos. Luego pídale a la persona que cuida al niño que provoque vocalizaciones durante 10 minutos y anótelas. ¿Hay alguna diferencia entre los dos intentos de comunicación? Si la hubiera, ¿cuál y por qué? Compare sus hallazgos con las normas descritas en el capítulo.

2. La definición de Piaget de la inteligencia es la adaptación. Otros consideran que una buena memoria o un vocabulario extenso son un signo de inteligencia. ¿Cómo definiría usted la inteligencia? Dé un ejemplo de algo que usted hizo que haya sido inteligente y explique de qué modo responde a su definición.

3. Algunos educadores recomiendan que los padres les lean a los bebés aun antes de que ellos comiencen a hablar. ¿Cómo se siente con respecto a este consejo? ¿Qué teoría del aprendizaje refleja? ¿Cómo afecta la lectura el uso del lenguaje de las personas que usted conoce?

4. Pruebe la capacidad de un bebé para buscar un objeto oculto. Idealmente, el bebé debe tener alrededor de 7 u 8 meses y usted debe probarlo nuevamente luego de algunas semanas. Si el bebé puede hallar el objeto inmediatamente, agréguele una dificultad y tome una pausa entre el ocultamiento y la búsqueda o moviendo el objeto, sin que el bebé lo advierta, desde el lugar en el que está oculto hasta otro lugar.

Capítulo 7

Los primeros dos años: el desarrollo psicosocial

El desarrollo psicosocial es la integración del desarrollo emocional y social. Por lo tanto, los temas principales en este capítulo serán las emociones del bebé, su contexto social y a la interacción dinámica entre ambos. Todos fuimos testigos de esta interacción en diferentes oportunidades: los pequeños bebés sonríen cuando contemplan un rostro que les resulta atractivo; el bebé de un año se aferra a sus padres cuando siente miedo; el niño que ya camina se arroja al piso pataleando y llorando cuando se le dice "no". Casi todos los momentos en los que un bebé está despierto pueden considerarse como un fenómeno psicosocial, debido a que dependen permanentemente de los demás para sobrevivir y porque los seres humanos de todas las edades se ocupan unos de otros para adaptarse en sus necesidades sociales.

Iba yo sentada en el subterráneo lleno de gente cuando subió una joven con un bebé en un brazo y una bolsa de compras en el otro. Trató de mantenerse estable cuando el tren comenzó a moverse. ¿Debería haberle ofrecido mi asiento? Tal vez, pero no lo hice. En cambio le pregunté "¿puedo ayudarla?". Sin decir palabra me entregó... el bebé. Comencé a cantarle suavemente una canción infantil. El bebé parecía contento al escucharme, mientras miraba a su madre. Para nosotros tres, cada uno con nuestra propia comprensión de lo que debería suceder, éste era un momento psicosocial.

Este capítulo comienza con un episodio psicosocial mucho más extenso, las primeras etapas del desarrollo de un niño llamado Jacob. Luego delineamos las emociones del bebé durante los primeros dos años, seguido de una revisión de las cinco teorías que ya describimos en el capítulo 2. Todo esto nos conducirá a una investigación de la interacción entre el bebé y la persona que lo cuida, particularmente en lo que se refiere a la *sincronía*, al *apego* y a la *referencia social*, todos temas de investigación de importancia fundamental para el desarrollo psicosocial. Luego exploramos los pros y los contras de las guarderías infantiles. El capítulo finaliza con sugerencias prácticas para Toni (la niña de 17 meses que conocimos en el capítulo 5) y para Jacob, cuya historia aparece en la página siguiente.

ESTUDIO DE UN CASO

Padres con piloto automático

Un padre escribe acerca de su tercer hijo, Jacob:

Teníamos la convicción de que ya estábamos preparados. Habíamos superado el promedio de 2,6 niños y estábamos listos para poner el piloto automático y comenzar a cumplir con nuestro rol de padres. Yo había empezado a trabajar en un puesto prestigioso y estaba ocupado entre 10 y 11 horas diarias. Los niños estarían bien. Habíamos contratado una niñera para que cuidara a Jacob durante el día. A medida que Jacob avanzaba en las primeras etapas de su desarrollo, sentíamos que habíamos dado otro paso hacia nuestro objetivo de tener tres niños normales. Estábamos en camino de ser la familia norteamericana perfecta. Aunque en algún lugar de nuestra mente teníamos algunas dudas. Jacob parecía ser diferente de las niñas. Mostraba algunos rasgos poco comunes. En algunos momentos, cuando lo teníamos en brazos, él se arqueaba sobre la espalda y gritaba tan fuerte que nos provocaba gran angustia.

[El padre de Jacob, 1997]

Cuando era un bebé, Jacob no podía relacionarse con sus padres (ni con otras personas). Ellos no le prestaron atención a sus dificultades psicosociales y en cambio se centraron en el desarrollo físico. Observaron que Jacob se sentó y caminó a la edad correspondiente, y cuando "tuvieron algunas dudas" hallaron excusas, diciéndose a sí mismos que "los varones son diferentes", o que el lenguaje de Jacob estaba retrasado porque su niñera casi no hablaba inglés. Al pasar el tiempo, las excusas ya no alcanzaban. El padre continúa:

Jacob estaba cada vez más aislado (tenía 2 años). Yo no soy psicólogo, pero creo que algo en él se detuvo. Era una situación muy difícil, hasta aterradora. Él no podía entender qué cosas esperábamos que hiciera. El mundo se había convertido en algo demasiado confuso y Jacob se apartaba cada vez más. Buscaba la tranquilidad en los lugares silenciosos y oscuros y se sentaba solo. Se perdía en las imágenes brillantes y coloridas de los dibujos animados.

Finalmente, a los 3 años se llegó a un diagnóstico. Jacob presentaba un "trastorno generalizado del desarrollo". Dentro de estos trastornos puede incluirse el autismo (que se estudiará en el capítulo 11). Por ahora sólo necesitamos saber que el potencial psicosocial de Jacob no fue evaluado correctamente. A los desesperados padres se les aconsejó que lo internaran en algún lugar especializado debido a que el niño nunca sería normal y, viviendo en otro lado, ellos no estarían constantemente recordando su "fracaso". Esta recomendación no tuvo en cuenta el compromiso que los padres de Jacob, como la mayor parte de los padres, sentían hacia su hijo.

A pesar de su compromiso, ellos habían ignorado los primeros signos del problema. Habían pasado por alto sus reacciones cuando lo alzaban y su incapacidad para hablar. La ausencia de la sonrisa, del juego social y de la imitación debería haberlos alarmado. El uso del término "piloto automático" por parte del padre, demuestra que él, a posteriori, llegó a darse cuenta de la situación. Al final de este capítulo conoceremos los resultados.

El desarrollo emocional

Dentro de los dos primeros años, los bebés progresan notablemente en cuanto a la expresión de sus emociones, desde el dolor y el placer reactivos hasta patrones complejos de conciencia social (véase cuadro 7.1). Éste es el período de la vida de "gran sensibilidad emocional" (Izard y cols., 2002, p. 767). Los bebés más pequeños demuestran reacciones rápidas frecuentes y sin censura (lloran, se asustan, ríen, se enojan). Los bebés más grandes también ponen de manifiesto sus emociones, pero el rango es mayor y el impacto social es más evidente a medida que el niño manifiesta su sonrisa de autosatisfacción o sus expresiones de congoja.

El primer año

Al principio hay sólo dos emociones identificables: satisfacción y disgusto, que se expresan como placer y dolor. Los recién nacidos se ven felices y relajados luego de recibir su alimento y cuando se disponen a dormir. Lloran cuando algo les duele o sienten hambre, cuando están cansados o tienen miedo (como cuando escuchan un ruido fuerte o repentinamente pierden el apoyo) y algunas veces cuando tienen molestias digestivas como los *cólicos*, palabra utilizada para referirse a la causa del llanto aparentemente incontenible que alrededor de un tercio de todos los bebés presenta en sus primeros meses de vida.

Después de las primeras semanas, otras emociones se vuelven reconocibles (Lavelli y Fogel, 2005). Demuestran curiosidad, o al menos interés, cuando contemplan algo nuevo o escuchan una voz melódica, o miran un móvil. Los niños disfrutan de las sensaciones inesperadas, pero no demasiado sorprendentes. La curiosidad se hace cada vez más evidente a medida que los niños se vuelven más capaces de distinguir lo inusual de lo

CUADRO 7.1	Edades en las que aparecen las emociones
Edad	**Expresión emocional**
Nacimiento	Llanto, satisfacción
6 semanas	Sonrisa social
3 meses	Risa, curiosidad
4 meses	Sonrisa franca
4-8 meses	Enojo
9-14 meses	Temor a sucesos sociales (extraños, separación del cuidador)
12 meses	Miedo a visiones o sonidos inesperados
18 meses	Autoconciencia, orgullo, vergüenza, pena

que les resulta familiar (Kagan, 2002). El interés en los rostros se transforma en placer, primero expresado a través de la **sonrisa social**, alrededor de las 6 semanas. A los 3 o 4 meses, los bebés comienzan a reír, especialmente cuando la persona que los cuida les muestra diferentes expresiones y ruidos, que le ofrecen la correcta combinación entre familiaridad y novedad.

Los padres no son los únicos que provocan la risa, especialmente en las culturas en las que muchos adultos se complacen en la alegría del bebé. Entre los bebés del pueblo navajo, cualquier persona que suscite la primera risa, ofrece un banquete para celebrar el hecho de que el bebé se está convirtiendo en una persona (Rogoff, 2003). Las carcajadas se construyen del mismo modo que la curiosidad; por lo tanto, un típico bebé de un año, no sólo se siente impulsado a descubrir cosas nuevas, sino que también se ríe muy fuerte, con evidente placer.

El enojo generalmente es suscitado por la frustración, cuando algo o alguien interfiere con la consecución de un objetivo. Piaget afirmó que la búsqueda de un objetivo comienza a los 8 meses aunque, como vimos en el capítulo 6, muchos niños alcanzan las etapas de Piaget antes de lo que él predijo. Algunos bebés se alborotan o fruncen el ceño enojados ya a la edad de 4 meses. El enojo se hace más evidente cuando los bebés están frustrados porque se los contiene o porque se les impide llegar a un objeto que tratan de agarrar (Plutchik, 2003).

A medida que los bebés se vuelven más capaces de realizar movimientos deliberados, el enojo ante los impedimentos se hace más evidente. El bebé de un año odia estar sujeto, encerrado, atrapado, o simplemente que alguien lo sostenga fuerte en la falda cuando quiere explorar. El enojo en la primera infancia es considerado como una respuesta saludable a la frustración, a diferencia de la tristeza, que indica retraimiento y que incluye no sólo una expresión de indefensión y pesadumbre, sino también un incremento en el nivel de cortisol, la hormona del estrés (Lewis y Ramsay, 2005).

El miedo a alguna *cosa* (y no simplemente angustia ante la sorpresa) aparece alrededor de los 9 meses. Se forma rápidamente y llega a ser más frecuente así como más evidente (Kagan, 1998). Se ponen en evidencia dos miedos específicos:

■ **Recelo hacia los extraños** se produce cuando el bebé no sonríe más ante cualquier rostro amigable y llora si una persona que no le resulta familiar se acerca a él demasiado rápido.
■ **Ansiedad de separación** que se expresa en lágrimas, consternación y enojo cuando una persona que le resulta familiar se retira. Éste es un signo de apego y lo estudiaremos más adelante en este capítulo.

La ansiedad de separación es normal en el primer año de vida, se intensifica hacia los dos años y generalmente decrece luego de esta edad. Si a los 3 años sigue siendo intensa, se considera un trastorno emocional (Silverman y Dick-Neiderhauser, 2004).

Además del recelo hacia los extraños y de la ansiedad de separación, muchos niños de un año temen a todo lo inesperado, desde el ruido de la descarga de agua del inodoro hasta la súbita apertura de una caja de sorpresas, el cierre repentino de las puertas de un ascensor y la aproximación amigable de un perro. Esos temores son normales, y requieren el reaseguro y el desarrollo gradual de la familiaridad. Con la repetición de las experiencias y la protección de la persona que lo cuida, los bebés más grandes pueden disfrutar ellos mismos tirando el agua de la cisterna (una y otra vez) o llamando al perro (y llorando si el perro *no* viene).

El segundo año

Como ya hemos visto, muchas emociones que aparecen en los primeros meses de vida toman una nueva fuerza alrededor del primer año (Kagan, 2002). Durante el segundo año y en adelante, el enojo y el temor generalmente se vuelven me-

sonrisa social Sonrisa que suscita el rostro humano en los bebés y que es evidente, por lo general, unas 6 semanas después del nacimiento.

GERI ENGBERG / THE IMAGE WORKS

Comienza la amistad Las emociones conectan a los amigos, tanto a estos dos niños de un año como cualquier edad. Las sonrisas compartidas indican una intensa conexión social. ¿Qué harán después?

recelo hacia los extraños Expresión de inquietud que expresa un bebé cuando aparece un extraño, por ejemplo, mirando calladamente, sujetándose a una persona conocida o poniéndose triste. Ésta es una actitud de madurez: el bebé reconoce que ese individuo es un extraño.

ansiedad de separación Angustia en el bebé ante la partida de la persona que lo cuida; es más marcada entre los 9 y los 14 meses de vida.

ESPECIALMENTE PARA ENFERMEROS Y PEDIATRAS Los padres se acercan a usted preocupados porque su hijo de un año oculta su rostro y se sujeta fuerte a ellos siempre que aparece un extraño. ¿Qué les diría?

El miedo ante los extraños y ante Papá Noel
Para los niños pequeños, aun el extraño más amistoso es causa de alarma, especialmente si los brazos protectores de mamá se han alejado. Los extraños que más aterrorizan son los adultos vestidos de manera no convencional y actúan como si pudieran llevarse a los niños. Papá Noel provoca angustia en los niños menores de 3 años.

autoconciencia Comprensión que tiene una persona de ser un individuo diferenciado, cuyo cuerpo, mente y acciones son independientes de los de otras personas.

RESPUESTA PARA ENFERMEROS Y PEDIATRAS
(de p. 193): el recelo hacia los extraños es normal hasta alrededor de los 14 meses. La conducta de este bebé parece estar relacionada con el apego seguro.

nos frecuentes y llegan a estar dirigidos a cosas que son verdaderamente irritantes o terroríficas. De manera similar, tanto la risa como el llanto se vuelven más discriminativos, de modo que las experiencias que alguna vez provocaron gritos de placer o dolor ya no los causan más. Por ejemplo, el bebé de un año que aprende a correr generalmente se cae, pero no llora inmediatamente. Entre la caída y la reacción, hacen una pausa para decidir si la caída fue divertida o no. Sólo entonces irrumpen en risas o en llanto.

Nuevas emociones aparecen hacia el final del segundo año: orgullo, pena, vergüenza y hasta culpa. Debido a que estas emociones requieren tener conciencia de la presencia de otras personas, surgen del seno familiar, el que en sí mismo recibe la influencia de la cultura (Eid y Diener, 2001). Por ejemplo, en los niños norteamericanos se alienta el orgullo ("Lo has hecho tú solo", aun cuando no sea cierto), pero en las familias asiáticas desalientan el orgullo y cultivan la modestia y la vergüenza (Rogoff, 2003).

Durante los dos primeros años, el contexto social provoca, guía e identifica las diferentes emociones del niño. En algunas familias el enojo es raro; en otras familias los arrebatos ante la menor transgresión forman parte de la rutina. El niño de dos años no sólo tiene muchas reacciones emocionales, sino que también conoce cuáles son consideradas aceptables y cuáles no (Rothbart y Bates, 1998). Por ejemplo, si un niño que ya camina se sostiene con firmeza de la falda de su madre y esconde su rostro cuando se aproxima un perro extraño, la madre podrá levantar al niño, inclinarse para acariciar al perro o apartar al niño. Cada una de estas respuestas maternales influye en la reacción de temor, placer o enojo del niño la próxima vez que se aproxime un perro.

Durante los dos primeros años, las emociones del niño, particularmente las negativas, se vuelven menos instintivas y más sensibles. La motivación y la cognición se desarrollan; las reacciones de los padres ante cada emoción del bebé afectan su expresión posterior (Izard y Ackerman, 2000; Pauli-Pott y cols., 2004).

La autoconciencia

Además de las circunstancias sociales, otro fundamento para el desarrollo emocional es la **autoconciencia**, la comprensión que tiene una persona de ser un individuo diferente, cuyo cuerpo, mente y acciones son independientes de los otros. Este sentimiento que surge del "yo" y de lo "mío" conduce a una nueva conciencia de los otros. Esta conciencia favorece la capacidad de experimentar emociones acerca de las otras personas y de poder expresarlas ante ellas, incluidas las actitudes desafiantes o los celos, así como la empatía y el afecto. Como lo ha explicado un psicólogo del desarrollo:

> Con el surgimiento de la conciencia durante el segundo año de vida, vemos cambios importantes tanto en la vida emocional de los niños como en la naturaleza de sus relaciones sociales... Con la conciencia el niño puede sentir... emociones autoconscientes, como orgullo ante una tarea bien hecha o vergüenza ante un fracaso.
>
> *[Lewis, 1997, p. 132]*

El surgimiento de la autoconciencia es sorprendentemente evidente cuando se comparan los niños de diferentes edades. Los bebés muy pequeños no tienen sentido del yo. De hecho, una destacada psicoanalista, Margaret Mahler, postuló una teoría en la que dice que durante los primeros 4 meses de vida, el bebé se ve a sí mismo como parte de su madre. Alrededor de los 5 meses el niño "sale del cascarón" y pasará los próximos meses de su desarrollo incrementando el sentido de sí mismo como separado de su madre (Mahler y cols., 1975). Independientemente de que Mahler esté en lo correcto o no, no hay duda de que el proceso de maduración trae como consecuencia la autoconciencia. El período comprendido entre los 15 y los 18 meses "es digno de mención, porque surge el concepto de sí mismo como objeto del propio conocimiento" (Harter, 1998).

En un experimento clásico (Lewis y Brooks, 1978), un grupo de bebés se miraba en un espejo después de haberles pintado subrepticiamente un punto rojo con lápiz de labios en la punta de la nariz. Si los niños reaccionaban ante la imagen del espejo tocándose la nariz, significaba que sabían que estaban viendo su propio rostro. Esta experiencia se realizó con bebés de entre 9 y 24 meses, y los investigadores hallaron diferencias en el desarrollo. Ninguno de los bebés por debajo de los 12 meses reaccionó ante la marca como reconociendo que se trataba de él mismo (algunos sonrieron y tocaron la nariz de la imagen en el espejo). Sin embargo, la mayor parte de esos bebés de entre 15 y 24 meses reaccionaron demostrando autoconciencia, a veces tocándose la nariz con expresión de curiosidad y desconcierto.

Al reproducir el experimento de manera longitudinal, se reveló el incremento del autorreconocimiento (Lewis y Ramsay, 2004). La mayoría de los niños (79%) que no tocó su nariz a los 15 meses, lo hizo seis meses más tarde. El reconocimiento de sí mismo aparece generalmente alrededor de los 18 meses.

Orgullo y vergüenza

El orgullo y la vergüenza están muy relacionados con el autoconcepto y varían en el momento y el modo en que se desarrollan. Si alguien le dice a un niño de 1 o 2 años "eres muy listo", él sonreirá ante el elogio; pero en general ya se sabe listo, y por lo tanto estará contento y orgulloso. Cuando nos dicen que somos listos, fuertes o hermosos, puede que esto no sea una novedad en absoluto y aun quizá no nos ayude en mucho. Seguramente a una edad mayor, la autoestima elevada pero poco realista no nos conduce a obtener más logros, sino todo lo contrario (Baumeister y cols., 2003).

Para el niño en edad de caminar, la relación entre los elogios de los padres y la autoestima no es tan simple. En un trabajo de investigación, los varones en esta etapa que recibieron *menos* elogios por parte de los padres llegaron a estar *más* orgullosos de sí mismos, quizá debido a que podían formar sus autoevaluaciones positivas con más facilidad que los niños más pequeños (Belsky y cols., 1997).

Otro estudio longitudinal descubrió que los comentarios positivos de la madre a los 2 años de edad no conducen un mayor sentimiento de orgullo o a sentir menos vergüenza a los 3 años (Kelley y cols., 2000). Sin embargo, ciertos comentarios negativos (ejemplo, "estás haciendo todo mal") disminuyen el esfuerzo e incrementan la vergüenza. Las sugerencias neutrales, además de guiar a los niños a completar actividades por sus propios medios, favorecen su disposición para intentar nuevos desafíos (Kelley y cols., 2000). Parece ser que la construcción de la autoestima no es el resultado de las alabanzas a los niños pequeños, sino de permitirles lograr cosas que los hacen sentir orgullosos.

¿Cómo puede la autoevaluación en un niño de esta etapa ser más convincente que la aprobación de los padres? Veamos, por ejemplo, a Ricky, el nieto de una notable psicóloga. Poco antes de su segundo cumpleaños, Ricky fastidió a su madre volcando deliberadamente su copa de jugo en la alfombra. Ricky sabía que estaba haciendo una travesura: no se inmutó cuando su madre lo reprendió y demostró voluntad colaborando en la limpieza. Otro estudio también demostró que en esta edad disfrutaban desobedeciendo deliberadamente a sus padres en algunas ocasiones (Dunn, 1988). Ricky sólo protestó cuando su madre lo envió a su cuarto. No esperaba ese castigo.

Ese mismo día él le dijo a su abuela: "Jugo en el suelo". Ella le respondió de modo un tanto severo: "El jugo no va en el suelo". "Sí, jugo en el suelo, jugo en el suelo", repitió varias veces riendo, simulando dar vuelta una copa imaginaria. Como comentó su abuela:

> El placer del niño al mirar el jugo derramado y el enojo por ser enviado a su cuarto son emociones típicas de todos los períodos de la primera infancia, pero el orgullo evidente ante su capacidad de actuar en contra de las convenciones o de los deseos de su madre son posibles sólo cuando la autoconciencia se ha establecido firmemente.

> [*Shatz, 1994*]

El orgullo de Ricky demuestra su autoconciencia, y por lo tanto también el hecho de volcar una copa imaginaria. Un estudio longitudinal reveló que existe una marcada correlación entre tres situaciones: la simulación, el tocarse la nariz frente al espejo y el uso de los pronombres personales en primera persona (yo, mí, mío, me). Esta correlación se produce debido al desarrollo emocional, no simplemente por la edad cronológica. De los pocos niños de 21 meses que no se

¡Ella se conoce! Esta niña de 18 meses está feliz de verse con su casco de bombero. Se ajusta el casco con las manos y eso es la prueba de que comprende lo que es un espejo. Nótese, sin embargo, que todavía no está segura de cuál es la parte delantera y cuál la de atrás.

reconocieron en el espejo, ninguno de ellos simuló con una muñeca y ninguno utilizó pronombres de primera persona (Lewis y Ramsay, 2004).

Los motivos por los que un niño demuestra el sentido de sí mismo antes que otro son muchos, entre ellos el temperamento y la cultura, cada uno de los cuales es apoyado por una de las principales teorías. Para comprender mejor el desarrollo de las emociones en los primeros años de vida, será de utilidad considerar nuevamente las cinco teorías. Pero primero hagamos un resumen.

SÍNTESIS

Los recién nacidos parecen tener sólo dos emociones simples: angustia y satisfacción, que se expresan llorando o demostrando alegría. Muy pronto aparecen la curiosidad y la alegría evidente, con la sonrisa social y las risas. En la segunda mitad del primer año, se hacen evidentes el enojo y el temor, especialmente como reacción a las experiencias sociales, tales como el encuentro con un extraño. Durante el segundo año, los bebés se vuelven autoconcientes, expresan sus emociones en relación con ellos mismos, las que incluyen el orgullo, la vergüenza y la pena, y las emociones relacionadas con otras personas, como la rebeldía, los celos y el afecto. La maduración universal hace posible estas emociones alrededor de los 18 meses, pero el contexto y el aprendizaje influyen en el momento, la frecuencia y la intensidad.

Teorías acerca del desarrollo psicosocial en la primera infancia

El desarrollo emocional refleja, sobre todo, la conexión entre los bebés y su entorno social inmediato, especialmente la familia. Como hemos estudiado en el capítulo 2, dos de las grandes teorías, la teoría psicoanalítica y el conductismo, enfatizan el modo en que los padres, particularmente la madre, dan forma a las emociones y a la personalidad. La teoría cognitiva, la tercera gran teoría, resalta las propias construcciones cognitivas del bebé. Las dos teorías emergentes ponen el acento en factores que están más allá del control de los padres: la genética en la teoría epigenética y la cultura en la teoría sociocultural.

La teoría psicoanalítica

La teoría psicoanalítica conecta el desarrollo biosocial y el psicosocial y acentúa la necesidad del cuidado materno receptivo. Los dos teóricos más importantes del psicoanálisis, Sigmund Freud y Erik Erikson, describieron dos etapas iniciales definidas. Freud (1935, 1940/1964) escribió acerca de la *etapa oral* y la *etapa anal*. Erikson (1963) denominó a sus primeras etapas *confianza versus desconfianza* y *autonomía versus vergüenza y duda*.

Freud: etapas oral y anal

Según Freud (1935), el desarrollo psicológico comienza en el primer año de vida con la *etapa oral*, denominada así debido a que la boca es la principal fuente de gratificación en el bebé. Durante el segundo año, con la etapa anal, el placer principal proviene del ano, particularmente del placer sensual de la evacuación intestinal y finalmente el placer psicológico de controlarla.

Freud creía que tanto la etapa oral como la anal conllevan conflictos potenciales que tienen consecuencias a largo plazo. Si una madre frustra la necesidad de succión de su bebé, por ejemplo con el destete antes de tiempo o evitando que el niño succione sus dedos, podrá sentirse angustiado y ansioso, y finalmente se convertirá en un adulto con una *fijación oral*. Esa persona está fijada a la etapa oral y por lo tanto come, bebe, mastica, muerde o conversa excesivamente, en búsqueda del placer que le fue denegado cuando era un bebé.

De modo similar, si el entrenamiento para el control de esfínteres es demasiado estricto o comienza antes de que el bebé esté lo suficientemente maduro, la interacción padre-hijo puede quedar atrapada en un conflicto, ante el rechazo del niño (o su imposibilidad) para acatar la orden. El niño queda fijado y desa-

Un momento de dicha Freud pensó que la gratificación oral a través del pecho materno era tanto una experiencia erótica como una necesidad nutricional. Los psicólogos modernos cuestionan el poder y aún la existencia de las etapas de Freud, pero su énfasis en la universalidad de los impulsos primitivos inconscientes no es algo tan forzado como algunos creen.

rrolla una *personalidad anal,* y como adulto busca el autocontrol y manifiesta una necesidad inusual de regularidad en todos los aspectos de su vida.

Erikson: confianza y autonomía

Según Erikson, la primera crisis de la vida es **confianza versus desconfianza**, cuando el bebé descubre que el mundo es algo en lo que puede confiar, si satisface sus necesidades básicas o no. Para algunos bebés, el mundo es un escenario impredecible, donde las necesidades se satisfacen después de mucho llorar, y algunas veces con esto no alcanza. Los bebés se sienten seguros cuando la provisión de alimento y comodidad constituye una "experiencia satisfactoria, regular y uniforme" (Erikson, 1963, p. 247). Si la interacción social inspira confianza y seguridad, el niño (y más tarde el adulto) se comprometerá confiadamente en la exploración del mundo social.

La siguiente crisis se denomina **autonomía versus vergüenza y duda**. El niño en edad de caminar quiere autonomía (gobernarse a sí mismo) sobre sus propias acciones y sobre su cuerpo. Si fracasa en obtenerla, ya sea debido a su falta de capacidad o debido a que las personas que lo cuidan son demasiado restrictivas, se siente avergonzado por sus acciones y duda de su capacidad. Según Erikson, la guía y la protección de los padres son elementos fundamentales en el establecimiento de la autonomía.

Del mismo modo que Freud, Erikson creía que los problemas que surgen en la primera infancia pueden durar toda la vida. El adulto que es desconfiado y pesimista o que siempre parece estar cargado de vergüenza puede haber sido un bebé que no desarrolló la confianza suficiente o un niño que no logró la suficiente autonomía.

El conductismo

Desde la perspectiva del conductismo, las emociones y la personalidad se moldean según el refuerzo o el castigo de los padres hacia las conductas espontáneas del niño. Si los padres sonríen y alzan a su bebé ante cada atisbo de sonrisa, el bebé se transformará en un niño, y más tarde en un adulto, con disposición risueña. Lo opuesto también es cierto. Los primeros conductistas, especialmente John Watson, hicieron las primeras afirmaciones de importancia sobre este tema:

> Los padres son totalmente responsables de que un niño se críe feliz, que sea equilibrado, suponiendo que tenga una buena salud física. Cuando el niño tiene 3 años, los padres ya han determinado... (si el niño) va a crecer como una persona feliz, íntegra y de buen carácter, si va a gemir, a quejarse de manera neurótica, si será irritable, vengativo, un tirano o una persona que va por la vida definitivamente dominada por el miedo.
>
> [Watson, 1928]

Los conductistas posteriores advirtieron que los bebés también experimentan el **aprendizaje social** que es el que se produce al observar a otras personas. Esto quedó demostrado en algunos trabajos de investigación, especialmente por el famoso experimento de Albert Bandura, en el que los niños pequeños imitaban a un adulto que daba puñetazos a un payaso de goma (Bandura, 1977). El aprendizaje social también se pone de manifiesto en muchas familias, en las que el niño pequeño expresa sus emociones, desde sonreír a insultar, del mismo modo que lo hacen los padres o los hermanos mayores del mismo sexo. Un niño puede desarrollar un temperamento irascible, por ejemplo, si su padre demuestra enojo regularmente y en cambio recibe muestras de respeto, o al menos de obediencia, de los otros miembros de la familia.

Usted probablemente habrá notado que tanto la teoría psicoanalítica como el conductismo enfatizan el papel que cumplen los padres. Freud pensaba que la madre era el primero y mejor "objeto de amor" del niño, y los conductistas ponen el énfasis en el poder de una madre sobre su niño. Si lo vemos restrospectivamente, esta visión parece demasiado estrecha. Las otras tres teorías reflejan investigaciones más recientes y el contexto histórico cambiante.

JOSE LUIS PELAEZ, INC. / CORBIS

El dilema de una madre Los bebés son increíblemente curiosos, como lo demuestra este niño. Sin embargo los padres deben guiarlos y a la vez alentarlos hacia la autonomía. Note la expresión de esta madre mientras se asegura que su hijo no romperá o no se comerá la flor.

confianza versus desconfianza Expresión de Erikson que se refiere a la primera etapa psicosocial. Los bebés adquieren un nivel básico de confianza si el mundo es un lugar seguro donde se satisfacen sus necesidades esenciales (alimento, bienestar, atención, etc.).

autonomía versus vergüenza y duda Expresión de Erikson que se refiere a la segunda crisis del desarrollo psicosocial, en la cual los niños en edad de gatear adquieren la sensación de dirigir sus propias acciones y su propio cuerpo o fracasan en el intento.

aprendizaje social Aprendizaje que ocurre al observar a otras personas.

ESPECIALMENTE PARA MADRES QUE AMAMANTAN Usted ha escuchado que si desteta a su hijo demasiado pronto, será una persona que comerá demasiado o se convertirá en alcohólico. ¿Esto es verdad?

modelo de trabajo Según la teoría cognitiva, conjunto de suposiciones que emplea un individuo para ordenar percepciones y experiencias.

Respuesta para madres que amamantan (de p. 197): Freud lo creyó así, pero no hay pruebas experimentales que confirmen que el destete, aun fuera de tiempo, tenga esas consecuencias extremas.

temperamento Diferencias innatas que hay entre las personas en términos de emociones, actividades y dominio de sí mismas. El temperamento es epigenético, se origina en los genes, pero también es afectado por el tipo de crianza.

Mellizos Ellos nacieron el mismo día y ahora comparten la piscina por primera vez.

? **Prueba de observación** (véase la respuesta en p. 201): ¿estos bebés son gemelos monocigóticos o dicigóticos?

La teoría cognitiva

La teoría cognitiva sostiene que los pensamientos y los valores de una persona determinan su perspectiva sobre el mundo. Las primeras experiencias familiares son importantes, principalmente debido a que las creencias, pensamientos, percepciones y recuerdos hacen que lo sean y no porque estén sepultados en el inconsciente (como sostiene la teoría psicoanalítica) o marcados a fuego en el cerebro como patrones (según el conductismo). La teoría cognitiva indica que el desarrollo psicosocial temprano se forma a partir de los intentos del bebé de desarrollar un concepto general de qué se puede esperar de las personas.

Los bebés utilizan sus primeras relaciones para desarrollar un **modelo de trabajo**, que es el conjunto de suposiciones que sirven como marco de referencia y al que se puede recurrir después en la vida (Bretherton y Munholland, 1999; Thompson y Raikes, 2003). Se denomina "modelo" porque estas primeras relaciones forman un prototipo, y "de trabajo" porque es útil en la práctica y no necesariamente una creación final o fija.

Por ejemplo, una niña de un año puede desarrollar un modelo de trabajo, basado en las respuestas de su madre hacia ella, que le demuestran que las otras personas no son de fiar. Durante toda su vida, ella aplicará este modelo cada vez que conozca a una nueva persona. Todas las relaciones de su infancia serán inseguras, y como mujer adulta será desconfiada y esperará siempre una decepción. Si utilizamos la terminología de Piaget, podemos decir que ha desarrollado un *esquema* cognitivo para organizar sus percepciones. Según la teoría cognitiva, la interpretación de un niño de sus primeras experiencias es crucial, y no necesariamente lo son las experiencias mismas (Schaffer, 2000).

El mensaje optimista de la teoría cognitiva es que las personas pueden repensar y reorganizar sus pensamientos y desarrollar nuevos modelos de trabajo son más positivos que los originales. Nuestra recelosa niña del ejemplo puede aprender a confiar si sus futuras experiencias, como contraer matrimonio con un esposo confiable y afectuoso, le ofrecen un nuevo modelo.

La teoría epigenética

Como hemos estudiado en el capítulo 2, la teoría epigenética sostiene que todas las características de los seres humanos reciben una influencia considerable del genotipo único que posee cada persona. Por lo tanto, un niño puede ser feliz o ansioso, no debido a sus experiencias tempranas (las tres grandes teorías), sino como consecuencia de su predisposición innata. Las prácticas de crianza en la infancia pueden dar forma a esas predisposiciones (son *epi*genéticas), pero el ADN sigue siendo el mismo desde el momento de la concepción, sin importar el modo en que se han bloqueado las emociones (teoría psicoanalítica), se han reforzado (conductismo) o se han interpretado (teoría cognitiva).

El temperamento

Entre las características de la predisposición genética de cada persona, se encuentra el **temperamento**, que puede definirse como las "diferencias individuales que tienen una base constitucional" en cuanto a las emociones, la actividad y el control de sí mismo (Rothbart y Bates, 1998, p. 109). "Base constitucional" significa que estos rasgos se originan en la naturaleza y no en la crianza.

El temperamento es similar a la personalidad, excepto en que la personalidad incluye aquellos rasgos que son principalmente aprendidos (por ejemplo, honestidad y humildad), mientras que los rasgos temperamentales (por ejemplo, timidez y agresividad) son principalmente genéticos. Los rasgos temperamentales se originan en los genes, aunque el entorno, desde el cuidado prenatal hasta el contexto social y las experiencias, influyan en su expresión. Los teóricos del pensamiento epigenético ponen el acento en que un rasgo de temperamento infantil, incluyendo lo que Watson describió como ser "feliz, íntegro y de buen carácter" o "irritable, vengativo, un tirano" (Watson, 1928), no es *causado* por las experiencias tempranas.

CORROON AND COMPANY / MONKMEYER

En algunos estudios de laboratorio sobre el temperamento, los niños pasan por experiencias que podrían resultarles aterradoras. Los bebés de 4 meses pueden ver móviles que giran o ruidos desconocidos. Los niños mayores pueden enfrentarse a un ruidoso robot que se mueve o a un payaso que se le acerca rápidamente. Ante tales experiencias, algunos niños ríen (y generalmente son calificados como niños "fáciles"), otros lloran (son los "difíciles") y otros se quedan tranquilos (bebés de "reacción lenta") (Fox y cols., 2001; Kagan y Snidman, 2004).

Las categorías "fáciles", "difíciles" y de "reacción lenta" provienen de un estudio clásico denominado el *New York Longitudinal Study* (NYLS) (Estudio longitudinal de Nueva York), el primero entre muchos que reconoció que cada recién nacido tiene rasgos distintivos codificados en sus circuitos cerebrales. Aunque su origen es neurológico, el temperamento es difícil de detectar a través de estudios cerebrales como la resonancia magnética funcional o el EEG, por los motivos que se explicaron en el capítulo 6 (Thompson y Nelson, 2001). En consecuencia, la mayor parte de la investigación sobre el temperamento infantil utiliza los informes de los padres y la observación directa. Con el objeto de impedir la influencia de las expectativas y sesgos de los padres, los investigadores preguntan acerca de ejemplos específicos de conducta. Como lo explica un investigador del NYLS:

> Si una madre dice que a su niño no le ha gustado su primer alimento sólido, nosotros... nos quedamos satisfechos sólo cuando ella nos da una descripción tal como "cuando pongo el alimento en su boca, llora con fuerza, gira la cabeza para otro lado y escupe".
>
> [Chess y cols., 1965]

Según el NYLS, alrededor de los 3 meses los bebés manifiestan nueve rasgos de temperamento. Al agrupar estos rasgos, el NYLS encontró cuatro tipos de bebés:

- Dóciles (40%).
- Difíciles (10%).
- De reacción lenta (15%).
- De clasificación incierta (35%).

Otros investigadores comenzaron a estudiar la personalidad adulta y llegaron a la conclusión de que había cinco grandes factores de la personalidad *("big five")*:

- Apertura a la experiencia o intelecto: imaginativo, curioso, abierto a nuevas experiencias.
- Responsabilidad: organizado, decidido, formal.
- Extroversión: sociable, asertivo, activo.
- Amabilidad: cortés, cooperativo, tolerante.
- Neuroticismo: ansioso, inestable emocionalmente, autocrítico.

Los ("cinco grandes") se encuentran en muchas culturas, entre personas de diferentes edades (Jang y cols., 1998; Loehlin y cols., 1998; McCrae y Costa, 2003). Este hecho se suma a la prueba de que algunas diferencias básicas en el temperamento son innatas, preceden al tipo de crianza y a los valores culturales. Los cinco grandes son más complejos que la clasificación de dócil / difícil / de reacción lenta; pero un bebé amable con un carácter agradable será dócil, uno con alto grado de neuroticismo será difícil y otro de escasa apertura a la experiencia será de reacción lenta. En otras palabras, los cinco grandes, que en un primer momento se utilizaron para clasificar a los adultos, no se contradicen con la categorización del NYLS, que surgió basándose en el estudio de los niños.

El rol de los padres

Casi todos los estudios sobre el temperamento o la personalidad han hallado que grupos de conductas similares a los que describe el NYLS o los cinco grandes aparecen en las primeras etapas de la vida. Los bebés dóciles son alegres y amistosos la mayor parte del tiempo, se adaptan rápidamente a casi todos los cambios. Los bebés difíciles son lo opuesto: fluctuantes, vehementes, desdichados, se

LEONG KA TAI / MATERIAL WORLD

¿Cuál de las hermanas tiene un problema de personalidad? La cultura siempre afecta la expresión del temperamento. En Mongolia y en muchos otros países de Asia, se espera que las mujeres manifiesten timidez como signo de respeto hacia los mayores y hacia los extraños. Por lo tanto, si la menor de estas hermanas es verdaderamente tan tímida como parece, es menos probable que sus padres estén preocupados por su conducta que lo que estarían los padres norteamericanos. Al contrario, ellos pueden considerar que la audacia de su hija mayor sea un problema grave.

ESPECIALMENTE PARA ENFERMEROS Y PEDIATRAS
Los padres lo consultan por su nervioso hijo de 3 meses; ellos dicen que han leído que el temperamento se "fija" antes del nacimiento y están preocupados por saber si su hijo siempre será difícil ¿Qué les diría?

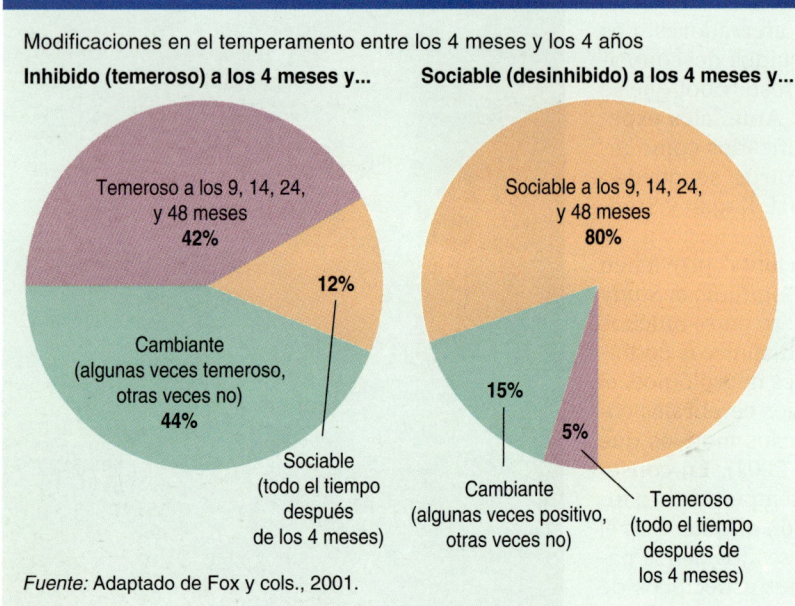

Modificaciones en el temperamento entre los 4 meses y los 4 años

Inhibido (temeroso) a los 4 meses y...

Temeroso a los 9, 14, 24, y 48 meses
42%

12%

Cambiante
(algunas veces temeroso, otras veces no)
44%

Sociable
(todo el tiempo después de los 4 meses)

Sociable (desinhibido) a los 4 meses y...

Sociable a los 9, 14, 24, y 48 meses
80%

15%

5%

Cambiante
(algunas veces positivo, otras veces no)

Temeroso
(todo el tiempo después de los 4 meses)

Fuente: Adaptado de Fox y cols., 2001.

FIGURA 7.1 **¿Cambia el temperamento de los bebés?** Los datos indican que los bebés temerosos no necesariamente están destinados a seguir siendo así. Los adultos que los tranquilizan y no actúan con temor ellos mismos pueden ayudar a los niños a superar un temor innato. Sin embargo, algunos niños temerosos no cambian, y no se sabe si es debido a que sus padres no son lo suficientemente tranquilizadores (crianza) o debido a que son temperamentalmente más temerosos (naturaleza).

? **PRUEBA DE OBSERVACIÓN** (véase la respuesta en p. 202) De cada 100 bebés de 4 meses que reaccionaron positivamente a los ruidos y otras experiencias, ¿cuántos son temerosos en etapas posteriores de la primera infancia?

Interacción satisfactoria (bondad de ajuste)
Similitud de temperamentos y valores que conduce a una relación armoniosa entre el individuo y el entorno social, inclusive la familia, la escuela y la comunidad.

muestran molestos ante cualquier ruido, y son difíciles de entretener; dan mucho trabajo. Los bebés de reacción lenta, al principio no desean adaptarse a las nuevas personas y experiencias, pero lo hacen empleando tiempo y paciencia. Un estudio longitudinal (Fox y cols., 2001) descubrió tres grupos diferentes: expansivos (seguros), negativos e inhibidos (temerosos) a los 4 meses. (También halló que muchos bebés no podían incluirse en ninguno de estos grupos). Los investigadores siguieron a los bebés en estos tres grupos, con mediciones de laboratorio, informes de las madres y estudios cerebrales a los 9, 14, 24 y 48 meses. La mitad de estos bebés eran muy estables con respecto a su temperamento, reaccionaban del mismo modo y tenían similares patrones de ondas cerebrales cuando se los enfrentó a experiencias atemorizantes las cuatro veces que fueron evaluados.

La otra mitad de los niños tuvo una reacción diferente a las experiencias atemorizantes en al menos una de las evaluaciones posteriores. Los niños temerosos (inhibidos) a los 4 meses fueron los que más cambiaron, y los expansivos (seguros) fueron los que menos cambiaron (véase fig. 7.1). Esto nos demuestra la influencia de la crianza, ya que los padres y otras personas cercanas pueden persuadir al niño atemorizado para que sea más valiente pero alientan al niño alegre para que siga siendo expansivo.

Esta información es de especial ayuda para los padres de los bebés "difíciles" o negativos, ya que los tranquiliza porque no necesitan culparse por el modo en que guían y alientan a su hijo. Los padres, en situaciones ideales, logran una **interacción satisfactoria (bondad de ajuste)**, es decir la correspondencia temperamental que permite una tranquila relación bebé-cuidador. Cuando se produce un buen ajuste, los padres de los niños difíciles los guían con paciencia, construyendo una relación estrecha y de confianza; los padres de los niños expansivos y curiosos los protegen de los daños a medida que ellos exploran todo lo que los rodea; los padres de los bebés de reacción lenta les dan tiempo para ajustarse a las nuevas situaciones.

En general, a un niño difícil lo afecta más la receptividad de la madre que a un niño sociable (Pauli-Pott y cols., 2004). La combinación de una crianza inefectiva y un temperamento difícil crea un niño antisocial y destructivo. Quizá, los bebés felices se desarrollen bien en casi todas las familias, pero los niños difíciles necesitan una crianza más cuidadosa.

Como podemos ver, la perspectiva epigenética enfatiza las diferencias individuales y por lo tanto evita las generalidades acerca de una buena crianza (Derryberry y cols., 2003). Los padres primero deben comprender los rasgos temperamentales de sus hijos y luego enseñarles y guiarlos para ayudar a que sus rasgos innatos sean constructivos, no destructivos. Algunos niños naturalmente enfrentan con facilidad los desafíos de la vida, mientras que "un niño tímido debe controlar su temor y aproximarse a un extraño, y un niño impulsivo debe limitar sus deseos y resistir a las tentaciones" (Derryberry y cols., 2003, p. 1061).

La teoría sociocultural

Muchas influencias culturales en el cuidado de los niños se han discutido en los dos capítulos anteriores, desde la lactancia materna al aprendizaje del lenguaje, desde la vacunación al juego con objetos. Nadie duda que "el desarrollo humano se produce en un contexto cultural" (Kagitcibasi, 2003, p. 166). La pregunta fundamental es *cuánta* influencia recibe la cultura. La teoría sociocultural explica que la influencia es considerable, que todo el contexto social tiene un gran impacto en las relaciones bebé-cuidador y, por lo tanto, en el desarrollo del niño.

Etnoteorías

Una **etnoteoría** es una teoría sobre la crianza de los niños que está inmersa en una cultura o grupo étnico particular (Dasen, 2003). Generalmente, el grupo no es consciente de las teorías que subyacen a sus prácticas y costumbres. Sin embargo, así como vimos en el capítulo 5 las diferencias en las costumbres acerca del colecho, la investigación multicultural descubrió que muchas diferencias en las prácticas de la crianza de los niños provienen de las etnoteorías (Greenfield y cols., 2003).

Ahora consideremos las diferencias en las emociones. Algunas culturas alientan la independencia y la autonomía y conducen al orgullo, a los celos y a la rebeldía, y otras favorecen la dependencia y la cooperación, y llevan a la simpatía, a la pena y a la docilidad. Esos valores sociales dan origen a las etnoteorías parentales que dan forma a la expresión emocional. Como resultado, la conducta de un niño de un país puede ser considerada inmadura, y hasta desagradable, por la gente de otro lugar. Por ejemplo, si la etnoteoría incluye la idea de la reencarnación de los antepasados, entonces "no se espera que los niños muestren respeto por los adultos, sino que se espera que los adultos muestren respeto por sus antepasados que han vuelto a nacer". Esas culturas favorecen las prácticas de crianza que "las personas occidentales perciben como extremadamente indulgentes" (Dasen, 2003, pp. 149-150).

Como ya advertimos, los bebés expresan enojo cuando son presionados. Sin embargo, muchos padres estadounidenses de ascendencia europea fuerzan a los niños que protestan a sentarse en el cochecito, a quedarse quietos en el asiento del auto o a quedarse en la cuna o en el corralito, o detrás de un portón. Si no permanecen tranquilos en el momento de cambiarles el pañal (y muy pocos lo hacen), algunos padres simplemente sostienen al niño que protesta para que se quede quieto, mientras lo cambian. Esto contrasta con la postura de los padres mayas, que consideran que los niños nunca deben ser forzados a obedecer. Cuando Roberto, un bebé de 18 meses no quería usar pañal, su madre utilizó una falsa promesa y luego lo distrajo.

> "Vamos a ponerte el pañal... iremos a la casa de la abuela... vamos a hacer un mandado." Como no funcionó, comenzó a amamantarlo, mientras rápidamente le quitaba el pañal con ayuda del padre. El padre dijo "ya está".
>
> [Rogoff, 2003, p. 204]

La falta de conformidad del niño en edad de caminar es un problema para muchos padres occidentales debido a que su etnoteoría valora la independencia, como Erikson reconoció en su segunda etapa, autonomía versus vergüenza y duda. Muchos padres occidentales luchan con la búsqueda de autonomía del bebé de un año cuando la terquedad del niño se manifiesta a través de una conducta pertinaz. El enojo mutuo es algo común. Generalmente el padre o el niño ceden y le permiten al otro ganar.

Por ejemplo, si un niño se rehúsa a vestirse, a veces los padres fuerzan su resistencia, manteniéndolo firme, tirando de la ropa mientras el niño llora y patea. O si una habitación está lo suficientemente cálida y el niño estará adentro, los padres pueden darse por vencidos y dejar que el niño permanezca a medio vestir. Ninguna de las opciones sucedió con la madre de Roberto, aun cuando ella sentía...

una exasperación creciente ante el niño que se contoneaba y no se quedaba quieto para facilitarle la colocación del pantalón. Su voz se suavizaba a medida que Roberto se interesaba en la pelota y ella aumentaba su propuesta: ¿"Quieres otro juguete?". Ellos, (el padre y la madre) continuaron tratando de convencer a Roberto para que coopere, y le alcanzaron varios objetos que el niño disfrutó. Pero obstinadamente se rehusó a cooperar para vestirse. Lo dejaron solo por un momento. Cuando el padre le preguntó si estaba listo, Roberto hizo un mohín "no, no".

etnoteoría Teoría que subyace tras los valores y las prácticas de una cultura y que se pone de manifiesto por medio del análisis y la comparación de dichas prácticas aunque, por lo general, no es evidente para las personas que son parte de esa cultura.

R. IAN LLOYD / MATERFILE

Aprender el culto Este niño de Borneo ha aprendido que hay que demostrar el respeto a Alá cubriéndose la cabeza y con los pies descalzos. Él también reza cinco veces por día como parte de una etnoteoría que incluye conceptos de vida y muerte, masculino y femenino, el bien y el mal, como todas las personas del mundo, aunque las características específicas varían ampliamente.

❗ RESPUESTA A LA PRUEBA DE OBSERVACIÓN (de p. 198): las verdaderas pruebas de cigocidad incluyen el análisis del grupo sanguíneo, aunque la apariencia física ya aporta algunas pistas. Aquí estas pistas son mínimas. No podemos ver diferencias en sexo, color o forma de la mano, aunque la forma del cráneo parece diferente. La mejor pista en esta foto es la personalidad. Si comparamos su primera experiencia en la piscina, estos mellizos muestran una diferencia en el temperamento de abordaje-retirada, por lo que uno podría adivinar que son dicigóticos.

Después de un rato, la madre le dijo a Roberto que iba a marcharse y le dijo adiós con la mano. "¿Vienes conmigo?". Roberto se sentó en silencio con signos de preocupación. "Entonces ponte los pantalones, ponte los pantalones para subir a la montaña". Roberto miró al vacío, parecía considerar las alternativas. Su madre comenzó a caminar. "Muy bien, entonces me voy. Adiós". Roberto comenzó a llorar y su padre trató de persuadirlo "¡Entonces ponte los pantalones!" y su madre le preguntaba "¿vienes conmigo?".

Roberto bajó la vista con preocupación, con un brazo estirado, casi como diciendo "¡llévame!", "vamos, entonces". Su madre le ofreció los pantalones y el padre lo levantó para cooperar en poner las piernas dentro de los pantalones y para poderlo abrochar. La madre no intentó irse; en cambio le sugirió a Roberto que bailara para el público. Roberto realizó una versión infantil de una danza tradicional.

[Rogoff, 2003, p. 204]

Este incidente es un ejemplo de una etnoteoría que postula que "los mayores deben proteger y guiar más que dar órdenes o dominar" (Rogoff, 2003, p. 205). La mayor parte de los padres estadounidenses de ascendencia europea forzaría a los niños a ponerse los pantalones o decidiría que con el pañal era suficiente.

Una segunda etnoteoría se hace evidente en este pasaje. Los padres no sólo evitan la dominación, sino que también demuestran una sorprendente paciencia, y además utilizan el engaño. Si una madre estadounidense de ascendencia europea amenaza con no pasear y el niño cede en sus berrinches, probablemente lo llevará a algún lugar, ya que su etnoteoría probablemente sostiene que las falsas amenazas conducen a que los niños duden de sus padres. En consonancia, la cigüeña, Papá Noel y el ratoncito Pérez son menos invocados por los padres instruidos de hoy que por los padres de generaciones anteriores, debido más a un cambio en las teorías que a la ciencia.

Crianza distante y crianza con proximidad física

En un estudio longitudinal se comparó la crianza de los niños entre el pueblo Nso de Camerún, en África occidental, y los griegos de la ciudad de Atenas, y se descubrieron marcadas diferencias (Keller y cols., 2004). Primero, los investigadores filmaron 78 madres jugando con sus bebés de 3 meses. Los encargados de codificar (que no conocían la hipótesis de estudio) clasificaron el juego como prueba de **crianza con proximidad física** (cercanía corporal, que incluía actividades como sostener al niño para viajar, hamacarlo, realizar ejercicios físicos, etc.) o de la **crianza distante** (lejanía física, que también se daba al ofrecerle un juguete o en la interacción cara a cara).

Los patrones de juego fueron bastante diferentes en las dos culturas (véase cuadro 7.2). Las madres del pueblo Nso ofrecían proximidad física, sostenían a los bebés todo el tiempo y casi nunca utilizaban otros objetos. Entre las madres griegas predominaba la crianza distante, utilizaban objetos casi la mitad del tiempo y sostenían a los bebés con menos frecuencia. Los investigadores plantearon la hipótesis de que la crianza con proximidad física en la primera infancia podía dar como resultado niños menos autorreflexivos y más dóciles; estos rasgos son necesarios en una sociedad interdependiente y cooperativa como lo es la sociedad rural en Camerún. Por el contrario, la crianza distante podría producir niños más autorreflexivos pero menos obedientes; estos rasgos son necesarios en una sociedad (como la Atenas moderna), donde la independencia, la autoconfianza y la competencia son fundamentales.

Las predicciones de los investigadores fueron acertadas. Los mismos niños fueron evaluados al año y medio de edad con respecto a la conciencia de sí mismos según la prueba de la mancha en la nariz con lápiz de labios y la obediencia (se les pedía que no comieran un refrigerio deseado durante dos minutos). Los niños africanos no se reconocieron en el espejo, pero obedecieron a la instrucción; lo opuesto ocurrió con los niños griegos.

Al repetir su trabajo, los investigadores estudiaron a una docena de madres de Costa Rica, donde los patrones de juego y la conducta de los niños más grandes estaba en el punto medio entre los del pueblo Nso y los griegos. También analizaron los datos longitudinales originales niño por niño. El juego cercano o distante a los 3 meses de vida fue altamente predictivo de la conducta cuando empezaban a caminar, aun sin tener en cuenta la cultura. En otras palabras, las

---

RESPUESTA PARA ENFERMEROS Y PEDIATRAS (de p. 199):
es demasiado pronto para decirlo. El temperamento no se "fija" verdaderamente sino que es variable, especialmente en los primeros meses. Muchos bebés "difíciles" se vuelven adolescentes y adultos felices y exitosos.

crianza con proximidad física Estilo de crianza en la que hay contacto físico con todo el cuerpo del niño; por ejemplo, meciéndolo o balanceándolo.

crianza distante Estilo de crianza que pone más énfasis en la relación intelectual que en la física, con actividades como conversaciones y juegos con objetos.

! **R**ESPUESTA A LA PRUEBA DE OBSERVACIÓN (de p. 200):
20 de cada 100 bebés de 4 meses son temerosos, al menos ocasionalmente, en las últimas etapas de la niñez, pero sólo el 5% es sistemáticamente temeroso.

CUADRO 7.2	Patrones de juego en zonas rurales de Camerún y en áreas urbanas de Grecia		
Edad de los bebés	**Tipo de juego**	Cantidad de tiempo que transcurre jugando (porcentaje)	
		Nso, Camerún	**Atenas, Grecia**
3 meses	Sostenido por la madre	100	31
3 meses	Juego con objetos	3	40
	Conducta evaluada en el niño que camina		
18 meses	Autorreconocimiento	3	68
18 meses	Docilidad (sin demoras)	72	2

Fuente: Adaptado de Keller y cols., 2004.

madres griegas que a diferencia de sus pares ejercían una crianza con proximidad física tenían niños más obedientes (Keller y cols., 2004).

SÍNTESIS

Las cinco teorías principales difieren en sus explicaciones acerca de los orígenes de las primeras emociones y de la personalidad. La teoría psicoanalítica enfatiza el rol fundamental de la madre en la medida que ella es la que responde a las necesidades de alimentación y eliminación (Freud) o con respecto a la seguridad y a la independencia (Erikson). El conductismo también pone el acento en la crianza, especialmente cuando los padres refuerzan los rasgos que ellos desean que los bebés aprendan o sin pensarlo enseñan conductas indeseadas (como cuando se enojan o sienten miedo).

El aprendizaje también es fundamental para la teoría cognitiva, pero, a diferencia del aprendizaje en todo momento enfatizado por el conductismo, el concepto o modelo que construye el bebé es una idea central. La teoría epigenética parte de la impronta genética que tiene un bebé y luego analiza el modo en que el ambiente moldea la expresión del temperamento innato. La teoría sociocultural también ve una interacción entre la naturaleza y la crianza, pero enfatiza que la diversidad de la crianza explica en gran parte la diversidad de las emociones. Según la teoría sociocultural, las prácticas en la crianza de los niños surge a partir de las etnoteorías, las que no se expresan y son implícitas, pero aún así constituyen una de las influencias más poderosas.

El desarrollo de los vínculos sociales

Todas las teorías del desarrollo concuerdan en que la crianza en el ser humano depende de los lazos sociales. Hemos leído sobre los orfanatos rumanos (capítulo 5), la teoría social del lenguaje (capítulo 6) y muchos otros ejemplos de roles fundamentales del contexto social que intervienen en el desarrollo psicosocial temprano. Todos las expresiones emocionales del bebé que ya se han descrito provocan reacciones sociales, y los bebés de todas las especies parecen más felices y menos temerosos cuando otras criaturas, especialmente sus madres, están cerca de ellos (Plutchnick, 2003). Ahora nos referiremos específicamente al vínculo cuidador-bebé.

La sincronía

Aunque alrededor de las 6 semanas todo rostro provoca la focalización de la mirada y luego una sonrisa social, hacia los 3 meses, el rostro de la persona que está al cuidado del bebé y que a éste le resulta familiar es por lejos el que más probablemente provocará sonrisas, movimientos en los brazos y otras reacciones que significan que el bebé lo conoce (Rochat, 2001). Asimismo, esa persona se ha familiarizado especialmente con el bebé y conoce sus señales de hambre, curiosidad o sueño mejor que cualquier extraño. Por ejemplo, algunos bebés se

ESPECIALMENTE PARA PADRES DE NIÑOS EN EDAD DE CAMINAR Su hijo se rehúsa a quedarse sentado en el asiento del auto, escupe las comidas que no le gustan y casi nunca hace lo que usted le dice. ¿Qué puede usted hacer?

Baila conmigo Sincronía en acción con las manos, los ojos y la boca abierta de las dos, reflejando la expresión de la otra. La perfecta sincronía se ha comparado a un vals, y esta pareja parece que nunca se hubiera perdido un compás.

sincronía Intercambio coordinado, rápido y armonioso entre el bebé y la persona a cargo de su cuidado.

RESPUESTA PARA PADRES DE NIÑOS EN EDAD DE CAMINAR (de p. 203): recuerde los orígenes del mal comportamiento, probablemente una combinación del temperamento infantil heredado y su crianza distante. Al combinarse con las creencias que impone su etnoteoría, todo contribuye a la rebeldía y a la necesidad de independencia del niño.

frotan las orejas y esto tiene un significado especial para la persona que lo cuida, la que ha llegado a conocer las emociones de ese bebé.

Esas señales indican que la **sincronía** ha comenzado. La sincronía es la interacción armónica entre el cuidador y el bebé, en la que uno y otro se responden en una fracción de segundo. La sincronía se ha descrito como la organización de una maquinaria finamente calibrada (Snow, 1984), una "sintonía" emocional de un dueto musical improvisado (Stern, 1985) y un vals que fluye suavemente en una adaptación mutua (Barnard y Martell, 1995). El factor crítico es la coordinación; cada uno responde al otro casi instantáneamente, en una cadena de comunicación mutua.

Los detalles de la investigación han revelado la correspondencia de esa interacción: aunque es evidente que un adulto puede sonreír a su recién nacido, en general esto no sucede hasta que el bebé le sonríe y, a partir de ese momento, el adulto sonríe y le habla animadamente (Lavelli y Fogal, 2005). Como cada bebé tiene su propio temperamento, la sincronía depende de la sensibilidad del cuidador (Feldman y Eidelman, 2005). La sincronía ayuda a los bebés a aprender de las emociones de las personas y a desarrollar algunas de las capacidades básicas de la interacción social, tales como esperar su turno y prestar atención, cosas que necesitará a lo largo de su vida.

También la sincronía ayuda a los bebés a expresar sus propios sentimientos. Los padres sensibles responden a cada insinuación ("¡Ah!, ¿tienes hambre?", "Ahh, estás cansado", "Uuumm, ¿viste el sonajero?"). El adulto reacciona a cada expresión con movimientos faciales exagerados y un tono de voz solícito, y también con acciones, tales como ofrecerle comida, poner la cabeza del bebé sobre su hombro o alcanzarle el sonajero (Gergely y Watson, 1999). En particular, el hecho de amamantarlo requiere que la madre responda a las emociones de su bebé.

La imitación de los padres es la base de la comprensión de un bebé de sí mismo. Si los padres pueden detectar una emoción a partir de la expresión de un bebé (y generalmente lo hacen porque las primeras expresiones faciales y los movimientos corporales reflejan emociones universalmente reconocibles), y si un bebé puede ver que un rostro familiar expresa esa emoción, aprende a relacionar un estado interno con una expresión externa (Rochat, 2001).

Por ejemplo, supongamos que un bebé es infeliz. Un adulto que refleja la angustia y luego trata de resolver el problema, le enseñará a ese niño que la infelicidad es una emoción válida que puede aliviarse. Evidentemente, si la reacción del adulto para la infelicidad es siempre alimentar al niño, podría enseñarle una lección destructiva (comida igual a confort) pero si el adulto es más abierto (y puede diferenciar hambre de dolor, aburrimiento o temor, por ejemplo), entonces el bebé aprenderá que existen razones muy variadas para la infelicidad y respuestas muy diferentes para ella.

Un aspecto fundamental de la sincronía es la imitación recíproca. A veces los bebés, aun los recién nacidos, imitan los movimientos de la boca y las expresiones faciales de sus cuidadores (Meltzoff y Moore, 1989). Simplemente como los adultos están más contentos después de reír, los bebés experimentan algunas de las emociones que acompañan a las expresiones que ellos ven y copian. Si están rodeados de adultos felices, los bebés sentirán felicidad; si están rodeados de adultos deprimidos, se sentirán tristes (Tronick y Weinberg, 1997). Aunque los bebés imitan a los adultos, la sincronía generalmente comienza con los padres imitando a los bebés (Lavelli y Fogal, 2005). La mayor fuerza que alimenta la actividad sincronizada es la capacidad de los padres para leer y responder a cada una de las sutilezas del bebé.

La sincronía se da a espera de la experiencia (es "expectante" de ella) y favorece el desarrollo tanto del cerebro como de las expresiones faciales (Schore, 2001). Las diferencias en la frecuencia afectan el desarrollo posterior. Por ejemplo, los padres de trillizos pasan menos tiempo en sincronía con cada uno de los bebés que los padres del bebé único, aunque sienten tanto amor por cada uno de los bebés como los padres de los mellizos o de los bebés únicos (Feldman y cols., 2004). La cognición en los trillizos tiende a demorarse ligeramente, quizás por ese motivo. Algunas madres norteamericanas pasan muy poco tiempo jugando con sus bebés, y eso se refleja en el desarrollo posterior (Huston y Aronson, 2005).

Aunque la sincronía es evidente desde el comienzo de la vida, se vuelve más frecuente y más elaborada a medida que el tiempo pasa; el niño a los 6 meses es un compañero social mucho más receptivo que a los 3 meses. Los padres y los bebés pasan en promedio alrededor de 1 hora por día en un juego cara a cara, aunque hay variaciones evidentes de un bebé a otro, de un momento a otro, de una cultura a la otra (Baildam y cols., 2000; Lee, 2000).

Hacia los 5 meses de vida, los bebés ajustan su estilo de sincronía a sus experiencias sociales. Si un extraño les responde rápidamente con muchas sonrisas, un bebé le corresponde *si* su madre actúa del mismo modo. Sin embargo, si la madre es más circunspecta, los bebés pueden permanecer en silencio, o hasta llorar ante ese extraño eufórico; ellos responden mejor a un extraño cuya conducta es similar a la de su propia madre (Bigelow, 1999). Ésta es una prueba más de que las emociones se aprenden en la interacción social y no son simplemente una cuestión de maduración.

Es cierto que los bebés necesitan alcanzar una cierta maduración antes de expresar enojo, o aun de la sonrisa social, pero también es verdad que este potencial emocional llega a expresarse cuando los cuidadores responden y que las expresiones específicas dependen de las interacciones recíprocas.

técnica de la ausencia de expresión Recurso experimental en el cual un adulto mantiene el rostro inmóvil y sin expresión en la interacción de cara a cara con un bebé.

PENSANDO COMO UN CIENTÍFICO

La técnica de la ausencia de expresión

¿Es necesaria la sincronía para el desarrollo normal? Si nadie juega con un bebé ¿se desarrollará bien? Algunos experimentos creativos utilizaron la **técnica de la ausencia de expresión** para encarar estas preguntas (Tronick, 1989; Tronick y cols., 1978). Con esta técnica, el bebé se ubica enfrentando al adulto (generalmente la madre) que juega con él mientras una cámara de vídeo registra las reacciones de ambos. Una comparación cuadro con cuadro de las dos cintas de vídeo revela la secuencia. De manera característica, los adultos sincronizan espontáneamente sus respuestas a los movimientos de los bebés, generalmente con un tono de voz y una expresión exageradas, y los bebés les responden con sonrisas y movimientos de los brazos.

Luego, en un determinado momento, el adulto borra toda expresión de su rostro y contempla al niño así durante un minuto o dos. A los dos meses no es tan frecuente, pero a los 6 meses, los bebés se muestran disgustados por el rostro inexpresivo del cuidador. Si se trata de un extraño, la respuesta es más débil.

Es interesante destacar que los bebés se manifiestan mucho más disgustados cuando los padres muestran un rostro inexpresivo que cuando ellos abandonan la habitación durante 1 o 2 minutos (Feld, 1994). Desde una perspectiva psicológica podemos decir que es una reacción saludable: demuestra que los bebés esperan un juego interactivo. En un grupo de experimentos, los bebés se disgustaron si alguien presentaba un rostro inexpresivo por algún motivo; por ejemplo, si miraban hacia una pared, a otra persona o simplemente miraban hacia otro lado (Striano, 2004)

En otro estudio, los bebés experimentaron no sólo uno, sino dos episodios en los que se empleó la técnica de ausencia de expresión. Los bebés rápidamente se readaptaron cuando sus padres se hicieron receptivos otra vez *si* la sincronía caracterizaba la relación padre-hijo. Sin embargo, si los padres se caracterizaban por la falta de receptividad, los bebés se mostraban disgustados después del segundo episodio de la técnica de la ausencia de expresión (con mayor frecuencia cardíaca y más agitación (Haley y Stansbury, 2003). Éste es un ejemplo de los muchos estudios de investigación que llevaron a la misma conclusión: la receptividad de los padres hacia la asistencia en el desarrollo de los niños medida no sólo psicológica sino también biológicamente (a través de la frecuencia cardíaca, el aumento de peso y la maduración cerebral) (Moore y Calkins, 2004). Si una madre no es receptiva hacia un bebé (y generalmente esto se produce durante la depresión puerperal) otra persona deberá establecer la sincronía para asegurar el correcto desarrollo (Tronick y Weinberg, 1997).

El apego

Hacia el final del primer año, el juego cara a cara casi desaparece. Una vez que los bebés pueden moverse alrededor y explorar por sus propios medios, ya no les gusta permanecer en un lugar y seguir las expresiones faciales y las vocalizaciones de los adultos. Recordemos que alrededor de los 12 meses, los bebés pueden caminar y hablar, lo que cambia los ritmos de su interacción social (Jaffee y cols., 2001). Un nuevo tipo de conexión, denominada *apego,* se desarrolla a partir de la sincronía.

Según Mary Ainsworth (1973), **apego** es el vínculo afectivo que una persona tiene con otra. Se forma durante la infancia y persiste a lo largo de toda la vida. En etapas posteriores surgen vínculos estrechos como los que existen entre marido y mujer o entre padre e hijo, pero todas las relaciones reciben la influencia de las primeras experiencias, según la teoría del apego (Thompson y Raikes, 2003). De hecho, el apego de los adultos a sus propios padres, aunque se haya formado décadas antes, afecta las relaciones con sus hijos. Los seres humanos aprenden en la niñez cómo relacionarse con las personas, y los ecos de esa lección se oyen durante toda la vida.

Cuando entre dos personas hay apego, ellas se responden entre sí de un modo particular. Los bebés demuestran apego a través de *conductas que buscan la proximidad,* tales como acercarse y seguir a la persona que los cuida, y a través de *conductas que mantienen el contacto,* como tocar, abrazar y aferrar. Un niño en edad de caminar que siente un apego seguro es curioso y está ansioso por explorar, pero mantiene el contacto buscando al cuidador con la mirada.

Las personas que cuidan al niño también demuestran apego. Observan atentamente al bebé y responden afectuosa y sensiblemente a las vocalizaciones, expresiones y gestos. Por ejemplo, muchos padres y madres que se despiertan durante la noche, se acercan sigilosamente hasta la cuna para ver cómo duerme su niño. Durante el día, los padres acarician la cabeza o tocan con afecto las manos o las mejillas del bebé. De hecho, algunos niños sólo necesitan darles una mirada a sus padres para establecer un contacto visual, ya que ellos están siempre observándolos.

El apego profundiza la relación padres-hijo. A lo largo de la historia de la evolución de la humanidad, las conductas de búsqueda de proximidad y de mantenimiento del contacto han contribuido a la supervivencia de las especies, porque han contribuido a que los bebés se mantengan cerca de sus cuidadores, y a éstos a estar vigilantes. Muchos expertos consideran que el impulso hacia el apego es una característica genética, que todos los seres humanos buscan establecer una conexión con los otros. Los bebés expresan este impulso de manera más evidente, pero todas las personas de todas las edades lo experimentan.

apego Según Ainsworth (1973), "lazo afectivo" entre dos personas "que las une en la distancia y que perdura a lo largo del tiempo".

(a)

(b)

La personalidad del cuidador Tanto la naturaleza como la crianza se ponen de manifiesto aquí, donde la personalidad de la madre evidentemente afecta la calidad de la interacción con su vástago. Los adultos típicamente utilizan conductas sociales especiales *(a)* con sus bebés pequeños acercándose, abriendo los ojos y la boca en expresiones exageradas de sorpresa, de placer, manteniendo el contacto visual, debido a que esas conductas hacer surgir la atención y el placer en el bebé. Pero tales conductas son contenidas o ausentes cuando el adulto está deprimido o estresado *(b)* y esto hace que la interacción cada miembro la disfrute mucho menos.

El apego seguro y el apego inseguro

El concepto de apego fue desarrollado originalmente por John Bowlby (1969, 1973, 1988), un psicólogo del desarrollo británico que recibió influencias tanto de la teoría psicoanalítica como de la etología. Sus ideas inspiraron a Mary Ainsworth, que por ese entonces era una joven norteamericana que cursaba un posgrado y trabajaba en Uganda, donde comenzó a definir y a medir la relación entre padres e hijos. Ainsworth (1973) descubrió que casi todos los bebés desarrollan cierto apego especial hacia la persona que los cuida. Algunos están más seguros en su apego que otros, una observación que más tarde fue confirmada por cientos de investigadores (Cassidy y Shaver, 1999; Thompson, 1998).

El **apego seguro** (denominado tipo B) proporciona comodidad y confianza, y se pone de manifiesto tanto en los intentos del bebé por estar próximo a la persona que lo cuida (comodidad) como por su predisposición a explorar (confianza). En esas relaciones, el cuidador se transforma en la base para las exploraciones, y le da al niño la seguridad en sí mismo que le permite aventurarse en sus exploraciones. El niño podría, por ejemplo, bajarse de la falda de quien lo cuida para jugar con un juguete, pero periódicamente lo miraría, vocalizaría algunas sílabas y quizás volvería para que lo abrace.

Por el contrario, el apego inseguro se caracteriza por el temor, la ansiedad y el enojo, o por una aparente indiferencia hacia el cuidador. El niño inseguro tiene mucha menos confianza, quizás juega sin tratar de mantener contacto con la persona que lo cuida o, por el contrario, no desea alejarse de su falda. Ambos extremos son signos de apego inseguro; el primero se denomina **apego inseguro y evasivo** (tipo A) y el segundo **apego inseguro con resistencia o ambivalencia** (tipo C) (véase cuadro 7.3).

apego seguro Relación de confianza y seguridad. El apego seguro permite al bebé jugar de manera independiente y alegre, sintiéndose apoyado por la proximidad de quien lo cría.

apego inseguro y evasivo Patrón de apego en el cual una persona evita la conexión con otra, como en el caso de un bebé que parece no interesarse en reconocer la presencia, partida o retorno de la persona que lo cría o cuida.

apego inseguro con resistencia o ambivalencia Patrón de apego en el cual son evidentes la ansiedad y la incertidumbre, como en el caso de un bebé que se disgusta mucho al separarse de un cuidador y que al mismo tiempo se resiste y busca contacto cuando se reúne con él.

CUADRO 7.3 **Patrones de apego infantil**

Tipo	Categoría del patrón	En la sala de juegos	La madre se aleja	La madre regresa	Niños según categoría (porcentaje)
A	Inseguro-evitativo	El niño juega feliz	El niño continúa jugando	El niño la ignora	10-20
B	Seguro	El niño juega feliz	El niño se detiene, no está tan feliz	El niño le da la bienvenida, vuelve a jugar	50-70
C	Inseguro-resistente/ ambivalente	El niño se aferra, está preocupado por la madre	El niño es infeliz, puede dejar de jugar	El niño está enojado, puede llorar, golpear a la madre, gritar	10-20
D	Desorganizado	El niño es cauteloso	El niño puede contemplar o gritar; se lo ve asustado, confundido	El niño se comporta de una manera extraña, puede paralizarse, gritar, golpearse a sí mismo, arrojar objetos	5-10

La medición del apego

Ainsworth (1973) desarrolló un procedimiento de laboratorio ahora clásico, denominado **situación extraña**, para medir el apego. En una sala de juegos bien equipada el bebé es observado de cerca en ocho episodios, durante los cuales permanece con el cuidador (generalmente la madre), con un extraño, con ambos, o solo. En un comienzo, el cuidador y el niño están juntos. Luego, cada tres minutos, el extraño o el cuidador entran o abandonan la sala. A los fines de la investigación, los observadores son cuidadosamente entrenados y se les habilita cuando pueden diferenciar con precisión los tipos A, B, C y D. Los aspectos clave de la "situación extraña" son los siguientes:

situación extraña Procedimiento de laboratorio para medir el apego, en el que se provocan las reacciones del bebé al estrés.

- *Exploración de los juguetes*. El niño con apego seguro juega y se muestra feliz.

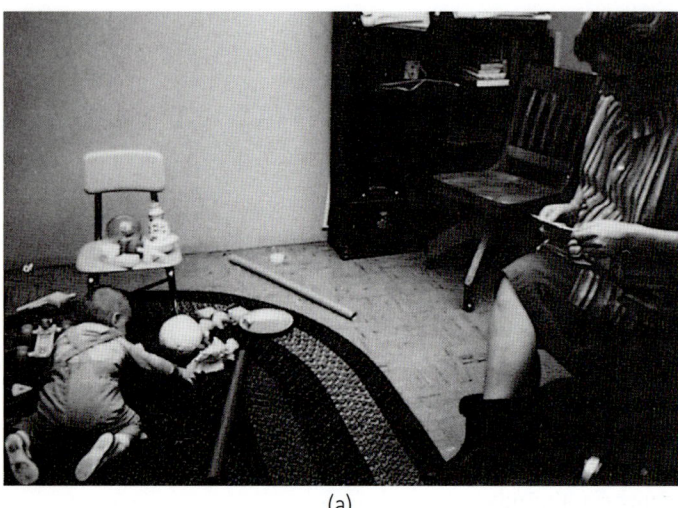

(a)   (b)   (c)

El experimento del apego En este episodio de "situación extraña", Brian muestra todos los signos de apego seguro. (*a*) Explora la habitación de juegos alegremente cuando la madre está presente; (*b*) llora cuando ella se va, y (*c*) demuestra su tranquilidad cuando ella regresa.

■ *Reacción ante la partida del cuidador.* El niño con apego seguro lo echa de menos.
■ *Reacción ante el regreso del cuidador.* El niño con apego seguro le da la bienvenida.

Casi los dos tercios de todos los bebés evaluados con la prueba de la "situación extraña" presentaban apego seguro (tipo B). La presencia de la madre los alentaba a explorar la sala de juegos y a investigar los juguetes. Los padres les dieron aún más confianza a los bebés. La partida del cuidador puede causar angustia (tal vez expresada por una protesta o por una interrupción del juego); el regreso del cuidador provoca un contacto social positivo (como la sonrisa o un abrazo) y luego continúa con el juego. Esta reacción de equilibrio (preocupación por la partida del cuidador pero sin sentirse abrumado) refleja el apego seguro.

apego desorganizado Categoría de apego que se caracteriza por un comportamiento inconstante por parte del niño hacia la persona que lo cría cuando ésta se marcha o retorna.

Alrededor de un tercio de todos los bebés son inseguros, y se muestran indiferentes (tipo A) o excesivamente ansiosos (tipo C). Otro pequeño grupo (entre el 5 y el 10 por ciento), no puede ubicarse en ninguna de estas categorías; se clasifican dentro del **apego desorganizado** o tipo D. Pueden variar desde golpear a sus madres hasta besarlas, desde mirar sin comprender hasta llorar de manera histérica, desde darse pellizcos a sí mismos hasta quedarse paralizados en el lugar. Los bebés de tipo B probablemente tengan problemas serios luego en su niñez. El apego es desorganizado debido a que la conducta inconstante e inapropiada de la madre hace que una estrategia de apego efectivo sea imposible (véase cuadro 7.4).

El apego inseguro y el entorno social

Bondad de ajuste El apego al padre puede ser muy fuerte, especialmente para los varones. Si la madre no está presente por algún motivo, el apego seguro al padre o a otro cuidador puede hacer la diferencia en la salud emocional del niño.

Aunque los primeros informes demostraron que el apego seguro "puede predecir los resultados que razonablemente pueden esperarse de una personalidad bien afianzada" (Thompson y Raikes, 2003, p. 708), investigaciones posteriores descubrieron que el estatus del apego puede modificarse. Los bebés que presentan apego seguro *tienen* en cierto modo más probabilidades de ser niños en edad de caminar que presenten apego seguro, preescolares socialmente competentes, escolares académicamente habilidosos, y hasta mejores padres (Thompson, 1998). Sin embargo, las correlaciones no son grandes; los cambios en el estatus del apego entre una edad y otra son frecuentes. (Beckwith y cols., 1999; NICHD, 2001; Seifer y cols., 2004).

Los patrones de conducta tanto del tipo A como del tipo C pueden ser modos de adaptación que sirven a los niños inseguros como estrategia para fomentar el apego seguro. Los niños del tipo A (inseguros y evasivos) ignoran a sus madres, que pare-

CUADRO 7.4	**Modo en que las madres que padecen trastornos emocionales pueden favorecer el apego tipo D (desorganizado) en sus bebés**

Es probable que las madres de los bebés del tipo D exhiban al menos tres veces más estas conductas que las madres de los bebés de tipo A, B y C:

Ríen cuando el bebé llora	Se niegan a consolar a un bebé angustiado
Invitan al contacto y luego se distancian	Tiran al bebé de la muñeca
Utilizan un tono afectuoso mientras mantienen una postura amenazante	Se mofan y fastidian al niño
	Le piden silencio a un bebé que llora
Indican al bebé que haga una cosa y luego le dicen que no lo haga	Ignoran a un niño que se cae
	Le hablan con voz fuerte y penetrante
Manifiestan un cambio repentino de estado de ánimo, no provocado por el contexto	Le quitan al bebé un juguete con el que se entretiene
Manejan al bebé como si no estuviera vivo	Separan al bebé de su cuerpo con los brazos rígidos
Demuestran una expresión aterradora	Le hablan al bebé con un tono sexy e íntimo
Le ocultan un juguete al bebé	Le hablan al bebé con voz angustiada o asustada

Fuente: Adaptado de Lyons-Ruth y cols., 1999.

cen también ignorarlos a ellos. En cambio, exploran el entorno. Generalmente, como parte de esta exploración, encuentran otras figuras de apego. Si un padre, un abuelo o un cuidador le ofrecen apego seguro, estos bebés se desarrollan normalmente (Goodman y Gotlib, 1999). Algunos bebés de tipo A experimentan riesgos dentro de sus contextos (como un hogar de bajos ingresos, un padre ausente o una madre que sufre elevados niveles de estrés). Es menos probable que ellos encuentren fuentes alternativas de apego y más probable que desarrollen trastornos de conducta, incluyendo la hostilidad (Belsky y Fearon, 2002). Para ellos, la hostilidad puede ser un modo de adaptación si crecen en un ambiente hostil. Los bebés de tipo C (inseguros con resistencia o ambivalencia), algunas veces logran modificar la conducta de sus cuidadores a través de su falta de independencia o de sus protestas. Entonces pueden desarrollar una relación más segura.

Los bebés más problemáticos pueden ser aquellos que se encuentran dentro del tipo D. Si la desorganización significa que no pueden desarrollar una estrategia efectiva para enfrentarse a las otras personas, aun con una estrategia de evitación o de resistencia, pueden sumirse en un profundo estado de dolor y confusión. A veces pueden llegar a ser hostiles y agresivos, difíciles para relacionarse con los demás (Lyons-Ruth y cols., 1999). (Hemos estudiado en el capítulo 5 que un porcentaje inusualmente elevado de niños rumanos que fueron adoptados después de los 2 años, pertenecían al tipo D, lo que hacía difícil para sus padres adoptivos la creación de vínculos con ellos.)

En conjunto, el apego inseguro es una señal de alerta y no un anuncio fatídico. El bebé con apego inseguro a veces se convierte en un niño con apego seguro. En ocasiones, un niño pequeño se recupera de los períodos de depresión sufridos por su madre, y responde más a la conducta actual de la madre que a la que ella manifestaba meses antes (*National Research Council and Institute of Medicine*, 2000).

Desafortunadamente, el estado de apego también puede cambiar para peor. Factores perturbadores pueden debilitar un estatus de apego seguro, como le ocurrió a la mayoría (61 por ciento) de un grupo de jóvenes de 18 años que habían experimentado apego seguro a la edad de un año, pero que vi-

Los niños de nadie Estos huérfanos de Kabul, Afganistán, son víctimas sobrevivientes de años de guerra civil. Parecen estar bien nutridos, pero sin sus padres, que han fallecido, y sin un adulto con el que puedan desarrollar apego, ellos están emocionalmente carenciados. También, este orfanato espartano les da un techo físico pero estimulación mental inadecuada. Estas condiciones disminuyen sus posibilidades de desarrollarse normalmente.

JOHN MOORE / AP PHOTO

vieron sucesos familiares traumáticos (como maltratos o divorcio de los padres) antes de los 12 años (Beckwith y cols., 1999). Aun así, el apego inseguro no significa necesariamente una vida aislada, triste y desagradable; es sólo uno de los muchos factores que influyen en el desarrollo psicosocial.

Factores que predicen el apego

El porcentaje de niños clasificados como tipo A, B, C o D varía en los estudios transversales, en parte debido a que los grupos de bebés se diferencian en las características de su familia y en las experiencias culturales y por lo tanto en sus patrones de apego. Por ejemplo, algunos estudios descubrieron que los bebés japoneses que manifiestan apego inseguro, generalmente pertenecen más al tipo C que al tipo A, pero la situación opuesta se da en los bebés inseguros de Alemania (Grossman y Grossman, 1990). En Mali, al oeste de África, los bebés que no son seguros pertenecen generalmente al tipo D (True y cols., 2001). (Un enfoque sociocultural podría preguntarse si las clasificaciones utilizadas en Norteamérica son útiles en otros lugares.)

La mayor parte de los bebés manifiesta apego seguro aun si durante su gestación han estado expuestos a la cocaína, si han tenido bajo peso al nacer o viven con un único progenitor. Algunos estudios han identificado varios factores que afectan las posibilidades de un niño de ser clasificado como tipo A, B, C o D (Cicchetti y Barnett, 1991; Eiden y cols., 2002; *National Research Council and Institute of Medicine*, 2000; Seifer y cols., 1996, 2004; Tronick y Weinberg, 1997; van Ijzerndorn, 1992).

El apego seguro es más probable si existen las siguientes condiciones:

- El padre es inusualmente susceptible y receptivo a las necesidades del bebé.
- La relación bebé-cuidador muestra gran sincronía.
- El temperamento del bebé es considerado como "fácil".
- Los padres no están preocupados con respecto a los ingresos, a otros niños o a su matrimonio.
- Los padres tienen un "modelo de trabajo" de apego seguro en sus propios padres.

El apego inseguro es más probable si existen estas condiciones:

- El padre maltrata al hijo. (El rechazo incrementa el porcentaje de apego del tipo A; el maltrato incrementa el porcentaje de tipos C y D.)
- La madre es enferma mental. (La paranoia incrementa el tipo D; la depresión incrementa el tipo C.)
- Los padres están muy estresados. (El estrés parental incrementa los tipos A y D.)
- Los padres son molestos y controladores. (La dominación de los padres incrementa el tipo A.)
- Ambos padres son alcohólicos activos. (Un padre alcohólico incrementa el tipo A; una madre alcohólica incrementa el tipo D.)
- El temperamento del niño es "difícil". (La dificultad en el temperamento se correlaciona con el tipo C.)
- El temperamento del niño es de "reacción lenta". (El temperamento de reacción lenta se correlaciona con el tipo A.)

La referencia social

Los bebés buscan comprender las emociones de la persona que los cuida. Pero no cuentan con esa capacidad hasta cuando tienen aproximadamente un año, que es el momento en que la **referencia social** se pone de manifiesto. En la referencia social, las personas consultan a otras para aclarar cuestiones u obtener información, del mismo modo que alguien consulta un diccionario u otras obras de "referencia". Una mirada tranquilizadora o palabras de advertencia, una expresión de preocupación, de placer o de consternación (cada una se transforma en una guía social) le dicen al bebé de qué modo debe reaccionar ante un suceso desconocido o ambiguo.

Después del primer año, debido a que el bebé que camina se mueve hacia la etapa de la exploración activa (Piaget) y hacia la autonomía (Erikson), su necesi-

referencia social Intento de entender un objeto o suceso desconocido o ambiguo mediante la observación de las expresiones y reacciones de otra persona. La otra persona se convierte en un punto de referencia social.

dad y deseo de consultar a un cuidador se hace apremiante. Los niños buscan pistas emocionales en la mirada y en las expresiones faciales, prestan mucha atención a los arrebatos de placer o furia y observan cuidadosamente para detectar las intenciones detrás de las acciones de los otros (Baldwin, 2000).

Las señales emocionales de los cuidadores confiables son especialmente fuertes. Sin embargo, los bebés también atienden a señales provenientes de extraños, aun cuando no estén dirigidas a ellos. En un experimento, un grupo de bebés vio un vídeo de una actriz desconocida que reaccionaba con placer o con disgusto ante un juguete. Aunque los bebés de 10 meses parecían no inmutarse ante las respuestas de los extraños, aquellos que tenían 12 meses evitaban el juguete que producía displacer (Mumme y Fernald, 2003).

La referencia social tiene muchas aplicaciones prácticas. Consideremos el momento de la comida. Los cuidadores de todo el mundo producen chasquidos con la boca, simulan probar y dicen "mm-mm", para alentar al niño a comer y a disfrutar sus primeros bocados de remolacha, hígado o espinaca. Por su parte, el niño es bastante astuto al leer las expresiones, insistiendo en los alimentos que al adulto realmente le gustan. A través de este proceso, los niños de algunas culturas desarrollan el gusto por el pescado crudo o por el cabrito al curry o los quesos fuertes, comidas que los niños de otras culturas se rehúsan a comer.

La madre como referencia

La mayor parte de los ejemplos cotidianos de referencia social se producen con la madre. Los bebés generalmente toman en cuenta los deseos de su madre, expresados en el tono de la voz y en la expresión facial. Esto no quiere decir que el bebé siempre es obediente, especialmente en aquellas culturas en las que los padres y los niños valoran la independencia. Por ejemplo, en un experimento realizado en los Estados Unidos, unos pocos niños obedecieron el pedido de su madre de levantar una docena de juguetes que ellos no habían esparcido. De hecho, aunque las madres acataron las indicaciones de los experimentadores pidiéndole a sus hijos que levantaran los juguetes, su lenguaje corporal y sus expresiones implicaron en algunos casos que ellas realmente no esperaban que sus hijos obedecieran el pedido.

Estos mismos niños generalmente obedecieron cuando sus madres les pidieron que no tocaran un juguete muy atractivo que estaba a su alcance. Las madres utilizaron un tono y una expresión, así como palabras que hicieron clara la prohibición, señalando los juguetes prohibidos. Aun cuando las madres se encontraban fuera de la vista, la mitad de los niños de 14 meses y casi todos los de 22 meses obedecieron y el 80% de los mayores parecían estar de acuerdo con el juicio de las madres (lo que los investigadores denominaron *conformidad comprometida*). Una niña se repetía a sí misma "no, no toques" como recordatorio (Kochanska y cols., 2001).

El padre y otras personas como referencia

Las primeras investigaciones del contexto psicosocial del desarrollo generalmente se habían dedicado al estudio de las relaciones madre-hijo solamente, en el supuesto que las madres eran los principales cuidadores. Sin embargo, ahora se acepta que un amplio rango de familiares y personas que no lo son (que incluyen a los padres, hermanos, abuelos, vecinos y otros familiares de los niños), han sido siempre de fundamental importancia en el desarrollo, especialmente para aquellos niños que crecen fuera de la clase media norteamericana (D. Johnson y cols., 2003).

En Norteamérica, el aumento del empleo materno ha ampliado los referentes sociales disponibles para los bebés. El padre pasa mucho tiempo con sus hijos y los niños fácilmente lo toman como referencia. La información social que proviene de los padres tiende a ser más alentadora que la que viene de las madres, quienes son más precavidas y protectoras. Cuando el niño quiere explorar, generalmente busca la aprobación del padre, espera diversión de parte de él y bienestar de parte de la madre (Lamb, 2000; Parke, 1996).

CORBIS / MICHAEL S. YAMASHITA

La referencia social ¿Estaría yo feliz o atemorizada de pasear en bicicleta por las calles de Osaka, Japón? Pregúntale a tu mamá para averiguarlo.

ESPECIALMENTE PARA ABUELAS La abuela de un bebé varón está preocupada porque el padre se queda con él cada vez que la mamá se va. Ella dice que los hombres no saben cómo cuidar de los bebés, y nota que algunas veces él juega a arrojar el bebé por el aire y atajarlo.

¡A volar! El típico juego vigoroso del padre probablemente ayude a dominar las capacidades motrices y el desarrollo del control muscular.

guardería infantil familiar Cuidado de un máximo de seis niños de varias edades que realiza una persona en su casa a cambio de pago por sus servicios.

guardería infantil Centro de cuidado de niños que generalmente presta servicios en un lugar diseñado expresamente para tal propósito y que cuenta con un número de empleados pagos que cuidan a varios niños. Normalmente, los niños se agrupan por la edad, el centro tiene licencia y los empleados han obtenido diploma y capacitación pertinente al desarrollo infantil.

RESPUESTA PARA ABUELAS (de p. 211): el padre puede ser un gran cuidador y la mayor parte de las madres prefiere que sea él quien cuide al niño. Es algo bueno para el bebé y para la pareja. Ser arrojado por el aire es muy divertido (mientras el padre tenga cuidado y sea bueno atajando). En la generación pasada, las madres rara vez dejaban sus bebés al cuidado del padre, mientras que los abuelos de hoy pueden sentirse incapaces de hacerlo. Afortunadamente, las madres de hoy ya no actúan de guardianas que dejan afuera a los padres.

Aquí es donde el bebé demuestra su inteligencia social debido a que el juego del padre es más ruidoso, emocional, bullicioso, corporal e idiosincrático. El padre tiende a componer juegos activos y excitantes. Mueve las piernas y los brazos del bebé imitando el caminar, patear o escalar; o juega al "avioncito", elevando al bebé por el aire; o le da golpecitos o le hace cosquillas en la barriga. La madre acaricia, murmura, lee o canta con dulzura; combina el juego con el cuidado diario, como en el momento del baño y el cambio de pañales, y utiliza juegos verbales pegadizos como "¡cucú!" y "tortitas". En resumen, el padre tiene más proximidad, se compromete en un juego que involucra todo el cuerpo del bebé. Al mismo tiempo, es más probable que obedezca las órdenes del padre que las de la madre (Feldman y Klein, 2003).

Es más probable que los hijos varones provoquen conductas más rudas en el padre. De hecho, los varones también provocan cuidado, responsabilidad y aliento para el aprendizaje de las matemáticas y las ciencias. En una publicación se encontró que en Norteamérica existen diferencias muy amplias y sorprendentes con respecto a las áreas en que los hijos varones y las hijas mujeres son alentados a distinguirse, aunque no necesariamente los varones se destaquen en ellas (Lundberg y Rose, 2003, p. 347).

La guardería infantil

Hemos visto que el desarrollo de los vínculos sociales es de suma importancia para los bebés, y que se benefician al establecer buenas relaciones con varios miembros de la familia inmediata. ¿Cuál es el efecto que produce una relación con personas que no son de la familia, en particular con cuidadores pagos?

Más de la mitad de todos los bebés de un año de edad en los Estados Unidos son cuidados por otras personas, además de sus madres, en forma "regular y programada". La principal razón es que sus madres trabajan. En 2003, el 58 por ciento de las mujeres casadas madres de hijos menores de 2 años en los Estados Unidos formaban parte de la fuerza laboral, así como un porcentaje mayor de madres solteras con niños pequeños (U.S. Bureau of the Census, 2004-2005). En los últimos años, todas las formas de cuidado no-maternal se han vuelto más comunes; no sólo la efectuada por familiares (normalmente a cargo del padre o de la abuela) sino también por programas de asistencia infantil organizados (Loeb y cols., 2004). Estos programas pueden ser tanto una **guardería infantil familiar**, con niños de distintas edades cuidados en la casa de un cuidador pago, como una **guardería infantil**, con varios cuidadores pagos que brindan atención a los niños en un lugar especialmente diseñado para ello.

Las madres que trabajan normalmente prefieren que sus hijos sean cuidados por familiares dado que ésta es la forma menos costosa (y algunas veces gratuita). Sin embargo, la calidad de este tipo de atención puede variar mucho y no siempre estar disponible. En la economía contemporánea, la probabilidad indica que si una mujer trabaja, también lo harán su marido y su madre. La guardería infantil familiar se utiliza más a menudo para bebés que para niños más grandes (Galinsky y cols., 1994).

La guardería infantil puede generalmente ser la mejor opción, porque éstas se encuentran autorizadas y se las inspecciona con regularidad, y la presencia de varios cuidadores y muchos padres reduce la posibilidad de abandono o abuso. Sin embargo, las normas de calidad de estos centros y el seguimiento de estas normas pueden variar mucho entre diversos estados de los Estados Unidos, como también varían entre distintos países. Algunos son excelentes, con un espacio adecuado, equipamiento y personal calificado (la proporción ideal es de 1 adulto cada 3 niños) pero son muy difíciles de encontrar. En el cuadro 7.5 se puede observar una lista de las características del cuidado infantil de alta calidad.

La mayor parte de los padres estadounidenses de clase media pagan por el cuidado infantil. Se encuentran con opciones de combinaciones entre calidad, precio, tipo de cuidados y subsidios gubernamentales" (Haskins, 2005, p. 168). Los hogares de mayores ingresos tienden a utilizar más los centros de cuidado de niños que las familias de bajos ingresos. En otros países, el gobierno subsidia el cuidado de bebés y de niños pequeños. La tasa de utilización de estos progra-

CUADRO 7.5   Guarderías de calidad

La atención diaria de alta calidad tiene cinco características esenciales:

1. *Adecuada atención a cada bebé*. Significa un porcentaje bajo de niños por cuidador y probablemente, lo más importante, un grupo pequeño de bebés. La situación ideal podría ser dos cuidadores confiables para cinco bebés. Ellos necesitan cuidadores que les resulten familiares y les brinden amor; la continuidad en la atención es muy importante

2. *Estimulación del lenguaje y del desarrollo sensoriomotor*. Los bebés deben recibir una gran exposición al lenguaje a través de juegos, canciones, conversaciones y charlas positivas de todo tipo, junto con juguetes fáciles de manipular

3. *Atención a la salud y a la seguridad*. Rutinas de higiene (por ejemplo, lavarse las manos antes de las comidas), prevención de accidentes (por ejemplo, no dejarle objetos pequeños que pueda tragar) y áreas seguras para la exploración (por ejemplo, un área limpia, alfombrada para gatear y treparse son buenos indicios)

4. *Cuidadores profesionales y bien entrenados*. En situaciones ideales, cada cuidador debe tener un título o certificado en educación inicial y debería haber trabajado con niños durante algunos años. El recambio debe ser bajo, la moral elevada y el entusiasmo evidente. Los buenos cuidadores aman a sus niños y a su trabajo

5. *Cuidadores afectuosos y responsables*. Los profesionales deben comprometerse con los niños en la solución de sus problemas y discusiones, más que en darles instrucciones. Los niños tranquilos y obedientes pueden ser un indicador de un cuidado poco responsable

mas financiados por el gobierno es muy alta, aunque la calidad ofrecida no siempre es la mejor.

Existe evidencia abrumadora de que una buena educación preescolar (de los 3 a los 5 años) es beneficiosa, como se vio en el capítulo 9, pero en el plano del cuidado infantil, el tema es más controvertido. La mayor parte de los científicos que estudian el desarrollo está de acuerdo en que la relación padres-hijo es de suma importancia, pero que el cuidado profesional no resulta perjudicial; de hecho, puede incluso ser ventajoso (Brooks-Gunn y cols., 2002; Lamb, 1998). Sin embargo, "los desacuerdos en torno a la sabiduría (o incluso, a la moralidad) en el cuidado no maternal de bebés persisten" (NICHD, 2005, p. xiv).

Un estudio longitudinal ha seguido el desarrollo de 1 300 niños desde el nacimiento hasta los 11 años. Uno de los temas de estudio ha sido los efectos que los distintos tipos de cuidado infantil producen sobre el apego. Este estudio, realizado por el *National Institute of Child Health and Human Development* (NICHD) de *Early Child Research Network*, encontró que el apego hacia la madre se encuentra asegurado sin importar si los bebés están en un centro de cuidado o si son atendidos en sus casas.

Como también lo hicieron otros estudios menores, el estudio masivo de NICHD confirmó que el factor determinante en el desarrollo de un niño es la calidez y la receptividad que otorga una madre (NICHD, 2005). Aun 40 horas semanales de cuidado infantil en un niño de menos de un año de edad no son tan influyentes como una relación de madre-bebé. La cognición, y especialmente el aprendizaje del lenguaje en los bebés y los niños preescolares, progresa con el cuidado infantil (NICHD, 1999, 2000).

Algunos detalles de la información del estudio longitudinal han creado incógnitas entre algunos psicólogos del desarrollo, en particular a Jay Belsky (2001). Aunque la sensibilidad de una madre es por lejos el mejor factor para predecir las destrezas sociales de un niño en el jardín de infantes, aquellos niños, especialmente los varones, quienes más experimentaron el cuidado no maternal, fueron los más propensos a pelearse y a tener conflictos con sus maestros de primer grado (NICHD, 2003). (Nótese que la interpretación de la información se complica al ser observada desde distintos puntos de vista culturales: cuando un observador considera como agresiva una actitud, otro puede considerarla como una muestra de firmeza.)

ESPECIALMENTE PARA ENCARGADOS DE GUARDERÍAS Una madre que trae a su niño a la guardería dice que ella sabe que le está haciendo un daño al bebé, pero que necesita trabajar por cuestiones económicas. ¿Qué le respondería?

El apego seguro Kristie y su hija de 10 meses, Mia, disfrutan de un momento de sincronía en un centro de cuidado de niños subvencionado por una empresa, General Mills. La gran calidad del cuidado en el centro y la gran calidad del cuidado en el hogar son igualmente favorecedoras del apego seguro entre madre y bebé.

Sin embargo, ningún estudio ha demostrado que los hijos de madres que trabajan sufran sólo porque sus madres trabajen. La principal razón que justifica esto es que las madres que trabajan a menudo ubican al cuidado de su hijo y a su relación con él como primera prioridad. Por ejemplo, investigaciones acerca del empleo del tiempo han demostrado que las madres que trabajan 40 horas por semana fuera de la casa utilizan casi el mismo tiempo para jugar con sus bebés (catorce horas y media por semana) que las madres que no trabajan (16 horas por semana) (Houston y Aronson, 2005). Emplean la mitad de ese tiempo para las tareas del hogar y casi nada de tiempo en entretenimiento. El estudio concluye que:

> No existe evidencia de que el tiempo de trabajo de la madre influya en la calidad de la relación con sus bebés, en la calidad del entorno familiar o en el desarrollo de los niños. De hecho, los resultados sugieren lo opuesto; las madres que pasan más tiempo en el trabajo proveen un entorno hogareño de una calidad ligeramente mayor.
>
> *[Huston y Aronson, 2005, p. 479]*

Los investigadores sugieren que los ingresos y la autoconfianza de estas mujeres son factores que les permitieron proveer mejores entornos hogareños para sus bebés.

Este estudio particular no hizo ninguna diferencia entre los distintos tipos de cuidado infantil que recibían los bebés. Los investigadores notaron que, trabajaran o no, las madres que utilizaban más tiempo estableciendo relaciones sociales con sus bebés también tendían a poseer una mejor relación con ellos.

Otra investigación confirma que mucho depende de la calidad del cuidado, no importa en dónde se lleve a cabo o por quién. De acuerdo con el NICHD Early Child Care Research Network, los primeros cuidados que se proporcionan a los bebés parecen ser perjudiciales *sólo* cuando la madre carece de sensibilidad y el bebé pasa más de 20 horas por semana en un programa de mala calidad (muy pocos cuidadores con escaso entrenamiento) (NICHD, 2005).

Los efectos negativos de la mala atención también se han encontrado en un estudio realizado en Israel en el que participaron 758 bebés. Los que eran atendidos en su hogar por un padre o una abuela atentos parecían encontrarse bien, igual que los que concurrían a un centro de cuidado de niños de alta calidad. Sin embargo, a aquellos que concurrían a un centro con cuidadores poco capacitados donde había más de cinco bebés para cada adulto no les fue tan bien (Sagi y cols., 2002). Si una madre deprimida es el cuidador primario, los niños estarán peor que si concurren a un lugar con otros cuidadores (Loeb y cols., 2004). Los niños pertenecientes a hogares de bajos ingresos en lugares donde reciben atención de alta calidad tienden a tener menos problemas sociales y más predisposición para la escuela que la que hubieran tenido de otro modo (Loeb y cols., 2004; Votruba-Drzal y cols., 2004).

Algunas pruebas adicionales provienen de un estudio que observó la capacidad de lectura en niños de 5 años. Si en el hogar había poca estimulación (pocos libros, pocos viajes al exterior) eran mejores lectores a los 5 años si habían concurrido a un lugar de cuidados grupales cuando eran bebés. Sin embargo, si en el hogar había un buen estímulo, eran académicamente peores a la edad de 5 años si cuando bebés habían estado en un centro de cuidados infantiles (Caughy y cols., 1994). Por lo tanto, la atención en distintos centros puede ser mejor que el cuidado en el seno del hogar, especialmente para aquellos bebés cuyas familias no proporcionan la estimulación y la atención que ellos necesitan (Ramey y cols., 2002).

Entre los beneficios del centro de cuidado infantil, está la oportunidad de aprender a expresar las emociones. Cuando un niño en edad de caminar es temperamentalmente tímido o agresivo, es menos probable que persista en esa conducta si otros cuidadores y niños están disponibles como referencia social (Fox y cols., 2001; Zigler y Styfco, 2001). Pero ningún experto se atrevería a decir que *todos* los bebés están mejor en el hogar o están mejor en el centro de cuidados infantiles. Los psicólogos del desarrollo aún tratan de descubrir si los bebés están programados para desarrollarse bastante bien siempre que su entorno familiar y no familiar no los maltrate o si cada incremento en la calidad (mucha sincronía, un centro de atención infantil en el que prevalezca la riqueza del lenguaje) marca una diferencia aún para los niños normales y felices.

RESPUESTA PARA ENCARGADOS DE GUARDERÍAS (de p. 213): trate de tranquilizar a la madre diciéndole que usted mantendrá a su bebé seguro y lo ayudará a desarrollarse tanto en su mente como en sus capacidades sociales, formentando la sincronía y el apego. También puede decirle que la calidad de la interacción madre-bebé en el hogar es más importante que cualquier otra cosa para el desarrollo psicosocial; las madres que tienen un empleo de jornada completa generalmente tienen una relación maravillosa y segura con sus bebés. Si la madre lo desea, usted puede comentar con ella los modos en que puede ser una madre más receptiva.

ESPECIALMENTE PARA CUIDADORES POTENCIALES EN LA GUARDERÍA ¿Cuáles son algunos de los costos y de los beneficios de abrir y explotar una guardería?

SÍNTESIS

Los bebés buscan establecer vínculos sociales con una o varias personas, siempre que las personas que los cuidan sean receptivos y les resulten familiares. En los primeros meses comienza la sincronía: los bebés y sus cuidadores interactúan cara a cara, realizan ajustes en fracciones de segundo en su respuesta emocional entre ellos. Las situaciones en las que se emplea la técnica de ausencia de expresión revelan la importancia de la expresión facial para los bebés.

La receptividad temprana evoluciona hacia el apego, un vínculo emocional que alienta al niño a explorar. El apego seguro permite aprender para desarrollarse; los bebés inseguros siente menos confianza en sí mismos y pueden desarrollar problemas emocionales. A medida que se vuelven más curiosos, que encuentran nuevos juguetes, conocen distintas personas y pasan por nuevas experiencias, los bebés utilizan la referencia social para aprender si esas cosas nuevas son temibles o entretenidas.

Aunque la madre es la persona que se relaciona con el bebé con más frecuencia y la más estudiada, los lazos emocionales que se ponen de manifiesto en la sincronía, el apego y la referencia social pueden también producirse con el padre, con otros familiares y con cuidadores. En lugar de perjudicar al bebé, como alguna vez se temió, el cuidado no materno puede favorecer el desarrollo psicosocial del bebé. La calidad y la continuidad del cuidado del niño importa más que quién es la persona que proporciona la atención.

Conclusiones teóricas y prácticas

En este capítulo hemos visto que los dos primeros años están plenos de interacciones psicosociales, todas resultantes de los genes, la maduración, la cultura y los cuidadores. Cada una de las cinco teorías principales parece convincente, aunque difieren en la evaluación de la importancia de las experiencias en los dos primeros años de vida.

¿Qué conclusiones pueden extraerse de la teoría y la investigación? Ninguna teoría en sí misma se destaca como la mejor. Todas concuerdan en que los dos primeros años son fundamentales, y que el desarrollo emocional y social temprano recibe la influencia de la conducta de la madre, del apoyo del padre, de la calidad del cuidado diario, de los patrones culturales y de los rasgos heredados. No se ha probado si una influencia como la de un buen centro de cuidados infantiles compensa otra, como la de una madre deprimida (aunque la influencia parental es siempre significativa). La investigación multicultural ha identificado una amplia variedad de prácticas en diferentes sociedades. Eso implica que ningún suceso, como el control de esfínteres para la teoría freudiana, determina la salud emocional.

Sobre la base de lo que hemos aprendido, usted puede aconsejar a los padres con seguridad que jueguen con sus bebés, que respondan a sus necesidades físicas y emocionales, que les permitan explorar, que mantengan una buena relación, que les presten atención y que esperen que el niño alguna vez se enoje, se muestre orgulloso o inseguro. Las acciones y las actitudes de los padres pueden o no tener un poderoso impacto en el desarrollo posterior, pero ciertamente pueden hacer bebés más felices. La atención de los padres conduce a la sincronía, al apego y a la referencia social, que son a su vez fundamentales para el desarrollo del bebé y del niño que camina.

Una época llena de incidentes Este cuadro hace una lista de los aspectos del desarrollo que se han estudiado en los capítulos 5, 6 y 7. A través de la primera infancia, el temperamento y la experiencia afectan el modo y la forma en que los bebés muestran las características y los logros enumerados aquí. Esta lista fue diseñada como una guía general, y no como un patrón fijo, para indicar el progreso de los niños en cuanto a su inteligencia o a cualquier otro rasgo.

CUADRO 7.6   La primera infancia

Edad aproximada	Características o logros
3 meses	Gira hacia los lados Se mantiene semierguido en la sillita de paseo Utiliza los dos ojos juntos Agarra un objeto, si tiene el sonajero en la mano, puede sacudirlo Murmura Reconoce de manera evidente a las personas familiares
6 meses	Se sienta sin ayuda del adulto (algunas veces utiliza los brazos) Agarra y capta los objetos con toda la mano Sonríe y ríe Balbucea, escucha y responde con expresión facial Trata de gatear (sobre el estómago, no sobre los cuatro miembros) Se para y da "saltitos" con apoyo (sobre el regazo de uno) Comienza a mostrar signos de enojo, de temor, de apego
12 meses	Se queda parado sin ayuda Gatea bien Da algunos pasos inseguros Utiliza los dedos, incluida la prensión en pinza (pulgar e índice) Puede usar los dedos de las manos para comer Dice algunas palabras (*mama, dada, baba*) Manifiesta un fuerte apego hacia los cuidadores habituales Manifiesta temor hacia los extraños, a los ruidos y a los hechos inesperados
18 meses	Camina bien Corre y también se cae Trata de treparse a los muebles Habla entre 50 y 100 palabras; en su mayor parte, sustantivos Comienza el control de esfínteres Le gusta dejar caer cosas, arrojarlas, desarmarlas. Se reconoce en el espejo
24 meses	Corre bien Se trepa (le cuesta bajar) Utiliza herramientas simples (cuchara, un rotulador grande) Combina palabras (generalmente sustantivo y verbo, otras veces sustantivo, verbo, sustantivo) Puede usar los dedos para desenroscar, abrir puertas Está muy interesado en nuevas experiencias y en otros niños

Estas generalizaciones no son lo suficientemente buenas para nuestros dos niños, Toni y Jacob, o para todos los bebés que muestran signos de desnutrición, de retraso en el lenguaje, de destrezas sociales pobres, de desarrollo emocional anormal, de apego desorganizado o de otros déficit. Al enfrentarnos a un niño en particular que tiene problemas, necesitamos ser más específicos.

Un abordaje práctico para Toni

Los trabajadores de la salud que informaron acerca del desarrollo de Toni (véase cap. 5) la mostraron como ejemplo de la necesidad de una buena nutrición. Esta preocupación es válida, pero aquí nos preocupan las experiencias psicosociales de Toni.

El informe sobre Toni (de p. 133) menciona varios factores sociales preocupantes: la madre volvió a trabajar cuando Toni tenía alrededor de un año, el padre "no vive en la casa", muchos familiares proporcionan "cuidados de a ratos" y la madre no confía en los extraños. Estos factores no fueron correctamente explicados en el informe. Por ejemplo, sabemos que "la influencia de los padres que no conviven puede ser importante, pero varía considerablemente" (King y cols., 2004, p. 1). Si el padre de Toni aporta económicamente y está involucrado en su cuidado, no tiene importancia en qué lugar duerme. Simplemente indicar que no está en la casa no nos dice lo suficiente.

También el informe carece de referencias acerca de las necesidades psicosociales de Toni. Sabemos que Toni vivió exclusivamente con su madre, y luego repentinamente quedó al cuidado de varias personas fuera de su hogar. La falta de continuidad en el cuidado es un problema. La desconfianza de la madre en los extraños impidió que buscara el apoyo que necesitaba. El hecho de que Toni no ganara peso o que no aprendiera a hablar podría ser producto de sus sentimientos de enojo, depresión o temor más que ser la consecuencia de sus antecedentes alimentarios.

Como todos los niños de esa edad, Toni necesita estabilidad en el cuidado. Idealmente, sólo una persona debería ser el cuidador primario no materno. Esa persona podría ser un especialista de un centro de cuidado infantil, el padre, un abuelo o un vecino que se quede en el hogar con el niño. Probablemente la mejor solución para Toni sería asistir a un centro de cuidado de niños que tenga las cinco características de calidad descritas en el cuadro 7.5. Los autores del estudio de un caso informan que un trabajador social fue designado para ayudar a la mamá de Toni a encontrar un centro de cuidado de niños en las cercanías. Esperemos que ella encuentre un buen lugar, así Toni podrá lograr la atención estable y de calidad que ella necesita.

Un abordaje práctico para Jacob

Jacob estaba en una situación más grave, en el aspecto psicosocial, que lo que estaba Toni. Él puede haber recibido una estimulación deficiente de la niñera que no hablaba inglés o puede haber sufrido por la falta de atención parental. Tenía ya 3 años, pero no hablaba. Todos los bebés necesitan una o dos personas que se dediquen a ellos desde los primeros días de vida, y no está claro que Jacob haya tenido a nadie. No hay indicadores de apego.

Finalmente los padres se dieron cuenta que debían hacer algo. Lo llevaron para realizarle una evaluación a un importante hospital escuela. Fue evaluado por al menos 10 expertos y ninguno dijo nada alentador. El diagnóstico fue "trastorno generalizado del desarrollo", que indica una lesión cerebral grave.

Afortunadamente, los padres de Jacob consultaron a un psicólogo especialista en bebés con trastornos psicosociales. El psicólogo les mostró la forma de construir una relación con Jacob diciendo: "Ahora voy a enseñarles cómo jugar con su hijo". Ellos aprendieron sobre "el momento de ir al piso", cuatro horas por día además de ponerse en el nivel de su hijo e interactuar con él: imitarlo, actuar como si fueran parte de un juego, poner sus rostros y cuerpos frente a él, crear una sincronía aunque Jacob no hiciera nada para iniciarla.

El padre informa:

Reconstruimos la comunicación entre Jacob, nosotros y el mundo, pero en sus términos. Fuimos instruidos para seguir siempre su ejemplo, su iniciativa. En cierto senti-

RESPUESTA PARA CUIDADORES POTENCIALES EN LA GUARDERÍA (de p. 214): una guardería de alta calidad necesita adultos entrenados y receptivos y un lugar limpio y seguro (y todo eso puede ser costoso y puede significar que usted deba cobrar tarifas más elevadas de lo que muchas familias podrían pagar). El principal beneficio para usted es saber que está haciendo una contribución importante al bienestar de muchos bebés y de sus familias.

do, sólo pudimos pedirle a Jacob que se una a nuestro mundo si queríamos entrar en el suyo... Él tiraba piedras y nosotros las atajábamos. Él quería poner monedas en una hucha y bloqueábamos la ranura. Él quería correr en círculo y lo seguíamos. Recuerdo un frío otoño cuando yo encalaba el césped. Él metió la mano en la tierra y la dejó deslizar entre los dedos. Le encantó hacerlo. Tomé la manguera y corrí hacia la otra punta del jardín. Corrió detrás de mí. Lo dejé mojarse y correr a través del jardín. Él se mojaba, yo corría, él se mojaba, yo corría. Hicimos esto hasta que ya no pude mover los brazos.

[El padre de Jacob, 1997]

El caso de Jacob evidentemente es un caso extremo, pero muchos bebés y sus padres tienen dificultades para crear una sincronía. Desde la perspectiva del desarrollo psicosocial temprano, nada puede ser más importante que la comunicación como la que Jacob y sus padres establecieron.

En el caso de Jacob funcionó. Dijo su primera palabra a los 3 años, y alrededor de los 5 años... hablaba un montón. Habla desde que se levanta hasta que se acuesta, como si quisiera recuperar el tiempo perdido. Quiere saber todo. "¿Cómo un pollo vivo se convierte en un pollo para comer? ¿Por qué los microbios son tan pequeños? ¿Por qué los policías llevan insignias? ¿Por qué no hay más dinosaurios? ¿Por qué los fantasmas brillan en la oscuridad? No estaba conforme con las respuestas que no le parecían ciertas o que no satisfacían sus parámetros de explicación. Seguía preguntando hasta que lo lograba. Rebeca y yo nos hicimos expertos en definiciones. La semana pasada nos enfrentamos al último desafío: "Papá", preguntó, "¿Dios es real o no?". Y luego, como para hacerlo un poco más difícil, agregó: "¿Cómo ocurren los milagros?".

[El padre de Jacob, 1997]

Los milagros no siempre ocurren; de hecho, los bebés diagnosticados con trastorno generalizado del desarrollo generalmente requieren una atención especial durante toda la niñez. Sin embargo, casi todos los bebés desarrollan casi siempre relaciones con los miembros de la familia más cercanos. El poder del desarrollo psicosocial temprano es ahora evidente para todos los psicólogos del desarrollo, y esperamos que lo sea para todos los lectores de este texto.

■ RESUMEN

El desarrollo emocional

1. Dos emociones, la satisfacción y la angustia, aparecen tan pronto un bebé nace. La angustia surge como consecuencia de la restricción, y la frustración entre los 4 y los 8 meses de edad y se intensifica alrededor del primer año.

2. El miedo reflejo se evidencia en bebés muy pequeños. Sin embargo, el miedo a algo específico, que incluye el temor a los extraños y la ansiedad de separación, no aparecen hasta el final del primer año.

3. Durante el segundo año, la conciencia social aumenta y lleva a un temor, angustia y placer más selectivos. Alrededor de los 18 meses, con el aumento de la autoconciencia, surgen las emociones que establecen puntos de contacto entre el yo y los otros, específicamente el orgullo, la vergüenza y los celos.

Teorías acerca del desarrollo psicosocial en la primera infancia

4. Según las cinco teorías principales, la conducta de los cuidadores tiene especial influencia en los primeros dos años. Freud enfatizó el impacto de la madre con relación al placer oral y anal. Erikson destacó la importancia de la confianza y la autonomía.

5. Los conductistas se centran en el aprendizaje; los padres les enseñan a los bebés muchas cosas, entre ellas cuándo sentir miedo o placer. La teoría cognitiva sostiene que los bebés desarrollan modelos de trabajo basados en sus experiencias.

6. La teoría epigenética enfatiza el temperamento, un conjunto de rasgos genéticos cuya expresión está influida por el entorno. Las prácticas parentales inhiben y guían el temperamento del niño, pero no lo crean. Idealmente, un buen ajuste se desarrolla entre las acciones de los padres y la personalidad del niño.

7. El abordaje sociocultural advierte el impacto de los factores sociales y culturales en la relación entre padres e hijos. Las etnoteorías dan forma a las emociones y los rasgos de los bebés de modo que ellos puedan ajustarse bien dentro de determinada cultura.

El desarrollo de los vínculos sociales

8. Hacia los 3 meses, los bebés se vuelven más receptivos y sociales; entonces comienza la sincronía, la cual incluye la interacción en todo momento. Los cuidadores deben ser receptivos y sensibles. Los bebés se muestran perturbados ante un rostro inexpresivo debido a que ellos esperan y necesitan la interacción social.

9. El apego, medido en las reacciones del bebé hacia la presencia, el alejamiento y el regreso de los cuidadores en una situación extraña, es fundamental. Algunos bebés parecen indiferentes (tipo A – inseguro y evasivo) o demasiado dependientes (tipo C – inseguro – resistente/ambivalente) en lugar de seguro (tipo B). La mayoría de las formas preocupantes de apego corresponden al desorganizado (tipo D).

10. El apego seguro le proporciona al bebé el ánimo necesario para la exploración. A medida que juega, el niño se involucra en las referencias sociales y busca las expresiones faciales de los otros para detectar lo que es temible y lo que es placentero.

11. El padre es un maravilloso compañero de juego para el bebé, quien frecuentemente lo consulta como referencia social. Cada familia es diferente, pero generalmente la madre es más educadora y el padre más excitante para jugar, y también ofrece más apoyo para la exploración. El padre parece particularmente importante para los varones.

12. Los centros de cuidado de niños parecen ser, en general, una experiencia positiva, especialmente para el desarrollo cognitivo. Las características psicosociales, incluyendo el apego seguro, reciben mayor influencia de la calidad que del número de horas pasa-dos en un lugar de cuidados lejos de la madre. La calidad del cuidado es fundamental, no importa quién lo brinde.

Conclusiones teóricas y prácticas

13. Los expertos debaten hasta dónde el desarrollo psicosocial temprano es un factor crítico: ¿es la base fundamental de todo el crecimiento posterior o simplemente uno de los tantos pasos en la evolución? Sin embargo, todos los bebés necesitan una persona que los cuide comprometida con ellos y dedicada a alentar cada aspecto del desarrollo temprano. Los cuidadores deberían ser sensibles y receptivos para un desarrollo psicosocial óptimo.

■ PALABRAS CLAVE

sonrisa social (p. 193)
recelo hacia los extraños (p. 193)
ansiedad de separación (p. 193)
autoconciencia (p. 194)
confianza versus desconfianza (p. 197)
autonomía versus vergüenza y duda (p. 197)

aprendizaje social (p. 197)
modelo de trabajo (p. 198)
temperamento (p. 198)
interacción satisfactoria (bondad de ajuste) (p. 200)
etnoteoría (p. 201)
crianza con proximidad física (p. 202)
crianza distante (p. 202)
sincronía (p. 204)

técnica de la ausencia de expresión (p. 205)
apego (p. 206)
apego seguro (p. 207)
apego inseguro y evasivo (p. 207)
apego inseguro con resistencia o ambivalencia (p. 207)

situación extraña (p. 207)
apego desorganizado (p. 208)
referencia social (p. 210)
guardería infantil familiar (p. 212)
guardería infantil (p. 212)

■ PREGUNTAS CLAVE

1. ¿De qué modo responde un padre sensible a la angustia de un bebé?

2. ¿En qué difieren las emociones en el segundo año y las del primer año de vida?

3. ¿Cuáles son las semejanzas y las diferencias de las dos teorías psicoanalíticas con respecto a los primeros años de la infancia?

4. ¿De qué modo puede afectar la sincronía el desarrollo de las emociones durante el primer año?

5. ¿Cuáles son las diferencias entre la teoría cognitiva y el conductismo?

6. ¿Cuáles son las diferencias entre la teoría epigenética y las teorías socioculturales de las emociones infantiles?

7. ¿Qué etnoteorías sostienen sus padres o sus abuelos? ¿Difieren de las suyas? ¿En qué sentido?

8. ¿Cuáles son las ventajas y desventajas de los cuatro tipos de cuidado infantil: exclusivamente la madre, los familiares, una guardería infantil familiar o un centro de cuidado de niños?

9. ¿Cuáles serían las diferencias si un bebé fuera criado exclusivamente por un padre solo, comparado con una madre sola?

10. ¿Por qué el desarrollo psicosocial de un bebé se vería afectado si pasara todo el día en un centro de cuidado de niños superpoblado, por ejemplo que tuviera ocho niños por cada cuidador?

11. En términos del desarrollo infantil, ¿cuáles son las diferencias entre las madres empleadas y las desempleadas?

■ EJERCICIOS DE APLICACIÓN

1. Un factor cultural que influye en el desarrollo infantil es el modo en que los bebés son transportados de un lugar a otro. Pregúntele a cuatro madres cuyos niños hayan nacido en las cuatro décadas pasadas cómo los tranportaban: en mochilas para bebés colocadas en el frente o en la espalda, mirando hacia fuera o hacia adentro, en cochecitos, asientos para auto o sobre la falda de la madre. ¿Por qué eligieron ese modelo? ¿Qué piensan ellas, y cuáles son sus propias opiniones acerca del modo en que esta práctica cultural puede afectar al desarrollo de los bebés?

2. Observe la sincronía durante tres minutos. Pídale a los padres de un bebé de menos de 8 meses que juegue con el niño. Si no hay un bebé disponible, observe a una pareja mientras conversan. Note la secuencia y el momento de cada expresión facial, de cada sonido y gesto de ambos integrantes.

3. Llame a varios centros de cuidado de niños para tratar de evaluar la calidad del cuidado que ellos ofrecen. Consulte datos como la proporción de niños por cada cuidador, el tamaño de los grupos y el entrenamiento de los cuidadores de niños para cada edad. ¿Hay una edad mínima? Si es así, ¿por qué han elegido ese límite? Analice las respuestas, utilizando el cuadro 7.5 como guía.

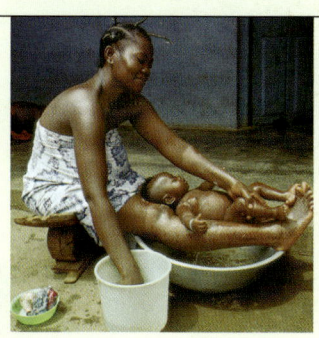

BIOSOCIAL

El cuerpo, el cerebro y el sistema nervioso Durante los primeros dos años, el cuerpo cuadruplica su peso y el cerebro lo triplica. Las conexiones entre las neuronas crecen en una red neuronal cada vez más densa y compleja de dendritas y axones. A medida que las neuronas se recubren con una capa aislante de mielina, envían mensajes más rápidos y eficientes. Las experiencias de los bebés son fundamentales para "sintonizar" la capacidad del cerebro para responder a la estimulación.

Las capacidades motrices La maduración cerebral permite el desarrollo de las habilidades motoras desde los reflejos a las acciones voluntarias coordinadas, incluyendo la prensión y el caminar. Al nacer, los sentidos del bebé del olfato y la audición son bastante agudos. Al principio, los ojos enfocan los objetos que se encuentren a 25 cm. Las experiencias conducen a un rápido perfeccionamiento de todos los sentidos que subyacen a las redes cerebrales.

La salud La salud del bebé depende de la nutrición (la situación ideal es la lactancia materna), la vacunación y las prácticas parentales incluyendo el "dormir boca arriba". Los porcentajes de supervivencia son mucho más elevados hoy que lo que fueron hace algunas décadas.

COGNITIVO

La cognición Según lo describió Piaget, en la etapa de la inteligencia sensoriomotriz el bebé progresa desde el conocimiento del mundo a través de las experiencias sensoriomotrices inmediatas hasta lograr la capacidad de "experimentar" en ese mundo a través del uso de las imágenes mentales. Los conceptos, como la permanencia del objeto y la imitación diferida, son evidentes. El bebé está más interesado en la "funcionalidad", es decir en lo que le ofrecen las diferentes experiencias y sucesos. La curiosidad activa y las capacidades innatas interactúan con las distintas experiencias para dar forma a la cognición temprana. Algunos trabajos de investigación recientes hallaron rastros de memoria ya a los 3 meses, pruebas de la formación de los conceptos a los 6 meses y de la imitación diferida a los 9 meses, todas edades menores que las que describió Piaget.

El lenguaje El llanto del bebé es su primera forma de comunicación; luego progresa a través de los susurros y balbuceos. La interacción con los adultos los expone a la estructura del lenguaje. Alrededor del primer año, un bebé generalmente puede decir una o dos palabras; hacia los dos años, el niño se expresa con oraciones cortas y expresa la capacidad que distingue a los seres humanos de los otros animales. El lenguaje se desarrolla a través del refuerzo, la maduración neurológica y la motivación social, aunque el impacto exacto de estos tres sigue siendo un tema controvertido.

PSICOSOCIAL

Las emociones y el desarrollo de la personalidad Las emociones cambian desde las reacciones básicas a respuestas complejas y autoconscientes. Los bebés se vuelven cada vez más independientes, una transición explicada por Freud en las etapas oral y anal, por Erikson como la crisis entre confianza versus desconfianza y entre autonomía versus vergüenza y duda, y por la teoría cognitiva como la teoría de los modelos de trabajo. Mientras estas teorías enfatizan el rol de los padres, los trabajos de investigación descubrieron que gran parte del temperamento básico, y por lo tanto de la personalidad, es innato y se hace evidente a lo largo de la vida, como lo explica la teoría epigenética. La teoría sociocultural pone el acento en las normas culturales, que afectan el modo en que los padres actúan con el bebé, dando forma a los rasgos de su personalidad para que se adapte a esa sociedad particular en la que viven.

La interacción padres-bebés Desde el principio, los padres y sus bebés se responden mutuamente sincronizando su conducta en un juego social. Hacia el fin del primer año, el apego seguro entre el niño y sus padres establece la etapa de la creciente exploración independiente del niño en el mundo. El bebé se transforma en un participante activo de esta interacción social, primero en reaccionar directamente ante los otros y luego buscando su opinión a través de la referencia social. Los padres, otros familiares y las personas encargadas en los centros de cuidado infantil, además de las madres, alientan a los niños hacia la confianza social.

PARTE III

Los años del juego

El período que va desde los 2 hasta los 6 años es por lo común llamado primera infancia o período preescolar. Aquí también los denominamos los "años del juego". Los individuos de todas las edades juegan, pero en los años de la primera infancia la actividad lúdica ocupa la mayor parte del tiempo. Durante este período, los niños pasan la mayor parte de las horas de vigilia descubriendo, creando, riendo e imaginando a medida que adquieren las habilidades que necesitan. Se persiguen unos a otros e intentan nuevos desafíos (desarrollando el cuerpo); juegan con sonidos, palabras e ideas (desarrollando la mente); inventan juegos y dramatizan sus fantasías (aprendiendo a desarrollar habilidades sociales y reglas morales).

El hecho de que jueguen tanto puede influir para que sean encantadores o exasperantes. Para ellos crecer es un juego y su entusiasmo por éste parece ilimitado, tanto si siguen tranquilamente a un escarabajo por el césped o si desordenan por completo el lugar de juegos. Sus mentes también parecen juguetonas cuando explican que "un hombre calvo tiene la cabeza descalza" o que "el sol brilla para que los niños puedan salir a jugar".

Si usted espera que ellos se sienten tranquilos o piensen con lógica, se desilusionará sin ninguna duda. Pero si usted disfruta del juego, se divertirá con los niños de 2 a 6 años.

Los años del juego: el desarrollo biosocial

Entre los 2 y los 6 años, se produce un desarrollo importante en varios frentes. Los cambios más obvios son en cuanto al tamaño y la forma, a medida que los niños regordetes que recién comienzan a caminar parecen estirarse y se vuelven más delgados y más altos. Otros cambios menos evidentes pero más fundamentales se producen en el encéfalo. La maduración convierte al niño torpe e impulsivo de 2 años en un niño hábil y racional de 6 años.

¿Recuerda usted haber aprendido a saltar o a escribir su nombre o a atarse los cordones? Los niños de tres años intentan hacer todas estas cosas, pero caminan arrastrando los pies en lugar de saltar, se olvidan las letras y, en estos días, tienen más práctica con las tiras de Velcro que con los cordones de los zapatos. Aproximadamente a los 6 años de edad, pueden hacer todo esto si han tenido el tiempo suficiente para practicar. Si usted puede acordarse de cómo fue su primera infancia, probablemente recuerde los intentos de hacer cosas que todavía no dominaba. Ahora usted puede dar gracias por su perseverancia y maduración.

La maduración, las altas aspiraciones y el juego activo hacen que los niños pequeños sean vulnerables a muchos peligros biosociales, incluidos las lesiones y el abuso. Estos peligros también se tratan en este capítulo, para ayudar a reconocerlos y evitar el daño. Probablemente, cuando usted tenía 3 años de edad y quería volar como un pájaro, un avión o Superman, alguien se aseguró de que usted no se cayera muy lejos. Todo niño merece una vida feliz y libre de dolor.

Los cambios corporales

En comparación con los niños de un año lindos y regordetes, los niños de seis años han crecido sorprendentemente. Esto es cierto en todo el mundo, porque los genes humanos producen cambios en la forma corporal durante la primera infancia. Para ser específicos, en el lactante, el cuerpo y el cerebro se desarrollan de acuerdo con las poderosas fuerzas epigenéticas, impulsadas desde lo biológico y guiadas socialmente, a espera (expectantes) de la experiencia y dependientes de ella (véase capítulo 5). En la primera infancia, estos principios generales del desarrollo reflejan la realidad de que el cuerpo del niño cambia cada año.

Patrones de crecimiento

Tan sólo al comparar un niño que recién comienza a caminar de un año con un niño de 6 años que realiza volteretas surgen algunas diferencias obvias. Durante los años del juego, los niños adelgazan a medida que la parte inferior del cuerpo se elonga y la grasa del bebé se convierte en músculo. De hecho, el índice de masa corporal (IMC) más bajo de toda la vida, es decir, cuando los seres humanos promedian el peso más bajo en relación con su estatura, es a los 5 años de edad (Guillaume y Lissau, 2002). Desaparece el vientre prominente, la cara redondeada, las extremidades cortas y la cabeza grande que caracterizan al niño que recién comienza a caminar. Alrededor de los 6 años de edad, las proporciones del cuerpo son similares a las del adulto. El centro de gravedad se ha movido desde el esternón hacia el ombligo, lo que permite no sólo hacer volteretas sino también muchas otras habilidades motoras.

Los cambios en las proporciones corporales son paralelos al aumento de la estatura y del peso. Cada año desde los 2 a los 6 años, los niños bien alimentados crecen unos 7 centímetros y aumentan unos 2 kilos. A los 6 años, el niño promedio de un país desarrollado pesa aproximadamente 21 kilogramos y tiene una altura de 117 centímetros. (Como dijo mi sobrino David con respecto a esto: "De acuerdo con los números, ahora soy cuadrado".) Estos son promedios; los niños varían mucho, sobre todo en peso. Como señalamos en el capítulo 5, los percentiles son más útiles que las normas para controlar el crecimiento de un niño determinado (véase apéndice A, pp. A6-A7, para los cuadros que mencionan los percentiles de altura y de peso).

Un niño típico de 6 años:

■ Tiene una altura de como mínimo 100 centímetros.
■ Pesa entre 18 y 22 kilogramos.
■ Se ve delgado, no regordete (entre los 5 y los 6 años de edad la grasa corporal es la más baja).
■ Tiene proporciones corporales similares a las del adulto (las piernas constituyen aproximadamente el 50% de la altura total).

Estos son *promedios*, no es cierto para todos los niños. Se producen muchas variaciones étnicas y genéticas.

Diferencias étnicas y culturales

Cuando muchos grupos étnicos conviven en un país desarrollado (como Australia, Canadá, Inglaterra, Francia o los Estados Unidos), se observa que los niños descendientes de africanos tienden a ser los más altos, seguidos por los europeos, luego los asiáticos y por último los latinos. Éstas son grandes generalidades; todos los continentes tienen muchos grupos étnicos, dentro de los cuales muchas familias muestran individualmente patrones heredados definidos distintos de su normalidad étnica (Eveleth y Tanner, 1990). La estatura es particularmente variable entre los niños descendientes de africanos, porque los distintos grupos que viven en ese gran continente han desarrollado una diversidad genética sustancial.

Los patrones culturales afectan el crecimiento. En muchas familias del sur de Asia, los varones son alimentados mejor que las niñas. En consecuencia, las niñas tienden a ser mucho más bajas y más pequeñas que los varones y tienen más probabilidades de morir en la primera infancia (la tasa de mortalidad en la India es casi el doble en las niñas) (Costello y Manandhar, 2000). Por el contrario, los varones son más vulnerables que las niñas en la mayoría de las naciones desarrolladas. Por ejemplo, si bien los niños de ambos sexos en los Estados Unidos generalmente son saludables y están bien alimentados, los varones tienen una probabilidad 25% mayor que las niñas de padecer una enfermedad grave (U.S. Bureau of the Census, 2004-2005).

Nivel socioeconómico

Los ingresos económicos también afectan el crecimiento físico. Tradicionalmente, las familias de bajos ingresos de todos los grupos étnicos temían que sus hijos estuvieran mal nutridos y por lo tanto se volvieran vulnerables a la enfermedad. En otra época era un miedo razonable, como se explica en el capítulo 5, y los adultos intentaban asegurarse que los niños comieran lo suficiente. Esa reacción se ha vuelto destructiva, no protectora. Por ejemplo, en 1975 en Brasil, dos tercios de todos los problemas nutricionales se relacionaban con la desnutrición; en 1997, dos tercios de los problemas se relacionaban con la sobrealimentación. En Brasil, los ingresos más bajos se correlacionan tanto con más casos de bajo peso como de sobrepeso (Monteiro y cols., 2004).

La sobrealimentación es un problema reciente que todavía no se observa en todas las naciones. Actualmente, en algunos países (que incluyen varios de Asia y África) el alimento sigue siendo escaso, y por eso los niños son mucho más bajos que sus pares genéticos de las naciones más ricas. Hay otros factores que también influyen, entre ellos el orden de nacimiento, el sexo, la presencia de enfermedad y la región (Eveleth y Tanner, 1990). Los varones primogénitos saludables que viven en ciudades al nivel del mar tienden a ser más altos que sus pares que viven en otras geografías. Si bien tradicionalmente estos varones podrían considerarse con ventaja, ser más grande no siempre es mejor. Si los varones altos y pesados se convierten en hombres altos y pesados, serán vulnerables a muchas enfermedades en la adultez.

Un estudio detallado realizado en la ciudad de Nueva York observó que la tasa de sobrepeso (22%) era más alta en niños de 2 a 4 años de familias de bajos ingresos que en los niños de la misma edad de familias de ingresos medios (Nelson y cols., 2004). Además, los niños de 4 años presentaban sobrepeso con más frecuencia que los de 2 años (27% en comparación con 14%), un aumento que sugiere que la causa eran los hábitos alimentarios de la familia y no los genes de los niños. Se observaron también diferencias étnicas: el 27% de sobrepeso en preescolares hispanos (principalmente dominicanos, mejicanos y ecuatorianos), 22% en estadounidenses de origen asiático (principalmente chinos y coreanos), 14% en estadounidenses negros y 11% en estadounidenses de origen europeo. (La obesidad infantil se explica con más detalle en el capítulo 11.)

Hábitos alimentarios

En comparación con los lactantes, los niños pequeños –sobre todo los de la época actual, que son más sedentarios que sus padres o sus abuelos– necesitan muchas menos calorías por kilo de peso corporal. El apetito disminuye entre los 2 y los 6 años, y muchos padres se preocupan, los amenazan o los extorsionan ("si comes toda la cena, puedes tomar helado").

La reducción del apetito en la primera infancia no es un problema médico, a menos que el niño sea extraordinariamente delgado o no aumente de peso en absoluto. Los percentiles indican si los niños están perdiendo o ganando peso en comparación con sus pares; estas medidas constituyen una mejor guía para la deficiencia nutricional o la sobrealimentación que lo que queda en el plato después de comer (Wardley y cols., 1997).

Deficiencias nutricionales

Si bien la mayoría de los niños en los países desarrollados consumen calorías más que suficientes, no siempre obtienen minerales o vitaminas en cantidades adecuadas (Wardley y cols., 1997). Los principales déficit nutricionales en la primera infancia son la ingesta insuficiente de hierro, cinc y calcio. Los alimentos que contienen estos minerales son sustituidos por otras comidas. Por ejemplo, en los últimos 20 años se ha observado una declinación del consumo de calcio porque los niños beben menos leche y más gaseosas y jugo de fruta (Jahns y cols., 2001).

Los copos de cereales y las bebidas endulzadas, que aseguran que contienen un 100% de los requerimientos diarios de vitaminas, son un mal sustituto de una dieta equilibrada, por dos razones. Primero, algunos nutrientes esenciales no han sido identificados todavía. Segundo, es fácil para un niño consumir mucho más de un nutriente y menos de otro, en caso de que lo fundamental de su dieta sean los copos de cereales y no las frutas frescas y las verduras (Wardley y cols., 1997).

Las comidas hipercalóricas producen deficiencias de vitaminas o minerales si reducen un apetito que ya era pequeño. Al estudiar a los preescolares de familias de bajos ingresos en Nueva York se observó que alrededor del 50% ni siquiera recibía una porción de frutas ni de verduras al día, mucho menos que las cinco o más porciones diarias recomendadas por los nutricionistas (Nelson y cols., 2004).

Un problema particular son las golosinas. Muchas culturas promueven que los niños ingieran dulces, en forma de tortas de cumpleaños, golosinas de fiestas, chucherías de Halloween, etc. Los detalles (p. ej., conejitos de chocolate de Pascua o pastas de Hanukkah) dependen del origen étnico y de la religión de cada familia, pero la tendencia general se ha extendido y es difícil de resistir. No obstante, la ingesta de azúcar es la causa principal de las caries dentales tempranas, la enfermedad más prevalente en los niños pequeños de las naciones desarrolladas (Lewit y Kerrebrock, 1998).

Tiene que ser así

A las complicaciones nutricionales de los niños se agrega el hecho de que muchos pequeños son muy compulsivos acerca de las rutinas diarias, incluidas las comidas. Este fenómeno se denomina *tiene que ser así*, en referencia a la insistencia del niño de que una experiencia concreta ocurra en una secuencia y de una forma exactas. Por ejemplo:

No hay leche derramada Esta niña está demostrando su dominio de la motricidad involucrada en el acto de verter leche, con evidente admiración de su amiga. La siguiente habilidad será beber la leche, eventualmente, dada la intolerancia a la lactosa de algunos niños, el escaso apetito y la notoria selección de alimentos de los niños de esta edad.

? **PRUEBA DE OBSERVACIÓN** (véase la respuesta en la p. 226): ¿Qué tres cosas puede ver que indican que este intento por verter leche probablemente tendrá éxito?

! Respuesta a la prueba de observación
(de p. 225): la taza, el jarro y la persona. La taza es muy abierta; el jarro es pequeño y tiene una manija firme, y la niña utiliza ambas manos y está completamente concentrada en la tarea.

Especialmente para padres de comensales con manías Usted prepara distintas verduras y frutas, pero su hijo de 4 años sólo desea papas fritas y torta. ¿Qué debería hacer?

Mientras que los padres pueden insistir en que el niño coma sus verduras en la cena, el niño insiste en que las papas deben ser colocadas sólo en cierta parte del plato y no deben tocar ninguna otra comida; si están fuera de esta área, el niño parece sentir que se puede contaminar y esto desata una serie de berrinches que son característicos entre los 2 y 3 años.

[*Evans y cols., 1997*]

La mayoría de las preferencias alimentarias y los rituales están lejos del ideal nutricional. (Un niño de 3 años que conozco sólo deseaba comer emparedados de pan blanco con queso fundido; un niño de 4 años sólo comía trocitos de pollos de comidas rápidas.) La insistencia para comer solamente determinadas comidas, preparadas y colocadas de un modo particular podría ser patológica en un adulto, pero es frecuente entre los niños pequeños.

Alrededor de 1 500 padres respondieron preguntas sobre los gustos de sus hijos de 1 a 6 años referidos a las rutinas y los hábitos familiares (Evans y cols., 1997). Ellos informaron que más del 75% de los niños de 2 a 4 años mostraban una o más de las siguientes actitudes:

- Preferían poner las cosas en un orden determinado o de cierta manera.
- Tenían una fuerte preferencia en cuanto a usar (o no usar) determinadas prendas de vestir.
- Antes de ir a dormir realizaban alguna actividad especial, rutina o ritual.
- Fuerte preferencia por determinadas comidas.

Alrededor de los 6 años, esta rigidez disminuye. Los ítem que indican la exigencia de un niño de que las cosas "tienen que ser así" (p. ej., "querían comer de una manera especial") muestran una disminución pronunciada después de los 3 años (véase fig. 8.1). Como lo explica un equipo de expertos, "la mayoría, si no todos los niños, muestran conductas obsesivas compulsivas dependientes de la edad, las cuales habitualmente desaparecen al promediar la infancia" (March y cols., 2004, p. 216).

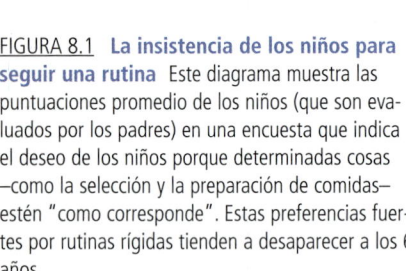

FIGURA 8.1 **La insistencia de los niños para seguir una rutina** Este diagrama muestra las puntuaciones promedio de los niños (que son evaluados por los padres) en una encuesta que indica el deseo de los niños porque determinadas cosas —como la selección y la preparación de comidas— estén "como corresponde". Estas preferencias fuertes por rutinas rígidas tienden a desaparecer a los 6 años.

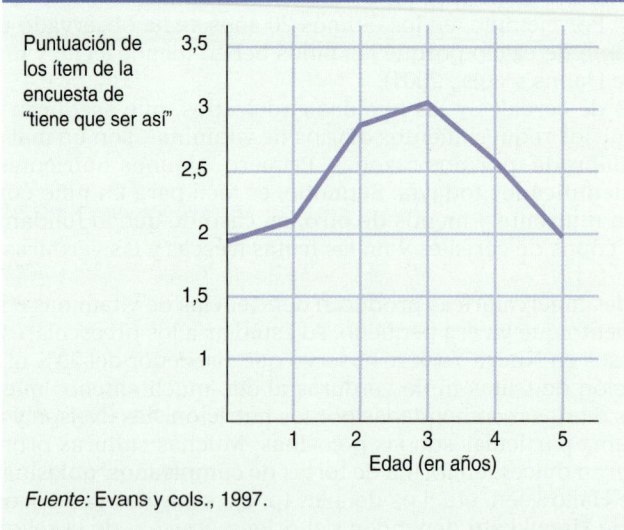

Fuente: Evans y cols., 1997.

Dadas la fuerza y la transitoriedad de esta conducta en los niños normales, los padres probablemente deberían ser tolerantes. La insistencia de una rutina determinada a la hora de dormir, de usar el mismo par de zapatos preferido o una taza favorita por lo general debe permitirse hasta que el niño deje de insistir en ello. La desnutrición es otra historia; la mejor táctica es ofrecer muchas comidas sanas sólo cuando el niño tiene hambre. Sin embargo, este enfoque pocas veces se aplica en los Estados Unidos, donde los niños por lo común consumen varias comidas rápidas y poco saludables al día (Jahns y cols., 2001).

SÍNTESIS

Durante los años del juego, los niños se vuelven cada vez más altos y proporcionadamente más delgados, con variaciones que dependen de los genes, el sexo, la nutrición, los ingresos económicos y otros factores. El sobrepeso se ha convertido en un problema más frecuente que el peso por debajo del normal. Una razón es que en algunas regiones los padres no se han adaptado aún a la abundancia de comida. Otra razón es que el niño pequeño típico tiene menos apetito pero no obstante tiende a comer en forma exagerada. Los niños también tienden a preferir alimentos poco saludables y muestran manías en relación con lo que comen. Todo esto hace difícil que los padres se aseguren de que sus hijos consuman suficientes frutas y verduras.

El desarrollo encefálico

El desarrollo del encéfalo comienza en los primeros meses de vida, según se describió en los capítulos 4 y 5. Para los 2 años de edad, gran parte de la reducción de las dendritas ya ha ocurrido, al igual que el mayor crecimiento encefálico: el encéfalo del niño de 2 años pesa el 75% de lo que pesará en la vida adulta. (Las principales estructuras del encéfalo están diagramadas en el apéndice A, p. A-18.)

Dado que la mayor parte del encéfalo ya está presente y funciona hacia los 2 años de edad, ¿qué es lo que queda por desarrollarse? ¡Las partes más importantes! El peso encefálico sigue aumentando más rápido que el peso corporal del niño, y alcanza el 90% del peso adulto hacia los 5 años de edad y casi el 100% alrededor de los 7 años de edad, cuando al resto del cuerpo del niño aún le quedan unos 45 kilogramos por ganar. Más importante aún, las funciones del encéfalo que nos vuelven más humanos son las que se desarrollan después del primer año de vida, las que permiten un pensamiento más rápido, más coordinado y más reflexivo. El crecimiento del encéfalo después del primer año de vida es una diferencia fundamental entre los seres humanos y otros animales.

Velocidad del pensamiento

Después del primer año de vida, la proliferación continua de las vías de comunicación (neuronas) agrega cierto crecimiento al encéfalo, pero las transformaciones más pronunciadas ocurren debido a la **mielinización**, proceso que continúa durante toda la primera parte de la vida adulta (Sampaio y Truwit, 2001). La *mielina* es un revestimiento graso sobre los axones que acelera la transmisión de los impulsos nerviosos entre las neuronas. La mielinización es similar a agregar un aislante alrededor de cables eléctricos que ayuda a la conducción.

Si bien la mielinización continúa durante muchos años, sus efectos son más notables en la primera infancia: los niños pequeños piensan y reaccionan mucho más rápido que los lactantes. Esta velocidad mayor se aprecia en los pensamientos únicos (como cuando los niños reconocen rápidamente los rostros familiares o responden a sus propios nombres) y se vuelve fundamental cuando se deben producir varios pensamientos en rápida sucesión. A medida que aumenta la mielinización, los pensamientos se siguen uno al otro rápidamente; los niños pueden realizar una tarea y luego recordar para hacer la siguiente. Ellos escuchan y luego responden, atrapan y luego arrojan una pelota, escriben en secuencia las letras del alfabeto, etc.

Los padres de los niños pequeños aún deben ser pacientes cuando los escuchan hablar, los ayudan a vestirse o los observan cuando tratan de escribir sus nombres; todas estas tareas se completan mucho más lentamente a los 4 años que a los 14. Al menos estos niños pequeños son más rápidos que los niños que comienzan a caminar, cuando ejecutar incluso las tareas más simples les llevaba tanto tiempo que antes de terminarla ya se olvidaban lo que estaban haciendo.

La mielinización no es esencial para la comunicación básica entre las neuronas, pero *es* esencial para la comunicación rápida y compleja. La experiencia afecta la velocidad de la mielinización: la práctica acelera los pensamientos (Merzenich, 2001). Como los lactantes pequeños pasan la mayor parte de sus horas de vigilia mirando y escuchando (mostrando inteligencia sensitivomotora), las cortezas visual y auditiva figuran entre las que se mielinizan antes.

Durante los años del juego, la mielinización prosigue más rápidamente en las áreas del encéfalo dedicadas a la memoria y la reflexión. Por ejemplo, un niño de

mielinización Proceso mediante el cual los axones se recubren de mielina, una sustancia grasa que acelera la transmisión de impulsos nerviosos de una neurona a otra.

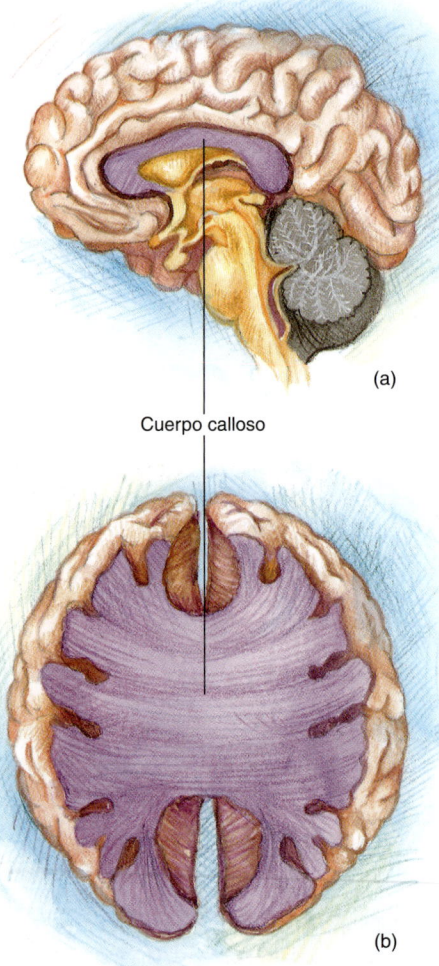

Cuerpo calloso

(a)

(b)

FIGURA 8.2 **Las conexiones** Dos imágenes del cuerpo calloso, una banda de fibras nerviosas (axones) que transmiten la información entre los dos hemisferios cerebrales. Una vez que está desarrollado, este "conector" permite que la persona coordine funciones ejecutadas principalmente por un hemisferio u otro. *(a)* Imagen del hemisferio derecho, tomada desde su parte interior. *(b)* Imagen de una vista superior en la que no se muestra la sustancia gris para que veamos el cuerpo calloso.

cuerpo calloso Franja alargada de fibras nerviosas que conecta los hemisferios izquierdo y derecho del cerebro.

lateralización Palabra que deriva de "lado". Cada lado del cerebro se especializa en ciertas funciones y domina con respecto a determinadas actividades. El lado izquierdo del cerebro controla el lado derecho del cuerpo, y viceversa.

5 años puede recordar lo ocurrido en el último año, puede detenerse y pensar, y puede actuar después de cierta reflexión; todo ello es imposible para un niño de un año, que actúa impulsivamente de inmediato. La mielinización insuficiente al comienzo de la vida significa que un mensaje hacia una parte del encéfalo no es enviado inmediatamente hacia otra parte. Como resultado, es imposible el pensamiento coordinado en los lactantes.

Conexión de los hemisferios cerebrales

Una parte específica del encéfalo que crece y se mieliniza rápidamente durante la edad del juego es el **cuerpo calloso**, una banda de fibras nerviosas que conecta los lados izquierdo y derecho del encéfalo (véase fig. 8.2). El cuerpo calloso tiene "250-800 millones de fibras cuya única función es mantener la coordinación entre los hemisferios durante el procesamiento neuronal" (Banich y Heller, 1998, p. 1). Como resultado del crecimiento del cuerpo calloso, la comunicación entre los dos hemisferios cerebrales se vuelve mucho más eficiente y permite a los niños realizar acciones en las que intervienen ambas mitades del cerebro o del cuerpo (Banich, 1998).

Para comprender la importancia de esto es necesario reconocer que, si bien parece que ambos lados del cuerpo y del cerebro fueran idénticos, en muchos aspectos cruciales no lo son. Cada lado se especializa, de modo que cada lado es dominante para ciertas funciones, proceso denominado **lateralización**.

Usted sabe que casi todos son diestros o zurdos. Pero quizás no sabe que la lateralización, o "dominancia", también se da en los brazos, las piernas, los pies, los ojos, los oídos y el cerebro. La totalidad del cuerpo está dividida en dos mitades, que no son idénticas. Las personas oyen mejor con el oído izquierdo o con el oído derecho, ven mejor con el ojo izquierdo o con el ojo derecho, etc. Esta especialización es epigenética, está impulsada por los genes, las hormonas prenatales y las primeras experiencias.

El niño zurdo

Los recién nacidos que duermen por lo general giran sus cabezas hacia la derecha (o hacia la izquierda los que serán zurdos) y llevan sus miembros hacia un lado. Mientras los bebés están en sus cunas, miran hacia una mano, moviéndola como si la observaran, aumentando la destreza, lo que hace que esa mano sea más dominante. Por lo tanto, la experiencia influye en la preferencia manual. La experiencia posterior también puede tener importancia, al alterar una preferencia genética, como sucedió con millones de niños zurdos que fueron forzados (a veces a través del castigo) a ser diestros.

¿Por qué se fuerza a un niño a cambiar su preferencia manual? En realidad, todas las sociedades están organizadas a favor de las personas diestras. Este sesgo es evidente en el idioma. En inglés un *left-handed compliment* (cumplido "de izquierda") es un cumplido poco sincero, y nadie quiere ser *way out in left field* (pillado "en campo izquierdo", es decir, desprevenido). En latín, *dexter* (la raíz de "destreza"), significa "derecho" y *sinister* (siniestro, que también significa "diabólico") indica "del lado izquierdo". Se encuentran connotaciones similares en casi todos los idiomas.

El mismo sesgo se encuentra en las costumbres, las herramientas y los tabúes. Por ejemplo, en muchos países asiáticos y africanos en la actualidad, la única función de la mano izquierda es limpiarse luego de defecar; un insulto importante es darle a una persona cualquiera algo o realizar cualquier otra acción observable con esa mano "sucia". En todas las naciones, las herramientas –las tijeras, las planchas a vapor, los grifos, los destornilladores– están diseñadas para diestros. Por lo tanto, los adultos bien intencionados podrían forzar a sus hijos a ser diestros para evitar los estigmas sociales y podrían arribar a la conclusión de que los niños zurdos que no cambian son obstinados, o incluso "la semilla del diablo".

La totalidad del cerebro

A través de estudios de individuos con daño cerebral, los neurólogos han determinado cómo se especializan los hemisferios cerebrales: la mitad izquierda controla el lado derecho del cuerpo y contiene las áreas dedicadas al razonamiento lógico, el análisis detallado y los principios básicos del lenguaje; la mitad derecha controla el lado izquierdo del cuerpo y los impulsos creativos y emocionales generalizados, que incluyen la apreciación de la mayor parte de la música, el arte y la poesía. Por lo tanto, el lado izquierdo capta los detalles y el lado derecho el cuadro general, distinción que debe proveer indicios para interpretar la figura 8.3.

Nadie (a excepción de los individuos con daño cerebral grave) tiene predominio del hemisferio izquierdo o del hemisferio derecho. Todas las habilidades cognitivas requieren ambos lados del cerebro, así como todas las habilidades motoras importantes requieren ambos lados del cuerpo (Hugdahl y Davidson, 2002). Puesto que no tienen un cuerpo calloso maduro, "los hemisferios de los niños pequeños están más desconectados en su aspecto funcional que los de los adultos" (Banich, 1998, p. 36) y algunos comportamientos son torpes, inseguros y lentos. Como los niños mayores y los adultos poseen fibras mielínicas en el cuerpo calloso que transmiten señales más rápidas entre los dos hemisferios, es posible un pensamiento mejor y una acción más rápida.

El entrenamiento de un lado del cuerpo y del cerebro es más fácil en los pequeños, antes de que se haya establecido firmemente la lateralización (Merzenich, 2001). Por esta razón, el daño del lado izquierdo del cerebro, donde se localizan las funciones del lenguaje, es más grave en los adultos que en los niños. En efecto, en los casos en que la extirpación de un tumor cerebral grande produce la pérdida de todo el lado izquierdo del cerebro, los niños pequeños desplazan las funciones del lenguaje hacia el lado derecho del cerebro, aprendiendo a hablar, escuchar y leer muy bien. Una vez que ha ocurrido la lateralización y que las funciones del lenguaje se localizan claramente del lado izquierdo, se pierde cierta plasticidad. En los adultos, es probable que la extirpación de tumores cerebrales del lado izquierdo provoque una pérdida de la capacidad de lenguaje (Leonard, 2003).

Es interesante señalar que si bien los individuos a los que se les extirpa el hemisferio izquierdo al comienzo de la vida generalmente rinden en el intervalo normal en las distintas pruebas de capacidades del lenguaje, se pueden observar diferencias sutiles en la fluencia verbal (Stiles, 1998). Existen algunas pruebas de que la extirpación del hemisferio izquierdo, que reubica el lenguaje en el hemisferio derecho, produce cierto "hacinamiento" neurológico, de modo que se pierden algunas funciones cerebrales menos importantes para dejar espacio para el lenguaje (de Haan y Johnson, 2003).

En general, los seres humanos utilizamos a veces sólo parte de nuestros cerebros, pero es mejor un cerebro íntegro y es mejor un lado complemente funcional que otro parcialmente funcional. Ante cierto grado de daño cerebral, es mucho más perjudicial que ambos lados del cerebro estén afectados que sólo uno.

En general, los niños pequeños tienen mejor capacidad para recuperarse de la lesión cerebral que los adultos, con una importante excepción: el daño cerebral de la corteza prefrontal es más desvastador en los niños que en los adultos (de Haan y Johnson, 2003).

Planificación y análisis

Aprendimos en el capítulo 5 que la *corteza prefrontal* (denominada a veces *corteza frontal* o *lóbulo frontal*) es un área de la parte más anterior de la capa externa del cerebro (la corteza), debajo de la frente. Esta área "subyace a la cognición de orden superior, que incluye la planificación y las formas complejas de conducta dirigida hacia objetivos" (Luciana, 2003, p. 163). Es la última parte del cerebro humano que alcanza la madurez. La corteza prefrontal es fundamental para los seres humanos; se dice que es el área "ejecutiva" del encéfalo porque todas las áreas son reguladas por las decisiones prefrontales. Esta región está poco desarrollada en los primates no humanos y completamente ausente en la mayoría de los animales inferiores.

Maduración de la corteza prefrontal

El lóbulo frontal "muestra el período más prolongado de desarrollo posnatal de cualquier región del encéfalo humano" (Johnson, 1998, p. 33), con la densidad de

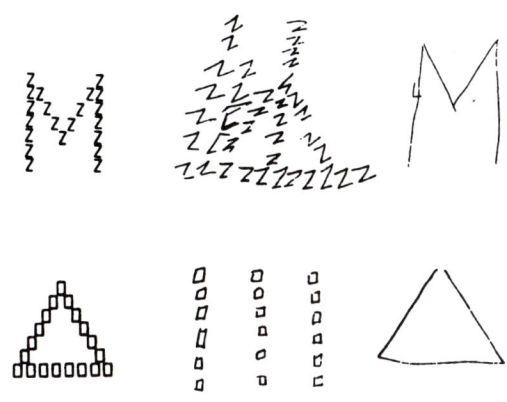

FIGURA 8.3 **Copie lo que ve** Se les pidió a adultos con lesión cerebral que copiaran la figura de la izquierda en cada línea. Una persona dibujó las figuras del medio y otra persona dibujó las de la derecha.

? PRUEBA DE OBSERVACIÓN (véase la respuesta en la p. 231): ¿cuál es el grupo de imágenes que dibujó alguien con daño en el lado izquierdo del cerebro y cuál es el grupo que dibujó alguien con daño en el lado derecho?

RESPUESTA PARA PADRES DE COMENSALES CON MANÍAS (de p. 226): la respuesta prudente desde el punto de vista nutricional sería ofrecer sólo frutas, verduras y otros alimentos hipograsos y nutritivos, contando con el hambre final del niño para impulsarlo a comer. Sin embargo, siglos de costumbres culturales hacen que sea casi imposible que los padres sean prudentes en estos casos. Tal vez lo mejor que pueda hacer sea conversar este dilema con un nutricionista o un pediatra, que puede aconsejarle sobre qué hacer específicamente con su hijo.

ESPECIALMENTE PARA MAESTROS DE NIÑOS DE PRIMERA INFANCIA Usted sabe que debe ser paciente, pero siente que aumenta su frustración cuando sus pequeños caminan muy lentamente hacia el patio de juegos a una cuadra. ¿Qué debe hacer?

las dendritas en aumento durante toda la adolescencia. Los primeros beneficios de la maduración de la corteza prefrontal de los 2 a los 6 años son los siguientes:

- El sueño se torna más regular.
- Las emociones tienen más matices y son más reactivas (piense en los gritidos de alegría cuando el padre le hace cosquillas pero en los llantos de enojo cuando un hermano hace lo mismo).
- Ceden los berrinches.
- Es menos frecuente la risa o el llanto incontrolable.

La maduración de la corteza prefrontal se puede demostrar experimentalmente (Diamond, 2001). En una prueba, denominada Day-Night Stroop Test (Prueba de día y noche de Stroop), se solicita a los niños que miren tarjetas con dibujos del sol o la luna y que digan "noche" al ver el sol y "día" al ver la luna. Los niños de tres años se desempeñan mal en esta prueba, pero los niños de 6 años a menudo tienen éxito, presumiblemente porque su corteza prefrontal que está madurando les permite inhibir su primer impulso y seguir las instrucciones (Gerstadt y cols., 1994).

Un ejemplo cotidiano del mismo fenómeno es el juego "Simón dice", en el cual se supone que los niños siguen las órdenes del líder sólo cuando están precedidas por las palabras "Simón dice". Así, cuando el líder se toca la nariz y dice, "Simón dice que te toques la nariz", se supone que los otros niños se toquen la nariz; pero cuando el líder toca su nariz y dice simplemente, "toca tu nariz", se supone que nadie siga el ejemplo. Los niños pequeños pierden rápidamente el juego porque realizan erróneamente lo que ven. Los niños más grandes son mejores en el juego, porque su corteza prefrontal les permite pensar antes de actuar.

Atención

Una función importante de la corteza prefrontal es regular la atención. Un niño de 3 años salta de una tarea a otra y no puede permanecer sentado quieto durante mucho tiempo, incluso en la iglesia o en otros lugares que requieren silencio. La impulsividad también es obvia en una guardería infantil con muchos niños y juguetes, donde algunos niños más pequeños quieren jugar inmediatamente con un juguete que tiene otro niño, pero cuando pueden disponer del juguete que deseaban, pierden interés en él. Los adelantos en el desarrollo de la corteza prefrontal ocurren a la edad de 3 o 4 años (Posner y Rothbart, 2000), lo que vuelve más probable el control de los impulsos y, por lo tanto, más posible la educación formal.

Lo opuesto al niño inquieto de 3 años es el niño de 3 años que permanece en un sitio y juega con el mismo juguete durante horas. La **perseveración** es la tendencia a repetir un pensamiento o acción mucho tiempo después de que debió concluir. Por ejemplo, algunos niños de edad preescolar perseveran cuando cantan la misma canción una y otra vez, o garabatean el mismo dibujo o tienen una rabieta cuando interrumpen su programa favorito de la televisión. Esa misma rabieta puede perdurar, y el llanto del niño se torna incontrolable e imposible de frenar, como si estuviera pegado a esa emoción hasta caer rendido.

Impulsividad y perseveración no son exactamente opuestas, porque ambas tienen la misma causa subyacente: la inmadurez de la corteza prefrontal. Durante los años del juego, la maduración encefálica (innata) y la regulación emocional (aprendida) hacen que el niño sea más capaz de pensar antes de actuar (inhibición) e interrumpir una actividad (no perseveración) cuando es la hora de realizar otra. La incapacidad para hacerlo es la razón de por qué al estadio en que el niño comienza a caminar se lo denomina "los terribles dos años": los patrones cerebrales conducen a los niños a perder el control y se vuelven demasiado impulsivos o demasiado perseverantes en su expresión emocional (Denham, 1998).

Recuerde que si bien la impulsividad y la perseveración parecen contrarias, en realidad son dos manifestaciones de la misma deficiencia: la falta de autocontrol, de un objetivo adecuado y de equilibrio emocional. En otras palabras, son signos de una corteza prefrontal poco desarrollada, lo cual caracteriza a todos los niños de 2 años y a muchos menos niños de 5 años.

RESPUESTA PARA MAESTROS DE NIÑOS DE PRIMERA INFANCIA (de p. 229):
una solución es recordar que el cerebro del niño aún no están mielinizado lo suficiente como para permitirle caminar rápidamente, hablar o incluso abotonarse la chaqueta. La maduración tiene un efecto importante, como notará si realiza una excursión en septiembre y la repite en noviembre. Aunque la respuesta siga siendo lenta, será algunos segundos más rápida en noviembre que en septiembre.

perseveración Tendencia a repetir un pensamiento o acción por largo tiempo.

Sin bloqueo de escritor El contexto está ideado para ayudar a esta niña sudafricana de segundo grado a concentrarse en su tarea escolar. Pupitres grandes para una persona, uniformes, cuadernos y lápices con punta pueden ser manejados por los cerebros y las habilidades de los niños de la escuela primaria, pero no aún por los niños de edad preescolar.

Poco a poco, los niños tienen menos probabilidad de golpearse con las paredes o entre ellos a medida que aprenden a "mirar antes de saltar". Tanto impulsividad como perseveración son muy normales antes de la maduración de la corteza prefrontal, si bien ambas son signos de daño cerebral en los niños mayores.

Las emociones y el encéfalo

Explicar con precisión cómo se desarrolla la estructura compleja del encéfalo humano está más allá del alcance de este libro. En la actualidad, muchos detalles están incluso más allá de la comprensión de los científicos en neurociencias. Sin embargo, cada año se realizan más investigaciones y por lo tanto cada capítulo de este libro relacionado con el desarrollo biosocial se construye sobre capítulos anteriores; ello proporciona un conocimiento más profundo del encéfalo. El capítulo 5 explicó las neuronas, las dendritas, los axones, las sinapsis, la corteza y los neurotransmisores, y usted acaba de aprender acerca de la mielinización, la lateralización, el cuerpo calloso y la corteza prefrontal. Existen muchas otras cosas importantes para el conocimiento del crecimiento infantil.

El sistema límbico

Una parte del encéfalo denominada *sistema límbico* es fundamental para la expresión y la regulación de las emociones, y ambas son muy importantes durante los años del juego (más detalles en el capítulo 10). Tres partes importantes del sistema límbico son la amígdala cerebral, el hipocampo y el hipotálamo.

La **amígdala cerebral**, una estructura pequeña en la profundidad del encéfalo (denominada así porque tiene la forma y el tamaño de una almendra), registra las emociones, sobre todo el miedo y la ansiedad. Ella se activa en forma instantánea y potente cuando una persona tiene miedo. La amígdala cerebral se desarrolla durante la primera infancia y el aumento de su actividad es una de las razones de por qué algunos niños pequeños tienen pesadillas terribles o terrores súbitos. Muchos desarrollan miedos irracionales, ya sea a objetos cotidianos (como perros, ratones, el lavabo del baño) o a situaciones imposibles (para los que viven en urbes, miedo a los leones, a las olas de las mareas, o en el caso de una de mis hijas, a las arenas movedizas).

Las pesadillas y los miedos pueden superar a la corteza prefrontal en lento desarrollo e interrumpir la capacidad inmadura del niño para pensar y razonar. Los adultos también experimentan miedos irracionales. Este miedo se denomina *fobia* si interrumpe la vida normal. Como lo explican dos científicos en neurociencias:

> ¿De qué modo la amígdala cerebral puede influir en nuestros pensamientos acerca de los estímulos cargados de emociones? Las personas tienen todo tipo de miedos y preocupaciones que pueden interferir con la vida cotidiana, y para algunas personas estos miedos se tornan incapacitantes. Las personas sufren de trastornos de angustia, trastorno de estrés postraumático, trastorno obsesivo-compulsivo, trastorno de ansiedad y fobias. Estos ejemplos ilustran el poder extremo de los eventos relacionados con los miedos para afectar la cognición.
>
> *[Kolb y Whishaw, 2003, p. 533].*

La amígdala cerebral es particularmente sensible a las expresiones faciales de miedo (Vasa y Pine, 2004). Por lo tanto, si un niño tiene miedo y ve la expresión aterrorizada de uno de sus padres causada por el mismo objeto, es probable que se desarrolle una fobia porque la amígdala cerebral del niño se torna hipersensible a ese objeto. Por el contrario, si la expresión del padre es de placer o de curiosidad, el niño podría olvidar los sentimientos iniciales de miedo debido a otra estructura del encéfalo, el hipocampo.

El **hipocampo** está ubicado muy próximo a la amígdala cerebral. Es un procesador central de la memoria, especialmente de la memoria de los lugares. El hipocampo responde a las manifestaciones de ansiedad de la amígdala cerebral con la memoria; hace que el niño recuerde, por ejemplo, que su madre tiene incluso más miedo de los ratones en el sótano de lo que tiene el niño, que los leones en el zoológico no deben ser temidos, y que las arenas movedizas aparecen en las películas pero no en los pisos superiores de los edificios.

Los recuerdos de lugares son frágiles en la primera infancia. Cada una de las muchas formas de la memoria tiene su propio tiempo para el desarrollo (Nelson

! RESPUESTA A LA PRUEBA DE OBSERVACIÓN
(de p. 229): las figuras del medio, con sus detalles cuidadosos, reflejan el daño de la mitad derecha del cerebro, donde se encuentran las impresiones globales. La persona con daño en el hemisferio izquierdo produjo los dibujos que son una M y una Δ, sin los detalles de las z diminutas y los cuadrados. Si las personas tienen un funcionamiento cerebral íntegro, pueden ver "tanto el bosque como los árboles".

amígdala cerebral Estructura encefálica muy pequeña que registra las emociones, especialmente el miedo y la ansiedad.

hipocampo Estructura encefálica que funciona como centro de procesamiento de la memoria, especialmente en lo que se refiere a recordar los lugares y la ubicación de las cosas.

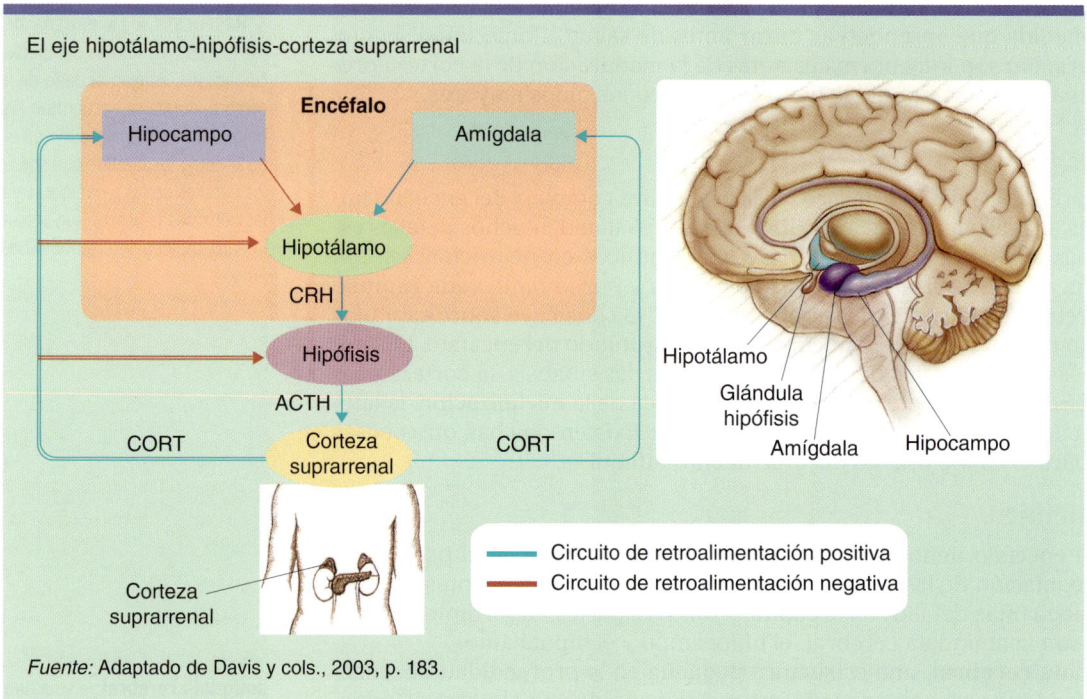

El eje hipotálamo-hipófisis-corteza suprarrenal

Encéfalo

Hipocampo → Hipotálamo ← Amígdala

CRH

Hipófisis

ACTH

CORT — Corteza suprarrenal — CORT

Corteza suprarrenal

Hipotálamo
Glándula hipófisis
Amígdala   Hipocampo

━━ Circuito de retroalimentación positiva
━━ Circuito de retroalimentación negativa

Fuente: Adaptado de Davis y cols., 2003, p. 183.

FIGURA 8.4 **Un circuito de retroalimentación hormonal** Este diagrama simplifica una conexión hormonal, el eje hipotálamo-hipófisis-suprarrenales, que comprende el sistema límbico. Tanto el hipocampo como la amígdala cerebral estimulan al hipotálamo a producir CRH (hormona liberadora de corticotrofina), la cual a su vez envía señales a la glándula hipófisis para producir ACTH (hormona adrenocorticotrófica). Luego la ACTH desencadena la producción de CORT (glucocorticoides) por la corteza suprarrenal (las capas externas de las glándulas suprarrenales, encima de los riñones). La reacción inicial a algo atemorizante puede aumentar o desaparecer, dependiendo de otros factores, que incluyen las memorias, y de la forma en que las distintas partes del encéfalo interpretan la primera alerta proveniente de la amígdala cerebral. (A los fines de la claridad se han omitido algunos otros componentes de este mecanismo.)

hipotálamo Área del encéfalo que responde a la amígdala cerebral y el hipocampo para producir hormonas que activan otras partes del encéfalo y el cuerpo.

y Webb, 2003). En particular, la memoria del contexto es menos avanzada que la memoria del contenido. El aspecto del contexto más difícil de recordar con precisión es la *memoria del origen*, que es la memoria de cuándo, dónde y cómo se aprendió cierto hecho (Cycowicz y cols., 2003). La memoria del origen es muy imprecisa en los niños de edad preescolar (que podrían afirmar, "nadie me lo dijo. Yo siempre lo supe").

Si pasa algo atemorizante, el hipocampo despierta ansiedad siempre que la persona esté en ese lugar nuevamente, aun cuando el lugar fuera irrelevante para el miedo. Desde la perspectiva evolucionista, esto es útil; es prudente evitar el lugar de donde apareció una víbora venenosa. Es menos útil en muchas situaciones modernas; por ejemplo, un niño no debe temer al hospital donde le dieran puntos.

Como en este ejemplo, usted puede ver que la amígdala cerebral a veces es útil, y otras no. Cuando la amígdala cerebral se extirpa quirúrgicamente en animales, desaparece el miedo a situaciones en que debieran tenerlo; los gatos pasearán con aire despreocupado cuando hay monos cerca, algo que ningún gato normal haría (Kolb y Whishaw, 2003).

El **hipotálamo** responde a las señales de la amígdala cerebral (despertar) y del hipocampo (habitualmente atenuación) produciendo hormonas que activan otras partes del encéfalo y el cuerpo, incluidas las hormonas del estrés (véase fig. 8.4). Todas estas estructuras se comunican con la corteza prefrontal, la cual, como acabamos de aprender, tarda tiempo en madurar. Si demasiadas hormonas del estrés inundan el sistema en el primer año de vida y en la primera infancia, algunas neuronas del hipocampo se destruyen y pueden aparecer déficits permanentes en el aprendizaje y la memoria (Davis y cols., 2003).

Puede ocurrir daño encefálico si un niño pequeño es aterrorizado con frecuencia. Como explica un equipo de autores:

> Durante el traumatismo pueden liberarse cantidades excepcionalmente grandes de hormonas del estrés y neurotransmisores, lo que conduce a niveles altos de activación del sistema nervioso simpático. Esto puede hacer que el encéfalo entre en un estado bioquímico muy diferente de lo que habitualmente sucede cuando las experiencias comunes son codificadas en la memoria.
>
> [*Macfie y cols., 2001, p. 234*]

Como resultado de este desarrollo encefálico anormal, la memoria puede verse deteriorada y el pensamiento lógico se retarda hasta mucho después de los

6 años, edad en la cual la corteza prefrontal debe alcanzar cierto nivel de maduración (Teicher, 2002). En general, los investigadores han observado que "las respuestas fisiológicas prolongadas al estrés y a la confrontación colocan a los niños en riesgo de sufrir distintos problemas en la infancia, incluidos trastornos físicos y mentales, escasa regulación de las emociones y deterioros cognitivos" (Quas y cols., 2002, p. 379). Sin embargo, las conexiones entre la amígdala cerebral, el hipotálamo y el hipocampo son complejas.

La reacción al estrés de la amígdala cerebral durante los años preescolares es guiada por otras tres partes del encéfalo: el hipocampo, el hipotálamo y la corteza prefrontal. Los padres y los maestros ayudan a forjar estas conexiones a través de las referencias sociales, como se explicó en el capítulo 7. Nótese que la palabra es *guiada*, y no *bloqueada*. Algo de estrés ayuda al aprendizaje y la memoria; muy poca actividad en la amígdala cerebral puede ser tan nociva como demasiada actividad (Davis y cols., 2003). Algunos investigadores han estudiado extensamente la relación entre las hormonas del estrés y la capacidad posterior del aprendizaje en los animales inferiores, encontrando tanto beneficios como perjuicios del estrés.

Es probable que las mismas conclusiones se apliquen también en los seres humanos. Es probable que las experiencias estresantes –como el encuentro con nuevos amigos, el ingreso escolar, la visita de un lugar nuevo– estimulen el crecimiento si el niño tiene acceso a alguien o a algo que pueda disminuir el estrés. Por ejemplo, en un grupo de niños de 4 a 6 años, se midieron los niveles del estrés primero a través de imágenes encefálicas y concentraciones hormonales y nuevamente después que habían experimentado la alarma de un incendio. Entonces, dos semanas más tarde fueron entrevistados acerca de lo que había sucedido. Si el entrevistador era amistoso, los niños con altos niveles de estrés se acordaban más; si el entrevistador era severo, recordaban menos que los otros niños (Quas y cols., 2004). La lección práctica es que el estrés puede ser tomado con calma, y puede incluso ser beneficioso si el padre u otra persona encargada del cuidado brinda apoyo y tranquilidad.

¿Recuerda los niños refugiados de Bosnia en el capítulo 1? La presencia de sus madres evitó que las tensiones de su vida fueran abrumadoras. ¿Recuerda los huérfanos rumanos del capítulo 5? Sin sus padres, habían regulado mal sus emociones. Más adelante en este capítulo, aprenderá acerca del maltrato infantil global; ahora veremos específicamente el daño encefálico temprano.

Daño encefálico

Algunos encéfalos en desarrollo son dañados por fiebre alta, virus o traumatismos de cráneo. Las experiencias psicológicas en los primeros años de vida también pueden dañar el encéfalo (De Bellis, 2001). En primer lugar, recuerde que el encéfalo necesita estimulación para desarrollarse: al igual que los ojos necesitan ver para que la corteza visual madure, a los niños pequeños se les debe enseñar, guiar, estimular y hablar para que sus estructuras cognitivas se desarrollen.

Un problema importante en los primeros años de vida ocurre si el niño no ve y entonces experimenta emociones normales. El deterioro más grave en esta área es el **síndrome del bebé sacudido**, un trastorno potencialmente fatal que ocurre cuando un lactante es sostenido por los hombros y sacudido hacia adelante y hacia atrás en forma brusca y rápida. Una de las personas encargadas del cuidado puede enojarse con el niño por llorar, al no poder reconocer que los lactantes no tienen control sobre sus emociones. Las sacudidas detienen el llanto debido a la ruptura de vasos sanguíneos en el encéfalo y de las conexiones nerviosas.

El síndrome del bebé sacudido es frecuente, aunque habitualmente no existe daño visible. En los Estados Unidos las imágenes del encéfalo muestran que más de uno de cada cinco niños hospitalizados por maltrato sufren del síndrome del bebé sacudido (Rovi y cols., 2004). Ese daño encefálico se aprecia en el comportamiento posterior. Los niños cuyas primeras tristezas son respondidas con enojo en lugar de empatía es posible que no tengan las redes encefálicas apropiadas para permitirles comprender cuándo llorar o incluso cuándo sentirse tristes. Los niños mayores que parecen inconmovibles por las experiencias que entristecen a la mayoría de los niños pueden estar sufriendo los efectos del síndrome del bebé sacudido.

síndrome del bebé sacudido Daño encefálico potencialmente mortal que sufre un bebé a causa de hemorragias internas y ruptura de conexiones nerviosas, cuando una persona lo sacude de manera brusca y rápida.

Otro trastorno encefálico ocurre en los niños cuyas madres tienen depresión clínica y son incapaces de proporcionar el aliento y la guía emocional que necesitan los niños pequeños. Como efecto neurológico, el lado derecho de la corteza prefrontal de estos niños se desarrolla más que el izquierdo, y predominan las emociones negativas (miedo, tristeza, ansiedad) y los propios niños son vulnerables a la depresión, lo que hace más difícil el aprendizaje (Dawson y Ashman, 2000). Existen conexiones genéticas entre la depresión en las madres y los niños, pero el abandono en la primera infancia parece ser también una influencia potente.

Un tercer problema ocurre en el encéfalo de los niños pequeños que se encuentran en hogares residenciales grupales. Un estudio comparó el sistema límbico de los niños rumanos que vivían en instituciones con el de niños que vivían en familias rumanas. Cuando los niños veían dibujos de rostros felices, tristes, atemorizados y enojados, el sistema límbico de los niños institucionalizados respondía menos, sobre todo a los rostros felices y enojados. (Era más reactivo a los rostros atemorizados.) No sólo disminuyeron las emociones y la actividad encefálica, sino que sus cerebros no mostraron la lateralización cerebral de los niños criados en el hogar (Parker y Nelson, 2005).

SÍNTESIS

El encéfalo sigue madurando a medida que progresa la infancia, con más mielinización y maduración de varias áreas fundamentales. Una es el cuerpo calloso, que conecta los lados izquierdo y derecho del cerebro y por lo tanto los lados derecho e izquierdo del cuerpo, incluidas las manos, los pies, los ojos y los oídos. El aumento de la mielinización también acelera las acciones y las reacciones. La corteza prefrontal favorece el control de los impulsos, permitiendo que los niños piensen antes de actuar y detengan una acción para comenzar otra. A medida que disminuyen la impulsividad y la perseveración y mejoran el control emocional y la capacidad para prestar atención, los niños son cada vez más capaces de aprender.

Varias áreas clave del encéfalo –incluidos la amígdala cerebral, el hipotálamo y el hipocampo– constituyen el sistema límbico, que participa en la expresión y la regulación de las emociones. El desarrollo encefálico es anormal en los niños pequeños que son maltratados, aislados socialmente o que están sometidos a un estrés extremo. Cierto grado de estrés puede ayudar a la memoria bajo las circunstancias correctas. Otras formas de estrés nunca son beneficiosas, entre ellas el síndrome del bebé sacudido, el abandono y vivir en una institución. El daño es evidente no sólo en las pruebas neurológicas sino también en la atenuación de las emociones del niño de edad preescolar con daño encefálico.

La motricidad y los peligros

Como acabamos de leer, durante los años del juego los cuerpos se van estilizando, fortaleciéndose y haciéndose menos pesados en la parte superior; la maduración de la corteza prefrontal mejora el control de los impulsos; la mielinización del cuerpo calloso permite la coordinación de los brazos y las piernas. No sorprende que los niños se muevan con mayor velocidad y gracia a medida que pasan de los 2 años a los 6 años de edad, y se encuentren en mejores condiciones de dirigir y refinar sus acciones. (Véase en el cuadro 8.1 una lista de las edades aproximadas en las cuales se desarrollan las distintas motricidades.) Lo que sigue describe las características específicas.

La motricidad gruesa

La motricidad gruesa –que como vimos en el capítulo 5, abarca los grandes movimientos corporales como correr, trepar, saltar y lanzar– mejora notablemente. Si usted observa a los niños mientras juegan, verá que los torpes niños de 2 años se caen y a veces chocan contra los objetos que están en el lugar. Pero también verá a los niños de 5 años que son hábiles y armoniosos.

La mayoría de los niños estadounidenses de 5 años puede andar en triciclo; subir una escalera; hamacarse solos y lanzar, atrapar y patear una pelota. Algunos pueden andar en patineta, esquiar, bucear y andar en bicicleta, actividades que exigen equilibrio y coordinación. En algunos países, los niños de 5 años nadan sobre las olas o se trepan a rocas, lo que en otros países pocos individuos de cualquier edad intentarían hacer. Una combinación de maduración encefálica, motivación y práctica dirigida hace posible cada una de estas habilidades.

Más curiosidad que prevención Como ya dominan su motricidad gruesa, los niños de todos los grupos sociales parecen obedecer un mandato universal: "Si se puede escalar, hay que escalarlo". Este mandato es por lo general más escuchado que cualquier mensaje de precaución: por este motivo, no hay que dejar de supervisar a los niños durante los años del juego.

TONY FREEMAN / PHOTOEDIT

En un momento, muchos psicólogos del desarrollo creían que el desarrollo de la motricidad estaba conectado directamente con las mismas redes encefálicas que más tarde permitirían el aprendizaje académico. Los padres se preocupaban de que su hijo caminara sin haber gateado primero y muchas maestras jardineras destacaban habilidades como saltar, coser y jugar con bloques. En la actualidad, la mayoría de los investigadores piensan que distintas conexiones encefálicas sustentan la lectura, la matemática, etc. y ya no se considera que la motricidad constituya la base para todas las otras habilidades. La motricidad es importante por otras razones: el ejercicio para la salud; el movimiento para la autoestima y el buen ánimo; los deportes para la cooperación y competencia; el dibujo y la escritura para la autoexpresión.

Con respecto a las habilidades motoras, en general los niños aprenden más de otros niños que de lo que les enseñan los adultos. Ésta es una de las muchas razones por las cuales los niños necesitan jugar. Según la teoría sociocultural, el aprendizaje de los compañeros es la mejor manera en que los niños aprenden a dominar las habilidades que necesitarán. Si el niño cuenta con mucho tiempo, el espacio suficiente y compañeros de juego apropiados, su motricidad gruesa se desarrolla tan rápidamente como la maduración, el tamaño del cuerpo y las capacidades innatas lo permitan.

Sin embargo, no se pueden asegurar de antemano el espacio, los compañeros de juego ni el tiempo libre, sobre todo en las grandes ciudades. En condiciones ideales, cada manzana urbana debe contar con un patio de juegos seguro y espacioso ideado para niños pequeños. En condiciones ideales, cada niño debe contar con niños ligeramente mayores con quienes jugar, niños que puedan demostrar cualquier habilidad motora que el niño esté listo para aprender, desde atrapar una pelota hasta trepar un árbol.

La motricidad fina

La motricidad fina, que involucra los pequeños movimientos del cuerpo (especialmente los de las manos y sus dedos) es mucho más difícil de dominar que la motricidad gruesa. Verter jugo en un vaso, cortar la comida con cuchillo y tenedor y lograr algo más artístico que un garabato con un lápiz son difíciles para los niños pequeños, incluso con gran concentración y esfuerzo.

La principal dificultad con la motricidad fina es simplemente que los niños pequeños no tienen el control muscular, la paciencia y el juicio necesarios, en parte porque su sistema nervioso central aún no está suficientemente mielinizado. Gran parte de la motricidad fina involucra a las dos manos y por lo tanto a los dos lados del cerebro: el tenedor sostiene la carne mientras el cuchillo la corta; una mano estabiliza el papel mientras la otra escribe y se necesitan las dos manos coordinadas para atarse los cordones, abotonarse la camisa, ponerse las medias y subir la cremallera. Si "una mano no sabe lo que la otra está haciendo" debido a un cuerpo calloso y una corteza prefrontal inmaduros, los cordones de los zapatos se llenan de nudos, el papel se rompe, las cremalleras se traban, etc.

Para muchos niños pequeños, la inmadurez neurológica se complica por tres circunstancias:

■ Dedos cortos y gruesos.
■ Herramientas (p. ej., tijeras, lápices y martillos) diseñadas para adultos.
■ Confusión acerca de cuál es la mano dominante.

A menos que los cuidadores tengan en mente estas limitaciones cuando seleccionan utensilios, juguetes y vestimentas, puede surgir frustración.

CUADRO 8.1	**Motricidad entre los 2 y los 6 años**
Edad aproximada	**Habilidad o logro**
2 años	Corre por placer, sin caerse (pero chocando con las cosas)
	Trepa a las sillas, mesas, camas, sale de las cunas
	Sube escalones
	Come solo con una cuchara
	Dibuja líneas, espirales
3 años	Patea y arroja una pelota
	Salta separando ambos pies del piso
	Anda en triciclo
	Copia formas simples (p. ej., círculo, rectángulo)
	Baja escaleras
	Trepa escaleras
4 años	Atrapa una pelota (no demasiado pequeña ni arrojada demasiado rápido)
	Utiliza tijeras para cortar
	Salta en un pie
	Come solo con un tenedor
	Se viste solo (sin botones pequeños, sin lazos)
	Copia la mayoría de las letras
	Vierte el jugo sin derramarlo
	Se cepilla los dientes
5 años	Salta y trota con ritmo
	Aplaude, golpea, canta con ritmo
	Copia formas y letras difíciles (p. ej., forma de rombo, letra *S*)
	Trepa a los árboles, salta sobre las cosas
	Utiliza el cuchillo para cortar
	Hace un lazo
	Arroja una pelota
	Se lava la cara, se peina el cabello
6 años	Dibuja y escribe con una mano
	Escribe palabras simples
	Barre con la vista una página impresa, moviendo los ojos sistemáticamente en la dirección apropiada
	Anda en bicicleta
	Hace una vuelta carnero
	Se ata los zapatos
	Atrapa una pelota

Maduración progresiva Muchos niños alcanzan estas habilidades motoras en edades más tempranas o más tardías que las que se indican en el cuadro porque tales habilidades son (o no son) valiosas en su contexto cultural, como lo reflejan sus familias. Esta lista de orientación es más exacta con respecto a la secuencia que a la edad. Es útil porque muestra que tanto las habilidades físicas como las cognitivas requieren maduración y que cada edad tiene sus desafíos. Cada niño tiene un conjunto único de experiencias y una velocidad de maduración individual, y ambas cosas influyen para que estas capacidades se desarrollen en un momento determinado (Merzenich, 2001).

ESPECIALMENTE PARA PADRES INMIGRANTES
Usted y su familia comen con palillos en su casa, pero usted quiere que sus niños se sientan cómodos en la cultura occidental. ¿Cambiaría los hábitos de su familia para comer?

Corte tras corte Recortar papel con tijeras es una tarea difícil y lenta para una niña de 3 años, que recién comienza a desarrollar el control de la motricidad fina. Imagínese manejando tijeras "seguras" de punta roma y esperar que el papel sea cortado exactamente por donde usted quiere.

FIGURA 8.5 **¿Cuál es cuál?** El niño que realizó estos dibujos insistió en que el que está arriba a la izquierda era un chupachúps y el que está arriba a la derecha era un globo (y no al revés), y que el dibujo en la base a la izquierda era el entrevistador y el que está abajo a la derecha era el niño (y no al revés).

Un chupachúps

Un globo

El encuestador

El niño

Expresión artística

Durante los años del juego, los niños son imaginativos, creativos y aún no son muy autocríticos. Les gusta expresarse, especialmente si sus padres aplauden, exhiben sus obras de arte o comunican de otra forma su aprobación. Esto convierte a todas las formas de expresión artística en una alegría: bailar alrededor de la habitación, construir una compleja torre con bloques, combinar percusiones y crear ritmos de música y hacer collages de papeles brillantes. La motricidad fina es útil en casi todas las formas de expresión artística, aunque estas habilidades están lejos de ser perfectas. Afortunadamente, en la primera infancia los niños están controlados mucho más por su deseo de crear que por su inclinación a la autocrítica.

Las obras de arte de los niños reflejan su percepción y cognición singulares. Los adultos no están entrenados para saber qué están dibujando los niños. Por ejemplo, los investigadores solicitaron a niños pequeños que dibujaran un globo y más tarde un chupachúps. Aun cuando los dibujos reales eran indistinguibles, los niños eran muy insistentes acerca de qué era cada cosa (Bloom, 2000) (véase fig. 8.5). Es más seguro preguntar "¿qué es?", o mejor aún "cuéntame algo acerca de tu dibujo", que adivinar o asumir lo que representa.

En todo dominio artístico, desde la danza hasta la escultura, se aprecia la maduración gradual del encéfalo y el cuerpo. Por ejemplo, cuando dibujan al figura humana, los niños de 2 a 3 años habitualmente dibujan un "renacuajo": un círculo para la cabeza con ojos y a veces una boca sonriente y luego una línea o dos debajo para indicar el resto del cuerpo. Los renacuajos son "notablemente característicos" del arte infantil (Cox, 1993); son dibujados universalmente, en todas las culturas. Con el tiempo, las líneas suspendidas se convierten en piernas y se coloca un círculo entre ellas y la cabeza para indicar un abdomen. Alrededor de los 5 años, se agrega un torso y después de los 5, los brazos y las manos (Cox, 1997). Los niños de edad preescolar disfrutan hacer el mismo dibujo una y otra vez, al igual que practican repetidas veces sus otras habilidades motoras.

(a)

(b)

(c)

¿Sin orejas? *(a)* Jalen tuvo cuidado en incluir a los siete miembros de su familia que estaban presentes cuando ella hizo el dibujo. Ella intentó ser realista, por ejemplo, retratando a su primo, que estaba hundido en el sofá, en posición horizontal. *(b)* Isabel se enorgullece de una tarea más difícil, dibujar a su familia de memoria. Todos tienen el ombligo y grandes sonrisas que llegan hasta la frente, pero no tienen brazos ni cabello. *(c)* Este retrato de un niño de 5 años muestra un pensamiento avanzado; el dibujo de su madre tiene dedos en las manos y pestañas, detalles que pocos niños pequeños incluyen. Aunque los niños mayores y los adultos podrían producir "mejores" obras artísticas, el preescolar puede compararse con ellos en placer y orgullo.

Los juegos que los niños juegan

Muchos de los juegos que los adultos disfrutan requieren habilidades y objetivos que están más allá del alcance de un niño pequeño. Incluso llevar la cuenta es difícil, mucho menos batear o patear una pelota en rápido movimiento, decidir cuándo jugar una carta alta o esperar su turno. No obstante, el juego espontáneo durante estos años es la forma principal que tienen los niños de desarrollar sus habilidades motoras y sociales.

Las lesiones evitables

Excepto en las hambrunas, cuando es particularmente probable que la desnutrición y la enfermedad afecten a los miembros más pequeños de las familias, los niños de todos los países están más expuestos a morir por accidentes que por cualquier otra causa. En los Estados Unidos se recopilan estadísticas detalladas, donde los recién nacidos tienen una probabilidad de 1 en 700 de morir por una lesión accidental antes de los 15 años, más de tres veces la probabilidad de morir de cáncer, que es la enfermedad infantil más letal (National Center for Health Statistics, 2002). La tasa para los varones es mayor que para las niñas: la probabilidad de un varón en los Estados Unidos de morir en forma accidental antes de los 15 años es de alrededor de 1 en 600 y la de una niña es de aproximadamente 1 en 800.

En todo el mundo, las lesiones accidentales producen millones de muertes prematuras cada año: hasta los 40 años de edad ninguna enfermedad supera a los accidentes como causa de mortalidad. Entre los niños, el grupo de edad más vulnerable es el de los niños de 1 a 4 años (MMWR, 3 de septiembre, 2004).

Tendencias relacionadas con la edad

Las tendencias relacionadas con la edad son evidentes en tipos particulares de lesiones, y estas tendencias deben alertar a los adultos acerca de los peligros particulares de los distintos períodos. La causa más frecuente de muerte de los adolescentes y los adultos jóvenes es ser pasajeros o conductores en accidentes de vehículos a motor. Sin embargo, es mucho menos probable que un niño pequeño en el siglo XXI muera por un accidente automovilístico, sobre todo cuan-

RESPUESTA PARA PADRES INMIGRANTES (de p. 237): los niños desarrollan la motricidad fina que ven y practican. Pronto aprenderán a utilizar tenedores, cucharas y cuchillos. No abandone por completo los palillos, porque los niños pequeños pueden aprender varias formas de realizar las cosas y la habilidad para comer con palillos es una ventaja social.

do los adultos obedecen las leyes que exigen que los niños se ubiquen en los asientos posteriores al conductor, no junto a él. Es particularmente probable que las caídas sean fatales en los niños muy pequeños (menores de 2 años) y en los muy ancianos (mayores de 80 años). Los niños de edad preescolar que se caen a menudo se lesionan, pero pocas veces mueren. En estos niños, la muerte a menudo es causada por ingestión accidental de veneno, quemaduras, asfixia o ahogamiento. De hecho, el ahogamiento es la primera causa de muerte de los niños de 1 a 4 años en los Estados Unidos debido a las altas tasas de accidentes en las piscinas de California, Florida, Texas y Arizona.

En los niños pequeños, la tasa de lesiones no fatales comunicadas por los hospitales y los médicos es casi mil veces la tasa de muertes causadas por accidentes (MMWR, 3 de septiembre, 2004). En 2001 en los Estados Unidos, por cada niño que se asfixió hasta morir, 110 fueron tratados en los hospitales porque tragaron algo que obstruyó sus vías respiratorias (MMWR, 25 de octubre, 2002). Y un número varias veces mayor sufrió asfixia (habitualmente con un trozo de golosina o una moneda), pero eliminaron el objeto con la tos o lo deglutieron antes de llegar a la sala de emergencias.

¿Por qué los niños de corta edad tienen tasas tan altas de accidentes? La inmadurez de la corteza prefrontal hace que los niños pequeños no estén en condiciones de pensar en lo que hacen, por lo que se meten en lugares peligrosos y realizan actividades riesgosas (Zeedyk y cols., 2002). Al contrario de los lactantes, su motricidad les permite correr, saltar, trepar y agarrar en un abrir y cerrar de ojos. Su curiosidad no tiene límites y sus impulsos están desinhibidos.

Control de lesiones

Como lo explica un equipo de expertos, "las lesiones no son acontecimientos impredecibles e inevitables. En gran medida, la sociedad elige la tasa de lesiones que tiene" (Christoffel y Gallagher, 1999, p. 10). ¿Cómo puede una sociedad *elegir* lesiones, dolor y daño para toda la vida para cualquiera de sus niños? La prevención de las lesiones es la ausencia de accidentes; es una elección de los padres, los fabricantes, los legisladores y la sociedad en su totalidad.

Para comprender esto, consideremos las implicaciones de la terminología. La palabra *accidente* implica que una lesión es un acontecimiento aleatorio e impredecible, un acto de Dios o del destino. Si alguien tiene que ser culpado, se acepta que el culpable es un padre descuidado o un niño propenso a los accidentes. Esto se denomina "paradigma del accidente"; significa que las "lesiones ocurren a pesar de nuestros mejores esfuerzos" y permite al público general no sentirse culpable (Benjamin, 2004, p. 521).

En respuesta, los expertos en salud pública prefieren ahora el término **control de lesiones** (o **reducción de daños**) a la *prevención de los accidentes*. El *control de lesiones* implica que el daño se puede minimizar si los controles sociales adecuados funcionan como corresponde. Se producen contratiempos menores, pero el daño se reduce si un niño cae sobre una superficie segura en lugar de hacerlo sobre el pavimento, si el asiento del automóvil protege el cuerpo en un choque, si se quiebra el casco para ciclistas y no el cráneo, si las píldoras ingeridas provienen de un frasco pequeño y no de uno grande.

Los tres niveles de prevención

La prevención y el control comienzan mucho antes de que cualquier niño o padre hagan una tontería o se descuiden.

- En la **prevención primaria**, se estructura la situación global para que los accidentes tengan menores probabilidades de ocurrir. La prevención primaria estimula las condiciones que reducen las probabilidades de que ocurra un accidente, cualesquiera sean las circunstancias.
- La **prevención secundaria** es más específica, y evita el daño en situaciones de alto riesgo o en individuos de alto riesgo unos minutos antes de que ocurra.
- La **prevención terciaria** comienza después de una lesión, reduciendo el daño producido por un accidente concreto. La prevención terciaria salva vidas y evita las discapacidades permanentes, aunque se produce demasiado tarde como para evitar todo el daño.

---

control de lesiones/reducción de daños Términos que expresan la creencia de que los accidentes no ocurren al azar y que las lesiones son menos serias cuando se ejerce el control adecuado. En la práctica, esto requiere anticipar, controlar y evitar las actividades peligrosas.

prevención primaria Acciones que cambian el conjunto de condiciones de un contexto para prevenir una circunstancia o un suceso no deseado (por ejemplo, una herida, una enfermedad o algún tipo de abuso).

prevención secundaria Acciones que evitan un daño en una situación inmediata, tales como detener un automóvil antes de que atropelle a un peatón.

prevención terciaria Acciones que se llevan a cabo después de que ocurre un suceso adverso y que tienen el propósito de reducir el daño o evitar la discapacidad. El tratamiento médico inmediato y eficaz de una enfermedad o herida es un ejemplo de prevención terciaria.

(a)

(b)

(c)

Un ejemplo: prevención de la muerte de los peatones Más de 100 000 peatones murieron por accidentes de vehículo a motor en los Estados Unidos entre 1985 y 2005, la mayoría de ellos menores de 15 años o mayores de 65. La cantidad de muertes de peatones ha disminuido constantemente cada año debido a las mejorías en los tres niveles de prevención.

La *prevención primaria* incluye varias medidas sumamente eficaces, incluidas las aceras, los reductores de velocidad, los puentes para peatones, las luces más brillantes en las calles y la circulación de tráfico de un solo carril (Retting y cols., 2003; Tester y cols., 2004). En otras medidas, se ha cambiado el diseño de los automóviles (p. ej., mejores luces delanteras y frenos) y mejoraron las habilidades de los conductores (pruebas de visión más frecuentes y penalidades más severas para los que conducen ebrios). En resumen, cualquier cosa que contribuyera a que las condiciones del tránsito fueran globalmente más seguras es prevención primaria.

La *prevención secundaria* reduce los peligros en situaciones de alto riesgo. Para los niños esto podría significar hacer obligatorias las luces intermitentes en los autobuses escolares detenidos, emplear guardias de tráfico en las puertas de las escuelas, prohibir el alcohol entre los adolescentes, insistir en que los niños caminen con los adultos. La distinción entre prevención primaria y prevención secundaria no es clara. En general, la prevención secundaria es más dirigida y se enfoca en grupos de riesgo específicos (p. ej., niños pequeños) y peligros comprobados (p. ej., caminar hacia la escuela) más que sobre la cultura global, la política o la economía.

Por último, la *prevención terciaria* reduce el daño después del impacto. En los peatones, la prevención terciaria incluye leyes contra los que atropellan y huyen, conductores de ambulancias veloces y bien entrenados, procedimientos de la sala de emergencias que reducen el edema encefálico y técnicas de rehabilitación eficaces. Si una persona lesionada llega a la sala de emergencias dentro de la "hora de oro" después de un accidente automovilístico, las posibilidades de recuperación son mucho mejores. Pero muy a menudo la ineficiencia, juntamente con la confusión y la culpa, malgasta esa hora (Christoffel y Gallagher, 1999).

Se han instituido muchas medidas correspondientes a los tres niveles con buenos resultados. En los Estados Unidos las muertes de peatones disminuyeron desde 8 842 en 1990 hasta 4 808 en 2002 (U.S. Bureau of the Census, 2004-2005). Se observan tendencias similares en casi todas las naciones. En muchos países europeos, la prevención terciaria condujo a un nuevo diseño del frente de los automóviles para que sean menos destructivos para los peatones cuando ocurren accidentes (Retting y cols., 2003).

Si usted piensa que las medidas constituyen un lujo que sólo necesitan las naciones desarrolladas, usted debe saber que los vehículos motorizados matan a más de un millón de individuos al año en las naciones pobres. En consecuencia, la Organización Mundial de la Salud dedicó el Día Mundial de la Salud –7 de abril de 2004– a la seguridad del tráfico. Las luces en las calles, las aceras y medidas similares reducirían las muertes infantiles en todas partes, desde los países más ricos hasta los más pobres.

Ámbitos protectores Para que los padres puedan proteger a sus hijos de lesiones, en primer lugar tienen que ser concientes de los riesgos y luego realizar todas las acciones necesarias para prevenir accidentes. En dos de estas fotos, los padres hicieron lo correcto: la madre en la foto *(b)* probablemente ha colocado a su niño siempre en un asiento de seguridad. Los padres del niño de la foto *(c)* no sólo le pusieron el casco al patinador sino que protegieron también sus rodillas, muñecas, codos y manos. Sin embargo, el varón de la foto *(a)* puede estar en problemas, según el tipo de superficie que se encuentra debajo de él.

PENSANDO COMO UN CIENTÍFICO

¿Son necesarias las cercas alrededor de las piscinas?

Los científicos están entrenados para pensar en forma empírica, buscando datos de modo objetivo, evitando el pensamiento impaciente, argumentos emocionales y ejemplos de casos únicos. Sin embargo, sobre todo en cuanto atañe al bienestar del niño, el pensamiento científico no se traduce en la salud infantil. Consideremos la seguridad en las piscinas.

Sólo la mitad de los niños de 1 a 5 años en los Estados Unidos tuvieron lesiones fatales en el año 2000, en comparación con lo que ocurrió 20 años antes, gracias a las leyes sobre venenos, incendios y automóviles. Pero es difícil redactar y hacer cumplir las leyes sobre piscinas. La primera causa de muerte accidental de los niños de 1 a 5 años es el ahogamiento en una piscina (Brenner y cols., 2001), y es 10 veces más probable que un niño pequeño muera en una piscina que en un automóvil. Se observan estadísticas similares en todos los países, siendo las piscinas familiares una causa frecuente de muerte infantil en las naciones más ricas y las cisternas familiares o los pozos cercanos a las viviendas y al alcance del niño que recién comienza a caminar una causa importante en las naciones pobres.

Los pediatras y otros científicos saben cómo prevenir estas muertes: construir una cerca alta alrededor de cualquier masa de agua cercana a una casa. Consideremos los datos de dos ciudades australianas: Canberra, que contaba con una ley que exigía cercas alrededor de las piscinas y Brisbane que carecía de ellas. Brisbane tenía nueve veces más ahogamientos infantiles que Canberra. La necesidad de legislar al respecto parecía obvia (Baker, 2000).

Los científicos proporcionaron datos y terminología a una ley redactada en 1978, que exigía cercas adecuadas provistas de puertas con cerrojos automáticos en todas las piscinas de Brisbane. Sin embargo, la ley fue aprobada 12 años después. Las objeciones incluían los costos, los derechos de los propietarios, la responsabilidad de los padres y la estética de la comunidad. Una vez aprobada la ley, el cumplimiento fue bajo. Entonces se ahogó un niño de 3 años en la piscina de un hotel que tenía una puerta rota. Esa muerte desató un escándalo en la comunidad y la aplicación de la ley por parte de la policía. Los ahogamientos infantiles se redujeron a la mitad (Nixon, 2000).

Un problema similar ocurrió en el sur de California. Se aprobó una ordenanza que exigía cercas alrededor de las piscinas con una pequeña modificación que parecía razonable para los propietarios, pero no para los científicos. La ley permitía que un lado del cierre de la piscina fuera la pared de la casa, con una puerta que pudiera ser trabada. Así, los padres y los legisladores protegían a los niños intrusos pero no reconocían lo que los pediatras sabían: los propios niños de la familia a menudo se ahogaban

luego de entrar a la piscina a través de esa puerta. Los ahogamientos infantiles no disminuyeron en California (Morgenstern y cols., 2000).

Se ahogan menos niños en Australia, el Reino Unido y los Estados Unidos que hace 10 años, en gran parte porque cada vez más comunidades están exigiendo cercas alrededor de los cuatro lados de las piscinas. Muchos padres intentan que sus hijos sean "a prueba de ahogamientos" enseñándoles a nadar. Lograron probar que los niños muy pequeños pueden aprender a nadar, pero ninguna prueba demostró que el hecho de saber nadar impide el ahogamiento.

Mientras tanto, como lo reconocen muchos pediatras, los científicos deben traducir su investigación en una acción que estimule "un nivel de interés público y político" que reduzca la cantidad de niños pequeños que caen en la piscina familiar y se mueren (Pitt y Cass, 2001). Si bien es útil que los científicos piensen como científicos, también deben pensar como todos los demás.

RICHARD RANSIER / CORBIS

Un salto seguro Lo que vuelve a este salto seguro y divertido son las altas cercas en todos los lados de la piscina, la profundidad adecuada del agua y la presencia de por lo menos un adulto (que está tomando la fotografía).

ESPECIALMENTE PARA URBANISTAS Describa un parque en el vecindario que podría beneficiar a los niños de 2 a 5 años.

Los padres, la educación y la protección La primera estrategia que recomiendan la mayoría de las personas para prevenir las lesiones en los niños pequeños es la educación de los padres. Sin embargo, la investigación en salud pública demostró que las leyes que se aplican a todos son más eficaces que la educación de los individuos que no están particularmente listos para aprender y cambiar. "Con mucha frecuencia diseñamos nuestro entorno físico para individuos inteligentes y sumamente motivados" (Baker, 2000), mientras que, en la vida real, todos tenemos momentos de tonta indiferencia. En esos momentos, las medidas de seguridad automática salvan vidas.

Esto explica un hecho contundente: los padres pobres cuidan de sus hijos, pero es mucho más probable que los niños sufran una lesión grave. Esto se aplica en todo el mundo. Los países más pobres tienen tasas altas de mortalidad infantil, no sólo por enfermedad sino también por lesiones que pocas veces ocurren en las naciones más ricas (Mohan, 2000).

En las naciones más ricas, se aprecia la disparidad de ingresos en las lesiones infantiles siempre que se recogen estadísticas. Por ejemplo, en Carolina del Norte es seis veces más probable que ocurran incendios domésticos fatales en comunidades pobres que en comunidades ricas (Christoffel y Gallagher, 1999); en Sacramento, California, las muertes de niños en accidentes peatonales son tres veces más frecuentes entre las familias con ingresos por debajo de 5 000 dólares al año que entre las familias que ganan más de 45 000 dólares al año (Marcin y cols., 2003) y en Toronto, Canadá, los niños más pobres tienen una probabilidad seis veces mayor de lesionarse que los más ricos (Macpherson y cols., 1998). La razón es que hay menos medidas automáticas para control de accidentes.

Esto lo conozco de primera mano y agradezco la prevención automática. Mi hija Bethany de 2 años se trepó a la mesada de la cocina para encontrar, abrir y tragar la mayor parte del contenido de un frasco de aspirinas para bebés. ¿Dónde me encontraba? A algunos metros de allí, amamantando a mi segundo hijo y mirando televisión. ¿Qué previno una lesión grave? Las leyes que limitan la cantidad de aspirinas para bebés por recipiente (prevención primaria), mi adquisición previa de jarabe de ipecacuana (según el consejo de mi pediatra) (prevención secundaria) y una llamada telefónica a una persona del Centro de Control de Intoxicaciones. Me dijeron que Bethany debía ingerir jarabe de ipecacuana para poder vomitar la aspirina que había ingerido, lo que hizo (prevención terciaria). Todavía me siento culpable, pero estoy agradecida a las distintas medidas de prevención que protegieron a mi hija.

ESPECIALMENTE PARA ESTUDIANTES CON CONCIENCIA SOCIAL ¿De qué modo el nivel socioeconómico de Kathleen Berger protegió a Bethany de un daño grave?

SÍNTESIS

Los niños de edad preescolar practican todas sus habilidades motoras con diligencia y entusiasmo, no sólo la motricidad gruesa como correr y trepar, sino también la motricidad fina necesaria para comer, vestirse y dibujar. A medida que se movilizan con más velocidad y agilidad, encuentran nuevos peligros y sufren lesiones más graves más a menudo que los niños mayores. Se deben comenzar a aplicar leyes y prácticas para proteger a todos (prevención primaria), la supervisión de los adultos debe resguardar contra cada contratiempo (prevención secundaria) y el tratamiento médico debe ser rápido y eficaz cuando ocurre la lesión (prevención terciaria). Con un poco de aliento y guía, los niños desarrollan casi todas las habilidades motoras; con un poco de cuidado y protección, pueden hacerlo sólo con raspones y hematomas menores.

El maltrato de menores

En todo este libro, hemos asumido que los padres desean fomentar el desarrollo de sus hijos y protegerlos del peligro. No obstante, diariamente parece que los medios periodísticos comunican historias traumáticas de padres que causan deliberadamente daño a sus hijos. Aunque estos incidentes son trágicos, las implicaciones de la información provista por la prensa es que es necesario culpar a alguna persona malvada. Estos informes periodísticos distraen al público de los incidentes mucho más típicos que se podrían prevenir si se comprendiera mejor el maltrato de menores (Larner y cols., 1998). Como explica un investigador principal en maltrato de menores:

> No cometamos errores: los que abusan de los niños son plenamente responsables de sus acciones. Sin embargo, crear un sistema de información que perpetúe el mensaje de que los agresores son los únicos culpables puede ser engañoso.... Todos contribuimos a las condiciones que permiten a los perpetradores tener éxito.
>
> *[Daro, 2002, p. 1133]*

De hecho, el hallazgo dominante de las investigaciones actuales sobre maltrato de menores es que las causas son multifacéticas, y comprenden la naturale-

DEPARTAMENTO DE POLICÍA DE MISHAWAKA / GETTY IMAGES

Nadie está mirando Madelyn Gorman Toogood mira alrededor para asegurarse de que nadie está mirando antes de abofetear y sacudir a su hija de 4 años, Martha, que está en el asiento para niños del interior del automóvil. Una cámara de seguridad registró este incidente en el estacionamiento de unos almacenes en Indiana. Una semana más tarde, después de que la cinta de vídeo se transmitiera varias veces en toda la nación, Toodwood fue reconocida y arrestada. La pregunta perturbadora es: ¿cuántos maltratos infantiles ocurren que no son presenciados?

maltrato de menores Daño intencional o peligro evitable que se causa a menores de 18 años.

abuso infantil Acción intencionada que perjudica el bienestar físico, emocional o sexual de un niño.

descuido de menores Incapacidad para satisfacer las necesidades físicas, educacionales y emocionales básicas de los niños.

maltrato denunciado Maltrato que ha sido informado oficialmente por alguien a las autoridades.

maltrato confirmado Maltrato que ha sido denunciado, investigado y verificado.

za del niño, los padres, la comunidad y la cultura. Por ejemplo, los lactantes corren un riesgo mayor de ser maltratados cuando son "difíciles" (son frágiles, necesitan alimentación frecuente, lloran a menudo) y cuando sus madres están deprimidas o sienten que no controlan sus vida o a sus hijos y la familia está estresada porque los ingresos económicos son insuficientes. En estas circunstancias, las madres culpan a los bebés por llorar, como si lo hicieran a propósito (Bugental y Happaney, 2004).

El maltrato observado y definido

Conocer es el primer paso. Hasta 1960 aproximadamente, los medios periodísticos y casi todos creían que el abuso infantil era un episodio raro, que habitualmente adoptaba la forma de un ataque por una persona extraña mentalmente perturbada. En la actualidad sabemos más: el maltrato no es poco frecuente ni repentino, incluye mucho más que los ataques manifiestos y que los perpetradores suelen ser los propios padres del niño o parientes cercanos.

Este reconocimiento trae aparejada una definición más amplia: el **maltrato de menores** incluye todo daño intencional o peligro evitable que se causa a menores de 18 años. Por lo tanto, el maltrato de menores incluye tanto el **abuso infantil**, que es la acción intencionada que perjudica el bienestar físico, emocional o sexual de un niño, como el **descuido de menores**, que es la incapacidad para satisfacer las necesidades físicas, educacionales y emocionales básicas de los niños. Obsérvese que el abuso infantil es deliberado, se inflige con intención de hacer daño, que es una de las razones por las cuales es tan perjudicial. Cuando el perpetrador es uno de los padres, el niño sabe que el daño proviene de una persona que debe proveerle protección y amor.

No todos los casos de maltrato de menores se denuncian, y no todos los que se denuncian se confirman. Los casos de **maltrato denunciado** son aquellos que han sido informados oficialmente a las autoridades; el **maltrato confirmado** ha sido investigado y verificado (véanse figs. 8.6 y 8.7). Desde 1993, el número de casos *denunciados* de maltrato en los Estados Unidos ha sido de unos 3 millones por año y el número de casos *confirmados* ha sido casi de un millón, una tasa anual de un niño de cada 70. Esta relación de 3 a 1 entre los casos denunciados y confirmados se puede atribuir a tres factores:

- El maltrato de un niño particular es contado como un caso, aun cuando sea comunicado muchas veces.
- La confirmación requiere pruebas en forma de lesiones inconfundibles, desnutrición grave o un testigo que desee atestiguar. Estas pruebas no siempre están disponibles.
- Una denuncia puede ser falsa o incluso deliberadamente engañosa.

Algunos observadores temen que la denuncia del abuso pueda empeorar las cosas para el niño, pero habitualmente no sucede así. Obsérvese que el descuido así como el abuso de menores deben ser denunciados, porque los niños que experimentan una forma de maltrato de menores suelen sufrir otras también. La observación, la denuncia y por lo tanto la interrupción de un episodio puede evitar muchos más, no sólo en ese niño sino también en sus hermanos y hermanas.

El maltrato de menores habitualmente es un asunto familiar. Si uno de los padres es abusivo, entonces el otro padre es descuidado, a menos que reconozca el problema e intervenga. Cualquier tipo de abuso es más destructivo si el perpetrador es uno de los padres y el otro padre no lo detiene. Los hermanos mayores también pueden ser víctimas de abuso o pueden haberse convertido en abusadores. El descuido por parte de miembros de la familia es particularmente probable cuando el abuso es sexual. El abuso sexual es más frecuente en los primeros años

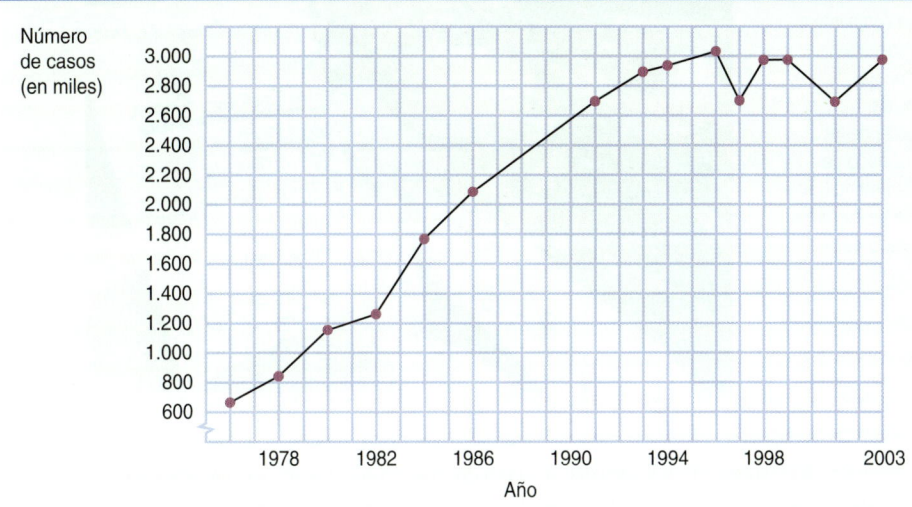

Fuente: Department of Health and Human Services, 2005, cuadro 1.1.

FIGURA 8.6 Casos denunciados de maltrato de menores, Estados Unidos, 1976-2003 Después de duplicarse en la década de 1970 y volver a duplicarse en la década de 1980, el número de denuncias de niños maltratados ha zigzagueado, descendiendo y luego volviendo a subir desde mediados de la década de 1990. ¿Qué explicaciones se pueden dar respecto de este patrón?

Fuente: Department of Health and Human Services, 2005 y años previos.

FIGURA 8.7 Tasas de maltrato de menores confirmado, Estados Unidos, 1990-2003 La cantidad de casos confirmados de maltrato de menores en los Estados Unidos es muy alta, pero hay algunas buenas noticias: la tasa ha disminuido significativamente desde el pico en 1993.

? Prueba de observación (véase la respuesta en la p. 245): el punto para 1999 está cerca de la base del gráfico. ¿Eso significa que está cerca del cero?

de la adolescencia, aunque el patrón de descuido y la falta de límites sexuales comienzan antes.

Signos de alerta de maltrato

En comparación con el maltrato físico, el descuido es dos veces más común e incluso puede ser mucho más dañino (Smith y Fong, 2004). En los casos típicos, el primer signo de descuido es el retraso del desarrollo, como la falta de lenguaje, juego o risa al año de edad.

Una forma de descuido (que explicamos por primera vez en el capítulo 5) es el **retraso del crecimiento**, una situación en la cual el niño o el lactante sanos dejan de aumentar de peso. En los casos típicos, la madre explica que el niño no quiere comer, pero si la hospitalización produce ganancia de peso, se diagnostica retraso del crecimiento. Los niños también pueden sufrir un *descuido médico,* cuando no se trata una enfermedad que es potencialmente fatal (Dubowitz, 1999) o un *descuido educacional,* cuando un niño mayor no recibe instrucción en absoluto (Gelles, 1999).

retraso del crecimiento Situación en la cual el niño aumenta poco o nada de peso, a pesar de presentar una salud aparentemente normal.

¿A quién habría que culpar? Esta nota fue dejada en un conmemoratorio improvisado fuera de la casa de Texas donde Andrea Yates ahogó a sus cinco hijos. Esto confirma la posibilidad de que algunos padres, abrumados por las necesidades y las demandas de sus hijos, puedan convertirse en descuidados o abusivos; algunas veces la muerte de los niños es el resultado. En el caso de Yates, las presiones del cuidado de cinco hijos pequeños fueron incrementadas por la enfermedad mental de la madre. Si existiera una vigilancia y más apoyo por parte de los familiares, los amigos y la comunidad (miembros de la iglesia, prestadores de atención sanitaria y otros), tal vez podría haberse evitado alguna de estas tragedias.
Traducción de la nota manuscrita: "Yo soy una madre de tres hijos y también estoy deprimida y tomo medicamentos. Ruego porque usted, su esposa y su familia tengan fuerza. Es una lucha diaria para mí y para mi marido y para toda mi familia".

trastorno de estrés postraumático Reacción retardada a un trauma o choque emocional, que puede incluir hiperactividad e hipervigilancia, enojo desplazado, insomnio, terror o ansiedad repentinos y confusión entre la fantasía y la realidad.

▶**Respuesta para urbanistas** (de p. 241): la idea adulta de un parque –un lugar abierto y grande con césped– no es lo mejor para los niños pequeños. Para ellos se podría proyectar un área cerrada, suficientemente pequeña y con lugares adecuados para que los cuidadores puedan sentarse y conversar con otras personas mientras miran a los niños. La superficie del patio de juegos tendría que ser protectora (ya que los niños pequeños son torpes), con equipo para estimular tanto la motricidad gruesa (trepar) como la motricidad fina (jugar en el arenero). Las hamacas no son beneficiosas, ya que no desarrollan mucho la motricidad. Los adolescentes y los perros deberían disponer de otra zona para recreación.

▶**Respuesta para estudiantes con conciencia social** (de p. 241): los niños en edad escolar provenientes de familias de todos los niveles de ingresos pueden sufrir accidentes, pero el nivel socioeconómico de Kathleen Berger le permitió contar con un pediatra privado a quien solicitar consejo, así como el ingreso para comprar jarabe de ipecacuana "por si sucede algo" y contar con un teléfono y educación como para conocer y llamar al Centro de Control de Intoxicaciones.

▶**Especialmente para enfermeras** Mientras pesa a un niño de 4 años, usted observa varios hematomas en las piernas del niño. Cuando pregunta sobre ellos, el niño calla y el padre dice que el niño choca contra las cosas. ¿Qué debe hacer?

En los niños ligeramente mayores, las respuestas emocionales a menudo constituyen un indicio de maltrato. Por ejemplo, algunos niños que no son protegidos de las peores tensiones de la vida familiar y del vecindario son similares a soldados empujados a una batalla impredecible. Muchos niños maltratados se sobresaltan con cualquier ruido, listos para atacar una ofensa imaginada y confundidos entre la fantasía y la realidad. Todos éstos son síntomas del **trastorno de estrés postraumático**, un síndrome que fue identificado por primera vez en veteranos de combate pero también se observa en algunos niños maltratados (De Bellis, 2001; Dutton, 2000).

Otro signo de maltrato es la *hipervigilancia* o vigilancia excesiva: el niño parece incapaz de concentrarse porque siempre está mirando alrededor ansiosamente. La hipervigilancia puede significar abuso, si los niños son golpeados habitualmente sin razón, o descuido, si los niños son testigos a menudo de hechos aterradores (Dutton, 2000; Kerig y cols., 2000), como el abuso de otro miembro de su familia.

El cuadro 8.2 menciona signos de maltrato de menores, tanto descuido como abuso. Ninguno de estos signos constituye una prueba de maltrato de menores, porque todos ellos podrían tener otras causas; pero siempre que aparezca alguno de ellos, se debe tomar como advertencia de que pasa algo.

CUADRO 8.2   **Signos de maltrato en niños de 2 a 10 años**
Lesiones que no se ajustan a una explicación "accidental": hematomas en ambos lados de la cara o el cuerpo, quemaduras con una línea clara entre la piel quemada y no quemada, caídas que conducen a cortes, no a raspones
Lesiones repetidas, sobre todo huesos fracturados no atendidos correctamente
Juego de fantasía, con temas dominantes de violencia o conocimiento sexual
Crecimiento físico lento, sobre todo con apetito inusual o falta de apetito
Síntomas físicos continuos, como dolor de estómago, cefaleas, dolor genital, somnolencia
Rechazo a hablar, a jugar, a moverse, especialmente si el crecimiento es lento
Falta de amigos íntimos, hostilidad hacia los otros, intimidación de niños más pequeños
Hipervigilancia, con reacciones rápidas e impulsivas, como encogerse de miedo, sobresaltarse o golpear
Ausencias frecuentes en la escuela, cambios de dirección o nuevos cuidadores
Expresiones de miedo más que de alegría al ver al cuidador

Muchas naciones, incluidos los Estados Unidos, en la actualidad exigen que los profesionales que tratan con niños (maestros, enfermeras, asistentes sociales, médicos, oficiales de policía) denuncien cualquier sospecha de maltrato de menores. Estas leyes constituyen una razón del aumento de las denuncias de maltrato de menores. Sin embargo, no todos los profesionales saben cuándo tener sospechas. Por ejemplo, los niños que son pacientes de hospitales escuela (aquellos en que la educación continua forma parte de la misión del hospital) son objeto de denuncias de maltrato de menores tres veces más que los niños que son pacientes de los otros hospitales, donde "el abuso infantil y el descuido de menores son subidentificados, subdiagnosticados y subregistrados" (Rovi y cols., 2004, p. 589). ¿El aumento de las denuncias marca alguna diferencia? Lea acerca de la breve vida de un niño.

> **! RESPUESTA A LA PRUEBA DE OBSERVACIÓN**
> (de p. 243): no. El número es en realidad 11,8. Observe el pequeño zigzag sobre el eje vertical del gráfico debajo del número 11. Esto significa que los números entre cero y 11 no se muestran.

ESTUDIO DE UN CASO

El abandono del abandono

Tres millones de casos denunciados de maltrato por año en los Estados Unidos parece un número enorme, aun cuando la mayoría de los casos de descuido no son denunciados. Considere la denuncia de un equipo sobre un niño en una familia de bajos ingresos:

> B. V., un niño de 2 años, fue hallado en la bañera boca abajo por un niño de 8 años que enviaron para que viera cómo estaba. Su madre lo había metido en la bañera, después fue a la cocina y luego salió 10 minutos aproximadamente. B. V. fue trasladado en ambulancia hasta un hospital local. No respondía y la temperatura rectal era de 30 ºC. Después del tratamiento médico, el niño reanudó la respiración y fue trasladado a un hospital de cuidados terciarios. B. V. permaneció en la unidad de cuidados intensivos pediátricos durante 9 días con una función cerebral mínima y sin respuesta a ningún estímulo. Luego lo trasladaron a una habitación común del hospital donde murió al cabo de 2 días. La madre se rehusó a que se realizara una necropsia. Posteriormente, el certificado de defunción fue firmado por un médico asistente y la causa de muerte fue una neumonía con lesión cerebral anóxica como resultado del ahogamiento inminente.
>
> El asistente de los Servicios de Protección Infantil le dijo a la madre de B. V. que 10 minutos era mucho tiempo para dejar solo en la bañera a un niño de 2 años sin que nadie lo vigilase. La madre replicó que ella lo había hecho esto muchas veces antes y que no había ocurrido nada. Un examen ulterior de la historia clínica puso en evidencia que antes de la muerte de B. V., un hermano había sufrido una situación de riesgo de vida evidente (denominada antes "casi-síndrome" de muerte súbita del lactante). El hermano fue internado y controlado con monitores cardíacos y respiratorios durante 7 a 8 meses. Además, B. V. había estado en el hospital de niños aproximadamente 2 semanas antes por una lesión importante en el dedo gordo del pie. El dedo había sufrido un corte y hubo que aplicarle muchos puntos de sutura. La madre declaró que este incidente fue el resultado de que el hermano de 4 años cerró la puerta de golpe y apretó el pie de B.V. Además, B. V. había estado en otro hospital local por una fractura en un dedo de la mano el mes anterior a su muerte. Ninguno de los informes disponibles mencionaban el relato materno de cómo había ocurrido la fractura del dedo.
>
> *[Bonner y cols., 1999, pp. 165-166]*

No se levantaron cargos por esta muerte. El equipo explica:

> Este caso ilustra el descuido crónico de la supervisión pero también muestra que la muerte de un niño puede ocurrir en un período de tiempo breve. La práctica autodenunciada por la madre de dejar al niño solo en la bañera sin vigilancia es un ejemplo de un patrón de falla crónica en la supervisión adecuada para la edad y el desarrollo del niño. También se destaca que la serie de hechos sospechosos que precedieron a la muerte no derivó en la provisión de servicios de protección y prevención para la familia.
>
> *[Bonner y cols., 1999, p. 166]*

El caso de B. V. es un ejemplo escalofriante del "abandono crónico de la supervisión". Los profesionales que trataron con la familia ignoraron muchos signos de que algo funcionaba mal en esta familia –el episodio que casi se transforma en un síndrome de muerte súbita, el dedo de la mano fracturado y el dedo del pie cortado. La muerte no condujo a ninguna acción ni siquiera al reconocimiento por parte de la madre de que había sido descuidada. Además, no se había llevado a cabo ninguna acción para manejar el trauma emocional que había sufrido el niño de 8 años que encontró a su hermano moribundo o el del niño de 4 años que lesionó el dedo del pie de su hermano. Estos niños padecen alto riesgo de maltrato. En realidad, ya han sufrido un maltrato: la salud mental de un niño se daña más gravemente no por el maltrato mismo sino por los sentimientos crónicos de desamparo y peligro (De Bellis, 2001).

Es muy probable que las familias de alto riesgo como ésta necesiten ayuda profesional. Específicamente, el maltrato físico y todas las formas de descuido recaen en su mayoría sobre los niños menores de 6 años que tienen:

- Tres o más hermanos.
- Un padre desempleado o ausente.
- Una madre que no ha completado la escuela secundaria.
- Un hogar en un vecindario pobre y con alto índice de criminalidad.

Todos estos factores significan pobreza y conducen a mayor pobreza, y todos estaban presentes para B. V. Por ejemplo, su atención médica es típica de los niños provenientes de familias de bajos ingresos, que habitualmente son llevados a salas de emergencias de distintos hospitales y son atendidos por personal sobrecargado de trabajo, que trata sólo los problemas físicos obvios e ignora el contexto familiar. Si no hubiera sido pobre, un pediatra particular que lo controlara en forma regular podría haber notado su maltrato y encararlo. Si su madre hubiera tenido menos hijos y un esposo que proporcionara apoyo, podría haber contado con el tiempo necesario para vigilarlo mientras se bañaba. O en otro contexto, una madre soltera con varios hijos podría haber tenido vecinos y familiares que proporcionaran apoyo, o al menos que denunciaran el descuido. En lugar de eso, B. V. murió.

Consecuencias del maltrato

El impacto de cualquier práctica de crianza de los niños es afectado por el contexto cultural. Algunas costumbres (como la circuncisión, las orejas perforadas y los azotes) se consideran maltrato en algunas culturas pero son esperadas en otras. Los niños sufren particularmente daño cuando perciben que son tratados peor que otros hijos y si sus padres parecen no amarlos, según los estándares de amor parental de su comunidad. Esto significa que si el hogar es un lugar donde el niño se siente solo y atemorizado, cualquier maltrato es más devastador. Cuando el maltrato no es observado rápidamente, denunciado y detenido, se deterioran todos los aspectos del desarrollo en todos los dominios.

Aprendizaje y salud

El maltrato compromete la salud básica de muchas formas, desde el descuido de las inmunizaciones y la desnutrición hasta distintas formas de envenenamiento. Los niños víctimas de abuso infantil y descuido de menores se lesionan más a menudo, se enferman con mayor frecuencia y son hospitalizados más por razones no relacionadas directamente con su maltrato (Kendall-Tackett, 2002).

Por lo general, el daño encefálico es irreversible. Usted ya sabe que las estructuras encefálicas pueden dañarse por sacudir a un bebé, someterlo a un estrés excesivo o golpear a un niño en la cabeza. El maltrato infantil daña el encéfalo de muchas otras formas. Como recordará del capítulo 5, la desnutrición prolongada impide el crecimiento encefálico. Muchos bebés descuidados están subalimentados; muchos niños de edad preescolar víctimas de descuido ingieren pocos alimentos saludables. Los teratógenos dañan el encéfalo antes del nacimiento, pero las toxinas también pueden dañar el encéfalo en la primera infancia. Por ejemplo, el exceso de plomo (que a menudo se encuentra en las virutas de pintura vieja, las cuales pueden tragar los niños pequeños) es una razón frecuente para el deterioro cognitivo (Wachs, 2000).

Muchos padres descuidados no inscriben a sus hijos en guarderías infantiles ni escuelas que les brinden la experiencia estimuladora que necesitan para aprender. Las visitas a un parque, un zoológico, a la casa de los abuelos o a la casa de un niño del vecindario no son frecuentes, dado que el aislamiento social es el resultado y a la vez la causa del maltrato de menores. Los niños aprenden menos si siempre permanecen en sus casas.

Deterioro de las habilidades sociales

Aunque las discapacidades biológicas, intelectuales y académicas son sustanciales, y habitualmente muy obvias alrededor de los 6 años, los déficit son incluso más evidentes en las habilidades sociales de los niños maltratados. Los niños maltratados tienden a pensar que las otras personas son hostiles y explotadoras; de ahí que sean menos amistosos, más agresivos y más aislados que otros niños. Cuanto más tiempo dure el maltrato y más temprano comience, peores van a ser sus relaciones con los pares (Bolger y cols., 1998).

Los niños maltratados dentro de cualquier grupo a menudo son matones, víctimas o ambas cosas. Las personas que son maltratadas gravemente en la infancia (tanto en el plano físico, como en el sexual o el emocional), al llegar a la adolescencia o la adultez, suelen consumir drogas o alcohol para calmar sus emociones, mantienen relaciones superficiales, se convierten en víctimas o en agresores, sabotean sus propias carreras, comen demasiado o muy poco y, por lo general, asumen comportamientos autodestructivos (Smith y Fong, 2004; Wolfe y cols., 1998).

Los adultos –maestros, vecinos, otros familiares– que deben intervenir en situaciones de maltrato o descuido de menores a menudo se desaniman por la personalidad desconfiada, deprimida o desobediente del niño. No obstante, esos niños son exactamente los que más necesitan ayuda y es menos probable que la obtengan. Muchas investigaciones muestran que es probable que los niños genéticamente vulnerables (difíciles, irregulares, impulsivos) y que son maltratados se conviertan en estudiantes perturbadores, delincuentes adolescentes y adultos violentos (Caspi y cols., 2002; Jaffee y cols., 2005). Por el contrario, es poco probable que los niños maltratados sin riesgo genético o los niños genéticamente vulnerables que no son maltratados desarrollen estos problemas. Eso nos retro-

RESPUESTA PARA ENFERMERAS (de p. 244): toda sospecha de maltrato de menores debe ser denunciada y estos hematomas son sospechosos. Alguien que tenga autoridad debe descubrir qué está ocurriendo para poder ayudar a los padres y al niño.

trae a la prevención: es mucho más fácil detener el maltrato de menores antes de que comience que rescatar a un niño gravemente dañado.

Los tres niveles de prevención otra vez

Al igual que con el control de los accidentes, hay tres niveles de prevención del maltrato de menores. El objetivo final de una política de cuidado infantil es evitar que comience cualquier maltrato de menores. Esto se llama *prevención primaria* porque debe ocurrir antes de que comience el problema. Los vecindarios estables, la unión familiar, la igualdad en los ingresos económicos y las medidas que disminuyen la inestabilidad económica, el aislamiento familiar y la paternidad adolescente son todos ejemplos de prevención primaria; su naturaleza e impacto se describen en todos los capítulos de este libro.

La *prevención secundaria* incluye el reconocimiento de los signos de advertencia mencionados en el cuadro 8.2 y la intervención para evitar que una situación problemática empeore. Por ejemplo, el apego inseguro, sobre todo el de tipo desorganizado, es un signo de una relación padre-hijo alterada. La prevención secundaria incluye medidas como visitas al hogar por parte de enfermeras o asistentes sociales, cuidado infantil diurno de alta calidad y tratamiento médico preventivo, todas ideadas para ayudar a las familias de alto riesgo.

La prevención secundaria es complicada. Los esfuerzos para identificar a las familias problemáticas pueden aumentar los riesgos, no reducirlos. Se necesita un abordaje sistemático (descrito por primera vez en el capítulo 1) porque "muchas de las soluciones más eficaces a los problemas sociales no son tan fácilmente evidentes y también pueden ser contraproducentes... Cualquier acción aislada puede tener amplia resonancia y producir... consecuencias imprevistas" (Garbarino y Collins, 1999, p. 4).

Un ejemplo muy práctico surgió de la campaña para detener la propagación del virus Marburg en Angola (Enserink, 2005). El personal médico de emergencia de otras naciones estableció un hospital especial para los enfermos, equipado con instalaciones de laboratorio para diagnosticar el virus y medidas especiales para evitar que el virus se propagara. Una de estas medidas era que cuando moría una persona, el cuerpo era colocado en una bolsa plástica sellada y eliminado. Si bien estas prácticas fueron ideadas para salvar vidas, en realidad aumentaron la propagación del virus porque nadie que estuviera enfermo iba al hospital. En su lugar, seguían las costumbres tradicionales, en las cuales los miembros de la familia cuidaban al enfermo y lavaban ritualmente los cuerpos de los muertos antes del entierro. Dada una elección entre el aislamiento clínico recomendado por los extranjeros y las costumbres que la comunidad mantuvo durante generaciones, las familias hicieron la elección obvia. El virus se propagó.

Los patrones culturales deben ser respetados, pero los patrones culturales también pueden conducir al maltrato. Por ejemplo, en Japón se acostumbra que las madres cuiden a sus hijos solas, sin ayuda de los padres ni de otras personas, durante los tres primeros años. Se espera que se forme una relación muy estrecha entre la madre y el niño (llamada *amae*) que es fundamental. Sin embargo, cuando un niño necesita cuidado exterior en los primeros meses de vida, es muy difícil que la madre forme ese lazo estrecho. No obstante, la cultura no le da alternativas, a excepción del descuido o el maltrato de su hijo. En una encuesta de madres japonesas de niños menores de 3 años, el 22,5% de las madres creía que sometían a maltrato a sus hijos (Shoji, 2005). En los casos típicos, los vecinos y los familiares suponen que todo va bien (a menos que la madre esté empleada fuera del hogar); el maltrato infantil pocas veces es denunciado en Japón hasta que es muy obvio. Un resultado es que casi todas las denuncias son confirmadas porque entonces no hay dudas (Shoji, 2005). Los psicólogos del desarrollo están muy seguros de que todas las culturas tienen valores destructivos para los niños, aunque es difícil observarlas en la propia comunidad.

Abandonado transitoriamente. No descuidado Los juicios relacionados con el maltrato de menores dependen en parte de las costumbres de la comunidad. En Berlín, Alemania, es costumbre que los padres dejen a sus bebés fuera de los negocios mientras hacen compras, y las personas que pasan no asocian esto con descuido parental o con el peligro de un secuestro.

La misma situación. A muchos kilómetros de distancia: el vínculo intergeneracional Los abuelos solícitos, como estos dos en Su Zhou, China (izquierda), y Delhi, India (derecha), previenen el aislamiento social, que es un requisito previo del maltrato infantil grave. ¿Puede usted suponer cuál sería la respuesta de cualquiera de estos hombres si pensara que su nieta está subalimentada, educada en forma rígida o sin amor?

ESPECIALMENTE PARA EL PÚBLICO EN GENERAL
A usted le piden una donación para apoyar una campaña con carteles contra el maltrato infantil y el descuido de menores. Usted piensa dar este año 100 dólares como contribución a campañas de caridad. ¿Cuánto de este dinero destinaría a esta campaña con carteles?

planificación de permanencia Planificación que se implementa cuando un niño ha experimentado maltrato confirmado. El objetivo es crear un plan definitivo evitando repetidos cambios de escuela o de la persona encargada de la crianza, los cuales pueden resultar perjudiciales para el niño.

Recuerde que cuando se exigió la colocación de cercas alrededor de las piscinas, los propietarios de las casas no creían que sus propias piscinas presentaran ningún peligro para los niños. Se producen problemas similares con el maltrato de todo tipo. Los reformadores deben considerar el contexto global y las condiciones específicas, y también deben utilizar métodos científicos para la evaluación (Thompson y Nelson, 2001). Por ejemplo, un programa que proporciona apoyo social para las madres deprimidas observó que la "ayuda" a las madres condujo a un peor funcionamiento de la familia que la falta de intervención, quizás porque la intervención provocó en las madres el sentimiento de ser incluso más incompetentes (National Research Council and Institute of Medicine, 2000). Para que la prevención secundaria sea eficaz:

■ No debe estigmatizar a determinadas familias como incompetentes.
■ No debe socavar los patrones familiares o culturales atípicos que en realidad permiten el desarrollo del niño.
■ No debe reforzar los patrones familiares típicos que en realidad dañan a los niños.
■ No debe crear un sentimiento de desamparo en los miembros de la familia, llevándolos a confiar en los extraños en lugar de fortalecer su propia confianza, habilidades y recursos.

La *prevención terciaria*, es decir la intervención para reducir el daño provocado por el maltrato real es incluso más compleja que la prevención secundaria. La prevención terciaria algunas veces llega demasiado tarde. Si se requiere hospitalización, los cuidados médicos son más costosos y prolongados que la hospitalización por otros trastornos (Rovi y cols., 2004) debido a la necesidad de una investigación, apoyo para las familias o el cuidado sustituto, y el tratamiento. La hospitalización daña aún más el frágil lazo entre los padres y el niño, lo que hace más peligroso el retorno del niño a la familia.

Una vez confirmado el maltrato, la primera prioridad debe ser proteger al niño planificando los cuidados a largo plazo. Esta **planificación de permanencia** significa establecer objetivos y un calendario. Los padres deben mejorar en determinadas formas (rehabilitación de la drogadicción, nuevos patrones de interacción con el niño) o se debe encontrar un hogar sustituto o adoptivo para criar al niño hasta la adultez. Los niños necesitan estabilidad y continuidad de los cuidados, no ciclos repetidos de separación y retorno al maltrato.

STEPHANIE MAZE / CORBIS

Prevención terciaria La adopción ha sido la salvación de estos niños, sobre todo para Leah de 9 años, colgada de su madre. La madre, Joan, tiene cinco niños adoptados. En general, la adopción es mejor que los cuidados de crianza para los niños víctimas de maltrato de menores, porque es un arreglo permanente y estable.

Si bien muchos niños reciben cuidados informales de alguien distinto de sus padres, el **cuidado de crianza** por lo general implica un programa legal, financiado con fondos públicos, en el cual los niños son separados oficialmente de la custodia de sus padres y confiados a otro adulto o a otra familia, que recibe un pago por ocuparse de la crianza. En 2002, más de 500 000 niños en los Estados Unidos vivían en cuidado de crianza, un número que se ha elevado en la década pasada pero que se ha nivelado, en parte porque la planificación de permanencia ahora restablece las familias y permite la adopción más rápidamente que antes (U.S. Department of Health and Human Services, 2004).

Casi todos los niños que se encuentran en hogares sustitutos provienen de familias de bajos ingresos y muchos de ellos presentan múltiples problemas físicos, intelectuales y emocionales. Más de 300 000 niños entran en cuidado de crianza cada año; muchos de ellos son colocados en **crianza con parientes**, en el cual un pariente del niño maltratado recibe aprobación y se convierte en padre de crianza (U.S. Department of Health and Human Services, 2004). En general, los niños andan mejor en cuidado de crianza que con las familias originales abusivas y andan tan bien en la crianza con parientes como en los hogares de extraños *si* los parientes reciben la misma evaluación, supervisión y apoyo que otros padres de crianza (Berrick, 1998).

La adopción es la opción preferida cuando los padres son incompetentes. Como la adopción es una solución permanente, habitualmente es mejor para el niño; pero los adultos a menudo crean obstáculos para la adopción y le producen un mayor daño. Por ejemplo, los jueces y los padres biológicos deben estar de acuerdo con la adopción y a menudo son reacios a hacerlo porque es necesario proteger los derechos de los padres biológicos. Además, la familia adoptiva "ideal" –una pareja heterosexual casada de clase media, en la cual la esposa no esté empleada– es cada vez más rara y muchos no pueden reconocer que algunas familias "no ideales" pueden proporcionar también excelentes cuidados adoptivos. Por último, los futuros padres adoptivos suelen preferir la adopción de un lactante saludable. Casi ninguno de los 130 000 niños en los Estados Unidos que actualmente esperan la adopción son lactantes saludables. Por todas estas razones, en la actualidad la adopción es poco frecuente.

La teoría y la investigación sobre el desarrollo humano sugieren que los programas de prevención del maltrato infantil deben ser amplios, considerando las diferentes necesidades de los niños desde el nacimiento hasta la adolescencia con la participación de todo el contexto social. Como la pobreza, la paternidad adolescente, la drogadicción, el aislamiento social y la ignorancia tienden a correlacionarse con nacimientos no deseados, la paternidad incompetente y la lesión y el maltrato de menores, se necesitan medidas para recortar esas causas arraigadas, al igual que las medidas para colocar más niños en hogares adopti-

cuidado de crianza Programa legal, financiado con fondos públicos, bajo el cual se transfiere el cuidado de un niño maltratado de sus padres a otra persona.

crianza con parientes Tipo de cuidado de crianza en el cual un pariente del niño maltratado se constituye en el padre de crianza legalmente autorizado.

vos cariñosos. Estos programas son costosos, pero también lo es el maltrato de menores. Después de todo, la prevención primaria puede ser el enfoque más efectivo en relación a los costos.

SÍNTESIS

Toda cultura busca proteger a los niños y algunas costumbres que parecen ser destructivas pueden ser simplemente diferentes desde el punto de vista cultural. No obstante, el maltrato grave ocurre en todas las naciones, con consecuencias devastadoras a largo plazo para los niños y, finalmente, para toda la sociedad. Alrededor de un millón de niños al año en los Estados Unidos son confirmados como víctimas de abuso o descuido de menores, habitualmente perpetrado por uno de sus propios padres. El descuido es más frecuente que el abuso infantil y es potencialmente más dañino para el desarrollo.

La interrupción del maltrato de menores de todo tipo es urgente pero compleja, porque el origen a menudo es el sistema familiar, no un extraño perturbado. En condiciones ideales, el abuso infantil y el descuido de menores deben ser denunciados tan pronto como se producen y las familias deben recibir ayuda y guía inmediatas. A veces el cuidado de crianza, con un pariente o una familia no relacionada, es mejor para el niño. La prevención primaria incluye el cambio del contexto social para asegurar que todos los padres protejan y amen a sus hijos. Esto es costoso pero puede ser eficiente a largo plazo. La prevención secundaria se concentra en las familias de alto riesgo: pobres, drogadictos, abrumados por las responsabilidades del cuidado. En la prevención terciaria, el niño víctima de abusos es rescatado antes de que ocurran otros daños.

■ RESUMEN

Los cambios corporales

1. Los niños continúan aumentando de peso y estatura durante la primera infancia. Por lo general, se van estilizando y haciéndose más activos.

2. La cultura, los ingresos económicos y las costumbres familiares afectan el crecimiento de los niños. Muchos niños reciben dietas no equilibradas, comen más dulces y grasas e ingieren menos hierro y calcio de lo que necesitan. La obesidad infantil cada vez es más frecuente en todo el mundo porque los niños hacen menos ejercicio e ingieren más tentempiés que antes.

El desarrollo encefálico

3. El encéfalo alcanza el tamaño adulto a los 7 años. La mielinización es importante durante la primera infancia, al acelerar los mensajes de una parte del encéfalo hacia otra. El cuerpo calloso se torna más grueso y funciona mucho mejor. La corteza prefrontal conocida como el centro ejecutivo del encéfalo, también se fortalece.

4. Los cambios encefálicos permiten un pensamiento y una memoria más reflexivos y coordinados, mejor planificación, y respuestas más rápidas. Muchas funciones cerebrales se localizan en un hemisferio. Sin embargo, las capacidades neurológicas importantes suelen involucrar más que una parte del cerebro, y determinadas capacidades, como el lenguaje del lado izquierdo del cerebro, se pueden desarrollar en áreas nuevas si se daña una parte del cerebro.

5. La expresión y la regulación de las emociones son promovidas por varias áreas encefálicas, que incluyen la amígdala, el hipocampo y el hipotálamo. El maltrato infantil al comienzo de la vida puede producir una amígdala cerebral y un hipocampo hiperactivos, lo que crea un exceso de hormonas del estrés que interfieren con el aprendizaje. Normalmente, la maduración progresiva de estas áreas del encéfalo permite que el niño aprenda en una clase escolar estándar.

La motricidad y los peligros

6. La motricidad gruesa sigue desarrollándose, de modo que los torpes niños de 2 años se convierten en niños de 6 años capaces de mover sus cuerpos en cualquier forma que hayan practicado por sus valores culturales o por ellos mismos.

7. El control muscular, la práctica y la maduración encefálica también están involucrados en el desarrollo de la motricidad fina. A los niños pequeños les gusta expresarse artísticamente, desarrollando su motricidad y su autoexpresión. Los niños son muy creativos y les gusta jugar juntos.

8. Los accidentes son con mucho la causa principal de muerte infantil, y los niños de 1 a 4 años, los varones y los niños de familias de bajos recursos tienden más a sufrir una lesión grave o la muerte prematura que las niñas y los niños mayores. La biología, la cultura y las condiciones de la comunidad se combinan para que algunos niños sean más vulnerables.

9. El control de lesiones ocurre en muchos niveles, mucho antes o inmediatamente después de cada incidente dañino, con la prevención primaria, secundaria y terciaria. Las leyes parecen más eficaces que las campañas educacionales. Se necesita una vigilancia cuidadosa para proteger a los niños pequeños de su propia curiosidad entusiasta e impulsiva.

El maltrato de menores

10. El maltrato de menores es muy habitual, y suele presentarse como abuso y descuido de menores perpetrado por los propios padres del niño. Cada año se denuncian alrededor de 3 millones de casos de maltrato de menores en los Estados Unidos, de los cuales 1 millón son confirmados.

11. La salud, el aprendizaje y las habilidades sociales se ven obstaculizadas por el abuso infantil y el descuido continuos. El abuso físico es la forma más obvia de maltrato de menores, pero el descuido es frecuente y más nocivo a largo plazo.

12. El cuidado de crianza, la adopción y la crianza con parientes a veces son alternativas necesarias a los cuidados parentales. La planificación de permanencia puede evitar algunas de las consecuencias de las colocaciones repetidas en cuidado de crianza. La prevención primaria y secundaria ayuda a los padres a cuidar a sus hijos y puede eliminar la necesidad de medidas de prevención terciaria.

■ PALABRAS CLAVE

mielinización (p. 227)	síndrome del bebé sacudido (p. 233)	maltrato de menores (p. 242)	trastorno de estrés postraumático (p. 244)
cuerpo calloso (p. 228)	control de lesiones/reducción de daños (p. 238)	abuso infantil (p. 242)	planificación de permanencia (p. 248)
lateralización (p. 228)	prevención primaria (p. 238)	descuido de menores (p. 242)	cuidado de crianza (p. 249)
perseveración (p. 230)	prevención secundaria (p. 238)	maltrato denunciado (p. 242)	crianza con parientes (p. 249)
amígdala cerebral (p. 231)	prevención terciaria (p. 238)	maltrato confirmado (p. 242)	
hipocampo (p. 231)		retraso del crecimiento (p. 243)	
hipotálamo (p. 232)			

■ PREGUNTAS CLAVE

1. ¿Cómo se relacionan las velocidades de crecimiento, las proporciones corporales y la motricidad durante la primera infancia?

2. ¿Los bajos ingresos familiares tienden a hacer que los niños coman más o menos? Explique su respuesta.

3. ¿Cuáles son los aspectos fundamentales del crecimiento del encéfalo que ocurren después de los 2 años de edad?

4. ¿Cómo se originan las emociones y su expresión en el encéfalo?

5. ¿Qué desconoce un cuidador que sacude a un bebé que llora acerca del desarrollo encefálico?

6. ¿Por qué los trabajadores de salud pública prefieren no utilizar la palabra *accidente*?

7. ¿Qué condiciones son mejores para que los niños desarrollen su motricidad?

8. ¿Cuáles son las diferencias entre los tres tipos de prevención?

9. ¿Cuáles son los argumentos a favor y en contra de las leyes para proteger a los niños de las lesiones?

10. ¿Por qué el descuido de menores se considera peor que el maltrato infantil?

11. ¿Cuáles son las ventajas y las desventajas del cuidado de crianza?

12. ¿Por qué algunas personas piensan que el maltrato de menores ha aumentado en los últimos 50 años, mientras que otras no están de acuerdo?

■ EJERCICIOS DE APLICACIÓN

1. Lleve un diario de comidas durante 24 horas registrando qué comió, cuánto, cuándo, cómo y por qué. Entonces reflexione acerca de la nutrición y los hábitos alimentarios en la primera infancia. ¿Ve alguna evidencia en su persona de desequilibrio (p. ej., frutas y verduras insuficientes, demasiados azúcares o grasas, no comer cuando siente hambre)? ¿Sus hábitos alimentarios se originaron en la primera infancia, en la adolescencia o en algún otro momento?

2. Diríjase a un patio de juegos o a otro lugar donde jueguen los niños pequeños. Observe las habilidades motoras que demuestran los niños, incluidas capacidades e incapacidades, e investigue la edad y el sexo. ¿Qué diferencias observa entre los niños? ¿Hay algo que lo sorprenda?

3. Solicite a varios padres que le describan cada lesión accidental de sus hijos, sobre todo cómo sucedió y cuáles fueron las consecuencias. ¿Qué medidas de prevención primaria, secundaria o terciaria hubieran marcado la diferencia? ¿Cuál fue la respuesta de los padres y la comunidad médica? ¿Qué porcentaje de las lesiones fueron realmente "accidentes", es decir, acontecimientos imprevisibles que no hubieran podido ser evitados?

4. Describa las lesiones que usted mismo ha sufrido, incluidas las lesiones que condujeron a suturas, huesos quebrados o cicatrices. ¿Se hubiera podido evitar alguna de estas lesiones?

Los años del juego: el desarrollo cognitivo

De dónde vienen los sueños? La mayoría de los niños de 3 años dicen que provienen de algún sitio fuera de su cabeza (tal vez Dios, o el cielo o su almohada), pero la mayoría de los niños de 5 años piensan mejor: los sueños provienen de su mente (Woolley y Boerger, 2002). ¡Es posible que los niños de 3 años ni siquiera sepan qué es su mente!

El hecho de que la comprensión de los sueños –y la mente– cambia mucho alrededor de los 4 años es uno de los cientos de descubrimientos acerca del desarrollo cognitivo entre los 2 y los 6 años. Una extensa investigación pone en evidencia que se aprende mucho durante la primera infancia. Este aprendizaje no sólo incluye más palabras y logros adquiridos paso a paso, sino también un salto cualitativo, cuando los niños comienzan a comprender de qué modo piensan las otras personas y cómo aflora el lenguaje.

Recientemente, docenas de adultos en un subterráneo en el que me encontraba fueron cautivados por una pequeña niña, tal vez de 3 años, con ojos chispeantes y muchas trenzas. Ella se sentó junto a un extraño corpulento, mirando a su madre ubicada aproximadamente a 1,80 m a su izquierda, sosteniéndose del pasamanos. La pequeña niña repetidas veces escondía su cabeza detrás del extraño y dice: "No puedes verme, mamá", sin tener conciencia de que no sólo sus piernas con medias y sus brillantes zapatos sobresalían por delante sino también que todo su cuerpo era constantemente visible a su madre.

Al igual que esta niña, todo niño pequeño tiene mucho por aprender. Entre sus ideas en desarrollo está una *teoría de la mente*, un conocimiento de cómo funciona la mente (como saber que los sueños no provienen de su almohada o que su madre a veces puede verla cuando ella no puede hacerlo).

Como los niños aprenden tanto de los 2 a los 6 años, los psicólogos del desarrollo han adquirido un nuevo respeto por la escolaridad temprana. Ya no se piensa como antes que la educación temprana es sólo una "guardería infantil", sino que en la actualidad se la considera vital, ya sea en el hogar o en un centro. Como explica un psicólogo del desarrollo:

> Es muy común que la gente lo llame "período preescolar", pero ésta no es sólo una denominación mundana para un tiempo mágico, también es una denominación errónea. Este lapso que va de los 3 a los 5 años no es un tiempo de espera previo al ingreso escolar o incluso un momento de preparación para la escuela; ésta es, en realidad, una etapa llamada "primera infancia", con una agenda evolutiva propia.
>
> [Leach, 1997, p. 431]

Este capítulo explora esa "agenda evolutiva". Dos psicólogos del desarrollo, Jean Piaget y Lev Vygotsky (cuyas teorías fueron presentadas en el capítulo 2 y explicadas mejor en el capítulo 6), son justamente famosos por sus descripciones de la cognición en la primera infancia. Es más en lo que concuerdan que en lo que están en desacuerdo: los niños pequeños son pensadores y estudiantes prodigiosos. Después de considerar las ideas de Piaget y Vygotsky, consideraremos una explicación más reciente del pensamiento infantil, denominada teoría-teoría.

Entonces, el foco está en el aprendizaje del lenguaje y la asistencia a la escuela. Las oraciones simples y titubeantes del niño típico de 2 años se convierten en las locuciones complejas e irrefrenables de un niño conversador de 6 años, que explica todo a todos. Algunos niños pequeños aprender a hablar dos o incluso tres idiomas en forma fluida, a conocer los números en secuencia y a comprender los puntos de vista de otras personas. ¿Cómo y cuándo ocurre? En este capítulo, conoceremos algunas respuestas.

Piaget: los niños como pensadores

Para Piaget, la primera infancia es el segundo de cuatro estadios de la cognición. Piaget denominó al desarrollo cognitivo experimentado entre los 2 y los 6 años de edad **pensamiento preoperacional**. Mucho más avanzado que el pensamiento sensoriomotor (revisado en el cap. 6), el pensamiento preoperacional llega más allá de los sentidos y las habilidades motoras para incluir el lenguaje, la imaginación y otros aspectos del pensamiento simbólico. Este pensamiento no requiere objetos visibles e inmediatos, sino que puede utilizar palabras, la simulación y otros símbolos para ayudar a la cognición. Sin embargo, el pensamiento preoperacional también es mágico y autocentrado, sin lugar para las operaciones (o los procesos de razonamiento) de lógica (Inhelder y Piaget, 1964). Por eso se lo denomina *preoperacional*.

Una **operación cognitiva** implica ordenar las ideas y utilizarlas para llegar a alguna conclusión. Es fácil comprenderlo si se piensa en otros usos de la palabra *operación*. Realizar cualquier operación es trabajar hacia un resultado deseado, así como un cirujano opera a un paciente o un operario opera una máquina. Hasta alrededor de los 6 o 7 años, según Piaget, los niños no piensan *en forma operacional*; es decir, no pueden resolver ideas lógicas.

La razón principal de por qué la lógica se encuentra más allá de los niños pequeños es que se encuentran grave e inevitablemente limitados por su propia perspectiva. Para describir esta limitación, Piaget utilizó la palabra **egocentrismo**, que significa literalmente "autocentrado". Este término es correcto, ya que muchos niños pequeños parecen incapaces de considerar el punto de vista de otros individuos. Por ejemplo, muchos niños de 2 a 6 años saben que su madre es su madre, pero no pueden entender que la madre fue una vez la pequeña hijita de su abuela. A continuación describimos cuatro fallas específicas de la lógica que demuestran por qué los niños pequeños son preoperacionales.

Obstáculos para las operaciones lógicas

La **centración** es una tendencia a concentrarse en un aspecto de una situación, ignorando todos los demás. Por ejemplo, los niños pequeños pueden insistir en que los leones y los tigres no son gatos porque los niños se "centran" en el aspecto doméstico de los gatos que conocen. O pueden insistir en que el padre es un papá, no un hermano, porque se centran en el papel que cada miembro de la familia cumple con respecto a ellos.

Tanto el ejemplo de la mamá como el del papá ilustran un tipo particular de centración, la *ego-centración*. (Como se señaló antes, Piaget la denominó egocentrismo.) Como los niños egocéntricos contemplan el mundo exclusivamente desde su perspectiva personal, se concentran en la relación de su padre o su madre con respecto a ellos, no en la forma en que los padres se relacionan con sus propios padres o hermanos.

Obsérvese que Piaget no equipara egocentrismo con egoísmo. Por ejemplo, la mayoría de los niños pequeños intentarán consolar a un adulto que está llorando, pero el consuelo lo proporcionan de una forma decididamente egocéntrica, como por ejemplo ofreciendo un osito de peluche o un chupachús. Los niños ofrecen el chupachús porque no se les ocurre que las necesidades y las respuestas de otros puedan diferir de las propias. Eso es egocentrismo.

Como otro ejemplo, dos hermanos, de 7 y 3 años, fueron llevados por su tía a adquirir un regalo de cumpleaños para su madre. El niño de 7 años seleccionó una alhaja y el de 3 años eligió un autito de colección, obstinado y verdaderamente convencido que su madre estaría encantada con el regalo. De hecho, su "comportamiento no fue egoísta ni codicioso; él envolvió cuidadosamente el regalo y lo entregó a su madre con una expresión que mostraba claramente que esperaba que le gustara" (Crain, 2005, p. 108).

---

pensamiento preoperacional Término de Piaget que se refiere al desarrollo cognitivo que se experimenta entre los 2 y los 6 años de edad, antes de que sea posible el pensamiento lógico y operacional.

operación cognitiva Proceso por el cual un individuo ordena y evalúa los pensamientos en la mente, para llegar a una conclusión lógica.

egocentrismo Término de Piaget que se refiere a la tendencia de los niños a pensar acerca del mundo exclusivamente desde su perspectiva personal.

centración Característica del pensamiento preoperacional que hace que la persona preste atención o se centre en una idea e ignore todas las demás.

Cuatro aspectos del pensamiento preoperacional

1. Centración
2. Atención a la apariencia
3. Razonamiento estático
4. Irreversibilidad

Una segunda característica del pensamiento preoperacional es la **atención a la apariencia**, con la exclusión de otros atributos. Una niña podría estar preocupada porque el corte de pelo le hace parecer un niño. O al estar junto a un niño de 4 años alto y otro de 5 años más bajo, un niño podría insistir en que el niño más alto es el mayor. La razón es que en el pensamiento preoperacional una cosa es lo que aparenta ser.

En tercer lugar, los niños preoperacionales utilizan el **razonamiento estático**, por el que se cree que el mundo no cambia, permanece siempre en el estado en que ellos lo experimentan en ese momento. Un varón pequeño podría sentir asombro al encontrar a su maestra del preescolar haciendo compras para su familia en el almacén, porque cree que ella siempre es una maestra y nada más.

A causa del razonamiento estático, siempre que ocurra un cambio, debe ser total y repentino. Cuando mi hija Rachel se despertó el día que cumplió 5 años, me preguntó: "¿Tengo ya cinco?". Le dije que sí, y ella sonrió abiertamente, estiró sus brazos y dijo: "Mira mis manos de 5 años". Un ejemplo conmovedor proviene de un niño al que se le comunicó que sus padres se divorciaban y dijo: "Seré huérfano".

La cuarta característica del pensamiento preoperacional es la **irreversibilidad**, que significa que los pensadores preoperacionales no pueden reconocer que a veces, al revertir un proceso, se restablece lo que existía antes de que aquel tuviera lugar. Es posible que a un niño de 3 años que llora porque su madre puso lechuga en la hamburguesa no se le ocurra decirle que la quite. Abrumado por su deseo de que las cosas sean como "tienen que ser" (como se explicó en el capítulo 8), podría rechazar la hamburguesa incluso después de que le quitaran la lechuga, porque cree que lo que se hizo no se puede deshacer. Si la madre se lleva la hamburguesa "contaminada", quita la lechuga sin que él la vea y luego trae la "nueva" hamburguesa, el niño podría comerla feliz.

La conservación y la lógica

Piaget ideó muchos experimentos para evaluar e ilustrar las formas en que estas cuatro características preoperacionales –centración, atención a la apariencia, razonamiento estático e irreversibilidad– limitan la capacidad de los niños pequeños para razonar en forma lógica. El más famoso conjunto de experimentos involucra la idea lógica denominada **conservación**, principio de que la cantidad de sustancia se conserva a pesar de los cambios en su apariencia. Piaget observó, que debido a su pensamiento preoperacional, la conservación no es para nada obvia para los niños pequeños (Inhelder y Piaget, 1964).

Como ejemplo, supongamos que dos vasos idénticos contienen la misma cantidad de líquido. Luego el líquido de uno de los vasos se vierte en un vaso más alto y más estrecho. Si les preguntan a los niños pequeños si uno de los dos vasos contiene más líquido que el otro, ellos insistirán en que el vaso más estrecho, con un nivel más alto de líquido, contiene más. En este error se aprecian las cuatro características del pensamiento operacional. Los niños pequeños no pueden com-

atención a la apariencia   Característica del pensamiento preoperacional en el cual el niño muy pequeño ignora todos los atributos que no son aparentes en una cosa.

razonamiento estático   Pensamiento en el que se cree que nada cambia: todo lo que existe en este momento siempre ha sido y será igual.

irreversibilidad   Idea de que no es posible revertir nada; incapacidad de reconocer que a veces, al revertir un proceso, se restablece lo que existía antes de que ocurriera el cambio.

conservación   Idea que sostiene que la cantidad de una sustancia se mantiene igual (o sea, se conserva) cuando cambia su apariencia.

Demostración de la conservación   Sarah, mi hija menor, cuando tenía 5 años y 9 meses, ante el experimento de la conservación de volúmenes de Piaget. Primero, ella examina los dos vasos cortos para estar segura de que contienen la misma cantidad de leche. Entonces, después de que se vuelca el contenido de uno en el vaso alto y le preguntan "¿cuál tiene más?", ella señala el vaso alto, tal como Piaget hubiera esperado. Más tarde ella añade: "Parece como que éste tiene más porque es más alto", indicando que alguna instrucción directa podría hacerla cambiar de opinión.

CORTESÍA DE KATHLEEN BERGER

Pruebas de diversos tipos de conservación

Tipo de conservación	Presentación inicial	Transformación	Pregunta	Respuesta del niño en el período preoperacional
Volumen	Dos vasos iguales con líquido 	Vierta el líquido de uno de los vasos en otro más alto y estrecho 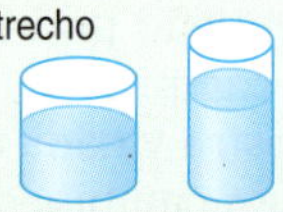	¿Qué vaso contiene más líquido?	El más alto 
Número	Dos hileras iguales de fichas 	Aumente la separación entre las fichas en una hilera 	¿Qué hilera tiene más fichas?	La más larga 
Materia	Dos bolas iguales de arcilla 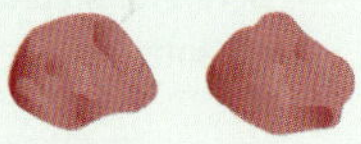	Comprima una bola para darle forma alargada y delgada 	¿Qué figura tiene más arcilla?	La larga 
Longitud	Dos palos de igual longitud 	Desplace un palo 	¿Cuál es el palo más largo?	El que está más a la derecha 

FIGURA 9.1 **Conservación, por favor** Según Piaget, hasta que los niños comprendan el concepto de conservación aproximadamente (el creía) a los 6 o 7 años, no pueden entender que las transformaciones que se ven aquí no cambian la cantidad total de líquido, fichas, arcilla y madera.

prender la conservación de los líquidos porque prestan atención (*se concentran*) en lo que ven (*apariencia*), al fijarse sólo en la condición inmediata (*estática*). No se les ocurre que podrían revertir el proceso y recrear el nivel de líquido de un momento antes (*irreversibilidad*).

De la misma manera, para evaluar la conservación del número, un experimentador coloca siete pares de fichas de dama en dos hileras de igual longitud y le pregunta a un niño si las hileras tienen la misma cantidad de fichas. Los niños preoperacionales (2 a 5 años) dicen "sí". Mientras el niño está mirando, el experimentador alarga una de las hileras separando sus fichas. El experimentador pregunta nuevamente si las hileras tienen la misma cantidad de fichas; la mayoría de los niños pequeños contesta "no". Otras tareas de conservación, que se muestran en la figura 9.1, producen resultados similares. Los niños no son lógicos, al menos en lo que respecta a la conservación, hasta alrededor de los 7 años.

Limitaciones de las investigaciones de Piaget

Obsérvese que las pruebas de conservación de Piaget requieren el vocabulario del niño y no sus acciones. Cuando se simplifican las pruebas de lógica, los niños menores de 7 años a menudo tienen éxito. Por ejemplo, otra investigación ha observado que incluso los niños de 3 años pueden distinguir la apariencia de la realidad si la prueba es no verbal, como cuando los niños alcanzan los objetos en lugar de hablar acerca de ellos (Sapp y cols., 2000). De muchas formas, los niños indican que conocen algo a través de sus gestos antes de que lo expresen en palabras (Goldin-Meadow, 2000). Además, algunos niños pequeños demuestran que comprenden la conservación y otras ideas lógicas en una situación de juego, aunque no lo hagan en los experimentos de Piaget (Donaldson, 1979). Por ejem-

ESPECIALMENTE PARA TÍAS Y TÍOS Es una ocasión familiar especial y usted desea llevar regalos para sus sobrinos y sobrinas. ¿Qué debe llevar?

plo, si un "oso travieso" reordena una hilera de fichas de dama, los niños saben que la línea alargada contiene aún la misma cantidad que antes.

En la actualidad, los investigadores creen que Piaget subestimó la capacidad conceptual durante la primera infancia, como ya lo había hecho con los lactantes (Flavell y cols., 2002; Siegler, 1998). Él ideaba sus experimentos para poner en evidencia lo que los niños pequeños parecían *no* entender, antes de identificar qué podían entender y se basaba en el vocabulario de los niños en una situación experimental y no en signos no verbales en un contexto de juego.

Surge el mismo problema con otros aspectos de los experimentos de Piaget para distinguir el pensamiento preoperacional del estadio siguiente (el cual se denomina estadio operacional concreto porque los niños entonces comprenden las operaciones lógicas). Por ejemplo, Piaget pensaba que los niños preoperacionales no podían clasificar correctamente los objetos, ya que no comprendían firmemente que los perros, los gatos y las vacas son todos tipos de animales. En cierta medida Piaget tenía razón: muchos investigadores han descubierto que los niños se confunden sobre la relación entre categorías de orden superior (como los animales), subcategorías (como los perros) y subcategorías de las anteriores (como perros collies).

Sin embargo, algunas investigaciones recientes observan que incluso los niños de 3 años pueden clasificar las cosas que conocen bien, como los alimentos, si estas categorías son las que utilizan a menudo (Nguyen y Murphy, 2003). Piaget tenía razón en que los niños pequeños no piensan con tanta lógica como los adultos, o incluso en forma tan operacional como los niños mayores, pero no reconoció cuánto pueden comprender los niños.

[Anotación manuscrita al margen: Su egocentrismo limita su conocimiento. Son preoperacionales porque se concentran en una sola cosa a la vez]

SÍNTESIS

La cognición se desarrolla rápidamente de los 2 a los 6 años de edad. La búsqueda activa del conocimiento por parte de los niños fue reconocida inicialmente por Piaget, que observó que los niños pequeños utilizan el lenguaje para pensar simbólicamente, lo que les permite una comprensión intelectual mucho mayor que la de los lactantes sensoriomotores. Piaget también reconoció que pocos niños comprenden las operaciones lógicas (razón por la cual denominó a este período *preoperacional*). Su egocentrismo limita su conocimiento. Son preoperacionales porque se concentran en una sola cosa a la vez, prestan atención a la apariencia en el momento (pensamiento estático, no dinámico) y no se dan cuenta que lo que se hace a veces puede ser deshecho (irreversibilidad). Las pruebas de pensamiento preoperacional de Piaget demostraron lo que los niños pequeños aún no comprenden; otras pruebas más amistosas para los niños sugieren que los niños pequeños pueden ser lógicos si se idean experimentos para poner en evidencia lo que sí pueden hacer.

Vygotsky: los niños como aprendices

Según Vygotsky (1978), muchos adultos cometen el mismo error que Piaget: señalan lo que los niños no pueden hacer en lugar de ayudarlos a aprender lo que sí pueden. Es innegable que el pensamiento de los niños pequeños a menudo es mágico y autocentrado. Durante muchos años, este aspecto de la cognición dominó las descripciones de los psicólogos del desarrollo sobre la primera infancia, y Piaget fue su defensor más famoso.

Vygotsky fue el primer psicólogo del desarrollo en destacar un segundo aspecto de la cognición temprana: los niños pequeños no siempre son egocéntricos; pueden responder mucho a los deseos y las emociones de los otros. De hecho, los niños pequeños aprenden de otros individuos y de su cultura aun cuando la gente desee que los niños no noten y mucho menos repitan ciertas cosas. Muchos adultos descubren que su crítica displicente de un pariente político reaparece en las palabras de su hijo dirigidas directamente al familiar agraviante (y agraviado). La vergüenza del adulto es un recordatorio de cuán observadores son los niños y con qué rapidez aprenden el contenido, aunque no la conveniencia social, de distintas acotaciones.

Un ejemplo vivo de la memoria para las experiencias sociales es evidente cuando el juego del niño pequeño incluye referencias sexuales explícitas o pruebas de abuso infantil, indicadores reveladores de que ha sucedido algo que el niño nunca debiera haber experimentado. Los adultos no deben extraer conclusiones con demasiada rapidez: golpear a una "muñeca mala", mostrar curiosidad sexual o repetir cosas que se ven en la televisión es normal. Sin embargo, si un niño golpea a una muñeca con un cinturón o simula tener relaciones sexuales, se debe sospechar abuso infantil.

Los niños como aprendices

Vygotsky creía que todos los aspectos del desarrollo cognitivo de los niños está inmerso en un contexto social (Vygotsky, 1935/1978). Los niños son curiosos y observadores. Formulan preguntas –acerca de cómo funcionan las máquinas, por qué cambia el clima, dónde termina el cielo– suponiendo que los otros conocen las respuestas.

De muchas formas, un niño es lo que Vygotsky denominó **aprendiz del pensamiento**, alguien cuyo crecimiento intelectual es estimulado por miembros de la sociedad que cuentan con más edad y conocimientos. En las naciones más desarrolladas, con familias de uno o dos hijos, los padres y los prestadores de cuidados infantiles habitualmente son los maestros. En algunos programas para la primera infancia, aprender de los "pares más capaces" es fundamental (Thompson, 2002). En las naciones menos desarrolladas, los hermanos mayores a menudo desempeñan un papel educacional particularmente importante (Maynard, 2002; Rogoff, 2003).

Según Vygotsky, los niños aprenden porque sus mayores guían activamente el crecimiento cognitivo:

- Presentando desafíos.
- Ofreciendo ayuda (sin encargarse de todo).
- Proporcionando instrucción.
- Estimulando la motivación.

El proceso de aprendizaje implica trabajar junto a la persona más capacitada, como los aprendices de otra época trabajaban para ayudar al maestro herrero, zapatero o platero. Con ayuda de sus mentores, los niños aprenden a pensar por medio de su **participación guiada** en las experiencias sociales y en las exploraciones de su universo, en donde ambos participantes hablan y actúan. Por ejemplo, los niños que aprenden a dibujar, escribir o a bailar tienen muchos deseos de copiarse de otro. Un niño que es copiado no está resentido (como podría estarlo un adulto si otro adulto lo copiara), sino que aprecia el reconocimiento.

La realidad de que los niños tienen curiosidad acerca de todo, aprendiendo y recordando cualquier cosa que experimenten, es una prueba de cognición. La capacidad para aprender (y no la medida de lo que se sabe) indica inteligencia. Vygotsky (1978) dijo: "Lo que los niños pueden hacer con la ayuda de otras personas podría ser en cierto sentido mejor indicador de su desarrollo mental que lo que ellos pueden hacer solos" (p. 5).

Cómo resolver un rompecabezas

Presentamos un ejemplo práctico del abordaje de Vygotsky. Supongamos que un niño intenta armar un rompecabezas, fracasa y se detiene. ¿Acaso esto significa que no está preparado para resolverlo? No, según Vygotsky. ¿Alguien podría guiar al niño para que lo resuelva?

Un adulto o un niño más grande podrían empezar por alabarlo para que elija un rompecabezas difícil y luego estimularlo para que busque una pieza faltante en un sitio determinado ("¿se necesita una pieza grande o una pieza pequeña?", "¿ves una pieza azul con una línea roja?"). Supongamos que el niño encuentra algunas piezas del tamaño y el color correctos pero aún parece bloqueado. El tutor podría ser más directivo, seleccionando una pieza para que

---

aprendiz del pensamiento Persona cuya capacidad cognitiva es estimulada y dirigida por miembros de la sociedad que cuentan con más edad y conocimientos.

participación guiada Proceso por el cual los individuos aprenden de otros que guían sus experiencias y exploraciones. Según la teoría socio-cultural, es la técnica más eficaz empleada por los mentores expertos para asistir a los neófitos en el proceso de aprendizaje. Los mentores no sólo proveen instrucción, sino que permiten una participación directa y compartida en la actividad.

Participación guiada A través de la actividad social compartida, los adultos en todas las culturas orientan el desarrollo de la cognición, los valores y las habilidades de sus niños. Por lo general, la curiosidad y los intereses del niño, más que la planificación del adulto para algunas necesidades futuras, motivan el proceso. Parecería que éste es el caso de esta niña guatemalteca que trata ansiosamente de aprender las habilidades de costura de su madre.

pruebe si encaja o dando vuelta una pieza, de modo que su ubicación adecuada sea obvia o colocando la pieza en su lugar con una sonrisa de satisfacción. A través de todo este proceso, el tutor elogia los éxitos, mantiene el entusiasmo y ayuda al niño a reconocer el proceso.

El nivel de dificultad debe exigir al niño sin abrumarlo. Si el rompecabezas es demasiado difícil, el mentor lo deja a un lado tranquilizando al niño ("lo haremos después de tu próximo cumpleaños") y selecciona uno más fácil. La motivación es fundamental ("mira, éste tiene un perro como el tuyo"). Se utilizan las mismas estrategias en todas las formas de participación guiada, desde la exploración de ideas hasta la construcción de torres de bloques.

El elemento fundamental en la participación guiada es la interacción entre los participantes, con un tutor sensible y dispuesto a responder a las necesidades precisas del aprendiz. Con el tiempo, como resultado de esto, los niños podrán tener éxito en forma independiente: el objetivo final del "aprendizaje del pensamiento" de Vygotsky.

El andamiaje

Como vimos en el capítulo 2, Vygotsky creía que, para cada individuo en desarrollo, existe una **zona de desarrollo próximo**, que incluye las destrezas que la persona puede realizar con ayuda pero que aún no es capaz de dominar en forma independiente. Cómo y cuándo los niños pueden dominar estas destrezas potenciales depende, en parte, de la buena voluntad de otras personas para proporcionar un **andamiaje** o estructuración sensible para la participación de los niños en el aprendizaje. La mayoría de los cuidadores hacen esto, al enseñar a los niños a mirar a ambos lados antes de cruzar una calle (mientras sostienen la mano del niño), al dejar que batan la mezcla para una torta (tal vez batiendo algunas veces ellos mismos para asegurarse que los ingredientes estén bien mezclados).

El andamiaje puede ser particularmente importante para las experiencias que son directamente cognitivas. Por ejemplo, los adultos que leen a niños de 3 años suelen proporcionar un andamiaje excelente –explicar, señalar, escuchar– hacia la zona de desarrollo próximo como respuesta a las necesidades del niño en el momento (Danis y cols., 2000). El lector sensible nunca le diría al niño que se quede en silencio y escuche y en cambio podría prolongar la sesión respondiendo las preguntas del niño. La lectura conjunta frecuente (al menos una vez al día) a los 2 años predice el alfabetismo a los 7 años de edad, porque el andamiaje ayuda al desarrollo del lenguaje (Pellegrini y Galda, 1998).

Los hermanos también proporcionan andamiaje. En un estudio de Chiapas, México, Tonik de 8 años le enseñaba a su hermana Katal de 2 años cómo lavar una muñeca. Después de varios minutos de demostrar y describir, Tonik continúa:

> **Tonik:** Viértelo así. *(Demuestra.)*
> **Tonik:** Hermana, viértelo. *(Alcanza el vaso.)*
> **Tonik:** ¡Mira! Viértelo.
> **Katal:** *(Vierte, con cierta dificultad.)*
> **Tonik:** Así. *(Aprobación.)*
> **Katal:** *(Aparta la mirada.)*
> **Tonik:** Ahora se ha terminado.

[Citado en Maynard, 2002, p. 977]

Observe que cuando Katal apartó la mirada, sabiamente Tonik declaró terminada la sesión. Esta respuesta y no la crítica, alienta al aprendiz a participar en aprendizajes posteriores. La motivación es fundamental en la educación temprana y es una razón por la que la interacción social sensible sea tan poderosa.

El lenguaje como herramienta

Vygotsky creía que las palabras se utilizaban para construir un andamio, que permitía el desarrollo de la cognición. Así como un constructor no puede construir una casa sin herramientas (e incluso entonces, una vez construida la casa, ya no se aprecian las herramientas), la mente de un niño no se desarrolla sin lenguaje, aun cuando las palabras ya no sean evidentes una vez establecidas las co-

zona de desarrollo próximo Término de Vygotsky que se refiere a una "zona" metafórica donde está incluido el conjunto de todas las destrezas, conocimientos y conceptos que un alumno está "próximo" a adquirir, pero que aún no es capaz de dominar sin ayuda de otros.

andamiaje Apoyo temporario que se provee a un individuo para ayudarlo a dominar la siguiente tarea en un proceso de aprendizaje determinado.

RESPUESTA PARA TÍAS Y TÍOS (de p. 256): recuerde que los niños de edad preescolar se centran en las apariencias y son egocéntricos. Cualquier cosa que usted le dé a un niño de 2 a 5 años se debe ver igual a cualquier regalo que le dé a otro niño. Así, usted debería elegir regalos idénticos (quizás marcadores, juguetes o ropa), de modo que ninguno de los niños pueda comparar los regalos y decidir que usted quiere más a otro niño.

habla privada   Diálogo interior que ocurre cuando un individuo habla consigo mismo (ya sea en silencio o en voz alta).

mediación social   Función del habla mediante la cual se perfeccionan y amplían las destrezas cognitivas de una persona, a través de la instrucción formal y la conversación informal.

nexiones neurológicas. Según Vygotsky, hablar, escuchar, leer y escribir son todas herramientas para hacer avanzar el pensamiento.

Durante la primera infancia, el lenguaje es esencial para el crecimiento intelectual, de dos modos. En primer lugar, el diálogo interno, o **habla privada**, que se produce cuando las personas hablan consigo mismas. El habla privada ayuda a las personas a desarrollar nuevas ideas (Vygotsky, 1987). Los niños pequeños utilizan el habla privada a menudo y hablan típicamente en voz alta. Ellos revisan lo que saben, deciden qué hacer, y se explican los acontecimientos a sí mismos (y, de modo incidental a cualquier otra persona que esté al alcance del oído). Los preescolares de más edad utilizan el habla privada en forma más selectiva y efectiva que los más pequeños, y a veces en un susurro o incluso sin sonidos audibles (Winsler y cols., 2000). Los adultos también utilizan el habla privada, pero habitualmente no lo hacen en voz alta si hay alguien cerca.

El segundo modo por el cual el lenguaje hace avanzar el pensamiento, según Vygotsky, es como *mediador de la interacción social*, que es vital para el aprendizaje. Esta función de **mediación social** del habla ocurre tanto durante la instrucción formal como durante la conversación casual. Tanto el habla privada como la mediación social refinan y extienden las destrezas cognitivas. El lenguaje permite a los niños entrar y atravesar la zona de desarrollo próximo, porque las palabras proporcionan un puente entre la comprensión actual y lo que casi se comprende. Esta idea –que el lenguaje es una herramienta conceptual– es aceptada por muchos psicólogos del desarrollo (p. ej., Gelman, 2003; Pellegrini y Galda, 1998).

El lenguaje utilizado en la mediación social es particularmente evidente en el desarrollo de una comprensión de números, recuerdos y rutinas. Algunas de las principales diferencias entre los niños más pequeños y los niños de 5 años es que los últimos pueden contar objetos, asignando un número a cada elemento (denominado correspondencia uno a uno, rara en los niños más pequeños), pueden recordar con exactitud (si bien a veces se confunden por los falsos recuerdos) y pueden verbalizar situaciones (como el escenario habitual para una fiesta de cumpleaños o una comida en el restaurante).

Algunos investigadores están convencidos que el contexto social, sobre todo la instrucción de los padres y el estímulo verbal, es fundamental para todos estos logros cognitivos (p. ej., Hubbs-Tait y cols., 2002; Mix y cols., 2002). Por lo tanto, si bien los niños alcanzan suficiente madurez neurológica como para comprender los conceptos de números, recuerdos y rutinas alrededor de los 3 o 4 años de edad, que el niño muestre que entiende o no depende de la familia, la escuela y la cultura. El lenguaje es un mediador clave entre el potencial encefálico y lo que realmente comprenden y recuerdan los niños (Haden y cols., 2001; Schneider y Pressley, 1997).

En un experimento en Australia que verificó el papel del lenguaje, niños de 3 a 6 años de edad realizaron 26 actividades con 30 accesorios de juguetes en un supuesto zoológico (p. ej., colocando una cinta sobre la cola de una jirafa de juguete) (McGuigan y Salmon, 2004). Los niños estuvieron expuestos a una de cuatro posibles condiciones del lenguaje: 1) el "habla vacía" irrelevante para el zoológico, 2) el habla antes de la experiencia que describía lo que sucedería, 3) un diálogo descriptivo corrido durante la experiencia o 4) una descripción dos días más tarde de lo que había ocurrido. Se evaluó la memoria de cada niño para las 26 acciones y los 30 accesorios dos semanas más tarde.

El habla vacía fue la menos útil: los niños que tuvieron experiencias pero no escucharon ninguna palabra sobre ellas mostraron la mayor probabilidad de olvido. Hablar sobre las experiencias ayudó a la memoria, sobre todo si el niño también habló acerca de lo que había ocurrido. Si bien una charla específica antes, durante o después del acontecimiento fue mejor que el habla vacía, según lo predice el concepto de mediación social de Vygotsky, los niños se beneficiaron especialmente de la charla *después* del acontecimiento (McGuigan y Salmon, 2004). Obsérvese la similitud entre este estudio y la investigación sobre las sesiones recordatorias para niños que patalean que usted leyó en el capítulo 6 (Rovee-Collier y Hayne, 1987). La revisión ayuda a la memoria, probablemente para toda la vida.

CUADRO 9.1	Comparación entre Piaget y Vygotsky
Piaget	**Vygotsky**
Proceso del aprendizaje	
Aprendizaje activo	**Participación guiada**
Los niños buscan por sí mismos entender, motivados por su curiosidad innata	La ayuda del mentor para guiar el paso siguiente del aprendizaje, motivado por la necesidad del aprendiz de la interacción social
Naturaleza del niño	
Egocentrismo	**Aprendiz**
La tendencia de los preescolares a percibir todo desde su propia perspectiva y estar limitados por ese punto de vista	La tendencia del preescolar a mirar a los otros para conocer y para obtener ayuda, en particular en el ámbito cognitivo
Componentes	
Estructura	**Andamiaje**
Las presunciones mentales y los escenarios que crean los niños para ayudarse a organizar la comprensión del mundo. Las estructuras se rompen y se reconstruyen cuando el desequilibrio forma nuevas estructuras necesarias	La estructura para el aprendizaje puesta en su lugar por el "maestro" (un niño más capacitado o un adulto) o la cultura. Los aprendices utilizan andamios y luego los descartan cuando no los necesitan más

Esta investigación tiene una aplicación muy práctica. Cuando los niños son víctimas de maltrato infantil u observan que otra persona es herida o asesinada, pueden dar relatos precisos de lo que han presenciado. Sin embargo, su memoria es afectada por el lenguaje y el tono de las preguntas (Bruck y Ceci, 2004). Si después de un crimen un adulto describe una posibilidad y luego pregunta si ha sucedido, los niños tienden a estar de acuerdo. Más tarde pueden recordar como verdadera la descripción que hizo el adulto, aun cuando no lo fuera. Los individuos de todas las edades son afectados por un interrogatorio sesgado, pero los niños pequeños son los más vulnerables de todos, sobre todo si el interrogador es severo (como lo puede ser un juez). Esto significa que un niño que es testigo ocular debe ser interrogado con cuidado y suavidad y nunca debe ser llevado a creer algo que podría no ser cierto, ni a testificar más tarde sobre eso.

Las teorías de Piaget y Vygotsky son "compatibles de muchas formas" (Rogoff, 1998, p. 681). Cada perspectiva complementa a la otra (véase cuadro 9.1). Los niños pequeños a veces son egocéntricos y a veces tienen conciencia social. Ellos siempre están ansiosos por aprender.

SÍNTESIS

Vygotsky destacó los aspectos sociales y culturales de la cognición de los niños. Él creía que los niños se vuelven mucho menos egocéntricos si son guiados correctamente dentro de sus zonas de desarrollo próximo. Según Vygotsky, los padres, los hermanos, los compañeros y otros mentores son auxiliares en el aprendizaje de los niños pequeños. El lenguaje facilita la interacción del niño y el mentor en la mediación social, ya que el lenguaje se convierte en la herramienta que combina la curiosidad del niño con el conocimiento del mentor. Los niños pequeños también utilizan el habla privada, hablando con ellos mismos para consolidar lo que están aprendiendo.

Las teorías infantiles

Uno de los elementos comunes de las teorías de Piaget y de Vygotsky de la primera infancia es que los niños tratan de comprender su mundo en forma activa. Varios psicólogos recientemente intentaron mostrar con exactitud qué lleva a los niños a su adquisición de conocimiento. Al parecer, los lleva un impulso por explicar lo que experimentan, buscando saber por qué y cómo ocurren distintos acontecimientos. Si nada proporciona una explicación que ellos encuentren satisfactoria, desarrollan sus propias respuestas.

El hallazgo de que los niños buscan explicaciones es reconocido por cada psicólogo del desarrollo, cada maestro de preescolar y cada padre: los niños pequeños preguntan acerca de lo que los fascina o los confunde. Los niños son pensadores activos, no pasivos; son agentes que reaccionan a sus percepciones, no receptores pasivos de sensaciones (Bloom y Tinker, 2001; Brandtstädter, 1998).

Teoría-teoría

teoría-teoría   Idea de que los niños construyen teorías para tratar de explicar todo lo que ven y oyen.

Una teoría del desarrollo cognitivo comienza con este impulso humano por desarrollar teorías, un impulso especialmente evidente en la primera infancia. Algunos utilizan el término **teoría-teoría** para referirse a la teoría de que los niños construyen teorías para explicar todo lo que ven y escuchan:

> Más que cualquier animal, nosotros buscamos las regularidades causales en el mundo que nos rodea. Siempre estamos tratando de encontrar explicaciones más profundas de nuestra experiencia, y predicciones más amplias y más confiables sobre ella... Pareciera que los niños, en un sentido bastante literal, nacieron con... el deseo de entender el mundo y las ganas de descubrir cómo hay que comportarse en él.
>
> [Gopnik, 2001, p. 66]

Entonces, según la teoría-teoría, la mejor conceptualización y la explicación para los procesos mentales en los niños pequeños es que los seres humanos siempre buscan razones, causas y principios subyacentes. La figura 9.2, con su "receta" en estilo narrativo, captura la idea esencial de la teoría-teoría: que los niños no desean definiciones lógicas sino más bien explicaciones de varias cosas, sobre todo de las cosas que los involucran.

Exactamente, ¿cómo funciona esto en la primera infancia? En un estudio, los padres estadounidenses de origen mejicano mantuvieron diarios detallados de todas las preguntas que formulaban sus hijos de 3 a 5 años que pudieran considerarse un pedido de explicación (Keleman y cols., 2005). También anotaban si ellos las respondían y cómo lo hacían. Los niños promediaron una pregunta por día, con un rango de 2 a 60 preguntas realizadas en dos semanas.

FIGURA 9.2   **Desenvuelve el pavo**   Esta receta (de *Smashed Potatoes*, dirigida por Jane Martel) muestra muchas características del pensamiento preescolar, entre ellas la interpretación literal de las palabras ("A veces lo pueden llamar pájaro*, pero no lo es") y una idea incierta del tiempo ("Pon el relleno por un par de horas") y la cantidad ("Una porción gigante de relleno").

Un pavo entero

1 bolsa grande llena del pavo entero (conseguir el tipo sin plumas, no el tipo que comían los colonos ingleses)
Una porción gigante de relleno
1 pastel de calabaza
1 pastel de menta
1 fuente pequeña y linda de arándalos
1 fuente grande y linda de varias verduras,
20 fuentes de dulces diferentes; bombones de chocolate y cereza, confites y maníes

Levántate cuando avise la alarma y ponte a trabajar. Desenvuelve el pavo y hazle agujeros. Ponle el relleno por un par de horas. Creo que puedes conseguir el relleno en esa granja que lo hace.

Sé que tienes que fijar con un alfiler el relleno al pavo o supongo que se saldrá. Consigue alfileres especiales o clavos largos y grandes.

La cocina tiene que estar realmente caliente y entonces sólo se cocina el pavo. A veces se lo puede llamar pájaro, pero no lo es.*

Luego colocas las verduras en la cocina, y primero colocas una arriba, y luego colocas una abajo y luego una en el centro. Eso forma una mezcla de verduras. Colócale dos cositas rojas de sal y 2 cositas rojas de agua también. Cocínalos sólo a la mitad de calor.

Coloca dulces todo alrededor del lugar y Linda traerá los pasteles.
Cuando todos lleguen colócate el delantal rojo.

*Nota de traducción: en inglés, bird significa tanto ave como pájaro.

En general, los niños pequeños formularon más preguntas que los niños de más edad, y los padres con mayor nivel de educación escucharon (o registraron) más preguntas. Como se ve en la figura 9.3, la mayoría de las preguntas fueron acerca del comportamiento humano, específicamente las razones de por qué las personas hacen cosas, como "¿por qué le diste un beso a mi madre?" y "¿por qué es malo mi hermano?". También fueron frecuentes las preguntas vinculadas con la biología de las cosas vivas, como "¿por qué las mujeres tienen pechos?" y "¿por qué hay niños negros?". Hubo menos preguntas acerca de cosas no vivas ("¿por qué llueve?") u objetos ("¿por qué el auto de mi papá es blanco?").

Las preguntas que hicieron los niños mostraron que se interesaban en muchas cosas. Muchas preguntas fueron teleológicas y se referían al estudio del diseño o el propósito subyacente en distintos fenómenos naturales. Los padres de este estudio (en su mayoría con creencias religiosas) a veces ignoraban las preguntas y, cuando las respondían, solían responder como si los niños quisieran saber acerca de la causalidad científica, no acerca de la teleología. Por ejemplo, a los niños que preguntaron por qué las mujeres tienen pechos más a menudo se les contó acerca de las hormonas y la maduración y no que las mamas son para alimentar a los bebés. Un niño que preguntó por qué su hermano era malo probablemente se le dijo que lo que hizo su hermano estaba mal (p. ej., rompió un juguete), mientras que una respuesta más satisfactoria hubiera sido porque su hermano estaba enojado o celoso.

Piaget observó el mismo fenómeno, señalando que los niños buscan explicaciones, no causas directas (Piaget, 1929), aunque él enfocaba en la naturaleza egocéntrica del niño. Así, a una niña que pregunta por qué sus padres se divorcian se podría decir que ellos ya no se aman, pero en su egocentrismo la niña podría secretamente inferir que los padres ya no la aman. Del mismo modo, un niño al que se le contara que su abuela murió porque tenía cáncer podría arribar a la conclusión, en cambio, de que la abuela murió porque Dios la quería con él o porque la abuela estaba molesta con el niño.

Estas nociones son útiles para los padres que se sienten asediados por los "¿por qué?" de sus hijos. Los niños no quieren decir "¿cuál es la razón o la definición científica y lógica de esto?". Más probablemente quieren decir "¿cuál es el propósito de esto en mi pequeño universo?". Los adultos pocas veces proporcionan explicaciones que sirvan como andamio para un punto de vista sofisticado del comportamiento humano, lo cual es una razón de por qué los niños parecen lentos para comprender cómo piensan otros individuos.

Teoría de la mente

Los procesos mentales humanos –los pensamientos, las emociones, las creencias, los motivos y las intenciones– figuran entre los fenómenos más complicados y asombrosos en el mundo de los pequeños. Cuando los niños intentan comprender el enojo inesperado de un compañero de juegos, saber cuándo un hermano será generoso o evitar el beso demasiado húmedo de una tía, quieren comprender y predecir qué sucede en la mente de otra persona. Para eso, ellos desarrollan un tipo de "psicología popular", una forma de comprender los procesos mentales humanos que se denomina **teoría de la mente**.

La teoría de la mente se pone de manifiesto cuando un niño pequeño comprende algo con respecto a lo que piensan otras personas; constituye "un cambio intelectual importante que ocurre alrededor de los 4 años" (Perner, 2000, p. 396). Típicamente, este conocimiento se logra de manera más bien súbita, como resultado de la introspección más que de la acumulación de conocimientos (Wellman y cols., 2001). Tanto la maduración como las experiencias sociales son factores que intervienen en este desarrollo, por lo que la teoría de la mente puede ser considerada una evidencia de las teorías de Piaget y de Vygotsky.

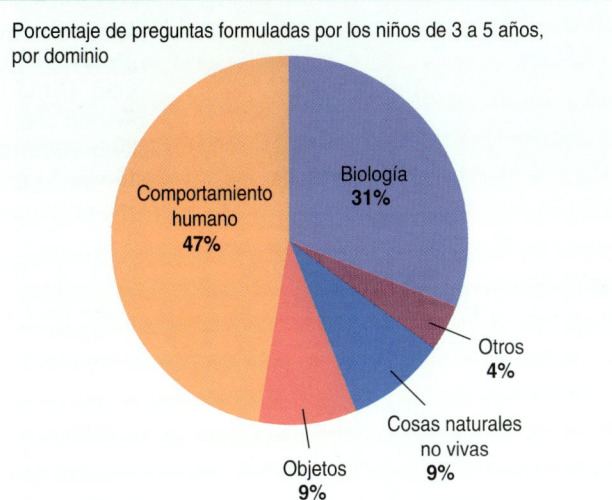

Porcentaje de preguntas formuladas por los niños de 3 a 5 años, por dominio

Comportamiento humano **47%**

Biología **31%**

Otros **4%**

Cosas naturales no vivas **9%**

Objetos **9%**

Fuente: adaptado de Keleman y cols., 2005.

FIGURA 9.3 **Preguntas, preguntas** Los padres observaron que la mayoría de las preguntas formuladas por sus hijos eran acerca del comportamiento humano, sobre todo el comportamiento de los padres hacia el niño. Los niños intentan desarrollar una teoría para explicar las cosas, de modo que la pregunta "¿por qué no puedo tomar algunos caramelos?" no tiene una respuesta satisfactoria "es casi la hora de cenar".

teoría de la mente Serie de ideas que se ha formado una persona acerca de lo que piensan los demás. Para tener una teoría de la mente, los niños deben darse cuenta de que los demás no tienen exactamente los mismos pensamientos que ellos tienen. Esta comprensión difícilmente ocurre antes de la edad de cuatro años.

Creencia y realidad: comprendiendo la diferencia

¿Qué es lo que los niños comprenden súbitamente? Entre los 3 y los 6 años, los niños empiezan a entender que los fenómenos mentales tal vez no reflejan la realidad. Esta idea conduce al concepto de la teoría de la mente de que las personas pueden creer cosas que no son ciertas. En consecuencia, las personas pueden ser deliberadamente mentirosas o tontas, una idea que va más allá de la comprensión de la mayoría de los niños más pequeños, aun cuando ellos mismos hayan sido engañados. Consideremos un experimento en el cual un adulto muestra a un niño de 3 años una caja de caramelos y le pregunta: "¿Qué hay adentro?". El niño, naturalmente, dice "caramelos". Pero, en realidad, el niño ha sido engañado.

Adulto: Vamos a abrir la caja y vamos a mirar adentro.
Niño: Oh... son... ¡lápices!
Adulto: Ahora vamos a ponerlos dentro otra vez y cerraremos la caja nuevamente. *(Hace eso)* Bien... cuando viste la caja por primera vez, antes de que yo la abriera, ¿qué pensaste que había adentro?
Niño: Lápices.
Adulto: Nicky (*un amigo del niño*) no ha visto lo que había adentro de esta caja. Cuando Nicky venga y vea esto... Cuando Nicky vea la caja, ¿qué pensará que hay adentro?
Niño: Lápices.

[*Adaptado de Astington y Gopnik, 1988, p. 195*]

Este experimento se ha convertido en un clásico, realizado con miles de niños de muchas culturas. Cuando se lo repite exactamente, los niños de 3 años casi siempre cometen el mismo error. Ellos parecen confundir lo que creen con la realidad y este "sesgo realista" les dificulta recordar que alguna vez han creído algo que contradice lo que ellos ven en ese momento (Mitchell y Kikuno, 2000). Otra forma de describirlo es decir que ellos están "poseídos" por su propio conocimiento (Birch y Bloom, 2003) y son demasiado egocéntricos como para captar otras perspectivas.

En consecuencia, hasta los 4 años, los niños son muy malos para engañar a otras personas. Juegan al escondite y siempre se esconden en el mismo lugar y cada vez que tratan de contar una mentira se les escapa la verdad. Su comprensión de lo que las otras personas pueden pensar o creer es muy limitado, aunque algunas investigaciones muestran cómo pueden planear estrategias para engañar a otro ya desde los 3 años, un año antes de que ellos mismos se den cuenta de que han sido engañados (Hala y Chandler, 1996).

Estrechamente relacionada con su falta de conciencia respecto de sus propios procesos del pensamiento está su incapacidad para cambiar de opinión, reconociendo que pensaban en una cosa y ahora deben pensar en otra. Con un pensamiento estático (una de las características del pensamiento preoperacional), es muy difícil cambiar de opinión.

Esto se demuestra mediante otro experimento que se repite a menudo, en el cual se solicita a los niños que seleccionen dibujos de dos formas (como manzanas y peras) en dos colores (como rojo y verde) (Zelazo y cols., 1996). Cuando se les pide que seleccionen por color, los niños de 3 años colocan correctamente las manzanas rojas con las peras rojas en una pila y las manzanas verdes con las peras verdes en otra. Si se les pide inicialmente que seleccionen por forma, habitualmente también tienen éxito, colocando las manzanas (rojas o verdes) en una pila y las peras (rojas o verdes) en otra. Pero cuando se les pide que seleccionen primero de un modo (digamos, por color) y luego del otro modo (forma), pocos niños de 3 años pueden realizar el cambio. Las características básicas de este experimento han sido reproducidas en muchos países; los niños de 3 años de cualquier lugar parecen pegados a su patrón inicial de selección y parecen incapaces de cambiar (Diamond y Kirkham, 2005).

Curiosamente, una vez que los niños han desarrollado una teoría de la mente (como lo demuestran los experimentos tradicionales), por lo general también pueden cambiar con éxito de categorías cuando seleccionan estas tarjetas (Kloo y Perner, 2003). Sin embargo, incluso los adultos vacilan un poco antes de realizar correctamente esta tarea, lo que sugiere que tal vez nunca desaparece por completo la tendencia hacia el error inicial que tienen los niños de 3 años (Diamond y Kirkham, 2005). No se sabe si esto también indica que es más probable que los adultos reconozcan que alguna otra persona ha sido engañada a que ellos mismos lo han sido.

ESPECIALMENTE PARA CIENTÍFICOS SOCIALES
¿Puede usted pensar alguna relación entre la teoría de Piaget del pensamiento preoperacional y los errores de las tareas de la teoría de la mente de los niños de 3 años?

Influencias contextuales

Recientemente, los psicólogos del desarrollo han preguntado qué es lo que, en concreto, refuerza la teoría de la mente alrededor de los 4 años. ¿Es la naturaleza o la crianza, la maduración encefálica o la experiencia?

La maduración neurológica es una explicación plausible. En un estudio, a 68 niños de 2 años y medio a 5 años y medio les presentaron cuatro situaciones estándar de la teoría de la mente, que incluía una caja de tiritas (curitas) que en realidad contenía lápices (similar al experimento de la caja de caramelos descrito antes) (Jenkins y Astington, 1996). Más de un tercio de los niños tuvieron éxito en las cuatro tareas (por ejemplo, anticiparon que alguien más podría inicialmente creer, como ellos lo hicieron, que la caja de tiritas contendría tiritas), más de un tercio fracasó en tres o cuatro tareas y el resto realizó correctamente dos o tres tareas. La edad tuvo un efecto contundente: los niños de 5 años tuvieron mayor probabilidad de triunfar en todas las tareas, los niños de 4 años mostraron un éxito intermedio y los niños de 3 años fueron más propensos a fracasar todas las veces.

Este adelanto relacionado con la edad sugiere que la maduración de la corteza prefrontal (la localización de la función ejecutiva, que habitualmente alcanza un nuevo nivel alrededor de los 4 años) es el factor fundamental (Perner y cols., 2002). Otros indicios de que la maduración encefálica es un prerrequisito para la teoría de la mente es el hecho de que el deterioro del funcionamiento encefálico es la causa más probable de autismo (véase capítulo 11) y muchos niños autistas están adelantados en la comprensión numérica pero son lentos en el desarrollo de la teoría de la mente (Baron-Cohen, 1995).

La capacidad para el lenguaje general también parece ser importante: cuanto mayor es la eficiencia verbal de un niño (a cualquier edad) más probable es que tenga una teoría de la mente (Astington y Jenkins, 1999; de Villiers y de Villiers, 2000). La capacidad para el lenguaje puede ser en parte resultado de la maduración de áreas particulares del encéfalo, pero también es el resultado de la experiencia del lenguaje, sobre todo de las conversaciones entre la madre y el niño que involucran pensamientos y deseos, no sólo hechos (Ruffman y cols., 2002).

La importancia del lenguaje para la teoría de la mente se aprecia en los niños con sordera profunda a los que no se les enseña el lenguaje por señas cuando son bebés. Ellos no pueden completar las tareas de la teoría de la mente hasta los 8 años o más tarde (Lundy, 2002).

Cuando se toman en cuenta tanto los efectos de la edad como la capacidad de lenguaje, aparece un tercer factor importante: tener por lo menos un hermano o una hermana mayor (Jenkins y Astington, 1996). Un investigador estima que, en el desarrollo de la teoría de la mente, "dos hermanos mayores valen como un año de edad cronológica" (Perner, 2000, p. 383). Al parecer la argumentación, el acuerdo, la competencia y la cooperación que normalmente aportan los hermanos conducen a los niños a comprender que no todos comparten su pensamiento.

Antes de concluir que la maduración, con ayuda del lenguaje y de los hermanos, produce la teoría de la mente a los 4 años, consideremos otro estudio más (Vinden, 1996). Todos los niños de 4 a 8 años de un pueblo remoto en las montañas de Perú realizaron una prueba, en una versión cultural adecuada, del experimento de la caja de caramelos; en este caso, era un recipiente de azúcar que contenía patatas pequeñas. Los niños al principio pensaron que el recipiente contenía azúcar, como cualquiera de la aldea hubiera pensado. Pero muchos de estos niños, incluso algunos de 8 años, contestaron incorrectamente las preguntas de la teoría de la mente: no podían explicar por qué alguien esperaría encontrar azúcar inicialmente en un recipiente para azúcar y luego se sorprendiera de encontrar patatas.

En esta aldea aislada y montañosa de Perú, "no existe ninguna razón ni tampoco tiempo para idear un engaño elaborado... donde los campesinos, trabajando desde el amanecer hasta la noche sólo para sobrevivir..., viven mayormente en un escenario de acción y no en un "contexto reflexivo" (Vinden, 1996, p. 1715). Ni su

¿Ira en el camino? A partir de sus expresiones, impresiona que este hermano y esta hermana pueden chocar su jeep de juguete y llorar, acusándose mutuamente por el inconveniente. Pero uno de los beneficios de estas interacciones fraternas es que pueden progresar en la teoría de la mente al ayudar al niño a entender que las personas no siempre piensan de la misma forma.

idioma ni su cultura describen las falsas creencias o "cómo los pensamientos de las personas podrían afectar sus acciones". Por lo tanto, la cultura es el cuarto factor crucial en el desarrollo de la teoría de la mente (Lillard, 1998; Vinden, 1996).

Un estudio que comparó la teoría de la mente entre niños pequeños en preescolares de Canadá, Perú, India y Samoa observó que los niños canadienses estaban ligeramente adelantados y los niños de Samoa ligeramente atrasados, pero casi todos ellos pasaban las pruebas de falsas creencias alrededor de los 5 años. Obsérvese que todos estos niños se encontraban en el preescolar, de modo que tenían el beneficio de la interacción social y del lenguaje. Los investigadores que compararon estas culturas arribaron a la conclusión de que la maduración encefálica es el factor primario en la teoría de la mente, y el desarrollo del lenguaje es una influencia secundaria (Callahan y cols., 2005).

Haciendo referencia nuevamente a Piaget y Vygotsky, la lógica y la maduración propias del niño son importantes (Piaget), pero el lenguaje, la interacción social y la cultura son mediadores importantes (Vygotsky) una vez que las estructuras encefálicas se encuentran en su sitio. En la mayoría de las culturas, se produce "cierto grado de experiencia viviendo y participando en la conversación" alrededor de los 3 años, lo que hace posible la teoría de la mente (Callahan y cols., 2005).

SÍNTESIS

Recientemente, los científicos han observado que los niños desarrollan teorías para explicar todo lo que observan, teorías que no surgen necesariamente de las explicaciones que les dan los adultos. Los niños parecen estar mucho más interesados en el propósito subyacente de los acontecimientos dentro del gran esquema de la vida; los adultos están más concentrados en las causas científicas inmediatas de los acontecimientos. Muchos investigadores han explorado el desarrollo de la teoría de la mente, el conocimiento de que las otras personas pueden tener pensamientos e ideas distintos de los propios. La maduración neurológica, la capacidad lingüística, el contexto familiar y la cultura afectan el logro de la teoría de la mente alrededor de los 4 años.

El lenguaje

El lenguaje es fundamental para la cognición en la primera infancia, como hemos visto en los ejemplos de mediación social de Vygotsky y el desarrollo de la teoría de la mente. El lenguaje también es el principal logro cognitivo durante estos años: los niños de 24 meses comienzan este período con oraciones cortas y vocabulario limitado, y los niños de 6 años terminan este estadio con la capacidad para comprender y discutir casi cualquier cosa (véase cuadro 9.2).

La maduración y la mielinización en áreas particulares del encéfalo, y el hecho de que el lenguaje es necesario para interacción social de todo tipo, convierten a la edad de 2 a 6 años en el período principal para aprender el lenguaje. De hecho, algunos científicos pensaron en algún momento que estos años constituían un **período crítico**, el único período en que un primer idioma podía ser dominado y por lejos el mejor momento para aprender cualquier idioma. Algunos pensaban que, si la gramática y la pronunciación no se aprendían en la primera infancia, las neuronas y sinapsis encefálicas necesarias desaparecen y el lenguaje nunca se dominaría (Lenneberg, 1967; Scovel, 1988). Esta hipótesis ha sido descartada. Los seres humanos pueden hacer y dominar el lenguaje después de la primera infancia. Millones de personas aprenden segundos idiomas después de los 6 años e incluso después de la pubertad (Bialystok, 2001; Hakuta y cols., 2003).

Con todo, los primeros científicos no estaban completamente errados. Si bien no es un período crítico, la primera infancia parece ser un **período sensible para muchas habilidades lingüísticas**, un período en que el vocabulario, la gramática y la pronunciación se aprenden en forma rápida y fácil. Los niños pequeños a veces se denominan "esponjas del lenguaje" porque captan cualquier gota de lenguaje que encuentran.

Una razón para que la primera infancia sea un período sensible para el lenguaje reside en el encéfalo en desarrollo; las dendritas y las áreas neurológicas para aprender el lenguaje crecen rápidamente durante estos años (Leonard, 2003). El contexto social también es fundamental. Como leímos antes, los niños pequeños están poderosamente motivados a ser sociales: ellos desean comunicarse y no se sienten avergonzados de equivocarse.

período crítico Período en el cual cierto tipo de desarrollo *debe* ocurrir, de lo contrario ya no ocurrirá. Por ejemplo, el período embrionario es crucial para el crecimiento de los brazos y las piernas. En otra época se creía que la primera infancia era un período crítico para el aprendizaje del lenguaje, pero en la actualidad se considera que es un *período sensible*.

período sensible Período de tiempo en el que es más factible que ocurra cierto tipo de crecimiento o desarrollo, o en el que dicho desarrollo ocurre más fácilmente. Por ejemplo, la primera infancia se considera un período sensible con respecto a la adquisición del lenguaje.

CUADRO 9.2	ALREDEDOR DE ESTA ÉPOCA: el lenguaje en la primera infancia
Edad aproximada	**Característica del logro**
2 años	Vocabulario: 100-2 000 palabras Extensión de las oraciones: 2-6 palabras Gramática: plurales, pronombres, muchos sustantivos, verbos, adjetivos Preguntas: muchas preguntas "¿qué es esto?"
3 años	Vocabulario: 1 000-5 000 palabras Extensión de las oraciones: 3-8 palabras Gramática: conjunciones, adverbios, artículos Preguntas: muchas preguntas "por qué?"
4 años	Vocabulario: 3 000-10 000 palabras Extensión de las oraciones: 5-20 palabras Gramática: proposiciones dependientes ("¿no es cierto?") al final de las oraciones Preguntas: el pico de las preguntas "¿por qué?"; también muchas preguntas "¿cómo?" y "¿cuándo?"
5 años	Vocabulario: 5 000-20 000 palabras Extensión de las oraciones: Algunas parecen interminables ("...y... quien... y... que... y...") Gramática: compleja, a veces utiliza la voz pasiva ("hombre mordido por un perro"); subjuntivo ("si yo estuviera...") Preguntas: incluyen algunas sobre diferencias (hombre/mujer, viejo/joven, rico/pobre)

El deseo de comunicarse El lenguaje depende mucho del contexto social. Las conversaciones individuales frecuentes con un adulto constituyen la principal razón de por qué el vocabulario de un niño de 5 años puede ser cuatro veces mayor que el de otro.

Por esas razones, los niños pequeños hablan mucho –a los adultos, entre sí, a sí mismos, a sus juguetes– impávidos ante su mala pronunciación, su mal uso, su tartamudeo u otros impedimentos para la fluidez lingüística (a menos que otros bromeen sobre ello). Obsérvese aquí una ventaja fundamental del desarrollo. El lenguaje llega más fácilmente a los niños pequeños porque, al contrario de la mayoría de los niños más grandes y los adultos, no están inhibidos por la posibilidad de cometer errores en un idioma nuevo, de modo que realizan mucha práctica.

El vocabulario

En la primera infancia, las nuevas palabras se agregan rápidamente. El niño promedio conoce alrededor de 500 palabras a la edad de 2 años y más de 10 000 a los 6 años. Un experto dice que los niños de 2 a 6 años aprenden 10 palabras al día (Clark, 1995); otro estima que aprenden una palabra nueva cada dos horas que se mantienen despiertos desde los 2 hasta los 20 años (Pinker, 1994). El estrepitoso desarrollo de la nominación (explicado en el capítulo 6) es dejado atrás por un desarrollo más general, que durante la primera infancia les permite dominar nuevos verbos, adjetivos, adverbios y conjunciones, así como muchos más sustantivos.

Las estimaciones precisas de nuevo vocabulario varían porque los contextos de aprendizaje son diversos; las estimaciones anteriores probablemente sean más altas que el promedio mundial. Sin embargo, todos los investigadores concuerdan en que la expansión del vocabulario es rápida a la edad de 7 años, y que la mayoría de los niños es capaz de aprender mucho más lenguaje del que aprenden.

Esquematización rápida

¿Cómo se produce la rápida expansión del vocabulario? Después de un esmerado aprendizaje de una palabra por vez a la edad de un año, los niños desarrollan un conjunto interconectado de categorías para las palabras, un tipo de grilla o tabla mental, que hace posible la adquisición veloz del vocabulario. El proceso se denomina **esquematización rápida** (Woodward y Markman, 1998) porque, en lugar de figurarse una definición exacta y esperar hasta que una palabra sea utilizada en varios contextos, los niños escuchan una palabra una vez y la incluyen en una tabla mental del lenguaje.

MICHAEL WICKES / THE IMAGE WORKS

¿Qué es eso? Por mucho la mejor forma en que un padre puede enseñar a un niño pequeño nuevo vocabulario es leyendo en voz alta. En condiciones ideales, la interacción debe ser muy social, señalando y hablando mucho, como lo demuestra esta pareja de Idaho. Si estas experiencias forman parte de su rutina diaria, esta pequeña niña no sólo desarrollará el lenguaje sino también será una de las primeras en su clase en aprender a leer.

esquematización rápida Proceso rápido e impreciso por el que los niños adquieren palabras nuevas mediante la producción de "tablas" mentales con categorías ordenadas según los significados.

La esquematización del lenguaje no siempre es precisa. Es similar al mapa mental del mundo de la mayor parte de las personas. Así, cuando le preguntan dónde está Nepal, la mayoría de las personas puede localizarlo aproximadamente ("en Asia"), pero pocas pueden localizarlo con exactitud, citando cada límite. Nepal es esquematizado en su mente, pero no con exactitud. Del mismo modo, los niños aprenden rápidamente nuevos nombres de animales, por ejemplo, porque son esquematizados en el cerebro cerca de los nombres de animales ya conocidos. Así, "animales" es una categoría, que facilita la esquematización de *tigre* si ya se conoce *león*. Un viaje hacia el zoológico habitualmente facilita la esquematización rápida de docenas de palabras, especialmente porque los zoológicos actúan como andamiaje para el vocabulario al colocar juntos los animales similares.

El beneficio de conocer al menos una palabra de una categoría, para permitir la esquematización rápida de otras palabras en esa región, es evidente en un experimento clásico. Una maestra de preescolar enseñó una palabra de un nuevo color diciendo, "dame la bandeja cromada, no la roja" (Carey, 1985). Los niños que ya conocían al menos una palabra de color rápidamente captaron la palabra *cromada*, demostrando que la recordaban más de una semana más adelante. En otras palabras, si tenían el concepto general de que las cosas tienen color y que cada color tiene un nombre, ellos realizaban una esquematización rápida de *cromada* cerca de rojo. Aquellos que no conocían ninguna palabra de color no recordaron la nueva palabra (una semana más tarde, no podían seleccionar un objeto cromado) porque eran incapaces de esquematizarlo (Mandler, 2004).

En general, cuanto más indicios lingüísticos del significado de una nueva palabra ya tengan los niños, mejor será su esquematización rápida (Mintz, 2005). Para aumentar el vocabulario, los padres deben tener conversaciones frecuentes y elaboradas con cada niño (Hoff y Naigles, 2002). ¡Ay de mí! Los preescolares también pueden esquematizar palabras que sus padres creerían que ellos no saben, como yo aprendí de esta dura manera.

EN PERSONA

La esquematización rápida: mamá, la mocosa

La esquematización rápida tiene una ventaja obvia, porque fomenta la adquisición rápida del vocabulario. No obstante, también significa que los niños *parecen* conocer las palabras porque las usan, pero en realidad su comprensión de las palabras es bastante limitada. Un ejemplo habitual es la palabra *gordo*, que incluso los niños de 2 años utilizan y al parecer entienden. Sin embargo, de hecho los niños pequeños emplean con frecuencia *gordo* cuando quieren decir *alto* o *viejo* o *grande* ("¡Mi amor es tan gordo!") y sólo poco a poco se empieza a usar *gordo* en forma correcta (Sena y Smith, 1990).

Cuando los adultos comprenden que los niños a menudo no entienden del todo los significados de las palabras que usan, es más fácil entender –y perdonar– los errores que cometen. Yo todavía recuerdo vívidamente un incidente causado por la esquematización rápida, cuando mi hija más pequeña, que entonces tenía 4 años, estaba furiosa conmigo.

Al parecer, Sarah había incorporado mediante esquematización rápida varias palabrotas en su vocabulario.

Sin embargo, su esquematización rápida no brindó las definiciones precisas ni reflejó los matices. En su enojo, ella me llamó primero "bruja mala" y luego "mocosa". Yo sonreí frente a su imprecisión inocente, sabiendo que la primera había sido una esquematización rápida de los libros de cuentos de hadas y la segunda de las conversaciones con sus hermanas mayores. Ninguna etiqueta me molestaba, porque no creo en las brujas y mi hermano es la única persona que puede llamarme mocosa con propiedad.

Pero entonces Sarah dejó escapar un epíteto irreproducible que me hizo tambalear. Luché por contener mi enfado y traté de convencerme de que la esquematización rápida probablemente le había dejado una idea errónea de lo que acababa de decir. "¡Esa palabra no la debes usar nunca más en esta casa!", le dije a gritos. Mi apreciación de la velocidad de la esquematización rápida se hizo más profunda por su respuesta: "¿Entonces por qué Rachel (su hermana mayor) me llamó así esta mañana?".

Lógica y palabras

La extensión lógica está estrechamente relacionada con la esquematización rápida: después del aprendizaje de una palabra, los niños la utilizan para describir otros objetos en la misma categoría. Una niña le contó a su padre que ella había visto algunas vacas dálmatas en un viaje escolar a una granja. Él la comprendió porque recordó que ella había conocido un perro dálmata el fin de semana anterior. Los niños utilizan su vocabulario disponible para cubrir todo el espectro de cosas sobre las que desean hablar (Behrend y cols., 2001). A medida que se acercan a la edad escolar, los niños utilizan la lógica para asociar lo que significan las palabras, por ejemplo, "deciden" que el coco viene de los cocodrilos y que un ala surge de un álamo.

Por supuesto, incluso los niños que aprenden más rápido el lenguaje deben escuchar una palabra nueva al menos una vez, en un contexto que permita la esquematización, y sus interlocutores constituyen sus guías. Un experimento en la enseñanza de los nombres de partes de objetos (p. ej., la espita de una canilla) descubrió que los niños aprendían mucho mejor si los adultos nombraban el objeto que tenía la parte y luego hablaban de la parte con posesivos (p. ej., "¿ven esta mariposa? Miren, éste es su tórax") (Saylor y Sabbagh, 2004). Esto demuestra que la manera precisa de presentar una palabra nueva influye en la probabilidad de que el niño aprenda esa palabra.

El proceso de construcción del vocabulario ocurre tan rápidamente que, a la edad de 5 años, algunos niños parecen entender y usar casi todos los términos que escuchan. De hecho, los niños de 5 años *pueden* aprender cualquier palabra o frase si es explicada con ejemplos específicos utilizando palabras conocidas y si el contexto les permite imaginarse cuál es el significado de esa palabra. Una maestra que había sido alumna mía les preguntó a sus alumnos del preescolar qué habían hecho ese fin de semana. La mayoría de los niños dieron respuestas habituales –mirar televisión, ir a misa, ir al supermercado– pero un niño respondió: "Yo fui a una protesta". "¿Qué es una protesta?", preguntó otro niño. "Un montón de gente se junta, camina en círculos y grita", replicó el primer niño, lo que demostró su concepto de lo que había ocurrido. El segundo niño asintió, y esquematizó *protesta* en su vocabulario.

Los niños pequeños no pueden comprender con exactitud todas las palabras que escuchan aunque, como lo demuestra este ejemplo, intentan hacerlo. Un adulto proporcionaría una definición muy diferente de *protesta*, por ejemplo. Para los niños pequeños, los sustantivos abstractos y las metáforas son especialmente difíciles porque no hay referente concreto. La esquematización rápida es lógica y literal, y sólo permite un significado por palabra o frase. Cuando yo era niña e iba en el coche con mi madre, lloré cuando ella dijo: "El motor está muerto".

Otro niño tomó literalmente la frase *vivir con**, que significa "residir en la misma casa". Esto explica la respuesta del niño luego de ser retado por saltar sobre la cama.

> **Madre:** Basta. Te vas a hacer daño.
> **Hijo:** No, no quiero. *(Todavía saltando.)*
> **Madre:** Vas a romper la cama.
> **Hijo:** No, no quiero. *(Todavía saltando.)*
> **Madre:** Está bien. Tú vas a vivir con* las consecuencias.
> **Hijo:** *(Deja de saltar.)* Yo no voy a vivir con las consecuencias. Ni siquiera las conozco.

[adaptado de New York Times, *2 de noviembre de 1998*]

Los niños pequeños también tienen dificultades con las palabras que expresan implícitamente comparaciones –como *alto* y *bajo*, *cerca* y *lejos*, *profundo* y *superficial*– porque no comprenden que estas palabras sólo tienen significado en el contexto (Ryalls, 2000). Una vez que el niño comprende qué parte de la piscina es el lado profundo, por ejemplo, su profundidad se convierte, con mucha lógica, en su definición de *profundo*. Entonces, ante la instrucción de los padres de mantenerse alejados de los charcos profundos podrían insistir en chapotear en todo charco que vean, porque ninguno de ellos es profundo.

Las palabras que expresan relaciones de lugar y tiempo –como *aquí, allá, ayer* y *mañana*– también son difíciles. Más de un niño en pijama ha despertado la mañana de Navidad y preguntado: "¿Ya es mañana?". Un niño al que se le dice: "permanece ahí" o "ven acá" quizás no siga las instrucciones, en parte porque los términos son confusos.

---

* (*Nota de traducción:* en inglés, *live whit* significa tanto convivir como aceptar. La interpretación del niño tiene sentido en el idioma original.)

Colmillos para las memorias Museos, zoológicos, parques, granjas, fábricas, todos proporcionan muchas oportunidades para construir el vocabulario y formar los conceptos. Estos padres pueden estar enseñando a sus hijos no sólo *puma*, sino también *hábitat*, *carnívoro* e *incisivos*.

Del mismo modo, como los niños utilizan ciertas palabras, los adultos podrían creer erróneamente que comprenden las implicaciones de lo que dicen. Consideremos por ejemplo palabras referentes al sexo, la guerra o la muerte. Un experimento comenzó con niños del jardín de infantes que miraban un show de marionetas en el cual un cocodrilo se comía un ratón. Los niños coincidieron en que el ratón estaba muerto y la mayoría dijo que el cerebro del ratón ya no funcionaba. Sin embargo, pocos realmente comprendían que la muerte detiene la vida. Muchos creían que el ratón muerto todavía esperaba mejorar en matemáticas (77%), todavía tenía sed (44%), todavía tenía miedo del cocodrilo (73%) y todavía quería a su madre (94%) (Bering y Bjorklund, 2004).

Incontables niños han estado aterrorizados al oír que un niño más grande habla de un fantasma, han sido castigados por proferir maldiciones o han sido acusados de "presumidos" porque conocen palabras y no comprenden lo que significan. Un ejemplo de comprensión infantil provino de los preescolares en Italia que estaban discutiendo el conflicto que luego se volvió una masacre en el cercano Kosovo. Ellos parecían entender los problemas, defendiendo la paz. Pero entonces pusieron en evidencia su inocencia. Giorgia de 4 años dijo: "La guerra hiere los sentimientos de los papás, las mamás y los niños" (Abbott y Nutbrown, 2001, p. 123).

La gramática

La *gramática* de un idioma incluye las estructuras, las técnicas y las normas que se usan para comunicar los significados. El orden y la repetición de las palabras, los prefijos y sufijos, la entonación y la pronunciación, todo forma parte de la gramática. A menudo se distingue entre el *lenguaje expresivo,* que es lo que dice el individuo, y el *lenguaje receptivo,* que es lo que comprende el individuo. Para todos, el lenguaje receptivo es más extenso, porque la comprensión de un conjunto de palabras de vocabulario no es tan difícil como expresar ideas. La diferencia es la gramática, que es mucho menos importante para escuchar que para hablar.

Como se recordará del capítulo 6, los niños en edad de caminar que pronuncian oraciones de dos palabras ya utilizan gramática. Alrededor de los 3 años de edad, la gramática es muy impresionante: los niños que hablan español no sólo ubican el sujeto antes del verbo sino también ponen el verbo antes del objeto directo y el sustantivo antes del adjetivo. Ellos dicen: "Yo como la manzana" y no las otras 23 combinaciones posibles de esas cuatro palabras. Pueden formar los plurales de los sustantivos; los tiempos verbales pasado, presente y futuro, y las formas nominativa, objetiva y posesiva de los pronombres. En español, el uso correcto de los artículos (*el, la, los, las, un, una,* unas) es difícil, de modo que los adultos que aprenden español a menudo los omiten. Por el contrario, la mayoría de los niños de 3 años que hablan español como idioma nativo los utilizan correctamente.

El estímulo y el aliento de los padres conducen directamente al uso más rápido y mejor del lenguaje (Barrett, 1999; Hoff y Naigles, 2002). En un estudio de gemelos (que a menudo se retrasan en la gramática porque experimentan una conversación menos individualizada), algunos investigadores observaron que la velocidad y el grado del aprendizaje del lenguaje dependían de cuánto hablaban los padres a cada uno de los gemelos (Rutter y cols., 2003).

Algunos factores genéticos también afectan la forma en que utilizan el lenguaje los niños de 3 a 5 años. Cada aspecto específico del lenguaje se afecta en forma diferente, porque muchas influencias genéticas y ambientales (de los compañeros y los padres) tienen impacto y no hay dos niños que tengan exactamente la misma combinación de influencias. Algunas investigaciones sugieren que los genes tienen más influencia en el lenguaje expresivo que en el lenguaje receptivo, el cual depende principalmente de la experiencia. Sin importar las particularidades, naturaleza y crianza interactúan con cada aspecto del lenguaje, y la primera infancia es un período de adquisición rápida, en parte debido a la maduración encefálica y en parte al contexto social (Kovas y cols., 2005).

Los niños pequeños aprenden las lecciones de gramática tan bien que tienden a aplicar las normas aun cuando no hace falta. Esta tendencia, llamada **sobrerregulación**, crea problemas cuando el lenguaje que utiliza el niño incluye

sobrerregulación Acción de aplicar las reglas gramaticales aun en el caso de las excepciones, haciendo que el lenguaje sea más "regular" de lo que es en realidad.

muchas excepciones a las reglas. Por ejemplo, una de las primeras reglas gramaticales que aplican los niños que hablan inglés es agregar –s para formar el plural. La sobrerregulación pronto conduce a muchos niños pequeños a hablar de "foots" (pies), "tooths" (dientes), "sheeps" (ovejas) y "mouses" (ratones)*. Incluso pueden armar plurales de palabras invariables, como ocurrió durante la conversación durante la cena de mi hija de 3 años con su padre:

Sarah: Quiero algos.
Padre: ¿Quieres algo de qué?
Sarah: Quiero mases.
Padre: ¿Algo más de qué?
Sarah: Quiero algunos pollos más.

Si bien es técnicamente incorrecta, la sobrerregulación es un signo de sofisticación verbal; muestra que los niños están aplicando las reglas. De hecho, a medida que los niños pequeños se van haciendo más conscientes de las reglas gramaticales, suelen cometer errores cada vez más sofisticados con respecto a ellas. Un niño que a los 2 años dice correctamente que él "rompió" un vaso, a los 4 años puede hablar del "vaso rompido" y luego a los 5 años puede decir "lo he rompido".

Aprendizaje de dos idiomas

En el mundo actual, el bilingüismo es una ventaja, incluso una necesidad. No obstante, los niños cuyo idioma es el de las minorías (aquellos que hablan un idioma que no es el idioma dominante de su nación) están en desventaja en casi todas las medidas. Es más probable que fracasen en la escuela, se sientan avergonzados, no tengan empleo cuando sean adultos, etc. Aprender el idioma de la mayoría es fundamental para su desarrollo. ¿Cómo debe suceder?

¿Cuál es el objetivo?

Antes de decidir cómo debe aprenderse un segundo idioma, determinemos sobre el objetivo. A menudo, los padres, los investigadores y el público no coinciden en este punto. ¿Se debe estimular a los niños pequeños para que se vuelvan bilingües, aprendiendo dos idiomas distintos? Algunos opinan que "no" y argumentan que la tarea primaria de los niños pequeños es capacitarse en uno y solo un idioma. Otros dicen que "sí"; argumentan que todos deben aprender por lo menos dos idiomas y los años de la primera infancia sensibles al lenguaje son el mejor momento para ello.

El segundo argumento parece estar apoyado por más investigaciones. Notablemente, poco después de la expansión del vocabulario, es notorio que los niños muy pequeños pueden dominar no sólo un vocabulario extenso sino también dos gramáticas distintas, utilizando el orden adecuado de las palabras y las pausas y gestos característicos de cada idioma (Bates y cols., 2001; Mayberry y Nicoladis, 2000). Éstos son los mejores años para aprender la pronunciación de la lengua materna, nuevas pruebas de que la primera infancia es un período sensible para el aprendizaje de un lenguaje.

Ello no quiere decir que la mayoría de los niños de 6 años pueden "hablar como un nativo" en cualquier idioma. De hecho, muchos niños de 6 años tienen dificultades con la pronunciación de ciertos sonidos. Más bien significa que, durante los primeros años, las neuronas y las dendritas se adaptan a cualquier pronunciación que oiga el niño. Aquí es fundamental la distinción entre lenguaje expresivo y lenguaje receptivo. Cuando quieren expresarse, muchos niños pequeños transponen sílabas (caramelo se convierte en caralemo), omiten consonantes (tractor se convierte en tactor), convierten los sonidos

Tiene identificación lista ¿Le agrada o le disgusta este cartel bilingüe en una escuela de Chelsea, Massachussetts, que sirve como lugar de votación el día de las elecciones? En esta elección, los votantes decidían si el gobierno debía eliminar o no los fondos para la educación bilingüe. Los que apoyaban la asimilación argumentaban que pronto no serían necesarios los carteles de este tipo si sólo se enseñara a los niños en inglés. Los que estaban a favor de la educación bilingüe sostenían que sin ella, los niños de las familias con idiomas minoritarios probablemente abandonarían la escuela antes de dominar cualquier idioma.

_____

* Nota de traducción: los plurales correctos son feet, teeth, sheep y mice, respectivamente.

difíciles (*trigo* se convierte en *digo*) y cometen otros errores de pronunciación. Pero pueden oír las distinciones aun cuando no puedan decirlas. Por ejemplo, mi hija Rachel pedía un "yeyo yayipop" (por *"yellow lollipop"*, en inglés chupachús amarillo). Su padre, sonriendo, dijo: "¿Quieres un yeyo yayipop?", y ella respondió: "Papá, a veces hablas gracioso".

Esto es cierto para los dos idiomas por igual. Los niños escuchan la pronunciación, oyendo los matices del acento y el énfasis, aun cuando no los repitan con exactitud. Cada año transcurrido, la maduración hace más difícil la pronunciación, en parte porque la corteza auditiva queda afinada a los sonidos particulares que oye, ignorando o ni siquiera percibiendo otros sonidos. Por lo tanto, los adultos deben ser especialmente conscientes de su pronunciación durante estos años, sin copiar al niño (*yeyo yayipop*) sino hablando con claridad ("*yellow lollipop*", destacando el sonido de la *l*).

Por supuesto, el hecho de que estos años constituyan un período fundamental para el aprendizaje de un segundo idioma no significa que los inmigrantes que intentan aprender un nuevo idioma después de los 6 años estén condenados al fracaso. De hecho, un nuevo idioma se puede aprender a cualquier edad, como lo han hecho millones de inmigrantes adolescentes y adultos (Hakuta y cols., 2003). Sin embargo, es particularmente difícil dominar un acento en la vida adulta. Aprender una nueva gramática es algo difícil y el aprendizaje de nuevo vocabulario es relativamente fácil.

Cognición y cultura

Como el lenguaje es parte integral de la cultura, el bilingüismo está inmerso en emociones de orgullo étnico y miedo. Esta realidad obstaculiza la investigación del desarrollo. Un grupo de investigadores explica:

> Un tema de preocupación para muchos en los Estados Unidos es si la enseñanza temprana de inglés para niños pertenecientes a una minoría de origen extranjero perjudica el desarrollo y/o el mantenimiento de su lengua materna y probablemente la capacidad lingüística del niño en general... Este debate se convirtió en forma rápida y desafortunada en una polémica altamente politizada, y la discusión académica productiva se ve dificultada por posiciones políticas extremas y exaltadas.
>
> [Winsler y cols., 1999, p. 350]

Las pruebas relativas al desarrollo cognitivo señalan tanto ventajas como desventajas del bilingüismo. Los que apoyan el bilingüismo señalan, de manera correcta, que los niños que hablan dos idiomas alrededor de los 5 años de edad son menos egocéntricos en su comprensión del lenguaje y más adelantados en su teoría de la mente. Por otra parte, los defensores del monolingüismo señalan, también correctamente, que la competencia bilingüe habitualmente impide la fluidez en uno de los idiomas o en ambos, y hace más lenta la lectura y otras destrezas lingüísticas (Bialystok, 2001).

Este último hecho hace que muchos que hablan el idioma dominante luchen por hacer que todos los niños aprendan ese idioma, cualquiera sea su lengua materna. Este problema es particularmente importante en California, donde más del 50% de todos los niños que asisten a escuelas públicas tienen padres que son inmigrantes. Muchos de estos padres descubren que sus hijos hacen un *cambio de idioma*, porque tienen fluidez en su nuevo idioma que en su lengua materna (Min, 2000; Wong y Lopez, 2000).

No es infrecuente que los niños de 5 años comprendan el idioma de sus padres pero se rehúsen a hablarlo, sobre todo cuando saben que sus padres comprenden el idioma dominante. Tampoco es infrecuente que los adultos dependan de un hijo como intérprete cuando tratan con burócratas monolingües. Esto tiene sentido práctico, pero amplía la brecha entre el niño y su padre, y entre el idioma dominante y el de la minoría.

El cambio de idioma y la inversión de roles son desafortunados, no sólo para el niño y los padres, sino también para la

El multiculturalismo de una familia Una de las primeras preferencias culturales para viajar con éxito es la comida, y la cocina italiana es una de las más populares del mundo. Esta familia vive en Nueva York, los padres nacieron en Taiwan, sus hijos están aprendiendo a hablar en chino y en inglés, y a todos les gusta la pizza de pepperoni.

SUSAN KUKLIN / PHOTO RESEARCHERS, INC.

sociedad, dado que el dominio de varios idiomas es una ventaja en la globalización y el respeto por las tradiciones familiares es un baluarte contra la confusión de roles de la adolescencia. No obstante, recuérdese que los niños pequeños son preoperacionales; ellos se concentran en el estado inmediato de sus padres y su lenguaje, en las apariencias más que en la historia pasada. No es asombroso mucho cambio.

Es necesario preguntar nuevamente, ¿cuál es el objetivo del aprendizaje del idioma? Los padres son renuentes a privar a sus hijos de sus raíces, su herencia y su identidad, y no obstante desean que sus hijos hablen, lean y escriban el idioma dominante porque es un prerrequisito para el éxito (Suarez-Orozco y Suarez-Orozco, 2001). Muchos ciudadanos monolingües critican a todo inmigrante que no habla con fluidez el nuevo idioma. Por el contrario, muchos adultos que utilizan su lengua materna original con orgullo critican a los miembros de su grupo étnico que han "perdido" su lengua heredada.

¿Cuál es el resultado? Recuérdese que los niños aprenden el idioma a partir de la elaboración y el aliento. Las controversias de los adultos a veces impiden que los niños se vuelvan fluentes en cualquier idioma; ellos son semilingües, no monolingües ni bilingües y tienen miedo de hablar siquiera algo en la escuela. Esto es una tragedia del desarrollo, sobre todo si se deja transcurrir el período sensible del lenguaje sin que el niño converse con entusiasmo y extensamente al menos en un idioma.

Bilingüismo completo

La mejor solución parece ser que todo niño se convierta en **completamente bilingüe**, igualmente fluente en dos idiomas y hable tan bien que ningún elemento verbal sugiera que la persona habla el otro idioma. ¿Es posible? Sí. La investigación del desarrollo confirma que, en estos años de juego sensible, los niños *pueden* dominar igualmente dos o más idiomas (Romaine, 1999). Muchos escolares canadienses hablan fluidamente en inglés y en francés (véase el capítulo 12).

El bilingüismo completo no es frecuente en los Estados Unidos. La mayoría de las personas hablan con más fluidez en un idioma que el otro, y muchos niños monolingües no estudian un segundo idioma hasta la escuela secundaria o la universidad, y entonces nunca lo aprenden bien.

El bilingüismo completo llega naturalmente a aquellos niños pequeños cuyos padres hablan con ellos en dos idiomas. En condiciones ideales, uno de los padres (u otro miembro de la familia) utiliza un idioma, ilustrando el vocabulario, corrigiendo la gramática, leyendo libros, cantando canciones, etc., y el otro padre pasa muchas horas al día utilizando el otro idioma con el niño. Los principios del aprendizaje del idioma –la explosión del lenguaje, la esquematización rápida, la sobrerregulación, la estimulación parental– se aplican tanto a dos idiomas como a uno. Sin embargo, el aprendizaje de dos idiomas requiere el doble de exposición de lenguaje.

Globalmente, la investigación sigue confirmando que los niños tienen una intensa necesidad de comunicarse y una prontitud para aprender cualquier idioma o idiomas que puedan. Los niños dominan el idioma (con lunfardo, dialecto, etc.) y también crean libremente vocabulario y gramática si es necesario (Kegl y cols., 1999). Muchos niños que hablan dos idiomas ocasionalmente sustituyen una palabra de un idioma en una oración expresada en el otro idioma porque esa palabra es la mejor, o la única que conocen para lo que intentan decir. No se trata de un signo de confusión; es una prueba de su impulso por comunicarse. Los adultos pueden proporcionar la palabra faltante sin temer que el niño se confunda.

La intensa necesidad de comunicación fue demostrada espectacularmente por los niños de Nicaragua en una escuela residencial para sordos (Siegal, 2004). Sus maestros intentaban enseñarles a hablar en español y por lo tanto no utilizaban el lenguaje por señas. (Esta estrategia ya no es frecuente, dado que en la actualidad está claro que los niños sordos aprenden mejor si conocen el lenguaje por señas desde el primer año de vida y luego aprenden el lenguaje hablado como segundo idioma. Sin embargo, la guerra civil de Nicaragua retardó el conocimiento de los maestros de la mejor práctica de enseñanza para sordos.) Los niños inventaban su propio lenguaje por señas para comunicarse entre ellos, y lo

completamente bilingüe Persona que habla con soltura en dos idiomas, sin tener mayor habilidad en uno de ellos.

enseñaban a los recién llegados. El lenguaje que crearon se desarrolló y cada nueva generación de niños lo hacía más amplio. Los niños más pequeños eran más fluentes que los más grandes porque se apoyaban en lo que ya se había inventado, agregando nuevos gestos.

En los idiomas hablados establecidos, también se observa un proceso de cambio. Consideremos cómo ha evolucionado el inglés, en los Estados Unidos. En las últimas décadas la palabra *negro* dejó paso a la de *gente de color*, luego reemplazada por *afroamericano*. Términos que han sido recientemente acuñados, tomados prestados o ampliados incluyen *hip-hop, e-mail, DVD, spam, blog, phat, laptop, cell* (teléfono celular), *rap* (música), *buff* (en forma) y cientos más, que son mejor conocidos por los lectores más jóvenes de este libro. También se han tomado prestadas palabras de otros idiomas, como *salsa, loco, amour, kowtow* y *mensch*. Algunos de los términos clave de este libro, *kwashiorkor* entre ellos, se originaron en otros idiomas.

Aprendiendo a leer

alfabetismo emergente Primeras destrezas que permiten al niño aprender a leer, tales como el reconocimiento de las letras y la secuencia de las páginas.

El aprendizaje del idioma proporciona a los niños una base fundamental para el **alfabetismo emergente**, los primeros pasos hacia la lectura. Al hablar con sus propios hijos (sin demasiadas órdenes) y al leerles, los padres pueden preparar a los niños para leer con fluidez (Senechal y LeFevre, 2002). Como la lectura es la llave de casi todo dominio educativo y del éxito de los adultos, los padres y los maestros están justificadamente preocupados por que los preescolares ingresen a primer grado preparados para leer. Sin embargo, es complejo determinar qué es necesario para esa preparación. Muchos padres creen que saber el alfabeto de memoria o reconocer las letras es lo que se necesita, pero la mayoría de los educadores de la primera infancia no están de acuerdo (Neuman, 2002). La investigación sugiere que el conocimiento del alfabeto es sólo un síntoma de la preparación.

Es mucho más importante un vocabulario extenso y el conocimiento de los sonidos. Éstos se desarrollan naturalmente si alguien lee al niño al menos una vez al día y discute lo que lee (NICHD Early Child Care Research Network, 2005). De este modo, el libro del niño se convierte en una base de palabras y dibujos que se utilizan en la conversación, desarrollan la comprensión y el vocabulario, y así "la lectura conjunta entre los padres y los niños llega a ser un crisol importante para la alfabetización de los niños" (Pellegrini y Galda, 1998, p. 59).

Usted acaba de leer que algunos adultos en los Estados Unidos tienen miedo de que los niños que hablan un idioma distinto al inglés queden atrasados en todos los temas académicos. Este temor se basa en estadísticas que demuestran que los logros académicos son bajos y las tasas de abandono escolar son altas en los niños de habla hispana de los Estados Unidos. La presunción había sido que el conocimiento del español interfiere con el conocimiento del inglés. Sin embargo, otras estadísticas demuestran ahora que los niños que hablan chino como lengua materna andan muy bien desde el punto de vista académico. Por lo tanto, el primer idioma no hace necesariamente más lento el aprendizaje.

Una hipótesis alternativa para la correlación puede ser la falta de lectura conjunta. Es poco probable que los padres de habla hispana lean a sus hijos pequeños, como se vio en el capítulo 6 (véase fig. 6.3). Como la lectura proporciona una base para las ideas y los sonidos del lenguaje, así como un andamiaje para aprender libros y comprender la lectura, se debe alentar a los padres de origen hispano para que lean a sus hijos en español, para ayudarlos a aprender a leer en inglés en la escuela.

Los sonidos son básicos para el aprendizaje de la lectura, tema que se explica mejor en el capítulo 12. En la primera infancia, esto significa que las canciones y las poesías son particularmente interesantes para los niños. Es por eso que los niños que hablan inglés siguen disfrutando de Mamá Ganso aun cuando poemas tan simples como "Jack be nimble, Jack be quick/ Jack jump over the candlestick" (Jack es ágil, Jack es rápido/ Jack salta sobre el candelabro) no tiene ningún fundamento en la experiencia de un niño del siglo XXI. Las canciones también son caminos para la lectura; muchos preescolares componen sus propias canciones para acompañar a sus acciones, un ejemplo del habla privada que más tarde estimula la escritura.

Otra correlación para la destreza de la lectura es el juego simbólico en la primera infancia. Recuerde que Piaget reconocía que el pensamiento simbólico distingue a los niños preoperacionales de los niños más pequeños. Este pensamiento se desarrolla mejor cuando los niños juegan con otros niños, sobre todo con amigos. Ellos desarrollan juego simbólico, que los ayuda con el alfabetismo posterior (Pellegrini y Galda, 1998).

SÍNTESIS

Los niños de 2 a 6 años tienen talentos lingüísticos impresionantes. Ellos muestran una explosión en la palabra, desde cientos de palabras hasta muchos miles, desde la conversación vacilante del bebé hasta la fluidez en uno o más idiomas. La esquematización rápida y la aplicación de las reglas gramaticales son algunas de las estrategias sofisticadas que utilizan los niños pequeños, aun cuando estas estrategias son contraproducentes cuando los niños usan demasiado literalmente las palabras o aplican con mucha rigidez las reglas. La primera infancia no es un período crítico para el aprendizaje del lenguaje, pero ninguna otra época en toda la vida es tan sensible al lenguaje, sobre todo a la pronunciación. Los niños de edad preescolar deben estar inmersos en palabras, para que capten todo lo que escuchan. Es muy posible y conveniente que los niños aprendan dos idiomas durante estos años, aunque se requiere una exposición extensa al lenguaje para que el niño se vuelva completamente bilingüe. La base para la lectura posterior es el aprendizaje del lenguaje, sobre todo el aprendizaje de un vocabulario extenso y de los sonidos.

La educación en la primera infancia

Los padres son los primeros maestros. Ellos influyen poderosamente en el aprendizaje durante los años del juego, no sólo directa sino también indirectamente, cuando deciden si envían a sus hijos pequeños a la escuela, cuándo y dónde enviarlos. Todos los niños pequeños se benefician de las experiencias educacionales de alta calidad, programadas en forma regular. Estas experiencias pueden adoptar muchas formas, que incluyen la escolaridad doméstica (Fortune-Wood, 2002). Además, a veces es difícil seleccionar esas formas porque los rótulos no siempre son claros.

La investigación actual sobre cognición temprana conduce a los educadores y los psicólogos del desarrollo a rechazar la idea sostenida durante mucho tiempo de que la escuela debe comenzar a los 7 años. Antes, la mayoría de los niños permanecían en sus casas hasta el primer grado, razón por la cual se lo denominaba "primer grado" y a los niños más pequeños "preescolares". El jardín de infancia (guardería) fue innovador, pero sólo asistían los niños privilegiados. En la actualidad, los jardines de infancia crecen en todos los sitios (Wollons, 2000) y la mayoría de los niños de 3 a 5 años en los países desarrollados están en la escuela (véanse las tendencias de los Estados Unidos en la fig. 9.4). De hecho, la educación primaria es obligatoria a los 4 años de edad en Irlanda del Norte y Holanda, con una tendencia general en muchas naciones hacia la educación pública a edades cada vez más tempranas (Neuman, 2002).

No todo programa de educación temprana es igual. Es difícil decir qué abarca un programa a partir de su nombre: los programas se denominan "guardería infantil", "preescolar", "preprimaria" y "prejardín de infancia" debido a la historia y la terminología local más que a distinciones en filosofía o calidad. Sin embargo, existen algunas diferencias notables. Las consideraremos en tres grupos: programas centrados en el desarrollo (o centrados en el niño), académicos (o dirigidos por los maestros) y de intervención.

Programas centrados en el niño

Muchos programas están centrados en el desarrollo o en el niño, y destacan el desarrollo y el crecimiento de los niños. Este enfoque comienza con la idea de que los niños deben jugar y explorar en lugar de seguir las instrucciones de los adultos

ESPECIALMENTE PARA PADRES INMIGRANTES Usted desea que sus hijos sean fluentes en el idioma del nuevo país en que vive su familia, aun cuando usted no hable bien ese idioma. ¿Usted debe hablarles en su propio idioma o en el nuevo idioma?

"Nosotros les enseñamos que el mundo puede ser un lugar impredecible, peligroso y a veces atemorizante, mientras tenemos cuidado de no manchar su amorosa inocencia. Es complicado."

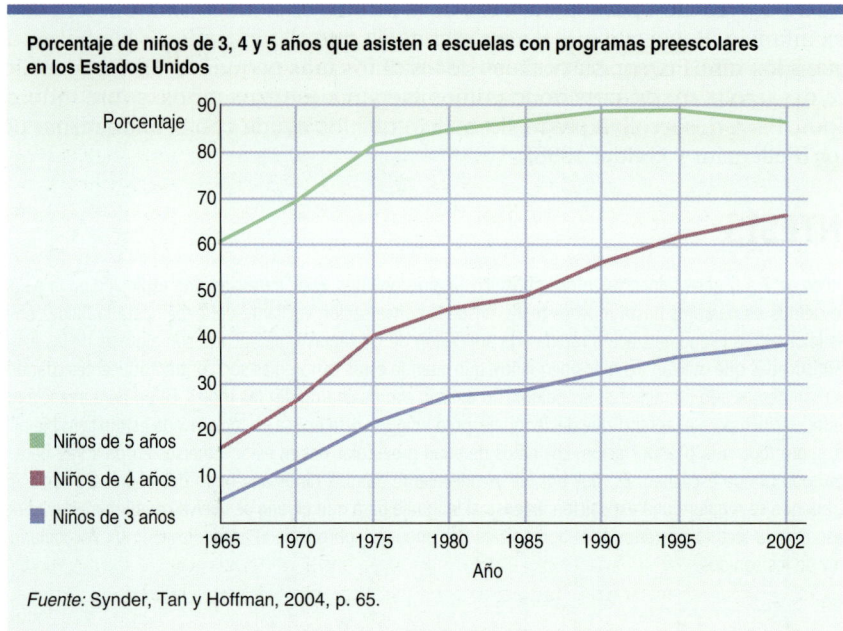

Porcentaje de niños de 3, 4 y 5 años que asisten a escuelas con programas preescolares en los Estados Unidos

■ Niños de 5 años
■ Niños de 4 años
■ Niños de 3 años

Fuente: Synder, Tan y Hoffman, 2004, p. 65.

FIGURA 9.4 **Los tiempos cambian** A medida que las investigaciones comprueban en forma creciente que la educación preescolar ofrece las bases para el aprendizaje posterior, cada vez son más los niños pequeños que asisten a estos programas educacionales.

RESPUESTA PARA PADRES INMIGRANTES (de p. 275):
los niños aprenden escuchando, de modo que es importante que usted hable con ellos a menudo, y probablemente sea mejor hacerlo en ambos idiomas. Dependiendo de lo cómodo que usted se sienta con el nuevo idioma, podría preferir leer a sus hijos, cantarles y conversar con ellos primariamente en su lengua materna y encontrar un buen preescolar donde aprendan el nuevo idioma. La peor cosa que podría hacer sería restringir el habla en cualquiera de los idiomas.

(Weikart, 1999). Muchos programas centrados en el niño utilizan un modelo inspirado en Piaget que permite a los niños descubrir ideas a su propio ritmo y a su propio modo. El espacio físico y los materiales –elementos para vestirse, insumos para artes plásticas, rompecabezas, bloques de muchos tamaños y otros juguetes– están organizados de modo tal que se prestan a la exploración con un ritmo propio.

Una preocupación particular de muchos programas son las artes. Algunos argumentan que los niños pequeños "son todos poetas" ya que tienen el don de ver el mundo con más imaginación que las personas de mayor edad. Este pico de visión creativa debe ser nutrido; los niños deben ser estimulados a contar historias, hacer dibujos, bailar y hacer música por su propio deleite (Egan y Ling, 2002). Este enfoque se opone a la idea de que los niños pequeños deben ser empujados hacia el siguiente estadio, presionados a aprender habilidades de lectura y matemáticas, y sostiene que es valioso que exploren sus fuerzas particulares durante la primera infancia.

Muchos programas centrados en el niño también están influidos por Vygotsky, que creía que los niños aprenden mucho jugando con otros niños, pero también que los adultos deben estar alerta de las destrezas que los niños necesitarán para proveer guía y estímulo. Por ejemplo, dado que las destrezas numéricas son importantes para muchos individuos que van a la escuela, se estimula a los niños a que utilicen la matemática en sus juegos (contando objetos y anotando las puntuaciones) y en sus rutinas (utilizando calendarios diarios y pautas numéricas: "sólo tres niños en el rincón de los bloques a la vez"). Siempre con los programas centrados en el desarrollo o en el niño, los adultos están muy conscientes de la naturaleza de los niños pequeños, que son mucho más creativos y sociales de lo que serán unos años más tarde. Dos tipos de escuelas, ambas originadas en Italia, tipifican los programas centrados en el niño.

Escuelas Montessori

Cien años atrás, Maria Montessori abrió escuelas infantiles para niños pobres de Roma. Ella creía que los niños necesitaban proyectos estructurados o individualizados que les dieran un sentido de logro, como completar rompecabezas particulares, usar una esponja y agua para limpiar una mesa (aun cuando no estuviera sucia) y dibujar formas.

Al igual que Piaget (su contemporáneo), Montessori (1936/1966) reconocía que los niños tienen diferentes pensamientos y necesidades que los adultos. Ellos aprenden mucho de las actividades que los adultos podrían llamar juego, y los maestros deben proporcionar actividades que encajen con las ansias cognitivas del niño. Por ejemplo, como ellos tienen necesidad de orden, para aprender el lenguaje y para utilizar todos los sentidos, los niños aprenden a partir de los ejercicios que les permiten desarrollar estas destrezas y los eligen con felicidad.

Las escuelas Montessori actuales siguen enfatizando el orgullo y el logro individual, y se presentan muchas tareas de alfabetismo emergente (como destacar letras y mirar libros) alrededor de los 4 años. Las tareas específicas son diferentes de las desarrolladas por Montessori, pero la filosofía subyacente es la misma. Se estimula a los niños para que elijan tareas que llevarán a cabo, y todas las elecciones involucran una acción (motricidad gruesa y fina). Al contrario de muchos otros programas centrados en el niño, Montessori no estimula el juego simulado y dramático. La idea es que los niños se sientan orgullosos y participen en el aprendizaje cuando logran una tarea, no cuando simplemente hacen y creen. Muchos de los aspectos de la filosofía de Montessori concuerdan con la investigación actual sobre el desarrollo y es una de las razones de que este tipo de escuelas siga siendo popular en muchas naciones (Lillard, 2005).

El enfoque de Reggio Emilia

Otra forma de educación se denomina *Reggio Emilia*, porque se inspiró en un programa pionero en la región italiana de ese nombre, donde la ciudad fundó 13 centros para lactantes-niños en edad de caminar y 21 preescolares. Casi todos los padres de esa región desean que sus hijos participen; hay una lista de espera, y se planifican más centros.

En Reggio Emilia, se estimula a todos los niños pequeños a dominar destrezas que no se suelen observar en las escuelas norteamericanas hasta alrededor de los 7 años, como la escritura o el uso de herramientas, pero no se exige que ningún niño participe en dicho aprendizaje (Edwards y cols., 1998). Nunca se ins-

ATELIER –DE "OPEN WINDOWS". © MUNICIPALIDAD DE REGGIO EMILIA– CENTROS PARA LACTANTES Y NIÑOS QUE COMIENZAN A CAMINAR Y PREESCOLARES, PUBLICADO POR REGGIO CHILDREN 1994.

Otro lugar para los niños Cielorrasos altos, lugar de juego sin hacinamiento, opciones variadas de arte y música, una pared de vidrio que muestra árboles y flores, todas estas características reflejan el enfoque en Reggio Emilia para el aprendizaje creativo e individualizado en los niños pequeños. Estos lugares son raros en otras naciones del mundo fuera de Italia.

truye a los niños en un grupo grande con lecciones formales digamos, para formar letras o cortar papel. Los niños se consideran "aprendices magníficos y capaces", "individuos competentes y creativos" (Abbott y Nutbrown, 2001, pp. 24, 27), cada uno con su propio lenguaje y expresión artística. Los niños desarrollan sus propios conceptos con los compañeros de clase, y a menudo incluyen el drama y la simulación. Los maestros facilitan lo que los niños hacen sólo cuando necesitan ayuda. No se enfatiza la "adquisición de un alfabetismo básico ni de destrezas numéricas" (Abbott y Nutbrown, 2001, p. 54).

Se observa un énfasis firme sobre las artes, no sólo en las actividades infantiles sino también en el diseño de la escuela. Toda escuela Reggio Emilia tiene una sala central grande donde los niños pueden reunirse, con ventanas desde el nivel del piso hasta el del cielorraso abiertas hacia un gran patio de juegos lleno de plantas. Grandes espejos forman parte del decorado de todas las escuelas (lo que nuevamente estimula la individualidad) y la expresión artística de los niños se exhibe sobre paredes blancas y colgando de los altos cielorrasos. Entre las características de los programas Reggio Emilia se encuentra una proporción baja de niños adultos, mucho espacio y materiales, y un compromiso de la ciudad hacia todos los niños.

Se programa que los maestros pasen 6 horas a la semana sin los niños, para que planifiquen las actividades, realicen debates y se reúnan con los padres. Los padres están muy involucrados en la escuela, enseñando algún tema especial, conversando entre ellos y recibiendo informes frecuentes (a menudo con fotografías, observaciones escritas y los trabajos artísticos de sus hijos). Como programa centrado en el niño, Reggio Emilia es un contraste con los programas dirigidos por el maestro.

Programas dirigidos por el maestro

Algunos programas preescolares destacan la preparación para la escuela, de modo que enseñan a los niños letras, números, formas y colores, así como a escuchar al maestro, sentarse en silencio y trabajar en grupos. El buen comportamiento se premia con elogios y otros refuerzos, y como castigo se utilizan períodos breves en que se separa el niño de los otros niños. El currículo para los programas de preparación es estructurado, y asigna tiempo para distintas actividades, sobre todo las de alfabetismo emergente.

Hay una clara distinción entre el trabajo serio de la escolaridad y el acogedor juego del hogar, y los maestros, los padres y los niños la reconocen. Como explica un niño alemán:

> De modo que la casa es la casa y el jardín de infancia es el jardín de infancia. Acá hago mi trabajo y en casa disfruto del tiempo libre ¿comprendes? Mi mamá dice que mi trabajo es que yo aprenda algo. Aprender es cuando impulsas tu cabeza y tiempo libre es cuando la cabeza se vuelve lenta.
>
> [Citado en Griebel y Niesel, 2002, p. 67]

Algunos programas de preparación enseñan explícitamente habilidades escolares básicas, que incluyen lectura, escritura y aritmética, utilizando típicamente la instrucción directa por un maestro. Por ejemplo, los niños pequeños realizan prácticas para formar letras, pronunciar palabras, contar objetos y escribir sus nombres. Todos los niños tienen una hoja de trabajo con líneas y el dibujo de una letra en la parte superior que se espera que llenen todos al mismo tiempo. Se puede asignar tarea para el hogar para que el niño practique las destrezas básicas y escuchar a la maestra es la clave. Si un niño de 4 años aprende a leer, se lo considera un éxito, mientras que en un programa de desarrollo, podría surgir la sospecha de que el niño no tuvo el tiempo suficiente para jugar. Muchos programas de preparación se inspiraron claramente en el conductismo.

El contraste entre las filosofías centradas en el niño y las dirigidas por los maestros es evidente en muchas áreas, no sólo en las lecciones sino también en las interacciones sociales. Por ejemplo, si un niño molesta a otro niño, ¿el segundo niño debe decirle al maestro o los dos niños deben resolverlo solos? Cada clase tiene reglas para estos sucesos que pueden variar debido a las filosofías contrastantes.

Programas de intervención

Los investigadores del desarrollo, que siempre buscan relacionar los hallazgos de la investigación y las aplicaciones prácticas, han descubierto que la primera infancia es un período fundamental para el aprendizaje en todos los niños, pero que algunos niños aprenden mucho más que otros. Los niños de cinco años difieren mucho en su capacidad para aprender, hablar e incluso escuchar (Morrison y cols., 1997).

Esta divergencia en los logros se estabiliza o se vuelve incluso más amplia durante todos los años escolares. Muchas naciones han decidido estrechar la brecha con una educación temprana de alta calidad. Algunas naciones (p. ej., China, Francia, Italia y Suecia) pusieron los programas al alcance de todos los niños; otras (p. ej., los Estados Unidos) varían: algunos de sus estados proporcionan educación de jornada completa para el jardín de infancia y el preescolar a todos los niños (p. ej., Oklahoma), y otros sólo proporcionan algunas horas al día a aquellos que están particularmente necesitados y cuyas familias deciden enviarlos.

Head Start

En los Estados Unidos, el programa de educación para la primera infancia más difundido es el Proyecto Head Start, que comenzó en 1965 y continúa hasta la fecha. Este programa federal fue ideado para niños provenientes de familias de bajos ingresos o pertenecientes a minorías de los que se creía necesitaban un "inicio importante" en su educación. La calidad y los resultados varían de un lugar a otro. Algunos efectos a largo plazo se desconocen porque en la planificación original no se incluyó una evaluación científica (Phillips y White, 2004). No obstante, Head Start ha provisto educación de media jornada a millones de niños de 3 a 5 años, reforzando sus destrezas sociales y de aprendizaje al menos transitoriamente, y es probable que haya provisto también beneficios a largo plazo (Zigler, 1996).

Los investigadores que intentan evaluar Head Start enfrentan muchos problemas. Durante décadas, sus objetivos han sido difusos, desde sacar a las familias de la pobreza hasta preparar a los niños para leer, desde proporcionar cuidados dentales e inmunizaciones hasta enseñar a los niños inglés estándar. Muchos de los maestros no han sido entrenados en educación de la primera infancia, de modo que se ha diluido el impacto educacional de los programas de estudio. Entre los maestros que han sido entrenados, algunos practican la educación centrada en el niño y otros prefieren el enfoque dirigido por los maestros; algunos consideran a los padres como parte del problema y otros los consideran como aliados.

Muchas clases Head Start no tienen un programa de estudios específico, de modo que no se puede medir nada para determinar si el programa mejora o no el alfabetismo u otras destrezas escolares de los niños (Whitehurst y Massetti, 2004). Un problema adicional ha sido el desorden político que rodea al tema de la pobreza, los programas gubernamentales y los niños pequeños. La brecha entre las experiencias domésticas de los niños y su escolaridad puede socavar la eficacia del programa. El gobierno federal de los Estados Unidos ha seguido aportando fondos para Head Start año tras año, en parte porque la educación temprana es beneficiosa en docenas de formas, pero las prioridades y la dirección del programa cambian continuamente (Zigler y Styfco, 2004).

Programas experimentales

Los mismos imperativos sociales que condujeron a Head Start también condujeron a programas más intensivos, que han sido bien evaluados mediante estudios longitudinales de los niños hasta la vida adulta. Tres proyectos en particular cuentan con excelentes datos de seguimiento: uno en Michigan, llamado Perry o de

LAURA DWIGHT

Aprender es divertido El objetivo original del programa Head Start era ayudar a los niños con desventajas en sus capacidades académicas. Sin embargo, los beneficios más perdurables lograron mejorar la autoestima y las habilidades sociales, como se ve en estos felices participantes del Head Start, que juegan juntos.

? PRUEBA DE OBSERVACIÓN (véase la respuesta en la p. 280): ¿cuántos de estos niños mantienen un contacto físico sin incomodidad o desagrado?

ESPECIALMENTE PARA PADRES Cuando intenta encontrar un programa preescolar, ¿qué debe buscar un padre?

! **RESPUESTA A LA PRUEBA DE OBSERVACIÓN**
(de p. 279): los cinco, no los cuatro (mire otra vez en el lado derecho de la fotografía).

RESPUESTA PARA PADRES (de p. 279): hay mucha variación. Ninguna se ajusta a los valores de todos los padres. Sin embargo, los niños deben participar en el aprendizaje, no se les debe permitir sentarse pasivamente o pelear entre ellos. Antes de decidir, los padres deben observar varios programas, y permanecer el tiempo suficiente para ver a los niños en acción y a los maestros mostrando calidez y respeto por los niños.

High/Scope (Schweinhart y Weikart, 1997); uno en Carolina del Norte, llamado Abecedarian (Campbell y cols., 2001) y uno en Chicago, llamado Child Parent Centers (Reynolds, 2000). Estos tres programas incluyeron niños provenientes de familias de bajos ingresos durante varios años antes del jardín de infancia, todos compararon grupos experimentales de niños con grupos controles de niños apareados, y todos llegaron a la misma conclusión: la educación temprana puede tener beneficios sustanciales a largo plazo, que se vuelven evidentes cuando los niños se encuentran en el tercer curso de la primaria o después.

Los niños en estos tres programas obtuvieron promedios más altos en las pruebas de rendimiento de matemáticas y lectura que otros niños con los mismos antecedentes, escuelas y barrios. Tenían significativamente menos probabilidades de ser derivados a clases especiales para niños lentos o perturbadores o de repetir un año escolar. En la adolescencia, tuvieron aspiraciones más altas y también un sentido mayor de logro y menores probabilidades de ser maltratados. Cuando eran adultos jóvenes, se observó que eran mayores las probabilidades de que asistieran a la universidad y menos probable que fueran a la cárcel.

Los tres proyectos de investigación hallaron que el entrenamiento cognitivo directo, con instrucción específica en distintas destrezas de preparación escolar, era útil. Esto se hizo con sensibilidad a las necesidades y los talentos de cada niño: el programa de estudios no estaba centrado en el niño ni dirigido por maestros, sino que era una combinación de los dos. Si bien los programas cuestan varios miles de dólares por niño por año (tal vez hasta 14 000 dólares anuales por niño en dólares del año 2005), a largo plazo la menor necesidad de educación especial ahorró más que el costo inicial. En comparación, los cuidados de jornada completa en un programa acreditado cuestan unos 9 000 dólares por niño por año en dólares del año 2005; Head Start es más económico, unos 6 000 dólares por niño por año, fundamentalmente porque sólo proporciona atención medio día durante 34 semanas únicamente (National Research Council and Institute of Medicine, 2000).

El aspecto económico es especialmente importante en algunas comunidades. Para muchos educadores de la primera infancia, Reggio Emilia es el patrón de referencia porque la proporción niños maestros es baja y el espacio físico es muy amplio; pero el costo por niño de un programa de este tipo en los Estados Unidos es cerca del doble del de la mayoría de los otros tipos de centros. Como los padres solventan el costo de la educación preescolar (excepto por los programas de intervención), Reggio Emilia parece estar más allá del alcance de la mayoría de las familias. Los programas centrados en los niños parecen factibles sólo en los lugares con antecedentes de colaboraciones comunitarias y baja tasa de natalidad (como Italia, donde la mayoría de las familias sólo tiene un hijo).

Otro tipo de programa experimental es el diseñado para enseñar a los niños un segundo idioma. Esto se hace comúnmente en Canadá, donde los niños de habla inglesa son registrados en escuelas infantiles francesas. También ocurre en los Estados Unidos. Un conjunto de preescolares bilingües de California aprendían inglés y español. Los niños, provenientes de familias de origen hispano, se volvieron eficientes en ambos idiomas. En efecto, el dominio de español de estos niños excedió al de los niños de habla hispana que permanecían en sus casas (Winsler y cols., 1999). Este ejemplo prueba nuevamente que los niños pequeños son grandes aprendices, capaces de dominar cualquier cosa que los adultos quieran enseñarles.

La calidad importa

Un hallazgo clave de todas las investigaciones es que la calidad de la educación de la primera infancia importa. La reautorización más reciente de Head Start destaca la calidad educacional y la investigación evaluativa (Lombardi y Cubbage, 2004). Las comparaciones entre los programas mostraron que los currículos y la filosofía específicos importan menos que los maestros que saben cómo responder a las necesidades de los niños pequeños. En general, un programa basado en centros educacionales es mejor para cualquier niño que las guarderías infantiles familiares o los cuidados domésticos, pero la calidad es fundamental: los cuidados domésticos de alta calidad son mejores que una guardería mala (Clarke-Stewart y Allhusen, 2005).

Una revisión de todos los aspectos del desarrollo de la primera infancia efectuada por 22 expertos llegó a la siguiente conclusión:

> En síntesis, la relación positiva entre la calidad del cuidado infantil y casi cualquier aspecto del desarrollo infantil que se haya estudiado es uno de los hallazgos más constantes en la psicología evolutiva. Mientras que el cuidado infantil de baja calidad se asocia con logros evolutivos más deficientes, el cuidado de alta calidad se asocia con resultados que todos los padres desean ver en sus hijos, que van desde la cooperación con los adultos hasta la capacidad para iniciar y sostener intercambios positivos con los pares y también hasta la competencia temprana en matemáticas y lectura.

> *[National Research Council and Institute of Medicine, 2000]*

Se han descrito algunas características de los cuidados de calidad en el capítulo 6: seguridad, espacio y equipo adecuados, una proporción niño adulto baja, interacciones sociales positivas entre los niños y los maestros y un personal entrenado (y padres educados) que probablemente permanezcan en el programa. La continuidad ayuda. (Una de las mejores preguntas que pueden formularse los padres que comparan opciones es: "¿cuánto tiempo hace que cada miembro del personal trabaja en este centro?".) Además, el programa de estudios es importante, sobre todo durante los años escolares; sin embargo, lamentablemente, sólo alrededor de un tercio de todos los programas de la primera infancia tienen algún currículo (Epstein y cols., 1996). Los peores para el aprendizaje temprano parecen ser los programas que no tienen ninguna filosofía ni dirección.

Lo mejor pueden ser los programas con el énfasis puesto en el aprendizaje, que se refleja en un currículo que incluye la práctica amplia en el lenguaje, la motricidad fina y gruesa y las habilidades numéricas básicas. Estos programas pueden hallarse en escuelas centradas en el niño o dirigidas por maestros. Como señalamos en este capítulo, a los niños pequeños les gusta aprender y pueden dominar muchas destrezas e ideas, mientras los adultos no esperen que ellos piensen y se comporten de la misma forma que los niños más grandes. Los cuidados de baja calidad son más prevalentes que los de buena calidad, y muchos profesionales guardan silencio acerca de los riesgos implicados (Ramey, 2005). El trabajo de implementar lo que se sabe acerca de la cognición durante la primera infancia es abrumador, pero crítico.

Más allá de eso, la historia enseña que las nuevas investigaciones encontrarán otras capacidades en los encéfalos de los niños de 2 a 6 años y estrategias adicionales para desarrollar ese potencial. Los estudios de evaluación (comparaciones longitudinales de grupos similares de niños con experiencias variadas) siguen siendo muy raros. Algunos de los lectores de este libro estarán entre los que emprendan la investigación, los padres de los niños y el personal de las es-

PAUL CHESLEY / STONE / GETTY IMAGES

Aprendiendo del otro Toda nación crea su propia versión de la educación temprana. En esta escena en una escuela infantil en Kuala Lumpur, Malasia, observe las cabezas cubiertas, los uniformes, los pies descalzos y la ausencia de varones. Ninguno de estos elementos se encontraría en la mayoría de las aulas para educación preescolar de Estados Unidos o Europa.

? PRUEBA DE OBSERVACIÓN (véase la respuesta en la p. 282): ¿qué aspectos de la infancia aparentemente universales se observan en esta fotografía?

cuelas que nuevamente nos harán revisar nuestro punto de vista del pensamiento de los niños muy pequeños.

SÍNTESIS

Hasta hace algunas décadas, se aceptaba ampliamente que *siempre* era mejor que los niños pequeños estuvieran con sus madres en el hogar. Luego la investigación, sobre todo los estudios de Head Start y otros programas para niños provenientes de hogares de bajos ingresos, probó que la educación temprana beneficia a las madres que ingresan en la fuerza laboral y que una buena educación temprana beneficia a todos los niños, que mejoran el lenguaje, las habilidades sociales y las perspectivas para el futuro (Clarke-Stewart y Allhusen, 2005). Ahora que se ha establecido el interrogante, es hora de volverse hacia las características específicas de la calidad: factores como entrenamiento del personal, oportunidades de aprendizaje, currículo y proporción de adultos niños. Cada país, cada región y a veces cada preescolar difieren en estos factores, pero todos los niños pueden aprender destrezas útiles jugando juntos en un contexto educacional.

■ RESUMEN

Piaget: los niños como pensadores

1. Piaget destacó los aspectos egocéntricos e ilógicos del pensamiento durante los años del juego. Para él éste es el período de pensamiento preoperacional porque los niños pequeños no pueden utilizar las operaciones lógicas para pensar acerca de sus observaciones y experiencias.

2. Piaget observó muchas características del pensamiento preoperacional. El pensamiento de los niños pequeños en gran medida es prelógico. Ellos a veces se concentran sólo en una cosa (centración) y utilizan sólo su propio punto de vista (egocentrismo), y se quedan pegados en las apariencias y en la realidad actual. No pueden entender que las cosas cambian, que las acciones pueden ser revertidas y que otras personas tienen otras perspectivas. Piaget descubrió pruebas de esto en muchos experimentos, que incluyen aquellos con la conservación.

Vygotsky: los niños como aprendices

3. Vygotsky destacó los aspectos sociales de la cognición infantil, observando que los niños aprenden al participar en distintas experiencias, guiadas por adultos o pares con más conocimiento. Esa guía ayuda al aprendizaje dentro de la zona de desarrollo próximo, que incluye el conocimiento y las destrezas que el niño puede aprender.

4. Según Vygotsky, los mejores maestros utilizan distintas pistas, pautas y otras herramientas para proveer al niño de un andamiaje para el nuevo aprendizaje. El creía que el aprendizaje se produce mediante la interacción social y no en el aislamiento. El lenguaje es un puente de mediación social entre el conocimiento que el niño ya tiene y el aprendizaje que la sociedad espera que le impartan. Para Vygotsky, las palabras son una herramienta para el aprendizaje que utilizan tanto el mentor como el niño.

Las teorías infantiles

5. Los niños desarrollan teorías, sobre todo para explicar el propósito de la vida y su papel en ella. Entre estas teorías está la teoría de la mente, un conocimiento de lo que los otros pueden estar pensando. Se producen adelantos notables en la teoría de la mente alrededor de los 4 años. En ese momento, los niños se vuelven menos egocéntricos y más capaces de comprender las diferencias entre percepción, emoción y hecho. La teoría de la mente en parte es el resultado de la maduración, pero las experiencias de un niño en la familia y en la comunidad también tienen impacto.

El lenguaje

6. El lenguaje se desarrolla rápidamente durante la primera infancia, que es probablemente un período sensible, pero no un período crítico, para el aprendizaje del lenguaje. El vocabulario aumenta de manera notable, y miles de palabras que se agregan entre los 2 y los 6 años. Además se domina la gramática básica y muchos niños aprenden a hablar más de un idioma.

7. Aunque todos concuerdan en que los niños aprenden el lenguaje mejor durante la primera infancia y que los niños se beneficiarían de dominar más de un idioma, el bilingüismo sigue siendo controvertido. Una razón es que los idiomas están íntimamente conectados a la cultura y la herencia. En condiciones ideales, los chicos se vuelven completamente bilingües, y son igualmente eficientes en los dos idiomas, hacia los 6 años. Sin embargo, este ideal no se alcanza fácilmente.

La educación en la primera infancia

8. Los programas educacionales organizados durante la primera infancia facilitan el progreso de las destrezas cognitivas y sociales. Para el alfabetismo emergente, se deben destacar las destrezas lingüísticas, aunque no es obvio si son mejores los currículos centrados en los niños o dirigidos por los maestros.

9. Head Start es un programa gubernamental que generalmente ayuda a niños provenientes de hogares de bajos ingresos. Es controvertido, porque falta una buena investigación sobre sus beneficios. Sin embargo, la investigación longitudinal en otros tres programas ha mostrado que la educación en la primera infancia funciona. Es menos probable que los graduados de estos programas necesiten educación especial o que repitan un grado, y es más probable que asistan a la universidad y que se conviertan en adultos que cumplan las leyes.

10. Es obvio que la calidad de la educación temprana es importante. Los niños aprenden mejor si existe un currículo claro y si hay un adulto para pocos niños. El entrenamiento y la continuidad de los maestros para la primera infancia también son importantes.

■ PALABRAS CLAVE

pensamiento preoperacional
(p. 254)
operación cognitiva (p. 254)
egocentrismo (p. 254)
centración (p. 254)
atención a la apariencia
(p. 255)

razonamiento estático (p. 255)
irreversibilidad (p. 255)
conservación (p. 255)
aprendiz del pensamiento
(p. 258)
participación guiada (p. 258)
zona de desarrollo próximo
(p. 259)

andamiaje (p. 259)
habla privada (p. 260)
mediación social (p. 260)
teoría-teoría (p. 262)
teoría de la mente (p. 263)
período crítico (p. 266)
período sensible (p. 266)

esquematización rápida
(p. 267)
sobrerregulación (p. 270)
completamente bilingüe
(p. 273)
alfabetismo emergente
(p. 274)

■ PREGUNTAS CLAVE

1. ¿Por qué la mayoría de los psicólogos del desarrollo no utiliza la palabra *preescolar*?

2. Piaget a menudo es criticado por su enfoque sobre las mentes de los niños. ¿Cuáles son las razones para ello? ¿Piensa usted que la crítica es justa?

3. ¿Cuáles son las principales similitudes entre Vygotsky y Piaget?

4. ¿De qué modo los padres actúan en forma diferente hacia sus hijos según que ellos concuerden con Piaget o con Vygotsky?

5. ¿Cuáles son las similitudes entre la idea de Piaget del egocentrismo y la investigación sobre la teoría de la mente?

6. ¿De qué modo se aplica la esquematización rápida al aprendizaje de insultos por parte de los niños?

7. ¿Cómo aprenden los niños la gramática sin instrucción formal?

8. ¿Cuáles son las diferencias entre la instrucción centrada en el niño y la instrucción dirigida por el maestro?

9. ¿Por qué existe desacuerdo acerca de la medida en la cual el programa Head Start beneficia a los niños?

10. ¿Por qué la calidad de la educación de la primera infancia es mucho más alta en algunas regiones que en otras?

■ EJERCICIOS DE APLICACIÓN

La mejor forma de comprender el pensamiento en la primera infancia es escuchar a un niño, como lo exigen los ejercicios 1 y 2. Los niños pueden ser pobres en algunos campos, aunque las aplicaciones de los ejercicios 3 y 4 no requieren de ellos.

1. Hasta que usted reproduzca el experimento de conservación de Piaget, puede descubrir que es difícil creer que los niños pequeños son preoperacionales. El primer experimento es el de la conservación de los líquidos (que se diagrama en la fig. 9.1). En conversación con un niño menor de 5 años, verifique que él mismo acepta que dos vasos de forma idéntica contienen la misma cantidad de líquido. Luego vierta cuidadosamente el líquido de un vaso en otro vaso más estrecho y más alto. Pregúntele al niño qué vaso contiene más ahora y si los vasos contienen la misma cantidad.

2. Para demostrar con qué rapidez se aprende el lenguaje, muéstrele a un niño de edad preescolar varios objetos y nombre uno con una palabra sin sentido que el niño nunca haya oído. (Se puede utilizar *tac*, del mismo modo *gag*.) Luego mezcle los objetos y dígale al niño que los nombre. (Esto también puede hacerse con objetos cuyo nombre el niño no conozca, como una llave inglesa,

una espátula o una moneda de otra nación.) El problema al utilizar los nombres reales es que si el niño aprende el nombre rápidamente usted puede pensar que ya lo conocía. Si usted pregunta, la mayoría de los niños dirá que ya los conocen todos.

3. La teoría de la mente surge alrededor de los 4 años, pero muchos adultos siguen teniendo problemas para comprender los pensamientos y los motivos de otras personas. Pregúntele a varias personas por qué alguien en las noticias hizo lo que hizo (p. ej., un escándalo, un crimen, un acto heroico). Luego pregunte a sus informantes si están seguros de su explicación. Compare y analice las razones así como los grados de certeza. Una persona probablemente estará muy segura de una explicación que otros consideran imposible.

4. Piense en un experimento en el cual usted aprendió algo que inicialmente era difícil. ¿En qué medida los conceptos de Vygotsky (guía, motivación, aprendizaje, zona de desarrollo próximo) explican la experiencia? Escriba una descripción detallada y paso a paso de su proceso de aprendizaje, utilizando la teoría para explicar cuando sea pertinente.

Los años del juego: el desarrollo psicosocial

Imagine un niño de 2 años y otro de 6. Observe sus emociones e interacciones. Los niños de 2 años tienen muchos momentos en que están pegajosos, tienen berrinches y muestran testadurez, que oscilan entre la dependencia y la autoafirmación. A estos niños pequeños no se los puede dejar solos, ni siquiera por un momento, porque su curiosidad los puede llevar a conducirse en forma peligrosa. Si usted lleva a un niño de 2 años al parque y se queda absorto leyendo el periódico, el niño pronto puede estar encaramado arriba de un alto tobogán, probando una supuesta torta de arena, echando mano al juguete de otro niño o, peor aún, puede haber desaparecido de su vista.

Por el contrario, la conducta de la mayoría de los niños de 6 años es bastante segura mientras haya adultos cerca. Ellos saben cómo bajar de los toboganes altos; nunca tragan arena; les piden a otros niños que compartan con ellos y esperan cooperación; y no desaparecen.

En la escuela, la mayoría de los niños de 6 años se despiden de sus padres en la puerta y luego comienzan sus tareas: seguir las rutinas de sus clases, entablar amistad con algunos compañeros de clase, escuchar a los maestros. En las culturas donde los niños de 6 años no van a la escuela, a los 6 o 7 años muestran las destrezas o competencias que su cultura valora (reunir las cabras, dar de comer al bebé, etc.) (Sternberg y Grigorenko, 2004).

Este capítulo describe la transformación que ocurre entre los 2 y los 6 años. La maduración y la motivación son fundamentales; también lo son los padres y los pares como agentes socializadores principales. El desarrollo psicosocial es obviamente *social*: los padres, influidos por su cultura, afectan de muchas formas a sus pequeños hijos. En efecto, cualesquiera hayan sido sus antepasados, los niños de Tokio, Toronto y Topeka son moldeados por las experiencias culturales de distintas formas, que se aprecian en su juego, la relación con sus padres y su expresión emocional.

El desarrollo emocional

Como recordará del capítulo 7, los niños de 2 años tienen un sentido de sí mismos y de sus objetivos, y han desarrollado un espectro de emociones. En el capítulo 8 se describió la mielinización y la maduración de distintas áreas del encéfalo –sobre todo el cuerpo calloso, la corteza prefrontal, la amígdala cerebral, el hipocampo y el hipotálamo– que permiten que la coordinación, la inhibición y la activación mental y corporal sean más rápidas y más deliberadas a los 6 años que era a los 2 años.

Aprender cuándo y cómo expresar esas emociones (nunca golpees a tu maestra, trata suavemente al gato, comparte con tus amigos) es una tarea importante de la infancia, que se logra a medida que las funciones emocionales del encéfalo van vinculándose con las funciones ejecutivas. Un niño puede sentir miedo y de todos modos seguir adelante con valor, sentir enojo y no empujar o sentir tristeza y no llorar. Todo esto se consigue con la regulación emocional, que conduce a equilibrar las relaciones en todas las culturas y los dominios (Matsumoto, 2004). Globalmente, el desarrollo emocional es la base que permite todas las otras formas de desarrollo, un nexo que hace que los niños se encuentren verdaderamente listos para cualquier objetivo y desafío por cumplir (Campos y cols., 2004).

Relación estrecha Los acontecimientos desconocidos a menudo evocan patrones de temperamento,
como con este niño curioso y su hermano preocupado, que están tomando el desayuno en el
espectáculo Pikes Peak or Bust Rodeo, de Colorado.
La solícita madre está tratando de que el más
inquieto se mantenga en calma y reconforta al más
tímido.

? Prueba de observación (véase la respuesta
en la p. 288): la madre es obviamente una base segura para ambos niños, que comparten la misma
familia y la mitad de los genes, pero cuyas edades
son diferentes: uno tiene 2 años y el otro 4 años.
¿Puede decir cuál niño es el menor?

SEAN CAYTON / THE IMAGE WORKS

Iniciativa versus sentimiento de culpabilidad

El entusiasmo positivo, el esfuerzo y la autoevaluación caracterizan a los niños
de 3 a 6 años, según la teoría psicosocial de Erikson (que se explicó por primera
vez en el capítulo 2). Durante esta tercera etapa del desarrollo, llamada **iniciativa
versus sentimiento de culpabilidad**, la autoestima surge a partir de la adquisición de las habilidades y las competencias descritas en los dos capítulos anteriores, que incluyen la capacidad para dominar casi cualquier destreza motora y
para verbalizar casi todos los pensamientos.

La **autoestima** es creer en su propia capacidad, una estimación personal del
éxito y el valor. A medida que se construye la autoestima, los niños se vuelven
más seguros e independientes. La autonomía del niño de 2 años, que a menudo
se expresa como reacciones testarudas, se convierte en iniciativa en el niño de 5
años, que suele ponerse de manifiesto en sus actividades automotivadas. Durante el proceso, los niños se forman su **autoconcepto**, es decir, el entendimiento
que logran de sí mismos, que no sólo comprende la autoestima sino también
cuestiones como el rol de género y el propio tamaño.

No es fácil equilibrar los propios deseos con las expectativas dentro del contexto social. Por ejemplo, una niña (de unos 3 años) era nueva para los compañeros de juego y para el preescolar:

> Ella le ordenó a otro niño: "Tírate al suelo. Vamos, haz lo que te digo". Como el otro ni-
> ño se mantuvo firmemente parado, lo empujó, y quedó claramente asombrada cuando
> el niño se puso de pie y dijo "¡no empujes!" y la maestra llegó y la reprendió.
>
> *[Leach, 1997, p. 474]*

En este ejemplo, el niño más experimentado pudo resistir las órdenes del recién llegado, explicándole una regla que había aprendido, y la maestra le dijo a la
nueva niña cómo debía comportarse. Obsérvese que la niña inexperta fue rega-
ñada suavemente o "reprochada" y no castigada. La maestra deseaba que ella
comprendiera e internalizara la norma, esperando que se sintiera culpable si
pensaba romperla nuevamente. El asombro de la niña indicaba que ella todavía
no comprendía las limitaciones sobre su iniciativa ni tenía sentimientos de culpa,
como tienen la mayoría de los niños mayores y los adultos, pero pocas veces los
niños de 4 o 5 años, edad en la que su iniciativa choca con las normas y reglas
que han aprendido (Lagattuta, 2005).

Orgullo

Erikson reconoció que el niño típico de 3 a 5 años tienen autoconceptos poco
modestos y muy positivos, que los mantiene en alta autoestima. Ellos creen que
son fuertes, inteligentes y bien parecidos, que por lo tanto pueden alcanzar cualquier objetivo. Piensan que todo lo que son (autoconcepto) es bueno (por ejemplo, los varones pequeños están orgullosos de ser hombres). Ellos están seguros

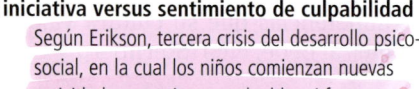

iniciativa versus sentimiento de culpabilidad
Según Erikson, tercera crisis del desarrollo psicosocial, en la cual los niños comienzan nuevas
actividades y se sienten culpables si fracasan.

autoestima Forma en que un individuo evalúa
su valor personal, ya sea en detalles específicos
(por ejemplo, su inteligencia, su atractivo) o en
la totalidad de su ser.

autoconcepto Entendimiento por el que una
persona llega a saber quién es. El autoconcepto
incluye el aspecto físico, la personalidad y varios
otros rasgos.

que probablemente sus buenas cualidades perduren, pero que cualquier cualidad mala (incluso los rasgos biológicos como la miopía) desaparecerán con el tiempo (Lockhart y cols., 2002). Como lo explica un grupo de investigadores:

> Los niños pequeños parecen ser irrefrenablemente optimistas acerca de sí mismos... Consideremos, por ejemplo, al varón más bajo y más incoordinado de una clase del jardín de infancia que proclama que será el próximo Michael Jordan.
>
> *[Lockart y cols., 2002, pp. 1408-1409]*

La mayoría de los preescolares saltan casi ante cualquier oportunidad para mostrar que "¡yo puedo hacerlo!". El juego espontáneo se convierte en dirigido a un objetivo y entonces los objetivos se alcanzan con orgullo. Los niños no son simplemente activos, como lo fueron cuando eran pequeños (período sensoriomotor de Piaget y estadio de autonomía versus vergüenza de Erikson). Ahora, en el estadio preoperacional o de iniciativa versus sentimiento de culpabilidad, no sólo comienzan los proyectos sino que también los completan y se sienten encantados con sus logros.

Esta nueva iniciativa se desarrolla simultáneamente con una mayor capacidad de atención (gracias a la madurez neurológica) porque ahora los niños hacen las cosas con un propósito. Se cree que la atención concentrada es fundamental para la competencia posterior de todo tipo, pero obsérvese que no es simplemente el resultado automático del crecimiento encefálico. Está conectada con la motivación, la cognición y la experiencia, todos ellos correlacionados con la maduración, pero no causados directamente por ella.

La motivación proviene de los propios intereses del niño, no de algún adulto ni de algún mandato biológico. Esto se aprecia cuando se observa a muchos niños de 3 o 4 años que pasan una hora en *un* episodio de supuesto juego, practicando *una* habilidad motora o creando *una* obra de arte, algo que no hace ningún niño normal que recién comienza a caminar. Si un adulto interrumpe su actividad y le dice que es momento de dejar, el niño de 3 o 4 años podría tener una rabieta, como un niño más pequeño, porque la madurez emocional tarda en desarrollarse. Pero obsérvese que la razón para el enojo (la interrupción de la iniciativa) es más madura que la razón del niño más pequeño, que podría involucrar a cualquier intento por refrenar la conducta.

El orgullo no sólo conduce a la concentración y la persistencia sino también a un deseo de probar nuevas experiencias, como trepar una escalera más alta, hablar otro idioma o tener como mascota un animal extraño. Al niño pequeño típico le gusta emprender distintas tareas y espera que todos los demás –abuelos, compañeros de juegos, animales de peluche– formen una audiencia paciente que lo admire. Pruebe correr una carrera con un niño de 4 años hasta la esquina. Si usted pierde, porque deliberadamente fue más lento, el niño con mucho orgullo comunica "gané". Si usted gana, el niño puede decidir que "hiciste trampa" o en forma más benévola puede descartar el resultado como injusto.

La autoestima es el fundamento de la práctica y posteriormente del dominio. Por fortuna, la autocrítica no surge plenamente hasta más adelante. Los preescolares creen de antemano que ellos pueden resolver rompecabezas imposibles, recordar largas listas de palabras, cambiar cualquier rasgo inconveniente y controlar los sueños mientras duermen (Stipek y cols., 1995; Woolley y Boerger, 2002). Estas predicciones inocentes, a veces llamadas "optimismo protector", los ayudan a aprender (Lockhart y cols., 2002).

Sentimiento de culpabilidad y vergüenza

Obsérvese que Erikson llamó a la consecuencia negativa de esta crisis "sentimiento de culpabilidad", no vergüenza. Erikson creía que como los niños desarrollan autoconciencia, se sienten culpables cuando reconocen sus propios errores flagrantes. En general, el sentimiento de culpabilidad significa que las personas se acusan porque han hecho algo mal y la vergüenza significa que otras personas acusan al que ha hecho algo mal y que el juicio social hace que las personas se sientan avergonzadas. Además, la vergüenza puede estar basada sobre quién es uno o sobre qué es uno (p. ej., uno puede estar avergonzado de la propia nacionalidad), mientras que el sentimiento de culpabilidad se basa sobre lo que uno ha hecho.

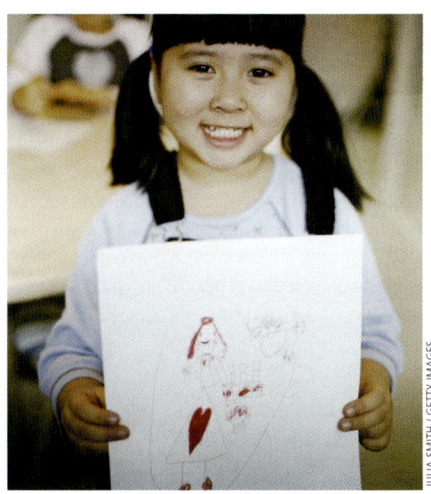

JULIA SMITH / GETTY IMAGES

Muy orgullosa Si esta fotografía le parece familiar es porque probablemente ilustra un tema frecuente: la mayoría de los niños preescolares están orgullosos de sus logros, ya se trate de subir el cierre de sus chaquetas o de dibujar autorretratos con corazones.

motivación intrínseca Metas o impulsos que provienen del interior de una persona, como la necesidad de sentirse inteligente o competente. Contrasta con la motivación extrínseca, que es la necesidad de recibir recompensas externas, por ejemplo, las posesiones materiales o el afecto de otra persona.

regulación emocional Control en la expresión de las emociones, de tal modo que la tristeza, el miedo y el enojo, por ejemplo, no son evidentes.

El sentimiento de culpabilidad y la vergüenza a menudo se presentan juntos, pero no es necesariamente así. Por ejemplo, un niño que se comporta mal en una fiesta puede avergonzar a sus padres, pero éstos no suelen sentirse culpables. O una persona podría sentirse avergonzada (por no lograr algo) pero no culpable, o culpable (por conducir demasiado rápido, por ejemplo) pero no sentir vergüenza.

Muchos individuos serios creen que el sentimiento de culpabilidad es una emoción más madura que la vergüenza porque la culpabilidad es internalizada (Bybee, 1998; Tangney, 2001; Zahn-Waxler, 2000). El origen del sentimiento de culpabilidad es interno; puede molestar a una persona aun cuando ningún otro conozca la fechoría. La vergüenza depende de los otros; proviene de saber que alguien más podría ver y criticar lo que ha hecho una persona.

Tanto la vergüenza como el sentimiento de culpabilidad surgen de estándares sociales y a veces es difícil ver la diferencia en los niños (Kochanska y cols., 2002). Sin embargo, es importante ver que el resultado negativo de la autonomía es la vergüenza, comparado con el sentimiento de culpabilidad si la iniciativa no se desarrolla como se esperaba. Erikson creía que los niños pequeños adquieren automotivación y autorregulación, en especial cuando se los compara con los niños que comienzan a caminar.

Motivación intrínseca

La idea de que el sentimiento de culpabilidad proviene del interior destaca una distinción importante entre **motivación intrínseca** y motivación extrínseca. La motivación intrínseca es interna, proviene del interior de la persona, que disfruta logrando algo por la alegría de hacerlo. La motivación extrínseca proviene del exterior de la persona, que se ve impulsada a hacer algo para obtener elogios, evitar el castigo, o ganar dinero, posesiones o alguna otra recompensa deseada.

En su mayor parte, los niños preescolares tienen motivación intrínseca. Ellos disfrutan de aprender, jugar y practicar para su propio regocijo, no porque algún otro establezca un objetivo para ellos o porque estén reaccionando contra la prohibición de algún otro (como en el estadio de autonomía versus vergüenza). Por ejemplo, cuando los niños pequeños juegan ciertos juegos, es posible que no tengan conocimiento de la puntuación; la diversión reside más en jugar que en ganar.

En un experimento clásico, unos niños preescolares realizaron dibujos con marcadores mágicos en una de tres condiciones: sin recompensas, esperando una recompensa (se les dijo *antes* de comenzar a dibujar que obtendrían un certificado cuando terminaran) y con una recompensa inesperada (se les dijo "eres un gran colaborador" y recibían un certificado sólo *después* de que habían dibujado) (Lepper y cols., 1973). Después del experimento, los observadores controlaron con qué frecuencia los niños decidían dibujar, cuándo podían elegir entre distintas actividades por iniciativa propia. En realidad, los niños que obtuvieron la recompensa "esperada" dibujaron menos después. La recompensa extrínseca disminuyó su motivación intrínseca.

Esta investigación desencadenó muchísimos estudios, ya que los investigadores intentaban descubrir si se debía dar una recompensa por un buen trabajo, cuándo y cómo hacerlo. El consenso parece ser que elogiar al niño por el trabajo que ha realizado parece estimular ese comportamiento, mientras el niño crea que el elogio es genuino, sobre la base del logro real. Sin embargo, en todas las edades, si se prometen recompensas sustanciales antes de realizar un trabajo que de por sí ya se disfruta, las consecuencias extrínsecas pueden ser contraproducentes y disminuir la motivación intrínseca (Cameron y Pierce, 2002; Deci y cols., 1999). Los adultos que desean estimular la autoestima y la iniciativa de un preescolar deben ayudar al niño a lograr cosas y tal vez luego elogiar el rendimiento, no decir simplemente "tú eres el mejor" o "te amo no importa lo que hagas".

Regulación emocional

El logro fundamental entre los 2 y los 6 años es la capacidad de inhibir, aumentar, dirigir y modular las emociones (Eisenberg y cols., 2004). Los niños que dominan esta tarea, llamada **regulación emocional**, se vuelven más competentes en todos los aspectos de sus vidas, dentro de cada cultura (Denham y cols., 2003; Matsumoto, 2004).

Cada emoción no está sólo controlada por otras emociones sino también equilibrada por ellas. El orgullo es atenuado por el sentimiento de culpabilidad (y viceversa); la alegría por la tristeza; el enojo por el miedo; y todas las emociones negativas (sentimiento de culpabilidad, enojo y miedo) por rutinas y rituales (como el fenómeno "tiene que ser así", explicado en el capítulo 8) que podrían ser considerados irracionales y obsesivos en una persona mayor. Por ejemplo, un niño que teme a la oscuridad podría insistir en decir una oración particular y dormir con algún animal de peluche.

El modo en que los niños de 6 años regulan y controlan las emociones es desconocido por los expansivos, expresivos y a menudo maravillosos niños en edad de caminar. Un niño que está muy contento por una bicicleta nueva podría atemperar su exultación por el bien de otro niño. Los niños aprenden a ser amistosos con los nuevos conocidos pero no demasiado amistosos, a enojarse sin ser explosivos, a atemorizarse con un payaso sin estar aterrados, a ser capaces de distraerse y limitar sus impulsos si es necesario. (Todas estas capacidades siguen madurando durante los años escolares.)

La regulación emocional es esencial en todo el mundo, sobre todo si una persona desea comprender otra cultura. Cada cultura tiene sus propios valores relacionados con emociones específicas. Por ejemplo, en los Estados Unidos los niños son estimulados especialmente a superar los miedos, en Puerto Rico, a modificar su enojo, en China, a aminorar su orgullo, en Japón a controlar su agresividad (Harwood y cols., 1995; Hong y cols., 2000; Miller, 2004). Sin embargo, no sobreestime las diferencias culturales. Se cree que las emociones son universales, así como la necesidad de regularlas durante la primera infancia. A veces aparecen diferencias interculturales en las cuales se juzga que determinadas emociones son las que más control necesitan, pero "se ha mostrado que la regulación emocional es extremadamente útil para predecir no sólo la aptitud y la adaptación intercultural, sino también la adaptación en muy distintos contextos" (Matsumoto, 2004, p. 280).

Psicopatología

La regulación emocional comienza con el control de los impulsos. A menudo el impulso que más necesita control es el enojo, porque "el enojo mal regulado puede desencadenar un comportamiento agresivo y oposicional" (Gilliom y cols., 2002, p. 222). Antes de esta regulación, el niño frustrado de 2 años podría atacar a otra persona o tirarse al suelo, gritar y patear. El niño de 5 años, en general, tiene más autocontrol y tal vez haga pucheros y maldiga, pero no golpea ni grita.

Las edades que damos aquí (2 y 5 años) son sólo referencias aproximadas. Algunos niños de 2 años ya tienen un control emocional evidente y algunos niños de 5 años no lo tienen aún. Antes de examinar las razones para esta variabilidad, señalemos nuevamente cuán fundamental es la regulación emocional en este período como amortiguación contra los trastornos psicológicos.

Sin un control suficiente, las emociones dominan a los niños. Esto ocurre en dos formas aparentemente opuestas. Algunos niños muestran **externalización de los problemas**: ellos dan rienda suelta a su enojo, atacando a otras personas o destruyendo cosas. A veces se los llama "subcontrolados". Otros niños tienen **internalización de problemas**: son temerosos e introvertidos, y expresan sus aflicciones emocionales interiormente. A veces se los llama "sobrecontrolados". Tanto los niños que externalizan como los que internalizan los problemas son incapaces de regular apropiadamente sus emociones o, con mayor precisión, son incapaces de regular la *expresión* de sus emociones. Ellos no ejercen suficiente control, o controlan demasiado (Cole y cols., 1996; Eisenberg y cols., 2001).

Ahora, la pregunta crítica es: ¿por qué un niño tiene internalización o externalización de problemas? La respuesta involucra varios aspectos del desarrollo: los genes, las experiencias, la historia de los cuidados, la educación y la cogni-

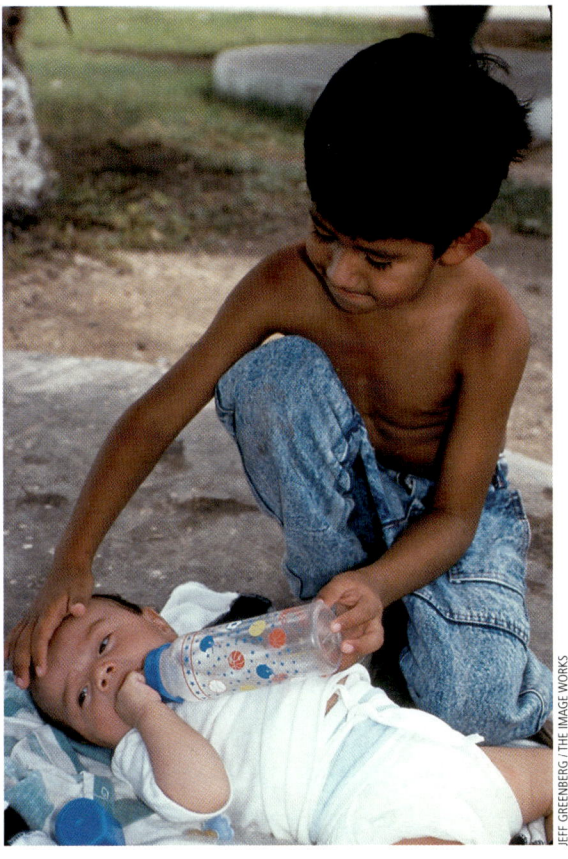

JEFF GREENBERG / THE IMAGE WORKS

La regulación emocional   Los hermanos mayores no tienen fama de ser cuidadores amorosos. Sin embargo, dentro de la cultura maya, los niños mayores aprenden a controlar sus celos y a brindar un cuidado importante a sus hermanos más pequeños, mientras sus padres trabajan.

? **PRUEBA DE OBSERVACIÓN** (véase la respuesta en la p. 291): ¿qué observa usted que sugiere que este niño está prestando una cuidadosa atención a su hermano?

externalización de problemas   Dificultad en la regulación de las emociones que se manifiesta expresando emociones exteriormente de manera descontrolada, por ejemplo, dando rienda suelta al enojo y atacando a otras personas o destruyendo cosas.

internalización de problemas   Dificultad en la regulación de las emociones que consiste en que una persona expresa sus aflicciones emocionales interiormente, por ejemplo, sintiéndose demasiado culpable, avergonzada o despreciable.

ción. Es probable que la internalización y la externalización de problemas de la primera infancia persista, pero no siempre es así (Pennington, 2002). El comportamiento de los padres tiene un efecto notable en la primera infancia y más adelante. Se explican después algunas características específicas del estilo parental. Primero consideraremos la naturaleza y la crianza temprana.

Maduración encefálica

La regulación emocional es en parte neurológica, una cuestión de funcionamiento encefálico. Dado que la capacidad del niño para regular las emociones requiere pensar antes de actuar, decidir si va a mostrar alegría, enojo o miedo y cómo lo va a hacer, la regulación emocional es campo de la corteza prefrontal, el área "ejecutiva" del encéfalo. Como recordará del capítulo 8, la corteza prefrontal responde al sistema límbico, que incluye aquellas partes del encéfalo (como la amígdala cerebral) donde se forman intensas emociones, especialmente el miedo y la ansiedad.

Normalmente, los progresos neurológicos en la corteza prefrontal ocurren alrededor de los 4 o 5 años, cuando los niños tienen menos probabilidad de caer en una rabieta, provocar un ataque físico o estallar en risitas incontrolables (Kagan y Hershkowitz, 2005). Durante el período de los 2 a los 6 años, los estallidos violentos, el llanto incontrolable y las fobias terroríficas disminuyen y la capacidad de autocontrol –como no abrir de inmediato un presente que está envuelto si se le pide que espere– se vuelve más evidente (Carlson, 2003; Kochanska y cols., 2001). Estas diferencias emocionales entre los niños comienzan dentro del encéfalo.

Por supuesto, el encéfalo responde en parte a los genes. En todas las edades los genes impulsan a algunas personas a ser emocionalmente expresivas y a otras a ser más inhibidas. Algunas investigaciones longitudinales observan una estabilidad considerable en estas reacciones emocionales con el tiempo. Los niños parecen no cambiar mucho en sus reacciones inmediatas (como la risa o el llanto cuando aparece un payaso extraño, por ejemplo) o en sus mediciones fisiológicas (como si su corazón late más rápido o si respira más rápidamente) o incluso en la actividad eléctrica de un lado o del otro de su corteza prefrontal (Bauer y cols., 2002).

Al igual que con los adultos, la resonancia magnética funcional (RMf) o la tomografía por emisión de pontrones (PET) de los niños pequeños que son temerosos muestran mayor actividad neurológica en la corteza prefrontal derecha, mientras que aquellos que son más expansivos muestran más actividad en la corteza prefrontal izquierda (Fox y cols., 2001; Kagan y Snidman, 2004). Esta continuidad dentro del individuo desde el primer año de vida hasta la infancia indica que los genes son responsables de cierta variación en la expresión emocional. En consecuencia, para llevarse bien con sus compañeros, algunos niños deben esforzarse para regular su excitación, otros deben tratar de superar su ansiedad, mientras que otros regulan muy fácilmente sus emociones.

En general, las niñas tienen menos problemas con la regulación emocional que los varones, tal vez por razones genéticas conectadas con los cromosomas XX o XY (Colder y cols., 2002) o tal vez debido a las formas en que sus padres las trataron cuando eran bebés. (Las posibles razones para la diferencia entre los sexos se exploran al final de este capítulo.) El control de la externalización de problemas parece particularmente difícil en los varones, ya que los varones pequeños que son poco controlados a menudo tienen los mismos problemas en la adolescencia. Las niñas que son poco controladas con mayor frecuencia se arreglan para regular sus emociones cuando son adolescentes; pero las niñas sobrecontroladas a menudo siguen siendo ansiosas de manera manifiesta o irracionalmente tristes cuando crecen (Pennington, 2002).

En los primeros años, los aspectos de esta maduración neurológica dependen de la experiencia, y las experiencias singulares de cada niño afectan las conexiones neuronales que permiten la regulación emocional. Como sucede con todo desarrollo dependiente de la experiencia, las culturas difieren en la expresión, la supresión o el control de emociones particulares (Garner y Spears, 2000; Olson y cols., 2001). Por ejemplo, si alguien muere, algunas culturas esperan que los adultos afligidos lloren y se lamenten, cayendo en la desesperación. Otras culturas esperan que los adultos sean valientes y que no manifiesten sus emociones. El desarrollo encefálico de los niños pequeños dentro de cada cultura está influido por sus prácticas socioculturales (que dependen de la familia y de la cultura) y por el temperamento de cada niño.

Diferencias en los cuidados tempranos

Las diferencias en la regulación emocional relacionadas con el encéfalo no son por completo hereditarias o determinadas culturalmente. Puede ocurrir daño neurológico durante el desarrollo, ya sea antes del nacimiento (si una mujer embarazada sufre estrés, se enferma o es una consumidora importante de drogas) o después (si un pequeño está crónicamente malnutrido, lesionado o atemorizado) (McEwen, 2000). Como recordará del capítulo 8, el estrés importante puede destruir algunas neuronas y detener el desarrollo normal de otras (Sanchez y cols., 2001).

En los niños cuyos encéfalos ya no responden normalmente, incluso un factor común de estrés –como un ruido intenso inesperado o un comentario crítico– podría liberar una gran cantidad de hormonas, sobre todo la principal hormona del estrés, el cortisol. Entonces, un niño de 4 o 5 años podría reaccionar de forma exagerada, experimentando terror o furia frente a algo que otro niño consideraría sólo ligeramente molesto.

¿Quién es el pollo? Los genes y un buen estilo de crianza influyeron para que este niño no sea ni muy miedoso ni muy atrevido. Guardar una distancia prudencial es tal vez la mejor forma de acercarse a un pollo.

También puede ocurrir la reacción opuesta. Las hormonas del estrés podrían estar crónicamente elevadas y mal reguladas, haciendo que el niño reaccione poco a una experiencia verdaderamente estresante (De Bellis, 2001). Esto podría explicar por qué en muchos niños depresivos todas las respuestas emocionales están embotadas, incluso las negativas. Una respuesta disminuida al estrés indica que las emociones son amortiguadas y distorsionadas en lugar de ser reguladas. Globalmente, los científicos concuerdan en que las tensiones prematuras pueden cambiar la actividad eléctrica, el crecimiento de las dendritas y la producción de distintas hormonas en el encéfalo, lo que altera la regulación de las respuestas posteriores, pero no se conocen aún muchas de las características específicas (Davis y cols., 2003).

El estrés excesivo en el primer año de vida e incluso las dificultades heredadas pueden ser reducidos o empeorados por los cuidados tempranos, al menos en las ratas. Algunos experimentos han mostrado que las ratas lactantes sometidas a un estrés importante desarrollan estructuras encefálicas anormales (Weinstock, 1997). Sin embargo, si cachorros de rata que han sufrido estrés repetido son criados por madres que los cuidan mucho, sus encéfalos están preservados porque sus madres inducen en ellos la producción de hormonas protectoras al lamerlos, acariciarlos con el hocico, limpiarlos y alimentarlos más a menudo de lo habitual (Kaufman y Charney, 2001). En los seres humanos, también, los cuidadores que brindan buenos cuidados guían a los niños altamente reactivos hacia la regulación emocional y los ayudan a ser más competentes que los niños que son menos reactivos (Quas y cols., 2004).

Se recordará del capítulo 7 que el apego es una variable muy estudiada. Un ejemplo específico en ese contexto es que el niño bien criado tiende a formar apego seguro, y el niño con apego seguro puede regular mejor sus emociones que el niño con apego inseguro (Gilliom y cols., 2002; Kochanska, 2001). Por ejemplo, al contrario de los niños con apego inseguro, los niños que han establecido apego seguro cuando eran lactantes tendieron a convertirse en niños de 3 años que controlaban sus frustraciones y su impaciencia (fundamentalmente distrayéndose). Alrededor de los 5 años, se convirtieron en el jardín de infantes en alumnos aplicados que no mostraban externalización de problemas (Gilliom y cols., 2002).

Los efectos de los cuidados tempranos son particularmente evidentes en los niños de 4 a 6 años que han sido maltratados. Un estudio observó que el 80% de estos niños mostraban "mala regulación emocional", y se volvían extrañamente indiferentes o extremadamente enojados cuando un extraño criticaba a sus madres (Maughan y Cicchetti, 2002). Es probable que el descuido o el maltrato infantil en los dos primeros años de vida produzca después internalización o externalización de problemas, aun más que el maltrato que comienza cuando el niño es mayor. Durante los primeros años de vida se forman los principales circuitos encefálicos, lo que constituye una probable explicación (Keiley y cols., 2001; Lopez y cols., 2004; Manly y cols., 2001).

! RESPUESTA A LA PRUEBA DE OBSERVACIÓN (de p. 289): observe sus manos, sus piernas y su rostro. Él está sosteniendo el biberón y tocando la frente del bebé con delicadeza y cuidado; está colocando las piernas de un modo poco cómodo pero apropiado para la tarea; y sus ojos y su boca sugieren que presta al bebé toda su concentración.

El encéfalo propiamente dicho es el producto de la crianza y la naturaleza. Dos importantes investigadores explican:

> Múltiples caminos convergentes, que incluyen no sólo los circuitos neurales que son activados por los factores de estrés físico, psicológico e inmunológico, sino también... los factores genéticos, la experiencia temprana y los acontecimientos continuos de la vida... determinan la respuesta nerviosa a diferentes factores estresantes.
>
> *[Cicchetti y Walker, 2001, p. 414]*

Cognición y emociones

Aun más allá de esas vías convergentes, un paso hacia la regulación emocional es la capacidad del niño para reconocer las respuestas emocionales. Esta capacidad comienza con la referencia social (capítulo 7) y continúa cuando los niños desarrollan una teoría de la mente (capítulo 9). La cognición (así como la maduración y la experiencia) es necesaria tanto para la regulación emocional como para la teoría de la mente, las cuales suelen aparecer aproximadamente al mismo tiempo.

Inteligencia emocional

inteligencia emocional Entendimiento de cómo interpretar y expresar las emociones.

Daniel Goleman (1998) sostiene que la capacidad para modular y dirigir las emociones es fundamental para la **inteligencia emocional**, un entendimiento de cómo interpretar y expresar las emociones. La inteligencia emocional se desarrolla durante toda la vida, pero es especialmente importante durante la primera infancia. Durante estos años, las áreas intelectuales y reflexivas de la corteza, sobre todo la corteza prefrontal, poco a poco van gobernando los ataques de miedo, enojo y otras pasiones provenientes de la amígdala cerebral, el centro emocional situado en la profundidad del encéfalo. En otras palabras, la función ejecutiva del encéfalo poco a poco adquiere el control del sistema límbico.

Goleman está convencido que los padres utilizan el apego natural y el afecto de sus hijos para enseñar a los niños pequeños cómo y cuándo expresar los sentimientos; en otras palabras, a gobernar al sistema límbico. Si los niños aprenden estas lecciones durante la primera infancia, se convertirán en seres humanos equilibrados y empáticos, no dominados por sus emociones ni ajenos a ellas.

La convicción de Goleman es apoyada por algunas investigaciones. Como se recuerda del capítulo 7, la mayoría de los padres responden a los niños reflejando las emociones y calificándolas. A partir de la sincronía y la referencia social, los niños que comienzan a caminar aprenden cómo modificar su miedo, enojo, pena y otras emociones. Además, los padres insensibles y desapegados tienden a criar niños crueles e insensibles, que se convierten en adultos gravemente perturbados y antisociales (Frick y cols., 2003; Lykken, 1995).

El desarrollo de la inteligencia emocional se vuelve especialmente claro en la capacidad creciente de los niños para interpretar las emociones de los otros. Aunque los preescolares suelen juzgar correctamente el modo en que sienten otros individuos cuando dicen que les ha sucedido algo bueno ("mi madre me dio obsequio") o algo malo ("mi perro se fue de casa"), los niños pequeños juzgan sobre la base del contenido, no del tono. Esto limita su comprensión emocional. Por ejemplo, cuando una persona dice con una voz muy triste, "llegué en primer lugar en una carrera", casi todos los niños menores de 6 años, pero casi ningún niño de esa edad o mayor, juzgan que la persona está feliz (Morton y cols., 2003). Los niños pequeños (3 y 4 años) también confunden las intenciones y los deseos, error que los niños mayores y los adultos pocas veces cometen (Schult, 2002).

Esto nos deja una lección. Cualquiera que desee simpatía y comprensión de un niño pequeño debe expresar sus sentimientos en forma clara y directa. Si las personas esperan que los niños adivinen las emociones a partir del tono de voz, la expresión facial o el sarcasmo, pueden sentirse decepcionados.

Empatía y antipatía

Nos hemos concentrado especialmente en el miedo y el enojo, dos emociones producidas directamente por el sistema límbico, emociones que deben llegar a estar bajo el control de la corteza prefrontal a medida que el niño madura. Sin embargo, con una conciencia social creciente y un egocentrismo decreciente (como se revisó en el capítulo 9), se desarrollan otras dos emociones fundamentales para todas las personas: la **empatía**, la verdadera comprensión de los sentimientos y las preocupaciones de otra persona, y la **antipatía**, el disgusto o incluso el odio hacia otra persona. Empatía no es simpatía, la cual es un sentimiento de pena por alguien. Es sentirse apenado *con* alguien. Algunas investigaciones recientes han descubierto "neuronas en espejo" en el encéfalo, por lo cual las experiencias de una persona pueden activar las mismas áreas encefálicas en el observador que en el experimentador. Eso es empatía.

Un análisis de muchos estudios sugiere que, en el transcurso de los años desde la lactancia hasta la primera infancia, los niños desarrollan en forma creciente empatía cuando sus padres y sus experiencias les enseñan a hacerlo. De la misma forma, la exposición dentro de la familia a emociones negativas (disgusto, enojo, ansiedad) aumenta su antipatía (Halberstadt y Eaton, 2002). Tanto la empatía como la antipatía a menudo conducen a la acción, especialmente si las emociones no están bien reguladas.

La empatía conduce a la **conducta prosocial**, que es beneficiosa y amable y en la que no hay ningún beneficio obvio. Expresar preocupación, ofrecerse a compartir un alimento o un juguete e incluir a un niño tímido en un juego o una conversación son ejemplos de conducta prosocial. La antipatía conduce a la **conducta antisocial**, a dañar intencionalmente a alguien o destruir algo que pertenece a otra persona (Caprara y cols., 2001). Las acciones antisociales incluyen insultos verbales, exclusión social y agresión física. Un niño de 4 años antisocial podría mirar a otro niño a los ojos, fruncir el ceño y patearlo fuerte sin provocación.

Hay una diferencia fundamental entre la conducta social forzada y la voluntaria. Cuando los niños que comienzan a caminar comparten sólo cuando se les ordena, podrían fruncir el ceño, apretar los labios y ofrecer su querido juguete o la mitad de la galleta con evidente rechazo. Por el contrario, los preescolares prosociales comparten voluntariamente, anticipando al parecer la felicidad y el placer de su compañero. No tiene exigencias, como "ahora dame tu camión" o "ahora soy tu amigo". Esta diferencia es similar a la distinción entre vergüenza y sentimiento de culpabilidad o entre motivación extrínseca e intrínseca. Estos últimos (el sentimiento de culpabilidad, la motivación intrínseca, los actos prosociales voluntarios) son el resultado del desarrollo psicosocial normal entre los 2 y los 6 años.

La progresión evolutiva de la empatía y la antipatía es evidente para cualquier observador cuidadoso. Los niños pequeños a veces se comportan de formas que sugieren empatía o antipatía. Ellos lloran cuando otro bebé llora, alcanzan una galleta medio comida con una sonrisa o, por el contrario, golpean enojados o le quitan el juguete a otro bebé. Sin embargo, estos actos no son verdaderamente prosociales ni antisociales porque el autoconcepto no está suficientemente desarrollado en los lactantes.

Alrededor de los 4 o 5 años –como resultado de la maduración encefálica, la teoría de la mente, la regulación emocional y las interacciones con sus cuidadores– la mayoría de los niños pueden ser deliberadamente prosociales o antisociales (Eisenberg, 2000). Es fácil reconocer esta maduración si uno se imagina que un varón le pega a su madre. Si el niño recién comienza a caminar, la madre habitualmente reconoce que el golpe forma parte de la reacción circular terciaria de Piaget, en la cual un niño experimenta con nuevas conductas. La madre probablemente detiene a su hijo con una expresión severa, pero no se siente personalmente atacada. Sin embargo, si el golpe proviene de un niño de 5 años, eso significa que pasa algo serio.

empatía   Capacidad para entender los sentimientos de otra persona, especialmente cuando éstos difieren de los propios

antipatía   Sentimiento de enojo, desconfianza, disgusto o incluso odio hacia otra persona.

conducta prosocial   Sentimientos y comportamientos que son beneficiosos y amables y en los que no hay beneficio evidente para uno mismo.

conducta antisocial   Sentimiento y conducta intencionalmente dañinos o destructivos hacia otra persona.

¿Qué hará ella?   Alrededor de los 3 o 4 años, los niños pueden responder con empatía a la angustia de otro niño, como lo hace la niña de la izquierda. Estas emociones en general llevan a acciones prosociales: ella probablemente va a proponerle al varón triste que está a la derecha que juegue con ella en la mesa de arena.

LAURA DWIGHT

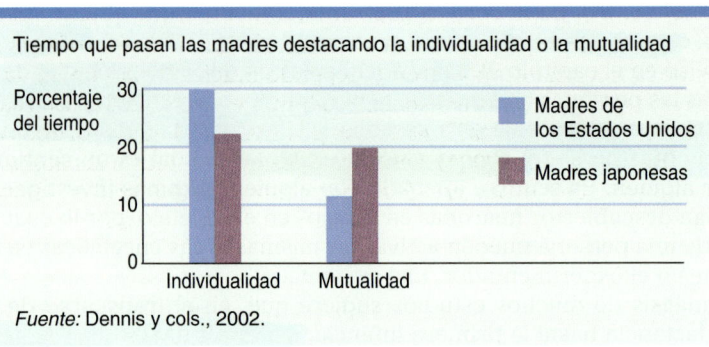

FIGURA 10.1 **Cómo se enseña la empatía** Durante el juego libre con sus hijos de 4 años, las madres japonesas mostraron más probabilidad que las madres de los Estados Unidos de destacar la mutualidad o la interdependencia. Las madres en los Estados Unidos tendieron a destacar la individualidad o la autoconfianza. Este estudio demuestra el rol de la cultura en el desarrollo de empatía en los niños.

De hecho, según un estudio realizado en Montreal, los niños de 5 años que son extraordinariamente malos con sus madres (física o verbalmente), reflejan una relación parental alterada. A menudo el niño es considerado un cabecilla por externalizar los problemas en la escuela (Moss y cols., 2004). Por lo tanto, los niños de 5 años pueden ser intencionalmente antisociales y es probable que sus acciones antisociales caractericen todas sus relaciones.

La conducta prosocial implica mucho más que obedecer el pedido de un adulto de compartir un juguete o reconfortar a otro niño. Los niños verdaderamente prosociales son empáticos. Ellos expresan preocupación aun cuando las emociones de la otra persona difieran de aquellas que el niño personalmente siente. En general, un requisito previo es al menos algún indicio de la teoría de la mente.

Los adultos estimulan la empatía cuando preguntan a los niños, "¿cómo te sentirías si esto te ocurriera a ti?". El modo en que se estimula la empatía varía según la cultura. Por ejemplo, un estudio que comparó madres japonesas con madres estadounidenses que jugaban con sus hijos de 4 años observó que era más probable que las primeras resaltaran la mutualidad (p. ej., "este rompecabezas es difícil para nosotros") y que las últimas destacaran la individualidad (p. ej., "estás pasando un momento difícil con este rompecabezas") (Dennis y cols., 2002) (véase fig. 10.1). Si este contraste es típico, los niños de los Estados Unidos serían menos empáticos con otras personas que los niños japoneses.

Preferencia y prejuicio

Cualquier énfasis cultural sobre las experiencias compartidas –como estimular a un niño a identificarse con los héroes nacionales o étnicos pasados o valorar la unidad familiar más que el beneficio personal– probablemente aumente la empatía por otros individuos dentro del grupo. El niño aprende a identificarse con los otros y a sentir orgullo por el logro de algún otro integrante del grupo. Esta preferencia por pertenecer al grupo habitualmente alcanza un pico alrededor de los 6 o 7 años, aunque mucho depende del contexto social.

A veces este favoritismo conduce a antipatía hacia los individuos que no pertenecen al grupo. Sin embargo, los niños preescolares son capaces de identificarse con su propio grupo (nacional, étnico, religioso o familiar) y estar orgullosos de él, sin sentir prejuicios contra otros grupos o incluso comprendiendo que otro grupo tiene diferentes valores y objetivos (Verkuyten, 2004). De hecho, su ignorancia es asombrosa, como lo observaron los investigadores en Irlanda del Norte, donde la mayoría de los niños de 6 años dijeron que no conocían ningún problema entre católicos y protestantes (Sani y Bennett, 2004).

Como se podría imaginar, dada su alta autoestima y su autoconcepto optimista, los niños pequeños que comprenden que su grupo es considerado indeseable pueden creer que ellos son distintos a otros integrantes de su grupo. Es probable que piensen que podrían cambiar de grupo más tarde. El concepto de constancia –digamos que uno siempre será turco o estadounidense negro– no es comprendido firmemente hasta promediar la infancia o más tarde. A menudo para esta época, los niños internalizan la idea de que el prejuicio contra su propio grupo u otro es indeseable y, por lo tanto, no lo expresan (Rutland y cols., 2005).

Entonces, por muchas razones no ocurre la transición intelectual desde la preferencia hasta el prejuicio en todos los niños. Cuando se produce, sucede a mediados de la infancia o más tarde y depende mucho de la familia, la comunidad y las presiones históricas (Nesdale, 2004; Ruble y cols., 2004). En realidad, algunos niños desarrollan sentimientos más positivos hacia otros grupos a medida que crecen (Barrett y cols., 2004). Las amistades interétnicas o las actitudes familiares positivas pueden evitar que los niños pequeños desarrollen los prejuicios de su grupo.

SÍNTESIS

Según un informe de 22 investigadores sobre la primera infancia:

> Las tareas evolutivas de este período van desde el dominio de las competencias esenciales para el aprendizaje y la motivación para triunfar en la escuela, hasta la capacidad para llevarse bien con otros niños, hacer amigos o incorporarse a un grupo social, así como la capacidad para manejar las emociones fuertes.
>
> [National Research Council and Institute of Medicine, 2000, p. 386]

Vale la pena señalar que estos investigadores sólo colocan en el listado una tarea cognitiva, luego citan cinco tareas emocionales, que incluye la regulación emocional. Esta lista reitera el primer mensaje de este capítulo. Desde la iniciativa versus el sentimiento de culpabilidad de Erikson hasta la inteligencia emocional de Goleman, cualquier observador de los niños pequeños comprende que el desarrollo emocional es fundamental. El orgullo, el propósito y la iniciativa son típicos del autoconcepto de los niños pequeños, como lo describe Erikson. Los niños que debido a los patrones genéticos o el maltrato temprano tienen dificultad con la regulación emocional a menudo desarrollan internalización o externalización de problemas. Muchos investigadores creen que la regulación emocional es la base para las destrezas sociales y el crecimiento cognitivo posteriores, a medida que los niños se vuelven más prosociales y menos antisociales, y expresan empatía más que enfado.

El juego

Los psicólogos del desarrollo creen que el juego es la actividad más productiva y divertida que emprenden los niños. El juego es tanto universal como adaptable. Si bien todos los niños pequeños juegan, ya sea que se encuentren en los hielos del Ártico o en la arena del desierto, el juego varía según la cultura, el sexo y la edad, de modo que es un medio ideal para aprender las habilidades sociales necesarias en el contexto (Sutton-Smith, 1997). Aunque los niños a veces juegan cuando están solos o con adultos, juegan mejor con otros niños. Los pares (individuos de aproximadamente la misma edad y condición social) no sólo constituyen los compañeros de juego preferidos sino también proporcionan práctica en regulación emocional, empatía y entendimiento social de todo tipo.

El juego cambia espectacularmente entre los 2 y los 6 años. El juego social del niño más pequeño consiste principalmente en juegos simples (como botar e intentar atrapar una pelota y enfadarse si otro niño no coopera). Por el contrario, la mayoría de los niños de 5 años saben cómo incorporarse a un juego grupal, manejar los conflictos mediante el humor, y seleccionar y mantener las amistades y los compañeros de juego, todos signos de la teoría de la mente. La diferencia entre esas dos edades es la consecuencia de muchas horas de juego social a través de las cuales los niños aprenden cómo hacer y mantener amigos.

El cambio más obvio en el juego durante la infancia es que se vuelve cada vez más activo. Esto fue observado por primera vez por Mildred Parten (1932), que distinguió cinco tipos de juego, cada uno más social que el anterior.

1. *El juego solitario.* Un niño juega solo, al parecer ignorando a los otros niños que están jugando cerca.
2. *El juego de espectador.* Un niño mira mientras otros juegan.
3. *El juego paralelo.* Los niños juegan con juguetes similares de modos similares, pero no interactúan.
4. *El juego asociativo.* Los niños interactúan, observándose y compartiendo los materiales, pero su juego todavía no es mutuo ni recíproco.

5. *El juego cooperativo.* Los niños juegan juntos, creando y elaborando una actividad conjunta o respetando los turnos.

Los niños se desplazan hacia los tipos más avanzados de juego a medida que alcanzan el final de los años del juego, aunque un estudio de niños de 4 años observó que algunos niños normales prefieren jugar solos más que con extraños (Henderson y cols., 2004). En general, a medida que los niños se hacen mayores su juego se vuelve más complejo y más social, aunque el temperamento, el sexo, la estimulación de los padres y la experiencia personal influyen en las interacciones del juego en todos los estadios (Rubin, 2000; Rubin y cols., 2002). Esta interacción es evidente en el juego de pelea y el juego dramático, y ambos aparecen durante los años del juego.

Juego de pelea

Los niños necesitan ser activos para desarrollar fuerza y control muscular. Un niño pequeño se beneficia cuando tiene alguien más con quien ser activo, porque un compañero proporciona un modelo, una audiencia y a veces un rival para estimular al niño. Por ejemplo, las habilidades de la carrera se desarrollan mejor cuando un niño está persiguiendo a otro que cuando el niño está corriendo solo.

La forma más frecuente de juego activo es el **juego de pelea** porque parece bastante rudo y porque los niños parecen caer uno sobre otro. En realidad, el término fue acuñado por algunos científicos que estudiaron monos bebés en el este de África (Blurton-Jones, 1976). Ellos observaron que los monos a menudo se perseguían, atacaban, se revolcaban en la suciedad y luchaban, bastante rudamente, pero sin lastimarse entre sí. Si un mono joven quería jugar, todo lo que tenía que hacer era acercarse, mirar a los ojos a uno de sus pares y luego correr como si lo persiguieran. Ésta era una invitación, que por lo general el otro mono casi siempre aceptaba, respondiendo con "cara de juego" más que con cara de enojo. Cuando los científicos regresaron a sus hogares en Inglaterra desde África, ellos vieron que sus hijos eran parecidos a los monos bebés: los seres humanos pequeños también participan en el juego de pelea. Ellos disfrutan persiguiéndose unos a otros y desarrollan juegos (mancha, policías y ladrones, y muchos más) que les permiten hacerlo.

Si bien el juego de pelea es obviamente físico, no pretende ser agresivo. Es más probable que los niños se lastimen por caer o chocar contra algo que por herirse mutuamente (Pellegrini y Smith, 1998). (Cuando los adultos no se sienten seguros de si están observando una pelea que deberían detener o una actividad social que deberían dejar que continuara, deben buscar la cara de juego. Los niños casi siempre están sonriendo y a menudo ríen en el juego de pelea; ellos fruncen el entrecejo o ponen mala cara en las peleas reales.) Al contrario de la agresión, el juego de pelea es divertido y constructivo: enseña a los niños a entablar relaciones, afirmarse a sí mismos y responder a las acciones de alguien mientras practican la destrezas de motricidad gruesa.

El juego de pelea es universal. Se lo puede observar en todas las naciones del mundo entre los varones pequeños cuando se los deja jugar libremente (Boulton y Smith, 1989). Las niñas participan en él menos a menudo, una diferencia entre los sexos que podría derivar fundamentalmente de la naturaleza o la crianza (Maccoby, 1998). Ciertas condiciones son favorables para el desarrollo del juego de pelea, entre ellas la amplitud del espacio y la supervisión indirecta. Se observa con mayor frecuencia cuando los niños tienen espacio para correr y cuando los adultos no están cerca de ellos.

juego de pelea Juego que imita la agresión, en el que se lucha, persigue o pega, pero en el que no hay intención de causar daño.

Vínculos entre hombres Algunas veces la única manera de distinguir la agresión del juego de pelea es mirar a las caras. El que "pega" no parece enojado, el que recibe el "golpe" se está riendo y el que lo abraza se está uniendo a la diversión. Otra pista es que el juego de pelea está influenciado por el género y el contexto. Estos niños participan del programa Head Start, en el que se aprenden habilidades sociales, por ejemplo cómo evitar las peleas.

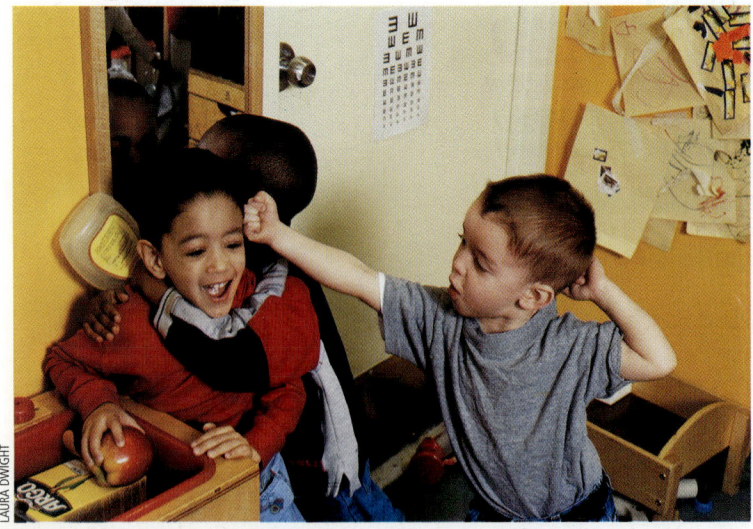

LAURA DWIGHT

El juego de pelea requiere tanto provocación planificada como autocontrol. Ello explica por qué los niños muy pequeños simplemente se persiguen y atrapan unos a otros, pero los niños mayores desarrollan reglas informales para mantener un juego regular y divertido. En el juego de la "mancha", por ejemplo, los jugadores deciden acerca de las reglas y entonces cada niño decide cuándo aventurarse fuera de la base y a qué distancia. Si uno de los niños es "mancha" durante mucho tiempo, otro niño (a menudo un amigo) se ofrece voluntariamente para ser atrapado.

El juego de pelea es más frecuente entre los niños que han tenido una experiencia social considerable, a menudo con los mismos que están jugando. Este juego desarrolla tanto el autoconcepto como las habilidades sociales, a medida que cada niño aprende cómo afirmarse sin llegar demasiado lejos. No es sorprendente que dado el aumento gradual de la regulación emocional, la incidencia del juego de pelea aumente con la edad, y alcance un pico alrededor de los 8 a 10 años (Pellegrini y Smith, 2001). Se aprecian ecos de ello en las conductas de flirteo de los jóvenes adolescentes, otro ejemplo de aprendizaje social que comienza en la primera infancia.

Creatividad

Los niños pequeños pueden ser más creativos que las personas de cualquier otra edad (Egan y Ling, 2002). No es necesario que la imaginación sea social: los niños inventan diálogos para sus juguetes, se concentran en un trabajo de arte o de arquitectura y conversan con amigos imaginarios, que son cada vez más frecuentes desde los 3 a los 7 años de edad. En cada una de estas formas de juego solitario, los niños pueden desarrollar habilidades sociales (Taylor y cols., 2004). Por ejemplo, el amigo invisible de una niña era Elefante, "de 15 cm de altura, color gris, ojos negros, usa un tanque y pantalones cortos... juega con la niña (pero) a veces es malo" (Taylor y cols., 2004, p. 1178). Al contar con un amigo imaginario que a veces es malo, el niño practica estrategias para manejar a los compañeros de juegos que son malos. Finalmente, es necesario practicar esa habilidad con niños reales, como parecen entender los niños pequeños. De hecho, la razón más frecuente por la cual los amigos imaginarios son abandonados es que el niño cuenta con más amigos reales.

El juego sociodramático

Una manifestación del juego creativo es el **juego sociodramático**, en el cual los niños representan varios roles y tramas que ellos mismos crean, adoptando "cualquier identidad, rol o actividad que eligen. Ellos pueden ser madres, bebés, Cenicienta o el Capitán Hook. Ellos pueden preparar té o volar hasta la luna. También pueden pelear, herir a otros o matar o apresar a alguien" (Dunn y Hughes, 2001, p. 491). El juego sociodramático brinda una forma para que los niños aprendan del otro mientras hacen lo siguiente:

- Explorar y ensayar los roles sociales que ellos ven que se desempeñan a su alrededor.
- Probar su capacidad para explicar y convencer a otros respecto de sus ideas.
- Practicar la regulación de sus emociones simulando estar atemorizados, enfadados, ser valientes, etc.
- Desarrollar un autoconcepto en un contexto no amenazante, actuando como un guerrero, un padre, un maestro, etc.

El juego sociodramático puede ocurrir sin interacción social. Por ejemplo, varios niños de 2 años pueden estar cuidando a sus "bebés" en la esquina de las muñecas de su preescolar, y cada uno de ellos aparentemente no parece estar consciente de las acciones de los otros excepto, quizás, para copiar una actividad particularmente interesante. Parten describiría la ignorancia como juego solitario y la copia como juego paralelo, aunque probablemente estos niños se notan unos a otros.

El juego sociodramático aumenta entre los 2 y los 6 años, no sólo en frecuencia y complejidad, sino también en interacción cooperativa; los niños disfrutan

juego sociodramático Juego en el que los niños representan varios roles y temas de cuentos que ellos mismos crean.

FELICIA MARTINEZ / PHOTOEDIT, INC.

Damas y bebés Se observa aquí una diferencia del desarrollo entre la evidente curiosidad de la niña de 14 meses y el placer de las amigas de 4 años en el juego sociodramático. La reacción de la madre —alegría ante el juego de dominio de las niñas o enfado por el lío que han hecho— es menos predecible.

ESPECIALMENTE PARA ADULTOS JÓVENES Cuando eran más jóvenes, tenían un amigo imaginario con quien jugaban, dormían y hablaban. ¿Esto significa que tenían una perturbación emocional?

desarrollando juntos sus roles imaginativos. Si bien ambos sexos participan en el juego sociodramático, las niñas lo hacen más, y es menos probable que utilicen temas violentos comparados con los varones (Dunn y Hughes, 2001).

El espacio para jugar

El mejor contexto para que los niños desarrollen habilidades sociales cuando juegan es un programa educacional de alta calidad (descrito en el capítulo 9), con espacio amplio, compañeros, materiales y adultos que sepan cuándo dejar que los niños aprendan unos de otros. De hecho, muchos psicólogos del desarrollo creen que los programas organizados para niños pequeños tienen más ventajas psicosociales que cognitivas porque los maestros experimentados los ayudan a regular el miedo, la timidez y el enojo, todas emociones que surgen en el juego (Clarke-Stewart y Allhusen, 2005).

El aprendizaje de la regulación emocional se realiza mejor en contexto, cuando surgen complejidades sociales. Como lo proclamaría Vygotsky, los otros niños son maestros para esto. Incluso el padre más paciente es aventajado por otro niño al negociar las reglas del juego de la mancha, al luchar sobre la hierba, al simular ser un bebé enfermo, al pelear con un dragón. Los adultos tienden a ser demasiado complacientes o demasiado dominantes con los niños, y en ambos casos no pueden enseñar la cooperación. Por el contrario, las reacciones de los pares son instructivas. Por ejemplo, si un compañero de juegos se lastima en el juego de pelea o se confunde en el juego sociodramático, los niños aprenden a empatizar para continuar el juego.

Agresión

La regulación gradual de las emociones y la aparición de la antipatía en ningún lugar es más perceptible que en la conducta más antisocial de todas, la *agresión activa*. Aprender cuándo y cómo ser agresivo es un objetivo importante del juego de los niños pequeños, como se aprecia con una observación cuidadosa del juego de pelea, o en las fantasías de dominación y sumisión que se ponen de manifiesto en el juego sociodramático, o al compartir materiales de artes plásticas, elementos de construcción y rodados.

Patrones de desarrollo

Pensemos en la progresión evolutiva de la agresión. Los niños pequeños tienen mucho que aprender. En las espectaculares palabras de Richard Tremblay, "la única razón por la cual los bebés no se matan entre ellos es que no les damos cuchillos o armas de fuego" (citado en Holden, 2000, p. 580). Los lactantes normalmente pellizcan, abofetean e incluso muerden a otras personas. Casi todos los niños de 2 años a veces son agresivos también, pero si un niño no ha comenzado a modificar su conducta antisocial a la edad de 3 o 4 años, ese niño puede tener problemas a la edad de 5, 10 o incluso 15 o 25 años (Loeber y Farrington, 2000). Gran parte de este aprendizaje ocurre en el hogar: los padres insatisfechos con sus vidas y hostiles entre ellos suelen tener niños hostiles que continúan así cuando crecen. Por el contrario, los padres que crean una atmósfera familiar positiva en el hogar tienden a proteger a sus hijos contra la hostilidad (Keltikangas-Jarvinen y Heinonen, 2003).

Como el subcontrol y el control exagerado de las emociones pueden conducir a problemas psicológicos, es fundamental recordar que las emociones necesitan ser reguladas, no reprimidas. Un niño de 4 años internalizador que llora y evade toda amenaza es probable que sea abrumado por la ansiedad o por la depresión más adelante y que sea víctima de los agresores. Es probable que cierta afirmación y autoprotección sean beneficiosas (Hawley, 1999). De hecho, la agresión en la primera infancia es muy normal y algunas formas pueden aumentar desde los 2 a los 6 años. A medida que se construye la autoestima y el autoconcepto, es más probable que los niños defiendan sus intereses pero menos probable que ataquen sin razón. Los niños normales de 4 años han aprendido a elegir los asuntos y las dianas, así como el grado de agresión.

Los investigadores reconocen cuatro tipos generales de agresión, descritos en el cuadro 10.1. La **agresión instrumental** es muy frecuente entre los niños pequeños, que a menudo parecen querer algo que no tienen e intentan, sin pensar, conseguirlo. La **agresión reactiva** también es impulsiva, y este tipo, particularmente, se controla mejor con la regulación emocional. La **agresión relacional** destruye toda la autoestima y las relaciones sociales del niño y en realidad se vuelve más dañina a medida que los niños maduran, ya que su autoestima y sus redes sociales son más frágiles. Por último, la **agresión intimidatoria** es la más amenazadora. Es evidente entre algunos niños pequeños, pero debe ser detenida para que no continúe durante toda la edad escolar y la adolescencia. Como se describe en detalle en el capítulo 13, la agresión intimidatoria entre los niños mayores puede ser muy dañina tanto para las víctimas como para los propios agresores.

Consejo práctico

Cuando los adultos ven a un niño agresivo que patea a otros niños sin razón, no existen dudas de que hay que intervenir. Sin embargo, no siempre es muy evidente que la agresión relacional sea dañina, lo que lleva a que los adultos no intervengan tan rápidamente como podrían hacerlo para detener los insultos y proteger a las amistades. No obstante, los psicólogos del desarrollo han observado que las relaciones sociales con los otros niños no sólo constituyen la forma en que se aprenden muchas lecciones sino que también son amortiguadores contra las tensiones de todo tipo, desde la muerte de un pececillo de color hasta el divorcio de los padres (Frankel, 2005).

Durante toda la infancia, las amistades se rompen por la agresión relacional más a menudo que por cualquier otro tipo de agresión (Crick y cols., 1999). Eso significa que los adultos deben detener los insultos y las exclusiones ("tú no puedes jugar con nosotros") de inmediato, orientar a las jóvenes víctimas que necesitan amigos y no simplemente ofrecerles simpatía y protección.

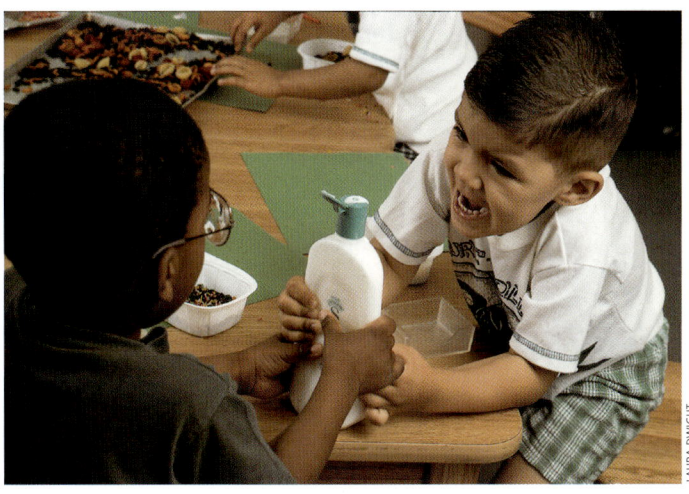

¡Yo primero! Aproximadamente a los 4 años, un aumento en la agresión por lo general es acompañado por un aumento en el autocontrol. Este enfrentamiento no llegará a una agresión instrumental si ambos niños aprendieron a regular algunas emociones y ninguno de ellos carga con los perjuicios del racismo o de una falsa imagen de hombría.

agresión instrumental Conducta dañina cuyo fin es conseguir o poseer un objeto que pertenece a otra persona.

agresión reactiva Represalia impulsiva ante actos verbales o físicos, ya sean intencionados o no, de otra persona.

agresión relacional Acciones, como insultos o rechazo social, dirigidas a causar daño a las amistades de la víctima.

agresión intimidatoria Ataque físico o verbal, repetido y sin provocación previa, especialmente contra víctimas que tienden a no defenderse.

CUADRO 10.1	Las cuatro formas de agresión	
Tipo de agresión	**Definición**	**Comentarios**
Agresión instrumental	Conducta dañina cuyo fin es conseguir algo (como un juguete, un lugar en la fila o un turno en la hamaca) que alguien más posee	A menudo aumenta de los 2 a los 6 años; involucra objetos más que personas; bastante normal; más egocéntrica que antisocial
Agresión reactiva	Represalia impulsiva por un daño (intencionado o accidental) que puede ser verbal o físico	Indica la ausencia de regulación emocional, característica de los niños de 2 años. Un niño de 5 años debe ser capaz de detenerse y pensar antes de reaccionar
Agresión relacional	Acciones no físicas, como insultos o rechazo social, dirigidas a causar daño a las relaciones sociales de la víctima y a otros	Implica un ataque personal y por lo tanto es directamente antisocial; puede ser muy dañina; es más frecuente a medida que los niños adquieren mayor conciencia social
Agresión intimidatoria	Ataque físico o verbal, repetido y sin provocación previa, especialmente contra víctimas que tienden a no defenderse	Tanto en los agresores como en las víctimas, es un signo de escasa regulación emocional; los adultos deben intervenir antes de los años escolares. (La intimidación se explica en el capítulo 13)

RESPUESTA PARA ADULTOS JÓVENES (de p. 298): no. De hecho, los amigos imaginarios son muy frecuentes, sobre todo entre los niños creativos.

Afortunadamente, en la primera infancia, esta intervención puede tener éxito. Los niños pequeños no necesitan demasiado estímulo para hacer amigos (al contrario de los niños mayores, que son más selectivos y más suspicaces con los adultos). Antes de los 7 años, las oportunidades para jugar con otros niños en un contexto de apoyo suelen dar a los niños los amigos y la comprensión emocional que necesitan. Los adultos pueden enseñar a los niños reglas simples (piense nuevamente en el niño que dijo "no empujes" al comienzo de este capítulo) y pueden asociar a dos niños similares, sabiendo que todos los niños desean jugar. Entonces todos los niños se enseñarán unos a otros cómo remediar una pelea, cooperar y empatizar.

Piense nuevamente en la niña que le dijo al varón que se tirara al piso, y luego lo empujó cuando él se mantuvo parado. Su asombro ante la reacción mostró que ella no comprendía la relación entre sus deseos y los deseos de los otros niños. El mismo día, ella dijo "pero yo *quería* ir primero", verdaderamente asombrada de que cualquier otro pudiera reclamar el privilegio (Leach, 1997, p. 474). El psicólogo que comunicó este incidente sugirió que la niña no había experimentado el juego con otros y que sus padres inadvertidamente habían impedido que ella aprendiera habilidades de interacción social.

SÍNTESIS

Todas las formas de juego ayudan a los niños a expresarse y regular sus emociones, cuando coordinan sus propios deseos con los de sus compañeros de juego. Es más probable que los varones luchen y se persigan unos a otros en el juego de pelea, desarrollando sus destrezas motoras mientras modulan su agresión y que las niñas participen en el juego sociodramático, practicando roles sociales y dominando sus miedos. Ambos sexos a menudo tienen compañeros imaginarios, que ofrecen la oportunidad de practicar las habilidades sociales que desarrollan con sus amigos. Algo de agresión es normal durante la primera infancia, pero la agresión relacional y la intimidación deben alertar a los adultos que los niños necesitan guía para el entendimiento social.

Los padres

Hemos visto que muchos factores afectan las emociones y las acciones de los niños pequeños, incluidos la maduración encefálica, los compañeros, el rol sexual y la cultura. Ahora consideraremos una quinta influencia controvertida: los padres. ¿Por qué "controvertida"? No existen dudas de que los padres tienen importancia (Halberstadt y Eaton, 2002; Maccoby, 2000; Patterson, 1998), pero la controversia surge por dos razones. Una es que las familias, y las culturas, no se ponen de acuerdo acerca de los mejores modelos parentales, tema que exploraremos pronto. Sin embargo, antes debemos enfrentar la otra razón. En las últimas décadas, los científicos sociales exageraron el rol de los padres.

> Los estudiosos contemporáneos de la socialización en gran parte están de acuerdo en que los primeros investigadores con frecuencia fueron muy exagerados en sus conclusiones a partir de los hallazgos basados sobre correlaciones; se apoyaron excesivamente en puntos de vista únicos y deterministas de la influencia parental, y no prestaron atención a los efectos potenciales de confusión relacionados con la herencia... Lamentablemente, las debilidades de los antiguos estudios todavía impregnan las presentaciones de la investigación sobre socialización en los textos introductorios y en los medios de comunicación, en parte porque apelan a preferencias por las generalizaciones simples.
>
> *[Collins y cols., 2000, p. 218]*

Por supuesto, este texto evade las "generalizaciones simples". En la actualidad, siempre que los investigadores estudian la complejidad del desarrollo psicosocial, se observa que el propio temperamento de cada niño tiene más influencia que el estilo parental (p. ej., Deater-Deckard y cols., 1998; O'Connor, 2002; Sameroff, 2000; Van Leeuwen y cols., 2004). Sin embargo, evitar las generalizaciones simples también significa reconocer la importancia de los padres, sobre todo si el niño tiene una tendencia temperamental hacia la depresión, la agresión u otros problemas.

Los padres son fundamentales, en forma directa o indirecta, sobre todo en la primera infancia. Por ejemplo, ellos deciden si los niños irán a la escuela, tendrán amigos y jugarán, cómo lo harán y dónde. La investigación, incluidos los estudios sobre regulación emocional citados antes, confirma que los detalles de la conducta de los padres tiene una influencia indudable, como muchos otros factores. La modalidad de los padres es fundamental cuando el temperamento o la cultura hacen probable la internalización o externalización de los problemas. Entonces los padres pueden cambiar la inclinación destructiva del niño o llevarlo al límite de la patología (Galambos y cols., 2003; Van Leeuwen y cols., 2004).

Debemos señalar otra conclusión de la investigación reciente: no existe ninguna forma "mejor" única de crianza. En condiciones ideales, todos los niños pequeños tienen dos padres (no necesariamente los biológicos) que cooperan entre sí y apoyan el desarrollo del niño. Una buena relación entre los adultos es casi tan importante para el desarrollo de un niño como lo es una crianza efectiva (Belksy y Fearon, 2004), pero las características específicas de una buena crianza (así como de un matrimonio feliz) varían según la cohorte particular, la cultura y el niño (Dishion y Bullock, 2002; Hulbert, 2003; Miller, 2004).

Estilos de crianza

Aunque miles de investigadores han rastreado los efectos de la crianza sobre el desarrollo infantil, aún tiene vigencia la influencia de un trabajo (1967, 1971) realizado hace casi 40 años. Diana Baumrind estudió a 100 niños preescolares, todos de California y casi todos estadounidenses de clase media de ascendencia europea. (En ese momento no eran obvias las limitaciones de cohorte y culturales de esta muestra.)

Baumrind se valió de muchas evaluaciones. Primero, ella observó las actividades de los niños en la escuela de infancia y evaluó su conducta en relación con cualidades como autocontrol, independencia y autoestima. Luego entrevistó a los padres y observó la interacción padre-hijo en el hogar y en su laboratorio.

Baumrind observó que los padres diferían en cuatro dimensiones importantes:

- *Expresiones de afecto*. Los padres variaban desde muy afectuosos hasta muy fríos y críticos.
- *Estrategias para la disciplina*. Nuevamente, hubo mucha variación en el uso de la explicación, la crítica, la persuasión, la aceptación y el castigo físico.
- *Comunicación*. Algunos padres escuchaban pacientemente a sus hijos; otros exigían silencio.
- *Expectativas de madurez*. Los padres variaron en sus estándares de responsabilidad y autocontrol.

Los tres patrones de crianza de Baumrind

Sobre la base de estas cuatro dimensiones, Baumrind identificó tres estilos de crianza:

crianza autoritaria Estilo de crianza en la cual los estándares de comportamiento son elevados, la mala conducta se castiga estrictamente y la comunicación es limitada.

■ **Crianza autoritaria.** La palabra de los padres es ley y no hay lugar a discusión. La mala conducta se castiga con rigor, por lo general de forma física (pero no con tanta dureza como para considerarla maltrato). Los padres autoritarios establecen reglas claras y patrones de referencia elevados. No esperan que sus hijos emitan sus opiniones; las conversaciones sobre las emociones son especialmente escasas. (Un adulto de una familia de este tipo dijo que la pregunta "¿cómo te sientes?" sólo tenía dos respuestas posibles: "bien" y "cansado".) Estos padres creen que su edad y su experiencia los han preparado para saber qué es mejor para sus hijos y que los niños deben hacer lo que se les dice. Los padres aman a sus hijos, pero pueden parecer distantes y pocas veces muestran afecto.

crianza permisiva Estilo de crianza en la cual hay mucho cuidado y comunicación pero rara vez se imparten castigos, orientación o control.

■ **Crianza permisiva.** Los padres permisivos tienen pocas exigencias, y ocultan cualquier impaciencia que sientan. Hay poca disciplina porque exigen escasa madurez de los niños. Los padres permisivos son cariñosos y aceptan a sus hijos. Escuchan todo lo que sus hijos dicen y comparten sus propias emociones sin restricciones. Tratan de ayudarlos en todo, pero no se sienten responsables de su conducta.

crianza disciplinada Estilo de crianza en la cual los padres imponen los límites pero son flexibles y están dispuestos a escuchar a sus hijos.

■ **Crianza disciplinada.** Los padres disciplinados establecen límites y aplican normas. Sin embargo, también escuchan las demandas de sus hijos y sus preguntas, y conversan sobre los sentimientos y los problemas. Los padres exigen madurez en los niños, pero son cariñosos y comprensivos, y habitualmente perdonan (y no castigan) cuando el niño no logra la madurez deseada. Son flexibles cuando un niño explica una razón particularmente buena para una excepción. Ellos actúan como guías y mentores, no como autoridades (como lo hacen los padres autoritarios) ni como amigos (como lo hacen los padres permisivos).

Las características de estos tres estilos se resumen en el cuadro 10.2.

Baumrind y muchos otros continuaron el estudio de los estilos de crianza, siguiendo a los 100 niños originales a medida que crecían e invetigando a miles de otros niños de diferentes antecedentes y edades (Baumrind, 1991; Bornstein, 2002; Steinberg y cols., 1994), y llegaron a las siguientes conclusiones:

■ Los padres *autoritarios* crían niños que tienden a ser conscientes, obedientes y pasivos, pero no son especialmente felices. Ellos tienden a sentirse culpables o deprimidos, internalizan sus frustraciones y se culpan cuando las cosas no andan bien. Cuando llegan a la adolescencia, a veces se rebelan y abandonan el hogar antes de los 20 años.

■ Los padres *permisivos* crían niños que son aún menos felices. Ellos carecen de autocontrol, sobre todo en lo que se refiere a la cuestión de dar y recibir de las amistades entre pares. Su regulación emocional insuficiente los convierte en inmaduros e impide la formación de amistades, la principal razón de su infelicidad. Suelen vivir en el hogar y siguen siendo dependientes en la vida adulta temprana.

■ Los padres *disciplinados* crían niños con más probabilidades de tener éxito, ser coherentes, inteligentes, felices consigo mismos y generosos con los demás. En general, estos niños son queridos por sus maestros y compañeros, sobre todo en las culturas donde se valora la iniciativa individual.

La investigación de seguimiento ha observado que, al menos para las familias de clase media de origen europeo, las ventajas iniciales del abordaje disciplinado se fortalecen con el tiempo, y ayudan a los niños a ser prosociales y triunfar en la escuela, a los adolescentes a evitar el abuso de drogas y a los adultos jóvenes a tener una autoestima alta (Baumrind, 1991; Steinberg y cols., 1994).

Muchos estudios recientes han observado que los estilos de crianza y la conducta del niño tienen una relación menos estrecha de lo que aparece en la inves-

CUADRO 10.2	Características de los estilos de crianza de Baumrind				
	Características				
				Comunicación	
Estilo	**Afecto**	**Disciplina**	**Expectativas de madurez**	**Padre a hijo**	**Hijo a padre**
Autoritario	Poco	Estricta, a menudo física	Muchas	Mucha	Escasa
Permisivo	Mucho	Escasa	Pocas	Escasa	Mucha
Disciplinado	Mucho	Moderada, con mucha discusión	Moderadas	Mucha	Mucha

tigación original de Baumrind (Galambos y cols., 2003). En primer lugar, el temperamento del niño interactúa con el estilo de los padres. Un niño temeroso necesita una crianza benigna y un niño más atrevido necesita una crianza más restrictiva (pero también cariñosa) (Bates y cols., 1998; Kochanska y cols., 2001; Van Leeuwen y cols., 2004). En segundo lugar, la cultura y la comunidad son fundamentales, como veremos a continuación.

Variaciones culturales

Las diferencias culturales y de la comunidad influyen en la percepción del niño acerca de la calidad de la crianza (Pettit y cols., 1997). La percepción es la clave, porque la interpretación del niño (de un comentario, un castigo, una regla) es lo que determina el efecto de la crianza. Los padres estadounidenses de ascendencia asiática y los negros a menudo son más estrictos, al menos medidos según la tipología de Baumrind, que los padres estadounidenses de ascendencia europea (Chao, 2001; Wachs, 1999), probablemente porque sus hijos perciben el amor y la preocupación de sus padres en conductas que los niños estadounidenses de ascendencia europea podrían interpretar de modo diferente.

El hallazgo de que la crianza disciplinada no siempre es mejor sorprendió a los psicólogos del desarrollo, pocos de los cuales eran de origen asiático o africano. La primera hipótesis para explicar el éxito de los padres estrictos que no son de raza blanca era que la crianza de los niños en vecindarios violentos y estresantes exigía una crianza más autoritaria.

Esa hipótesis era razonable, pero no se pudo confirmar. Los datos pusieron en evidencia que, incluso en los vecindarios "buenos", los padres pertenecientes a minorías suelen imponer pautas estrictas y castigo físico ocasional; el resultado es que sus hijos se convierten en adolescentes de alto rendimiento y emocionalmente bien regulados. Las mismas estrategias son menos exitosas en las familias estadounidenses de origen europeo (Darling y Steinberg, 1997). Obviamente, las estrategias de crianza particulares pueden variar, al igual que los resultados. La investigación posterior observó que muchos padres no se ajustan claramente a ninguna de las tres categorías de Baumrind. El cuadro 10.3 menciona algunos otros estilos de crianza.

La investigación posterior en familias de estadounidenses negros y en otras familias estableció que los métodos específicos de disciplina y las reglas familiares son menos importantes que el afecto, el apoyo y la preocupación de los padres, que se expresan de modos que están influidos por el contexto cultural y comunitario de la familia (McLoyd y Smith, 2002). Los niños provenientes de cualquier grupo étnico y de cualquier país se benefician si creen que sus padres los aprecian; los niños de cualquier parte sufren si se sienten rechazados y no queridos (Khaleque y Rohner, 2002; Maccoby, 2000).

Cuando los niños parecen llevar la carga de la internalización o la externalización de los problemas, la causa a menudo puede rastrearse hasta una crianza insatisfactoria inefectiva o de rechazo. Los efectos de los cuidados pasados de un niño se ponen en evidencia de muchos modos, que incluyen las reacciones ante

Estilo de crianza Esta mujer está disciplinando a su hijo, que no se ve feliz.

? **PRUEBA DE OBSERVACIÓN** (véase la respuesta en la p. 305): ¿qué estilo de crianza se muestra aquí?

ESPECIALMENTE PARA ACTIVISTAS POLÍTICOS
Muchos observadores sostienen que los niños aprenden sus actitudes políticas en el hogar, de la forma en que sus padres los tratan. ¿Es cierto?

CUADRO 10.3	Otros estilos de crianza
Abusivo	La disciplina de algunos padres no sólo es dura sino también inconsistente, sin preocupación por el bienestar del niño. Al contrario de las familias autoritarias, las pautas no son claras. Los niños son castigados sin saber por qué o, peor, sabiendo que la razón fue el alcoholismo, el consumo de drogas o la inestabilidad emocional de los padres
No involucrado	Algunos padres no tienen interés en el bienestar del hijo, o incluso en su paradero. Obsérvese que los padres permisivos de Baumrind podrían parecer descuidados ya que sus hijos no se comportan bien, no están bien vestidos o incluso bien aseados, a menos que deseen estarlo. Pero los padres permisivos normalmente están muy preocupados por la seguridad y el bienestar de sus hijos; están involucrados, pero no dan instrucciones
Democrático	En la crianza democrática, los niños tienen igual derecho a opinar sobre lo que ocurre. Estas familias podrían tener reuniones familiares, en las cuales todos conversan los problemas de preocupación de cualquier miembro y entonces se alcanza un consenso o se toma una decisión por el voto de la mayoría. En las familias disciplinadas, por el contrario, los padres tienen el poder de establecer el orden del día y de hacer las normas, escuchando y adaptándolos sólo cuando deciden hacerlo
Tradicional	En algunas familias, el padre es quien impone estricta disciplina y la madre es el ama de casa indulgente. Él es considerado la cabeza de la familia y la amenaza más poderosa de la madre es "tendré que contarle a tu padre". Este patrón funciona si ambos padres comprenden y respetan el rol del otro, pero los niños sufren si sus padres tradicionales chocan acerca de cómo criarlos

La felicidad aparece en las familias Los adultos felices y exitosos pueden desarrollarse en todo tipo de familia. Sin embargo, como explicamos en el capítulo 8, tanto el maltrato como el descuido en la crianza pueden ser muy perjudiciales. Ni las familias democráticas ni las tradicionales parecen tan eficaces como las familias disciplinadas, aunque cada uno de estos sistemas familiares, al igual que los tres tipos originales de Baumrind, a veces producen niños felices y competentes.

RESPUESTA PARA ACTIVISTAS POLÍTICOS (de p. 303): existen muchos estilos de crianza y es difícil determinar el impacto de cada uno de ellos sobre las personalidades infantiles. En este momento, los intentos por relacionar la crianza infantil temprana con la opinión política posterior son, en el mejor de los casos, especulativos.

el llanto de dolor de otro niño. A medida que desarrollan empatía, normalmente los niños reconfortan, tranquilizan y ayudan al compañero de juegos que llora. Por el contrario, los niños con apegos inseguros y padres poco reactivos responden de modo anormal, como lo puso en evidencia un estudio longitudinal. Algunos hacen lo que

> ... precisamente angustiaría más al niño (p. ej., asustar a un niño con la misma máscara que antes lo había asustado, mofarse de un niño que llora y llamarlo "bebé llorón" o golpear la barriga un niño que tiene dolor de estómago)... Otros a menudo se ponen mal cuando otro niño está angustiado (p. ej., callándose la boca y buscando el regazo de la maestra cuando otro niño se cayó).
>
> [Sroufe, 1996, p. 227]

Por lo tanto, los psicólogos del desarrollo vacilan en favorecer un estilo particular de crianza, pero eso no significa de ningún modo que crean que todos los padres funcionan igualmente bien. Los signos de un problema grave son obvios en las conductas del niño, entre ellas algunas mencionadas en este capítulo: hipercontrol, subcontrol, intimidación y juego antisocial.

Castigo

La disciplina que aplican los padres es una parte integral del estilo de crianza. Por lo que los investigadores han aprendido acerca de la cognición, en condiciones ideales los padres se anticipan a la mala conducta y guían a los hijos alejándolos de ella en lugar de castigarlos después del hecho. Pero los padres no pueden ser siempre prudentes y vigilantes; a veces es necesario el castigo.

Técnicas de disciplina

Ninguna técnica disciplinaria funciona de forma rápida y automática para enseñar a un niño la conducta deseada. Es fácil detener a un niño por un momento, con una amenaza o una palmada, pero es difícil modelar la conducta de modo que el niño poco a poco internalice las normas de los padres. No obstante, esto no es sólo el objetivo; puede ser el resultado, como acabamos de describir. Entre los 2 y los 6 años, los niños van aprendiendo a reflexionar sobre las consecuencias de sus acciones, a controlar sus emociones y a adecuar sus acciones a las expectativas de sus padres. El objetivo universal es criar un niño que se autorregule, no sólo un niño obediente. Muchos padres lo logran.

El primer paso es simplemente tener claridad sobre lo que se espera. Las opiniones sobre qué conductas deben ser castigadas varían según la cultura. Lo que constituye una conducta "maleducada" o "desagradable" o "indisciplinada" en una comunidad es perfectamente aceptable e incluso estimulado en otra. Cada familia debe pensar entonces en los objetivos y luego aclararlos muy bien al niño.

El segundo paso es relacionar el castigo con el desarrollo del niño. Por ejemplo, algunos padres castigan a los niños por mojar la cama, como si los niños con escaso control vesical nocturno fueran deliberadamente desobedientes. El castigo debe ser raro y se debe reservar para las infracciones que se sabe que el niño podría controlar. En el cuadro 10.4 se mencionan otras características evolutivas que hay que tener en cuenta cuando se castiga a los niños pequeños.

Diferencias familiares

¿Qué deben hacer los padres cuando un niño se comporta mal? Nuevamente, influye la cultura y los patrones familiares. Muchas madres japonesas, por ejemplo, emplean el razonamiento, la empatía y expresiones de desilusión para controlar la conducta social de sus hijos, más que las madres norteamericanas. Estas técnicas funcionan bastante bien, en parte porque la relación madre-hijo es mucho más estrecha en Japón (donde se la denomina *amae*, un vínculo interpersonal muy estrecho) que en los Estados Unidos (Rothbaum y cols., 2000).

Si el niño no se comporta bien (p. ej., opone objeciones para tomar un baño), las madres difieren en sus explicaciones (Bornstein y Cote, 2004; Bornstein y cols., 1998). Es probable que las madres japonesas se culpen por ello en lugar de enojarse con el niño. Las madres suecas podrían castigar al niño –nunca gol-

"Lo está haciendo para llamar la atención."

Presten atención Los niños se desarrollan mejor con mucho amor y atención. ¡No deberían tener que pedirlo!

! RESPUESTA A LA PRUEBA DE OBSERVACIÓN (de p. 303): el estilo disciplinado. Observe cómo esta mujer sostiene firmemente a su hijo desafiante; él debe escuchar (prueba de que ella no es permisiva). También observe que ella le habla, no lo golpea ni le grita, y que su expresión es cariñosa (prueba de que ella no es autoritaria).

CUADRO 10.4	Relación entre la disciplina y las características del desarrollo durante la primera infancia

1. *Recuerde la teoría de la mente.* Los niños pequeños poco a poco van comprendiendo las cosas desde otro punto de vista. Estimular la empatía ("¿Cómo te sentirías si alguien te hiciera eso?") aumentará la conducta prosocial y disminuirá la conducta antisocial

2. *Recuerde el concepto de sí mismo que está emergiendo.* Los niños pequeños están desarrollando un concepto de quiénes son y qué quieren. Los adultos deben proteger ese sí mismo emergente: no deben forzar a un niño de 3 años a compartir sus juguetes favoritos, ni decirle expresiones como "las palabras no lastiman". En cambio, los niños deben saber cuándo y cómo proteger sus posesiones favoritas y su sentido emergente de sí mismo. Por ejemplo, un niño puede aprender a no llevar un juguete a la escuela a menos que desee compartirlo con todos

3. *Recuerde la explosión del lenguaje y la esquematización rápida.* Los niños están ansiosos por hablar y pensar, pero dicen más de lo que realmente comprenden. Por lo tanto, un niño que no "escucha" no debe ser siempre castigado porque no entendió una orden. La conversación antes de una mala conducta y después de ella ayuda a que el niño aprenda

4. *Recuerde que los niños pequeños todavía no son lógicos.* La conexión entre lo que hicieron mal y el castigo necesita ser inmediata y transparente, pero habitualmente no lo es. Si alguna vez fue golpeado cuando era un niño, ¿recuerda por qué? ¿Alguna vez repitió la misma mala conducta?

tiempo muerto   Técnica disciplinaria en la cual se aparta a un niño durante un período de tiempo específico.

control psicológico   Técnica disciplinaria por la cual se amenaza a un niño con retirarle el cariño y el apoyo; depende de los sentimientos de culpabilidad y agradecimiento que éste tiene hacia los padres.

peándolo (que se considera un maltrato) y eliminar los juguetes y los privilegios. Es poco probable que las madres europeas o estadounidenses de ascendencia europea se culpen o culpen al niño; ellas atribuyen causas de otro origen (el agua estaba demasiado fría o al padre tampoco le gustan los baños).

Una técnica disciplinaria que a menudo se utiliza en Estados Unidos es el **tiempo muerto**, en el cual un adulto exige al niño que se siente silenciosamente apartado de los otros por algunos minutos. En los niños pequeños, el tiempo muerto puede ser rápidamente eficaz; se sugiere un minuto de tiempo muerto por año de edad. Otra práctica frecuente es "el retiro del cariño", cuando el padre expresa desilusión o mira severamente al niño.

Cualquier método se ve complicado por el temperamento del niño. Las técnicas pueden ser más satisfactorias por la naturaleza del niño que por el método (O'Connor, 2002). Algunos niños quieren ser obedientes, y con ellos casi cualquier castigo es eficaz.

Otra complicación es que los métodos que funcionan transitoriamente pueden tener consecuencias no deseadas. Por ejemplo, el tiempo muerto es eficaz *si* el niño prefiere firmemente estar con otras personas. Sin embargo, a algunos niños no les importa estar solos y para ellos el tiempo muerto es menos eficaz. Una variante del tiempo muerto en los niños mayores es la suspensión de la escuela. Cuando a un niño le disgusta la escuela, esto recompensa al niño por su mal comportamiento, lo que hace más probable la desobediencia futura.

TEMAS PARA EL ANÁLISIS

Planificación del castigo

Cómo se debe castigar a un niño se ha convertido en uno de los temas más controvertidos del desarrollo infantil, sobre todo durante la primera infancia, cuando los niños son considerados "lo suficientemente grandes como para aprender" pero no "lo suficientemente grandes como para escuchar razones". Los padres a menudo castigan a sus hijos dándoles una bofetada, una nalgada o un golpe; todos estos castigos físicos se utilizan más en los niños de 2 a 6 años que en los niños de cualquier otro grupo de edad. No sólo en los Estados Unidos, sino también en toda Asia, África y América del Sur, la mayoría de los padres creen que dar una nalgada es aceptable, legítimo y

necesario a veces, y la mayoría de los adultos recuerda haber recibido una nalgada y consideran que ello no los hizo peores (Durrant, 1996; Levinson, 1989).

No obstante, muchos psicólogos del desarrollo se concentran en los efectos a largo plazo del castigo. El castigo físico funciona en el momento –un niño que ha recibido una nalgada y está llorando detiene cualquier cosa que estuviera haciendo– pero la investigación longitudinal observa que los niños que reciben castigo físico probablemente que se vuelvan más agresivos (Lansford y cols., 2002). De hecho, la violencia doméstica de cualquier tipo –aplicación de nalgadas, maltrato del cónyuge, incluso amenazas, gritos e insultos entre los miembros de la familia– se correlaciona con la agresión en los niños, que pelean con los compañeros de clase y más tarde con miembros de la familia y extraños (Straus, 1994).

Esto no significa que los niños que han recibido castigo físico siempre se vuelven violentos. El castigo físico aumenta el riesgo, pero otros factores (pobreza, temperamento y muchos más) son factores de riesgo más fuertes. No obstante, los psicólogos del desarrollo se preguntan por qué los padres asumen el riesgo, ya que el castigo físico aumenta la posibilidad de conducta antisocial y sólo aumenta transitoriamente la obediencia (Amato y Fowler,

DAVID STRICKLER / MONKMEYER

Ángela está jugando   La investigación sugiere que si se le pega a un niño, la experiencia no se olvida, no por el dolor sino por lo que significa emocionalmente para él. Los niños repiten lo que aprendieron; ellos saben no sólo cómo poner sus manos sino también que una persona enfadada puede pegar. La única parte de esta lección que suelen olvidar es la mala conducta particular que provocó el castigo. Cuando le pregunten a Ángela por qué le pega a su muñeca, tal vez responda: "Se estaba portando mal".

2002; Gershoff, 2002). Además, los padres abusivos típicamente justifican su castigo culpando a su hijo difícil, pero las razones se encuentran más a menudo en la familia y el adulto, no en el niño (Jaffee y cols., 2004). Para evitar el riesgo de maltrato infantil o de violencia posterior, la mayoría de los psicólogos del desarrollo recomiendan otras formas de castigo.

¿Pero qué forma de castigo debe elegir un padre? Cualquier método puede tener consecuencias indeseables. El **control psicológico**, que utiliza el sentimiento de culpabilidad y la gratitud del niño hacia el padre, puede dañar la iniciativa y el logro del niño (Barber, 2002). Esto se demostró en un estudio de la totalidad de una cohorte (la mejor forma de obtener una muestra no sesgada) de niños nacidos en Finlandia (Aunola y Nurmi, 2004). Se realizaron veinte preguntas a los padres de los niños sobre su abordaje de la crianza del hijo. Los cuatro elementos siguientes, que los padres calificaron del 1 ("en nada parecido a mí") al 5 ("muy parecido a mí") midieron el control psicológico:

1. *Mi hijo debe tener conciencia de cuánto he hecho por él.*
2. *Dejo que mi hijo sepa cuán desilusionado y avergonzado estoy si se comporta mal.*
3. *Mi hijo debe tener conciencia de cuánto me sacrifiqué por él.*
4. *Espero que mi hijo sea agradecido y aprecie todas las ventajas que tiene.*

Cuanto más alta era la puntuación de los padres en el control psicológico, más baja era la puntuación en matemática de los niños; la conexión se hacía cada vez más fuerte a medida que los niños avanzaban en la escuela. Aun peor, el rendimiento en matemática empeoraba más si los padres tenían alto puntaje en control psicológico y afecto (p. ej., ellos abrazaban a menudo a sus hijos) (Aunola y Nurmi, 2004). Otras investigaciones también hallaron que el control psicológico disminuye el rendimiento y la aceptación social de los niños, aunque el afecto no siempre empeora las cosas (Barber y cols., 2002).

Tanto el castigo físico como el control psicológico comparten una característica: despiertan intensas emociones en el niño. Se ha sugerido que el nexo emocional explica por qué los niños de 4 años que han recibido castigo físico se convierten en escolares más agresivos (Strassberg y cols., 1994).

No existe ninguna respuesta simple. Los psicólogos del desarrollo aconsejan a los padres planificar cuidadosamente los castigos, adaptándolos al temperamento y la edad del niño. Las charlas deben formar parte de la disciplina, y uno de los objetivos debe ser la regulación emocional, sobre todo de las emociones negativas. Tal vez por esa razón los padres y los preescolares hablan sobre las razones para las emociones negativas (p. ej., miedo, tristeza, enojo, preocupación) tres veces más a menudo que para las emociones positivas (p. ej., alegría, placer, orgullo) (Lagattuta y Wellman, 2002).

Como madre, sé que la prevención es muy superior al castigo, pero a veces no soy muy previsora ni hablo mucho. Un caluroso día de verano, la sedienta Rachel de 3 años tomó una botella de vidrio de jugo de naranja del refrigerador. Ella lo dejó caer en el piso de la cocina y se hizo añicos. Yo quería golpearla. "¡Tiempo muerto!" grité, haciendo que permaneciera en el sofá (a 6 m de distancia) hasta que yo limpiara. Yo necesitaba ese tiempo muerto más que ella.

Los padres tienen emociones, recuerdos y tensiones intensos, y es por eso que el castigo no es un tema simple. La conversación ayuda a los niños a internalizar las pautas, pero conversar lleva tiempo y paciencia. Como los niños de 3 años no comprenden las causas y las consecuencias, no pueden responder a un enojado "¿por qué lo hiciste?". Un niño pequeño que fue castigado por pelear respondió: "A veces la pelea sólo sale de mí". En condiciones ideales, el castigo no saldrá simplemente del padre.

El desafío de los medios de comunicación

Algunas personas (no los padres) imaginan que la crianza es sencilla. Ellos pueden anticipar para ellos una crianza infantil tranquila y sin esfuerzos, porque ellos proporcionarán reglas claras que sus hijos obedecerán. Si la explicación anterior del castigo no les planteó dudas, la siguiente explicación sobre la influencia de los medios de comunicación lo hará.

Los preescolares son emocionalmente inmaduros, a veces están enojados o temerosos o desafiantes de formas que no sólo angustian a sus padres sino que pueden lastimar al niño. Los niños normales desean hablar cuando deben estar en silencio, correr cuando deben caminar, presumir cuando deben ser modestos. Todo padre desea evitar tanto la severidad como el descuido; no es asombroso que algunos viren hacia la disciplina y algunos hacia la permisividad.

Además, aun cuando sus propios padres encontraran un buen equilibrio entre la libertad y la restricción, cada cohorte de padres se enfrenta con desafíos que no eran evidentes una década o dos antes. En la actualidad, esos desafíos incluyen la comida basura, las nuevas configuraciones familiares (ambas explicadas en los capítulos siguien-

"¿Por qué no apagas el ordenador y miras algo de televisión?"

ESPECIALMENTE PARA PADRES Suponga que usted está de acuerdo con que el castigo físico es perjudicial, pero a veces se enfada tanto con la conducta de su hijo que le pega. ¿Es apropiada su reacción?

¿Juego de vídeo peligroso? Es fácil comprender y justificar la fascinación de un preescolar con el juego de vídeo. Este niño sueco está desarrollando habilidades en el ordenador, aprendiendo a leer y es poco probable que se meta en problemas mientras esté tranquilo mirando la pantalla. Sin embargo, los psicólogos del desarrollo señalarían que las vías neurológicas desarrolladas mientras los niños juegan juegos de vídeo, especialmente los violentos, pueden conducir a una conducta antisocial y agresiva más adelante.

FIGURA 10.2 **El hogar típico de un niño norteamericano contiene...**

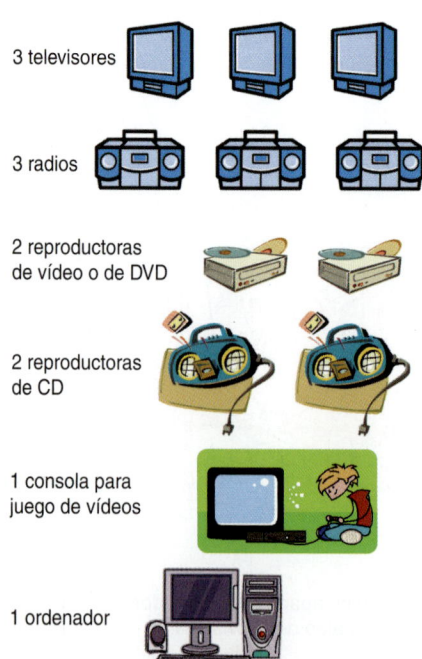

3 televisores

3 radios

2 reproductoras de vídeo o de DVD

2 reproductoras de CD

1 consola para juego de vídeos

1 ordenador

tes) y una explosión de medios de comunicación, que incluyen DVD, juegos de vídeo e Internet en casi todos los hogares (véase fig. 10.2).

Los padres están tentados a dejar que sus hijos pequeños miren la pantalla de una televisión o el monitor de un ordenador, no sólo porque los niños lo piden sino porque el vídeo es una buena niñera. Es muy difícil que los padres recuerden la inmadurez emocional del niño, que está deslumbrado por las imágenes en rápido movimiento y que emula a las figuras de los dibujitos que no tienen empatía.

Sin embargo, algunos expertos aconsejan a los padres minimizar la exposición a los medios de comunicación y pasar más tiempo con sus hijos. Las seis organizaciones principales que se ocupan de la salud de los niños (American Psychological Association, American Academy of Pediatrics, American Medical Association, American Academy of Child and Adolescent Psychiatric, American Academy of Family Physicians y American Psychiatric Association) imploran a los padres que detengan la exposición de sus hijos a la violencia de los vídeos, ya sea en dibujitos animados, en comedias de situación, en juegos de vídeo o en las noticias de la noche. Esto no deja casi nada para ver (Anderson y Bushman, 2002).

¿Notó usted que las seis organizaciones tienen la palabra *American* en sus títulos? Eso requiere un consejo intercultural: la mayor parte de la investigación que comunicamos aquí estudió a niños de los Estados Unidos que miraban los medios de comunicación locales (Anderson y Bushman, 2002; Roberts y Foehr, 2004). Esto no constituye una limitación tan sustancial como lo sería para casi cualquier otro tema, porque si bien muchos gobiernos nacionales regulan y subsidian la televisión, los programas de TV y las películas producidos en los Estados Unidos son populares en todo el mundo. Entre las generaciones más jóvenes, particularmente, las diferencias culturales en el acceso a los medios de comunicación (que incluye la música e Internet) se hacen cada vez menores. El consejo de estos seis grupos "americanos" es pertinente en todo el mundo.

En los Estados Unidos propiamente dicho, prosperan muchas subculturas. Sin embargo, las diferencias económicas y étnicas en el uso por parte de los niños de los medios de comunicación son sorprendentemente pequeñas (Roberts y Foehr, 2004). Por ejemplo, los niños de entre 8 y 18 años que vivían en hogares de bajos ingresos tenían la misma probabilidad de contar con televisión por cable (75%) y juegos de vídeo (83%) que los niños de hogares de ingresos intermedios o altos. Los jóvenes estadounidenses de ascendencia europea y negros son casi iguales (55% y 53%) en el uso de ordenadores; el uso de ordenadores entre los niños hispanos es más bajo (35%). Estos datos provienen de una encuesta grande y cuidadosa, completada en 1999. Desde entonces, el uso de ordenadores, en particular, ha crecido como un hongo, incluido el uso entre los hispanos.

Pruebas sobre el contenido

La mayoría de los niños provenientes de todos los grupos étnicos y económicos en los Estados Unidos pasan más de tres horas al día utilizando algún tipo de medio de comunicación (véase cuadro 10.5). Entre los niños pequeños, la televisión es el medio más popular. Casi todos los hogares tienen como mínimo dos televisores, y los niños suelen mirar la TV separados de sus padres, a menudo en sus propias habitaciones. Para los 3 años de edad, más del 25% de todos los niños ya tiene una televisión en sus dormitorios, y el porcentaje aumenta a medida que los niños crecen (Roberts y Foher, 2004).

¿Qué ven los niños? Los "buenos muchachos", ya sea de los dibujos animados o de los dramas policiales, se pegan, disparan y patean igual que los "malos muchachos", pero las consecuencias de su violencia están saneadas, justificadas o parecen cómicas. Casi todos los buenos muchachos son hombres blancos. Las mujeres suelen ser representadas como víctimas o novias cariñosas, no como líderes, excepto en muy pocos programas dirigidos a las niñas que los varones pocas veces miran.

Algunos dicen que los medios de comunicación simplemente reflejan la realidad. El crítico Michael Medved (1995) pregunta:

> Si esto es cierto, ¿por qué presenciamos tan pocos asesinatos en la vida real y tantos en la TV y en las películas? Alrededor de 350 personajes aparecen cada noche en las horas de mayor audiencia de la televisión; en promedio, siete de ellos son asesinados. Si esta tasa de asesinatos se aplicara a la realidad, entonces en sólo 50 días todos los habitantes de los Estados Unidos serían asesinados (y el último que quedara vivo podría apagar la televisión).

Uno de los mejores estudios longitudinales realizó una encuesta a niños de 5 años y nuevamente cuando tenían 16 años (Anderson y cols., 2001). Los investigadores utilizaron muchos medios estadísticos para descubrir causalidad, no simplemente correlación. (Por ejemplo, los niños provenientes de familias de altos ingresos suelen mirar menos televisión y tienen mejor rendimiento académico, de modo que los niños se compararon con otros del mismo nivel socioeconómico.) Los investigadores observaron que los niños pequeños que habían mirado televisión educativa (principalmente *Plaza sésamo* y el *Vecindario del Sr. Rogers*) se convirtieron en adolescentes que obtuvieron calificaciones superiores y leían más que otros estudiantes secundarios, sobre todo si eran varones. Los niños que miraban programas de televisión violentos tenían calificaciones más bajas, sobre todo si eran niñas.

La prueba obtenida a partir de esta perspectiva y de este método confirma que el contenido tiene importancia, que la violencia es penetrante y que los niños de todas las edades que miran violencia en la televisión también se vuelven más violentos (Anderson y cols., 2003; Huesmann y cols., 2003; Johnson y cols., 2002; Singer y Singer, 2005). Los psicólogos del desarrollo señalan que los juegos de vídeo son peores que la televisión en todo aspecto observable: más violentos, más sexistas, más racistas. Los héroes suelen ser hombres anglosajones y en el 80% de los juegos una estrategia esencial para ganar requiere violencia o agresión (Dietz, 1998).

Pruebas sobre la vida familiar

Toda la investigación sobre la crianza muestra que los niños se benefician cuando los padres están involucrados en sus vidas. Por ejemplo, el lenguaje, logro cognitivo fundamental de la primera infancia, depende de horas de conversación con los padres todos los días. Asimismo, la regulación emocional depende de la reactividad de los padres.

El hecho de mirar televisión limita la interacción padre-hijo de muchos modos. Los padres y los hijos pocas veces hablan cuando miran juntos (y, de hecho, es difícil incluso que miren juntos). Padres e hijos tienen sus propios aparatos de televisión, a menudo en habitaciones separadas. En muchos hogares, la televi-

CUADRO 10.5 **Exposición diaria promedio a los medios de comunicación electrónicos**

2 a 4 años	Horas por día
Blancos	3:18
Negros	4:30
Hispanos	3:37
5 a 7 años	**Horas por día**
Blancos	3:17
Negros	4:16
Hispanos	3:38

Fuente: Adaptado de Roberts y Foehr, 2004.

"Ten respeto por mi forma de estudiar."

Estilo vídeo   Cuando los niños pasan mucho tiempo mirando televisión y jugando juegos de vídeo, es probable que desarrollen un estilo de aprendizaje visual. Ellos se acostumbran a recibir información en forma de imágenes vívidas y escenas breves. Eso les dificulta concentrarse y comprender cualquier cosa que sea más larga y que se presente en forma verbal, como un libro, una conferencia o una explicación.

RESPUESTA PARA PADRES (de p. 308): el peor momento para pegarle a un niño es cuando uno está enfadado, porque se lo puede lastimar en forma grave y además porque el niño asociaría el enfado con la violencia y podría seguir su ejemplo. Lo mejor es aprender a controlar el enfado y desarrollar otras estrategias para disciplinar a su hijo o prevenir antes que nada la mala conducta.

sión permanece encendida durante las comidas; incluso está encendida cuando nadie la está mirando. Esto se suma a la "renuncia de los padres de la supervisión sobre la conducta de los niños con respecto a los medios de comunicación" (Roberts y Foehr, 2004, p. 202). Para la época en que los niños tienen 8 años, sólo el 50% de todos los padres tienen alguna regla acerca de mirar televisión; las reglas existentes suelen ser acerca de la hora (no mirar televisión después de las 22 horas, por ejemplo) más que sobre el contenido.

Los medios de comunicación no sólo cortan el tiempo que los niños pasan con sus padres; también reducen la cantidad de tiempo que los niños pasan en el juego imaginativo y social. Aunque muchos adultos esperan que más tiempo pasado con un tipo de medio de comunicación significa menos tiempo con otro, esto no es así. La única excepción es con el material impreso: los niños que leen muchos libros suelen mirar menos televisión.

No es sorprendente que sufran las notas y aumente la violencia cuando los niños miran más televisión. Sin embargo, la información más inquietante proviene de estudios del medio de comunicación que los padres comprenden menos: los juegos de vídeo. "Parece probable que el impacto de observar los personajes que son asesinados en la televisión sea superado por un juego de vídeo en el que el niño comete el asesinato virtual" (Larson, 2001, p. 150).

¿Parece esta explicación prematura, ya que son los adolescentes y no los niños más pequeños los que se encuentran en los titulares porque su empleo de medios de comunicación como vídeos musicales, CD y salas de conversación en Internet supuestamente hace más probable que se vuelvan violentos o sexualmente activos? Hay algo de verdad en esto: estos juegos interesan mucho más a los adolescentes que a los niños más pequeños. Sin embargo, desde una perspectiva evolutiva, la primera infancia es fundamental porque en ella se establecen los hábitos familiares en cuanto a los medios de comunicación. Las prácticas domésticas, como tener encendida la televisión durante las comidas y utilizar ordenadores y juegos de vídeo, son observadas por los niños muy pequeños, que tratan de copiar a sus padres y sus hermanos mayores. Ya para la edad de 6 años, el 25% de todos los niños ha jugado a un juego de ordenador o de vídeo en las últimas 24 horas (Roberts y Foehr, 2004).

La primera infancia puede ser también el período más vulnerable por otras razones. En primer lugar, los niños pequeños pasan más tiempo delante de las pantallas de televisión y ordenador que las personas de cualquier otra edad. En segundo lugar, los niños pequeños no son muy lógicos sobre sociedad, cultura y personas; ellos son novicios en la interpretación y la regulación de las emociones.

Usted puede comprender por qué estas seis organizaciones principales esperan que los niños miren televisión o jueguen juegos de vídeo. Pero pocos padres pueden aplicar una prohibición total. (Cuando usted leyó el recuadro En persona en el capítulo 9, ¿se preguntó por qué Sarah estaba tan frustrada que me insultó? Fue porque yo había desenchufado la televisión.) Sin embargo, es posible que los padres limiten la exposición a los medios de comunicación, que hagan participar a los niños en una recreación interactiva y que limiten su propio uso de los medios de comunicación.

SÍNTESIS

La interacción padre-hijo no es la única influencia sobre el desarrollo psicosocial de los niños, ni siquiera la más importante, pero las prácticas de crianza tienen un impacto significativo. En los últimos 40 años, Diana Baumrind y la mayoría de los otros psicólogos del desarrollo han observado que la crianza disciplinada (cariñosa, orientadora) es más eficaz que la crianza autoritaria (muy estricta) o permisiva (muy benévola). En cualquier cultura, los niños crecen cuando sus padres los aprecian y se preocupan por sus logros. Cuando los padres no están involucrados, no son afectuosos o maltratan, los hijos rara vez son felices, están bien adaptados y tienen altos logros.

El castigo físico es una forma rápida de lograr que los niños detengan una mala conducta, pero la mayoría de los psicólogos del desarrollo creen que una disciplina no física es más eficaz a largo plazo. Sin embargo, cualquier método puede tener consecuencias indeseables y el control psicológico es particularmente problemático.

Una buena crianza no se logra siguiendo ninguna regla simple; el temperamento infantil varía y también los patrones culturales. Los medios de comunicación plantean un desafío particular en todo el mundo porque los niños son atraídos por las imágenes coloridas y de rápido movimiento; no obstante, los programas televisivos violentos, en particular, conducen a una conducta más agresiva. Todos los expertos recomiendan la supervisión por parte de los padres de la calidad y la cantidad de los medios de comunicación –los mensajes subyacentes y los temas manifiestos– a los que están expuestos los niños.

Convirtiéndose en varones y niñas

La identidad masculina o femenina es un aspecto importante del concepto personal de un niño, una fuente importante de autoestima (en que cada sexo cree que es el mejor) (Powlishta, 2004). La primera pregunta que uno formula sobre un recién nacido es "¿varón o niña?" y los padres seleccionan vestimentas, mantitas, pañales e incluso chupetes que distinguen a ambos sexos. Alrededor de los 2 años, los niños ya conocen su propio sexo y se vuelven más consciente del género con cada año de la infancia (Maccoby, 1998).

Los científicos sociales intentan distinguir entre las **diferencias sexuales**, que son las diferencias biológicas entre los hombres y las mujeres, y las **diferencias de género**, que son las diferencias impuestas por la cultura en los roles y los comportamientos de varones y mujeres. En teoría, es una separación lógica, pero como sucede con toda distinción entre naturaleza y crianza, la interacción entre sexo y género hace difícil separarlas (Hines, 2004). Curiosamente, aunque las diferencias *sexuales* verdaderas son mucho menos evidentes en la infancia (cuando los varones y las niñas tienen más o menos las mismas proporciones) que en la adultez (cuando las diferencias físicas se vuelven más visibles y la anatomía se convierte en algo fundamental para el coito, el embarazo y el parto), la diferencia de género parece ser más significativa para los niños que para los adultos (Powlishta, 2004).

Desarrollo de la conciencia de género

Como ya se mencionó, incluso los niños de 2 años saben si son varones o niñas, pueden identificar a los extraños adultos como madres o padres y pueden aplicar rótulos de género (*Sra., Sr., mujer, hombre*) de forma coherente. Ese conocimiento cognitivo simple se convierte, alrededor de los 3 años, en una comprensión rudimentaria de que las diferencias entre el hombre y la mujer son para toda la vida (aunque algunos pretendan, esperen o imaginen otra cosa). Alrededor de los 4 años, los niños están convencidos de que ciertos juguetes (como muñecas o camiones) y ciertos roles (como enfermera o soldado) son apropiados para uno de los sexos y no para el otro (Bauer y cols., 1998; Ruble y Martin, 1998).

diferencias sexuales Diferencias biológicas entre el hombre y la mujer, en cuanto a los órganos, las hormonas y la estructura del cuerpo.

diferencias de género Diferencias en los roles y el comportamiento de varones y mujeres, que se originan en la cultura.

Dos conjuntos de primos El mismo día, la misma cama elástica, los mismos genes y la misma cultura, porque estos ocho niños son primos. Pero las diferencias sexuales o de género son bastante evidentes en estos últimos años del preescolar. Este grupo, como cualquier grupo de preescolares, ofrece una evidencia sugestiva de las diferencias entre los varones y las niñas, que aquí incluyen un aspecto específico de su indumentaria.

? **PRUEBA DE OBSERVACIÓN** (véase la respuesta en la p. 312): ¿cuáles son las diferencias sexuales o de género que puede ver?

(a)

(b)

! **RESPUESTA A LA PRUEBA DE OBSERVACIÓN**
(de p. 311): las diferencias más obvias entre los sexos están en la apariencia. Las niñas tienen el cabello más largo, y los colores y los estilos de sus ropas son diferentes. ¿Notó usted la diferencia en las suelas de los zapatos: las de los varones son negras, mientras que las de las niñas son blancas o rosas? Ahora seamos más especulativos. La niña de la izquierda, que necesita establecer una alianza con el grupo dado que es la única que usa colores parecidos a los de los varones, las mira y habla con sus primas de una manera muy femenina. Además, las expresiones faciales y corporales de las nenas sugieren que están mucho más cómodas con este contacto cercano. Por otra parte, los dos varones de la izquierda parecen estar a punto de comenzar a aliviar su tensión con un encuentro del juego de pelea.

etapa fálica Según Freud, tercera etapa del desarrollo, en la cual el pene se convierte en el foco de interés y placer.

complejo de Edipo Deseo inconsciente de los varones pequeños de reemplazar al padre y ganarse el afecto exclusivo de la madre.

identificación Intención de defender el autoconcepto asumiendo las conductas y actitudes de otra persona.

Si se les da a elegir, los niños juegan con otros niños de su propio sexo. Esta tendencia comienza alrededor del año y es clara para los 4 años, y los niños a medida que van madurando se vuelven más selectivos y exclusivos (Martin y Fabes, 2001). Para la edad escolar, los pocos niños que todavía tienen amigos del otro sexo pocas veces juegan con ellos cuando otros niños están cerca (Kovacs y cols., 1996).

Durante todos los años del juego, los niños confunden género con sexo. El conocimiento de que el sexo de una persona es una característica biológica no determinada por las palabras, las opiniones o las vestimentas, se desarrolla poco a poco, y se vuelve firme a la edad de 8 años más o menos (Szkrybalo y Ruble, 1999). Esta incertidumbre acerca de la determinación biológica del sexo fue demostrada por un niño de 3 años que fue a ver con su padre los gatitos recién nacidos de un vecino. Al regresar a su casa, el niño le comunicó a su madre que había tres gatitos nenas y dos gatitos varones. "¿Cómo lo sabes?" preguntó ella. "Papá los levantó y leyó lo que estaba escrito en sus barrigas", respondió el niño.

Teorías de las diferencias de género

Los expertos, al igual que los padres, no coinciden con respecto a qué proporción de las diferencias de género observadas es biológica (tal vez un problema de hormonas, de la estructura encefálica o del tamaño y la musculatura corporal) y qué proporción es ambiental (tal vez inmersos en siglos de historia cultural o en el entrenamiento doméstico explícito inmediato que cada niño recibe) (Beal, 1994; Leaper, 2002). Por ejemplo, usted leyó antes que las niñas a menudo aventajan a los varones en regulación emocional y que existen diferencias entre los varones y las niñas en la preferencia por el juego de pelea y el juego sociodramático. Es posible que estas diferencias sean genéticas, ligadas a diferencias cromosómicas entre XX e XY que afectan el desarrollo encefálico prenatal o que los padres traten de modo diferente a sus hijos y sus hijas. De hecho, las pruebas apoyan ambas proposiciones.

Los científicos en neurociencias suelen buscar diferencias en los encéfalos de hombres y mujeres, y encuentran muchas; los sociólogos suelen buscar patrones familiares y culturales de hombres y mujeres, y también encuentran muchos. Las mismas predilecciones se aplican a historiadores, antropólogos, científicos en política y psicólogos de todo tipo. Las diferencias sexuales de género son generalizadas, evidentes para cualquier observador, y ninguna perspectiva única puede explicarlas todas. Para encontrar un marco de trabajo que analice las pruebas contradictorias, necesitamos una teoría. Por fortuna, tenemos cinco teorías del desarrollo, descritas inicialmente en el capítulo 2.

Teoría psicoanalítica

Freud (1938) llamó **etapa fálica** al período que va de los 3 a los 6 años, porque creía que el centro de interés es el *falo* o pene. Alrededor de los 3 o 4 años de edad, según Freud, el proceso de maduración hace que el niño adquiera el conocimiento de su órgano sexual masculino. Comienza a masturbarse, a tener miedo a la castración y a desarrollar sentimientos sexuales hacia su madre.

Estos sentimientos hacen que todo niño pequeño tenga celos de su padre y se pone tan celoso, según Freud, que cada hijo quiere, en secreto, sustituir a su padre. Freud denominó a este fenómeno **complejo de Edipo**, por Edipo, hijo de un rey en la mitología griega. Abandonado cuando era bebé y criado en un reino lejano, Edipo regresó después a su lugar de origen y, sin saber quiénes eran sus progenitores, mató a su padre y se casó con su madre. Cuando descubrió lo que había hecho, se quitó los ojos en un acceso de culpabilidad.

Freud creía que este antiguo mito todavía sigue teniendo ecos en toda la historia, porque cada hombre se siente horriblemente culpable por los impulsos incestuosos y homicidas que están enterrados en su inconsciente. Los varones temen que sus padres les inflijan un castigo terrible si descubren sus impulsos secretos. Por lo tanto, esconden sus sentimientos, incluso de ellos mismos. De manera específica, los varones afrontan el sentimiento de culpabilidad y el miedo a través de la **identificación**, un mecanismo de defensa que permite que una persona se alíe con otra asumiendo simbólicamente la conducta y las actitudes de esa persona. Como no pueden reemplazar a sus padres, los niños pequeños quieren ser como ellos y copian los gestos, las opiniones y las acciones masculinas.

Los varones también desarrollan, nuevamente como autodefensa, una conciencia poderosa llamada **superyó**, que es rápida para juzgar y castigar a los "niños malos". Según la teoría de Freud, la fascinación de un niño pequeño por los superhéroes, las armas, el kung-fu y otras cosas parecidas proviene del deseo inconsciente de matar a su padre. La homosexualidad, la homofobia o la obsesión con el castigo de un hombre adulto podrían explicarse por una etapa fálica mal resuelta.

Freud ofreció dos descripciones superpuestas de la etapa fálica en las niñas. Una se concentra en el **complejo de Electra** (también llamado así por una figura de la mitología clásica), que es similar al complejo de Edipo ya que la pequeña niña quiere eliminar a su madre y ansía intimar con su padre. En la otra descripción, la niña se pone celosa de los varones porque ellos tienen penes. Según Freud, una niña maneja la *envidia del pene* decidiendo volverse sexualmente atractiva de modo que alguien que sí tenga un pene –preferiblemente su padre– la ame (Freud, 1933/1965). Su *identificación* es con las mujeres que su padre encuentra atractivas; su *superyó* lucha por evitar la desaprobación de él. Por lo tanto, los orígenes y las consecuencias de la etapa fálica son similares para las niñas y los varones.

Como mujer y como madre de cuatro hijas, siempre consideré la teoría del desarrollo sexual de Freud como ridícula, por no decir antifemenina. No sólo yo pensé así. Desde 1950, en general los científicos sociales han coincidido en que la explicación de Freud del desarrollo sexual y moral "se vuela frente a las pruebas sociológicas e históricas" (David y cols., 2004, p. 139). Las ideas de Freud reflejan los valores de la sociedad victoriana de clase media de finales del siglo XIX. Sólo recientemente algunas de las ideas de Freud se han vuelto más aceptables para los psicólogos. Yo misma he suavizado mi crítica de Freud, como lo explica el siguiente relato.

superyó Según la teoría psicoanalítica, parte de la personalidad que es autocrítica e internaliza los estándares morales establecidos por los padres.

complejo de Electra Deseo inconsciente de las niñas de reemplazar a la madre y ganarse el afecto exclusivo del padre.

EN PERSONA

Berger y Freud

El primer "episodio de Electra" de mi familia ocurrió en una conversación con mi hija mayor, Bethany, cuando tenía alrededor de 4 años:

> **Bethany:** Cuando yo sea grande, me voy a casar con papá.
> **Madre:** Pero papá está casado conmigo.
> **Bethany:** Eso es cierto. Cuando yo sea grande, es probable que tú estés muerta.
> **Madre:** *(Decidida a defenderme.)* Papá es mayor que yo, así que cuando yo esté muerta, es probable que él también esté muerto.
> **Bethany:** Está bien. Entonces me casaré con él cuando vuelva a nacer.

En este momento, ya no podía pensar en una buena respuesta, sobre todo porque no tenía idea acerca de dónde había sacado el concepto de la reencarnación. Bethany vio mi cara de derrota y como sintió pena por mí me dijo:

> **Bethany:** No te preocupes, mamá. Después de que tú vuelvas a nacer, podrás ser nuestro bebé.

El segundo episodio fue una conversación que tuve con mi hija Rachel cuando tenía 5 años:

> **Rachel:** Cuando me case, me casaré con papá.
> **Madre:** Papá está casado conmigo.
> **Rachel:** *(Con la alegría de haber descubierto una solución maravillosa.)* ¡Entonces podremos tener una boda doble!

El tercer episodio fue mucho más gráfico. Tomó la forma de un "corazón de San Valentín" que mi hija Elissa dejó en la almohada de mi esposo cuando tenía unos 8 años. El dibujo se reproduce en la siguiente página.

Por último, cuando mi hija menor Sarah cumplió 5 años, también expresó el deseo de casarse con mi marido. Cuando le dije que no era posible, porque estaba casado conmigo, su respuesta mostró un peligro más de mirar la televisión: "Oh, sí, un hombre puede tener dos esposas. Lo vi en la televisión".

Yo no soy la única psicóloga del desarrollo feminista a quien le sorprendieron las palabras de sus hijos. Nancy Datan (1986) escribió acerca del conflicto de Edipo: "Tengo un hijo que alguna vez tuvo 5 años. Desde entonces hasta hoy, jamás volví a pensar que Freud estaba equivocado". Como es obvio, estos trozos de "evidencia" no prueban que Freud tenía razón. Todavía creo que estaba equivocado en muchas cosas. Pero la descripción que él hace de la etapa fálica ahora me parece menos descabellada que antes.

La almohada habla   Elissa colocó esta obra de arte sobre la almohada de mi esposo. Mi almohada, junto a ésta, tenía una nota menos colorida y elaborada, una ocurrencia tardía: "Querida mamá, también te quiero".

El conductismo

En contraste con los teóricos psicoanalíticos, los conductistas creen que casi todos los roles se aprenden y por lo tanto son el resultado de la crianza, no de la naturaleza. Para los conductistas, las distinciones de género son el producto de los premios y el castigo continuos, más que de cualquier etapa específica.

Algunas pruebas apoyan este aspecto de la teoría del aprendizaje. Los padres, los pares y los maestros en general premian la conducta "adecuada respecto del género" más que la conducta "inadecuada" (Ruble y Martin, 1998). Las madres estimulan a las niñas a controlar sus emociones y a los varones a "liberarlas" (Colder y cols., 2002) y los padres riñen más con sus hijos, que aprenden a hacerlo del mismo modo. Asimismo, se elogia a los varones por no llorar ("lo tomó como un hombre"), mientras que se estimula a las niñas a "comportarse como una dama".

Esta diferenciación entre el niño y la niña parece ser más importante para los varones que para las mujeres (Banerjee y Lintern, 2000; David y cols., 2004), ya que los varones son criticados más a menudo por ser "afeminados" que las niñas por ser "marimachos". Los padres, más que las madres, esperan que sus hijas sean femeninas y sus hijos sean duros. Sin embargo, las niñas tienen más conciencia de la discriminación entre hombre y mujer, como podría esperarse del grupo que suele verse como subordinado.

Los conductistas creen que los niños aprenden acerca de la conducta adecuada no sólo directamente (como recibir un juguete apropiado para el género o un elogio del padre) sino también en forma indirecta, a través del aprendizaje social. Los niños modelan su conducta particularmente tomando como referencia a las personas que perciben que son cariñosas, poderosas y parecidas también a ellos mismos. Para los niños pequeños, estas personas por lo general son sus padres. Y las actitudes de los padres acerca de las diferencias de género adquieren cada vez más influencia a medida que los niños crecen (Tenenbaum y Leaper, 2002).

Irónicamente, los niños pequeños observan más conducta estereotipada que las personas de cualquier otra etapa de la vida, porque los cuidados infantiles están principalmente a cargo de las mujeres. Si los varones y las niñas modelan su conducta siguiendo la de sus padres y madres, seguirán ejemplos muy específicos de cada sexo (McHale y cols., 2003). La importancia del modelado también se demuestra en el hecho de que los niños pequeños de cualquier sexo que tienen hermanos mayores varones se vuelven más masculinos y aquellos que tienen hermanas mayores se vuelven más femeninos, como predice el conductismo (Rust y cols., 2000).

Por lo tanto, la conformidad con las expectativas del género también es premiada, castigada y modelada, sobre todo entre los niños pequeños y en especial en los varones. Esto puede explicar por qué las niñas pueden aspirar a ocupaciones

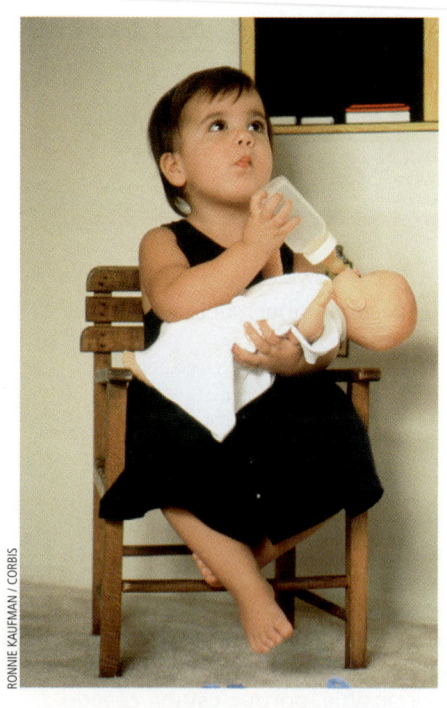

RONNIE KAUFMAN / CORBIS

Ensayo para la futura maternidad   Esta preescolar muestra tres conductas consideradas apropiadas en las niñas y que casi nunca se ven en los varones: ella usa una pollera, coloca sus piernas cruzadas hacia atrás y acuna y "alimenta" a su muñeca.

tradicionalmente masculinas pero los varones no pueden aspirar a ocupaciones tradicionalmente femeninas sin experimentar la desaprobación, sobre todo de otros varones.

Obsérvese que esta teoría explica por qué el prejuicio de género es particularmente fuerte durante los años del juego. Si un estudiante universitario quiere ser maestro de jardín de infantes, probablemente sus compañeros respetarán su elección y conocerán a otro hombre que decidió hacer lo mismo. Si un niño de 4 años tiene la misma idea, sus pares se reirán porque su experiencia ha sido bastante segregada por los roles de género. Como un profesor informa:

> Mi hijo volvió del preescolar después de 2 días de haber comenzado y nos dijo que él no podría ser profesor (hasta ese momento ése había sido su deseo, porque él sabía por una observación personal que los profesores iban a comer galletas) porque sólo las mujeres podían ser maestras.
>
> *[Fagot, 1995, p. 173]*

La teoría cognitiva

Al explicar la identidad de género y las diferencias de género, los cognitivistas se concentran en la compresión del niño, en la forma cómo un niño aprehende intelectualmente un tema o valor específico (Kohlberg y cols., 1983; Martin, 2000). Los niños pequeños, como explican, tienen muchas experiencias relacionadas con el rol sexual pero no mucha complejidad cognitiva. Ellos tienden a ver el mundo en términos simples. Por esta razón, los hombres y las mujeres son categorizados como opuestos por completo, aun cuando algunas pruebas (tal como el padre que ellos ven limpiando el comedor) contradiga esta presunción sexista. Los matices, las complejidades, las excepciones y las graduaciones sobre el género (y sobre todo lo demás) se encuentran más allá del intelecto del niño preoperacional.

Recuerde que un principio básico de la teoría cognitiva es que el pensamiento determina cómo las personas perciben el mundo y entonces ellas actúan sobre la base de sus percepciones. La teoría cognitiva puede ser considerada lo opuesto de la teoría del aprendizaje social, ya que "mientras ambas teorías explican el modo en que se internaliza la realidad social de las diferencias sexuales, la teoría del aprendizaje social propone que la sociedad socializa a los niños, mientras que la teoría del desarrollo cognitivo propone que los niños se socializan activamente ellos mismos" (David y cols., 2004, pp. 139-140).

Un ejemplo es el caso de un niño de 3 años y medio, a quien su tía lo llamaba *lindo*. Él insistía en que, en cambio, debían llamarlo *guapo* (Powlishta, 2004). Como es obvio, el niño había desarrollado categorías basadas en el género, y quería que los otros lo vieran como el jovencito que su propia cognición había decidido que era.

Cuando la experiencia personal es ambigua o desconcertante, los niños pequeños buscan las categorías intelectuales que han formado para describir la conducta apropiada al rol sexual. Por ejemplo, cuando los investigadores les dan a niños pequeños juguetes poco familiares y neutros en relación con el sexo, los niños primero intentan reconocer si los juguetes son para varones o para niñas y luego deciden si personalmente les gustaría o no jugar con ellos (Martin y cols., 1995). Del mismo modo, cuando a los niños mayores les muestran dibujos de personas que participan en ocupaciones poco familiares (en realidad inexistentes), ellos juzgan la condición de la ocupación según el hecho de que los trabajadores sean hombres o mujeres y clasifican a las ocupaciones supuestamente femeninas en una categoría menor que las masculinas.

Por lo tanto, la autoestima y el autoconcepto que los niños pequeños suelen desarrollar conducen a un impulso cognitivo por categorizarse como varón o niña, y entonces a comportarse de una forma adecuada a la categoría. Por esa razón, los cognitivistas dicen, "Jill afirma que es una niña porque está usando sus nuevas medias con adornos como genuina expresión de su identidad de género" (David y cols., 2004, p. 147).

Según la teoría cognitiva, los niños desarrollan un conjunto mental, o un esquema cognitivo, que sesga sus opiniones de cualquier experiencia que posean. En los niños de 2 a 6 años, por necesidad, ese conjunto cognitivo es muy simple, razón por la cual su estereotipo sexual alcanza un pico alrededor de los 6 años.

La teoría sociocultural

Los que proponen la perspectiva sociocultural señalan que muchas culturas tradicionales enfatizan las diferencias de género. En las sociedades donde las actividades y la vestimenta de los adultos están estrictamente separadas por el sexo, las niñas y los varones acuden a escuelas diferenciadas por sexo y casi nunca juegan juntos (Beal, 1994). En todo el mundo, los niños adoptan rápidamente los patrones de conversación, conducta e incluso pensamiento prescritos para su sexo (Leaper y Smith, 2004).

Las características particulares de la educación con respecto al género –como enseñar a los niños qué actividades son promovidas para un determinado sexo– varían según la región, el nivel socioeconómico y el período histórico. Por ejemplo, en muchas regiones del mundo, las mujeres son responsables de cultivar las hortalizas y los granos, pero en las granjas de los Estados Unidos, los hombres están a cargo de todos los cultivos.

Todas las sociedades poseen valores y actitudes poderosos respecto de la conducta preferida para los hombres y las mujeres, y todas las culturas enseñan esto a los jóvenes, aun cuando las tareas particulares asignadas a hombres y mujeres varían. Para la teoría sociocultural, esto prueba que la sociedad, y no la biología, separa los sexos y transmite la conducta masculina y femenina apropiada (Kimmel, 2004).

Esto es abiertamente claro durante la adolescencia, cuando los impulsos sexuales pueden conducir a los jóvenes a buscar el otro sexo. En cambio, en la mayoría de las naciones, los jóvenes trabajan junto a adultos de su mismo sexo e interactúan socialmente en grupos separados por sexo pero de distintas edades, "tanto en las sesiones de alfarería de los hopi como en las reuniones festivas de los bosquimanos kung y en los grupos de mujeres vecinas en Sicilia, que se sientan juntas mientras bordan" (Schlegel, 2003, pp. 243-244).

Después de muchos años de campañas feministas por la igualdad sexual, uno podría imaginar que cualquier resto de diferencias sexuales en las naciones desarrolladas sería biológico, no sociocultural. Esto no es cierto: los estereotipos y los roles diferentes de hombres y mujeres pueden ser menos rígidos de lo que eran, pero todavía son omnipresentes para los niños pequeños de todos los países (Kimmel, 2004).

Consideremos la vestimenta que se usa para Halloween, una costumbre norteamericana. (En la mayoría de los países no hay Halloween.) En un análisis de los trajes de 469 niños disponibles en una región, sólo el 10% de los disfraces infantiles eran neutros para el sexo y ellos estaban diseñados para bebés. Alrededor de los 2 años, las niñas del "truco o trato" (trick or treat) son princesas con calabaza, novias sonrojadas y reinas bellas; los varones son guerreros y villanos de todo tipo, incluidos Hércules, Drácula y el asesino serial Jack el Destripador.

¡Truco o trato!   ¿Tiene dudas sobre cuáles de estos niños son varones y cuáles niñas? No. ¿Alguna duda sobre si estas diferencias estrictas de rol sexual son apropiadas a los 4 años? Tal vez.

ARIEL SKELLEY / CORBIS

También los disfraces de animales tienen definido el sexo, con las niñas vestidas como gatos negros y dragones rosados, y los varones como leones y tiranosaurios (Nelson, 2000).

Para romper con la restricción de la cultura y para alentar a los individuos a que se definan a sí mismos fundamentalmente como seres humanos, más que como hombres o mujeres, algunos padres y maestros propugnan la idea de la androginia. Cuando los psicólogos del desarrollo utilizan este término, **androginia** significa el equilibrio, en la persona, de las características psicológicas masculinas y femeninas. Para lograr la androginia, los varones deben ser estimulados para ser afectuosos y las niñas para ser más fuertes, de modo que desarrollarán autoconceptos menos restrictivos y menos ligados al género (Bem, 1993).

La teoría sociocultural destaca que la androginia (o cualquier otro concepto de género) no se puede enseñar a los niños simplemente a través del refuerzo de los padres o la cognición, como podrían proponer el conductismo y la teoría cognitiva. Los niños no serán andróginos a menos que su cultura promueva estas ideas y prácticas, algo que ninguna cultura ha hecho. ¿Y por qué no? Las razones pueden subyacer más profundamente en la naturaleza humana que en las fuerzas políticas o los valores sociales. Eso es lo que sugiere la teoría epigenética.

La teoría epigenética

Como vimos en el capítulo 2, la teoría epigenética sostiene que todos los aspectos de la conducta humana son el resultado de la interacción entre los genes y la experiencia temprana, no sólo para el individuo sino también para toda la raza humana. La idea de que muchas diferencias de género tienen una base genética está sostenida por las investigaciones recientes en neurobiología, que encuentran diferencias biológicas entre los cerebros masculinos y femeninos. Las hormonas sexuales producidas por los cromosomas XX (femeninos) y los cromosomas XY (masculinos) comienzan a circular en el período fetal, afectando el desarrollo del cerebro durante toda la vida (Cameron, 2001).

Gran parte de la investigación sobre el encéfalo se hace con animales inferiores; la experimentación con encéfalos humanos o el estudio de los encéfalos en la necropsia son complejos, tanto desde el punto de vista ético como científico (Kagan y Herschkowitz, 2005). Sin embargo, en las criaturas no humanas, las diferencias por sexo en la forma y la función del cerebro son muchas. Por ejemplo, las voces de machos y hembras difieren en parte debido a los sistemas de control vocal en el interior de los encéfalos de todos los vertebrados mandibulados. En un experimento, las hormonas de machos y hembras cambiaron rápidamente los impulsos cerebrales, alterando el patrón de vocalización en una especie de pez. Los autores creen que esto se puede aplicar a todos los "vertebrados vocales", incluidas las personas (Remage-Healey y Bass, 2004). Tal vez las diferencias de las voces entre los sexos se originan no en la experiencia ni en la laringe sino en las hormonas del encéfalo. Se pueden hallar ejemplos similares, demostrados en animales inferiores, para casi cualquier diferencia humana entre los sexos.

Si bien la teoría epigenética destaca los orígenes biológicos y genéticos de la conducta, también reconoce que el entorno puede modelar, aumentar o detener esos impulsos genéticos. Hay aquí un ejemplo: las niñas parecen ser genéticamente más proclives a hablar antes que los niños, tal vez porque en épocas prehistóricas, cuando las mujeres permanecían en el hogar juntas cuidando a los niños mientras los hombres cazaban, las mujeres debían adecuarse a la interacción social. En consecuencia, el encéfalo femenino evolucionó para favorecer el lenguaje (Gleason y Ely, 2002).

En la actualidad, las mujeres todavía se especializan en los cuidados, utilizando el lenguaje para mostrar apoyo y acuerdo, mientras que los hombres siguen siendo más asertivos y favorecen un lenguaje más directivo, con oraciones más cortas y en voz más alta. Aun cuando estos patrones estereotipados ya no se aplican a una persona específica, la adaptación genética comenzó hace varios milenios y tardará siglos en cambiar. Los investigadores varias veces observaron que las niñas suelen responder más al lenguaje que los varones, y las madres y las hijas generalmente hablan más que los padres y los hijos (Leaper, 2002; Leaper y Smith, 2004; Maccoby, 1998). Así, una leve ventaja lingüística de la niña en un circuito cerebral heredado se convertirá en un nivel notablemente superior de efi-

androginia   Equilibrio, en una persona, de rasgos psicológicos tradicionalmente masculinos y femeninos.

ESPECIALMENTE PARA IDEALISTAS DEL GÉNERO
Suponga que usted quiere criar a un niño andrógino. ¿Qué ocurriría si usted no dijera nada de su sexo original, lo vistiera en amarillo y blanco, no rosa o azul, y le diera un nombre neutro, como Renée o Sacha?

ciencia en el lenguaje cuando ella crezca. Para la edad escolar, la niña promedio es mejor en las habilidades lingüísticas que el varón promedio por razones epigenéticas, no simplemente genéticas.

La teoría epigenética señala que las áreas del lenguaje del cerebro del lactante se desarrollan a medida que las personas le hablan al lactante. Por lo tanto, el desarrollo del lenguaje es tanto dependiente de la experiencia como expectante de la experiencia. No sorprende entonces que la ventaja femenina en el lenguaje sea más evidente de los 2 a los 5 años que a cualquier otra edad (Leaper y Smith, 2004), porque esos son los años en que es más probable que el cerebro responda al lenguaje.

El hecho de que la crianza sea fundamental para que se despliegue la naturaleza explica por qué algunos hombres son mucho más verbales que algunas mujeres: su crianza no siguió a su naturaleza. Por ejemplo, si un varón es hijo único y es criado en un hogar con varias mujeres adultas, es probable que todas sus dedicadas cuidadoras le hablen, le canten y le lean. Su entorno lingüístico (que es mucho más rico que el de la mayoría de los niños), al interactuar con su potencial genético (que puede ser ligeramente menor que el de la niña típica), hará que desarrolle una capacidad verbal superior en su encéfalo y en su palabra. De esta forma, los factores ambientales aumentarán enormemente sus capacidades genéticas, y tal vez le permitirán sobresalir en todas las artes lingüísticas en el primer grado.

De la misma forma, todas las diferencias sexuales y de género pueden tener raíces genéticas y hormonales, por razones que se originaron hace miles de años, pero la sociedad moderna puede aumentar o cambiar la dirección de esas tendencias hereditarias. Nuestra sociedad pocas veces decide hacerlo. En consecuencia, las diferencias entre el hombre y la mujer están entre las primeras en ser reconocidas por los niños, y alrededor de los 5 años los niños muestran un fuerte favoritismo por el mismo sexo e ideas rígidas sobre lo que hace cada sexo.

Conclusión: género y destino

La primera y la última de nuestras cinco teorías principales –la teoría psicoanalítica y la teoría epigenética– destacan el poder de la biología. Esta conclusión puede ser reforzada por el hecho de que la conciencia de género surge temprano, alrededor de los 2 años. Un lector podría aprovechar esas teorías para decidir que, como la conducta y los estereotipos sexuales basados en el género se originan en el cuerpo y el cerebro, es imposible cambiarlos. Pero las otras tres teorías –el conductismo, la teoría cognitiva y la teoría sociocultural– presentan pruebas persuasivas de la influencia de la familia y la cultura.

Por lo tanto, nuestras cuatro teorías principales conducen en dos direcciones opuestas:

■ Las diferencias de género están arraigadas en la biología.
■ La biología no definitiva: los niños son modelados de acuerdo con sus experiencias.

Dada la naturaleza y la crianza, ambas conclusiones son válidas. Esto crea un dilema en todo individuo. Como la conducta humana es plástica, ¿cuáles son los patrones de género que *deberían* aprender los niños, idealmente? Las respuestas varían entre los psicólogos del desarrollo y entre las madres, los padres y las culturas. Si todos los niños sólo respondieran a sus propias inclinaciones, ellos podrían elegir sus conductas, expresar emociones y desarrollar talentos que constituyen tabúes –o incluso son castigados– en ciertas culturas. En las sociedades occidentales, los varones pequeños podrían colocarse maquillaje, las pequeñas niñas podrían jugar con armas de fuego y ambos sexos podrían jugar desnudos afuera cuando hace calor. Otorgar permiso para estas conductas es una cuestión de los adultos, no de los niños.

Cuando tenía alrededor de 5 años, mi hija Bethany, desafió a uno de mis jóvenes estudiantes a una pelea.

"Las niñas no pelean", dijo él riendo.

"Nadie pelea", lo corregí rápidamente. Hasta hoy me pregunto si la respuesta que di a mi pequeña hija, si bien fue formulada en términos para ambos sexos,

RESPUESTA PARA LOS IDEALISTAS DEL GÉNERO (de p. 317): como los bebés son criados por una sociedad y por una comunidad al igual que por sus padres, y dado que por lo menos algunas diferencias de género son biológicas, este intento de androginia no tendría éxito. En primer lugar, otras personas intervendrían y opinarían que ese niño es varón o mujer. En segundo lugar, muy pronto o más tarde, el niño desarrollaría patrones de juego específicos del género, orientado por otros niños u otras niñas.

fue bastante femenina. ¿No debería haber intervenido, dejando que mi estudiante enseñara a Bethany las normas de la sociedad? ¿O debería haber defendido la androginia, diciéndole a Bethany que las niñas pueden pelear y haciendo que mi estudiante participara en el mismo juego de pelea que hubiera tenido si mi hijo hubiera sido varón? Recuerdo este incidente ahora, años más tarde, porque todavía no estoy segura de mi respuesta.

SÍNTESIS

Los varones y las niñas pequeños son considerados muy diferentes, no sólo por los padres y otros adultos sino especialmente por los propios niños. Las estereotipias del género se sostienen más forzadamente alrededor de los 6 años. Cada una de las cinco teorías principales tiene una explicación para este fenómeno: Freud describe los impulsos incestuosos inconscientes; los conductistas señalan el refuerzo social; los cognitivistas describen una categorización inmadura; las explicaciones socioculturales se concentran en los patrones de todas las culturas, y la teoría epigenética comienza con los aspectos hereditarios del desarrollo del encéfalo y el cuerpo. Aunque cada teoría ofrece una explicación, las teorías no dan respuesta a interrogantes sobre los valores morales y sociales. Tal vez sea por eso que las culturas y los individuos extraen conclusiones contradictorias acerca de las prácticas cotidianas relativas al sexo y al género.

■ RESUMEN

El desarrollo emocional

1. En la teoría psicosocial de Erikson, la crisis de la iniciativa versus el sentimiento de culpabilidad ocurre durante los años del juego. Los niños normalmente sienten orgullo y autoestima, a veces mezclados con sentimientos de culpabilidad.

2. La regulación de las emociones es fundamental durante los años del juego, cuando los niños aprenden a controlar sus emociones. La regulación emocional se hace posible por la maduración del encéfalo, sobre todo de la corteza prefrontal, así como por las experiencias con los padres y los compañeros. Tanto la externalización como la internalización de los problemas indican deterioro del autocontrol.

3. La empatía, que conduce a la conducta prosocial, y la antipatía, que conduce a la conducta antisocial, se desarrollan durante la primera infancia. Estas emociones provienen del interior del niño, pero las experiencias familiares probablemente inician el proceso.

El juego

4. A los niños pequeños les gusta jugar (solos, con amigos imaginarios si es necesario y con los compañeros si es posible). Los niños aprenden a controlar sus emociones, sobre todo las antisociales, a través del juego con los compañeros. La cooperación se desarrolla poco a poco a través del juego de pelea y el juego sociodramático, y ambos requieren adaptación a las necesidades y las imaginaciones de los compañeros de juego.

5. A medida que los chicos adquieren más conciencia de ellos mismos y de sus compañeros, regulan su agresión. La agresión instrumental ocurre cuando los niños pelean por juguetes y privilegios y la agresión reactiva ocurre cuando los niños reaccionan al ser lastimados. Más problemáticas son la agresión relacional y la agresión intimidatoria, que lesionan tanto al agresor como a la víctima.

Los padres

6. Se han identificado tres estilos clásicos de crianza: autoritaria, permisiva y disciplinada. En general, los niños tienen más éxito y son más felices cuando sus padres expresan cariño y establecen pautas. La crianza con rechazo y sin participación es nociva.

7. El castigo debe adaptarse no sólo a la edad y al temperamento del niño sino también a la cultura. Los psicólogos del desarrollo temen que el castigo físico aumente la agresión reactiva e intimidatoria y que el control psicológico por parte de los padres impida el autoconcepto y el logro del niño.

8. Los niños son los principales consumidores de muchos tipos de medios de comunicación, habitualmente durante varias horas al día, a menudo sin participación de sus padres. El contenido es fundamental. Los temas y los personajes de muchos programas de televisión y juegos de vídeo reflejan sexismo y racismo, y conducen a un aumento de la agresión.

Convirtiéndose en varones y niñas

9. Los niños de 2 años ya utilizan correctamente los rótulos específicos del sexo, y los niños pequeños toman conciencia de las diferencias de género en las vestimentas, los juguetes, las carreras futuras y los compañeros de juego. Los estereotipos de género, el favoritismo y la segregación alcanzan su pico alrededor de los 6 años.

10. La naturaleza y la crianza están involucradas con el sexo y el género; desenmarañarlas es muy difícil. Cada clase de científicos y cada teoría principal tiene una perspectiva sobre el sexo y las distinciones de los géneros.

11. Freud destacó que los niños son atraídos por el padre del sexo opuesto y finalmente buscan identificarse o alinearse con el padre del mismo sexo. Los conductistas sostienen que las conductas relacionadas con el género se aprenden a través del refuerzo y el castigo (especialmente para los hombres) y los modelos sociales.

12. Las teorías cognitivas señalan que el pensamiento preoperacional simplista conduce a los estereotipos de género. Los teóricos socioculturales señalan las muchas diferencias entre los hombres y las mujeres que son evidentes en todas las sociedades.

13. Una explicación epigenética señala que algunas diferencias sexuales son el resultado de las hormonas que afectan la formación del encéfalo. Las experiencias aumentan o detienen esos patrones neurológicos.

■ PALABRAS CLAVE

iniciativa versus sentimiento
de culpabilidad (p. 286)
autoestima (p. 286)
autoconcepto (p. 286)
motivación intrínseca (p. 288)
regulación emocional (p. 288)
externalización de problemas
(p. 289)
internalización de problemas
(p. 289)

inteligencia emocional
(p. 292)
empatía (p. 293)
antipatía (p. 293)
conducta prosocial (p. 293)
conducta antisocial (p. 293)
juego de pelea (p. 296)
juego sociodramático (p. 297)
agresión instrumental (p. 299)

agresión reactiva (p. 299)
agresión relacional (p. 299)
agresión intimidatoria
(p. 299)
crianza autoritaria (p. 302)
crianza permisiva (p. 302)
crianza disciplinada (p. 302)
tiempo muerto (p. 306)
control psicológico (p. 306)

diferencias sexuales (p. 311)
diferencias de género (p. 311)
etapa fálica (p. 312)
complejo de Edipo (p. 312)
identificación (p. 313)
superyó (p. 313)
complejo de Electra (p. 313)
androginia (p. 317)

■ PREGUNTAS CLAVE

1. ¿Cómo pueden ayudar los adultos a los niños a desarrollar su autoestima?

2. ¿Cómo y cuándo es poco prudente elogiar a un niño?

3. ¿Cuál es la conexión entre temperamento y regulación emocional?

4. ¿De qué modo los cuidados tempranos y la cultura afectan el control emocional posterior?

5. Si un niño pequeño nunca jugó con otros niños, ¿qué problemas podría causarle y por qué?

6. ¿Cuáles son las similitudes y las diferencias entre el juego de pelea y el juego sociodramático?

7. ¿Cuáles son las ventajas y las desventajas del castigo físico?

8. ¿Cómo se relacionan los estilos de crianza con las diferentes culturas?

9. Describa las distinciones entre tres de las cinco teorías de las diferencias de género.

10. Mencione las similitudes entre dos de las cinco teorías de las diferencias de género.

11. ¿Qué cambios sufren los niños de los 2 a los 6 años en sus roles y conductas masculinos y femeninos?

■ EJERCICIOS DE APLICACIÓN

1. Observe las interacciones de dos o más niños pequeños. Clasifique sus observaciones en cuatro categorías: emoción, razones, resultados y regulación emocional. Anote cualquier emoción observable (risa, lágrimas, etc.), la razón para ella, las consecuencias y si fue probable o no la regulación emocional. Por ejemplo: "enfado: un amigo le quitó el juguete; el niño sugirió compartir; probable regulación emocional".

2. Interrogue a tres padres sobre los castigos que recibían en su niñez, incluidos cuál era el tipo preferible, a qué edad se daban, por qué malas conductas y quién los aplicaba. Pregunte a los informantes cómo eran castigados y de qué modo los afectó. Luego informe sus hallazgos con su propio análisis. Si sus fuentes coinci-

den, y usted está de acuerdo con ellas, encuentre alguien de otra cultura con una opinión diferente.

3. Los indicadores de género a menudo pasan inadvertidos. Diríjase a un lugar público (un parque, un restaurante, una calle concurrida) y pase al menos 10 minutos registrando ejemplos de la diferenciación de géneros, como artículos de vestimenta, gestos, patrones de interacción, actividades. Cuantifique lo que ve, como las gorras de béisbol en ocho varones y dos mujeres o (mejor pero mucho más difícil) cuatro conversaciones entre un hombre y una mujer, con las diferencias de género en duración y frecuencia de la charla, interrupciones, vocabulario, etc.

BIOSOCIAL

Crecimiento físico A medida que el crecimiento se hace más lento, los niños se vuelven más discriminativos en lo que comen y a menudo comen muchos alimentos inconvenientes.

Encéfalo y sistema nervioso El encéfalo alcanza el 90% de su peso adulto a los 5 años. Tanto la proliferación de las conexiones nerviosas como la mielinización continúan. Comienza la conexión entre partes específicas del encéfalo (que incluyen el cuerpo calloso, la corteza prefrontal y el sistema límbico), lo que permite la coordinación de izquierda y derecha y la modificación de la impulsividad y la perseveración del niño más pequeño. La motricidad gruesa, como correr y saltar, mejora de manera espectacular, lo que hace más probable la lesión. La motricidad fina, como escribir y dibujar, se desarrolla más lentamente.

Maltrato de menores El maltrato y el descuido infantil, problemas potenciales a cualquier edad, son particularmente probables en los hogares con muchos niños y escasos recursos personales o comunitarios. El reconocimiento del problema ha mejorado, pero el tratamiento es desparejo. La prevención ocurre cuando se protege de mayor daño a un niño que ha sido víctima de maltrato (prevención terciaria), cuando se reducen los factores de riesgo (prevención secundaria, como más ayuda para los padres separados) y cuando los factores sociales hacen menos probable el maltrato (prevención primaria).

COGNITIVO

Habilidades cognitivas Piaget destacó la perspectiva egocéntrica e ilógica del niño; Vygotsky destacó el contexto cultural; ambos consideran que el niño está preparado para aprender. Muchos niños desarrollan sus propias teorías del mundo, que incluyen una teoría de la mente.

Lenguaje Las capacidades para el lenguaje se desarrollan rápidamente; alrededor de los 6 años, el niño promedio conoce 10 000 palabras y demuestra un conocimiento gramatical amplio en un idioma o dos, dependiendo del contexto social. Los niños adaptan la comunicación a su audiencia y utilizan el lenguaje que los ayuda a aprender. La educación preescolar ayuda a los niños a desarrollar el lenguaje y expresarse, y los prepara para la educación posterior y la vida adulta.

PSICOSOCIAL

Desarrollo de las emociones y la personalidad El autoconcepto, al igual que la capacidad para regular las emociones surgen en el período denominado iniciativa versus sentimiento de culpabilidad. La externalización de los problemas puede ser el resultado de una regulación emocional muy escasa; la internalización de los problemas puede ser el resultado de demasiado control. La empatía produce conducta prosocial; la antipatía conduce a acciones antisociales, que incluyen agresión.

Juego Los niños participan en el juego para dominar habilidades físicas e intelectuales. Tanto el juego de pelea como el juego sociodramático pueden ayudar a canalizar la agresión.

Interacción padres-hijo Los estilos de crianza que son afectuosos y reactivos, con mucha comunicación, parecen ser más eficaces para estimular al niño a desarrollar autonomía y autocontrol. El uso excesivo de la televisión y otros medios de comunicación por parte de los niños puede interrumpir la interacción padres-hijo.

Roles género Los niños desarrollan conceptos estereotipados acerca de las diferencias en la apariencia y en los roles conductuales según el género. Las teorías proporcionan explicaciones contradictorias de naturaleza y crianza.

PARTE IV

Los años escolares

Si alguien le preguntara cuáles han sido los mejores años de toda su vida, podría elegir la etapa de los 7 a los 11 años y defender su elección con convicción. Para muchos niños, el desarrollo biosocial durante estos años casi está libre de problemas (a menos que comience la pubertad) e incluye el dominio de docenas de nuevas habilidades deportivas. En relación con la cognición, la mayoría de los niños aprenden con rapidez y piensan en forma lógica, siempre que el tema no sea demasiado abstracto. Además, ellos adquieren conceptos, vocabularios y habilidades intelectuales con entusiasmo, perseverancia y curiosidad; es un placer enseñarles. Éstos son los "años escolares", porque todas las culturas instruyen a sus niños durante este período.

El pensamiento de los niños es directo y se basa en la observación más que en la imaginación. Por ejemplo, en relación con el razonamiento y la conducta moral, parecen distinguir claramente lo que está bien de lo que está mal, sin las posibles ambigüedades ni los conflictos potenciales que complican más adelante la ética. Además, su mundo psicosocial suele ser benigno: los niños de esta etapa por lo general consideran que sus padres son útiles, sus maestros justos y sus amigos leales.

Todo esto se aplica a la mayoría de los niños en edad escolar, pero no a todos ellos. Algunos luchan con necesidades especiales, algunos viven en familias disfuncionales, algunos afrontan la pobreza o la falta de hogar, algunos sufren obesidad, asma, agresiones u otros problemas persistentes. Los próximos tres capítulos exaltan las satisfacciones y reconocen las dificultades de la segunda infancia.

Los años escolares: el desarrollo biosocial

El contexto cambia y con él cambia todo lo demás. Los niños ya no dependen completamente de sus familias para que los vistan, los alimenten y los higienicen o los envíen a un preescolar donde pueden encontrar una cantidad limitada de otros niños similares. A los 6 o 7 años, los cuidados personales (vestirse, comer, bañarse) constituyen una rutina y es obligatorio concurrir a la escuela, habitualmente una escuela con un programa de estudios formal y, a menudo, cientos de compañeros de distintos ambientes. Esa modificación, de la casa a la escuela, es un cambio importante de contexto.

Este capítulo describe las similitudes entre todos los niños de edad escolar, pero también las diferencias que bruscamente se tornan significativas: en la talla, la salud, la capacidad de aprendizaje y en casi todo lo demás. Todos los niños súbitamente comprenden que el mundo social de la escuela no es como el hogar, donde cada niño suele ser apreciado por ser él. Los niños realizan comparaciones y casi todos sufren por estas comparaciones en algún momento. Yo cambié de escuela y de ciudad en segundo grado y me sentía emocionada porque creía que Cynthia deseaba ser mi amiga. Pero estaba equivocada.

"No podemos ser amigas", me dijo, "porque yo soy demócrata."

"También lo soy", respondí. Yo sabía que mi familia creía en la democracia.

"No lo eres. Tú eres republicana", dijo.

Yo estaba confundida. No entendía qué quería decir, pero nunca fuimos amigas.

Detrás de las percepciones sociales subyace la actividad neuronal y las redes encefálicas, que se desenvuelven de modo diferente en cada niño pero que hacen que todos tengan conciencia, unos de otros. La maduración encefálica progresiva hace que muchas habilidades motoras y conductas sean más fáciles para algunos niños que para otros. La escuela acobarda al niño de tercer grado que tiene dislexia y no puede leer o al niño de cuarto grado que es hiperactivo y no puede mantenerse quieto, o al niño de 6 años que tiene autismo y no logra hacer amigos.

Pero una vez que miramos cuidadosamente y comparamos los niños reales, se vuelve obvio que todos los niños tienen facilidades y obstáculos. Todos los niños son especiales porque cada encéfalo es único y cada entorno doméstico es único. La diversidad se fragmenta en nuevas diversidades; el multiculturalismo se convierte en multi-multi-multicultural. Para aclarar este punto, comenzaremos con dos niños que parecen pertenecer a la misma categoría: ambos son de origen mejicano y ambos viven en el sur de California. Son obvias las diferencias entre ellos, así como entre dos niños cualesquiera de la misma edad.

ESTUDIO DE UN CASO

Dos niños de origen hispano: ¿típicos o únicos?

Yolanda Piedra y Pablo Chávez (no son sus nombres reales) reflexionan sobre sus años escolares.

Yolanda:

Cuando llegué a este país (desde México a los 7 años), no quería quedarme aquí, porque no me gustaba la escuela. Y después de un tiempo, en tercer grado comencé a seguir las instrucciones y me esforcé mucho para estar mejor. Traté de acercarme a los maestros... ellos empezaron a hablarme y a tenerme en cuenta para que pasase a un curso superior, para cambiarme de clase o llevarme a otro lugar. Y siempre me felicitaban.

En realidad, tengo una amiga... que estuvo conmigo desde primero hasta octavo grado, donde estoy ahora. Y ella siempre ha estado conmigo, en las buenas y en las malas, siempre. Siempre dice: "No te rindas y tus sueños se convertirán en realidad...".

Yo veo a otros niños que dicen que son colombianos o algo así. Ellos tratan de parecer autosuficientes frente a todas las personas. Yo siempre digo como soy y me siento orgullosa de mí misma... Está bien para mí haber nacido en otro lugar, porque me siento orgullosa de ser como soy. Me siento orgullosa de mi cultura.

[Citado en Nieto, 2000, pp. 220-221]

Pablo:

Yo crecí... abandoné la escuela y me metí en problemas, tratando de conseguir dinero, así es, ¿sabes? Un día iba a la escuela, robé caramelos en un almacén y empecé a venderlos en la escuela. Y eso es lo que estuve haciendo en tercero y cuarto grado... yo siempre estaba en el despacho del director, con suspensiones, expulsiones, y todo comenzó en el tercer grado.

Mi maestra de quinto grado, la señora Nelson... me puso en una obra teatral y eso me hizo pen-

sar. ¿Por qué quiere que actúe en la obra? Justo yo, que soy un desastre. No obstante, usted sabe, ella me puso en la obra de teatro. Y en quinto grado, yo pienso que fue el mejor año de todos los seis. Aprendí mucho sobre la Guerra de la Independencia. Tenía buenos amigos... hacíamos proyectos en los que todos participábamos. La señora Nelson... nos hizo participar a todos. Hicimos libros, esto y lo otro. Y acostumbraba a escribir, y escribí dos, tres libros. Estaba en una feria de libros... Ella era muy buena con nosotros. ¿Sabes?, ella me decía: "Ven, tú puedes hacerlo". Ése fue un buen año para mí, en quinto.

Yo ahora pienso en eso de ser cristiano, de tratar de ser bueno, ¿entiendes? Mantenerme lejos de las drogas, de todo. Y siempre que pienso en eso, pienso en los chicos del barrio. Y es como un delirio, porque muchos de esos chicos son mi familia también, ¿sabes?...

Digamos que soy chicano y que me visto como un pandillero. Te miran como si fueras uno de esos locos, sabes, esos mejicanos... Yo no sé si es porque soy muy moreno o porque tengo el tatuaje de una pandilla, no puedo decir exactamente por qué. Pero para mí, ser un chicano es un orgullo, me siento orgulloso de mi raza, de lo que soy.

[Citado en Nieto, 2000, pp. 249-251]

Seguramente debe haber notado la diferencia entre estos dos niños. En tercer grado, Pablo se consideraba "un desastre", mientras que Yolanda empezaba a seguir los consejos. Su amiga la animó a "no rendirse" mientras que los amigos de Pablo lo alejaban de su condición de "cristiano".

Festividad favorita de Yolanda Esta fiesta del Cinco de Mayo en una escuela de Los Ángeles es parte de un esfuerzo para celebrar las tradiciones mejicanas. Al mismo tiempo que se reconoce la cultura nativa de los estudiantes mejicanos, se les enseña el idioma inglés y las tradiciones de los Estados Unidos.

? PRUEBA DE OBSERVACIÓN (véase la respuesta en p. 328): ¿por qué algunos de los niños están vestidos de verde, blanco y rojo?

FELICIA MARTINEZ / PHOTOEDIT, INC.

Existen también similitudes. Como aprenderá en estos tres capítulos, casi todos los niños en edad escolar, como estos dos, sienten placer de aprender en la escuela, están orgullosos de su herencia y dependen de sus amigos en distintas formas. Comenzamos con la salud y el crecimiento que experimentan la mayoría de los niños de 7 a 11 años, no importa dónde vivan.

Un tiempo saludable

En la infancia, tanto factores genéticos como del desarrollo protegen a los seres humanos. Durante miles de años, mientras muchos bebés y niños pequeños morían, los que sobrevivían generalmente eran bastante robustos y estaban protegidos genéticamente de enfermedades graves como para poder alcanzar sus años reproductivos. Las mismas protecciones genéticas operan en la actualidad. Para casi cualquier dolencia, desde la gripe hasta el cáncer, el período que va de los 7 a los 11 años es el más saludable de toda la vida (véase fig. 11.1). Incluso los accidentes no intencionales y el maltrato infantil grave (las causas principales de enfermedad y muerte infantil) ocurren con menos frecuencia en el período de los 7 a los 11 años que antes o después de estos años. (Estos temas se explican en el capítulo 8.)

Por lo tanto, durante la **segunda infancia** (denominada así porque es posterior a la primera infancia y anterior al comienzo de la adolescencia), los padres y otros adultos encargados del cuidado de los menores pueden relajarse un poco: la mayoría de los niños son muy saludables y autosuficientes, y están contentos de estar con sus amigos. Cuando se los compara, especialmente con los adolescentes, se observa que los niños se deprimen menos, delinquen menos e incluso desobedecen menos.

segunda infancia Etapa entre la primera infancia y el comienzo de la adolescencia, que se extiende más o menos desde los 6 o 7 años de edad hasta los 10 u 11 años.

Talla y proporciones

Una razón de por qué la segunda infancia es apacible es biológica: el ritmo de crecimiento se hace más lento. En consecuencia, muchos niños adquieren una gran habilidad para controlar sus propios cuerpos. Con motivaciones y experiencias típicas, los niños de edad escolar logran destrezas como para llevar a cabo sus cuidados básicos, desde cepillarse los dientes hasta abotonarse las cha-

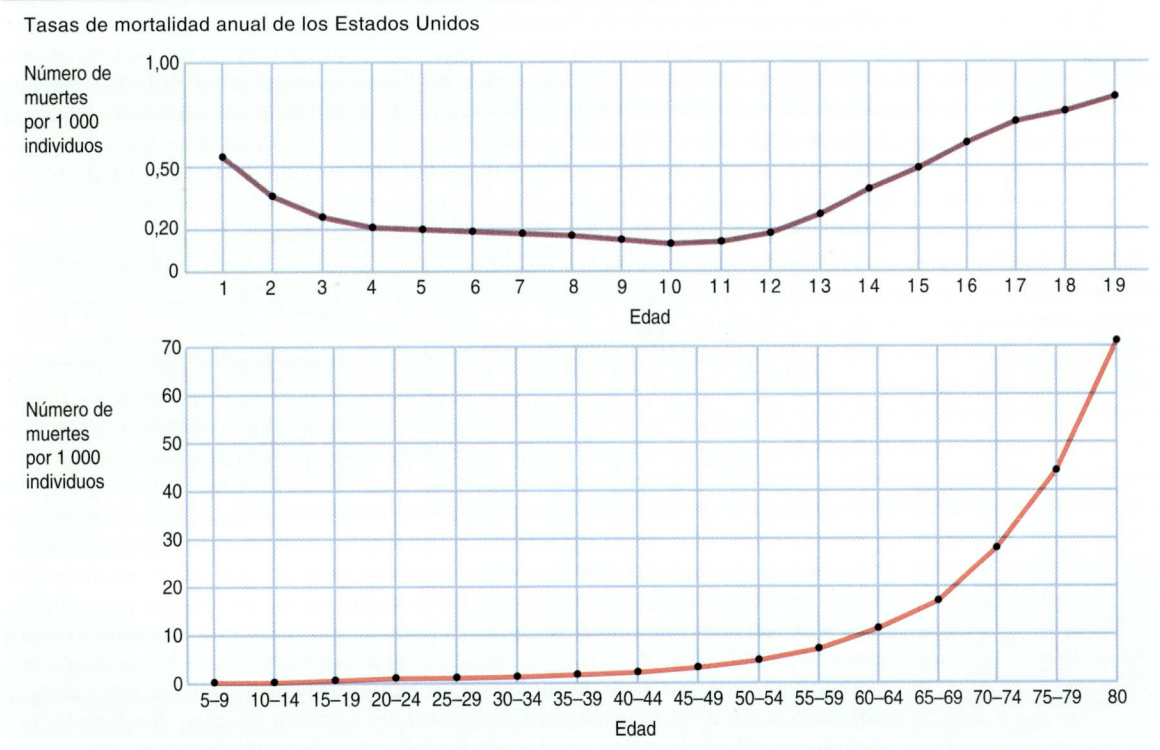

Tasas de mortalidad anual de los Estados Unidos

Fuente: sitio Web del National Center for Health Statistics, "Deaths: Final Data for 2002", cuadro 3; acceso el 29 de agosto de 2005

FIGURA 11.1 **¿Morir a una edad temprana? ¡Casi nunca!** Los escolares son muy fuertes, como podemos comprobar de varias maneras. Estos diagramas muestran que las tasas de muerte entre los 7 y los 11 años de edad son inferiores a las de los niños menores de 7 o mayores de 11 años y alrededor de 100 veces más bajas que las tasas para los adultos.

Todos iguales   Estos varones son amigos y cursan tercero de primaria. Se están haciendo los payasos frente a la cámara, como cualquier niño en edad escolar. Son visibles las diferencias genéticas y de proporciones, pero ellos perciben más lo que tienen en común.

quetas, desde preparar su almuerzo hasta caminar hasta la escuela. De hecho, pueden dominar casi cualquier habilidad motora, a veces con una gracia y una precisión impresionantes, mientras no requiera demasiada fuerza ni altura, o establecer en fracciones de segundos definiciones centradas en la velocidad y la distancia. Por ejemplo, los niños de 9 años pueden correr carreras de bicicleta con los niños mayores, pero no pueden competir en el básquetbol con los adultos.

Cuando decimos que el crecimiento se hace más lento, nos referimos a la *tasa* de crecimiento: con respecto a las medidas absolutas, los niños crecen al menos tanto cada año como lo hacen a los 3 o 4 años. Sin embargo, el aumento proporcional es menor y esa constituye la diferencia. Por ejemplo, si un niño de 8 años ya pesa 25 kilogramos, un aumento de 2 kilogramos se toma con calma.

Por lo general, los niños bien nutridos de 7 a 11 años aumentan de 2 a 3 kilogramos y crecen por lo menos 6 centímetros en estatura cada año. A los 10 años, un niño pesa alrededor de 32 kilogramos y mide aproximadamente 1,37 metros. (Véase apéndice A, pp. A-6 y A-7, para más detalles.) El grado y la velocidad de crecimiento varían, y no sólo dependen de los genes y el sexo sino también de la nutrición.

Obviamente, los niños mal nutridos o desnutridos crecen menos, como vimos en los capítulos 5 y 8. La desnutrición no desaparece con la edad ni con la riqueza de un país. Por ejemplo, un estudio de escolares pobres en Filadelfia y Baltimore encontró que el 8% a menudo tenía hambre, lo que se correlacionaba no sólo con menor crecimiento y salud más deteriorada sino también con mal rendimiento en la escuela, que incluía ausencias excesivas, falta de atención y estallidos emocionales (Murphy y cols., 2001).

Sin embargo, normalmente los niños en edad escolar de los países desarrollados comen lo suficiente. Los niños de 6 años suelen tener el índice de masa corporal (IMC, que relaciona peso y talla) o relación de estatura y peso, más bajo, porque a esa edad los niños comienzan a volverse más delgados a medida que aumenta la estatura, las extremidades se alargan y las proporciones corporales cambian (Guillaume y Lissau, 2002). Los músculos también se fortalecen y siguen haciéndolo durante toda la infancia: el niño promedio de 10 años puede arrojar una pelota a una distancia doble que un niño promedio de 6 años. La capacidad pulmonar también aumenta; de modo que con cada año que pasa los niños pueden correr más rápido y hacer ejercicios durante más tiempo sin que respiren con más dificultad (Malina y cols., 2004).

Algunos niños bien nutridos son mucho más bajos y más pequeños que otros, lo que constituye una preocupación para sus padres. Sin embargo, a menos que tengan un síndrome que afecte el funcionamiento cerebral, los niños bajos crecen, aprenden y se comportan normalmente (Wheeler y cols., 2004).

⚠ RESPUESTA A LA PRUEBA DE OBSERVACIÓN
(de p. 326): verde, blanco y rojo son los colores de la bandera mejicana. Estos colores no se utilizan con frecuencia en México pero son sumamente simbólicos para los mejicanos que viven en los Estados Unidos.

sobrepeso   En los adultos, el "sobrepeso" se basa en la relación entre el peso y la estatura; un índice de masa corporal (IMC) de 25 a 29 se clasifica como "sobrepeso". Generalmente, se considera que un niño tiene sobrepeso cuando está por encima del percentil 85 para su edad y sexo.

obeso   En los adultos, persona que tiene un índice de masa corporal (IMC) de 30 o más. En los niños, aquellos que están en el percentil 95 o superior, según los estándares por edad y sexo de 1980.

Los niños con sobrepeso

La principal excepción a este cuadro, generalmente apacible del crecimiento de los niños es la cantidad de niños que tienen sobrepeso, un problema mucho más frecuente en la actualidad de lo que era hace 25 años. El niño con **sobrepeso** en general se define como aquel cuyo índice de masa corporal (IMC) está en los 15 percentiles superiores de las tablas de crecimiento recopiladas (según edad y sexo) por los Centers for Disease Control de los Estados Unidos; el niño **obeso** se define como aquel cuyo IMC está en los 5 percentiles superiores.

De algún modo, estas definiciones estadísticas son menos importantes que la evidente realidad de que la cantidad de niños con sobrepeso ha aumentado mucho desde 1980 en los Estados Unidos; algo similar ocurre en Irlanda, Grecia y Portugal (Lissau y cols., 2004). Esto sucede en todos los grupos de edades y de ingresos, pero los niños de mayor edad y más pobres son más pesados que sus análogos más jóvenes y más ricos (Burniat y cols., 2002; Danielzik y cols., 2004; Lin y cols., 2004; Lissau y cols., 2004).

Cada una de estas generalidades tiene implicaciones. El hecho de que la tasa de obesidad esté aumentando y que sea más probable el sobrepeso en los niños mayores que en los más pequeños indica que la mayoría de los niños no nacen demasiado gordos sino que se vuelven así por causa de las prácticas alimentarias de su familia. De hecho, los recién nacidos cuyo peso está por debajo del normal tienen una probabilidad mayor de convertirse en niños con sobrepeso, no menor (Parizkova y Hills, 2005). Además, el que los niños más pobres son más a menudo obesos sugiere que el problema es la calidad del alimento, no la cantidad. Estas tendencias son mundiales. Incluso en China, donde más de 1 000 millones de personas siguen viviendo en una lamentable pobreza, la obesidad se está convirtiendo en un problema médico (Gu y cols., 2005).

El exceso de peso puede obstaculizar todos los aspectos del desarrollo (el más obvio es la salud biológica). Los niños con sobrepeso hacen menos ejercicio y tienen presión arterial más alta, lo que los coloca en riesgo de muchos problemas posteriores de salud, entre ellos diabetes tipo 2 (cuya incidencia está aumentando rápidamente entre los niños), cardiopatías y accidente cerebrovascular. Otros problemas de salud infantiles, como el asma (que se explicará más adelante), son más frecuentes en los niños con sobrepeso y obesos. También se afecta la cognición: el logro escolar disminuye a medida que aumenta el peso, aunque no está claro si una mala escolaridad es el resultado de los problemas con el peso o del rechazo social (Guillaume y Lissau, 2002).

En cualquier caso, se resiente el desarrollo psicosocial. A medida que crecen, los niños rechazan a sus pares con sobrepeso más que a aquellos con un peso por debajo del normal (Hill y Lissau, 2002). La autoestima disminuye y la soledad aumenta con la obesidad, un problema que empeora a medida que los niños maduran (Friedlander y cols., 2003; Mustillo y cols., 2003).

Causas de la obesidad infantil

¿Por qué un niño pesa más que otro de la misma edad? <mark>Los genes forman parte de la explicación;</mark> ellos afectan el nivel de actividad, las preferencias por distintos alimentos, el tipo corporal y el índice metabólico. Los niños adoptados cuyos padres biológicos eran obesos por lo común tienen sobrepeso (independientemente del peso de sus padres adoptivos) en comparación con otros niños adoptados, y los gemelos monocigóticos tienen un peso más parecido que los gemelos dicigóticos (Perusse y Bouchard, 1999).

Sin embargo, los genes nunca actúan en forma aislada, y las frecuencias genéticas globales cambian muy poco de una generación a la siguiente. Por estas razones, las causas primarias de los *aumentos* en la obesidad infantil deben ser ambientales. Aunque los genes siempre han hecho que algunos niños tengan mayor probabilidad de sobrepeso, en la actualidad es más probable que esos niños genéticamente vulnerables realmente se conviertan en obesos en respuesta a distintas

ESPECIALMENTE PARA MAESTROS Un niño de su clase tiene sobrepeso, pero usted duda en decirles algo a sus padres, que también tienen sobrepeso, porque no quiere ofenderlos. ¿Qué debería hacer?

¿Quiere tomar la leche? La primera palabra que muchos niños norteamericanos leen es *McDonald's*, y todos ellos reconocen los arcos dorados. La comida rápida es parte de la dieta de todas las familias y por esa razón el índice de obesidad se ha duplicado en todos los grupos etarios en Estados Unidos desde 1980. Aun cuando la niña que está a la izquierda dejara de jugar con la pajilla y tomara la leche, está aprendiendo que el refresco y las patatas fritas son elecciones alimenticias deseables.

RESPUESTA PARA MAESTROS (de p. 329): hable con los padres sin hacer acusaciones (porque usted sabe que los genes y la cultura tienen una gran influencia sobre el peso corporal), y manifieste su interés en colaborar. Adviértales el problema potencial de salud y social que plantea el peso de su hijo. La mayoría de los padres se preocupan mucho por el bienestar de su hijo y recibirán con beneplácito toda ayuda para mejorar la alimentación y adecuar la actividad física del niño.

ESPECIALMENTE PARA PADRES Suponga que usted siempre sirve la cena con la televisión encendida, sintonizada en un noticiero. Usted espera que sus hijos aprendan algo sobre el mundo mientras comen. ¿Esta práctica puede ser nociva?

ESPECIALMENTE PARA MAESTROS Los varones en su clase de cuarto grado han comenzado a bromear con una niña porque tiene "tetillas". ¿Cómo debería responder usted?

influencias ambientales (Rollan-Cachera y Bellisle, 2002). Los datos de correlación sugieren muchos factores responsables: los vinculados al hogar, la escuela y la cultura. Por ejemplo, los niños que miran televisión más de dos horas por día o que consumen más de dos porciones de bebidas gaseosas por día tienen más a menudo sobrepeso que aquellos que no lo hacen (Institute of Medicine, 2005).

La falta de ejercicio tiene más impacto que la dieta (Patrick y cols., 2004) y aquí los contrastes históricos son espectaculares. Hace cincuenta años, la mayoría de los niños jugaban afuera hasta el anochecer; la mayoría de los niños caminaba hasta la escuela; y la mayoría tenía educación física como parte de cada día escolar. Ahora, pocos niños hacen cualquiera de esas actividades. Por ejemplo, un estudio de 684 escuelas primarias en los Estados Unidos descubrió que el estudiante promedio tenía sólo dos clases de gimnasia por semana y cada una de ellas duraba treinta minutos. Para empeorar las cosas, los niños en las clases de gimnasia estaban inactivos la mayor parte del tiempo: el niño promedio realizaba ejercicios enérgicos sólo unos cinco minutos por clase de educación física (NICHD y Youth Development Network, 2003). Otro estudio (explicado en el capítulo 1; véase fig. 1.4) comunicó que los padres de todo tipo de ingresos habitualmente llevan a sus hijos en automóvil a la escuela o los envían con el ómnibus escolar; pocos niños caminan o llegan en bicicleta hasta la escuela (Evenson y cols., 2003).

En los Estados Unidos, los hijos de inmigrantes están expuestos a otro peligro adicional en su contexto social: sus padres los alimentan en exceso. Los adultos oriundos de países donde el hambre es más frecuente continúan con costumbres que antes los protegían pero ahora dañan a sus hijos. Por ejemplo, en los Estados Unidos los niños nacidos en México son más sanos que sus pares en muchas formas, pero no en la dieta: su tasa de obesidad es más alta que la de los niños de cualquier otra nación o grupo étnico importante (Flores y Zambrana, 2001).

Si los adultos no toman conciencia de los peligros de la comida basura, los vídeos y la inactividad, no pueden proteger a sus hijos de esas tentaciones. En un estudio de niños estadounidenses negros obesos, sólo el 30% de los padres reconocía que sus hijos estaban excedidos de peso (Young-Hyman y cols., 2003).

Cuando los padres reconocen que están poniendo en peligro la salud de sus hijos, ¿qué pueden hacer? La respuesta no es necesariamente aplicar una dieta para perder peso. Un estudio de niños de 7 a 12 años observó que "restringir el acceso a ciertos alimentos aumenta la preferencia en lugar de disminuirla. Forzar a un niño a comer un alimento disminuye el gusto por ese alimento" (Benton, 2004, p. 858). Una mejor estrategia es que los adultos mantengan su propio peso bajo (las madres con sobrepeso suelen tener hijos con sobrepeso) y que hagan ejercicio con el niño.

Pubertad y peso

Como se explica en detalle en el capítulo 14, la *pubertad* es el período de crecimiento físico rápido y maduración sexual que señala el final de la infancia. La pubertad a cualquier edad se acompaña por aumentos en el peso y la altura (Susman y Rogol, 2004). Si determinado niño aumenta mucho más de 2,5 kilogramos o crece más de 5 centímetros por año, una causa probable es que está comenzando la adolescencia, lo que puede ocurrir ya a los 8 o 9 años. Dos de las razones principales para una pubertad temprana son el sexo (las niñas comienzan antes) y los genes (la pubertad está afectada por los patrones familiares). Sin embargo, una tercera razón es el mayor peso corporal, que ilustra nuevamente la interacción entre naturaleza y crianza.

Uno de los prerrequisitos de la pubertad es cierta cantidad de grasa corporal: es probable que los niños con sobrepeso tengan la pubertad antes que sus pares con peso por debajo del normal. Históricamente (y en las poblaciones con desnutrición), la pubertad no comenzaba, en promedio, hasta alrededor de los 14 años, principalmente porque los niños no habían acumulado a esa edad la grasa corporal suficiente para que las hormonas del encéfalo desencadenaran el proceso. En la actualidad, 14 años se considera una edad tardía. La edad más típica de inicio es 11 o 12 años.

Esa edad es considerada actualmente ideal para el niño (en términos psicológicos), porque los niños prefieren madurar al mismo ritmo que sus pares. Si un niño comienza la pubertad antes de los 11 o 12 años, aumenta el riesgo de un embarazo adolescente, consumo de drogas y conflictos familiares, una razón más de por qué los padres deben realizar ejercicio con sus hijos y limitar la ingesta de bebidas gaseosas y patatas fritas. Cuando aparecen los primeros signos de la pubertad (como una niña que desarrolla mamas o un varón que usa zapatos del tamaño del adulto), aumenta el apetito y el peso del niño. En ese momento una buena nutrición es más importante que nunca.

La enfermedad crónica

Como ya lo destacamos antes, la segunda infancia es por lo general un período saludable, en todos los países del mundo más ahora que hace 30 años. La inmunización ha reducido espectacularmente las muertes y los accidentes graves, las enfermedades fatales e incluso las enfermedades menores son menos frecuentes. En los Estados Unidos, la mejoría en la salud de los niños de edad escolar se aprecia en menos enfermedades, menor exposición a las toxinas ambientales y menor cantidad de cirugías realizadas. Por ejemplo, la amigdalectomía –un tipo de cirugía que se realizaba a "prácticamente todos los niños" hasta 1980 (Larson, 1990, p. 698)– es poco frecuente en la actualidad. Los defectos auditivos y la anemia son hoy la mitad de frecuentes de lo que eran hace dos décadas, y sólo el 1% de los niños de 5 a 10 años en los Estados Unidos tuvo concentraciones elevadas de plomo en sangre en 2001, comparado con casi el 30% en 1978 (MMWR, 27 de mayo, 2005).

Sin embargo, cuando se presentan, los problemas relacionados con la salud pueden significar una carga social importante para los niños. Los niños en edad escolar son más críticos de sí mismos y de los otros que los niños más pequeños (que a menudo muestran un optimismo de tipo protector; véase p. 287). Esto significa que las dificultades como caminar con una cojera, usar gafas, presentar una marca de nacimiento o sonarse la nariz hacen que los niños estén muy pendientes de sí mismos. Además, algunas afecciones se tornan más notables durante los años escolares, incluidos el síndrome de La Tourette (caracterizado por ruidos o movimientos involuntarios), el tartamudeo y algunas alergias.

Alrededor del 13% de todos los niños tienen necesidades especiales de salud, y durante los años escolares éstas pueden producir una perturbación en la familia. Por ejemplo, la mayoría de las madres en los Estados Unidos tiene un empleo de tiempo completo, pero el horario se reduce si un niño tiene necesidades crónicas de salud (van Dyck y cols., 2004). Esto afecta los ingresos familiares, la autoestima materna y la relación conyugal, habitualmente para peor.

Además, cualquier trastorno que impida el juego normal o la asistencia a la escuela se correlaciona con problemas emocionales y sociales para el niño, que incluyen bajo rendimiento, soledad y delincuencia. Demos una mirada más cercana a la razón más frecuente para las ausencias escolares: el asma (Msall y cols., 2003).

Asma

El **asma** es un trastorno inflamatorio crónico de las vías aéreas que produce dificultad en la respiración. Afecta a entre el 5 y el 20% de los niños en edad escolar en los Estados Unidos. Esta tasa es tres veces más alta de lo que era hace sólo 20 años y se espera que la incidencia se duplique nuevamente para el año 2020 (Pew Environmental Health Commission, 2000). Las tasas de asma son altas en América del Norte y América del Sur, pero también pueden estar aumentando en África, América Central y Europa, sobre todo en las ciudades muy pobladas (Crane y cols., 2002; MacIntyre y cols., 2001; Strachan, 1999).

Muchos investigadores están estudiando las causas posibles del asma. Los genes afectan la incidencia: algunas familias tienen tasas más altas que otras familias que viven en las mismas condiciones. Ciertos genes identificados sobre los cromosomas 2, 11, 12, 13 y 21 se correlacionan con el asma, aunque los genetistas advierten que el asma es un diagnóstico general y que no toda persona que tenga la enfermedad habrá comenzado con el mismo riesgo genético.

En el asma, así como en la obesidad, los genes aislados no pueden proporcionar la explicación del pronunciado aumento observado. ¿Qué ha cambiado en los últimos 50 años? La mejoría en el diagnóstico es parte de la respuesta. Además, algunos expertos invocan la "hipótesis de la higiene", la idea de que como

ESPECIALMENTE PARA ENFERMERAS ESCOLARES
En el último mes una niña de 10 años de quinto grado ha comido muy poco en el almuerzo y ha perdido visiblemente peso. También ha perdido interés en las actividades escolares cotidianas. ¿Qué debe hacer usted?

asma Enfermedad respiratoria crónica en la cual la inflamación causa estrechamiento de las vías respiratorias desde los pulmones hasta la boca y la nariz, y produce dificultad en la respiración. Algunos síntomas son las sibilancias, el aumento de la frecuencia respiratoria y la tos.

RESPUESTA PARA PADRES (de p. 330): la costumbre de mirar televisión se correlaciona con la obesidad de modo que usted puede estar dañando la salud de sus hijos en lugar de mejorar su intelecto. Es probable que sus hijos se beneficien más si convierte la hora de la cena en una hora para la conversación familiar.

RESPUESTA PARA MAESTROS (de p. 330): detenga todas las bromas, especialmente cuando están vinculadas con la pubertad temprana, enseñando a todos sus estudiantes la necesidad de respetarse y los hechos de la pubertad, que debe ser un hito del que debemos estar orgullosos y no un motivo para hacer bromas.

Ya es demasiado tarde Una enfermera utiliza un nebulizador para despejar las vías respiratorias de un pequeño paciente con asma. Son cuidados de prevención terciaria en un hospital, para evitar la muerte, pero esto representa un fracaso en la prevención primaria y secundaria.

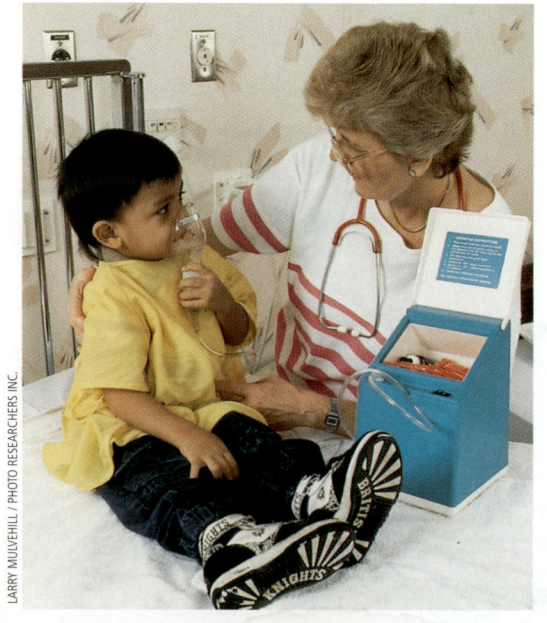

LARRY MULVEHILL / PHOTO RESEARCHERS INC.

los niños contemporáneos están sobreprotegidos del polvo y de las bacterias, algunas infecciones y enfermedades infantiles que podrían fortalecer el sistema inmunitario rara vez ocurren (Busse y Lemanske, 2005).

Esta hipótesis no ha sido probada, pero se sabe que varios aspectos de la vida moderna –los pisos alfombrados, los perros y los gatos que viven dentro de la casa, las ventanas herméticas, menos juegos al aire libre– aumentan el riesgo de asma (Carpenter, 1999). Muchos alergenos que desencadenan ataques de asma, como el pelo de las mascotas, el humo del tabaco, los ácaros del polvo, las cucarachas y los hongos, están más concentrados en las casas modernas y los niños pasan más tiempo adentro de sus hogares que antes.

Prevención

Los tres niveles de prevención que explicamos en el capítulo 8 se pueden aplicar al asma y otros problemas crónicos de salud. La prevención primaria está dirigida a los problemas que afectan a todos; la prevención secundaria se concentra en la protección de los niños de alto riesgo y la prevención terciaria está dirigida a reducir la gravedad de los problemas una vez que han ocurrido.

La mejor de todas es la *prevención primaria*, aunque es la más difícil de lograr. La ventilación adecuada en las escuelas y los hogares, la disminución de la contaminación, la erradicación de las cucarachas y el juego en lugares seguros al aire libre podrían mejorar la vida y la salud de todos los niños en edad escolar, incluidos aquellos con riesgo de sufrir asma.

El beneficio de la **prevención primaria** se puso en evidencia en un experimento natural durante los Juegos Olímpicos de Verano de 1996 en Atlanta, Georgia. Para facilitar el traslado de los atletas y espectadores en la ciudad, Atlanta impuso restricciones en el tráfico, fomentó el traslado particular en coches compartidos por varios pasajeros y ofreció transporte público gratuito durante 17 días. La contaminación ambiental disminuyó y, lo que es sorprendente, también se redujo la cantidad de ataques de asma. Durante las Olimpíadas, los tratamientos para el asma prestados por Medicaid disminuyeron el 42% y las consultas por asma a las HMO bajaron el 44% en comparación con cuatro semanas antes y cuatro semanas después de las Olimpíadas (Friedman y cols., 2001). También disminuyeron las consultas a la sala de emergencias del hospital relacionados con el asma.

¿Algún factor distinto de la disminución de la contaminación ambiental podría explicar este fenómeno? ¿Los niños fueron cuidados mejor por sus padres, lo que redujo así la cantidad de emergencias médicas? No. Los hospitales y las agencias de seguro médico no comunicaron ningún cambio en las tasas de niños que necesitaron atención aguda por lesiones, dolencias cardíacas, intoxicación accidental y otros problemas no relacionados con la contaminación.

La *prevención secundaria* reduce los casos nuevos de enfermedad entre los niños de alto riesgo. Si una familia tiene antecedentes genéticos de alergias, el amamantamiento y librar la casa de alergenos antes de que aparezca algún signo manifiesto de enfermedad parece cortar a la mitad la tasa de alergias y asma (Gdalevich y cols., 2001). Un asistente de salud pública bien entrenado puede evaluar el riesgo de un recién nacido, y aconsejar a los padres qué medidas es prudente tomar y cuáles son innecesarias. Por ejemplo, algunas razas de perros probablemente desencadenen más ataques de asma que otras.

Por último, la *prevención terciaria* (prevención de la enfermedad grave una vez que se reconoce la dolencia) ocurre todos los días en los consultorios médicos y las salas de emergencia del hospital. En el caso del asma, el uso rápido de inyecciones, inhaladores y píldoras prescritos y controlados por los especialistas reduce mucho la tasa de sibilancias agudas y hospitalizaciones nocturnas (Glauber y cols., 2001). El uso de materiales que reducen el asma (p. ej., cubiertas hipoalergénicas para colchones) también puede reducir la tasa de ataques de asma pero no mucho, probablemente porque la prevención terciaria en el hogar ocurre muy tarde en la evolución de la enfermedad (MMWR, 14 de enero, 2005).

Menos de la mitad de los niños en los Estados Unidos tienen el beneficio de una prevención terciaria adecuada. ¿Por qué? Una razón es económica. Un tercio de los niños en edad escolar, incluido más del 50% de los niños estadounidenses negros e hispanos no tiene ningún seguro de salud (Departamento de Salud y Servicios Humanos de los Estados Unidos, 2004.) Otra razón es la desconfianza entre los padres de los niños pequeños (que a menudo son mujeres más jóvenes, no blancas y de bajos ingresos) y los médicos (principalmente hombres de edad avanzada blancos y de altos ingresos).

Algunas barreras idiomáticas y culturales empeoran el problema. En un grupo de madres inmigrantes de niños asmáticos, el 88% creía que los fármacos se utilizaban de forma exagerada en los Estados Unidos y el 72% no administraba a sus hijos la medicación antiasmática prescrita por sus médicos (Bearison y cols., 2002). En un amplio estudio multicéntrico, sólo el 50% de los padres que adquirieron los fármacos prescritos para los problemas respiratorios de su hijo reconocía que su hijo tenía asma (Roberts, 2003), aun cuando estas medicaciones pocas veces se prescriben a menos que se presente asma. Los niños reflejan las actitudes de sus padres. Sólo el 50% de un grupo de niños de 8 a 16 años con asma siguió el consejo de sus médicos acerca de la medicación; los niños con menor probabilidad de cumplir fueron los mayores, que pertenecían a una minoría y eran pobres (McQuaid y cols., 2003).

SÍNTESIS

Los niños en edad escolar son saludables, fuertes y capaces. Las inmunizaciones los protegen contra las enfermedades infantiles, y los adelantos evolutivos les brindan la fuerza y la coordinación suficientes como para hacerse cargo de sus propias necesidades básicas (alimentarse, vestirse, bañarse). Sin embargo, su creciente conciencia de sí mismos y de los otros, así como su creciente independencia de los padres, convierte a toda limitación física en un problema potencial, sobre todo si interfiere con la aceptación de los pares y la asistencia escolar. La obesidad y el asma son dos ejemplos notables. Ambos tienen orígenes genéticos y en la primera infancia, pero ambos se tornan más graves durante la segunda infancia, cuando a menudo interfieren con la autoestima, las amistades y el aprendizaje. La prevención es fundamental porque cualquier problema de salud afecta el rendimiento escolar y más tarde el estado de salud, pero muchos padres y comunidades todavía no están conscientes de la necesidad de la prevención primaria.

El desarrollo encefálico

Recuerde que el encéfalo, proporcionalmente grande al nacimiento, continúa creciendo con más rapidez que el resto del cuerpo del niño y alcanza el tamaño adulto aproximadamente a los 7 años. A medida que se acumula experiencia, se desarrollan las áreas básicas de las cortezas sensitiva y motora. Entre las particularidades de este desarrollo están la activación de las áreas del lenguaje, la lógica, la memoria y espacial complejas, y la formación de miles de nuevas dendritas, que llegan a otras neuronas a medida que se acumulan las experiencias.

También se debe recordar que, en la primera infancia, comienzan a surgir la regulación emocional, la teoría de la mente y la coordinación izquierda-derecha a medida que el cuerpo calloso en maduración conecta los dos hemisferios cerebrales y a medida que la corteza prefrontal –la parte ejecutiva del cerebro– planifica, supervisa y evalúa todos los impulsos que recibe desde diversos sectores, sobre todo desde los centros emocionales. La especialización hemisférica influye en la eficiencia global del cerebro y la mielinización acelera los impulsos desde un área encefálica hacia otra.

Adelantos de la segunda infancia

Toda la maduración del encéfalo que comienza en la primera infancia continúa en la segunda infancia. La maduración progresiva de la corteza cerebral y del cerebelo se hace evidente tanto en el desarrollo motor como cognitivo, que están neurológicamente conectados uno con otro (Diamond, 2000). En efecto, la mielinización creciente conduce "para la edad de 7 a 8 años a un cerebro masivamente interconectado" (Kagan y Herschkowitz, 2005, p. 220).

A causa de esta interconexión masiva, los niños pueden modificar (mejorar) varias conductas comunes en la primera infancia: los berrinches, la perseverancia, la inatención y la insistencia en las rutinas. Otros adelantos de las funciones ejecutivas, los "procesos de control mental que proveen el autocontrol necesario para

RESPUESTA PARA ENFERMERAS ESCOLARES (de p. 331): algo está mal y usted (o la psicóloga escolar, o ambas) deben conversar con los padres de la niña. Interrogue si ellos también han notado algún cambio. Recomiende que el pediatra de la niña realice un examen físico cuidadoso. Si la imagen que tiene la niña de sí misma resulta ser parte del problema, destaque la importancia del apoyo social.

alcanzar un objetivo futuro" (Verte y cols., 2005, p. 415), permiten al niño mantener en mente los objetivos. Por lo tanto, los niños pueden analizar las posibles consecuencias antes de arremeter en el enojo o deshacerse en lágrimas y saber cuándo una palabrota parece tolerable (tal vez en el patio de juegos a un niño que lo agrede y cuándo no (durante la clase de matemáticas o en la iglesia). La atención y la automatización son dos aspectos adicionales del funcionamiento cerebral que cada vez son más evidentes en la segunda infancia (Berninger y Richards, 2002).

Atención

El desarrollo neurológico permite a los niños procesar de inmediato diferentes tipos de información en muchas áreas del encéfalo, y hacer caso especialmente a los elementos más importantes. Una capacidad clave se denomina **atención selectiva**, la capacidad de concentrarse en un estímulo entre muchos. Aprender a concentrar la atención es una habilidad fundamental para el adecuado desempeño escolar temprano (NICHD Early Child Care Research Network, 2003) y el deterioro de la atención es un problema importante para muchos niños que tienen necesidades educacionales especiales (que se explican más adelante).

En el aula, los progresos en la atención selectiva permiten que la mayoría de los niños presten atención a la maestra, escriban lo que es importante e ignoren el murmullo de otro niño o los ruidos provenientes de la calle. En la cafetería, a pesar del barullo, los niños pueden comprender los gestos y las expresiones faciales de los otros y responder en forma rápida y apropiada. En el campo de juego, los niños no sólo pueden calcular la trayectoria de una pelota bateada sino también comenzar a correr en la dirección correcta mientras observan simultáneamente si otros compañeros de equipo están en posición y si alguien más que el bateador intenta alcanzar la base. Un bateador también debe ignorar los insultos que distraen proferidos por simpatizantes del otro equipo. Se espera la atención selectiva en muchos contextos.

Los niños de 3 años carecen de la capacidad para procesar múltiples demandas que compiten para la acción y la inacción desde distintas partes del encéfalo; los niños de 10 años pueden hacerlo (Kagan y Herschkowitz, 2005). En estos siete años de maduración neurológica, los niños mayores reflexivos y hábiles aprenden a "seleccionar" y coordinar los impulsos simultáneos que surgen en todas las regiones neurológicas a medida que desarrollan grandes redes corticales que conectan entre sí las distintas partes. Por lo tanto, el niño puede pensar en forma armoniosa y no confundirse por las incontables señales provenientes de millones de neuronas dispersas en distintas partes del encéfalo (Bressler, 2002).

La atención selectiva requiere mielinización continua y aumento de la producción de neurotransmisores (mensajeros químicos), que también se encuentran entre los progresos de la segunda infancia. Por ejemplo, la máxima densidad de receptores para la *serotonina*, un neurotransmisor que ayuda a controlar los impulsos, probablemente aparece a los 6 años de edad, lo que permite a los niños ser más reflexivos en sus respuestas (Kagan y Herschkowitz, 2005).

La maduración continúa y ayuda a los niños a pensar con mayor profundidad. Por ejemplo, un estudio comparó niños de 8 y de 10 años con dos categorías de inteligencia: talentosos y de nivel promedio. No es sorprendente que los niños talentosos fueran más adelantados que los niños de nivel promedio de la misma edad; pero cuando se compararon niños de 10 años con niños de 8 años del mismo grupo de inteligencia, los adelantos neurológicos netos fueron mayores entre los niños de nivel promedio a medida que crecían (Johnson y cols., 2003).

Automatización

El segundo progreso importante de la función cerebral que se vuelve evidente en la segunda infancia es la **automatización**, un proceso por el cual la repetición de una secuencia de pensamientos y acciones hace que esa secuencia se torne automática o rutinaria y no requiera pensamiento consciente. Al principio, casi todas las conductas que se originan en la corteza requieren una concentración cuidadosa, lenta y focalizada la primera vez que se ejecutan. Después de muchas repeticiones, con neuronas que disparan juntas en una secuencia particular, el comportamiento se torna más automático y más estructurado. Se necesita me-

atención selectiva Capacidad de concentrarse en un estímulo y excluir los demás.

automatización Proceso mediante el cual la repetición de una secuencia de pensamientos y acciones hace que esa secuencia se torne automática o rutinaria y no requiera pensamiento consciente.

nos esfuerzo neuronal porque la descarga de una neurona lleva a una reacción en cadena que dispara la secuencia entera.

Usted puede constatarlo por sí mismo si recorre el mismo camino hasta el mismo destino todos los días y un día decide ir a algún otro lugar. A menos que esté bien atento, podría notar que su cerebro tiende a dirigirlo hacia el lugar habitual en lugar de adonde usted intentaba ir. La razón es la automatización.

El aumento de la mielinización, que permite que las señales que se dirigen de una parte del encéfalo a otra viajen más rápidamente, y la acumulación de horas de práctica dan lugar al "piloto automático" de la cognición (Berninger y Richards, 2002). Para un ejemplo claro de la automatización durante la segunda infancia, consideremos la lectura. Comienza con el niño utilizando los ojos (a veces ayudado por un dedo y los labios) para pronunciar las letras y acertar las palabras; esta serie de habilidades motoras finas conduce a la percepción en el cerebro. Al principio, la lectura es lenta y difícil. Luego, gradualmente, se va haciendo tan automática que, finalmente, una persona mira las carteleras o las cajas de cereales y las lee sin intentarlo.

La automatización es evidente en casi todas las habilidades. Hablar un segundo idioma, repetir las tablas de multiplicar y escribir nuestro propio nombre son realizados con vacilación en un comienzo e incluso dolorosamente dificultosos al principio y luego se vuelven automáticos. La razón para este progreso es un cambio hacia una forma más eficiente de procesamiento neural, que libera al cerebro para que pueda ocuparse de la lectura, la computación y la escritura más avanzadas (Berninger y Richards, 2002). Consideremos las características específicas del aprendizaje de un segundo idioma. Las imágenes cerebrales muestran que, si un niño pequeño habla dos idiomas, el uso de cualquiera de ellos activa una parte particular del cerebro denominada área de Broca. Sin embargo, si no se aprende un segundo idioma hasta la segunda infancia, el uso de este idioma habitualmente involucra distintas partes del encéfalo fuera del área de Broca y no es tan automático como el uso del primer idioma (Kim y cols., 1997).

Las habilidades motoras se desarrollan de la misma forma. Como las neuronas que disparan juntas se fortalecen juntas, la práctica de cualquier habilidad particular –desde mover el lápiz sobre el papel hasta patear la pelota hacia el poste de la portería– poco a poco el procesamiento cerebral se va haciendo más rápido y más eficiente (Merzenich, 2001). Las horas de práctica de caligrafía, de patear una pelota o cortar la comida con cuchillo y tenedor desarrollan vías neurológicas y dan origen a la automatización.

Música cerebral Para que este niño llegue a ser un violinista competente, el cerebro debe coordinar los brazos, las manos, los dedos, los oídos y la memoria. Todo esto es posible sólo después de que la práctica automatice algo de ello. La automatización libera la corteza cerebral para una ejecución más coordinada y emocional.

Las habilidades motoras

La prueba más obvia de la maduración neurológica (además de la provista por las imágenes encefálicas) son las habilidades motoras de un niño. Cada destreza requiere varias capacidades distintas y todas ellas mejoran durante la segunda infancia. A menudo las habilidades motoras en la infancia se estudian separadas del desarrollo del encéfalo, como si el movimiento del cuerpo debiera considerarse por separado de la actividad dentro del encéfalo. Sin embargo, cuanto más sabemos sobre la infancia, más conscientes nos volvemos de la conexión profunda entre mente y cuerpo, o entre neuronas y acciones (Kagan y Herschkowitz, 2005).

Es el encéfalo, más que los músculos, el que arroja la pelota hacia el guante de béisbol del receptor en lugar de hacerlo contra el banco de jugadores, a través de la cesta de básquetbol más que contra el tablero, dentro del arco y no fuera de él. Si se deteriora una red de comunicación particular, como sucede en algunas afecciones psicopatológicas o en algunas formas de deterioro neurológico infantil, el niño no puede producir las respuestas coordinadas que la actividad requiere, incluso aunque pueda ejecutar cada componente de la acción. Muchos niños en edad escolar tienen dificultad para atajar y sostener una pelota. A menudo el problema empeora por las expectativas de los adultos.

TEMAS PARA EL ANÁLISIS

No hay suficientes lugares en donde jugar

Los niños disfrutan mucho del juego y a menudo su compenetración en él es completa y absoluta (Loland, 2002, p. 139). El ejercicio regular beneficia a las personas de cualquier edad: los que hacen actividad física viven más, son más saludables, más "despiertos" y más felices.

El ejercicio es particularmente beneficioso para los niños de 6 a 11 años, algunos de los cuales están más motivados por los deportes que por cualquier otra cosa. Como lo dijo el 43º presidente de los Estados Unidos: "Años atrás, cuando jugaba en los polvorientos campos de la Liga Menor en el oeste de Texas, nunca soñaba que sería Presidente de los Estados Unidos... yo soñaba con... llegar a Williamsport, Pennsylvania, para la Serie Mundial de la Liga Menor". (Bush, 2001, citado en la Liga Menor, 2005.)

Los adultos que observan con atención el juego y la actividad física de los niños de 6 a 11 años no pueden estar contentos por todo lo que ven. Por supuesto, existen beneficios, pero no para todos los niños. También hay riesgos (que los adultos a menudo no controlan de manera adecuada). Los beneficios incluyen:

■ Mayor autoestima.
■ Mayor salud (en la infancia y toda la vida).
■ Menos obesidad.
■ Valoración de la cooperación y del juego "limpio".
■ Aumento de la capacidad de resolver problemas.
■ Respeto por los compañeros de juego y los oponentes de muchos grupos étnicos y nacionalidades.

Éstos son algunos de los inconvenientes:

■ Caída de los "egos frágiles".
■ Lesiones (el famoso "codo de las ligas menores" es tan sólo un ejemplo).
■ Refuerzo de los prejuicios (sobre todo contra el otro sexo).
■ Aumento del estrés (que se pone de manifiesto por alteración de las concentraciones hormonales y descuido de los deberes e insomnio).
■ Descuido del tiempo y esfuerzo dedicados al aprendizaje académico.
■ Oportunidades desiguales; a veces discriminación franca.

Desde la perspectiva evolucionista, los niños de 6 a 11 años no son sólo especialmente abiertos al aprendizaje de la cooperación y las reglas, sino también muy vulnerables a los efectos físicos y mentales nocivos del ejercicio exagerado. El juego es mucho más tranquilo en la primera infancia, cuando los niños juegan donde pueden y con quien pueden, con uno de los padres o solos, si fuera necesario.

Pero los niños de 6 a 11 años han pasado la etapa en que son felices jugando solos o con un adulto. Los adultos pueden estar contentos con una "marca personal" o, indirectamente, con las victorias del equipo de su universidad, ciudad o país, pero los niños buscan la participación personal y la comparación social. Ellos desean jugar con alguien más y saber que son mejores o casi tan buenos como otro niño. ¿Por qué los psicólogos del desarrollo se sienten molestos con el enfoque actual de la actividad física durante la segunda infancia? El problema no está en los niños sino en los tres contextos sociales del juego de los niños en edad escolar: el vecindario, la escuela y los clubes y ligas.

El vecindario

A los niños les gusta jugar juntos después de la escuela o los fines de semana. Sus equipos se hacen más grandes o más pequeños según los participantes que entren o salgan; el juego queda enmarcado en un contexto (un terreno baldío, un campo sin cultivar, un callejón) y juegan con reglas improvisadas y flexibles que son aplicadas, si fuera necesario, por una combinación de lógica y gritos. El *stickball* el "fútbol de bandera", la mancha, las escondidas, saltar la soga y docenas de otros juegos que implican correr y atrapar, o patear y saltar, pueden continuar por siempre, o al menos hasta que anochezca. Se incluye a casi todos los niños que desean jugar. Algunos son mejores que otros, pero ninguno importa, porque más participantes mejoran el juego. El juego es activo e interactivo.

La vida moderna hace cada vez más raro este tipo de juego de vecindario, por varias razones. Una de ellas es que cada vez más personas, incluidos los niños, viven hacinadas en ciudades con poblaciones crecientes y con pocos lugares que sean divertidos y seguros para jugar. (Por ejemplo, la población de la ciudad de México era de 3 millones en 1970 y de 20 millones en 2005.)

Los adultos optan por la seguridad, lo que a veces significa que los niños pierden todas las oportunidades de jugar en el vecindario. Según una fuente, los padres temen el "peligro de los extraños", aun cuando "son mucho mayores las posibilidades de que su hijo tenga un peligroso exceso de peso por permanecer adentro a que sea secuestrado" (Layden, 2004, p. 96). Otro experto se queja de que la instauración de superficies de seguridad para áreas de recreación ha hecho que los parques sean menos divertidos (Ball, 2004). Además, los niños tienen menos tiempo libre cuando participan en programas organizados para después de la escuela.

La escuela

La educación física ha sido una parte fundamental de los programas de estudio escolares desde tiempos antiguos. En la actualidad, se incluye casi en forma universal y obligatoria, lo que significa que prácticamente todos los niños de todo el mundo realizan regularmente ejercicios planificados. Los buenos maestros conocen juegos y ejercicios adecuados desde el punto de vista evolutivo en los que puedan participar todos los niños, y en los que se evite la competencia y se aprenda la cooperación (Belka, 2004).

Sin embargo, aunque los niños disfrutan de los deportes, a menudo odian la educación física. Un autor cita un ejemplo de dos niños que participan con entusiasmo en deportes todos los fines de semana pero tienen una actitud diferente en la escuela:

> Su unidad actual de *softball* en educación física apenas les provoca algún interés. Hay 18 estudiantes de cada lado, lados que se forman de una manera ad hoc en cada lección... Pocos estudiantes obtienen turnos para lanzar y muchos están satisfechos por jugar en las posiciones más recónditas de la parte más alejada del campo para tener una participación mínima en el juego.
>
> *[Hastie, 2004, p. 63]*

En las últimas décadas, a medida que ha aumentado la presión sobre los maestros para incrementar el conocimiento de lectura y de matemáticas de sus estudiantes (véase cap. 12), ha disminuido el tiempo dedicado a la educación física, que pasó de una hora o más todos los días (a la que se suma el prolongado receso para el juego libre) a unas pocas veces por semana. Además, a menudo los responsables de las clases de educación física son los maestros de clase y no profesores de educación física, lo que reduce la probabilidad de que sea apropiada desde el punto de vista evolutivo.

Un maestro nuevo en California leyó en el manual del programa de estudios de su escuela que debía incluir actividad física en su clase todos los días. Él comenzó a correr con sus alumnos de primer grado alrededor de la escuela todas las mañanas. Sólo más tarde supo que la mayoría de los maestros ignoraban esta exigencia. Pero para entonces, sus alumnos estaban acostumbrados a correr todos los días, de modo que la actividad continuó todo el año. El maestro está convencido de que ellos son mejores aprendices académicos gracias a ello (citado en Layden, 2004).

La determinación exacta de cuánta actividad física e información sobre la salud se debe incluir en el programa escolar de estudios es motivo de controversia. Pero parece claro que se está restringiendo la educación física del programa de estudios de la escuela primaria y que la mayoría de los niños se encuentran inactivos la mayor parte del tiempo en la clase de gimnasia. A menos que ocurra un giro espectacular, las escuelas no serán los lugares donde los niños dispongan del tiempo para la actividad física y el juego que necesitan.

Clubes atléticos y ligas

Toda nación tiene un sistema de clubes y organizaciones privados o sin fines de lucro que se dedican a un deporte u otro. El cricket y el rugby son frecuentes en Inglaterra y las naciones que en otra época fueron sus colonias; el béisbol es frecuente en los Estados Unidos, Cuba y República Dominicana; el fútbol es central en muchos países africanos y de América Latina.

Algunos clubes atléticos y ligas están ideados fundamentalmente para adultos y adolescentes, pero algunos están dedicados a los niños. El mejor conocido es la Liga Menor, que cuenta con 2,7 millones de niños que juegan béisbol y *softball* en 180 000 equipos de 75 países. Cuando comenzó en 1939, la Liga Menor tenía sólo tres equipos de varones de 9 a 12 años. Ahora incluye niñas; niños más pequeños y más grandes (los niños de 5 a 6 años están en el *T-ball*; los niños de 16 a 18 años en la Liga Mayor de Béisbol o de *Softball*) y 22 000 niños con discapacidades juegan en la Liga Desafío (Liga Menor, 2005).

La Liga Menor destaca la participación (todos los niños juegan en todos los juegos), el espíritu deportivo (ganes o pierdas, da lo mejor que puedas) y la participación de los padres. Muchos de los directores técnicos son padres de jugadores. Allí reside un problema: el adulto se concentra en la competencia, en el marcador y en ganar más que los niños (Humphrey, 2003). Los entrenadores de la Liga Menor y de otros deportes organizados para niños tienen mala fama por gritar (o peor) cuando los niños dejan caer la pelota, envían la pelota hacia fuera o están dis-

traídos. Los propios niños (el 61% de una encuesta) dicen que lo que menos les gusta es que su entrenador a veces "se vuelve loco y nos grita" (Humphrey, 2003). El padre de un niño de la Liga Menor escribe:

> Son incontables las veces que vi a un director gritando, y a veces maldiciendo a algunos jugadores (a menudo a su propio hijo), lo que significa momentos incómodos al costado del campo de juego y una réplica posterior de disconformidad.
>
> [Smith, 2005]

Otro padre, después de ser director técnico durante tres años de un equipo cuenta:

> Nunca vi que alguien amenazara con presentar una demanda. Ni que alguien llamara a la policía. Nadie ofendió el buen nombre de las madres. No hubo peleas de puños ni fue necesario esposar a nadie. Ningún padre reprendió a su hijo, ningún hijo regañó a su padre. Ni siquiera vi que nadie abucheara abiertamente a los árbitros... Los escándalos de las noticias de la noche son la excepción.
>
> [Benson, 2005]

En su mayor parte, los niños disfrutan y se benefician con las actividades que eligen. Un adulto confiesa:

> Yo era un pésimo jugador de la Liga Menor. Desmañado, pequeño y despistado son los adjetivos precisos que utilizaría si alguien me preguntara cortésmente. En cuanto a los cinco elementos esenciales del béisbol –batear, batear con potencia, correr, "fildear" y lanzar– mi caja de herramientas estaba vacía. No obstante, lo que tenía era entusiasmo. Usar el uniforme –gorra de malla horrible, camisa de poliéster que pica, pantalones sin cinturón de las antiguas escuelas, calzado incómodo y medias que siempre se caían– me daba una especie de orgullo. Me sentía especial y me hacía pensar que era parte de algo importante.
>
> [Ryan, 2005]

Ser parte de un equipo es importante para todos los niños, pero esto plantea otro obstáculo: no todos los niños pueden participar. Los padres deben pagar las entradas de sus hijos, transportarlos a las prácticas de entrenamiento y a los juegos, y apoyar a los equipos de sus hijos.

"Tan sólo recuerda hijo, no importa si ganas o pierdes, a menos que quieras el amor de papá."

Los niños que provienen de familias pobres o numerosas, o que no son particularmente hábiles, tienen una probabilidad mucho menor de pertenecer a equipos deportivos. Si consideramos este tercer contexto (clubes y ligas) como la forma primaria en que los niños de hoy realizan la actividad física necesaria para estar sanos y contentos, entonces la exclusión es un problema grave (Collins, 2003).

Además, los deportes ideados para adultos no proporcionan necesariamente a los niños el tipo de ejercicio y el sentimiento de logro que necesitan. El básquetbol y el fútbol requieren elevado rendimiento físico, pero el béisbol no. Un autor recuerda haber estado en el medio-campo, "prácticamente inmóvil por la mayor parte del juego" (Humphrey, 2003).

Nuestra lista de beneficios del ejercicio físico no es especulativa; la investigación confirma que los niños que diariamente realizan actividad física todos los días durante la segunda infancia son más felices, más saludables y son más desenvueltos. No obstante, la mayor parte de los niños no puede acceder en su vecindario, escuela o club al tipo de juego que necesita. Los niños están preparados para participar de cualquier forma de juego activo entretenido necesitan; corresponde a los adultos resolver cómo lograrlo.

Mantenla rodando   Este varón en Orissa, India, está utilizando la llanta de una antigua bicicleta como aro. Aunque utilizan diferentes objetos, los niños de todas partes tienen el impulso de jugar y muchos de sus juegos son iguales.

❓ Prueba de observación (véase la respuesta en la p. 341): ¿este niño está mal nutrido?

tiempo de reacción   Cantidad de tiempo que lleva responder a un estímulo, ya sea con un movimiento reflejo (por ejemplo, un parpadeo) o con un pensamiento.

Coordinación

De muchas formas, los hábitos motores del niño, especialmente aquellos que tienen que ver con la coordinación de ambos lados del cuerpo y la ejecución de tareas complejas, se benefician con conexiones más rápidas en el encéfalo. El cuerpo calloso, que conecta los hemisferios cerebrales, sigue madurando durante la segunda infancia. Este proceso de maduración es fundamental para el equilibrio e incluso para realizar tareas manuales delicadas.

Un elemento clave de la coordinación, relacionado con el fenómeno de la mielinización progresiva, es el **tiempo de reacción**, la cantidad de tiempo que lleva responder a un estímulo. El tiempo de reacción se acorta con cada año de la infancia en algunos milisegundos. Luego se estabiliza. A partir de los 20 años aproximadamente el tiempo de reacción se prolonga nuevamente, de modo que los adultos de edad avanzada (de 60 a 81 años) se sitúan en un nivel de rapidez de sus respuestas similar al de los niños de 8 años (Williams y cols., 1999). Esto se puede observar en la velocidad a la que las personas de distintas edades caminan y hablan (¿demasiado rápido a los 15 años? ¿demasiado lento a los 85 años?). El tiempo de reacción explica por qué los juegos de vídeo son fascinantes para los niños y frustrantes para los ancianos, que pierden con sus nietos adolescentes.

El mayor desarrollo neurológico significa que la coordinación visuomotora, el equilibrio y el juicio del movimiento (que incluye tiempo, distancia y trayectoria) continúan desarrollándose durante los años escolares. Por lo tanto, los niños de 12 años son mejores en estas destrezas que los niños de 9 años, los que a su vez son mejores que los de 6 años. La mayoría de las capacidades deportivas dependen de una combinación de estas capacidades, y a eso se debe que los niños mayores sean más eficientes en casi cualquier deporte –desde el béisbol hasta el básquetbol– que los niños más pequeños. Por supuesto, el tamaño es un factor, pero casi todos los equipos tienen un niño de mayor edad y menor estatura que supera a los compañeros de equipo de menor edad y mayor estatura. Aunque la maduración del encéfalo no sea evidente, sus efectos son considerables.

Práctica y motivación

La cultura, la motivación y la práctica son fundamentales. En efecto, como lo destaca la perspectiva epigenética, el encéfalo propiamente dicho responde a las actividades y las experiencias del niño, por medio de las cuales se forjan las conexiones entre las neuronas (Kagan y Herschkowitz, 2005). Esto se demuestra mediante el uso correcto de los palillos para comer, una destreza motora fina que alcanza el 50% de los niños de 4 años y casi todos los niños de 6 años en las culturas que utilizan palillos (Wong y cols., 2002) y casi ningún niño de 7 a 11 años de otros sitios, aun cuando coman ocasionalmente en restaurantes donde les facilitan palillos.

Según la investigación en animales inferiores, el desarrollo del encéfalo progresa por medio del juego, sobre todo con las travesuras de pelea erráticas y activas, que gustan a muchos niños. Un experto cree que este tipo de juego ayuda sobre todo a muchos varones a superar sus tendencias a la hiperactividad y los trastornos del aprendizaje. El juego de pelea puede hacer progresar la actividad coordinada de los lóbulos frontales del encéfalo (Panksepp, 1998). Otro estudio observó que los varones preescolares que pasan más tiempo jugando con otros varones (con mucho juego activo de pelea) se desenvuelven mejor desde el punto de vista académico (Fabes y cols., 2003).

Ya sea o no que el juego tenga efectos neurológicos directos, es evidente que los impulsos infantiles hacia el juego activo exigen guía pero no represión. El juego de pelea beneficia a los niños, no sólo en relación con las destrezas motoras sino probablemente también en áreas de regulación emocional e interacción social (Pellegrini y Smith, 2001). La participación en los deportes de equipo comienza durante estos años, en parte debido a que la atención sostenida y la cooperación social necesarias son posibles por primera vez. Algunos niños de edad escolar pueden ser demasiado engreídos o demasiado humildes para ser buenos jugadores de equipo, pero como lo reconocen los entrenadores, éstos son los años en que comienza el trabajo en equipo. Los propios niños lo comprenden cuando critican al "mal perdedor" o el "deporte malo" y le dicen "buen intento" al compañero de equipo abatido que erró el gol.

Las diferencias hereditarias y el daño cerebral temprano también afectan las habilidades motoras. A medida que los niños de edad escolar crecen, algunos de ellos brillan en el campo atlético y otros siguen siendo incoordinados, incapaces de lanzar o patear una pelota con tanta fuerza y precisión como sus pares. Lo mismo sucede con la motricidad fina. Algunos niños escriben más claramente que otros, y esos niños habitualmente practican su caligrafía y refinan la curva de la *s* y la inclinación de la *t*.

Con la caligrafía, como sucede con cualquier otra destreza motora que representa un tipo particular de desarrollo del encéfalo, la práctica acentúa las diferencias neurológicas y culturales preexistentes. A causa tanto de la naturaleza como de la crianza, se considera que alrededor del 6% de todos los niños tienen problemas en la coordinación motora lo suficientemente graves como para interferir con el rendimiento escolar (American Psychiatric Association, 2000).

Midiendo la mente

La maduración del encéfalo afecta no sólo el movimiento del cuerpo sino también el movimiento dentro de la mente, a medida que una idea conduce a otra. Si los niños se vuelven pensadores más rápidos y más automáticos, se convierten en más capaces de aprender y, como consecuencia, aprenden más. Estudios encefálicos de distintos tipos, como EEG, RMf y PET (véase p. 171), pueden poner de manifiesto la actividad del encéfalo de distintas formas; pero estas herramientas sólo se utilizan en circunstancias especiales. En la mayoría de los niños, la evaluación de la aptitud o el rendimiento psicológico significa administrar una prueba estandarizada con lápiz y papel o sentado frente a la pantalla de un ordenador.

En teoría, la **aptitud** es el potencial para aprender o dominar una destreza particular o un conjunto de conocimientos. La aptitud más importante de los niños de edad escolar es la aptitud intelectual o la capacidad de aprender en la escuela. Esta aptitud se mide mediante las **pruebas de CI** (véase fig. 11.2).

En teoría, el rendimiento es diferente de la aptitud. El rendimiento no es lo que una persona *puede* lograr sino lo que ya ha logrado. Las **pruebas de rendimiento** miden la competencia en la lectura, el conocimiento de matemáticas, el conocimiento de los hechos científicos, las destrezas de escritura o las destrezas relacionadas con cualquier otro tema que se haya realmente estudiado. Las pruebas de rendimiento se realizan de rutina en la escuela (exigidas en los Estados Unidos por la ley federal llamada "ley para no dejar ningún niño atrás").

aptitud   Potencial para aprender o dominar una destreza o conjunto de conocimientos.

pruebas de CI   Pruebas de aptitud diseñadas para medir la aptitud intelectual, o sea, la capacidad de aprendizaje en la escuela. La inteligencia se definió originalmente como edad mental dividida por edad cronológica, multiplicada por 100 (de ahí la expresión *cociente intelectual* o CI).

pruebas de rendimiento   Medidas de dominio y competencia en la lectura, las matemáticas, las ciencias o cualquier otra materia.

CI de desempeño   Este rompecabezas, que forma parte de una subprueba de desempeño de la prueba de CI Wechsler, parece simple hasta que uno mismo trata de hacerlo. En realidad es difícil situar las piezas correctamente y el tiempo es lo esencial. Este chico tiene por lo menos una ventaja sobre la mayoría de los varones afroamericanos que realizan la prueba. Los chicos, sobre todo en la segunda infancia, tienden a hacer mejor la prueba cuando el examinador es del mismo sexo y de la misma raza.

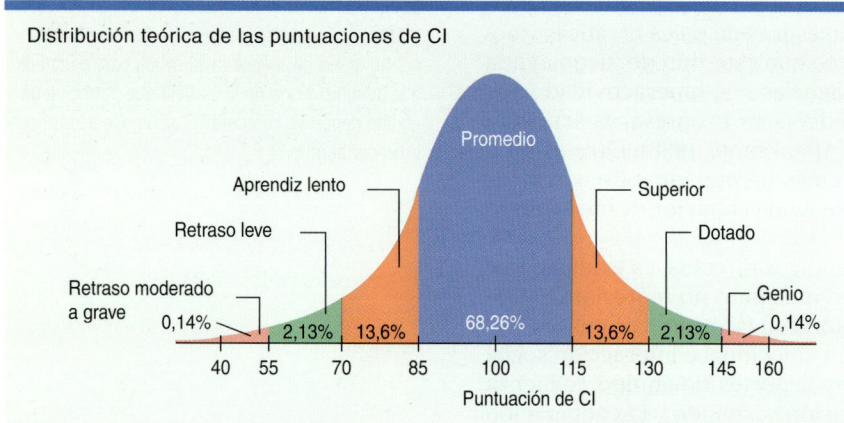

Distribución teórica de las puntuaciones de CI

FIGURA 11.2 **En teoría, la mayor parte de las personas están en el promedio** Casi el 70% de las puntuaciones de CI caen dentro del rango normal. Obsérvese, sin embargo, que es una prueba relacionada con la norma. En realidad, las puntuaciones de CI actuales han aumentado en muchos países; 100 ya no es exactamente el punto medio. Además, en la práctica, las puntuaciones menores de 50 son un poco más frecuentes que las indicadas por la curva normal que se muestra aquí, porque el retraso grave es resultado, no de la distribución normal, sino de causas genéticas y prenatales.

? PRUEBA DE OBSERVACIÓN (véase la respuesta en la p. 341): si el CI de una persona es 110, ¿en qué categoría se encuentra?

Escala de inteligencia de Wechsler para niños
Prueba de cociente intelectual diseñada para niños en edad escolar. La prueba evalúa el potencial del niño en varios campos, que incluyen vocabulario, conocimientos generales, memoria y comprensión del espacio.

retraso mental Expresión que significa literalmente "de pensamiento lento o atrasado". En la práctica se considera que una persona presenta retraso mental si tiene una puntuación inferior a 70 en un examen del cociente intelectual o CI, y si está muy por debajo con respecto a las personas de su edad en su adaptación a la vida cotidiana.

Si la puntuación de un niño en las pruebas de rendimiento es inesperadamente alta o baja, puede ser un aprendiz dotado o retrasado. Entonces se administra una prueba de CI para medir la aptitud del niño. Por ejemplo, si el rendimiento es bajo pero la aptitud es alta (discrepancia que explicamos más adelante), pueden ser necesarias distintas estrategias educacionales. Un niño con una puntuación baja o alta tanto en rendimiento como en aptitud requiere estrategias diferentes. Por lo tanto, las pruebas de aptitud y de rendimiento pueden ser útiles pero, como se verá, los expertos temen que ambas se utilicen mal.

CI es la abreviatura para "cociente intelectual", lo que refleja el hecho de que en sus orígenes era en realidad un cociente: el CI se calculaba dividiendo la edad mental del niño, medida por una prueba de inteligencia, por su edad cronológica y luego se multiplicaba el resultado por 100. Por ejemplo, consideremos tres niños que acaban de cumplir 12 años. El primero podría tener una edad mental de 15, el segundo de 12 y el tercero de 8. Entonces los CI de estos niños serían: 15/12 = 1,25 × 100 = 125 (superior); 12/12 = 1 × 100 = 100 (promedio); 8/12 = 0,75 × 100 = 75 (aprendiz lento).

La fórmula para calcular el CI se ha vuelto más complicada que dividir la edad mental por la edad cronológica, porque los que diseñan las pruebas quieren que la distribución de las puntuaciones siga la curva normal (véase fig. 11.2). Sin embargo, se mantiene el concepto subyacente (que los niños se hacen más inteligentes con la edad). Las comparaciones cronológicas son fundamentales hasta la vida adulta, cuando se considera que se ha completado el crecimiento del encéfalo.

Las pruebas de CI altamente apreciadas y más utilizadas incluyen la prueba *Stanford-Binet*, que ahora se encuentra en su quinta edición (Rord, 2003) y las distintas pruebas *Wechsler*. Existen pruebas Wechsler para preescolares (la WPPSI o *Wechsler and Primary Scale of Intelligence*, Escala de inteligencia Wechsler para preescolar y primaria), adultos (la WAIS, *Wechsler Adult Intelligence Scale*, Escala de inteligencia Wechsler para adultos) y niños en edad escolar (la *WISC* o *Wechsler Intelligence Scale for Children*, **Escala de inteligencia Wechsler para niños**, ahora en su cuarta edición) (Wechsler, 2003).

La WICS es la prueba psicológica más utilizada. Una de las razones es que sus subclases evalúan muchas capacidades, que incluyen vocabulario, conocimiento general, memoria y conciencia visual. Otra razón es que el CI completo puede ser dividido en los componentes verbales (medidos mediante pruebas de vocabulario, problemas de palabras, etc.) y los componentes de ejecución (capacidad para resolver rompecabezas, etc.).

La WISC es administrada por un examinador entrenado que lee las preguntas a un niño por vez, para evitar medir el rendimiento en lectura. Algunos ítem tienen límites de tiempo, pero se permite a los niños que toman las pruebas completar los ítem una vez concluido el tiempo para evitar su frustración (si bien no se le otorgan puntos al niño que así las completa) (Kaufman y Lichtenberger, 2000).

Si la puntuación del niño es mucho mayor en el WISC de lo que indica su edad cronológica, se lo considera dotado, aunque lo que significa en la práctica depende del lugar donde vive. La proporción de niños con puntuaciones altas que son colocados en las clases de "dotados y talentos" varía de un estado a otro. En Wisconsin, el 15% de los niños están en las clases de dotados; en Dakota del Sur, sólo el 1% (Snyder y cols., 2004). La mayoría de los niños que obtienen puntuaciones en el rango de retraso mental son colocados en clases especiales, aunque aquí también las circunstancias varían.

Hace treinta años, la definición de **retraso mental** era clara. Todos los niños con un CI inferior a 70 eran clasificados como mentalmente retrasados y existían otras subdivisiones para las puntuaciones progresivamente más bajas: retraso leve, 55-70; retraso moderado, 40-54; retraso grave, 25-39; profundo, por debajo de 25. Cada una de estas categorías significaba diferentes expectativas, desde "educable" (retraso leve, capaz de aprender a leer y escribir) hasta "necesidad de estar bajo custodia" (retraso profundo, incapaz de aprender ninguna destreza).

El rótulo *mentalmente retrasado,* que significa "lento para aprender", a menudo conducía a que los padres esperaran menos de un hijo y eso mismo reducía el aprendizaje. Además, si bien sólo alrededor del 3% de la puntuación de la población general está por debajo de 70, si un grupo tiene un promedio de CI significativamente inferior a 100 (como sucede con muchos grupos de inmigrantes, pobres y de minorías en los Estados Unidos), entonces una proporción mayor de lo niños en esos grupos recibirían el rótulo de mentalmente retrasado (Pennington, 2002). Eso parece injusto.

En consecuencia, la definición actualmente aceptada de "retraso mental" estipula que los niños deben estar extraordinariamente bajos en la adaptación a la vida cotidiana, además de tener CI por debajo de 70. Así, una niña de 6 años que sin ayuda se viste, asegura su desayuno, camina hasta la escuela y conoce los nombres de sus compañeros de clase no recibirá la categoría de retraso mental, aun cuando su puntuación en el CI sea de 65. La adaptación se mide a menudo con la prueba de Vineland para la inteligencia adaptativa (*Vineland Test for Adaptative Intelligence*) o alguna otra herramienta de evaluación (Venn, 2004).

Las pruebas del CI son muy precisas para predecir el rendimiento escolar y algo confiables para predecir el éxito en la adultez. En otras palabras, los niños con CI altos suelen obtener buenas notas en la escuela y graduarse en la universidad. Cuando son adultos, normalmente tienen trabajos profesionales o gerenciales, se casan y son propietarios de sus viviendas, aunque estos últimos indicadores pueden ser el resultado de la educación y no del CI (Sternberg y cols., 2001).

Los promedios de las puntuaciones de CI en todas las naciones han aumentado sustancialmente, fenómeno llamado **efecto Flynn**, en honor del hombre que lo describió y lo publicó (Flynn, 1999). Las razones para esta tendencia ascendente son ambientales; por ejemplo, mejor salud, familias más pequeñas y mayor escolaridad. El efecto Flynn fue demostrado recientemente en Kenia, el primer país en vías de desarrollo con suficientes datos históricos como para permitir un estudio de puntuaciones de CI (Daley y cols., 2004).

Críticas a las pruebas de CI

Muchos psicólogos del desarrollo critican las pruebas de CI. Ellos argumentan que ninguna prueba puede medir el potencial sin medir también el rendimiento, y que toda prueba refleja la cultura de la persona que la diseñó, la administró y la tomó (Armour-Thomas y Gopaul-McNicol, 1998; Cianciolo y Sternberg, 2004; Greenfield, 1997). Aun las pruebas que pretenden no estar influidas por la cultura, como una prueba que solicita a los niños que "dibujen una persona" o que nombren a sus compañeros de clase, son más fáciles de realizar en algunas culturas que en otras.

Además, el potencial intelectual de cada persona cambia con el tiempo. Esto significa que una puntuación que está ligada a una edad cronológica particular se aplica a un momento, no al potencial para el desarrollo progresivo. Si se designa que un niño tiene necesidad de educación especial en un momento (sobre la base de las puntuaciones de distintas pruebas), ese mismo niño puede ser clasificado más tarde como normal, por encima del promedio o incluso dotado. Una prueba psicológica es una instantánea, una perspectiva en un momento. E incluso en ese momento, sólo proporciona una visión limitada.

Estas críticas se consideran fundamentadas. Todo psicólogo del desarrollo sabe que algunos niños no demuestran su verdadero potencial en las pruebas de CI. Por esa razón, las pruebas de CI sólo se realizan cuando existe preocupación acerca de la capacidad de un niño particular para aprender bien en un contexto particular. Aun entonces, las pruebas de CI son sólo una de muchas mediciones. A menudo se evalúan aspectos específicos del rendimiento dentro de un dominio particular. Si el problema parece ser un trastorno de la lectura, entonces también se utilizan las pruebas de comprensión, reconocimiento de palabras y habilidades fonéticas. Si se sospecha daño cerebral, son útiles las pruebas de equilibrio y coordinación (p. ej., saltar en un pie, tocarse la nariz) o de conexión cerebro/ojo/mano (p. ej., copiar un rombo, señalar mi pie izquierdo).

! Respuesta a la prueba de observación
(de p. 338): si bien la desnutrición es frecuente en la India, los niños en edad escolar de todo el mundo tienen mayor probabilidad de ser demasiado obesos que demasiado delgados. Este varón tiene un cabello saludable; sus costillas no se ven y, lo más importante, parece tener la energía y la coordinación suficientes para realizar un juego activo. Si bien la respuesta definitiva depende de los percentiles, es probable que se encuentre bien.

efecto Flynn Aumento en el promedio de las puntuaciones de CI (cociente intelectual), que se ha verificado en el transcurso de décadas en muchos países.

¿Demostración de un CI alto? Si las pruebas de inteligencia en América del Norte reflejaran verdaderamente todos los aspectos de la mente, los niños serían considerados mentalmente retrasados si no pudieran replicar de la manera adecuada las posiciones faciales y de la mano, el brazo, el torso de una danza tradicional, como lo hace en forma brillante esta niña indonesia. Es obvio que ella posee inteligencia interpersonal y cinestética. Es probable que para su cultura no importe que sea deficiente en la inteligencia lógico-matemática que se requiere para usar Internet en forma eficaz o para superar a un par norteamericano en un juego de vídeo.

© OWEN FRANKEN / STOCK, BOSTON

! **Respuesta a la prueba de observación**
(de p. 340): se encuentra en el promedio. Cualquiera que tiene una puntuación entre 85 y 115 presenta un CI promedio.

Respuesta para maestros de educación física (de p. 339): converse con los padres sus razones para desear el equipo. Los niños necesitan actividad física, pero algunos aspectos de los deportes competitivos son más apropiados para los adultos que para los niños. Recomiende a los padres que piensen en formas de estimular la salud y el espíritu cooperativo de sus hijos sin el elemento de la competencia.

Ocho inteligencias de Gardner
- Lingüística
- Lógico-matemática
- Musical
- Espacial
- Corporal-cinestésica
- Interpersonal (de comprensión social)
- Intrapersonal (de autoconocimiento)
- Naturalista

Aun con una batería de pruebas, la evaluación puede ser imprecisa, sobre todo si las pruebas estandarizadas en los Estados Unidos se utilizan en culturas en las que no se valora la inteligencia escolar (un vocabulario amplio, lógica abstracta, recordar números en secuencia). La competencia varía según la cultura, lo que significa que las puntuaciones en las pruebas que han sido creadas y estandarizadas en un país pueden tener poco valor en otro sitio (Sternberg y Grigorenko, 2004). Cuando se utilizan las pruebas, quien interpreta los resultados necesita comprender que:

> Así como muchos otros inventos tecnológicos occidentales (como la prensa, la máquina de coser, la bicicleta y el tractor), la prueba de inteligencia (popularmente conocida como prueba de CI) ha sido exportada ampliamente a todo el mundo. Al igual que los tractores, las pruebas de inteligencia llevan con ellas tanto utilidad ostensible como implicaciones ocultas.
>
> [Serpell y Haynes, 2004, p. 166]

Inteligencias múltiples

Una crítica más fundamental está vinculada con el propio concepto de inteligencia. Los seres humanos pueden tener muchas inteligencias, no sólo una. Si esto es cierto, entonces el uso de una prueba de CI para medir la inteligencia se basa sobre un falso supuesto. Robert Sternberg (1996), por ejemplo, describe tres tipos distintos de inteligencia:

- *Académica*, medida mediante pruebas de CI y de rendimiento.
- *Creativa*, que se evidencia en las tareas imaginativas.
- *Práctica*, que se observa en la resolución de los problemas cotidianos.

Del mismo modo, Howard Gardner describió ocho inteligencias: lingüística, lógico-matemática, musical, espacial, corporal-cinestésica (de movimiento), interpersonal (de comprensión social), intrapersonal (de autoconocimiento) y naturalista (de comprensión de la naturaleza, como en biología, zoología o agricultura) (Gardner, 1983; 1999).

Según aquellos que sostienen que los seres humanos tienen inteligencias múltiples, las pruebas de CI estándares miden sólo las capacidades lingüística y lógico-matemática, que representan sólo una proporción del potencial cerebral. El hecho de que la mayoría de las escuelas fundadas por educadores occidentales (lo que significa la mayoría de las escuelas de todo el mundo) destacan el lenguaje y la matemática explica por qué las pruebas de CI predicen el éxito escolar.

Si la inteligencia es la joya multifacética que Gardner cree que es, las escuelas de todas partes deben expandir sus programas de estudios de modo que todos los niños puedan destacarse. Además, como las pruebas de aptitud predicen el éxito académico y laboral en los Estados Unidos, las bajas puntuaciones pueden indicar que las escuelas y las sociedades deben cambiar y no los niños. Las propias pruebas estandarizadas pueden ser difíciles para un niño que sobresale en expresión creativa, habilidades cinestésicas o comprensión interpersonal.

SÍNTESIS

Durante la segunda infancia el cerebro funciona más rápido, en forma más automática y con mejor coordinación, sobre todo a medida que la corteza prefrontal madura. Esto se pone de manifiesto en los tiempos de reacción más breves y en muchas otras formas. La atención selectiva (la capacidad de evitar distracciones), la capacidad de hacer una pausa antes de actuar y la capacidad de esperar el turno son fundamentales para el aprendizaje en la escuela y para desarrollar las motricidades gruesa y fina. La maduración cerebral se hace evidente en muchas capacidades relacionadas con la escuela, medidas en las pruebas de aptitud, sobre todo las pruebas de inteligencia. Las puntuaciones del CI (cociente intelectual) relacionan edad mental con edad cronológica, lo que implica que los niños se vuelven más inteligentes a medida que crecen. La presunción subyacente de las pruebas de CI estándares es que los niños que están dotados desde el punto de vista intelectual o aquellos con retraso mental tienen una aptitud inusualmente alta o baja. Esta presunción puesta en tela de juicio por muchos teóricos modernos, como Howard Gardner y Robert Sternberg, quienes creen que el cerebro contiene no sólo una aptitud, sino muchas, y que la cultura y la experiencia son fundamentales para convertir el potencial de un niño en rendimiento. Los niños que pertenecen a culturas donde la inteligencia académica no se equipara con competencia pueden ser muy capaces aunque tengan puntajes bajos en las pruebas de CI.

Los niños con necesidades especiales

Todos los padres miran con orgullo y satisfacción cómo sus hijos se vuelven cada vez más inteligentes, más altos y más hábiles a medida que pasa cada año de la segunda infancia. Sin embargo, para muchos padres, estos sentimientos se mezclan con la preocupación y la incertidumbre cuando sus hijos encuentran dificultades en un área del desarrollo o en otra. El primer problema que se observa a menudo es el retraso, la impulsividad o la torpeza; otros problemas se tornan evidentes una vez que comienza la educación formal (Lerner, 2000; Silver y Hagin, 2002).

Aunque los problemas del desarrollo por lo general se originan en el cerebro, los signos y síntomas observables y los muchos factores que inhiben o amplían esos problemas o déficit del desarrollo son sociales y cognitivos (Rutter y Sroufe, 2000). Es decir, los síntomas de discapacidad se vuelven más evidentes en el patio o en la clase que en el hogar o en el consultorio del pediatra. Eso explica también por qué la mayoría de los niños que necesitan educación especial no se identifican hasta la edad escolar, aun cuando los problemas comienzan mucho antes. Un ejemplo es Billy, cuyo comportamiento se convirtió en un problema en el tercer grado.

ESTUDIO DE UN CASO

Billy: ¿dínamo o dinamita?

De muchas formas, Billy era un típico niño de 8 años con antecedentes de un desarrollo saludable. Había nacido a término después de un embarazo normal; se sentó, caminó y habló a las edades esperadas. Sus padres estaban orgullosos de su energía y su curiosidad y lo llamaban afectuosamente "Pequeño Dínamo". No lo consideraban discapacitado, y comenzó a leer según lo programado y se veía bastante normal. Pero la maestra de tercer grado de Billy, la señora Pease, lo derivó a un psiquiatra porque su comportamiento en clase era "intolerablemente perturbador" (Gorenstein y Comer, 2002, p. 250), como lo ilustra el siguiente episodio:

> La señora Pease había pedido a la clase que prestara atención porque iban a hacer un ejercicio oral: recitar la tabla de multiplicación en la pizarra. Justo cuando el primer niño había comenzado a decirla, repentinamente Billy exclamó: "¡Mirad!". La clase se volvió para mirar a Billy que corría hacia la ventana.
>
> "Mirad", exclamó de nuevo, "¡un avión!"
>
> Un par de niños corrieron a la ventana con Billy para ver el avión, pero la señora Pease los llamó para que regresaran, y entonces volvieron a sus asientos. Billy, sin embargo, seguía al lado de la ventana, señalando el cielo. La maestra lo llamó también a él.
>
> "Billy, por favor, regresa a tu sitio", dijo con firmeza. Pero Billy actuó como si no la hubiera escuchado.
>
> "Mire, señora Pease", exclamó, "¡el avión está echando humo!". Un par de niños más se levantaron de sus asientos.
>
> "Billy", la señora Pease intentó una vez más, "si no vuelves a tu sitio en este instante, te voy a enviar a la dirección, con la señora Warren". (Billy se sentó, pero antes de que la señora Pease pudiera llamar a alguien, Billy dejó escapar la respuesta correcta a la primera pregunta que ella formulara.)

La señora Pease intentó de nuevo. "¿Quién sabe cuánto es 3 por 7?". Esta vez Billy levantó la mano, pero no pudo resistir e irrumpió de nuevo.

"Yo lo sé, yo, yo", Billy imploraba, mientras saltaba de su asiento con la mano en alto.

"Basta, Billy", lo retó la señora Pease. Deliberadamente, ella había llamado a otro niño para que respondiera, quien lo hizo correctamente.

"¡Yo lo sabía!", exclamó Billy.

"Billy", le dijo la señora Pease, "no quiero que digas una sola palabra más en toda la clase."

Billy miró para abajo, de mal humor, ignorando el resto de la lección. Comenzó a jugar con un par de gomas elásticas, tratando de ver hasta dónde se podían estirar antes de romperse. Puso las gomas elásticas alrededor de sus dedos índices y las estiró separando las manos cada vez más lejos. Esto lo mantuvo tranquilo un rato; en este momento, la señora Pease no le prestó atención mientras estuvo en silencio. Continuó con la lección de multiplicación mientras Billy estiraba las gomas elásticas hasta que finalmente se rompieron y fueron despedidas y golpearon a dos niños que estaban a cada lado de él. Billy largó un grito de sorpresa y todos lo miraron.

"Basta, Billy, te vas de la clase y te sientas afuera por un rato hasta que terminemos", dijo la maestra.

"¡No!", protestó Billy. "¡Yo no voy a salir. Yo no hice nada!"

"Les tiraste las gomas elásticas a Bonnie y Julian", dijo la señora Pease.

"Pero fue un accidente."

"No me importa. ¡Te vas afuera!"

Billy salió de la clase y se quedó sentado en el pasillo. Antes de salir, sin embargo, se volvió a la señora Pease y dijo: "La voy a demandar por esto", gritó, sin saber realmente qué significaba lo que estaba diciendo.

[Gorenstein y Comer, 2002, pp. 250-251]

niño con necesidades especiales   Niño o niña que requiere atención adicional en el aprendizaje por razones de discapacidad física o mental.

psicopatología del desarrollo   Campo en el cual se aplican conocimientos relacionados con el desarrollo típico para estudiar y tratar los trastornos del desarrollo, y viceversa.

Manual diagnóstico y estadístico de los trastornos mentales (DSM-IV-R)   Guía oficial de la *American Psychiatric Association* para el diagnóstico (no el tratamiento) de los trastornos mentales. ("IV-R" significa "cuarta edición, revisada".)

Más adelante leerá acerca del diagnóstico y el tratamiento de Billy. El psiquiatra dijo que Billy era un **niño con necesidades especiales**, aquel que por razones de discapacidad física o mental requiere atención adicional en el aprendizaje.

El diagnóstico específico que subyace al uso del término necesidades especiales podría ser uno entre docenas de trastornos, que incluyen el trastorno de ansiedad, el síndrome de Asperger, un trastorno de la vinculación, un trastorno por déficit de atención, el autismo, un trastorno bipolar, un trastorno disocial, la depresión clínica, un retraso del desarrollo, el síndrome de Down y muchos más. Todos estos trastornos comienzan con una anomalía biológica, que podría ser el cromosoma extra en el síndrome de Down o simplemente una tendencia hereditaria.

Todas las necesidades especiales están poderosamente influidas por el contexto social de la familia y la escuela. El propio encéfalo es epigenético: está moldeado por las experiencias y por los genes (Pennington, 2002). En cuanto a la superación o la adaptación a una discapacidad, el diagnóstico particular es menos predictivo que los factores familiares, sobre todo la salud mental y física de la madre (Witt y cols., 2003).

Psicopatología del desarrollo

Los psicólogos y los psiquiatras que estudian los trastornos de la infancia se han unido con aquellos que estudian el desarrollo normal para crear el campo de la **psicopatología del desarrollo**, en la cual el conocimiento sobre el desarrollo normal contribuye al conocimiento de distintos trastornos, y viceversa. El objetivo es "conocer la naturaleza, los orígenes y las secuelas de los patrones individuales de adaptación y desajuste a través del tiempo" (Davies y Cicchetti, 2004, p. 477). La "identidad central" de la persona es dinámica, no estática. La psicopatología del desarrollo descubre "los procesos del desarrollo... (y la) transformación progresiva y en despliegue de los patrones" (Cicchetti y Sroufe, 2000, pp. 258-259).

Dado este énfasis, la psicopatología del desarrollo ha proporcionado cuatro lecciones que se aplican a todos los niños:

1. *La anormalidad es normal.* La mayoría de los niños actúan algunas veces de modos inusuales y la mayoría de los niños con discapacidades graves son, en muchos aspectos, bastante normales. Los niños con trastornos psicológicos deben ser considerados en primer lugar como niños, con las mismas necesidades que todos los otros niños, y en segundo lugar como niños que plantean problemas especiales (véase recuadro).
2. *La discapacidad cambia a través del tiempo.* El comportamiento cambia a medida que las personas van creciendo, año tras año. Un niño que parece un discapacitado grave en un período, puede ser bastante capaz en el siguiente período o viceversa. De hecho, "la discontinuidad en los trastornos desde la infancia hasta la adultez" es normal (Silk y cols., 2000, p. 728).
3. *La adolescencia y la adultez pueden ser mejores o peores.* Muchos niños con discapacidades que parecen graves, incluso la ceguera o el retraso mental, se convierten en adultos felices y productivos, que a veces poseen dones inusuales. Por el contrario, cualquier discapacidad que provoca agresión y desajuste social puede volverse más grave con la maduración, cuando la madurez física y las demandas sociales requieren autocontrol y habilidades interpersonales.
4. *El diagnóstico depende del contexto social.* Según el **Manual diagnóstico y estadístico de los trastornos mentales (DSM-IV-R),** se deben considerar "los matices del marco cultural de referencia de un individuo" antes de hacer un diagnóstico firme (American Psychiatric Association, 2000, p. xxxiv). Muchos psicólogos del desarrollo van más allá de esta afirmación y creen que la psicopatología reside "no en el individuo sino en la capacidad de adaptación de la relación entre el individuo y el contexto" (Sameroff y Mackenzie, 2003, p. 613).

Por cuestiones de espacio sólo podemos incluir tres de las muchas categorías de trastornos que estudian los psicólogos del desarrollo: los retrasos generalizados del desarrollo, los trastornos del aprendizaje y los déficit de atención, y sólo un trastorno específico en cada uno de ellos: autismo, dislexia y trastorno por déficit de atención con hiperactividad, respectivamente. El conocimiento de estos tres puede ayudar a entender mejor a todos los niños.

Utilización cuidadosa del lenguaje

Los rótulos pueden estereotipar y restringir más que describir y habilitar. No deberían utilizarse aisladamente los calificativos atribuidos a la persona para designarla; se debe usar primero el término general referido al individuo (p. ej., *niño, varón, persona*) seguido por el adjetivo que alude a sus necesidades especiales o afecciones. Así, hablamos del "niño discapacitado" o de la "persona epiléptica" en lugar de referirnos al "discapacitado" o al "epiléptico".

Algunas personas también piensan que es mejor llamar a alguien "con dificultades" en lugar de "minusválido" o "discapacitado", porque una dificultad es algo que se puede superar y no es necesariamente una característica permanente. Por la misma razón se prefiere "discapacidad" a "minusvalía".

Con todos estos términos, merodean dos errores opuestos: la insensibilidad hacia las personas que presentan el trastorno (que no desean ser etiquetados por su diferencia) frente al ocultamiento o la negación de la realidad (algunos niños realmente necesitan educación especial). Por ejemplo, llamar a un niño "con dificultades mentales" podría restar importancia al retraso mental, y desalentar así la asistencia necesaria. En 1992, la American Association on Mental Retardation cambió su definición de retraso mental elevando el CI de corte a 75. Esto permitió a millones de niños más calificar para servicios especiales, pero también estigmatizó a otro 13% de los niños en los Estados Unidos (Pennington, 2002). (Esta nueva y controvertida puntuación de corte no se utiliza aquí.)

En cualquier caso, la terminología preferida cambia de una década a otra. Sin embargo, recuerde que las palabras importan. Todo término y definición tiene implicaciones y matices. Sea reflexivo.

Trastornos generalizados del desarrollo

Los **trastornos generalizados del desarrollo** son problemas graves que afectan muchas facetas del desarrollo psicológico. (Jacob, el niño retraído de 3 años que no hablaba, que usted conoció en el capítulo 7, tenía un trastorno generalizado del desarrollo.) Hacer un diagnóstico implica comparar el desarrollo del niño particular con las normas (algunas de las cuales se mencionan en la serie de cuadros de este libro con el encabezamiento "Alrededor de este período"). Por ejemplo, los niños habitualmente hablan y caminan al año, establecen lazos con sus cuidadores durante la lactancia y la niñez temprana, participan en juegos de pelea y sociodramático en la primera infancia y desarrollan regulación emocional antes de la edad escolar.

Los niños que presentan trastornos generalizados del desarrollo a menudo están cerca de la normalidad en algunas facetas del desarrollo, pero están muy retrasados en otras. Cada trastorno particular tiene su propio patrón. Por ejemplo, en el síndrome de Rett, una niña tiene capacidades normales durante los primeros meses de vida, pero el encéfalo no crece y el desarrollo es muy lento. Por el contrario, el cerebro crece demasiado en los bebés autistas, sobre todo el sistema límbico (Schumann y cols., 2004). Miremos más cuidadosamente al autismo, que es probablemente la más grave de todas las psicopatologías de la infancia.

trastornos generalizados del desarrollo Trastornos graves, el autismo por ejemplo, que afectan varias facetas del desarrollo psicológico de un niño pequeño y provocan un retraso evidente en el habla, el movimiento o las destrezas sociales antes de los 6 años de edad.

Definición de autismo

El **autismo** se caracteriza por una "incapacidad para relacionarse de una forma normal con las personas... un aislamiento extremo que, siempre que sea posible, descarta, ignora, elimina cualquier cosa que llegue al niño desde el exterior" (Kanner, 1943).

Los bebés autistas a veces parecen normales, pero a menudo son hipersensibles al ruido u otra estimulación, no abrazan como lo hacen los otros niños y son menos coordinados para rodar, sentarse y caminar (Teitelbaum y cols., 1998). A medida que crecen, muestran déficit en el lenguaje, la interacción social y el juego. Es posible que los niños autistas nunca hablen, no sonrían a nadie y sólo puedan jugar con un único objeto (como un trompo o un tren de juguete) durante horas, sin parar. Sin embargo, algunos son diagnosticados como "autistas con alto nivel funcional" o con el *síndrome de Asperger* y hablan de manera casi normal e incluso son brillantes en algunas áreas (Barnhill y cols., 2000; Green y cols., 2000). Además, muchos niños y adultos aparentemente normales tienen algunos síntomas autistas, lo que hace posible que este trastorno sea mucho más frecuente de lo que las personas creen.

autismo Trastorno generalizado del desarrollo caracterizado por incapacidad de relacionarse con otras personas de manera normal, ensimismamiento extremo e incapacidad de adquirir el habla normal.

Síntomas centrales del autismo
■ Lenguaje ausente o anormal
■ Aislamiento o inconciencia social
■ Juego asocial y repetitivo

En 1990, la incidencia de niños con características autistas (incluidos aquellos con síndrome de Asperger) era de alrededor de 1 en 300 (Szatmari, 2001). La incidencia puede estar aumentando. California comunicó en 2002 más de tres veces la cantidad de personas con autismo que en 1993 (Maugh, 2002); la tasa de trastornos similares al autismo de Minnesota entre los niños de 6 a 11 años saltó de 3 por 10 000 en 1992 hasta 52 por 10 000 en 2002 (Gurney y cols., 2003), y la ciudad de Atlanta comunicó un aumento de diez veces entre 1986 y 1996 (Parsell, 2004).

Posibles causas de autismo

Si bien genes particulares hacen que algunos embriones sean vulnerables, los cambios genéticos en una población son demasiado lentos como para producir grandes incrementos en su incidencia. La razón de éstos puede ser simplemente la definición ampliada de autismo y el mejoramiento del diagnóstico. Por ejemplo, antes de 1980, el autismo no era reconocido como una razón para la educación especial en los Estados Unidos. Ahora que los niños considerados autistas reciben servicios educacionales especiales, se diagnostican muchos más. Por supuesto, si las tasas siguen creciendo esta hipótesis parecerá menos plausible (Gurney y cols., 2003; Parsell, 2004).

Otra posibilidad es que algún teratógeno nuevo esté dañando más encéfalos embrionarios, sobre todo a las tres semanas después de la concepción que, según algunos investigadores, es el período en que se sufre el daño neurológico relevante (Rodier, 2000). Muchos virus, infecciones, pesticidas o fármacos podrían afectar al embrión, al feto o al lactante.

Una toxina sospechosa a la que están expuestos los lactantes es el timerosal (un antiséptico que contiene mercurio y se utiliza en las inmunizaciones infantiles). Muchos padres de niños autistas dicen que observaron por primera vez el deterioro de la interacción social de sus lactantes y el deterioro del lenguaje después de que habían recibido vacunaciones MMR (contra sarampión, parotiditis epidémica y rubéola) (Dales y cols., 2001).

Esta hipótesis de la inmunización ha sido rechazada muchas veces. Uno de los mejores estudios siguió a los 500 000 niños nacidos en Dinamarca desde 1991 hasta 1998 (Madsen y cols., 2002). Aproximadamente el 20% de estos niños nunca recibió vacunaciones MMR. De aquellos que no fueron vacunados, 53 desarrollaron autismo y 77 tenían otros trastornos generalizados del desarrollo; las mismas tasas se observaron entre los niños que fueron vacunados. Además, el mercurio fue eliminado de las vacunas hace una década, pero siguen apareciendo casos nuevos de autismo.

Tratamiento del autismo

Algunos niños con autismo con alto nivel funcional se convierten en adultos que andan bien e incluso son brillantes en algunos dominios (Hermelin, 2001). Los niños que hablan antes de los 5 años y desarrollan algunas relaciones estrechas tienen más probabilidad de convertirse en adultos con alto nivel funcional. Sin embargo, los niños con autismo, en su mayoría, nunca hablan normalmente y necesitan ayuda con los cuidados cotidianos toda su vida: Como sucede con todos los trastornos del desarrollo, el contexto social influye mucho. Como lo explica un experto:

> Las personas con síndrome de Asperger o autismo con alto nivel funcional podrían no ser necesariamente discapacitadas en un entorno en el cual una mente exacta, a la que le atraen los pequeños detalles, es una ventaja... En el mundo de los negocios, por ejemplo, la facilidad matemática para estimar el riesgo y el beneficio, asociada con la falta relativa de conciencia de los estados emocionales de los empleados o los rivales que uno tiene, puede significar oportunidades ilimitadas.
>
> [Baron-Cohen, 2000, pp. 497-498]

Esto no significa que los padres y maestros deben esperar simplemente lo mejor. Para todos los trastornos, los psicólogos recomiendan "la intervención preventiva en lugar de esperar para intervenir cuando los problemas del lenguaje y el aprendizaje comienzan a arrojar una sombra larga y ancha" (Plomin, 2002, p. 59).

Si bien la causa es claramente biológica y probablemente el resultado de una combinación de genes y tensiones tempranas sobre el encéfalo, el único tratamiento exitoso para el autismo es psicosocial, con una educación temprana intensa. Cada uno de los tres síntomas centrales del autismo (déficit o anomalía del lenguaje, al vínculo social y el juego) ha sido el centro de un programa terapéutico.

Algunos programas destacan el lenguaje, con un entrenamiento conductual individualizado de maestros y padres para ayudar al niño a aprender a comunicarse. Estos programas aumentan la posibilidad de una educación normal para el niño más adelante (Lovaas, 1987). Otros programas destacan el juego (Greenspan y cols., 1998). El estudio del caso de Jacob en el capítulo 7 mostró que sus padres aprendieron a jugar con él, enseñándole que el juego podía ser interactivo. Usted recordará que esa intervención condujo a la eclosión de sus capacidades de lenguaje, lo que sugiere que jugar con Jacob era la clave para abrir su mente. Tanto la estrategia de desarrollo del lenguaje como de juego social, implementadas intensamente al comienzo de la vida, parecen exitosas en muchos niños. Sin embargo, no se ha comunicado una investigación con un grupo control adecuado, cuyos miembros no recibieran ninguna intervención.

Otros programas destacan el apego. Esta estrategia se utiliza en Japón, donde el autismo se diagnostica con relativa frecuencia, tal vez debido a que "el diagnóstico exitoso del autismo con alto nivel funcional y el síndrome de Asperger ha conducido a tasas elevadas de detección" (Beppu, 2005, p. 204).

Como los niños con autismo tienen deterioro grave de la interacción social (no utilizan las referencias sociales ni desarrollan una teoría de la mente, cuando la mayoría de los otros niños lo hacen), el objetivo de algunos programas es estimular los vínculos sociales, sobre todo aquellos con connotaciones emocionales. En uno de estos programas, un niño japonés de 6 años con autismo notó que su hermano mayor vertía agua con un cucharón e intentó verter agua solo. "Cuando su madre lo elogió (el niño) devolvió la mirada a su madre con una sonrisa y vertió el agua incluso con mayor entusiasmo" (Beppu, 2005, p. 211); su sonrisa y su orgullo fueron los signos de una intervención exitosa.

Todos estos esfuerzos parecen mejorar el desarrollo de los niños con autismo, aunque la patología encefálica subyacente parece ser para toda la vida. Ahora veremos un trastorno en el otro extremo del espectro, un trastorno del aprendizaje centrado en la lectura. Al contrario del autismo, los trastornos del aprendizaje son muy frecuentes, y es particularmente probable poder superar la dislexia o trastorno de la lectura. Con la educación apropiada, todos los niños (excepto aquellos que tienen retraso mental grave) aprenden a leer.

Esperanza para el autismo   El primer prerrequisito para romper la barrera del lenguaje en una niña autista muda, como ésta de 4 años, es que ella le preste atención a otra persona que le está hablando. Observe que la maestra está sentada en una silla baja para facilitar el contacto visual y para lograr que la mirada de la niña se centre en los movimientos de su boca; una cuestión de poco interés para la mayoría de los niños, pero que a los autistas les intriga. Lamentablemente, estos esfuerzos no fueron suficientes: a los 13 años, esta niña seguía muda.

Trastornos del aprendizaje

El niño con **trastorno del aprendizaje** tiene dificultad para dominar una destreza específica que la mayoría de las personas adquiere fácilmente. Estos niños quedan muy retrasados en un aspecto de la escuela, si bien no tienen ninguna minusvalía física (como pérdida auditiva) ni un ambiente hogareño estresante (como en el maltrato físico) que podrían causar su bajo rendimiento. El diagnóstico del trastorno del aprendizaje se basa en una *discrepancia medida* entre el aprendizaje esperado y el rendimiento real (o entre aptitud y rendimiento) en un área académica particular.

Muchos niños con trastornos del aprendizaje tienen puntuaciones en el rango normal en las pruebas de inteligencia. A menudo sus puntuaciones en las subpruebas de la WISC son discordantes –algunas son extraordinariamente altas y otras extraordinariamente bajas– lo que sugiere discapacidades específicas (Kaplan y cols., 2000). A los 7 años de edad, la discrepancia de un año entre la aptitud y el rendimiento se suele considerar prueba de un trastorno del aprendizaje; a los 11 años, el criterio es una discrepancia de 2 años (Lerner, 2000).

trastorno del aprendizaje   Retraso notorio en un área de aprendizaje en particular, que no está causado por una discapacidad física obvia, por retraso mental o por un ambiente hogareño excepcionalmente tenso.

¿Es disléxica? No. Algunos lectores jóvenes tienen dificultad para "seguir" una línea impresa sólo con sus ojos. El uso de un dedo para seguir la línea puede ser un auxiliar transitorio útil.

dislexia Dificultad fuera de lo común con la lectura; se piensa que se debe a un retraso en el desarrollo neurológico.

Choque de culturas Este varón tibetano asiste a una escuela china. Es muy difícil aprender a leer chino, sobre todo cuando no es el idioma nativo. En realidad, él puede haber aprendido a descodificar los símbolos impresos, o puede haber aprendido a simularlo.

Los trastornos del aprendizaje no suelen conducir a una dependencia de por vida. Algunos niños descubren formas de compensar sus deficiencias y otros aprenden estrategias eficaces para el aprendizaje. En consecuencia, muchos niños con trastornos del aprendizaje se convierten en adultos con buen desempeño funcional, incluso brillante, como parece haber sido el caso de Winston Churchill, Albert Einstein y Hans Christian Andersen.

Dislexia

El trastorno del aprendizaje más frecuente es la **dislexia**, que se refiere a una dificultad fuera de lo común con la lectura. La mayoría de los niños disléxicos parecen brillantes y felices en los primeros años de la escuela, responden voluntariamente a las preguntas difíciles, completan en forma diligente sus cuadernos de ejercicios y miran en silencio sus libros en la clase. Si bien muchos niños disléxicos mayores parecen deprimidos, la investigación observó que es una consecuencia del trastorno del aprendizaje y no su causa (Pennington, 2002).

Ninguna prueba aislada diagnostica con precisión la dislexia o cualquier otro trastorno del aprendizaje (Sofie y Riccio, 2002). Un niño que presenta un trastorno de la lectura podría estar muy confuso para leer nuevas palabras, pero puede ser bastante avanzado en otras destrezas de la lectura, como la comprensión y la memoria del texto impreso.

Las habilidades para escuchar son fundamentales. Aunque las primeras teorías de la dislexia postularon la hipótesis de que la visión era el problema (por ejemplo, con inversiones y escritura en espejo), el problema subyacente más a menudo está en el sonido, no en la visión (Pennington, 2002). Las primeras advertencias de dislexia aparecen cuando un niño de 3 años no habla de forma clara y fluida y no demuestra la explosión del lenguaje normal en los niños pequeños.

Si bien ciertos patrones neurológicos subyacen a todos los casos de dislexia (y probablemente también a otros trastornos), la gravedad de la discapacidad del niño depende en parte del hecho de que se haya provisto o no una instrucción temprana y dirigida y del contexto cultural (los niños italianos con dislexia andan mejor que los niños franceses o ingleses, probablemente porque la lengua italiana es más fonética) (Paulesu y cols., 2001). Los niños disléxicos que tienen dificultad en aprender a leer un idioma que utiliza pictogramas en lugar de letras para indicar las palabras (como el chino) tienen estudios de RMf que ponen de manifiesto un conjunto de anomalías encefálicas algo diferentes de las halladas en los niños disléxicos que se espera que descifren letras.

Como la lectura es esencial para los adultos en todo país desarrollado, los niños disléxicos casi siempre aprenden a leer. Sin embargo, si ello no ocurre relativamente temprano en su educación, nunca se convierten en ávidos lectores adultos que disfrutan un buen libro o leen un periódico para entretenerse e informarse.

Educación temprana

Para todos los niños con trastornos del aprendizaje, la instrucción individualizada y paciente antes de los 6 años a menudo ayuda a formar nuevos patrones neurológicos y mejores estrategias de aprendizaje, y minimiza así el problema (Berninger y Richards, 2002; Silver y Hagin, 2002). Los niños de 4 años normales no leen, lo que podría hacer parecer prematura una intervención en el caso de los niños de 4 años que tienen dislexia. Pero los investigadores han observado que muchas habilidades que preparan a los niños para las habilidades de lectura (o de escritura o de matemáticas) se pueden enseñar a los niños pequeños. Por ejemplo, se puede enseñar a los niños de 4 años las diferencias entre los sonidos de "b" y "p" y eso los ayudará a leer.

Los niños normalmente no reciben una instrucción individualizada hasta que se han retrasado. Para ese momento, la rebeldía, la depresión y una mala concentración pueden acompañar a los trastornos del aprendizaje. Aproximadamente un tercio de todos los niños con trastornos del aprendizaje también tienen otros problemas diagnosticables, y los más frecuentes son los trastornos por déficit de atención (Silver y Hagin, 2002). Sobre todo necesitan ayuda los niños cuya dislexia es simultánea con otro problema, aunque a menudo se tornan especialmente perturbadores y discapacitados antes de que se reconozcan los trastornos subyacentes. Ahora veremos el trastorno por déficit de atención, que a menudo es causa y consecuencia de otros problemas y, no obstante, pasa desapercibido y queda sin tratamiento.

Trastornos por déficit de atención

Uno de los problemas de la infancia más extraños y exasperantes es el **trastorno por déficit de atención (TDA)**, en el cual el niño tiene gran dificultad para mantener la concentración durante más de algunos momentos a la vez. Los niños con este problema pueden tener una corteza prefrontal subdesarrollada, un sistema límbico hiperactivo o un desequilibrio de los neurotransmisores. Todas estas anomalías encefálicas producen gran dificultad para "prestar atención" y *no* reaccionar a los estímulos irrelevantes.

Se sabe que el TDA se origina en el encéfalo y no es precisamente una cuestión de desobediencia y mala conducta. El TDA tiene muchas causas: vulnerabilidad genética, teratógenos prenatales, daño posnatal (p. ej., intoxicación plúmbica) o que simplemente el individuo afectado se encuentra en el extremo de una distribución normal (Casey, 2001; Oosterlaan y cols., 1998).

Trastorno por déficit de atención con hiperactividad (TDAH)

El tipo más frecuente de TDA es el **trastorno por déficit de atención con hiperactividad (TDAH)**. Los niños con este trastorno tienen tres problemas: son distraídos, impulsivos e hiperactivos. Después de sentarse para hacer la tarea, por ejemplo, un niño con TDAH puede estar constantemente mirando hacia arriba, hacer preguntas irrelevantes, estar pensando en salir a jugar, levantarse para tomar agua, sentarse, estar inquieto, retorcerse, golpear la mesa, mover sus piernas de un lado a otro y luego levantarse otra vez para comer algo o ir al baño. Con frecuencia esta necesidad de distracción y diversión se acompaña de excitabilidad e impulsividad.

Billy, el niño de 8 años descrito antes en el Estudio de un caso, tenía diagnóstico de TDAH. Sus problemas de atención eran evidentes, ya que corrió hasta la ventana cuando se suponía que debía permanecer en su silla, y su impulsividad indicaba que no podía esperar para decir su respuesta de matemáticas.

Los maestros advierten que estos niños son perturbadores, pero no necesariamente se hace un diagnóstico formal. Los niños con TDAH a veces son castigados en vez de ayudados. Ellos se sienten tratados injustamente, como lo expresó Billy cuando dijo "¡yo lo sabía!", "no hice nada" y "la voy a demandar por esto".

La brecha entre el problema y el diagnóstico se puso en evidencia cuando todas las maestras de escuela en un condado de Tennessee evaluaron a sus alumnos según los criterios del *DSM-IV-R* para TDAH. Ya se había hecho el diagnóstico de TDAH en menos del 5% de los niños (la proporción normal), pero el 16% de los niños cumplían los criterios (Warlike y cols., 1998). En este estudio, como sucede generalmente, la prevalencia fue cuatro veces mayor en los varones que en las niñas, indicación de una mayor vulnerabilidad masculina a cierto tipo particular de daño encefálico o de un desequilibrio entre las expectativas de los maestros de la escuela elemental y el comportamiento natural de los varones en edad escolar.

Para complicar los problemas de los niños con TDAH, existen otros trastornos comórbidos. Algunos problemas, como la delincuencia juvenil, probablemente son consecuencias del TDAH no tratado, pero muchos lo anteceden o son simultáneos con él. Entre ellos se encuentra "el trastorno disocial, la depresión, la ansiedad, el síndrome de la Tourette, la dislexia y el trastorno bipolar. Además, los niños con autismo y esquizofrenia muchas veces muestran los síntomas del TDAH" (Pennington, 2002, p. 163). Se necesita un tratamiento eficaz para el TDAH, no sólo porque los niños afectados son perturbadores, sino también porque el TDAH empeora sus otros problemas.

Tratamiento del TDAH

El tratamiento más eficaz para el TDAH es la medicación combinada con psicoterapia; el tratamiento también debe incluir el entrenamiento para los padres y

trastorno por déficit de atención (TDA) Trastorno en el que la persona tiene gran dificultad para mantener la concentración. Dicha persona parece ser soñadora o estar perdida en sus pensamientos, atontada o distraída.

trastorno por déficit de atención con hiperactividad (TDAH) Trastorno en el que el individuo experimenta gran dificultad para mantener la concentración por más de un momento, y es distraído, impulsivo e hiperactivo.

No es una cura total Se ha observado que el metilfenidato tranquiliza a muchos niños con TDAH, pero no necesariamente los convierte en modelos de buena conducta. Como este varón de 5 años con múltiples discapacidades, que incluyen TDAH (para el que recibe metilfenidato), ellos son capaces de tener rabietas cuando se ven frustrados.

Diferencias importantes Para obtener los datos, los investigadores interrogaron a los padres de todos los niños del primero al quinto grado (salvo a aquellos que estaban en salones de clases de educación especial autocontenidos o en escuelas privadas) que vivían en el condado Johnston, Carolina del Norte, en 1998. Se preguntó a los padres si alguna vez el niño había recibido diagnóstico de TDAH y si en el momento de la entrevista el niño estaba recibiendo una medicación para ello. Se han obtenido resultados similares (p. ej., tasas bajas para niñas e hispanos) en otros estudios de los Estados Unidos realizados en la década de 1990. Es probable que los porcentajes sean más altos en la actualidad.

maestros (Abikoff y Hechtman, 2005). Algunos fármacos que actúan como estimulantes para los adultos producen el efecto contrario en los niños con TDAH y provocan una mejoría pronunciada hasta en el 90% de ellos. Entre estos fármacos se encuentran las anfetaminas (p. ej., Adderall®) y el metilfenidato (Ritalin®).

A Billy le prescribieron Ritalin y les enseñaron a sus padres y maestros cómo debían ayudarlo. Él "mejoró considerablemente"; no sólo se quedaba en su asiento y completaba su tarea escolar, sino que también comenzó a tener algunos amigos (Gorenstein y Comer, 2002).

En los Estados Unidos, más de 3 millones de niños y adolescentes menores de 18 años reciben fármacos prescritos para regular sus emociones y su comportamiento, tasa que se duplicó entre 1987 y 1996 y que sigue aumentando (Brown, 2003; Zito y cols., 2003). El fármaco más prescrito es el metilfenidato, pero para los niños, algunos de los cuales tienen apenas 2 años, se prescriben por lo menos otros 20 fármacos psicoactivos, que incluyen fluoxetina (Prozac®), sertralina (Zoloft®) y paroxetina (Paxil®) (Gorski, 2002). El hecho de que la medicación haya demostrado que es eficaz no satisface a los críticos, que temen que los fármacos se prescriban con demasiada facilidad y con mucha frecuencia. Un experto sostiene:

> Retorcerse en una silla y hablar fuera de su turno no son "síntomas" y no reflejan un síndrome. Estos comportamientos pueden ser causados por cualquier cosa desde la energía infantil normal hasta las aulas aburridas o los padres y maestros muy tensos. No debemos suprimir estos comportamientos con fármacos...
>
> [Breggin, 2001, p. 595]

Casi todos concuerdan en que si bien los fármacos utilizados para tratar los trastornos por déficit de atención pueden beneficiar a los niños, algunas veces se utilizan poco y otras en forma exagerada (Angold y cols., 2000; Brown, 2003). La dosificación es una preocupación particular, no sólo porque los niños pesan menos que los adultos sino también porque tienen índices metabólicos más altos, sus encéfalos continúan aún en desarrollo y sus cuerpos siguen creciendo. Una dosis eficaz para los adultos puede ser demasiado alta, demasiado baja o totalmente insegura para un niño en crecimiento.

En un estudio muy respetado de niños con TDAH que vivían en Canadá y en los Estados Unidos, se estableció con mucho cuidado la dosificación: se aumentaron gradualmente las cantidades hasta obtener el comportamiento óptimo sin efectos adversos. Los investigadores volvieron a evaluar la necesidad de la medicación haciendo que el niño recibiera un placebo durante una semana sin conocimiento de los niños, sus padres y sus maestros. Durante el período en que los niños estaban recibiendo el placebo (y ningún fármaco), su capacidad para funcionar se deterioró rápidamente (Hechtman y cols., 2005).

La probabilidad de que un niño con TDAH reciba el tratamiento apropiado depende de muchos factores distintos del comportamiento del niño. Un factor es dónde y cuándo nació ese niño (aproximadamente el 7% de los niños de 7 a 11 años en los Estados Unidos reciben medicaciones, pero en los países en vías del desarrollo la reciben menos del 1% de los niños con TDAH). En Inglaterra, muchos menos niños reciben fármacos para el TDAH que en los Estados Unidos, porque el trastorno se diagnostica en muchos menos niños; sin embargo, una mayor cantidad de niños británicos son diagnosticados con trastorno disocial, una psicopatología que algunos expertos en los Estados Unidos creen que es el resultado del TDAH.

Dentro de los Estados Unidos, las tasas de diagnóstico y medicación del TDAH son más altas entre los varones, entre los niños que viven en los estados del Sur, entre los niños provenientes de hogares de bajos

CUADRO 11.1	Tasas de diagnóstico y medicación para TDAH	
	Porcentaje con diagnóstico de TDAH	Porcentaje de aquellos con diagnóstico que reciben medicación para TDAH
Niñas	4,7	63
Varones	14,8	73
1° y 2° grado	7,4	70
3°, 4° y 5° grado	12,2	72
Blancos de origen no hispano	10,8	76
Negros de origen no hispano	9,1	56
Origen hispano	4,0	53

Fuente: Rowland y cols., 2002.

ingresos y entre los niños de origen no hispano (véase cuadro 11.1) (Martin y Leslie, 2003; Rowland y cols., 2002; Witt y cols., 2003; Zito y cols., 2003). Estas estadísticas plantean muchos interrogantes. Las circunstancias sociales y no las necesidades individuales parecen afectar el diagnóstico y el tratamiento del TDAH.

La educación de los niños con necesidades especiales

Hay un interrogante formulado en muchos lugares y durante muchas décadas que tiene respuestas divergentes de padres y educadores: ¿dónde y cómo deben ser educados los niños con necesidades especiales? Aunque los trastornos cerebrales y las tensiones infantiles que producen la psicopatología del desarrollo probablemente sean iguales en todas partes, la educación para estos niños varía mucho. La diversidad de enfoques es tan grande que nuestra explicación aquí se focaliza fundamentalmente en los Estados Unidos, donde se han probado casi todos los enfoques (aunque ninguno ha sido totalmente exitoso).

Antes de 1960, la mayoría de los niños norteamericanos con necesidades especiales simplemente dejaba la escuela: la abandonaban o eran forzados a hacerlo. Eso cambió en los Estados Unidos con una ley de 1969 que exigió que todos los niños recibieran educación. Al principio, los niños con necesidades especiales eran "autocontenidos" en salones de clases (separados de otros niños). No progresaban las habilidades sociales ni el rendimiento académico tanto como podrían hacerlo.

En respuesta, una ley federal de 1975 llamada *Ley de educación para todos los niños minusválidos* ordenaba que todos los niños con necesidades especiales tendrían que aprender en el **ambiente menos restrictivo**. Los niños no podían ser derivados a una clase especial si se podía hallar un contexto de aprendizaje menos limitante. A menudo esto significaba la **integración completa**, una práctica por la cual los niños con dificultades del aprendizaje eran educados en el mismo salón de clases que los demás niños. Para que ayudaran a niños con distintos niveles de discapacidad, se otorgaba a los maestros la libertad de utilizar métodos alternativos de enseñanza o permitir a algunos niños el tiempo extra para completar las tareas.

Cuando fue obvio que muchos niños con discapacidades necesitaban instrucción personalizada e intensiva, algunas escuelas establecieron un **salón de recursos**, en el cual los niños con necesidades especiales pasaban parte de cada día con un maestro capacitado que cuenta con los elementos necesarios para trabajar con ellos. Este enfoque no siempre era satisfactorio. Sacar al niño de la clase regular socavaba sus relaciones sociales y significaba que el maestro "regular" no era responsable del aprendizaje del niño.

Se implementó otro enfoque de la colocación, denominado **inclusión**. La inclusión formaba parte de una ley de 1990 que ha sido actualizada varias veces. En la inclusión, los niños con necesidades especiales son "incluidos" en el salón de clases habitual, como en la integración completa, pero la ley ordena que reciban "materiales y servicios apropiados" (la ayuda especializada de un maestro capacitado) dentro de ese salón de clases. La inclusión requiere un ajuste por parte del maestro regular y el especialista, así como fondos adicionales, que la ley federal no proporcionaba (Silver y Hagin, 2002).

Muchos padres prefieren la inclusión, porque ni la integración completa ni el salón de recursos combinan la interacción social con la educación especial (Swenson, 2000; Waldron y McCleskey, 1998). En teoría, los padres deciden lo que les sucede a sus hijos, pero en la práctica no siempre es así.

La mayoría de los niños con necesidades especiales son detectados por un maestro (no un padre ni el pediatra), que hace una *derivación*, una solicitud de evaluación sobre la base de las conductas específicas que se han observado en el niño. Según la ley de los Estados Unidos, luego de una derivación, otros profe-

Cada niño es especial Una razón de la política escolar de inclusión es enseñar a los niños a aceptar y apreciar a los niños que tienen necesidades especiales. La niña con síndrome de Down (de amarillo) se beneficia del aprendizaje junto con sus compañeros, que también aprenden de ella. Una maestra es eficaz si trata a cada niño como un ser único.

ambiente menos restrictivo Requisito legal que exige que los niños con necesidades especiales sean asignados al contexto menos restrictivo para el aprendizaje.

integración completa Práctica de educar a los niños con necesidades especiales en el salón de clases donde estudian los demás niños.

salón de recursos Salón donde maestros especialmente capacitados asisten a los niños con necesidades especiales, empleando programas de estudios y equipos especiales.

inclusión Enfoque adoptado en la educación de niños con necesidades especiales en el cual se incluye a dichos niños en los salones de clases habituales, "con materiales y servicios apropiados" tal como requiere la ley correspondiente.

plan de educación individual Documento donde se especifican las metas y los planes educativos para un niño con necesidades especiales.

ESPECIALMENTE PARA PROFESIONALES DE LA SALUD Los padres piden alguna medicación para su hijo que está en el jardín de infancia, que es muy activo y les resulta difícil de manejar. ¿Qué les responde?

CUADRO 11.2 **Leyes para la educación especial en los Estados Unidos***

Ley pública 91-230: Ley para los niños con trastornos específicos del aprendizaje, 1969

Trastornos del aprendizaje reconocidos como una categoría dentro de la educación especial. Antes de 1969, los niños con trastornos del aprendizaje no recibían educación ni servicios especiales

Ley pública 94-142: Ley de educación para todos los niños minusválidos, 1975

Todos los niños en edad escolar, independientemente de la discapacidad que tengan, deben concurrir a un establecimiento escolar con un *ambiente menos restrictivo*, lo cual implica compartir la clase regular con otros niños, dentro de lo posible. Son pocos los niños ubicados en clases especiales y menos aún en escuelas especiales. Esta ley requiere un *plan de educación individual* para cada niño con necesidades especiales, en el que se especifique exactamente cuáles son los objetivos educacionales a cumplir y cuándo se debe hacer una reevaluación periódica

Ley pública 105-17: Ley de educación para personas con discapacidades, 1990; actualizada en 1997 y 2004

Se refiere a las "personas", no a los niños (incluye la educación de los bebés, los niños que empiezan a caminar y los adultos), y a las "discapacidades", no las minusvalías. Pone énfasis en los derechos de los padres en la colocación y el plan de educación individual

* Otras naciones tienen leyes y prácticas muy diferentes, y los estados y distritos escolares dentro de los Estados Unidos varían en la interpretación y la práctica. Consulte los grupos de apoyo local, las autoridades y los expertos legales, si es necesario.

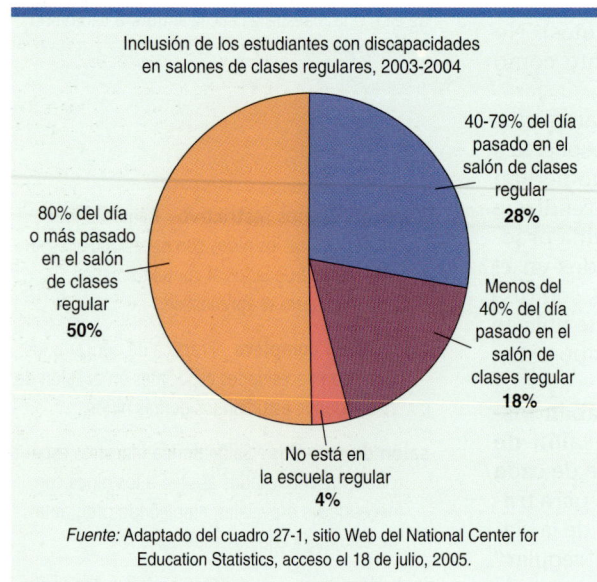

Inclusión de los estudiantes con discapacidades en salones de clases regulares, 2003-2004

40-79% del día pasado en el salón de clases regular
28%

80% del día o más pasado en el salón de clases regular
50%

Menos del 40% del día pasado en el salón de clases regular
18%

No está en la escuela regular
4%

Fuente: Adaptado del cuadro 27-1, sitio Web del National Center for Education Statistics, acceso el 18 de julio, 2005.

FIGURA 11.3 **Uno al lado del otro** Hace 50 años, casi todos los niños con necesidades especiales eran educados separados de los niños sin alteraciones, en el caso de que estuvieran en la escuela. En la actualidad, sólo el 4% no se encuentra en escuelas regulares y la mayoría de los que se encuentran en escuelas regulares pasan la mayor parte del día en salones de clases regulares. La opinión acerca de si esta gran inclusión conduce a una mejor educación está dividida.

sionales deben observar y evaluar al niño. Si están de acuerdo en que el niño tiene necesidades especiales, se encuentran con los padres para diseñar un **plan de educación individual** (véase cuadro 11.2). Algunos padres están ansiosos por que designen a sus hijos como niños con necesidades especiales porque desean la ayuda especializada; otros padres se resisten porque temen las consecuencias sociales que puede experimentar su hijo.

Se identifica aproximadamente el 10% de niños en edad escolar como niños que presentan necesidades especiales y reciben servicios de educación especial (el 8% en 1975) (Snyder, Tan y Hoffman, 2004) (véase cuadro 11.3). Actualmente en los Estados Unidos, alrededor del 50% de todos los niños con diagnóstico de necesidades especiales son educados sólo en salones de clases regulares, con éxito variado (véase fig. 11.3). Muchos más niños con necesidades especiales, tal vez otro 13%, no han sido derivados ni identificados.

A veces la falta de identificación es buena y a veces no. Considere a Yolanda y Pablo, los dos niños norteamericanos de origen mejicano que conoció al comienzo de este capítulo. Ambos podrían haber recibido un diagnóstico de niños con necesidades especiales ya que sus habilidades lingüísticas estaban muy por debajo de su potencial. Yolanda recibió ayuda de sus compañeros y maestros, que me "hicieron progresar algunos grados o me cambiaron a otras clases"; pero Pablo se retrasó cada vez más, faltaba mucho y finalmente fue enviado a una escuela especial, que pronto abandonó.

Obviamente, ninguna colocación resuelve todos los problemas académicos y sociales de los niños con necesidades especiales, que tienden a tener menos amigos que otros niños y a aprender más lentamente, no importa en que salón de clases se encuentren (Wiener y Schneider, 2002). Desde una perspectiva del desarrollo, estas dificultades progresivas no son sorprendentes: toda forma de discapacidad, desde los deterioros físicos graves hasta los trastornos del aprendizaje sutiles, son persistentes. El contexto educativo adecuado es útil pero, como lo ha dejado claro la revisión de los programas de inclusión en ocho naciones, las discapacidades pocas veces desaparecen (Booth y Ainscow, 1998).

Si los padres, los maestros y los niños comprenden que las dificultades en el aprendizaje no surgen de la haraganería, la estupidez o la testadurez, sino de pa-

CUADRO 11.3	**Prevalencia de algunas categorías de psicopatología infantil en los Estados Unidos**

Categorías	DSM-IV-R de la American Psychiatric Association	Estudiantes que reciben educación especial (como porcentaje de todos los estudiantes)	
	2000	**1975**	**2001**
Retraso mental (RM)*	1%	2%	1%
Adaptación a la vida significativamente retrasada y una puntuación menor de 70 en una prueba de CI			
Trastorno o discapacidad del aprendizaje específico	6%	2%	6%
Rendimiento académico sustancialmente inferior a lo esperado en una habilidad académica básica			
Trastornos de la comunicación (TC)	11%	3%	2%
El DSM-IV-R incluye varios tipos, entre ellos:			
Expresivo: comprensión con poca expresión (5% en edad escolar; 12% menores de 3 años)			
Receptivo-expresivo: déficit en la comprensión y la expresión (3% de los niños en edad escolar)			
Fonológico: no se puede entender el lenguaje del niño (2%)			
Tartamudeo: trastorno grave en la fluidez (1%) (raro antes de los 5 años de edad)			
Trastorno generalizado del desarrollo (TGD)	0,1%	0,01%†	0,26%
(Incluye el autismo y el síndrome de Asperger)			
Trastorno por déficit de atención con hiperactividad (TDAH, TAD)	5%	**	**
Falta de atención, impulsividad y/o actividad excesiva (véase el texto para aclarar las definiciones y los síntomas)			
Trastorno disocial (TD)	5%	**	**
Intimidación, amenaza, crueldad hacia la gente o hacia los animales, mentiras			
Trastorno negativista desafiante (TND)	8%	**	**
Negativismo, desobediencia, hostilidad hacia las autoridades			
Trastorno emocional grave (TE)	††	0,6%	1%
Totales:§	**25%**	**8%**	**10%**

* Los especialistas a menudo se refieren a las categorías utilizando sólo abreviaturas. Para ayudar a las interpretaciones, las abreviaturas más frecuentes están entre paréntesis.

† Los datos del autismo comparan 1990 y 2001, ya que el autismo no era una categoría reconocida en 1975.

** Estas categorías no están aceptadas en la educación especial, según las leyes de los Estados Unidos.

†† La American Psychiatric Association utiliza más categorías específicas para los problemas emocionales graves y no tiene ninguna estimación general de la prevalencia.

§ Los totales comprenden a otros niños que no están enumerados en las categorías específicas. Para el DSM-IV-R incluyen trastornos psicológicos poco comunes, como los trastornos de la conducta alimentaria, los trastornos de tics y los trastornos de la vinculación. Algunos niños tienen varias discapacidades, de modo que el total de 25% del DSM es menor que la suma de todas las categorías. El total educativo actual sólo incluye aquellos derivados, diagnosticados y aceptados para la educación especial. Los trastornos del lenguaje a menudo no se diagnostican y tres problemas frecuentes –trastorno por déficit de atención, trastornos disociales y trastorno negativista desafiante– no son reconocidos como categorías educativas. Unos pocos niños con problemas reciben servicios especiales porque tienen trastornos del aprendizaje o están perturbados emocionalmente, pero la mayoría no cuenta con ninguna ayuda especial.

Fuentes: American Psychiatric Association, 2000: Snyder y cols., 2004.

ELLEN SENISE / THE IMAGE WORKS

Ella sabe la respuesta Las discapacidades físicas a menudo hacen crecer otros problemas emocionales y cognitivos. Sin embargo, una discapacidad puede reducirse a una complicación menor si es reconocida y si una compensación o un remedio apropiado forman parte de la educación del niño. Como lo indica su respuesta por signos, la expresión de esta niña sorda muestra que está lista para aprender.

trones de actividad cerebral que deben ser reestructurados, pueden ocurrir adelantos. Eso sucedió con el difunto Ennis Cosby (1997), hijo del comediante Bill Cosby, que escribió: "El día más feliz de mi vida ocurrió cuando descubrí que era disléxico. Creo que la vida es encontrar soluciones y lo peor que puedo sentir es confusión". Es más fácil implementar soluciones antes, cuando el cerebro es más plástico, que más tarde.

Es decir que la perspectiva multicultural nos recuerda que otros países reconocen menos niños con necesidades especiales y tienen menos leyes y maestros especializados, psicólogos y otros profesionales capacitados que podrían ayudar a esos niños (Silver y Hagen, 2002). Es discutible si el enfoque de los Estados Unidos beneficia o no a los niños. Como es obvio, el resultado depende de los valores, las costumbres y los individuos directamente involucrados.

SÍNTESIS

Muchos niños tienen necesidades especiales de aprendizaje. Los psicopatólogos del desarrollo destacan que ningún niño es típico en todos los aspectos; el tiempo produce mejoría en algunos niños, aumenta los problemas en otros. Los trastornos varían en causa, tratamiento y pronóstico, aunque muchos comparten ciertas características. Las personas con trastornos generalizados del desarrollo, trastornos del aprendizaje y trastorno por déficit de atención pueden funcionar de forma adecuada o pueden tener problemas toda la vida, dependiendo en parte de la familia, la escuela y la cultura, así como de la gravedad y la presencia o ausencia de trastornos comórbidos. En el año 2000, alrededor del 13% de todos los niños en los Estados Unidos estaban recibiendo servicios educativos especiales en la escuela. Tal vez otro 13% podría beneficiarse con estos servicios si se iniciaran con suficiente anticipación. Las características específicas de diagnóstico, pronóstico, medicación y colocación muy a menudo son discutibles, y ningún niño aprende y se comporta exactamente como otro durante los años escolares.

■ RESUMEN

Un tiempo saludable

1. La segunda infancia es un tiempo de crecimiento constante y pocas enfermedades graves. Debido a la creciente independencia y a los cuidados personales, los niños en edad escolar son relativamente felices y capaces.

2. La obesidad infantil se está convirtiendo en una epidemia mundial. Si bien la genética desempeña un papel en el peso corporal, los culpables principales son la reducción del ejercicio y la mayor disponibilidad de alimentos poco saludables. Muchos adultos, incluidos los padres, no han reconocido plenamente este problema.

3. La mayoría de los problemas de salud son menos frecuentes de lo que eran hace treinta años, pero la incidencia de asma está aumentando. Si bien los orígenes del asma son genéticos y los desencadenantes son alergenos específicos, una prevención primaria eficaz implica la extensión del período de amamantamiento, más juego en el exterior y reducción de la contaminación ambiental.

El desarrollo encefálico

4. El desarrollo del encéfalo continúa durante toda la segunda infancia, aumentando todos los aspectos del desarrollo. Aumenta la mielinización, lo que acelera la comunicación entre las neuronas. Además, la corteza prefrontal y el cuerpo calloso continúan madurando, lo que no sólo permite el análisis y la planificación sino también la atención selectiva y la automatización.

5. Con la maduración neurológica, continúa el desarrollo de la motricidad gruesa y fina. Como sucede con todos los otros aspectos de la maduración, los adelantos neurológicos son ayudados por la práctica, la cultura y la genética. El mejor funcionamiento cerebral es una de las muchas razones para que los niños sean estimulados a jugar.

6. Las pruebas de CI están ideadas para cuantificar la aptitud intelectual. La mayoría de estas pruebas destacan la capacidad lingüística y lógica y predicen el rendimiento escolar. Las pruebas de CI también reflejan la cultura en las que fueron creadas.

7. Las pruebas de rendimiento miden lo que una persona realmente ha logrado. La mayoría de las pruebas de rendimiento estándares miden el aprendizaje académico, pero a veces es fundamental medir el ajuste a la vida cotidiana.

8. Los críticos sostienen que la inteligencia se manifiesta en realidad en múltiples formas, que las pruebas de CI, al ser tan limitadas, no pueden medir. El concepto de inteligencias múltiples reconoce capacidades creativas y prácticas, algunas de las cuales es difícil medir.

Los niños con necesidades especiales

9. La psicopatología del desarrollo utiliza el conocimiento del desarrollo normal guía para el estudio del desarrollo inusual. Han surgido cuatro lecciones generales: la anormalidad es normal; la discapacidad cambia a través del tiempo; la adolescencia y la adultez pueden mejorar o empeorar un trastorno y el diagnóstico depende del contexto.

10. Algunos niños con discapacidades educativas o psicológicas obvias son reconocidos, derivados, evaluados, diagnosticados y tratados en la primera infancia. Sin embargo, en la mayor parte de estos niños, los problemas conductuales o del aprendizaje no son detectados hasta que el niño entra en la escuela elemental y es comparado con otros niños en un contexto que demanda madurez y aprendizaje.

11. Los niños con trastornos generalizados del desarrollo normalmente muestran una capacidad extraña y retrasada del lenguaje;

falta de conciencia social con deterioro de las habilidades interpersonales y un juego repetitivo y poco imaginativo. El más grave de estos trastornos es el autismo, que mejora con una educación temprana intensiva pero nunca desaparece.

12. Las personas con trastornos del aprendizaje tienen una dificultad inusual para dominar ciertas habilidades que otras personas aprenden con facilidad. El trastorno del aprendizaje más frecuente que se manifiesta durante los años escolares es la dislexia, la dificultad inusual con la lectura. Los niños con trastornos del aprendizaje pueden ser ayudados si la detección del problema es temprana y si la asistencia es individualizada para adaptarla al niño particular.

13. Los niños con trastorno por déficit de atención con hiperactividad (TDAH) tienen problemas potenciales en tres áreas: distracción, impulsividad e hiperactividad. El tratamiento para los déficit de atención es una combinación de medicación, manejo del hogar y educación. La medicación estimulante a menudo ayuda a los niños con TDAH a aprender, pero es necesario controlar cuidadosamente las dosificaciones.

14. Alrededor del 10% de todos los niños en edad escolar en los Estados Unidos reciben servicios de educación especial. Estos servicios comienzan con un plan de educación individual y la asignación al entorno menos restrictivo; todo tiene lugar con plena participación de los padres.

15. Las decisiones sobre la colocación educativa se ven complicadas por los conflictos entre las preocupaciones ideológicas y las necesidades prácticas, y a veces entre los profesionales de la educación y los padres. El enfoque de inclusión por lo general se considera superior a la integración completa, aunque ningún tipo de colocación funciona con todos los niños.

■ PALABRAS CLAVE

segunda infancia (p. 327)
sobrepeso (p. 328)
obeso (p. 328)
asma (p. 331)
atención selectiva (p. 334)
automatización (p. 334)
tiempo de reacción (p. 338)
aptitud (p. 339)
pruebas de CI (p. 339)
pruebas de rendimiento (p. 339)

Escala de inteligencia Wechsler para niños (Wechsler Intelligence Scale for Children, WISC) (p. 340)
retraso mental (p. 340)
efecto Flynn (p. 341)
niño con necesidades especiales (p. 344)
psicopatología del desarrollo (p. 344)

Manual diagnóstico y estadístico de los trastornos mentales (DSM-IV-R) (p. 344)
trastornos generalizados del desarrollo (p. 345)
autismo (p. 345)
trastorno del aprendizaje (p. 347)
dislexia (p. 348)
Trastorno por déficit de atención (TDA) (p. 349)

Trastorno por déficit de atención con hiperactividad (TDAH) (p. 349)
ambiente menos restrictivo (p. 351)
integración completa (p. 351)
salón de recursos (p. 351)
inclusión (p. 351)
plan de educación individual (p. 351)

■ PREGUNTAS CLAVE

1. Cómo se compara el crecimiento del niño en edad escolar con el crecimiento del niño más pequeño?

2. ¿Cómo sabemos que la razón para el aumento en las tasas de obesidad infantil no es genética?

3. ¿Qué medidas para reducir el asma beneficiarían también a todos los niños?

4. ¿Cómo afecta el tiempo de reacción la capacidad de un niño para aprender y comportarse?

5. ¿Cuáles son algunos usos buenos de las pruebas de inteligencia?

6. ¿Cuáles son algunos usos incorrectos de las pruebas de inteligencia?

7. ¿Por qué se creó el campo de la psicopatología del desarrollo?

8. ¿Cuáles son los signos de autismo y cuándo se ponen en evidencia?

9. ¿Cómo puede ser que un adulto tenga un trastorno del aprendizaje que nunca se había detectado?

10. ¿Por qué los padres podrían decidir administrar metilfenidato (Ritalin®) a su hijo?

11. ¿Cuándo la inclusión constituye el mejor contexto educativo para un niño?

■ EJERCICIOS DE APLICACIÓN

1. Compare lugares de juego para niños en diferentes vecindarios, en condiciones ideales, las áreas urbanas, suburbanas y rurales. Anote el tamaño, la seguridad y el uso. ¿Cómo se podrían afectar el peso y las destrezas motoras de los niños?

2. Los psicólogos del desarrollo creen que todo maestro debe estar capacitado para enseñar a niños con una amplia variedad de necesidades. ¿El programa de estudios de entrenamiento para maestros de su universidad o centro terciario refleja este objetivo? ¿Todos los maestros deben tomar los mismos cursos o algunos maestros deben ser especializados? Dé razones para sus opiniones.

3. Las direcciones de Internet varían en calidad, cualquiera sea el tema, pero esto puede ser particularmente cierto para los sitios web ideados para padres de niños con necesidades especiales. Tome una discapacidad o enfermedad infantil y encuentre varios sitios web dedicados al trastorno. ¿Cómo podrían los padres evaluar la información provista?

4. Hay una gran demanda de maestros de educación especial. ¿Cuál es la relación en su ciudad entre los maestros regulares y los de educación especial, con respecto al empleo y el otorgamiento de licencias? ¿Cuántos maestros de educación especial están en salones de clase autocontenidos, salones de recursos y salones de inclusión? Compare sus datos con el material de este capítulo.

Capítulo 12

Los años escolares: el desarrollo cognitivo

Los niños en edad escolar están preparados para aprender y asimilar casi todo lo que no sea demasiado abstracto. Pueden aprender a multiplicar y a dividir fracciones, a preparar una cena nutritiva y deliciosa, a navegar en Internet para encontrar un dato difícil, a alimentar a un gatito huérfano. Entre los 7 y los 11 años, todos los días se produce un pequeño avance en el conocimiento.

El tiempo es un elemento fundamental, pero la profundidad y el contenido del aprendizaje reflejan la motivación más que la maduración, motivación guiada por las prioridades culturales y canalizada en un intrincado sistema de redes neuronales. Por lo tanto, la naturaleza y la crianza interactúan para permitirle a cada niño aprender por sí mismo. Todos los niños pueden aprender, pero cada uno lo hace de manera única según su estilo de aprendizaje y sus intereses. Cada niño en edad escolar está preparado para aprender y los adultos, en todas las culturas, están predispuestos a enseñarles.

Esa predisposición de los adultos fluye en muchas direcciones. En los Estados Unidos, la preocupación acerca de si los niños reciben el aprendizaje suficiente condujo a una ley federal denominada **"Que ningún niño se quede atrás"** promulgada en 2001, con importante apoyo presidencial y de la mayoría de los miembros del Congreso. La ley estableció que deben practicarse evaluaciones anuales e impuso estándares de logros a alcanzar; también reglamentó sanciones para las escuelas que no lograran los objetivos en repetidas oportunidades, como de hecho sucedía (Que ningún niño se quede atrás, 2001.) Un año más tarde, en el lado opuesto del mundo, los japoneses comenzaron a preocuparse por sus niños, quienes sufrían demasiadas presiones académicas. El gobierno de Japón implementó una política denominada *yutori kyoiku*, que significa "educación más flexible", y redujo el contenido de los programas de estudio de las escuelas públicas en un 30% (Magara, 2005). En este capítulo se describirán ambas políticas y muchas otras ideas divergentes relacionadas con la educación.

En primer lugar se expondrán algunas generalizaciones, como las enunciadas por Jean Piaget, Lev Vygotsky y la teoría del procesamiento de la información. Estas tres teorías en su conjunto pueden ayudarnos a comprender el pensamiento infantil. Luego volveremos a la escolaridad, incluyendo las guerras de la lectura y las matemáticas. Este capítulo nos ayudará a comprender y a decidir qué aprenderá y cómo lo hará la próxima generación de niños.

Los fundamentos de Piaget y Vygotsky

Tanto Piaget como Vygotsky, según hemos visto en el capítulo 9, ponen el acento en las estructuras o "andamiaje" que desarrollan los niños, es decir el modo particular en que reúnen todos los hechos y factores de su entorno y los elaboran en un conocimiento organizado (Rogoff, 1998). Según el punto de vista de Piaget, el logro cognitivo más importante relacionado con la etapa que transcurre durante la segunda infancia es el denominado **pensamiento operacional concreto**, caracterizado por un conjunto de conceptos que le permiten al niño razonar.

Piaget descubrió que en algún momento entre los 5 y los 7 años, los niños comienzan a comprender ciertos principios lógicos (Inhelder y Piaget, 1964). Muy pronto aplican la lógica a situaciones *concretas*, es decir situaciones en las que se enfrentan a cosas reales, visibles y tangibles. Por lo tanto, los niños se vuelven pensadores más sistemáticos, objetivos, científicos y educables.

Ley "Que ningún niño se quede atrás"
Ley controvertida, promulgada en 2001, que emplea múltiples estándares de evaluación y rendimiento para intentar mejorar la educación pública en los Estados Unidos.

pensamiento operacional concreto Expresión de Piaget que se refiere a la capacidad de razonar lógicamente acerca de experiencias y percepciones directas.

clasificación Principio lógico mediante el cual se ordenan las cosas en grupos (categorías o clases) de acuerdo con una propiedad que comparten.

Vygotsky (1934/1994) estuvo de acuerdo con Piaget en el énfasis que éste puso en el pensamiento real del niño. Lo consideró como un gran progreso que superaba el deslucido enfoque del "aprendizaje sin sentido" del que eran partidarias las escuelas en esa época. Esas escuelas hacían que el niño estuviera "imposibilitado para cualquier intento de aplicar los conocimientos adquiridos" (pp. 356-357). Vygotsky también consideró que los niños tienen muchas ansias de aprender. Sin embargo, a diferencia de Piaget, Vygotsky observó que la instrucción impartida por otros es fundamental, y que el grupo de pares y los maestros proporcionan el punto que conecta el potencial evolutivo innato del niño con las habilidades y el conocimiento que brinda la educación formal.

Los principios lógicos

Para comprender el pensamiento operacional concreto, consideremos los siguientes procesos: clasificación, identidad, reversibilidad y reciprocidad. Piaget pensó que los conceptos lógicos que subyacen a estas cuatro operaciones son casi imposibles en los niños pequeños, pero se adquieren gradualmente durante la segunda infancia.

Categorías dentro de categorías

La **clasificación** es el proceso por el cual las cosas se organizan en grupos (o *categorías* o *clases*) según alguna propiedad en común. Por ejemplo, los padres y hermanos de un niño pertenecen a la clase denominada "familia". Otras categorías comunes son juguetes, animales, personas y alimentos. Cada clase incluye algunos elementos y excluye a otros, y forma parte de una jerarquía. Por ejemplo, *alimentos* constituye una clase extensa y contiene las subclases *carne, cereales, frutas*, etc.

La mayor parte de las subclases pueden ser nuevamente divididas: *carne* incluye *aves, carne de vaca* y *cerdo*, las que a su turno pueden ser subdivididas otra vez. Para los adultos que han llegado a dominar la clasificación es evidente que los elementos que están últimos en una jerarquía de clases pertenecen a todas las categorías superiores (el *tocino* es siempre *cerdo, carne* y *alimento*), y comprenden que ese proceso no se da en el sentido inverso (la mayor parte de los alimentos no son tocino); pero esto no siempre les resulta tan claro a los niños

Piaget realizó muchos experimentos que revelaron cómo los niños comprenden la clasificación. Por ejemplo, un examinador muestra a un niño un ramo compuesto por nueve flores, siete margaritas amarillas y dos rosas blancas (revisado y publicado en Piaget y cols., 2001). El examinador se asegura de que el niño conozca el vocabulario, que todas son "flores", algunas "margaritas" y otras "rosas".

Aprender de la experiencia El aprendizaje activo –en este caso, la experiencia práctica de la conexión de cables con cargas positivas y negativas– es un valioso suplemento para el aprendizaje que ofrecen los libros y para la memorización.

Luego aparece la pregunta fundamental: "¿Hay más margaritas o más flores?". Hasta aproximadamente los 7 años, la mayoría de los niños dice "más margaritas". Si se les insiste para que den una justificación a su respuesta, la mayoría de los niños más pequeños no encuentra una respuesta, pero algunos de los que tienen entre 6 y 7 años, dicen que hay más amarillas que blancas, o que debido a que las margaritas son margaritas, no son flores (Piaget y cols., 2001). Alrededor de los 8 años, la mayoría de los niños tiene una sólida comprensión de la clasificación de los objetos que pueden ver (objetos concretos, aún no los hipotéticos), y ellos responden confiadamente "más flores que margaritas".

Este experimento de clasificación no significa exactamente un cambio lógico drástico, como creía Piaget. Otros trabajos de investigación comprobaron que la clasificación aparece antes de la segunda infancia. Hasta los bebés parecen tener redes neuronales preparadas para categorizar lo que ven (Quinn, 2004) y los niños de 4 años poseen cierta flexibilidad cuando deben decidir si algunos alimentos pertenecen a desayuno, "comida basura", a ambas categorías o a ninguna (Nguyen y Murphy, 2003).

Sin embargo, los experimentos de Piaget revelaron algo muy importante: lo que se desarrolla durante el período del pensamiento operacional concreto es la capacidad para utilizar categorías y subcategorías mentales de manera flexible, inductiva y simultánea, como las flores y las rosas o (un desafío mayor) como los autos, que pueden ser medios de transporte, juguetes, armas letales, artículos de importación, productos para el consumidor, marca Toyota o un SUV. Aunque los niños en edad preescolar pueden categorizar, Piaget reconoció que los niños mayores son más precisos y más flexibles en la clasificación, y pueden separar lo esencial de lo irrelevante (Hayes y Younger, 2004).

Esencia y cambio

La **identidad** es otro principio que se comprende mejor durante la segunda infancia, según Piaget. Identidad significa que algunas características de un objeto permanecen iguales aun si otras características parecen cambiar. Una pelota es aún una pelota cuando cae en un agujero; un niño es la misma persona despierto o dormido. Los niños que comprenden la identidad se dan cuenta que los cambios superficiales en la apariencia de un objeto no alteran la sustancia subyacente o la cantidad de ese objeto. Por ejemplo, en las pruebas de conservación (que se describen en el cap. 9), identidad significa comprender que cuando un líquido se vierte desde un recipiente a otro de diferente forma, su cantidad no se modifica. "Todavía hay la misma leche", podría decir un niño de 9 años. "Tú no la has cambiado."

Los niños en edad escolar también llegan a comprender la **reversibilidad**, la idea que algunas cosas pueden volver a su estado original revirtiendo el proceso. Recordemos que un niño pequeño piensa que los cambios son irreversibles. Hacia la segunda infancia, sin embargo, un niño podría probar la conservación volviendo el líquido al primer recipiente. A modo de otro ejemplo, tanto de identidad como de reversibilidad, un niño de 6 años tal vez no espera que la limonada que está congelada como helado pueda derretirse y volver a ser limonada nuevamente; un niño de 9 años no se sorprenderá de que esto ocurra.

Finalmente, los niños comienzan a comprender el principio lógico de **reciprocidad**. La reciprocidad (también denominada *inversión*) se produce cuando dos cosas cambian en direcciones opuestas con el objetivo de equilibrarse una con la otra. En el experimento de conservación, un niño que comprende la reciprocidad puede explicar que, debido a que el nuevo contenedor es más ancho y más corto, la disminución en la altura del líquido se compensa con un aumento en el ancho.

identidad Principio lógico que propone que ciertas características de un objeto se mantienen iguales aun cuando otras cambien.

reversibilidad Principio lógico que sostiene que a veces es posible que una cosa que ha sido cambiada pueda retornar a su estado original si se revierte el proceso por el cual fue cambiada.

reciprocidad Principio que plantea que dos cosas pueden cambiar en sentido contrario y, por lo tanto, se equilibran. (También se denomina *inversión*.)

Midiendo la absorción del terreno Esta lección de ciencia en cuarto grado de una escuela pública de la ciudad de Nueva York parece bien diseñada para el pensamiento operacional concreto. Los niños analizan, investigan y clasifican muestras del suelo colocándolas en agua y no leyendo de un libro. Nótese también que cada uno hace su propio trabajo dentro de un contexto social, otro signo de educación primaria eficaz.

Aplicaciones prácticas

En cada uno de estos ejemplos, los cambios se comprenden cuando se comparan con ciertas particularidades esenciales de un objeto; algunas características básicas permanecen iguales aun cuando la forma, la apariencia y las interrelaciones se alteren. Debido a que un adulto puede entenderlo así, llega a comprender el desarrollo humano como no puede hacerlo ningún niño pequeño. Sabemos que una persona es la misma cuando tiene 1, 18 u 80 años, que los lazos familiares persisten aun cuando la dependencia/independencia recíproca de varias generaciones se modifique, etc.

Recuerde que los conceptos de Piaget no deben interpretarse de un modo demasiado rígido. No todas las operaciones concretas están completamente fuera del alcance de los niños más pequeños, ni todas resultan completamente evidentes para los adultos. La lógica está tanto presente como ausente a lo largo de la vida. Sin embargo, es entre los 6 y los 11 años cuando se producen los avances cognitivos más importantes.

Una aplicación práctica ocurre cuando los niños aprenden matemáticas. La ubicación de los valores requiere la clasificación: sin este proceso, un niño podría pensar que 21 y 12 son lo mismo. La identidad permite a un niño comprender que, por ejemplo, 6 siempre es 6 , ya sea como resultado de 2 + 4 o de 3 + 3. La reversibilidad es más compleja: si 2 + 4 = 6, entonces 6 − 4 = 2, una idea generalmente adquirida en el segundo grado. Finalmente la reciprocidad: los niños aprenden que 4×6 es lo mismo que 2×12, porque si el cuatro se divide por 2, entonces el 6 tiene que multiplicarse por 2. Un ejemplo más complejo de reciprocidad es $1/2 \div 1/2 = 1/2 \times 2$. La reciprocidad no aparece en la mayoría de los niños hasta que se encuentran atravesando la segunda infancia, y esa es la causa por la que la multiplicación y la división de fracciones es tan difícil al principio (Piaget y Moreau, 2001).

Las mismas ideas lógicas se aplican a otros aspectos del aprendizaje. La geografía se vuelve un tema interesante para muchos niños en edad escolar si se les enseña a comprender los lugares dentro de otros lugares, lo que constituye una aplicación de la clasificación. La prueba de clases y subclases se produce cuando los niños escriben sus remitentes como: nombre, calle y número, ciudad, estado, país, continente, Tierra, Sistema Solar, Vía Láctea. De manera similar, un renacuajo se vuelve rana (identidad), el vapor proviene del agua que hierve y puede volverse agua nuevamente (reversibilidad), ayudar a un compañero con la lección de matemáticas puede conducir a que esa persona nos ayude con la lección de ortografía (reciprocidad).

La comprensión de estos cuatro principios lógicos no siempre significa que un niño puede aplicarlos, ya sea en la escuela o en situaciones sociales. Cuando llegan a aplicarlos, los niños aprenden más si los adultos los guían, como señaló Vygotsky.

Similitudes y diferencias entre los países

La idea básica de Piaget acerca del pensamiento operacional concreto, que afirma que los niños durante la segunda infancia gradualmente pueden comprender y aplicar las ideas lógicas que no utilizaban antes, sigue siendo válida. En las matemáticas y la física, en la explicación del modo de contagio las enfermedades transmitidas de persona a persona, en el conocimiento de qué características humanas son genéticas o ambientales, y de muchas otras áreas, los niños llegan a ser más lógicos y menos egocéntricos (Astuti y cols., 2004; Howe, 1998; Keil y Lockhart, 1999; Siegler y Jenkins, 1989).

El énfasis que puso Vygotsky en el contexto sociocultural contrasta con el enfoque de Piaget. Vygotsky consideraba que las personas aprenden debido a que otras personas, así como los instrumentos de su propia cultura, sustentan el aprendizaje. Descubrió que los niños son poderosamente influidos por el contexto social, que los guía en una dirección o en otra.

Las investigaciones relacionadas con las estructuras cerebrales que se han descrito en los capítulos 8 y 11 refuerzan esta conclusión (Berninger y Richards, 2002). Los avances neurológicos hacen que los niños de 9 años sean más capaces que los de 3 años, pero la corteza prefrontal no se desarrolla completamente hasta la edad adulta. Especialmente mientras se produce este desarrollo, los niños

ESPECIALMENTE PARA MAESTROS ¿Cómo pueden las teorías de Piaget y Vygotsky ayudar en la enseñanza de la geografía a una clase de alumnos de tercer grado?

necesitan un aprendizaje guiado, con padres y adultos que actúen como mentores para el mejoramiento de las conexiones cerebrales. La investigación neurológica descubrió que el aprendizaje es tanto evolutivo como sociocultural, que puede llegar a comprenderse según las interpretaciones de Piaget y también las de Vygotsky. La cognición es el resultado de la maduración *y* de la experiencia, "no específicamente innata ni externamente impuesta" (Ingold, 2001, p. 131), es decir que es el resultado de ambas.

La confirmación del rol que cumple el contexto social proviene de los niños que, debido a la fecha de ingreso a la escuela, son alumnos de primer grado relativamente jóvenes o mayores. El aprendizaje entre los niños de 5 años que cursan primer grado (p. ej., los nacidos en diciembre) excede por lejos a los de 5 años ligeramente más jóvenes (nacidos en enero), pero que aún están en el jardín de infantes. Una confirmación adicional proviene del efecto de la calidad de la enseñanza en los niños. Hay una correlación directa entre el porcentaje de maestros calificados en una escuela y el aprendizaje de un alumno, aun cuando se consideren otros factores que puedan afectarlo, como el nivel socioeconómico, los logros anteriores o el vecindario (Wayne y Youngs, 2003).

Las variaciones culturales

La mayor parte de los trabajos de investigación acerca de la cognición en los niños se ha realizado en América del Norte y en Europa Occidental, pero los mismos principios son evidentes en todo el mundo. En Zimbawe, por ejemplo, se descubrió que la comprensión de los niños del concepto lógico de clasificación estaba influido no sólo por su edad (Piaget) sino también de las características de su escolaridad (Vygotsky) y del nivel socioeconómico de su familia (Mpofu y van de Vijver, 2000). De manera similar, cuando se trató de comprender las relaciones entre naturaleza y crianza (en especial la influencia de la interacción de los genes y la crianza en las características de una persona) se observó que los adultos y los niños de Madagascar se ven afectados no sólo por su nivel de maduración, sino también por el entorno cultural (Astuti y cols., 2004). Por lo tanto, su cognición es tanto expectante de la experiencia como dependiente de la experiencia, del mismo modo en que lo es para las personas de otros lugares.

Japón es el país no occidental donde se llevó a cabo la mayor parte de los trabajos de investigación acerca del desarrollo del niño, y allí muchas de las teorías que se han estudiado en este libro fueron confirmadas o modificadas. Un estudio realizado con un grupo de niños japoneses descubrió que *algunas* habilidades matemáticas seguían de cerca a la teoría de Piaget pero otras eran definitivamente el resultado de una instrucción escolar muy específica, como lo predijo Vygotsky (Naito y Miura, 2001).

Un ejemplo particular proviene de la comprensión del tiempo, la velocidad y la distancia en los niños japoneses de entre 4 y 11 años. Como Piaget anticipó, la comprensión de este concepto recíproco (a mayor velocidad menos tiempo) se perfecciona con la edad: los niños más pequeños rara vez comprenden las relaciones entre los tres. Algunos de los niños mayores la comprenden, pero su entendimiento de la reciprocidad de tres indicadores, tiempo, velocidad y distancia, variaba mucho más que lo que una teoría de las etapas podía predecir (Matsuda, 2001). Otros trabajos de investigación también descubrieron que la enseñanza explícita, mucho más que la maduración, ayudaba a los niños japoneses a comprender el concepto de velocidad (Magara, 2005).

Los niños de la calle en Brasil

El ejemplo internacional más conocido proviene de Brasil, especialmente de los niños de la calle que venden frutas, golosinas y otros productos para ganarse la vida. Muchos nunca asistieron a la escuela y por consiguiente obtuvieron puntuaciones bajas en las pruebas estándar que evalúan los logros para las matemáticas. Esto no es sorprendente para los psicólogos del desarrollo, que han visto muchos ejemplos de cognición más lenta en niños no instruidos (Cole, 1996).

Sin embargo, la mayor parte de los jóvenes brasileños que trabajan como vendedores ambulantes, son expertos en el momento de fijar

El aprendizaje callejero Javier García vende golosinas y cigarrillos en las calles de San Salvador, la capital de El Salvador, desde las 5.00 h hasta las 13.00 h y desde las 17.00 h hasta las 20.00 h. En el medio concurre a la escuela. Esa combinación de experiencia laboral y educación formal puede darle una excelente habilidad para las matemáticas, si Javier está lo suficientemente despierto como para aprender.

los precios a sus mercancías, al dar el cambio y cuando tienen que realizar descuentos por grandes cantidades, un conjunto de operaciones que deben reajustar casi todos los días debido a la inflación, a los precios al por mayor y a la demanda de los clientes. Estos niños hacen "cálculos complicados y ajustes de precios relacionados con la inflación, utilizando procedimientos que están extendidos en la práctica pero que no son conocidos por los niños de la escuela (Saxe, 1999, p. 255). Por eso, el conocimiento de las matemáticas avanzadas que refleja el desempeño cognitivo de estos niños proviene de tres fuentes:

- Las demandas basadas en cada situación concreta.
- El aprendizaje que proviene de la experiencia de otros vendedores.
- La experiencia diaria.

Ninguna de estas causas sorprendería a Vygotsky, quien entendía que la cultura de la calle enseñaba a los niños lo que no les enseñaba la escuela. Los investigadores descubrieron que, para estos niños brasileños, la educación no era completamente irrelevante, una vez más como Vygotsky predijo. Las mejores destrezas en matemáticas fueron demostradas por aquellos niños que tuvieron escolarización y la experiencia de la calle (Saxe, 1991).

Algunos trabajos de investigación más profundos relacionados con los niños brasileños de entre 4 y 14 años confirmaron la compleja interrelación entre la edad, el desarrollo cognitivo y la experiencia. La ventaja intelectual de manejar dinero fue mayor para los niños de entre 6 y 11 años, en la segunda infancia. Hasta los niños menores de 6 años más experimentados no podían comprender algunos problemas aritméticos que se les presentaban, y los niños mayores de 11 años se desempeñaron bien ya sea que se hubieran dedicado a las ventas callejeras o no (Guberman, 1996.)

El desarrollo moral

Tratar de comprender de qué modo los niños piensan en los temas morales revela los aciertos y las limitaciones de Piaget y Vygotsky. En primer lugar, estos dos teóricos (y todos los que examinan el pensamiento moral de los niños) concuerdan en que las edades comprendidas entre los 7 y los 11 años son:

> años de afanosa y animada búsqueda por parte de los niños, cuyos padres y maestros generalmente tienen dificultad para seguirlos mientras los niños tratan de comprender cosas y entenderlos, pero también intentan ponderar las cosas buenas y malas de esta vida. Es el momento del crecimiento de la imaginación moral, alimentada constantemente por la disposición y el entusiasmo de los niños para ponerse en el lugar de los otros.
>
> *[Coles, 1997]*

El pensamiento moral comienza cuando los niños empiezan a "ponerse ellos mismos en el lugar del otro" y a ser menos sentenciosos. Alrededor de los 7 años, los niños se dan cuenta de las diferencias entre los temas morales y los asuntos signados por la convención, el gusto o la obediencia hacia los adultos (Turiel, 2002).

Hay niños de 4 años que tienen un estricto sentido de lo que está bien y lo que está mal. ¿Pueden los psicólogos del desarrollo estar equivocados cuando ignoran el desarrollo moral anterior a los 7 años? Hay motivos para asombrarse: los preescolares informan que sus compañeros no comparten, se sienten culpables si mienten, temen a los castigos cuando transgreden una norma, simpatizan con alguien que está angustiado y se entristecen si ven niños que sufren hambre. Algunos trabajos de investigación descubrieron que aun los niños de 3 y 4 años tienen los fundamentos de la conciencia (Aksan y Kochanska, 2005). Además, un estudio realizado en niños de entre 5 y 9 años descubrió que la mayoría de los más pequeños, al igual que casi todos los niños mayores, sabía que el golpear a otros niños estaba moralmente mal (Wainryb y cols., 2004).

Pero en este estudio también se interrogaba a estos niños de entre 5 y 9 años acerca de un niño hipotético de nombre David, que creía que el helado de chocolate era asqueroso, y sobre Daniel, quien consideraba que el helado de chocolate era riquísimo. Sólo un tercio (el 37%) de los niños de 5 años aceptaba que tales diferencias en el gusto eran un asunto de preferencia personal y no de moralidad, y por lo tanto David como Daniel podían estar en lo correcto. Entre los niños más típicos de 5 años, que pensaban que David estaba equivocado, la mayoría fueron

RESPUESTA PARA MAESTROS (de p. 360) aquí vemos dos de los modos más evidentes. (1) Utilice la lógica. Una vez que los niños logran la clasificación y la inclusión en clases, pueden comprender las ciudades dentro de los estados, a los estados dentro de las naciones y las naciones dentro de los continentes. Organice sus explicaciones para hacer la categorización lógica más fácil. (2) Utilice las necesidades de los niños para que se involucren de modo concreto y personal. Puede hacer que los niños aprendan primero acerca de su propia ubicación, luego sobre los lugares dónde viven sus familiares y amigos, y finalmente sobre los lugares que están más allá de su experiencia personal (a través de libros, fotografías, vídeos e invitados disertantes).

más allá y lo juzgaron como malo o tonto. Por el contrario, casi todos (el 94%) de los niños de 9 años se dieron cuenta que ambos podían estar en lo correcto, y muy pocos criticaron a David por su gusto poco común (Wainryb y cols., 2004). Por lo tanto, al menos un aspecto de la moralidad, el respeto por las diferencias individuales, se desarrolla en la segunda infancia (a medida que declina el egocentrismo).

Las etapas de Kohlberg

Para comprender de qué modo el juicio moral se desarrolla a partir de las ideas personales y egocéntricas de los niños en edad preescolar, consideremos la aplicación que hizo Kohlberg de las ideas de Piaget (Kohlberg, 1963; Piaget, 1932). Kohlberg presentó dilemas éticos a niños y adolescentes (y finalmente a adultos). El dilema más famoso es el de Heinz, un pobre hombre cuya esposa está muriendo. Un farmacéutico de su pueblo tiene la única posibilidad de cura, una droga que se vende a miles de dólares, mucho más que lo que Heinz puede pagar y 10 veces más que el costo de fabricación de la droga.

> Heinz va a ver a todos sus conocidos para pedirles el dinero prestado, pero sólo puede reunir alrededor de la mitad del valor. Le dice al farmacéutico que su esposa se está muriendo y le pide que le venda el medicamento más barato o que le permita pagarle después. Pero el hombre le contesta "no". El hombre se desespera y entra al negocio a robar la droga para su mujer. ¿Estuvo bien lo que hizo el marido? ¿Por qué?
>
> *[Kohlberg, 1963]*

En las respuestas a estos problemas, Kohlberg encontró tres niveles de razonamiento moral –preconvencional, convencional y posconvencional–, con dos etapas en cada nivel (véase cuadro 12.1). En teoría, cada nivel de razonamiento moral concuerda con una de las etapas de Piaget del desarrollo cognitivo (que se han estudiado en el capítulo 2).

El **razonamiento moral preconvencional** es similar al pensamiento preoperacional en que es egocéntrico. El **razona-**

razonamiento moral preconvencional Según Kohlberg, primer nivel de razonamiento moral, en el cual se pone énfasis en recompensas y castigos.

razonamiento moral convencional Según Kohlberg, segundo nivel de razonamiento moral, en el cual se pone énfasis en las reglas sociales

Lawrence Kohlberg Kohlberg fue un estudioso, investigador y filósofo que describió las estructuras lógicas que subyacen a las decisiones morales concretas.

CUADRO 12.1	**Los tres niveles y las seis etapas del razonamiento moral de Kohlberg**

Nivel I. Razonamiento moral preconvencional
El énfasis se pone en obtener recompensas y evitar castigos; es un nivel egocéntrico

■ *Etapa uno: el poder hace lo correcto* (orientación según el castigo y la obediencia). El valor más importante es la obediencia a la autoridad, evitando el castigo mientras se fomentan los propios intereses. ¡No dejes que te atrapen!
■ *Etapa dos: en busca del primer puesto* (orientación instrumental y relativista). Cada persona trata de cuidar sus propias necesidades. La razón para ser buenos con los demás es que así los demás serán buenos con nosotros

Nivel II. Razonamiento moral convencional
El énfasis está puesto en las reglas sociales; este nivel está centrado en la comunidad

■ *Etapa tres: "buena chica" y "buen chico".* El comportamiento apropiado es el que agrada a otras personas. La aprobación social es más importante que cualquier otra recompensa
■ *Etapa cuatro: "Ley y orden".* La buena conducta implica ser un ciudadano consciente de sus deberes y obediente de las normas que establece la sociedad. Obedecer las leyes aun cuando no haya un policía cerca

Nivel III. Razonamiento moral posconvencional
Se pone énfasis en los principios morales; este nivel está centrado en los ideales

■ *Etapa cinco: contrato social.* Se obedecen las reglas sociales porque benefician a todos y están establecidas por un acuerdo mutuo. Si las reglas se vuelven destructivas o una de las partes no cumple con el acuerdo, el contrato ya no será vinculante. Bajo algunas circunstancias, desobedecer la ley es moral
■ *Etapa seis: principios éticos universales.* Los principios generales universales, no las situaciones individuales (nivel I) o las prácticas comunitarias (nivel II), determinan qué está bien y qué está mal. Los valores éticos (como "la vida es sagrada") se establecen por medio de la reflexión individual y pueden contradecir los valores egocéntricos (nivel I) o legales (nivel II)

razonamiento moral posconvencional Según Kohlberg, tercer nivel de razonamiento moral, en el cual se pone énfasis en los principios morales.

miento moral convencional se relaciona con el pensamiento operacional concreto en que implica prácticas presentes y observables dentro de la comunidad

Y el **razonamiento moral posconvencional** es similar al pensamiento operacional formal, que supone ideales lógicos y abstractos más allá de lo observado concretamente dentro de una sociedad particular.

Según Kohlberg, el *modo* en que las personas razonan, más que las conclusiones morales específicas a las que llegan, determinan su etapa de desarrollo moral. Por ejemplo, el razonamiento que busca la aprobación social (etapa tres) puede producir conclusiones opuestas: ya sea que Heinz *debía* robar la droga (porque los demás lo culparían por no haber salvado a su esposa) o que él *no debía* robarla (porque en este caso lo considerarían un ladrón). En ambas situaciones, el principio moral subyacente (y la etapa correspondiente) es la misma: que las personas deben comportarse de modo tal que ganen la aprobación de los otros.

Los niños, los adolescentes y los adultos gradualmente pasan por la jerarquía de Kohlberg y razonan según etapas más avanzadas a medida que el tiempo transcurre. Durante la segunda infancia, las respuestas de los niños generalmente se encuentran en los primeros dos niveles, principalmente preconvencional antes de los 8 años y convencional entre los 9 y los 11 años, aunque en gran parte depende del contexto específico y de las oportunidades disponibles para el niño de discutir los temas morales. Este cambio en la segunda infancia es lo que podría esperarse cuando el niño abandona el egocentrismo preoperacional y avanza hacia el pensamiento de las operaciones concretas.

En línea con el acento puesto por Vygotsky sobre las variaciones culturales y la guía social, Kohlberg concuerda en que las fuerzas sociales marcan una diferencia. Él consideró que los niños en edad escolar deben discutir los dilemas morales entre ellos, un proceso de "clarificación de valores" que haría avanzar su pensamiento. Sin embargo, Kohlberg estuvo marcadamente influenciado por Piaget, y entonces enfatizó la maduración, especialmente en los niños.

Las críticas de Kohlberg

Aunque el esquema básico propuesto por Kohlberg fue duplicado (Boom y cols., 2001; Walker y cols., 2001), sus ideas también han sido ampliamente criticadas. Cada cultura enseña a sus niños valores y conductas, a veces relacionados con una religión en particular, otras veces no. Por ejemplo, un niño podría creer que comer carne (o cerdo, ballena o perro) es algo inmoral; tales creencias no son universales, sino específicas de una cultura.

Algunos críticos consideran que el nivel III de Kohlberg (etapas 5 y 6) reflejan sus propios valores liberales e intelectuales de Occidente. En muchas naciones no occidentales, y entre algunos grupos étnicos occidentales, el bien de la familia, el bienestar de la comunidad o la adhesión a la tradición religiosa tiene prioridad moral sobre la libertad del individuo autónomo (Wainryb y Turiel, 1995). Los miembros y grupos de tales culturas no pueden nunca alcanzar el pensamiento posconvencional, pero igualmente pueden tener principios morales.

Por ejemplo, en un estudio llevado a cabo en Holanda, los adolescentes marroquíes y los turcos estuvieron significativamente por debajo de sus pares holandeses y surinameses en las etapas de Kohlberg (De Mey y cols., 1999). El énfasis de los marroquíes y los turcos en la familia y en la comunidad, una desventaja en el esquema de Kohlberg, puede proporcionar una forma más elevada de pensamiento moral que el individualismo y la racionalidad consagrados por Kohlberg al tercer nivel.

Además, la jerarquía de Kohlberg puede subestimar el potencial de los niños en edad escolar. En un estudio realizado con niños canadienses de entre 6 y 10 años, ellos debían juzgar si las leyes eran justas. Llegaron a la conclusión que algunas de las leyes eran

ESPECIALMENTE PARA PADRES Imagine que usted y su hijo en edad escolar se mudan a una comunidad nueva, situada a 80 km de la localidad más próxima que ofrece educación dentro de su fe o su sistema de valores. Su vecino le dice "no se preocupe, ellos no deben tomar decisiones morales hasta que son adolescentes". ¿Su vecino está en lo correcto?

Una oportunidad para la paz El lugar es Israel. En el baño de la oveja participan niños judíos y musulmanes. Sin duda, estos niños saben que sus esfuerzos conjuntos están de acuerdo con los valores morales, pero están en contra de las costumbres sociales que predominan entre ellos. Los años escolares son un buen momento para enseñar a los niños acerca de otras razas y culturas, una lección que se aprende mejor a través de la experiencia personal.

GARY LANGLEY

Más allá de los límites de un país La empatía durante los años escolares se extiende en todo el mundo. Después del tsunami que afectó al océano Índico y que devastó la región del sur de Asia, en diciembre de 2004, Bilaal Rajan de 8 años (izquierda) llegó a Tailandia bajo el auspicio de UNICEF para entregar personalmente las contribuciones que él mismo ayudó a recolectar en su país de origen, Canadá. Aquí lo vemos reunido con niños tailandeses, cuyas familias fueron víctimas del tsunami.

injustas, y aprobaron la desobediencia a las leyes injustas, una reacción de la etapa cinco, debido a que iba más allá de la aceptación de sus prácticas comunes (Helwing y Jasiobedzka, 2001). Si las leyes deben obedecerse o no, es un tema que rara vez se discute en las escuelas primarias en los Estados Unidos, quizás debido a que se considera que tal tipo de juicio está más allá del poder cognitivo de los niños pequeños. Estos trabajos de investigación indican que, al menos entre este grupo de estudiantes, Kohlberg subestimó la capacidad de los niños. El contexto cultural puede ser más influyente de lo que Kohlberg creía.

Carol Gilligan (1982) formuló otra crítica. Planteó que Kohlberg pasó por alto las diferencias sexuales más significativas porque su teoría estaba basada en las respuestas intelectuales de los varones (no se dio cuenta que esta muestra estaba sesgada). Gilligan consideró que las mujeres desarrollan una **moral protectora**, más que una **moral justiciera**. La moralidad protectora hace a las niñas y a las mujeres reacias a juzgar lo que está bien y lo que está mal en términos absolutos (justicia) debido a que están socializadas para ser educadoras, compasivas y no sentenciosas (protectoras).

Como ejemplo, Gilligan citó las respuestas de dos brillantes niños de 11 años, Jake y Amy a la historia de Heinz. Jake, que consideró el dilema "una especie de problema matemático con seres humanos" (Gilligan, 1982, p. 26), estableció una ecuación que mostraba que la vida es más importante que la propiedad. Por el contrario, Amy pareció dar un paso al costado en el tema, argumentando que Heinz realmente no debería robar la droga, pero tampoco su esposa debería morir". Ella trató de encontrar una solución alternativa (un crédito bancario quizás) y luego explicó que el robo no sería lo correcto, ya que Heinz "podría ir a la cárcel y su esposa enfermaría más y él ya no podría tratar de conseguir la droga" (p. 28).

La respuesta de Amy parece simplemente tan ética como la de Jake, pero Kohlberg le daría un puntaje más bajo. Gilligan explica que es injusto, porque lo que parece ser una debilidad moral (la duda femenina de tomar una posición definitiva basada en premisas morales abstractas) en realidad es

> inseparable de la fuerza moral femenina, una preocupación dominante con respecto a las relaciones y a las responsabilidades. La renuencia a juzgar puede en sí misma ser indicativa de la protección y el cuidado que se infunde en el desarrollo psicológico de las mujeres.
>
> [Gilligan, 1982, pp. 16-17]

Muchos investigadores evaluaron la controvertida teoría de Gilligan buscando una moral protectora o una moral justiciera. Se realizaron pruebas que no hallaron una división en el pensamiento moral entre femenino y masculino (Walker, 1988). Los niños y las niñas, o los hombres y las mujeres, parecen estar más afectados por las diferencias culturales y educacionales que por las biológicas cuando se refieren a temas sociales, una vez más como Vygotsky lo predijo.

moral protectora Según la perspectiva de Gilligan, postura moral que sostiene que es más importante demostrar una actitud de cuidado y compasión que juzgar en términos absolutos del bien y el mal.

moral justiciera Según la perspectiva de Gilligan, postura moral que sostiene que es más importante juzgar en términos absolutos del bien y el mal que demostrar una actitud de cuidado y compasión.

RESPUESTA PARA PADRES (de p. 364).
No. De hecho, éstos son los años fundamentales para la educación moral. Usted puede viajar los 80 km, una o dos veces por semana, o ponerse en contacto con otros padres para organizar un programa local. Cualquiera sea la decisión que tome, no pase por alto la educación moral. Converse y demuestre sus principios morales y religiosos, y ayude a su hijo a encontrar a otros niños que compartan esos valores.

Una crítica subyacente al pensamiento de Kohlberg es que sus etapas son demasiado racionales, demasiado lógicas y por lo tanto no incorporan sentimientos y acciones. ¿Podría un niño responder a las preguntas de Kohlberg basándose en una moral elevada, pero también actuar de modo egoísta? Muchas personas creen que provocar en los niños un razonamiento abstracto acerca de la justicia de situaciones hipotéticas no es la única, o necesariamente la mejor manera de medir su juicio moral (Emler, 1998). Las preguntas relacionadas con cuestiones prácticas, tales como dar comida a una persona que padece hambre o ser bueno con los niños pequeños puede ser la mejor prueba. Este tema se discutirá con mayor profundidad en el capítulo 13.

SÍNTESIS

Tanto Piaget como Vygotsky reconocieron que los niños en edad escolar son aprendices ávidos, quienes construyen activamente sobre el conocimiento ya adquirido. Piaget enfatizó el propio pensamiento lógico del niño, cómo los principios de clasificación, identidad, reversibilidad y reciprocidad vienen a ser comprendidos durante la etapa denominada pensamiento operacional concreto. En resumen, Piaget construyó un esquema del desarrollo cognitivo, pero subestimó la influencia del contexto, de la cultura y de la instrucción concreta. Los investigadores inspirados en Vygotsky y la perspectiva sociocultural completan los lineamientos de Piaget con detalles de la situación del aprendizaje real. Las diferencias culturales pueden ser poderosas; la instrucción específica y la experiencia práctica, evidente entre los niños de la calle en Brasil, marcan la diferencia.

Los avances en la sensibilidad moral son un ejemplo de la cognición en los niños en edad escolar: ellos pueden desarrollar valores morales, ya sea en etapas (como lo indicó Kohlberg, inspirado en Piaget) o en respuesta a las normas culturales (como lo enfatizaron Vygotsky y Gilligan). Actualmente los educadores y los psicólogos consideran tanto a Piaget como a Vygotsky los teóricos fundamentales. Los psicólogos del desarrollo comprenden que el modo en que los niños aprenden depende en gran parte del "marco que yace bajo la teoría de Piaget, y que fue adornada por Vygotsky" (Howe, 1998, p. 207).

El procesamiento de la información

Un enfoque alternativo para la comprensión de la cognición va más allá de las etapas de Piaget y del énfasis puesto por Vygotsky en la cultura. Proviene de la **teoría del procesamiento de la información**. Este enfoque toma su nombre del funcionamiento de las máquinas, específicamente del ordenador. Los ordenadores reciben y almacenan grandes cantidades de información (números, letras, píxeles u otros símbolos codificados) y luego utilizan programas para procesarla.

teoría de procesamiento de la información
Perspectiva que por analogía compara los procesos del pensamiento humano con el análisis de datos que realizan los ordenadores, incluidas la estimulación sensorial, las conexiones, las memorias acumuladas y la respuesta.

También las personas reciben grandes cantidades de información. Y utilizan procesos mentales para llevar a cabo tres tipos de funciones: investigar las unidades específicas de la información cuando las necesitan (como lo hace una máquina), analizar las situaciones (como lo hacen los programas de ordenador) y expresar el análisis en un formato que otra persona pueda interpretar (como lo hace un ordenador en red). Al trazar las vías y las conexiones de cada una de estas funciones, los científicos llegan a comprender mejor los mecanismos del aprendizaje. Las personas "pueden aprender todo, con sentido o sin él" (Simon, 2001, p. 205); la teoría del procesamiento de la información explica de qué modo lo hacen.

El aprendizaje es particularmente rápido en la niñez, aun sin la instrucción explícita del adulto que caracteriza la educación formal. Muchos niños de entre 7 y 11 años no sólo pueden absorber el conocimiento en la escuela, sino también al derrotar a sus mayores en los videojuegos, al memorizar la letra de su canción favorita y al reconocer a los extranjeros por las ropas que usan. Algunos niños de 11 años vencen a los mayores en el ajedrez, tocan un instrumento musical tan bien que los adultos pagan para escucharlos, o escriben poemas que son publicados. Otros niños de esa edad deben obtener su ingenio en la calle, o son soldados que participan en alguna guerra civil aprendiendo lecciones que ningún niño debería aprender (Grigorenko y O'Keefe, 2004).

Esta enorme e impresionante diversidad de conocimiento se produce porque los escolares mayores son aprendices muy diferentes de los de 4 o 5 años. No sólo saben más, sino que también utilizan su mente de manera mucho más eficaz, y eso significa que sus destrezas relacionadas con el procesamiento de la información han avanzado. Como en el ordenador, mayor eficiencia significa no simplemente tener más información almacenada en algún lugar dentro del cerebro, sino también tener mejor acceso a las estrategias y a un análisis más rápido. La eficiencia hace a los niños de 11 años mejores pensadores que los de 7 años. Al igual que en los ordenadores, la memoria es fundamental para estos logros.

La memoria

La **memoria sensorial** (también denominada *registro sensorial*) es el primer componente del sistema de procesamiento de la información en el ser humano. Almacena la información del estímulo entrante por una fracción de segundo después de recibida, para hacer posible su procesamiento. Para utilizar los términos explicados en el capítulo 5, las *sensaciones* son retenidas por un momento, mientras la persona selecciona algunas de ellas, que se convierten en *percepciones*. El primer paso en la conciencia sensorial se produce bastante bien en los primeros años de la infancia; continúa mejorando levemente hasta los 10 años y permanece adecuada hasta mediados o finales de la edad adulta. (Para la mayoría de las personas, alrededor de los 60 años la visión y la audición declinan y se reduce el registro sensorial.)

Una vez que las sensaciones se transforman en percepciones, el cerebro selecciona ciertas percepciones significativas para trasferirlas a la memoria inmediata y así lograr un análisis más profundo. Es en la **memoria inmediata** (también denominada *memoria a corto plazo*) que se produce la actividad mental consciente y del momento. La memoria inmediata incluye en este instante la comprensión de este párrafo, todo conocimiento previo que recuerde en relación con él y quizás algunos recuerdos sobre el fin de semana o acerca de la persona que está sentada a su lado. La memoria inmediata se renueva constantemente con nueva información, de modo que los pensamientos no se retienen durante mucho tiempo.

La memoria inmediata mejora significativamente entre los 4 y los 15 años (Gathercole y cols., 2004). No sólo mejoran sus diferentes aspectos (p. ej., aumenta la capacidad) sino que, lo más importante, se forman más rápidamente las conexiones debido a la creciente mielinización y formación de dendritas en el cerebro, y a que la corteza prefrontal selecciona y codifica el material de manera más efectiva. Ésta es la interconexión masiva que estudiamos en el capítulo 11 (Kagan y Herschkowitz, 2005).

Finalmente, algunos datos de la información se transfieren a la **memoria remota**, que la almacena durante minutos, horas, días, meses o años. La capacidad de la memoria remota (cuánta información puede almacenarse en el cerebro) es casi ilimitada hacia el final de la segunda infancia. Junto con la memoria sensorial y la memoria inmediata, la memoria remota influye en la organización de ideas y reacciones.

En este punto, lo fundamental no es simplemente el *almacenamiento* (cuánto material se deposita en la memoria remota), sino también la *recuperación* (con qué facilidad el material puede traerse a la mente consciente para ser utilizado). Cierta información es más fácilmente recuperable (recordamos nuestra fecha de nacimiento más fácilmente que el número telefónico de nuestra niñez), pero toda la información en la memoria remota se almacena de algún modo a menos que algún factor, como sufrir una apoplejía, la destruya.

La recuperación es más fácil para algunos tipos de recuerdo, especialmente para las experiencias vívidas, de alto contenido emocional, que para otras. La *memoria fuente*, que es la capacidad de recordar el origen (una persona o un suceso) de la información, es particularmente inadecuada en la segunda infancia, en parte debido a la inmadurez de la corteza prefrontal (Cycowicz y cols., 2003). Si nos sentimos inclinados a acusar a un niño de 8 años de mentiroso, hagamos una pausa para preguntarnos si la aparente mentira se relaciona con la fuente de la información. Si es así, puede tratarse de una situación normal de olvido unido a la *fabulación*, una tendencia que acompaña al ser humano durante toda su vida por medio de la cual cree e imagina cosas que nunca sucedieron.

La velocidad del procesamiento

En el debate acerca del tiempo de reacción del capítulo 11, los principales ejemplos estuvieron referidos a las habilidades motoras, pero la mielinización y las conexiones del cerebro también favorecen la cognición. La velocidad incrementa

memoria sensorial Componente del sistema de procesamiento de información que almacena por una fracción de segundo la información de los estímulos que entran al organismo para procesarla. A veces se denomina *registro sensorial*.

memoria inmediata Componente del sistema de procesamiento de información en el cual tiene lugar la actividad mental consciente del momento. A veces se denomina *memoria operativa*.

memoria remota Componente del sistema de procesamiento de información en el cual es posible almacenar indefinidamente cantidades ilimitadas de información.

ESPECIALMENTE PARA MAESTROS ¿De qué modo lo que usted conoce acerca de la memoria podría ayudarlo a enseñar un vocabulario de 2 000 palabras en una clase de cuarto grado?

Con la vista en la pelota La concentración de este niño al cabecear la pelota y prepararse simultáneamente para caer es una señal que indica que ha practicado esta maniobra la cantidad suficiente de veces como para realizarla de manera automática. Si no tiene que pensar en lo que debe hacer mientras cae, puede pensar en lo que va a hacer cuando se levante, por ejemplo, perseguir la pelota o volver a cubrir su puesto.

base de conocimientos Conjunto de conocimientos de una materia en particular que facilita el aprendizaje de nuevos conceptos.

directamente la capacidad mental, debido a que un pensamiento más rápido permite que más pensamientos se procesen al mismo tiempo en la mente consciente (memoria inmediata). Un niño de quinto grado con una memoria inmediata rápida puede escuchar la conversación de sus padres durante la cena, responder a las interrupciones de sus hermanos, pensar en llamar por teléfono a su mejor amigo y hasta recordar que necesita pedirle a sus padres la mensualidad. En la escuela, una mayor rapidez y capacidad de procesamiento significa que puede responder las preguntas de la maestra con varias ideas pertinentes más que sólo con una, y al mismo tiempo controlar sus palabras para expresarlas de manera gramaticalmente correcta y según una adecuada pronunciación, mientras observa las reacciones de sus compañeros.

La velocidad del pensamiento continúa aumentando durante las dos primeras décadas de la vida (Kail, 2000). La maduración neurológica, especialmente la mielinización continua de los axones, la aparición de nuevas dendritas y el desarrollo de la corteza prefrontal, ayudan a explicar estos cambios (Benes, 2001).

La repetición hace que muchas neuronas se activen en una secuencia coordinada y aparentemente instantánea (Merzenich, 2001). A medida que los niños utilizan de manera repetida sus destrezas intelectuales, los procesos que en un primer momento requerían ardua labor mental se vuelven automáticos. Esta automatización, como hemos estudiado en el capítulo 11, incrementa la velocidad de procesamiento, deja capacidad disponible para otros asuntos, permite recordar más información y potencia el pensamiento en todos los sentidos (Demetriou y cols., 2002).

Veamos ahora qué ocurre cuando se aprende a bailar con un compañero. Muchos niños pequeños adoran moverse al ritmo de la música, pero ellos siguen sus propios impulsos. En la edad escolar aprenden danzas sociales (desde bailes tradicionales típicos hasta el tango, según la cultura). Al principio, los bailarines novatos se concentran en cada paso, algunas veces los cuentan para sí, se golpean con los otros bailarines o les dan un pisotón. Sólo más tarde, después de mucha práctica y automatización, ellos pueden ocuparse de sus compañeros, moverse suave y creativamente mientras conversan y así incrementan su capacidad lingüística y expanden su conocimiento. Nótese que esta automatización se produce en el cerebro y no en los músculos: algunas neuronas se activan en secuencias más rápidas y automáticas, y permiten que otras neuronas se activen.

El progreso desde el esfuerzo inicial hasta la automatización generalmente se produce a lo largo de los años, y ésta es la razón por la que se considera fundamental la repetición y la práctica. Muchos niños pierden sus destrezas cognitivas durante el verano debido a que la falta de la enseñanza diaria durante algunos meses borra el aprendizaje académico anterior (Huttenlocher y cols., 1998). Hasta los adultos que dejan de asistir a la universidad durante una década sienten que han olvidado todo cuando retornan. Algo aprendido se vuelve automático cuando el aprendizaje es reforzado.

La base de conocimientos

Además de los avances en la memoria inmediata, los años de experiencia y guía dan como resultado que los niños lleguen a absorber gran cantidad de conocimientos antes de llegar a la edad escolar. Cuanto más saben, más pueden aprender y recordar. Es decir, al tener una **base de conocimientos** amplia, un gran cuerpo de conocimientos en un área particular se hace más fácil dominar nuevas informaciones en esa área.

Las conexiones entre hechos aislados aumentan a medida que la base de conocimientos se expande; un conjunto más amplio de hechos facilita la comprensión del modo en que los conocimientos nuevos se relacionan con los anteriores, fortaleciendo el recuerdo de ambos. Esto explica por qué el aprendizaje de memoria es frágil, mientras que el aprendizaje por comprensión es más duradero. Las conexiones del conocimiento se incrementan durante la segunda infancia y más allá también: a medida que una persona envejece empeora la "memoria pura" (elementos desconectados y sin procesar). El conocimiento depende no sólo de los conocimientos anteriores, sino también de la oportunidad y la motivación. Esto lo ilustran millones de niños en edad escolar cuya base de conocimientos es, por lejos, mucho mayor en algunas áreas y mucho más pequeña en otras de lo que sus padres y maestros quisieran. Como ejemplo, a un grupo de niños británicos en edad escolar se les pidió que identificaran 10 criaturas de Pokemon entre 100 de una muestra al azar y 10 criaturas de entre 100 de la fauna y flora común que habita en el Reino Unido. Como podemos observar en la figura 12.1, los niños entre 4 y 6 años conocían sólo alrededor de un tercio de los 20 ítem, pero pudieron identificar más criaturas reales que imaginarias. Sin embargo, entre los 8 y los 11 años el conocimiento de las figuras de Pokemon excedía por lejos el de las criaturas vivas. Alrededor de los 8 años se produce un pico, no sólo con totales más altos, sino con una proporción inversa, ya que los niños recordaban más criaturas de Pokemon que las niñas (no se indica). Es fácil comprender el porqué: los niños de tercer grado generalmente se sienten mucho más atraídos coleccionando las figuritas de Pokemon (Balmford y cols., 2002).

Los procesos de control

Los mecanismos que colocan a la memoria, la velocidad de procesamiento y la base de conocimientos juntos se denominan **procesos de control**; ellos regulan el análisis y el flujo de la información dentro del sistema. Los procesos de control incluyen la atención selectiva, la metacognición y la regulación emocional. Cuando alguien quiere concentrarse sólo en una parte de todo el material que bombardea la memoria sensorial o intenta evocar una norma desde la memoria remota a la memoria inmediata, los procesos de control asumen un papel ejecutivo en el sistema del procesamiento de la información. Es decir, reorganizan, deciden y dirigen como se supone que lo hace el jefe ejecutivo de una gran empresa.

Esto ya se ha estudiado en los capítulos 8 y 11, con respecto a la maduración de la corteza prefrontal, donde el cerebro regula y coordina las emociones y los pensamientos. Esta parte del cerebro (en realidad se trata de varias partes, incluyendo la corteza prefrontal medial, la corteza prefrontal orbital y la corteza cingulada anterior) a veces se denominan *función ejecutiva*, precisamente debido a que controla otras zonas. Como hemos estudiado en el capítulo 11, los trastornos por déficit de atención (ADD, del inglés *attention-deficit disorders*) son el resultado de una función ejecutiva no desarrollada (Silver y Hagin, 2002).

También estudiamos en el capítulo 11 la atención selectiva. Ahora veamos qué significa esto dentro de una clase. Comparemos a los niños de jardín de infancia con los que concurren a quinto grado. Los de jardín de infancia se distraen fácilmente, ya sea que estén escuchando un cuento o escribiendo las letras del alfabeto. Mientras trabajan, conversan con sus compañeros, miran hacia todos lados, se mueven en las sillas, llaman a la maestra, y a veces se paran para visitar a los amigos o simplemente dar vueltas por los alrededores. El plan de estudios incluye frecuentes cambios de actividad, ya que los maestros conocen la naturaleza de los niños a su cargo.

Por el contrario, los niños de quinto grado trabajan de manera independiente en sus escritorios, o en grupos alrededor de una mesa. Leen, escriben, debaten y buscan ayuda sin distraerse o ser distraídos por otros estudiantes. Pueden seguir una demostración en el pizarrón y levantar la mano para que los interroguen. Recordemos a Billi, el niño con un trastorno por déficit de atención con hiperactividad que estudiamos en el capítulo 11. Como su experiencia lo demuestra, hacia finales de la segunda infancia, los maestros esperan que los estudiantes persistan en desafíos académicos difíciles, esperando y pensando.

Los procesos de control se desarrollan con la edad, pero también los enseña la cultura. Algunas veces esta enseñanza es explícita, como lo son ciertos procesos de la memoria. Por ejemplo, la reglas gramaticales como "antes de b y p siempre va m" y oraciones para recordar el orden de los planetas son generalmente parte de una clase. Una vez que los niños aprenden esto, pueden usar las mismas técnicas para elaborar sus propias reglas mnemotécnicas (ayuda para la memoria).

Las culturas también enseñan a los niños si deben atender a una cosa por vez, como la mayor parte de los maestros espera, o deben aprender por observa-

Habilidad de los niños para identificar imágenes en tarjetas.

Fuente: Adaptación de Balmford y cols., 2002, p. 2367.

FIGURA 12.1 **El conocimiento de lo real y lo imaginario** La base de conocimientos de todos los niños se expande con la edad, pero las áreas de interés especial tienden a modificarse a medida que el niño crece. Alrededor de los 8 años, la capacidad de los escolares británicos para identificar a los personajes de Pokemon en las tarjetas comienza a sobrepasar a la capacidad de identificar a los animales y a las plantas de la vida real.

? PRUEBA DE OBSERVACIÓN (véase la respuesta en p. 371): ¿qué indica este gráfico sobre la preservación de la vida silvestre en el Reino Unido para el año 2020?

procesos de control Mecanismos (atención selectiva, recuperación estratégica, metacognición y regulación emocional) que combinan la memoria, la velocidad del procesamiento y el conocimiento para regular el análisis y el flujo de información dentro del sistema de procesamiento de información.

RESPUESTA PARA MAESTROS (de p. 367): a los niños de esta edad se les puede enseñar estrategias para recordar estableciendo conexiones entre la memoria inmediata y la memoria remota. Usted puede separar el vocabulario en grupos de palabras, reunirlas según su raíz, relacionarlas con los conocimientos que ya posean los niños, por sus aplicaciones o (como último recurso) por la primera letra o por su rima. El aprendizaje social y activo es útil; quizás en grupos, los estudiantes puedan escribir una historia todos los días a través de la que puedan incorporar 15 palabras nuevas. Cada grupo puede leer su historia en voz alta a la clase.

ción mientras hacen otras cosas, como otras culturas (especialmente en Latinoamérica) alientan. Este último enfoque no es necesariamente ineficaz, debido a que "la atención simultánea puede ser importante cuando el aprendizaje se basa en la observación de sucesos continuos" (Correa-Chavez y cols., 2005, p. 665). A medida que los niños desarrollan los procesos de control que necesitan, pueden ser más estratégicos y analíticos cuando aprenden. El almacenamiento y la recuperación de las estrategias mejora cuando los niños descubren si algo vale la pena ser aprendido, y entonces saben cómo hacerlo.

La metacognición

metacognición "Pensar acerca del pensar" o capacidad de evaluar una tarea cognitiva para determinar la mejor manera de llevarla a cabo, y luego de controlar y ajustar el propio desempeño de dicha tarea.

Durante los años escolares, los niños desarrollan una forma más elevada de pensamiento denominada **metacognición**, la que a veces se conoce como "pensar acerca del pensar". La metacognición es la capacidad de evaluar una tarea cognitiva para determinar el mejor modo de llevarla a cabo y luego controlar y ajustar los resultados de la tarea. Durante los años escolares se producen importantes avances en la metacognición (Case, 1998; Ferrari y Sternberg, 1998). Por ejemplo, a los niños en edad preescolar les resulta difícil juzgar si un problema es fácil o difícil de resolver, o si recuerdan un hecho en particular o no. Como consecuencia de esto, mientras estudian, dedican mucho esfuerzo tanto al material fácil como al difícil, tanto a lo que ya conocen como a lo que no. Pueden recordar algo irrelevante (el color de la blusa de la maestra, por ejemplo) pero olvidan la parte más importante de la lección (que 2 + 2 = 4).

En el comienzo de la segunda infancia, algunos niños aún carecen de la capacidad de metacognición (Schneider, 1998). Sin embargo, a los 8 o 9 años, este proceso se hace evidente. Los niños se vuelven mucho más precisos acerca de lo que saben y mucho más eficientes cuando estudian. Evalúan su progreso en el aprendizaje, pueden juzgar si han aprendido las reglas gramaticales o las normas científicas, más que simplemente insistiendo (como lo hacen los más pequeños) en que saben todo (Harter, 1999).

La metacognición se hace sorprendentemente más evidente a medida que mejora la memoria, debido a que los niños saben cómo almacenar la información de modo que la recuperación sea posible. Por ejemplo, en un experimento realizado con niños entre 7 y 9 años, ellos debían memorizar dos listas de 10 ítem cada una (Howe, 2004). Algunos niños tenían listas separadas de juguetes y vehículos, otros tenían dos listas combinadas de juguetes y vehículos en ambas. Al día siguiente, se les pidió que recordaran una de las dos listas. El hecho de tener las listas separadas de juguetes y vehículos, ayudó a los niños de 7 años en algún grado, pero fue particularmente beneficioso para los niños mayores, quienes recordaron más ítem que los de 9 años en cuyas listas estaban mezclados los juguetes y los vehículos. A algunos se les había explicado la división en categorías y a otros no. Esto no produjo una gran diferencia debido a que los niños espontáneamente "se benefician con la reorganización del material" (Howe, 2004, p. 138). En otras palabras, los niños de 9 años utilizan habilidades metacognitivas sin ser inducidos.

Una interesante aplicación de la metacognición se produce cuando se les pide a los niños que imaginen lo que piensan las otras personas. Como recordará del capítulo 9, el egocentrismo de los niños pequeños comienza a atenuarse alrededor de los 4 años, cuando comienza la teoría de la mente. Sin embargo, es en los años escolares cuando los niños pueden comprender que las otras personas tienen diversos pensamientos, no sólo diferentes de los del propio niño, sino también de los pensamientos de los demás (Flavell y cols., 1995). Por ejemplo, en un estudio realizado con un grupo de niños, se les mostraba un dibujo de dos personas que miraban un neumático desinflado, y se les preguntaba si estas personas estaban pensando lo mismo. Cuando se comparó a los niños de 4, 6 y 8 años, los de 8 no sólo se dieron cuenta de que las personas del dibujo podían pensar diferente acerca del neumático, sino también podían proporcionar expli-

BACHMANN / PHOTO RESEARCHERS, INC.

Ellos han leído el libro   Actuar en una obra de teatro basada en "El león, la bruja y el armario" indica que estos niños tienen habilidades metacognitivas más allá que cualquier preescolar. Sin duda, el libro requiere la comprensión de los límites entre la realidad (el armario) y la fantasía (la bruja). Es necesario "pensar acerca del pensar" para apreciar la alegoría.

? Prueba de observación (véase la respuesta en p. 372): aparte del libro, ¿cuáles son los tres ejemplos de metacognición implicados aquí? Específicamente, ¿de qué modo la capacidad de memorizar versos, de representar un papel y de centrarse en la obra ilustran la metacognición?

caciones válidas de por qué dos personas pueden tener pensamientos diferentes (Eisbach, 2004). En otras palabras, la teoría de la mente, descrita primero entre los niños de 4 años, continúa desarrollándose y les permite a los niños pensar acerca del pensamiento de otras personas así como lo hacen acerca de sus propios pensamientos.

La comprensión de los procesos cognitivos y lingüísticos de la metacognición es un beneficio del enfoque del procesamiento de la información. Esto les permite a los adultos ayudar a los niños a dominar las estrategias y las destrezas que subyacen en el logro del aprendizaje. Como sabemos por nuestra experiencia universitaria, la metacognición mejora la capacidad de estudio en todas las etapas.

La pragmática del lenguaje

Además de considerar los diferentes aspectos del pensamiento, la perspectiva del procesamiento de la información aclara algunos aspectos particulares del lenguaje hablado. La aplicación práctica del conocimiento lingüístico, denominada *pragmática* del lenguaje, muestra un progreso muy importante en la segunda infancia, porque nuevas capacidades de análisis y control permiten a los niños separar los datos que ingresan de los que salen. Mientras los niños más pequeños manifiestan cualquier cosa que piensen (p. ej., pueden preguntarle a una persona extraña, "¿por qué eres tan gordo?"), esto no ocurre en la segunda infancia. Los niños aprenden a hablar de un modo a los extraños y de otro modo a los amigos, y quizás de una manera en la clase y de otra en el hogar.

El vocabulario nuevo

La pragmática del lenguaje incluye el vocabulario y la gramática. Algunos niños en edad escolar aprenden alrededor de 20 palabras nuevas por día, y se vuelven hábiles para aplicar las reglas gramaticales, las definiciones y las metáforas. Sin embargo, estas palabras "nuevas" y sus aplicaciones no son como la explosión de palabras de los años de juego. Las destrezas cognitivas que se han explicado (la lógica, la memoria, la velocidad, la conexión de una parte del conocimiento con otra) también distinguen el aprendizaje del lenguaje (Kagan y Herschkowitz, 2005).

Por ejemplo, un niño de 2 años conoce la palabra *huevo*, pero a los 10 años conoce el *huevo frito*, el *huevo de pascua, ojos de huevo,* y hasta metáforas como *camina pisando huevos* o *el último es un huevo podrido.* Ellos comprenden que cada una de estas expresiones está lógicamente conectada al *huevo*, pero que cada una es diferente de los huevos que se encuentran en el refrigerador, y que cada una se utiliza en algunos contextos y no en otros. Ellos utilizan los términos apropiadamente según su público: los de 10 años no llaman a sus padres huevo podrido, aun cuando ellos sean los últimos en sentarse para la cena. En este caso, la atención selectiva incluye el uso selectivo del lenguaje, una destreza bien práctica.

Una capacidad relacionada es la denominada **cambio de códigos**, que tradicionalmente significaba el cambio de un lenguaje a otro dentro de una conversación, pero que aquí significa el cambio de un lenguaje correcto a una forma coloquial del mismo lenguaje. Los niños en edad escolar característicamente utilizan una forma de hablar, denominada *código formal* en la clase y quizás con todos los adultos; y otro tipo, denominado *código informal,* en la calle con los amigos. La diferencia entre estos dos códigos se extiende a casi todos los aspectos del lenguaje: el tono, la pronunciación, los gestos, el largo de la oración, las jergas, el vocabulario y la gramática.

Durante la segunda infancia, muchos niños se vuelven adeptos al cambio de códigos, y pasan del código formal al informal con el cambio de contexto. Esta capacidad es una señal de sofisticación lingüística debido a que señala una nueva susceptibilidad hacia la propia audiencia. Los adultos (especialmente los maestros) necesitan ayudar al niño a adquirir fluidez en el código formal; sus pares le enseñarán el código informal.

! RESPUESTA A LA PRUEBA DE OBSERVACIÓN
(de p. 369): como los autores de este estudio han observado, "las personas se preocupan por lo que saben". A medida que su conocimiento acerca de la fauna y la flora de su país disminuye con la edad, la preocupación de estos niños británicos por la conservación de la vida silvestre es probable que decline también.

cambio de códigos Cambio de una forma de hablar a otra que generalmente abarca el tono, los gestos, la pronunciación, el largo de las oraciones, el vocabulario y a veces el propio idioma.

Conexiones El vocabulario básico se aprende alrededor de los 4 años, pero los años escolares constituyen el mejor momento para adquirir un vocabulario amplio, desarrollado y especializado, especialmente si el niño relaciona activamente una palabra con otra. Con el aliento de su padre, este niño de San José, California, recordará *Júpiter, Marte,* y el nombre de los otros planetas y quizás aun reconocerá las palabras *órbita, años-luz* y *sistema solar.*

RACHEL EPSTEIN / THE IMAGE WORKS

ESPECIALMENTE PARA PADRES Usted tuvo un día extenuante y debe ir a comprar algunos comestibles. Su hijo de 7 años quiere ir con usted. ¿Debe explicarle que está tan cansado que hará una compra rápida en el supermercado usted solo?

El hecho de posibilitar que los niños en edad escolar procesen y expandan la información lingüística es más efectivo que hacerlo relacionando la nueva información (*el último es un huevo podrido*) con la información anterior (*último, huevo* y *podrido*) y poniendo sobre alerta a los niños acerca de las diferencias en los matices y las implicaciones de los diferentes códigos. Esto está más allá de la capacidad normal del procesamiento de la información de los niños más pequeños, pero es bien comprendido e implementado en la segunda infancia. Como se describirá posteriormente en este capítulo, las mismas destrezas que permiten el cambio de códigos posibilitan que los niños aprendan un segundo idioma si su contexto social lo favorece.

La correlación con el nivel socioeconómico

Décadas de investigación en todo el mundo han descubierto una conexión poderosa entre el desarrollo del lenguaje y el nivel socioeconómico (Plank y MacIver, 2003). Los niños que provienen de familias de nivel socioeconómico bajo tienden a estar retrasados en el habla, y por lo tanto en la lectura y en otras materias. Hacia los 6 años, las diferencias lingüísticas entre los niños de nivel bajo y los de nivel alto ya son importantes. Por ejemplo, algunos niños de 6 años conocen alrededor de 5 000 palabras y otros 20 000, un 400% de diferencia que generalmente refleja el nivel educacional de los padres (Moats, 2001). Los niños que provienen de familias de nivel socioeconómico bajo no sólo cuentan con un vocabulario más limitado, sino que su gramática es más simple (menos oraciones compuestas, cláusulas dependientes y verbos condicionales) y sus oraciones más cortas (Hart y Risley, 1995).

Recordemos que correlación no es lo mismo que causalidad. De hecho, algunos niños de ambientes empobrecidos hablan, leen y escriben bien (MacWhinney y Bornstein, 2003). E. P. Jones creció en una familia muy pobre, gobernada por una madre soltera analfabeta, y ganó el premio Pulitzer en 2004 por su novela *El mundo conocido* (Jones, 2003).

Debe haber uno o varios aspectos específicos del desarrollo del niño por los cuales el nivel socioeconómico bajo es un marcador, pero no una causa. ¿Pero cuáles son? Las posibilidades abundan: atención prenatal inadecuada, falta de un desayuno nutritivo, un hogar atestado de gente, muy pocos libros a su alcance, padres adolescentes, crianza autoritaria... la lista podría continuar. Todos pueden ser factores decisivos, y todos se correlacionan con el nivel socioeconómico bajo, pero ninguno ha probado tener un efecto central en las aptitudes lingüísticas en los niños, especialmente en lo que respecta al código informal. Por ejemplo, cuando la educación de la madre y la salud del niño se mantienen constantes, la paternidad adolescente tiene muy poco impacto negativo en la competencia lingüística del niño.

La perspectiva del procesamiento de la información nos obliga a observar elementos específicos de la vida diaria que podrían afectar el cerebro infantil y por lo tanto el lenguaje del niño. Dos factores son fundamentales.

Uno de ellos está relacionado con las expectativas de los padres. Algunos padres piensan que sus hijos serán exitosos, y otros padres piensan que sus hijos fracasarán; los niños cumplirán (o no) con esas expectativas. Para Jones y muchos otros niños de bajos ingresos, el elevado estándar impuesto por los padres es fundamental. Jones escribe sobre su primer día de escuela:

> De todos los domingos que puedo recordar, quizás hasta los domingos en los que aún estaba dentro del vientre de mi madre, ella señalaba al otro lado de la calle, hacia la escuela Saeton, mientras íbamos y veníamos de la iglesia Mt. Carmel. "Irás allí, y aprenderás todas las cosas del mundo".
>
> *[Jones, 1992/2003, p. 29]*

El segundo factor fundamental es la exposición al lenguaje. Muchas familias de bajos ingresos no utilizan conversaciones elaboradas y extensas con sus hijos por motivos que se correlacionan con los escasos recursos (estrés por motivos económicos, un vecindario ruidoso) aunque no sean la causa directa. Sin embargo, los niños de familias empobrecidas aprenden bien si tienen oportunidades amplias y directas de aprender el lenguaje dentro del hogar, en el vecindario y en la escuela (Duncan y Brooks-Gunn, 1997; McLoyd, 1998; Yeung y cols., 2002).

! RESPUESTA A LA PRUEBA DE OBSERVACIÓN
(de p. 370): (1) memorizar largos pasajes requiere una comprensión de las estrategias avanzadas de la memoria que combinan el significado con la forma. (2) La comprensión del modo en que se interpreta un papel haciendo que los otros actores y el público respondan bien requiere una teoría sofisticada de la mente. (3) Permanecer centrado en la obra a pesar de las distracciones del público requiere la atención selectiva.

CUADRO 12.2	**Variabilidad en la conversación materna durante el almuerzo**		
	Promedio	**Mínimo**	**Máximo**
Tiempo que pasa la madre en interacción con su hijo	20 minutos	1 minuto	47 minutos
Cantidad de palabras diferentes utilizadas por la madre	259 palabras	3 palabras	595 palabras
Porcentaje de palabras que no están en el vocabulario básico del niño	3,5%	ninguna	Más del 8%

Fuente: Weizman y Snow, 2001.

Un equipo de investigadores estudió las conversaciones de 53 madres de bajos ingresos y sus hijos de 5 años durante distintas actividades: en la hora de la comida, el juego y la lectura (Weizman y Snow, 2001). El análisis de más de 2 500 minutos de interacción reveló que algunas madres proporcionaban mucho más aliento y exposición al lenguaje que otras (véase cuadro 12.2). Por ejemplo, en el momento de la comida algunas madres sólo decían "come", mientras otras ofrecían una instrucción lingüística extensa e informal:

Niño: (*Traga y hace ruido con la garganta.*)
Madre: Basta, por favor.
Niño: Está bien.
Madre: ¿Quieres comer algo más?
Niño: No.
Madre: Desaprovechamos un pedazo de pollo, ¿no te parece?
Niño: No. (*Hace ruido nuevamente.*)
Madre: Termina con eso ahora.
Niño: Está bien.
Madre: Ahora vas a arremangarte y te vas a lavar las manos y la cara. Trata de que no se moje el pijama. Ten cuidado. Te puedes limpiar la cara con la toallita húmeda.
Niño: Está bien.
Madre: No vuelvas a hacer ese ruido con la garganta.
Niño: (*Se ríe durante un rato.*)

[*Adaptado de Weizman y Snow, 2001, p. 269*]

Este niño de 5 años sólo dijo "está bien" y "no", pero la madre empleó un vocabulario bastante extenso que incluía "desaprovechamos", "garganta", "arremangar", "toallita húmeda", y utilizó cada término en el contexto inmediato, de modo que tuvo un significado concreto para el niño, quien evidentemente disfrutó de la interacción. La pobreza hizo que todos los niños que participaron de este estudio estuvieran "en situación de riesgo", pero aquellos niños de 5 años que tuvieron una madre como ésta llegaron a ser escolares con un amplio vocabulario y una excelente capacidad para la lectura, como pudo medirse en las pruebas estandarizadas.

Según la conclusión de estos autores, existe una "poderosa relación" entre la exposición inicial al lenguaje por parte de los adultos y el rendimiento posterior del niño (Weizman y Snow, 2001, p. 276). Aunque la conciencia de las letras y los sonidos a los 4 años predice la lectura a los 6, el tamaño del vocabulario a cualquier edad es lo que mejor predice los logros y la inteligencia. Si los niños en edad escolar poseen un pensamiento lógico y hacen uso estratégico de su base de conocimientos, el objetivo de los padres y docentes debería ser el asegurar que cada niño tenga el andamiaje (tanto el vocabulario como la motivación en su zona de desarrollo proximal) que haga posible el aprendizaje.

Tonos y trucos

A través de un estudio en el que a un grupo de niños en edad escolar se le hizo escuchar voces diciendo 20 oraciones en un tono que contradecía su contenido, se obtuvo una mejor comprensión del lenguaje (Morton y Trehub, 2001). Por ejemplo, una voz decía con un tono triste "mi mamá me dio un gusto", o con tono de alegría "perdí mi colección de figuritas". Se le preguntó al grupo de niños si el que hablaba en realidad estaba triste o feliz, y si había algo tonto o engañoso en lo que escuchaban. Ninguno de los niños de 4 años notó correctamente la discre-

¡Háblame! En un detallado estudio realizado entre madres de bajos ingresos y sus hijos de 5 años en el área de Boston, se registraron cinco tipos de interacciones por cada dupla: dos de lectura, dos de juego y una del tiempo de comida. A pesar de la posición económica y geográfica similar, se observaron variaciones enormes en la cantidad de tiempo que las madres pasaban con sus hijos (por un factor de 3), la cantidad de tiempo que ellas referían (por un factor de 5) y, especialmente, la cantidad de palabras que ellas usaban que no eran parte de un vocabulario básico infantil (por factor de 12). Observe que el porcentaje de palabras nuevas utilizadas por las madres durante las comidas —la única de estas cinco interacciones que siempre era parte de cada día del niño— fue más amplia que el porcentaje promedio (media) del total de las cinco interacciones. Hacia el tiempo en que los niños comenzaban segundo grado, los niños que habían escuchado conversaciones maternas más variadas estaban adelantados con respecto a sus compañeros en la adquisición de vocabulario.

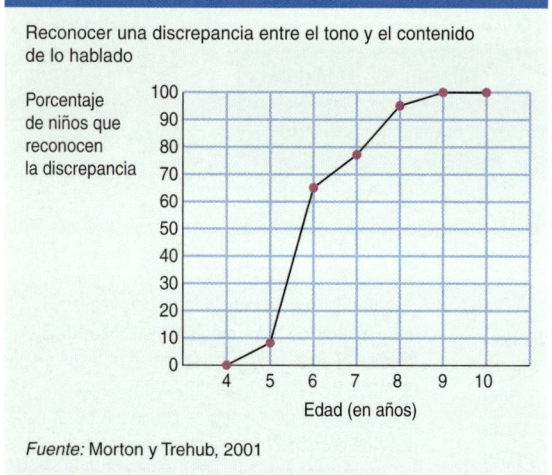

Reconocer una discrepancia entre el tono y el contenido de lo hablado

Porcentaje de niños que reconocen la discrepancia

Fuente: Morton y Trehub, 2001

FIGURA 12.2   **¿Quieres decir lo que dices?**   Al comienzo de la etapa del pensamiento operacional concreto se produce un rápido aumento en la comprensión, y los niños pueden darse cuenta de que una persona está utilizando un tono triste para describir un hecho feliz, o viceversa. Alrededor de los 9 o 10 años, todos los niños son conscientes de este fenómeno.

RESPUESTA PARA PADRES   (de p. 372): su hijo podría entender su explicación, pero usted debería llevarlo si esto no implica que pierda la paciencia con él. Toda excursión conlleva la oportunidad de un aprendizaje. Usted no ignora su necesidad de alimentos o medicamentos; no ignore su necesidad de aprendizaje. Mientras realiza las compras, puede enseñarle el vocabulario (¿conoce él lo que son *pimientos, salchichón, polenta*?), categorías ("vegetales de raíz", "pescados de agua fría") y matemáticas (¿qué tamaño de caja de cereal es el más económico?). Explíquele por anticipado que usted necesita que él colabore buscando los productos y llevándolos, y que puede elegir sólo una cosa que usted no compra habitualmente. Los niños de 7 años pueden comprender las normas y disfrutan siendo útiles.

pancia entre el tono y el contenido, pero todos los niños mayores pudieron hacerlo (véase fig. 12.2).

Debemos advertir que el rápido avance del reconocimiento a comienzos de la segunda infancia se produce cuando los niños se dan cuenta que hay muchos factores, incluidos el tono de la voz, la elección de las palabras y el contexto, que pueden invalidar el contenido del habla. Los adultos, al desglosar el aprendizaje de la lengua en sus componentes relacionados con el procesamiento de la información, pueden de hecho ayudar a los niños.

Como resultado de su nuevo nivel de destreza lingüística, los niños en edad escolar disfrutan del sonido y el significado de las palabras. Consideremos los poemas que los niños escriben, los lenguajes secretos que desarrollan, el uso de sus jergas, los juegos de palabras y las bromas que dicen. Por ejemplo, para hacer una broma se necesita cierta flexibilidad y sofisticación intelectual, incluyendo la memoria para las secuencias y el remate del chiste. Una clásica adivinanza escolar dice "oro parece, plata no es" y la respuesta clásica, "un plátano" es divertida sólo cuando los niños recién se dan cuenta que "plata no " y "plátano" son homófonos. Una vez que el niño ha memorizado la adivinanza plata no/plátano (y se lo ha contado a sus padres como algo nuevo) comienzan a disfrutar las respuestas alternativas (una moneda, el sol). Los niños encuentran esas bromas divertidas porque conocen la respuesta original y se complacen utilizando sus nuevas habilidades verbales para sorprender al desprevenido oyente.

SÍNTESIS

El análisis del procesamiento de la información aclara muchos componentes del pensamiento que progresan durante la segunda infancia. La memoria tiene tres fases básicas: la memoria sensorial, la memoria inmediata y la memoria remota. Aunque la memoria sensorial y la memoria remota no cambian mucho durante estos años, la velocidad y la eficiencia de la memoria inmediata mejora de manera radical. La memoria inmediata más eficiente hace que los niños mayores puedan pensar mucho mejor que cuando eran más pequeños.

Además, los niños se vuelven más selectivos y estratégicos, en parte debido al desarrollo de la corteza prefrontal y en parte porque están poderosamente motivados. Los procesos de control, tales como la atención selectiva y la metacognición, permiten a los niños dirigir su mente hacia todo lo que los motive a aprender y a lo que los adultos estén motivados a enseñarles. Por todas estas razones, a partir de la explosión de los primeros años, el lenguaje progresa de modos diferentes. A medida que un niño conecta palabras, metáforas, tonos y los dirige a un público, puede cambiar de códigos en la medida que lo necesita. Los adultos deben asegurar que la exposición lingüística inicial (vocabulario, pronunciación, código formal, etc.) sea lo suficientemente amplia como para que los niños desarrollen las destrezas lingüísticas que necesitan.

La enseñanza y el aprendizaje

Como ya hemos visto, los niños de entre 7 y 11 años son grandes aprendices. Desarrollan estrategias, acumulan conocimiento, aplican la lógica y piensan con rapidez. Todas esas destrezas los hacen más aptos para la enseñanza con cada año que transcurre. Han dejado atrás el pensamiento mágico y con frecuencia egocéntrico de las etapas anteriores, y todavía no desconfían ni se resisten a la autoridad, como lo hacen los adolescentes.

La instrucción durante la segunda infancia es más efectiva si es concreta y sencilla, y no abstracta o indirecta (Simon, 2001). Los niños desean aprender todo lo que se les presenta de manera adecuada, pero no pueden aprender todo de una vez. Cuando un nuevo conocimiento se construye sobre una base de conocimientos ya establecida, se conecta con otros materiales y se piensa de manera deliberada y secuencial, entonces el escolar llega a recordar y dominar bastante bien las ideas complejas.

Alrededor del mundo

A través de la historia, los niños de 7 años han adquirido nuevas responsabilidades y han recibido instrucción, porque en este momento el cerebro está preparado para ello. Tradicionalmente, este aprendizaje ocurría dentro del hogar o en el vecindario, pero actualmente alrededor del 95% de los niños en todo el mundo pasan al menos algún tiempo en la escuela. Lo que ocurre allí depende en gran medida del lugar donde esté ubicada la escuela. Las comunidades y las culturas eligen qué deben enseñar, durante cuántos años, quién imparte la enseñanza y a quiénes está dirigida y con qué tipo de recursos.

Veamos las diferencias en cuanto a las inversiones que realizan los gobiernos por cada niño. Las cifras que se presentan en la figura 12.3 reflejan el promedio nacional, lo que significa que el costo de educar a un niño en particular puede variar en gran medida *dentro* de cada país en donde la educación recibe recursos locales o donde la educación de algunos niños (talentosos, discapacitados, etc.) cuesta más que la de otro. En los Estados Unidos, por ejemplo, el gasto público anual por niño oscila entre alrededor de US$ 3 000 hasta más de US$ 15 000, entre una ciudad y otra.

El currículo oficial

El dinero que se destina a la educación no indica necesariamente qué cosas aprenden los niños. Para conocer este aspecto, debemos examinar el currículo. En todas partes se enseña a leer, a escribir y las matemáticas básicas; pero, más allá de esto, hay diferencias entre los países. Por ejemplo, la expresión oral y el razonamiento son materias de rutina en Rusia y en Francia, pero no en la India ni en los Estados Unidos (Alexander, 2000). La memorización es importante en la India, pero menos importante en Inglaterra.

En algunos lugares, el dibujo y la educación física no se enseñan en absoluto, y en otros se consideran fundamentales. Por ejemplo en Francia, el 11% del tiempo destinado a la clase (alrededor de 3 horas por semana) se dedica a la educación física, y alrededor del 8% (más de dos horas por semana) al dibujo (Marlow-Ferguson, 2002). Hasta los países que se encuentran próximos desde el punto de vista geográfico y cultural pueden tener diferencias. Por ejemplo, todos los estudiantes de escuelas primarias en Australia pasan al menos dos horas por semana estudiando ciencias, pero esto ocurre sólo en el 23% de las escuelas de Nueva Zelanda (Snyder y cols., 2004).

La enseñanza religiosa es una variable importante. En algunos países todos los niños reciben este tipo de educación. En Finlandia, los padres deben elegir si la instrucción religiosa será luterana, cristiana ortodoxa o filosofía no sectaria. Ningún niño finlandés puede evitar completamente ese tipo de instrucción (Marlow-Ferguson, 2002). En otros países la instrucción religiosa específica está prohibida en las escuelas públicas.

Esto da lugar a una segunda gran diferencia entre los países. Algunos padres eligen educar a sus hijos en escuelas privadas que imparten su enseñanza en relación a la iglesia, o en el hogar, debido a que no están de acuerdo con lo que se les enseña a los niños (o con lo que no se les enseña) en la escuela. El número de estos niños varía de un país a otro y, dentro de los Estados Unidos, de un estado a otro. Por ejemplo, el 16% de los niños de Francia asiste a escuelas que dependen de la iglesia, pero sólo el 1% de los niños de Japón están en la misma situación (Marlow-Ferguson, 2002).

En todas estas variaciones, los que defienden una práctica "mejor" pueden verse involucrados en asuntos ideológicos, políticos y culturales, que no tienen relación con la investigación dentro de la educación (Rayner y cols., 2001). Los líderes políticos y educacionales generalmente dicen una cosa y hacen otra, y los niños no aprenden necesariamente lo que los adultos tratan de enseñarles; generalmente hay una discrepancia entre "el propósito expresado y la realidad observada" (Alexander, 2000, p. 176).

El currículo oculto

Los países, los estados, las escuelas locales y los padres generalmente comparan los currículos observando las listas de cursos a los que los estudiantes deben

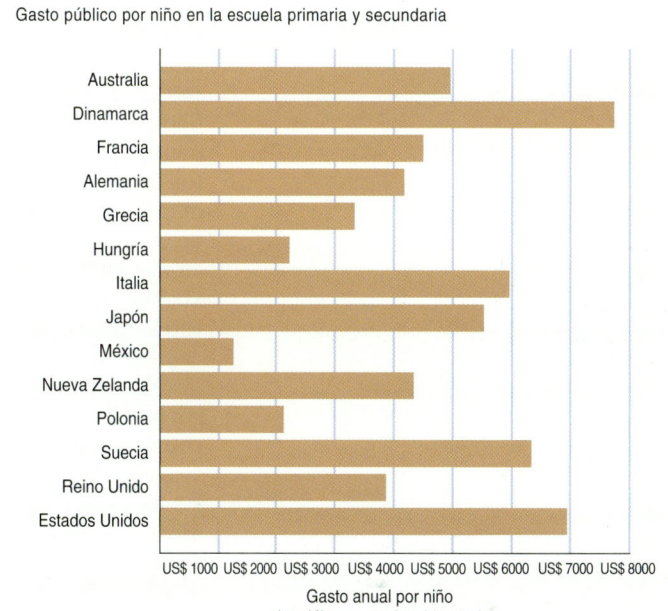

Gasto público por niño en la escuela primaria y secundaria

Gasto anual por niño
(en dólares estadounidenses)

Fuente: Snyder y cols., 2004.

FIGURA 12.3 **Si sólo fuera tan sencillo** El gasto por estudiante es una guía imperfecta para evaluar la calidad en educación, debido a que los países carecen de un análisis del costo/beneficio para descubrir qué medidas dan como resultado mayor aprendizaje. Por ejemplo, en algunos países, como Hungría, los maestros son relativamente bien remunerados en comparación con el promedio de los trabajadores, aunque sus salarios son relativamente más bajos si se realizan comparaciones a nivel internacional. Muchas personas competentes en Hungría se dedican a la docencia, y éste es un motivo para que sus estudiantes obtengan buenas puntuaciones.

asistir para graduarse, o las especificaciones publicadas que exigen, digamos, lo que un niño de cuarto grado debe aprender en matemáticas. Pero un profesor que llegó a ser miembro del directorio de un colegio en la ciudad de Vermont llegó a la conclusión de que esa publicación de los currículos "resulta un camuflaje profesional del hecho de que en ningún nivel (estado, distrito o escuela) existe un currículo coherente, cronológico y específico" (Shattuck, 2005, p. 30).

¿Esto significa que los alumnos aprenden al azar o no aprenden en absoluto? En realidad, como los niños son aprendices ávidos, incorporan gran cantidad de conocimientos, y no necesariamente lo que los adultos creen que están incorporando. Para comprender esto, es necesario reconocer la existencia de un **currículo oculto**, las lecciones implícitas y generalmente no reconocidas que los niños aprenden en la escuela (Holme, 2001).

currículo oculto Reglas y prioridades extraoficiales, no comunicadas o implícitas que influyen en el currículo manifiesto y en todas las demás facetas de la enseñanza escolar.

El currículo oculto se enseña según la forma en que esté organizada la escuela: si cuentan con una persona para que custodie la puerta, si las clases se interrumpen por simulacros de incendio, si se conceden permisos para realizar paseos, o si reciben alumnos con problemas de conducta; si ponen énfasis en los deportes, en las obras de teatro, en la música o en las artes (lo que se pone de manifiesto por la ubicación de los salones, la programación, la asistencia a eventos especiales); la composición de los grupos y la asignación a clases de los estudiantes (a través de la división en zonas, división por nivel académico o el traslado de los estudiantes para favorecer la integración racial); la educación, capacitación y tolerancia de los maestros; la edad, raza, sexo y quizás la orientación sexual de los adultos, desde el director al portero, el uso o no de uniforme. Todos estos factores forman parte del currículo oculto.

Otro aspecto del currículo oculto es la segregación de la escuela. La segregación racial manifiesta ahora es ilegal en casi todos los países, pero las escuelas pueden ser segregadas por sus características étnicas o por nivel de ingresos como resultado de los patrones de urbanización del vecindario. En muchos países, algunas escuelas o clases se reservan para los niños talentosos; otras para los niños que son física, emocional o educacionalmente discapacitados (como hemos visto en el cap. 11); y otras escuelas son exclusivas para un sexo. ¿Un varón aprende mejor entre otros varones? Las escuelas que segregan por sexo enseñan que la respuesta es sí.

La programación de las clases también refleja el currículo oculto. Consideremos lo siguiente: la mayor parte de las escuelas en los Estados Unidos comienzan sus clases a las 8 h y finalizan antes de las 15 h, cinco días a la semana, nueve meses al año. En otros países, el día escolar finaliza a última hora de la tarde, y concurren seis veces a la semana, once meses al año. ¿Cuál es el mensaje aquí?

Otro tema muy relacionado es si los padres organizan su vida de modo que los niños lleguen a la escuela a horario todos los días, si tienen un escritorio, sus libros y un lugar tranquilo y tiempo para estudiar. Los educadores de todo el mundo creen que el hogar, la comunidad y las prácticas culturales enseñan a los niños al menos tanto como lo que aprenden durante las horas de escuela.

Probablemente, la manifestación más evidente del currículo oculto, y de los valores que la comunidad pone en la educación, reside en las condiciones físicas de la escuela. Algunas cuentan con aulas amplias, pasillos anchos, moderna tecnología y patios de recreo grandes y cubiertos de césped. Otras tienen aulas pequeñas y pobremente equipadas y patios de cemento o "calles para juegos", que cierran al tránsito durante algunas horas por día. En algunos países, las escuelas son al aire libre y los estudiantes se sientan en el suelo. Como un ex inspector de Educación del Estado de Nueva York explicó:

> Si le pide a un niño que asista a una escuela en la que el revoque se cae, el techo tiene goteras y las clases se imparten en lugares insólitos debido a las condiciones de hacinamiento, esto le dirá algo al niño acerca de cómo se ha disminuido el valor de la actividad y de la participación del niño en ella, y quizás del niño mismo. Si por otro lado, enviamos al niño a una escuela bien equipada o con instalaciones adecuadas, le transmitimos el mensaje opuesto. Esto cuenta. Usted cuenta. Hagamos todo lo posible.

> *[Sobol, palabras textuales en el juicio "Campaign for Fiscal Equity vs. State of New York", 2001]*

La evaluación

La mayor parte de los padres, maestros y líderes políticos creen que los niños aprenden lo que necesitan saber. En efecto, cuando a un adulto norteamericano se le pide que evalúe las escuelas públicas, le otorgan una calificación más alta a las escuelas de su ciudad que a las del resto del país; y los que son padres dan puntuaciones más altas que los que no lo son (Snyder y cols., 2004). Las críticas más severas a las escuelas locales provienen de aquellos que las conocen menos.

Esto no significa necesariamente que los padres se engañan a sí mismos o que las críticas están equivocadas. La responsabilidad es un objetivo que casi todos persiguen, pero las personas no concuerdan en las cosas que deben evaluar, ni de qué manera (Elmore y cols., 2004; Johnson, 2002). Especialmente desde que las escuelas difieren tanto en sus planes de estudio y en otras cuestiones, muchos educadores buscan algún modo objetivo de evaluar el aprendizaje en los niños.

Evaluaciones internacionales

Un enfoque objetivo para la evaluación es comparar el aprendizaje a través de pruebas de resultados logrados en diferentes países. Idealmente, cada país evalúa muestras amplias y representativas de niños de aproximadamente la misma edad, con la misma cantidad de años de escolaridad y con preguntas imparciales. En la práctica, la absoluta uniformidad y objetividad son imposibles. Por ejemplo, en Rusia generalmente la escuela se comienza a los 7 años y en Escocia a los 4 (Mullis y cols., 2004), de modo que los datos de las evaluaciones de los niños de 8 años de ambos países no son comparables.

Además, los países en vías de desarrollo generalmente no participan en las evaluaciones internacionales debido a que es muy costoso y porque las preguntas de las pruebas pueden no reflejar su cultura. En algunos países adelantados toman evaluaciones en ciencias y en matemáticas, pero no en lectura (p. ej., Japón y Corea del Sur); otros, en lectura pero no en ciencias y matemáticas (p. ej., Irán y Grecia).

A pesar de tales problemas, estas pruebas pueden ser las mejores herramientas con las que contamos. Los resultados han avivado tanto críticas como seguidores. Se realizó una evaluación denominada **TIMSS (Trends in Math and Science Study)**. Este estudio, realizado en 2003, que evaluó los logros de niños de cuarto grado en matemáticas, al igual que los primeros estudios realizados en 1995, descubrieron que el promedio de los niños de 10 años de Singapur superaba al 5% de los mejores estudiantes de los Estados Unidos. Los niños de cuarto grado de Hong Kong, Japón y Taiwán también obtuvieron mejores puntuaciones que sus pares de las naciones occidentales. Esta tendencia continuó en el octavo grado (véase cuadro 12.3). Canadá, Inglaterra y los Estados Unidos encabezaron el promedio internacional, pero no por mucho. Los países más bajos en el ranking, Túnez, Marruecos y Filipinas (no se muestran), no tienen una larga historia de educación universal en cuarto grado.

¿El TIMSS es un instrumento imparcial? Aquí vemos un ejemplo de una pregunta sobre matemáticas para alumnos de cuarto grado.

Jasmine hace una pila de cubos del mismo tamaño. La pila tiene 5 pisos, y cada piso tiene 10 cubos. ¿Cuál es el volumen de la pila?
a. 10 cubos
b. 15 cubos
c. 30 cubos
d. 50 cubos

Juzgue usted mismo si estos ítem serían igualmente imparciales para los niños de todos los países, y si las puntuaciones elevadas de los niños del Este

"Buen trabajo, una A en matemáticas. Que sería una D en cualquier otro país."

TIMSS (Trends in Math and Science Study, Estudio de tendencias en matemáticas y ciencias) Evaluación internacional de destrezas de matemáticas y ciencias. Si bien dicha evaluación es muy útil, las puntuaciones no son siempre comparables ya que es difícil mantener uniformidad en la selección de las muestras, la formulación de los exámenes y la validez de los contenidos.

CUADRO 12.3 **Ranking de las puntuaciones promedio de logros en matemáticas, según el TIMSS, de niños de octavo grado. Países seleccionados***

País	Año		
	2003	**1999**	**1995**
Singapur	1	1	1
Corea	2	2	2
Honk Kong	3	3	4
Japón	4	4	3
Holanda	5	6	6
Canadá**	6	5	7
Hungría	7	8	8
República Checa	8	7	5
Federación Rusa	9	9	9
Australia	10	10	10
Estados Unidos	11	11	12
Nueva Zelanda	12	12	11
Chipre	13	13	13
Irán	14	14	14

* No se informan todos los países que participaron del TIMSS (25 en 2003) porque la mayoría de ellos no dieron la prueba los tres años. Aquí se muestra el ranking de octavo grado; el de cuarto grado es similar, pero no hay datos comparativos disponibles.
** Los resultados para Canadá son sólo de las provincias de Ontario y Quebec y no son estrictamente comparables con las puntuaciones promedio de otros países.
Fuente: TIMSS Web site, http://timss.bc.edu, acceso el 3 de agosto de 2005.

Ponerse a la altura de Occidente   Estas niñas iraníes interpretan un poema que han memorizado de su libro de texto de tercer grado. Ellas asisten a una escuela que implementa el proyecto piloto Educación Global subvencionado por el UNICEF. Las clases, centradas en el niño, alientan el máximo de participación.

asiático son válidas o están sesgadas. Otra evaluación internacional es el PIRLS (Progress in International Reading Literacy Study). Como con otras comparaciones internacionales, hay muchas formas de leer los datos del PIRLS. En 2001, solamente 3 de entre 35 países participantes (Suecia, Inglaterra y Bulgaria) superaron a los Estados Unidos en el porcentaje de los niños de cuarto grado que leían entre el 10% de los mejores.

Otra forma de leer los datos es observar cuál es la dispersión entre los primeros y los últimos. Si hay poca dispersión puede interpretarse como que la escolaridad es más pareja. Diez países tenían, en lectura, menor dispersión que los Estados Unidos, con menos niños en el cuartil inferior (Suecia, Inglaterra, Bulgaria, Canadá, Holanda, Lituania, Letonia, República Checa, Francia, Hong Kong), y a 24 países les iba peor (Mullis y cols., 2003).

Una tercera forma es observar las mejoras y no sólo las puntuaciones absolutas. En lectura, los países islámicos generalmente obtienen las últimas puntuaciones entre los países que participan, pero en las últimas décadas su alfabetización ha mejorado de manera sorprendente, especialmente entre las niñas. En 1970, la mayoría de las mujeres musulmanas no aprendía a leer y escribir, pero actualmente las niñas superan por lejos a los varones en esos países que obtenían las puntuaciones más bajas en el PIRLS, y por ejemplo en Irán alrededor del 7% de las niñas les gana por puntos a los varones (Mullis y cols., 2003).

Esta prueba también puede tomarse como una medida de la equidad de género. Las niñas leen en un nivel más avanzado que los varones en todos los países, en un promedio del 4%. En Suecia tienen las diferencias más bajas, alrededor del 1,4%. Las diferencias de género se ponen en evidencia en casi todas las evaluaciones: las niñas llevan ventaja en las capacidades verbales y los varones en matemáticas, pero las variaciones entre un país y otro hacen difícil decidir en qué medida esas diferencias (si las hubiera) son biológicas o se originan en los planes de estudio ocultos de la escuela y de la sociedad.

En resumen, los resultados de las pruebas internacionales son fascinantes, pero no siempre son fáciles de interpretar. Una de las utilidades es descubrir cuántos niños realmente saben, comparados con sus pares de otros países. Los investigadores distinguieron los planes de estudio que se *intentan*, los que se *implementan* y los que se *logran* (Robitaille y Beaton, 2002). Los planes de estudio que se *intentan*, se refieren al contenido que prescriben las autoridades docentes; los que se *implementan* son los que los maestros y los administradores ofrecen; y los que se *logran* se refieren a los que los alumnos efectivamente aprenden. Por ejemplo, muchos países han agregado el concepto de probabilidad matemática al plan de estudios de sus escuelas primarias. El resultado ha sido baja comprensión por parte de los estudiantes (plan de estudios tentativo) debido principalmente a que la capacitación de los docentes y la maduración de los estudiantes probablemente dificulten el aprendizaje antes de la escuela media (plan de estudios implementado) (Howson, 2002).

Comparación entre los Estados Unidos y Japón

Desde que Harold Stevenson comparó por primera vez a los escolares de los Estados Unidos con los de Japón, muchos estadounidenses han envidiado la educación japonesa (Stevenson y cols., 1990; Stevenson y cols., 1993). Las diferencias entre los dos sistemas educativos son muchas. Por un lado, todos los niños de Japón creen que los esfuerzos son fundamentales y ellos estudian más que los niños estadounidenses. En Japón concurren a la escuela hasta última hora del día, los sábados por la mañana y durante más meses por año. A los maestros se los respeta y se espera que aprendan de sus colegas. Con este fin, se planifica el tiempo de modo que los maestros puedan colaborar, planificar y visitar las clases de los otros maestros (Stigler y Hiebert, 1999).

El sistema educacional japonés está regulado por políticas nacionales y subvencionado por impuestos nacionales. Como resultado, se eliminan algunas de las injusticias que surgen cuando cada comunidad debe financiar sus propias escuelas, como sucede en los Estados Unidos (Welner, 2001). Casi todos los niños japoneses asisten a escuelas públicas y el currículo es universal (un niño puede mudarse de una ciudad a otra a mitad de año y no se perturba la secuencia del estudio). Comparado con los Estados Unidos, el ausentismo es bajo (menos de un niño cada treinta pierde más de un mes de escuela por año), y casi ningún niño (menos del 2% abandona la escuela antes de graduarse en la escuela secundaria.

Hay otro tipo de instituciones educativas, denominadas *juko*, a las que concurren alrededor de las tres cuartas partes los niños japoneses, al menos durante algunos años, entre el primero y el octavo grado. Las juko son colegios privados (que los padres eligen y pagan), en los que se enfatiza algún aspecto de la educación, como la preparación para los exámenes, el aprendizaje en el uso del ábaco, o la práctica de deportes.

Todos los contrastes manifiestos entre el sistema educativo japonés y el norteamericano se citan cuando deben explicarse los motivos que hacen que los niños japoneses obtengan puntuaciones muy superiores a los niños norteamericanos en casi todas las pruebas. Estas diferencias se ofrecieron como soporte a la ley "Que ningún niño quede atrás", lo que significó un cambio hacia un compromiso mayor por parte del gobierno nacional hacia la educación. La ley establecía que los estados deben implementar un sistema de evaluación de logros que los niños deberían cumplimentar todos los años a partir del tercer grado. Se requería cierto nivel de logros por escuela, no sólo respecto del total, sino también de cada subgrupo en particular (p. ej. los que estudian inglés y los estadounidenses negros). Si una escuela no cumplía con el estándar durante algunos años, los padres podrían transferir a sus hijos a otras escuelas y esa escuela con bajas puntuaciones no obtendría fondos de la nación. Al persistir los problemas, la escuela podría cerrarse.

Esta ley fue aprobada con gran entusiasmo, pero sus aplicaciones prácticas fueron controvertidas (Center on Education Policy, 2005; Resnick y Zurawsky, 2005). Algunos argumentan que tener un estándar válido de un extremo al otro del estado perpetúa las diferencias, ya que los maestros son más calificados y los fondos son de mayores montos en las escuelas donde los niños obtienen puntuaciones más altos (Tuerk, 2005). Muchos distritos escolares hacen más hincapié en la lectura y en las matemáticas (las materias que son evaluadas) y reducen la enseñanza en dibujo y educación física (que no son evaluadas). Generalmente, las puntuaciones de las pruebas individuales se utilizan para tomar decisiones con respecto a la promoción de grado o a la graduación. Los niños con bajas puntuaciones no son promovidos. Esto eleva las puntuaciones promedio en un grado en particular, pero penaliza a los niños que obtienen puntuaciones bajas, quienes deben repetir el año y no pueden aprender lo que deberían.

En el estado de Utah, no aceptaron recibir fondos bajo el amparo de la ley, en parte debido a que el estándar nacional requiere prácticas que los miembros de la legislatura del estado consideran que no satisfacen los intereses de los ni-

Aprendizaje colaborativo Estos niños japoneses aprenden matemáticas en una forma más estructurada y socialmente más interactiva que la de sus colegas norteamericanos.

ESPECIALMENTE PARA MAESTROS Usted enseña en una escuela que le parece muy poco estricta o, demasiado estricta, o con padres que son demasiado exigentes o indiferentes. ¿Debería buscar otra línea de trabajo?

ños de Utah. Muchos maestros y padres piensan que deben hacerse modificaciones, y las revisiones ya se han puesto en marcha.

Mientras tanto, el inconveniente del sistema educativo nacional en Japón ha comenzado a hacerse evidente. Un número cada vez mayor de niños japoneses sufren fobia a la escuela (Hosaka, 2005). Algunos niños buscan ayuda para desarrollar las competencias metacognitivas que no les han enseñado en la escuela, en parte debido al gran tamaño de las clases o porque los requerimientos de los programas de estudio hacen que la atención individualizada sea menos frecuente (Ichikawa, 2005). La creatividad parece haber sido desplazada.

Para reducir el estrés, el gobierno japonés alivió los requerimientos educativos y de evaluación instituyendo una política denominada *yutori kyoiku,* que significa "educación sin presiones". El contenido requerido de los planes de estudio de las escuelas públicas se redujo en 30%, lo que permite aumentar el énfasis en los procesos de aprendizaje más que en el aprendizaje de hechos concretos, como el que se refleja en las puntuaciones de las pruebas de logros (Magura, 2005). Esta modificación también es polémica y los resultados están por verse.

Lo que es evidente en este punto es que los dos países se han movido en direcciones opuestas, y cada uno se ha aproximado al otro. Este cambio demuestra que la educación de los niños recibe más influencia de las políticas gubernamentales que de las necesidades de desarrollo.

Las guerras y los supuestos en los currículos

Como podemos deducir de las comparaciones entre distintos países, los adultos difieren en sus consideraciones con respecto a qué es lo que los niños deben aprender, y de qué manera. Casi todos los aspectos de la educación no son sólo cuestiones discutibles; son la causa de implacables controversias en diferentes momentos y lugares.

Para ilustrar este tema, nos centraremos en cuatro áreas en las que la investigación y la ideología entran en conflicto: la lectura, las matemáticas, el tamaño de la clase y la educación bilingüe. Diferentes profesionales han dedicado a cada una de estas áreas libros y artículos completos, tratando de persuadir desde perspectivas opuestas. El punto aquí no es proporcionar la respuesta correcta, sino demostrar la necesidad de una investigación y reflexión más profundas.

Las guerras de la lectura

La lectura es un tema complejo dentro de la educación, en parte debido a que la velocidad y la comprensión automáticas son el resultado de muchos pasos previos, desde mirar con atención diferentes figuras hasta comprender palabras técnicas desconocidas. Para simplificar, existen dos métodos diferentes de enseñanza de la lectura: el método fonético y el método global de lectura (Rayner y cols., 2001). (Un tercer método denominado holístico, basado en el reconocimiento de una palabra completa, se ha descartado. Es un método que no resulta útil ni siquiera para los

▶ RESPUESTA PARA MAESTROS (de p. 379): ninguna persona puede trabajar bien en una institución que aborrece, pero antes de renunciar a la profesión, recuerde que las escuelas varían. Probablemente haya otras escuelas en las cercanías que sean mucho más de su agrado y que quieran dar la bienvenida a un maestro experimentado. Sin embargo, antes de hacer un cambio, evalúe la probabilidad de ajustar su posición actual, de modo que lo haga más feliz; ninguna escuela es perfecta, como tampoco lo es ningún maestro.

Lectura y comprensión (*Izquierda*) Las puntuaciones en lectura y matemáticas de los niños de tercer grado de la escuela primaria de Monica, en Illinois, demuestran que hubo avances con los estándares establecidos por la Ley "Que ningún niño se quede atrás". El director notó que uno de los costos de este éxito era el menor tiempo empleado en estudios sociales y en otras materias. (*Derecha*) Algunos expertos creen que los niños deben tener sus propios libros para leerlos en el lugar y en el momento en que lo deseen. Esta estrategia parece funcionar con Josue y Cristo, dos niños de 8 años a los que se les dio libros a través del programa para después de la escuela en Rochester, Washington.

niños chinos, quienes están acostumbrados a mirar una palabra completa más que a las letras individuales [McBride-Chang y Treiman, 2003]).

Los conflictos entre los dos abordajes han conducido a "debates serios y algunas veces enconados, que han avivado la bien llamada 'guerra de la lectura' " (Keogh, 2004, p. 93). Algunas veces, las batallas se desarrollaron sin tener en cuenta las pruebas científicas, los cambios evolutivos y las necesidades de los niños (Adams y cols., 1998).

Históricamente, el **método fonético** (que proviene de fono: sonido) ha postulado que los niños deben aprender el sonido de cada letra antes de comenzar a descifrar las palabras simples. En la primera mitad del siglo XX, las escuelas en los Estados Unidos se caracterizaban por

> ejercicios y más ejercicios... enseñanza de la relación letra-sonido y de las reglas de pronunciación... Los niños tenían que aprender de memoria demasiado material abstracto antes de poder leer algo.
>
> *[Diederich, 1973, p. 7]*

Algunos educadores y niños odiaban tales ejercicios. La teoría de Piaget, que postula que los niños aprenden por sí mismos a medida que su mente está preparada, proporciona la base para otro método denominado **método global de lectura**. Los seguidores de Piaget explican que a los niños que se encuentran en la etapa del pensamiento operacional concreto la memorización abstracta y descontextualizada les resulta difícil. Entonces no resulta extraño que el tradicional método fonético no siempre tenga éxito. Según la teoría del método global de lectura, la alfabetización es el resultado de un conjunto de habilidades: hablar y escuchar, leer y escribir, todas con el objetivo de la comunicación, que aun en los niños más pequeños se manifiesta a través de palabras, dibujos y un gran entusiasmo.

Cuando los maestros enseñan con el método global de lectura, los niños pequeños son alentados a dibujar, a conversar y a escribir, inventando la ortografía, debido a que muchos idiomas, por ejemplo el inglés, son muy variables en su fonética. Los ejemplos abundan: un niño de 4 años trataba de mantener a los otros fuera de su habitación con esta leyenda en la puerta: STY OQPDO (Bissex, 1980); Elissa, mi hija de 5 años, que ya conocía la letra H, no podía escribirla; una niña llamada Karla escribió una severa nota a su madre (véase fig. 12.4). Estos ejemplos demuestran que los niños quieren expresarse sin ayuda, mucho antes de haber logrado la gramática estándar.

Sin embargo, a diferencia del habla, que es expectante de la experiencia, la lectura y la escritura son dependientes de la experiencia. Contrariamente al supuesto de esta aplicación de la teoría de Piaget, algunos niños nunca llegan a aprender por sus propios medios a leer y a escribir. Los lectores principiantes generalmente necesitan que se les enseñe a traducir las palabras habladas en palabras impresas y viceversa. Según la perspectiva del método fonético, sin una enseñanza explícita y una práctica intensiva, la automatización en la lectura no se producirá debido a que los patrones cerebrales se establecen sólo a través de una intensa repetición (Rayner y cols., 2001; Stanovich, 2000).

Los trabajos de investigación que provienen de la perspectiva del procesamiento de la información han dado cuenta de la singularidad de cada niño, incluyendo cada aspecto del nivel de competencia del lenguaje, del estilo de aprendizaje y de la maduración, así como de los diferentes pasos distintivos hacia la lectura automática que incluyen la velocidad, la precisión y la comprensión. En términos prácticos, esto significa que el método fonético puede ser de importancia fundamental para los niños que están comenzando a leer, o que necesitan ayuda para aprender cuál es el sonido de las palabras nuevas. Cuando los niños no son hablantes nativos de un idioma, o cuando tienen pocas habilidades para escuchar y hablar, necesitan la práctica explícita en la pronunciación y en la construcción del vocabulario. La enseñanza dirigida antes de los 7 años relacionada con la combinación de los sonidos de las letras llega a ser fundamental para ellos (Torgesen, 2004).

Afortunadamente, en estos aspectos de la guerra de la lectura se ha declarado una tregua. La mayor parte de los psicólogos del desarrollo y muchos especialistas en lectura creen ahora que los maestros deben utilizar una variedad de métodos y estrategias, porque existen "vías alternativas en el aprendizaje de la

FIGURA 12.4 **"Tú te porías triste como yo"** (En inglés "you wud be sad like me") "De Karla para mi mamá. No es juzto que me hobligaras a echar a mi mariqita. Si yo fuera tu mamá y te digera que tenes que echar a tu mariqita, tú te porías triste como yo. Ella poría ser huérfana. Por eso terías que haberme dejado que la tubiera de todos modos." Aunque Karla utilice una ortografía inventada, sus argumentos demuestran que está razonando de manera lógica; su mente de edad escolar trabaja bastante bien.

método fonético Enseñanza de la lectura que requiere aprender los sonidos de las letras y de las diversas combinaciones de letras.

método global de lectura Método de enseñanza de lectura que requiere que a una edad temprana se empleen todas las habilidades del lenguaje, por ejemplo, hablar y escuchar, leer y escribir.

lectura" (Berninger y cols., 2002, p. 295). Los trabajos de investigación dejan pocas dudas acerca de la "importancia" de la instrucción fonética sistemática (Camilli y cols., 2003, p. 34). Todos los niños necesitan conocer los sonidos que corresponden a las letras, por separado o combinadas, y cómo descifrar sílabas, palabras compuestas, prefijos y sufijos. En la primera sección de este capítulo ya hemos estudiado que el aprendizaje basado en normas se ajusta bien a la capacidad cognitiva concreta de los niños en edad escolar.

El método fonético no necesita limitar la enseñanza que motiva a los niños a leer, a escribir y a discutir con sus compañeros y sus padres. Para la comprensión de la lectura y la fluidez, la conciencia fonética es un comienzo fundamental, pero también son importantes otros aspectos de la alfabetización (Muter y cols., 2004). Como el editor de una importante publicación para maestros señaló:

> En todo debate acerca de la enseñanza de la lectura que contrapone un foco en las capacidades con un foco en el placer, o que enfrenta las capacidades fonéticas con el conocimiento necesario para comprender el material para su grado, hay sólo una respuesta: los niños necesitan ambos. Las escuelas que apartan la historia y la ciencia de sus planes de estudio para "darle lugar" a una mayor enseñanza de la lectura, o que fracasan al incorporar contenidos importantes en el núcleo de sus programas de lectura, lo hacen a expensas de la comprensión a largo plazo de la lectura de sus estudiantes... Nosotros tenemos las herramientas para enseñan la lectura correctamente desde el principio, por lo tanto, hagámoslo así.
>
> [The Editors, American Educator, 2004, p. 5]

Los investigadores no están seguros de "los mejores métodos y abordajes de enseñanza de la lectura y escritura para estudiantes mayores de 9 años y las intervenciones para aquellos que luchan con la lectura en desde el 4to al 12mo grados (McCardle y Chhabra, 2004, pp. 472-473). Sin embargo, se conocen los primeros pasos para los niños de los primeros grados. El método fonético sí, pero no a expensas del placer. Para los niños mayores, es fundamental que la lectura esté conectada con la literatura, la historia, la ciencia y otras áreas de estudio. La lectura debe continuar desarrollándose para evitar "la crisis de cuarto grado", debido a que los niños necesitan "comprensión de la lectura a largo plazo". A continuación se ilustra el modo en que esto se produce.

EN PERSONA

¿Qué sabe acerca del *tsunami*?

Antes del 26 de diciembre de 2004, quizás sólo el 1% de la población del mundo conocía la palabra *tsunami* (maremoto). Yo era una de los que la ignoraban. Recuerdo que estaba con mi sobrino Bill después de Navidad. Él me dijo que debíamos rezar por las víctimas del tsunami, y me maravillé de que supiera cómo pronunciar una palabra que yo recién conocí al leer los titulares en el periódico de ese día.

Pero, en general, ese 1% de los que conocen la palabra, no sabe lo que ésta realmente significa. Un pequeño grupo de niños de 10 años era la excepción, porque a principios de diciembre, su maestro, Andrew Kearny, se lo había enseñado. Él les mostró un vídeo de los sobrevivientes de un tsunami ocurrido en Hawai en la década del 50 y dibujó un diagrama en el pizarrón, que los estudiantes copiaron en sus cuadernos. Una niña llamada Tilly Smith participaba de la clase.

Dos semanas más tarde, Tilly estaba en Maicao Beach, en Phuket, Tailandia, con sus padres y su hermana de 7 años. De manera imprevista, la marea se retiró, dejando una gran extensión de arena en el lugar en el que había estado el océano. La mayoría de los turistas miraban boquiabiertos como desaparecía el océano, pero Tilly se aferró a la mano de su madre y le dijo: "Mami, debemos irnos de la playa ahora mismo. Creo que viene un tsunami".

> Los padres de Tilly alertaron a otros turistas que se encontraban cerca, y luego corrieron a avisar al personal del hotel en Phuket. El hotel rápidamente evacuó Maicao Beach, y minutos después una enorme ola se estrelló contra la arena, barriendo con todo lo que se encontraba allí. Increíblemente, la playa fue una de las pocas en Phuket donde no hubo muertos o heridos graves.
>
> [Larcombe, 2005]

Tilly y su familia han sobrevivido por muchos motivos: ella recordó lo que había aprendido, sus padres la escucharon, se encontraban cerca de un terreno más elevado. Pero cierta parte del mérito va dirigido a su maestro, quien no sólo puso la palabra *tsunami* en una lista de vocabulario, sino que lo explicó con ejemplos y actividades que le otorgaron un significado. Ésta es la historia de un milagro, o al menos de la buena suerte, y de la mente de una niña. Tilly estaba lista para aprender y recordar, como todos los niños de 10 años que se basan en el conocimiento de lo concreto, a través de ejemplos y participación activa. No fue sólo buena suerte; también se trató de una buena educación.

La guerra de las matemáticas

La enseñanza de las matemáticas es mucho más problemática que la enseñanza de la lectura, por tres razones. En primer lugar, el desarrollo económico de un país está estrechamente relacionado con la ciencia y la tecnología, y las matemáticas son fundamentales en ambos campos. Segundo, aunque casi todos los niños aprenden a leer, muchos odian las matemáticas, y algunos hasta el punto de desarrollar un temor irracional a la materia. Una investigación de Google de 2005 encontró 9 250 páginas en Internet para la fobia a las matemáticas y sólo 67 para la fobia a la lectura, casi una proporción de 150 a 1.

Tercero, los países occidentales esperan encabezar las competencias educacionales, pero deben ceder ese honor a los países del Este de Asia, al menos en las mediciones efectuadas por el TIMSS y confirmadas por el National Assessment of Educational Progress (véase fig. 12.5). Esto hace que la educación en matemáticas sea vulnerable a las soluciones rápidas sugeridas por adultos furiosos (lo que no es el mejor modo de decidir en pedagogía).

Una de las razones que hacen que los Estados Unidos no figure en los puestos altos puede ser simplemente ésta: la batalla relacionada con la enseñanza de las matemáticas no siempre beneficia a los niños (Boaler, 2002). Según un informe: "La enseñanza de las matemáticas se ha pulverizado en la hoguera pedagógica conocida como 'guerra de las matemáticas'", una línea divisoria entre aquellos que ven la necesidad de un énfasis mayor en las destrezas básicas, y otros que dicen que los estudiantes carecen de una comprensión más amplia y conceptual de la materia" (Cavenaugh, 2005, p. 1).

Históricamente, las matemáticas se han enseñado de memoria; de ese modo los niños aprendían las tablas de multiplicación, las sumas y restas, y llenaban las hojas de sus cuadernos con ejercicios. No era extraño que prosperara la fobia a las matemáticas. Muchos educadores, especialmente inspirados por Piaget y Vygotsky, buscaban hacer de esta materia un objeto de estudio más activo e interesante (Ginsburg y cols., 1998).

En los Estados Unidos, el Research Advisory Committee (Comisión Científica Asesora) del National Council of Teachers of Mathematics (1989) desarrolló un plan de estudios que daba más importancia a los conceptos y a la resolución de problemas, a los cálculos y a las probabilidades. Las técnicas pedagógicas recomendadas ponían énfasis en la interacción social: "Los estudiantes debían explicar y justificar las soluciones, para poder explicar las respuestas que daban los otros, y formular preguntas esclarecedoras, buscar respuestas alternativas y desafiar al maestro" (Cobb, 2000, p. 324). Se puso el acento en el proceso y no en el producto, es decir, en el aprendizaje de cómo pensar las matemáticas y no en el hecho de obtener la respuesta correcta.

Por ejemplo, un maestro le preguntó a sus alumnos cuántos corredores participaban en una carrera que tenía dos equipos de seis participantes cada uno. Los niños ya habían trabajado en pares para llegar al proceso de la respuesta, denominada "la solución ".

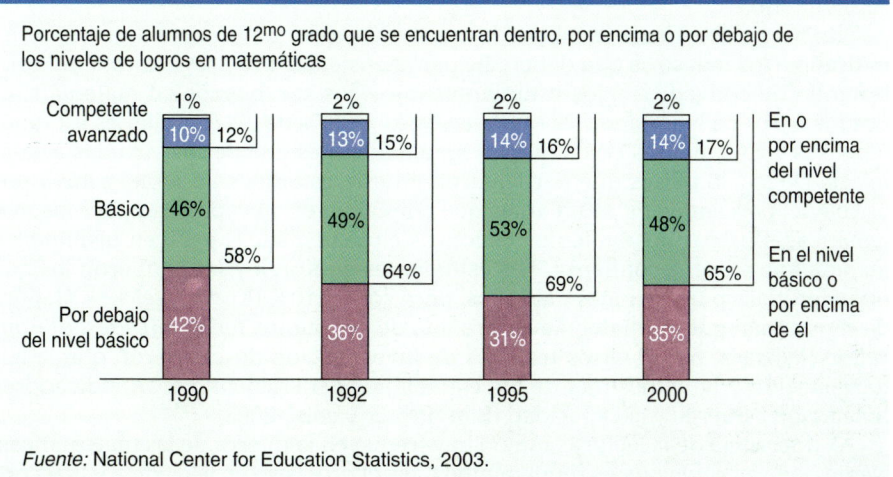

Porcentaje de alumnos de 12mo grado que se encuentran dentro, por encima o por debajo de los niveles de logros en matemáticas

Fuente: National Center for Education Statistics, 2003.

FIGURA 12.5 **No muchas mejoras** Las puntuaciones en las escuelas secundarias de los Estados Unidos para las pruebas de logros en matemáticas mejoraron poco entre 1990 y 1992, quizás debido a que en todo el país el plan de estudios de matemáticas se reformó en 1989. Sin embargo, los resultados para el 2000 demostraron que no hubo mejoras con respecto a los de 1992. Esto significa que un tercio de todos los niños del 12mo grado no puede resolver ejercicios básicos de matemáticas, como fracciones y porcentajes.

Maestro: Jack, ¿a qué solución llegaste?

Jack: Catorce.

Maestro: Catorce ¿Cómo llegaste a ese resultado?

Jack: Porque seis más seis es 12. Dos corredores en dos equipos...
(Jack deja de hablar, coloca sus manos a los lados de su cara y baja la vista. Luego mira al maestro y a su compañera Ann. Se da vuelta y se queda frente a la clase, dándole la espalda al maestro y murmura algo de modo inaudible.)

Maestro: Repítelo, por favor. No te entendí bien. Dilo otra vez, por favor.

Jack: *(En voz baja, frente a la clase.)* Son seis corredores en cada equipo.

Maestro: Correcto.

Jack: *(Se vuelve a mirar nuevamente al maestro.)* Me equivoqué. Está mal. Deberían ser doce. *(Gira y vuelve a mirar a la clase.)*
(Jack se siente avergonzado... no interpretó la intención del maestro de que los niños debían expresar frente a todos su pensamiento y, además, involucrarse en la matemática práctica caracterizada por la conjetura, el razonamiento y la justificación.)

Maestro: *(Suavemente.)* Está bien. ¿Se puede cometer un error?

Jack: Sí.

Maestro: Claro que sí. Tú sabes que en mi clase está permitido equivocarse. Y yo también cometo errores todo el tiempo, y todos aprendemos mucho de nuestros errores.
Jack resolvió el problema: "Bueno, al principio yo no supe la respuesta correcta" *(el niño se da vuelta, mira al maestro y sonríe)*, pero Jack sigue pensando y finalmente llegó al resultado.

[Cobb y cols., 1993]

Esta forma de abordaje es polémica. Muchos padres y educadores creen que los niños necesitan memorizar las tablas de matemática (como en el ejemplo anterior, $2 \times 6 = 12$) antes de poder discutir las alternativas. Al igual que la fonética, las matemáticas incluyen un conjunto particular de reglas, símbolos y procesos que deben enseñarse, no descubrirse (Smith, 2002).

Una vez más, como en la enseñanza de la lectura, los investigadores han intentado comprender qué pueden hacer los maestros para ayudar a los niños a aprender y a disfrutar de las matemáticas. Los expertos del TIMSS filmaron 231 clases de matemáticas en tres países (Japón, Alemania y Estados Unidos) para analizar las diferencias (Stigler y Hiebert, 1999). Los maestros de Estados Unidos enseñaban las matemáticas de un modo menos difícil, con más definiciones pero con menos coherencia y conexiones con las que los alumnos habían estudiado en otras clases de matemáticas. "Los maestros quizás crean que aprender términos y practicar no es algo que entusiasme" (p. 89).

Por el contrario, los maestros japoneses se mostraban entusiasmados de trabajar en colaboración, estructurando las lecciones de modo que los niños pudieran desarrollar pruebas y soluciones alternativas, solos o en grupos. Los maestros utilizaron la interacción social (entre grupos de niños y grupos de maestros) y un plan de estudios secuencial (cada día, semana y año construidos sobre el conocimiento previo de las matemáticas), generalmente presentando a los estudiantes problemas para resolver en grupo. Esta estrategia fue reconocida por las altas puntuaciones de logro de los estudiantes asiáticos en otras pruebas internacionales: las de matemática aplicada (PISA, Program for International Student Assessment).

En los países donde la fobia a las matemáticas es un problema grave, se ha indicado a los maestros que deben disipar la ansiedad que provoca esta materia, tratando de convencer a los estudiantes que ellos son buenos en matemáticas. Los maestros en Norteamérica obtienen éxito: el 26% de los estudiantes estadounidenses y canadienses creen que las matemáticas es una de sus virtudes académicas. De los 38 países que participaron en este estudio, sólo Israel estuvo por arriba del porcentaje de estudiantes que confiaban en su capacidad para las matemáticas. Desafortunadamente, los logros en matemáticas parecen disminuir a medida que crece la confianza. Los estudiantes de Korea y Japón fueron los que obtuvieron las puntuaciones más altas, pero sólo el 10% (Korea) y el 12% (Japón) de ellos creían que las matemáticas era uno de sus puntos fuertes. (*Digest of Education Statistics*, 2003). Otros trabajos de investigación descubrieron que la autoevaluación y la autoestima de los estudiantes generalmente eran indicadores débiles del esfuerzo y la capacidad (Baumeister y cols., 2003).

A diferencia de la lectura, aún no hay tregua en la guerra de las matemáticas. Nadie pone en duda que es fundamental para el progreso en la ciencia y la tecnología, pero la gente no se pone de acuerdo sobre cuál es la mejor manera de tener éxito con la enseñanza.

El tamaño de la clase

La mayoría de los padres, maestros y políticos suponen que los niños aprenden mejor cuando es menor la cantidad de alumnos por clase. Las escuelas se jactan de tener baja cantidad de alumnos por profesor, y los padres que visitan una escuela cuentan rápidamente el número de alumnos de la clase. Estos datos se correlacionan y vinculan dos variables: la mejor enseñanza se logra con clases pequeñas (Smith y Glass, 1979).

Sorpresivamente, el apoyo de la investigación a este supuesto popular es débil (Betts, 1995; Blatchford, 2003; Hanushek, 1999). La magnitud de la correlación podría estar midiendo una tercera variable. Los niños que forman parte de clases pequeñas podrían estar adelantados debido al nivel socioeconómico alto de su familia antes de comenzar la escuela, y tal vez continúen obteniendo beneficios de las condiciones del hogar que se correlacionan con las clases de pocos alumnos, pero que no son causados por éstas. Cualquier relación entre el tamaño de la clase y los logros escolares podrían ser el resultado de muchas otras variables, especialmente porque las escuelas que poseen clases numerosas tienden además a tener menos maestros especializados y mayores problemas edilicios (Books, 2004; Coles, 1997; Ehrenberg y cols., 2001).

Algunos datos a gran escala no muestran las correlaciones esperadas. Por ejemplo, la cantidad promedio maestro/alumno en los Estados Unidos cayó marcadamente entre 1969 y 2003, de 25 a 1 a 16 a 1 (*Digest of Education Statistics*, 2003). (Esta estadística se refiere a todos los maestros y alumnos de una escuela, lo que significa que el aumento del número de maestros especializados, como los de música o ciencias, reduce el promedio maestro/alumno pero no el tamaño de la clase.) Esta reducción no está acompañada de ningún avance en los logros de los estudiantes.

En un nivel internacional, estos datos plantean preguntas. La proporción maestro/alumno varía ampliamente: de 10 a 1 en Dinamarca a 30 a 1 en Turquía, pero estas variaciones no necesariamente predicen resultados en las evaluaciones internacionales (Snyder y cols., 2004). Las escuelas del Este de Asia tienen clases numerosas, y aun así las puntuaciones de las pruebas de los estudiantes de Japón, Singapur y Hong Kong son más altas que en cualquier otro lugar. El dato más sorprendente viene de Corea del Sur: los estudiantes logran las puntuaciones más altas en cálculos matemáticos y, en el año 2000, el promedio de alumnos de una clase de matemáticas de octavo grado era de 41 estudiantes, más que en cualquier otra nación (*Digest of Education Statistics*, 2003).

Por supuesto, numerosos factores afectan el aprendizaje de los niños. Aquellos logros no obtenidos por los estudiantes norteamericanos entre 1969 y 2003 podrían atribuirse a los bajos ingresos, a necesidades especiales o a cuestiones de inmigración; a la menor cantidad de maestros especializados; a diversos factores sociales, como los medios de comunicación, a mayor cantidad de divorcios o padres solteros; o a los cambios en los empleos de los adultos, el trabajo por turnos, o las madres que trabajan.

Para demostrar causas y efectos, se necesitan pruebas experimentales. En un trabajo de investigación realizado en Tennessee, se asignó al azar a 12 000 niños en edad preescolar y a sus maestras a una de estas tres condiciones:

1. Una clase con una configuración normal (una maestra con 22-26 niños).
2. Una clase con un ayudante para cada maestra de tiempo completo (dos adultos con 22-26 niños por clase).
3. Una clase pequeña (un maestro con 13-17 niños).

En promedio, los niños (especialmente los niños no blancos) de las clases más pequeñas aprendieron más que sus pares de las clases más numerosas. La cantidad de alumnos por clase, y no la proporción niño/adulto, fue un factor fundamental, porque aquellos niños que tenían una maestra y un asesor no obtuvieron mejores resultados que los niños de las clases de tamaño normal. El seguimiento de la investigación demostró que años después, al asistir a las clases entre cuarto y sexto grado, cuando los tres grupos de niños se habían dispersado, los que habían participado de los grupos pequeños aún tenían mejor desempeño que sus pares (Finn y cols., 2001).

Los resultados obtenidos en Tennessee son polémicos. La conclusión básica que postula que las clases pequeñas beneficiaron a los niños de Tennessee fue ampliamente aceptada, pero los investigadores no se han puesto de acuerdo en la forma en que fue descubierto tal efecto, por quién, y por qué (Rayner y cols., 2001). Existen datos adicionales obtenidos en California, en donde el tamaño de la clase se redujo de 30 a 20 niños, aunque con maestros convenientemente calificados y aulas adecuadas. Los resultados de California fueron "desconcertantes": estadísticamente significativos pero muy pequeños (Stecher y Bohrnstedt, 2000). En Wisconsin también se redujo el tamaño de la clase para los grupos de alumnos de bajos ingresos. Sus puntuaciones en los exámenes aumentaron, pero no demasiado (Molnar y cols., 1999). En California y Wisconsin, a diferencia de Tennessee, los maestros no fueron asignados al azar, y ésta puede ser una de las razones por las cuales los efectos fueron pocos.

Tal vez los maestros mejor calificados de California y Wisconsin tendían a tener clases numerosas porque los padres, los directores o los maestros mismos los elegían. Esto podría confundir la relación entre el tamaño de la clase y el aprendizaje. Evidentemente, si una clase de tamaño pequeño muestra bajos logros en los estudiantes o un maestro débil, los incrementos esperados en el rendimiento promedio no se producirán. En los experimentos de los tres estados, maestros, alumnos y padres sabían que formaban parte de un experimento, y ese conocimiento puede haber afectado los resultados.

El estudio realizado por el NICHD Early Child Care Research Networks Study (2004) ya mencionado en el capítulo 8, ha recolectado datos de más de 1 000 niños. Estos niños están hoy en 651 aulas que comprenden entre 10 y 39 alumnos por maestro, con un promedio de 21 alumnos por clase. Estos datos del estudio longitudinal, sin ninguna manipulación experimental del tamaño de las clases, podría revelar tendencias importantes.

Desafortunadamente, los hallazgos son "complejos" y "no conducen en sí mismos a implicaciones políticas directas" (NICHD Early Child Care Research Network, 2004, p. 66). No se encontraron efectos globales, pero surgieron algunas diferencias específicas. Los alumnos de primer grado que participaban en las clases más pequeñas desarrollaron mejores habilidades de prelectura pero también fueron más indisciplinados. Los maestros con menor cantidad de estudiantes estaban menos estructurados en su enseñanza y eran *menos* interactivos con los niños, pero demostraron *mayor* calidez y apoyo hacia ellos. Sucedieron variaciones en el aprendizaje de los alumnos y en su madurez emocional, pero algunas variables eran mejores en clases más grandes y otras en clases más pequeñas, y los extremos variaban: algunas en 21 estudiantes, otras en 17.

Además, "los niños cuyas madres no son de habla inglesa, los niños con discapacidades, los que viven en zonas peligrosas y los hijos de mujeres con problemas de salud" fueron excluidos y la muestra apenas incluía "niños de minorías étnicas y niños pobres" (NICHD Early Child Care Research Network, 2004, p. 663). Estos niños son los que más probablemente se beneficien ante las reducciones en el tamaño de la clase. Todo esto indica que el estudio NICHD es menos revelador de lo que parece.

El tamaño de la clase es una preocupación constante. Según lo que ya se conoce acerca de las diferencias individuales, probablemente algunos niños se beneficien más que otros. Otras modificaciones, como el incremento en el salario de los maestros, los instructivos para la educación profesional, el aumento de horas en la jornada escolar, la extensión del año lectivo y la inclusión de deportes, música o lectura, podrían ser más efectivas. Como especifica una publicación:

> ... la reducción del tamaño de la clase es sólo una de las políticas opcionales que pueden implementarse para mejorar el aprendizaje de los alumnos. Deben realizarse cuidadosas evaluaciones acerca del impacto de otras políticas, preferentemente a través de la utilización de experimentos válidos, junto con un análisis de los costos para cada opción. Sin embargo, hasta la fecha existen relativamente pocos trabajos de investigación que puedan calcular el costo real de los programas de reducción del tamaño de las clases numerosas y tampoco se sabe si los beneficios... ameritan incurrir en esos gastos.

(Ehrenberg y cols., 2001)

Una conclusión que *nunca* debe sacarse es que el tamaño de la clase no significa nada. En todos los estudios se llegó a la conclusión de que maestros y alumnos se influyen entre sí, especialmente en el comienzo de la escuela primaria y en particular entre los estudiantes que podrían sufrir un retraso. Deben llevarse a cabo más trabajos de investigación, y las reformas necesarias para determinar de qué manera cada niño puede aprender tanto y con tanto provecho como le sea posible.

La educación bilingüe

La educación bilingüe es otra área en la cual las suposiciones no se corresponden con el desarrollo de la investigación y en la que las convicciones de los adultos son divergentes, pero muy arraigadas. Casi todos los países poseen una población minoritaria importante cuyos miembros hablan su propia lengua, pero la mayoría de los aproximadamente 6 000 idiomas del mundo nunca fueron utilizados para la educación formal. En consecuencia, muchos de los niños del mundo reciben educación en un idioma diferente de su lengua materna (Tucker, 1998). Queda claro que ellos deben entender esa lengua para tener éxito en la escuela. Por lo tanto, la enseñanza de una segunda lengua es un importante logro educativo.

En los Estados Unidos, alrededor de 4 millones de estudiantes (10 por ciento de la población escolar) son **estudiantes del idioma inglés (ELL)**, esto es, niños que hablan un idioma minoritario y están aprendiendo inglés. Aunque estos niños están concentrados en California, Texas y Florida, hay muchos otros dispersos en el país. De hecho, el 43 por ciento de todos los maestros de escuelas públicas tienen al menos un estudiante del idioma inglés (Zehler y cols., 2003).

Esto no podría perjudicar al niño. Aunque la primera infancia es el mejor momento para aprender una segunda lengua a través de la audición y el habla, el mejor momento para *enseñar* un segundo idioma es la segunda infancia. Los niños entre 7 y 11 años tienen ansias de comunicarse, poseen una mente lógica y tienen un oído (y una mente) para los matices de los códigos y la pronunciación, lo que los hace buenos aprendices de dos y hasta tres idiomas.

Sin embargo, el modo y el momento en que los niños aprenden una segunda lengua varían mucho entre diferentes naciones y estados. Los investigadores tienen posiciones diversas acerca de la enseñanza de un segundo idioma. Algunos defienden la protección de "lenguas heredadas" (p. ej., Krashen y cols., 1998); otros son muy críticos de la "educación bilingüe" (p. ej., Brisk, 1998). Históricamente, la mayoría de los niños en Estados Unidos ha aprendido exclusivamente en su lengua materna, lo que incluye gran cantidad de idiomas, particularmente el alemán para millones de niños en la región central de los Estados Unidos. Durante la Primera Guerra Mundial, el sentimiento anti-alemán frenó la enseñanza de este idioma en las escuelas norteamericanas. Hoy, dos tercios de los niños inmigrantes en los Estados Unidos son hispanoparlantes. Para la mayoría de ellos, todas las asignaturas se enseñaban inicialmente en español, hasta la mitad de la década del '90, cuando las leyes y las prácticas cambiaron. Hoy, a la mayoría se le enseña en inglés.

Muchos educadores temen que las necesidades emocionales y educativas de los estudiantes de idioma inglés no sean bien comprendidas, en el apuro por cambiarlos a clases impartidas sólo en inglés. Una señal de que éste podría ser el caso es que más del doble de los niños estudiantes del idioma inglés nacidos en Estados Unidos se clasifican como niños con necesidades especiales (Zehr, 2004). Tal vez, los maestros atribuyan las dificultades de aprendizaje (normalmente leer y escribir) a la cuestión del idioma y olvidan que algunos niños en cualquier ámbito pueden tener una discapacidad. Tal vez, los padres inmigrantes no quieren que sus hijos sean vistos como diferentes, o tal vez las autoridades escolares teman sugerir que un niño inmigrante tiene necesidades especiales. En cualquier caso, un niño estudiante del idioma inglés no debe tener más atención que la que necesita.

No existe un único enfoque para enseñar una segunda lengua que sea el adecuado para todos los niños en todos los contextos (Bialystock, 2001). Las estrategias van desde la **inmersión total**, en la que la instrucción en todas las asignaturas se realiza completamente en la segunda lengua, hasta lo opuesto, en la cual

estudiante del idioma inglés (ELL) Persona que está aprendiendo inglés.

inmersión total Estrategia de enseñanza de un segundo idioma en la que se imparte toda la instrucción en ese idioma.

CUADRO 12.4	**Dos estrategias comunes en los Estados Unidos para enseñar inglés**

Inglés como segundo idioma

Requiere que todos los estudiantes no angloparlantes sean sometidos a un período de instrucciones juntos, con el objetivo de dominar lo básico del inglés en alrededor de seis meses. En las clases en las que se utiliza inglés como segundo idioma, el maestro no habla en el idioma nativo del niño y no permite al niño que hable en otro idioma que no sea inglés

Educación bilingüe

Requiere que el maestro instruya al niño en sus asignaturas escolares, utilizando tanto el lenguaje nativo como el inglés. En los primeros años, se recibe, se instruye y (cuando es necesario) se impone disciplina a los niños en ambos idiomas, con la esperanza de que progresen en ambos. La conversación informal entre los niños es casi siempre en el idioma nativo, así como también la conversación informal con el maestro

inglés como segundo idioma (ESL) Método de enseñanza del idioma inglés en el que todos los niños que no hablan inglés estudian juntos y reciben un curso intensivo de inglés básico que les permita posteriormente recibir educación en el mismo salón de clases que los niños angloparlantes nativos.

Inmersión amigable El póster está en inglés porque esta maestra de Toronto explica una señal de la ciudad, pero toda la enseñanza se imparte en francés, aunque este idioma no es el nativo de ninguno de estos niños. Los padres eligieron este programa, no sólo porque la inmersión en el idioma francés funciona con éxito en Canadá, sino porque esos programas tienen una reputación de rigor académico, que incluye estándares elevados en conducta y logros. Las actitudes, y no sólo la instrucción, facilitan el aprendizaje de un segundo idioma.

los niños aprenden en su lengua madre y el segundo idioma se enseña como una lengua "extranjera". Las variantes entre estos extremos incluyen la *educación bilingüe*, con instrucción en ambos idiomas y *clases del idioma heredado,* que se imparten después de clase para permitir a los niños conectarse con su cultura y a la vez aprender asignaturas académicas en el idioma dominante (véase cuadro 12.4).

Otra estrategia común en Norteamérica, especialmente cuando hay niños de muchos países en una sola escuela, es el **inglés como segundo idioma (ESL)**. Estos niños aprenden intensiva y exclusivamente en inglés durante algunos meses para prepararlos para las clases normales. El enfoque del inglés como segundo idioma fue criticado por desvalorizar los intentos de los niños de comunicarse con otros. Esta crítica es aparentemente válida en algunas aulas: "cállense y aprendan inglés", dijo una maestra (Olivo, 2003).

¿Cuál es mejor? En Canadá, la inmersión parece haber tenido éxito para casi un millón de niños de habla inglesa que fueron ubicados en clases en las que sólo se hablaba francés. Ellos no perdieron los conocimientos de inglés que habían aprendido en sus hogares y su rendimiento académico no decayó. Por cierto, un estudio descubrió que los niños canadienses que hablaban inglés y que fueron inmersos en otras dos lenguas –francés y hebreo– de primero a sexto grado tuvieron buen desempeño en los exámenes de rendimiento en los tres idiomas (Genesee, 1998). En Vancouver, para anotar a los niños en las escuelas públicas en las que sólo se habla francés, algunos padres acampan toda la noche, convencidos de que esta opción producirá mayor aprendizaje.

Cuando la inmersión sucede después de la pubertad, incluso si el niño posee algún conocimiento sobre la segunda lengua, no es tan exitosa como para lograr el acento correcto y el extenso vocabulario que aprenden muchos niños pequeños (Marsh y cols., 2000). En las comunidades latinoamericanas, muchas familias hablan varias lenguas nativas (normalmente de origen indígena). Si los padres son analfabetos pero los niños van a la escuela, la educación en su lengua nativa tiene éxito, porque el respeto por la cultura de una comunidad lleva al respeto de los padres por la escuela (King, 2004). En todos los contextos culturales, cualquier método tiende a fracasar si al niño lo hacen sentir avergonzado, tonto o aislado socialmente por su diferencia con respecto al idioma (Midobuche, 2001).

El aprendizaje de una segunda lengua continúa siendo polémico en los Estados Unidos, incluso entre inmigrantes, quienes quieren proteger su propia cultura pero también triunfar en la nueva sociedad. La investigación cognitiva no deja dudas con respecto a que los niños en edad escolar *pueden* aprender una segunda lengua si se les enseña lógicamente, paso a paso.

Si este aprendizaje se produce o no, depende de las actitudes de la sociedad y de las elecciones de los adultos.

Como se ha explicado en el capítulo 9, si dos idiomas son valorados y usados intensivamente, se produce el *bilingüismo aditivo*, con una fluidez en la segunda lengua que se suma a la fluidez en la primera. Sin embargo, por lo general ninguna de las dos lenguas se aprende bien, y el niño en edad escolar termina siendo semilingüe, ni siquiera monolingüe, y literalmente posee sólo parte de un idioma (Swain y Johnson, 1997). Un artículo sobre la necesidad de maestros de idiomas bien entrenados afirma:

> Aunque las políticas estén articuladas abiertamente, implicadas de manera encubierta o invisibles... la preocupación central de la educación plurilingüe parece ser cuánto status o reconocimiento dentro del sistema educacional podría darse a los idiomas de los grupos minoritarios.
>
> *[Nunan y Lam, 1998]*

El temor por los niños cuyas familias no hablan el idioma dominante se fundamenta en que, si a la lengua minoritaria se le da demasiado reconocimiento, puede que estos niños no aprendan el idioma mayoritario, pero si se le da poca importancia, que los niños olviden más de lo que aprendieron.

Cultura y educación

Como se puede observar, muchas controversias en educación son un tema político más que una cuestión relacionada con el aspecto evolutivo, una cuestión del plan de estudios oculto, no del tentativo; un problema de valores sociales, no de madurez cognitiva y neurológica. Piaget, Vygotsky, la teoría del procesamiento de la información y, en décadas anteriores, la educación progresiva y la modificación del comportamiento han sido utilizados para sustentar métodos específicos dentro de la educación. Las opiniones varían ampliamente sobre cuál es la validez de la relación entre estas teorías y la práctica real. Para concluir este capítulo, destacaremos nuevamente el papel de la cultura en la educación.

Aquí se exponen pasajes extraídos de tres cartas al editor de un periódico local de Columbia Británica, Canadá (citado en Mitchell, 2001, pp. 64-65). Una madre escribe a favor de la escuela tradicional:

> El rendimiento de nuestros niños es mucho más bajo tanto en las áreas académicas como morales. Me he dado cuenta que ellos han aprendido muy poco académicamente. Aprendieron a tener confianza en sí mismos en vez de autodisciplina; a hablar fuerte en vez de ser humildes; a ser creativos en vez de tener motivaciones y a simplificar cosas en lugar de organizarlas. Toda estas características no fueron equilibradas y serán fuente de desventajas y dificultades para los niños en esta sociedad competitiva.

Otros dos padres respondieron:

> Las características que ella desaprueba son las que aliento en mis hijos, tal como lo hacen sus maestras y las escuelas públicas. Confianza en sí mismos, creatividad e individualidad son cualidades maravillosas que de ninguna manera desalientan a los niños a ser respetuosos y agradables, y que logren éxitos académicos.

> Ella quiere que su hijo sea autodisciplinado, humilde, motivado y organizado, en lugar de tener confianza en sí mismo, ser enérgico, creativo y analítico... Estos padres represivos, autoritarios, "tradicionales" que añoran otros tiempos, con escolares saludables que llegan cuidadosamente engalanados con uniformes grises y zapatos acordonados y brillantes, son una amenaza para la sociedad.

En el distrito de esta escuela, un considerable número de familias eran inmigrantes provenientes de Asia (inclusive quien escribió la primera carta) pero casi todos los maestros y administradores de la escuela eran de familias canadienses de varias generaciones. El conflicto cultural desembocó en disputas acerca del plan de estudios, como sucede a menudo.

Conflictos similares aparecen en casi todas las comunidades e incluyen grupos familiares disímiles o disparidades de clase entre maestros y niños.

Reconocer el problema es un comienzo, aunque este reconocimiento no se logra fácilmente. Por ejemplo, en otra comunidad canadiense, a los niños esquimales se les enseña a través de hablantes nativos en los dos primeros años de es-

Mantener la tradición   Algunos dirían que estos niños vietnamitas de Texas son afortunados. A ellos los instruye en dos idiomas un maestro que conoce su cultura, incluyendo el uso de los lápices rojos para la autocorrección así como para la corrección por parte del maestro. Otros dirían que estos niños estarían mejor en una clase impartida sólo en idioma inglés.

cuela y luego se les enseña en francés o inglés. Los maestros esquimales trataron de preparar a los niños enseñándoles el idioma dominante (como segunda lengua) y alentándolos a aprenderlo. Los maestros que hablan francés o inglés en esta escuela trabajaron para incrementar el dominio del idioma en los niños, esperando que pudieran triunfar en la sociedad canadiense.

Ambos grupos de maestros fracasaron: relativamente pocos niños hablan con fluidez el segundo idioma, y la mayoría abandonó antes de la graduación de la escuela secundaria. Otra investigación descubrió que un número desproporcionado de jóvenes aborígenes (como llaman a las colectividades de las "Primeras Naciones" del Canadá) se distanciaron y sufrieron depresión o tuvieron ideas suicidas durante la adolescencia (Chandler y cols., 2003). Aunque al principio el problema parecía ser el fracaso de la educación bilingüe (tal vez la inmersión se realizó muy temprano o muy tarde), en realidad el problema es más cultural que lingüístico.

Un científico que utilizó la observación naturalista en esa escuela descubrió mucho más que un cambio en el idioma entre los grados 2 y 3 (Eriks-Brophy y Crago, 2003). Los maestros esquimales alentaban al grupo en el aprendizaje y la cooperación, y casi nunca juzgaban explícitamente las respuestas individuales de los estudiantes. Los maestros no esquimales a menudo criticaban los comportamientos que los maestros anteriores alentaban, como la cooperación en grupo (que llamaban "hablar fuera de turno"), ayudar a los demás ("copiarse") e intentos de respuesta ("errores estúpidos").

Un ejemplo específico muestra el contraste. Una rutina común en muchas escuelas norteamericanas se llama "iniciación/respuesta/evaluación": el maestro hace una pregunta, el niño responde, y el maestro determina si la respuesta es correcta o no. Los maestros rara vez tienen conciencia de este patrón, pero la mayoría de los que son nativos ingleses o franceses lo utiliza con frecuencia. Un análisis de varias horas de instrucción impartidas por 14 maestros diferentes en esta escuela esquimal descubrió que la rutina de iniciación/respuesta/evaluación dominaba la instrucción de los maestros no esquimales (60%), pero no en la enseñanza impartida por los maestros esquimales (Eriks Brophy y Crago, 2003).

Por ejemplo, un maestro esquimal mostró una fotografía y preguntó:

Maestro: Esto, ¿qué es?
Alumno: Tutuva (*un insecto*).
Maestro: ¿Qué es?
Alumno: Tutuva.
Maestro: Miremos todos con cuidado.
Alumno: Kituquianluti (*otro insecto, esta vez el correcto. El maestro asintió con la cabeza y suspiró*).

Por el contrario, un maestro no esquimal de tercer grado preguntó:

Maestro: Richard, ¿qué es esto?
Richard: Una oreja.
Maestro: Bien.
Maestro: Rhoda, ¿qué es?
Rhoda: Cabello.
Maestro: No, ¿qué es?
Rhoda: Cara.
Maestro: Es una cara.
Rhoda: Es una cara.
Maestro: Muy bien, Rhoda.

[citado en Eriks-Brophy y Crago, 2003]

Nótese que el primer maestro no evaluó al niño verbalmente (asentir y respirar fue señal suficiente de que era correcto) pero el segundo maestro lo hizo tres veces) ("bien", "no", muy bien") o tal vez cuatro veces si "es una cara" se consideraba evaluativo. No sorprende que los niños estuvieran confundidos y desalentados por el tipo de educación que recibían. Debían modificar los valores del plan de estudios oculto, además del idioma.

Tales problemas pueden surgir en cualquier salón de clase. Los métodos de enseñanza son el resultado de creencias culturales, un "sistema social que evoluciona a través del tiempo" (Eriks-Brophy y Crago, 2003, p. 397), que a menudo tiene formas ocultas hasta para los mismos maestros. Los padres consideran los problemas aparentes, como la moral, la fonética, el tamaño de la clase o las notas en matemáticas, pero las disputas que subyacen conciernen a la cultura y a los valores.

Todos los niños quieren aprender, todas los maestros quieren enseñar y todas las familias quieren lo mejor para sus hijos. Esto hace que las diferencias culturales en la educación sean mucho más difíciles de reconciliar que las que surgen de las manifestaciones culturales más evidentes. A nadie le importa si un niño en particular come cabra, callos o ballena en la cena, pero todas las personas se interesan por el aprendizaje de sus propios hijos y el de sus vecinos.

SÍNTESIS

Las sociedades en todo el mundo reconocen que los niños en edad escolar son ávidos aprendices y que los ciudadanos instruidos son esenciales para el desarrollo económico. Sin embargo, las escuelas difieren en qué y de qué modo enseñar a los niños. La naturaleza y el contenido de la educación dan lugar a preocupaciones políticas o ideológicas. Los ejemplos pueden encontrarse en las guerras de la lectura, en las de matemáticas, en el tamaño de la clase y la educación bilingüe. La investigación deduce que la instrucción directa (en fonética, en símbolos y procedimientos matemáticos, en el vocabulario, gramática y sintaxis de segundo idioma) es útil, y hasta esencial si el niño tiene que dominar todo lo que los adultos quieren que aprenda. También son fundamentales la motivación, el orgullo y la interacción social. Los niños de edad escolar son grandes aprendices, pero no pueden aprender todo. Los adultos deciden los detalles y valores culturales que deben ponerse de manifiesto en cada clase.

■ RESUMEN

Los fundamentos de Piaget y Vygotsky

1. Según Piaget, los niños ingresan en el período del pensamiento operacional concreto alrededor de los 6 o 7 años. El egocentrismo disminuye y aparece la lógica. Los niños en edad escolar pueden comprender operaciones concretas de clasificación, conservación, identidad, reversibilidad y reciprocidad.

2. Vygotsky puso énfasis en el contexto social del aprendizaje, e incluyó las lecciones específicas de la escuela y la influencia global de la cultura. Los trabajos de investigación a nivel internacional descubrieron que la maduración es un factor dentro del proceso cognitivo en niños de edad escolar (como lo predijo Piaget) y que las fuerzas culturales y económicas también influyen (como lo predijo Vygotsky).

3. Los niños de edad escolar están fervientemente preocupados por las cuestiones morales. Kohlberg describió tres niveles de razonamiento moral, desde preconvencional (egocéntrico), el convencional (centrado en la comunidad), y el posconvencional (los principios morales).

4. La crítica más importante que se le hace a Kohlberg es que sus etapas superiores recibieron la influencia de las ideas intelectuales de Occidente. Como resultado, la cooperación comunitaria y la armonía familiar están descartadas. Otra crítica es que en sus etapas se valora más la búsqueda masculina de justicia que la preferencia femenina de cooperación y comprensión, pero hombres y mujeres no han demostrado tener diferencias innatas en cuanto a las ideas morales.

El procesamiento de la información

5. El enfoque basado en el procesamiento de la información examina cada paso del proceso de pensamiento, desde el estímulo entrante hasta su procesamiento, y utiliza el ordenador como modelo. Los seres humanos son más creativos que los ordenadores, pero este enfoque es de utilidad para comprender la memoria, la percepción y la expresión.

6. La memoria comienza con la memoria sensorial, la cual almacena brevemente la información que llega al cerebro desde los órganos de los sentidos. Luego, la información prosigue hacia la memoria inmediata, donde las percepciones se procesan durante un breve tiempo en la conciencia activa. Finalmente, la memoria remota almacena algunas imágenes e ideas indefinidamente.

7. La memoria inmediata mejora durante la segunda infancia, con la ayuda de la atención selectiva, una base de conocimientos más amplia y las estrategias lógicas para la recuperación. Además, un procesamiento más rápido mejora cada aspecto de la cognición, incluyendo la memoria inmediata. La práctica repetida hace que los patrones y las destrezas del pensamiento lleguen a ser un proceso automático que requiere muy poco esfuerzo consciente y escaso tiempo.

8. Los niños mejoran en el control y la dirección del pensamiento a medida que la corteza prefrontal madura. Como consecuencia, la metacognición progresa.

9. El aprendizaje del lenguaje avanza de muchos modos prácticos, que incluyen el vocabulario expandido, a medida que las palabras se unen de manera lógica, y los cambios de código, a medida que los niños varían su lenguaje para comunicarse con otros. Los niños de nivel socioeconómico bajo generalmente obtienen puntuaciones más bajas en sus habilidades lingüísticas, pero esto no está directamente relacionado con los ingresos familiares. Las expectativas de los padres y el lenguaje que utilizan son factores muy influyentes.

La enseñanza y el aprendizaje

10. Los países y los expertos concuerdan en que la educación es fundamental durante la segunda infancia, y que el 95% de los niños del mundo asiste actualmente a la escuela primaria, al menos durante algunos años. Sin embargo, las escuelas difieren en los contenidos y en el modo que enseñan, especialmente en lo que se refiere al currículo oculto.

11. Las evaluaciones internacionales son de utilidad para establecer comparaciones, en parte debido a que se dispone de pocas formas objetivas de medir el aprendizaje. Sin embargo, tales evaluaciones están abiertas a las críticas, y en los Estados Unidos y en Japón se ha reaccionado de manera opuesta a estos datos.

12. Las "guerras de la lectura" enfrenta a defensores del método fonético contra defensores del método global de lectura. Estas guerras de algún modo se han apaciguado cuando los estudios de investigación descubrieron que la comprensión fonética es fundamental para todo niño que aprende a leer, pero que la motivación y el vocabulario también son importantes.

13. Las "guerras de las matemáticas" contrasta las matemáticas aprendidas de memoria con las matemáticas aprendidas a través de la interacción social. Los logros en matemáticas y ciencias son más altos en los países del Este de Asia que en cualquier otro lugar, quizás debido a que en esos países las lecciones de matemáticas son secuenciales, plantean retos y son interactivas.

14. La mayoría de las personas cree que los niños aprenden más cuando el tamaño de la clase es más pequeño. Sin embargo, los datos relacionados con este supuesto son equívocos.

15. Durante los años escolares, los niños están particularmente abiertos al aprendizaje de un segundo idioma. Las características de la enseñanza del segundo idioma aún son tema de controversia, y existen marcadas variaciones de un país a otro. Las actitudes culturales afectan el aprendizaje del segundo idioma más que el potencial cognitivo de los niños.

16. Las diferencias en cómo y qué cosas que los niños aprenden se ponen en evidencia en todas las escuelas. Sin embargo, muchas personas no son conscientes de ello y la práctica no necesariamente se ajusta a lo que se conoce acerca del desarrollo infantil.

■ PALABRAS CLAVE

Ley "Que ningún niño se quede atrás" (p. 357)

pensamiento operacional concreto (p. 357)

clasificación (p. 358)

identidad (p. 359)

reversibilidad (p. 359)

reciprocidad (p. 359)

razonamiento moral preconvencional (p. 363)

razonamiento moral convencional (p. 363)

razonamiento moral posconvencional (p. 364)

moral protectora (p. 365)

moral justiciera (p. 365)

teoría del procesamiento de la información (p. 366)

memoria sensorial (p. 367)

memoria inmediata (p. 367)

memoria remota (p. 367)

base de conocimientos (p. 368)

procesos de control (p. 369)

metacognición (p. 370)

cambio de códigos (p. 371)

currículo oculto (p. 376)

TIMSS (Trends in Math and Science Study) Estudio de

tendencias en matemática y ciencias (p. 377)

Método fonético (p. 381)

Método global de lectura (p. 381)

Estudiante del idioma inglés (ELL) (p. 387)

Inmersión total (p. 387)

Inglés como segundo idioma (ESL) (p. 388)

■ PREGUNTAS CLAVE

1. ¿De qué modo las ideas lógicas ayudan al niño a comprender la conservación?

2. Según Vygotsky, si un niño nunca ha concurrido a la escuela, ¿de qué modo se produce el desarrollo cognitivo?

3. ¿Cuál es la diferencia entre el pensamiento moral del típico niño de 3 años y del típico niño de 8 años?

4. Para enseñar a un niño de 8 años un concepto moral específico, ¿de qué modo sería de utilidad la jerarquía de Kohlberg?

5. ¿Cuáles son las diferencias entre los tres tipos de memoria en la segunda infancia?

6. ¿Por qué el pensamiento veloz es considerado el mejor?

7. ¿Cuáles son las diferencias entre el aprendizaje de un idioma durante la primera infancia y durante la segunda infancia?

8. ¿De qué modo la metacognición afecta la capacidad de aprender algo nuevo?

9. ¿Cuáles son algunas de las diferencias en cuanto a educación en las distintas partes del mundo?

10. ¿Cómo puede el plan de estudios oculto reflejar las teorías de Piaget?

11. ¿Cómo puede el plan de estudios oculto reflejar las teorías de Vygotsky?

12. ¿Cuáles son las ventajas y desventajas de enseñar a los niños que no hablan inglés en clases que se imparten sólo en inglés?

13. ¿Por qué los desacuerdos en los planes de estudio y en los métodos son generalmente denominados "guerras" y no simplemente diferencias de opinión?

■ EJERCICIOS DE APLICACIÓN

1. Visite una escuela primaria de su localidad e investigue el plan de estudios oculto. Por ejemplo, ¿los niños forman filas? ¿Por qué sí o por qué no?, ¿cuándo y cómo? ¿El género, la edad, las destrezas o el talento influyen en el agrupamiento de los niños o en la selección del personal? ¿Qué se observa en las paredes? ¿Cuentan con personal auxiliar (niñera, cocinero, portero)? ¿Los padres están involucrados? Si es así, ¿de qué modo? En todas las cosas que observe, especule acerca de los supuestos que subyacen.

2. Entreviste a un niño de 7 a 11 años para averiguar *qué sabe* y *qué comprende* de matemáticas. Relacione tanto las respuestas correctas como las incorrectas con el pensamiento operacional concreto.

3. ¿Qué recuerda sobre la forma en la que aprendió a leer? Compare sus recuerdos con los de otras dos personas, una al menos 10 años mayor y otra al menos cinco años menor que usted. ¿Puede extraer conclusiones sobre la enseñanza efectiva de la lectura? Si es así, ¿cuáles son? Si no, ¿por qué no?

4. El texto señala disparidades socioeconómicas en educación ¿Cuál es el gasto de las distintas escuelas de su estado por cada estudiante? Compare lo que invierten las escuelas más ricas y las más pobres. (Analice los costos, incluyendo los inmuebles, el mantenimiento, el transporte, la educación especial, etc.) Usted puede encontrar los datos de las escuelas públicas pero no de las privadas, aunque la matrícula, la tasación de las propiedades y los informes financieros de estas últimas puedan estar disponibles.

Los años escolares: el desarrollo psicosocial

Durante la edad escolar, los niños se sienten libres de la supervisión y el mundo limitado en el que viven cuando son más pequeños. Generalmente con el consentimiento de los padres, y otras veces sin él, los niños exploran el vecindario, la comunidad y la escuela. Experimentan nuevas situaciones de inseguridad, de competencia creciente, desarrollan nuevas amistades, surgen rivalidades que los perturban y se profundiza la comprensión social.

Estos niños son fanáticos lectores de *Harry Potter*, los libros de J. K. Rowling, que han vendido 250 millones de ejemplares en 55 idiomas, una popularidad que puede sorprender a varios adultos. La razón, como explicó una niña de 12 años (cuyo nombre real es Ann, pero que afirma "en el mundo de la magia mi nombre es Arabella"), podría ser: "Lo que más me gusta de Harry Potter es que él no es perfecto, y que confía mucho en sus amigos. La amistad es un valor muy acentuado en los libros, y me gusta cómo me hace sentir cuando pienso en lo que él tiene que enfrentar, y luego pienso con quién tiene que hacerlo" (citado en Adler, 2001, p. 2). Como lo ha explicado un psicólogo del desarrollo, Harry Potter "tiene amigos, buenos amigos, y ésa podría ser la diferencia" (Bukowski, 2001, p. 102).

En muchos libros, historietas y películas preferidos por los niños, lo extraordinario –lo mágico o lo fortuito– es simplemente el andamiaje para temas más profundos: la amistad, la desconfianza en los adultos (algunos maestros son malos, la mayoría de los padres son ingenuos), la importancia de una mente ingeniosa y una educación sólida y la guerra perpetua entre el bien y el mal. Estos temas son comunes en las historias que los niños adoran, desde Robin Hood a Batman, Blancanieves, Tom Sawyer y Peter Pan.

El objetivo de este capítulo es examinar la interacción entre la libertad en expansión y las fuerzas que la orientan. A esta edad los niños desean independizarse de los adultos, pero todavía dependen de ellos. Valoran a sus pares y necesitan a sus padres, los que constituyen el motivo de su vida y el tema de sus libros. Aquí trataremos primero a los pares y a la familia, luego a los niños mismos, y finalmente veremos cuáles son las estrategias y la fuerza interior que les permite a los niños avanzar, listos para un nuevo desarrollo.

El grupo de pares

Llevarse bien con sus pares es crucial durante la edad escolar, "fundamental para vivir una vida plena y sentirse bien" (Borland, 1998, p. 28). Los pares pueden causar serios problemas (Rubin y cols., 1998, p. 674); sin embargo, el ser aceptado protege a los niños de un hogar estresante, conflictivo o punitivo (Criss y cols., 2002).

Existe una importante evolución en el desarrollo de la relaciones entre pares. Los niños más pequeños tienen amigos y aprenden de ellos, pero su egocentrismo hace que se sientan menos afectados ante la aceptación o el rechazo de otros. Sin embargo, los niños en edad escolar son conscientes de las opiniones, juicios y logros de sus compañeros de clase. Necesitan del otro para autoafirmarse, buscar consejos y sentirse acompañados.

IVO VON RENNER / STONE / GETTY IMAGES

Tire y empuje   Durante la edad escolar, los niños toman conciencia de sus rasgos personales –por ejemplo, si son audaces o cautelosos– al compararse con otros.

? PRUEBA DE OBSERVACIÓN   (véase la respuesta en p. 398): ¿qué observa que le indique que estos niños son amigos?

comparación social   Tendencia que muestra el individuo a evaluar sus propias capacidades, logros, posición social y otros atributos por comparación con los de otras personas, más especialmente con los de individuos de la misma edad.

cultura infantil   Hábitos, estilos y valores particulares que reflejan el conjunto de reglas y rituales que caracterizan a los niños y los distinguen de la sociedad adulta.

La diferencia evolutiva aquí está en la **comparación social**, que es la tendencia a compararse a sí mismo con otras personas, aun cuando nadie explícitamente haga la comparación. Los niños en edad escolar se vuelven mucho más conscientes socialmente, lo que significa que la comparación social es particularmente intensa durante esos años. Lo ideal sería que esta tendencia haga que los niños valoren aquellas capacidades que realmente poseen y abandonen las autoevaluaciones imaginarias y optimistas de los preescolares (Grolnick y cols., 1997; Jacobs y cols., 2002).

La cultura infantil

La relaciones entre pares, a diferencia de las relaciones niño-adulto, involucran a los compañeros con quienes deben aprender a negociar, comprometerse, compartir y defenderse como iguales (Berndt, 1999; Hartup, 1996). Los niños aprenden ciertas cosas de sus pares que los adultos no pueden enseñarles, no sólo porque pertenecen a otra generación sino también porque los adultos no son sus iguales.

La **cultura infantil** incluye un juego particular de reglas y rituales que el niño desarrolla y comprende, y que se transmite de los más grandes a los más pequeños (por ejemplo los niños de 10 años les enseñan a los de 6 años) sin la aprobación y ni siquiera el conocimiento de los adultos. Los niños a los que no se les permite jugar con otros están en desventaja, porque no conocen esa cultura y de este modo no encajan con el grupo de pares. Por la misma razón, los niños que son rechazados por otros están en doble desventaja porque no tienen la oportunidad de aprender las experiencias sociales de las que carecen.

Separarse de los adultos

En todo el mundo, la cultura infantil alienta a independizarse de los adultos. Algunos grupos de pares van más lejos y demandan distancia de la sociedad adulta. Alrededor de los 10 años, si no antes, los niños sienten lástima de sus pares (especialmente de los varones) cuyos padres los besan en público ("el nene de mamá"), se burlan de los que agradan a la maestra ("chupamedias", "el preferido") y desprecian a aquellos que traicionan a otros niños ante los adultos ("alcahuete", "delator", "chivato" "soplón"). De hecho, embromar a los adultos o desobedecerles sin ser atrapado es una de las actividades favoritas de algunos grupos de pares y una parte importante de la cultura del niño.

La ropa se transforma a menudo en un símbolo de independencia. Muchos niños de 9 años se niegan a vestir lo que sus padres les sugieren porque esa ropa es muy suelta, demasiado ajustada, muy larga o muy corta, es feo el color, el estilo, la marca, o simplemente está mal. El idioma también refleja la cultura del niño, como en el código informal (descrito en el capítulo 12), que incluye palabras cuyos significados los adultos no comprenden y formas gramaticales que sus mayores les han dicho repetidas veces que están mal ("tipo, yo y mi amigo, viste..."). Si los adultos hablan con los niños utilizando el código informal que han aprendido años atrás, los niños normalmente lo reconocerán como pasado de moda, porque la cultura infantil cambia con cada generación.

KOJI SASAHARA / AP PHOTO

La diligencia a la vista   Una característica de los niños de edad escolar es su obsesión por coleccionar, ya sea sellos o insectos, la parafernalia de Harry Potter o, como se muestra aquí, las tarjetas de Yu-Gi-Oh, una colección muy de moda en Japón. Los niños son mucho más aplicados que los coleccionistas adultos; recuentan afanosamente, se organizan e intercambian sus tesoros.

LINDSAY HEBBERD / WOODFIN CAMP & ASSOCIATES

Celebrando la primavera No importa dónde vivan, los niños de 7 a 11 años buscan comprender y desarrollar cualquier capacidad que esté valorada por su cultura. Lo realizan de forma activa y laboriosa, como se ha descrito en las teorías del conductismo y también en la sociocultural, la psicoanalítica y la epigenética. Esta verdad universal está ilustrada aquí, en donde cuatro amigos de Assam, al nordeste de India, marcan el comienzo de la primavera con una celebración Bihu. Luego se les darán golosinas y té, lo cual es la validación sociocultural de su energía, independencia y su capacidad.

Los adultos no siempre aprueban la influencia de los pares (Hartup y Stevens, 1999). Desde que los niños adoptan las características y valores de su grupo, los padres alientan a sus hijos a asociarse sólo con aquellos pares que tienen su aprobación (Dishion y Bullock, 2002). Sin embargo, los niños eligen los pares que les son compatibles. Para algunos, esto significa que digan "cochinadas", critiquen a los adultos o se diviertan rompiendo las reglas (todas características que aparecen entre los alumnos de los primeros grados pero que aumentan con la edad). La cultura infantil puede incluir una "desviación en el aprendizaje" en la medida que los niños convalidan el impulso de otros a liberarse de la influencia de los adultos (Snyder y cols., 2005).

La cultura infantil no necesariamente refleja los valores de los adultos. Como ejemplo, en Irlanda del Norte, los niños siguen una rígida división entre mujeres y varones, y cada sexo tiene sus propios rituales, chistes y costumbres. Sin embargo, estos niños a menudo ignoran la división entre protestantes y católicos, lo que es fuente de odio y violencia entre los adultos (Lanclos, 2003). En general, el prejuicio del género se hace evidente en la cultura infantil, ya que representa una norma de conducta apropiada como la definen los niños, pero la exclusión racial y étnica no lo es (Nesdale, 2004). La comparación social es una de las características de la edad escolar; ella les permite a los niños reconocer el prejuicio y la discriminación, primero cuando está dirigida a los demás y luego cuando les sucede a ellos mismos (Brown y Bigler, 2005).

La cultura infantil tiene ventajas y desventajas. Por ejemplo, los pares les enseñan el lenguaje; esto es esencial si el niño está aprendiendo un segundo idioma pero problemático cuando aprende malas palabras que sus padres les prohíben o un acento que ellos no toleran. Los pares alientan a los niños, a veces de manera constructiva, a veces no. A los 9 años, Pablo (cap. 11) pensaba que debía estar en una banda, en algún lado, y ser famoso de algún modo; a Yolanda, su mejor amiga la ayudó a mejorar en la escuela (Nieto, 2000). Dada esta diferencia en la presión que ejercieron los pares, no sorprende que Pablo haya sido expulsado de la escuela y Yolanda haya continuado hasta graduarse.

La influencia de la cultura infantil fue decisiva para ambos jóvenes, y los impulsó en direcciones opuestas, como generalmente les sucede a los niños de diferentes lugares. Cuando la autoridad patriarcal domina y cuando las familias incluyen varios hermanos y primos, los pares de otras familias son menos influyentes y la cultura de la propia generación de familiares es fuerte. Éste es un caso común en el sur de Asia y en los países árabes (Nsamenang, 2002; Verma y Saraswathi, 2002). Sin embargo, cuando la familia es pequeña y el padre no domina el clan, los pares se vuelven más importantes, como sucede en muchos niños de Norteamérica y Asia oriental (Arnett, 2002; Stevenson y Zusho, 2002). En Latinoamérica, alrededor de un millón de niños de la calle tiene la cultura infantil como única cultura (Welti, 2002).

Los valores que cada cultura enfatiza son diferentes según el lugar de que se trate. Veamos los siguientes ejemplos:

> En los pueblos rurales de Kenia, los niños más capaces generalmente son aquellos que demuestran ser poseedores del más amplio y fiel conocimiento en lo que respecta a la medicina natural basada en hierbas que se utiliza para tratar parásitos y otras enfermedades... En muchas tribus upik de pueblos rurales de Alaska, los niños considerados más capaces son los que demuestran ser más hábiles para la caza y para esconderse.
>
> *[Sternberg y Grigorenko, 2004, p. ix]*

Dentro de cada país, el contexto particular sociocultural de cada niño afecta su desarrollo. Considere nuevamente las opiniones sobre la escuela de Yolanda y Pablo, ambos del mismo país (Estados Unidos), estado (California), región (área de Los Ángeles) y herencia étnica (mexicano-estadounidense):

> *Yolanda*: Me siento orgullosa de mí misma cuando veo una buena nota. Y si veo una C, tengo que levantarla... Me gusta aprender. Realmente me gusta hacer trabajar mi mente... La educación es buena para uno...

> *Pablo*: Trato de no dejarme influenciar demasiado, y de no sentirme obligado a hacer algo que no quiero. Pero la mayoría de las veces, es difícil. Uno no quiere que la gente le diga que es estúpido. "¿Para qué quieres ir a la escuela y conseguir un trabajo?... Deja la escuela"
>
> *[Citado en Nieto, 2000, pp. 220, 221, 252]*

Sus reacciones opuestas no sorprenden, cada niño vive en "una cultura dentro de una cultura" (Stewart y Bond, 2002), todas dentro de un nicho social.

Las acciones morales

Como ya hemos visto, los niños se enseñan entre sí reglas morales, con valores que los adultos no necesariamente aprueban. Entre los valores más importantes, se destacan: "protege a tus amigos", "no le cuentes a un adulto lo que realmente sucede", y "trata de no diferenciarte demasiado de los otros niños". Por supuesto, la cognición influye en la comprensión del niño acerca del bien y el mal (como se ha estudiado en el capítulo 12) y los padres producen ciertos efectos, especialmente con sus ejemplos y actitudes, como se verá luego en este capítulo.

Pero en general, cuando surge un código de conductas, la influencia de los pares pesa más que la de los adultos. En una serie de estudios, los investigadores querían averiguar cómo reaccionarían los niños ante uno que violara un acuerdo moral. Cuando mostraron ejemplos de incumplimiento de contrato moral entre madres e hijos de 3 a 10 años, ellos no se mostraron especialmente preocupados. Los investigadores sugirieron que esa "contradicción maternal... es justamente lo que niños esperan de sus madres" (Keller y cols., 2004, pp. 623-624). Con los progenitores, el cumplimiento estricto de las leyes morales podría no ser la norma.

Seis meses después, los investigadores preguntaron a los mismos niños sobre la violación del contrato moral entre amigos. Esta vez, los niños en edad escolar se sintieron desilusionados por las promesas incumplidas. Para ser precisos, se les dijo que un niño (Peter) le había prometido a otro (Johannes) dejarle usar su nueva bicicleta si Johannes lo ayudaba primero (Keller y cols., 2004). Prácticamente todos los niños comprendieron el contrato, que si Johannes ayudaba pero Peter no le permitía usar su bicicleta, sería una violación, igual que si Johannes se escabullía con la bicicleta sin ayudarlo.

Las reglas del juego Estos jóvenes monjes de Myanmar (anteriormente Burma) juegan un juego de mesa que los adultos también juegan, pero los niños tienen sus propias mejoras de las reglas generales. Los grupos de pares de niños a menudo modifican las normas de la cultura dominante, como es evidente en todo desde las supersticiones hasta el juego de stickball.

Aunque la mayoría de los niños pequeños (82%) piensa que el niño que rompió el contrato se iba a sentir feliz, los niños de 10 años ya habían internalizado la obligación moral de un acuerdo entre amigos. La mayoría de ellos (68%) pensaba que el niño que rompe un contrato, inclusive si había logrado lo que quería, se sentía triste o culpable (Keller y cols., 2004).

Como hemos visto en el capítulo 12, los niños en edad escolar se apasionan por los asuntos morales. Su apasionamiento incluye un compromiso emocional a medida que interactúan con sus pares, como se ha mostrado en este ejemplo y en muchos otros de niños que trabajan juntos para ayudar a otros menos afortunados. Como hemos visto, ellos pueden ignorar los prejuicios de los mayores, especialmente si conocen a un niño del grupo que los padres menosprecian. A menudo, los niños en edad escolar son los primeros en reclamar por los asuntos morales, ya sea para proteger a los delfines, protestar por una norma injusta o juntar dinero para las víctimas de una guerra o una catástrofe.

Diferencias en la aceptación social

Algunos niños en edad escolar son populares entre sus pares, otros no lo son (Cillessen y Mayeux, 2004b; Newcomb y cols., 1993). Durante seis años, los investigadores preguntaron a 299 niños a qué compañeros de clase elegirían o no como compañeros de juego. El tamaño de cada grupo varió de año a año, pero en general un tercio de los niños eran populares (elegidos con frecuencia), la mitad correspondían al término medio (elegidos algunas veces) y un sexto eran impopulares (rechazados con frecuencia). El 11% de los niños (en su mayoría de término medio) se mantuvo en la misma categoría durante los seis años. Sólo el 2% fue sistemáticamente rechazado (Brendgen y cols., 2001).

Las razones particulares por las que un niño puede ser popular, corresponder al término medio o ser rechazado varían de una cultura a otra. Esto se advirtió en China, país que ha experimentado un cambio cultural durante las últimas dos décadas. Un estudio realizado en Shangai en 1990 demostró que en aquella época los niños tímidos eran respetados por sus pares y sus maestros, y a menudo eran categorizados como populares, a diferencia de los niños de Norteamérica (Chen y cols., 1992). Con el tiempo, cuando la cultura china comenzó a cambiar en respuesta a factores internos y a la influencia económica de Occidente, surgió una mayor valoración de la asertividad en los niños. Un estudio de 2002 en la misma población de Shangai demostró que los niños se inclinaban más a rechazar, antes que a aceptar, a sus compañeros tímidos. Como consecuencia, los niños tímidos eran menos felices que los del estudio anterior y una menor cantidad de niños reconocían que eran tímidos (Chen y cols., 2005).

En los Estados Unidos, mientras los niños avanzan de primer grado a la escuela media emergen dos tipos de popularidad. Algunos niños son sistemáticamente populares porque son "amables, dignos de confianza, cooperativos". Entre los más grandes, aparece un grupo de niños populares que son "atléticos, en onda, dominantes, arrogantes y... agresivos", con estatus social alto e influyentes, temidos y respetados, pero no necesariamente preferidos (Cillessen y Mayeux, 2004a).

Se advierten tres tipos de niños impopulares cuando crecen. Los niños del primer grupo son simplemente *ignorados,* no rechazados. Nadie los elige como su amigo, pero tampoco los evita. Aunque es mejor tener amigos, ser ignorado no es necesariamente perjudicial, especialmente si el niño posee un buen ámbito familiar o alguna habilidad excepcional (digamos, en música o en arte). Si desconocen ese estatus o son indiferentes a él, los niños ignorados no se sienten afectados por su impopularidad (Sandstrom y Zakriski, 2004).

El rechazo de los pares duele   Algunos niños no se dan cuenta o no les importa si otro niño los rechaza, pero esta niña con la cabeza baja y los brazos retraídos transmite pena y dolor mientras los otros niños pasan junto a ella.

? **PRUEBA DE OBSERVACIÓN** (véase la respuesta en p. 400): ¿esta foto describe un incidente real o es una "representación" para utilizar con fines educativos en un libro de texto como éste?

MICHAEL NEWMAN / PHOTOEDIT, INC.

rechazado por su agresividad   Niño rechazado por sus compañeros por su conducta antagonista y contenciosa.

retraído y rechazado   Niño rechazado por sus compañeros por su conducta tímida, retraída y ansiosa.

cognición social   Capacidad de entender las interacciones sociales, incluidas las causas y las consecuencias del comportamiento humano.

! RESPUESTA A LA PRUEBA DE OBSERVACIÓN
(de p. 399): esperamos que sea una representación, pero varias pistas indican que puede ser real. Primero, el lugar no es un estudio, sino un patio escolar real de una escuela de una vecindad super- poblada y pobre (nótense las aulas prefabricadas). Segundo, todos estos niños parecen pertenecer al mismo grupo étnico y el rechazo social es más pro- bable dentro de grupos que entre líneas étnicas cruzadas. Tercero, por la posición de los cuerpos, las expresiones faciales y el estilo de la ropa, se sugiere el rechazo a una niña socialmente inepta.

control esforzado   Capacidad de regular las emociones y las acciones mediante el esfuerzo y no por una simple inclinación natural.

Los otros dos tipos de niños impopulares son enérgicamente rechazados, y no simplemente ignorados. Algunos son **rechazados por su agresividad**; esto es, caen mal por su comportamiento hostil y polémico. Otro tipo es **retraído y rechazado;** no caen bien por su comportamiento tímido, retraído e inquieto. Estos tipos aparentemente opuestos de niños rechazados son similares en diversas formas: ellos malinterpretan las situaciones sociales, no regulan sus emociones y es probable que sean maltratados en sus casas (Pollak y cols., 2000).

La conciencia social

Varios investigadores creen que la cognición social es la diferencia fundamental entre los niños rechazados y los aceptados (Gifford-Smith y Rabiner, 2004; Ladd, 1999). La **congnición social** es la capacidad de comprender las interacciones hu- manas, una capacidad que comienza en la infancia con las relaciones sociales y continúa en la infancia temprana con la teoría de la mente. En la edad escolar, la madurez y la experiencia se combinan para permitir a los niños en edad escolar ser expresivos y reflexivos, capaces de entenderse entre ellos y a los demás. La cognición social podría haber llevado a algunos de esos niños chinos que eran tí- midos a volverse más sociables.

En general, la cognición social de los niños aceptados les hace suponer que los desprecios sociales, desde un empujoncito hasta un comentario cruel, son ac- cidentales y no tienen intención de dañar. Por lo tanto, un desprecio social no provoca miedo ni inseguridad como en un niño del tipo retraído y rechazado, quien se quedará despierto toda la noche pensando por qué sucedió. Tampoco provoca furia, como sucedería en un niño agresivo que soltaría un insulto que re- quiere una respuesta; la reacción agresiva que se ha explicado en el capítulo 10 (véase cuadro 13.1).

En situaciones ambiguas, los niños aceptados tratan de entender qué suce- dió, y tal vez pregunten a alguien más sobre lo ocurrido (Erdley y Asher, 1998). Dado un conflicto directo entre ellos y otro niño, no buscan revancha y prefieren un compromiso que mantenga la amistad (Rose y Asher, 1999). Estas capacida- des que favorecen la socialización –percepciones sociales benignas, comprensión de las relaciones sociales humanas y la tendencia a ayudar en vez de atacar– no son comunes en niños rechazados (Gifford-Smith y Rabiner, 2004). Tanto los ni- ños rechazados por su agresividad como los retraídos y rechazados malinterpre- tan el comportamiento, no saben escuchar y evitan las situaciones sociales. Tien- den a ser desgarbados, torpes, hostiles e inútiles.

Un estudio extensivo de dos años que comenzó con niños de 4 años y medio a 8 descubrió que los niños no necesariamente se vuelven impulsivos con la edad (Eisenberg y cols., 2004). Lo que los hace madurar es la capacidad de controlarse. Los niños de edad escolar mejoran en el **control esforzado**, que es el poder de modificar impulsos y emociones. Como resultado, los niños del estudio han teni- do menos problemas emocionales, como lo han notado madres, padres y maes- tros (Eisenberg y cols., 2004).

¿Qué existió primero, la comprensión social o la aceptación social? Un estu- dio realizado en niños de quinto y sexto grados evaluados tres veces durante dos años de escuela, descubrió que los niños rechazados tendían a ser solitarios y de-

---

CUADRO 13.1	Ejemplos de las percepciones y reacciones de los niños populares e impopulares		
Situación	**Tipo de niño B**	**Interpretación típica**	**Respuesta típica**
El niño A derrama un vaso de leche sobre el niño B durante el almuerzo	Rechazado por su agresividad	Fue a propósito	Volcar leche sobre el niño A o decirle algo malo
	Retraído y rechazado	Fue a propósito o fue accidental	Ignorarlo o abandonar la mesa
	Aceptado	Fue accidental	Tomar una toalla o preguntarle cómo pasó

presivos, especialmente si eran ansiosos por naturaleza. Sin embargo, los niños agresivos o retraídos que fueron menos rechazados se volvieron más felices y más sociables (Gazette y Rudolph, 2004). Note esta secuencia: la aceptación social precedió, más que continuó, a los avances en la cognición social. La misma secuencia se descubrió en otra investigación realizada con niños más pequeños (Haselager y cols., 2002). Podría ser que los niños desarrollen sus capacidades sociales porque tienen amigos que les enseñan y no a la inversa.

En general, los pares hacen que los niños puedan darse cuenta de sus acciones y que comiencen a modificar su comportamiento de manera consciente; por ejemplo, se obligan ellos mismos a participar en la clase, o tratan de no soltar la respuesta. Mejoran al regular las emociones y en el control esforzado. La conducta se alínea con los objetivos, mientras las capacidades metacognitivas descritas en el capítulo 12 se utilizan no solamente para planear cómo estudiar sino también cómo comportarse.

La amistad

Aunque los niños de edad escolar valoran la aceptación por todo el grupo de pares, la amistad personal es aún más imporante (Erwin, 1998; Ladd, 1999; Sandstrom y Zakriski, 2004). Sin duda, si tuvieran que elegir entre ser populares y sin amigos o tener amigos cercanos pero ser impopular, la mayoría de los niños preferirá a los amigos. Esa elección es la más saludable. La investigación descubrió que la amistad lleva al crecimiento psicosocial y es una barrera contra las psicopatologías. Un estudio longitudinal de la aceptación por parte de los pares (popularidad) y las amistades cercanas (lealtad mutua) entre niños de quinto grado reveló que ambas afectan las interacciones sociales y la salud emocional 12 años después, pero que los amigos cercanos eran más importantes que los conocidos (Bagwell y cols., 2001).

Otro estudio descubrió que los niños de diferentes clases sociales tenían la misma cantidad de relaciones, pero los niños de hogares violentos tenían menos amigos y eran más solitarios. Los autores explicaron: "La capacidad para buscar amistades superficiales o compañeros de juegos es distinta... a la capacidad requerida para preservar relaciones estrechas", y esta última es necesaria si el niño quiere evitar la soledad, el aislamiento y el rechazo (McCloskey y Stuewig, 2001, p. 93).

Las amistades se vuelven más intensas e íntimas a medida que el niño crece. Algunos estudios han descubierto que esto parece ser más cierto en las niñas que en los niños, pero durante la edad escolar ambos sexos demandan más de sus amistades, cambian de amigos con menor frecuencia, se desilusionan cuando una amistad se rompe, y les cuesta más hacer nuevos amigos que cuando eran más pequeños. Las diferencias de género pueden verse en las actividades (las niñas hablan más y los niños juegan más), pero tanto niñas como niños desean tener un mejor amigo (Erwin, 1998; Underwood, 2004).

Los niños más grandes se vuelven más selectivos: tienden a elegir a sus mejores amigos entre quienes tienen intereses, valores y clase social similares a los propios. De hecho, entré los 3 y los 13 años, las amistades estrechas involucran cada vez más a niños del mismo sexo, edad, raza y nivel socioeconómico, no porque los niños sean más prejuiciosos (no lo son) sino porque buscan amigos que los comprendan y estén de acuerdo con ellos (Aboud y Amato, 2001; Aboud y Mendelson, 1996; Powlishta, 2004).

A los 10 años, la mayoría de los niños tienen un "mejor" amigo (prácticamente siempre de la misma edad y sexo que ellos) a quien son leales. Ellos saben cómo ser un buen amigo. Por ejemplo, en un estudio realizado en niños de quinto grado se les preguntó qué harían si otros niños se burlaran o se rieran de alguno de sus amigos. Casi todos los niños (mujeres y varones) respondieron que le pro-

Amigos y cultura Así como los niños de todo el mundo, estos niños –dos de 7 años y uno de 10– del grupo Surma del sur de Etiopía, modelan un poco su apariencia como los mayores, en este caso adolescentes que se aplican pintura sobre el cuerpo para los rituales de cortejo y lucha.

? PRUEBA DE OBSERVACIÓN (véase la respuesta en p. 403): ¿son éstos niños o niñas y cuáles dos son mejores amigos?

pondrían a su amigo algo entretenido, y también le dirían que "esas cosas le pasan a cualquiera" (Rose y Asher, 2004).

Los agresores y sus víctimas

La discusión sobre los niños provocadores y los retraídos trae a la mente a los agresores y sus víctimas. No todo niño rechazado se vuelve una víctima, no todo niño agresivo se vuelve un agresor; pero para aquellos que sí, las consecuencias pueden resonar por años. Muchas víctimas desarrollan una autoestima baja, y muchos agresores se vuelven cada vez más agresivos (Hanish y Guerra, 2002; Hawker y Boulton, 2000; Kochenderfer, Ladd y Wardrop, 2001). A través del tiempo, el costo social, tanto para agresores como para víctimas, incluyen comprensión social dañada y problemas en las relaciones humanas en la adultez (Pepler y cols., 2004). Hasta los circunstantes se afligen, según una investigación detallada (Nishima y Juvenen, 2005).

La intimidación debe diferenciarse de los patrones de interacción normal de los niños. Casi todos los adultos recuerdan ataques aislados, insultos ocasionales o un desprecio social inesperado por parte de los otros niños, pero tales acontecimientos aislados, aunque dolorosos, no son nocivos. La causa es que la mayoría de los niños tiene al menos un amigo que lo ayuda en la recuperación y lo tranquiliza.

La **intimidación** o **acoso** consiste en intentos reiterados y sistemáticos de causar daño a alguien que no puede defenderse o es poco probable que lo haga. La intimidación puede ser física (como golpear, pellizcar o patear), verbal (como burlarse, tomar el pelo o insultar) o social (como rechazar deliberadamente o burlarse públicamente). Una palabra clave en esta definición es *reiterado*. Es la serie de ataques, producidos una y otra vez, cuando la víctima no se defiende, que hace que la intimidación sea nociva. Las víctimas normalmente soportan las vergonzosas experiencias una y otra vez, se ven obligados a entregar el dinero del almuerzo, reírse con los insultos o beber leche mezclada con detergente, todo esto ante la mirada del resto y sin nadie que los defienda.

Las víctimas de la intimidación tienden a ser "cautelosos, sensibles, tranquilos... solitarios y abandonados en la escuela. Como regla, no tienen un solo ami-

intimidación o **acoso** Intento reiterado y sistemático de causar daño a una persona más débil, mediante ataques físicos, verbales o sociales.

Elegir a alguien de su propio sexo Los agresores buscan víctimas de su mismo sexo. Las víctimas varones suelen ser físicamente más débiles que sus torturadores, mientras que las niñas tienden a ser socialmente dejadas de lado, excepcionalmente tímidas o vergonzosas o vestidas con un estilo pasado de moda. La niña de la izquierda está intimidando a su hermana. En la fotografía de la derecha, note que quienes están allí parecen muy interesados en el episodio de intimidación, pero ninguno parece intervenir

go en su clase" (Olweus, 1999, p. 15). La mayoría de las víctimas son los retraídos y rechazados, pero algunos son agresivos y rechazados; son los llamados **agresores víctimas** (Schwartz y cols., 2001). Ellos son para todos "los miembros que peor caen en los grupos de pares", y los que no tienen ningún amigo ni simpatizante (Sandstrom y Zakriski, 2004, p. 110).

Las mayoría de los agresores, sin embargo, no son rechazados. Normalmente tienen un pequeño grupo de amigos admiradores (secuaces) y son socialmente perceptivos, pero sin la empatía que caracteriza a los niños sociables. Son adeptos a la agresividad pero sin meterse en problemas directos. Normalmente intimidan más frecuentemente durante el año lectivo, eligen a víctimas que ya no se resisten, y se dan cuenta de que nadie los frena.

Los varones que intimidan están a menudo por encima del promedio en tamaño y eligen martirizar a los niños más pequeños y débiles. Las niñas agresivas a menudo son mejores que el promedio en cuanto a la desenvoltura verbal y eligen hostigar a las más tímidas y de voz suave. Estas diferencias de género se reflejan en las tácticas de intimidación. Los varones normalmente utilizan la fuerza o la amenaza de fuerza. Las niñas a menudo se burlan o ridiculizan a sus víctimas, se ríen de ellas o de su ropa, comportamiento o apariencia, revelan sus secretos más penosos o diseminan rumores destructivos sobre ellas. En otras palabras, los varones típicamente utilizan la agresión *física* y las niñas utilizan las agresión *relacional* (véase cap. 10).

Aunque las "niñas malas" utilizan la agresión relacional, los varones también lo hacen, especialmente hacia el final de la niñez y principios de la adolescencia. En ese punto (pero no en los primeros grados de la escuela primaria), la agresión incrementa la popularidad y el poder en ambos sexos (Cillessen y Mayoux, 2004a).

La intimidación es más evidente y más seria hacia el final de la infancia y en la adolescencia, pero sus raíces se afianzan profundamente en la niñez. Un niño simplemente no se despierta una mañana de septiembre y decide ser un agresor durante todo el año lectivo. Ha sido empujado y forzado hacia el comportamiento antisocial, incluso tal vez antes de nacer, con las influencias genéticas y prenatales que hacen a algunos bebés más difíciles que otros. Luego, algunos padres reaccionan con furia, y el niño lo devuelve.

La mayoría de las familias, las guarderías y los padres ayudan a los niños a controlar sus impulsos agresivos. Para algunos, sin embargo, la agresión se desarrolla no sólo por anomalías innatas del cerebro, sino también por relaciones inseguras, vida hogareña estresante, hermanos hostiles y otros problemas que intensifican los impulsos agresivos más que enseñar a utilizar el control esforzado (Cairns y Cairns, 2001; Repetti y cols., 2000).

¿Pueden las víctimas frenar a un agresor? A veces. La mayoría de los niños que son víctimas una o dos veces encuentran la manera de frenar la repetición ignorándola, tomando represalias, con calma o evitación. De acuerdo con un estudio microanalítico sobre la agresión en las niñas, la reducción de la confrontación fue la mejor estrategia; tuvo éxito el 57% de las veces, mientras que el ataque en defensa propia funcionó sólo el 23% (Putallaz y cols., 2004). Una niña trató de atacar en defensa propia y luego descubrió que la reducción era lo mejor:

> Unos amigos se habían arreglado en mi contra. Despreciaban lo que yo hacía o murmuraban sobre la ropa que tenía puesta. Nunca lo soporté, siempre respondía a sus detestables comentarios con otros más crueles. Pero luego me di cuenta de que era un error. Cuando los enfrenté y les hablé cortésmente, fue mucho menos desagradable. Primero dije algo sobre lo aburrida que era la clase. Eso les demostró que yo no estaba de humor para pelear. Más tarde, pregunté: "¿por qué has dicho algo sobre mí que no era cierto?". Pero mi tono era de pregunta y no de enojo.
> Generalmente la persona decía "lo siento" y no lo volvía a hacer.

> *[Citado en Putallaz y cols., 2004, p. 123]*

Si no se detiene a los agresores en preescolar, y las víctimas no pueden romper su patrón por sí solos, ¿puede la escuela tener influencia? Tal vez.

agresor víctima Agresor que es, o ha sido, víctima. El término indica que el individuo ataca deliberadamente a su provocador.

! Respuesta a la prueba de observación (de p. 401): son niñas. El cabello corto y los collares son señales en conflicto para la perspectiva occidental, pero el signo inequívoco es que dos de ellas se han delineado mamas imitando a sus hermanas mayores. Ellas son amigas, pero las dos más pequeñas están estrechamente vinculadas: el fotógrafo informó que habían decorado sus cuerpos de modo similar para expresar su afecto mutuo.

Especialmente para ex víctimas de intimidación Casi todas las personas han sido agredidas en algún momento de su niñez. Cuando usted recuerda esos momentos, ¿cómo hace para evitar sentirse triste o deprimido?

TEMAS PARA EL ANÁLISIS

¿Puede detenerse a los agresores?

Tras el suicidio de tres víctimas de agresión, el gobierno noruego pidió al investigador Dan Olweus que determinara la dimensión y la gravedad de la intimidación (acoso) en ese país. Después de concluir una encuesta confidencial en la que participaron 90 000 niños de edad escolar de Noruega, Olweus informó que la agresión física y verbal se había extendido y era una situación grave (véase fig. 13.1), que los padres y maestros eran "relativamente ajenos" a los incidentes específicos y que era raro que los adultos intervinieran. Olweus descubrió tasas que se consideraron altas: el 3% de los niños dijo ser víctima una vez por semana o más; el 7% admitió que ellos mismos a veces deliberadamente lastimaban a otros niños, verbal o físicamente (Olweus, 1993b).

El gobierno le pidió que interviniera. Con la utilización de un enfoque ecológico, intentó comprometer a todos los estratos de la escuela. Los padres recibieron folletos que describían signos de tratos discriminatorios a observar (pesadillas, ningún amigo real, ropas dañadas, libros rotos y hematomas sin explicación); los estudiantes vieron cintas de vídeo destinadas a provocar simpatía por las víctimas; se dio a las maestras un entrenamiento especial; los directores aprendieron que la supervisión del adulto en el comedor, baño y lugar de juegos era fundamental.

Luego, en cada clase, todos los alumnos discutieron por qué y cómo frenar la intimidación, mediar conflictos entre pares y hacerse amigos de los niños solitarios. Particularmente, esta última acción fue fundamental: el tener al menos un compañero protector "cuidando tus espaldas" no sólo previno la escalada de los agresores sino que redujo la carga emocional (Hodges y cols., 1999). Por esta razón, los maestros crearon grupos cooperativos de aprendizaje para que ningún niño quede aislado: cada uno tenía al menos algunos compañeros de equipo que podría defenderlos de una amenaza externa. Los maes-

tros además detuvieron cada incidente de insultos o agresiones menores inmediatamente, y dejaron de ignorarlos.

Si la intimidación continuaba ocurriendo, los consejeros requerían que las familias siguieran terapia, en parte porque la crianza severa o inefectiva es una de las razones por la que los niños llegan a ser agresores. Los consejeros reasignaron a los agresores (no a sus víctimas) a diferentes clases o escuelas mientras ayudaban a las víctimas a fortalecer sus capacidades sociales y académicas.

Veinte meses después del comienzo de la campaña, Olweus encuestó nuevamente a los niños. La intimidación se había reducido a la mitad (Olweus, 1992). Estos resultados son sorprendentes para los psicólogos del desarrollo, porque las aplicaciones de la investigación llevaron a una intervención poco costosa que redujo un problema serio.

Se están realizando esfuerzos similares en varias naciones, la mayoría de las cuales descubren tasas más altas de intimidación que las que Olweus descubrió en Noruega. Por ejemplo, un estudio canadiense descubrió que alrededor de un tercio de los niños y un cuarto de las niñas habían intimidado a otros en los dos meses anteriores (Pepler y cols., 2004).

Hay tres aspectos en los programas exitosos:

> Toda la escuela debe cambiar, no sólo los agresores identificados.
> La intervención es más efectiva si se realiza temprano que si se realiza tarde.
> La evaluación es crítica. Los programas que parecen ser buenos pueden no tener éxito.

El último punto merece un énfasis especial. Algunos programas hacen la diferencia; a veces no producen efectos; ninguno funciona tan bien como la intervención original de Olweus (Smith y Ananiadou, 2003). Diversos estudios han descubierto que ubicar a los alumnos problemáticos juntos en un grupo terapéutico o en la misma

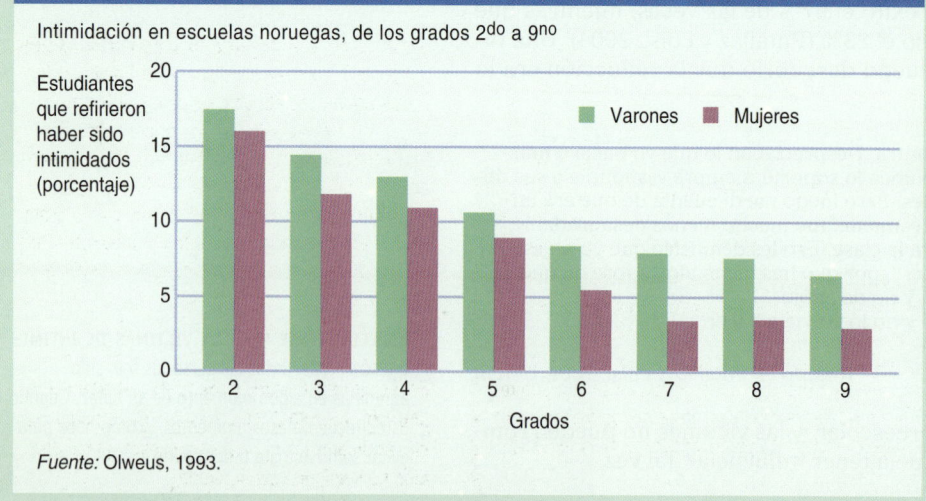

Intimidación en escuelas noruegas, de los grados 2do a 9no

Estudiantes que refirieron haber sido intimidados (porcentaje)

Varones   Mujeres

Grados

Fuente: Olweus, 1993.

FIGURA 13.1 **Conclusiones innovadoras**
Luego de que Don Olweus encuestó a todos los niños noruegos sobre la agresión física, él informó sobre las tasas terriblemente altas de discriminación que aquí se muestran. Sobre la agresión relacional, ambos sexos en casi todos los grados y países informaron tasas de discriminación del 15% o mayores.

clase tiende a incrementar la agresión en todos ellos (Kupersmidt y cols., 2004). Los programas para frenar la agresión en la escuela secundaria pueden fracasar. Hasta en la escuela primaria, las medidas bien intencionadas, como dejar a los niños resolver sus propios problemas por sí solos o designar cuidadores en la escuela, pueden empeorar la situación. La enseñanza de mejores capacidades sociales a las víctimas puede ser una buena idea, pero el cambio crucial no está en el comportamiento de las víctimas sino en la cultura de la escuela que permite que los agresores continúen con sus ataques.

Una intervención reciente se informó desde la costa noroeste del Pacífico en los Estados Unidos (Frey y cols., 2005). Como proyecto de investigación, el estudio tenía muchas características buenas, como la participación de toda la escuela; la comparación de las escuelas experimentales con escuelas de control similares, las observaciones del comportamiento en el patio de juegos, los informes confidenciales de maestros y alumnos, los cambios administrativos dentro de la escuela, y clases especiales impartidas durante tres meses por todos los maestros de tercer a sexto grados, con controles para comprobar si los maestros comprendieron y siguieron el plan de estudios. Un énfasis particular se pone en la buena participación en el grupo de pares, y se les enseña a los niños que presencian una intimidación cómo detenerla.

Este programa tuvo éxito en ciertos aspectos, pero no en otros. La intimidación observada en el patio de juegos en tres escuelas de control se incrementó de otoño a primavera en un 60%, pero en las escuelas experimentales en sólo un 11%. Se notó una mejora menor en las actitudes de los niños y en sus propios informes sobre intimidación o tratos discriminatorios. Los autores esperan que estas actitudes pronto se adecuen al comportamiento que ha cambiado. En general, sin una evaluación específica, es difícl saber qué funciona y qué no.

Un apretón de manos   Muchas escuelas, como esta de Alaska, han entrenado a mediadores que intervienen en conflictos, escuchan a ambas partes, toman notas y buscan una solución. De no ser por estos esfuerzos los antagonistas usualmente pelean hasta que uno de los dos se da por vencido, lo que estimula a los niños violentos. A pesar de las elevadas tasas de alcoholismo en Alaska, los homcidios adolescentes en este estado son menos que el promedio en los Estados Unidos

? **PRUEBA DE OBSERVACIÓN** (véase la respuesta en p. 406): ¿podría este programa ser un motivo?

SÍNTESIS

Los niños de edad escolar desarrollan su propia cultura, con costumbres y pautas morales que los alientan a ser leales con los demás. Todos los niños entre 6 y 11 años desean ser aceptados por sus pares y por sus amigos más cercanos. Estos dos apoyos sociales son una barrera para la soledad y la depresión, no sólo durante la niñez sino también en los años por venir. Los padres y maestros pueden ayudar a los niños a desarrollar relaciones cooperativas y constructivas con amigos y pares, y protección contra los problemas sociales y personales propios de la edad escolar.

La mayoría de los niños experimentan algún rechazo por parte de sus pares y también algún grado de aceptación social, una combinación que los ayuda a enfrentarse con la vida real. Sin embargo, algunos niños son rechazados repetidas veces y no tienen amigos, y muchos de ellos se convierten en víctimas de los agresores. La agresión sucede en todas las escuelas y en todos los países; la frecuencia y el tipo dependen del clima escolar, la cultura, y la edad y género del niño.

RESPUESTA PARA EX VÍCTIMAS DE INTIMIDACIÓN (de p. 403) aunque los niños que son víctimas de intimidación generalmente se sienten inferiores y solos, usted ahora sabe que los adultos deberían haber frenado la agresión. Ahora usted puede enojarse con los adultos que deberían haberlo protegido. También puede estar orgulloso de usted mismo por haber enfrentado la situación o haber escapado de ella. Su enojo y su orgullo pueden reemplazar a su tristeza y a su depresión.

ESPECIALMENTE PARA PADRES DE UN NIÑO ACUSADO DE AGRESOR   Otro padre le ha dicho que su hijo es un agresor. Él lo niega y explica que al otro niño no le importa ser agredido

! RESPUESTA A LA PRUEBA DE OBSERVACIÓN
(de p. 405): sí. Los niños aprenden patrones de resolución de conflictos en la escuela primaria y tienden a aplicarlos en la adolescencia.

RESPUESTA PARA LOS PADRES DE UN NIÑO ACUSADO DE AGRESOR (de p. 405): el futuro no le asegura nada bueno si las acusaciones son ciertas, y si el niño lo niega, es señal de que existe un problema. (Si el niño no hubiera agredido, estaría preocupado por la confusión acerca de su broma en vez de negar categóricamente que el problema existió.) Usted podría preguntarle a la maestra y al consejero sobre qué acciones toman en la escuela con respecto a este problema. Como la conducta agresiva a menudo se aprende en el hogar, un consejero familiar podría ayudarlos a usted y a su cónyuge a ser menos punitivos, y el niño será menos agresivo. Como los agresores generalmente tienen amigos que los incitan, puede ser necesario controlar las amistades de su hijo. Converse sobre el tema con el niño todas las veces que lo crea necesario. Ignorar la situación podría conducir a un mayores inconvenientes más tarde.

Familias y niños

Nadie duda de que el grupo de pares es fundamental durante la edad escolar o que las escuelas pueden establecer una marcada diferencia entre qué y cuánto aprenden los niños. Además, los padres y las personas en general están convencidos de que las prácticas paternas son lo más importante. Este último punto ha suscitado entre los investigadores del desarrollo serias dudas (Ladd y Pettit, 2002; Maccoby, 2000; Reiss y cols., 2000), mientras que el rol de los genes, pares y vecindario ha aparecido de una manera tan poderosa que parece dejar poco lugar a los padres para ejercer su dominio.

Hace 20 años, las evidencias sobre el poder de los genes tomaban a muchos psicólogos del desarrollo por sorpresa, pero hoy está ampliamente aceptado que alrededor de la mitad de los rasgos del comportamiento de las personas puede ser atribuida a la herencia. Como estimación general, algunos aspectos específicos de la persona (como los rasgos físicos y diversas enfermedades) dependen en su mayor parte de factores genéticos, mientras que otros (en especial los comportamientos complejos, inclusive los relacionados con valores morales) tienen una influencia genética menor. La perspectiva epigenética también está aceptada: los genes siempre interactúan con el ambiente, lo que amplifica el poder de algunos genes y detiene la expresión de otros.

La mayoría de los psicólogos del desarrollo encuentra la gran extensión de la influencia genética fácil de aceptar porque se dan cuenta de que el ambiente todavía es crucial. Ellos suponen que la influencia del ambiente fundamentalmente significa la incidencia de los factores familiares y que los niños que han crecido en la misma familia compartirán el mismo ambiente y también algunas influencias no compartidas (como por ejemplo si los hermanos tienen amistades diferentes).

Cientos de investigadores siguen adelante con estudios en gemelos monocigóticos y dicigóticos, hermanos (y medios hermanos) e hijos adoptivos para distinguir las influencias genéticas de las influencias ambientales. Se ha probado que el poder de los genes es amplio e influye en aspectos tales como la tendencia a ser religioso o divorciarse. Dado que estos genes afectan la personalidad y la inteligencia, la participación genética en estos rasgos de la personalidad fue comprendida y aceptada.

El descubrimiento menos entendido y aceptado fue el hallazgo reiterado de que el ambiente no compartido era más influyente que el ambiente compartido (Plomin y cols., 2001; Reiss y Neiderheiser, 2000). Al principio, los investigadores pensaban que esto significaba que los genes combinados con los grupos de pares eran más importantes que los padres. En palabras de un psicólogo del desarrollo:

> Los niños se parecen un poco a sus padres biológicos y a sus hermanos en cuanto a la personalidad, pero los genes que tienen en común pueden explicar casi todo el parecido. Estos resultados indican que la crianza con padres serios no hace, en promedio, a los niños más (o menos) sociables y la crianza con padres que tienen pocos prejuicios tampoco hace, en promedio, a los niños más (o menos) desprejuiciados.

> *[Harris, 2002, p. 5]*

Los niños necesitan una familia

Hasta los más ávidos defensores de la genética y los pares como factores fundamentales que influyen en el desarrollo concuerdan en que las familias ayudan en la evolución de todos los aspectos de la vida. Los pocos niños que no tienen familia (ni siquiera padres adoptivos o abuelos tutores) están en serios problemas en todos los sentidos. Son propensos a ser autodestructivos, solitarios y violentos (Miller y cols., 2000).

El debate, entonces, no es sobre tener o no una familia, sino sobre las características de la práctica familiar. Si una familia no se caracteriza en grado extremo por el maltrato o la negligencia: ¿es igual a cualquier otra familia? ¿Importa si la hora de dormir es siempre la misma, si se discute la honestidad, cuál es la disciplina de los niños, qué se gritan los padres entre sí, etc.? ¿Cómo pueden los científicos medir el impacto de la crianza del niño sin medir indirectamente el temperamento genético del propio niño? ¿Son los padres responsables de la elección de la escuela y vecindario, el apoyo externo que el niño necesita y nada más? Un experto propone:

> La vulnerabilidad de los niños más grandes puede diferir sustancialmente en cierto modo de la de los más jóvenes, pero las potenciales consecuencias de los riesgos siguen teniendo su misma intensidad a través de todo el período del desarrollo. El grado en que los padres proporcionan un ambiente sano y de apoyo para sus hijos en la etapa del desarrollo es un componente fundamental de su bienestar por el resto de su vida.

> *[Ramey, 2002, p. 48]*

¿Influyen los padres en sus hijos, a pesar de la importancia comprobada de los factores genéticos y los ambientes no compartidos? La respuesta es sí, porque los investigadores del desarrollo hoy aceptan que muchas influencias de los medios *no compartidos* surgen dentro de la familia, como se explica a continuación.

PENSANDO COMO UN CIENTÍFICO

Ambientes compartidos y no compartidos

Una forma de medir la influencia familiar es comparar a niños de variados grados de similaridad genética (gemelos, hermanos, medio hermanos, hijos adoptivos) que se hayan criado en una misma casa (Reiss y cols., 2000). La medida en la que los niños comparten genes (100% para gemelos monocigóticos, 50% para hermanos, 25% para medios hermanos, etc.) puede utilizarse para calcular cuáles son las características de la personalidad heredadas. Las variaciones restantes presumiblemente son ambientales.

Esto parece simple. Si una niña de tercer grado es una estudiante modelo –completa su tarea cuidadosamente, es amiga de sus compañeros y respeta a su maestra–, la mayoría de los observadores felicitará a sus padres por haberla educado tan bien. Pero ¿qué pasa si su hermano menor, que cursa segundo grado, grita respuestas incorrectas, pelea con sus compañeros y hace gestos irrespetuosos hacia la maestra cuando ella se da vuelta? ¿Se culpa a los padres? ¿Se culpa a los genes (los hermanos comparten sólo la mitad de los genes)? Inclusive si ambos niños crecieron en el mismo hogar (ambiente compartido), ¿podrían los padres haber favorecido a la mayor?

Si en realidad los padres tratan a sus hijos de modos diferentes, ¿son estas diferencias causadas por los genes, el género o la edad, lo que haría que el resultado fuera debido a la naturaleza del niño y no a su crianza? ¿O es más que eso? Un examen particularmente importante sería el del desarrollo moral, en parte debido a que los valores morales son una de las preocupaciones principales de los padres y de la sociedad. Por supuesto, los valores morales de las personas de la misma familia se correlacionan, pero podría deberse a que comparten los genes y la cultura, y no debido a las creencias o a la cultura de los padres.

Éste es un tema particularmente apremiante en relación a las acciones antisociales (mentir, pelear y amenazar se consideran conductas inmorales en casi todas las culturas). Sabemos que las acciones antisociales están poderosamente influidas por los genes, el sexo, los pares y la comunidad. Cuando un adolescente joven comete un delito grave, generalmente una madre sollozante aparece por TV asegurando, "hice lo mejor para enseñarle bien". ¿Se engaña a sí misma debido a que la conducta del niño es el resultado de su crianza, o debemos culpar a las malas amistades del niño y a la sociedad en general?

El asunto preocupa a los científicos. Cada diseño de investigación que parece mostrar una relación entre la conducta de los padres y la moralidad del niño es vulnerable a las críticas (véase fig. 13.2). Como consecuencia, un experto equipo de científicos, ante las imperfecciones de las primeras investigaciones decidió comparar 1 000 pares de gemelos monocigóticos (Caspi y cols., 2004). Cada par de gemelos se habían criado juntos, y tenían exactamente los mismos genes, la misma familia, el mismo entorno sociocultural: esto igualó muchos de los factores que frustraron los primeros estudios.

El equipo evaluó cuánto tenía de antisocial cada gemelo, pidiéndole a la madre y a los maestros del niño a los 5 y a los 7 años que completaran una lista de control estándar. También midieron las actitudes de la madre hacia cada uno de sus gemelos. Las actitudes variaban desde la más positiva ("mi rayito de sol") hasta las más negativas ("ojalá nunca hubiera nacido... es una vaca, la odio") (citado en Caspi y cols., 2004, p. 153).

Muchas madres suponen que las diferencias en cuanto a la personalidad que observan en sus gemelos es innata, pero en realidad, sus palabras revelan que la conducta de las madres alienta a que se produzcan las diferencias:

> Susan puede ser muy dulce. Ama a los bebés... quizás sea insegura... revolotea y baila por todos lados... Es un poco hueca... Es excepcionalmente vanidosa, mucho más que Ann. Ann ama todos los deportes de pelota, es muy deportista, se trepa a los árboles, bastante machona. Una es verdaderamente machona y la otra una niña femenina. Aun cuando

eran bebés siempre las vestía diferente: a una de celeste y a la otra de rosa.

[Citado en Caspi y cols., 2004, p. 156]

Algunas madres eran mucho más negativas hacia uno de sus hijos que hacia el otro:

Él estaba en el hospital y todos decían, "pobre Jeff, pobre Jeff", y comencé a pensar: "está bien, ¿y yo qué? Yo era quien había tenido gemelos. Yo era la que tenía que salir adelante, él sólo es un bebé de siete semanas y no sabe nada de esto"... Tomé distancia y volqué mis sentimientos hacia Mike.

[Citado en Caspi y cols., 2004, p. 156]

Cuando esta mujer se divorció de su esposo, ella culpó a Jeff de preferir a su padre: "Jeff haría cualquier cosa por Don pero no por mí, sin importar lo que yo haga por ellos, nunca es lo correcto" (p. 175). Ella pensaba que Mike era mucho más adorable.

Aun cuando los investigadores controlaron los genes, el género y la edad, así como las diferencias en cuanto a personalidad en el jardín de infantes (midiendo, entre otras cosas, las conductas antisociales evaluadas por los maestros de los niños), las madres influían en los niños. Los gemelos cuyas madres eran más negativas hacia ellos tendían, según sus maestros, a ser más antisociales, –es decir, con un aumento en la tendencia a pelear, robar y a lastimar a los otros–, entre los 5 y los 7 años. Los aspectos no compartidos de su entorno, particularmente las actitudes de las madres, hacían la diferencia.

Por lo tanto, "las actitudes emocionales maternas hacia los hijos se asociaron con su conducta antisocial" (p. 157). No hay duda de que todos los otros factores ya mencionados (pares, nivel socioeconómico, etc., son influencias importantes, pero esta investigación que demostró cambios medibles en los gemelos idénticos en sólo dos años confirma la creencia popular de que los padres también importan.

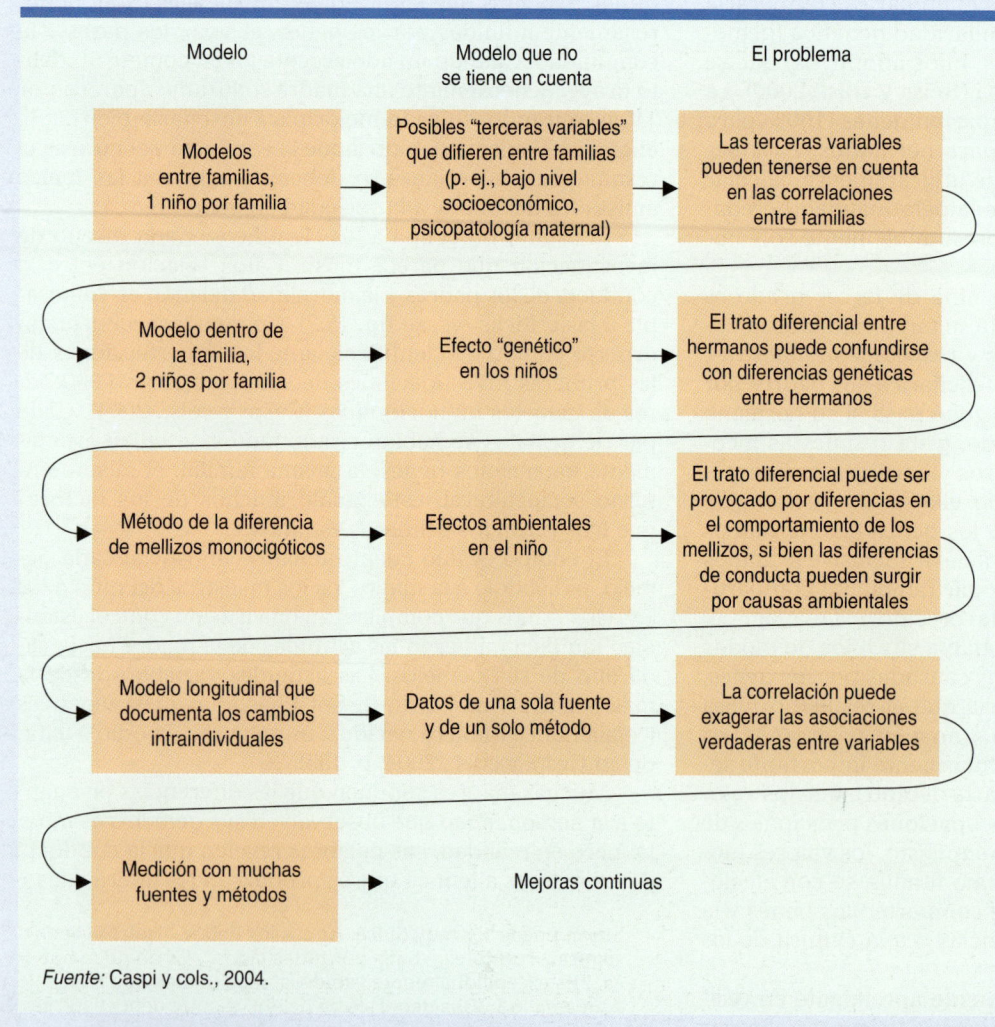

Modelo

Modelo que no se tiene en cuenta

El problema

Modelos entre familias, 1 niño por familia → Posibles "terceras variables" que difieren entre familias (p. ej., bajo nivel socioeconómico, psicopatología maternal) → Las terceras variables pueden tenerse en cuenta en las correlaciones entre familias

Modelo dentro de la familia, 2 niños por familia → Efecto "genético" en los niños → El trato diferencial entre hermanos puede confundirse con diferencias genéticas entre hermanos

Método de la diferencia de mellizos monocigóticos → Efectos ambientales en el niño → El trato diferencial puede ser provocado por diferencias en el comportamiento de los mellizos, si bien las diferencias de conducta pueden surgir por causas ambientales

Modelo longitudinal que documenta los cambios intraindividuales → Datos de una sola fuente y de un solo método → La correlación puede exagerar las asociaciones verdaderas entre variables

Medición con muchas fuentes y métodos → Mejoras continuas

Fuente: Caspi y cols., 2004.

FIGURA 13.2 **Mejoras en el diseño de investigación** Antes de diseñar un estudio, los investigadores identifican las debilidades de los estudios anteriores para considerar maneras de evitarlas. Este gráfico muestra los análisis preliminares hechos por el equipo que descubrió que las actitudes de los padres tienen un efecto directo sobre el comportamiento de los niños. Ellos comprenden que siempre son posibles las "mejoras continuas" en la investigación.

Todas las familias no son iguales

Una vez que admitimos que las familias influyen en los niños, viene la pregunta: ¿qué configuraciones y patrones son los mejores y cuáles son destructivos? Ésta es una preocupación urgente de padres, psicólogos, líderes políticos y muchos más.

Usted ya conoce, lo hemos estudiado en los capítulos 7 y 10, que los padres necesitan responder a sus hijos brindándoles orientación y apoyo. Pero ¿se benefician los niños si los padres se casan, se divorcian y se vuelven a casar? ¿Qué pasa con las familias que se mudan, se vuelven ricas o discuten mucho? A veces las respuestas son sorprendentes. Para empezar a responder necesitaremos distinguir la función familiar de la estructura familiar.

Función y disfunción familiar

La **función familiar** refiere a la manera en que una familia trabaja para conocer las necesidades de sus miembros. Todos necesitan amor y aliento, pero cada necesidad en particular varía con el desarrollo: los niños precisan mayor cuidado y atención; los adolescentes, libertad y orientación, y los jóvenes adultos necesitan paz y privacidad.

Los niños de edad escolar requieren que sus familias realicen cinco cosas:

1. *Proporcionar alimentos, vestimenta y resguardo.* Los niños se alimentan, se visten, se duchan y duermen por sí solos, pero no pueden satisfacer sus necesidades básicas sin ayuda.
2. *Fomentar el aprendizaje.* Una tarea crítica durante la edad escolar para llegar a dominar las capacidades sociales y académicas. Las familias pueden ayudar de muchas formas, como apoyo y como guía de la educación.
3. *Ayudar a desarrollar su dignidad.* Mientras se vuelven más maduros cognitivamente, los niños llegan a ser más autocríticos. Las familias ayudan a que sus niños se sientan capaces, amados y apreciados.
4. *Cultivar relaciones con sus pares.* Las familias proveen tiempo, espacio y oportunidad para fomentar la amistad.
5. *Asegurar armonía y estabilidad.* Los niños necesitan sentirse seguros y estables, con rutinas familiares protectoras y previsibles. Los niños de edad escolar son particularmente sensibles a los cambios.

función familiar Formas en que funciona una familia para satisfacer las necesidades de sus miembros. Los niños necesitan que sus familias satisfagan sus necesidades materiales básicas, estimulen el aprendizaje, alienten el desarrollo de la autoestima, fomenten la amistad con otros niños y proporcionen armonía y estabilidad.

KATHY MCLAUGHLIN / THE IMAGE WORKS

Conocer la necesidad de estar a la moda
Una niña de 10 años a quien le crecen rápido los pies siempre necesita zapatos nuevos, y la presión de sus pares favorece ciertos estilos de calzado. Aquí, la hermana de Rebekah espera y mira cómo su madre trata de encontrar una bota que le vaya bien y esté a la moda.

estructura familiar Relaciones legales y genéticas (p. ej., de familia nuclear, extendida, de la unión previa de los cónyuges) entre los miembros de una familia que viven en la misma casa.

De esta manera, las familias proveen recursos materiales y cognitivos así como seguridad emocional, para que los niños crezcan en cuerpo y mente. Ninguna familia funciona siempre a la perfección, pero algunas fallas son peores que otras. Hacia el final de este capítulo se tratarán dos disfunciones: pobreza y conflicto.

Estructuras diversas

La otra categoría es la **estructura familiar**, que refiere a las conexiones legales y genéticas entre parientes que viven bajo el mismo techo. Muchos de los que viven en la misma casa (incluyendo un tercio de las casas de Estados Unidos) no tienen ninguna "estructura familiar", porque la persona vive sola o vive con gente que no es miembro de su familia. Más aún, muchas "familias que comparten la casa" no tienen niños a cargo (por ejemplo, una pareja casada sin hijos o un padre que vive con su hijo adulto). Alrededor de la mitad de las familias que comparten la misma casa en Italia y en Japón entran en esta categoría, porque en esos países muchas familias no tienen hijos pequeños (la tasa de natalidad es muy baja), pero muchos jóvenes adultos italianos y japoneses viven con sus padres.

Los diversos tipos de estructura familiar están detallados en el cuadro 13.2. La manera más fácil de clasificar las estructuras familiares es de acuerdo a si el

| CUADRO 13.2 | **Estructuras familiares comunes** (con porcentajes de niños estadounidenses de 6 a 11 años de cada tipo familiar) |

Familias biparentales (71%)

La mayoría de las familias humanas tiene dos padres. Estas familias son de diversos tipos

1. **Familia nuclear** (59%) Toma su nombre del núcleo (partículas fuertemente unidas en la parte central del átomo): la familia nuclear consiste en marido y mujer y sus hijos biológicos. Alrededor de la mitad de las familias con hijos son nucleares. Esta categoría incluye a la familia extendida en la que ambos padres viven con los padres de uno de los cónyuges o cuando una pareja de abuelos actúan como padre y madre
2. **Familia de padrastros** (10%) Los padres divorciados (Stewart y cols., 2003) son propensos a volver a casarse. Por lo general, los hijos del matrimonio anterior no viven con ellos, pero si lo hacen, están en una familia de padrastros. Las madres son menos propensas a formar un nuevo matrimonio, pero cuando lo hacen, los niños viven con ella y su padrastro. Muchos niños pasan algún tiempo en una familia de padrastros, pero relativamente pocos niños pasan toda su infancia en estas familias
3. **Familia mezclada** Una familia de padrastros que incluye niños de diversas familias, como los hijos biológicos de matrimonios anteriores de los esposos y los hijos biológicos de la nueva pareja. Este tipo de familia es una estructura particularmente difícil para los niños de edad escolar
4. **Familia adoptiva** (2%) Aunque un tercio de las parejas casadas estériles adoptan hijos, existen menos niños para adoptar que en las décadas anteriores, lo que significa que la mayoría de las familias adoptivas posee sólo uno o dos hijos
5. **Familia polígama** (0%) En algunos países, es común que un hombre tenga varias esposas, cada una con sus hijos. Esto se considera una familia biparental

Familias monoparentales (25%)*

Las familias de un solo padre son cada vez más comunes, pero suelen tener menos hijos que las familias biparentales

1. **Madre soltera, no casada** (11%) Muchos bebés (alrededor de un tercio de los recién nacidos de Estados Unidos) son hijos de madres solteras, pero la mayoría de estas madres tiene la intención de casarse algún día (Musick, 2002). Muchas de ellas se casan con el padre de su hijo o con otro. En la edad escolar, estos niños tienen a menudo familias biparentales
2. **Madre soltera, divorciada** (11%) Aunque muchos matrimonios terminan en divorcio (casi la mitad en los Estados Unidos, menos en otros países), muchas parejas divorciadas no tienen hijos y muchas otras vuelven a casarse. De este modo, muchas mujeres divorciadas no tiene hijos que vivan con ellas
3. **Padre soltero, divorciado o no casado** (3%) Alrededor de uno de cada cinco padres divorciados o no casados poseen la custodia física de sus hijos. Esta estructura no es común, pero es el tipo que más rápidamente se incrementa

Otros tipos de familias

Algunos niños viven en formas especiales de familias de uno o dos padres, que se describen aquí

1. **Familia extendida** Muchos niños (alrededor de 7% en los Estados Unidos, pero más en otros países) viven con sus abuelos y con uno o ambos padres
2. **Abuelos solos** Para algunos niños de edad escolar, sus "padres" son sus abuelos, porque sus padres biológicos han muerto o están incapacitados para vivir con ellos. Este tipo de familia está en aumento, especialmente en África, en donde la epidemia de SIDA mata muchos adultos
3. **Familia homosexual** Algunos niños de edad escolar viven con una familia homosexual, normalmente cuando el padre que posee la tutela tiene una pareja homosexual. Menos a menudo, una pareja homosexual adopta un hijo o una pareja de lesbianas concibe uno (Patterson, 2002). Las diferentes leyes y normas determinan si éstas son familias mono o biparentales
4. **Familia de acogida** Este tipo de familia por lo general es considerada temporaria, y los niños se categorizan por su estructura familiar original. Si no, se incluirán en algunos de los tipos familiares anteriores

* El restante 4% de los niños no vive con ninguno de sus padres.
Fuente: Los porcentajes son del U.S. Bureau of the Census, 2005.

niño vive con uno de los padres o los dos, en donde *padre* significa un adulto que le provee cuidado (no siempre es el padre o madre biológicos). La mayoría de los niños en edad escolar viven en hogares con ambos padres, con la **familia nuclear** (una pareja casada y sus hijos biológicos) que todavía es la estructura más común.

Actualmente en los Estados Unidos, comparado con otras naciones y con décadas anteriores, hay muchas casas en las que los padres son solteros. Alrededor de un cuarto de todos los niños de edad escolar pertenecieron a esos hogares en algún momento en particular, aunque dos tercios de los niños de Estados Unidos pasarán un año o más en una familia monoparental antes de alcanzar la adultez. Algunos de esos niños viven realmente con dos adultos cuidadores, pero el segundo adulto es la pareja de uno de sus padres (padre biológico o potencial padrastro) o con sus abuelos. Pocos niños viven exclusivamente con un solo mayor desde su nacimiento hasta la adultez.

La familia nuclear y la de un solo padre contrasta algunas veces con la **familia extendida**, en la que los niños no sólo viven con sus padres sino también con otros parientes (normalmente los abuelos, pero también tías, tíos y primos). Las familias extendidas son normales entre las personas de bajos ingresos, en parte porque se comparten los gastos de la casa y las responsabilidades. Estas familias son la estructura típica en muchos países en desarrollo y son comunes en Norteamérica entre inmigrantes y minorías étnicas.

Conexión entre estructura y función

Ahora que hemos explicado la diferencia entre la estructura familiar y la función familiar, necesitamos explicar que están entrecruzadas de varias maneras. Por ejemplo, los niños que crecen en familias nucleares tienen mayores probabilidades de finalizar la escuela secundaria, ir a la universidad, obedecer las leyes, tener un matrimonio feliz y elegir una profesión que los satisfaga. Por el contrario, los de familias de madres solteras que nunca se casaron "corren mayor riesgo" y les va peor en casi todos los aspectos (Carlson y Corcoran, 2001, p. 789). Pero el éxito de un niño dentro de una familia nuclear o el riesgo que corre en un hogar de un solo padre puede el ser resultado de la función familiar, y no de su estructura. Las familias nucleares tienden a tener mayores ingresos y mayor estabilidad, y las madres solteras tienden a tener familias inestables, con una serie de parejas, períodos de soledad y de convivencia con parientes (Raley y Wildsmith, 2004). Estos cambios afectan al niño más que el hecho de tener una madre soltera.

familia nuclear Familia formada por el padre, la madre y los hijos biológicos de ambos y menores de 18 años.

familia extendida Familia formada por tres o más generaciones de individuos que viven en la misma casa.

ESPECIALMENTE PARA LECTORES QUE TIENEN PADRES MADUROS Su madre le dice que extraña el hecho de cuidar a un niño pequeño y que quiere formar una familia de acogida. ¿Qué le aconsejaría?

BILL ARON / PHOTOEDIT, INC.

Una combinación confortable La familia mezclada —esposo, esposa e hijos de matrimonios previos— a menudo generan resentimientos, depresión y rebelión en los hijos. Éste no es aparentemente el caso de la familia que aquí se muestra, lo que provee una evidencia alentadora de que cualquier estructura familiar es adecuada y funciona bien.

familia mezclada Familia compuesta por dos adultos y los hijos de la unión previa de uno de ellos, de ambos o de su nueva unión.

Respuesta para lectores que tienen padres maduros (de p. 411): la familia de acogida es probablemente el tipo más difícil de paternidad, aunque pueden recibirse muchas gratificaciones si se brinda todo el apoyo necesario y puede establecerse un acuerdo a largo plazo. Aconséjele a su madre que se asegure que dispone de ayuda médica, psicológica y educacional en caso de necesitarla y que la agencia realmente se preocupe del bienestar de los niños.

De manera similar, una **familia mezclada**, una pareja casada con hijos de parejas anteriores, tiende a tener las ventajas financieras de una familia nuclear, lo cual ayuda a los niños. Pero las familias mezcladas también suelen ser inestables, los hijos mayores se van, nace otro niño y el matrimonio mismo es más propenso a disolverse que el primero. Dependiendo en parte de la economía de los adultos y la seguridad emocional, dentro de las familias mezcladas algunos niños se desarrollan y otros sufren. Nótese que el resultado depende de la función familiar, y no de la estructura.

Esto no significa que la estructura sea irrelevante. Algunas tienden a formarse con adultos que tienen probabilidades de ser buenos padres y luego sacar lo mejor de ellos. Por ejemplo, la fortaleza financiera y emocional de una persona influye en su probabilidad de casarse, tener hijos, mantener el matrimonio y ser un buen padre. Y si una persona se casa con alguien que es buen padre y que está seguro financieramente, estará predispuesto a permanecer casado, lo que beneficia a los niños.

Las estadísticas de correlación muestran que los adultos casados suelen tener mejores ingresos, mayor nivel educativo, ser más saludables, más flexibles y menos hostiles, y todo eso ya sucedía antes de casarse. Esto continúa después de la paternidad, cuando se los compara con adultos que nunca se casaron o se divorciaron. Más aún, el simple hecho de que los niños pertenecientes a una familia nuclear compartan genes y un hogar con sus padres casados incrementa las probabilidades de que los padres estén activamente involucrados en sus vidas. Dos adultos, no sólo uno, pueden enseñarles a atar sus zapatos, leerles un cuento antes de dormir, revisar su tarea y mucho más.

Cualquier comparación de las ventajas de una estructura familiar con otra depende en parte de cada padre individual involucrado y en parte de la cultura en la que viven, y ambas afectan tanto la estructura como la función (Heuveline y Timberlake, 2004). Por ejemplo, muchos padres franceses no están casados legalmente, pero funcionan como lo hace un matrimonio en otras naciones, compartiendo la misma casa y las tareas de criar a sus hijos, y a menudo permanecen juntos más tiempo que los adultos casados de Estados Unidos. De este modo, la estructura del *concubinato* funciona bien para los niños franceses. Sin embargo, en los Estados Unidos, los padres en concubinato son menos estables que los padres casados, lo que hace a la estructura, en promedio, menos funcional para los niños.

Las relaciones entre matrimonio, divorcio y paternidad varían también entre los grupos étnicos. Por ejemplo, entre los estadounidenses de origen hispano y los asiáticos, los lazos familiares son fuertemente valorados. Como consecuencia, en comparación con otros grupos étnicos norteamericanos, es más probable que los embarazos prematrimoniales entre hipanos y entre asiáticos conduzcan al matrimonio, y éste normalmente conlleva dedicación a la crianza de los niños por parte de ambos padres. El divorcio es menos probable que entre las parejas de estadounidenses negros o de ascendencia europea del mismo nivel socioeconómico.

Sin embargo en caso de divorcio, los padres de origen hispano son *menos* propensos a permanecer activamente involucrados con sus hijos que los padres negros o de origen europeo (King y cols., 2004). Es evidente que la estructura familiar, en relación con la etnia, afecta la función familiar.

Todos los datos señalan que aunque la estructura no determina la función, puede afectarla. Algunos niños en todas las estructuras familiares se desarrollan bien y otros corren serios riesgos; "no es suficiente saber que un individuo vive en una estructura familiar en particular sino saber también qué lugar ocupa dentro de esa estructura" (Landsford y cols., 2001, p. 850). Esto es cierto en todas las culturas; la función es fundamental sin importar si la familia vive en Moscú, Montreal o en la ciudad de México.

El origen de los problemas dentro de la familia

Observaremos ahora dos factores que pueden interferir con la buena función familiar en cualquier país: los bajos ingresos y muchos conflictos. Aunque el estrés y el conflicto financiero se influyen entre sí, los trataremos separadamente. Pero primero, consideraremos un ejemplo que ilustra cómo y por qué a menudo coexisten.

Supongamos que un niño de tres años vuelca su leche, como suele suceder con todos los niños de tres años. La respuesta paternal armoniosa sería volcar otro poco y aprovechar la oportunidad para enseñar al niño a limpiarla, acompañado de una sonrisa y un comentario que ayude a la unión familiar, como "todos cometemos errores a veces". Sin embargo, ¿qué pasaría si el padre se sintiera abrumado por el desemplco, tuviera el alquiler vencido y los niños mayores le pidieran dinero para comprar un libro escolar? Tal vez la leche había sido comprada con el último cupón de comida disponible, no hay más leche y los padres no tienen dinero para comprarla. Es probable que se produzca un conflicto al que se agreguen gritos, llantos y acusaciones (un hermano celoso podría decir "lo hizo a propósito"). La pobreza hace que la paciencia de los padres se pierda junto con la leche.

Los ingresos familiares

Los ingresos económicos de la familia se correlacionan en gran medida con su función y su estructura (McLoyd, 1998; Yeung y cols., 2002). Directa o indirectamente, todas las funciones familiares mejoran con un ingreso adecuado (Yeung y cols., 2002), en especial para los niños de 6 a 9 años. (Gennetian y Miller, 2002).

Aunque todos los científicos sociales están de acuerdo en que el ingreso es crucial en la vida familiar, ellos discrepan en algunas cosas en particular. ¿Es el único factor importante o sólo uno de varias influencias potentes? El niño ¿sufrirá más si en su hogar hay pobreza constante o si los ingresos familiares fluctúan? La pobreza ¿es más destructiva en la niñez temprana o más tarde, cuando los niños van al colegio? ¿Puede una familia ser muy rica y también muy pobre? (Ackerman y cols., 2004; Conger y cols., 2002; Hetherington y cols., 1998).

Para comprender exactamente cómo los ingresos afectan el desarrollo del niño, considere el *modelo de estrés familiar*. En los países desarrollados, la pobreza en teoría no daña al niño: muchos niños de familias con bajos ingresos poseen alimento adecuado, ropa y otras necesidades. Sin embargo, las dificultades económicas incrementan el estrés, que a menudo hace que los adultos se sientan menos felices con sus matrimonios y más propensos a ser severos y hostiles con sus hijos (Conger y cols., 2002, Parke y cols., 2004). Así, la reacción de los padres ante la pobreza es un factor crucial.

La reacción de los padres ante la riqueza puede ser también un problema. Las familias muy adineradas también crían a sus hijos con altas tasas de problemas emocionales, que incluyen abuso de drogas y delincuencia. Nuevamente se cree que la razón es el estrés, en este caso el estrés de mantener o superar un nivel de vida alto, lo esperado, lo que hace que los padres estén demasiado ocupados como para estar un tiempo con sus hijos con tranquilidad y presiona a los niños a que sean superestrellas en muchos ámbitos. Este estrés puede ser excesivo en algunas familias (Luthar, 2003).

El modelo del estrés familiar también ayuda a predecir el impacto de las fluctuaciones en los ingresos. Si una pareja con ingresos medios espera alcanzar un ingreso mejor y resulta ser peor, cada miembro culpará al otro, se volverán depresivos y hostiles con sus hijos. Por el contrario, si los padres esperan ingresos bajos, pero llegan a tener ingresos de clase media y luego vuelven a ser pobres, estarán menos enojados y deprimidos y, por consiguiente, serán buenos padres.

La importancia del estrés familiar emerge cuando se compara a los niños dentro de la misma estructura familiar. Por ejemplo es más probable que en las familias extendidas con varios miembros educados y asalariados críen niños más educados y felices que las familias extendidas que reciben asistencia pública, porque estos últimos están estresados por su estado (Rumbaut y Portes, 2001). Asimismo, los niños que viven en casa de madres solteras tienen mejores logros en la escuela si el padre aporta regular y adecuadamente una ayuda económica (Graham y Beller, 2002) o si el estado subsidia a los padres solteros (como sucede en Austria o Islandia) (Pong y cols., 2003). Finalmente, los riesgos que un niño de madre adolescente encuentra para un desarrollo óptimo están más claramente relacionados con el nivel socioeconómico de la madre que con su edad (Jaffee y cols., 2001; Turley, 2003),

En general, las dificultades económicas (tanto la pobreza crónica o la súbita pérdida de ingresos) llevan a la irritabilidad y a la depresión entre los adultos, situación que los hace hostiles contra sus cónyuges o sus hijos, y por lo tanto, no son los padres cariñosos, firmes y generosos que podrían ser (Conger y cols., 2002; Parke y cols., 2004). Las consecuencias particulares de las dificultades económicas varían de una familia a otra y de grupo étnico a grupo étnico (algunas personas pueden soportarlo, otras son vulnerables). Sin embargo las tendencias son universales, evidentes en muchos países. Los problemas económicos perjudican la función familiar.

Armonía y estabilidad

El segundo factor que tiene un impacto fundamental en los niños en edad escolar es qué grado de armonía y estabilidad caracterizan la interacción familiar (Buehler y Gerard, 2002; Khaleque y Rohner, 2002). Lo ideal sería que los padres no estén en conflicto ni insatisfechos. Ellos trabajan cooperativamente en una *alianza parental,* es decir, en la relación armoniosa que les permite apoyarse mutuamente para la crianza de los hijos.

La importancia de la armonía en la familia explica por qué las familias mezcladas pueden ser problemáticas (Hetherington y Kelly, 2002). Los celos, el estrés y los conflictos son casi inevitables cuando un niño repentinamente debe compartir el hogar con otros niños y aparece un nuevo adulto que ejerce autoridad. Las alianzas parentales homogéneas tardan años en formarse (razón por la cual un matrimonio afectará mucho más al primer hijo que a los que lleguen luego).

El bienestar de los niños decae si los miembros de la familia pelean, especialmente cuando los padres se agreden física o verbalmente. (Cummings y Davies, 1994). En realidad, el conflicto mismo puede no ser destructivo si los padres discrepan y luego se reconcilian (Cummings y cols., 2003). Este patrón puede enseñar a los niños cómo solucionar conflictos con sus pares. Pero las peleas de algunos padres terminan cuando uno de ellos se va y el otro se queda sollozando. Se genera resentimiento, y eso no es un buen ejemplo para los niños.

La necesidad de armonía de los niños también ayuda a explicar por qué la familia monoparental es riesgosa. Los hogares con madres solteras *pueden* ser armoniosos y estables pero normalmente no lo son. La mayoría de las madres solteras son jóvenes y pobres; a menudo cambian de trabajo, de hogar y de pareja, conviven, se casan, se divorcian y se vuelven a casar desde que el niño nace hasta que tiene 18 años (Bumpass y Lu, 2000). Cualquiera de estos cambios es estresante para cualquier miembro de la familia, y el estrés de la madre por lo general se trasmite a su hijo. En las familias con muchos cambios, los niños son más propensos a abandonar la escuela, a consumir drogas, a delinquir y tener sus propios hijos antes de los 20 años (McLanahan, 2005).

Los niños se ven particularmente afectados por las transiciones múltiples; ellos sufren más si hay una serie de separaciones que si viven en un hogar con una madre soltera estable y también si los cambios se producen todos juntos que si suceden de a uno por vez (Hetherington y Elmore, 2003). Los logros escolares decaen y sus amistades flaquean cuando el niño experimenta un divorcio, un nuevo casamiento o cualquier otra transición familiar.

La importancia de la calidez y la estabilidad también ayuda a explicar una diferencia étnica en la efectividad de los estilos de paternidad. Como recordará, en el capítulo 10, los padres que imparten una crianza disciplinada –marcada por la orientación afectuosa y una disciplina acorde– generalmente tienen mayores probabilidades de criar niños sociables, seguros de sí mismos y talentosos que los de los padres autoritarios o permisivos. Esto es tan cierto para niños mayores como para preescolares, y este tipo de paternidad se encuentra entre familias de cualquier estructura, ingreso, formación cultural y etnia (Amato y Fowler, 2002).

Sin embargo, un subgrupo de familias no encaja en esta generalización. Los padres que utilizan una disciplina severa, especialmente el castigo físico, son a menudo considerados autoritarios (y no padres que educan con disciplina), pero sus hijos a veces llegan

La familia monoparental Los padres únicos son de dos tipos: solteros y divorciados. Esta mujer divorciada es pediatra, por lo que ella y su hija poseen un mayor ingreso que el de la mayoría de las otras familias monoparentales. Para combatir los riesgos que enfrentan los padres únicos –lo que incluye la soledad, la baja autoestima y las peleas continuas con el ex cónyuge– ella ha establecido un centro de asesoramiento a divorciados en su pueblo natal de Michigan.

a ser felices y exitosos, especialmente si no son estadounidenses de ascendencia europea (Chao, 2001; Hill y cols., 2003; McLoyd y Smith, 2002).

La calidez y estabilidad de la familia pueden explicar esta paradoja: muchas familias que pertenecen a minorías étnicas imponen a sus hijos una disciplina rigurosa pero también son cálidos con ellos. Disfrutan de lo que hacen sus hijos, aprecian lo que dicen y creen en sus potencialidades. Los niños podrían percibir esta disciplina como un signo de cuidado y responsabilidad, y su obediencia puede mejorar la armonía de la familia (Stewart y Bond, 2002). Los padres podrían permanecer juntos en parte porque son unidos y porque sus hijos son respetuosos.

La armonía y continuidad del hogar puede ser también impartida por los vecinos. Las comunidades inmigrantes y los estadounidenses negros tienden a no aislar a las madres solteras (Roschelle, 1997). A menudo un hombre que no es el padre biológico (a veces el hermano o el padre de la madre) se vuelve un "padre social" para el niño y es particularmente probable que ayude al niño en el aprendizaje (Jayakody y Kalil, 2002). Las abuelas a menudo viven cerca y proveen orientación, calidez y ayuda práctica.

Generalmente, las familias socialmente arraigadas, las cuales son una parte vital de la sociedad, otorgan a los niños un gran sentido del honor familiar y orgullo étnico. Los niños tratan de que sus familias estén orgullosas (Hill y cols., 2003). Esta calidez, armonía y orgullo pueden vencer, en parte, al estrés de la familia monoparental. También puede reducir conflictos entre generaciones. En la India, un estudio encontró que la tasa de conflictos padre-hijo era muy baja en comparación con la de familias de Estados Unidos. La hipótesis de los autores fue que la razón podría ser que las familias estaban arraigadas en una gran cultura familiar, de manera que todos los miembros de la familia sentían que la armonía y la cooperación era mejor que el desacuerdo (Larson y cols., 2003).

ESPECIALMENTE PARA PADRES SOLTEROS Ha escuchado que los niños que se crian en familias de un solo padre tienen dificultades para establecer relaciones íntimas cuando son adolescentes y adultos. ¿Qué puede hacer usted en relación con esta posibilidad?

TEMAS PARA EL ANÁLISIS

El divorcio y el nuevo matrimonio

Los padres quieren "lo mejor" para sus hijos. Pero la realidad a veces obliga a hacer elecciones difíciles. ¿Qué es lo mejor?

- Matrimonios en los que predomina el maltrato.
- Divorcios con hostilidad.
- Familia monoparental estresante.
- Nuevos matrimonios con hijastros.

Matrimonios con maltrato cotidiano, divorcios que despiertan hostilidad, madres solteras solas y estresadas y nuevos matrimonios que incoporan parientes políticos, son todas situaciones que pueden hacer que los niños desarrollen problemas emocionales y fallas en el rendimiento escolar (Hetherington y Elmore, 2003). ¿Qué pasaría si fueran las únicas elecciones del adulto? En diferentes circunstancias, cada una de estas situaciones puede ser "la mejor".

Considere los dos factores específicos descritos. Primero, los ingresos económicos. Es más caro mantener a dos personas en el hogar que a una. Luego del divorcio, la mayoría de los gastos familiares –para la vivienda, la comida, el transporte, etc.– se duplican, o casi. Inclusive si el padre que no posee la tutela paga un sustento (lo que sucede menos de la mitad de las veces), los ingresos familiares casi siempre disminuyen luego del divorcio.

Los niños mayores son los que más empeoran ante la disminución de los ingresos. La universidad, por ejemplo, puede ser cara y muchos acuerdos sobre la ayuda económica al niño se extienden sólo hasta los 18 años. Un nuevo casamiento, a veces con hijastros, alivia el estrés financiero, pero muchos padrastros son reacios a realizar mayores gastos (escuela, medicina prepaga y terapia psicológica, una habitación separada) para un hijastro que es distante, problemático u hostil (como lo son muchos).

En segundo lugar, la armonía y la estabilidad. Si los padres casados son abiertamente hostiles entre ellos, o un miembro de la pareja abusa del niño, la separación puede disminuir el conflicto y beneficiar al niño. Éste es el caso en casi un tercio de los divorcios. Por el contrario, si los padres se divorcian porque ya no se quieren, los niños pueden preferir que sus padres permanezcan juntos (Booth y Amato, 2001).

> Los niños de familias con bajo nivel de conflictos maritales casi nunca están mejor si sus padres se divorcian, mientras que aquellos de familias conflictivas se sentirán mejor ante el divorcio si y sólo si el divorcio disminuye el conflicto, lo que frecuentemente no sucede... Las políticas de disminución y protección al niño del conflicto... deben continuar.
>
> *[Braver y cols., 2004, p. 65]*

Durante un divorcio, un nuevo matrimonio o cuando la madre es soltera, los adultos involucran a los niños en conflictos o emociones que no deberían experimentar. A veces se obliga a los niños a tomar partido y a veces los adultos utilizan al niño para validar su propio atractivo o su autoestima (Jacobvitz y cols., 2004). Los niños pueden sentirse compelidos a resolver problemas de los adultos (como enfermedades, apremios económicos o problemas en el trabajo) o volverse confidentes o compañeros románticos (con mayor contacto físico, o situaciones de colecho).

Los padres pueden interferir con la necesidad de privacidad e independencia que tiene el niño, tomando decisiones acerca de lo que el niño debe vestir, por ejemplo, o pueden desestimar sus sentimientos de enojo, soledad o cariño por el otro padre. Una madre puede pensar que halaga al niño preguntándole cómo le queda su nuevo vestido, o un padre puede pensar que mantiene sus principios cuando le dice a su hija que ningún muchacho es lo suficientemente bueno para ella. Todas estas acciones parentales controladoras (denominadas *conflictos de los límites*, debido a que los límites adulto-niño no se respetan), aumentan las dificultades entre ellos, ya sea en forma manifiesta o encubierta, y dañan al niño (Jacobvitz y cols., 2004) Si los padres tienen una relación adulta satisfactoria, generalmente permiten a los niños ser ellos mismos y no provocan disturbios en su desarrollo.

Algunos niños, atrapados en el medio de los problemas de los padres, se tornan excesivamente resentidos o ansiosos en la escuela, y no pueden mantener vínculos estrechos de amistad, o aun estudiar tranquilos. Es fundamental para los padres equilibrar la libertad y las restricciones, la privacidad y la intervención. Como se ha descrito en el capítulo 10, tanto el autoritarismo como la crianza permisiva pueden tener un efecto contraproducente, y el estrés hace que la crianza sea ineficaz.

Si volvemos a las cuatro elecciones difíciles, ¿cuál es la mejor? Un equipo que estudió familias durante décadas escribió: "Lo que es más sorprendente luego de un divorcio y un nuevo matrimonio es... la diversidad en las experiencias y en las consecuencias para los padres y para los hijos" (Hetherington y Elmore, 2003, p. 183). No hay respuestas simples.

Ambos padres, idealmente, deben ser parte de la solución, asegurándose de que los ingresos no disminuirán y que los conflictos no aumentarán. La custodia y la crianza compartidas generalmente benefician a los niños, tanto en el aspecto financiero como emocional, en la medida que los adultos se pongan de acuerdo. El consejo profesional para los adultos centrado en las necesidades de los niños antes de hacer cambios estructurales puede ser de gran ayuda (Braver y cols., 2004; Sandler y cols., 2003). El factor fundamental no es ni la estructura familiar ni el romance entre adultos, sino la crianza efectiva y responsable. Eso es "lo mejor".

RESPUESTA PARA LECTORES QUE AÚN NO SON PADRES (de p. 414): ésta es una cuestión engañosa, ya que el factor fundamental en la crianza de los niños es la auténtica calidez hacia el niño. Aunque ninguno de los planteos mencionados en la pregunta refleja el estilo ideal de autoridad, ambos pueden producir niños felices y exitosos.

RESPUESTA PARA PADRES SOLTEROS (de p. 415): no se case sólo para darle otro padre a su hijo. Si lo hiciera, las cosas podrían empeorar antes que mejorar. Haga un esfuerzo para tener amigos de ambos sexos con los que su hijo pueda interactuar.

ESPECIALMENTE PARA PADRES QUE QUIEREN DIVORCIARSE Y VOLVER A CASARSE Usted y su cónyugue quieren divorciarse y casarse con otras personas. ¿A qué edad es este paso menos nocivo para los niños?

SÍNTESIS

La familia es importante para el desarrollo del niño, pero algunos tipos de familia son mucho mejores que otros. Para los niños de edad escolar, la familia tienen cinco funciones fundamentales: proveer comida, ropa y refugio; alentar el aprendizaje; ayudar en el desarrollo de la autoestima; cultivar la amistad con sus pares, y proveerles armonía y estabilidad. Los bajos ingresos, los conflictos y los cambios interfieren con esas funciones, no importa cuál sea la estructura familiar. La familia compuesta por los dos padres es la más común, pero en muchos países una minoría considerable de familias son monoparentales (está incluida aquí la cuarta parte de las familias con niños en edad escolar en los Estados Unidos). La familia de dos padres parece ser lo mejor, pero esto podría deberse a que este tipo de familia tiende a tener ingresos más altos y pueden brindarles mayor atención a sus hijos. Las familias extendidas, las familias con abuelos, las familias monoparentales, las familias mezcladas y las adoptivas pueden ser exitosas en la crianza y lograr niños felices, aunque cada una de las familias tenga sus propios problemas. Ninguna estructura inevitablemente perjudica al niño o garantiza el buen funcionamiento familiar.

La naturaleza del niño

Ya hemos hecho referencia a los padres y a los pares: las dos influencias más importantes en el niño de edad escolar. Sin embargo, él es mucho más que una persona joven que reacciona ante la cultura infantil y las funciones familiares. Si observamos el cuadro 13.3, veremos que, de muchas maneras prácticas, los niños se vuelven más responsables y más maduros durante este período.

Para ahondar un poco más en la naturaleza del niño de edad escolar, recurriremos primero a la teoría psicoanalítica, que postula una descripción muy específica del niño en esta edad. Luego consideraremos la investigación actual de los psicólogos del desarrollo, que nos proporcionan otra serie de descripciones.

CUADRO 13.3   **EN ESTA ÉPOCA: señales de madurez psicosocial entre los 6 y los 11 años**

Los niños suelen realizar algunas tareas domésticas en casa

Los niños suelen recibir una mensualidad

Los niños presumiblemente saben la hora, y tienen horarios estipulados para diversas actividades

Los niños tienen más tarea para el hogar, a veces por varios días

Los niños casi nunca son castigados físicamente, pero sí con desaprobación o abandono

Los niños tratan de ajustarse a los estándares de sus pares, en aspectos como ropa y lenguaje

Los niños influyen en las decisiones sobre sus cuidados después de clase, lecciones y actividades

Los niños utilizan medios (televisión, ordenadores, videojuegos) sin la supervisión de un adulto

Se otorga a los niños nuevas responsabilidades de cuidar niños más pequeños, mascotas y, en algunas culturas, empleo

La teoría psicoanalítica

La teoría psicoanalítica fue la primera en describir el período que sigue a la mitad de la infancia y ha observado que los niños están ansiosos por aprender sobre su universo social en expansión. Sigmund Freud describió esta etapa como un período de **latencia**, cuando los impulsos emocionales del niño están tranquilos, sus necesidades psicosexuales reprimidas y sus conflictos inconscientes sumergidos. La eliminación de estas tres áreas es urgentemente necesaria porque los pensamientos asesinos y lujuriosos de la fase fálica (véase cap. 10) son demasiado intensos para que la mente consciente pueda soportarlos. La latencia llega a ser "un tiempo para adquirir capacidades cognitivas y asimilar valores culturales mientras los niños expanden su mundo en el que se incluyen maestros, vecinos, pares, líderes en deportes y entrenadores. La energía sexual continúa fluyendo, pero se canaliza a través de las preocupaciones sociales" (Miller, 2002, p. 131).

Erik Erikson, concuerda con Freud en que la edad escolar es un período emocionalmente tranquilo. El niño "debe olvidar los deseos y anhelos del pasado, mientras que su exuberante imaginación es domesticada y aprovechada por las leyes de las cosas impersonales" y se vuelve listo para empeñarse en las tareas y habilidades dadas" (Erikson, 1963, pp. 258, 259). Durante la crisis que Erikson denominó **laboriosidad versus inferioridad**, los niños tratan afanosamente de dominar cualquier habilidad que su cultura valore.

Los niños se juzgan a sí mismos como *laboriosos o inferiores;* esto es, capaces o incompetentes, productivos o fracasados, ganadores o perdedores. Ser productivo no sólo otorga felicidad intrínseca sino que también favorece el autocontrol, que es una defensa fundamental ante los problemas emocionales (Bradley, y Corwyn, 2005). Erikson pone énfasis en que cada necesidad psicosocial particular de cada etapa es de suma importancia psíquica para la persona durante ese período de edad.

Las preocupaciones sobre la inferioridad se evidencian en las cancioncillas escolares: "Nadie me quiere, todos me odian, voy a comer gusanos...". Esta lamentación ha perdurado durante generaciones porque captura, con un humor que los niños pueden apreciar, las incertidumbres propias de muchos niños de edad escolar.

Investigaciones acerca de la edad escolar

La siguiente autodescripción podría haber sido escrita por muchos niños de 10 años:

"Este año estoy en cuarto grado y soy bastante popular, al menos con las niñas. Eso es porque soy amable con la gente y sé guardar secretos. La mayoría de las veces soy bueno con mis amigos, aunque si estoy de mal humor puedo decir cosas malas. Trato de controlar mi carácter, pero cuando no puedo me avergüenzo de mí mismo. Casi siem-

latencia   Término de Freud que se refiere a la etapa que comienza a mediados de la niñez, durante la cual los impulsos emocionales y las necesidades psicosexuales de los niños están en calma (latentes). Freud opinaba que los conflictos sexuales de etapas anteriores están sumergidos sólo temporalmente e irrumpen una vez más con la pubertad.

laboriosidad versus inferioridad   Según Erikson, la cuarta de las ocho crisis del desarrollo psicosexual, en la cual los niños tratan de dominar muchas destrezas y desarrollan un sentido de sí mismos como laboriosos o inferiores, capaces o incompetentes.

pre estoy feliz cuando estoy con mis amigos, pero me siento triste si no hay nadie con quien hacer cosas. En el colegio, soy bastante inteligente en idiomas, dibujo y estudios sociales. En el último boletín de calificaciones obtuve sobresaliente en esas asignaturas y me sentía orgulloso de ello. Pero me siento un poco tonto en matemática y ciencias, especialmente cuando veo lo bien que les va a otros niños. Aunque no me va bien en esas asignaturas, me agrado como persona porque matemática y ciencias no son importantes para mí. Es más importante cómo me veo y qué tan popular soy. También me agrado a mí mismo porque sé que les gusto a mis padres y a otros niños. Eso ayuda a que uno se agrade.

[Citado en Harter, 1999, p. 48]

RESPUESTA PARA PADRES QUE QUIEREN DIVORCIARSE Y VOLVER A CASARSE (de p. 416): los niños generalmente prefieren que sus padres permanezcan juntos, a menos que uno de los padres los maltrate. No hay una edad mejor cuando los padres se divorcian. Sin embargo, es probable que sea peor si esas transiciones familiares ocurren cuando los niños atraviesan sus propias transiciones, como el comienzo escolar o la pubertad.

Este pasaje fue extraído de un libro sobre el autoconcepto en los niños escrito por un estudioso que se ha dedicado al desarrollo del yo durante décadas, y captura la naturaleza del niño en edad escolar tal como los investigadores la ven hoy. Durante la edad escolar, los niños se adaptan a las comparaciones sociales ("especialmente cuando veo lo bien que lo hacen los otros niños"), a experimentar el control esforzado ("trato de controlar mi carácter"), a la lealtad a sus amigos ("puedo guardar secretos"), y a apreciar a sus pares y a sus padres ("sé que les gusto a mi padres y a otros niños").

Dos características adicionales merecen mencionarse aquí. La primera es que el autoconcepto del niño en edad escolar ya no está sujeto a la perspectiva de los padres. Cada teoría y cada observador perspicaz notará que los niños se reconocen a sí mismos como diferentes de sus padres y maestros. Esto fue advertido cuando se le preguntó a un grupo de niños: "¿Quién conoce mejor lo que piensas... si estás cansado, cuál es tu comida favorita?", etc. (Burton y Mitchell, 2003). Un niño de 3 años responderá "mamá" y confiará en que sus padres les digan: "Estás cansado, te estás frotando los ojos, es hora de tomar tu siesta". Los niños comienzan a aumentar su confianza en sí mismos a medida que crecen. Por ejemplo, en este estudio, unos pocos (13%) niños de 5 años pero muchos (73%) niños de 10 años piensan que se conocen mejor que lo que que los conocen sus madres, padres o maestros (Burton y Mitchell, 2003).

La segunda característica es el cambio en el autoconcepto. El incremento de la autocomprensión, el control esforzado y la conciencia social tienen un precio. La autocrítica y la autoconciencia tienden a aparecer entre los 6 y los 12 años, y la autoestima desciende (Merrell y Gimpel, 1998), especialmente para los niños que viven situaciones de estrés inusuales (p. ej., un padre que maltrata o que es alcohólico) (Luthar y Zelazo, 2003).

Para la mayoría de los niños, la baja de la autoestima en la edad escolar es relativamente leve. Puede hacerlos más realistas y por lo tanto capaces de trabajar en las habilidades que no tienen (recuerde la discusión acerca de la metacognición en el cap. 12). Como su cognición social se vuelve más sofisticada, también se vuelven más competentes para protegerse a sí mismos: tienden a devaluar aquello para lo que son buenos y a apreciar aquello que les sale bien ("matemática y ciencias no son importantes para mí").

Algunos niños ya se sienten un poco ansiosos y estresados, y la baja de la autoestima los lleva a tener logros académicos más bajos (Pomerantz y Rudolph, 2003). Esto es particularmente cierto si el rechazo de los pares es la razón de la baja de su autoestima (Flook y cols., 2005). La pérdida del amor propio en la edad escolar puede anunciar incertidumbres emocionales y estrés psíquico en la adolescencia; este no es el camino más común, pero es el que siguen los niños que se sienten inferiores (Graber, 2004).

Como podrá observar, la autoestima es un concepto engañoso. Si es falsamente alta, hará decrecer el control esforzado y por lo tanto los logros (Baumeister y cols., 2003), pero podrían suceder las mismas consecuencias si fuera falsamente baja. Los niños que se aprecian a sí mismos y aprecian a otros niños (p. ej., cuando el yo y los pares concuerdan bien en la comparación social) tienden a tener más amigos y a ser prosociales, inclusive al defender a la víctima de un agresor si se presenta la ocasión. En contraste, los niños que se gustan a sí mismos pero no agradan a sus pares son más propensos a ser agresivos e inclusive a volverse agresores (Salmivalli y cols., 2005).

Las diferencias culturales se suman a las complicaciones. Muchos grupos enseñan a los niños a ser modestos; por ejemplo, los australianos poseen un refrán que dice que las "amapolas altas se talan" y la cultura japonesa desalienta la utilización de la comparación social para sentirse a sí mismo superior (Toyama, 2001). Aunque los niños chinos suelen sobresalir en matemáticas, sólo el 1% dijo "estar satisfecho" con resultados en esa asignatura (Snyder y cols., 2004). ¿Contribuye esta insatisfacción a su rendimiento?

Es claro que la combinación de alta autoestima con una mala opinión de los demás tiende a dejar a los niños con pocos amigos y mayor agresividad y soledad (Salmivalli y cols., 2005). La competencia social y académica se complementan con la evaluación objetiva de los logros moderados, no por una autoestima artificialmente alta (Baumeister y cols., 2003). Lograr el equilibrio justo no es fácil.

SÍNTESIS

Durante los años escolares, los niños adquieren madurez y responsabilidad. De acuerdo con la teoría psicoanalítica, la relativa calma del período de latencia facilita a los niños el dominio de nuevas habilidades y la asimilación de los valores de su cultura. Para Erikson, la crisis de la laboriosidad versus la inferioridad genera dudas sobre sí mismo en muchos niños de edad escolar.

Una investigación reciente ha identificado ciertas características que tipifican al niño de edad escolar: la conciencia de la comparación social, el incremento del control esforzado de las emociones, lealtad a los amigos, aprecio por los pares y los padres, un concepto de sí mismo que es nuevo e independiente de la perspectiva de los padres, y la disminución de la autoestima a medida que se incrementa la conciencia de la propia identidad.

Cómo afrontar los problemas

Como ya se ha visto en los tres capítulos anteriores, la expansión del mundo social de los niños y el desarrollo de la cognición a menudo conllevan problemas alarmantes. En el capítulo 11 se describieron algunas afecciones serias en la salud (obesidad y asma) que pueden afectar el desarrollo psicosocial. La formación académica saca a la superficie los problemas de aprendizaje y hace que los niños con necesidades especiales tengan plena conciencia de sus diferencias. En el capítulo 12 se ha explicado que el hablar una lengua minoritaria puede dificultar el aprendizaje académico y perjudicar la autoestima si un niño entra a una escuela en donde existe un dominio de otra lengua y otra cultura. Y en este capítulo nos hemos referido a los pares que atacan antes que apoyar, a los padres hostiles o estresados y a las familias inestables.

Todos estos problemas de la edad escolar se agravan por la persistencia prolongada de factores nocivos para niños de cualquier edad. Una de las situaciones más estresantes son los padres depresivos, los adictos a las drogas o los que están en prisión; un vencindario en ruinas, violento o con mucha delincuencia; y un hogar crónicamente hacinado, caótico y pobre.

Cada problema aumenta las posibilidades de que surjan otros problemas. Por ejemplo, las madres depresivas suelen casarse con hombres inestables emocionalmente; la pareja luego vive en un vecindario deteriorado y posee continuos problemas maritales y financieros. Algunos niños, rodeados de múltiples factores de estrés y con una reciente autoconciencia, fracasan en la escuela, pelean con sus amigos, temen al futuro, y se van a dormir llorando.

La resiliencia y el estrés

Algunos niños que experimentan problemas serios parecen, sorprendentemente, salir indemnes. Como se vio en el capítulo 1, a estos niños se los llama "resilientes" o "invencibles". Aquellos que están familiarizados con la investigación reciente, sin embargo, utilizan estos términos con precaución (véase cuadro 13.4). Lo que parece ser cierto es que todo estrés tiene un impacto, pero algunos niños lo sobrellevan tan bien que el impacto se suaviza. El éxito de estos niños ha proporcionado un nuevo objetivo a la psicología del desarrollo: fortalecer los potenciales del niño, no necesariamente eliminar los riesgos.

CUADRO 13.4	**Ideas dominantes sobre las dificultades y la capacidad de los niños para afrontarlas. Desde 1965 hasta el presente**
1965	Todos los niños tienen las mismas necesidades para un desarrollo saludable
1970	Algunas condiciones o circunstancias –como "padre ausente", "madre adolescente", "mamá que trabaja" y la "guardería"– son dañinas para todos los niños
1975	Los niños no son todos iguales. Algunos son resilientes, enfrentan fácilmente los factores estresantes que dañan a otros niños
1980	Nada causa daño indefectiblemente. De hecho, tanto el empleo materno como la educación preescolar, de los cuales se pensaba que eran factores de riesgo, por lo general benefician al niño
1985	Los factores que van más allá de la familia, tanto en la niñez (bajo peso al nacer, exposición prenatal al alcohol, temperamento agresivo) como en la comunidad (pobreza, violencia), pueden ser muy riesgosos para el niño
1990	Los análisis de riesgo y beneficio descubrieron que algunos niños parecen ser "invulnerables" e inclusive se ven beneficiados con algunas circunstancias que destruyen a otros (algunos van bien en la escuela a pesar de ser extremadamente pobres, por ejemplo)
1995	Ningún niño es completamente resiliente. Los riesgos son siempre dañinos. Si no lo son en la educación, lo son en lo emocional
2000	Los análisis de riesgo y beneficio suponen la interacción entre los tres dominios (biosocial, cognitivo y psicosocial) e incluyen factores propios del niño (genes, inteligencia, temperamento), de la familia (función y estructura) y de la comunidad (Incluye barrio, escuela, iglesia y cultura). En el largo plazo, la mayoría de las personas supera los problemas, pero los problemas son reales
Hoy	Lo central es lo positivo, no los riesgos. Los valores del niño (inteligencia, personalidad), de la familia (apego seguro, calidez), de la escuela (buenos programas escolares y extracurriculares) y del estado (sostén económico, cuidado de la salud) deben ser fomentados

Fuente: Luthar y cols., 2000; Luthar, 2003; Maton y cols., 2004; Walsh, 2002; Werner y Smith, 2001.

La resiliencia real Este cuadro simplifica la progresión de las ideas acerca de la resiliencia; algunas ideas antiguas aún son válidas, y algunas de las ideas más nuevas ya fueron expresadas hace algunas décadas. Sin embargo, el énfasis se ha modificado desde los últimos 40 años a medida que las pruebas de la investigación y las críticas han profundizado la comprensión de la resiliencia en los niños.

resiliencia Capacidad de algunas personas de tolerar situaciones que son a menudo dañinas (por ejemplo, la pobreza, la enfermedad mental, los problemas sociales y la poca inteligencia) y de adaptarse hasta el punto de fortalecerse.

Este capítulo puede hacerle recordar un episodio de su propia infancia, tal vez una transición familiar, el insulto de un compañero de clase o una pérdida súbita de la confianza en sí mismo. En vez de eliminar tales experiencias de la vida de los niños (una tarea imposible), los psicólogos del desarrollo quieren saber de qué manera los niños (incluyendo usted) los afrontan, dejando atrás los problemas para volverse adultos exitosos. Pero antes de explorar las implicaciones de esta idea, considere qué significa exactamente la resiliencia.

La **resiliencia** ha sido definida como "un proceso dinámico que abarca la adaptación positiva dentro del contexto de la adversidad significativa" (Luthar y cols., 2000, p. 543). Considere las tres partes de esta definición:

■ La resiliencia es dinámica, no es un rasgo estable. Esto significa que un niño puede ser resiliente en algunos períodos pero no en otros. Por ejemplo, un niño de familia problemática puede ser un buen lector sin importar que esté en una clase ruidosa con un maestro incompetente, pero al llegar a la adultez puede ser incapaz de establecer un matrimonio satisfactorio.

■ La resiliencia no es ausencia de patología sino una *adaptación positiva* al estrés. Por ejemplo, a una niña rechazada no se la considera resiliente si simplemente no está deprimida. Sin embargo, si el rechazo de sus compañeros de clase la lleva a establecer una relación cerrada con otra persona, tal vez un abuelo o un niño más pequeño, ella sí es resiliente.

■ La adversidad debe ser *significativa*. Hay estrés benignos (inclusive aquellos que en un primer momento se pensó que eran dañinos, como el empleo materno), algunos son de menor importancia (gran tamaño de la clase, déficit visuales) otros son de mayor importancia (discriminación por parte de los pares, descuido de los padres).

Para determinar el impacto más probable de un tipo de estrés particular en un niño, deben responderse tres preguntas: ¿Cuántas veces ha experimentado estrés? ¿Se ve afectada la vida cotidiana? ¿Qué piensa el niño sobre ello?

Factores estresantes: ¿cuántos y con qué frecuencia?

Ningún factor estresante causa inevitablemente daño por sí solo. Cualquier estrés puede ser abrumador si se lo combina con otras otros problemas. Inclusive aquellos suaves, a los que se llama "complicaciones cotidianas" (Durlak, 1998; Shaw y cols., 1994). El estrés es acumulativo: las complicaciones cotidianas agotan la capacidad de sobrellevarlo. Cada factor de estrés hace otros más probables y más dañinos (Fergusson y Horwood, 2003; Hammen, 2003).

Un ejemplo es el ruido de los aviones. Si un niño vive cerca del aeropuerto, este estrés sucede varias veces al día, pero sólo un minuto por vez. Un estudio realizado en 2 844 niños que vivían cerca de tres aeropuertos importantes descubrió que el ruido perjudicaba la capacidad de los niños para aprender a leer (Stansfeld y cols., 2005).

La conciencia del impacto del estrés acumulativo ayuda a los adultos a comprender que algunos aspectos de la vida son más estresantes para los niños que para los mayores. Como ya hemos visto, cambiar de residencia es particularmente duro para el niño de edad escolar (que tiene necesidad especial de continuidad); sin embargo, cada año alrededor del 20% de los niños se mudan de una casa a otra, una tasa tres veces mayor que la de los adultos mayores de 50 años (U.S. Bureau of the Census, 2004). Aun si la mudanza es hacia un barrio mejor, los niños de edad escolar pueden sentirse mal porque sus amigos ya no están a pasos de distancia de sus nuevos hogares. Si ellos cambian de escuela y de subcultura, el estrés es claramente mayor.

Un ejemplo ilustrativo proviene de Japón, en donde las compañías transfieren rutinariamente a sus empleados por varios años para aumentar su experiencia y para fortalecer la unidad de la compañía. Si el empleado es padre, casi la mitad de las veces se muda con su familia, el resto de las veces se muda solo y vuelve de visita. Los investigadores estudiaron a los niños de estas familias, esperando encontrar que el contacto diario con su padres beneficie al niño. Sin embargo, el niño de edad escolar se ve más beneficiado si se queda en su hogar, inclusive si los padres están ausentes (Tanaka y Nakazawa, 2005). Las madres de estas familias estaban mucho más estresadas que los niños, lo que nuevamente muestra que el mismo suceso es experimentado de diferentes maneras por personas distintas.

En todo el mundo, los niños se mudan más a menudo si disminuye el ingreso de la familia, lo que multiplica el estrés. El golpe más duro es el caso de los niños sin techo. En los Estados Unidos, los niños sin techo se mudan, en promedio, dos o tres veces *al año* antes de poder instalarse en un refugio (Buckner y cols., 1999). Este patrón por sí solo anula cualquier capacidad que tenga el niño para sobrellevarlo. Sumado a ello se cuenta el estrés diario que conlleva vivir en un refugio, incluyendo la cantidad de conflictos con extraños, la cantidad de llegadas y salidas y educación irregular. En los países desarrollados, los niños sin techo pueden llegar a dormir en un lugar diferente cada noche, y reaccionan a este estrés con inestabilidad emocional, desconfianza a todo y pensamiento irracional.

La rutinas diarias son esenciales para sobrellevar el estrés. Por ejemplo, una madre deprimida puede causar pocos efectos en su hijo si un padre disponible y emocionalmente estable le amortigua el estrés al niño o si la madre misma funciona bien con el niño. Sin embargo, ella podría volverse una fuente de estrés intenso si el niño, día tras día, debe prepararse solo para ir a la escuela, responder directa y frecuentemente al pensamiento irracional de la madre, supervisar y controlar a hermanos menores y mantener a sus amigos a una cierta distancia.

Un aspecto clave de las rutinas diarias como contribuyentes a la resiliencia es que el niño pueda tener sus propios amigos, actividades y logros sin el control de los padres. Las actividades después de hora son una buena alternativa; la participación en programas extracurriculares se correlaciona con un mayor equilibrio emocional y mejor desempeño académico (NICHD Early Child Care Research Network, 2004). Como ha visto en el capítulo 11, pertenecer a un equipo deportivo es otra buena alternativa. Para alentar la resiliencia, los grupos comunitarios, las instituciones religiosas y los programas gubernamentales pueden instituir actividades extracurriculares para todos los niños, desde un club 4-H hasta baloncesto nocturno, desde un coro hasta una pequeña liga de béisbol. Los niños que eligen sus propias actividades entre diversas posibilidades desarrollan laboriosidad más que, según los términos de Erikson, inferioridad.

La interpretación del estrés por parte del niño

La interpretación del niño puede determinar si una situación de estrés se volverá abrumadora. Un interesante estudio realizado en niños entre 8 y 11 años evaluó tres factores: el conflicto entre los padres, las reacciones estresantes en el niño y cada sentimiento en particular del niño de culpa y vulnerbilidad. Por lejos, la correlación más importante con los problemas de los niños no se verificó con las desavenencias matrimoniales propiamente dichas, sino con el sentimiento de culpa o de amenaza personal que sentían los niños: "el impacto negativo del factor estresante" es reducido en aquellos "niños que no perciben que el conflicto marital es una amenaza para ellos, y no se culpan de ello" (El-Sheikh y Harger, 2001, p. 883) (véase fig. 13.3).

Otro estudio descubrió además que la capacidad de los niños para sobrellevar el estrés dependía más de su valoración que de la naturaleza objetiva de las circunstancias (Jackson y Warren, 2000). Un estudio que duró 40 años en Hawai comenzó con bebés nacidos en la pobreza y padres alcohólicos o mentalmente enfermos. Resultó sorprendente comprobar que casi un tercio de esos niños supieron sobrellevarlo bien. Evitaron ser abrumados por los problemas familiares, eligieron destacarse en la escuela y hacer buenos amigos, y buscaron mentores que no fueran sus padres. En la adolescencia, se distanciaron de ellos. Y de adultos, dejaron atrás los problemas familiares (muchos se mudaron) y establecieron sus propias relaciones saludables (Werner y Smith, 1992, 2001). Algo similar ocurrió entre varones de familias de bajos ingresos de Boston (Vaillant, 2002).

En la niñez media particularmente, si el estrés familiar se torna difícil de soportar, el buen desempeño en la escuela es un posible escape. Un buen temperamento heredado y un cociente intelectual alto ayudan a sobrellevarlo (Curtis y Cicchetti, 2003), pero éstos no son esenciales. En el estudio de Hawai, "una razonable orientación al logro, la perseverancia y la ´creatividad aprendida´ les permiten alcanzar un nivel sorprendente de éxitos personales, sociales y ocupacionales" inclusive a los niños con evidentes problemas de aprendizaje (Werner y Smith, 2001, p. 140). La buena habilidad para procesar la información, lo que normalmente, pero no necesariamente, se correlaciona con el logro escolar, evita que los niños se culpen a sí mismos por sus adversidades (Maston y Coatsworth, 1998).

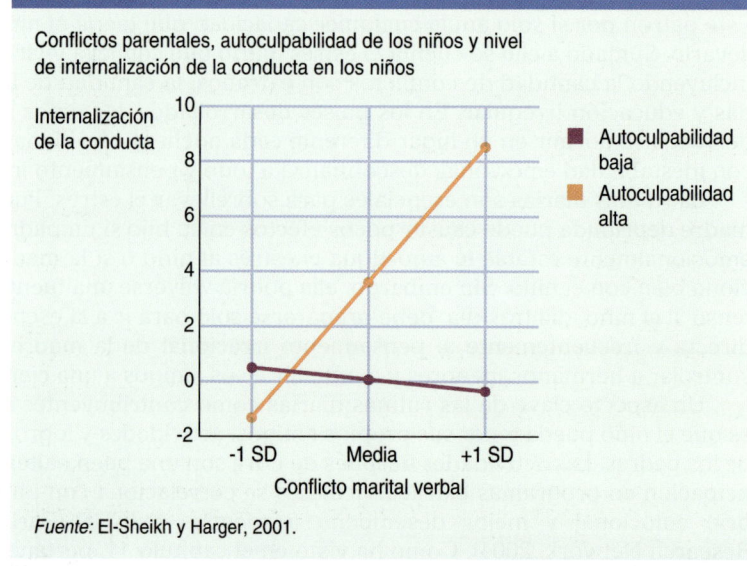

FIGURA 13.3   Cuando los padres pelean y los niños se culpan a sí mismos   Maridos y esposas que casi nunca están en desacuerdo están debajo de las primera desviación estándar (−1 DE) del conflicto marital verbal. Por el contrario, las parejas que a menudo tienen discusiones enérgicas, con gritos e insultos, se encuentran en el 15% más alto (+1 DE). En estos hogares de alto conflicto, los niños no se sentirán afectados *si* no se culpan a sí mismos por la situación. Sin embargo, si los niños se culpan, serán más propensos a interiorizar los problemas, con pesadillas, dolores de estómago, crisis de angustia y sentimientos de soledad.

El apoyo social y la fe religiosa

El factor más importante que ayuda al niño a enfrentar los problemas –algo que ya hemos mencionado– es el apoyo social que recibe. Un vínculo fuerte, con padres que lo aman pero firmes, ayuda al niño a sobrellevar muchas dificultades. Aun en poblaciones destruidas por la guerra o de extrema pobreza, el apego seguro a padres cuya presencia ha sido constante desde que eran bebés hace que los niños sean resilientes (Masten y Coatsworth, 1998; Yates y cols., 2003).

Muchos niños inmigrantes se integran bien a su nueva cultura, en sus aspectos académicos y emocionales, a pesar de sus problemas, si sus familias y la escuela les brindan apoyo (Fuligni, 2001). Otra investigación además descubrió que la crianza de los niños puede frenar el estrés inclusive en los niños empobrecidos que viven en condiciones muy adversas (Wyman y cols., 1999).

Comparado con la vida limitada de los más pequeños, el mundo social de los niños en edad escolar permite nuevas posibilidades de apoyo social. Poseer una cadena de apoyo de familiares es mejor barrera que tener un solo padre cercano (Jackson y Warren, 2000). Los amigos también ayudan. Por ejemplo, un niño cuyos padres pelean tremendamente y están a punto de divorciarse puede pasar horas hablando por teléfono con un amigo cuyos padres se han separado poco tiempo atrás, o puede comer, dormir y jugar en una casa en donde prevalece la armonía. Los abuelos, otros adultos, los pares y hasta las mascotas pueden ayudar a los niños a sobrellevar el estrés (Borland, 1998).

Los niños tratan naturalmente de afrontar los problemas, una característica de "integridad" que parece evidente en todos los seres humanos, desde que comienza a caminar, cuando se para luego de caerse, hasta el adulto que elige dejar de consumir drogas. Sin embargo, hasta el niño con mejores dotes y bien intencionado debe conectarse con al menos una persona. Un estudio concluye:

> Cuando los niños intentan buscar experiencias que los ayuden a vencer la adversidad es fundamental que los recursos, ya sea a través de adultos que los apoyen o de oportunidades para aprender, estén disponibles para ellos de modo que su propio potencial de integridad llegue a su plenitud.
>
> *[Kim-Cohen y cols., 2004, p. 664]*

Un ejemplo de tal potencial de integridad es la utilización del niño de la religión, la que generalmente proporciona apoyo social por medio de un adulto de la misma comunidad. Como explica un estudio, "las influencias de la importancia y la participación religiosa... se transmiten a través de la interacción en confianza con adutos, amigos y padres que comparten puntos de vista similares" (King y Furrow, 2004, p. 709).

Las convicciones religiosas de los niños son muy diversas (Levesque, 2002). Pero la fe en sí misma puede ser psicológicamente protectora, en parte porque ayuda a los niños a reinterpretar sus experiencias. Los padres pueden proveer una orientación religiosa, pero algunos niños rezan y asisten a oficios religiosos con más frecuencia de lo que lo hacen sus padres. La investigación muestra que la participación en la iglesia ayuda a los niños estadounidenses negros de comunidades en las que el estrés social y los prejuicios abundan (Akiba y García-Coll, 2004).

Algunos niños en edad escolar desarrollan su propia teología, una serie de creencias en las cuales Dios es el padre benévolo y protector que les falta en su propia vida. Un niño de un vecindario empobrecido, corrompido y violento –el sur del Bronx de NuevaYork– escribió:

> No habrá violencia en el cielo. No habrá drogas ni armas ni oficinas de rentas. No tendrás que pagar impuestos. Reconocerás a todos los niños que han muerto cuando eran pequeños. Jesús será bueno y jugará con ellos. En la noche Él vendrá y visitará tu casa. Dios será cariñoso contigo.
>
> *[Citado en Kozol, 1991]*

La abuela es la que sabe más Alrededor de 20 000 abuelas en Connecticut cuidan a sus nietos. Este muchacho de 15 años y su hermana de 17 fueron a vivir con su abuela en New Haven luego de que su madre murió hace algunos años. Este tipo de familia funciona mejor cuando la abuela es relativamente joven y tiene su propia casa, como en este caso.

ESPECIALMENTE PARA ADULTOS QUE PRACTICAN LA RELIGIÓN Un niño que usted conoce parece mucho más religioso que sus padres, y los padres están preocupados porque el niño cree en cosas que ellos no. ¿Qué deberían hacer?

BILL ARON / PHOTOEDIT, INC.

Ser como un niño Aunque las características individuales varíen en gran medida, los impulsos de los niños en edad escolar hacia la laboriosidad, la estabilidad y la dedicación los ubican entre los miembros más devotos de todas las creencias religiosas.

RESPUESTA PARA ADULTOS QUE PRACTICAN LA RELIGIÓN   (de p. 423) Debido a que las creencias religiosas generalmente son positivas para los niños, porque el respeto por la familia se enfatiza en casi todas las religiones y la maduración hace que las personas sean más tolerantes, puede ser mejor dejar que el niño desarrolle sus propias creencias sin interferir. Por supuesto, los padres deben ser un buen ejemplo y proteger a los niños de los peligros, no importa cuál sea la fuente.

De muchas maneras, la serie personalizada de creencias de los niños los ayuda a organizar su vida y a enfrentarse con sus problemas mundanos (Hyde, 1990; Richards y cols., 2003). Una niña de 8 años, que en la década de 1960 fue una de las primeras niñas estadounidenses negras en entrar a una escuela que antes había sido de niños blancos exclusivamente, recuerda haber pasado frente a un grupo de adultos que la insultaban a gritos:

> Yo estaba sola, y esa gente gritaba y de repente ví a Dios sonriendo, y sonreí. Había una mujer parada allí y me gritaba: "Oye tú, niña negra, ¿a quién le sonríes?". La miré a los ojos y respondí "a Dios". Luego ella miró al cielo, me miró y dejó de insultarme.
>
> *[Citado en Coles, 1990]*

Esta cita ilustra muchos aspectos de la capacidad de los niños para defenderse, no sólo la fe, sino también la confianza en sí mismo, la cognición social y el control esforzado, lo que permite al niño enfrentar amenazas mayores.

La mayoría de los niños cuando crecen desarrollan diversas maneras de enfrentar todas las variedades de estrés, desde las complicaciones menores hasta los sucesos traumáticos. Obedeciendo sus impulsos de superioridad, los niños tratan de realizar competencias. Encuentran apoyo social, si no en sus familias entre sus amigos. Los éxitos en la escuela, la función familiar, la amistad, la fe religiosa, la permanencia después de hora, cualquiera de estos factores pueden ayudar al niño a vencer sus problemas.

Una intensa comprensión del niño mueve nuestro enfoque desde los problemas (p. ej., divorcio, agresores) hacia los valores (armonía familiar, comprensión social). De este modo, si los padres no están abrumados por la pobreza, los niños tampoco lo estarán. De manera similar, las buenas habilidades sociales y de procesamiento de la información protegerán al niño de ser un agresor o una víctima. De diversas formas, los niños en edad escolar buscan el crecimiento, la comprensión, la competencia, los amigos y la independencia; todo esto los ayuda a sobrellevar los problemas que inevitablemente encuentran.

En cada edad, las características del niño en desarrollo interactúan con su historia evolutiva y sus condiciones actuales, para producir tanto una persona benévola y con un buen funcionamiento como lo contrario (Deater-Deckard y cols., 1998; Leeuwen y cols., 2004; Prinzie y cols., 2003). Para los adultos, la comprensión de la psicología del desarrollo de la edad escolar consiste en valorar la fortaleza interior de los niños mientras se los protege de los peligros que los amenzan. Los niños se defienden, si pueden; los adultos pueden hacer esta defensa posible.

SÍNTESIS

Una cita de dos expertos es útil para resumir nuestra discusión acerca de cómo enfrentar los problemas:

> Los niños exitosos nos recuerdan que ellos crecen en múltiples contextos —en familias, escuelas, grupos de pares, equipos de béisbol, organizaciones religiosas y muchos otros grupos— y cada contexto es una fuente potencial de factores protectores y también de riesgos. Estos niños demuestran que están protegidos no sólo por la naturaleza del desarrollo, sino también por las acciones de los adultos, por sus propias acciones, por la educación de sus valores, por las oportunidades para tener éxito y por la experiencia del éxito. El comportamiento de los adultos a menudo juega un papel crítico en los peligros, los recursos, las oportunidades y la resiliencia.
>
> *[Masten y Coatsworth, 1998, p. 216]*

La adolescencia, el tema de los próximos tres capítulos, es una continuación del final de la niñez y también una salida radical de ella. El estrés y las presiones se acumulan y los factores de riesgo, que incluyen el acceso a las drogas y la impulsividad sexual, se vuelven más frecuentes. Afortunadamente para muchos jóvenes, se incrementan los recursos de protección y los modos de sobrellevar el estrés (Masten, 2001). La capacidad personal, el apoyo familiar y los amigos cercanos acompañan a la mayoría de las personas durante la niñez (como hemos visto en este capítulo), la adolescencia, y finalmente en la edad adulta.

■ RESUMEN

El grupo de pares

1. Los pares son decisivos en el desarrollo social del niño de edad escolar. La amistad se vuelve cada vez más cercana e influyente. Por lo general, los amigos proveen la compañía que se necesita y permite el desarrollo de las capacidades sociales.

2. Los niños populares pueden ser cooperativos y de trato fácil, o competitivos y agresivos. Esto depende mucho de la edad y la cultura del niño.

3. Los niños rechazados pueden ser desatentos, agresivos o retraídos. Estas tres clases de niños tienen dificultades para interpretar las concesiones mutuas de la infancia. El rechazo por lo general es temporario.

4. Los agresores producen daños duraderos, a sí mismos y a sus víctimas. En la mayor parte de los países, los agresores varones tienden a utilizar ataques físicos y las niñas se inclinan por ataques relacionales más a menudo. Los varones también agreden de forma relacional, especialmente cuando maduran.

Familias y niños

5. Las familias influyen en los niños de varias maneras, así como los genes y los pares. Las cinco funciones de una familia protectora son: satisfacer las necesidades físicas de los niños; alentarlos a aprender; ayudarlos a hacer amigos; proteger su dignidad; y proveerles un hogar seguro, estable y armonioso.

6. Las estructuras familiares más comunes en la actualidad comprenden la familia nuclear, la familia con padrastros, las de estructura mezclada, la de padres adoptivos, la de un solo padre, la familia de abuelos (tanto extendida como sólo de abuelos), la de homosexuales y la familia de acogida. En general, parece ser mejor para los niños tener ambos padres más que uno ya que puede formarse una alianza paternal.

7. Los ingresos afectan la función familiar. Los niños más pobres tiene mayor riesgo emocional y problemas de conducta porque el estrés de la pobreza a menudo dificulta la crianza efectiva.

8. Ninguna estructura familiar en particular garantiza el buen –o mal– desarrollo del niño, aunque las familias nucleares a menudo funcionan bien para los niños. Cualquier cambio en la estructura familiar, incluyendo divorcio y un nuevo matrimonio, probablemente obstaculice el desarrollo del niño, reduciendo particularmente el nivel escolar.

La naturaleza del niño

9. Todas las teorías del desarrollo reconocen que el niño de edad escolar se vuelve más independiente y competente de muchas maneras. En la teoría psicoanalítica, Freud describió la latencia, cuando las necesidades psicosexuales están calmas; Erikson enfatizó la laboriosidad, en la cual los niños están ocupados con varias tareas.

10. La interacción de autoentendimiento y la percepción social es cada vez más evidente durante los años escolares. Los niños comprenden quiénes son, en parte al compararse ellos mismos con otros. La autoestima tiende a estar más estrechamente conectada con la competencia específica y a menudo decae con la edad.

Cómo afrontar los problemas

11. Aunque la mayoría experimenta algún tipo de estrés, los niños de edad escolar tienden a ser resilientes. Muchos saben sobrellevar los problemas más importantes: de aprendizaje, inmigración, rechazo social, familias que no los apoyan, pobreza, violencia.

12. En general, los niños se benefician con el apoyo social (tal vez de un amigo o un abuelo), con los valores naturales (inteligencia, una personalidad ganadora, una habilidad especial) y con las fortalezas personales (fe religiosa, una primera infancia estable). El camino innato hacia la capacitación y la independencia mantiene a la mayoría de los niños de edad escolar lejos de verse dominados por los problemas.

■ PALABRAS CLAVE

comparación social (p. 396)
cultura infantil (p. 396)
rechazado por su agresividad (p. 400)
retraído y rechazado (p. 400)

cognición social (p. 400)
control esforzado (p. 400)
intimidación o acoso (p. 402)
agresor víctima (p. 403)
función familiar (p. 409)

estructura familiar (p. 410)
familia nuclear (p. 411)
familia extendida (p. 411)
familia mezclada (p. 412)
latencia (p. 417)

laboriosidad versus inferioridad (p. 417)
resiliencia (p. 420)

■ PREGUNTAS CLAVE

1. ¿Cómo desarrolla el niño de edad escolar el sentido de sí mismo?

2. La cultura infantil a menudo desaprueba o chismorrea ¿cómo afecta esto en el desarrollo del niño?

3. ¿Por qué el rechazo social es particularmente devastador durante la edad escolar?

4. Describa las principales características de un agresor y una víctima.

5. ¿De qué manera contribuye la familia y la cultura al índice de intimidación?

6. ¿Cuál es la diferencia entre la función familiar y la estructura familiar?

7. ¿Cuáles son las ventajas y desventajas de la familia nuclear?

8. ¿Por qué un hogar seguro y armonioso es particularmente importante durante la edad escolar?

9. ¿Cuáles son las seis características de la edad escolar que han sido identificadas en la investigación reciente?

10. ¿Por qué es más fácil sobrellevar los problemas familiares en la edad escolar que antes?

■ EJERCICIOS DE APLICACIÓN

1. Vaya a algún lugar en donde los niños de edad escolar se congregan, como un patio de una escuela, o un centro comunitario, y utilice la observación naturalista por al menos media hora. Basado en su observación, ¿puede describir comportamientos que caractericen a los niños populares, de término medio, retraídos y rechazados?

2. Algunas encuestas realizadas en adultos sugieren que casi todos recuerdan haber sido agredidos o haber sido agresores cuando eran niños. Concentrándose en la agresión verbal, describa al menos dos situaciones en las que alguien le haya dicho algo hiriente y otras dos en las que usted le haya dicho algo hiriente a alguien. ¿Hay diferencias entre estas dos situaciones? Si las hay, ¿por qué se produjeron?

3. Para comprender mejor los efectos de la estructura familiar, describa cómo hubiera sido su niñez si su estructura familiar hubiera sido diferente. Por ejemplo, cómo hubiera sido su vida si hubiera vivido (o no) con sus abuelos, si sus padres se hubieran (o no) divorciado, si hubiera (o no) vivido con una familia de acogida. Describa de qué manera esa estructura hubiera sido *mejor* y *peor* para su desarrollo que la estructura familiar en la que creció.

4. El capítulo sugiere que el niño en edad escolar desarrolla su propia teología, distinta de la que le enseñan sus padres. Entreviste a un niño, de entre 6 y 12 años, y pregúntele qué piensa de Dios, del pecado, del cielo, de la muerte y de cualquier otro tema religioso que crea relevante. Compare las respuestas del niño con las doctrinas formales de la fe de sus padres.

BIOSOCIAL

Crecimiento y capacidades   Durante los años escolares los niños crecen más lentamente que antes o de lo que lo harán durante la adolescencia. La maduración cerebral continúa, particularmente en la corteza prefrontal. La práctica lleva a la automatización y a la atención selectiva, lo que permite una actividad más fluida y más rápida. El aumento de la fuerza y de la capacidad pulmonar les otorga a los niños la resistencia para mejorar su rendimiento. Las habilidades específicas que el niño domine dependerán ampliamente de la cultura, el sexo y las capacidades heredadas. Los problemas psíquicos frecuentes, como asma y obesidad, tienen raíces genéticas y consecuencias psicosociales.

Necesidades especiales   Muchos niños poseen necesidades especiales de aprendizaje que pueden originarse en el cerebro, pero que se expresan en problemas educacionales. El reconocimiento temprano, la educación objetiva y el apoyo psicológico ayudan a todos los niños, desde aquellos con autismo hasta la instancia más suave de un problema específico de aprendizaje o TDAH.

COGNITIVO

Pensamiento   A partir de los 7 u 8 años, según Piaget, los niños alcanzan el pensamiento concreto operacional, lo que incluye la capacidad de comprender los principios lógicos de la identidad, reciprocidad y reversibilidad. Como ha enfatizado Vygotsky, los niños también se vuelven más abiertos para aprender de sus mentores, tanto maestros como pares. La capacidad de procesar la información aumenta, e incluye una mayor base de conocimientos, capacidad de memoria y metacognición.

Lenguaje   El incremento de la capacidad de los niños para comprender las estructuras y posibilidades del lenguaje les permite extender la amplitud de su poder cognitivo y ser más analíticos en el uso del vocabulario. Algunos llegan a ser bilingües; todos aprenden a intercambiar sus códigos cuando lo necesitan.

Educación   La educación formal comienza en todo el mundo, con los detalles del plan de estudios que dependen de factores económicos y sociales. Las guerras de lectura y de matemáticas y las controversias sobre el tamaño de la clase, el aprendizaje de un segundo idioma y los exámenes estandarizados son evidencia de la importancia crítica de la educación durante los años escolares.

PSICOSOCIAL

Pares   El grupo de pares es cada vez más importante cuando los niños se vuelven menos dependientes de sus padres y más dependientes de sus amigos para la ayuda, lealtad y el compartir intereses comunes. El rechazo y la agresión son problemas serios.

Padres   Los padres continúan su influencia en los niños, especialmente cuando agravan o frenan los problemas en la escuela y en la comunidad. Durante esos años, las familias necesitan enfrentar las necesidades básicas, alentar el aprendizaje, ayudar a desarrollar la autoestima, fomentar la amistad y —lo más importante— proveer armonía y estabilidad. La mayoría de las familias monoparentales, adoptivas o de abuelos son mejores que una familia en conflicto constante, pero una familia con ambos padres biológicos, cooperativos entre sí y cariñosos con sus hijos es, en general, mejor. El nivel socioeconómico también influye.

Afrontar los problemas   Afortunadamente, muchos niños en edad escolar desarrollan capacidades y actitudes para defenderse ante el estrés que en su mayoría experimentan. Los amigos, la familia, la escuela, la religión y la comunidad pueden ser útiles, así como los rasgos innatos de la personalidad.

PARTE V

La adolescencia

¿Se subiría a una camioneta conducida por un chofer inexperto? Yo lo hice una vez, cuando Bethany estaba aprendiendo a conducir. Yo estaba tan concentrada en mantenerme tranquila que no fue hasta que ella me miró aterrorizada y dijo: "¡Mamá, ayúdame!" que tomé el volante para evitar chocar contra la entrada del metro. Ése es el problema con los adolescentes: es difícil saber cuándo dejarlos hacer sus propias elecciones y cuándo intervenir, porque comienzan a parecer adultos y sin embargo aún siguen siendo niños.

Técnicamente, los adolescentes no son adultos ni niños, ya que la adolescencia es el período entre la infancia y la vida adulta. Los psicólogos del desarrollo a menudo subdividen la adolescencia en la *preadolescencia*, desde los 10 a los 13 años, los *años adolescentes*, desde los 13 a los 18 y la *vida adulta emergente*, desde los 18 a 22 o 25 años.

La edad es una guía imperfecta para definir la adolescencia porque es muy variable. Algunos niños de 12 años pueden convertirse en madres o padres y otros tienen todavía las proporciones de los niños. ¿Y cuándo la sociedad considera a una persona un adulto? Un experto pregunta: "¿Por qué una persona joven no puede manejar un automóvil hasta los 16 años, votar hasta los 18, beber alcohol hasta los 21, alquilar un automóvil de una agencia comercial hasta los 25 pero, en algunos estados, puede ser sometido a un juicio por asesinato a los 12 o 13 años?" (Dahl, 2004, p. 19). Específicamente, esas edades corresponden a los Estados Unidos, pero todos los países utilizan demarcaciones cronológicas variables y cuestionables.

Y eso no es todo. No sólo los individuos varían en su ritmo de maduración biológica y las sociedades utilizan distintas cotas, sino que en la misma persona algunas partes del cuerpo maduran antes que otras. Las investigaciones acerca del encéfalo señalan que la corteza frontal es la última área en madurar. La adolescencia puede ser similar a "poner en marcha un vehículo turboalimentado con un conductor inexperto" (Dahl, 2004, p. 17).

El objetivo de los tres próximos capítulos es poner en secuencia lógica esta complejidad. Su propósito es comprender la adolescencia en toda su diversidad entre los sexos, las naciones, los grupos étnicos y los individuos. Ajústese el cinturón de seguridad; prepárese para tomar el volante.

La adolescencia: el desarrollo biosocial

Los cambios corporales de la adolescencia son como los del primer año de vida en velocidad y transformación, pero con una diferencia fundamental: los adolescentes están conscientes. Ellos observan con fascinación, horror y emoción los cambios que se desarrollan. Algunos son ostensibles, un imán para los comentarios y las miradas de los extraños, como nuevas formas y talles. Pero sólo un observador obsesionado con su persona notaría otros cambios, como una mancha que hace que un adolescente se dirija con desesperación al espejo. Incluso los diminutos cambios tienen importancia para la persona cuyo cuerpo sufre transformaciones.

Hace años oí por casualidad una conversación entre mi hija adolescente Rachel y dos de sus amigas. Las tres habían pasado los años difíciles y estaban surgiendo como mujeres jóvenes deslumbrantemente hermosas. Ellas conversaban sobre sus cuerpos y cada una rivalizaba con las otras en quejas. Una hablaba de su vientre gordo (¿qué vientre? yo no lo notaba), otra se desesperaba por su largo cuello (¿quién lo hubiera notado debajo de su largo cabello sedoso que le llegaba hasta los hombros?) y mi Rachel no sólo se quejaba de sus manos (un meñique desviado) sino ¡también de sus pies!

La realidad de que los adolescentes logran las proporciones adultas y se vuelven sexualmente maduros no es una sorpresa para ninguno de nosotros, que ya hemos crecido. Pero la elevada autoconciencia de todos los adolescentes, incluidas Rachel y sus amigas, hace que el desarrollo biosocial adquiera mucha importancia y desencadene reacciones que son difíciles de comprender para los adultos. Este capítulo describe los cambios biosociales, que incluyen los cuerpos que crecen y se desarrollan sexualmente y algunas conductas peligrosas, de consumo de drogas y sexuales en las cuales incurren a menudo los adolescentes mayores por su cuenta y riesgo.

MIKE KING / AP PHOTO

Para eso están las amigas Jennifer se está preparando para la graduación y sus buenas amigas, Khushbu y Meredith se ocupan de su arreglo que incluye pedicuría y peinado. En todas las generaciones y sociedades del mundo entero, las adolescentes ayudan a sus amigas en todo lo que tiene que ver con los rituales relacionados con esa etapa de la vida, pero las características específicas varían según la cohorte y la cultura.

Comienza la pubertad

Desde los inicios de la humanidad, hace muchos miles de años, los niños han crecido para convertirse en adultos capaces de reproducirse, una transformación por la que miles de millones de personas han pasado para que nacieran miles de millones más. La misma experiencia ocurre con todas las personas jóvenes de todos los sitios del mundo en la actualidad. La pubertad puede ser una ocasión propicia para producirse una cicatriz ritual en la cara, hacer un viaje de aventura solo o una gran fiesta, por sorpresa o diversión. Cualquiera sea la reacción individual o cultural, la pubertad en todas partes señala el final de la niñez y el comienzo de la vida adulta.

La **pubertad** se refiere al período de crecimiento físico rápido y maduración sexual que pone fin a la niñez y produce por último una persona con el tamaño, las proporciones y la potencia sexual de un adulto. Las fuerzas de la pubertad son desencadenadas por una cascada de hormonas que disparan los signos externos de la vida adulta emergente.

Aunque la edad de comienzo de la pubertad varía sustancialmente, la secuencia suele ser la misma (véase el cuadro 14.1). En las niñas, la secuencia de los cambios visibles es el crecimiento de las mamas, el vello púbico inicial, el "estirón" puberal, el ensanchamiento de las caderas, el primer período menstrual **(menarquia)**, el final del crecimiento del vello púbico y el desarrollo mamario final. La menarquia ocurre normalmente entre los 10 y los 14 años; la edad promedio actual entre las niñas bien nutridas de todo el mundo es 12,8 años (Malina y cols., 2004).

En los varones, la secuencia de cambios físicos visibles es el crecimiento de los testículos, el desarrollo inicial del vello púbico, el crecimiento del pene, la primera eyaculación de líquido seminal **(espermarquia)**, el crecimiento de la barba, el "estirón" puberal, la transformación de la voz (más grave) y el desarrollo completo del vello púbico (Biro y cols., 2001; Herman-Giddens y cols., 2001). El intervalo promedio de la espermarquia es de los 10 a los 16 años. El valor modal o modo de la edad de la espermarquia es inmediatamente antes de los 13 años, igual que para la menarquia. Los términos *menarquia* y *espermarquia* significan la primera liberación de gametos (óvulos y espermatozoides).

Normalmente, el crecimiento corporal y la maduración se completan luego de tres o cuatro años de que aparecen los primeros signos, aunque algunos indivi-

pubertad Etapa entre el aumento hormonal y el desarrollo físico completo del adulto. La pubertad generalmente dura de tres a cinco años, pero para alcanzar la madurez psicosocial deben pasar muchos años más.

menarquia o menarca Primera menstruación de una niña, que indica que ésta ha comenzado a ovular. El embarazo es posible a nivel biológico, pero la ovulación y la menstruación son generalmente irregulares en los años que siguen a la menarquia.

espermarquia En el varón, la primera eyaculación. Las erecciones pueden ocurrir durante la infancia, pero la eyaculación señala la producción de semen. La espermarquia puede ocurrir durante el sueño ("poluciones nocturnas") o por estimulación directa.

CUADRO 14.1   APROXIMADAMENTE EN ESTA ÉPOCA: la secuencia de la pubertad

Mujeres	Edad promedio aproximada*	Hombres
Los ovarios aumentan la producción de estrógenos y progesterona[†]	9	
El útero y la vagina comienzan a crecer	9½	Los testículos aumentan la producción de testosterona[†]
Estadio del "botón" mamario	10	Los testículos y el escroto aumentan de tamaño
Aparece el vello púbico; comienza el aumento de peso	11	
Se produce el máximo crecimiento en estatura	11½	Aparece el vello púbico
Crecimiento máximo de la masa muscular y de los órganos (también las caderas se ensanchan en forma evidente)	12	Comienza el crecimiento del pene
Menarquia (primer período menstrual)	12½	Espermarquia (primera eyaculación); empieza el aumento de peso
Primera ovulación	13	Se produce el máximo crecimiento en estatura
La voz cambia a un tono más bajo	14	Crecimiento máximo de la masa muscular y de los órganos (también los hombros se vuelven más anchos en forma evidente)
El vello púbico adquiere la distribución definitiva	15	La voz cambia a un tono más bajo; aparece la barba
Las mamas se desarrollan por completo	16	
	18	El vello púbico adquiere la distribución definitiva

* Las edades promedio son datos aproximados puesto que muchos adolescentes sanos y perfectamente normales pueden adelantarse hasta 3 años respecto de las edades aquí indicadas.
[†] Los estrógenos, la progesterona y la testosterona son hormonas que influyen en las características sexuales, incluida la función reproductora. Estas tres hormonas también son producidas, en pequeñas cantidades, por las glándulas suprarrenales en ambos sexos. Sin embargo, la principal producción procede de las gónadas con diferencias pronunciadas entre el hombre y la mujer.

duos aumentan en talla y la mayoría ganan más tejido adiposo y músculo en los últimos años de la adolescencia o en los primeros años de la tercera década de vida. Hasta ahora hemos observado cambios visibles de la pubertad, pero son fundamentales los cambios encubiertos en las concentraciones hormonales y los circuitos cerebrales.

Las hormonas

Los cambios que no son visibles despiertan interés en parte porque se los puede culpar prácticamente de todo lo que hace un adolescente. Hace algunas décadas nadie sabía que las hormonas existían y aún queda mucho por aprender acerca de ellas. Sin embargo, lo que se sabe es que las hormonas afectan todos los aspectos del encéfalo y el cuerpo y que su elevación no evidente ocurre años antes de que aparezcan los signos visibles de la pubertad.

Desde el encéfalo al cuerpo

Una **hormona** es una sustancia química orgánica producida por un tejido del cuerpo y transportada por vía sanguínea a otro tejido donde afecta el crecimiento, el metabolismo y alguna otra función fisiológica. Existen docenas de hormonas humanas y afectan el hambre, el sueño, el humor, el estrés, el deseo sexual y muchas otras actividades. Por lo menos 23 hormonas regulan el crecimiento y la maduración humanos (Malina y cols., 2004).

Los incrementos de ciertas hormonas comienzan algunos meses o años antes de la pubertad (Reiter y Lee, 2001). En comparación con las concentraciones crecientes de las hormonas sexuales en el torrente sanguíneo, los signos visibles de la pubertad –como aquellos primeros vellos púbicos desordenados– constituyen un "acontecimiento tardío" (Cameron, 2004, p. 116).

En el capítulo 8 vimos que la producción de muchas hormonas está regulada en las profundidades del encéfalo, en el **hipotálamo**. Una señal bioquímica del hipotálamo es enviada a otra estructura encefálica, la **hipófisis**. Esta glándula produce hormonas que estimulan las **glándulas suprarrenales**, dos pequeñas glándulas situadas encima de los riñones en ambos lados del dorso. Las glándulas suprarrenales producen más hormonas que por su parte señalan a otras partes del cuerpo y el encéfalo para producir más hormonas. Esta vía es el **eje hipotálamo-hipófisis-suprarrenales**, de la que leyó por primera vez en el capítulo 8 (mire nuevamente la fig. 8.4). Muchas hormonas siguen este eje, como las que regulan el estrés, el crecimiento, el sueño, el apetito y la excitación sexual. Los principales cambios de la pubertad son producidos por hormonas que siguen la vía desde el encéfalo hasta el cuerpo (véase fig. 14.1).

Durante la pubertad, la hipófisis también activa las **gónadas** o glándulas sexuales (los ovarios en las mujeres y los testículos en los varones). Dado que el encéfalo influye directamente en las gónadas, son las primeras partes del cuerpo que aumentan de tamaño en la pubertad, y a su vez sus hormonas afectan todas las otras partes del cuerpo.

Las gónadas producen hormonas en mayor cantidad que las glándulas suprarrenales. Las gónadas también producen gametos (espermatozoides y óvulos), lo que pronto es seguido por la espermarquia o la menarquia. En las niñas, el crecimiento de los ovarios es completamente invisible. En los varones, el escroto (el saco que contiene a los testículos), aumenta de tamaño y cambia de color haciéndose más claro como uno de los primeros signos evidentes de la pubertad.

hormona   Sustancia química orgánica producida por un tejido del cuerpo y transportada por vía sanguínea a otro tejido donde influye en una función fisiológica. Diversas hormonas tienen influencia en los pensamientos, los impulsos, las emociones y el comportamiento.

hipófisis   Glándula que produce varias hormonas como respuesta a una señal del hipotálamo. Entre dichas hormonas se cuentan las que regulan el crecimiento y controlan a otras glándulas, como las glándulas suprarrenales y sexuales. También llamada glándula pituitaria.

glándulas suprarrenales   Par de glándulas ubicadas sobre los riñones que secretan hormonas, entre ellas adrenalina y noradrenalina ("hormonas del estrés").

eje hipotálamo-hipófisis-suprarrenales   Eje compuesto por el hipotálamo, la hipófisis y las glándulas suprarrenales. Constituye la vía que siguen varias hormonas para provocar los cambios de la pubertad y regular el estrés, el crecimiento, el sueño, el apetito, la excitación sexual y muchos otros cambios que ocurren en el organismo.

gónadas   Par de glándulas sexuales (ovarios en la mujer, testículos en el hombre). Las gónadas producen hormonas y gametos.

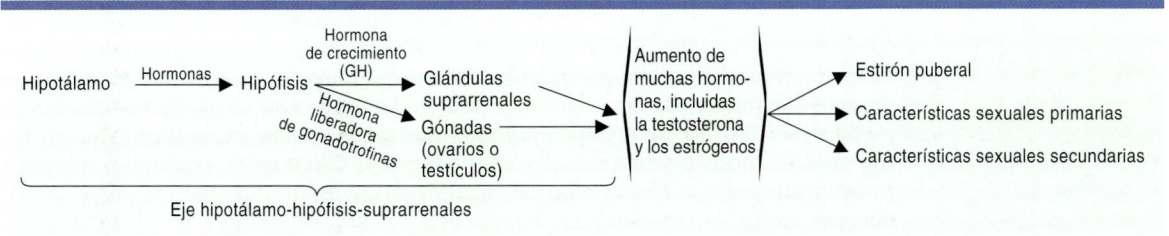

FIGURA 14.1 **Secuencia biológica de la pubertad** La pubertad comienza con una señal hormonal desde el hipotálamo a la hipófisis. A su vez, la hipófisis transmite señales a las glándulas suprarrenales y a los ovarios o los testículos para producir más hormonas.

estradiol   Hormona sexual considerada como el estrógeno principal. Se produce en cantidades mucho mayores en la mujer que en el hombre.

testosterona   La hormona sexual mejor estudiada de los andrógenos (hormonas masculinas); el hombre la secreta en mucho mayor cantidad que la mujer.

Una hormona en particular, la GnRH (la hormona liberadora de gonadotrofinas) provoca en las gónadas un aumento notable de la producción de hormonas sexuales, principalmente el **estradiol** en las niñas y la **testosterona** en los varones. Los estrógenos (incluido el estradiol) son considerados hormonas femeninas y los andrógenos (incluida la testosterona) se consideran hormonas masculinas, pero las glándulas suprarrenales de ambos sexos producen ambos. El aumento de la *tasa* de producción hormonal en las gónadas es específico de cada sexo. En realidad, la testosterona disminuye durante la infancia y luego se dispara en los varones adolescentes, hasta alcanzar 18 veces la concentración de los 10 años. En las niñas, el estradiol permanece estable durante la infancia y luego sus niveles aumentan unas 8 veces (Malina y cols., 2004).

Las reacciones emocionales súbitas

Muchos adultos, cuando están asombrados o exasperados por algo que hace un adolescente, culpan al "descontrol de hormonas" como si esas sustancias químicas invisibles pero potentes produjeran todas las conductas inesperadas, sobre todo los estallidos de ira, la tristeza súbita o las pasiones románticas. Pero las hormonas no deberían cargar con toda la culpa.

Es cierto que el conflicto, el mal humor y los impulsos sexuales aumentan durante la adolescencia (Arnett, 1999) y que las hormonas están vinculadas con todos ellos. Pero la pubertad tiene lugar en un contexto psicosocial y este contexto influye profundamente en el impacto de las hormonas (Walker, 2002). Como cuerpo, cerebro y sociedad siempre intervienen en la conducta humana, no es fácil desentrañar las causas de la conducta adolescente.

Nosotros sabemos que las hormonas tienen algunos efectos directos (Savin-Williams y Diamond, 2004; Susman, 1997; Weisfeld, 1999).

■ La testosterona precede a la rápida activación de las emociones, sobre todo el enojo.
■ Los cambios hormonales se correlacionan con los cambios rápidos en los extremos emocionales.
■ En muchos varones, las hormonas llevan a pensamientos sobre el sexo y la masturbación.
■ En muchas niñas, las hormonas aumentan el bienestar a mediados del ciclo menstrual y la tristeza o el enojo (en un patrón denominado síndrome premenstrual) al final del ciclo.

Estos efectos hormonales se aprecian también en los adultos, pero con menos dramatismo. Durante la pubertad, los efectos hormonales son más erráticos y poderosos y resultan menos familiares y controlables (Susman y Rogol. 2004). Una razón puede ser la inmadurez del encéfalo (que se explica más adelante); otra puede ser la novedad (es difícil controlar las emociones que no se experimentaron nunca antes) y otra aun es que las concentraciones hormonales aumentan en salvas (con aparición y desaparición de los pulsos) más que en forma constante, lo que significa que los adolescentes en realidad experimentan "arrebatos" emocionales seguidos de calma (Cameron, 2004).

Gran parte de las investigaciones sobre los efectos de las hormonas y la pubertad proviene de estudios realizados en ratas, que son buenos modelos para evaluar los efectos biológicos pero obviamente malos modelos para los efectos psicosociales de las hormonas en las personas. Estos efectos psicosociales son amplios e interactivos, dependientes de la cultura y el contexto, de modo que es difícil predecirlos.

Ejemplos de interacción

Como ejemplo, supongamos que un varón de 15 años se fija en una compañera de clase con mamas notables y rostro atractivo. Le habla con su nueva voz masculina y ella sonríe en forma provocativa mientras nota su aspecto musculoso. En ese momento, ambos pueden sentir cierto despertar físico en sus genitales e incluso pueden atreverse a la emoción de tocarse mutuamente las manos. ¿Qué podría suceder luego? Una posibilidad es que él la llame por teléfono pero los padres de ella se rehúsen a dejarla hablar con él. Entonces ambos podrían estallar en enojo.

¿Las hormonas provocaron esas emociones o explosiones? Arribar a la conclusión de que esas hormonas aisladas provocaron esta secuencia de acontecimientos sería ignorar muchos otros potentes factores. Primero, los dos observaron el aspecto de cada uno, no sus hormonas, y el aspecto de cada uno de ellos fue el resultado de las hormonas que comenzaron a circular algunos años antes. Segundo, el contexto social les permitió ser compañeros de clase, y eso no hubiera sucedido en una escuela para un solo sexo. Tercero, su cultura (películas, libros, compañeros) proporcionó fantasías sobre la interacción social, lo que significó que se atrevieran a tocarse y a desear un contacto mayor.

La desaprobación por parte de los padres de la niña probablemente se vio afectada porque tenían conciencia de su maduración biológica, y el enojo de los adolescentes fue la consecuencia de sus pensamientos acerca del rol correcto de los padres y de su propia frustración. Este enojo sería muy poco probable en algunas otras culturas, como en la India (Larson y cols., 2003).

Como se ve en este ejemplo, a veces las hormonas de forma *directa* hacen que los adolescentes busquen actividad sexual, y esto despierta la excitación, el placer y la frustración. Pero, más a menudo, los estados de ánimo son el resultado de la interacción entre la maduración sexual visible –nuevas mamas, barba y configuración corporal– y la reacción de otras personas a estos signos exteriores. Estas reacciones y no las hormonas provocan emociones y respuestas. Esto surge de la investigación actual y la especulación en neurociencia: el pensamiento humano y las emociones no sólo son resultantes sino también causas de procesos fisiológicos y neurológicos (Damasio, 2003).

Lo mismo se puede ilustrar con ejemplos más simples. Si una niña de 13 años escucha un comentario lascivo, podría sentir una oleada de enojo, miedo o vergüenza, pero es el comentario sobre su cuerpo en desarrollo, no sobre sus hormonas, lo que desencadena sus emociones. Asimismo, los deseos de un varón de 13 años que tiene fantasías en la ducha pueden haber sido desencadenados por las hormonas, pero la explosión de orgullo, vergüenza y excitación no se debe directamente a la testosterona.

Las pruebas científicas de la complejidad de los efectos hormonales provinieron de un estudio de adolescentes que aún no mostraban signos de pubertad dos años después de la edad habitual de inicio (Schwab y cols., 2001). Los médicos prescribieron 24 meses de tratamiento: 3 meses de hormonas (dosis bajas, intermedias y altas de testosterona o un estrógeno) alternando con 3 meses de placebo (una píldora de aspecto similar que, sin conocimiento de los participantes, no tenía hormonas). Después de 3 meses de tratamiento, con hormonas o con placebo, casi no hubo efectos psicológicos. Sin embargo, al cabo de los dos años, el estado de ánimo de los participantes se volvió muy positivo: una reacción al desarrollo físico, no directamente a las hormonas.

En este estudio, la agresión fue una excepción notable a la falta de efecto hormonal directo. Cuando las píldoras contenían cantidades *moderadas* de hormonas, tanto varones como niñas comunicaron más enojo. Sin embargo, *no* se observó un aumento del enojo con las dosis más altas de testosterona (en los varones) o los estrógenos (en las niñas) (Susman y Rogol, 2004).

Por lo tanto, la relación entre hormonas y emociones no es lineal ni directa. Si bien el desarrollo físico a menudo produce reacciones emocionales intensas y aunque los desvíos hormonales a veces afectan algunas emociones, no se puede culpar sólo a las hormonas de la famosa turbulencia emocional de la adolescencia. Si fuera así, los cambios de humor comenzarían cuando comienza la producción hormonal, ya a los 8 o 9 años, en lugar de ocurrir cuando lo notan los adultos, aproximadamente a los 12 años o más tarde.

Momento de aparición de la pubertad

Las hormonas que se vierten al torrente sanguíneo dan comienzo a la pubertad. Excepto por alteraciones menores, la secuencia siempre es la misma. Pero la edad de inicio es variable. Cualquier momento entre los 8 y los 15 años es bastante normal, aunque es más típico entre los 10 y los 13 años.

Este amplio rango etario aumenta las dificultades de la pubertad. Es difícil para los preadolescentes prepararse sin saber qué ocurrirá y cuándo. Asimismo, los padres y los maestros desean anticipar los cambios puberales que afectan a los niños. Por muchas razones, entonces, las personas desean saber cuándo comenzará la pubertad. Sobre la base de investigaciones recientes, se pueden formular algunas predicciones. El sexo, los genes, la grasa corporal y el estrés tienen influencia.

Especialmente para padres de adolescentes
¿Por qué los padres culpan a las hormonas del humor de sus hijos adolescentes?

Diferencias entre los sexos

Entre niños bien nutridos de una clase, al menos una niña en quinto grado ya habrá desarrollado mamas y comenzado a crecer hasta la altura típica de una mujer. Sin embargo, el último compañero varón de la clase recién tendrá barba y habrá alcanzado la altura típica de un hombre cuando tenga alrededor de 18 años. Éstos son extremos, pero entre los 10 y 13 años, la mayoría de las niñas son más altas que los varones. Esta disparidad de talla se observa en todos los países y en todos los grupos étnicos, y corresponde al único período de la vida en que la mujer promedio es más alta que el varón promedio.

Las niñas aventajan en unos dos años a los varones en altura, pero no en todo. Demos otra mirada al cuadro 14.1. Observe que el estirón ocurre aproximadamente en la mitad de la pubertad de una niña (antes de la menarquia), pero es uno de los acontecimientos más tardíos (después de la espermarquia) en los varones (Reiter y Lee, 2001). Desde el punto de vista hormonal y sexual (por ejemplo, edad de la menarquia y la espermarquia), las niñas aventajan a los varones sólo en algunos meses, no en algunos años (Malina y cols., 2004).

Genes

Una segunda influencia importante sobre la edad de la pubertad es genética. Las edades de la menarquia en madres e hijas están fuertemente correlacionadas, aunque las circunstancias históricas y familiares pueden ser bastante diferentes para las dos generaciones (Golub, 1992). Otros cambios puberales también siguen patrones genéticos, tanto en los varones como en las mujeres. Una razón para ello es que los genes afectan el tipo corporal, el cual por sí mismo es un factor en el inicio de la pubertad. Incluso más allá de ello, la maduración de una persona es en parte genética (Towne y cols., 2002).

Existen algunas variaciones étnicas en el momento de aparición de la pubertad. Los estadounidenses negros tienden a alcanzar la pubertad casi un año antes que los estadounidenses de origen europeo, y los de origen mejicano y asiático por lo general comienzan la pubertad varios meses más tarde (Herman-Giddens y cols., 2001; Malina y cols., 2004). Pero recuerde que las variaciones genéticas entre una familia y otra son mucho mayores que aquellas entre un grupo étnico y otro (Rosenberg y cols., 2002). Eso significa que para predecir el inicio de la pubertad, es ignorar los antecedentes étnicos generales (p. ej., origen africano o asiático) y prestar atención a los familiares inmediatos del niño.

Las diferencias genéticas que acabamos de señalar tienden a ser más evidentes en los países desarrollados que en aquellos en vías de desarrollo. Por ejemplo, en los jóvenes de las zonas rurales de la India y de China la pubertad aparece más tarde que en la juventud del mismo grupo étnico que vive en vecindarios urbanos. En las naciones que se están volviendo rápidamente industrializadas, como Polonia y Grecia, se observan diferencias entre la ciudad y el campo en los niños del mismo grupo étnico. Por ejemplo, en Varsovia, la pubertad ocurre un año antes que en los pueblos polacos, y en Atenas la pubertad comienza en promedio tres meses antes que en el resto de Grecia (Malina y cols., 2004).

Peso

Un tercer factor que acelera la adolescencia es la grasa corporal. En general, los individuos fornidos desarrollan la pubertad antes que aquellos con constituciones más delgadas. El tipo corporal en parte es genético, pero la grasa corporal se correlaciona más estrechamente con la dieta y el ejercicio (véase cap. 11).

Este factor es más obvio en las niñas que en los varones (Vizmanos y Marti-Henneberg, 2000). Según algunos datos, la menarquia no suele ocurrir hasta que una niña pesa unos 45-48 kilogramos, aunque algunos expertos cuestionan el hecho de que el peso propiamente dicho desencadene la menarquia (Ellison, 2002). Las mujeres que tienen poca grasa corporal (sea naturalmente, porque están mal nutridas o porque realizan ejercicio muchas horas al día) alcanzan la menarquia

Seis cuerpos que crecen Todos estos niños son púberes y tienen edades cercanas, pero cada uno de ellos se encuentra en una etapa diferente de la pubertad. Obsérvese que los dos niños más altos también son los más pesados: la pubertad parece comenzar antes en los niños que tienen más grasa corporal.

JEFF GREENBERG / PHOTOEDIT, INC.

más tarde y experimentan la menstruación menos regularmente que el promedio de las niñas. Como se verá luego, un signo asociado a delgadez extrema en la anorexia nerviosa es el cese de las menstruaciones.

En ambos sexos, la desnutrición crónica limita la grasa y por lo tanto retarda la pubertad. Ésta es la probable explicación para los hechos históricos de que la pubertad ocurría casi a los 17 años en el siglo XVI y hace un siglo la menarquia comenzaba a los 15 años en Noruega, Suecia y Finlandia (Tanner, 2990).

La pubertad tardía a menudo es considerada una prueba de una dieta infantil mala, pero también se podría considerar que la pubertad precoz es prueba de una dieta poco saludable entre la juventud contemporánea. ¿Es más sano que una nación tenga muchos adolescentes con exceso de peso o con bajo peso, que experimentan la madurez reproductiva a los 11 o a los 18 años?

Estrés

Una cuarta influencia sobre la pubertad, reconocida recientemente, es el estrés. Durante muchos años, los bioquímicos han notado que, durante toda la vida, el estrés afecta la producción de hormonas (Sanchez y cols., 2001). La producción de ciertas hormonas, sobre todo cortisol pero también aquellas que comandan el aparato genital-reproductor, está directamente conectada con la concentración de hormonas de estrés a través del eje hipotálamo-hipófisis-suprarrenales.

A causa del mayor estrés, algunas mujeres jóvenes tienen irregularidades en el ciclo menstrual cuando abandonan el hogar para ir a la universidad o realizan viajes al extranjero. En los adultos, el estrés disminuye la cantidad de espermatozoides viables y óvulos maduros. De hecho, el estrés grave es una de las causas de abortos espontáneos, nacimientos prematuros e incluso anomalías congénitas. En general, el estrés impide la reproducción en cualquier etapa del proceso (Cameron, 2004).

Estos hechos condujeron a la hipótesis de que el estrés afecta las hormonas puberales. Al inicio, parecía lógico que el estrés disminuyera la producción de hormonas gonadales, pero parece más probable la situación opuesta. Por ejemplo, es común que la pubertad se adelante si los padres de los niños están divorciados o el vecindario está en ruinas (Herman-Giddens y cols., 2001; Hulanicka, 1999; Moffitt y cols., 1992). Sugestivas pruebas de que la pubertad comienza antes cuando el estrés es elevado provienen de varios países, entre ellos Gran Bretaña, Australia, Polonia y los Estados Unidos (Belsky y cols., 1991; Kim y Smith, 1998).

Leyó que la pubertad ocurre antes en las ciudades que en las regiones rurales en todos los países que llevan registros de estos datos (Malina y cols., 2004). Si la vida en la ciudad es más tensa para los niños que la vida en el campo, esto corroboraría la hipótesis del estrés.

Otra corroboración provino de un estudio que observó que la menarquia se producía antes si existían relaciones conflictivas dentro de la familia y si un hombre no relacionado (padrastro o novio de la madre) vivía en el hogar (Ellis y Garber, 2000). Estos investigadores tuvieron en cuenta los efectos genéticos y de la grasa corporal y aún observaron que cuanto más tiempo vivía una niña con un hombre que no es familiar biológico, antes tenía su menarquia.

La investigación en animales apunta en la misma dirección. Los ratones, las ratas y las zarigüeyas que sufren estrés quedan preñadas a edades más tempranas que los miembros de su especie con menos estrés (Warshofsky, 1999). Además, los ratones hembras alcanzan la pubertad antes si fueron criados con ratones machos adultos con el que no tienen vínculo biológico cuando eran lactantes (Caretta y cols., 1995). En algunas niñas la menarquia aparece mientras padecen estrés, sobre todo si están lejos de su hogar, pero ello sólo tiene valor anecdótico.

¿Por qué el estrés *aumentaría* las hormonas que inician la pubertad? ¿No se beneficiarían más las familias conflictivas si los adolescentes se vieran y actuaran como niños y no fueran capaces de convertirse en padres antes de los 20 años? Esto sería especialmente beneficioso para las familias con padrastros: la pubertad más tardía reduciría la atracción sexual entre padrastro e hijastra y la rivalidad sexual entre padrastro e hijastro. No parece ser lo que sucede. Una explicación para esta relación aparentemente contraproducente proviene de la teoría evolutiva:

RESPUESTA PARA PADRES DE ADOLESCENTES (de p. 435): cuando los adolescentes gritan "te odio", cierran la puerta o lloran de manera incontrolable, los padres suelen creer que las hormonas son el problema. Esto hace que sea fácil eludir la responsabilidad personal en el enfado del adolescente. Sin embargo, la investigación sobre el estrés y las hormonas sugiere que esta imputación conveniente es demasiado simplista.

En el curso de nuestra historia de la selección natural, las mujeres primitivas que crecían en entornos familiares adversos pueden haber aumentado de manera considerable su éxito reproductivo al acelerar la maduración física y al comenzar la actividad sexual y la reproducción en una edad relativamente temprana.

[Ellis y Garber, 2000, p. 486]

En otras palabras, en las épocas tensas pasadas, los padres adolescentes al menos serían reemplazados antes de morir y así continuarían muchos genes familiares. La pubertad temprana era beneficiosa y los genes que se adaptaban al estrés al iniciar la reproducción se volvieron prevalentes en el genoma humano. Si bien en el siglo XXI los impulsos sexuales adolescentes y el embarazo condujeron a una perturbación social más que a la supervivencia social, no fue así en épocas anteriores.

Demasiado temprano o demasiado tarde

Si bien los científicos sociales están intrigados por los datos históricos que muestran que la menarquia en otras épocas comenzaba años más tarde y aunque los padres pueden desear que sus hijos maduren cuando lo hicieron sus abuelos, a pocos adolescentes actuales les interesa la pubertad de los siglos anteriores. Sin embargo, sí se preocupan por cuándo experimentan ellos la pubertad. Ellos no quieren estar demasiado adelantados o rezagados en relación con sus amigos por una buena razón.

Piense en la situación de una niña que madura precozmente. Si tiene mamas evidentes en quinto grado, los varones se burlarán de ella; ellos están impresionados por la nueva criatura sexual de su medio. Ella debe adaptar su cuerpo con formas de mujer a una silla escolar ideada para niños más pequeños y a menudo intenta ocultar sus mamas en grandes remeras y suéteres voluminosos. Dadas esas circunstancias, no es asombroso que las niñas que maduran precozmente tiendan a tener una autoestima más baja, más depresión y una imagen corporal más desfavorable que las niñas que maduran más tarde (Compian y cols., 2004; Siegel y cols., 1999).

Para complicar aún más el problema, algunas niñas que maduran en forma precoz tienen novios varios años mayores, que las encuentran atractivas porque son aniñadas aunque físicamente desarrolladas. Ellas mismas tienen interés sexual, en respuesta a las mismas hormonas que desencadenaron su pubertad. Las niñas que tienen novios más grandes tienden a beber alcohol, fumar cigarrillos y volverse sexualmente activas antes que otras niñas de su edad (Brooks-Gunn, 1991). Ellas están "aisladas de sus pares que maduran a tiempo [y] tienden a encontrarse con adolescentes mayores. Esto aumenta su angustia emocional" (Ge y cols., 2003, p. 437).

Los varones que maduran precozmente también pueden tener algunas dificultades, en parte porque es más probable que se junten con grupos de pares que se rebelan contra las leyes y las tradiciones. Por supuesto, gran parte depende del contexto. Es particularmente probable que los varones que maduran de forma precoz y viven en vecindarios urbanos pensionados (con tasas altas de pobreza, desempleo, consumo de drogas y crímenes violentos, por ejemplo) y que tienen padres extraordinariamente estrictos tengan amigos que violen la ley (Ge y cols., 2003).

Los problemas de los varones que maduran precozmente son más evidentes ahora que antes. De hecho, las investigaciones en varones nacidos alrededor de 1930 que maduraron precozmente observó que tuvieron mayor probabilidad de ser líderes en la escuela secundaria y después (Jones, 1965). Sin embargo, en la actualidad, si la pubertad temprana conduce a un romance, el resultado a menudo es el estrés y la depresión en ambos sexos (Brown, 2004). La maternidad o la paternidad adolescente se correlacionan con problemas emocionales de todo tipo entre los jóvenes actuales.

La pubertad tardía también puede ser problemática, sobre todo en los niños que asisten a escuelas donde los deportistas son las estrellas locales. En un estudio de una escuela secundaria multiétnica, se halló que las burlas dirigidas a los "apacibles varones asiáticos" se debían a que eran más bajos y más delgados que sus compañeros de clase, para su gran consternación (Lei, 2003). Los adolescentes de todas partes buscan amigos que se ubiquen en el mismo esquema puberal que ellos, una preferencia que puede perturbar las amistades duraderas y producir problemas cuando los preadolescentes más jóvenes se asocian con adolescentes mayores.

SÍNTESIS

Por lo general, los signos visibles de la pubertad comienzan entre los 10 y los 13 años en respuesta a un disparador hormonal en la profundidad del encéfalo. Las hormonas del eje hipotálamo-hipófisis-suprarrenales afectan las emociones y la psiquis. Las reacciones adolescentes a menudo son el resultado de las respuestas sociales y culturales a los cambios corporales visibles y no el resultado directo de las hormonas en el torrente sanguíneo.

Muchos factores, que incluyen el sexo, los genes y la grasa corporal, determinan cuándo comienza la cascada hormonal. Las pruebas sugestivas obtenidas en las correlaciones internacionales, la investigación en animales y las familias con padrastros e hijastros sugieren que un cuarto factor, el estrés, puede inducir la pubertad más precozmente de lo que hubiera comenzado de otro modo. En todas las culturas, es problemática la pubertad que comienza mucho antes (sobre todo en las niñas) o más tarde (sobre todo en los varones) que lo que sucede entre los propios compañeros.

Las transformaciones de la pubertad

Todas las partes del cuerpo cambian durante la pubertad porque las hormonas afectan todas las células. Para simplificar, la transformación de un niño en un adulto a menudo es dividida en dos partes, crecimiento y sexualidad. Pero en la realidad, ambas suelen ocurrir aproximadamente al mismo tiempo.

Supongamos que los niños de 10 años súbitamente observan el crecimiento de un vello más oscuro y más firme en sus piernas. Éste es primariamente un cambio del crecimiento, pero la interpretación es fundamentalmente sexual. Si se trata de una niña, probablemente comenzará a rasurarse las piernas, lastimándose varias veces hasta lograr hacerlo con suavidad. Si es un varón, no se rasurará las piernas. De hecho, puede complacerse al vislumbrar un bigote o barba incipientes o vello en el tórax. Por lo tanto, la reacción de un niño es específica del sexo, aun cuando el vello propiamente dicho no lo sea.

La parte de introducción que precedió a este capítulo explicó el desafío complejo de describir la secuencia de los cambios adolescentes que se superponen en múltiples niveles. La separación entre el crecimiento y los cambios sexuales es un ejemplo de esta complicación. No obstante, esta división puede facilitar la comprensión.

Más grandes y más fuertes

Al final de la infancia y en los primeros años de la adolescencia, las hormonas producen un importante **estirón puberal**: un aumento repentino, irregular y algo impredecible en el tamaño de casi todas las partes del cuerpo. El crecimiento sigue un ordenamiento centrípeto (lo opuesto al crecimiento centrífugo de los períodos de crecimiento prenatal y del lactante). Los dedos de las manos y los pies se alargan antes que las manos y los pies, las manos y los pies antes que los brazos y las piernas y éstos antes que el tronco.

Como el tronco es la última parte del cuerpo que crece, muchos niños en la pubertad tienen transitoriamente pies grandes, piernas largas y cintura baja, con aspecto de ser "todo piernas y brazos" (Hofmann, 1997, p. 12). Si los adolescentes más jóvenes se quejan de que sus vaqueros les quedan mal, es probable que tengan razón, incluso cuando esos mismos vaqueros se adaptaban a su cuerpo más delgado, con cintura más baja cuando sus padres los compraron un mes antes. Los padres tuvieron una advertencia, si es que prestaron atención, cuando comenzaron a comprar zapatos a sus hijos de tamaños para adultos.

A medida que los huesos se alargan y se calcifican (cambios visibles en la radiografía), los niños comen más y aumentan de peso, para proveer energía para su estirón puberal. De hecho, los padres normalmente notan que sus hijos devoran su comida, vacían el refrigerador y cambian de talle de ropa antes de que noten que sus hijos también están más altos.

Por esta razón, hacia el final de la infancia, el peso aumenta. Exactamente cuándo, dónde y cuánto aumenta el peso depende en parte de la herencia, de la dieta y del ejercicio y en parte del sexo. Globalmente, las mujeres ganan más grasa corporal. Alrededor del 25% del peso corporal que al fin se alcanza es grasa, casi el do-

estirón puberal Crecimiento físico relativamente repentino y rápido que ocurre en la pubertad. Todas las partes del cuerpo aumentan de tamaño siguiendo el mismo orden en todas las personas: el aumento de peso generalmente precede al de la estatura, y el crecimiento de los miembros precede al del tronco.

FIGURA 14.2 **Gran diferencia** Todas los niños experimentan un aumento de los músculos durante la pubertad, pero las diferencias entre los sexos son mucho más claras en algunas destrezas de la motricidad gruesa que en otras. Por ejemplo, la fuerza del brazo sólo aumenta espectacularmente en los varones.

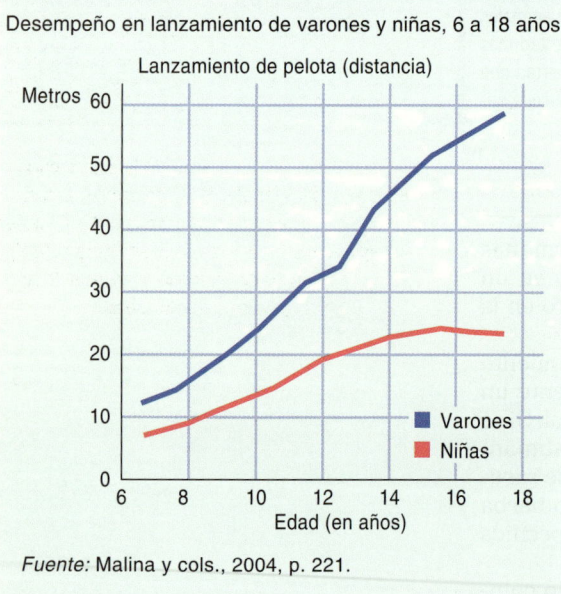

Desempeño en lanzamiento de varones y niñas, 6 a 18 años

Fuente: Malina y cols., 2004, p. 221.

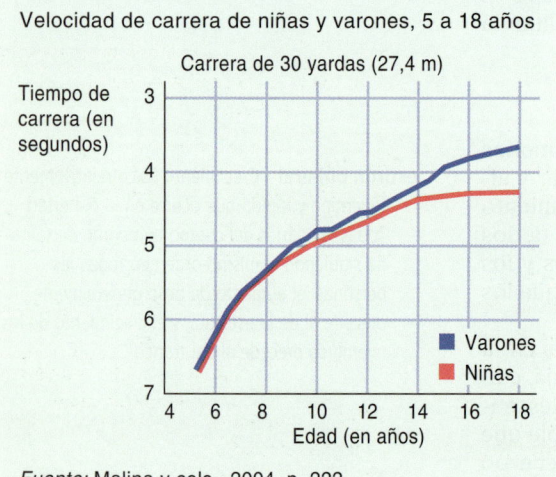

Velocidad de carrera de niñas y varones, 5 a 18 años

Fuente: Malina y cols., 2004, p. 222.

FIGURA 14.3 **Pequeña diferencia** Ambos sexos desarrollan piernas más largas y más fuertes durante la pubertad.

? PRUEBA DE OBSERVACIÓN (véase la respuesta en la p. 442): ¿a qué edad se acelera la velocidad de aumento de la masa muscular del varón promedio?

ble del promedio para los varones (Daniluk, 1998). Gran parte del aumento de peso en los varones normales es músculo, el cual es más pesado que la grasa.

Una de las preguntas que se hacen las niñas es por qué con el estirón puberal sus hermanos se hacen más fuertes y en cambio ellas mismas engordan; esta diferencia parece injusta en la sociedad moderna, con su preferencia por la delgadez femenina. La razón es evolutiva: nuestros antepasados de sexo femenino querían tener más grasa porque eso las hacía parecer más fértiles y femeninas, listas para la maternidad. Por razones asociadas con la reproducción, la grasa corporal de la mujer se acumula en las caderas y las mamas. Los cuerpos masculinos también pueden estar diseñados para épocas pasadas, cuando los hombres adultos jóvenes tenían que usar los músculos de los brazos para pelear contra bestias o rivales y llevar alimentos al hogar para sus familias (Ellison, 2001).

Un aumento súbito de la estatura sigue al aumento del peso, lo que consume algo de grasa y redistribuye el resto. Aproximadamente uno o dos años después está la edad pico de aumento muscular (Hofmann, 1997). Como consecuencia, los mofletes y la torpeza típicos de la pubertad temprana generalmente desaparecen algunos años más tarde. Globalmente, la fuerza muscular de los varones se duplica, sobre todo en los brazos (Malina y cols., 2004). De hecho, un varón de 18 años puede arrojar una pelota cuatro veces más lejos que uno de 8 años (véase fig. 14.2). El lanzamiento de una pelota muestra una diferencia notable entre los sexos, pero los músculos de las piernas y, por lo tanto, la velocidad para correr no muestran mucha diferencia entre los sexos (véase fig. 14.3).

Otros cambios corporales

Una razón para que los sexos sean más similares que diferentes en su estirón puberal es que, en ambos, los órganos internos no sólo crecen en tamaño sino también en eficiencia. Los pulmones se triplican en peso y los adolescentes respiran de forma más profunda y lenta que los niños (en ambos sexos, los niños de 10 años respiran unas 22 veces por minuto, mientras que los de 18 años respiran unas 17 veces, es útil saberlo si uno está haciendo reanimación cardiopulmonar) (Malina y cols., 2004). El corazón duplica su tamaño y la frecuencia cardíaca disminuye; los latidos cardíacos de un individuo sentado se reducen en más de 10%, desde unos 85 hasta unos 75 latidos por minuto, a medida que aumenta el volumen total de sangre (Malina y cols., 2004).

Estos cambios en los pulmones y el corazón aumentan la resistencia física. Muchos adolescentes pueden correr varios kilómetros o bailar durante horas, con una energía que cualquier adulto puede admirar. Sin embargo, obsérvese que los "estirones" puberales más visibles del peso y la estatura ocurren *antes* que los "estirones" puberales menos visibles de los músculos y los órganos internos.

Esto significa que los entrenadores deportivos no se deben dejar engañar por la estatura del adolescente: el entrenamiento y el levantamiento de pesas deberían adaptarse a la talla que el joven tenía aproximadamente un año antes para preservar los músculos y órganos inmaduros (Murphy, 1999). Las lesiones deportivas son los accidentes escolares más frecuentes, y su tasa aumenta en la pubertad. La falta de sensatez por parte de los entrenadores, junto con las aspiraciones poco realistas de los jóvenes atletas, producen problemas físicos que el conocimiento del desarrollo adolescente debería evitar (Patel y Luckstead, 2000).

Uno de los sistemas orgánicos –el sistema linfático (que incluye las amígdalas y las adenoides)– disminuye su *tamaño*, lo que hace que los adolescentes sean menos susceptibles a los problemas respiratorios. El asma leve, por ejemplo, a menudo desaparece en la pubertad (Busse y Lemanske, 2005) y los adolescentes tienen menos resfríos que los niños más pequeños. Otro sistema orgánico, la piel, acusa caminos pronunciados, y se torna más grasosa, más sudorosa y más propensa al acné.

El vello también cambia. Durante la pubertad, niñas y varones notan que el cabello de sus cabezas y el vello de sus miembros se vuelven más gruesos y más oscuros, y que crece vello nuevo en sus axilas, sus rostros y sobre sus órganos sexuales. El desarrollo evidente de vello facial y torácico a veces se considera un signo de masculinidad, aunque la cantidad de vello depende de los genes y no de la virilidad. Del mismo modo, el vello facial y corporal de una niña refleja los genes, no la feminidad.

Los ritmos corporales

Las hormonas de la pubertad también afectan los ritmos del cuerpo (Nelson y cols., 2002). Toda criatura viviente responde a un *ritmo circadiano,* un patrón biológico cíclico que afecta la reproducción (el nacimiento ocurre más a menudo en primavera), el aumento de peso (mayor en invierno) y mucho más, incluidas en algunas especies la migración y la hibernación. Como ejemplo, las concentraciones de la enzima monoaminooxidasa (MAO), que hace que las personas sean más cuidadosas, varían con la etapa de la vida y con el momento del año y tienden a ser particularmente bajas en los varones adolescentes, muchos de los cuales se exponen a riesgos con conductas que para los adultos son tontamente peligrosas (Nell, 2002).

Un aspecto del ritmo circadiano es el *ciclo diurno (diario),* la respuesta del cuerpo al día y la noche. El sueño, el hambre, la temperatura corporal, la presión arterial y la eliminación fluctúan según el momento del día. Las concentraciones de muchas hormonas y nutrientes cambian hora a hora, lo que permite que las personas se despierten por la mañana (habitualmente) y descansen hacia el final del día, tengan hambre en ciertos momentos y se sientan muy despiertos en otros. El estado de ánimo también fluctúa: algunas personas se levantan alegres y otras malhumoradas, y ambas cambian de estado de ánimo hacia la noche.

El ritmo diurno de cada persona es único, pero todos los seres vivos tienen un ciclo día-noche. Esto se evidenció colocando voluntarios en una habitación sin reloj y sin ventanas durante varias semanas y se les instruyó para que comieran y durmieran cuando lo desearan. Los patrones de actividad y las sustancias químicas corporales tendieron a aumentar y disminuir en un patrón de 24 horas (Webb, 1994). La interrupción de este patrón es el motivo por el que el jet lag es un problema más importante en las personas que vuelan de este a oeste, y cambian así de huso horario, que en aquellas que vuelvan la misma distancia de norte a sur dentro del mismo huso horario.

La siesta –que es necesaria para los niños pequeños y frecuente entre los ancianos– también es afectada por los ritmos circadianos. Por ejemplo, las personas no pueden "acumular" horas de sueño durmiendo 20 horas al día (incluidas las siestas largas) durante tres días de una semana y nada durante los cuatro días siguientes, aun cuando la cantidad total de horas (60) sea prácticamente la misma que en 7 noches de ocho horas y media. Las concentraciones de algunas sustancias químicas del cuerpo, entre ellas la melatonina, fluctúan a lo largo del día, lo que hace que sea muy difícil dormir a ciertas horas y quedarse despierto a otras (Carskadon, 2002a). Los recién nacidos y los ancianos a veces se quedan dormidos mientras los que los rodean están hablando.

La pubertad altera los ritmos circadianos y diurnos. Muchos adolescentes descubren que sus patrones de sueño-vigilia siguen naturalmente un esquema diferente de aquellos de otros miembros de la familia (Carskadon y cols., 2004). Los cambios y aumentos hormonales normales (sobre todo en las hormonas de crecimiento) producen un "retraso de fase" en el sueño: muchos adolescentes están bien despiertos a medianoche pero semidormidos toda la mañana.

Normalmente, los adolescentes duermen muy poco, problema que empeora la televisión, los dispositivos y las salas de chateo por Internet así como los horarios escolares. Las pruebas de este hecho es que los adolescentes pocas veces se despiertan de forma espontánea (véase fig. 14.4) y a menudo "duermen" los fines de semana (Andrade y Menna-Barreto, 2002). Es particularmente probable que las niñas se vean privadas de sueño, lo que disminuye sus notas y su bienestar (Fredriksen y cols., 2004).

La privación de sueño se asocia con muchas dificultades. Por ejemplo, es más probable que los adolescentes que conducen vehículos se queden dormidos al

¿Le gusta lo que ve? Durante la adolescencia, todos los rasgos faciales no se desarrollan con el mismo ritmo, y el pelo por lo común se torna menos manejable. Aunque B. T. es un adolescente normal, no se lo ve muy contento con la apariencia de su nariz, sus labios, sus orejas o su cabello.

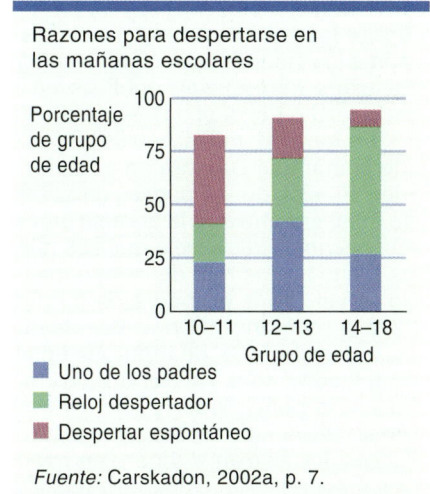

Razones para despertarse en las mañanas escolares

- ■ Uno de los padres
- ■ Reloj despertador
- ■ Despertar espontáneo

Fuente: Carskadon, 2002a, p. 7.

FIGURA 14.4 **Privación de sueño** Los seres humanos normalmente se despiertan una vez que han dormido lo suficiente. Pocos estudiantes de la escuela secundaria se despiertan de forma espontánea, y muchos duermen hasta más tarde los fines de semana que los días laborales; estos hechos sugieren que la mayoría de los adolescentes necesita más sueño. La depresión y la irritabilidad se correlacionan con el sueño insuficiente.

volante a que eso le sucede a conductores mayores; los adolescentes tienen más patrones de sueño alterados (probablemente porque no tienen esquemas regulares de sueño) y los adolescentes privados de sueño tienen más trastornos del estado de ánimo (depresión, trastorno disocial, ansiedad) que otros grupos de edad (Carskadon, 2002b; Fredriksen y cols., 2004; Roberts y cols., 2002).

Dado que los adolescentes están privados de sueño, ¿por qué las escuelas secundarias exigen que estén en clase a las 8 de la mañana o antes? Hasta hace aproximadamente una década los investigadores desconocían por completo que la pubertad afectaba el sueño y muchos administradores escolares no comprenden aún las implicaciones. En consecuencia, en muchos países se siguen aplicando todavía los horarios escolares establecidos hace un siglo. En 1900, el 90% de los adolescentes vivían en granjas. Muchos tenían que levantarse al alba para hacer las tareas, como ordeñar las vacas, y luego tenían que volver de la escuela temprano en la tarde para realizar otras tareas antes de que oscureciera. También tenían que pasar largos veranos trabajando en los campos. Por los horarios adecuados para estas obligaciones familiares de antaño, millones de adolescentes contemporáneos quedan confundidos con las clases de matemática y química a las 8 de la mañana y se aburren durante las largas vacaciones de verano (Barber y cols., 1998).

La lógica de la nueva evidencia choca con los antiguos hábitos culturales, como lo explica el siguiente artículo.

! Respuesta a la prueba de observación (de p. 440): aproximadamente a los 13 años. Esto es más obvio en el lanzamiento de una pelota (véase fig. 14.2), pero también es evidente en la carrera de 28 metros (30 yardas).

Estudio de un caso

Los que madrugan son los adultos

Los datos sobre el sueño en la adolescencia confirman que el diseño biológico del cuerpo de los adolescentes está preparado para que permanezcan despiertos a la noche y dormidos en la mañana. Pero la cultura apoya la vigilia matinal, valor que se refleja en el refrán: "Al que madruga Dios lo ayuda". Cuando los adultos deciden que el día escolar debe comenzar a las 8 de la mañana, están reflejando cultura y memoria, y no son deliberadamente destructivos.

En Minnesota, un sistema escolar tomó en cuenta las investigaciones (Wahlstrom, 2000). Los datos biológicos sobre los patrones de sueño de los adolescentes condujeron a los científicos sociales a solicitar las opiniones en 17 distritos de escuelas públicas en relación con un inicio más tardío del día en la escuela secundaria.

En general, los maestros creían que las primeras horas de la mañana constituían el mejor momento para aprender. El 42% de los padres de adolescentes pensaban que lo ideal era entrar a la escuela antes de las 8 de la mañana. De hecho, el 20% creía que sus hijos debían salir rumbo a la escuela a las 7:15 de la mañana o antes (comparado sólo con el 1% de los padres con hijos más pequeños).

Las opiniones de docenas de otros grupos eran diversas. Los choferes de ómnibus odiaban las horas pico; los empleados de la cafetería querían llegar temprano a sus casas; la policía quería que los estudiantes no estuvieran en la calle a últimas horas de la tarde; los funcionarios públicos destacaron el dinero ahorrado cuando los estudiantes mayores eran transportados a la escuela antes que los más jóvenes; los entrenadores físicos se preocupaban de que los eventos deportivos pudieran terminar demasiado tarde; los empleadores se preguntaban cómo conseguirían personal para el turno tarde; los directores de programas comunitarios creían que un cambio de horarios complicaría más la planificación (sobre todo el uso del gimnasio) (Wahlstrom, 2002).

A pesar de los votos en contra, uno de esos 17 distritos escolares, Edina (una ciudad de 47 500 habitantes cercana a Minneapolis), decidió llevar a cabo la experiencia. La escuela secundaria pública de Edina cambió el horario de inicio de las 7:25 a las 8:30 de la mañana, con un horario de cierre a las 3:10 de la tarde, en lugar de las 2:05. Después de un año, la mayoría (93%) de los padres y casi todos los estudiantes aprobaban el cambio. Un estudiante dijo, "sólo me he quedado dormido en la escuela una vez en todo el año y el año anterior me quedaba dormido aproximadamente tres veces a la semana" (citado en Wahlstrom, 2002, p. 190). Otras mejorías sorprendieron a los maestros, los administradores e incluso a la enfermera escolar: menos estudiantes ausentes, menos llegadas tarde, menos estudiantes perturbadores o enfermos y calificaciones globalmente más altas.

El éxito de Edina hizo que otros distritos escolares de Minnesota volvieran a pensar en sus horarios. Minneapolis cambió la hora de inicio de las clases de la secundaria de las 7:15 de la mañana a las 8:40. Nuevamente, mejoró la asistencia y la tasa de graduación.

En la mayoría de los distritos escolares, prevalecieron los votos en contra. Por ejemplo, las historias de las noticias locales citaban a algunos estudiantes que se expresaron:

> Estos estudiantes dicen que una hora de inicio más tarde tiene un impacto negativo para estar seleccionados por las "mejores" universidades en cuanto tienen menos actividades para enumerar en sus antecedentes. Comentarios de este tipo hacen mella en sus padres y producen un mar de fondo de rechazo para implementar el cambio, una oposición... basada sobre las suposiciones y la especulación.
>
> [Wahlstrom, 2002, p. 195]

La mayoría de los administradores y los miembros del consejo escolar decidieron mantener un horario de inicio temprano en sus escuelas secundarias. Los investigadores reconocieron que "sin un abordaje estratégico, prevalecerán las fuerzas que mantienen el status quo en las escuelas" (Wahlstrom, 2002, p. 195).

La maduración sexual

El estirón puberal convierte a los niños en adultos. Otro conjunto de cambios transforma a los niños en hombres y a las niñas en mujeres. La pubertad no sólo hace que los adolescentes se vean más maduros; ellos *son* más maduros, al menos desde el punto de vista sexual, y tienen la capacidad de reproducirse. Tanto los caracteres sexuales primarios como secundarios señalan este cambio.

Cambios corporales

Se denominan **caracteres sexuales primarios** a aquellas partes del cuerpo que participan directamente en la concepción y el embarazo. Durante la pubertad, todos los órganos sexuales primarios (la vagina, el útero, el pene, los testículos) se agrandan.

En las niñas, los ovarios y el útero crecen y el revestimiento de la vagina se hace más grueso incluso antes de que se hagan visibles los signos de la pubertad. Esos órganos internos continúan madurando durante toda la pubertad. En los varones, los testículos comienzan a crecer y, alrededor de un año después, el pene se alarga y el escroto se agranda y se hace colgante.

Los signos sexuales, seguidos por la menarquia y la espermarquia, no indican el pico del potencial reproductivo. Desde el punto de vista biológico, los principales años reproductivos ocurren más tarde, durante la vida adulta emergente. Sin embargo, la paternidad es posible una vez que empiezan a funcionar los órganos sexuales primarios.

Junto con la maduración de los órganos reproductores (caracteres sexuales primarios) se producen los cambios en los **caracteres sexuales secundarios**, que son las características corporales que no afectan directamente la fecundidad (por ese motivo se denominan secundarios) pero que indican el desarrollo sexual.

Un carácter sexual secundario obvio es la forma corporal, que es muy similar en la infancia pero se diferencia en la adolescencia. En la pubertad, los varones crecen más en estatura que las mujeres (alrededor de 13 cm en promedio) y se ensanchan sus hombros. Las niñas se ensanchan por debajo de la cintura, sobre todo en la pelvis, para prepararse para el embarazo y desarrollan las mamas, para prepararse para la lactancia (Ellison, 2001). Las mamas y las caderas habitualmente se consideran signos de feminidad; pero ninguna de ellas es necesaria para la concepción y por lo tanto ambas son caracteres sexuales secundarios y no primarios.

En ambos sexos el diámetro de la areola (el área oscura que rodea el pezón) aumenta durante la pubertad y los pezones se vuelven más sensibles. Con gran consternación, alrededor del 65% de todos los varones adolescentes experimentan un cierto aumento del tamaño de las mamas (normalmente a mediados de la pubertad) (Behrman, 1992). Este aumento normalmente desaparece hacia los 16 años.

Las niñas están ansiosas por que sus mamas crezcan, pero no desean que aumenten demasiado. En la mayoría de las niñas, los sostenes para "reducción", "aumento", "entrenamiento" o "modelado" son elementos esenciales del guardarropa. La pubertad femenina comienza y termina con el crecimiento mamario, desde la etapa del "botón" del crecimiento de las mamas (una ligera elevación) hasta el tamaño completo de las mamas seis años más tarde (Tanner, 1990).

Otro carácter sexual secundario es la voz, que adopta un tono más grave a medida que crecen los pulmones y la laringe. Este cambio es más notable en los varones. (Incluso es más notable, para disgusto del joven adolescente, una pérdida ocasional del control de la voz que transforma su barítono recientemente adquirido en un agudo chillido.) Las niñas también adquieren un tono de voz más bajo, y ésa es la razón de por qué una voz femenina ronca se considera seductora. La "nuez de Adán", que es la protuberancia visible en el cuello, se hace prominente en los varones (de ahí que reciba el nombre de Adán y no de Eva).

El patrón de crecimiento de la línea del cuero cabelludo difiere en los dos sexos, pero pocas personas lo notan. En cambio, notan los marcadores del sexo femenino y masculino en la longitud y el estilo del cabello. En consecuencia, los adolescentes dedican mucho tiempo, dinero y pensamientos a su cabello visible, a través del corte, el enrulado, el alisado, el peinado, la tintura y el acondicionamiento del cabello.

Conducta sexual

Las variaciones en los cortes de cabello obviamente reflejan las diferencias de cohortes y de sexo. Otro signo sexual secundario es el comportamiento sexual: es-

caracteres sexuales primarios Partes del cuerpo que participan directamente en la reproducción, incluidos la vagina, el útero, los ovarios, los testículos y el pene.

caracteres sexuales secundarios Características físicas que no están directamente relacionadas con la reproducción pero que marcan la madurez sexual; por ejemplo, la barba en los hombres y los senos en las mujeres.

CLEVE BRYANT / PHOTOEDIT

Orgullo masculino Los adolescentes por lo común se sienten orgullosos cuando tienen que afeitarse por primera vez. Aunque la barba se considera un signo de masculinidad, la cantidad de pelo de una persona es en realidad tanto genética como hormonal. Hay nuevas evidencias de que las categorías raciales tradicionales del mundo occidental no tienen bases genéticas, evidencias que provienen del este de Asia: a muchos chinos no les crecen la barba o los bigotes, pero a la mayoría de los japoneses sí.

pecíficamente, todo el galanteo, el tomarse de las manos y el tocarse, en los que intervienen niños y niñas. Esto también refleja más la cultura y la cohorte que la biología. Como ya se explicó, las distintas hormonas sexuales desencadenan pensamientos acerca de la intimidad física, pero el contexto social moldea esos pensamientos sexuales: fantasías agradables, preocupaciones vergonzosas, impulsos atemorizantes o contacto real.

Consideremos el impacto de la cultura sobre la actividad sexual. Algunos preadolescentes son sexualmente activos, pero la mayoría no. De hecho, cuando ocurre el coito antes de los 13 años, la pareja suele ser mayor y su conducta se considera abuso sexual y no una unión íntima elegida libremente por el preadolescente (Dickson y cols., 1998).

En los años adolescentes, los niños y las niñas sienten interés entre ellos. En algunas culturas, ellos muestran su mutuo interés, lo que conduce gradualmente a las relaciones sexuales. En esas culturas, las edades para la primera experiencia sexual son similares en niños y niñas. Aproximadamente el 25% de ambos sexos en los Estados Unidos han mantenido relaciones sexuales para los 14 años, aproximadamente el 50% a los 17 y un 90% a los 21 años (Hogan y cols., 2000; Santelli y cols., 2000).

Estos datos de edades provienen de encuestas confidenciales. Las edades varían mucho según la cohorte y la subcultura. Algunas pruebas sugieren que el primer coito ocurre antes de lo que ocurría hace 50 años pero más tarde de lo que ocurría hace 10 años. No obstante, en todo este período, al parecer los adolescentes de ambos sexos de los Estados Unidos y Canadá experimentaron la acitividad sexual aproximadamente a la misma edad, a menudo entre ellos. La igualdad entre los sexos también es evidente en algunos otros países (p. ej., Holanda y Uganda) (Cohen, 2005; Teitler, 2002).

Por el contrario, en Finlandia y en Noruega las niñas suelen tener experiencias sexuales más tarde que los varones. En Grecia y Portugal es más tardía la experiencia sexual en los varones (Teitler, 2002). Se espera que los hombres adultos recientes de Nigeria busquen a preadolescentes más jóvenes e inexpertas como parejas sexuales y les ofrezcan regalos. Por el contrario, en Tailandia se espera que los varones recién desarrollados busquen mujeres mayores y experimentadas, que pueden ser prostitutas (OMS, 2005).

Por cierto, estas generalidades no se aplican a todos los hombres de estos países. Algunos subgrupos dentro de las naciones siempre difieren mucho en la experiencia sexual: qué, cuándo, con quién y de qué sexo y edad (Schlegel y Barry, 1991). Por ejemplo, una encuesta de 704 adolescentes en Ghana observó que existían más niñas de 16 años con experiencia sexual que varones en la misma condición, pero las niñas solían tener experiencia con una sola pareja, mientras que los varones experimentados habían tenido varias parejas. En esa nación, los

Una mujer a los 15 años Dulce Giovanna Mendez baila en su *quinceañera*, la celebración tradicional de los 15 años de la madurez sexual de una niña de origen hispano. Dulce vive en Ures, México, donde muchos adolescentes mayores se casan y tienen hijos. Esto era también el resultado esperado de la pubertad hace décadas en los Estados Unidos.

JOANNA B. PINNEO / AURORA PHOTOS

jóvenes musulmanes de diferentes edades y de ambos sexos eran sexualmente menos activos que los jóvenes cristianos, los que a su vez eran menos activos que aquellos de cualquier otra fe (Glover y cols., 2003).

En muchas naciones, las enseñanzas religiosas afectan la conducta sexual. De hecho, los individuos jóvenes y devotos pueden no ser conscientes de los pensamientos sexuales. Las investigaciones encefálicas actuales confirman que esto es bastante posible: las personas pueden estar inconscientes de sus sensaciones (Damasio, 2003).

Un estudio sobre la felicidad en adolescentes de Israel y los Estados Unidos observó que algunos individuos de ambos países comunicaron haber experimentado su máxima alegría en un romance. Sin embargo, especialmente entre los jóvenes musulmanes, sus romances rara vez incluían la intimidad sexual, aun en el pensamiento (Magen, 1998). Un varón israelí de origen árabe relató cómo fue "el día más maravilloso y feliz de mi vida":

> Una niña pasó por nuestra casa. Y ella me miró. Me miró como si fuera un ángel en el paraíso. Yo la miré, me quedé quieto y asombrado y maravillado... (Más tarde) ella pasó cerca de nosotros, se detuvo y llamó a mi amigo, le preguntó mi nombre y quién era yo. Yo temblaba todo y apenas me podía mantener de pie. Usé mi cerebro, ya que de otro modo me hubiera caído al piso. No pude soportarlo más y me fui a casa.

> *[Citado en Magen, 1998, pp. 97-98]*

Todos estos ejemplos demuestran que las experiencias universales de las hormonas en aumento y la aparición resultante de las características sexuales primarias y secundarias pueden adoptar muchas formas, dependiendo de la cultura en la que ocurren.

SÍNTESIS

El estirón puberal y la maduración sexual son progresivos en los tres o cuatro años siguientes a la aparición de los primeros signos de la pubertad. Ambos grupos de cambios muestran una secuencia predeterminada. El estirón puberal es irregular y algunas partes del cuerpo maduran antes que otras. El crecimiento prosigue desde las extremidades hacia el centro, de modo que los miembros crecen antes que los órganos internos. El aumento de peso precede al aumento de la estatura, que a su vez precede al crecimiento muscular.

En las niñas, la pubertad comienza con los caracteres sexuales primarios (el crecimiento de los órganos sexuales internos) y luego los caracteres sexuales secundarios (vello púbico, pezones). El estirón puberal de las niñas ocurre a medio camino, las características sexuales continúan madurando y la menarquia completa la secuencia. En los varones, las características sexuales secundarias (que incluyen el crecimiento de los testículos y el pene y luego la espermarquia) preceden al estirón puberal. Todos los niños y las niñas experimentan un aumento del interés sexual a medida que sus cuerpos se desarrollan y sus hormonas aumentan, pero la expresión de los sentimientos sexuales e incluso las fantasías acerca de ellos dependen de su cultura.

El desarrollo del encéfalo en la adolescencia

Los científicos en neurociencias y los psicólogos del desarrollo están descifrando los mecanismos intrigantes a través de los cuales las hormonas, la maduración y la experiencia influyen en el crecimiento del encéfalo del adolescente. Los padres los están descubriendo también, como en esta anécdota de Laurence Steinberg, que es tanto científico como padre:

> Cuando mi hijo Benjamín tenía 14 años, él y tres amigos decidieron salir a hurtadillas de la casa donde estaban pasando la noche y visitar a una de sus novias aproximadamente a las dos de la mañana. Cuando llegaron a la casa de la niña, se ubicaron debajo de la ventana de su dormitorio, arrojaron guijarros contra los vidrios de su ventana e intentaron escalar el costado de la casa. Lamentablemente, la tecnología moderna ha hecho que sea más difícil representar a Romeo en estos días. Los niños hicieron funcionar la alarma contra ladrones de la casa, la cual activó una sirena y envió simultáneamente una notificación directa a la estación local de policía, que despachó un patrullero. Cuando la sirena se apagó, los niños corrieron hacia abajo por la calle y chocaron derecho con el automóvil de policía, que se dirigía hacia la casa de la niña. En lugar de detenerse y explicar qué hacían, Ben y sus amigos se dispersaron y escaparon

en diferentes direcciones a través del vecindario. Uno de los niños fue atrapado por la policía y llevado de regreso a su casa, donde despertaron a sus padres e interrogaron al niño.

Yo descubrí este asunto la mañana siguiente, cuando la madre de la niña llamó a nuestra casa para contarnos lo que Ben había hecho... Después de su roce próximo con la policía, Ben había regresado a la casa de la que se había escabullido, donde durmió profundamente hasta que yo lo desperté con una llamada de teléfono, enfadado, diciéndole que recogiera sus ropas y me esperara delante de la casa de su amigo. Cuando nos dirigíamos a nuestra casa, después de darle un largo discurso acerca de lo que había hecho y sobre los peligros de escapar de los policías armados en la oscuridad mientras ellos creían que habían frenado un robo, me detuve.

"¿En qué pensabas?", pregunté.

"Ése fue el problema, papá", replicó Ben. "No pensé".

[Steinberg, 2004, pp. 51, 52]

Steinberg destaca la observación de su hijo acerca del pensamiento adolescente: "El problema no es que el planteo de decisiones de Ben era deficiente. El problema era que no existía" (Steinberg, 2004, p. 52). En su análisis, Steinberg señala otra característica del pensamiento adolescente: cuando las emociones están aumentadas, sobre todo con los pares, la parte lógica del cerebro del niño se cierra y aparece la excitación inmediata e intensa, con su propia demanda.

Esta realidad no se advierte en la investigación que pide a los adolescentes, uno por uno, que respondan a dilemas hipotéticos. Ellos se desempeñan bien en esas pruebas (al igual que tienen puntuaciones altas en las pruebas de elección múltiple sobre la adicción a las drogas y el sexo sin protección), pero

la perspectiva de visitar a una compañera hipotética de clase posiblemente no pueda transmitir la emoción de sorprender a alguien de quien estás enamorado con una visita en la mitad de la noche. Es más fácil colocarse un condón hipotético durante un acto sexual hipotético que colocarse uno real en medio de la pasión. Es más fácil decir que no a una hipotética cerveza que rechazar una cerveza helada en una noche estival.

[Steinberg, 2004, p. 43]

Para comprender cómo funciona realmente el cerebro, los cuestionarios abstractos no son adecuados. Ahora que los psicólogos del desarrollo reconocen las limitaciones de las investigaciones previas y las posibilidades de la RMf y de otros estudios encefálicos, nos esperan las emociones y un duro trabajo.

La precaución frente a la búsqueda de emociones

Se necesitan muchas más investigaciones interdisciplinarias para integrar los estudios cerebrales y conductuales (p. ej., Dahl, 2004; Keating, 2004; Masten, 2004; Nelson, 2004). Las implicaciones de lo que se sabe son emocionantes: estamos al borde de un conocimiento nuevo y más completo de la mente adolescente. No obstante, los científicos son precavidos. La resonancia magnética funcional (RMf), la tomografía por emisión de positrones (PET) y otras herramientas son costosas y complejas, y no se han realizado aún pruebas longitudinales de adolescentes típicos. Un experto explica:

Estamos al borde de nuevos desarrollos experimentales muy emocionantes a medida que disponemos de nuevas tecnologías de neuroimágenes, pero en la actualidad, en muchos aspectos, andamos a tientas en la oscuridad... El trabajo sobre el desarrollo adolescente es particularmente reciente.

[Keating, 2004, p. 69]

Con la emoción atemperada por la precaución, los científicos creen que muchas características del pensamiento y el comportamiento adolescente (desde la impulsividad hasta la emotividad, las habilidades analíticas y la resolución de problemas) tienen su origen en la maduración cerebral.

La capacidad de una adolescente para planificar, reflexionar, analizar y decidir (todo lo cual se explica con detalle en el capítulo 15) ocurre debido a la maduración de la corteza prefrontal. Se forman y suavizan (con más dendritas y mejor mielinización) conexiones entre distintas partes del cerebro, lo que hace que las personas jóvenes sean gradualmente más rápidas y mejores para resolver problemas.

Pero, ¿de qué modo se relaciona esto con la escapada de Ben o, en realidad, con lo que usted leyó sobre la edad escolar, cuando las dendritas, la mielinización y un cuerpo calloso agrandado permiten "un cerebro masivamente interconectado" (Kagan y Herschkowitz, 2005, p. 220)? De alguna forma, los niños más pequeños son mejores pensadores que los adolescentes jóvenes, al menos como los adultos podrían definir "mejores". Es probable que un Ben de 8 años no se hubiera escabullido a hurtadillas de la casa a las 2 de la mañana.

¿Cómo puede ser esto? Es cierto que la capacidad para resolver problemas es bastante buena durante la edad escolar, porque la corteza prefrontal madura y controla al sistema límbico, y este proceso continúa en la adolescencia. Sin embargo, además de estos adelantos, dos nuevos desarrollos neurológicos hacen que la excitación emocional sea más atractiva y el pensamiento lógico más evasivo en la adolescencia.

Secuencia y sensación

En primer lugar, al igual que para el resto del cuerpo, una secuencia de desarrollo en la maduración encefálica significa que algunas partes crecen más rápidamente que otras. El sistema límbico, que está situado en la parte posteroinferior del encéfalo e incluye el hipocampo y la amígdala cerebral (véase cap. 8), alcanza la maduración final antes que la corteza prefrontal, situada en la parte anterosuperior del encéfalo (Compas, 2004).

Como se recordará, el sistema límbico predomina en las reacciones emocionales rápidas –enfado, alegría, miedo, desesperación súbitos– y la corteza prefrontal se denomina la "función ejecutiva" porque coordina, inhibe y elabora estrategias. Esta maduración asincrónica expone a los adolescentes a un "mayor riesgo de problemas y trastornos emocionales porque los sistemas encefálicos que activan las emociones... se desarrollan antes del funcionamiento pleno de la capacidad para el control volitivo y esforzado de estas emociones" (Compas, 2004, p. 283).

La secuencia en la cual el sistema límbico madura antes que la corteza prefrontal tiene implicaciones particularmente graves en los tiempos modernos:

> Durante varios años, muchos adolescentes de la sociedad moderna pueden lidiar con cuerpos física y sexualmente maduros, circuitos encefálicos activos implicados en los impulsos reproductores y en los cambios emocionales relacionados, y un *control cognitivo que aparece gradualmente*. Esto ha conducido a la metáfora de los primeros años de la pubertad como "arrancar el motor con un conductor inexperto"
>
> [Nelson y cols., 2002, p, 515; énfasis en original]

El segundo factor es que el sistema límbico que madura está particularmente sensibilizado a las sensaciones fuertes e inmediatas, aún no controladas por la corteza prefrontal. Por esta razón,

> a los adolescentes les *gusta* lo intenso, la emoción y la excitación. Se ven impulsados hacia los vídeos musicales que golpean y bombardean los sentidos. Los adolescentes son aficionados a las películas de terror y de matanzas. Ellos son mayoría en las colas de espera de juegos frenéticos que liberan adrenalina en los parques de diversiones. La adolescencia es una época en que atrae mucho el sexo, las drogas, la música muy fuerte y otras experiencias de gran estimulación. Es un período del desarrollo en que la sed de aventuras, la predilección por los riesgos y un deseo de novedades y emociones parecen alcanzar niveles naturalmente altos.
>
> [Dahl, 2004, pp. 7, 8; énfasis en el original]

Estas experiencias intensas se buscan precisamente porque no pasan por la regulación emocional que estimula la corteza prefrontal. Cuando el estrés, la excitación, la pasión, el bombardeo emocional, la toxicidad de drogas o las privaciones alcanzan un grado extremo, el encéfalo es rebasado por los impulsos, que es lo que desean los adolescentes. ¿Alguna vez se asombró por las palabras

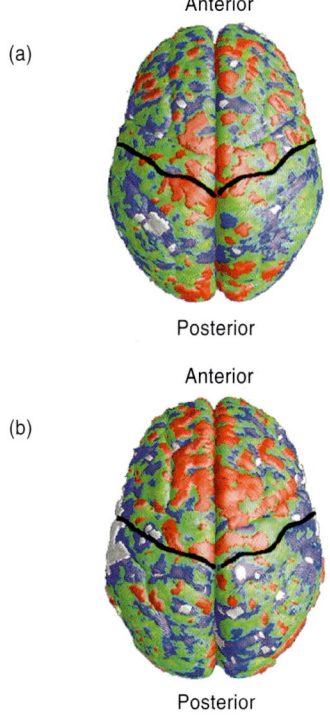

(a)

Anterior

Posterior

(b)

Anterior

Posterior

La corteza prefrontal madura   Estas imágenes complejas corresponden a gammagrafías de cerebros normales de *(a)* niños y adolescentes y *(b)* adolescentes y adultos. Las áreas rojas indican tanto un aumento del tamaño del cerebro como una disminución de la sustancia gris (corteza cerebral). Las áreas rojas en *(b)* son más grandes que en *(a)* y están concentradas en el área frontal del cerebro, que se asocia con los procesos cognitivos complejos. Se cree que el crecimiento de algunas áreas cerebrales a medida que disminuye su sustancia gris refleja un aumento de la sustancia blanca, que consiste en mielina, revestimiento del axón que vuelve más eficiente al encéfalo.

que usan los adolescentes cuando se jactan de haber estado tan bebidos que estaban "liquidados", "arruinados" o "quebrados"? ¿Por qué alguien deliberadamente pasaría una noche sin dormir o días sin comer o realizaría un esfuerzo hasta el punto de sentir dolor? Silenciar la corteza prefrontal abrumándola con estímulos sensitivos puede ser parte de la explicación.

Planificación y ejecución

Afortunadamente (dados los peligros a los que los adolescentes se exponen) el desarrollo encefálico desigual es transitorio. A medida que se aproxima la vida adulta, la maduración encefálica importante incluye dendritas empaquetadas más densamente que se desarrollan en la corteza prefrontal y que alcanzan todo el encéfalo (véase cap. 5).

Para fines de la adolescencia y comienzos de la vida adulta, el pensamiento es más eficiente y permite a los adolescentes de 18 años planificar sus vidas, analizar las posibilidades y proseguir los objetivos con mucha más eficacia que cuando eran más jóvenes (Keating, 2004). Por ejemplo, muchos niños de 12 años sueñan con convertirse en músicos o estrellas deportivas de fama mundial; a los 18 años tienen aspiraciones más realistas y luchan por lograrlas. Hacia los 25 años, la mayoría de los adultos tienen empleo y un conocimiento práctico de las exigencias de su trabajo.

Globalmente, las funciones ejecutivas del cerebro avanzan mucho en toda la adolescencia y después. Esto se aprecia no sólo en las imágenes de RMf sino también mediante indicadores más sencillos y económicos, como las estrategias de juego del individuo y su rendimiento en el salón de clases (Cepeda y cols., 2001; Luciana y cols., 2005). Por ejemplo, en la secundaria y la universidad, pero no antes, los estudiantes se vuelven capaces de encontrar argumentos racionales a favor de un punto de vista que no sea el suyo o intentar estrategias alternativas y planificar por adelantado cuando juegan a las cartas o resuelven rompecabezas. Este desarrollo se explica mejor en el capítulo 15.

Conexiones: algunas son más rápidas, algunas se pierden, algunas persisten

A medida que la corteza prefrontal sigue madurando durante la adolescencia, la mielinización acorta el tiempo de reacción en los deportes, en las cuestiones académicas e incluso en la conversación. Hacia fines de la adolescencia, los adolescentes pueden comprender las ideas, relacionarlas y refutarlas con mucha mayor rapidez que los niños más pequeños (Sampaio y Truwit, 2001). Ésta puede ser la razón de por qué la "sustancia blanca" cerebral, que incluye los axones y las dendritas que conectan una neurona con otra, aumenta durante toda la infancia, la adolescencia y la vida adulta emergente (Thomas y Casey, 2003).

Al igual que la "poda" neuronal que ocurre durante el primer año de vida (explicada en el capítulo 5), en la adolescencia ocurre una nueva poda de dendritas en la corteza prefrontal, esta vez con mayor precisión. Pero mientras tanto, los patrones lingüísticos, cognitivos y de personalidad son bastante abiertos al cambio. Al final de la infancia, las conexiones repetidas entre una sinapsis y la otra fortalecen fácilmente los nexos en el encéfalo, lo que facilita relativamente el aprendizaje de conceptos poco familiares o nuevos pasos de danza (Keating, 2004). Después de los 20 años, casi todo nuevo aprendizaje se vuelve más difícil.

Esto no significa que los seres humanos dejen de aprender en algún momento. Como se vio en el capítulo 1, la plasticidad cerebral es evidente durante toda la vida; el aprendizaje siempre es posible. Sin embargo, después de la sustancial poda y del desarrollo de conexiones cerebrales de la adolescencia, es más difícil producir patrones neurológicos completamente nuevos. Los profesores, los adolescentes y los líderes políticos tienen esto en cuenta: los adultos comprenden mejor algo cuando lo relacionan con lo que ya conocen.

¿Qué conexiones encefálicas de la adolescencia persisten? Los recuerdos y los valores. Tanto las hormonas como las experiencias producen crecimiento encefálico. Los recuerdos y las experiencias adquiridas durante los años adolescentes y la vida adulta reciente son más potentes que más adelante, de modo que la adolescencia es particularmente crucial para formar los valores, los hábitos y las prioridades que son necesarios para una vida adulta productiva.

ESPECIALMENTE PARA PADRES PREOCUPADOS POR LOS RIESGOS QUE CORREN SUS HIJOS ADOLESCENTES Usted recuerda las cosas riesgosas que hizo a la misma edad y está alarmado por la posibilidad de que su hijo siga sus pasos. ¿Qué debe hacer?

Los padres, los jueces y los maestros a veces se ven tentados a desentenderse de los adolescentes, echándolos de la casa, encarcelándolos de por vida o esperando que abandonen la escuela; pero esas reacciones podrían impedir las mismas experiencias necesarias para moldear el cerebro como debe ser. En la adolescencia, "la pasión se entreteje con los niveles más elevados de la actividad humana: la pasión por las ideas y los ideales, la pasión por la belleza, la pasión por crear música y arte" (Dahl, 2004, p. 21). Así, al contrario del cerebro infantil o adulto, el cerebro adolescente es apasionado y a veces para bien.

SÍNTESIS

Para mediados de la adolescencia, la mayoría de los individuos jóvenes han completado la pubertad y han alcanzado el tamaño y las características sexuales del adulto. Sin embargo, sus encéfalos todavía no son como los del adulto. La maduración del sistema límbico encefálico es desencadenada por las hormonas de la pubertad, y comienza antes de mediados de la adolescencia. La maduración de la corteza prefrontal parece más dependiente de la edad y la experiencia y menos de hormonas específicas; por lo tanto, se produce algo más tarde. Se cree que esta maduración desigual es la razón por la cual los adolescentes corren riesgos irracionales, disfrutan de experiencias sensoriales intensas y encuentran formas de fortalecer sus emociones y disminuir su pensamiento racional. Durante la adolescencia, las reacciones son más rápidas, las dendritas son modeladas y los recuerdos persisten. Para la vida adulta, la parte emocional y la parte racional del encéfalo trabajan en armonía la mayor parte del tiempo.

Los peligros para la salud

Asumiendo que una persona está bien nutrida y libre de enfermedades, el final de la adolescencia es el mejor período de la vida para el trabajo físico duro, la reproducción sin complicaciones y el rendimiento atlético máximo. Una vez que se ha completado el crecimiento, el cuerpo de la joven persona suele ser fuerte y saludable.

La mayoría de las veces la pubertad concluye hacia los 18 años. En general las niñas alcanzan su estatura máxima a los 16 años y los varones a los 18, aunque algunos varones con maduración tardía sufren un crecimiento esquelético final en los primeros años de la tercera década (Behrman, 1992). El crecimiento de los músculos y la acumulación de grasa continúan en los primeros años de la tercera década, cuando las mujeres alcanzan el tamaño completo de sus mamas y sus caderas y los hombres el tamaño completo de sus hombros y sus brazos. Pero incluso sin este crecimiento final, los nuevos adultos son musculosos, mejores que los de cualquier otro grupo de edad, digamos, para subir un tramo de escaleras, levantar una carga pesada o tomar un objeto con fuerza máxima.

Todos los aparatos del cuerpo, que incluyen el aparato digestivo, el respiratorio, el circulatorio y el genital reproductor, funcionan en un nivel óptimo. La muerte por enfermedades es rara. Esto es válido en todo el mundo, aunque las características específicas varían según el país y la enfermedad (Heuveline, 2002). Un ejemplo para ilustrar esta tendencia: en los Estados Unidos, el cáncer mata anualmente menos de 1 de cada 20 000 personas de 16 a 24 años, en comparación con 1 de cada 100 personas mayores de 65 años (U.S. Bureau of the Census, 2002).

Existe un lado oscuro de este cuadro generalmente pleno de salud y vigor. En todas las naciones, la disminución de las muertes debidas a enfermedad se acompañó del aumento de muertes violentas hacia el final de la adolescencia. Del mismo modo, con la disminución de la desnutrición han aumentado los trastornos de la conducta alimentaria. Los homicidios, suicidios y accidentes fatales representan ahora casi el 50% de la mortalidad de los adultos jóvenes en todo el mundo, y particularmente los hombres son más vulnerables. Aunque las niñas mueren con menos frecuencia, sufren otros trastornos mórbidos –embarazo en la adolescencia, bulimia y anorexia, entre ellos– a los que son vulnerables. Las personas jóvenes de ambos sexos suelen probar drogas adictivas antes de los 18 años y algunos de ellos se convierten en consumidores y adictos. Ahora nos concentraremos en cada uno de estos peligros, todos particularmente nocivos en la adolescencia: la violencia, el sexo, las drogas y la dieta inadecuada.

Monumento retorcido Esta chatarra fue alguna vez un Volvo, conducido por un adolescente de Colorado que ignoró el pitido de un tren que estaba llegando a un paso a nivel de una zona rural. El auto fue despedido a 50 metros, se incendió y produjo la muerte instantánea del conductor y cinco pasajeros adolescentes. Ellos están entre las estadísticas que indican que los accidentes (muchos de los cuales resultan de la imprudencia de quien conduce) matan diez veces más adolescentes que las enfermedades.

RESPUESTA PARA PADRES PREOCUPADOS POR LOS RIESGOS QUE CORREN SUS HIJOS ADOLESCENTES (de p. 448): tiene razón en estar preocupado, pero no puede mantener a su hijo encerrado durante más o menos la próxima década. Como usted sabe que es probable cierta rebelión e irracionalidad, intente minimizarlas no alardeando de sus propias hazañas juveniles, reaccionando severamente ante infracciones menores para cortar de raíz un comportamiento peor y aliándose con los maestros de su hijo.

Lesiones y muerte

En todo el mundo, entre el año y los 45 años, los accidentes (especialmente los accidentes de tránsito) constituyen la causa principal de muerte. Los adolescentes mayores corren el máximo riesgo de muerte accidental en todos los continentes, con dos excepciones dramáticas: en África, la causa principal de muerte entre los jóvenes es el SIDA; en América del Sur, los homicidios se ubican en primer lugar (Blum y Nelson-Mmari, 2004). En los Estados Unidos las estadísticas son más típicas: el 43 por ciento de las muertes entre los 15 y los 25 años es por accidentes; el suicidio va en segundo lugar y los homicidios en tercero.

Otra forma de reflejar los mismos datos es que, en los Estados Unidos, aproximadamente un hombre de cada 125 muere en forma violenta entre los 15 y los 25 años (U.S. Bureau of the Census, 2002). Las tasas de mortalidad por accidentes entre los hombres jóvenes en Canadá, México y Australia son casi tan altas como en los Estados Unidos.

Las lesiones que requieren atención médica son tan frecuentes que podrían denominarse "normales". La mayoría de los países no tienen registros detallados de la edad de las víctimas de lesiones, pero en los Estados Unidos los varones de 12 a 21 años promedian dos lesiones graves cada uno, y las mujeres jóvenes sufren por lo menos una (U.S. Bureau of the Census, 2002). Los adolescentes tienen la tasa más alta de lesiones (más de tres veces más alta que la de personas de 45 a 65 años, el grupo de edad con la tasa más baja) y la tasa más alta de muerte violenta. ¿Por qué? Los investigadores han identificado tres causas:

1. *Cambios corporales.* Los cambios rápidos en la estatura, las proporciones y las concentraciones hormonales son desestabilizadores. Además, muchas sustancias químicas específicas del cuerpo (especialmente la testosterona y la MAO) se correlacionan con reacciones impulsivas. Por estas razones biológicas, se asumen más riesgos de todo tipo en la adolescencia; el resultado es la lesión.
2. *Cambios encefálicos.* La inmadurez intelectual y el crecimiento del sistema límbico pueden ser otro factor (Compas, 2004). Los adolescentes sobrevaloran las alegrías del momento y no tienen en cuenta los riesgos cuando se enfrentan, digamos, con drogas que alteran el sensorio, situaciones sexualmente excitantes, un oficial de policía suspicaz, un desafío peligroso (O'Donoghue y Rabin, 2001). Cada cálculo erróneo se correlaciona con muertes accidentales y homicidios.
3. *Contexto social.* Los factores psicosociales se explicarán en detalle en el capítulo 16, con un enfoque particular en la delincuencia juvenil y el suicidio. Acá destacamos que algunos adolescentes –especialmente aquellos alejados de sus padres y las escuelas, que aún no se han vinculado con una familia y un trabajo propios– corren un riesgo mucho mayor que los otros.

No es sorprendente que el siguiente tema incluya el embarazo en la adolescencia. Los expertos en salud pública creen que en una comunidad las tasas de homicidio y embarazo en adolescentes están íntimamente relacionadas. Ambos también están conectados con los niveles de pobreza, privación y desesperanza en un país dado (Pickett y cols., 2005).

El sexo demasiado prematuro

El sexo es maravilloso, una fuente de gran placer y esencial para el futuro de la humanidad. No hay ninguna necesidad de lamentar la maduración de los caracteres sexuales primarios que hacen posible la reproducción o las hormonas que aumentan el interés sexual. Sin embargo, la expresión de cualquier característica humana puede ser nociva o útil según las condiciones psicosociales. La temática principal de las relaciones sexuales en la adolescencia se describe en el capítulo 16. Aquí se mencionan dos peligros biosociales relacionados con la actividad sexual temprana: el embarazo y las enfermedades.

El embarazo en la adolescencia

En términos de salud física, el embarazo es muy diferente para una mujer joven y completamente madura de alrededor de 18 años que para una niña que aún sigue creciendo, de alrededor de 15 años. Dar a luz en la adolescencia temprana es poco saludable tanto para la madre como para el hijo. Dar a luz hacia el fin de la adolescencia no es insalubre si la madre está bien nutrida y tiene buenos cuidados prenatales (aunque la capacidad para cuidar a su hijo dependa de muchos factores además de su edad).

Para ser específico, si una niña queda embarazada uno o dos años tras la menarquia, es más probable que padezca casi todas las complicaciones posibles del embarazo y el parto, entre las cuales figuran el aborto espontáneo, la hipertensión, la muerte del niño, el parto por cesárea y un niño de bajo peso al nacer. Su útero, pelvis y todo el funcionamiento corporal aún no alcanzaron la madurez (Phipps y Sowers, 2002).

Durante toda la pubertad, el cuerpo de toda mujer joven debe adaptarse a las nuevas hormonas, aumentar la densidad ósea, redistribuir el peso y aumentar la estatura. El embarazo interfiere con este proceso porque otro conjunto de hormonas mantiene el embarazo, desencadena el parto y luego produce la leche mamaria. La naturaleza protege al feto. Si ambos organismos requieren un mismo nutriente y la futura madre no tiene suficiente cantidad almacenada en el cuerpo (lo que sucede a menudo con el calcio y el hierro, por ejemplo), su provisión sufrirá una depleción para nutrir a la persona en desarrollo. Probablemente por esta razón, las mujeres que dan a luz antes de los 16 años tienden a ser más bajas y a tener más enfermedades cuando son adultas, y a morir más jóvenes que otras mujeres.

Los datos de correlación deben interpretarse con cuidado. Las mujeres de bajos ingresos tienen más problemas de salud y más complicaciones reproductivas aun cuando no hayan tenido un embarazo a una edad temprana. Además, el embarazo ocurre más a menudo entre adolescentes de bajos ingresos, de modo que cualquier comparación entre la edad materna y la salud del recién nacido refleja los ingresos. El embarazo en la adolescencia, la pobreza y la mala salud se correlacionan en todos los países (Health Development Agency, 2003).

Sin embargo, muchos investigadores lo han tenido en cuenta, y ellos observan que la carga física absoluta del embarazo, impuesta sobre un cuerpo inmaduro, se agrega a la carga de la pobreza. El daño inmediato del embarazo temprano es particularmente evidente en los países en desarrollo, donde las mujeres jóvenes tienen una probabilidad tres veces mayor de morir por las complicaciones del parto que las mujeres mayores (Blum y Nelson-Mmari, 2004).

Más allá de la inmadurez del cuerpo, existen otras dos razones por las cuales el embarazo temprano es riesgoso. La primera es que, cuanto menor sea una embarazada, es más probable que su experiencia sexual no haya sido deseada y que coercitiva, lo que hace más difícil que ella se cuide a sí misma y que cuide a su bebé (Dickson y cols., 1998). La segunda razón es que cuanto más joven sea una embarazada, más probable será que padezca una infección de transmisión sexual no tratada, la que por sí sola daña la salud de la madre, el feto y el recién nacido (OMS, 2005).

Uno de los estudios más ilustrativos acerca de las consecuencias del embarazo en la adolescencia se realizó en Suecia, donde las diferencias de ingresos entre ricos y pobres no son grandes y donde todos cuentan con buenos cuidados prenatales. Este estudio comenzó con la inclusión de todas las niñas nacidas entre 1941 y 1970. Las que dieron a luz sus primeros hijos cuando eran adolescentes tuvieron ingresos más bajos durante toda la vida y lograron empleos más pobres que las que se convirtieron en madres después de los 20 años. Aquellas cuyos primeros hijos nacieron cuando ellas tenían 16 años o menos tuvieron peores condiciones de vida que las madres adolescentes más grandes, pero incluso aquellas que tenían 18 y 19 no anduvieron tan bien, en promedio, como las mujeres jóvenes que estaban en la tercera década de la vida cuando tuvieron su primer hijo (Olausson y cols., 2001).

Infecciones de transmisión sexual

El otro peligro importante de la actividad sexual en la adolescencia son las **infecciones de transmisión sexual**, también denominadas a menudo enfermedades venéreas. Los adoles-

infecciones de transmisión sexual
Enfermedades que se contagian por contacto sexual y que incluye la sífilis, la gonorrea, el herpes genital, la clamidiasis y el VIH.

Palabras sabias Existe abundante información disponible para los adolescentes acerca de los peligros del sexo y los beneficios de la abstinencia, los condones y el control de la natalidad. Si bien este conocimiento es útil, con mucha frecuencia es superado por la emoción.

DAVID YOUNG-WOLFF / PHOTOEDIT, INC.

centes sexualmente activos tienen tasas más altas de *gonorrea, herpes genital, sífilis* y *clamidiasis* –las infecciones de transmisión sexual más frecuentes– que cualquier otro grupo etario (OMS, 2005).

Cuanto más joven es una persona cuando contrae una infección de transmisión sexual, más renuente es a buscar tratamiento y a alertar a su pareja. No sólo se sienten avergonzados y atemorizados, sino que pocos reconocen los síntomas y pocos creen que el tratamiento médico será confidencial. Además, algunas infecciones de transmisión sexual (en especial la clamidiasis) no tienen síntomas incipientes y no obstante pueden producir más adelante esterilidad. La tasa de reinfección y el riesgo de consecuencias graves son más altas para los adolescentes que para los que tienen 20 años o más (Xu y cols., 2000).

Por lo tanto, las infecciones de transmisión sexual son particularmente peligrosas en la adolescencia. La Organización Mundial de la Salud recomienda centros clínicos especiales para adolescentes, para reducir la vergüenza y el miedo que sienten de encontrar a una persona mayor que los reconozca. Sin embargo, aún en los países desarrollados existen pocos de estos centros clínicos (OMS, 2005).

Se presenta cierta defensa biológica natural contra las infecciones de transmisión sexual en una mujer completamente desarrollada, pero no en una niña púber, la cual por lo tanto tiene mayor probabilidad de contraer una infección si su pareja la tiene. Los adolescentes sexualmente activos tienen un riesgo más alto que las personas mayores también por otra razón: la mayoría de los adolescentes tienen varias parejas sexuales antes de elegir una estable. Por un parte, los varones corren un riesgo mayor porque tienen más parejas, pero por otra parte las niñas corren mayor riesgo porque es más probable que sus compañeros sexuales sean mayores y por lo tanto con más probabilidad de tener una infección de transmisión sexual (OMS, 2005).

Contamos con datos detallados relativos a la transmisión provenientes de África, donde el SIDA es epidémico. La mayoría de los varones adolescentes sexualmente activos no tienen SIDA porque sus parejas suelen ser niñas adolescentes que no están infectadas. Sin embargo, es probable que las niñas adolescentes sexualmente activas tengan compañeros mayores y su tasa de infección por VIH es mucho mayor que las de sus contemporáneos varones. Por ejemplo, un estudio en Addis Abeba, la ciudad capital de Etiopía, observó que la tasa de infección por VIH en las niñas de 15 a 19 años era el doble de la tasa de los varones de la misma edad (Fontanet y cols., 1998).

En los países desarrollados, las tasas relativamente altas de infecciones de transmisión sexual entre adolescentes se explican por sus hábitos sexuales. Las relaciones estables y prolongadas no son la norma. Por ejemplo, una encuesta de alumnos de los últimos años de la secundaria realizada en los Estados Unidos observó que el 20% ya había tenido cuatro o más compañeros sexuales y un tercio no había usado un condón la última vez que había tenido relaciones (MMWR, 21 de mayo, 2004). Un estudio detallado de una escuela secundaria observó que muy pocas personas jóvenes y sexualmente activas tenían múltiples compañeros. Este hecho era lo que hacía que la mayoría de ellos creyera que corrían un bajo riesgo de infecciones de transmisión sexual. Sin embargo, como se observa en la figura 14.5, sólo alrededor de un tercio de todos los romances duró tanto como 6 meses. Si en un grupo un individuo tiene una infección de transmisión sexual y no lo notifica a sus compañeros sexuales ni obtiene tratamiento, esa infección podría propagarse a toda la escuela (Bearman y cols., 2004).

En todo el mundo, se estima que 1 de cada 20 adolescentes contrae una infección de transmisión sexual cada año, de modo que, durante los 10 años de la adolescencia, en promedio el 50% de todos los adolescentes se infectará (Blum y Nelson-Mmari, 2004). Por supuesto, los numerosos adolescentes que se abstienen del sexo nunca tienen una infección de transmisión sexual y algunos adolescentes muy activos tienen varias infecciones, de modo que esta estadística no significa que todos los adolescentes tienen una posibilidad de 50/50 de sufrir una infección de transmisión sexual. Sin embargo, la mayoría de los que contraen una infección están sorprendidos porque no esperaban que su pareja tuviera una. Esta inocencia está ilustrada por una niña en Malawi, que pensaba que estaba segura porque ella conocía a su pareja y "mi madre conoce a su madre" (citado en la OMS, 2005, p. 11).

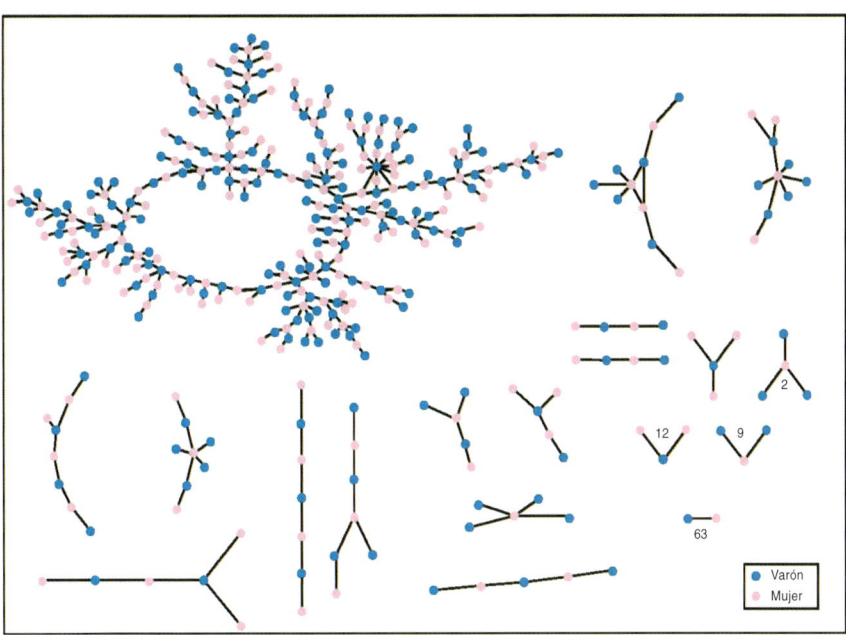

Fuente: Bearman y cols., 2004.

FIGURA 14.5   Redes románticas: tu pareja se convierte en mi pareja Éste es un esquema de los romances que comunicaron haber tenido, durante los seis meses previos, los estudiantes de una escuela secundaria de los Estados Unidos. Cada punto representa a un estudiante y las líneas entre los puntos representan relaciones románticas. Los patrones que ocurrieron más de una vez están indicados con un número. Así, 63 parejas aún estaban juntas al final del período de 6 meses. Esos adolescentes monógamos eran una minoría; la mayoría de los otros estudiantes estaban relacionados con dos o más parejas sexuales. Si una persona del concurrido círculo de relaciones de la parte superior izquierda hubiera tenido una infección no tratada, podría haberla transmitido a otras 100 personas.

¿Qué se puede hacer para detener la actividad sexual prematura y reducir las tasas de embarazo precoz e infecciones de transmisión sexual? La educación es un factor. Como se explica en el capítulo 16, los padres, los pares, los maestros y la comunidad en general pueden lograr una diferencia. Desde una perspectiva biosocial, la falta de cuidados médicos para los problemas sexuales adolescentes constituye una barrera importante para la salud.

Abuso sexual

El **abuso sexual** es el uso de una persona para obtener placer sexual, cuando ésta no ha dado su consentimiento. En consecuencia, la actividad sexual es abusiva siempre que no es mutua o siempre que uno de los participantes no haya prestado su libre consentimiento.

Se considera que es imposible que un niño dé su libre consentimiento para la interacción sexual, porque no comprenden las implicaciones de la actividad sexual, son físicamente más débiles que los mayores y dependientes de ellos en el aspecto psicológico. El **abuso sexual de menores** es cualquier tipo de actividad erótica en la que un adulto se excita y provoca sexualmente, avergüenza o confunde a un niño. El abuso ocurre se queje o no la víctima, haya o no contacto genital. Por lo tanto, el abuso sexual puede consistir en burlas sexuales, hacer fotografías eróticas o –sobre todo cuando comienza la pubertad– invadir la privacidad de un niño cuando se baña, se viste o duerme.

Como sucede con otras formas de maltrato (que se explican en el capítulo 8), el daño que se comete con el abuso sexual aumenta si se lo repite o es coercitivo, o si afecta las relaciones del niño con sus pares (Haugaard, 2000; Stevenson, 1999). El abuso sexual continuo que comete uno de los progenitores es particularmente dañino, ya que perjudica la capacidad de la víctima para establecer una relación confiada, satisfactoria e íntima. Es habitual que los padres o los padrastros sean los abusadores; las madres contribuyen por ignorar, permitir o incluso estimular el abuso (Sheinberg y Fraenkel, 2001).

Las niñas adolescentes jóvenes son el foco principal de la victimización. En una encuesta de mujeres jóvenes de cuatro grupos étnicos en los Estados Unidos (negros, nativos, de origen mexicano y europeo), cerca de un tercio de las niñas de cada grupo comunicó abuso sexual; una de cada cinco había sido violada (Roosa y cols., 1999). Las mujeres jóvenes de Canadá informaron tasas altas similares (DeKeseredy y Schwartz, 1998). Las relaciones sexuales involuntarias, sin ninguna protección contra el embarazo o la infección, son particularmente frecuentes entre los adolescentes menores de 16 años (Kalmuss y cols., 2003).

abuso sexual Uso de una persona para obtener placer sexual cuando ésta no ha dado su consentimiento.

abuso sexual de menores Tipo de actividad erótica en la que un adulto se excita y provoca sexualmente, avergüenza o confunde a un niño. El abuso ocurre se queje o no la víctima, haya o no contacto genital.

ESPECIALMENTE PARA TRABAJADORES DE ASISTENCIA DE LA SALUD Una adolescente de 15 años le cuenta que mantiene relaciones sexuales con su novio y desea que usted la ayude a protegerse del embarazo y las infecciones de transmisión sexual. ¿Qué principio ético observa: el derecho a la privacidad de su paciente o su obligación de informar la sospecha de abuso sexual?

Un varón adolescente que se convierte en víctima de abuso sexual es probable
que sienta vergüenza al ser débil e incapaz de defenderse. El agresor masculino
de un niño pequeño no necesariamente se considera homosexual él mismo; por la
misma razón, la victimización no es una indicación de la orientación sexual de un
varón. Sin embargo, cuando el muchacho en realidad tiene una orientación homosexual, la vergüenza aumenta.

La vergüenza a menudo conduce a otros problemas. Los adolescentes de ambos sexos que son víctimas de abuso sexual son vulnerables al abuso autoinfligi-
do a través de drogas, trastornos de la conducta alimentaria, automutilación
(cortes), parasuicidio y suicidio.

Surge una complicación con los adolescentes que son sexualmente activos por
elección. Es probable que el sistema legal defina a cualquier relación sexual que
involucra a un adulto y un adolescente menor de 14 o 16 años que presta su consentimiento como *violación estatutaria* (por oposición a la *violación forzosa*, en la
cual la víctima no presta su consentimiento). En algunos estados de los Estados
Unidos, las relaciones sexuales entre los adolescentes de 15 años que prestan su
consentimiento también se considera violación estatutaria, porque los participantes son menores. En otros estados, sólo ocurre una violación estatutaria
cuando el hombre es 10 o más años mayor que la jovencita. El miedo a ser acusados de violación estatutaria puede hacer que los adolescentes sexualmente activos no busquen atención profesional para las infecciones de transmisión sexual,
los embarazos no deseados e incluso el parto (Richardson y Dailard, 2005).

Consumo de drogas

Una de las formas más frecuentes por medio de la cual los adolescentes se colocan en riesgo de muerte violenta, sexo sin protección y cualquier otro peligro para la salud es el consumo de drogas, tanto legales como ilegales. Algunos
adolescentes argumentan que "todos lo hacen", aunque muchos adultos intentan
evitar que los adolescentes consuman incluso un trago o una inhalación. Como
se verá, ambos lados tienen datos que apoyan su perspectiva.

Consumo extendido

Alrededor de los 18 años, el consumo de drogas es frecuente, aunque las características específicas dependen de la cohorte y de la cultura. En los Estados Unidos, en la actualidad la mayoría de los adolescentes utilizan alcohol y tabaco
antes de tener 18 años y aproximadamente el 50% prueba marihuana. Son menos los que consumen otras drogas, pero desde 1975 una encuesta nacional
anual entre los alumnos del último año de la escuela secundaria denominada *Monitoring the Future* (Controlando el futuro) ha observado que algunos en todas
las cohortes consumen cocaína, LSD y otras drogas (véase fig. 14.6). Durante la
realización de la encuesta, el consumo global de drogas en los Estados Unidos se
redujo pero aumentó la cantidad absoluta de drogas disponibles. Por ejemplo,

FIGURA 14.6 **Aumento y caída** Formulando las
mismas preguntas año tras año, el estudio *Monitoring the Future* muestra notables efectos
históricos. Es alentador que algo en la sociedad, y
no en el adolescente, haga aumentar o disminuir el
uso de drogas y que los datos más recientes muestren una declinación. Sin embargo, como se señaló
en el capítulo 1, la investigación de la encuesta no
pudo probar qué causa el cambio.

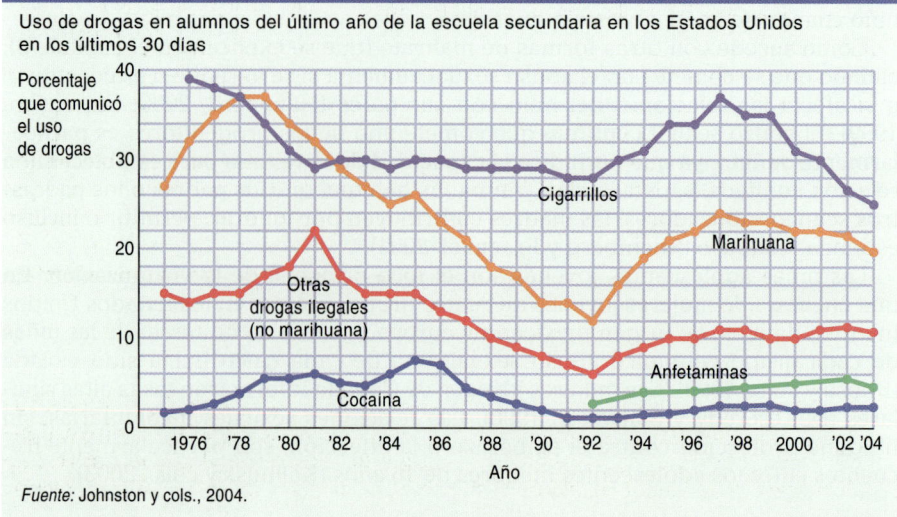

Uso de drogas en alumnos del último año de la escuela secundaria en los Estados Unidos
en los últimos 30 días

Fuente: Johnston y cols., 2004.

MARK PETERS / CORBIS

STUART FRANKLIN / MAGNUM PHOTOS

las metanfetaminas (que incluyen los "cristales de meta") rara vez eran motivo de abuso hasta comienzos de la década de 1990; ahora aproximadamente uno de cada 25 alumnos del último año de la escuela secundaria las ha probado.

En algunos países el alcohol es mucho más frecuente que cualquier otra droga; en otros, el tabaquismo es más frecuente que el alcoholismo, y en muchos lugares ambas drogas se utilizan más a menudo que en los Estados Unidos (Eisner, 2002). Las leyes y las prácticas familiares parecen formar parte de las razones de estas diferencias: en muchas naciones europeas, los niños beben vino con la cena; en muchas naciones asiáticas, no existen leyes en contra del tabaquismo; en muchas naciones árabes, el consumo de alcohol está estrictamente prohibido.

En los Estados Unidos, una cantidad importante de adolescentes nunca consume drogas. A pesar de eso, es líder en el mundo en cantidad de drogas disponibles. Algunos agregados recientes al conjunto son los narcóticos sintéticos, que son desconocidos en la mayoría de los países; en 2004, el 9% de los alumnos del último año de la escuela secundaria de los Estados Unidos consumía hidrocodona (componente del Vicodin®) y el 5% consumía oxicodona (OxyContin®). Entre los varones, el 5% utilizaba esteroides anabólicos (Johnston y cols., 2005).

¿Por qué cualquier adolescente de cualquier país consumiría drogas, especialmente cuando hacerlo está prohibido por ley y va en contra de los deseos de los padres? Una razón es que, para muchos adolescentes, los pares son más importantes que los padres. "En los adolescentes más jóvenes, el consumo de sustancias... proporciona una forma de interacción con el mundo social" (Dishion y Owen, 2002, p. 489). En otras palabras, los recién púberes poco desenvueltos socialmente (sobre todo los varones) pueden consumir drogas por la misma razón por la que hacen otras cosas riesgosas: establecer amistades y formar parte de un grupo de pares.

Además, la avidez neurológica de las sensaciones intensas hace que los adolescentes busquen la exaltación rápida e intensa que las drogas pueden proporcionar. Irónicamente, los cigarrillos, que probablemente constituyan la droga más adictiva y más destructiva de uso frecuente entre los adolescentes, puede producir más satisfacción y menos dolor con la abstinencia durante la adolescencia que más adelante (O'Dell y cols., 2004).

Se puede argumentar que el consumo de drogas forma parte del desarrollo adolescente normal, ya que la experimentación con drogas es frecuente, porque la aceptación social parece beneficiosa y porque las drogas de uso más frecuente, el alcohol y los cigarrillos, son legales para los adultos en la mayoría de los países. Sin embargo, como lo ven los psicólogos del desarrollo, normal no significa saludable, por varias razones.

Daño a largo plazo

Recuérdese del capítulo 1 que los estudios longitudinales de investigación descubren patrones que no son obvios en el momento. Durante décadas, los investigadores observaron que muchos adolescentes que desconfían de sus padres, se autolesionan, odian sus escuelas y tienen problemas con la ley consumen distin-

La misma situación a muchos kilómetros de distancia: los adolescentes y la bebida
Los adolescentes de todos lados consumen alcohol, también estas niñas en un baile de escuela secundaria en la ciudad de Nueva York (*izquierda*) y otras en la vereda de un café de Praga *(derecha)*. Las diferencias culturales afectan las características específicas, pero no la tendencia general hacia la experimentación adolescente con las drogas y el alcohol.

? PRUEBA DE OBSERVACIÓN (véase la respuesta en la p. 458): ¿puede señalar tres diferencias culturales entre estos dos grupos?

abuso de drogas Ingestión de una droga hasta el punto de perjudicar el bienestar biológico o psicológico del individuo. El consumo indebido depende del contexto; aun cuando el consumo ocurra una sola vez, puede considerarse indebido.

drogadicción Situación en la cual un individuo desea una mayor cantidad de droga para sentirse cómodo física o psicológicamente.

consumo compulsivo de alcohol Consumo masivo de cinco o más "tragos" de bebidas alcohólicas. Algunas autoridades especifican que, en el caso de la mujer, el consumo es compulsivo con cuatro o más tragos, ya que suele tener menor tamaño que el hombre y metabolizar el alcohol más rápidamente.

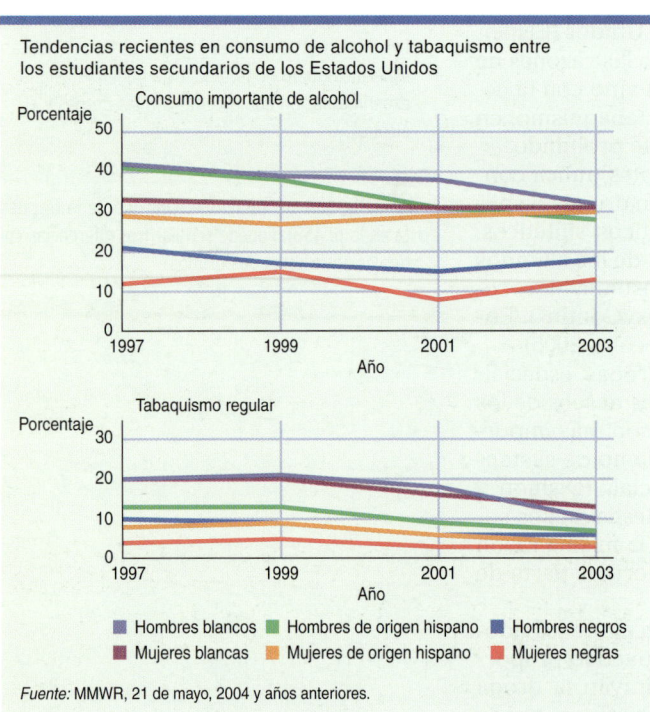

Tendencias recientes en consumo de alcohol y tabaquismo entre los estudiantes secundarios de los Estados Unidos

Consumo importante de alcohol

Tabaquismo regular

■ Hombres blancos ■ Hombres de origen hispano ■ Hombres negros
■ Mujeres blancas ■ Mujeres de origen hispano ■ Mujeres negras

Fuente: MMWR, 21 de mayo, 2004 y años anteriores.

FIGURA 14.7 **Menos consumo de alcohol, pero aún demasiado tabaco** La tendencia global decreciente tanto de consumo compulsivo de alcohol como de tabaquismo en los adolescentes es una buena noticia, pero sigue siendo un misterio por qué cualquier estudiante secundario debe alguna vez emborracharse o convertirse en un fumador habitual.

? PRUEBA DE OBSERVACIÓN (véase la respuesta en la p. 458): ¿cuál de estas categorías de individuos tiene la menor probabilidad de beber alcohol durante la adolescencia? ¿Qué categoría parece más afectada por los cambios de la cohorte en el tabaquismo regular?

tas sustancias para afrontar las tensiones. Una hipótesis sostenía que las tensiones psíquicas de la adolescencia conducen al consumo de drogas. Si bien esa interpretación se ajusta a los datos de los estudios transversales, los estudios de investigación longitudinales sugieren que el consumo de drogas produce más problemas de los que resuelve y a menudo *precede* a los trastornos de ansiedad, la depresión y el conflicto con los adultos (Chassin y cols., 2004).

Esto se ha probado particularmente con los cigarrillos. El tabaquismo en la adolescencia está ligado a todo tipo de psicopatología, incluido el trastorno por déficit de atención con hiperactividad, el trastorno disocial, la ansiedad y la depresión. La conexión parece funcionar en ambos sentidos. Por ejemplo, un adolescente depresivo fuma para deprimirse menos; pero, a largo plazo, el tabaquismo aumenta la depresión (Turner y cols., 2004).

Otro peligro a largo plazo es que muchos adolescentes pasan del consumo (el simple uso) al **abuso de drogas** (grado de uso de drogas que produce daño) o a la **drogadicción** (en la cual la persona necesita la droga para sentirse normal). Muchos jóvenes ya están usando drogas de forma regular, no sólo para probarla. *Monitoring the Future* informa que, en 2004, el 30% de los alumnos del último año de la escuela secundaria comunicó un **consumo compulsivo de alcohol** (es decir que habían consumido cinco o más "tragos"* seguidos de bebidas alcohólicas en algún momento durante las dos últimas semanas), el 16% eran fumadores cotidianos de cigarrillos y un 6% consumía diariamente marihuana (Johnston y cols., 2005).

El uso de drogas también es frecuente entre los adolescentes más jóvenes. Por ejemplo, otra encuesta grande entre alumnos del noveno al décimo año de la escuela observó que casi un tercio eran consumidores compulsivos de alcohol (véase fig. 14.7). Esta encuesta identificó algunas tendencias positivas: el hábito de fumar cigarrillos está declinando en todos los grupos; entre los estadounidenses negros las tasas de tabaquismo y alcoholismo son bajas, y los varones de todos los grupos están bebiendo menos. Sin embargo, otros hallazgos de la misma encuesta son menos esperanzadores: entre los alumnos del noveno año en 2003, el 36% había comenzado a beber, el 19% había fumado al menos un cigarrillo y el 12% había probado marihuana antes de los 13 años (MMWR, 21 de mayo, 2004).

Cuanto más joven es una persona al probar por primera vez una droga, más probable es que se convierta en adicto. Probablemente la nicotina es la droga más adictiva, pero todas las drogas psicoactivas pueden ser adictivas, tanto desde el punto de vista físico como psicológico. Como ya se explicó, es probable que los riesgos sean ignorados en la adolescencia (Orford, 2001), y las drogas son especialmente atractivas. Desde la perspectiva evolutiva, cada año de uso aumenta el riesgo de daño físico, menor motivación y deterioro del juicio.

En comparación con los estudiantes secundarios que no usan drogas, los que las usan precozmente piensan que el uso de drogas es un respiro o una reacción *transitoria* al estrés, pero es más probable lo opuesto. Las personas que usaron determinada droga en la escuela secundaria tienen mayor probabilidad de usar la misma droga en la vida adulta que aquellas que no lo hicieron (Merline y cols., 2004). El cuadro 14.2 muestra las posibilidades de continuar con el uso de distintas drogas en la vida adulta.

La adicción crea la necesidad de más droga, día tras día, y puede acortar la vida. El tabaquismo regular produce la muerte por cáncer y otras causas. El alcohol también es un asesino. Incluso en dosis pequeñas, el alcohol debilita las inhibiciones y deteriora el juicio, una reacción especialmente peligrosa en las personas jóvenes que están atravesando cambios físicos, sexuales y emocionales importantes.

Los datos sobre la conducción de vehículos por individuos alcoholizados ilustran este punto. En los Estados Unidos en 2000, los conductores adolescentes ebrios fueron responsables del 15% de los choques fatales en su grupo de edad

---

* *Nota de traducción:* 1 "trago" (*drink*) equivale a alrededor de 330 mL de cerveza, 150 mL de vino y 30 a 40 mL de licor o whisky.

(U.S. Bureau of the Census, 2002). En realidad, esto es una mejoría: hace una década, los conductores que bebían causaron el 39% de los accidentes fatales que involucraron a un conductor de 18 y 21 años (U.S. Bureau of the Census, 1991).

Existen otros peligros inmediatos. Las drogas interfieren con la alimentación y la digestión saludables. Todas las drogas psicoactivas deterioran el apetito, pero el tabaco es la peor de todas. Fumar o mascar tabaco disminuye el consumo de alimentos e interfiere con la absorción de nutrientes, lo que conduce a adultos más bajos y más delgados de lo que hubieran sido de otro modo.

Recuerde que los órganos internos maduran después del estirón puberal de la estatura, de modo que los adolescentes que parecen completamente crecidos pueden estar dañando aún sus corazones, pulmones y cerebros, y sus aparatos reproductores, al fumar. El tabaquismo reduce la fertilidad en ambos sexos y la producción de óvulos de toda la vida de una mujer (U.S. Department of Health and Human Services, 2001).

Todas las drogas psicoactivas interfieren potencialmente con el desarrollo encefálico, pero el alcohol puede producir el daño mayor. La ingesta constante de alcohol deteriora la memoria y el autocontrol (no sólo transitoriamente, como en el "blackout" o amnesia alcóholica) al dañar el hipocampo y la corteza prefrontal (De Bellis y cols., 2000; White y Swartzwelder, 2004).

Como la investigación definitiva sobre el daño encefálico asociado al alcoholismo es compleja, en teoría se podría suponer que las anomalías encefálicas halladas en los alcóholicos son anteriores al consumo de alcohol. Sin embargo, cuando los neurólogos administraron experimentalmente altas dosis de alcohol a animales inferiores, observaron que el alcohol no sólo se correlaciona con las anormalidades sino que también las causa (White y cols., 2000).

Del mismo modo, algunas personas pueden estar destinadas a ser adictas desde el punto de vista genético, de modo que el uso de drogas durante la adolescencia simplemente despierta sus tendencias innatas. Sin embargo, cuando se ceba a ratas o hámsteres forzándolos a recibir una droga que no desean, más tarde ingieren voluntariamente más droga, ignorando a veces sus necesidades básicas de supervivencia para hacerlo. Ésa es una prueba de la adicción adquirida, proceso que funciona también en las personas (sobre todo en las jóvenes). Esto es cierto para las drogas adictivas reconocidas, como la nicotina y la heroína, y para sustancias que comenzaron a consumirse más recientemente, como los esteroides anabólicos inyectables (Ballard y Word, 2005).

¿Es la experiencia el mejor maestro?

Es probable que cualquier droga que afecta el pensamiento sea más dañina durante la adolescencia que con posterioridad. La sabiduría en cuanto a uso y abuso, moderación y adicción, tolerancia y deterioro, y sobre riesgos particulares, llega con la experiencia personal, no disponible para la mayoría de los adolescentes jóvenes. Un fenómeno "relativamente frecuente" es el **olvido generacional**, la idea que sostiene que cada nueva generación olvida lo que aprendió la generación anterior acerca del daño que causan las drogas (Chassin y cols., 2004, p. 666).

Parecen audaces Sus ropas ajustadas, el maquillaje fuerte, la gran cantidad de anillos y los cigarrillos dan a entender que Sheena, de 15 años, y Jessica, de 16 años, son mujeres sofisticadas y maduras.

? PRUEBA DE OBSERVACIÓN (véase la respuesta en la p. 459): ¿estas niñas compraron sus cigarrillos?

olvido generacional Idea que sostiene que cada nueva generación olvida lo que aprendió la generación anterior acerca del daño que causan las drogas.

Jugando con el futuro El uso de drogas en la adolescencia a menudo predice el uso de drogas en la vida adulta. Comparado con una persona que nunca tuvo un consumo compulsivo de alcohol en el último año de la escuela secundaria, un individuo que bebió mucho en la escuela secundaria tiene una probabilidad casi cuatro veces mayor de beber mucho en la mitad de la vida (incluso cuando la primera persona bebiera mucho a los 20 años). En general, las personas consumen las mismas drogas que usaron en la escuela secundaria; no existe un gran entrecruzamiento, por ejemplo, entre el cigarrillo y el uso de cocaína. Son excepciones aquellos que usaron drogas ilegales en la escuela secundaria: muchos de ellos cambian y consumen drogas de prescripción en la vida adulta.

CUADRO 14.2	Posibilidades de que el consumo de drogas en los adolescentes continúe hasta la vida adulta	
Consumo de drogas en alumnos del último año de la escuela secundaria	**Consumo de drogas a los 35 años**	**Posibilidad**
Alcohol, consumo compulsivo	Alcohol, consumo importante	3,7 a 1
Marihuana	Marihuana	8,7 a 1
Otras drogas ilegales	Cocaína	5,3 a 1
	Fármacos, uso inadecuado	3,4 a 1
Cigarrillos, probados	Tabaco	3,3 a 1
Cigarrillos, consumidos el mes anterior	Tabaco	12,7 a 1
Cigarrillos, consumo regular	Tabaco	42,5 a 1

Fuente: Merline y cols., 2004.

ESPECIALMENTE PARA LOS HERMANOS Y LAS HERMANAS MAYORES Una amiga le contó que vio a su hermana de 13 años fumando. ¿Se lo diría a sus padres?

! RESPUESTA A LA PRUEBA DE OBSERVACIÓN
(de p. 455): la diferencia más importante es que como el consumo moderado de alcohol durante la adolescencia es aceptado en la mayoría de los países europeos, las jóvenes en la República Checa beben despreocupadamente en público. Además, la niña estadounidense está bebiendo directamente de la botella e ingiere una bebida fuerte, ambos hechos desaprobados en Europa.

! RESPUESTA A LA PRUEBA DE OBSERVACIÓN
(de p. 456): las mujeres de raza negra tienen la probabilidad más baja de beber alcohol y después le sigue el grupo de los hombres de raza negra. La tasa de tabaquismo de los hombres blancos cayó desde el 21% al 13% sólo en cuatro años desde 1999 hasta 2003.

Mil hamburguesas por persona por año
Algunos adolescentes alcanzan fácilmente esa marca, engullendo tres hamburguesas por día en los tentempiés de la tarde o medianoche e incluso en el almuerzo al mediodía. Esta estrella de baloncesto de Charlotte, Carolina del Norte, sabe que tiene que evitar las comidas con alto nivel de grasas y alimentarse con cereales, frutas frescas y diversas hortalizas. No obstante, para él y para la mayoría de los otros adolescentes, el conocimiento no cambia los hábitos.

Los adolescentes tienden a desconfiar de los adultos, que experimentaron un escenario de drogas diferente y cuyos valores son considerados como "anticuados". Por ejemplo, en el programa de prevención contra las drogas más difundido en las escuelas secundarias de los Estados Unidos, el Proyecto D.A.R.E., participan líderes adultos (sobre todo oficiales de policía), y se ha observado que no tiene ningún impacto sobre el uso de drogas en los adolescentes (West y O'Neal, 2004). Algunos avisos que advierten en contra de las drogas tienen en realidad el efecto opuesto en los adolescentes (Block y cols., 2002; Fishbein y cols., 2002). Los adolescentes aprenden mejor entre ellos, lo que explica por qué en los programas más exitosos para detener el consumo adolescente de drogas participan los propios adolescentes.

Esto no significa que la educación de los adolescentes sea inútil. Las campañas antitabaquismo masivas de Florida y California han reducido el tabaquismo entre los adolescentes a la mitad, y el aumento de precios y la aplicación de las leyes en toda la nación han conducido a una reducción pronunciada del tabaquismo entre los adolescentes más jóvenes. Sólo el 9% de los alumnos del octavo grado había fumado cigarrillos en 2004, comparado con un 19% diez años antes (Johnston y cols., 2005). Sin embargo, esto significa que es fundamental una evaluación cuidadosa: aquello que los adultos creen que podría funcionar (p. ej., las fotografías de los pulmones enfermos) no funciona tan bien como otros enfoques (p. ej., un aumento importante de los precios).

Dieta y enfermedad

Nuestra discusión final es acerca de la nutrición, tema que ya se mencionó varias veces en este capítulo. Los cambios corporales rápidos de la pubertad requieren calorías, vitaminas y minerales adicionales. Los adolescentes necesitan un 60% más de calcio, hierro y cinc durante el estirón puberal de lo que necesitaban sólo dos años antes. Muchos adolescentes en las sociedades modernas se encuentran subnutridos o sobrenutridos por elección.

Deficiencias nutricionales

A menudo, el primer problema nutricional que aparece es la deficiencia de algunas vitaminas o minerales esenciales. El calcio es un ejemplo importante. Aproximadamente el 50% de la masa ósea del adulto se adquiere en la segunda década de la vida; sin embargo, pocos adolescentes consumen el calcio suficiente para el crecimiento óseo. Esto aumenta el riesgo de que sufran osteoporosis durante toda la vida, una de las principales causas de discapacidad, lesiones e incluso muerte entre los adultos de edad avanzada.

Hace algunas décadas muchas personas jóvenes bebían casi un litro de leche por día. La ingesta de leche ha disminuido en casi todos los países, excepto en los muy pobres donde casi nadie nunca bebía leche. En los Estados Unidos, sólo el 13% de las niñas del noveno grado y el 25% de los varones del noveno grado beben al menos tres vasos diarios (un total de 750 mL) de leche. El consumo de leche tiende a caer con cada año de la adolescencia, sobre todo entre las niñas (MMWR, 21 de mayo de 2004).

Menos del 50% de los adolescentes consumen la dosis diaria recomendada de 15 miligramos de hierro, un nutriente que se encuentra en las hortalizas verdes, los huevos y la carne, alimentos que a menudo son sustituidos por patatas fritas, dulces y comidas rápidas. Dado que la menstruación produce depleción corporal de hierro y las niñas adolescentes pocas veces ingieren suficientes alimentos ricos en hierro, la anemia es más frecuente entre las niñas después de la menarquia que en cualquier otro grupo etario o que en los varones (Belamarich y Ayoob, 2001). También es probable que los varones adolescentes de todo el mundo sufran anemia, sobre todo si realizan trabajo físico o practican deportes competitivos, porque el hierro es necesario para el desarrollo muscular (Blum y Nelson-Mmari, 2004).

Las deficiencias nutricionales son el resultado de las elecciones que se permite hacer a los jóvenes adolescentes o que incluso se les tienta a hacer. Por ejemplo, cuando los adultos actuales eran niños, los estudiantes debían comer en el almuerzo aquello que les proveía la cafetería escolar o sus padres. En la actualidad, muchas escuelas medias permiten que los estudiantes compren tentempiés poco saludables. Existe una relación directa entre las dietas deficientes y la presencia de máquinas expendedoras en las escuelas (Cullen y Zakeri, 2004).

Imagen corporal y obesidad

Las dietas desequilibradas a menudo son el resultado y la causa de la distorsión de la percepción personal y la depresión incipiente. Los problemas con la **imagen corporal** –es decir, la idea que tiene una persona de cómo se ve su cuerpo– son frecuentes en la adolescencia, como se vio con Rachel y sus amigas al comienzo de este capítulo. Dado que la pubertad cambia todos los aspectos del cuerpo, es casi imposible que los adolescentes no estén conscientes de sus personas, y no obstante es difícil aceptar todos los cambios. Uno de los resultados es una discrepancia peligrosa entre la imagen corporal y la realidad.

Los adolescentes casi nunca están satisfechos con sus cuerpos. Las niñas normalmente desean ser más delgadas (Ohring y cols., 2002), mientras que muchos varones desean verse más altos y más fuertes. Como reacción a estas preocupaciones, muchos adolescentes estresados comen de forma errática y usan drogas. Una razón importante de por qué las niñas adolescentes fuman tanto como los varones es que las niñas esperan que el hecho de fumar las vuelva más delgadas. Del mismo modo, la principal razón de por qué el 5% de los varones adolescentes usa esteroides anabólicos es aumentar sus músculos, no mejorar el rendimiento atlético.

La preocupación excesiva con el peso corporal a veces tiene un efecto contrario y los adolescentes abandonan el intento y se vuelven obesos en lugar de delgados. De hecho, algunos científicos sociales creen que la epidemia actual de obesidad es el resultado directo del deseo de ser más delgado (p. ej., Campos, 2004).

El diagnóstico de obesidad es más complejo en los individuos jóvenes que en los adultos. Por ejemplo, un índice de masa corporal (IMC) saludable es algún valor entre 19 y 25, aunque una persona musculosa puede estar en mejor forma de lo que sugiere su IMC. Se considera que una persona que ha completado su crecimiento y tiene un IMC de 25 o mayor tiene un exceso de peso (como alrededor del 65% de los adultos de los Estados Unidos) y cualquiera cuyo IMC se encuentra por encima de 30 es considerado obeso (como alrededor del 20% de todos los adultos en los Estados Unidos). Como se explicó en el capítulo 11, para los niños que no han alcanzado su estatura completa, el exceso de peso comienza con un IMC por debajo de 25, y el número exacto depende de la edad y la estatura del niño.

Aunque es difícil diagnosticar obesidad en una persona particular que está creciendo, no existen dudas de que, en años recientes, muchos adolescentes se han vuelto más pesados y que existe una "prevalencia creciente de obesidad en todo el mundo" (Blum y Nelson-Mmari, 2004). Esta situación es causada primariamente no por la ingesta exagerada (los adolescentes ingieren aproximadamente tanto como lo hacían las generaciones anteriores) sino por una reducción del ejercicio (Sutherland, 2003) y por ingerir los alimentos incorrectos.

La mayoría de los adolescentes en los países desarrollados ingieren tentempiés por su cuenta, ordenan comida rápida con sus pares, piden gaseosas en lugar de leche y pocas veces cenan con sus familias en el hogar. Como consecuencia, consumen demasiada sal, azúcar y grasas y una cantidad insuficiente de calcio o hierro. Ya se ha visto que gran parte del problema se relaciona con el estilo de vida: los adolescentes hablan por teléfono en lugar de hacer tareas domésticas, miran televisión en lugar de jugar afuera de la casa, usan Internet en lugar de caminar o ir en bicicleta hasta la biblioteca.

Un problema diferente presentan los niños y jóvenes de los países en desarrollo. Si se encontraban mal nutridos cuando eran lactantes, pueden ser sobrealimentados más tarde. En consecuencia, las tasas de obesidad adolescente están creciendo en todo el mundo (Parizkova y Hills, 2005).

Aproximadamente el 12% de todos los adolescentes de los Estados Unidos tiene exceso de peso, una proporción mayor que la documentada en cualquier otro país (Lissau y cols., 2004). Algunos observadores relacionan la obesidad directamente con la televisión y otros medios de comunicación. Como se recordará, el hogar promedio en los Estados Unidos tiene tres aparatos de televisión y 15 dispositivos de medios de comunicación en total. Casi todos los adolescentes en los Estados Unidos tienen una radio y un reproductor de CD en su habitación, el 64% también tiene un aparato de televisión en el dormitorio y el 41% tiene una consola de juegos de vídeo (Roberts y Foehr, 2004).

imagen corporal   Concepto que tiene una persona de la apariencia de su cuerpo.

MICHAEL NEWMAN / PHOTOEDIT, INC.

¿Está ella ayudando?   La imagen corporal es un concepto social y personal. Los varones y las niñas adolescentes son intensamente conscientes de sus propios cuerpos y de las otras personas. Es evidente que esta pareja es consciente de sus cuerpos y de la seguridad.

! Respuesta a la prueba de observación
(de p. 457): no, se los pidieron a un extraño en este centro comercial de San José, California. Si usted contestó que no, probablemente sabe que en la mayoría de los estados, incluido California, hay leyes muy estrictas que prohíben la venta de cigarrillos a los menores de edad. Usted también podría haber advertido la manera torpe de sostener los cigarrillos y que no hace tanto tiempo que fuman como para ser adictas a la nicotina.

Trastornos de la conducta alimentaria

anorexia nerviosa Trastorno grave de la conducta alimentaria en el cual la persona evita comer hasta el punto de presentar extrema delgadez y posiblemente inanición. La mayoría de las personas afectadas son mujeres adolescentes que han alcanzado grandes logros.

Ciertos adolescentes adoptan hábitos alimentarios poco saludables que ponen en peligro sus vidas. Algunos no comen casi nada en absoluto, y otros comen hasta dañar sus estómagos. Estos hábitos son el inicio de los trastornos de la conducta alimentaria, que habitualmente no alcanzan una manifestación completa hasta los primeros años de la vida adulta. Los síntomas aparecen mucho tiempo antes de diagnosticar la enfermedad, cuando las preocupaciones por el aumento del tamaño corporal causado por el estirón puberal normal conducen a los esfuerzos por detener el aumento de peso.

En el peor de los casos, la persona desarrolla **anorexia nerviosa**, un trastorno de la conducta alimentaria caracterizado por la autoinanición, cuando los órganos vitales no reciben la nutrición que necesitan para funcionar correctamente. Según el DSM-IV, la anorexia nerviosa se pone de manifiesto por cuatro síntomas:

■ Rechazo a mantener el peso corporal por lo menos en el 85% del IMC normal.
■ Miedo intenso a ganar peso.
■ Alteración de la percepción corporal y negación del problema.
■ Falta de menstruación en las mujeres adolescentes y adultas.

Adivine su edad Jennifer ha aumentado algo de peso desde que se internó por primera vez en una clínica para trastornos de conducta alimentaria, pero aún aparenta menos edad de la que tiene. Una hipótesis sobre la anorexia es que surge de un deseo inconsciente de evitar el crecimiento. (Jennifer tiene 18 años.)

Si el IMC de alguien es de 18 o inferior, o si ella (o, menos a menudo, él) pierde más del 10% del peso corporal en un mes o dos, hay que sospechar que presenta anorexia (American Psychiatric Association, 2000).

La anorexia es una enfermedad del contexto social; en otras palabras, la cultura la apoya (Mitchell y McCarthy, 2000). La enfermedad era desconocida para la mayoría de los médicos hasta 1950, aunque siglos atrás algunas santas presuntamente comían poco o nada, y hace 100 años algunos médicos describieron una "extraña enfermedad" que comprendía el ayuno. En la década de 1950, se diagnosticó anorexia en algunas mujeres jóvenes con grandes logros y nivel socioeconómico alto. Pronto se hizo más prevalente entre las estudiantes universitarias, luego las estudiantes más jóvenes, primero en los Estados Unidos y otras naciones desarrolladas, y más recientemente en los países en vías de desarrollo (Gordon, 2000; Walcott y cols., 2003).

En los Estados Unidos, la anorexia se presenta ahora en grupos que en otra época no estaban afectados: estadounidenses negras o de origen hispano y asiático. En consecuencia, "es fundamental considerar la posibilidad de los trastornos de la conducta alimentaria y la imagen corporal en todos los individuos, independientemente de sus antecedentes étnicos" (Dounchis y cols., 2001, p. 82). Aunque la anorexia es fundamentalmente un trastorno de la mujer, también afecta a algunos hombres, de modo que se debe considerar la posibilidad en ellos.

Alrededor del 1% de las mujeres de los países desarrollados sufren anorexia en algún momento de su vida. La tasa es mucho más alta entre deportistas, sobre todo bailarinas, gimnastas y corredoras (Perriello, 2001; Thompson y Sherman, 1993). Julia es una de ellas, como se explica a continuación.

ESTUDIO DE UN CASO

"Demasiado delgada, como si eso fuera posible"

Julia escribe sobre sus primeros meses en la universidad, a los 17 años:

Nunca antes había sentido tanta presión. Puesto que mi beca depende tanto del atletismo como del mantenimiento en un promedio de 3,6 puntos, estuve muy estresada gran parte del año. Las tareas académicas nunca habían sido un problema para mí antes, pero ahora en la universidad se espera mucho más de uno.

Sentía la presión de mi entrenador, de mis compañeras de equipo y de mí misma por hacer dieta... Yo sé que mi entrenador estaba realmente desilusionado conmigo. Me llamó ha-

ce un mes para saber qué estaba comiendo y me dijo que el aumento de peso estaba perjudicando sin duda mi rendimiento. Dijo que debería dejar de comer tentempiés y dulces de cualquier tipo, y que me dedicara a comer ensaladas para que me ayudaran a perder esos kilos de más y ponerme en forma. También me recomendó algunos ejercicios de entrenamiento adicionales. Yo sólo pensaba en la dieta, odiaba que la ropa me quedara ajustada... En ese momento, pesaba 65 kilogramos y medía 1,68 m. Al comenzar la universidad pesaba 59 kilos...

Una vez que empecé la dieta, tenía incentivos por todos lados para continuar. Mejoraron mis marcas en las carreras, de modo que mi entrenador estaba contento. Me sentía mejor en el equipo y más integrada. Mis ropas ya no me quedaban ajustadas, y cuando mis padres me vieron en los encuentros me dijeron que mi aspecto era muy bueno. Incluso recibí una invitación para una fiesta que daba una fraternidad que sólo invitaba a las mujeres más... atractivas. Tras un mes aproximadamente, había recuperado mi peso normal de 59 kilos.

...Me establecí como nuevo objetivo llegar a los 52 kilos. Me imaginaba que lo mejor era hacer gimnasia con más frecuencia y no desayunar; no sería muy difícil alcanzar ese peso en un mes o algo así. Por supuesto, eso hizo que tuviera más hambre a la hora del almuerzo, pero no quería comer más al mediodía. Me pareció que sería más fácil mantenerme comiendo galletitas o algo así. Las rompería en varios pedazos y sólo comería una cada 15 minutos. Las pocas veces que lo hice con amigas en el comedor recibí comentarios y miradas horribles. Por último me dediqué a comer sola en mi habitación... No podía creerlo cuando la balanza me mostró que pesaba menos de 52 kilos. Pero todavía sentía que tenía que bajar más. Algunas de mis amigas habían comenzado a decir que en realidad estaba demasiado delgada, como si eso fuera posible.

... Todo esto me ha conducido a la situación actual. Aun cuando corro mucho y por fin puedo cumplir mi dieta, todos piensan que no me estoy cuidando lo suficiente... Yo estoy haciendo lo mejor para mantener el control de mi vida, y deseo que confíen en que puedo cuidarme.

La compañera de cuarto de Julia escribe:

Para ella no había más fiestas ni salidas para ir a comer... Todas nosotras estábamos preocupadas, pero ninguna sabía qué hacer... Miré el ropero de Julia. Unos meses antes le había pedido un tampón prestado. Ella abrió una caja nueva y me dio uno. La misma caja estaba allí y sólo faltaba un tampón. Por primera vez me di cuenta de lo grave que era la situación de Julia.

Unos pocos días después, Julia se acercó a mí. Al parecer se había encontrado con uno de los decanos, quien le dijo que necesitaba que la evaluaran en un centro de salud antes de que continuara entrenando con el equipo. Me preguntó directamente si yo había estado hablando con alguien acerca de ella. Le dije que su madre me había preguntado si yo había notado cambios en ella durante los meses pasados y que yo le había dicho, con toda sinceridad, que sí. Salió furiosa de la habitación y no la he vuelto a ver desde entonces. Yo sé lo importante que es el equipo para Julia, de modo que supuse que había ido al centro de salud de inmediato. Espero que la puedan convencer de que ha llevado las cosas demasiado lejos y que la pueden ayudar a recuperarse.

[Citado en Gorenstein y Comer, 2002, pp. 275-280]

Julia, con su pérdida rápida de peso que ella no veía como problema, es un caso clásico. Su negación es típica. Ella piensa que al fin puede seguir una dieta y controlar su vida, cuando en realidad es una adicta al ejercicio y a la pérdida de peso. La depresión grave está ligada con la anorexia, y el suicidio es una posibilidad para Julia. Aun cuando no sea una suicida, sigue estando en peligro: entre el 5 y el 20% de aquellos con diagnóstico de anorexia nerviosa mueren finalmente por su enfermedad, aun cuando sean hospitalizados y tratados (Lowe y cols., 2001; Mitchell y McCarthy, 2000).

No hay duda de que usted se preguntará por qué el entrenador de Julia, sus padres y amigas no se dieron cuenta de su problema antes e insistieron en que necesitaba ayuda. Esta demora es habitual: "Cuando la anoréxica llega al punto en que el trastorno está clínicamente identificado, ha quedado casi atrapada en una compleja red de actitudes psicológicas" (Gordon, 2000). Antes de ese punto, muchas personas fomentan la pérdida rápida de peso en lugar de aceptar el aumento normal que se está desarrollando.

En realidad, justo en el momento en que su entrenador le sugirió que hiciera dieta, el peso de Julia después de un mes en la universidad (65 kilos para una deportista de 1,68 m) estaba dentro del IMC normal. Ella ni siquiera tenía un sobrepeso marginal y mucho menos era una obesa. No obstante, a muchos les pareció bien que perdiera más de 6 kilos. Aunque Julia estaba en peligro, sus padres y los varones de la fraternidad le daban incentivos emocionales para que continuara con la dieta.

Esto no es culpar a alguna de esas personas de su enfermedad. Según varios estudios, la causa original de la anorexia es genética. Los patrones de la ingestión temprana y las normas culturales son factores adicionales en el problema. No obstante, los entrenadores, los padres y los amigos pueden ayudar a detener la progresión de la enfermedad si reconocen los síntomas.

El otro trastorno de la conducta alimentaria importante de nuestro tiempo, la **bulimia nerviosa**, es aproximadamente tres veces más frecuente que la anorexia. La ingesta compulsiva, en la que se consumen miles de calorías en una hora o dos, es seguida por purgas compulsivas, a través de los vómitos o la diarrea inducida con dosis masivas de laxantes.

En los casos típicos, la bulimia se origina en la adolescencia temprana, cuando algunas niñas hacen dieta y luego "se dan atracones" juntas, no sólo comiendo hasta que les duele el estómago y el cerebro no les responde sino también incitándose mutuamente, sin darse cuenta, un trastorno de la conducta alimentaria. Los hombres también pueden padecer bulimia. En general, el trastorno se desarrolla completamente luego de varios años, y en los últimos años de la adolescencia tanto la ingesta compulsiva como las purgas ocurren en secreto. En la actualidad, la bulimia se presenta prácticamente en todas las ciudades (pero no en todas las regiones rurales) del mundo (Walcott y cols., 2003).

Para justificar un diagnóstico clínico de bulimia, el episodio de atracón-purga debe ocurrir por lo menos una vez a la semana durante tres meses, la persona debe tener un impulso incontrolable de comer en exceso y la imagen corporal debe estar gravemente distorsionada. En los Estados Unidos, entre el 1 y el 3% de las

bulimia nerviosa Trastorno de la conducta alimentaria en el cual la persona, casi siempre mujer joven o adolescente, ingiere alimentos en exceso y luego se purga induciendo el vómito o ingiriendo laxantes de manera indebida.

RESPUESTA PARA LOS HERMANOS Y HERMANAS MAYORES (de p. 458): el cigarrillo crea una fuerte adicción; usted tiene que hablar con su hermana y decirle que deje de hacerlo ya, antes de que el hábito quede arraigado. La mayoría de los adolescentes se preocupan más por los problemas inmediatos que por la posibilidad lejana de cáncer o alguna patología cardíaca, de modo que habría que contarle a su hermana sobre un fumador que usted conoce cuyos dientes están amarillos, que tiene olor a humo en su ropa y su cabello y cuya estatura es inferior a la del resto de su familia. Luego dígaselo a sus padres; ellos son sus mejores aliados para ayudar a su hermana a tener una adolescencia saludable.

RESPUESTA PARA COMPAÑEROS DE CUARTO DE LA UNIVERSIDAD (de p. 459): ¿cómo se sentiría si su compañero muriera porque usted no dijo nada? Comente sus preocupaciones a su compañero de cuarto, presente los hechos y exprese sus sentimientos. Usted no puede hacer que todos cambien, pero debe plantear el tema. También puede consultar al equipo médico de la universidad.

mujeres adultas jóvenes son bulímicas (American Psychiatric Association, 2000) y las universitarias son particularmente vulnerables.

Las personas que sufren bulimia en general están cerca del peso normal, por lo que es difícil que mueran de inanición. Sin embargo, pueden experimentar serios problemas de salud, como daño grave del sistema gastrointestinal y un paro cardíaco a raíz del desequilibrio electrolítico (Gordon, 2000). Por cierto, no son felices.

En todos los trastornos de la conducta alimentaria, el consumo de alimentos está desconectado de las señales internas de hambre y sirve a una necesidad psicosocial y no corporal. El estrés, el aumento de peso y las proporciones corporales cambiantes de la pubertad, en una cultura obsesionada con la delgadez femenina, hacen que cualquier niña contemporánea sea vulnerable. La mayoría no desarrolla el trastorno; los genes y los hábitos ayudan a explicar quién lo hace y quién no. Pero casi cualquier mujer desea ser un poco más delgada y por lo tanto corre el riesgo de ignorar los signos incipientes de la enfermedad, tanto en ella como en sus amigas.

SÍNTESIS

Para la época en que han concluido los años adolescentes, las personas jóvenes son tan fuertes y saludables como nunca lo serán. Sin embargo, los hábitos autodestructivos pueden producir enfermedad, lesiones e incluso la muerte. Los adolescentes (desde los 13 años hasta la nueva vida adulta) tienen las tasas más bajas de muerte por enfermedad, pero las tasas más altas de muerte por accidentes y homicidio en el mundo. El sexo irresponsable es especialmente frecuente entre los adolescentes más jóvenes y puede conducir a un embarazo no deseado y a infecciones de transmisión sexual no tratadas. Otro ejemplo en que se corren peligrosos riesgos es el uso de drogas psicoactivas, fenómeno que se observa entre los adolescentes (sobre todo los varones) de todo el mundo. Las drogas pueden afectar el crecimiento corporal y el desarrollo encefálico, y los adolescentes subestiman la probabilidad de adicción. Además, casi ningún adolescente consume la dieta saludable (rica en calcio y hierro) que recomiendan los nutricionistas. La obesidad está aumentando entre los adolescentes. Además, algunos adolescentes (sobre todo las niñas) tienen graves trastornos de la conducta alimentaria, que los llevan a la inanición o a la ingesta compulsiva y las purgas.

■ RESUMEN

Comienza la pubertad

1. La pubertad se refiere a los distintos cambios que transforman el cuerpo infantil en un cuerpo adulto. Aun antes de que comiencen los años de la adolescencia, la señales bioquímicas que van desde el hipotálamo hasta la hipófisis y luego hasta las glándulas suprarrenales (el eje hipotálamo-hipófisis-glándulas suprarrenales) producen concentraciones elevadas de testosterona, estrógenos y otras distintas hormonas, que promueven el crecimiento y el cambio del cuerpo.

2. La pubertad viene acompañada por muchas emociones. Algunas de ellas, como los rápidos cambios en el estado de ánimo y los pensamientos sobre el sexo, son causadas directamente por las hormonas, pero la mayoría son sólo indirectamente hormonales. En cambio, sus causas son las reacciones (de los otros y del propio joven) a los cambios corporales de la adolescencia.

3. Los cambios visibles de la pubertad normalmente ocurren en cualquier momento desde alrededor de los 8 hasta los 14 años; la pubertad más a menudo comienza entre los 10 y los 13 años. El sexo, los antecedentes genéticos, la grasa corporal y el nivel de estrés familiar del jovencito contribuyen a esta variación.

4. En general, las niñas comienzan y terminan el proceso antes que los varones. Los adolescentes que no alcanzan la pubertad aproximadamente a la misma edad que sus amigos experimentan tensiones adicionales. En general (dependiendo de la cultura, la comunidad y la cohorte), las niñas que antes maduran son las que tienen mayor dificultad.

Las transformaciones de la pubertad

5. El estirón puberal es una aceleración del crecimiento en todas las partes del cuerpo. El máximo aumento de peso por lo general ocurre antes que el máximo aumento en la estatura, al que le sigue el máximo aumento en la masa muscular. Los pulmones y el corazón también aumentan en tamaño y capacidad, y los ritmos corporales (sobre todo el sueño) cambian.

6. Los caracteres sexuales aparecen en la pubertad. La maduración de los caracteres sexuales primarios significa que hacia los 13 años o más, ocurren la menarquia y la espermarquia, y que la persona joven estará pronto en condiciones de reproducirse. De muchas formas los dos sexos experimentan los mismos caracteres sexuales, aunque aparecen de diferentes formas.

7. Los caracteres sexuales secundarios no están involucrados directamente en la reproducción, pero significan que la persona es un hombre o una mujer. La forma del cuerpo, las mamas, la voz, el vello corporal y muchos otros rasgos diferencian a los hombres de las mujeres. La actividad sexual está influida más por la cultura que por la fisiología.

El desarrollo del encéfalo en la adolescencia

8. Varias partes del encéfalo maduran durante la pubertad, cada una a su propio ritmo. Las áreas neurológicas dedicadas al despertar emocional (el sistema límbico) maduran antes que las áreas que regulan y racionalizan la expresión emocional (la corteza prefrontal). En consecuencia, muchos adolescentes buscan experiencias emocionales intensas, no moderadas por un pensamiento racional.

9. La corteza prefrontal madura hacia el final de la adolescencia, lo que permite una mejor planificación y un mejor análisis. Durante todo este período, la mielinización y la experiencia permiten un pensamiento más rápido y más profundo.

Los peligros para la salud

10. Los adolescentes tienden a ser sanos. Las enfermedades, tanto leves (resfríos y gripe) como graves (cáncer y cardiopatía) son raras. Sin embargo, muchos asumen riesgos que conducen a la lesión y la muerte accidental con una tasa cinco veces mayor que la de los niños más pequeños o los adultos de edad mediana.

11. Entre los peligros para la salud de los adolescentes está el sexo antes de que sus cuerpos y mentes estén preparados. El embarazo antes de los 16 años implica una carga física para una niña que está

creciendo y las infecciones de transmisión sexual a cualquier edad pueden conducir a la esterilidad e incluso a la muerte.

12. La mayoría de los adolescentes utilizan drogas, sobre todo alcohol y tabaco, aun cuando estas sustancias deterioran el crecimiento del cuerpo y del encéfalo. Es posible la prevención y la moderación, pero los programas deben ser ideados cuidadosamente para evitar el problema del olvido generacional.

13. Para sostener el crecimiento corporal, la mayoría de los adolescentes consume grandes cantidades de alimento, aunque no siempre hacen elecciones saludables. La obesidad es cada vez más frecuente, al igual que las deficiencias de vitaminas y minerales que deterioran el crecimiento de los huesos y los dientes y producen depleción de energía. Algunos adolescentes, sobre todo las niñas, están tan preocupados con su imagen corporal que sufren anorexia o bulimia, dos trastornos de la conducta alimentaria que pueden deteriorar gravemente su salud.

■ PALABRAS CLAVE

pubertad (p. 432)
menarquia o menarca (p. 432)
espermarquia (p. 432)
hormona (p. 433)
hipófisis (p. 433)
glándulas suprarrenales (p. 433)

eje hipotálamo-hipófisis-suprarrenales (p. 433)
gónadas (p. 433)
estradiol (p. 434)
testosterona (p. 439)
estirón puberal (p. 439)
caracteres sexuales primarios (p. 443)

caracteres sexuales secundarios (p. 443)
infecciones de transmisión sexual (p. 451)
abuso sexual (p. 453)
abuso sexual de menores (p. 453)
abuso de drogas (p. 456)

drogadicción (p. 456)
consumo compulsivo de alcohol (p. 456)
olvido generacional (p. 457)
imagen corporal (p. 459)
anorexia nerviosa (p. 460)
bulimia nerviosa (p. 461)

■ PREGUNTAS CLAVE

1. ¿Qué aspectos de la pubertad se encuentran bajo control hormonal directo?

2. ¿Qué respuestas psicológicas son el resultado de los cambios físicos de la pubertad?

3. ¿De qué modo se combinan naturaleza y crianza para permitir que las personas jóvenes se conviertan en padres?

4. ¿Por qué es especialmente difícil experimentar la pubertad "fuera de tiempo"?

5. ¿Cuáles son las similitudes de la pubertad entre los hombres y las mujeres?

6. ¿Cuáles son las diferencias de la pubertad entre los hombres y las mujeres?

7. Casi todos los científicos en neurociencias concuerdan acerca de ciertos aspectos de la maduración cerebral. ¿Cuáles son esos aspectos?

8. ¿Por qué los adolescentes sexualmente activos tienen más probabilidad de contraer infecciones de transmisión sexual que los adultos sexualmente activos?

9. Mencione tres razones por las cuales muchos adolescentes tienen deficiencias nutricionales.

10. ¿Por qué es particularmente probable que la imagen corporal esté distorsionada en la adolescencia?

■ EJERCICIOS DE APLICACIÓN

1. Visite una clase de quinto, sexto o séptimo grado. Observe las variaciones en la talla y la madurez de los estudiantes. ¿Advierte usted algún patrón relacionado con el sexo, el grupo étnico, la grasa corporal o la autoconfianza?

2. Efectúe una entrevista a dos a cuatro de sus amigos que se encuentren en los últimos años de la segunda década de vida o primeros años de la tercera acerca de sus memorias sobre la menarquia o la espermarquia, incluidas sus memorias de las reacciones de los otros. ¿Sus comentarios indican que estos acontecimientos son emocionalmente perturbadores para los individuos jóvenes?

3. Converse con alguien que haya sido padre antes de los 20 años. ¿Hubo algún problema con el embarazo, el parto o los primeros

años de la paternidad? ¿Esa persona recomendaría una paternidad joven a otra persona? ¿Qué hubiera cambiado si el niño hubiera nacido tres años antes o tres años más tarde?

4. Los adultos no están de acuerdo con los peligros de las drogas. Encuentre dos personas con opiniones muy diferentes (p. ej., un padre que estaría horrorizado si su hijo usara alguna droga y un padre que cree que se debe permitir a los jóvenes beber o fumar en el hogar). Pídales que expliquen sus razones y póngalas por escrito sin críticas ni desacuerdo. Más tarde, presente a cada uno de ellos los argumentos de la otra persona. ¿Cuál es su respuesta? ¿Parece ser abierta, flexible y racional? ¿Por qué las creencias sobre las drogas se sostienen tan profundamente?

La adolescencia: el desarrollo cognitivo

Yo llevaba en mi automóvil a cuatro personas que nunca antes había visto a la fiesta del octogésimo cumpleaños de un amigo en común. Uno de los pasajeros era un joven, que habló durante horas, con gran convicción, acerca del derecho constitucional a portar armas, sobre el voto de candidatos que no podían ganar, sobre los padres que eran honestos con sus hijos, sobre las personas que se amaban a pesar de sus diferencias en los valores o en la sexualidad. Y más aún.

Mis otros tres pasajeros eran individuos de edad media o avanzada y estaban irritados tanto por su arrogancia y seguridad como por algunas de sus afirmaciones. Uno dijo "sí, pero…". Otro, "no, porque…". El joven no cedió, independientemente de lo diplomático que fuera su interlocutor. Yo también probé y fracasé. Luego supimos que tenía 16 años (parecía mayor). La argumentación terminó. Conocer su edad nos ayudó a explicar sus procesos de pensamiento, y nos hizo callar.

Los adolescentes a menudo combinan el orgullo, la lógica y la emoción de formas que contrastan con los procesos cognitivos de las personas mayores. A veces el orgullo parece superar a la lógica, a veces la emoción y el análisis parecen entremezclados y a veces los tres –orgullo, lógica y emoción– están combinados y coordinados. Estos tres modos de pensamiento adolescente pueden denominarse egocentrismo, pensamiento operacional formal y pensamiento posformal, y pueden aparecer más o menos en secuencia durante los doce años de la adolescencia.

Como ya se vio con el desarrollo biosocial, la edad no es buen marcador para la maduración de ningún adolescente particular. Algunos nunca parecen egocéntricos, otros son perpetuamente ilógicos y muchos encuentran el pensamiento posformal más allá de su capacidad. Los adolescentes son pensadores valientes, impetuosos y testarudos, cualidades admirables, a menos que sus pasajeros mayores intenten cambiar sus ideas.

Este capítulo explica los tres estadios –egocentrismo, pensamiento formal y pensamiento posformal– en secuencia. Tenga en mente que, para facilitar la explicación, la cognición adolescente aparece más ordenada en estas páginas que en la vida real.

El egocentrismo adolescente

En los primeros años de la adolescencia, más o menos de los 10 a los 13 años, la mayoría de los adolescentes piensan mucho acerca de sí mismos. Se preguntan cómo los perciben los demás; tratan de reconciliar sus sentimientos conflictivos hacia sus padres, la escuela y los amigos íntimos; piensan en profundidad (pero no siempre de forma realista) sobre su futuro; reflexionan, en detalle, sobre las experiencias cotidianas; se preocupan acerca de sus relaciones con sus pares, sus familias, las escuelas y el mundo. Como ellos se han convertido en ávidos pensadores, están preparados para aprender, aunque ese aprendizaje puede no siempre ocurrir en la escuela.

Los adolescentes más jóvenes tienden a imaginar lo que los otros pueden estar pensando sobre ellos y luego asumen que esas hipótesis son hechos, aun cuando estas conclusiones estén distorsionadas por la compenetración en ellos mismos. Esto se

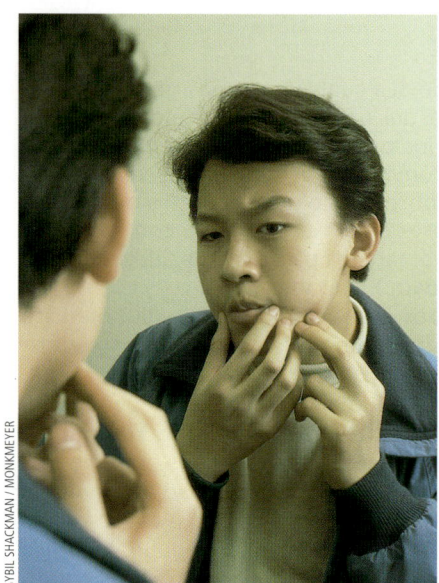

Los chicos también hacen esto   La capacidad cognitiva para pensar acerca de sí mismo en términos egocéntricos influye en el tiempo que pierden los jóvenes de ambos sexos peinando su cabello, cambiando sus ropas y buscando imperfecciones.

denomina **egocentrismo adolescente**. Fue descrito por primera vez por David Elkind (1967), quien intentaba explicar la ilógica aparente de muchos adolescentes.

Recuerde del capítulo 9 que *egocéntrico* significa "centrado en uno mismo". La diferencia entre el egocentrismo en la adolescencia y el mismo rasgo en el estadio del pensamiento preoperacional es que los adolescentes, al contrario de los niños más pequeños, han desarrollado una teoría de la mente y un conocimiento social. Esto hace que tengan conciencia de que las otras personas tienen sus propios pensamientos. Sin embargo, su egocentrismo los conduce a distorsionar lo que podrían ser esos pensamientos.

En el egocentrismo, los adolescentes se consideran singularmente especiales y mucho más importantes en el plano social (notado por todos) de lo que son en realidad. Por eso es difícil para ellos imaginar la perspectiva de otro individuo (Lapsley, 1993). Esto se vio en el capítulo 14: Ben nunca tuvo en cuenta que la policía podía pensar que él y sus amigos eran una banda de jóvenes delincuentes que huían a las 2 de la mañana. De forma más general, Elkind (1979) explica que los adolescentes no pueden

> diferenciar lo singular de lo universal. Una mujer joven que se enamora por primera vez está extasiada por la experiencia, que es completamente nueva y emocionante. Pero no puede diferenciar entre lo que es nuevo y emocionante para ella y lo que es nuevo y emocionante para la humanidad. Por lo tanto, no es sorprendente que esta jovencita diga a su madre, "pero mamá, no sabes lo que es sentirte enamorada".
>
> *[p. 96]*

El pensamiento importante para el individuo

El egocentrismo adolescente hace que el comportamiento de otra persona fácilmente se tome como algo personal. Por ejemplo, el ceño fruncido de un extraño o una crítica displicente de uno de sus docentes podría llevar a un adolescente a la conclusión de que "no le agrado a nadie", y luego deducir "nadie puede quererme" o incluso "no me atrevería a aparecer en público". Las reacciones casuales más positivas –una sonrisa de un vendedor o el fuerte abrazo de un hermano menor– podrían conducir al pensamiento "soy un grande" o "todos me quieren", con percepciones personales del mismo modo distorsionadas.

Elkind dio nombres especiales a varios aspectos del egocentrismo adolescente. Entre ellos, el **mito de invencibilidad**, la idea de la propia inmunidad de una persona al daño o a la derrota. Algunos adolescentes están convencidos de que, al contrario de otros mortales, no sufrirán las consecuencias de conducir a altas velocidades, las relaciones sexuales sin protección, el consumo de drogas o la inanición autoinducida (todos descritos en el capítulo 14). Cuando realizan cualquiera de estas cosas (como muchos lo hacen) y escapan al daño inmediato (como la mayoría), el alivio temporal no los hace sentir afortunados y agradecidos, sino especiales y orgullosos.

Por ejemplo, en una encuesta de fumadores adolescentes, sólo 1 de cada 20 pensaba que aún estaría fumando en cinco años, aun cuando dos tercios de ellos habían intentado dejar de hacerlo y fracasaron y al menos 15 de cada 20 personas que fumaban cuando eran adolescentes siguen fumando cuando son adultos jóvenes (Siqueira y cols., 2001). Los datos sobre su propio pasado o sobre la adicción de otros individuos no son tenidos en cuenta porque cada fumador adolescente cree que es invencible.

Un segundo desliz lógico resultante del egocentrismo adolescente es el **mito personal**. Los adolescentes imaginan que sus propias vidas son únicas, heroicas o incluso legendarias. En el mito personal, el joven individuo se percibe como un ser excepcional, distinguido por experiencias, talentos, perspectivas y valores inusuales.

Los adolescentes pueden considerar que los miembros de su familia son completamente ignorantes y se encuentran por debajo de su nivel. Algunos adolescentes podrían pensar que la familia con la que viven no debe ser su familia biológica, porque fueron adoptados o cambiados al nacer (un pensamiento tan frecuente que tiene un nombre: fantasía del niño expósito). Los docentes son demasiado estúpidos; los amigos son demasiado egoístas.

Los adolescentes pueden enfadarse si otros no creen su mito personal. Por ejemplo, uno de mis estudiantes adolescentes se quejaba de que era evidente-

egocentrismo adolescente   Característica del pensamiento adolescente que lleva a los jóvenes a centrarse en sí mismos y excluir a los demás. La persona piensa, por ejemplo, que sus pensamientos, sentimientos y experiencias son únicos, más maravillosos o más detestables que los de los demás.

mito de invencibilidad   Convicción del adolescente, que se origina en el egocentrismo de la edad, de que nada que derrote a un mortal común logrará vencerlo, ni siquiera dañarlo, como en el caso de las relaciones sexuales sin protección, el consumo de drogas o la conducción de un vehículo a altas velocidades.

mito personal   Creencia falsa del adolescente, que se origina en el egocentrismo de la edad, de que está destinado a tener una vida única, heroica e incluso legendaria.

¡A mí no! La joven salta al océano Pacífico cerca de Santa Cruz, California, durante el cumpleaños de una amiga. El salto está prohibido por ley desde 1975, porque en esos acantilados murieron 52 personas. Ayudados por el mito de invencibilidad y porque piensan que toman las precauciones suficientes, cientos de jóvenes cada año deciden que vale la pena arriesgarse. (Observe que tiene puestos los zapatos y que al parecer el perro ha decidido no tirarse.)

mente injusto que millones de personas lamentaran la trágica muerte de la cantante tejana Selena. Con su pensamiento egocéntrico, imaginó que si él se muriera pocos llorarían su muerte o estarían angustiados. Yo le respondía que a mí sí me importaría; pero él descalificó mi comentario como si no fuera importante. Le dije que Selena fue una persona con un talento extraordinario y mucho éxito, que había alegrado a millones de personas. Él replicó:

"Pero yo también tengo mucho talento; si yo muriera, millones de personas jamás experimentarían la alegría que yo podría producir".

Cuando lo miré socarrona, se ofendió: "¿Cómo puede saber usted que yo no tengo tanto talento como ella?".

Un tercer tipo de egocentrismo implica el **público imaginario**. Los adolescentes suelen pensar que sus personas ocupan el centro de la escena, que todos los ojos están puestos en ellos, porque su egocentrismo los lleva a concluir que las otras personas están tan intensamente interesadas en ellos como ellos mismos. En consecuencia, tienden a fantasear acerca de cómo podrían reaccionar los otros ante su apariencia y su conducta.

La audiencia imaginaria puede hacer que un adolescente entre en una sala atestada de gente creyendo que es el ser humano más atractivo. Podrían teñirse el pelo de color fucsia o tocar música a todo volumen para centrar la atención en ellos. También puede ocurrir lo contrario: los adolescentes podrían intentar evitar a todos para que no noten una imperfección en su mentón o una mancha en su manga. Muchas veces un adolescente joven se resiste a ir al colegio por un mal corte de cabello o porque los zapatos no le agradan.

Tanto para las niñas como para los varones, la aguda conciencia personal sobre su apariencia es mayor entre los 10 y los 14 años que antes o más tarde (Rankin y cols., 2004). No les gusta destacarse entre sus pares; en cambio, esperan mezclarse en todos los aspectos raciales, religiosos, económicos e incluso en otros.

A medida que se pone en evidencia la aguda autoconciencia del egocentrismo adolescente, los jóvenes en el medio de la pubertad no se sienten cómodos en el mundo social más amplio. Por eso muchos se molestan por el cabello y la ropa antes de aparecer en público. De hecho, las razones citadas para la privación de sueño no sólo incluyen las dos explicadas en el capítulo 14 (un retardo de fase en el ritmo diurno y la hora de inicio temprano de muchas escuelas secundarias) sino también el tiempo extra necesario para las "rutinas matinales sustanciales de aseo" (Fredriksen y cols., 2004, p. 93).

El poder del público imaginario también explica la preocupación de muchos adolescentes sobre el público formado por sus pares, que presumiblemente juz-

público imaginario Creencia egocéntrica de que los demás observan y están interesados en la apariencia, ideas y conducta que uno tiene. Esta creencia de que "todo gira en torno a mi persona" hace que el individuo se torne muy consciente de sí mismo.

ESPECIALMENTE PARA PADRES DE HIJOS ADOPTIVOS ¿Se les debe decir a los adolescentes que fueron adoptados?

garán cualquier cosa rara visible de su apariencia y su conducta. No es extraño, entonces, que un adolescente haya dicho "me gustaría poder volar si los demás lo hicieran; de lo contrario, llamaría mucho la atención" (citado en Steinberg, 1993). Comprender el egocentrismo ayuda a los padres a interpretar los pensamientos de sus hijos, como lo ponen en evidencia las siguientes historias de Bethany y Jim.

EN PERSONA

Bethany y Jim

Era una tarde húmeda a mediados del verano. Bethany me convenció de que fuera con ella a visitar el Museo Metropolitano de Arte. Yo estuve lista en cinco minutos pero, como ella era una adolescente, le llevó mucho más tiempo. En realidad, dejamos la casa tan tarde que yo estaba preocupada porque el museo cerraría apenas llegáramos. Afortunadamente, nuestro subterráneo no se demoró y pudimos llegar muy rápido. Pero cuando salimos a la calle desde la estación, nos sorprendió una repentina lluvia. Bethany se detuvo y ¡se enfadó conmigo!

Ella: ¿No trajiste el paraguas? Tendrías que haberlo traído.
Yo: Está bien, vamos a caminar rápido. Es una lluvia cálida.
Ella: Pero vamos a mojarnos.
Yo: No importa. Nos secaremos.
Ella: Pero la gente nos va a mirar porque tendremos todo el pelo mojado.
Yo: Querida, a nadie le importa cómo llevamos el pelo. Y no hay nadie que nos conozca.
Ella: Claro, a ti no te importa porque estás casada.

En ese momento, yo no sólo estaba impaciente, estaba desconcertada. Le pregunté con incredulidad: "¿Acaso crees que vas a conocer a tu futuro marido aquí?".

Ella me miró como si yo fuera increíblemente estúpida. "No, por supuesto que no. Pero la gente me mirará y pensará: '¡Ella nunca va a encontrar marido si se ve así!'".

Otro ejemplo de ello lo aportó un padre, también psicoterapeuta:

La mejor manera de describir lo que ocurre (durante la adolescencia) es relatar cómo fue la primera vez que advertí el cambio en mi hijo. Tenía unos 13 años. Yo estaba conduciendo a un poco más de 100 km por hora en una zona de 90 km por hora.
De repente me miró y gritó: "¡Papá!".
Me sobresalté y le respondí "¿Qué ocurre, Jim?".

Entonces se hizo un silencio mientras él se cruzaba de brazos y dirigiéndose lentamente hacia mí dijo: "¿Papá, te has dado cuenta de que estás conduciendo a gran velocidad?".
"¡Oh, casi estoy yendo a 105 km por hora! (como si yo no lo supiera).
De inmediato me contestó: "Papá, ¿sabes cuál es el límite de velocidad en esta autopista?".
"Sí, Jim, son 90 km por hora."
Entonces él dijo: "¡Papá!, ¿te das cuenta de que pasaste el límite de velocidad en casi 15 km?". "¡Papá, no te preocupa para nada mi vida! ¿Tienes idea de cuántas personas mueren cada año en las autopistas por sobrepasar el límite de velocidad?".
En ese momento empecé a enfadarme y le respondí: "¡Mira, Jim, no tengo idea de cuántos mueren al año, tienes razón en que no debería haber excedido el límite de velocidad, te prometo que no lo volveré a hacer, de modo que olvídalo!".
Pero como él no estaba satisfecho, continuó: "Papá, ¿sabes lo que podría suceder si chocaras de frente a 105 km por hora? ¿Cuántas vidas pondrías en peligro?".
Él siguió con el tema durante 10 minutos más hasta que finalmente se quedó callado por unos 20 segundos. Entonces empezó de nuevo y dijo: "Papá, he estado pensando en todo esto".
Una vez que lo dijo, supe que yo estaba metido en un grave problema porque mi hijo había sido alguien muy fácil de manejar hasta ese momento en que había empezado a pensar. ¡Quién le había dicho que empezara a pensar! Antes de todo esto, él hubiera preguntado por qué y yo simplemente le habría dado una respuesta y ¡listo!

[Garvin, 1994, pp. 39-41]

Tanto Bethany como Jim eran egocéntricos, ("¡no te preocupa para nada mi vida!"), tenían un público imaginario ("la gente me mirará y pensará"), pero eran socialmente conscientes ("ya estás casada", "miles de personas"). Ése es el egocentrismo adolescente.

A medida que los investigadores notan la lógica y la orientación futura del pensamiento adolescente, reconocen que el egocentrismo adolescente no siempre es un pensamiento destructivo, "distorsionado, egocéntrico y algo paranoide". En cambio, "puede señalar el crecimiento hacia la madurez cognitiva" (Vartanian, 2001, p. 378).

Al menos los adolescentes, al reflexionar sobre su propia existencia, intentan imaginar las opiniones de los otros. Sus conclusiones pueden ser inválidas y ser sostenidas de forma testaruda, pero su pensamiento es más avanzado que el de los niños, que nunca contemplan lo que podría ser, sobre todo cuando esas posibilidades futuras incluyen esposos desconocidos y choques automovilísticos inusuales.

En efecto, el mito de invencibilidad puede conducir a hazañas y sacrificios heroicos. Juana de Arco era una joven adolescente cuando las voces le dijeron que salvara a Francia. Alrededor de los 16 años, ella convenció al futuro rey Carlos VII de que debía conducir a los soldados franceses a la victoria contra los ingleses. En una batalla tras otra ella hizo exactamente eso, hasta que fue capturada, hecha prisionera y, a los 20 años, quemada en la hoguera porque dijo que Dios le hablaba directamente.

Juana murió hace seis siglos y se convirtió en santa en 1920, pero incluso actualmente miles de adolescentes egocéntricos son considerados mártires heroicos o fanáticos mal guiados, dependiendo de la perspectiva personal. Como lo explica un experto, "el entusiasmo en los adolescentes puede estimular los esfuerzos humanísticos positivos para alimentar a los pobres y cuidar a los enfermos, aunque también puede conducir a actitudes dogmáticas, intolerancia… pasiones capturadas por una figura negativamente carismática como Adolf Hitler u Osama bin Laden" (Dahl, 2004, p. 21). Se dice que los "adolescentes cabalgan en las olas de los acontecimientos históricos" (Brown y Larson, 2002, p. 12), lo que significa que, dadas las circunstancias históricas correctas, el egocentrismo adolescente puede beneficiar a toda la humanidad.

La enseñanza y el aprendizaje en la escuela media

Muchos psicólogos del desarrollo han observado que las personas jóvenes tienden a volverse depresivas, rebeldes o apáticas después de dejar la escuela primaria y entrar en el siguiente nivel de escolaridad (Eccles, 2004). En muchas naciones del mundo, es el momento en que los niños abandonan la escuela, no siempre por elección.

Incluso en la China, donde la educación es muy apreciada y el objetivo del gobierno es la educación para todos hasta el noveno grado, "sólo alrededor del 48% de los residentes rurales y el 79% de los residentes urbanos llegan más allá de la educación de la escuela primaria" (Orsini, 2005). En las naciones desarrolladas de Europa, América del Norte, Australia y Japón, se espera (y a menudo se exige) que todos asistan a la escuela hasta alrededor de los 17 años. Esto crea problemas cuando los jóvenes deben estar en la escuela pero no desean hacerlo. Se presentan problemas similares con los estudiantes de la **escuela media** (se explica a continuación) y la escuela secundaria (se explica más adelante).

El punto bajo de la educación

En los Estados Unidos en el siglo XX, las escuelas secundarias "ampliadas" se separaron de las escuelas primarias y luego se dividieron en las escuelas *senior* y *junior high*. La escuela *junior high* seguía la configuración académica de la escuela secundaria, pero esa estructura a menudo estaba en desacuerdo con las necesidades intelectuales y sociales de los adolescentes muy jóvenes. Mientras tanto, la pubertad comenzaba a edades más jóvenes, de modo que muchos estudiantes de sexto grado parecían demasiado grandes para la escuela primaria. Se crearon nuevas estructuras que fueron denominadas escuelas intermedias o, como aquí, escuelas medias.

Durante décadas, los expertos han observado que el desarrollo se vuelve problemático aproximadamente a los 11 años. Las notas escolares tienden a declinar y el primer año de la escuela media por lo general muestra un "deterioro" en el aprendizaje (Covington y Dray, 2002). Los que enseñan a menudo se sienten ineficaces (Eccles, 2004).

Las relaciones de los estudiantes entre ellos empeoran. Si bien la amistad y los grupos de pares son más importantes que nunca, varios estudios han observado que, al contrario de la escuela primaria, los niños agresivos suelen ser populares y admirados en la escuela media (Cillessen y Mayeux, 2004; Rodkin y cols., 2000). En general, estos niños populares se relacionan de manera agresiva: ellos propagan rumores, excluyen a los individuos, critican a los compañeros de clase a sus espaldas y hacen demandas como precio por su amistad.

La intimidación (acoso) se vuelve menos frecuente durante cada año de la escuela primaria, pero luego aumenta notablemente durante el primer año de la escuela media, ya sea en el grado 5, 6 o 7. (No es la edad de los niños sino el ingreso a una nueva escuela lo que se correlaciona con este incremento.) A medida que progresa la escuela media, los varones y las niñas que se relacionan de manera agresiva aumentan en popularidad y su capacidad para rechazar a otros estu-

Respuesta para padres de hijos adoptivos (de p. 467): probablemente no en este momento. La mayoría de los consejeros creen que es necesario contarles muy precozmente a los hijos adoptivos. Los adolescentes pueden reaccionar en forma irracional al conocer nueva información sobre sus personas.

escuela media Término que se refiere a los años escolares entre las escuelas de enseñanza primaria y secundaria de Estados Unidos; también se denomina *junior high* o escuela intermedia. Algunos sistemas no tienen escuela media, sólo tienen escuelas para los grados 1ro a 8vo y 7mo a 12do.

Especialmente para docentes de la escuela media Usted cree que sus conferencias son interesantes y que sabe cómo ocuparse de sus alumnos, aun cuando muchos de ellos interrumpen la clase, llegan tarde o parece que están dormidos. ¿Qué tendría que hacer?

¿Deterioro del aprendizaje en la escuela media? Estos estudiantes de una zona rural de la India tienen la misma edad que los estudiantes de la escuela media de los países desarrollados, pero su entusiasmo por la escuela no ha declinado. Una de las razones es que no dan por garantizada la educación; sólo unos pocos selectos pueden continuar sus estudios después de los 11 años. Otra razón puede ser la que se ve aquí: el gobierno está intentando mejorar el programa de estudios proveyendo ordenadores "viajeros" conectados a Internet.

diantes aumenta su nivel. Por ejemplo, los alumnos de sexto grado que desean seguir siendo populares dejan de hablar con los compañeros que no son populares (Rose y cols., 2004).

Otro conjunto de signos de los problemas en la escuela media es más ominoso:

> Algunos trastornos y síntomas psicopatológicos, que incluyen depresión, conductas autolesivas, abuso de sustancias, trastornos de la conducta alimentaria, trastorno bipolar y esquizofrenia tienen patrones evolutivos manifiestos que corresponden a las transiciones de la adolescencia temprana y tardía.
>
> *[Masten, 2004, p. 310]*

Tantos cambios suceden en la adolescencia (en las concentraciones hormonales, las proporciones corporales, las familias y la cultura) que el aumento de la psicopatología no puede ser causado enteramente por la transición a la escuela media. En efecto, cuando los psicólogos del desarrollo notaron por primera vez el súbito aumento de la psicopatología hacia los 12 años, pensaron que la causa eran los cambios fisiológicos de la pubertad. Sin embargo, la monitorización cuidadosa de las etapas del desarrollo puberal no confirmó esta hipótesis (Simmons y Blyth, 1987). La pubertad (precoz, intermedia o tardía) no produce trastornos psicopatológicos; tampoco produce la baja autoestima ni la rebelión que son precursoras de la internalización y la externalización de los trastornos.

Una hipótesis relacionada era que, en los trastornos psicopatológicos, los genes se activan durante la pubertad, sobre todo cuando una familia no ha ayudado al niño a desarrollar la regulación emocional y la conducta prosocial (Walker, 2002). Esta hipótesis no ha sido objetada. No obstante, muchos científicos sociales observan que los niños emocionalmente vulnerables podrían ser empujados hacia afecciones psicopatológicas por el contexto social y la estructura de las escuelas medias.

Diseño de una escuela

Las primeras escuelas *junior high* no fueron diseñadas sino que fueron copias de las escuelas secundarias, con programas de estudios más fáciles. El resultado fue que las escuelas medias eran "evolutivamente regresivas" (Eccles, 2004, p. 141), un paso hacia atrás justo cuando los niños están listos para avanzar. Normalmente, en comparación con los años finales de la escuela elemental, las demandas intelectuales se reducen, las notas caen y la atención personal declina. Muchos estudiantes de la escuela media se aburren en la escuela, al contrario de los aprendices ávidos de la escuela primaria.

Las rutinas del día escolar son desestabilizadoras para los adolescentes tempranos. En muchas escuelas medias, los estudiantes cambian de un salón de clases a otro aproximadamente cada 40 minutos. Los docentes instruyen sobre un tema en particular, a diferencia de los maestros de la escuela primaria, que permanecen con el grupo de estudiantes todo el día. Las actividades extracurriculares y los deportes son más competitivos que en la escuela primaria, lo que excluye a los niños menos capaces. Dada la preocupación egocéntrica por la apariencia y la autoconciencia durante la pubertad, muchos estudiantes con buenas aptitudes evitan los deportes si deben tomar una ducha o incluso cambiarse de ropa en el vestuario.

El intenso compromiso personal que a cualquier edad caracteriza a los aprendices ávidos, sobre todo a los que son egocéntricos, se reduce por la forma en que están estructuradas las escuelas medias. Los períodos de clase breves impiden las explicaciones minuciosas y la multiplicidad de docentes impide una vinculación docente-estudiante intensa y más personalizada que beneficie al aprendizaje (Fredricks y cols., 2004).

Gran parte de la investigación sobre las deficiencias de las escuelas medias proviene de los Estados Unidos, en donde se ha ensayado prácticamente cualquier configuración de quinto a noveno grado y probado que son deficientes. Otros países también han tenido resultados desfavorables. Una revisión de la educación de los adolescentes en todo el mundo revela que "ninguna cultura ni nación ha descubierto una psicología educativa infalible que garantice que todos los jóvenes se sientan motivados en la escuela" (Larson y Wilson, 2004, p. 318).

¿El desarrollo cognitivo durante la adolescencia temprana sugiere formas para mejorar la educación de la escuela media? Los jóvenes adolescentes pueden apasionarse por las ideas, sobre todo sus propias ideas que critican las prácticas aceptadas, pero también son muy conscientes de su propia persona. La meta educativa podría ser crear un entorno de aprendizaje donde los estudiantes puedan elaborar y desarrollar sus ideas sin sentirse juzgados con dureza. Muchos educadores están reestructurando las escuelas medias para adecuarlas al aprendizaje adolescente, con cierto éxito (Midgley, 2002).

Un cambio obvio es reducir los esquemas fragmentados. En un modelo de escuela secundaria, los estudiantes cambian de docente, compañeros de clase y salón de clases para ocho o más materias cada semestre. En cambio, algunos estudiantes de la escuela media permanecen en su salón de clase. Los docentes se dirigen hacia ese salón, a menudo un docente para lengua y estudios sociales y otro para ciencia y matemáticas; esta organización les brinda a los estudiantes la posibilidad de llegar a conocerse y familiarizarse al menos con dos de sus docentes. En algunas escuelas medias la duración de las clases es mayor; los estudiantes tienen una unidad de matemática y ciencia durante dos horas, tres días a la semana, en lugar de 40 minutos cada día para matemática y lo mismo para ciencia.

Vínculos escolares

Los adolescentes más jóvenes son egocéntricos no sólo acerca de su propia persona sino también sobre sus grupos, que incluyen su grupo escolar. Esto significa que los esfuerzos por vincularlos con su clase, su grado y su escuela podrían finalmente tener éxito. Un proyecto exitoso para aumentar los "vínculos escolares" estimuló la interacción entre docentes y estudiantes y mejoró la participación de los estudiantes durante la clase y después de ella. Este proyecto particular comenzó en la escuela primaria y se obtuvieron resultados en el primer año de la escuela media, y nuevamente en la escuela secundaria posterior (Hawkins y cols., 2003). Esto concuerda con una perspectiva del desarrollo: las ventajas de algunos niños se ocultan transitoriamente durante la escuela media.

Es posible que los beneficios de la vinculación con los docentes no se noten de inmediato, incluso puede haber un retroceso. El quinto grado de una escuela media de Ogden, Utah, fue "organizado" en pequeñas "cuadrillas", en las cuales un grupo de docentes trabajaba con una cantidad limitada de estudiantes. Los estudiantes reconocieron que su nuevo entorno académico era más diversificado

RESPUESTA PARA DOCENTES DE LA ESCUELA MEDIA (de p. 469): los estudiantes necesitan tanto desafíos como compromisos; evite las lecciones que sean demasiado fáciles o muy pasivas. Organice grupos pequeños; asigne informes orales, debates y dramatizaciones, etc. Recuerde que los adolescentes valoran las opiniones de los demás y también las propias.

de lo que habían sido sus escuelas primarias y lo percibían como una mejora. Un grupo similar de estudiantes provenientes de la misma comunidad, pero sin cuadrillas percibió como negativa la transición desde la escuela primaria. Pero la caída del aprendizaje sólo se pospuso un año. Una vez que los estudiantes estaban en las clases tradicionales, su rendimiento y sus actitudes cayeron hasta los mismos niveles bajos de otros alumnos de la escuela media (Barber y cols., 2004).

SÍNTESIS

El pensamiento alcanza una autoconciencia elevada durante los años preadolescentes, cuando se observa a menudo el egocentrismo adolescente. Muchos adolescentes jóvenes tienen ideas poco realistas sobre su lugar en el mundo social, y a veces se imaginan que son invencibles, únicos y el centro de atención. Muchos están aburridos de la escuela, a menudo porque las escuelas medias suelen ser menos personales, menos flexibles y tienen normas más estrictas que las escuelas primarias. Dada la naturaleza del crecimiento físico y cognitivo durante estos años, estas estructuras escolares son antitéticas de las necesidades de los adolescentes. En consecuencia, la educación de muchos estudiantes alcanza un nivel bajo. Una forma de remediar el problema puede ser reestructurar la escuela media.

Los procesos del pensamiento durante los años adolescentes

Al revisar sus nuevas experiencias vitales, los individuos en sus años adolescentes finalmente desarrollan una ventaja que no tienen los niños más pequeños, incluso los adolescentes más jóvenes: piensan en forma lógica. En algún momento entre los 14 y los 18 años, los jóvenes individuos normalmente se vuelven mucho menos egocéntricos. Como usted recordará a partir del capítulo 14, su nueva lógica no siempre se utiliza, sobre todo cuando el flujo de emociones es alimentado por el estrés, las drogas, la privación de sueño, la amistad o la pasión sexual. La lógica a veces es clara en la mente del estudiante de la escuela secundaria y a veces no lo es. Sin embargo, al menos la lógica es posible.

El pensamiento operacional formal

Jean Piaget fue el primero en observar y describir los adelantos del razonamiento en los adolescentes. Él reconoció que los procesos cognitivos, no sólo el contenido de los pensamientos, cambian en forma significativa. Él denominó a este estadio **pensamiento operacional formal**, cuando el pensamiento ya no está limitado a las experiencias personales (como las operaciones concretas). El adolescente puede considerar los conceptos lógicos y las posibilidades que no se pueden observar (Inhelder y Piaget, 1958).

Una forma fácil de captar la distinción entre pensamiento formal y pensamiento concreto es recordar el programa de estudios escolar. Los niños más pequeños pueden aprender a multiplicar números reales (4×8), mientras que los adolescentes aprenden a multiplicar números irreales, como $(2x)(3y)$ o incluso $(-5xy)(+3zy)$. Los niños más pequeños estudian otras culturas aprendiendo hechos de la vida cotidiana –beber leche de cabra o construir un iglú, por ejemplo– mientras que los adolescentes pueden comprender conceptos como "producto nacional bruto" y "tasa de fecundidad". Los estudiantes más jóvenes estudian biología plantando zanahorias y alimentando conejos, mientras que los adolescentes aprenden sobre las células y las bacterias.

Piaget desarrolló muchos experimentos para explorar las etapas del desarrollo cognitivo. Él descubrió un adelanto súbito en el poder de razonamiento

pensamiento operacional formal En la teoría de Piaget, cuarta y última etapa del desarrollo cognitivo que se caracteriza por una lógica más sistemática y la capacidad de pensar acerca de ideas abstractas.

La forma de abstracción más allá de contar con los dedos de manos y pies
Esta estudiante de la escuela secundaria explica un problema de cálculo, lo que requiere un nivel de pensamiento hipotético y abstracto más allá de cualquier niño operacional concreto, y de muchos adultos. Al comienzo del pensamiento operacional concreto, los niños necesitan bloques, monedas y otros elementos tangibles que los ayudan a entender las matemáticas. Luego, al final de la adolescencia, en la etapa completa del pensamiento operacional formal, estas ilustraciones prácticas y concretas no son necesarias.

poco después de la pubertad. Otros investigadores no han observado un adelanto *súbito*, pero parece que los adolescentes mejoran en la memoria y la estrategia, especialmente cuando colocan su mente en ello (Luciana y cols., 2005).

Los experimentos de Piaget

Piaget y sus colegas idearon una serie de tareas para poner en evidencia el pensamiento operacional formal (Inhelder y Piaget, 1958). Ellos intentaban demostrar que "al contrario del pensamiento operacional concreto de los niños, el pensamiento operacional formal de los adolescentes imagina todos los determinantes posibles... (y) en forma sistemática varía todos los factores uno por uno, observa los resultados correctamente, controla los resultados y extrae las conclusiones apropiadas" (Miller, 2002).

En un experimento (ilustrado en la fig. 15.1), se solicitó a niños que equilibraran una balanza con pesas que ellos podían colgar en los brazos de la balanza. Para dominar esta tarea, una persona debe darse cuenta que la cantidad de pesas y la distancia desde el centro interactúan recíprocamente para afectar el equilibrio. Por lo tanto, una pesa más pesada próxima al centro puede ser contrarrestada con una pesa más liviana alejada del centro del lado opuesto. Por ejemplo, una pesa de 12 gramos ubicada a 2 centímetros a la izquierda del centro podría equilibrar a una pesa de 6 gramos ubicada a 4 centímetros a la derecha del centro.

Este concepto y un método para descubrirlo, está completamente más allá de la capacidad o el interés de un niño de 3 a 5 años. En los experimentos de Piaget, ellos colgaban aleatoriamente diferentes pesas en diferentes ganchos. A los 7 años, los niños reconocían que la balanza podía ser equilibrada colocando la misma cantidad de peso en ambos brazos pero no se daban cuenta que la distancia de las pesas del centro de la balanza es fundamental.

Alrededor de los 10 años, el final de la etapa operacional concreta, los niños a menudo se daban cuenta de la importancia de la posición de las pesas, pero sus esfuerzos para coordinar el peso y la distancia para equilibrar la balanza se hacía a partir de pruebas de ensayo y error, y no de la lógica. Ellos triunfaban colocando un peso igual a iguales distancias, pero no sabían cómo pasa eso.

Finalmente, alrededor de los 13 o 14 años, algunos niños suponían hipotéticamente el efecto de la relación entre el peso y la distancia. Mediante la comprobación sistemática de esta hipótesis, ellos formulaban correctamente la relación matemática entre el peso y la distancia desde el centro, y podían resolver el problema del equilibrio con precisión y eficiencia. Piaget atribuyó cada uno de estos adelantos al desarrollo del período cognitivo superior siguiente.

El pensamiento hipotético-deductivo

Un rasgo destacado del pensamiento adolescente es la capacidad para pensar en términos de posibilidades, no sólo de realidad. Los adolescentes "parten de soluciones posibles y avanzan hasta determinar cuál es la solución real" (Lutz y Sternberg, 1999, p. 283). Consideran con beneplácito que casi todo es posible. Nada es inevitable, e incluso lo imposible puede ser considerado (Falk y Wilkening, 1998). "Aquí y ahora" es sólo una de muchas alternativas que incluyen "allí y entonces", "hace mucho mucho tiempo", "ya", "aún no" y "nunca". Según Piaget:

> La *posibilidad* ya no aparece sólo como una extensión de una situación empírica o de una acción ejecutada de manera concreta. En lugar de esto, es la *realidad* la que es ahora secundaria a la *posibilidad*.
>
> [Inhelder y Piaget, 1958, p. 251; la cursiva figura en el original]

Por lo tanto, los adolescentes son estimulados a participar en el **pensamiento hipotético**, razonando sobre proposiciones de *qué pasaría si* que pueden no reflejar la realidad. Por ejemplo, consideremos:

Si los perros fueran más grandes que los elefantes
y los ratones fueran más grandes que los perros,
¿serían los elefantes más pequeños que los ratones?

Los niños más pequeños, a los que se les presentan estas preguntas contrafácticas, responden "no". Ellos han visto elefantes y ratones, de modo que los he-

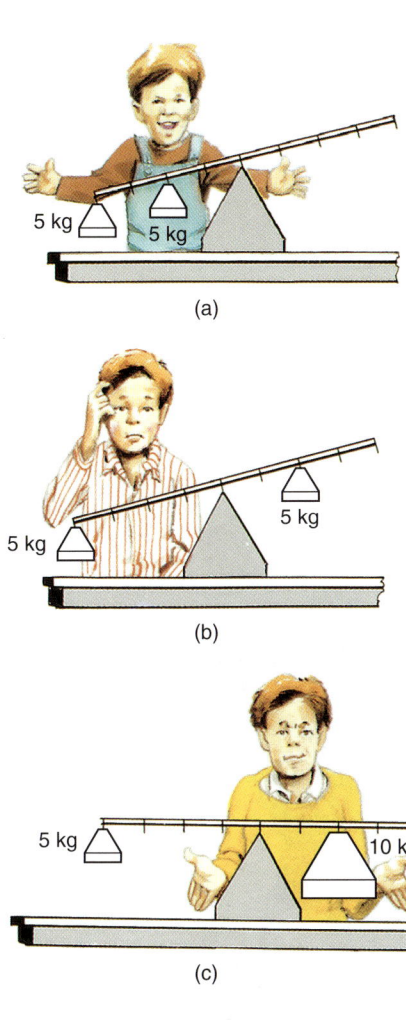

(a)

(b)

(c)

(d)

FIGURA 15.1 **Cómo equilibrar una balanza**
La prueba del razonamiento formal de Piaget para equilibrar una balanza, realizada por un niño de 4 años *(a)*, por uno de 7 años *(b)*, por uno de 10 años *(c)* y por uno de 14 años *(d)*. La clave para equilibrar la balanza es calcular que el producto del peso por la distancia desde el centro sea igual a cada lado de la balanza; la comprensión de este principio requiere el pensamiento operacional formal.

pensamiento hipotético Pensamiento que incluye proposiciones y posibilidades que pueden no reflejar la realidad.

chos se imponen a esta lógica que no entienden. Algunos adolescentes responden "sí". Ellos comprenden lo que significa el "*si*".

El pensamiento hipotético transforma la forma en que los adolescentes perciben su mundo, no necesariamente para bien. La reflexión acerca de un tema importante se convierte en un proceso complicado porque se consideran muchas ideas hipotéticas, que a veces apartan las conclusiones sobre las cuestiones importantes. Las complicaciones fueron ilustradas por el ejemplo de un estudiante secundario que quería evitar que su amiga tomara una decisión que amenazara su vida pero no quería juzgarla, porque

> …juzgar [a alguien] supone que todo lo que uno dice es correcto y que uno sabe lo que es correcto. Uno sabe qué es correcto para ellos y uno sabe qué es correcto en cualquier situación. (Pero) uno no puede saber si está en lo cierto. Quizá sí. Pero entonces, ¿en qué sentido?
>
> *[Citado en Gilligan y cols., 1990]*

Aunque los adolescentes no siempre están seguros de lo que es "correcto", ven lo que es incorrecto. A cualquier edad es más fácil criticar algo que crearlo, pero la propia crítica muestra un adelanto en el razonamiento. (Recuerde a Jim, que dio a su padre un discurso sobre los límites de velocidad porque "comenzó a pensar".)

A diferencia de los niños más pequeños, los adolescentes no aceptan las condiciones actuales sólo porque "así son las cosas". Ellos critican cómo son las cosas, precisamente a causa de su pensamiento hipotético. Ellos pueden imaginar cómo podrían ser las cosas, cómo serían y cómo deberían ser, en un mundo donde la justicia fuera realidad, la gente siempre fuera sincera y el carácter sagrado de la vida humana se pudiera reconocer de verdad. Esto es lo mejor del pensamiento hipotético.

Al desarrollar la capacidad para pensar hipotéticamente, alrededor de los 14 años, los adolescentes adquieren la capacidad de **razonamiento deductivo**, el cual comienza con una idea o una premisa y utiliza luego pasos lógicos para extraer conclusiones específicas (Galotti, 2002; Keating, 2004). Por el contrario, como se recordará del capítulo 12, el **razonamiento inductivo** predomina durante los años escolares a medida que los niños acumulan hechos y experiencias personales para ayudar a su pensamiento.

En esencia, el razonamiento de un niño es de este tipo: "Esto es un pato; se mueve como un pato y grazna. Esta otra criatura se mueve como un pato y grazna. Por lo tanto, si una criatura se mueve como un pato y grazna como un pato, debe ser un pato". Este razonamiento es inductivo porque va desde lo particular ("se mueve como" y "grazna como") hasta una conclusión general ("es un pato"). Por el contrario, la deducción va desde lo general hasta lo específico: "Si es un pato, va a moverse y graznar como un pato" (véase fig. 15.2).

Razonamiento deductivo En las clases de química de la escuela secundaria primero se enseñan los principios generales y luego se les pide a los estudiantes que prueben los principios con sustancias específicas. No es cuestión de que a un alumno se le den simplemente estos materiales y se le pida que exprese algunas generalidades, cómo lo podría hacer un maestro de niños de 8 años, con sustancias más seguras y sencillas. Los niños más pequeños usan el razonamiento inductivo; estos estudiantes utilizan además el razonamiento deductivo.

razonamiento deductivo Razonamiento que parte de una afirmación, una premisa o un principio generalizado y sigue pasos lógicos con el fin de deducir detalles. A veces se denomina razonamiento "descendente".

razonamiento inductivo Razonamiento que va de una o más experiencias o hechos específicos a una conclusión general. A veces se denomina "razonamiento ascendente". La inducción puede considerarse menos avanzada que la deducción.

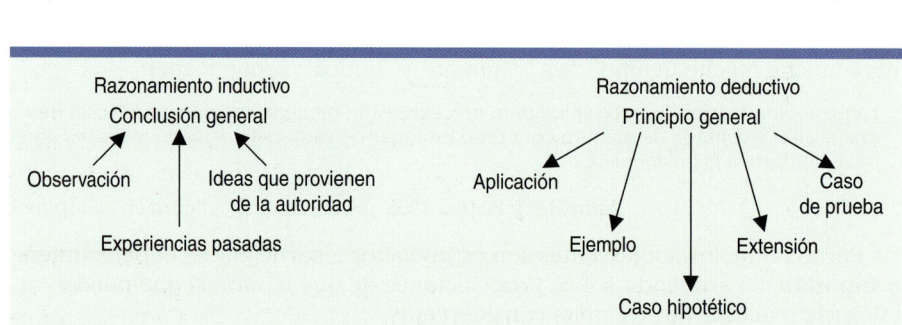

FIGURA 15.2 ¿Razonamiento ascendente o descendente? Los niños, como pensadores operacionales concretos, tienden más a sacar conclusiones sobre la base de su propia experiencia y de lo que les han dicho. Esto se denomina razonamiento inductivo o "ascendente". Los adolescentes son capaces de pensar en forma deductiva, es decir "descendente".

PENSANDO COMO UN CIENTÍFICO

¿Libertad religiosa para todos?

El poder del pensamiento deductivo es más evidente cuando se trata de temas morales, porque entonces la racionalidad se puede evaluar a partir de la pugna de valores. Este método es utilizado por muchos científicos sociales para descubrir qué piensa una persona cuando un valor de preferencia (madre, pastel de manzana, democracia) choca con otro valor similar (padre, dieta, derechos de la minoría).

Cuando fueron interrogados, tres grupos de adolescentes –de séptimo grado, undécimo grado y estudiantes universitarios– apoyaron el principio abstracto de libertad de culto, como lo sostienen las Naciones Unidas y la Constitución de los Estados Unidos. Los preadolescentes, los adolescentes y los adultos recientes estuvieron de acuerdo en que todos deben poder rendir culto según su elección. (Éstos provenían de California, donde viven muchos budistas, musulmanes, judíos y distintos tipos de cristianos, de modo que la libertad religiosa era familiar para ellos tanto en la práctica como en la ideología.)

Luego este acuerdo fue puesto a prueba, con preguntas como: "¿Qué ocurre si una religión no acepta que las personas de bajos recursos sean sacerdotes?" (Helwig, 1995). Esta pregunta hipotética de *"qué ocurre si"* debería ser rechazada como imposible por la mayoría de los pensadores operacionales concretos, que tienen dificultades para seguir cualquier argumento lógico que comienza con una premisa falsa (Moshman, 2000).

Los tres grupos habían pasado el pensamiento operacional concreto y sus respuestas variaron según la edad, como se observa en la figura 15.3. La mayoría de los del grupo más joven (94%) abandonó la libertad religiosa cuando se la cuestionó con la prueba. Si una religión excluía a los sacerdotes de bajos ingresos, sólo el 6% seguía apoyando la libertad religiosa.

Por el contrario, el 81% de los que estaban en la mitad de la adolescencia (los alumnos del undécimo curso) siguieron fieles al principio. Ellos utilizaron el razonamiento deductivo para llegar a la conclusión de que la libertad religiosa se mantiene firme aun cuando una religión determinada parezca injusta. Observe el cambio espectacular en un período de cuatro años.

Los estudiantes universitarios fueron los más conflictivos. Para el 38%, la justicia económica era un principio más importante que la libertad religiosa, mientras que el 62% creía que la libertad religiosa era más importante. Su lucha por reconciliar la lógica y los valores personales es típica del pensamiento posformal, descrito al final del capítulo.

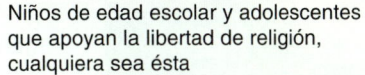

Niños de edad escolar y adolescentes que apoyan la libertad de religión, cualquiera sea ésta

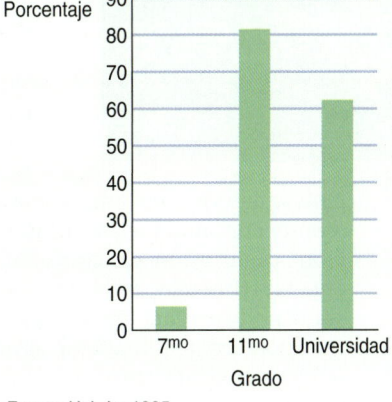

Fuente: Helwig, 1995.

FIGURA 15.3 Aceptación del principio
Los estudiantes secundarios son más capaces de utilizar el razonamiento deductivo que los alumnos de la escuela media, como lo demuestra el hecho de que un porcentaje mucho mayor de alumnos del undécimo curso puedan percibir la libertad religiosa como principio básico y aferrarse a ella cualesquiera sean las circunstancias conflictivas que les proponga el investigador.

La mayoría de los psicólogos del desarrollo está de acuerdo con Piaget en que el pensamiento del adolescente es diferente desde el punto de vista cualitativo del pensamiento de los niños (Fischer y Bidell, 1998; Flavell y cols., 2002; Keating, 2004; Moshman, 2000). Ellos no están de acuerdo acerca de si este cambio ocurre de manera repentina (Piaget) o en forma gradual (teoría del procesamiento de la información), acerca de si los cambios son el resultado del contexto (teoría sociocultural) o de los cambios biológicos (teoría epigenética); acerca de si los cambios ocurren en todos los dominios (Piaget) o en forma más selectiva (todas las otras teorías).

Estas críticas son familiares: han sido descritas en capítulos anteriores. Relativamente pocos expertos actuales aceptan la descripción de Piaget de la cognición adolescente en su totalidad. No obstante, Piaget merece ser elogiado porque "él lanzó el estudio sistemático del desarrollo cognitivo en los adolescentes" (Keating, 2004, p. 45).

Por lo tanto, se le reconoce a Piaget el haber abierto la puerta del estudio de la cognición adolescente. Del otro lado de esa puerta hay un segundo modo de pensamiento que Piaget nunca describió.

El pensamiento intuitivo y emocional

El hecho de que los adolescentes puedan utilizar el pensamiento hipotético-deductivo no significa necesariamente que lo hagan cuando surgen problemas de importancia práctica. El razonamiento avanzado es compensado por el poder creciente del pensamiento intuitivo, lo que conduce a un "modelo de doble proceso" del pensamiento adolescente (Keating, 2004, p. 61).

Los investigadores están cada vez más convencidos de que el encéfalo del adulto tiene al menos dos vías distintas, denominadas redes de *doble procesamiento*. Las dos redes de procesamiento han recibido distintos nombres: intuitiva/analítica, implícita/explícita, contextualizada/descontextualizada; inconsciente/consciente; creativa/fáctica o emocional/intelectual.

Estos pares de términos no se refieren necesariamente a las mismas funciones. Usted recordará otro par del capítulo 14: el sistema límbico y la corteza prefrontal. Independientemente de los términos que se usen, los científicos en neurociencias y los psicólogos cognitivos reconocen que se podrían desarrollar dos vías en trayectos paralelos dentro de la mente, de modo que una respuesta emocional intensa (de miedo o enojo, por ejemplo, originada en la amígdala cerebral) puede no estar conectada con el análisis de la amenaza real.

En general, las emociones intensas producen aumento de las hormonas del estrés, las que hacen más lento el pensamiento racional, pero se necesitan muchas más investigaciones antes de comprender las interrelaciones precisas de las distintas áreas encefálicas (Davis y cols., 2003). Se sabe que, con el tiempo, la experiencia y la maduración, mejora la coordinación dentro del encéfalo, sobre todo entre emoción y reflexión (Keating, 2004).

La posibilidad que llama la atención es que los pensamientos y las emociones podrían crecer y desarrollarse de forma independiente, con algunas partes del encéfalo que alcanzan conclusiones y generalizaciones que están en conflicto con las alcanzadas a través de otras partes del encéfalo (Epstein, 1994; Macrae y Bodenhausen, 2000; Stanovich, 1999). Una persona podría reaccionar rápidamente, y poco después dudar acerca de si esa reacción era justificada de algún modo.

Los pensamientos a lo largo de cada trayecto pueden coexistir o estar en conflicto y *ambos* trayectos probablemente avancen durante la adolescencia (Galotti, 2002; Reyna, 2004). Esto es evidente desde el punto de vista neurológico, en la velocidad y la profundidad; es decir, la mielinización aumenta, lo que permite una comunicación encefálica más rápida entre los pensamientos y la conducta, y entre un pensamiento y otro (Walker, 2002). Los psicólogos cognitivos que exploran el pensamiento de los adolescentes observan que se aprecia el mismo adelanto en lo relativo a cuestiones prácticas.

Al parecer, los seres humanos tienen "dos modos de procesamiento de la información paralelos y que interactúan entre sí" (Epstein, 1994, p. 709). Ambos modos progresan durante la adolescencia (Moshman, 2000; Reyna, 2004).

■ El primer modo comienza con una idea previa o una suposición, más que con una premisa lógica o un método objetivo, y se denomina **pensamiento intuitivo** (*heurístico* o *experiencial*). Los pensamientos surgen de memorias y sentimientos. La cognición intuitiva es rápida y poderosa; se percibe como "correcta".

■ El segundo modo es el pensamiento hipotético-deductivo, lógico-formal descrito por Piaget. Se llama **pensamiento analítico**, porque incluye el análisis racional de muchos factores cuyas interacciones deben ser calculadas por separado, como en el problema de equilibrar la balanza. El pensamiento analítico requiere un determinado nivel de madurez intelectual, capacidad cerebral, motivación y práctica.

BOB DAEMMRICH / THE IMAGE WORKS

Realidad y fantasía   Dado que los adolescentes pueden pensar en forma analítica e hipotética, pueden usar los ordenadores no sólo para obtener información de los hechos y para enviar e-mails a sus amigos, sino también para imaginar y explorar posibilidades futuras. Esta oportunidad puede ser muy importante para los adolescentes como Julisa, de 17 años *(derecha)*. Ella es una estudiante de una escuela secundaria de Brownsville, Texas, que cuenta con salas de ordenadores y otros programas para los hijos de los trabajadores que emigran.

pensamiento intuitivo   Pensamiento que surge de una emoción o un presentimiento y no de una explicación racional. Las experiencias pasadas, las suposiciones culturales y los impulsos repentinos son precursores del pensamiento intuitivo. También se denomina *pensamiento heurístico* o *experiencial*.

pensamiento analítico   Pensamiento que resulta del análisis, como en el caso del ordenamiento sistemático de pros y contras, riesgos y consecuencias, posibilidades y hechos. El pensamiento analítico depende de la lógica y el raciocinio.

Comparación entre intuición y análisis

La ventaja del pensamiento intuitivo es que es rápido y emocional; la desventaja es que puede ser erróneo (Moshman, 2000). El pensamiento racional también puede ser erróneo porque un sistema que supone que el análisis paso a paso siempre es mejor tiene sesgos inherentes (Gladwell, 2005; Zafiro y LeBoeuf, 2002). Piense en el siguiente problema:

> Todas las tarjetas en un paquete tienen una letra de un lado y un número en el otro. Confirme o niegue esta proposición: *Si una tarjeta tiene una vocal de un lado, entonces siempre tiene un número par del otro.*
>
> Entre las siguientes cuatro tarjetas, dé vuelta sólo las tarjetas que confirman o niegan esa proposición:
>
> E   7   K   4
>
> ¿Qué tarjetas se deben dar vuelta?

Mientras usted está reflexionando (la respuesta se presentará pronto), considere la investigación de Paul Klaczynski sobre los procesos del pensamiento de cientos de adolescentes, la mitad más jóvenes (edad promedio de 13 años) y la mitad más grandes (edad promedio de 16 años). En un estudio (Klaczynski, 2001), se plantearon a los adolescentes 19 problemas de lógica, incluidos los siguientes:

> Timothy es muy atractivo, fuerte y no fuma. Le gusta rodearse de amigos, mirar deportes en la televisión y conducir su convertible Ford Mustang. Está muy preocupado por su apariencia y por estar en buen estado. Actualmente está en el último año de la escuela secundaria e intenta conseguir una beca para ir a la universidad.
>
> *Sobre la base de esta (descripción), puntúe cada proposición en términos de su probabilidad de ser verdad... La afirmación más probable deberá tener un 1. La afirmación menos probable deberá tener un 6.*
>
> — Timothy tiene novia.
> — Timothy es un deportista.
> — Timothy es popular y un deportista.
> — Timothy es el preferido de los profesores y tiene novia.
> — Timothy es el preferido de los profesores.
> — Timothy es popular.

Al puntuar las proposiciones, el 71% de los estudiantes secundarios cometió por lo menos un error analítico. Ellos puntuaron una proposición doble (p. ej., deportista *y* popular) como más probable que las frases simples incluidas en ella (deportista *o* popular). Una afirmación doble no puede ser más probable que cualquiera de sus partes; por lo tanto, ese 71% es ilógico y erróneo. Éste es un ejemplo del pensamiento intuitivo porque el adolescente se centra en la proposición más inclusiva, dando un salto rápido e intuitivo en lugar de adoptar la limitada tarea lógica a mano.

En este estudio, casi todos los adolescentes fueron analíticos y lógicos en algunos de los 19 problemas e ilógicos en otros. Por lo general, la lógica mejoró con la edad y la educación, aunque no necesariamente con la inteligencia. Klaczynski (2001) llega a la conclusión de que, aun cuando sean lo suficientemente maduros como para resolver problemas lógicos, "la mayoría de los adolescentes no demuestran un nivel de rendimiento de acuerdo con su capacidad" (p. 854).

¿Qué motivó a los estudiantes secundarios a usar –o no usar– su modo analítico del procesamiento de la información recientemente adquirido? Estos estudiantes habían aprendido cómo piensan los científicos, utilizando las pruebas empíricas y el razonamiento deductivo. Pero no siempre pensaban así. ¿Por qué no?

En otra serie de experimentos, Klaczynski (2000) solicitó a los adolescentes que juzgaran la fuerza y la capacidad de persuasión de un falso informe de investigación referido a los efectos de la afiliación religiosa en las prácticas de crianza de los padres. (El estudio supuestamente descubrió que un grupo pequeño de una religión particular eran malos padres.)

Cuando los hallazgos de la investigación eran desfavorables hacia su propia religión, la mayoría de los adolescentes señalaban las falacias en la forma en que fueron elegidos los participantes, en el diseño de la investigación o en las conclusiones extraídas. Algunos incluso rechazaron la premisa como no plausible. Uno dijo: "Yo no veo la razón para hacer una investigación de este tipo", ignorando el hecho de que la investigación es necesaria para rechazar o probar hipótesis. Sin embargo, cuando la conclusión fue favorable a su propia religión, pocos encontraron defectos en la lógica o en las hipótesis.

Los adolescentes mayores fueron más analíticos que los más pequeños, como era esperable por su exposición más alta a clases de ciencia y mayor maduración, lo que presumiblemente conduce a adelantos en el pensamiento operacional formal. Ellos pudieron identificar más errores que los adolescentes más jóvenes en las conclusiones de ambos tipos, tanto las favorables a su propia religión como las que se oponían a ella. Pero también hubo un sesgo mayor, ya que ellos descubrían más debilidades en la investigación desfavorable, y tenían una tendencia mayor a descalificar las conclusiones como no plausibles, imposibles o erróneas por completo (Klaczynski, 2000).

Lo sorprendente es que después de leer la investigación falsa, los adolescentes tendieron a valorar más que antes su propia fe. Se observan resultados similares cuando la investigación desafía la identidad étnica. En otras palabras, el análisis de la investigación no los hizo renegar de las creencias que ya sostenían; justo lo contrario. Parece que al convertirse en adolescentes, se mejoran ambos tipos de pensamiento, la capacidad para analizar con lógica y la capacidad para justificar las conclusiones intuitivas (Reyna, 2004).

Klaczynski (2000) escribió:

> La capacidad de razonamiento analítico… ha sido considerada durante mucho tiempo el pináculo del desarrollo cognitivo adolescente (pero)… el uso sesgado de la heurística para realizar juicios (el pensamiento intuitivo) aumenta con la edad en algunos terrenos sociales. Una explicación posible para este descubrimiento inesperado es que… los adolescentes mayores son más flexibles y están más orientados hacia la economía cognitiva.
>
> *[pp. 1347, 1361]*

economía cognitiva Idea que sostiene que las personas generalmente emplean la mente de la manera más eficiente posible, ahorrando energía cerebral y esfuerzo intelectual. Si bien los adolescentes son capaces de pensar intensiva, sistemática y analíticamente, a menudo prefieren la sencillez y rapidez del pensamiento intuitivo, que es más económico.

La **economía cognitiva** es el uso más eficiente y eficaz de los recursos mentales. A medida que aumenta la base de conocimiento, a medida que el procesamiento se va agilizando y tanto el análisis como la intuición se vuelven más forzados, los adolescentes usan sus mentes con más economía. Es eficiente utilizar el pensamiento analítico y formal en la clase de ciencia y utilizar el pensamiento emocional e intuitivo (que es más rápido y más satisfactorio) en la vida personal.

Otra forma de expresar la misma idea es que a veces el mejor pensamiento es "rápido y limitado" (Gigerenzer y cols., 1999). El pensamiento sistemático y analítico que Piaget describió en el pensamiento operacional formal puede ser lento y costoso, consumiendo un tiempo precioso cuando el adolescente preferiría actuar en lugar de pensar.

Pero el esfuerzo mental costoso puede reducir riesgos. La pregunta fundamental es: ¿A quién le interesa una reducción de los riesgos futuros? A menudo a los adultos les importa, pero no a los adolescentes. En muchas decisiones que toman los adolescentes relacionadas con sus vidas personales, utilizan el pensamiento intuitivo. Para los adolescentes, las opiniones de los otros son fundamentales y el manejo de las relaciones humanas requiere respuestas rápidas, miradas de humor o de preocupación, expresiones de camaradería o de suspicacia, señales de agrado y afecto o de desconfianza.

Otro problema importante con los adolescentes es la moralidad. Como se revisó en el capítulo 12, Lawrence Kohlberg y otros desarrollaron una jerarquía del pensamiento moral. En los estadios más altos aparece un análisis más profundo y más amplio. Los dos primeros estadios son muy egocéntricos; los adolescentes los atraviesan. Un punto importante del esquema de Kohlberg es que muchos individuos están influidos por las relaciones humanas, y tratan a sus familias y sus

ESPECIALMENTE PARA LÍDERES RELIGIOSOS
Suponga que usted cree muy firmemente en los dogmas de su fe, pero el grupo de jóvenes incluye adolescentes que se comportan de manera contraria a sus creencias. ¿Qué haría?

Pensando los movimientos A diferencia de los juegos de azar, que los niños disfrutan, el juego de ajedrez requiere algo del pensamiento deductivo, que incluye principios generales, como la protección del rey, concentrarse en el centro y cambiar las estrategias a medida que el juego avanza. Estos estudiantes están entre la veintena que jugaban simultáneamente al ajedrez contra un adulto campeón.

? PRUEBA DE OBSERVACIÓN (véase la respuesta en la p. 481): además del desafío intelectual que implica el ajedrez, ¿qué otro tipo de problema parecen estar resolviendo estos adolescentes?

amigos de formas que los hacen parecer menos morales. Teniendo esto en mente, es evidente que los adolescentes tienen la capacidad de tomar decisiones morales en el acto, lo que a veces hacen en forma intuitiva más que lógica.

Juicio interpersonal

Ahora veamos dos ejemplos específicos en los cuales la experiencia anterior y el pensamiento intuitivo interactúan de manera constructiva. Primero, cuando un adolescente conoce una persona con quien podría formar pareja, el pensamiento analítico sería útil para evaluar las circunstancias individuales, la personalidad, los hábitos y los valores de esa persona, en comparación con sus propios antecedentes y preferencias. Por el contrario, el pensamiento intuitivo reaccionaría al deslumbramiento emocional y tal vez al tono de voz, a las formas corporales y a la sonrisa.

En esta situación, la intuición sería más rápida, más reactiva y más estimulante. El análisis podría llegar más tarde, posiblemente antes del matrimonio, pero probablemente no antes de la primera cita.

Las relaciones sentimentales de los adolescentes normalmente son de corta duración (Brown, 2004), pero enseñan lecciones valiosas sobre el enamoramiento y la interacción social. En efecto, "una sucesión de experiencias con amistades del otro sexo y luego grupos de pares al comienzo de la escuela secundaria parecieron preparar a los jóvenes para las relaciones de pareja" (Brown, 2004, p. 383).

En general, los adolescentes que tienen más experiencia con el otro sexo hacen mejores elecciones de pareja. Esto ayuda a entender por qué casarse en la adolescencia se asocia a un riesgo mayor de divorcio que casarse más adelante. Los beneficios cognitivos de la interacción social ayudan a la pareja.

Ahora consideremos un segundo ejemplo, el enigma E-7-K-4, que es "terriblemente difícil". Casi todos desean dar vuelta la E y el 4; pero casi todos se equivocan (Moshman, 2000). Sin embargo, cuando los estudiantes universitarios que se equivocaron discutieron (por propia cuenta) el problema con otro estudiante, el 75% acertó, evitando la tarjeta con el 4 (aun cuando la tarjeta 4 tuviera una consonante del otro lado, la frase no estaría refutada) y seleccionando las tarjetas E y 7 (si el 7 tiene una vocal del otro lado, la proposición sería falsa). Ellos pudieron reflexionar y cambiar de opinión después de escuchar a los otros (Moshman y Geil, 1998).

GARY WALTS / SYRACUSE NEWSPAPERS / THE IMAGE WORKS

Un beso en público   Las formas específicas de demostrar el afecto físico dependen del contexto cultural y de la cohorte, y no sólo de procesos biológicos, como Mike sabía cuando le regaló un clavel blanco a Tiffany en el día de San Valentín.

? PRUEBA DE OBSERVACIÓN   (véase la respuesta en la p. 482): ¿en qué año y en qué país se están besando?

RESPUESTA PARA LÍDERES RELIGIOSOS
(de p. 478): éste no es un buen momento para dogmas; los adolescentes se rebelan de manera intuitiva contra la autoridad. Tampoco es bueno permanecer callado respecto de sus creencias, porque los adolescentes necesitan estructuras que los ayuden a pensar. En vez de ir de un extremo al otro, inicie un diálogo. Escuche con mucho respeto sus preocupaciones y emociones, y anímelos a pensar con más profundidad sobre las implicaciones de sus acciones.

El beneficio de la experiencia también es evidente cuando se presenta otro problema relacionado. Imagínese que esta vez se dice que las tarjetas tienen una edad de un lado y "bebedor de cerveza" o "bebedor de gaseosas" del otro lado. La proposición es: *Cuando una tarjeta tiene escrita una edad menor de 21 años de un lado, entonces siempre dirá "bebedor de gaseosas" del otro lado.* De las cuatro tarjetas siguientes, dé vuelta sólo las tarjetas que confirmarán o rechazarán la proposición:

16 años   Bebedor de cerveza   22 años   Bebedor de gaseosas

¿Qué tarjetas se deben dar vuelta?

Casi todos dan vuelta correctamente "16 años" y "bebedor de cerveza", comparables a las tarjetas E y 7 en el ejemplo anterior (similar a la investigación citada en Galotti, 2002). ¿Por qué los adolescentes andan mejor en este problema? Porque han tenido experiencia personal con la idea de que beber cerveza está prohibido a edades jóvenes. Tanto la experiencia como la discusión ayudan a la lógica.

Globalmente, estos dos ejemplos demuestran una idea muy importante: el pensamiento intuitivo rápido puede volverse más analítico y lógico con discusión, experiencia y orientación. Por supuesto, ayuda la maduración de distintas partes del cerebro, como se explica en el capítulo 14. Pero recuerde que la corteza prefrontal no está totalmente ausente a comienzos de la adolescencia; para entonces se ha estado desarrollando durante años. Por lo tanto, las medidas que conectan las emociones y el pensamiento racional pueden ayudar a hacer que los adolescentes sean lo suficientemente prudentes como para usar ambos métodos cuando sea necesario. Los adolescentes se benefician de sus experiencias.

SÍNTESIS

Piaget creía que el estadio final de la inteligencia, denominado pensamiento operacional formal, comenzaba en la adolescencia. Él descubrió que los adolescentes mejoran en lógica deductiva y pensamiento hipotético. Otros investigadores han observado que los adolescentes a menudo prefieren el pensamiento intuitivo, que es más rápido y más intenso. Debido al avance de ambos tipos de pensamiento, los adolescentes saben más, piensan más rápido y usan el análisis sistemático y la lógica abstracta que están más allá de la capacidad de los niños más pequeños. El hecho de que un adolescente determinado use el razonamiento lógico o la intuición depende de muchos factores. La economía cognitiva a veces favorece a la velocidad emocional sobre el análisis intelectual, y el pensamiento rápido y limitado es valorado en las experiencias personales.

La enseñanza y el aprendizaje en la escuela secundaria

Como ya se vio, los adolescentes pueden pensar de forma más abstracta, analítica, hipotética y lógica –así como en forma más personal, emocional, intuitiva y experimental– que los niños. En teoría, y a veces en la práctica, la escuela secundaria hace progresar el pensamiento operacional formal mientras se desarrollan conexiones entre razón y emoción.

La mayoría de las clases de ciencia y estudios sociales destacan el razonamiento lógico y abstracto, a menudo con experimentos de laboratorio o documentos históricos que exigen que los estudiantes realicen deducciones sistemáticas. Del mismo modo, las clases de matemática han pasado de los cálculos a las pruebas. Por lo tanto, se enseña a los adolescentes a utilizar el pensamiento deductivo e hipotético, y evaluar sus conclusiones.

Tanto en los programas de estudio explícitos como en los ocultos, se prefiere el pensamiento operacional formal más que el pensamiento intuitivo y emocional que agrada a los propios estudiantes. Por ejemplo, las escuelas tienden a restringir los horarios y los lugares donde los estudiantes conversan informalmente, y los docentes obtienen licencias porque son especialistas en determinados campos académicos y por lo tanto están formados para responder preguntas lógicas acerca de los misterios de la biología celular, el cálculo o el pentámetro yámbico.

Este énfasis puede parecer adecuado porque muchos estudiantes son capaces de desarrollar un pensamiento hipotético avanzado. Aproximadamente en el duodécimo curso, algunos estudiantes pueden comprender casi cualquier cosa, desde física teórica hasta historia antigua. Muchas escuelas se jactan de sus clases avanzadas y sus docentes eruditos, y aplauden a sus graduados que ingresan en universidades exclusivas.

En los Estados Unidos, los programas de estudios de las escuelas secundarias se están volviendo más exigentes, y varios estados (Oklahoma, Illinois y Mississippi, entre ellos) agregaron requerimientos académicos a su diploma de escuela secundaria. Muchos sistemas escolares exigen ahora dos años de matemáticas más allá del álgebra, un año de ciencia en el laboratorio, dos años de historia –y menos música, arte y educación física– con respecto a una década atrás. En muchos estados, todos los estudiantes deben tomar los cursos necesarios para un diploma preparatorio para la universidad a menos que sus padres soliciten que se permita a su hijo o hija seguir un curso de estudio menos exigente y obtener un diploma general, como lo hacían antes la mayoría de los estudiantes (Olson, 2005).

El razonamiento intuitivo y la conexión entre lógica y emoción a menudo son ignorados en el currículo formal. Esta omisión puede subyacer a tres problemas que surgen en las escuelas secundarias: las evaluaciones de alta exigencia, la baja motivación y el aumento de la violencia.

Las evaluaciones de alta exigencia

¿Es posible que las pruebas y sus calificaciones dejen atrás otros aspectos del aprendizaje de los adolescentes que son difíciles de puntuar, como el aprendizaje de la conversación, de la experiencia, de la reflexión? Esta pregunta se ha vuelto especialmente urgente en los países orientales de Asia, donde se presenta el "infierno de los exámenes" al final de la escuela secundaria, cuando los estudiantes rinden los exámenes que decidirán si irán a la universidad. Por ejemplo, casi todos los estudiantes de Corea desean ir a la universidad y piensan que lo lograrán si estudian lo suficientemente duro como para obtener buenas puntuaciones, pero sólo uno de cada cuatro estudiantes aprueba la prueba de calificación (Larson y Wilson, 2004).

El término **evaluación de alta exigencia** fue acuñado para describir estas situaciones, porque las consecuencias del fracaso son graves. Si bien muchos países asiáticos y europeos han utilizado evaluaciones de alta exigencia para entrar en las escuelas secundarias académicas o para graduarse de ellas, los Estados Unidos tradicionalmente confiaban en las calificaciones de los docentes y en las puntuaciones que habían obtenido los estudiantes para decidir la promoción

! RESPUESTA A LA PRUEBA DE OBSERVACIÓN (de p. 479): la foto muestra que estos compañeros deben colaborar para lograr el resultado esperado. Cómo trabajar con otro adolescente forma parte del programa de estudios y es lo más urgente durante los años de la escuela secundaria, porque hace falta especulación, estrategia y estudio de cada caso individual.

evaluación de alta exigencia Exámenes cuyos resultados son cruciales para determinar el éxito o el fracaso. Un examen se considera de alta exigencia cuando sus resultados determinan, por ejemplo, si el estudiante se graduará de la escuela o pasará al siguiente grado.

! **Respuesta a la prueba de observación**
(de p. 480): en la actualidad, los Estados Unidos es
uno de los pocos países donde las escuelas secundarias grandes son comunes, y las normas contra la
demostración pública de afecto se han suprimido
desde 1990. De hecho, esta escuela secundaria se
halla en Syracuse, Nueva York, y la fotografía fue
tomada en 1999.

y la graduación. En los Estados Unidos, las evaluaciones de alta exigencia sólo eran utilizadas en los adultos que solicitaban licencias profesionales (p. ej., abogado, médico, psicólogo clínico) (Sackett y cols., 2001).

Eso está cambiando aunque, irónicamente, muchos otros países (sobre todo Japón e Inglaterra) están dejando de usar las evaluaciones de alta exigencia. Casi todos los estados en los Estados Unidos utilizan ahora estas pruebas para determinar las promociones escolares. Este cambio condujo a la ley "Ningún niño quede atrás" (que se explica en el capítulo 12), que surgió del temor de que algunas escuelas estuvieran otorgando créditos a los estudiantes por aprender muy poco. Sin embargo, las evaluaciones de alta exigencia no constituyen una vía muy clara para lograr compromiso educativo (Elmore y cols., 2004).

Las pruebas iguales para todas las escuelas ofrecen un parámetro general que permite a los padres y líderes políticos evaluar los resultados del aprendizaje. Se espera que la responsabilidad continúe. El problema es que una puntuación mala podría ser una falla de la escuela, el docente, la familia, la comunidad, la prueba, la capacidad del estudiante para rendirla o la falta de logros reales por parte de los estudiantes, pero cuando éstos fracasan, son los únicos que sufren las consecuencias. Sólo cuando una escuela tiene muchos alumnos que fracasan las autoridades buscan más allá de los estudiantes para encontrar otros culpables.

Si bien se reconoce la necesidad de estándares, y a los propios estudiantes les gustan las cotas y los desafíos, muchos psicólogos del desarrollo se preguntan si las evaluaciones de alta exigencia no restringen el pensamiento adolescente. Los adolescentes aprenden a través de preguntas más que de respuestas, hipótesis más que hechos, deducción más que inducción, sus propias opiniones y experiencias más que las conclusiones de los adultos. El hecho de poner demasiado énfasis en las respuestas correctas o incorrectas en una única prueba podría cercenar el programa de estudios (haciéndolo de un ancho de "un kilómetro y medio y de una profundidad de 2,5 centímetros"), estimular el estudio de memoria y desmotivar a los estudiantes (Kornhaber y Orfield, 2001). Ésta puede ser una de las razones de por qué, a pesar de un esfuerzo intenso y más pruebas, las puntuaciones por logros en los estudiantes secundarios de los Estados Unidos parecen estar estancadas (véase fig. 15.4).

Cuando las evaluaciones de alta exigencia son un requisito para la graduación, se produce una "consecuencia no intencional potencial", el aumento en las tasas de abandono (Christenson y Thurlow, 2004, p. 36). De hecho, las tasas de abandono aumentaron en los Estados Unidos en alrededor de 2% desde 1991 hasta 2001. Las tasas más altas (un aumento promedio de 5%) se ven en los estados del sur, donde las evaluaciones de alta exigencia han tenido el mayor impacto.

Un temor es que estas evaluaciones aumenten la desigualdad étnica, económica y sexual (Maehr y Yamaguchi, 2001). Algunas investigaciones señalan la validez de este temor. Por ejemplo, de acuerdo con un estudio cuidadoso de escuelas secundarias en los suburbios de Boston (donde los estándares académicos son altos), las evaluaciones de los docentes son más altas que las puntuaciones en las evaluaciones de alta exigencia en matemáticas y ciencias para las niñas y en todas las materias para los estudiantes estadounidenses negros e hispamos (Brennan y cols., 2001).

También se ha expresado una preocupación especial acerca de los estudiantes que tienen discapacidades del aprendizaje o que provienen de familias de bajos recursos. La brecha entre el logro educativo de los estudiantes más ricos y los más pobres está aumentando (Books, 2004). Algunos creen que las evaluaciones de alta exigencia son parte de la causa, otros que son parte de la solución (Elmore y cols., 2004). En general, los niños que tienen necesidades educativas especiales son incluidos como una población especial para la evaluación; algunos defensores están conformes con esta inclusión, mientras que otros la consideran injusta (Venn, 2004).

Muchos observadores han notado una brecha entre los sexos en las calificaciones de la escuela secundaria, las tasas de graduación y las puntuaciones de las pruebas. En los Estados Unidos y en otros varios países desarrollados, los varones obtienen puntuaciones más altas en las pruebas que en las calificaciones escolares y se observa el patrón opuesto en las niñas, que andan mejor en la escuela (en todos los niveles, pero sobre todo en la escuela secundaria) y es más

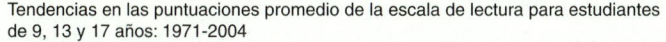

Tendencias en las puntuaciones promedio de la escala de lectura para estudiantes de 9, 13 y 17 años: 1971-2004

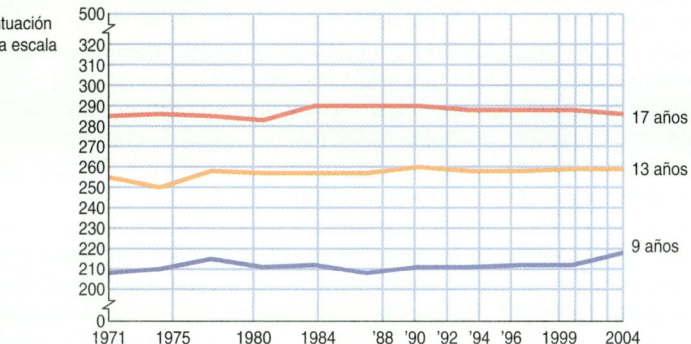

Tendencias en las puntuaciones promedio de la escala de matemáticas para estudiantes de 9, 13 y 17 años: 1973-2004

Observación: las lineas a trazos representan datos extrapolados.
Fuente: Departamento de Educación de los Estados Unidos, Institute of Educational Sciences, National Center for Education Statistics, National Assessment of Educational Progress (NAEP), años seleccionados, Evaluaciones de tendencias a largo plazo en lectura y matemáticas 1973-2004. Adaptado del sitio web Education Week, edweb.org., acceso 28 de julio, 2005.

FIGURA 15.4 **Los más jóvenes, los mejores**
Los adelantos en las puntuaciones de lectura y de matemática en los niños más pequeños son alentadores, pero las puntuaciones estancadas en los adolescentes son una causa de preocupación. Estos gráficos muestran datos del NAEP (Nacional Assessment of Educational Progress) del Departamento de Educación de los Estados Unidos. Algunas otras naciones (especialmente en Europa y en Medio Oriente) muestran adelantos en los estudiantes secundarios en el mismo período, aunque las puntuaciones de las pruebas internacionales no son siempre directamente comparables.

probable que asistan a la universidad. Esta brecha entre los sexos es especialmente notable en las minorías. Por el contrario, en muchos países en vías de desarrollo, es mucho más probable que los varones logren obtener educación en cualquier nivel, aun cuando la educación en las mujeres sea igualmente importante si un país desea reducir la mortalidad infantil, la desnutrición infantil y el embarazo en la adolescencia (LeVine y cols., 2001).

Una brecha entre los sexos (en cualquier dirección) sugiere que las escuelas no están captando el potencial de ambos sexos por igual. En las pruebas internacionales, por lo general las niñas superan a los varones en las habilidades lingüísticas, pero los resultados de las pruebas de matemáticas y ciencia son mixtos: algunos países comunican puntuaciones más altas en las niñas y otros en los varones. Todas estas disparidades sugieren que la educación en general y las pruebas en particular no son inmunes al sesgo social. Pero la solución para la desigualdad no es clara.

En realidad, no hay consenso sobre las evaluaciones de alta exigencia en la escuela secundaria. Se necesitan datos de estudios longitudinales, que incluyan información sobre los estudiantes pertenecientes a poblaciones especiales.

La motivación de los estudiantes

Hay consenso de que la motivación de los estudiantes por lo general es baja y de que éste es un problema serio. Muchos adolescentes manifiestan su aburrimiento o insatisfacción en la escuela ("El álgebra es insoportable", "La *Odisea* es aburrida"), sobre todo cuando se quejan con sus amigos (Larson, 2000). Buscan la admiración de sus pares, lo que a menudo significa que dejen a un lado el entusiasmo por el aprendizaje. A medida que los estudiantes, sobre todo los varones,

ESPECIALMENTE PARA DOCENTES DE LA ESCUELA SECUNDARIA   Usted está mucho más interesado en los matices y las controversias que en las cuestiones básicas de su materia, pero sabe que sus estudiantes rendirán evaluaciones de alta exigencia sobre los temas básicos y que sus puntuaciones tendrán un impacto importante sobre sus futuros. ¿Qué debería hacer?

avanzan en la escuela secundaria, normalmente están menos involucrados con la escuela (Wigfield y cols., 1997).

Los docentes conocen bien los problemas de los estudiantes a este respecto. El 38% de los docentes de las escuelas secundarias públicas en los Estados Unidos considera que la apatía de los estudiantes es su problema más grave, peor que las drogas (14%), la falta de estímulos (10%), las peleas (9%) y la tensión racial (7%). Los docentes, los investigadores y los psicólogos del desarrollo describen a los adolescentes –tanto los buenos estudiantes como los delincuentes– como si tuvieran "tasas altas de aburrimiento, alienación y falta de participación ante estímulos significativos" (Larson, 2000).

Recuerde lo que se sabe acerca de la cognición adolescente. Los adolescentes tienen el potencial de aprender, progresando en las destrezas y desarrollando tanto el pensamiento analítico como el intuitivo, a veces emocionándose e involucrándose en los esfuerzos intelectuales (Flavell y cols., 2002). Construyen una visión imaginativa, hipotética y compleja del mundo y no se conforman con las afirmaciones de los hechos que hace otra persona, ya sea el autor de un libro o un docente.

Todo esto sugiere que los adolescentes necesitan actividades intelectuales estimulantes y que requieran la interacción social dentro de un contexto que actúe de soporte. Ellos desean expresar sus ideas hipotéticas y no tradicionales sin sentirse separados de sus amigos. Es probable que la mayoría finja que se aburre o se muestren pasivos antes de arriesgarse a parecer estúpidos (Dweck, 1999). Aunque los adolescentes están ansiosos por una interacción intelectual vívida, también son muy autoconscientes. El presuntuoso joven que sin vacilar desafía las ideas de pensadores conocidos puede apartarse o incluso evitar volver a clase después que su docente hace una acotación sarcástica a costa suya.

Un antídoto contra el aburrimiento es el compromiso de los estudiantes con la escuela, que incluye la participación en las actividades extracurriculares, la vinculación afectiva con los docentes y el apoyo de los pares, ninguno de los cuales están estructurados en la gran escuela secundaria típica (Fredricks y cols., 2004). Los equipos deportivos con actividades después del horario escolar aumentan la motivación de los estudiantes, precisamente porque incentivan las emociones como pocas clases lo hacen. En condiciones ideales, ellos también estimulan el pensamiento crítico (Wright y cols., 2004).

Aunque es más probable que los estudiantes se integren más a la escuela si el programa deportivo es amplio y hay muchos otros grupos y actividades extracurriculares, estos programas a menudo sufren recortes cuando el dinero se vuelve escaso. Desde la perspectiva de la psicología del desarrollo, esta economía puede conducir a la propia derrota, ya que el costo a largo plazo es una reducción en el aprendizaje de los estudiantes (Barber y cols., 2001).

Del mismo modo, una amplia investigación demostró que el tamaño ideal de una escuela secundaria es de 200 a 400 estudiantes. Una razón es que en las es-

RESPUESTA PARA DOCENTES DE LA ESCUELA SECUNDARIA (de p. 482): sería bueno aconsejarle que siga sus instintos, pero la respuesta apropiada depende en parte de las presiones dentro de la escuela y de las expectativas de los padres y la coordinación. Un hecho reconfortante sobre la cognición de los adolescentes es que ellos pueden pensar y aprender acerca de casi cualquier cosa si sienten una conexión personal con ella. Busque formas de enseñar lo que sus estudiantes necesitan para las evaluaciones como base de los temas interesantes e innovadores que usted desea enseñar. Todos aprenderán más y las pruebas serán menos intimidantes para los estudiantes.

Luces y acción La instrucción en producción de vídeo, música, fotografía o drama –o cualquier otra área que conduce a la presentación a otros de un trabajo terminado– es una forma excelente de motivar y lograr la participación de los adolescentes.

JACQUES PAVLOVSKY / SYGMA–CORBIS

cuelas de ese tamaño se espera que todos los estudiantes pertenezcan a algún equipo o grupo. No obstante, el 60% de los estudiantes de las escuelas secundarias en los Estados Unidos asiste a escuelas con registros de más de 1 000 alumnos (Snyder y cols., 2004). Las escuelas grandes son más económicas, pero no aumentan el aprendizaje.

El compromiso de los estudiantes es fundamental para el rendimiento escolar. En un estudio longitudinal de estudiantes de escuela secundaria de capacidad variada en ocho comunidades de los Estados Unidos, aquellos alumnos no comprometidos con las clases (no hacían las tareas, nunca formulaban preguntas, etc.) no fueron los que tenían bajo potencial intelectual sino aquellos que pensaban inicialmente que sus logros dependían de los otros o de su destino, no de sus propios esfuerzos (Glasgow y cols., 1997).

Por cierto, la aptitud y el logro pasado tienen cierto efecto sobre el rendimiento escolar. Sin embargo, la investigación en un grupo completamente diferente de estudiantes en Alemania apunta en la misma dirección que el estudio en los Estados Unidos que acabamos de citar. En una investigación longitudinal se evaluaron las aptitudes estudiantiles y diversos logros en matemáticas. El autoconcepto como estudiantes de matemáticas (sin considerar los logros reales en esa materia) afectó el rendimiento posterior de los alumnos tanto como las puntuaciones en las pruebas de rendimiento en matemáticas afectaron su autoconcepto posterior (Marsh y cols., 2005). Aunque las niñas puntuaron más bajo globalmente, la conexión recíproca entre autoconcepto y rendimiento fue evidente para ambos sexos. A partir de esta investigación, la mayoría de los psicólogos del desarrollo piensa que la actitud, más que la aptitud, es la clave para tener éxito en la escuela secundaria (Eccles, 2004).

La violencia en las escuelas

Casi cada año y en muchos países, un estudiante secundario asesina a uno o más de sus compañeros. La violencia en las escuelas secundarias es especialmente problemática en los Estados Unidos, donde en 2003 alrededor de 1 de cada 15 estudiantes secundarios llevó un arma (revólver, cuchillo o cachiporra) a la escuela. La mayoría de los adolescentes que llevan armas dicen que lo hacen porque se sienten inseguros en la escuela (MMWR, 30 de julio de 2004).

Antes de continuar, debemos afirmar que de hecho los adolescentes están más seguros en la escuela que en otros sitios. De todos los adolescentes que son asesinados, el 99% son atacados en algún otro sitio fuera de la escuela, habitualmente en las calles cerca de sus hogares. Globalmente, las lesiones graves entre los adolescentes son menos frecuentes los días escolares entre las 8 de la mañana y las 3 de la tarde que en otros horarios (Moeller, 2001).

Aunque las escuelas son relativamente seguras, la violencia escolar es una preocupación creciente. En los últimos 10 años en los Estados Unidos, es mayor la probabilidad de que los estudiantes manifiesten que sienten miedo en la escuela aun cuando es menos probable que participen en una pelea. El miedo es aproximadamente dos veces más frecuente en el noveno curso que en el duodécimo (véase cuadro 15.1); es tres veces más frecuente entre los jóvenes estadounidenses negros y de ascendencia hispana que entre los jóvenes estadounidenses de ascendencia europea (MMWR, 30 de julio de 2004).

Es más probable que las lesiones entre estudiantes se produzcan durante los primeros años de la escuela media o la escuela secundaria y al comienzo de un semestre y los varones tienen el doble de probabilidades que las niñas de ser amenazados o lesionados. Los estudiantes vulnerables e inseguros son más a menudo víctimas y agresores, lo que explica por qué los adolescentes de las grandes escuelas que sienten vergüenza o humillación por el trato que reciben de parte de los docentes o de otros estudiantes son los que con más facilidad golpean a otros (Aronson, 2000; Mulvey y Cauffman, 2001). Las medidas de apoyo dentro de las escuelas, como el trato amable entre docentes y estudiantes y la amistad con los pares que ya mencionamos, podrían aliviar estas situaciones durante la adolescencia.

Como la violencia manifiesta es rara, es imposible saber cuáles son los estudiantes del sexto al duodécimo curso, de los 24 millones que hay en los Estados Unidos o de los 1 000 millones del mundo, que podrían llegar a la violencia esco-

CUADRO 15.1	Prevalencia de violencia no letal entre los alumnos del noveno y el duodécimo curso					
	1993		1997		2003	
Estudiantes que en los 12 meses pasados…	Alumnos del 9° curso	Alumnos de 12° curso	Alumnos de 9° curso	Alumnos de 12° curso	Alumnos de 9° curso	Alumnos de 12° curso
Participaron en una pelea física en un predio escolar	23%	14%	21%	10%	18%	7%
Fueron amenazados con un arma en un predio escolar	9	6	10	6	12	6
Faltaron por problemas de seguridad	6	3	6	3	7	4

Fuente: MMWR, 30 de julio, 2004.

lar. Por lo tanto, la prevención terciaria es imposible y la prevención secundaria puede ser ineficaz o demasiado tardía. Se necesitan medidas de prevención primaria para reducir el clima de violencia en las escuelas, aunque la mayoría de los administradores escolares no tienen conciencia del daño ocasionado por las medidas inapropiadas (Mulvey y Cauffman, 2001). Como lo explica un psicólogo:

> Algunas intervenciones aparentemente razonables podrían producir consecuencias negativas o incluso desastrosas, según lo que estuviera sucediendo en realidad en la escuela… Algunos días después de la tragedia de Columbine, mi nieto de 16 años llegó a casa desde la escuela secundaria y dijo: "¿Sabes qué? El director nos envió una nota en la cual nos pide que informemos cuáles son los chicos que visten en forma rara, se comportan de manera extraña y parecen solitarios o algo así".
> …El director está enfocando el tema en forma equivocada. Y ésta es la razón: a partir de la investigación en mi salón de clase, encontré que la atmósfera social en la mayoría de las escuelas es competitiva, sectaria y discriminatoria… El director de la escuela secundaria a la que concurre mi nieto está creando de manera no intencional una situación peor al autorizar de forma implícita el rechazo y la exclusión de un grupo considerable de estudiantes cuya única culpa es no ser populares.
>
> *[Aronson, 2000]*

Por fortuna, las mismas prácticas que fomentan la motivación también pueden prevenir la violencia. Los estudiantes que están dispuestos a aprender, vinculándose con sus docentes y compañeros, y se comprometen en las actividades escolares más difícilmente serán destructivos. Ellos crean un escudo protector en toda la escuela, para que "los estudiantes estén bien al tanto de los problemas de los niños en sus propios salones de clase… (pero) para que esta información circule de los estudiantes a los administradores es necesaria una atmósfera donde compartir la buena fe sea algo digno de respeto" (Mulvey y Cauffman, 2001).

Un desajuste entre la mente del adolescente y el entorno escolar puede ser peligroso. Sin embargo, la mayoría de los estudiantes aprenden y todos los lectores de este libro probablemente tuvieron al menos un docente de la escuela secundaria que sabía "cómo encender el apasionamiento de los adolescentes, cómo hacer que ellos desarrollaran todo el caudal de capacidades y habilidades necesarias para hacerse cargo de sus vidas" (Larson, 2000, p. 170).

Recuerde que los adolescentes combinan lo hipotético y lo experimental, lo analítico y lo intuitivo. Piense acerca de cómo *Hamlet* de Shakespeare se podría enseñar en la escuela secundaria:

> Steven (el docente) comenzó su unidad sobre *Hamlet* sin mencionar para nada el nombre de la obra. Para ayudar a sus alumnos a comprender la descripción inicial de los temas y problemas de esta obra, les pidió que imaginaran que sus padres se habían divorciado recientemente y que sus madres se habían ido con otro hombre. Este hombre había reemplazado a su padre en el trabajo y "se comentó que él tuvo algo que ver con que a tu padre le despidieran". Steven les pidió después que pensaran acerca de las circunstancias que podrían llevarlos a un nivel de locura tal que podrían contemplar la posibilidad de matar a otro ser humano. Sólo entonces, después de que los alumnos pudieron tener en cuenta estos temas y escribieron sobre ellos, Steven presentó la obra que iban a leer.
>
> *[Bransford y cols., 1999, p, 34]*

Después de la discusión, los alumnos pudieron comprender que la matanza en *Hamlet* era innecesaria, inútil y sin sentido, resultado de verdades parciales, un análisis imperfecto e intuiciones mal interpretadas. Ellos reconocieron que, cualesquiera que sean las circunstancias personales, no necesitaban "considerar el asesinato de otro ser humano". Una buena enseñanza no sólo convierte al aprendizaje en algo interesante sino que también quita atractivo a la violencia.

SÍNTESIS

La educación en las escuelas secundarias puede favorecer el desarrollo de todo tipo de pensamiento. Las evaluaciones de alta exigencia reflejan un esfuerzo por igualar el rendimiento y aumentar la responsabilidad, pero esas pruebas en sí mismas son controvertidas. Se considera que la falta de motivación en los estudiantes es el problema más frecuente de las escuelas secundarias; las formas en que los estudiantes prefieren comprometerse con las ideas a menudo están desconectadas del aprendizaje que necesitan para aprobar sus cursos. La violencia escolar es relativamente rara, pero muchos estudiantes y otros individuos tienen miedo de esa posibilidad. Las actividades en el salón de clases y extracurriculares son fundamentales para la educación secundaria segura y exitosa que estimula el compromiso de los estudiantes con las ideas, con sus compañeros y con los docentes.

El pensamiento posformal

Algunos psicólogos del desarrollo describieron una quinta etapa de pensamiento que aparece después de las cuatro etapas de Piaget, etapa que caracteriza al pensamiento del adulto. Se dice que esta quinta etapa, denominada **pensamiento posformal**, está vinculada con el "hallazgo del problema", no con la "resolución del problema" (Arlin, 1984, 1989).

En otras palabras, los adolescentes mayores y los adultos no se contentan con encontrar soluciones a los problemas intelectuales que les plantean otros (principalmente los docentes) sino que, en cambio, están preocupados por los problemas sociales y personales. Del interés por esos problemas surge más un estímulo para las propias capacidades que el hallazgo de respuestas a las preguntas que otros plantean.

Globalmente, después de la escuela secundaria, las habilidades intelectuales son aprovechadas por las demandas ocupacionales e interpersonales reales, y las conclusiones y las consecuencias importan. Esto hace que los adolescentes mayores sean pensadores menos festivos y más prácticos y busquen y disfruten más de las cuestiones de importancia social que de los enigmas intelectuales. Los adultos recientes desean descubrir sus opciones y entonces actuar, en el medio de las contradicciones y las inconsistencias de la experiencia cotidiana. Aun una decisión aparentemente sencilla como elegir la asignatura principal en la universidad es un desafío cognitivo, que requiere una combinación de emoción y lógica (Galotti, 1999).

pensamiento posformal Posiblemente, quinta etapa del desarrollo cognitivo, propuesta por los psicólogos del desarrollo que opinan que los adultos progresan en su capacidad de combinar las emociones con la lógica en formas complejas y al mismo tiempo prácticas.

Emociones y lógica

El pensamiento sobre los asuntos personales no excluye la intuición ni el análisis. En cambio, "la lógica posformal combina subjetividad y objetividad" (Sinnott, 1998, p. 55), utilizando tanto el razonamiento emocional como intelectual. La buena disposición intelectual para reconocer y expresar emociones complejas y contradictorias aumenta durante toda la adolescencia, se nivela aproximadamente a los 30 años y disminuye hacia los 60 años (Labouvie-Vief, 2003).

¿Cómo funciona esto en la práctica? Las conductas extremas –como la búsqueda de sensaciones, el consumo compulsivo de comida, la anorexia, la adicción y el suicidio– son derivaciones del pensamiento adolescente o del pensamiento dicotómico o "en los extremos". Si el extremo corresponde al ámbito racional del espectro del pensamiento, una persona podría calificar a algo tanto como totalmente correcto o absolutamente equivocado. Si el extremo corresponde al ámbito emocional, una persona podría percibirse como excepcionalmente brillante o "la persona más vil, despreciable e inútil que jamás haya existido" (citado en Udovitch, 2002). Ninguna de éstas es una perspectiva equilibrada que combine razón y emoción.

Por el contrario, un adulto joven reciente podría tener un pensamiento más equilibrado, que use la experiencia personal y el conocimiento (Blanchard-Fields,

1999). Por ejemplo, el adulto desesperado que piensa en el suicidio, se da cuenta de que algún día podría ser más feliz; el alcohólico que se culpa a sí mismo comprende que beber es una elección; el amante celoso no olvida que existen otras parejas. Todas éstas son respuestas maduras, más allá de la capacidad de la mayoría de los adolescentes (y de muchos adultos).

Flexibilidad cognitiva

Un rasgo característico de la cognición posformal es la conciencia de que "existen múltiples puntos de vista del mismo fenómeno" (Baltes y cols., 1998, p. 1093). Cada perspectiva es sólo una de muchas y cada problema tiene muchas soluciones potenciales (Sinnott, 1998). Como el conocimiento es dinámico y no estático, la mejor perspectiva o solución puede cambiar, día a día, y es posible que las conclusiones alcanzadas años atrás ya no sean válidas.

Es particularmente útil la flexibilidad emocional, la capacidad para mostrar u ocultar la emoción cuando sea adecuado para la situación, que incluye la capacidad para abordar algo temido o evitar algo deseado. Esta capacidad se correlaciona con una adaptación exitosa (Bonanno y cols., 2004) y es necesaria para afrontar muchos de los problemas prácticos de la vida adulta. Por ejemplo, cuando los adultos reconocen que deben superar sus sentimientos de racismo o sexismo, necesitan flexibilidad emocional para suprimir sus impulsos negativos. Muchos adultos no pueden hacerlo o no lo harán, pero al menos es posible (Dasgupta y Greenwald, 2001).

Más difícil, pero igualmente necesaria, es la flexibilidad intelectual para hacer frente a los estereotipos que pueden tener otros individuos. Un miedo con un gran componente emocional es el temor a que los demás crean que uno es estúpido (o algo peor) por ser miembro de un grupo étnico o por características como sexo, edad o alguna otra. La simple posibilidad de ser estereotipado de forma negativa despierta emociones que perturban la cognición. Esto se denomina **amenaza de estereotipos**; es la conciencia generadora de ansiedad de que la propia apariencia o conducta podrían ser utilizadas erróneamente para confirmar el estereotipo que tiene otra persona sobre la raza, el sexo u otro grupo al que uno pertenece (Steele, 1997).

La hipótesis de la amenaza de estereotipos es interesante y podría explicar algunas anomalías visibles, como el hecho de que pocas mujeres sean ingenieras o físicas o que muchos hombres estadounidenses negros tiendan a mostrar un rendimiento académico inferior.

Dada la naturaleza multidisciplinaria de la investigación del desarrollo, muchas otras hipótesis pueden explicar un rendimiento inferior por parte de los miembros de diferentes grupos. Los historiadores se concentran en el legado de la esclavitud o el chauvinismo masculino; los economistas señalan las barreras económicas; los sociólogos describen la discriminación multifacética en las estructuras académicas o de empleo; los biólogos exploran las diferencias genéticas u hormonales. Las explicaciones son muchas; la amenaza de estereotipos no es la única razón por la que algunas personas no desarrollan su potencial (Cokley, 2003; Sackett y cols., 2004). Sin embargo, es una razón que vale la pena explorar, como se explica a continuación.

amenaza de estereotipos Preocupación de un individuo de que otra persona podría tener un prejuicio en su contra por ser miembro de una raza, sexo u otro grupo en particular. La ansiedad resultante reduce los logros.

▶ **ESPECIALMENTE PARA CONSEJEROS DE LA ESCUELA SECUNDARIA** Teniendo en cuenta lo que usted sabe respecto del pensamiento de los adolescentes, ¿pasaría más tiempo ayudando a los estudiantes que deben presentar solicitudes para la universidad, que trabajan durante el verano, que tienen problemas familiares o que eligen cursos en la escuela secundaria?

PENSANDO COMO UN CIENTÍFICO

La amenaza de estereotipos

Muchos científicos han examinado la hipótesis de la amenaza de estereotipos. En un experimento, se solicitó a estudiantes universitarios de ambos sexos que resolvieran 20 problemas difíciles de matemáticas (Schmader, 2002). El 50% de los estudiantes simplemente rindió la prueba, pero al otro 50% se le dijo por adelantado que los resultados pondrían en evidencia diferencias entre los sexos. Las puntuaciones promedio de ambos sexos fueron similares, excepto por un subgrupo que tuvo puntuación baja: las mujeres fuertemente identificadas como tales a quienes se les dijo que se evaluarían las diferencias entre los sexos. Al menos en este estudio, la identificación como mujeres y la amenaza de que sus puntuaciones pusieran en evidencia una capacidad matemática inferior por su condición condujo a estas mujeres a resolver menos problemas que otras mujeres similares a quienes no se les había mencionado nada sobre las diferencias entre los sexos.

"Pensando como un científico" habitualmente incluye el interrogante de si la teoría se aplica en otras culturas. De acuerdo con el científico que desarrolló la teoría, sí se aplica. La amenaza de estereotipos afecta a "minorías similares a castas en los países industrializados y no industrializados de todo el mundo (p. ej., los maoríes de Nueva Zelanda, los baraku de Japón, los harijanos de la India, los judíos orientales de Israel y los antillanos en Gran Bretaña)" (Steele, 1997, p. 623).

Algunos investigadores también se preguntan si se les podría aplicar una teoría. En pequeña escala, se podría aplicar a mí. Mi madre y mi hermano mayor tenían una ortografía excelente, pero yo no. Yo culpaba a mi hermano. Cuando éramos niños, él decía que su ortografía superior probaba mi estupidez. ¿Podría estar relacionado con el hecho de que, hasta el día de hoy, yo desestimo la ortografía, esgrimiendo orgullosa mi ineptitud y borrando con orgullo mis errores cuando mis estudiantes corrigen mi ortografía en el pizarrón?

Este ejemplo es menor comparado con la discriminación que experimentan otros o la amenaza de estereotipos que prevén. Sin embargo, la idea básica –que las personas subestiman cualquier habilidad que los otros esperan que ellos no tengan– parece válida. Es un modo de protección desconectar la propia autoestima de un rasgo de estereotipo. Si los varones estadounidenses negros se sienten injustamente juzgados por las mujeres docentes de raza blanca, podría arribar a la conclusión de que el éxito en la escuela es para las mujeres y los blancos, no para ellos (Fordham y Ogbu, 1986).

La prueba final para cualquier teoría se da con su aplicación. Un grupo aleatorizado de estudiantes de primer año de la Stanford University (todos muy inteligentes, algunos blancos y otros negros) fueron reclutados en un programa de entrenamiento de tres sesiones de una hora, supuestamente preparándose para ser mentores de estudiantes de la escuela media que estaban en riesgo (Aronson y cols., 2002). El 50% de ellos (el grupo experimental) leyó una investigación que mostraba que el rendimiento académico es el producto del esfuerzo, no de una capacidad innata y el 50% (el grupo de comparación) leyó acerca de las inteligencias múltiples. A continuación se les solicitó a los estudiantes universitarios que escribieran algo motivador para los estudiantes de la escuela media, con explicaciones de la investigación que habían leído.

¿Los estudiantes de la escuela media que leyeron que el aprendizaje era el resultado del esfuerzo se sintieron menos amenazados por el estereotipo negativo acerca de la capacidad innata? Sí. En el período escolar que siguió a la intervención, los estudiantes estadounidenses negros del grupo experimental obtuvieron calificaciones más altas, en promedio, que las logradas por los estudiantes negros del grupo de comparación (B+ versus B) o que el promedio global para los estadounidenses negros. Los estadounidenses de ascendencia europea del grupo experimental también puntuaron más alto que el grupo de comparación (A– versus B+).

Cuando se les preguntó qué importancia pensaban que tenían los universitarios (como parte de la encuesta general), la respuesta de los estadounidenses de ascendencia europea fue que era alta, pero ésta no estaba afectada por el experimento; por el contrario, la respuesta de los estadounidenses negros mostró una importancia mayor de los universitarios después del experimento (véase cuadro 15.2). Al parecer, cuando el estereotipo no se convirtió tanto en una amenaza personal, ellos pudieron valorar más los logros académicos y estudiaron más.

Persistieron las diferencias étnicas en las calificaciones y las actitudes, lo que no es sorprendente; una vida de amenazas de estereotipos no desaparece tan sólo en tres horas. Sin embargo, el efecto de la intervención sugiere que los adultos jóvenes pueden aprender a pensar de modo diferente sobre sus personas. Una amenaza de estereotipos menor puede conducir a un rendimiento mayor.

CUADRO 15.2 **¿Qué importancia tienen los universitarios? (escala de 1 a 7)**

	Evaluación promedio	
	Estadounidenses negros	Estadounidenses de ascendencia europea
Grupo experimental	4,77	5,61
Grupo de comparación	3,89	5,67
Estudiantes no pertenecientes a ninguno de los grupos	3,45	5,71

Fuente: Aronson y cols., 2002.

La enseñanza y el aprendizaje en la universidad

La educación universitaria es una inversión inteligente. Ya sea que vivan en Asia, África, Europa o América, los adultos con educación universitaria ganan más, viven más y tienen mejor salud, emocional y física, que aquellos con menos educación. Por ejemplo, en los Estados Unidos, el ingreso promedio del jefe del hogar con un grado de maestría es más de dos veces mayor que el de aquellos que sólo tienen un diploma de la escuela secundaria (U.S. Bureau of the Census, 2004). Aun cuando se comparen con otros adultos de igual ingreso, es menos probable que los graduados universitarios de todas partes fumen, coman en exceso, realicen poco ejercicio y mueran jóvenes (Gottfredson y Deary, 2004).

La propia cognición cambia con una educación superior. La investigación de los últimos 50 años ha registrado constantemente que los graduados universitarios no sólo son más sanos y más adinerados que otros sino también son pensadores más profundos y más flexibles.

Éstas son buenas noticias para los estudiantes universitarios y también los profesores. Pero se enseña a los científicos a ser escépticos y, en esta compara-

RESPUESTA PARA CONSEJEROS DE LA ESCUELA SECUNDARIA (de p. 488): esto depende de qué es lo que necesitan los estudiantes; las escuelas varían mucho. Sin embargo, todos los estudiantes necesitan hablar y pensar acerca de sus elecciones y opciones para no actuar de manera impulsiva. Por lo tanto, proporcionar información y prestar atención podría ser lo más importante que usted haga. También es fundamental que se dicten clases interesantes y estimulantes a los estudiantes hasta su graduación. Impulsar a los docentes y los administradores para mejorar las estructuras educativas y para aumentar la motivación de los estudiantes es un esfuerzo que vale la pena.

ción, abundan explicaciones alternativas. Después de todo, los estudiantes que ingresarán a la universidad ya están en ventaja: tienden a tener mejores calificaciones en la escuela secundaria, puntuaciones más altas en las pruebas de aptitud y familias más ricas, con menos divorcios; también delinquen con menor frecuencia, tienen menos problemas de aprendizaje y no suelen provenir de familias grandes.

La transición a la universidad es difícil para todos, pero nuevamente, aquellos que finalmente se graduarán tienen una ventaja. Un estudio reciente de estudiantes francocanadienses confirmó esta observación. Aquellos que tuvieron buenas relaciones con sus padres en la escuela secundaria (apego seguro y autónomo, con vínculos familiares sin rechazo ni aglutinación) tendieron a obtener mejores calificaciones en la universidad, incluso cuando se tuvo en cuenta su rendimiento en la escuela secundaria (Larose y cols., 2005).

La pregunta clave es: ¿la propia educación superior enseña a los estudiantes a combinar pensamiento subjetivo y objetivo y a buscar perspectivas divergentes? ¿Es ésta la razón de por qué andan mejor después? ¿O un poderoso efecto de selección explica el éxito posterior de los estudiantes universitarios?

La respuesta parece ser que la educación universitaria en sí misma es beneficiosa: mejora las capacidades verbales y cuantitativas, el conocimiento de áreas en materias específicas, las destrezas en distintas profesiones, la capacidad de razonamiento y la reflexión. Una revisión extensa arriba a la siguiente conclusión:

> En comparación con los estudiantes de primer año (de la universidad), los estudiantes del último año tienen mejores habilidades de comunicación oral y escrita, es mejor su capacidad de razonamiento abstracto o de pensamiento crítico, son más expertos para valerse de razones e indicios ante problemas mal estructurados para los cuales no existe ninguna respuesta verificable correcta, tienen mayor flexibilidad intelectual ya que están más capacitados para comprender más que un aspecto de una cuestión compleja, y pueden desarrollar marcos de trabajo abstractos más sofisticados para encarar cuestiones complejas.
>
> *[Pascarella y Terenzini, 1991, p. 155]*

La investigación sugiere que la educación superior beneficia el desarrollo humano, independientemente de la nación o de la cultura. Sin embargo, en la mayoría de los países la mayor parte de los adultos jóvenes nunca ingresan a la universidad y, de aquellos que lo hacen, muchos abandonan antes de desarrollar el "saber social" que hace que la universidad les sea útil (Deil-Amen y Rosenbaum, 2003, p. 141).

En la mayoría de los países, sólo una fracción de los graduados en la escuela secundaria ingresa a la universidad. En los Estados Unidos, la mayoría comienza la universidad pero menos del 50% obtienen un grado BA; la tasa de abandono es particularmente alta entre los estudiantes universitarios de la comunidad, no por razones intelectuales, sino por problemas económicos y culturales (Brint, 2003).

Entre aquellos que continúan sus estudios, el pensamiento puede mejorar año tras año (Clinchy, 1993; King y Kitchener, 1994; Perry, 1981) (véase cuadro 15.3). Los estudiantes de primer año tienden a creer que existen verdades claras y perfectas; se molestan si sus profesores no les explican esas verdades. Recogen los hechos como si fueran pepitas de oro, cada uno de ellos puro y verdadero, separados de otros trozos de conocimiento. Un estudiante de primer año dijo que él era como una ardilla, "recogiendo pequeñas bellotas de conocimiento que enterraba para usarlas más tarde" (Bozik, 2002, p. 145).

Esta fase inicial es seguida por un cuestionamiento total de los valores personales y sociales, que incluye dudas acerca de la idea de verdad propiamente dicha. Ningún hecho se juzga por sus apariencias ni mucho menos se guarda para su uso posterior.

Si continúan sus estudios hasta graduarse, después de considerar muchas ideas contrapuestas, normalmente se comprometen con algunos valores ganados a duras penas, y reconocen que deben mantener sus mentes abiertas y que sus valores podrían cambiar (Pascarella y Terenzini, 1991; Rest y cols., 1999). Los hechos no son de oro ni de escoria sino pasos hacia un mayor conocimiento. Esta imparcialidad es estimulada por sus profesores, pero ellos no pueden adjudicarse todo el crédito. Para la mayoría de los jóvenes la universidad significa prestar atención a sus compañeros, un grupo que probablemente sea mucho

CUADRO 15.3	**Esquema del desarrollo cognitivo y ético**	
Modificación del dualismo	Posición 1	Las Autoridades saben y si trabajamos duro, leemos todas las palabras y aprendemos las Respuestas Correctas, todo irá bien
	Transición	¿Pero qué sucede con los Otros acerca de los que escuché? ¿Y de las opiniones diferentes? ¿Y de las Incertidumbres? Algunas de nuestras propias Autoridades están en desacuerdo entre ellos o no parecen saber, y algunos nos dan problemas en lugar de Respuestas
	Posición 2	Las Verdaderas Autoridades deben ser Correctas, las otras son fraudes. Nosotros estamos en lo Correcto. Los Otros deben ser diferentes y deben estar Equivocados. Las Buenas Autoridades nos dan problemas para que podamos aprender la Respuesta Correcta mediante nuestro propio pensamiento independiente
	Transición	¡Pero incluso las Buenas Autoridades admiten que no conocen todavía todas las respuestas!
	Posición 3	Entonces algunas incertidumbres y opiniones diferentes son reales y legítimas temporariamente, aun para las Autoridades. Están trabajando en ellas para llegar a la Verdad
	Transición	¡Pero hay tantas cosas de las que no saben la Respuesta! Y no las conocerán por mucho tiempo
Descubrimiento del relativismo	*Posición 4a*	Cuando las Autoridades no conocen las Respuestas Correctas, todos tienen derecho a tener sus propias opiniones; ¡nadie está equivocado!
	Transición	¿Entonces qué derecho tienen ellos a darnos calificaciones? ¿Acerca de qué?
	Posición 4b	En algunos cursos, las Autoridades no nos solicitan la Respuesta Correcta. Ellos quieren que pensemos acerca de las cosas de cierta forma, apoyando la opinión con datos. Así es cómo nos califican
	Posición 5	Entonces todo el pensamiento debe ser como esto, incluso para Ellos. Todo es relativo pero no igualmente válido. Usted debe comprender cómo funciona cada contexto. Las teorías no constituyen la Verdad sino metáforas con las que se interpretan los datos. Usted debe pensar en su pensamiento
	Transición	Pero si todo es relativo, ¿también yo soy relativo? ¿Cómo puedo saber que estoy haciendo la Elección Correcta?
	Posición 6	Veo que deberé tomar mis propias decisiones en un mundo incierto sin que nadie me diga si estoy en lo Correcto
	Transición	Estoy perdido si no lo hago. Cuando decida acerca de mi carrera (o mi matrimonio o mis valores), todo se resolverá
Desarrollo de los compromisos en el relativismo	Posición 7	Bueno, ¡he tomado mi primer Compromiso!
	Transición	¿Por qué eso no arregla todo?
	Posición 8	He tomado varios compromisos. Debo equilibrarlos. ¿Cuántos, en qué grado? ¿Cuán seguro, cuán vacilante?
	Transición	Las cosas se han puesto contradictorias. No puedo encontrar un sentido lógico a los dilemas de la vida
	Posición 9	Así será la vida. Debo ser todo corazón aunque vacilante, luchar por mis valores aunque respetando a los otros, creer que mis valores más profundos son correctos y no obstante estar preparado para aprender. Veo que volveré a recorrer todo este viaje una y otra vez, pero espero que con mejor juicio

Fuente: Perry, 1981.

más diverso que su cohorte de la escuela secundaria. Esto por sí solo profundiza el pensamiento.

Todas las pruebas sugieren que la educación superior es "un elemento transformador en el desarrollo humano" (Benjamin, 2003, p. 11). La mayor parte de la investigación que condujo a estas conclusiones surgió de las primeras cohortes, en las que la dedicación de la mayoría de los estudiantes era a tiempo completo, provenían de hogares de altos ingresos y no de grupos minoritarios. ¿Las mismas conclusiones se aplican a los estudiantes universitarios actuales, entre los cuales hay más a menudo quienes provienen de grupos minoritarios, que habitualmente trabajan para pagar su educación y que suelen ser estudiantes a tiempo parcial? ¿Cuál es su experiencia?

SÍNTESIS

Hacia fines de la adolescencia, algunos jóvenes adquieren la capacidad de una forma avanzada de pensamiento que combina emociones y lógica. Éste a veces se denomina pensamiento posformal, porque sigue a la cuarta etapa del pensamiento operacional formal de Piaget. El pensamiento del adulto joven a menudo es más flexible, más dinámico y menos absolutista que el pensamiento de los individuos más jóvenes. Las expectativas pueden tener un efecto fundamental sobre el rendimiento y por eso la amenaza de estereotipos puede ser devastadora. La educación universitaria se correlaciona con mejor salud, ingresos más altos y vida más larga. Es probable que la universidad haga avanzar el pensamiento, sobre todo el pensamiento posformal complejo y flexible. Lamentablemente, muchos jóvenes no pueden asistir a la universidad por diversas razones.

■ RESUMEN

El egocentrismo adolescente

1. La cognición en los primeros años de la adolescencia a menudo se caracteriza por egocentrismo, un tipo de pensamiento centrado en la propia persona. El egocentrismo adolescente da origen al mito de invencibilidad, al mito personal y al público imaginario.

2. Los estudiantes suelen aburrirse en la escuela media, es difícil enseñarles y se lastiman entre ellos. Muchas formas de psicopatología aumentan en la transición hacia la escuela media.

3. En parte, la caída del aprendizaje en la escuela media puede deberse a que las escuelas no están estructuradas para cubrir las necesidades intelectuales de los estudiantes. Los docentes tienden a ser más distantes y menos benévolos. Ningún país encontró una forma de comprometer a todos los estudiantes durante estos años.

Los procesos del pensamiento durante los años adolescentes

4. Pensamiento operacional formal es el término de Piaget para el último de los cuatro períodos del desarrollo cognitivo. Piaget evaluó y demostró el pensamiento operacional formal a través de varios problemas que podrían encontrar los estudiantes en una clase de ciencia o de matemáticas de la escuela secundaria, como imaginar la forma de acomodar unas pesas para lograr el equilibrio de una balanza.

5. El adolescente no tiene más un pensamiento realista y concreto: prefiere imaginar lo posible, lo probable e incluso lo imposible, en lugar de concentrarse en lo real. El adolescente desarrolla hipótesis y explora, y se vale del razonamiento deductivo.

6. El pensamiento intuitivo, también conocido como pensamiento heurístico o experiencial, se fortalece durante la adolescencia. Aunque también son capaces de tener un pensamiento lógico, pocos adolescentes usan la lógica, porque el pensamiento intuitivo y emocional es más rápido y más satisfactorio.

La enseñanza y el aprendizaje en la escuela secundaria

7. Las escuelas secundarias varían mucho en todo el mundo. En los Estados Unidos, la demanda de mayor compromiso ha conducido a más evaluaciones de alta exigencia, lo que ha producido algunas consecuencias no buscadas que incluyen una tasa más alta de abandono. Algunos países están abandonando las evaluaciones de alta exigencia.

8. Muchos adolescentes muestran apatía hacia el aprendizaje en la escuela secundaria y no existe ninguna forma de comprometerlos a que practiquen deportes o que realicen otras actividades extracurriculares. La violencia escolar es relativamente rara, pero la prevención primaria es necesaria para reducir los sentimientos de desmembramiento. Una buena enseñanza combina el pensamiento intuitivo y analítico al favorecer la participación de los estudiantes.

El pensamiento posformal

9. Muchos investigadores creen que, en la adolescencia tardía, las demandas complejas y a menudo conflictivas de la vida cotidiana producen un nuevo tipo de pensamiento denominado pensamiento posformal, que combina las emociones con el análisis racional. Es particularmente útil para responder a las situaciones de despertar emocional, como cuando uno se siente estereotipado.

10. La investigación indica que la educación universitaria no sólo aumenta los ingresos y la salud, sino también tiende al desarrollo de la cognición. Los estudiantes gradualmente se vuelven menos propensos a buscar verdades absolutas y más inclinados a tomar sus propias decisiones, usando muchas formas de pensamiento. También se vuelven más imparciales.

11. Desde la perspectiva de la psicología del desarrollo, el problema global de la educación de los adolescentes es que muy pocos estudiantes la obtienen. Esto es particularmente cierto a nivel universitario, ya que la mayoría de los jóvenes del mundo y la mayoría de los países en vías de desarrollo del mundo no pueden acceder a las oportunidades educativas que ofrece la universidad.

■ PALABRAS CLAVE

egocentrismo adolescente (p. 466)

mito de invencibilidad (p. 466)

mito personal (p. 466)

público imaginario (p. 467)

escuela media (p. 469)

pensamiento operacional formal (p. 472)

pensamiento hipotético (p. 473)

razonamiento deductivo (p. 474)

razonamiento inductivo (p. 474)

pensamiento intuitivo (p. 476)

pensamiento analítico (p. 476)

economía cognitiva (p. 478)

evaluación de alta exigencia (p. 481)

pensamiento posformal (p. 487)

amenaza de estereotipos (p. 488)

▪ PREGUNTAS CLAVE

1. ¿Cuáles son algunas de las consecuencias conductuales del egocentrismo adolescente?

2. ¿Por qué los adolescentes están particularmente preocupados acerca del público imaginario?

3. ¿Cuáles son las diferencias específicas en la estructura de las escuelas primaria y media?

4. ¿Qué características del problema del equilibrio de la balanza lo convierten en un parámetro de cognición?

5. ¿Cómo podrían la intuición y el análisis conducir a conclusiones opuestas?

6. ¿Cuáles son los costos y los beneficios de obtener un diploma de una escuela secundaria preparatoria para la universidad?

7. ¿Cuáles son las ventajas y desventajas de las evaluaciones de alta exigencia?

8. ¿Cuáles son las características más motivadoras y menos motivadoras de una escuela secundaria típica?

9. ¿Cuál es la diferencia entre discriminación directa y amenaza de estereotipos?

10. ¿Cuáles son las diferencias cognitivas entre los estudiantes que ingresan a la universidad y los que se gradúan de ella?

▪ EJERCICIOS DE APLICACIÓN

1. Presente el problema de las cuatro tarjetas a tres personas de distintas edades o niveles de educación. Pídale a cada una de ellas que describa el razonamiento que utilizó para la solución. Anote cualquier signo de pensamiento analítico o heurístico, relacionando lo que dijeron con lo que usted conoce acerca del pensamiento adolescente.

2. Hable con un adolescente sobre política, familia, escuela o cualquier otro tema que pueda poner de manifiesto la forma en que él piensa. ¿Percibió algún grado de egocentrismo adolescente? ¿Y de pensamiento intuitivo? ¿Pensamiento sistemático? ¿Flexibilidad? Cite ejemplos, comparando los procesos del adolescente (no su contenido) con su propio pensamiento.

3. Piense en las decisiones que usted ha tomado que cambiaron su vida. ¿De qué forma cada decisión se basó sobre la lógica y de qué forma en la emoción? ¿Puede pensar en una decisión que hubiera sido diferente si usted hubiera sabido más sobre la situación o si la hubiera analizado de modo diferente?

4. Se dice que la educación universitaria estimula un pensamiento más flexible y que es "transformadora". ¿Es cierto con su experiencia universitaria? Reflexione sobre el impacto que ha tenido la universidad sobre su cognición y sobre la de varios de sus amigos, idealmente sobre algunos que usted ha conocido desde que ingresaron a la universidad.

La adolescencia: el desarrollo psicosocial

Un adolescente de 17 años escribe:

Estoy interesado en todo. Me gusta la nueva tecnología, las computadoras, los vídeos. Tengo una guitarra que toco en casa. Por lo general, juego básquetbol con mis amigos... En resumen, me siento bien. Soy amistoso y tengo sentido del humor. ...Amor, amistad, honestidad y tranquilidad personal son los valores más importantes en la vida de una persona.

[Citado en van Hoorn y cols., 2000, p. 22]

Este adolescente podría ser un varón o una mujer y podría vivir casi en cualquier lugar: Tokio, Topeka, Toronto o su propia ciudad natal. De hecho, este joven vive en Pecs, Hungría. Él creció escuchando los disparos de armas de fuego en la cercana Croacia y presenció una revolución social y política masiva en su propio país. Y sin embargo agrega, sin ironía: "No hubo ningún acontecimiento esencial e importante en mi vida, sólo el hecho de que yo nací" (citado en van Hoorn y cols., 2000, p. 22).

Los sentimientos de este jovencito, que incluyen sentirse bien, son similares a los de muchos de sus compañeros en otras naciones. Los adolescentes de todas partes valoran "el amor, la honestidad y la tranquilidad personal" y están más influidos por sus familias y sus amigos que por los cambios (como la agitación política) en el mundo más amplio que los rodea, el exosistema. Como resultado de la globalización, la adolescencia es notablemente similar para muchos jóvenes, aunque las diferencias culturales siguen siendo importantes cuando afectan los valores familiares y las oportunidades económicas (Larson y Wilson, 2004).

Esta experiencia universal no niega otra realidad. Las variaciones son obvias no sólo entre los países, sino dentro de cada comunidad. Por ejemplo, una implicación sexual para algunos adolescentes sólo significa pensamientos privados y para otros significa una relación amorosa; el vínculo de un adolescente con la autoridad (incluidos sus padres) puede significar respeto o rebelión.

La mayoría de los adolescentes se encuentran en algún punto entre diversos extremos. Ellos valoran el amor, la amistad, la honestidad y la tranquilidad personal, pero su expresión de esos valores cambia de un día a otro, de una persona a otra y de una comunidad a otra. Casi todos los adolescentes luchan por encontrar su identidad y buscan la aprobación de la familia y los amigos. Este capítulo describe su búsqueda y luego explica algunos problemas que pueden tener los adolescentes.

La identidad

El desarrollo psicosocial durante la adolescencia puede entenderse mejor como una búsqueda de la **identidad** para una definición coherente de sí mismo. Como describió Erik Erikson (1963, 1968), la quinta crisis psicológica de la vida es la de **identidad versus difusión** (denominada originariamente *confusión de roles*). La búsqueda de la identidad conduce a la crisis primaria de la adolescencia, una crisis en la cual las personas jóvenes luchan por reconciliar "un sentido consciente de singularidad individual" con la "lucha consciente por una continuidad de la experiencia... y la solidaridad con los ideales de un

TONY FREEMAN / PHOTOEDIT

Ya soy mayor   Las jóvenes adolescentes tienden a utilizar su preferencia musical, su ropa y sus estilos de peinados y algunas veces su expresión facial para mostrar claramente a los padres que ya no son las niñas obedientes y predecibles que alguna vez fueron.

identidad   Definición coherente del "yo" de una persona como ser único en términos de roles, actitudes, creencias y aspiraciones.

identidad versus difusión   Según Erikson, quinta etapa del desarrollo psicosocial, en la cual los adolescentes desean saber quiénes son en cuanto al sexo, la religión, la política y la vocación, pero tienen dificultades para decidir cuáles de los numerosos roles o identidades posibles adoptarán.

"yo" posibles   Diversas personalidades, conjuntos de conductas o imágenes de sí misma que podría asumir una persona. La mayoría de los adultos han escogido un "yo" entre todas las posibilidades. Sin embargo, los adolescentes a menudo continúan explorando los "yo" potenciales.

"yo" falso   Conjunto de comportamientos que se adoptan para combatir el rechazo, complacer a los demás o construir una posible identidad.

logro de la identidad   Acción que permite saber quién es uno como ser único, aceptando algunos valores culturales y rechazando otros.

grupo" (Erikson, 1968). El impulso interno del adolescente por encontrar su lugar singular dentro de la comunidad más grande es lo que la convierte en una crisis; encontrar la combinación apropiada de autoafirmación y solidaridad grupal requiere años de exploración, reflexión y descubrimiento.

El primer paso es establecer la integridad de la personalidad, es decir, conciliar las emociones, el pensamiento y la conducta de modo que sigan siendo coherentes y armónicos más allá del lugar, del momento, de las circunstancias o de las relaciones sociales. "Tener dos caras", "insípido" e "hipócrita" son algunas de las peores acusaciones que un adolescente puede lanzar a otro, en parte porque la integridad es algo que se busca con vehemencia pero también muy difícil de lograr. En efecto, sin un sentido de continuidad y de congruencia entre los cambios biológicos y sociales, los adolescentes se sienten a la deriva y deprimidos (Chandler y cols., 2003). Pero no es fácil hallar la identidad.

Un yo múltiple

Sobre todo en los primeros años de la adolescencia, los adolescentes suelen tener varias identidades. Muchos adolescentes experimentan **"yo" posibles**; es decir, diversas percepciones de quiénes son en realidad, quiénes son en diferentes grupos o contextos y quiénes podrían llegar a ser (Markus y Nurius, 1986; Markus y cols., 1990). Los "yo" posibles se exploran de manera más imaginativa que realista, cuando los jóvenes adolescentes fantasean en convertirse, digamos en un astronauta o una estrella del rap, sin comenzar el trabajo que se debe realizar para alcanzar estos objetivos.

Muchos adolescentes saben que su conducta cambia según el contexto y las circunstancias inmediatas: ellos cambian de reservados a escandalosos, de cooperadores a antagonistas, de amantes a manipuladores. Conscientes de las incoherencias entre estos "yo" múltiples, se preguntan cuál es el "yo real". Como lo señaló un psicólogo del desarrollo: "La búsqueda tortuosa del yo supone la preocupación de quién soy o qué soy, una tarea que se hace más difícil a causa de los múltiples 'yo' que se vislumbran" (Harter, 1999, p. 68).

Al revisar sus "yo" posibles, los adolescentes a menudo temen adoptar un **"yo" falso**, actuando de maneras que son contrarias a como realmente son, aun cuando no están seguros de lo qué realmente son. Los "yo" falsos y contradictorios son más frecuentes al inicio y en la mitad de la adolescencia (Harter y cols., 1997). Un investigador cita a un niño de 17 años que recuerda sus posibles "yo": "Yo he explorado ser un intelectual,... el payaso de la clase,... un delincuente rebelde. Y he descubierto ventajas y desventajas en todos éstos... y ése fue el inicio de mi propia identidad personal" (citado en Kroger, 2000, p. 59). De forma gradual, a medida que un "yo" posible se convierte en un "yo" verdadero, los "yo" falsos desaparecen.

Los caminos hacia la identidad

El **logro de la identidad** es el objetivo final, que se alcanza a través del "rechazo selectivo y la asimilación mutua de las identificaciones infantiles" (Erikson, 1968). Esto significa que los adolescentes establecen su propia identidad al reconsiderar todos los objetivos y los valores establecidos por sus padres y la cultura, al aceptar algunos y al rechazar otros.

Los adolescentes que "logran" la identidad saben quiénes son; siguen vinculados a los valores morales y las actitudes que aprendieron, pero no están inevitablemente atados a ellos. Los adolescentes buscan mantener un sentido de continuidad con su pasado para dirigirse hacia el futuro (Chandler y cols., 2003).

Erikson fue el primero en categorizar estas crisis hace más de 50 años, en una época que difería de la actual en la política, la investigación del desarrollo y el concepto personal de los adolescentes. No obstante, aunque el contexto, la cohorte y distintos microsistemas afectan las características específicas, continúa la búsqueda global de la identidad (Nurmi, 2004). En la actualidad, consideramos cuatro caminos hacia la identidad, como lo señalaran James Marcia y otros investigadores más recientes: difusión, identidad prematura, negación y moratoria (Kroger, 2004; Marcia, 1966, 1980; Waterman, 1999).

Difusión

Lo opuesto del logro de la identidad es la **difusión de la identidad**, la falta de compromiso de una persona con cualquier objetivo o valor, una apatía acerca de todos los roles. Los jóvenes que muestran difusión tienen dificultades para cumplir con las demandas habituales de la adolescencia, como completar las tareas escolares, encontrar un trabajo, hacer nuevos amigos y pensar en el futuro. En cambio, duermen mucho, miran programas de televisión que embotan la mente y pretenden no ocuparse de nada porque para ellos "nada es importante" o "todo da lo mismo...".

La difusión no es tanto un tipo de identidad como la carencia de ella, la ausencia de autodefinición o compromiso. Erikson originariamente denominó a este estado *confusión de roles*, al describir a los adolescentes que no estaban seguros acerca de qué rol adoptar. Pero algunos adolescentes están más que confundidos: están dispersos y confundidos, de modo que Erikson modificó el término.

Estos adolescentes pueden pasar de un vínculo sexual o platónico a otro, sin experimentar nunca pasión, angustia o compromiso. Parecen indiferentes al fracaso escolar, las críticas de los padres, los plazos vencidos para un trabajo, la universidad o cualquier cosa. Casi todos los adolescentes tienen momentos de difusión, cuando las cosas no les importan tanto como sus padres o docentes quisieran. Si la difusión se convierte en un estado arraigado, es un problema grave. La difusión coloca a la persona en riesgo de depresión clínica o de delincuencia crónica (se explica más adelante).

difusión de la identidad En un adolescente, falta de valores, de rasgos de la personalidad o de compromisos; opuesto al logro de la identidad.

Identidad prematura

La **identidad prematura** ocurre cuando los jóvenes acortan su búsqueda sin cuestionarse sus valores tradicionales o adoptando una identidad preformada (Marcia, 1966; Marcia y cols., 1993). Ellos podrían aceptar los roles y las costumbres de sus padres o de su cultura en lugar de explorar alternativas y forjar su propia identidad. Un ejemplo podría ser un varón adolescente que siempre había previsto seguir los pasos de su padre. Si el padre fuese médico, el hijo estudiaría diligentemente química y biología y luego tomaría cursos preparatorios en la universidad para estudiar medicina inmediatamente después de su graduación.

La identidad prematura también puede hallarse al incorporarse a un culto religioso estricto o a una célula política intransigente, si ese grupo tiene reglas preestablecidas que deben seguir sus miembros para conducir sus vidas cotidianas. En el estrés inmediato de la adolescencia, la identidad prematura es un refugio. El peligro es que, durante la vida adulta, las circunstancias hagan que los individuos con identidad prematura se cuestionen por qué se convirtieron en médicos, predicadores o fanáticos políticos. Entonces se encuentran a la deriva, sin un sostén para su propia elección.

Algunos adolescentes que parecen encaminados hacia una identidad prematura bruscamente cambian de curso, como lo hizo George Stephanopoulos, quien siempre había pensado que se convertiría en sacerdote ortodoxo griego, como lo fueron su padre y su abuelo. George escribe:

identidad prematura Término de Erikson que se refiere a la formación prematura de la identidad, cuando un adolescente adopta la totalidad de los roles y los valores preestablecidos, sin cuestionarlos.

> Cuando tenía trece años, mi trabajo final del octavo grado fue un artículo sobre una carrera potencial. Como era esperable, escribí que iba a ser sacerdote y llevé a casa mi calificación A... Comencé la escuela secundaria y eso me golpeó. Estaba sentado en la sala de mi casa una mañana poco antes de las ocho, no pensando en nada en particular, cuando la idea de que no estaba *destinado* a ser un sacerdote, que no llevaría hasta la siguiente generación el legado familiar, se me reveló con una intensidad que otros deben sentir cuando son llamados *a* ser sacerdotes.

[Stephanopoulos, 1999, pp. 12-13]

Después de esta introspección, él intentó combinar su pasado con un nuevo futuro. Stephanopoulos escribe: "Me perforaban dos ambiciones difícilmente compatibles: el servicio público y el éxito profesional. Los sacerdotes sirven; los inmigrantes triunfan. Podría intentar hacer las dos cosas" (p. 13). Siguió una década de incertidumbre. Por ejemplo, inmediatamente después de la universidad, Stephanopoulos decidió impulsivamente unirse a los Cuerpos de Paz como docente en Túnez, pero dos horas después de inscribirse, cambió de opinión. Finalmente decidió convertirse en director de campañas políticas y periodista.

Identidad negativa

identidad negativa Identidad que se asume de manera reactiva, desafiante y rebelde, simplemente porque es opuesta a la que esperan los padres o la sociedad.

Algunos adolescentes deciden que los roles que los adultos les ofrecen son inalcanzables o no les resultan atractivos, aunque no pueden encontrar alternativas que sean verdaderamente propias. La reacción puede ser una **identidad negativa**, es decir, una identidad contraria a lo que se espera de ellos. El hijo de un maestro se niega a ir a la universidad, la hija de un líder religioso se convierte en prostituta o su hijo en un narcotraficante; el factor fundamental en la identidad negativa no es la identidad en sí misma sino el desafío rebelde que subyace a ella.

Una versión de la identidad negativa es la *identidad oposicional* (Ogbu, 1993), que ocurre cuando un adolescente rechaza la cultura dominante y adopta estereotipos negativos exagerándolos. Por ejemplo, algunos jóvenes homosexuales se llaman a sí mismos orgullosamente "maricas" y algunos estadounidenses negros están orgullosos de ser los "más malos".

La cultura de una generación puede facilitar la identidad negativa, como se demuestra en el siguiente caso.

ESTUDIO DE UN CASO

"Dale una oportunidad"

Un infante de marina de carrera era muy dominante con sus dos hijos. El hijo mayor, Dennis, un adolescente modelo de comienzos de la década de 1960, se convirtió en un héroe del fútbol americano y en un estudiante brillante. Para encontrar su propia identidad, hizo algunos cambios en la senda de su padre: fue a la Academia de la Fuerza Aérea en lugar de alistarse como infante de marina y no siempre estuvo de acuerdo con su padre.

Greg (el hijo menor), por el contrario, llegó a la adolescencia a fines de la década de 1960, se vestía y se comportaba de acuerdo con las costumbres de ese momento. Cuestiones como la guerra de Vietnam se imponían en las noticias y en los temas a la hora de la cena...

La mayor parte de las veces, Greg sólo absorbía las críticas de su padre y en pocas ocasiones le respondía. (En cualquier caso, las palabras de su padre sólo constituían un tiro por la culata, ya que hacían que Greg entrara más en la contracultura.) Pero una noche... Dennis, que estaba de permiso, se unió al resto de la familia para cenar en casa. Su padre, como era costumbre, criticaba a Greg por la forma en que iba vestido (teñido y en sandalias) y por sus "malos" modales en la mesa. Al cabo de un tiempo, Dennis pensó que había oído demasiado. "Déjalo ya", dijo severamente, por cierto algo poco característico de su tono habitual con su padre. "Dale una oportunidad, ¿por qué no lo haces?"...

"¡Sí, teniente!", su padre le contestó bruscamente, dejando caer el tenedor con un golpe en el plato. Se volvió y subió la escalera.

[Conley, 2004, p. 111]

Es fácil admirar a Greg por resistir a su rígido padre, que nunca le dio una oportunidad. Pero la resistencia a plena fuerza puede convertirse en una identidad negativa, con un costo para toda la vida. Greg no estableció su propia identidad, ya que para él era obvio que debía oponerse a todo lo que su padre decía o hacía. Cuando fue adulto, Greg nunca se las arregló para mantener un trabajo regular. Incluso después que su padre murió, Greg se mantuvo alejado de su madre y su hermano. Por el contrario, Dennis forjó su identidad combinando algunos aspectos de los valores de su padre con algunos propios y llegó a posiciones de liderazgo en la Fuerza Aérea y luego en la vida civil, obteniendo ingresos de clase media alta.

La identidad negativa requiere un contraste, una barricada contra la cual choque. Si ese obstáculo desaparece o, como en este caso, se muere, la identidad negativa colapsa. Sin una identidad positiva que reemplace a la negativa, la persona se pierde.

Moratoria

moratoria de la identidad Pausa en la formación de la identidad. Se exploran alternativas pero se pospone la identidad definitiva.

Por último, en el proceso de búsqueda de una identidad madura, muchos jóvenes declaran una **moratoria de la identidad**, una especie de receso. En los Estados Unidos, las moratorias son particularmente frecuentes alrededor de los 18 años, edad en la cual en otra época se esperaba que las mujeres jóvenes se casaran y los hombres jóvenes comenzaran una carrera para toda la vida. Estas expectativas parecen no ajustarse al panorama económico actual, con expansión de la globalización, empleo femenino creciente y un mercado laboral inestable (Larson y Wilson, 2004). En consecuencia, muchos adolescentes posponen las decisiones de identidad y en su lugar optan por una moratoria.

Una moratoria no es necesariamente dañina. De hecho, dada la complejidad de "hallarse a uno mismo" en la sociedad moderna, a menudo las moratorias son necesarias. La sociedad proporciona varias formas constructivas de adelantarse al logro de la identidad. Uno de los más obvios es la universidad, donde suele requerirse que los estudiantes tomen cursos en distintas áreas académicas. Además, el hecho de ser un estudiante disminuye la presión para establecerse, elegir una carrera y encontrar una pareja, cada uno de los cuales presupone que la persona ha logrado cierta identidad.

Otras instituciones que proporcionan una moratoria aceptable son las academias militares, el trabajo en misiones religiosas y distintos internados. Al contrario de los adolescentes con difusión de identidad, los adolescentes en moratoria intentan llenar sus roles (estudiante, soldado o cualquiera que sea), pero consideran que es una identidad transitoria y no final. Por ejemplo, el Ejército de los Estados Unidos en otra época anunciaba: "Sé todo lo que puedas ser"; pero no decía que, una vez que seas todo lo que puedas ser, debías alistarte de nuevo. Para la mayoría de sus miembros, las instituciones militares constituyen un estado de identidad transitoria y no la elección final.

Los escenarios de la identidad: cambio y progreso

Los caminos hacia la identidad que acabamos de revisar –difusión, identidad prematura, identidad negativa, moratoria– fueron descritos principalmente por teóricos que construyeron sobre el trabajo de Erikson, quien describió explícitamente cuatro escenarios de la identidad: religioso, sexual, político y vocacional.

Ahora, cincuenta años más tarde, los adolescentes siguen luchando en esos cuatro escenarios –el compromiso religioso, los roles sexuales, las lealtades políticas y las opciones de carreras– intentando adaptar sus esperanzas al futuro con las ideas adquiridas en el pasado (Gibson-Cline, 2000). La terminología ha cambiado desde la época de Erikson, pero estas identidades aún deben ser descubiertas.

Es importante reconocer que una persona no logra la identidad de una sola vez. Por ejemplo, muchos adolescentes del siglo XXI tienen una identidad religiosa prematura, logran la identidad sexual, muestran difusión en política y están en moratoria en la identidad vocacional. Además, algunos aspectos de los cuatro escenarios de la identidad son más fáciles de encontrar que otros.

Por ejemplo, para lograr una identidad sexual algunos adolescentes se identifican como homosexuales o heterosexuales tanto por razones biológicas como sociales (Hines, 2004; Moshman, 1999), pero muchos siguen luchando con ciertos aspectos de la identidad sexual. Un joven podría identificarse como varón pero no estar interesado en ciertas características del rol masculino típico; por ejemplo, podría no tener la pasión esperada por el fútbol y otros deportes. Mientras tanto, su novia podría ser una ávida aficionada al boxeo, desviándose así del rol femenino tradicional. La identidad es un proceso más que un estado para los adolescentes (Grotevant, 1998).

Ahora consideraremos cada uno de los cuatro escenarios descritos originariamente por Erikson. Comenzaremos con la identidad religiosa porque proporciona ejemplos que aclaran la difusión, la identidad prematura, la identidad negativa y las moratorias creadas socialmente.

Religión

Es probable que la identidad religiosa sea tan importante para los adolescentes actuales como nunca lo ha sido porque muchos de ellos se encuentran en la "búsqueda espiritual... (una) búsqueda del sentido y la finalidad de la vida" (Levesque, 2002). Sin embargo, no es fácil encontrar el sentido.

Existen seis signos de que los adolescentes han encontrado con éxito su identidad religiosa. Ellos se autoidentifican como cristianos, judíos, musulmanes, budistas o practicantes de otros credos; especifican subcategorías, como pente-

ROB HOWARD / CORBIS

Una vida religiosa Estos jóvenes adolescentes en Etiopía están estudiando para ser monjes. Su monasterio es un refugio en el medio de la lucha civil; ¿los rituales y las creencias también les proporcionarán una forma de lograr la identidad?

costales u ortodoxos; pertenecen a un grupo particular de creyentes; rezan a diario; asisten a oficios con regularidad y la fe afecta sus vidas cotidianas. Por ejemplo, los adolescentes que tienen una identidad religiosa a menudo se ofrecen como voluntarios con otros miembros de su grupo para ayudar a otras personas (Youniss y cols., 1999).

Este compromiso, que incluye las prácticas y las creencias, significa que el individuo no tiene difusión ni moratoria. En este caso, el estado de la identidad religiosa puede ser un logro o el resultado de una identidad prematura. La identidad prematura se gesta si la persona simplemente acepta los valores y las prácticas de sus padres, aprendidos durante la infancia. Constituye el camino más fácil, porque proporciona seguridad entre la confusión de la adolescencia.

Ahora consideremos cómo reconocer si un adolescente tiene difusión o moratoria en relación con la identidad religiosa. Los adolescentes con difusión son indiferentes y alienados; alegan, por ejemplo, no sólo que todas las religiones son iguales sino que ninguna es buena. Aquellos que se encuentran en moratoria se siguen formulando preguntas. Continúan su búsqueda y tal vez deseen acompañar a un amigo cercano a una ceremonia religiosa o aceptar algunas ideas transitoriamente, pero no están convencidos de nada.

Aunque algunos adolescentes logran la identidad religiosa alrededor de los 18 años o antes, otros tardan más. Muchas religiones estimulan a los jóvenes a que luchen con interrogantes religiosos antes de asumir un compromiso. Por ejemplo, aquellos que desean unirse al clero se someten a años de pruebas y entrenamiento antes de que se les permita comprometer sus vidas. Aquellos que buscan el sacramento religioso del matrimonio (en lugar de sólo una ceremonia civil) a menudo deben someterse a un período de espera e instrucción. En muchas religiones, como en el mormonismo, se espera que todos reciban entrenamiento y luego realicen un trabajo de misionero antes de establecerse para formar una familia.

Entre los amish (tal vez el grupo religioso estadounidense más contracultural), muchos adolescentes se rebelan contra la sencillez y el trabajo duro que caracterizan a la forma de vida amish; normalmente "se aventuran fuera al mundo" para experimentar la vida norteamericana típica de películas, automóviles y ropa moderna (Stevick, 2001, p. 166). Los rebeldes no son prohibidos por su iglesia; de hecho, suelen reunirse con otros adolescentes amish rebeldes. Ellos a menudo retornan con sus amigos al redil, eligiendo la forma amish luego de su interludio de independencia.

Casi toda religión organizada tiene programas especiales para adolescentes y adultos jóvenes, ideados para el cuestionamiento (moratoria) y luego el compromiso. Es raro que la búsqueda continúe hacia los 30 años, porque la mayoría de los individuos ya han hallado su identidad religiosa. (Si un adulto decide ser un ateo articulado y comprometido, su elección constituye una identidad religiosa.) Cuando los adultos de 30 años carecen aún de algún valor propio, pueden adherir a una identidad religiosa oposicional o difusa.

Género

En los últimos 50 años, el término *identidad sexual* ha sido reemplazado por el término *identidad de género*. Como se recordará del capítulo 10, para los científicos sociales *sexo* y *sexual* se refieren a las características masculinas y femeninas biológicas, y *género* se refiere a las características culturales y sociales consideradas apropiadas para hombres y mujeres.

Hace medio siglo, Erikson y otros teóricos del psicoanálisis pensaban en hombres y mujeres como opuestos (Miller y Simon, 1980). Ellos suponían que, si bien muchos adolescentes transitoriamente estaban confundidos acerca de su identidad sexual, pronto se identificarían como hombres o mujeres y adoptarían roles apropiados a su sexo (Erikson, 1968; Freud, 1958/2000).

En esos días, los adolescentes anticipaban los roles masculinos o femeninos tradicionales. Por ejemplo, las adolescentes se preparaban para ser esposas y madres, aprendiendo cómo coquetear, usar el lápiz de labio, caminar con tacos altos. Los varones se preparaban para ser buenos proveedores y "el hombre de la casa", desarrollando resistencia y una "vieja red varonil" a través de deportes competitivos, universidades exclusivas para varones y entrenamiento militar.

La investigación posterior, y el entorno cultural cambiante, mostró la estrechez de esas preparaciones (Lippa, 2002). Se cambió el nombre de identidad sexual por el de **identidad de género**, y el término se refiere ahora fundamentalmente a la autodefinición de una persona como hombre o mujer. Por lo general, la identidad de género conduce a un rol sexual y a una orientación sexual (Galambos, 2004).

Un **rol de género** es la ocupación y los patrones de conducta tipificados por el sexo que adopta una persona. En otra época el rol de género femenino significaba que las mujeres se casaran y se convirtieran en amas de casa obedientes a sus esposos y dependientes de ellos o en hijas "solteronas", obedientes a sus padres. En la actualidad, alrededor del 50% de las mujeres del mundo se encuentra en el mercado laboral, pero los roles tradicionales de las mujeres siguen siendo evidentes en el hecho de que las madres son los cuidadores primarios y las principales amas de casa, y las mujeres empleadas gravitan en carreras como docentes y enfermeras más que en carreras tradicionalmente masculinas como ingeniero y ejecutivo corporativo.

Un término relacionado es la **orientación sexual**, la atracción sexual de una persona hacia personas del sexo opuesto, de su propio sexo o de ambos sexos. Esta orientación puede ser relativamente fuerte o débil, y puede ser expresada, no expresada o incluso inconsciente. La orientación sexual puede coincidir con la identidad de género: aquellos que se identifican como varones suelen buscar parejas femeninas y las mujeres, parejas masculinas.

Estos tres aspectos de la autodefinición sexual (identidad de género, roles de género y orientación sexual) a menudo concuerdan, pero no siempre son epigenéticos y su correlación se establece con el sexo biológico, pero no están determinados completamente por la naturaleza o la crianza (Hines, 2004). Así, una mujer podría tener ropa y actitudes masculinas, trabajar como minera del carbón y ser heterosexual, o un hombre podría considerarse masculino, convertirse en un padre ejemplar y ser homosexual.

Los expertos difieren al establecer la medida en que las diferencias entre lo masculino y lo femenino de la conducta adulta son biológicas o culturales. Un equipo respetado llegó a la conclusión de que las "similitudes panculturales en el sexo y el género superan en mucho a las diferencias culturales" (Best y Williams, 2001, p. 22). Este argumento sugiere que la biología es mucho más poderosa que la cultura. Por el contrario, un científico que ha estudiado a personas que por razones genéticas tienen hormonas que difieren de su sexo aparente cree que biología y cultura se superponen e interactúan de tantas formas que no se puede realizar una distinción entre "sexo" y "género" (Hines, 2004). En cualquier caso, algunas de las diferencias de género que las personas creen que son biológicas son, de hecho, culturales (Barnett y Rivers, 2004).

Cada adolescente toma muchas decisiones acerca de la identidad y la conducta de género, seleccionando entre muchos roles y orientaciones. Por ejemplo, los adolescentes deciden dónde y cuándo ser sexualmente activos, tanto si optan por la abstinencia, la promiscuidad o algún patrón intermedio. Ellos descubren hacia quién deben sentirse atraídos y qué fuerza tiene esa atracción, que puede afectar o no los roles de género que elijan.

Para indicar la identidad de género, los adolescentes eligen joyas y ropas, asignaturas principales en la universidad y ocupaciones, y formas de hablar, moverse y reír. Algunas jóvenes usan mucho maquillaje, pantalones ajustados, aros colgantes y blusas transparentes para asistir a las clases de la escuela secundaria; otras usan ropas holgadas y evitan cualquier tipo de adornos. Ambos extremos son "yo" posibles, es probable que ambos cambien con la madurez y ambos son evidencia de la búsqueda de la identidad.

LEE SNIDER / THE IMAGE WORKS

¿Amistad, pareja o pasión? La identidad sexual es mucho más compleja para los adolescentes actuales de lo que era antes. La conducta, la ropa y los estilos de peinado a menudo son ambiguos. Las niñas con pelo rapado, los varones con orejas perforadas o las parejas del mismo sexo que se abrazan no son necesariamente homosexuales para toda la vida, y es posible que no tengan una orientación homosexual en absoluto.

identidad de género Este término se refería originariamente a todos los comportamientos relacionados con los varones y las mujeres. En la actualidad, la identidad de género se refiere más precisamente a la forma en que una persona se considera a sí misma, ya sea masculina o femenina.

rol de género Rol que, por lo general, se asigna a los hombres o a las mujeres, por ejemplo, ama de casa, enfermera, hombre de la casa y soldado.

orientación sexual Impulsos y dirección interna de una persona con respecto al interés sexual. El ser humano puede orientarse hacia personas del sexo opuesto (orientación heterosexual), del mismo sexo (orientación homosexual) o de ambos sexos (orientación bisexual). La orientación sexual puede diferir de la expresión sexual, la apariencia, la identidad sexual o el estilo de vida.

Puede aparecer un patrón de desarrollo. Según cierta investigación, con el paso de los años los adolescentes se vuelven menos flexibles en sus conceptos de roles de genéro masculino y femenino; es decir, se vuelven más determinados por el sexo de lo que eran antes, patrón denominado *intensificación del género* (Galambos, 2004). Los padres, las escuelas y los propios adolescentes pueden estar intensamente preocupados por la masculinidad y la feminidad. Por ejemplo, en las clases de matemáticas de la escuela primaria, muchas niñas andan tan bien o mejor que los varones. Sin embargo, para la época de la universidad, muchas menos mujeres que hombres se especializan en matemáticas y ciencias. Este desequilibrio puede reflejar la clara conciencia adquirida durante la adolescencia de las normas y expectativas sociales, que son más típicas del género que de base biológica (Barnett y Rivers, 2004).

En los comienzos de la vida adulta, algunas personas abandonan las normas del género y otras las intensifican. Por ejemplo, cuando una pareja celebra un matrimonio tradicional, suelen seguirse los patrones culturales muy definidos para cada sexo. En los Estados Unidos y otras sociedades occidentales, la novia normalmente usa un largo vestido blanco con un velo y lleva un ramo; el novio usa un traje oscuro y sencillo. Ella tiene damas de honor, padres que la llevan al altar y un anillo de matrimonio que agregan a su anillo de compromiso; él tiene un padrino de boda y puede tener un anillo, pero nunca dos. Las particularidades varían según la cultura (las novias chinas se visten de rojo), pero tales diferencias entre los sexos son universales.

La identidad étnica

En la época de Erikson, la identidad política se refería fundamentalmente a que una persona se identificara con un partido político particular. Actualmente, este tipo de identidad política parece la menos importante de los cuatro escenarios de la identidad de Erikson (religiosa, de género, política, vocacional). En la mayoría de los países en que se han estudiado, los adolescentes parecen indiferentes a la identidad y los valores políticos (Torney-Purta y cols., 2001). Ellos constituyen el grupo etario que está menos involucrado en la política tradicional de cualquier tipo, incluido el voto.

Desde la época de Erikson, la identidad étnica se ha vuelto cada vez más importante, y este cambio afecta los valores y las actitudes sociales y políticas. Las políticas étnicas e incluso las guerras étnicas son generalizadas, y muchos manifestantes violentos y defensores de las normas de los grupos étnicos son adolescentes (Bernal y cols., 2003). A menudo los alzamientos son representados como políticos (p. ej., en Palestina y Ucrania) y los periodistas se concentran en los miles de jóvenes que intervienen; pero estos movimientos parecen ser tanto una cuestión de orgullo étnico y nacional como de partidismo político.

En los Estados Unidos, la identidad étnica es particularmente importante para más de uno de cada tres adolescentes que no han nacido allí o que no descienden de europeos. Muchos de estos jóvenes anuncian su identidad étnica usando colores, colgantes o sombreros particulares. Los problemas de identidad étnica también pueden surgir entre los estadounidenses de ascendencia europea, sobre todo aquellos cuyas familias se aferran a sus lazos con otra nación o que vinculan la identidad étnica con la religión.

En todo el mundo, la mayoría de los niños se crían en vecindarios con otros niños de contextos similares. Sus experiencias infantiles compartidas facilitan la transmisión de conductas y valores étnicos, no sólo en cuanto a hábitos alimentarios, roles de género e idioma, sino incluso en detalles tales como el modo de usar el calzado o de saludar a extraños. En la pubertad, la identidad étnica puede volverse fundamental, sobre todo si los adolescentes se inscriben en una escuela secundaria grande y multiétnica, prevén obtener empleo en una sociedad multicultural y tienen conocimiento de los conflictos históricos o actuales en su propia nación (Lei, 2003).

Los hijos de inmigrantes experimentan la crisis de identidad con especial intensidad. Sus padres, nacidos y criados en otro país y en otra época, simplemente "tenían" una identidad étnica: nunca necesitaron encontrarla, ni incluso reflexionar mucho en ella (Song, 2003). Los hijos de los inmigrantes eligen su propia identidad étnica de entre varias posibilidades. Las características específicas de-

penden del contexto, sobre todo de la cantidad de otros individuos de su misma edad y descendencia que están cerca y del modo en que los otros individuos reaccionan hacia ellos. El contexto no es sólo influyente, sino esencial: "Sin un contexto, no puede ocurrir la formación de la identidad ni el desarrollo personal" (Trimble y cols., 2003, p. 267).

A menudo, la segunda generación tiene un concepto más amplio que los inmigrantes originales. Por ejemplo, los jóvenes pueden identificarse no como individuos provenientes de un lugar particular de China (como lo hicieron sus padres) sino como chinos, oriundos de Asia oriental o asiáticos, o como lo hicieron algunos estadounidenses de origen chino cuando la acción afirmativa era una pregunta para el voto en California, como no blancos (Song, 2003).

Cada identidad es una elección, con distintas manifestaciones idiomáticas y de valores, de características de citas y parejas, vestido y pudor (Trimble y cols., 2003). La identidad étnica tiene tres características clave:

- Depende del contexto y, por lo tanto, puede cambiar.
- Es recíproca, tanto una elección personal como una respuesta a los otros.
- Es multifacética; los individuos pueden elegir algunos aspectos y rechazar otros.

Uno de los que eligió fue Kevin Johnson, hijo de padre estadounidense descendiente de europeos y madre estadounidense descendiente de mejicanos. Johnson escribió un libro denominado *How Did You Get to Be Mexican?* ("¿Cómo llegó a ser mejicano?") para explicar su decisión adolescente de ser mejicano, para la consternación de aquellos que pensaban que su nombre, su apariencia y su infancia "anglo" negaban su herencia mejicana. Kevin criticaba a sus padres por no haberle enseñado español. Se casó con una estadounidense descendiente de mejicanos, le dio a sus tres hijos nombres españoles y los ayudó a ser bilingües (Johnson, 1999).

La identidad étnica se complica además si los jóvenes temen adoptar un "yo" falso. Como el contexto importa, muchos adolescentes notan que su palabra, sus actitudes e incluso los gustos personales dependen de que se encuentren con sus padres, sus compañeros o con extraños. Sus amigos pueden acusarlos de deslealtad, de ser "oreo", "banana" o "manzana" (blancos por dentro pero negros, amarillos o "rojos" por fuera), o "grises" (una mezcla de blanco y negro).

De hecho, la identidad étnica siempre es dinámica y cambiante. Nadie se ajusta con precisión al prototipo, como lo reconocen muchos adultos pero no muchos adolescentes. En parte para evitar las críticas, los jóvenes cuyos padres son considerados como de diferentes razas suelen autoidentificarse con el grupo que experimenta mayor prejuicio (Herman, 2004).

Sin embargo, para cualquier adolescente es difícil combinar pasado y futuro. Esto es expresado poderosamente en relación con los jóvenes nacidos en los Estados Unidos hijos de padres mejicanos por uno de ellos:

Iguales pero diferentes Tradicionalmente, la identidad de las minorías en los Estados Unidos se concentró en la raza, y los jóvenes de color debían encontrar su lugar en un mundo de blancos. Sin embargo, actualmente, la cuestión se ha ampliado, para ser considerada étnica y no racial. Estos estudiantes secundarios de California parecen físicamente similares pero tienen orígenes muy diferentes: el que está en primer plano en la fotografía de la izquierda proviene de Camboya y el adolescente de la fotografía de la derecha es de México. Cada uno está encontrando su propia identidad bicultural. Sus orígenes difieren, pero la búsqueda es universal; muchos adolescentes de descendencia europea también luchan con problemas de herencia y del "yo".

No es suficiente cuestionar su identidad, tan inevitable como es esa experiencia. Haber atravesado las ambigüedades, las contradicciones y la frustración de la esquizofrenia cultural es haber pasado sólo la primera prueba en el proceso... debemos encarnar nuestra propia historia. El pueblo que pierde su memoria pierde su destino.

[Gaspar de Alba, 2003, pp. 211-212]

Vocación

Así como las identidades sexual y étnica se han vuelto mucho más complejas en los últimos 50 años, también lo ha hecho la identidad vocacional (Csikszentmihalyi y Schneider, 2000). En el pasado, muchos adolescentes estadounidenses trabajaban por una paga mientras aún estaban en la escuela. Sus familias necesitaban dinero y se ofrecía trabajo para diversos servicios (repartir diarios, cuidar niños, trabajar en el jardín). Los estudios longitudinales iniciados durante la gran depresión en los Estados Unidos observaron que los empleados adolescentes beneficiaban a sus familias y a sí mismos (Elder, 1974). Muchos adultos de esa generación siguen creyendo que los adolescentes deben trabajar, para "aprender lo que significa el dinero" y "mantenerse alejados de los problemas".

La investigación que rastreó el efecto del empleo sobre el desarrollo adolescente, y comparó ambos sexos y distintas culturas, sorprendió a muchos científicos sociales al arribar a la conclusión de que el trabajo no es necesariamente beneficioso. Es probable que el empleo durante la adolescencia impida la formación de la identidad, las relaciones familiares, los logro académicos y el éxito en la carrera. Estos deterioros son especialmente probables si el trabajo insume más de 20 horas a la semana y si no está relacionado con el programa de estudios escolar (Greenberger y Steinberg, 1986; Hamilton y Lempert, 1996; Staff y cols., 2004).

El empleo en los adolescentes varía según las culturas. En Japón, casi ningún adolescente está empleado e incluso ninguno realiza una tarea importante en el hogar, porque la familia y la cultura concuerdan en que la obligación del adolescente es estudiar (Stevenson y Lee, 1990). En muchos países africanos, los adolescentes eligen entre la escuela y el trabajo, y los adolescentes *menos* capaces permanecen en la escuela (Sternberg, 2004).

En Alemania, la experiencia laboral es parte integral del programa de estudios. La mayoría de los adolescentes alemanes eligen una vocación particular de las 360 que se les ofrecen y entonces son entrenados por un empleador junto con su trabajo escolar. Los estudiantes esperan que el entrenamiento conduzca al empleo. Recientemente esta tradición ha comenzado a perderse porque los empleadores desean empleados flexibles e independientes, no jóvenes de 18 años recién entrenados, y los adolescentes están rechazando los aprendizajes y prefieren la universidad al empleo inmediato (Cook y Furstenburg, 2002).

Incluso en los Estados Unidos, la diversidad es evidente. Muchos adolescentes norteamericanos trabajan en puestos sin salida y aburridos –en restaurantes de comida rápida, como quehaceres domésticos o algo similar– y gastan su dinero en entretenimientos, en lugar de depositarlo en un banco. No aprenden nada sobre lo grato que es hacer un trabajo estimulante, la responsabilidad de pagar facturas o sus propios estudios futuros. Pero para algunos, el empleo que ofrece oportunidades de aprendizaje y promoción, de contar con mentores, buena paga y estrés limitado, tiene beneficios psicosociales que incluyen el desarrollo de buenos hábitos laborales (Mortimer, 2003).

Ninguna fórmula aislada es adecuada para todos. Los efectos evolutivos del empleo adolescente están ligados a la economía nacional y la cultura. En 2003 se emplearon menos personas de 16 a 24 años que en 2001 o 2002, en gran parte porque globalmente había menos trabajos. Esta tendencia no sólo afectó la cantidad sino también la calidad de los trabajos disponibles para los adolescentes. Los efectos a largo plazo del empleo varían, aunque más de 20 horas de trabajo por semana durante la escuela secundaria se considera nocivo, no importa cuál sea la situación del país. Si un trabajo no distrae de la tarea escolar y si conduce al empleo en la vida adulta, puede ser beneficioso para el adolescente y la familia (Mortimer, 2003).

Sin embargo, la mayoría de las veces el trabajo intenso en una tarea daña el desarrollo adolescente (Staff y cols., 2004). El éxito vocacional en la vida adulta no se correlaciona con el empleo remunerado durante la vida adolescente sino con la capacitación social y académica del adolescente, y ambas se logran más fácilmente *sin* un empleo permanente (Roisman y cols., 2004).

SÍNTESIS

Muchos adolescentes toman años en lograr una identidad sólida, que es el producto de la exploración y el compromiso. Erikson describió que la crisis de la identidad ocurría en cuatro escenarios: religión, sexo, política y vocación. Muchos otros psicólogos del desarrollo han trabajado sobre esta crisis: a algunos adolescentes no parece importarles nada (difusión de la identidad), algunos hacen elecciones prematuras (identidad prematura), algunos simplemente reaccionan contra las normas sociales (identidad negativa) y algunos optan por un intervalo aceptado por la sociedad (moratoria). Para la juventud contemporánea, cada aspecto de la identidad es más complejo de lo que era antes. La identidad prematura de tipo religioso puede ser atractiva; la identidad sexual se ha convertido en identidad de género, roles de género y orientación sexual; la identidad política a menudo está entremezclada con la identidad étnica y religiosa; y la identidad vocacional es evasiva. Las elecciones y los patrones vitales pocas veces son dicotomías simples (p. ej., creyente/infiel, hombre/mujer, negro/blanco, trabajador/estudiante). En las condiciones actuales, las elecciones que en otra época eran simples son frustrantemente evasivas.

El apoyo social

En los mares cambiantes del desarrollo nunca se navega solo. A su debido tiempo, la familia, los amigos y la comunidad le proporcionan al viajero sustento, provisiones, instrucciones, lastre para la estabilidad y un abrigo seguro cuando es el momento de descansar. Mediante el ejemplo o la insistencia, las fuerzas sociales también dan razones para avanzar. En la adolescencia, cuando los vientos de cambio soplan con especial fuerza, los adultos y los coetáneos son compañeros de tripulación útiles.

El apoyo de los adultos

La adolescencia a menudo es caracterizada como un tiempo de declinación de la influencia de los adultos, un período en el que los valores y las conductas de los individuos jóvenes se van haciendo cada vez más distantes de aquellas de sus padres y otros adultos. Esta idea es válida de algún modo, pero no invariablemente cierta. De hecho, cuando los jóvenes sienten que su comunidad los valora, sus maestros confían en ellos y mantienen vínculos con los adultos, es mucho menos probable que tengan problemas de cualquier tipo, como probar drogas o cometer delitos graves (Benson, 2003).

Los padres son fundamentales como apoyo y guía (Collins y Laursen, 2004), pero en las comunidades concretas no están solos (Leventhal y Brooks-Gunn, 2004). En efecto, "se considera que las relaciones de apoyo con individuos distintos de sus padres se encuentran entre las ventajas clave del desarrollo que anticipan resultados favorables en la juventud" (Rhodes y Roffman, 2003, p. 195).

La **brecha generacional**, como se llamó a la diferencia, en términos de valores y actitudes, entre la generación más joven y la mayor, no es amplia. La estrechez de la brecha se aprecia en los valores relacionados con educación, política y cuestiones sociales que son compartidos por los adolescentes y los adultos que mejor conocen (Elder y Conger, 2000). Por ejemplo, en otra época se consideraba a la religión como un área de conflicto en la rebelión adolescente. Se esperaba que los adolescentes rechazaran al Dios de sus mayores, evitaran la iglesia o el templo, etc. Sin embargo, la investigación encuentra que los padres contemporáneos tienen una influencia fuerte y directa sobre las ideas religiosas de sus hijos (Martin y cols., 2003). Tanto la religión como los antecedentes culturales son recursos en la búsqueda de una identidad, y los adultos a menudo son un faro o al menos un reparo (King y Furrow, 2004; Wagener y cols., 2003).

Esto no significa que todo sea armonioso entre los adultos y los adolescentes. Cada grupo de edad tiene su propio **interés generacional** distinto (Bengtson, 1975). Es decir, cada generación tiene una tendencia natural para visualizar

brecha generacional   Diferencia en términos de valores y actitudes entre los adultos de una generación y los jóvenes de la siguiente. El distanciamiento es mayor en las preferencias respecto de la música, el vestido y la forma de llevar el cabello, y menor en cuanto a las creencias y los valores básicos.

interés generacional Necesidad de toda generación de ver las interacciones de la familia desde una perspectiva propia, porque son distintos los intereses que cada cual tiene dentro del escenario familiar.

las interacciones desde su propia posición y perspectiva. Cuando los adultos consultan con otros adultos y cuando los adolescentes conversan con sus pares, las dos generaciones cuentan historias muy diferentes.

Consideremos un conflicto acerca de la prohibición de salir después de una hora determinada. Los padres pueden considerar que es una cuestión de manejo, versión final de los intentos para que sus hijos se acuesten a horario. Pero los adolescentes pueden considerar que una prohibición para salir después de alguna hora temprano puede ser una prueba de los valores anticuados de los padres o de su falta de confianza. En un nivel más profundo, aquello que los padres piensan que es protección afectuosa puede ser considerado por los adolescentes como dominación controladora.

O consideremos los cortes de cabello. Una joven de 15 años descendiente de indios americanos escribe:

> Yo quería ser libre e independiente... Quería cortarme el cabello. Pero no podía tomar esa decisión. El corte de cabello era una gran decisión. Mi cabello era más que tan sólo un ramo de células muertas. Era un símbolo de control. Para mis padres y familiares, el cabello largo es considerado una parte esencial del ser femenino. Sobre todo para las "buenas niñas indias".
>
> [Chikkatur, 1997]

Desgarrada por estos conflictos, un día esta jovencita decidió cortarse el cabello antes de decírselo a su familia o cambiar de opinión.

Durante el mes siguiente, mientras todos sus familiares la criticaban, ella alternaba entre pensar que había cometido un "error enorme" y estar "feliz con mi corte de cabello". Ella consideraba su cabello corto como símbolo de independencia, no sólo de las tradiciones indígenas sino también de lo que ella percibía como la cultura de los adultos que deseaban que las niñas fueran femeninas, estuvieran bajo control y fueran dependientes. Sus padres, tías, tíos y abuelos consideraban que su corte de cabello era un ataque a su género y a sus valores culturales.

Los preadolescentes, los adolescentes y sus padres

Globalmente, los padres tienen interés en creer que todo está bien y que sus hijos son leales a la familia, a pesar de su demostración superficial de rebelión desencadenada por las influencias externas, como las hormonas, la presión de los pares o Hollywood. Por el contrario, la generación más joven tiene interés en percibir que sus padres son limitados, anticuados o carentes de tacto.

NANCY RICHMOND / THE IMAGE WORKS

En mi cocina no   Tanto los padres como los adolescentes están involucrados en su relación mutua, pero cada generación tiene sus propios intereses, o perspectivas, respecto de las interacciones. El interés generacional puede terminar en una pelea, a menudo por temas poco importantes.

? PRUEBA DE OBSERVACIÓN   (véase la respuesta en la p. 508): ¿Qué observa usted en las actitudes corporales de estas dos personas que le sugieren un contexto de demarcación generacional?

La conducta de muchos jovencitos en los Estados Unidos, al igual que la niña descendiente de indios americanos anterior, puede tener un rol evolutivo y cultural. Para mejorar sus posibilidades de reproducirse, puede ser necesario que los adolescentes se liberen de las sujeciones de sus padres y encuentren sus propias parejas y compañeros. Siempre surgen disputas cuando el impulso de independencia de un jovencito choca con el control habitual de los padres. La profundidad y las características específicas del desacuerdo dependen de muchos factores, que incluyen la edad y el sexo del niño.

Normalmente, el conflicto entre padres e hijos es más frecuente en los preadolescentes, sobre todo entre las madres y las hijas (Arnett, 1999; Laursen y cols., 1998). Suele manifestarse como una **pelea** (discusión repetida e insignificante más parecida a una queja que a un enfrentamiento) en relación con las rutinas cotidianas: temas vinculados con la limpieza y la ropa o, como escribió un observador, "el cabello, la basura, los platos y los chanclos" (Hill y Holmbeck, 1987). Los jóvenes adolescentes a menudo se sienten compelidos a manifestarse –con el ombligo expuesto, un tatuaje visible o música hip-hop estruendosa– para establecer que ha llegado una nueva etapa. Los padres lo notan y temen lo peor: la drogadicción, la cárcel, la pérdida de influencia. Las peleas continúan.

De alguna forma, la pelea es una consecuencia de una relación estrecha. Es más probable que el conflicto indique la existencia de apego entre el padre y el hijo que una falta de interés (Smetana y cols., 2004). Pocos padres pueden resistirse a formular comentarios acerca de las medias sucias debajo de la mesa de café o de un aro que atraviesa las cejas y pocos adolescentes pueden escuchar con calma las "expresiones de preocupación" sin sentir que son juzgados de manera injusta (Smetana, 2002).

Cuando los padres reconocen que sus hijos adolescentes se están volviendo más distantes y menos afectuosos, por lo general se adaptan y proporcionan mayor autonomía y, hacia el final de la adolescencia, "normalmente la amistad y el afecto positivo vuelven a surgir hasta los niveles preadolescentes" (Collins y Laursen, 2004, p. 337). Lo habitual es que la adaptación ocurra de ambos lados; la madurez física y la independencia emocional del niño finalmente traen aprecio y respeto mutuos.

Cultura y familia

En Estados Unidos, las diferencias étnicas se observan a menudo con relación al *momento* en que surge en el conflicto entre padres e hijos. Para los adolescentes asiáticos y latinos, las relaciones tormentosas con los padres pueden aflorar más tarde en la adolescencia. Tal vez la demanda de autonomía del adolescente típico se retrase cuando las culturas estimulan la dependencia en los hijos y destacan la proximidad familiar (Greenberger y Chen, 1996; Harkness y Super, 2002; Laursen y cols., 1998).

Internacionalmente, algunas culturas valoran la armonía familiar por encima de todo lo demás y ambos lados evitan el conflicto. Es posible que la misma idea de la rebelión adolescente y la autonomía de los jóvenes adultos sea una construcción social, asumida como necesaria en la cultura occidental pero no en otros lugares, especialmente en la India (Larson y Wilson, 2004). En la China contemporánea, la mayoría de los adolescentes desean subordinarse a la generación mayor, creyendo firmemente en la armonía generacional y el respeto mutuo (Fuligni y Zhang, 2004). Esto plantea la cuestión de si las emociones, la autonomía y la rebelión adolescentes pueden ser un fenómeno cultural y no el resultado universal de las hormonas, la pubertad, el egocentrismo y la búsqueda de identidad.

Si la adolescencia, según se describe en estos capítulos, es principalmente cultural, las culturas occidentales producen rebelión o las culturas orientales reprimen la autonomía. La rebelión más tardía de los adolescentes inmigrantes, que acabamos de mencionar, podría ser el resultado de una pubertad más tardía,

B. Smaller

"De modo que te reprocho todo, ¿de quién es la culpa?"

pelea Discusión insignificante y fastidiosa que es generalmente repetitiva y prolongada.

ESPECIALMENTE PARA MADRES ¿Cuál es el motivo de pelea más probable entre las hijas adolescentes y sus madres?

de familias más cercanas, o de su lento reconocimiento de las expectativas de su nueva cultura. Una investigación multicultural puede pronto proveer respuestas.

Se puede decir mucho de las diferencias culturales, étnicas o nacionales. Los padres de todas partes cuidan lo que sus hijos hacen y esperan que sus hijos sean adultos felices y prósperos. Los adolescentes de todas partes aprecian la preocupación de sus padres y esperan su guía en cuestiones de salud y seguridad, educación y empleo. Las diferencias culturales surgen sólo en las características particulares (Smetana, 2002). Una de estas particularidades es la elección de la pareja: los jóvenes indios esperan que sus padres la elijan; los jóvenes japoneses esperan la orientación de sus padres en sus elecciones afectivas; los adolescentes de los Estados Unidos piensan que sus citas y sus futuros cónyuges deben surgir de sus propia elección (Hasebe y cols., 2004; Larson y cols., 2003).

Dejando de lado estas diferencias, los adolescentes de todo el mundo consideran que ciertas elecciones les son propias. Casi ninguno cree que los padres deben dictar su gusto personal en asuntos como música y vestimenta. Los adolescentes no sólo se ofenden con esta intromisión, sino que reaccionan con baja autoestima o con mayor enojo. Ambas reacciones pueden ser serias, como se explica al final de este capítulo.

En todas las naciones, no sólo las normas culturales sino también las variaciones dentro de las familias afectan el momento y la gravedad del desacuerdo entre padres e hijos. Algunos jóvenes experimentan más conflicto a los 12 años, otros a los 22 y otros en el período intermedio. La mayor parte de la investigación efectuada en Canadá, Australia y los Estados Unidos observa que cierto conflicto es normal, pero que demasiado conflicto deteriora el desarrollo. No importa cuál sea el nivel socioeconómico o el grupo étnico, los adolescentes no se benefician cuando las familias son permisivas hasta el punto de la laxitud *o* tan estrictas hasta el punto del maltrato (Maccoby, 2000; Moore y Brooks-Gunn, 2002).

Evitar los extremos puede ser particularmente difícil para una madre soltera que era adolescente cuando nació su hijo. Cuando el hijo llega a la adolescencia, esta madre tiende a ser demasiado permisiva o demasiado dura, incapaz de encontrar el equilibrio adecuado para tratar con una persona joven de su estatura y que parece casi tan madura como ella misma (Borkowski y cols., 2002; Loeber y cols., 2000).

Otra complicación surge cuando los hermanos mayores influyen en sus hermanos y hermanas menores. Si los hermanos mayores son agresivos, sexualmente activos o consumen drogas, es más probable que los hijos menores sigan su ejemplo a que aprendan tener precaución de los errores de su hermano (Bank y cols., 2004; Brody, 2004; East y Kiernan, 2001; Whiteman y Buchanan, 2002). ¿Por qué es así? ¿Son los hermanos modelos de roles? ¿Los padres están cansados de vigilar y establecer límites? ¿Sus genes y sus circunstancias empujan a todos los hermanos en la misma dirección? Probablemente los tres.

Los peligros de la permisividad se amplifican en las comunidades que se deterioran. Cuanto peor sea un vecindario, sobre todo si hay armas y drogas fácilmente disponibles y los vecinos no utilizan la *eficacia colectiva* (explicada en el capítulo 1) para ayudar a los adolescentes, más fuerte es la atracción de los compañeros desviados y la conducta externalizada (Leventhal y Brooks-Gunn, 2004). Por lo tanto, en estas comunidades, los padres se encuentran bajo una presión especial para proveer a sus hijos adolescentes pautas, vigilancia y apoyo (Walker-Barnes y Mason, 2001).

En toda familia y en todo vecindario, si el conflicto conduce a que el adolescente huya o sea echado de la casa puede ocurrir un desastre. Las relaciones sexuales indiscriminadas, el abuso de drogas, la violencia y el suicidio son frecuentes entre los adolescentes que se sienten completamente apartados de sus padres (Yoder y cols., 1998).

La proximidad entre los padres y los adolescentes

El conflicto es sólo una parte de la relación entre padres e hijos. Otros aspectos importantes incluyen:

■ La comunicación. (¿Los padres y los adolescentes pueden hablar de forma abierta unos con otros?)
■ El apoyo. (¿Pueden apoyarse mutuamente?)

▪ La vinculación. (¿Cuál es su grado de cercanía emocional?)
▪ El control. (¿Los padres fomentan o limitan la autonomía del adolescente?)

Todos estos factores se explican en los capítulos anteriores. Ningún investigador duda en que los dos primeros, el apoyo y la comunicación, son beneficiosos, cuando no esenciales. Los patrones de comunicación y apoyo establecidos durante la infancia continúan en la adolescencia y amortiguan algo de su turbulencia (Collins y Laursen, 2004).

En relación con la vinculación y el control, las recomendaciones simples pueden ser engañosas, porque las circunstancias y las consecuencias específicas varían. La vinculación y el control pueden ser tanto destructivos como constructivos.

Una de mis estudiantes escribió:

> Quedé embarazada cuando tenía dieciséis años y si no fuera por el apoyo de mis padres, probablemente no hubiera tenido a mi hijo. Y si ellos no se hubiesen hecho cargo de él, no hubiera podido terminar la escuela secundaria o asistir a la universidad. Mis padres también me ayudaron a superar la vergüenza que había sentido cuando... mis tías, mis tíos y especialmente mis abuelos descubrieron que estaba embarazada.
>
> *[I., 2004, comunicación personal]*

Mi estudiante está agradecida a sus padres por su ayuda constructiva, pero otros podrían estar en desacuerdo con la decisión de sus padres de apoyarla y, por esa razón, podrían culpar a sus padres del hecho de que ella tuviera relaciones sexuales a tan temprana edad.

Se sabe que un poderoso factor de disuasión para la delincuencia, las conductas de riesgo en las relaciones sexuales y el abuso de drogas es el **control parental**; es decir, la vigilancia que ejercen los padres respecto de dónde se encuentran sus hijos, qué actividades realizan y con quiénes. El control ayuda a limitar el acceso al alcohol, las drogas y otros peligros (Rogers, 1999; Sampson y Laub, 1993). Cuando el control forma parte de una relación de apoyo y cálida, conduce a mejores resultados, que incluyen un niño con calificaciones más altas, menos angustia emocional y amistades sanas (Fletcher y cols., 2004).

Sin embargo, la interferencia y el control parental excesivos son factores predictivos de depresión y otros trastornos de la adolescencia, y puede hacer que éstos no sólo desconfíen de sus padres sino también que les mientan. La táctica parental denominada *control psicológico* (la amenaza de retirar el amor y el apoyo, que se explicó en el capítulo 10) es particularmente dañina (Barber, 2002; Petti y cols., 2001).

Al parecer, los adolescentes necesitan un poco de libertad para sentirse capaces, confiados y amados (Barber, 2002). El dilema es que los padres deben mostrar preocupación sin interferencia, una preocupación sin desconfianza. La vinculación es beneficiosa, pero la intromisión hace que los niños se sientan culpables y ansiosos, y eso conduce a la angustia y la rebeldía (Larson y Gillman, 1999). El propio control parental puede ser dañino cuando, en lugar de indicar una cálida vinculación con el adolescente y una comunicación honesta, deriva de un estilo parental duro y desconfiado (Stattin y Kerr, 2000).

Globalmente, la proximidad entre padres y adolescentes puede volverse opresiva en lugar de ser beneficiosa. Sin embargo, recuerde cómo comenzó esta sección: los padres siguen siendo muy importantes en las vidas de sus hijos adolescentes. Demasiada distancia, al igual que mucho conflicto, es destructiva.

Las relaciones con los pares

Desde pasar el rato con un grupo grande hasta susurrar con un confidente, las relaciones con los pares facilitan la transición de la infancia a la vida adulta y hacen que la vida sea placentera y no una carga (Erwin, 1998). El respeto de los pares les llega a aquellos que se ven como otros pares y que desafían a los adultos de formas que los otros pares admiran. Todos los adolescentes valoran las opiniones de sus coetáneos. Esto hace que se preocupen más de cómo se ven y se preocupen menos, a diferencia de lo que los padres podríamos desear, de los parámetros y valores de los adultos (como supe por propia experiencia).

RESPUESTA PARA MADRES (de p. 507): por lo general los conflictos se desencadenan por los hábitos de vestimenta y la limpieza. Las madres están más directamente involucradas en la aplicación diaria de las pautas y tradicionalmente las hijas son más dóciles, de modo que su rebelión produce sorpresa y resistencia en las madres.

control parental Conocimiento de los padres de lo que hacen sus hijos y de dónde y con quién están.

La mano que dirige Las actividades extracurriculares organizadas, con la supervisión adulta apropiada, complementan el control parental como un modo de ayudar a que los adolescentes no se metan en problemas.

En PERSONA

Las mujeres Berger tienen rituales extraños

Mi hija mayor, Bethany, usó todos los días el mismo par de vaqueros hasta el décimo curso. Ella los lavaba cada noche a mano, yo los colocaba en la secadora muy temprano cada mañana. Ignoraba sus razones, pero sabía que era importante para ella. Mi esposo, desconcertado, nos miraba a ambas y preguntaba: "¿Es éste algún extraño ritual femenino?". Él le sugería que usara otras ropas, sin resultados. Años más tarde, Bethany me contó el motivo: ella quería que sus compañeros de clase pensaran que no les importaba cómo se veía. Si variaba su aspecto, ellos podrían pensar que a ella le importaba, y entonces la criticarían.

Rachel me llamó por teléfono para contarme que se había perforado nuevamente las orejas y que podría usar más aros a la vez que cualquiera de mi generación. Ella sabía que yo me perforé las orejas recién cuando me casé y que mi madre había dicho que yo era una "bárbara" por haberlo hecho. Mi respuesta a Rachel tenía reminiscencias de mi madre: "¿Esto significa que vas a consumir drogas?", pregunté. Ella se rió de mi candidez, feliz con mi desaprobación.

A los 15 años le diagnosticaron a mi hija Elissa enfermedad de Hodgkin, una forma de cáncer. Mi esposo y yo consideramos las opiniones divergentes de cuatro médicos, cada uno de los cuales nos explicó por qué su tratamiento ofrecía el menor riesgo de muerte prematura. Elissa tenía otras prioridades: "No me importa lo que decidan, mientras conserve mi cabello". (Su cabello se cayó transitoriamente, pero ahora está sana.)

Sarah, mi hija menor, se rehusaba a usar su chaqueta durante su primer año de escuela media aun en los días más fríos. ¿Otro ritual extraño? Años más tarde, dijo que quería que sus compañeros pensaran que ella era aguantadora.

Lo que me llama la atención ahora es la poca conciencia que yo tenía de la necesidad de los niños de que sus pares los respeten. En ese momento no se me ocurrió esa explicación para sus acciones aparentemente extrañas. En cambio, reaccioné como una madre, no como una sabia psicóloga del desarrollo. Como dijo alguna vez mi esposo, "yo sabía que se convertirían en adolescentes, pero no pensaba que nosotros nos convertiríamos en padres de adolescentes".

---

presión de grupo   Presión social que conduce a adaptarse a los amigos o pares en términos de comportamiento, vestido y actitud; generalmente se considera una fuerza negativa, como en el caso de los adolescentes que se animan entre sí a desafiar la autoridad de los adultos.

Los pares son tanto constructivos como destructivos, al contrario del estereotipo de **presión de grupo**, que habitualmente se refiere a la presión social para adaptarse a alguna actividad negativa de los pares. La idea de presión de grupo ignora tres puntos importantes:

■ Los estándares de los pares no siempre son negativos. En efecto, "por lo general los amigos estimulan conductas socialmente convenientes" (Berndt y Murphy, 2002, p. 281), como participar en deportes, estudiar para los exámenes, evitar el tabaco o seguir los estudios universitarios.

■ Los pares "sirven como puente en la brecha entre la infancia y la vida adulta" (Bagwell y cols., 2002, p. 26), al facilitar la transición entre los modos infantiles de conducta y una independencia completa. Por lo tanto, los padres suavizan y aceleran la maduración.

■ La presión de grupo es breve. Crece espectacularmente en los primeros años de la adolescencia, hasta alrededor de los 14 años, pero luego declina. Los adolescentes gradualmente se tornan más selectivos en cuanto a quién emulan y qué deciden hacer.

Estos tres puntos no niegan otra realidad: los jóvenes a veces influyen para que otros compañeros se metan en problemas. Cuando están juntos, los compañeros a veces participan en "picardías" que ninguno de ellos se atrevería a hacer si estuvieran solos, de modo que "se entrenan mutuamente en la desviación" (Dishion y cols., 2001, p. 82).

La presión de grupo destructiva es más fuerte durante los períodos de incertidumbre. Por ejemplo, los estudiantes admiran a los compañeros de clase agresivos, a los que prueban drogas en el primer año de la escuela secundaria, a los que presentan los cambios físicos de la pubertad o a quienes se sienten incómodos por una atracción heterosexual (Bukowski y cols., 2000). En algunas culturas adolescentes, los estudiantes que son rebeldes desde el punto de vista social suelen tener mayor respeto del grupo y mayor autoestima (Pederson y cols., 2005).

Las amistades adolescentes: selección y facilitación

Para comprender que la presión de grupo a veces es útil y otras no, son útiles dos conceptos: *selección* y *facilitación*. Primero, selección: los pares se eligen unos a otros. Los adolescentes se asocian con otros con quienes comparten valores e intereses, sobre todo en relación con las drogas y el compromiso en la escuela (Hamm, 2000). Luego, facilitación: los pares se estimulan entre ellos para hacer cosas que ninguno de ellos encararía solo.

Las conductas de riesgo son el ejemplo más claro de este aspecto de la presión de grupo. Es probable que en cada clase de la universidad haya algunos estudiantes que asumieron riesgos en la escuela secundaria que ahora consideran tontos. Uno de mis estudiantes y dos de sus amigos comenzaron a nadar hasta una isla distante porque uno de ellos (el nadador más fuerte) lo sugirió. No fue hasta que estaba casi a mitad de camino que mi estudiante se dio cuenta de que debía volver. Él regresó nadando. Uno de sus amigos llegó hasta la isla; el otro fue rescatado por un bote.

El mismo fenómeno se puede ver experimentalmente. Cuando los adolescentes conducían un automóvil virtual (con volante, acelerador y frenos, pero sólo audífonos y una pantalla de vídeo), la probabilidad de que chocaran fue menor si estaban solos que si los acompañaban dos de sus amigos para verlos "conducir" (Steinberg, 2004).

La selección y la facilitación pueden funcionar en cualquier dirección, para bien o para mal (Lacourse y cols., 2003). Un adolescente se encuentra con amigos que fuman cigarrillos y beben cerveza, y juntos comparten marihuana y vodka en una fiesta. Un ejemplo opuesto podría ser el adolescente que elige amigos a los que les gusta la matemática, y juntos se unen al club de matemáticas y se inscriben para rendir exámenes AP (colocación avanzada).

Al contrario de la percepción errónea frecuente de los adultos, la facilitación es indirecta y generalizada, un esfuerzo de equipo más que el caso de un rebelde que lleva a un inocente por mal camino. Un estudiante explicó:

> La idea de la presión de grupo es una tontería. Lo que escuché acerca de la presión de grupo en todo el camino hacia la escuela es que alguien se me va a acercar y me va a decir: "Aquí tienes, bebe esto y te sentirás excelente". No es así para nada. Puedes ir a algún lugar y alguien podría estar haciéndolo y tú podrías pensar: "Hey, todos lo están haciendo y parece que lo están pasando muy bien, ¿por qué no lo hago yo?". En ese sentido, la preparación acerca de tu propio poder de decisión, las lecciones que tratan de inculcarme, no sirven de nada. No tienen idea de contra qué luchamos.

> *[Citado en Lightfoot, 1997]*

Recuerde que los adolescentes eligen a sus pares y son elegidos por ellos; el grupo logra lo que los miembros individuales desean. Los adolescentes con grandes logros tienen amigos íntimos que también tienen logros importantes y no presentan problemas emocionales mayores. También se aplica lo opuesto: aquellos que consumen drogas, son sexualmente activos y están alienados de la escuela estimulan a sus amigos a hacer lo mismo (Crosnoe y Needham, 2004).

Se debe mencionar otro aspecto de las relaciones con los pares, porque muestra por qué los padres tienden a culpar a los compañeros por la conducta equivocada de su propio hijo. Los amigos permiten que los adolescentes experimenten con los "yo" posibles, lo que les ayuda a formar la identidad. Así, los estudiantes de la escuela media que les cuentan a sus padres que deben hacer algo, usar algo o estar en algún sitio porque "todos los demás lo hacen" están intentando disminuir su responsabilidad por cualquier cosa que deseen intentar (Ungar, 2000). En otras palabras, los compañeros desvían las críticas de los adultos y son una defensa contra ellas.

El grupo de pares para los adolescentes inmigrantes

Los amigos desempeñan un rol especial para millones de adolescentes de los Estados Unidos, Australia y Europa Occidental cuyos padres son inmigrantes. Estos adolescentes son numerosos en las ciudades importantes, y constituyen un tercio de todos los adolescentes de Frankfurt, el 50% de los de Amsterdam y dos tercios en Los Angeles y Nueva York. Muchos hijos de inmigrantes se convierten en jóvenes modelo, obtienen calificaciones más altas y parecen mejor adaptados que los hijos del mismo grupo étnico cuyas familias no son inmigrantes (Fuligni, 1998; Liebkind y Jasinskaja-Lahti, 2000; Salazar y cols., 2001). Sus padres depen-

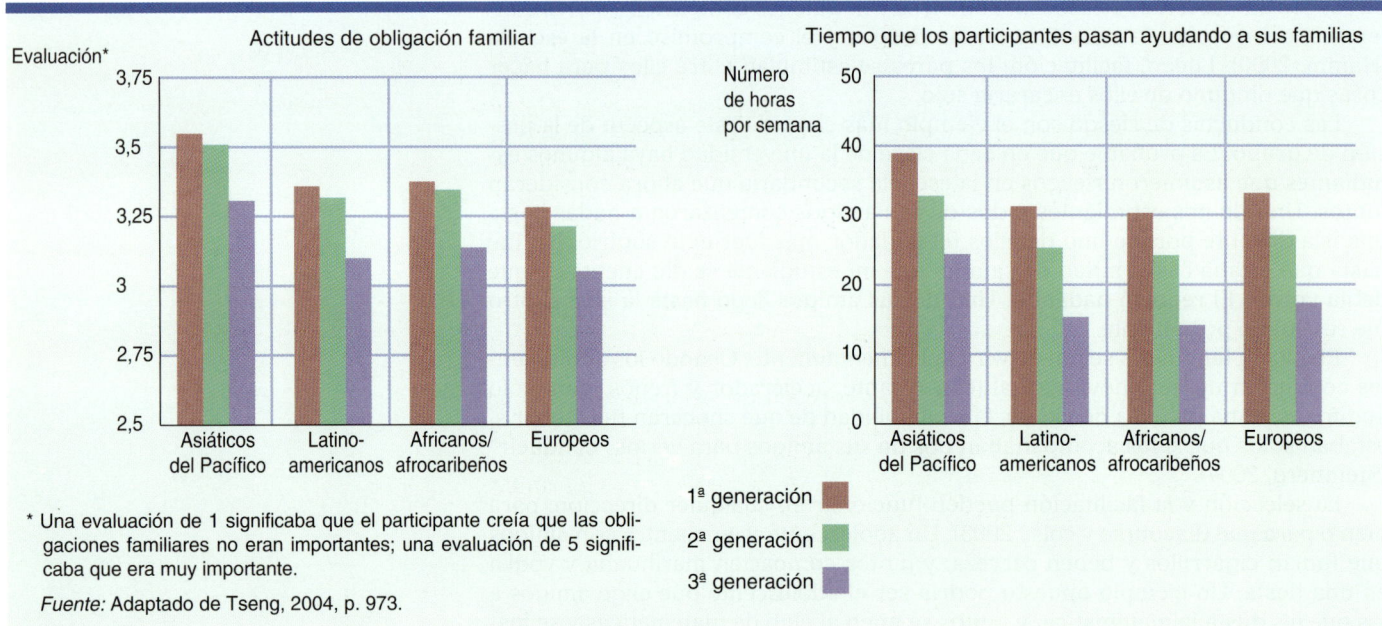

* Una evaluación de 1 significaba que el participante creía que las obligaciones familiares no eran importantes; una evaluación de 5 significaba que era muy importante.

Fuente: Adaptado de Tseng, 2004, p. 973.

<u>FIGURA 16.1</u> **Sentido del deber** Se preguntó a casi 1 000 estudiantes universitarios en los Estados Unidos provenientes de cuatro grupos étnicos qué importancia creían que tenían las obligaciones familiares y cuánto tiempo pasaban cada semana ayudando a sus familias (por ejemplo, haciendo tareas domésticas, traduciendo para sus padres, cuidando a sus hermanos o trabajando en el negocio familiar). Las respuestas variaron, dependiendo del grupo étnico al que pertenecía el participante y del tiempo que la familia del participante había estado en los Estados Unidos. Los participantes estadounidenses de origen asiático tendieron a dar una puntuación máxima a la importancia de las obligaciones familiares (izquierda). Los estudiantes de la primera generación (inmigrantes nacidos en el extranjero) pasaban la mayor parte del tiempo —más de 30 horas por semana, en promedio— ayudando a sus familias (derecha).

den de ellos, con una buena razón: ellos son ayuda en casa e intermediarios entre la antigua y la nueva cultura (Tseng, 2004) (véase fig. 16.1).

Sin embargo, puede surgir el conflicto cuando la cultura de los padres difiere mucho de la de sus hijos. Los padres inmigrantes pueden sentirse horrorizados al ver que sus hijos se vuelven más altos de lo que eran ellos, buscan la autonomía a través de peleas, prueban drogas y se rebelan contra la autoridad de sus mayores. Si los padres se tornan más restrictivos y punitivos, es posible que los adolescentes no se vuelvan sumisos sino desafiantes.

Los amigos pueden ayudar a los hijos de inmigrantes a negociar las culturas, las tradiciones y los deseos conflictivos, impidiendo tanto la identidad prematura como la identidad negativa, pero es posible que sus padres no vean este apoyo con buenos ojos. Por ejemplo, los adolescentes australianos de origen griego creían que cierto grado de conflicto entre ellos y sus padres era aceptable e incluso bueno, al contrario de los adolescentes griegos que vivían en Grecia. Sin embargo, los padres griegos de esos jóvenes australianos tenían actitudes acerca de la armonía familiar muy similares a las de los adultos griegos que vivían en Grecia (Rosenthal y cols., 1989). Conversar con sus pares ayudó a los adolescentes a validar sus propias experiencias.

Como otro ejemplo, consideremos a Layla, cuya familia vive cerca de Detroit (Sarroub, 2001). Los padres de Layla fueron criados en Yemen, pero Layla fue educada en los Estados Unidos. A los 15 años fue enviada a Yemen a casarse con el sobrino de su padre. Ella regresó a su escuela secundaria pública en Michigan, la cual para ella era "tanto liberadora como una amenaza sociocultural" (Sarroub, 2001, p. 390) e intentó mantener en secreto su matrimonio.

Layla respetaba a sus padres y profesaba la religión islámica, pero se resistía a muchos aspectos de su herencia. Por ejemplo, le molestaba que su padre fumara qaat (un narcótico que es legal en Yemen pero ilegal en los Estados Unidos), que él quisiera que ella usara un largo vestido árabe (en su lugar ella usaba vaqueros), que él no estuviera de acuerdo con su plan de divorciarse y asistir a la universidad. En particular, Layla estaba resentida por el hecho de que la cultura yemenita permitiera a los varones más libertad que a las niñas, una tradición evidente en todo el mundo en vías de desarrollo (Best y Williams, 2001).

A veces Layla estaba confundida y se sentía infeliz en el hogar. Ella... prefería ir a la escuela, donde podía estar con sus amigas yemenitas que comprendían sus problemas y con las que podía hablar. "Ellas me hacen sentir realmente feliz. Tengo amigas que tienen que lidiar con los mismos problemas"... Layla estaba enojada porque las niñas en

Yemen a menudo eran retiradas de la escuela... Ella creía que los varones habían recibido demasiada libertad, mucho más que las niñas.

[Sarroub, 2001, pp. 408-409]

En general, los pares son importantes para inmigrantes y no inmigrantes por igual. Esto es particularmente claro en las culturas que esperan que los adolescentes busquen autonomía. Los adolescentes necesitan a los pares para que los ayuden a crecer. Sin el apoyo de ellos, algunos (especialmente las niñas) podrían someterse al control parental, y tal vez vivir en el hogar hasta casarse jóvenes; otros (habitualmente los varones) podrían rebelarse por completo, y tal vez unirse a una pandilla que impone códigos de conducta, formas de vestir (p. ej., los colores de la pandilla) y vínculos sociales. Como lo explica un investigador, algunos latinos de California se unen a pandillas para "satisfacer su deseo de identidad propia" (Arfániarromo, 2001).

El camino que tome un adolescente –cualquiera, desde la obediencia calculada hasta la rebelión desafiante– depende de muchos factores dentro de su familia y su grupo de pares, que incluyen la comunicación, el apoyo, la vinculación, el control y la asimilación cultural (Fuligni, 1998). Una amplia discrepancia entre los antecedentes familiares y el contexto social actual empuja a muchos adolescentes hacia los extremos de la obediencia o la rebelión (Suárez-Orozco y Suárez-Orozco, 2001).

Las relaciones con pares del mismo y del otro sexo

Muchos adultos se preocupan por las interacciones entre varones y niñas, suponiendo que sus hijos adolescentes mantendrán relaciones sexuales si los adultos no los vigilan. Las preocupaciones de los adolescentes son muy diferentes: ellos se preocupan porque tienen muy pocos amigos íntimos de ambos sexos. De hecho, los adolescentes que tienen alta autoestima suelen tener varios amigos de ambos sexos que no son su pareja, y estas amistades los ayudan a prepararse para las relaciones futuras (Brown, 2004; Feiring, 1999).

Del mismo modo en que algunas décadas atrás el investigador australiano Dexter Dunphy (1968) describió las interacciones entre los adolescentes, los vínculos heterosexuales durante la infancia y la adolescencia por lo general siguen esta secuencia:

1. Grupos de amigos, exclusivamente de uno u otro sexo.
2. Vínculos entre grupos de niñas y grupos de varones, con interacciones en público.
3. Pequeños grupos mixtos, formados con los miembros mayores de un grupo más amplio.
4. Formación final de parejas con intimidad.

Según la investigación posterior realizada en muchos países, la cultura modifica el momento y las manifestaciones de estas etapas, pero la descripción de Dunphy de los cuatro pasos es exacta. La secuencia básica parece tener bases genéticas y ser constante a través de las décadas, entre las culturas e incluso entre algunas especies de primates (Brown, 2004; Connolly y cols., 2000; Schlegel y Barry, 1991; Weisfeld, 1999).

En los países desarrollados modernos, donde los signos de la pubertad comienzan en la preadolescencia y el matrimonio no ocurre hasta los primeros años de la vida adulta o más tarde, normalmente cada una de estas etapas dura varios años. Los grupos del mismo sexo dominan en la escuela primaria y a menudo continúan hasta la escuela media y superior. Las redes de amistades que incluyen a ambos sexos son frecuentes en la adolescencia más tardía. Las parejas aparecen hacia fines de la escuela secundaria.

Por ejemplo, el 43% de los alumnos del undécimo curso en una escuela superior grande de Canadá comunicó haber tenido una pareja; esto fue casi el doble de la frecuencia comunicada por los alumnos del undécimo curso dos años antes (Connolly y cols., 2000). Las escuelas secundarias de otras comunidades encuentran un choque similar, aunque varía el curso particular. Las normas de una escuela particular también afectan la aprobación o el rechazo por parte de los pares con respecto a las parejas entre distintos grupos étnicos, distintas edades y compañeros del mismo sexo, y la incidencia de estos vínculos refleja esa opinión cultural (Brown, 2004).

Jóvenes amantes　Los jóvenes amantes pasan tanto tiempo juntos como sea posible. Su contacto físico evidente podría alarmar a sus padres, pero cualquier intento por separarlos puede ser contraproducente, con riesgo de un embarazo temprano y una fuga.

Las primeras parejas pocas veces duran más de algunos meses, y es más probable que las niñas digan que tienen un novio que los varones. Las parejas comprometidas con una relación prolongada habitualmente no se forman hasta los últimos años de la escuela secundaria o después. Se podría postular la hipótesis de que los adolescentes socialmente adelantados pasarán más rápidamente esta secuencia heterosexual, pero lo opuesto parece más exacto.

La formación temprana de parejas, sobre todo cuando disminuyen las amistades con el mismo sexo, implica problemas emocionales (Brown, 2004). Una razón posible es que las parejas pasan menos tiempo con otros amigos y menos tiempo con la familia, y eso recorta las fuentes de apoyo que son particularmente necesarias en la adolescencia (Laursen y Williams, 1997). Aunque las parejas se convierten en una fuente de apoyo emocional, los romances adolescentes tienen más de compañerismo que de contacto físico (Furman y cols., 2002), razón por la cual las parejas adolescentes que se separan a menudo siguen siendo amigos.

Para los adolescentes homosexuales, las complicaciones retardan la formación de amistades y uniones románticas. Para comenzar, muchos rechazan reconocer su orientación sexual. En un estudio confidencial de más de 3 000 adolescentes del noveno al duodécimo curso, sólo el 0,5% se identificaron como homosexuales (varones) o lesbianas (mujeres) (Garofalo y cols., 1999), mucho menos de la proporción estimada de homosexuales adultos (del 2% al 10%, dependiendo de la definición).

Retrospectivamente, los hombres homosexuales informan que tomaron conciencia de su orientación sexual hacia los 11 años, pero normalmente no lo contaron a nadie hasta los 17 años (Maguen y cols., 2002). Muchas mujeres jóvenes que más tarde se identificaron como lesbianas pasaron sus años adolescentes relativamente inconscientes de sus impulsos sexuales o negándolos. Al contrario de los hombres homosexuales, muchas lesbianas tomaron conciencia por primera vez de su homosexualidad durante una amistad íntima que se transformó en pareja, habitualmente en los últimos años de la adolescencia (Savin-Williams y Diamond, 2004).

Algunos adolescentes, al intentar organizar la complejidad de la identidad de género, los roles de género y la orientación sexual, están inseguros acerca de su propia sexualidad. Alrededor del 10% de los adultos heterosexuales comunican que tuvieron encuentros con el mismo sexo o deseos hacia el mismo sexo cuando eran adolescentes (Laumann y cols., 1994). No se sabe si estas inclinaciones forman parte del despertar sexual normal de todos los adolescentes (sólo algunos de ellos las comunican) o si muchos individuos homosexuales o bisexuales deciden proseguir un estilo de vida exclusivamente heterosexual en la vida adulta.

Eleanor Macoby, experta en las diferencias de género, encuentra que "una cantidad sustancial de personas tiene experiencias sexuales con individuos del mismo sexo en algún momento de sus vidas, y una pequeña minoría establece un patrón de homosexualidad para toda la vida" (Maccoby, 1998, p. 191). Es más probable que esta experiencia suceda en la adolescencia, pero debido a los conflictos políticos relacionados con la investigación sobre la sexualidad adolescente, no se sabe cuán grande es esa "cantidad sustancial". Queda mucho por descubrir (Savin-Williams y Diamond, 2004).

La actividad sexual de los adolescentes

Ningún escenario destaca las influencias superpuestas de los padres, los pares y la comunidad más claramente que la sexualidad. Durante milenios, las hormonas puberales siempre han estimulado en los adolescentes el impulso por establecer familias propias. Aunque en la actualidad la superpoblación puede amenazar la supervivencia de los seres humanos, los genes y las hormonas no cambian en pocas generaciones. En efecto, se puede argumentar que todos los adolescentes, por naturaleza, son seres altamente sexuales, tanto si actúan o no sobre la base de sus impulsos y si sus acciones suponen o no conversar, sostener la mano o algo más (Savin-Williams y Diamond, 2004).

También durante milenios y en todas las culturas, los pares y la sociedad han estado profundamente preocupados por la sexualidad adolescente, sobre todo qué, cuándo y con quién. Los matrimonios infantiles arreglados (a menudo con tíos o primos), los divorcios sin motivo, los cinturones de castidad, los casamientos a la fuerza, la poligamia han sido considerados normales en algunas culturas y extrañas en otras. Si bien los adolescentes son seres sexuales, y aunque los padres, los pares y la sociedad están muy preocupados acerca de las relaciones sexuales en la adolescencia, la guía coherente y confiable es escasa.

La guía de los padres

El consejo de los padres puede ser fundamental en las decisiones que toman los adolescentes acerca del sexo. Muchos estudios han observado que si los adolescentes conversan sobre el sexo abiertamente con sus padres corren menos riesgos, evitan la presión de grupo para que tengan relaciones sexuales cuando no desean hacerlo y creen que sus padres aportan información útil (Blake y cols., 2001; Miller y cols., 1997).

Estas conversaciones son raras, en gran parte debido al interés generacional. En un estudio, se preguntó a las madres si sus hijos adolescentes habían tenido relaciones sexuales (Jaccard y cols., 1998). Luego se formuló a los adolescentes la misma pregunta en confidencia. La diferencia entre los dos grupos de respuestas fue sorprendente (véase fig. 16.2). Por ejemplo, más de un tercio de los adolescentes de 14 años era sexualmente activo, pero menos del 50% de sus madres lo sabía.

Las madres que profesaban algún credo y que rechazaban las relaciones sexuales en la adolescencia eran las que con menor probabilidad sabían si sus hijos eran sexualmente activos, tal vez porque tenían un interés mayor en creer en la inocencia de sus hijos. El 72% de todas las madres informó que habían hablado con sus hijos adolescentes sobre el sexo por lo menos una vez, pero sólo el 45% de los adolescentes estuvieron de acuerdo (Jaccard y cols., 1998). Por lo tanto, al menos el 27% de los pares madre-hijo no se ponían de acuerdo respecto de si habían hablado o no sobre sexo, una diferencia que se mantuvo cuando se repitió este estudio (Jaccard y cols., 2000). Al parecer, las madres tienden a creer que les hablan a sus hijos adolescentes acerca de las relaciones sexuales y los adolescentes tienden a olvidar esta conversación, si es que ocurre.

Los padres también subestiman la preparación de los adolescentes para tener relaciones sexuales responsables. Por ejemplo, sólo el 23% de las madres y el 33% de los padres en un estudio pensaban que la mayoría de los adolescentes eran capaces de utilizar correctamente un preservativo (Eisenberg y cols., 2004). De hecho, es más probable que los adolescentes sexualmente activos usen correctamente el preservativo que los adultos. Muchos expertos aconsejan a los padres superar su propia ignorancia, reconocer las necesidades y las capacidades de la generación más joven y luego conversar sobre "las consecuencias sociales, emocionales, familiares y morales" de la actividad sexual y ofrecer consejos prácticos (Jaccard y Dittus, 2000).

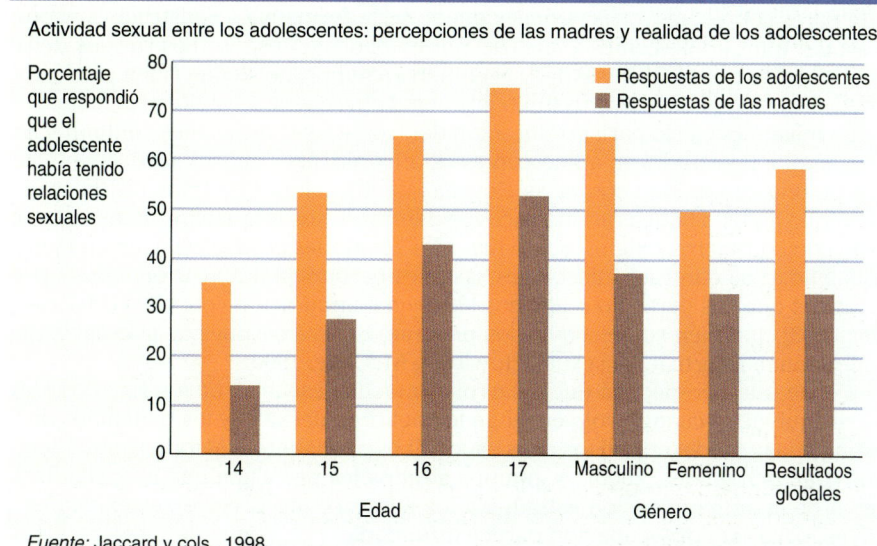

Actividad sexual entre los adolescentes: percepciones de las madres y realidad de los adolescentes

Fuente: Jaccard y cols., 1998.

FIGURA 16.2 **Las madres no siempre saben**
Este gráfico muestra la discrepancia entre las respuestas que dieron las madres a la pregunta "¿su hijo es activo sexualmente?", y las respuestas que dieron los adolescentes cuando les pidieron que dijeran la verdad. Es interesante ver qué edad y qué sexo mostró las diferencias más elevadas: ¡los varones más jóvenes!

ESPECIALMENTE PARA ADULTOS JÓVENES Suponga que sus padres nunca le hablaron sobre sexo o pubertad. ¿Lo considera un error?

Los adolescentes observan la conducta de sus padres tanto como sus palabras. Los resultados de la encuesta Add Health de 9 000 adolescentes de los Estados Unidos mostraron que, luego de controlar los factores ambientales como ingresos, grupo étnico y estructura familiar, los adolescentes cuyos padres fumaban cigarrillos tenían una probabilidad 1,5 veces mayor de tener relaciones sexuales antes de los 15 años que los adolescentes cuyos padres no lo hacían. No se observaron efectos si los padres bebían mucho (Wilder y Watt, 2002). Este resultado asombroso debe ser confirmado por otras investigaciones. Los autores especulan que el tabaquismo es ampliamente reconocido como perjudicial para la salud, de modo que los adolescentes se sienten libres para desestimar las advertencias de los padres acerca de otras cuestiones de salud, como las relaciones sexuales a una edad temprana.

Nadie duda de que, idealmente, los padres son los mejores educadores; pero la mayoría de los padres desea que los maestros y otros adultos proporcionen educación sexual a sus hijos. Es típico que los padres se sientan demasiado incómodos o estén informados como para enseñar a sus hijos lo que específicamente ellos desean saber (Jaccard y cols., 2000).

La educación sexual en la escuela

Casi todos los adultos (el 90% en el sur de los Estados Unidos; más en otros sitios) piensan que las escuelas secundarias deben enseñar a los adolescentes acerca de las cuestiones sexuales, que incluyen la anticoncepción (Landry y cols., 2003). Casi todas las escuelas secundarias de todo el mundo tienen clases de educación sexual; algunas sociedades exigen que la educación sexual comience en la escuela primaria, y todas incluyen su enseñanza en la escuela secundaria (Landry y cols., 2003). Además de informar hechos acerca de enfermedades, reproducción y pubertad, la mayoría de las escuelas de los Estados Unidos enseñan a los estudiantes a rechazar la actividad sexual no deseada.

La mayoría de las escuelas europeas también enseña cómo ser sexualmente responsables y muchas proporcionan anticoncepción y asesoramiento confidencial. En Inglaterra, estos servicios también están disponibles en lugares que los adolescentes frecuentan, no sólo en las escuelas sino también en clubes y gimnasios y en centros para jóvenes (Stone e Ingham, 2003). En Francia, las enfermeras de escuelas tanto confesionales como públicas están autorizadas legalmente y son estimuladas culturalmente a facilitar preservativos y píldoras anticonceptivas de emergencia (Boonstra, 2000).

La educación sexual tiene sentido desde el punto de vista evolutivo durante la adolescencia. Los adolescentes pueden aplicar el pensamiento operacional formal para comprender la secuencia del sexo biológico y analizar los riesgos. Ellos pueden utilizar el pensamiento intuitivo para responder a las emociones y la interacción social. Se debe utilizar ambos tipos de pensamiento, porque la pasión responde a la intuición, no a la lógica. Guiada por un docente capaz, la conversación entre pares sobre cuestiones sexuales puede ser informativa y constructiva, y puede ayudar a los adolescentes a analizar posibilidades y riesgos. (Los riesgos de las infecciones de transmisión sexual y el embarazo temprano se describen en el capítulo 14; los riesgos de la formación temprana de parejas se mencionaron antes.)

Lo mismo es cierto para la educación dentro de las instituciones comunitarias. Por ejemplo, un estudio en adolescentes estadounidenses negros sexualmente activos de una comunidad con tasas elevadas de infecciones de transmisión sexual reveló que aquellos que eran más activos dentro de sus iglesias (rezaban, conversaban con consejeros religiosos, asistían a las reuniones de la iglesia) tenían menor probabilidad de contraer infecciones sexuales pero mucho mayor de utilizar preservativos que sus pares no religiosos (88% en comparación con 12%) (McCree y cols., 2003). También son efectivos los programas para después de la escuela que proporcionan información sexual (Howard y McCabe, 1990).

Desde una perspectiva del desarrollo, muchas escuelas de los Estados Unidos se equivocan cuando sólo enseñan los peligros del sexo y los beneficios de la abstinencia, y no describen los usos específicos de distintos métodos anticonceptivos (Darroch y cols., 2000). A algunos adultos les preocupa que el aprendizaje acerca de la anticoncepción estimule a los adolescentes a volverse sexualmente activos, pero esta preocupación parece infundada.

Los adolescentes están ansiosos por aprender aquello que sea posible, y disfrutan discutir la sabiduría convencional, pensar sobre sus cuerpos y conversar sobre la atracción sexual con sus pares. Pero como se vio en el capítulo 15, la posibilidad no se convierte necesariamente en realidad, y la conversación no conduce necesariamente a la acción. Señalamos antes que los pares pueden retardar el movimiento del adolescente hacia los contactos íntimos en lugar de acelerarlo. El Inspector General de Sanidad de los Estados Unidos revisó más de 100 programas de educación sexual y comunicó que la enseñanza de anticoncepción a los adolescentes

> no aumenta la actividad sexual de los adolescentes, ya sea por acelerar el inicio de las relaciones sexuales, aumentar la frecuencia de ellas o aumentar la cantidad de parejas sexuales... Algunos programas aumentaron el uso de preservativos o el uso de métodos anticonceptivos en los adolescentes sexualmente activos.
>
> *[Satcher, 2001]*

Los psicólogos del desarrollo concuerdan con la mayoría de los adultos en los Estados Unidos y otras naciones en que la educación sexual debe impartirse en las escuelas y por medio de conversaciones entre padres e hijos. Los adolescentes aprenden mejor sobre el sexo cuando confían en los adultos que les enseñan. Esto significa que la educación sexual podría ser incluida en algunos programas de estudios del séptimo curso (recuerde que el 30% de los estudiantes en los Estados Unidos son sexualmente activos a los 14 años de edad), mientras que en otras comunidades el tema puede esperar hasta el noveno grado (recuerde que las normas comunitarias varían).

Un estudio longitudinal con alumnos del noveno curso en Texas y California (10 escuelas en el grupo con intervención y 10 en el grupo de comparación) mostró la eficacia de un plan amplio de educación sexual. El programa involucró a los padres, proporcionó derivaciones para asistencia médica y entregó un plan de estudio de 20 lecciones de "sexo más seguro" durante dos años; incluso tres años más tarde, el uso de preservativos aumentó y las relaciones sexuales eran menos frecuentes (Coyle y cols., 2001).

Sin embargo, a pesar de su énfasis en la abstinencia, el programa no postergó (ni aceleró) la edad de la primera relación sexual, la cual no mostró ninguna diferencia significativa entre las escuelas de experimentación y las de comparación. Una posible razón, aun cuando el programa tuviera éxito de otras formas, puede ser que el programa comenzó demasiado tarde como para afectar las primeras experiencias sexuales. Para el noveno curso, más del 25% de los estudiantes de estas 20 escuelas ya las habían iniciado.

Cuando se examina la educación sexual en muchas regiones del mundo, un factor fundamental que surge es que un programa multifacético debe preceder a la actividad sexual en un año o más. De otro modo, los pares aprenden uno del otro, y los primeros que tienen relaciones sexuales les enseñan a los otros o las adolescentes aprenden de los "hombres mayores" (a menudo de 20 a 30 años) (OMS, 2005).

Influencia de los pares sobre el sexo

En los Estados Unidos y en algunos otros países, los pares constituyen la fuente principal de información y motivación relacionada con anticoncepción, aborto, relaciones sexuales y enfermedades. Como es sabido, los adolescentes son influidos poderosamente por los pares a través de la selección y la facilitación (Henry, 2004). La variación en la edad de la iniciación sexual es amplia, lo que significa que algunos grupos de pares estimulan la actividad sexual y otros la desalientan.

Una encuesta reciente en los Estados Unidos entre estudiantes del noveno al duodécimo curso mostró que un mínimo de 33% de las jóvenes de Los Ángeles y un máximo de 74% de los varones de Memphis eran sexualmente activos (MMWR, 21 de mayo, 2004). Estudios más detallados de subgrupos particulares de mujeres adolescentes en Los Ángeles o varones en Memphis podrían encontrar porcentajes invertidos.

Por lo general, la mayoría de los adolescentes no son sexualmente activos hasta varios años después de la pubertad. En la adolescencia temprana, tienden a estar compenetrados en su propio crecimiento, a ser controlados por sus padres y a sentirse incómodos con pares del otro sexo. Las relaciones sexuales con-

ESPECIALMENTE PARA UN ADULTO AMIGO DE UN ADOLESCENTE Si su amigo de 14 años le pregunta dónde puede conseguir "la píldora", ¿qué le diría?

sentidas tardan años en desarrollarse. Como ya mencionamos, la actividad sexual temprana es indicativa de problemas.

Los adolescentes y los adultos jóvenes con vínculos comprometidos e íntimos a menudo conversan sobre las decisiones acerca del sexo, compartiendo su conocimiento y sus preocupaciones sobre las infecciones y el embarazo (Kvalem y Traeen, 2000; Manning y cols., 2000). Los datos de correlación ponen de manifiesto que, si la pareja de un adolescente es alguien de la misma edad y entorno, las relaciones sexuales suelen darse sólo después de un cortejo prolongado (Ford y cols., 2001; Marin, 2000). La contracara de esa correlación plantea una advertencia: es probable que los adolescentes que maduran tempranamente y tienen parejas mayores se vuelvan sexualmente activos y no se protejan (Savin-Williams y Diamond, 2004).

Los amigos pueden retardar el romance y la actividad sexual o facilitarlos (Connolly y cols., 2000). Los adolescentes desean ser sexualmente activos si piensan que sus pares los respetarán más, pero vacilan si piensan que sus pares o sus parejas perderán el respeto por ellos (Henry y cols., 2004).

Algunos adolescentes contemporáneos en los Estados Unidos hacen una "promesa de virginidad" con sus amigos, como parte de un programa de la iglesia que defiende la abstinencia sexual hasta el matrimonio. Para ellos, las relaciones sexuales habitualmente se posponen hasta después de la escuela secundaria. En este aplazamiento es fundamental que la promesa sea voluntaria y que aquellos que la hagan sientan que constituyen un grupo especial, vinculados unos con otros; en ese sentido, la promesa es un ejemplo de presión de grupo positiva (Bearman y Bruckner, 2001). Sin embargo, hay un problema. Si los que realizan la promesa se vuelven sexualmente activos, es menos probable que usen anticoncepción, de modo que corren un riesgo mayor de embarazo e infecciones de transmisión sexual.

Los adolescentes sufren "ignorancia pluralista" en lo que se refiere al sexo: ninguno de ellos está bien informado (Cohen y Shotland, 1996). No es sorprendente, dado lo que se sabe sobre la cognición adolescente. A menos que sean estimulados a hacerlo, los adolescentes no utilizan realmente el pensamiento operacional formal para las decisiones personales. Por ejemplo, los adolescentes estiman que el riesgo de infección por VIH por una relación sexual es alto, pero piensan que el riesgo proveniente de 10 encuentros no es mucho mayor (Linville y cols., 1993). Como otro ejemplo, el mito personal les permite negar la responsabilidad: ellos pueden culpar a su pareja, sus hormonas o incluso al diablo por sus urgencias sexuales, como reveló un estudio sobre el sexo en adolescentes de América Latina (Schifter y Madrigal, 2000).

Particularmente problemático en los Estados Unidos, donde la mayoría de las madres adolescentes son solteras, es que el pensamiento heurístico las hace subestimar las dificultades de criar un hijo y sobreestimar los vínculos de la intimidad sexual. En un estudio, las adolescentes de la escuela secundaria con mayor probabilidad de tener un hijo pensaban que sus novios estarían más comprometidos con ellas si se convertían en madres (Ungar, 2000). Esto es ignorancia pluralista. Al contrario de lo que sucedía hace 50 años, tener un hijo antes de los 20 años reduce a la mitad la posibilidad de matrimonio de una mujer, sea con el padre del niño o con algún otro (Graefe y Lichter, 2002).

Los medios de comunicación como docentes

Los medios de comunicación constituyen otra fuente importante de información –e información equivocada– sobre las relaciones sexuales. Las conversaciones y escenas de sexo son frecuentes en la televisión (tres veces por hora, en promedio [Kunkel y cols., 1999]) e incluso más frecuentes en la música.

Aunque por cierto los medios de comunicación despiertan y explotan los impulsos sexuales, y ofrecen modelos para la insinuación y la seducción, no es mucho el conocimiento preciso sobre el sexo propiamente dicho que proviene de esta fuente. La violencia de todo tipo, incluida la violencia sexual, es mucho más común en la pantalla que en la vida real; pero la anticoncepción, los nacimientos no deseados y los abortos inducidos son muchos más raros en la televisión o en las películas (sobre todo en las "películas para adolescentes"), aun cuando casi todos los adolescentes tienen un amigo íntimo que ha tenido una o más de estas experiencias (Roberts y cols., 2004).

RESPUESTA PARA ADULTOS JÓVENES (de p. 516): sí, pero quizás usted deba perdonarlos. Lo ideal es que los padres hablen con sus hijos sobre sexo, presentando información honesta y escuchando las preocupaciones del niño. Sin embargo, muchos padres encuentran que es muy difícil hacerlo, porque se sienten incómodos e ignorantes. Intente sacar a relucir el tema ahora; sus padres pueden sentirse más cómodos conversándolo con un adulto joven que con un niño o un adolescente.

Cuando los adolescentes intentan aprender sobre el sexo en Internet (como gran cantidad de ellos lo hacen), es mucho más fácil encontrar pornografía que información precisa. La veracidad y la intención de las páginas de la Web varían mucho. Una persona joven e inocente tiene pocos medios para juzgar la integridad de la fuente y, como se recordará del capítulo 15, no es fácil para los adolescentes separar los hechos de la fantasía.

Tendencias en la sexualidad adolescente

Las características específicas de las relaciones sexuales durante la adolescencia han cambiado mucho en las últimas décadas. Aquí se presentan algunos datos:

■ *Las relaciones prematrimoniales han aumentado* en los últimos 30 años. Es raro que una novia y un novio lleguen vírgenes al matrimonio.
■ *Las interacciones sexuales son más variadas*; el sexo oral es más frecuente y el coito menos frecuente durante la adolescencia que hace una década (Savin-Williams y Diamond, 2004).
■ *Los partos en la adolescencia están disminuyendo.* Esta tendencia es evidente en todos los continentes; a veces la caída es espectacular. En comparación con 1960, menos del 50% de las adolescentes dieron a luz en 2004 en lugares tan distantes y diferentes como China y los Estados Unidos.
■ *El uso de "protección" ha aumentado.* El uso de métodos anticonceptivos de todo tipo, sobre todo los preservativos por los varones adolescentes, se ha duplicado en la mayoría de los países desde 1990. En la actualidad, alrededor del 20% de las parejas adolescentes en los Estados Unidos utiliza "métodos dobles", habitualmente la píldora para prevenir el embarazo y los preservativos para prevenir las infecciones (Manlove y cols., 2003).

Todos estos hechos conducen a una conclusión: aunque el cuerpo adolescente no ha cambiado mucho en los últimos siglos, su respuesta a los impulsos biológicos está influida por el contexto social.

La política pública afecta las decisiones aparentemente privadas. Por esta razón, aunque en todos los países ha declinado el número de partos durante la adolescencia, las tasas reales varían mucho de un país a otro (Teitler, 2002). Por ejemplo, las adolescentes en los Estados Unidos tienen muchos más niños que sus pares en otras naciones desarrolladas (ocho veces la tasa de Japón, dos veces la tasa de Canadá y Gran Bretaña), no porque tengan más sexo (que no lo tienen) sino porque los adolescentes en los Estados Unidos usan menos anticoncepción y abortan menos.

Las tendencias educativas y económicas también influyen. En todo el mundo, la educación de las mujeres se correlaciona fuertemente con tasas más bajas de natalidad (LeVine y cols., 2001). En los Estados Unidos, las adolescentes que tienen menos educación y habilidades cognitivas más bajas suelen iniciar antes las relaciones sexuales y tener más hijos (Shearer y cols., 2002). Por lo general, cuando la economía cae en picada, la tasa de nacimientos declina; esta tendencia fue totalmente evidente en los Estados Unidos en la década de 1930 y en Rusia en la década de 1990. Es probable que la actividad sexual no disminuya, pero la anticoncepción y los abortos aumentan cuando el trabajo es escaso.

Los partos de adolescentes están disminuyendo y el uso de métodos anticonceptivos está aumentando en todo el mundo. No obstante, las infecciones de transmisión sexual (incluido el SIDA), los partos de adolescentes, el aborto poco seguro y el abuso sexual siguen siendo peligros frecuentes para la salud en los adolescentes de muchas partes del mundo (Blum y Nelson-Mmari, 2004). Las tasas de mortalidad y de esterilidad por todos estos peligros son mucho más altas en los países pobres que en los más ricos (OMS, 2005).

La prosperidad de una nación no garantiza la salud sexual de los adolescentes. En los Estados Unidos, la juventud "retarda persistentemente la búsqueda de servicios clínicos" y las tasas de embarazos no planificados, abortos tardíos y nacimientos no deseados durante la adolescencia son más altas que en cualquier otra nación desarrollada (Hock-Long y cols., 2003, p. 145). Desde una perspectiva de la psicología del desarrollo, esta tendencia es trágica.

Sin embargo, existe una esperanza en esta área. Al parecer, las experiencias sexuales del adolescente típico cambian de una década a otra y de un lugar a otro. En lo referente a los riesgos de las relaciones sexuales tempranos, los facto-

Respuesta para un adulto amigo de un adolescente (de p. 517): es importante el consejo práctico: recomiende a su amigo un centro médico de confianza donde le puedan ofrecer el asesoramiento que necesita respecto de los diferentes métodos para evitar el embarazo (incluida la abstinencia). Usted no querrá que su amigo utilice un método anticonceptivo ineficaz o perjudicial o que se vuelva sexualmente activo antes de estar preparado. Trate de responder a las emociones que subyacen detrás de la pregunta, tal vez orientando la cuestión ética y los valores implicados en la actividad sexual. Recuerde que los adolescentes no siempre hacen las cosas de las que hablan, ni tampoco son siempre lógicos; pero pueden analizar las alternativas y evaluar las consecuencias si los adultos los conducen en esa dirección.

res psicosociales parecen influir más que el imperativo biológico de buscar relaciones sexuales. El hecho de que la biología haya cambiado poco con los siglos (excepto en que la pubertad comienza antes) no es tan decisivo como el hecho de que los contextos sociales son creados por personas. Los padres, las escuelas, los pares y los medios de comunicación pueden lograr una diferencia. La esperanza es que lo hagan.

SÍNTESIS

La red social crece en tamaño y en importancia durante la pubertad, más a menudo para beneficio del adolescente que en su contra. El apoyo social proviene de muchos adultos: la brecha generacional es más estrecha de lo que ampliamente se cree. En particular son fundamentales los padres. Aunque los adolescentes y los padres a menudo pelean por pequeñas cosas, la comunicación y el control de los padres son útiles para cuestiones importantes, como la vocación futura y las prácticas sexuales actuales.

Es tan probable que los pares ayuden a los adolescentes en la búsqueda de autoestima y madurez como que estimulen una conducta autodestructiva y antisocial. Los adolescentes inmigrantes a menudo son influidos por sus amigos cuando intentan triunfar en una cultura distinta de la que guió a sus padres. Los amigos de ambos sexos son importantes para todos los adolescentes; los vínculos de pareja habitualmente no comienzan hasta los últimos años de la adolescencia. Es necesario dar información y orientación precisas a los adolescentes sobre las relaciones sexuales. Aunque esto no siempre se logra, corresponde a padres, pares, docentes y medios de comunicación cumplir con este objetivo.

Tristeza y enojo

Por lo general, la adolescencia es un período maravilloso de la vida, tal vez mejor para las generaciones actuales que para las anteriores. Como se vio, la brecha generacional es más estrecha de lo que la mayoría de las personas piensan, la tasa de embarazo en la adolescencia es más baja de lo que era, y la amistad suele ser útil. En todo el mundo, más adolescentes van a la escuela secundaria, hay menos adolescentes desnutridos y muy pocos mueren por enfermedades (Blum y Nelson-Mmari, 2004). Muchos psicólogos del desarrollo y muchas culturas consideran a la adolescencia como una época alegre que debe ser celebrada, no un período problemático en que los adolescentes deben ser protegidos.

No obstante, para una minoría perturbada, surgen problemas graves. La mayoría de los peligros para los adolescentes se agrupan en la mismas pocas personas. Como ilustración digamos que si un adolescente es muy rebelde, también tiene un riesgo mayor de abandonar la escuela, ser arrestado y morir en un accidente. Asimismo, los adolescentes que consumen drogas ilegales antes de los 15 años también son más vulnerables a la depresión, el embarazo no deseado y el suicidio.

El tamaño de esta minoría problemática parece estar aumentando. En comparación con décadas atrás, hay más madres solteras, más suicidios, más drogas ilegales, más adolescentes en prisión. Todas estas dificultades suceden a edades menores que hace 50 años, a menudo a jóvenes que ya han tenido problemas en la escuela o en su casa (Farrington, 2004).

Muchos adolescentes son menos felices y están más enojados que cuando eran niños. Esto, en parte, era esperable, como consecuencia de las tensiones de la pubertad, la escuela secundaria, las relaciones sociales y una mayor responsabilidad. El adolescente triste o enojado debe ser guiado y reconfortado por adultos que no reaccionen en forma exagerada a las crisis de llanto o de malas palabras. En algunos individuos, las emociones se vuelven extremas, patológicas y destructivas. Si los adultos simplemente los guían y los reconfortan, los problemas pueden empeorar. Es fundamental diferenciar lo normal de lo patológico.

Menos confianza

La tendencia emocional general durante la adolescencia es más hacia el desánimo que hacia la euforia a medida que los adolescentes adquieren cada vez más conciencia del cuerpo, las exigencias académicas y las críticas de sus pares. Por ejemplo, un estudio transversal mostró que, en promedio, los niños de 6 a 18 años se sienten cada año menos capaces en la mayoría de las áreas de sus vidas (véase fig. 16.3) (Jacobs y cols., 2002). Otra investigación, en distintos lugares y países, también reveló una caída de la autoestima, que comenzaba alrededor de los 12 años (p. ej., Eccles y cols., 1998; Fredricks y Eccles, 2002; Harter, 1999; Marsh, 1989).

Las características específicas dependen de la cohorte, la cultura y el ámbito, pero se aprecia una declinación global importante de la autoestima. Día a día, hora a hora, las evaluaciones sugieren picos y valles, no estados de ánimo estables (Arnett, 1999; Larson y Richards, 1994). Esta tendencia es evidente en ambos sexos; es un mito que sólo las jóvenes, y no los varones, pierden confianza durante la adolescencia (Barnett y Rivers, 2004).

Algunos individuos son más felices en la adolescencia, pero no es el patrón habitual. El riesgo es particularmente mayor en quienes fueron educados en la creencia de que tienen una inteligencia o habilidad innatas y criados en ambientes protegidos. Todo esto es puesto a prueba en la adolescencia, cuando las calificaciones de casi todos caen, las amistades cambian, los instructores se vuelven más críticos, etc. A menos que los adolescentes desarrollen objetivos más realistas, pueden dejar de esforzarse, sentirse desesperanzados o agredir (Dweck, 1999), o en forma comórbida, las tres.

Como se mencionó muchas veces antes, los niños y los adolescentes provenientes de familias de bajos recursos son particularmente vulnerables, en parte debido a sus vecindarios problemáticos y en parte porque sus padres a menudo sufren penurias económicas que limitan su accionar y sus posibilidades de reacción. Las familias con buenos ingresos también pueden sufrir estrés económico y criar adolescentes que consuman drogas, delincuencia y depresión (Luthar, 2003).

Depresión

Algunos adolescentes carecen del apoyo y de la guía de su familia, los amigos o la escuela, y pierden la confianza en su futuro. Una pérdida de la autoestima no los conduce a una actitud realista sino más bien hacia la **depresión clínica**, un sentimiento abrumador y persistente de tristeza y desesperanza que perturba todas las actividades regulares y normales.

Aunque los signos y las causas de la depresión clínica anteceden a la adolescencia e incluyen la vulnerabilidad genética y una madre depresiva que fue la cuidadora primaria del adolescente cuando era pequeño (Cicchetti y Toth, 1998), la depresión es mucho más frecuente en la adolescencia que en la infancia. En la pubertad la tasa de depresión clínica se eleva a más del doble, hasta alrededor del 15 por ciento, y afecta aproximadamente a 1 de cada 5 mujeres adolescentes y a 1 de cada 10 varones adolescentes (Graber, 2004).

Muchos investigadores se preguntan por qué los adolescentes, en especial las mujeres, son tan vulnerables (Caspi y cols., 2003; Ge y cols., 2001; Graber, 2004; Hankin y Abramson, 2001). Las diferencias individuales en los niveles hormonales constituyen una explicación, a la que se suman las tensiones psíquicas de la escuela, los amigos, los impulsos sexuales y la crisis de identidad. La mayoría de los psicólogos del desarrollo concuerdan en que la depresión es multidimensional: diversos factores sociales y culturales (en especial los relacionados con los pares y los padres) pueden empujar a las personas hacia el borde de la desesperación o protegerlas. Todos concuerdan en que los adolescentes depresivos necesitan un apoyo firme de los adultos y sus pares, en particular para prevenir la consecuencia más grave de la depresión: el suicidio.

Suicidio

Los adolescentes comienzan la exploración de sus posibilidades en la vida. Cuando aparecen problemas –el fracaso escolar, el fin de una relación afectiva, la pelea con uno de los padres– ¿podrán darse cuenta de que llegarán días mejores? No siempre. Más de un tercio (36%) de todas las adolescentes de los Estados Unidos dicen que se han sentido desesperanzadas en el último año, y un quinto (21%) ha pensado seriamente en el suicidio (MMWR, 21 de mayo de 2004). La **ideación suicida** –es decir, el pensamiento en el suicidio– es tan fre-

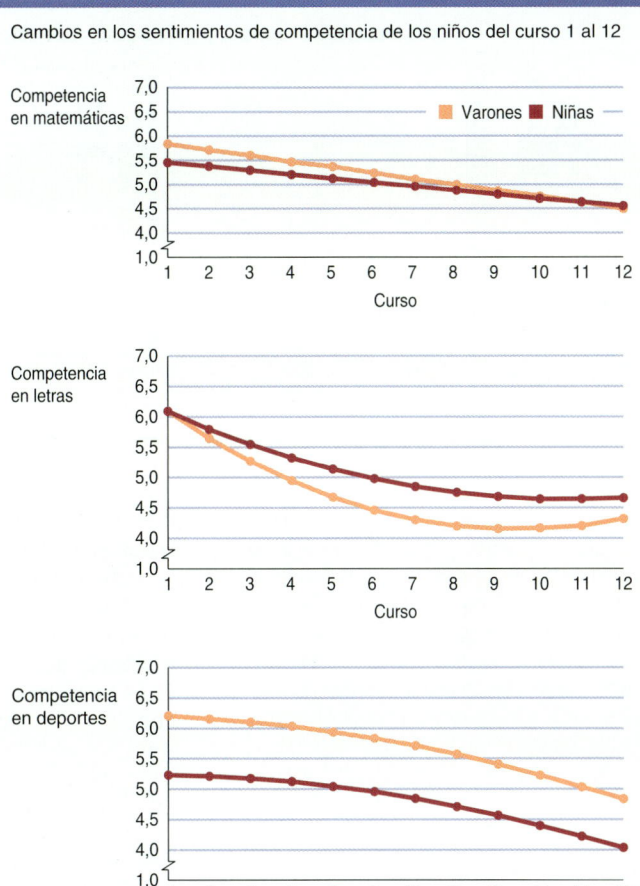

Cambios en los sentimientos de competencia de los niños del curso 1 al 12

Fuente: Jacobs y cols., 2002, p. 516.

FIGURA 16.3 **Todos los niños están por encima del promedio** Los chicos norteamericanos, tanto ellos como ellas, se sienten cada vez menos competentes en matemáticas, en las artes del lenguaje y los deportes a medida que avanzan de primero a duodécimo curso. Sin embargo, sus puntuaciones en las pruebas de sentimientos de competencia podrían variar de 1 a 7 y el hecho de que el alumno promedio del duodécimo curso estuviera entre 4 y 5 indica que, en general, los adolescentes todavía se consideran por encima de la media en estas tres áreas.

depresión clínica Sentimientos de desesperación, letargo y falta de autoestima que duran dos semanas o más.

ideación suicida Pensamientos de suicidio, generalmente con un dejo seriamente emocional e intelectual o cognitivo.

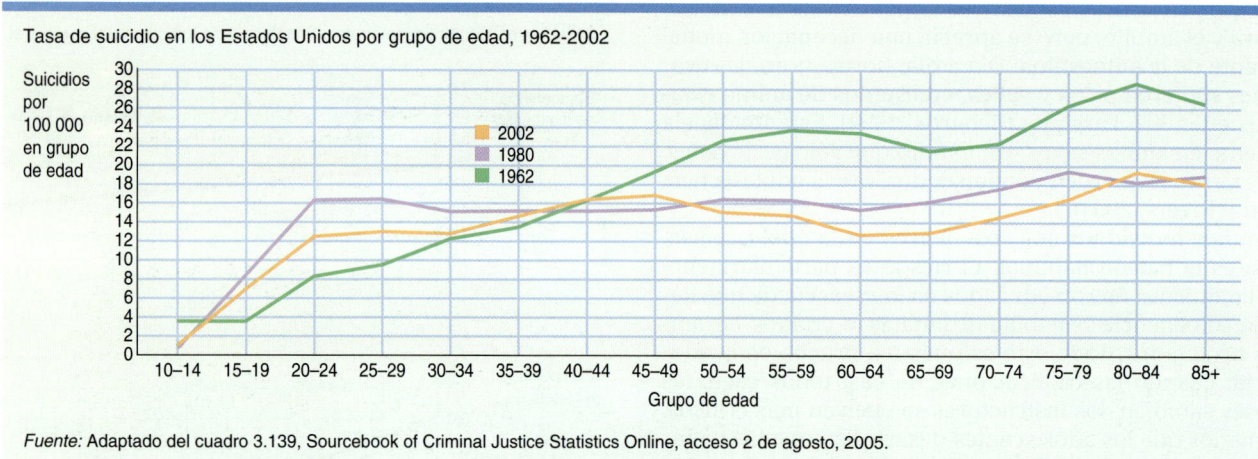

Tasa de suicidio en los Estados Unidos por grupo de edad, 1962-2002

Suicidios por 100 000 en grupo de edad

2002
1980
1962

Grupo de edad

10–14 15–19 20–24 25–29 30–34 35–39 40–44 45–49 50–54 55–59 60–64 65–69 70–74 75–79 80–84 85+

Fuente: Adaptado del cuadro 3.139, Sourcebook of Criminal Justice Statistics Online, acceso 2 de agosto, 2005.

FIGURA 16.4 **Tanto por qué vivir** Una mirada histórica a las estadísticas de suicidio en los Estados Unidos muestra dos tendencias. Primero, los adolescentes tienen una probabilidad dos veces mayor de quitarse la vida que en otras épocas. Segundo, los jovencitos actuales son más suicidas y los adultos mayores menos. ¿Las presiones familiares y escolares han vuelto a la adolescencia más problemática, mientras que una mejor asistencia en salud y la mejoría de los beneficios de la jubilación han hecho que los últimos años de la vida sean más fáciles de lo que lo eran en 1962?

? **PRUEBA DE OBSERVACIÓN** (véase la respuesta en la p. 524): en un estudio transversal típico de 1 000 adolescentes de 15 a 19 años de los Estados Unidos, ¿cuántos cometieron suicidio en el año 2002?

parasuicidio Todo acto potencialmente mortal en contra de uno mismo que no ocasiona la muerte.

cuente entre los estudiantes secundarios que podría ser considerada normal (Diekstra, 1995).

Al igual que el bajo nivel de autoestima es frecuente pero la depresión clínica no lo es, la ideación suicida es común pero no así el suicidio concretado. Antes de hurgar más profundo, debemos corregir un concepto equivocado. Es *menos* probable que se maten los adolescentes menores de 20 años que los adultos. Muchas personas erróneamente piensan que el suicidio es frecuente en la adolescencia, por cuatro razones:

▪ La tasa, aunque baja, es mucho más alta de lo que era (véase fig. 16.4).
▪ Las estadísticas a menudo incluyen a los adultos jóvenes, que cometen suicidio con mucha mayor frecuencia que los adolescentes.
▪ La mayoría de los suicidios de adolescentes captan la atención de los medios; la mayoría de los suicidios de adultos no lo hacen.
▪ Los intentos de suicidio son más frecuentes en la adolescencia que en la vida adulta.

Los expertos prefieren el término **parasuicidio** (todo acto potencialmente mortal en contra de uno mismo que no resulta en la muerte) en lugar de *intento de suicidio* o *suicidio fallido* porque las emociones y la confusión de los adolescentes no dejan claro el intento, aun para los propios individuos. Algunos intentan el suicidio de la misma forma que exploran los "yo" posibles. Después de un episodio potencialmente letal, muchos se sienten aliviados de haber sobrevivido. No obstante, los parasuicidios deben ser tomados con seriedad porque constituyen un signo de que los adolescentes pueden intentar nuevamente y no tener la suerte de ser rescatados.

El parasuicidio no es raro en la adolescencia. Las tasas internacionales varían del 6 al 20%, dependiendo en parte de la cultura y la edad, y en parte de la definición. Aquí se presenta una característica específica: entre los alumnos del noveno grado en las escuelas secundarias de los Estados Unidos durante un año (2003), el 15% de las niñas y el 6% de los varones intentaron matarse (véase cuadro 16.1). Que la ideación suicida conduzca o no a un plan, a un parasuicidio o a la muerte depende de varios factores:

▪ La disponibilidad de medios letales, sobre todo armas.
▪ La falta de supervisión parental.
▪ El consumo de alcohol y otras drogas.
▪ El género.
▪ Las actitudes culturales.

Los tres primeros factores sugieren por qué el suicidio juvenil se ha duplicado en los Estados Unidos y en Europa desde 1960: los adolescentes tienen más armas, están menos controlados por los adultos y son más propensos a consumir alcohol y drogas que hace 45 años.

En todo el mundo, el parasuicidio es más alto en las mujeres y la concreción del suicidio es mayor en los varones. La única excepción es China, donde las mu-

CUADRO 16.1	**Pensamientos suicidas y parasuicidio entre los estudiantes secundarios de los Estados Unidos, 2003**

		Consideran seriamente el intento de suicidio	Parasuicidio (intento de suicidio)	Parasuicidio que requiere atención médica	Suicidio real (14-18 años)
Global		**16,9%**	**8,5%**	**2,9%**	**Menos de 0,01% (alrededor de 7 por 100 000)**
Niñas:	9º curso	22,2	14,7	3,9	
	10º curso	23,8	12,7	3,2	**Mujeres: alrededor**
	11º curso	20,0	10,0	2,9	**de 2 por 100 000**
	12º curso	18,0	6,9	2,2	
Varones:	9º curso	11,9	5,8	3,1	
	10º curso	13,2	5,5	2,1	**Varones: alrededor**
	11º curso	12,9	4,6	2,0	**de 11 por 100 000**
	12º curso	13,2	5,2	1,8	

Fuente: sitio Web de CDC, National Center for Health Statistics, cdc.gov/nchs/data/hus/hus04trend, cuadro 59, acceso 2 de agosto, 2005.

jeres concretan más el suicidio que los hombres (porque ellas tienden a usar pesticidas, que son casi siempre mortales). Una razón para la predominancia habitual del suicidio masculino es que los hombres suelen usar los medios más letales, como armas en lugar de píldoras (Miller y Hemenway, 2001). Las armas son más accesibles para aquellos que cazan o forman parte de pandillas, como lo hacen a menudo los varones. Un estudio de adolescentes de 12 a 17 años en California demostró que los varones tenían sus propias armas con una frecuencia siete veces mayor que las mujeres (Sorenson y Vittes, 2004).

También es menos probable que los varones pidan ayuda o expresen angustia (como en el parasucidio). Esto significa que los adultos y los pares deben estar especialmente alertas de los varones depresivos. Recuerde que los trastornos a menudo aparecen juntos: un varón deprimido puede parecer más enojado que triste. El parasuicidio disminuye cuando se enseña a los adolescentes a reconocer cuando alguno de sus amigos se encuentra gravemente deprimido (Aseltine y DeMartino, 2004).

Las tasas de suicidio de adolescentes varían mucho entre los países y entre los grupos étnicos dentro de los países (véase cuadro 16.2). Cuando se comparan los continentes, África y América del Sur tienen las tasas más bajas y Europa (sobre todo Europa Oriental) tienen tasas altas. En cuanto a los países, Japón parece tener una de las tasas más bajas de suicidio de adolescentes y Hungría una de las más altas. Canadá y los Estados Unidos ocupan un lugar intermedio. (Estas comparaciones internacionales pueden variar de un año a otro (como consecuencia no sólo de cambios culturales y diferencias políticas, sino también del aumento de la precisión en los certificados de defunción.) En Australia, la juventud aborigen es particularmente vulnerable, en parte por el sentimentalismo cultural relacionado con el suicidio (Tatz, 2001). En los Estados Unidos, las jóvenes de origen hispano tienen tasas mucho más altas de parasuicidios que requieren atención médica que las adolescentes negras o de origen europeo (MMWR, 21 de mayo de 2004).

Los **suicidios agrupados**, varios suicidios cometidos por miembros de un grupo en un breve período de tiempo, son relativamente frecuentes en la adolescencia. Cuando una ciudad o una escuela determinada da una connotación netamente sentimental al "trágico fin" de un adolescente, este tipo de difusión puede desencadenar pensamientos suicidas, parasuicidios y suicidios concretados en otros adolescentes (Joiner, 1999). Los suicidios agrupados se observan particularmente entre los aborígenes estadounidenses (Beauvais, 2000). En un proyecto masivo por revertir este patrón en una tribu, los investigadores trabajaron para hacer participar a los jóvenes en actividades constructivas y disminuir la violencia doméstica. La tasa de parasuicidio disminuyó entre los adolescentes de la tribu. Los autores

suicidios agrupados Suicidios de miembros de un grupo concentrados en un breve período de tiempo.

? **PREGUNTA DE PENSAMIENTO CRÍTICO** (véase la respuesta en la p. 524): ¿qué podría explicar las diferencias étnicas en las tasas de suicidio adolescente?

CUADRO 16.2	**Tasas de suicidio de adolescentes de 15-19 años de los Estados Unidos por grupo étnico, 2004**

	Hombres (tasa por 100 000)	Mujeres (tasa por 100 000)	Mujeres como porcentaje del total
Indígenas estadounidenses y nativos de Alaska	22,7	9,1	25%
Estadounidenses de origen europeo	13,4	2,6	16%
Estadounidenses de origen hispano	9,1	2,0	20%
Estadounidenses negros	6,9	2,3	13%
Estadounidenses de origen asiático	5,7	3,3	29%

Fuente: National Vital Statistics Report, 53 (17), 7 de marzo, 2005, pp. 50-71.

Si usted fuera su padre o su madre... ¿Estaría de acuerdo con Anna Freud en que la rebeldía de los adolescentes es algo positivo y beneficioso?

ESPECIALMENTE PARA PADRES DE ADOLESCENTES
Su hijo de 13 años vuelve a casa, después de haber estado en la casa de un amigo, con un peinado extraño, tal vez cortado o teñido de una manera rara. ¿Qué le dice y qué hace?

señalan que los intentos suicidas constituyen una manifestación de depresión, enojo y desintegración familiar, y por lo tanto el esfuerzo concertado por mejorar las vidas de las familias (indígenas o no) también disminuye el suicidio adolescente (May y cols., 2005).

Algunas investigaciones británicas han sugerido que el uso de fármacos antidepresivos en los adolescentes puede disminuir los pensamientos de suicidio. La investigación en los Estados Unidos sobre fluoxetina (Prozac®) refuta este hallazgo. En un estudio de 439 niños depresivos de 12 a 17 años, aquellos que mejoraron más fueron los que recibieron *tanto* terapia cognitivo-conductual como medicación (March y cols., 2004).

La clave para reducir la depresión y el suicidio en los adolescentes parece ser el reconocimiento del problema cuando surge. La depresión clínica no es habitual ni inevitable a cualquier edad, aunque a menudo no es reconocida ni tratada (Hollon y cols., 2003). Los adolescentes que se encierran en sus cuartos, sollozando o escuchando música a todo volumen día tras día, necesitan ayuda.

Más destrucción

Al igual que los momentos de bajo nivel de autoestima y pensamientos acerca del suicidio, las crisis de enojo son frecuentes en la adolescencia. Muchos adolescentes golpean puertas, desafían a sus padres y les cuentan a sus amigos exactamente lo mal que se han comportado otros amigos. Algunos hacen más que eso: roban, destruyen la propiedad o hieren a otras personas.

¿Esta conducta es normal, sobre todo en los varones adolescentes? La mayoría de los psicólogos del desarrollo que están de acuerdo con la teoría psicoanalítica (véase cap. 2) responden que "sí". Una defensora importante de este punto de vista fue Anna Freud, quien creía que la resistencia de los adolescentes a la autoridad de los padres era "bienvenida... beneficiosa... inevitable". De hecho, se sentía perturbada por la falta de confrontación. Ella explicó:

> Todos conocemos a adolescentes que, a los catorce, quince o dieciséis años, no presentan tal evidencia exterior de su inquietud interna. Ellos siguen siendo, como lo fueron durante el período de latencia, "buenos" muchachos, protegidos en sus relaciones familiares, hijos considerados con sus madres, sumisos frente a sus padres, acordes con la atmósfera, las ideas y el ideal de sus antecedentes infantiles. Aunque parezca conveniente, esto significa una demora de su desarrollo normal y por lo tanto es un signo de algo que hay que tomar muy en serio.
>
> [A. Freud, 1958/2000, p. 263]

Al contrario de Freud, muchos psicólogos, la mayoría de los docentes y casi todos los padres están muy felices si tienen adolescentes considerados y que se comportan bien.

En los últimos 40 años, los estudios longitudinales han observado que muchos adolescentes normales son muy respetuosos de sus padres. Este comportamiento no predice una explosión o una perturbación psicológica. Sin embargo, Anna Freud tenía razón en un aspecto: aquellos que son desobedientes a menudo sientan cabeza una vez que tienen trabajos y familias propios (Vaillant, 2002; Werner y Smith, 2001). Por lo tanto, es frecuente cierto enojo y el enojo explosivo puede no ser una señal de un patrón vital destructivo. Para saber cuán seria puede ser una rebelión es necesario contar con antecedentes del desarrollo.

La transgresión de la ley

Muchos niños reciben un diagnóstico de *trastorno disocial*, que implica actuar de formas destructivas, como insultar a los adultos, robar objetos sin importancia, destruir la propiedad y herir a los animales. El trastorno disocial es especialmente problemático si incluye una agresión activa (véanse pp. 299-300), cuando una persona intencionalmente daña a otra, ya sea con agresión relacional o física. En la adolescencia, estos niños suelen convertirse en *delincuentes juveniles*, que transgreden la ley antes de los 18 años.

La mala conducta, la agresión y la delincuencia son más frecuentes en la adolescencia que en otras edades. En todo el mundo, la probabilidad de sufrir un arresto es mayor en la segunda década de la vida: aumenta rápidamente alrededor de los 12 años, alcanza un pico alrededor de los 16 años y luego declina lentamente con cada año que pasa (Rutter, 1998). Al observar las estadísticas sobre el delito en la adolescencia, es útil separar las transgresiones menores que sólo son cometidas por los adolescentes de las más graves. Tal análisis no absuelve a los adolescentes: la tasa de arrestos por crímenes violentos es dos veces mayor entre ellos que en los adultos.

Esas estadísticas muestran la **incidencia**, obtenida a partir de la edad de todos los arrestados. Los datos no indican la **prevalencia**, es decir, la medida de la extensión de la transgresión de la ley. Para explicar esta distinción, supongamos que sólo algunos transgresores habituales cometen casi todos los crímenes. En este caso, la prevalencia sería baja aun cuando la incidencia fuera alta. *Si* ello fuera cierto, y *si* los adolescentes encaminados hacia una "carrera criminal" pudieran ser detectados antes y entonces encarcelados, la *incidencia* del delito adolescente caería abruptamente, porque esos pocos transgresores ya no cometerían muchos delitos. Este supuesto y esta estrategia han conducido a intentos por "tomar medidas enérgicas" y "encerrar" a los jóvenes delincuentes.

Los psicólogos del desarrollo en las últimas décadas han observado que esta suposición es falsa. Los jóvenes son en su mayoría experimentadores; no han decidido aún sobre seguir ninguna carrera, ni siquiera una criminal (Farrington, 2004). La mayoría de ellos transgreden muchas normas menores (fuman, pelean con un par) y no han tenido más de un roce grave con la policía. Incluso los delincuentes crónicos por lo general son sentenciados por una mezcla de infracciones, algunas menores, algunas graves. De hecho, sólo 1 de cada 100 jóvenes arrestados ya ha sido arrestado por más de un delito violento. Por lo tanto, se puede decir que muchos delincuentes adolescentes cometen uno o algunos delitos, más que algunos delincuentes cometen cientos (Snyder, 1997).

No obstante, el delito adolescente es un problema grave para la sociedad y para los propios delincuentes. Las tasas de prevalencia y de incidencia son mucho más altas de lo que indican los registros policiales porque la mayoría de los que transgreden la ley no son arrestados ni siquiera atrapados. En un estudio confidencial (Fergusson y Horwood, 2002), el varón promedio admitió haber cometido más de tres faltas graves entre los 10 y los 20 años y la niña promedio una, aunque casi ninguno de los sujetos había sido arrestado.

Las diferencias de género y étnicas no son lo que parecen ser. Las estadísticas en los Estados Unidos muestran que los varones adolescentes tienen tres veces más probabilidades de ser arrestados que las mujeres, que los estadounidenses negros tienen tres veces más probabilidades de ser arrestados que los estadounidenses descendientes de europeos y éstos tres veces más que los estadounidenses de origen asiático (Departamento de Justicia de los Estados Unidos, 2002). Sin embargo, los autoinformes confidenciales encuentran diferencias de género y étnicas mucho menores (Rutter y cols., 1998). Cuando se tienen en cuenta todos los actos ilegales –que incluyen beber antes de la edad permitida, producir escándalos públicos, destrozos del mobiliario de una comunidad, faltar a clase ("hacer novillos"), colarse en el cine o en el autobús sin pagar o comprar cigarrillos o cerveza– casi todos los adolescentes son transgresores reincidentes.

No cometa un error aquí. El hecho de las revueltas o la transgresión de las normas sean frecuentes y esperables, no significa que el delito juvenil sea inevitable o insignificante; muy por el contrario. Las comunidades deben limitar las revueltas hasta acciones relativamente inofensivas, no sólo detener a los jóvenes delincuentes antes de que las transgresiones empeoren sino también proteger a las jóvenes víctimas. Los adolescentes son víctimas dos a tres veces más que los adultos, sobre todo de delitos violentos (ataque, violación, asesinato) (Hashima y Finkelhor, 1999). (Véase Apéndice A, p. A-17.) Las jóvenes víctimas a menudo se convierten en perpetradores y viceversa, otra razón más para detener el delito adolescente (Bjarnason y cols., 1999).

La limitación del daño

Aunque está claro que las revueltas de adolescentes deben ser controladas, no está claro cómo es mejor hacerlo. Se ha hecho una distinción útil entre los muchos **delincuentes juveniles**, cuya actividad delictiva termina alrededor de los 21 años, y los pocos **delincuentes permanentes**, que se convierten en criminales profesionales (Moffitt, 1997).

incidencia Frecuencia con que ocurre una conducta o circunstancia en particular.

prevalencia Medida de la extensión de una conducta o circunstancia particular en una población.

ESPECIALMENTE PARA OFICIALES DE POLICÍA
Usted ve algunos adolescentes de aproximadamente 15 años bebiendo cerveza en un parque local cuando deberían estar en la escuela. ¿Qué hace?

JOHN MCCUTCHEN, POOL / AP PHOTO

¿Conoce a este muchacho? Su nombre es Andy Williams. ¿Es un estudiante de primer año de 15 años perdido en una enorme escuela secundaria de California e ignorado por sus padres? ¿O es un asesino demente, que un día llevó el revólver de su padre a la escuela, mató a dos compañeros e hirió a 13 más? En realidad, es ambas cosas, y ésta es la razón por la cual en esta audiencia de la corte el juez decidió que debe ser tratado como un adulto. Luego, Williams se declaró culpable.

❓ PRUEBA DE OBSERVACIÓN (véase la respuesta en p. 527): ¿quiénes son los adultos que están con Andy?

delincuente juvenil Persona que abandona la delincuencia antes de los 21 años de edad.

delincuente permanente Persona cuya actividad delictiva empieza típicamente al comienzo de la adolescencia y continúa a lo largo de su vida; malhechor profesional.

Los delincuentes juveniles deben mantenerse controlados, pero el castigo no debe comprometer su capacidad para crecer y convertirse en ciudadanos modelos. Los delincuentes juveniles no fueron perfectos cuando eran niños, pero es probable que no sean los que peor se comportaban en su clase ni los primeros en probar drogas, tener relaciones sexuales o ser arrestados. A mediados de la adolescencia, sus acciones pueden ser indistinguibles de las de sus pares que serán delincuentes permanentes, pero su pasado brinda esperanza para su futuro.

Por el contrario, los delincuentes permanentes se reconocen mucho antes de la vida adulta. Ellos son antisociales en el preescolar y en la escuela primaria, y se vuelven intimidantes. Ellos pueden mostrar signos de daño cerebral: tal vez fueron muy lentos para hablar, eran hiperactivos o tenían dificultades para controlar las emociones. Sus padres los castigaban gravemente o, menos a menudo, los descuidaban por completo. Son los primeros miembros de su cohorte que tienen relaciones sexuales y consumen drogas. Alrededor de los 14 años, están menos involucrados en las actividades escolares y más involucrados con jóvenes mayores que transgreden la ley que otros adolescentes de su edad (Connor, 2002; Farrington, 2004; Rutter y cols., 1998). Sin intervención, terminan encarcelados o peor.

Casi todos los delincuentes profesionales presentan historias infantiles sombrías. Sin embargo, sólo alrededor del 50% de los niños con estas características se convierten en delincuentes profesionales. Por esa razón la intervención en la adolescencia temprana debe ser programada cuidadosamente, no sólo para permitir que los delincuentes juveniles pierdan su rebeldía sino también para evitar que los delincuentes permanentes empeoren (y cometan un asesinato en lugar de un robo, por ejemplo). En la adolescencia temprana, se puede detener la progresión hacia un delito más grave mediante un vecindario unido, una escuela efectiva, un grupo de pares que brinden apoyo, una familia estable y responsable o un mejor amigo duradero (Farrington, 2004).

Si el vecindario, la escuela, la familia y los pares son inadecuados, entonces puede ayudar una intervención intensiva que enseñe a los delincuentes adolescentes permanentes y a sus familias nuevos modos de resolver sus problemas biológicos, cognitivos y psicosociales. Algunos estudios longitudinales observaron que el reentrenamiento de los padres es efectivo cuando comienza temprano en la vida del niño antisocial y enojado, preferiblemente antes del primer arresto (Reid y cols., 2002). La crianza ineficaz de los padres puede no parecer perjudicial en la infancia, pero las repercusiones pueden volverse explosivamente claras cuando los niños alcanzan la pubertad (Compton y cols., 2003).

Dado nuestro conocimiento del desarrollo de los adolescentes, el castigo debe depender del desarrollo pasado y del delito. La reclusión en una prisión, un hogar grupal o un centro de detención para menores puede ser contraproducente si el joven transgresor traba amistad con otros jóvenes con conductas desviadas (Dishion y cols., 2002; Mahoney y cols., 2001).

Si el adolescente con una familia genuina es alejado de ella, de la escuela que brinda apoyo y de los amigos prosociales y es ubicado en un contexto donde se requieren rudeza y resistencia, la conducta antisocial puede volverse habitual. Existe aquí una distinción crítica del desarrollo: los niños más pequeños aprenden la agresión en el hogar de los padres punitivos e insensibles, pero los adolescentes aprenden estas acciones del contexto cultural y de sus pares (McCabe y cols., 2001).

Una estrategia innovadora para modificar el contexto se denomina *cuidado adoptivo terapéutico*, en el cual los jóvenes violentos son asignados a familias adoptivas entrenadas para enseñar el manejo del enojo, el logro escolar y los cuidados personales responsables. La investigación comparativa controlada muestra que el cuidado adoptivo terapéutico reduce en más del 50% los arrestos posteriores (Chamberlain y cols., 2002). Este tipo de cuidado adoptivo es costoso (hasta 50 000 dólares por año por joven), pero los ahorros en costos de juzgados, cárceles y prisiones son del doble (MMWR, 2 de julio, 2004).

No es sorprendente que, en este y otros programas para jóvenes antisociales, sean fundamentales las relaciones. El desarrollo de apego cercano al adulto que le brinda apoyo y evita las asociaciones con pares de conducta desviada parece ser el mejor modo de mantener a los jóvenes rebeldes (delincuentes juveni-

RESPUESTA PARA PADRES DE ADOLESCENTES (de p. 524): recuerde: comunicarse, no controlar. Deje que su hijo hable sobre el significado de su nuevo estilo de peinado. Recuerde que un estilo de peinado en sí mismo no es perjudicial. No diga: "¿Qué va a pensar la gente?" o "¿esto significa que estás consumiendo drogas?", ni tampoco exprese algo que podría darle a su hijo una razón para interrumpir la comunicación.

les o permanentes) dentro de los límites. El propio tiempo es un agente de cambio: la conducta de los adolescentes mejorará (habitualmente) o se volverá más destructiva (a veces) en la vida adulta.

SÍNTESIS

En comparación con los individuos de otras edades, muchos adolescentes experimentan emociones súbitas y extremas que conducen a tristeza y enojo, transitorios pero poderosos. Estos sentimientos suelen expresarse dentro de familias, amistades, vecindarios y culturas que brindan apoyo y contienen y canalizan distintos arrebatos, mejorando la confianza de los jóvenes deprimidos y limitando la rebeldía de los delincuentes. Sin embargo, las emociones profundas de algunos adolescentes no son controladas por sus contextos sociales o incluso son aumentadas por ellos. Esto puede conducir a parasuicidios (sobre todo en las jóvenes), a transgresiones menores de normas (para ambos sexos) y, más raramente, a un suicidio concretado y una transgresión grave de la ley (sobre todo en los varones). La intervención funciona mejor cuando los individuos reconocen la diferencia entre la emoción normal y patológica y cuando la intervención no sólo reduce los riesgos (como el acceso a las armas y las drogas) sino también ayuda a desarrollar relaciones saludables entre el adolescente y pares constructivos o adultos que brinden apoyo.

Conclusión

La adolescencia suele ser un período maravilloso. El cuerpo aumenta de estatura y se hace más fuerte; comienza el despertar sexual, con todo el entusiasmo de la atracción y el contacto físico, y el amor. La mente también se desarrolla, con intereses intelectuales y desafíos cognitivos, a medida que los adolescentes piensan más profundamente y más rápido que nunca antes. Si bien existen algunas confrontaciones en las relaciones familiares y con los pares, se desarrolla respeto entre las generaciones; las amistades con los pares, que incluyen a personas de ambos sexos y muchos orígenes, habitualmente favorecen el bienestar y la madurez.

Los psicólogos del desarrollo concuerdan en que la adolescencia, como período de edad, no es una etapa turbulenta y rebelde, como los psicólogos creían en otra época. La mayoría de los adolescentes, la mayor parte del tiempo, están contentos y sanos, son merecedores de admiración y respeto, no de sospecha ni miedo.

! **RESPUESTA A LA PRUEBA DE OBSERVACIÓN** (de p. 525): no son los padres de Andy, que no estaban presentes en esta audiencia. Andy está flanqueado por sus abogados defensores designados por el juzgado.

RESPUESTA PARA OFICIALES DE POLICÍA (de p. 525): evite ambos extremos: no permitan que piensen que esta situación es inofensiva ni grave. Podría llevarlos a la comisaría y llamar a sus padres. Sin embargo, estos adolescentes no son delincuentes permanentes; encarcelarlos o agruparlos con otros transgresores de la ley podría alentar actos más graves de rebeldía.

■ RESUMEN

La identidad

1. La adolescencia es el momento del descubrimiento de sí mismo, que comienza cuando los jóvenes desarrollan múltiples "yo", probando diversos roles y personalidades.

2. Según Erikson, los adolescentes logran la identidad en cuatro áreas: religión, sexo, política y vocación. Muchos adolescentes eligen la identidad prematura o la moratoria, o evidencian difusión antes de lograr su identidad. Algunos reaccionan contra la presión de sus padres y social adoptando una identidad negativa u oposicional.

3. La identidad religiosa sigue siendo importante para los adolescentes, porque los valores son necesarios como guía. La mayoría ha completado su búsqueda de identidad religiosa hacia los 30 años, cuando no antes.

4. Los adolescentes logran la identidad sexual o de género, no sólo resolviendo su orientación sexual, sino también eligiendo características específicas de la conducta y los roles masculinos y femeninos. En la actualidad, la identidad política se suele expresar a través de la identidad étnica, que cada vez es más compleja en una sociedad multiétnica.

5. Es casi imposible lograr la identidad vocacional antes de los 20 años, ya que muchos trabajos son desconocidos para los adolescentes y porque el empleo de los adolescentes pocas veces conduce a una carrera.

El apoyo social

6. Los adolescentes se benefician de la guía y el apoyo de los adultos. La brecha generacional es muy estrecha, aunque cada generación tiene su propio interés y perspectiva en las interacciones familiares.

7. Los padres siguen influyendo en sus hijos en crecimiento, a pesar de las peleas por cuestiones menores. En condiciones ideales, la comunicación y el afecto se mantienen elevados dentro de la familia, mientras el control de los padres disminuye y los adolescentes desarrollan autonomía. Surgen diferencias culturales en la oportunidad y otros patrones, pero la negligencia o la hostilidad de los padres siempre es destructiva.

8. Los amigos ayudan a los adolescentes a afrontar las demandas conflictivas de la escuela, la familia, los pares y el crecimiento físico. La presión de los pares puede ser beneficiosa o perjudicial, dependiendo de la elección de amigos que haga el adolescente.

9. Los pares son fundamentales para los adolescentes inmigrantes. Los inmigrantes que tienen un compromiso fuerte con los valores familiares tienden a tener éxito en la escuela y es menos probable que manifiesten rebeldía por medio del uso de drogas o de otras maneras. Sin embargo, algunos se rebelan totalmente.

10. Las amistades y las parejas heterosexuales comienzan en la adolescencia y se vuelven cada vez más importantes para el concepto personal y la maduración. Que un adolescente determinado se vincule afectivamente o sea sexualmente activo depende de muchos factores, tanto personales como culturales.

11. Los padres, los maestros y los pares proporcionan cierta educación sexual a los adolescentes, pero no necesariamente lo hacen bien. En todo el mundo, la tasa de partos en adolescentes ha caído, en parte debido a que se cuenta con asesoramiento individual, una mayor educación y mejores métodos anticonceptivos.

Tristeza y enojo

12. Casi todos los adolescentes pierden algo de la confianza que tenían cuando eran niños. Algunos individuos se tornan crónicamente tristes y deprimidos, lo que intensifica los problemas que tenían en la infancia.

13. Muchos adolescentes piensan en el suicidio. Los parasuicidios no son raros, sobre todo entre las niñas adolescentes. Pocos adolescentes se matan realmente; la mayoría de ellos son varones. Las drogas, el alcohol, las armas, el alejamiento de los padres y de sus pares, y la depresión prolongada son factores de riesgo para el suicidio.

14. Casi todos los adolescentes se vuelven más independientes y están más enojados como parte del crecimiento. Según la teoría psicoanalítica, la turbulencia emocional es normal durante estos años. A menudo esta rebeldía se manifiesta en transgresiones a la ley, sobre todo entre los chicos.

15. Se debe evitar que los delincuentes juveniles se dañen o lastimen a otros. Los delincuentes permanentes son más difíciles de tratar, porque sus problemas normalmente comienzan en la primera infancia y se extienden en la vida adulta. El cuidado adoptivo terapéutico es un tratamiento que parece efectivo.

■ PALABRAS CLAVE

identidad (p. 495)

identidad versus difusión
(p. 495)

"yo" posibles (p. 496)

"yo" falso (p. 496)

logro de la identidad (p. 496)

difusión de la identidad
(p. 497)

identidad prematura (p. 497)

identidad negativa (p. 498)

moratoria de la identidad
(p. 498)

identidad de género (p. 501)

rol de género (p. 501)

orientación sexual (p. 501)

brecha generacional (p. 505)

interés generacional (p. 506)

pelea (p. 507)

control parental (p. 509)

presión de grupo (p. 510)

depresión clínica (p. 521)

ideación suicida (p. 521)

parasuicidio (p. 522)

suicidios agrupados (p. 523)

incidencia (p. 525)

prevalencia (p. 525)

delincuente juvenil (p. 525)

delincuente permanente
(p. 525)

■ PREGUNTAS CLAVE

1. ¿Cuál es la diferencia entre encontrar un "yo" falso y el logro de la identidad?

2. ¿Qué factores podrían facilitar o dificultar particularmente a alguien poder establecer su identidad étnica?

3. Dé varios ejemplos de decisiones que una persona debe tomar para establecer la identidad de género.

4. ¿Qué aspectos de la graduación en la escuela secundaria podrían ayudar a una persona joven a lograr su identidad?

5. ¿Por qué y cómo los padres siguen influyendo durante los años adolescentes de los niños?

6. ¿Cómo y cuándo puede ser útil la presión de los pares y cómo puede ser perjudicial?

7. ¿Cuál es el patrón de desarrollo habitual de las relaciones entre los varones y las niñas?

8. ¿Cuáles son los errores frecuentes que cometen los padres respecto de la sexualidad de los adolescentes?

9. ¿En qué sentido puede considerarse común el suicidio adolescente y en qué sentido se lo puede considerar infrecuente?

10. ¿Cómo aumentan los factores personales y culturales el riesgo de suicidio adolescente?

11. ¿En qué se parecen y en qué son diferentes los delincuentes juveniles y los delincuentes permanentes?

■ EJERCICIOS DE APLICACIÓN

1. ¿Es más difícil lograr la identidad vocacional de lo que era antes? Entreviste a dos adultos mayores de 40 años y dos menores de 30. ¿Qué objetivo profesional tenía cada uno de ellos en la adolescencia? ¿Sus aspiraciones cambiaron con los años? En caso afirmativo, ¿cómo y por qué?

2. Encuentre una historia en su periódico local acerca de un adolescente que cometió suicidio. ¿El artículo indica que existían signos de advertencia que fueron ignorados? ¿El informe de noticias glorifica la vida y la muerte del adolescente de una forma que podría alentar los suicidios agrupados?

3. Los datos sugieren que la mayoría de los adolescentes han transgredido la ley pero que pocos han sido arrestados o encarcelados.

¿Es cierto para las personas que usted conoce? Pregunte a 10 de sus compañeros de estudios si transgredieron la ley cuando eran menores de 18 años. Asegúreles la confidencialidad y formule preguntas específicas (p. ej.: "¿Alguna vez bebió alcohol, compró cigarrillos, tomó algo que no era suyo?"). ¿Qué hipótesis sobre la transgresión de la ley en los adolescentes de su cohorte puede sugerir?

4. Como seguimiento de la pregunta 3, interrogue a sus compañeros de estudios sobre las circunstancias. ¿La transgresión de las leyes se realizó con pares o solo? ¿Cuál fue la respuesta de la policía, los padres, los jueces y los pares? Explique de qué modo los pares y las familias afectan la conducta adolescente.

BIOSOCIAL

El crecimiento físico La pubertad comienza en algún momento entre los 8 y los 14 años de edad, con aumentos en diversas hormonas que desencadenan muchos cambios. Al año de haber empezado los aumentos hormonales aparecen los primeros cambios físicos perceptibles: el agrandamiento de las mamas en las niñas y de los testículos en los varones. Alrededor de un año después se inicia el estirón de crecimiento, cuando los varones y las niñas aumentan la estatura, el peso y la masa muscular. Al igual que el crecimiento del cuerpo, el crecimiento del cerebro es irregular y el sistema límbico crece más rápido que la corteza prefrontal.

La maduración sexual Hacia el final de la pubertad, el desarrollo sexual primario incluye la menarquia en las niñas y la eyaculación en los varones. También se desarrollan las características sexuales secundarias. Los varones se hacen más altos que las niñas y desarrollan un tono de voz más grave y los patrones característicos de distribución del vello facial y corporal. Las chicas ensanchan sus caderas; el crecimiento de sus pechos continúa durante varios años. Algunos adolescentes se tornan sexualmente activos muy temprano, y corren riesgo de un embarazo no deseado y de infecciones de transmisión sexual. Otros consumen drogas a una edad o en dosis que son perjudiciales para el crecimiento saludable, sobre todo las drogas iniciadoras: tabaco, alcohol y marihuana. Es frecuente la mala nutrición, tanto en la forma de una ingesta exagerada como deficiente.

COGNITIVO

El pensamiento adolescente Los adolescentes pueden pensar en lo posible y también en lo real, gracias a que ahora tienen una habilidad que les permite pensar de modo hipotético, razonar en forma deductiva y dar explicaciones teóricas. Al mismo tiempo, el egocentrismo adolescente, junto con los sentimientos de singularidad e invencibilidad, pueden hacer que ellos estén extraordinariamente pendientes de sí mismos y hacerlos pensar más de un modo intuitivo que racional.
Tanto la lógica como la intuición progresan durante la adolescencia, aunque pocos adolescentes las combinan con éxito.

La educación Los adolescentes jóvenes tienden a ser egocéntricos y necesitan aliento social. Por esta razón, el diseño de muchas escuelas medias no es adecuado para el aprendizaje adolescente. En muchos estudiantes secundarios, el crecimiento cognitivo se retrasa por las pruebas de alta exigencia, la baja motivación y el miedo a la violencia en la escuela.

PSICOSOCIAL

La identidad Un objetivo de la adolescencia es la comprensión de uno mismo y el logro de la identidad. Este último se puede ver afectado por los factores personales, incluidas las relaciones con la familia y con los pares. La identidad de género y étnica son especialmente complejas.

Los padres y los pares El grupo de pares se vuelve cada vez más importante al favorecer la independencia y la interacción, sobre todo con miembros del otro sexo. Los padres y los adolescentes jóvenes suelen enfrentarse por temas relacionados con la autoafirmación cada vez mayor del adolescente, o con su falta de disciplina.

Tristeza y enojo La depresión y los pensamientos suicidas son frecuentes en la adolescencia, sobre todo entre las niñas, pero los niños tienden más a consumar el acto suicida. Aunque algunos problemas emocionales son frecuentes, tanto el parasuicidio como la transgresión de las leyes deben ser tomados con seriedad. Muchos adolescentes están tristes o enojados; sólo una minoría son suicidas o es probable que se conviertan en delincuentes permanentes.

Apéndices A-C

Apéndice A
Estadísticas, gráficos y tablas adicionales

En general, a los investigadores del desarrollo les resulta útil, incluso fascinante, examinar información específica. Los números en particular revelan tendencias y matices que no son visibles desde una perspectiva más general. Por ejemplo, mucha gente cree erróneamente que la incidencia del síndrome de Down en los bebés aumenta bruscamente en las madres mayores de 35 años, o que hasta los recién nacidos más pequeños generalmente sobreviven. Cada estadística, gráfico o tabla en este apéndice probablemente contenga información que, en general, es desconocida.

Proporción de niños en la población de un país

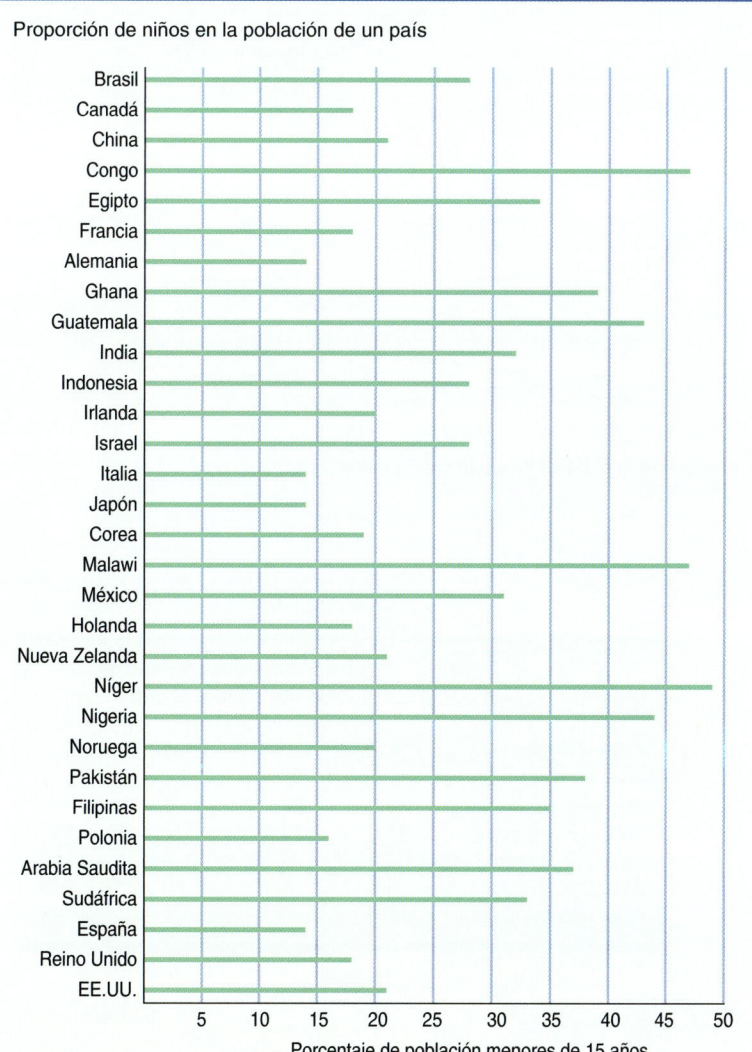

Porcentaje de población menores de 15 años

Fuente: United Nations Secretariat, Statistics Division and Population Division, unstats.un.org, actualizado el 22 de abril de 2005.

¿Cuanto más numerosos son los niños, peores las escuelas? (capítulo 1)

Los países con tasas de natalidad más altas también tienen tasas más altas de mortalidad, sus pobladores una vida más corta, y hay más analfabetismo. Un enfoque sistémico sugiere que estas variables se encuentran conectadas: por ejemplo, los programas de educación para la primera infancia de Montessori y Reggio Emilia, calificados como los mejores del mundo, fueron creados en Italia, e Italia es uno de los países en este gráfico con la menor proporción de niños de menos de 15 años.

Composición étnica de la población de los Estados Unidos (capítulo 2)

Reflexionar acerca de la composición étnica de la población de los EE.UU. puede ser un ejercicio interesante de comparación social. Mirando el cuadro se puede llegar a la conclusión de que no mucho ha cambiado en los últimos 30 años: la gente blanca todavía es mayoría, los aborígenes estadounidenses son una pequeña minoría, y los estadounidenses negros son alrededor del 11% de la población. Sin embargo, al mirar el gráfico se entiende por qué cada grupo siente que las cosas han cambiado mucho. Dado que la proporción de estadounidenses de ascendencia hispana y asiática ha aumentado en forma considerable, los estadounidenses de ascendencia europea ven que la población actual de personas no blancas es de casi un tercio del total, y los estadounidenses negros ven que los hispanos los superan en cantidad. Además existen interesantes diferencias regionales dentro de los Estados Unidos; por ejemplo, el condado de Los Ángeles tiene el mayor número de aborígenes (156 000) y la mayor cantidad de personas de origen asiático (1,3 millones).

? Prueba de observación (véase la respuesta en la p. A-4): ¿Qué grupo étnico crece de forma más rápida?

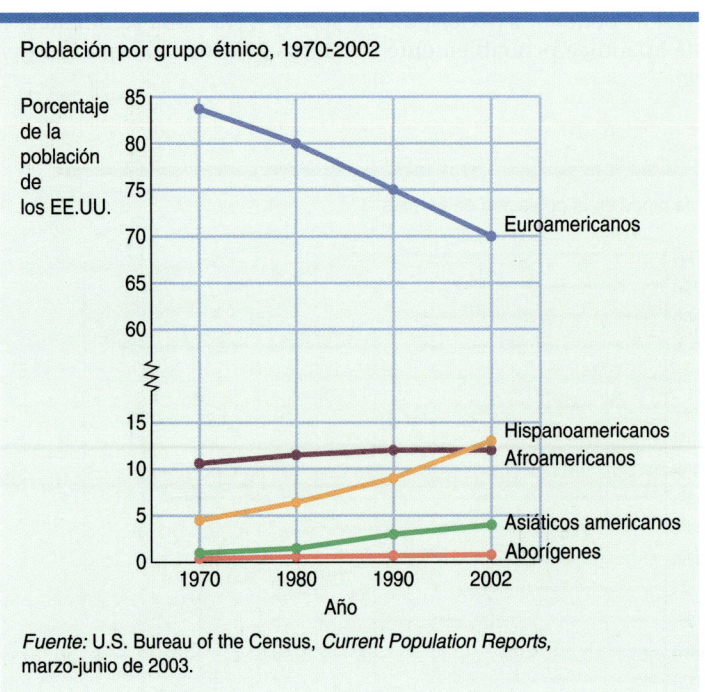

Población por grupo étnico, 1970-2002

Fuente: U.S. Bureau of the Census, *Current Population Reports,* marzo-junio de 2003.

	Porcentaje de la población de los Estados Unidos			
Origen étnico	**1970**	**1980**	**1990**	**2002**
Europeo (blancos)	83,7	80	75	68,4
Africano (negros)	10,6	11,5	12	13
Latino (hispanos)	4,5	6,4	9	13,3
Asiático	1	1,5	3	4,4
Aborígenes	0,4	0,6	0,7	0,9

La genética de los grupos sanguíneos (capítulo 3)

Los grupos sanguíneos A y B son rasgos dominantes, y el grupo 0 es recesivo. Los porcentajes que damos en la primera columna de este cuadro representan las probabilidades de que un niño, hijo de los padres con las distintas combinaciones de genotipos tenga el genotipo dado en la segunda columna.

Genotipos de los padres*	Genotipo de la descendencia	Fenotipo	Puede donar sangre a (fenotipo)	Puede recibir sangre de (fenotipo)
AA + AA (100%) AA + AB (50%) AA + A0 (50%) AB + AB (25%) AB + A0 (25%) A0 + A0 (25%)	AA (hereda un A de cada padre)	A	A o AB	A o 0
AA + 00 (100%) AB + 00 (50%) A0 + A0 (50%) A0 + 00 (50%) AB + A0 (25%) AB + B0 (25%)	A0	A	A o AB	A o 0
BB + BB (100%) AB + BB (50%) BB + B0 (50%) AB + AB (25%) AB + B0 (25%) B0 + B0 (25%)	BB	B	B o AB	B o 0
BB + 00 (100%) AB + 00 (50%) B0 + B0 (50%) B0 + 00 (50%) AB + A0 (25%) AB + B0 (25%)	B0	B	B o AB	B o 0
AA + BB (100%) AA + AB (50%) AA + B0 (50%) AB + AB (50%) AB + BB (50%) A0 + BB (50%) AB + B0 (25%) A0 + B0 (25%)	AB	AB	AB solamente	A, B, AB, 0 ("receptor universal")
00 + 00 (100%) A0 + 00 (50%) B0 + 00 (50%) A0 + A0 (25%) A0 + B0 (25%) B0 + B0 (25%)	00	0	A, B, AB, 0 ("dador universal")	0 solamente

* El grupo sanguíneo no es un rasgo ligado al sexo, de modo que cualquiera de estos pares pueden ser madre más padre o padre más madre.
Fuente: Adaptado de Hartl y Jones, 1999.

Probabilidad de síndrome de Down según edad materna y edad gestacional (capítulo 4)

En la columna de las 10 semanas se muestra la probabilidad de cualquier feto dado, al final del primer trimestre, de tener tres cromosomas en el sitio 21 (trisomía 21) y, por lo tanto presenta síndrome de Down. Cada año de edad materna aumenta la incidencia de trisomía 21. El número de lactantes con síndrome de Down nacidos vivos es sólo la mitad del número que sobrevivió el primer trimestre. Si bien obviamente el riesgo menor es a los 20 años (más joven es incluso mejor), no existe ningún año donde aumenta súbitamente la probabilidad (los 35 años es un corte arbitrario). Incluso a los 44 años, menos del 4% de todos los recién nacidos tienen síndrome de Down. Otras anomalías cromosómicas en los fetos también aumentan con la edad materna, pero la tasa de aborto espontáneo es mucho más alta, de modo que el nacimiento de bebés con defectos cromosómicos no es la norma, aun para las mujeres mayores de 45 años.

Edad (años)	Gestación (semanas) 10	Gestación (semanas) 35	Nacidos vivos
20	1/804	1/1 464	1/1 527
21	1/793	1/1 445	1/1 507
22	1/780	1/1 421	1/1 482
23	1/762	1/1 389	1/1 448
24	1/740	1/1 348	1/1 406
25	1/712	1/1 297	1/1 352
26	1/677	1/1 233	1/1 286
27	1/635	1/1 157	1/1 206
28	1/586	1/1 068	1/1 113
29	1/531	1/967	1/1 008
30	1/471	1/858	1/895
31	1/409	1/745	1/776
32	1/347	1/632	1/659
33	1/288	1/525	1/547
34	1/235	1/427	1/446
35	1/187	1/342	1/356
36	1/148	1/269	1/280
37	1/115	1/209	1/218
38	1/88	1/160	1/167
39	1/67	1/122	1/128
40	1/51	1/93	1/97
41	1/38	1/70	1/73
42	1/29	1/52	1/55
43	1/21	1/39	1/41
44	1/16	1/29	1/30

Fuente: Snijders y Nicolaides, 1996.

Salvar vidas jóvenes: inmunización en la niñez y en la adolescencia (capítulo 5)

Esquema de vacunación recomendada para niños y adolescentes, Estados Unidos, 2005

Edad

Vacuna	Al nacer	1 mes	2 meses	4 meses	6 meses	12 meses	15 meses	18 meses	24 meses	4 – 6 años	11 – 12 años	13 – 18 años
Hepatitis B	Hep. B #1	sólo si la madre es HBsAg (negativo) Hep. B #2				Hep. B #3			Hep. B refuerzo			
Difteria, tétanos y tos ferina			DPT	DPT	DPT		DPT			DPT	Td	Td
Haemophilus influenzae de tipo b			Hib	Hib	Hib	Hib						
Polio inactivada			VPI	VPI	VPI					VPI		
Sarampión, paperas, rubéola						MMR #1				MMR #2	MMR #2	
Varicela						Varicela				Varicela		
Neumococo			PnC	PnC	PnC	PnC			PnC	PPV		
Gripe BCG *	X				Gripe (anual)					Gripe (anual)		
Hepatitis A										Hepatitis A refuerzo		

- - - - - Las vacunas por debajo de esta línea son para poblaciones seleccionadas - - - - - - - - -

■ Rangos de edades recomendadas para la vacunación
■ Alcance de la inmunización. Grupo etario que justifica esfuerzos especiales en la administración de aquellas vacunas que no se dieron previamente
■ Evaluación en la preadolescencia

Nota: para muchas enfermedades, se recomienda repetir las dosis, como se expuso
* La vacuna BCG es altamente recomendada en la mayoría de los países pero no se requiere en los Estados Unidos, dado que la prevalencia de la tuberculosis es baja.

Fuente: sitio web de los Centers for Disease Control (CDC) de los EE.UU. (http://cdc.gov/nip/recs/child-schedule), disponible desde el 12 de agosto de 2005.

Primeros sonidos y primeras palabras: similitudes entre los distintos lenguajes (capítulo 6)

	PALABRA DE BEBÉ PARA:	
IDIOMA	**Madre**	**Padre**
Inglés	mama, mommy	dada, daddy
Español	mamá	papá
Francés	maman, mama	papa
Italiano	mamma	babbo, papa
Letón	mama	tête
Árabe sirio	mama	baba
Bantú	ba-mama	taata
Swahili	mama	baba
Sánscrito	nana	tata
Hebreo	ema	abba
Coreano	oma	apa

! *Respuesta a la prueba de observación*
(de p. A-2): los asiáticos americanos, cuya participación en la población se ha cuadruplicado en los últimos 30 años.

¿Cuáles son las madres que amamantan? (capítulo 7)

Diferenciar una crianza excelente de una crianza destructiva no es fácil una vez que las necesidades básicas de alimento y protección del niño se han satisfecho. Sin embargo, como hemos visto en los ejemplos de Toni y Jacob del capítulo 7, el desarrollo psicosocial depende de las relaciones receptivas entre padres e hijos. La lactancia materna es un signo de intimidad entre la madre y el bebé.

Las regiones del mundo difieren drásticamente en los porcentajes de lactancia materna, con la mayor proporción ubicada en el sudeste asiático, donde la mitad de los niños de 2 años de edad aún son amamantados. En los Estados Unidos, los factores que interfieren en la probabilidad del amamantamiento son la etnia (las latinas son más proclives y las estadounidenses negras menos proclives a amamantar que las de origen europeo) y la edad de la madre (una correlación positiva entre la edad y la lactancia materna). La influencia más importante de todas es la educación de la madre.

Porcentaje de mujeres que amamantan según factores sociodemográficos

Factores sociodemográficos	Siempre lactancia materna	Lactancia materna a los 6 meses	Lactancia materna a los 12 meses	Lactancia materna exclusiva a los 3 meses*	Lactancia materna exclusiva a los 6 meses*
Ciudadanas norteamericanas	70,9%	36,2%	17,2%	41,1%	14,2%
Sexo del bebé					
Masculino	70,7	35,6	16,3	40,3	13,7
Femenino	71	36,8	18,2	41,9	14,8
Orden en el nacimiento					
Primer hijo	69,9	37,5	18,5	42,6	14,6
No es el primer hijo	72,5	34,1	15,2	38,6	13,6
Raza/etnia					
Americanas nativas	68,6	32	14,9	43,7	13,1
Asiáticas/isleñas del Pacífico	79,3	44,1	22,5	47,8	16,7
Negras	54,9	23,9	22	29,2	9,8
Blancas	73,8	38,6	18,7	43,2	15,2
Hispanas o latinas	77,8	38,2	20	48,6	13,4
Edad de la madre					
Menos de 19	54,5	14,9	6,9	25,1	6,1
20-30	67,6	30,6	14,2	37,5	12,5
Más de 30	74,9	42,6	20,7	45,4	16,4
Educación de la madre					
Sin estudios secundarios	63,4	28,6	15,2	36,8	10,5
Estudios secundarios	63,5	28,3	13	34,3	11,8
Universitarios incompletos	74,4	37,5	17	43	15,1
Universitarios completos	84	51,9	24,8	52,1	19,9
Estado civil de la madre					
Casada	76,8	42,2	20,6	46,2	16,5
No casada[+]	57,8	22,8	9,8	29,9	9,2
Lugar de residencia					
Ciudad central	69,8	35,4	17,2	40,6	14
Urbana	74,6	39,6	18,7	44,1	14,9
Suburbana y rural	63,8	29,2	13,6	34,6	13

* Lactancia materna exclusiva se define como sólo leche materna y agua (no sólidos u otros líquidos)
+ Entre las mujeres no casadas se incluyen aquellas que nunca se han casado, viudas, separadas, divorciadas y fallecidas.
Fuente: Adaptado de CDC's National Immunization Survey, Cuadro 1; http://www.cdc.gov/breastfeeding/data/NIS_data/socio-demographic.htm,consultado el 17 de agosto de 2005.

Aumento de altura desde el nacimiento hasta los 18 años (capítulo 8)

Rango de altura (de esta página) y de peso (véase página A-7) de los niños de los Estados Unidos. Las columnas tituladas "50" (percentil 50) muestran el promedio; las columnas tituladas "90" (percentil 90) muestran el tamaño de los niños más altos y más pesados que el 90% de sus contemporáneos; y las columnas marcadas "10" (percentil 10) muestran el tamaño de los niños que sólo son más altos que el 10% de sus pares. Obsérvese que las niñas son levemente más bajas, en promedio, que los varones.

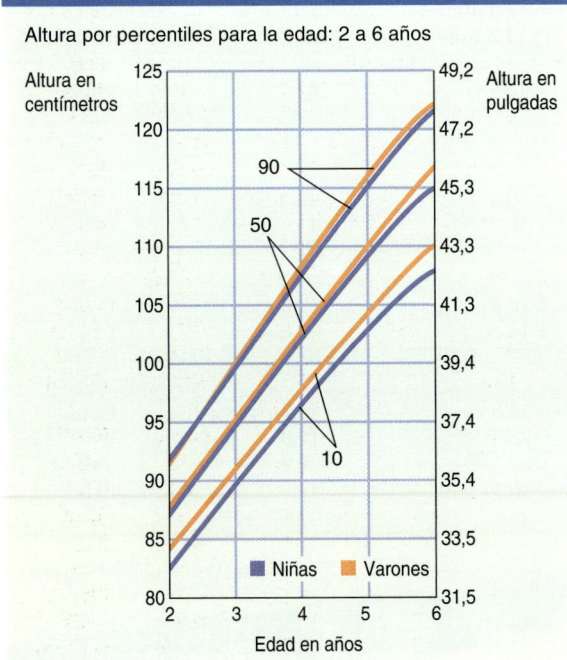

Altura por percentiles para la edad: 2 a 6 años

Los mismos datos, diferente forma

Las columnas de números en el cuadro de la derecha proporcionan información detallada y precisa sobre los rangos de altura de cada año de la infancia. La ilustración anterior muestra la misma información en forma gráfica para los 2-6 años. Lo mismo se hizo con los rangos de peso en la página A-7. Se eligió el grupo de 2-6 años porque es el período durante el cual se establecen los hábitos alimentarios del niño. ¿Qué forma de presentación de los datos cree usted que es de más fácil comprensión?

Altura en centímetros (pulgadas)

Edad	Varones: percentiles			Niñas: percentiles		
	10	50	90	10	50	90
Nacimiento	47,5 (18 ³/₄)	50,5 (20)	53,5 (21)	46,5 (18 ¼)	49,9 (19 ³/₄)	52 (20 ½)
1 mes	51,3 (20 ¼)	54,6 (21 ½)	57,7 (22 ³/₄)	50,2 (19 ³/₄)	53,5 (21)	56,1 (22)
3 meses	57,7 (22 ³/₄)	61,1 (24)	64,5 (25 ½)	56,2 (22 ¼)	59,5 (23 ½)	62,7 (24 ³/₄)
6 meses	64,4 (25 ¼)	67,8 (26 ³/₄)	71,3 (28)	62,6 (24 ³/₄)	65,9 (26)	69,4 (27 ¼)
9 meses	69,1 (27 ¼)	72,3 (28 ½)	75,9 (30)	67 (26 ½)	70,4 (27 ³/₄)	74 (29 ¼)
12 meses	72,8 (28 ³/₄)	76,1 (30)	79,8 (31 ½)	70,8 (27 ³/₄)	74,3 (29 ¼)	78 (30 ³/₄)
18 meses	78,7 (31)	82,4 (32 ½)	86,6 (34)	77,2 (30 ½)	80,9 (31 ³/₄)	85 (33 ½)
24 meses	83,5 (32 ³/₄)	87,6 (34 ½)	92,2 (36 ¼)	82,5 (32 ½)	86,5 (34)	90,8 (35 ³/₄)
3 años	90,3 (35 ½)	94,9 (37 ¼)	100,1 (39 ¼)	89,3 (35 ¼)	94,1 (37)	99 (39)
4 años	97,3 (38 ¼)	102,9 (40 ½)	108,2 (42 ½)	96,4 (38)	101,6 (40)	106,6 (42)
5 años	103,7 (40 ³/₄)	109,9 (43 ¼)	115,4 (45 ½)	102,7 (40 ½)	108,4 (42 ³/₄)	113,8 (44 ³/₄)
6 años	109,6 (43 ¼)	116,1 (45 ³/₄)	121,9 (48)	108,4 (42 ³/₄)	114,6 (45)	120,8 (47 ½)
7 años	115 (45 ¼)	121,7 (48)	127,9 (50 ¼)	113,6 (44 ³/₄)	120,6 (47 ½)	127,6 (50 ¼)
8 años	120,2 (47 ¼)	127,0 (50)	133,6 (52 ½)	118,7 (46 ³/₄)	126,4 (49 ³/₄)	134,2 (52 ³/₄)
9 años	125,2 (49 ¼)	132,2 (52)	139,4 (55)	123,9 (48 ³/₄)	132,2 (52)	140,7 (55 ½)
10 años	130,1 (51 ¼)	137,5 (54 ¼)	145,5 (57 ¼)	129,5 (51)	138,3 (54 ½)	147,2 (58)
11 años	135,1 (53 ¼)	143,33 (56 ½)	152,1 (60)	135,6 (53 ½)	144,8 (57)	153,7 (60 ½)
12 años	140,3 (55 ¼)	149,7 (59)	159,4 (62 ³/₄)	142,3 (56)	151,5 (59 ³/₄)	160 (63)
13 años	145,8 (57 ½)	156,5 (61 ½)	167 (65 ³/₄)	148 (58 ¼)	157,1 (61 ³/₄)	165,3 (65)
14 años	151,8 (59 ³/₄)	163,1 (64 ¼)	173,8 (68 ½)	151,5 (59 ³/₄)	160,4 (63 ¼)	168,7 (66 ½)
15 años	158,2 (62 ¼)	169,0 (66 ½)	178,9 (70 ½)	153,2 (60 ¼)	161,8 (63 ³/₄)	170,5 (67 ¼)
16 años	163,9 (64 ½)	173,5 (68 ¼)	182,4 (71 ³/₄)	154,1 (60 ³/₄)	162,4 (64)	171,1 (67 ¼)
17 años	167,7 (66)	176,2 (69 ¼)	184,4 (72 ½)	155,1 (61)	163,1 (64 ³/₄)	171,2 (67 ½)
18 años	168,7 (66 ½)	176,8 (69 ½)	185,3 (73)	156 (61 ½)	163,7 (64 ½)	171 (67 ¼)

Fuente: estos datos provienen del National Center for Health Statistics (NCHS), Health Resources Administration, DHHS. Se basaron sobre estudios de The Fels Research Institute, Yellow Springs, Ohio.

Aumento de peso desde el nacimiento hasta los 18 años (capítulo 8)

Estas tablas de altura y peso presentan pautas globales; un niño podría diferir de estas normas y ser muy saludable y normal. Sin embargo, si un niño determinado muestra una discrepancia entre altura y peso (por ejemplo, se encuentra en el percentil 90 para la altura pero sólo en el percentil 20 para el peso) o si es mucho más grande o más pequeño que la mayoría de los niños de la misma edad, el pediatra debe determinar si una enfermedad, desnutrición o una anomalía genética es parte de la razón.

Peso por percentiles para la edad: 2 a 6 años

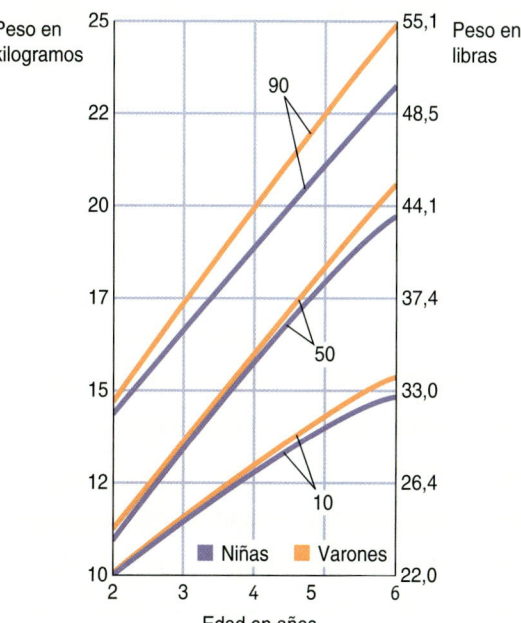

Comparaciones

Obsérvese que las trayectorias de la altura en el gráfico de la página A-6 están mucho más próximas entre sí que las trayectorias del peso que se muestran en el gráfico arriba. Para los 18 años de edad, el rango de la altura es sólo de unos 12,5 cm, pero hay una diferencia de unos 30 kilogramos entre los percentiles 10 y 90.

? *Pregunta de pensamiento crítico* (véase la respuesta en p. A-8): ¿Cómo se puede explicar esta discrepancia entre los rangos de altura y de peso?

Peso en kilogramos (libras)

Edad	Varones: percentiles			Niñas: percentiles		
	10	50	90	10	50	90
Nacimiento	2,78 (6 ¼)	3,27 (7 ¼)	3,82 (8 ½)	2,58 (5 ¾)	3,23 (7)	3,64 (8)
1 mes	3,43 (7 ½)	4,29 (9 ½)	5,14 (11 ¼)	3,22 (7)	3,98 (8 ¾)	4,65 (10 ¼)
3 meses	4,78 (10 ½)	5,98 (13 ¼)	7,14 (15 ¾)	4,47 (9 ¾)	5,40 (12)	6,39 (14)
6 meses	6,61 (14 ½)	7,85 (17 ¼)	9,10 (20)	6,12 (13 ½)	7,21 (16)	8,38 (18 ½)
9 meses	7,95 (17 ½)	9,18 (20 ¼)	10,49 (23 ¼)	7,34 (16 ¼)	8,56 (18 ¾)	9,83 (21 ¾)
12 meses	8,84 (19 ½)	10,15 (22 ½)	11,54 (25 ½)	8,19 (18)	9,53 (21)	10,87 (24)
18 meses	9,92 (21 ¾)	11,47 (25 ¼)	13,05 (28 ¾)	9,30 (20 ½)	10,82 (23 ¾)	12,30 (27)
24 meses	10,85 (24)	12,59 (27 ¾)	14,29 (31 ½)	10,26 (22 ½)	11,90 (26 ¼)	13,57 (30)
3 años	12,58 (27 ¾)	14,62 (32 ¼)	16,95 (37 ¼)	12,26 (27)	14,10 (31)	16,54 (36 ½)
4 años	14,24 (31 ½)	16,69 (36 ¾)	19,32 (42 ½)	13,84 (30 ½)	15,96 (35 ¼)	18,93 (41 ¾)
5 años	15,96 (35 ¼)	18,67 (41 ¼)	21,70 (47 ¾)	15,26 (33 ¾)	17,66 (39)	21,23 (46 ¾)
6 años	17,72 (39)	20,69 (45 ½)	24,31 (53 ½)	16,72 (36 ¾)	19,52 (43)	23,89 (52 ¾)
7 años	19,53 (43)	22,85 (50 ¼)	27,36 (68 ½)	18,39 (40 ½)	21,84 (48 ¼)	27,39 (60 ½)
8 años	21,39 (47 ¼)	25,30 (55 ¾)	31,06 (68 ½)	20,45 (45)	24,84 (54 ¾)	32,04 (70 ¾)
9 años	23,33 (51 ½)	28,13 (62)	35,57 (78 ½)	22,92 (50 ½)	28,46 (62 ¾)	37,60 (83)
10 años	25,52 (56 ¼)	31,44 (69 ¼)	40,80 (90)	25,76 (56 ¾)	32,55 (71 ¾)	43,70 (96 ¼)
11 años	28,17 (62)	35,30 (77 ¾)	46,57 (102 ¾)	28,97 (63 ¾)	36,95 (81 ½)	49,96 (110 ¼)
12 años	31,46 (69 ¼)	39,78 (87 ¾)	52,73 (116 ¼)	32,53 (71 ¼)	41,53 (91 ½)	55,99 (123 ½)
13 años	35,60 (78 ½)	44,95 (99)	59,12 (130 ¼)	36,35 (80 ¼)	46,10 (101 ¾)	61,45 (135 ½)
14 años	40,64 (89 ½)	50,77 (112)	65,57 (144 ½)	40,11 (88 ½)	50,28 (110 ¾)	66,04 (145 ½)
15 años	46,06 (101 ½)	56,71 (125)	71,91 (158 ½)	43,48 (95 ¾)	53,68 (118 ¼)	69,64 (153 1/4)
16 años	51,16 (112 ¾)	62,10 (137)	77,97 (172)	45,78 (101)	55,89 (123 ¼)	71,68 (158)
17 años	55,28 (121 ¾)	66,31 (146 ¼)	83,58 (184 ¼)	47,04 (103 ¾)	56,69 (125)	72,38 (159 ½)
18 años	57,89 (127 ½)	68,88 (151 ¾)	88,41 (195)	47,47 (104 ¾)	56,62 (124 ¾)	72,25 (159 ¼)

Fuente: estos datos provienen del National Center for Health Statistics, Health Resources Administration, recogidos en sus Encuestas de examen de salud.

Cuidados diurnos e ingresos familiares (capítulo 9)

Obsérvese que en ambos años fue menos probable que las familias más ricas tuvieran niños exclusivamente al cuidado de los padres y más probable que tuvieran niños cuidados en centros.

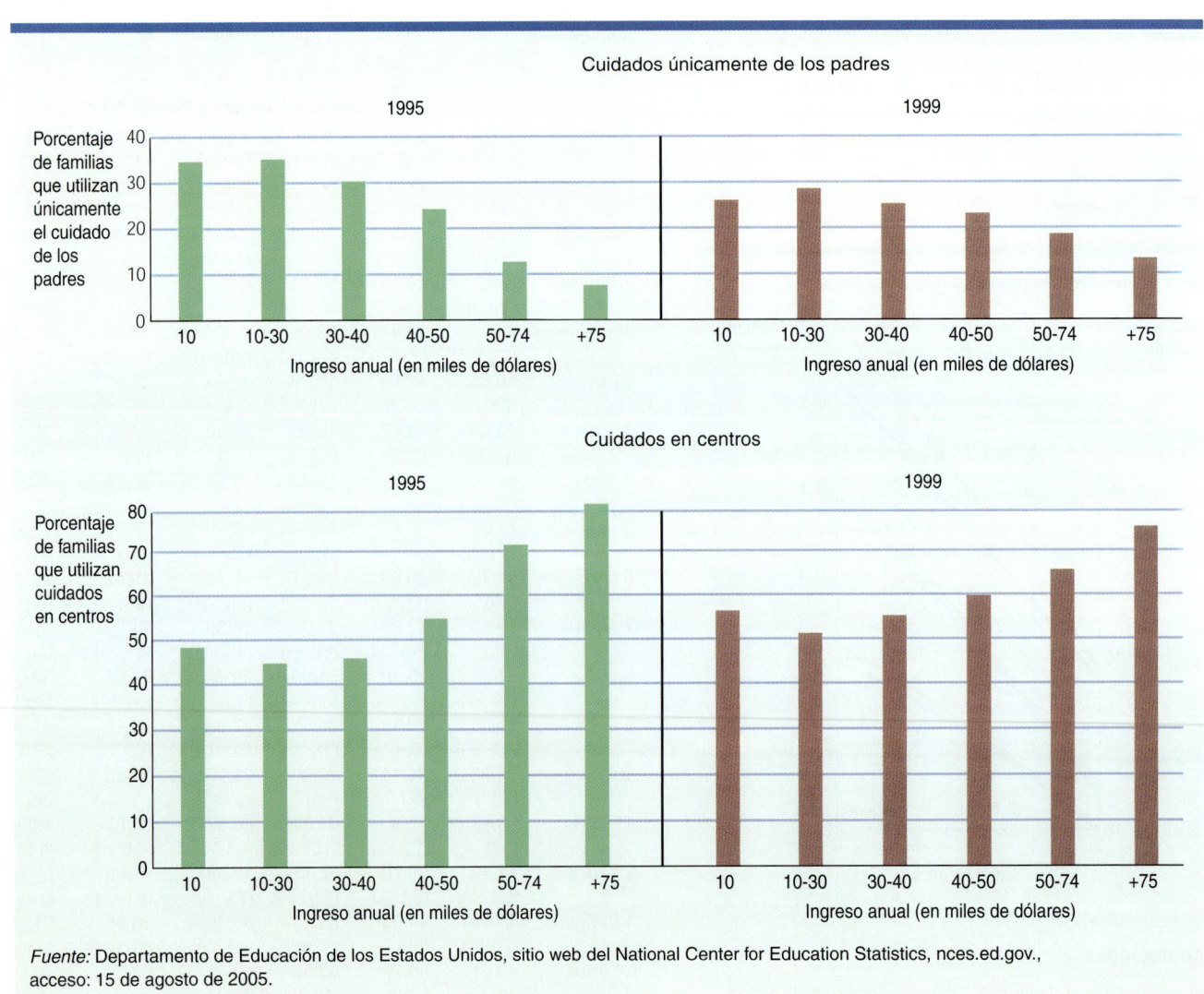

Fuente: Departamento de Educación de los Estados Unidos, sitio web del National Center for Education Statistics, nces.ed.gov., acceso: 15 de agosto de 2005.

! Respuesta a la pregunta de pensamiento crítico (de p. A-7): en general, la nutrición es adecuada en los Estados Unidos y por eso las diferencias de altura son pequeñas. Pero como resultado de la fuerte influencia que tiene la familia y la cultura sobre los hábitos alimentarios, casi el 50% de todos los estadounidenses tienen sobrepeso o son obesos.

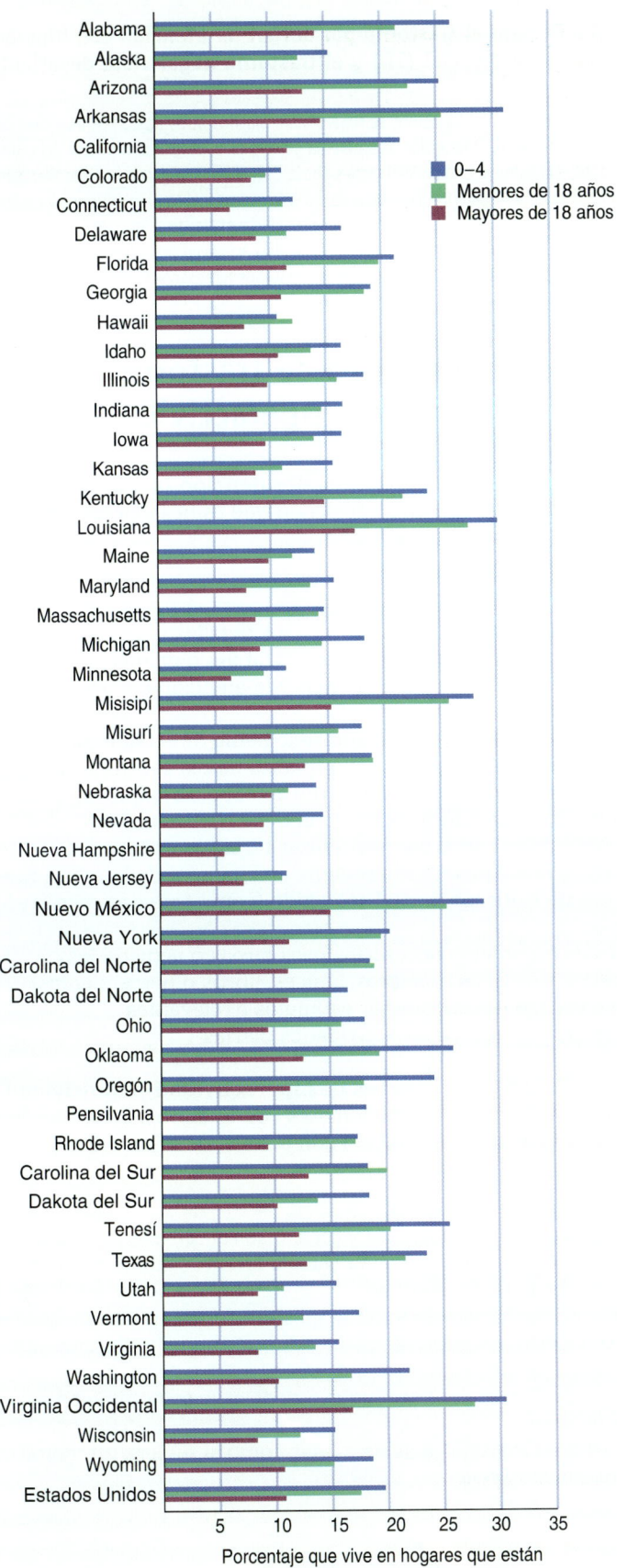

Tasas de pobreza, por estado y grupo de edad

Porcentaje que vive en hogares que están
por debajo de la línea de pobreza

Fuente: U.S. Bureau of the Census.

Los bebés son los norteamericanos más pobres (capítulo 10)

¿Es peor la pobreza en los adultos que en los niños? La mayoría de los psicólogos del desarrollo opinarían lo contrario y me pregunto por qué todos los estados tienen más niños pobres —especialmente niños pequeños— que adultos pobres.

? *Prueba de observación* (véase la respuesta en la p. A-10). ¿qué estado tiene la tasa más alta de pobreza en los adultos? ¿En los niños menores de 18 años? ¿En los niños desde el nacimiento hasta los 4 años?

Criterios del DSM-IV-TR para el trastorno por déficit de atención con hiperactividad (TDAH), el trastorno disocial (TD) y el trastorno negativista desafiante (TND) (capítulo 11)

Los síntomas específicos de estos distintos trastornos se superponen. Muchos otros trastornos infantiles también tienen algunos de los mismos síntomas. Diferenciar un problema de otro es el propósito principal del DSM-IV-TR. Esa no es una tarea fácil, y constituye una de las razones por la cual el libro se encuentra ahora en su cuarta revisión importante y tiene más de 900 páginas. Esas páginas no sólo incluyen el tipo de criterios diagnósticos que mostramos aquí sino también explicaciones sobre prevalencia, edad y estadísticas por sexo, aspectos culturales y pronóstico para unos 400 trastornos o subtipos, 40 de los cuales aparecen primariamente en la infancia. Por lo tanto, los criterios diagnósticos reimpresos aquí para tres trastornos representan menos del 1% del contenido del DSM-IV-TR.

Criterios para el diagnóstico de trastorno por déficit de atención con hiperactividad

A. (1) o (2)

(1) Seis (o más) de los siguientes síntomas de **desatención** han persistido por lo menos durante 6 meses con una intensidad que es desadaptativa e incoherente en relación con el nivel de desarrollo:

Desatención

(a) a menudo no presta atención suficiente a los detalles o incurre en errores por descuido en las tareas escolares, en el trabajo o en otras actividades

(b) a menudo tiene dificultades para mantener la atención en tareas o en actividades lúdicas

(c) a menudo parece no escuchar cuando se le habla directamente

(d) a menudo no sigue instrucciones y no finaliza tareas escolares, encargos u obligaciones en el centro de trabajo (no se debe a comportamiento negativista o a incapacidad para comprender instrucciones)

(e) a menudo tiene dificultades para organizar tareas y actividades

(f) a menudo evita, le disgusta o es renuente en cuanto a dedicarse a tareas que requieren un esfuerzo mental sostenido (como trabajos escolares o domésticos)

(g) a menudo extravía objetos necesarios para tareas o actividades (p. ej., juguetes, ejercicios escolares, lápices, libros o herramientas)

(h) a menudo se distrae fácilmente por estímulos irrelevantes

(i) a menudo es descuidado en las actividades diarias

(2) Seis (o más) de los siguientes síntomas de **hiperactividad-impulsividad** han persistido por lo menos durante 6 meses con una intensidad que es desadaptativa e incoherente en relación con el nivel de desarrollo:

Hiperactividad

(a) a menudo mueve en exceso manos y pies, o se remueve en su asiento

(b) a menudo abandona su asiento en la clase o en otras situaciones en que se espera que permanezca sentado

(c) a menudo corre o salta excesivamente en situaciones en las que es inapropiado hacerlo (en adolescentes o adultos puede limitarse a sentimientos subjetivos de inquietud)

(d) a menudo tiene dificultades para jugar o dedicarse tranquilamente a actividades de ocio

(e) a menudo "está en marcha" o suele actuar como si tuviera un motor

(f) a menudo habla en exceso

Impulsividad

(g) a menudo precipita respuestas antes de que hayan sido completadas las preguntas

(h) a menudo tiene dificultades para guardar turno

(i) a menudo interrumpe o se inmiscuye en las actividades de otros
(p. ej., se entromete en conversaciones y juegos)

B. Algunos síntomas de hiperactividad-impulsividad o desatención que causaban alteraciones estaban presentes antes de los 7 años de edad.

C. Algunas alteraciones provocadas por los síntomas se presentan en dos o más ambientes (p. ej., en la escuela –o en el trabajo– y en casa).

D. Deben existir pruebas claras de un deterioro clínicamente significativo de la actividad social, académica o laboral

Criterios para el diagnóstico de trastorno disocial

A. Un patrón repetitivo y persistente de comportamiento en el que se violan los derechos básicos de otras personas o normas sociales importantes propias de la edad, manifestado por la presencia de tres (o más) de los siguientes criterios durante los últimos 12 meses y por lo menos de un criterio durante los últimos 6 meses:

Agresión a personas y animales

(1) a menudo fanfarronea, amenaza o intimida a otros
(2) a menudo inicia peleas físicas
(3) ha utilizado un arma que puede causar daño físico grave a otras personas (p. ej., bate, ladrillo, botella rota, navaja, pistola)
(4) ha manifestado crueldad física con personas
(5) ha manifestado crueldad física con animales
(6) ha robado enfrentándose a la víctima (p. ej., ataque con violencia, arrebatar bolsos, extorsión, robo a mano armada)
(7) ha forzado a alguien a una actividad sexual

Destrucción de la propiedad

(8) ha provocado deliberadamente incendios con la intención de causar daños graves
(9) ha destruido deliberadamente propiedades de otras personas (menos provocar incendios)

Fraudulencia o robo

(10) ha violentado el lugar, la casa o el automóvil de otra persona
(11) a menudo miente para obtener bienes o favores o para evitar obligaciones (esto es, "tima" a otros)
(12) ha robado objetos de cierto valor sin enfrentamiento con la víctima (p. ej., robos en tiendas, pero sin allanamientos o destrozos; falsificaciones)

Violaciones graves de normas

(13) a menudo permanece fuera de casa de noche a pesar de las prohibiciones paternas, comportamiento iniciado antes de los 13 años de edad
(14) se ha escapado de casa durante la noche por lo menos dos veces mientras vivía en casa de sus padres o en un hogar sustituto (o sólo una vez, sin reingresar durante un período largo de tiempo)
(15) suele hacer novillos en la escuela, práctica iniciada antes de los 13 años de edad

B. El trastorno disocial provoca deterioro clínicamente significativo de la actividad social, académica o laboral

Criterios para el diagnóstico de trastorno negativista desafiante

A. Un patrón de comportamiento negativista, hostil y desafiante que dura por lo menos 6 meses, estando presentes cuatro (o más) de los siguientes comportamientos:

(1) a menudo se encoleriza

(2) a menudo discute con adultos

(3) a menudo desafía activamente a los adultos o rehúsa cumplir sus demandas o reglas

(4) a menudo molesta deliberadamente a otras personas

(5) a menudo acusa a otros de sus errores o mal comportamiento

(6) a menudo es susceptible o fácilmente molestado por otros

(7) a menudo es colérico y resentido

(8) a menudo es rencoroso o vengativo

Nota: considerar que se cumple un criterio sólo si el comportamiento se presenta con más frecuencia de la observada típicamente en los individuos de edad y nivel de desarrollo comparables.

B. El trastorno de conducta provoca deterioro clínicamente significativo en la actividad social, académica o laboral.

Fuente: American Psychiatric Association, 2004.

Modificaciones en el ranking de conocimientos de ciencia y matemáticas entre cuarto y octavo grados en 16 naciones (capítulo 12)

En este ranking se incluyen sólo las 16 naciones con puntuaciones más altas. Muchos otros países, como Chile o Marruecos, clasificaron mucho más bajo. Y otros, entre los que se incluyen todas las naciones de América Latina y África, no administran los exámenes en los cuales está basado este ranking. Los rankings idénticos indican lazos entre naciones en las puntuaciones generales. Las comparaciones internacionales son siempre difíciles y a menudo injustas, pero se han confirmado dos conclusiones generales: los niños de Asia del Este tienden a obtener mayores logros en matemáticas y ciencia y los niños de Estados Unidos pierden terreno en ciencias pero se defienden en matemáticas entre cuarto y octavo grados.

Conocimiento en ciencias				Conocimiento en matemáticas			
País	**Clasificación en cuarto grado**	**Clasificación en octavo grado**	**Cambio en el ranking**	**País**	**Clasificación en cuarto grado**	**Clasificación en octavo grado**	**Cambio en el ranking**
Singapur	1	1	0	Singapur	1	1	0
Taiwán	2	2	0	Hong Kong	2	3	−1
Japón	3	6	−3	Japón	3	5	−2
Hong Kong	4	4	0	Taiwán	4	4	0
Inglaterra	5	*	−	Bélgica	5	6	−1
Estados Unidos	6	9	−3	Holanda	6	7	−1
Letonia	7	18	−11	Letonia	7	11†	−4
Hungría	8	7	+1	Lituania	8	13	−5
Federación Rusa	9	17	−8	Federación Rusa	9	11†	−2
Holanda	10	8	+2	Inglaterra	10	*	−
Australia	11	10	+1	Hungría	11	9	−2
Nueva Zelanda	12	13	−1	Estados Unidos	12	12	0
Bélgica	13	16	−3	Chipre	13	26	−13
Italia	14	22	−8	Moldavia	14	25	−11
Lituania	15	14	+1	Italia	15	19	−4
Escocia	16	19	−3	Australia	16	11	+5

* No participó.
† Empate en la escala de puntajes promedio.
Fuente: Third International Mathematics and Science Study (TIMSS), 2003.

Modificaciones en la cantidad de tiempo semanal promedio invertido por los niños de 6 a 11 años en actividades varias (capítulo 12)

Los datos pueden presentarse gráficamente de varias maneras. Los datos expuestos aquí han sido recolectados de la misma manera en 1981 y 1997, por lo que los cambios son reales (aunque la edad límite en 1997 era 12, no 11). ¿Cuál piensa usted que sería la mejor manera de mostrar esta información? ¿Qué es esperanzador y qué es problemático en los cambios que observa? Se muestra una posibilidad bajo la tabla: la presentación de los cambios como porcentajes en un gráfico de barras.

Actividad	Cantidad promedio del tiempo empleado en cada actividad, por semana		Cambios en el tiempo consumido
	En 1981	En 1997	
Escuela	25 h 17 min	33 h 52 min	+ 8 h 35 min
Deportes organizados	3 h 5 min	4 h 56 min	+ 1 h 51 min
Estudio	1 h 46 min	2 h 50 min	+ 1 h 4 min
Lectura	57 min	1 h 15 min	+ 18 min
Estar al aire libre	1 h 17 min	39 min	– 38 min
Juegos	12 h 52 min	10 h 5 min	– 2 h 47 min
Mirar televisión	15 h 34 min	13 h 7 min	– 2 h 27 min

Porcentaje de modificaciones en el tiempo empleado en diferentes actividades

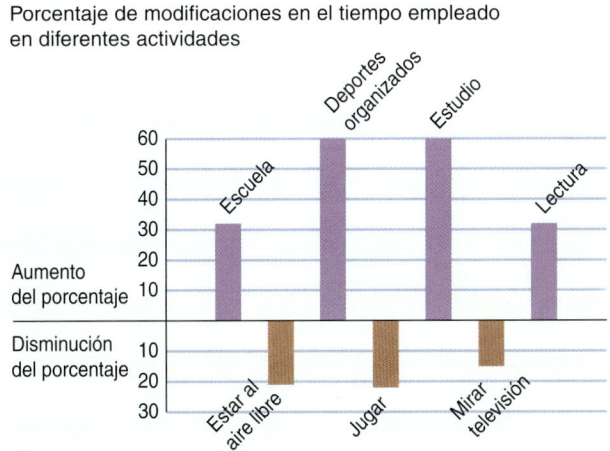

Fuente: University of Michigan Institute for Social Research, Panel Study of Income Dynamics, Child Development Supplement, as reported in Hofferth, 1999.

¿Quién cría a los niños? (capítulo 13)

La mayoría de los niños todavía vive con una pareja de un hombre y una mujer, que pueden ser los padres biológicos del niño, casados o no, sus abuelos, padrastros, padres de acogida o adoptivos. Sin embargo, la proporción de familias a cargo de un solo adulto ha crecido —en un 500% para padres solteros y en un 200% para las madres soltras. (En 2004, el 52% de los hogares estadounidenses no tenían niños menores de 18 años.)

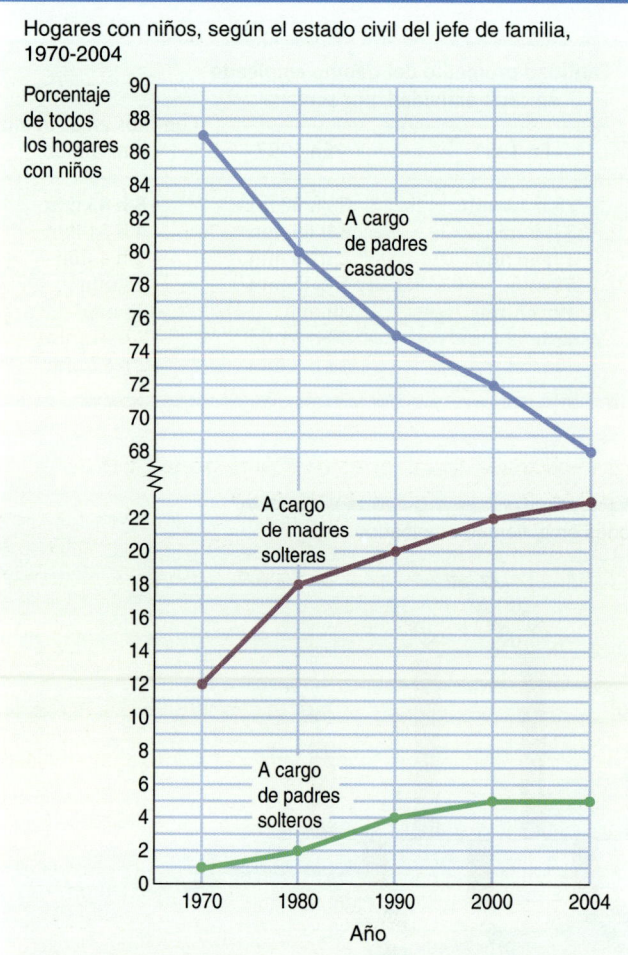

Hogares con niños, según el estado civil del jefe de familia, 1970-2004

Fuente: U.S. Bureau of the Census, 1972 y 2002, datos de 2004 de childstats.ed.gov/americaschildren, ingresado el 16 de agosto de 2005.

Conducta relacionada con el tabaquismo entre los estudiantes de escuelas secundarias de los Estados Unidos, 1991-2003 (capítulo 14)

Los datos de estos dos cuadros muestran muchas tendencias. Por ejemplo, usted ve que es mucho menos probable que fumen los adolescentes estadounidenses negros que los de origen hispano o europeo, pero ¿esa ventaja racial está disminuyendo? ¿Le sorprende el hecho de que las mujeres blancas fuman más que los hombres blancos?

Porcentaje de estudiantes de escuelas secundarias que comunicaron que fumaban cigarrillos

Conducta relacionada con el tabaquismo	1991	1995	1999	2003
Toda la vida (fumó alguna vez)	70,1	71,3	70,4	58,4
Actual (fumó al menos una vez en los últimos 30 días)	27,5	34,8	34,8	21,9
Actual frecuente (fumó 20 o más veces en los últimos 30 días)	12,7	16,1	16,8	9,7

Porcentaje de estudiantes de escuelas secundarias que comunicaron que fumaban actualmente, según sexo, raza/grupo étnico y grado

Característica	1991	1995	1999	2003
Sexo				
Mujeres	27,3	34,3	34,9	21,9
Hombres	27,6	35,4	34,7	21,8
Raza/grupo étnico				
Blancos, no hispanos	30,9	38,3	38,6	24,9
Mujeres	*31,7*	*39,8*	*39,1*	*26,6*
Hombres	*30,2*	*37*	*38,2*	*23,3*
Negros, no hispanos	12,6	19,2	19,7	15,1
Mujeres	*11,3*	*12,2*	*17,7*	*10,8*
Hombres	*14,1*	*27,8*	*21,8*	*19,3*
Hispanos	25,3	34	32,7	18,4
Mujeres	*22,9*	*32,9*	*31,5*	*17,7*
Hombres	*27,9*	*34,9*	*34*	*19,1*
Grado				
9no	23,2	31,2	27,6	17,4
10mo	25,2	33,1	34,7	21,8
11mo	31,6	35,9	36	23,6
12mo	30,1	38,2	42,8	26,2

Fuente: MMWR (2004, 18 de junio).

Conductas sexuales de los estudiantes secundarios de los Estados Unidos: variaciones entre 20 estados seleccionados, 2003 (capítulo 15)

Estos porcentajes, que pueden parecer muy altos, son en realidad más bajos de lo que eran en los primeros años de la década de 1990. Los datos de este cuadro reflejan las respuestas de los estudiantes de 9no y 12mo grado. Cuando sólo se encuesta a los estudiantes del último año de la secundaria, los porcentajes son más altos. En todos los estados, más del 50% de todos los estudiantes del último año de la secundaria han tenido relaciones sexuales y aproximadamente el 15% ha tenido cuatro parejas o más.

Estado	Nunca ha tenido relaciones sexuales (%)			Tuvo la primera relación sexual antes de los 13 años (%)			Ha tenido cuatro o más compañeros sexuales durante la vida (%)			En la actualidad es sexualmente activo* (%)		
	Mujeres	Varones	Total	Mujeres	Varones	Total	Mujeres	Varones	Total	Mujeres	Varones	Total
Alabama	58,2	55,7	56,9	4,3	13,6	9	18,8	23	20,9	45,6	38,1	41,9
Arizona	40,9	45,3	43,1	5,2	6,3	4,3	10,1	11,9	10,9	30,4	31,4	30,9
Delaware	56,2	58.5	57,3	6,7	15,9	11,3	17,8	23,3	20,6	44,6	40,7	42,7
Florida	46,7	56,1	51,3	4,4	12,5	8,3	10,8	20,6	15,6	35,2	37,2	36,2
Idaho	35,7	37	36,4	3,1	5,6	4,5	–	–	–	–	–	–
Maine	42,1	43,5	42,8	2,8	6,2	4,7	9,8	11,2	10,6	32,7	29,7	31,2
Massachusetts	41,1	40,8	41	2,4	7,5	4,9	9	11,4	10,1	31,4	28,2	29,8
Michigan	41,9	45,1	43,5	4	9,7	6,9	11,3	15,5	13,5	32,8	29,5	31,1
Misisipí	57,7	64,2	61	4,7	18,3	11,4	14,9	32,7	23,6	46,5	45,9	46,3
Misurí	52,8	51,5	52,2	4,2	9,6	7	15,1	18	16,5	41,6	35,3	38,4
Montana	41,7	45,2	43,6	2,7	5,9	8,7	12,3	15,3	14	28,9	30,6	29,9
Nevada	45,4	47,4	46,4	4,2	10,7	7,5	16,6	21,4	19	34,4	30,9	32,6
Nueva York	38,5	46,2	42,4	3,5	11	7,2	8,2	17,5	12,7	29,9	29,6	29,7
Dakota del Norte	43,6	42	42,8	3,4	5,1	4,2	11,7	13	12,4	35,3	28	31,6
Ohio	42,7	40,4	41,7	4	7,8	6	13	12,7	13	31,9	27,6	29,8
Dakota de Sur	43,4	39,6	41,6	2,5	5,6	4,1	8,8	14,4	11,7	30,2	32	28,3
Tennessee	48,5	51,5	50,1	4	10,8	7,4	12,8	17,6	15,2	36,6	34,4	35,6
Texas†	45,8	56,7	51.3	2,4	11,2	6,8	11,6	19,4	15,6	36,3	36,3	36,4
Wisconsin	37,6	36	36,8	1,8	3,8	2,8	8	9,7	8,9	29,5	23,6	26,5
Wyoming	46,8	44,7	45,8	5,6	5,9	5,8	16,3	16	16,1	34,1	29,5	31,8

* Activo en los 3 meses anteriores a la encuesta.
† Excluido Houston.
Fuente: National Center for Chronic Disease Prevention and Health Promotion, Youth Risk Behavior Surveillance System: http//apps.nccd.cdc.gov/YRBSS, acceso 17 de agosto, 2005.

Tasas de víctimas y perpetradores de homicidio y homicidas en los Estados Unidos, por raza y género, 14 a 17 años (capítulo 16)

Los varones adolescentes son más a menudo delincuentes violentos que víctimas. La proporción entre victimización y ataque ha variado para las niñas adolescentes en el transcurso de los años. La buena noticia es que las tasas han disminuido espectacularmente en los últimos diez años para cada categoría de adolescentes: hombre y mujer, negro y blanco. (Se aprecian declinaciones similares en los estadounidenses de origen asiático y latinoamericanos.) La mala noticia es que las tasas siguen siendo más altas en los Estados Unidos que en cualquier otro país desarrollado.

Tasas de victimización de homicidios por 100 000 habitantes para los adolescentes de 14 a 17 años

Año	Hombres		Mujeres	
	Blancos	Negros	Blancas	Negras
1976	3,7	24,6	2,2	6,4
1981	4,4	23,6	2,4	6,2
1986	4,2	27,4	2,3	6,6
1991	8,7	73,6	2,6	9,6
1996	8,4	53,3	2,1	8,9
2002	3,6	22,6	1,5	6,1

Fuente: U.S. Boureau of Justice Statistics, 2005.
Tabulaciones basadas sobre Informes suplementarios de homicidios del FBI y U.S. Census Bureau, Reportes poblacionales actuales.

Tasa de perpetradores de homicidio por 100 000 habitantes de 14 a 17 años

Año	Hombres		Mujeres	
	Blancos	Negros	Blancas	Negras
1976	10,4	72,4	1,3	10,3
1981	10,9	73,1	1,3	8,6
1986	12,3	72,2	1,1	5,6
1991	21,9	199,1	1,3	12,1
1996	17,4	134,8	1,7	7,8
2002	9,2	54,5	0,9	3,7

Fuente: U.S. Bureau of Justice Statistics, 2005.
Tabulaciones basadas sobre Informes suplementarios de homicidios del FBI y U.S. Census Bureau, Reportes poblacionales actuales. Las tasas incluyen tanto los perpetradores conocidos como la proporción compartida de los perpetradores no identificados.

Todos los cuadros, gráficos y tablas de este Apéndice ofrecen a los lectores la oportunidad de analizar los datos brutos y extraer sus propias conclusiones. La misma información puede presentarse de distintas maneras. En esta página, usted puede crear su propio gráfico de barras o gráfico de líneas, que muestre algún aspecto útil de los datos que se presentan en las tres tablas. Primero, considere todas las posibilidades que ofrecen las tablas respondiendo estas seis preguntas:

1. ¿Los varones o las niñas adolescentes tienen más probabilidad de ser víctimas de homicidio?
2. Estas son tasas anuales. ¿Cuántos estadounidenses negros de cada 1 000 tuvieron probabilidad de cometer homicidio en 2002?
3. ¿Qué grupo etario tiene *mayor* probabilidad de cometer homicidio?
4. ¿Qué grupo etario tiene *menor* probabilidad de cometer homicidio?
5. ¿Qué grupo de edad tiene *casi igual* probabilidad de ser perpetrador o víctima de homicidio?
6. De los cuatro grupos de adolescentes, ¿cuál ha sido la máxima declinación en las tasas tanto de victimización como de perpetración de homicidio en la última década? ¿Cuál ha mostrado la menor declinación?

Respuestas: 1. Varones, al menos dos veces tan frecuente. 2. Menos de uno. 3. 18-24. 4. 0-13. 5. 25-34. 6. Los hombres negros tuvieron la máxima declinación y las mujeres blancas tuvieron la mínima (pero estos dos grupos siempre han sido el más alto y el más bajo, respectivamente, en todos los años).
Ahora: utilice la grilla que proporcionamos a la derecha para hacer su propio gráfico.

Tasa global de homicidio por edad, 2002, Estados Unidos (capítulo 16)

La adolescencia tardía y los primeros años de la vida adulta son los períodos pico para los asesinatos, tanto como víctimas y como victimarios. El interrogante para los psicólogos del desarrollo es si algo cambia antes de los 18 años para disminuir las tasas en la vida adulta joven.

Grupo de edad	Víctimas (por 100 000 en el grupo de edad)	Asesinos (por 100 000 en el grupo de edad)
0-13	1,8	0,2
14-17	6,7	15,6
18-24	17,2	29,7
25-34	14,5	16,1
35-49	9	7,7
50-64	5,4	3,3

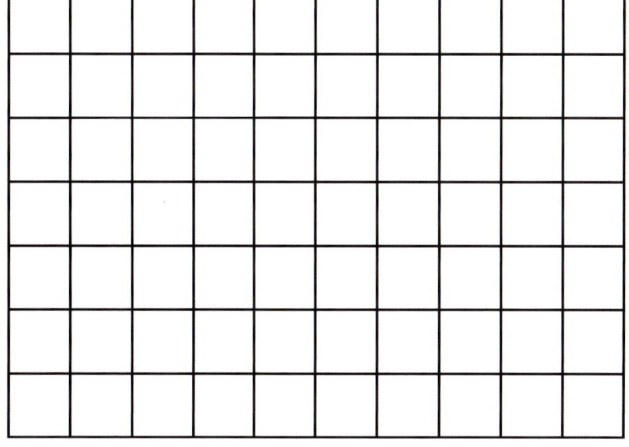

El cerebro humano

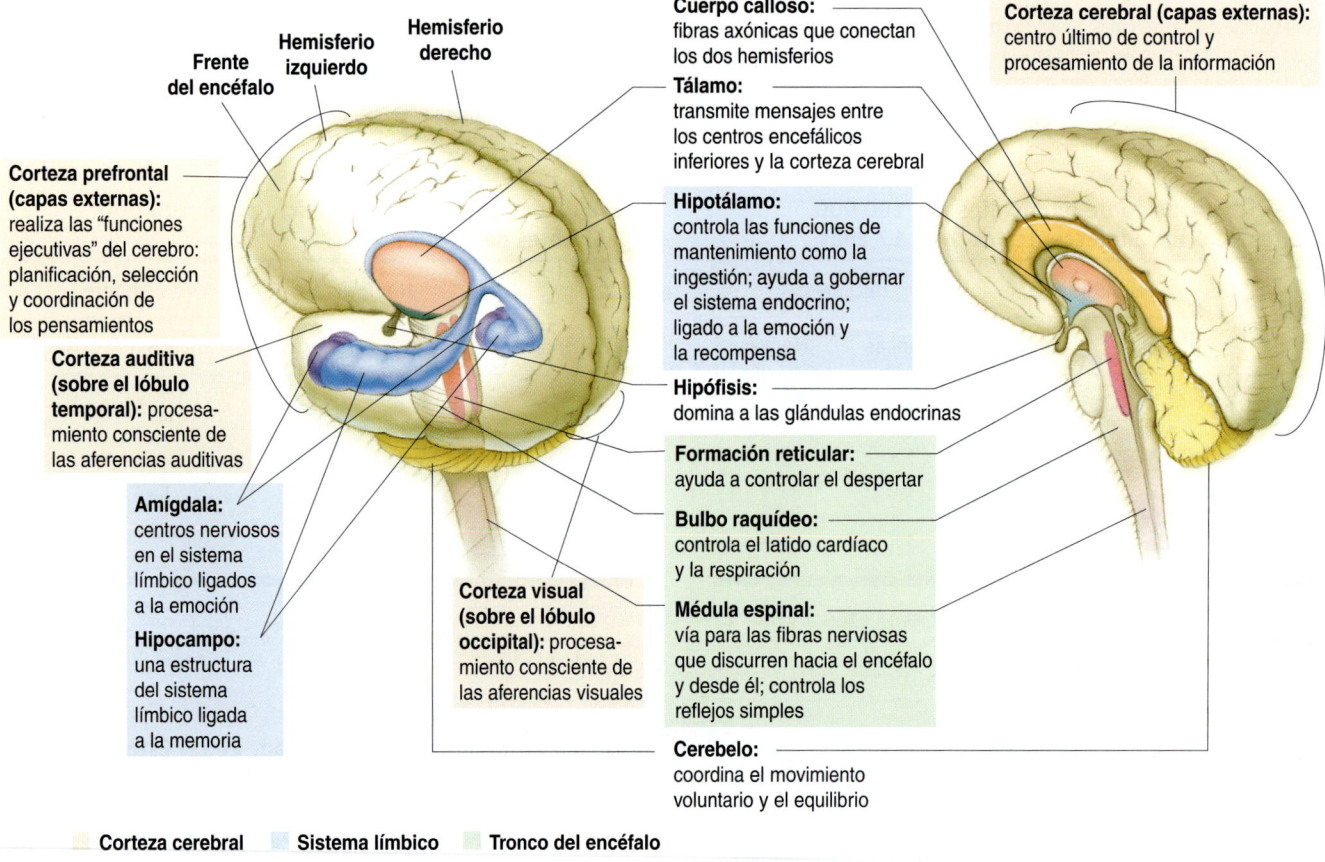

Hemisferio derecho (corte transversal)

Frente del encéfalo

Hemisferio izquierdo

Hemisferio derecho

Cuerpo calloso: fibras axónicas que conectan los dos hemisferios

Corteza cerebral (capas externas): centro último de control y procesamiento de la información

Corteza prefrontal (capas externas): realiza las "funciones ejecutivas" del cerebro: planificación, selección y coordinación de los pensamientos

Corteza auditiva (sobre el lóbulo temporal): procesamiento consciente de las aferencias auditivas

Amígdala: centros nerviosos en el sistema límbico ligados a la emoción

Hipocampo: una estructura del sistema límbico ligada a la memoria

Tálamo: transmite mensajes entre los centros encefálicos inferiores y la corteza cerebral

Hipotálamo: controla las funciones de mantenimiento como la ingestión; ayuda a gobernar el sistema endocrino; ligado a la emoción y la recompensa

Hipófisis: domina a las glándulas endocrinas

Formación reticular: ayuda a controlar el despertar

Bulbo raquídeo: controla el latido cardíaco y la respiración

Corteza visual (sobre el lóbulo occipital): procesamiento consciente de las aferencias visuales

Médula espinal: vía para las fibras nerviosas que discurren hacia el encéfalo y desde él; controla los reflejos simples

Cerebelo: coordina el movimiento voluntario y el equilibrio

▪ **Corteza cerebral**   ▪ **Sistema límbico**   ▪ **Tronco del encéfalo**

Apéndice B

Más acerca de los métodos de investigación

La primera parte de este apéndice detalla algunos indicadores sobre el modo de recoger más información sobre el desarrollo humano. La segunda parte extiende la explicación del capítulo 1 sobre las maneras de asegurar que la investigación sea válida.

Aprendiendo más

Existen muchas formas de profundizar nuestro conocimiento del desarrollo humano, que incluyen pensar acerca de nuestra propia vida y observar a los niños que nos rodean, prestando cuidadosa atención a los detalles de la expresión y la conducta. En efecto, estos pensamientos pueden constituir una perspectiva alternativa, a medida que usted reconozca cuánto hay por aprender a través de la reflexión y la observación. Pero una investigación más sistemática, y un mejor aprendizaje del libro, traen conocimiento y comprensión que hacen incluso más fascinante el desarrollo.

Búsqueda bibliográfica

Para aprender más acerca de un tema en particular, concéntrese en las lecturas actualizadas y especializadas. Por ejemplo, si algo en una revista popular o un diario atrapa su atención, recuerde que el escritor puede ser sensacionalista, y haber exagerado o sesgado el informe. Usted podría primero controlar lo que dice este libro acerca del tema, y luego mirar las referencias citadas.

Esto puede comenzar con una búsqueda bibliográfica eficaz. Comience con el material recientemente publicado y luego encuentre material de las referencias. Además, existen dos conjuntos de resúmenes que reseñan los artículos actuales provenientes de distintas revistas de desarrollo:

■ *Psychscan: Developmental Psychology* es publicada cuatro veces al año por la American Psychological Association e incluye resúmenes de artículos de casi 40 revistas especializadas, desde *Adolescence to Psychology Review*. El volumen 24 cubre el año 2002.

■ *Child Development Abstracts and Bibliography* es publicada tres veces al año por the Society for Research in Child Development y está organizada en temas por autor. No sólo se incluyen los artículos de revistas de biología, cognición, personalidad y teoría, sino también reseñas de libros importantes en el campo. El volumen 75 cubre el año 2001. La dirección online es www.srcd.org.

Los "Manuales", que resumen y evalúan la investigación en diversos temas, se publican cada diez años más o menos. El más reciente en desarrollo infantil tiene cuatro volúmenes: *Handbook of Child Psychology* (1998), William Damon Ed., Nueva York: Wiley.

Para encontrar la investigación más actual, incluso antes de que aparezca en estos resúmenes y manuales, mire los temas más recientes de muchas revistas de investigación. Los tres que cubren los tres dominios (biosocial, cognitivo y psicosocial) son *Developmental Psychology*, publicada por la American Psychological

Association (750 First St., NE, Washington, DC 20002); *Child Development*, publicada por Blackwell Publishers para la Society for Research in Child Development (Blackwell Publishers: 350 Main St., Malden, MA 02138; Society for Research in Child Development: University of Michigan, 505 East Huron St., Suite 301, Ann Arbor, MI 48104-1522) y *Human Development*, publicada por Karger (P.O. Box CH-4009, Basilea, Suiza). Estas tres revistas difieren algo en los tipos de artículos y estudios que publican; en conjunto proporcionan una buena revisión del desarrollo.

Estas sugerencias son sólo un comienzo. Existen cientos de otras revistas profesionales que se concentran en un aspecto u otro del desarrollo humano; muchas están dedicadas a un grupo de edad o un tema particular o a la investigación de un país particular. Todos nosotros, los profesores, esperamos que usted comience con un tema y pronto pierda el sentido del tiempo y del tema, viendo que su interés pasa de una revista o un libro a otro.

Utilizando Internet

Internet es una gran ayuda para todos los estudiantes, desde el novato que recién comienza a aprender sobre un tema particular hasta el investigador experimentado que desea datos actualizados sobre un tema antiguo. Sin embargo, el uso de Internet acarrea ciertos riesgos. Para aumentar al máximo los beneficios y reducir los costos de su búsqueda en Internet, tenga en mente las dos siguientes ventajas y desventajas.

Ventajas

Todo está allí

Casi todo lo que usted podría desear saber está en Internet, no sólo las estadísticas gubernamentales masivas cuidadosamente recogidas y ponderadas sino también muchos relatos personales de enfermedades raras. Toda revista tiene un sitio en Internet, con cuadros de contenidos, habitualmente resúmenes de artículos y a menudo textos completos. Fotografías, tablas, concursos, experimentos progresivos, periódicos de todo el mundo, vídeos y mucho más se encuentran disponibles con un toque del ratón.

Rápido y fácil

Tan sólo con sentarse frente a un ordenador, a cualquier hora del día o la noche, usted puede buscar casi cualquier tema. Toda biblioteca (especialmente en las universidades) tiene ordenadores conectados con la World Wide Web y bibliotecarios que pueden ayudarlo a que comience. Otros estudiantes, compañeros de trabajo, miembros de la familia e incluso extraños son expertos en un aspecto u otro del uso de Internet, y habitualmente estarán encantados de que les soliciten sugerencias específicas. Por su parte, sólo con su ordenador personal, usted puede acceder a la Web y aprender todo lo que necesita saber, utilizando tutoriales online, botones de ayuda y exploración. Esta última vía es la que lleva más tiempo, pero algunas personas aprenden mejor mediante un aprendizaje autónomo, y no se desalientan con la frustración inevitable cuando una táctica particular conduce a un extremo muerto.

Desventajas

Hay demasiado

Usted puede pasar horas examinando cuidadosamente la información que resulta ser inútil, descartable o secundaria. Los *directorios* (que enumeran temas o áreas generales y luego los hacen mover paso a paso en la dirección que usted elija) y los *buscadores* (que le dan a usted todos los sitios que utilizan una palabra particular) seleccionan información para ayudarlo a encontrar lo que usted desea. Cada directorio o buscador es diferente, y cada uno proporciona listas algo diferentes; ninguno proporciona sólo los sitios más amplios y precisos. Usted puede aprovechar los distintos buscadores a la vez utilizando un motor de meta-búsqueda (como www.//metacrawler.com o www.//dogpile.com), pero aquí también, el proceso de selección puede no arrojar exactamente lo que usted desee. Con experiencia y ayuda, usted logrará elegir los mejores sitios para usted, pero resígnese a atravesar por algunos sitios inservibles, no importa lo que haga.

De la calidad al robo

Cualquiera puede poner cualquier cosa en la Web. No existe ninguna evaluación de sesgo, ni incluso de lo malvado; abundan en Internet sitios Web de grupos de odio racista y de pornografía infantil explícita. Usted debe evaluar y examinar cuidadosamente por su cuenta. Asegúrese de que tenga varias fuentes divergentes para cada "hecho" que encuentre; considere quién coloca la información en Internet y por qué razón. Como explica el autor de un libro muy útil sobre psicología en la Web: "No existe el almuerzo verdaderamente gratis, y tampoco la información verdaderamente neutra" (Varnhagen, 2002).

Imagínese que usted va a su quiosco de periódicos y compra una copia de todas las revistas y todos los periódicos que tiene. Ahora imagínese tomando uno a ciegas y leyéndolo sin efectuar críticas, como si fuera toda la verdad. Usted podría ser afortunado y haber tomado una publicación que fuera bastante objetiva, pero más a menudo usted habría elegido una que esté diseñada para una audiencia particular que defiende un punto de vista particular, a favor de las armas, del ambiente, del sexo, de los católicos, de los conservadores, etc. Usted también podría haber tomado una que asuma que la actividad más importante conocida por la humanidad es navegar o viajar o efectuar palabras cruzadas o cualquier cosa. Internet tiene el mismo problema, sólo que mucho peor. Cada tema controvertido en desarrollo infantil tiene varios sitios que defienden opiniones radicalmente opuestas; a menudo ni siquiera sugieren que pueda existir otro enfoque de la cuestión.

La línea inferior

Estas ventajas y desventajas se estrellan con el hecho de que cualquiera encuentra que Internet es útil para cualquier tema, pero nadie puede perder tiempo y ser llevado por mal camino. Si usted utiliza la Web para investigar, también controle los recursos impresos y consulte con otros investigadores más experimentados.

Si usted escribe un artículo utilizando fuentes de Internet, tenga en mente que el plagio masivo y las perspectivas parciales son problemas frecuentes. Cite todas las fuentes que utilice (de modo que su lector pueda controlar sus referencias) y evalúe la objetividad, la validez y la credibilidad incluso con más cuidado que el que utilizó para sus fuentes impresas. Espere que sus lectores o sus profesores sospechen de los artículos basados sobre Internet y alivie sus temores explicitando sus fuentes y utilizando materiales publicados y electrónicos.

Para ayudarlo a comenzar, se presentan aquí diez direcciones de Internet. Todas son útiles, pero siempre recuerde leer con un ojo crítico.

- www.worthpublishers.com/berger Incluye vínculos con sitios Web, concursos, presentaciones en PowerPoint y actividades dirigidas a cada tema de este libro.
- http://www.psych.umn.edu/psylabs/mtfs/ Describe los hallazgos y la investigación progresiva del Minnesota Twin Family Study, que intenta identificar las influencias genéticas y ambientales sobre el desarrollo de los rasgos psicológicos.
- http://embryo.soad.umich.edu El Multidimensional Human Embryo. Presenta imágenes de RM de un embrión humano en distintas etapas del desarrollo, acompañada por breves explicaciones.
- www.kidshealth.org Sitio Web sobre la salud infantil, con gran cantidad de artículos de expertos sobre distintos aspectos de la salud de los niños. Patrocinado por las Nemours Foundations.

- www.cdipage.com   Sitio útil, con vínculos y artículos sobre el desarrollo infantil e información sobre los trastornos psicológicos infantiles frecuentes.
- http://www.piaget.org/main.html   La Jean Piaget Society. Home page de una organización interdisciplinaria internacional dedicada a "explorar la naturaleza de la construcción evolutiva del conocimiento humano". Se proporciona algo de información sobre Piaget y sus teorías, junto con referencias y vínculos con otros sitios.
- http://www.ericeece.org/eeceweb.html   ERIC Clearinghouse on Elementary and Early Childhood Education: World Wide Web Sites Sponsored or Maintained by ERIC/EECE. Contiene vínculos con muchos sitios relacionados con la educación y brinda descripciones breves de cada uno de ellos.
- http://education.indiana.edu/cas/adol/adol.html   Adolescence Directory online (ADOL) es una guía electrónica de la información sobre cuestiones adolescentes. Es un servicio del Center for Adolescent Studies en la Indiana University.
- http://www.psychREF.com   Contiene un índice de referencias en psicología. No todas corresponden al desarrollo humano, pero en este sitio Web se hace referencia a casi todos los temas de este texto.

Formas para volver más válida la investigación

Como se señaló en todo este texto, el estudio del desarrollo es una ciencia. Todos los científicos sociales utilizan muchos métodos para hacer que la investigación sea más objetiva y, por lo tanto, más válida. En el capítulo 1 se describen varias técnicas básicas, que incluyen la observación y los experimentos, la correlación y la significación estadística, las variables independientes y dependientes, y los diseños de investigación transversales, longitudinales y transversales secuenciales. Se describen aquí seis términos o técnicas adicionales relativos a la validez de la investigación. El conocimiento de estas técnicas le ayudará a evaluar la investigación que usted lea en Internet, en la biblioteca o en los libros de texto.

Población y participantes

población   Grupo completo de individuos que son de interés particular en un estudio científico, por ejemplo, todos los niños del mundo o todos los recién nacidos que pesan menos de 1 500 gramos.

participantes   Individuos que se estudian en un trabajo de investigación.

El grupo completo acerca del cual un científico desea aprender se denomina **población**. Por lo general, la población de una investigación es muy grande; no suele ser toda la población del mundo (6 000 millones), pero sí tal vez los 4 millones de niños que nacieron el último año en los Estados Unidos, o el total de los 500 000 japoneses que actualmente tienen más de 65 años, o incluso todos los 70 000 alumnos de quinto curso y bajos recursos económicos que asistieron a escuelas públicas en la ciudad de Nueva York en 2003. Los individuos particulares que son estudiados en un proyecto de investigación específico se denominan **participantes**. Normalmente, los participantes reflejan las características de la población. En efecto, todos los estudios publicados informan quiénes eran los participantes y de qué modo reflejaban o no a la población.

Tamaño de la muestra

muestra   Grupo de individuos seleccionados en una población de interés. Un ejemplo de muestra serían los bebés nacidos con bajo peso en cuatro hospitales en particular, los cuales son representativos de todos los hospitales.

Para hacer afirmaciones sobre las personas en general, los científicos estudian participantes particulares elegidos de la población más grande. Cada grupo de participantes en la investigación, denominado **muestra**, debe ser lo suficientemente grande como para asegurar que la inclusión de algunos casos extremos no distorsione el cuadro estadístico que brinda la muestra acerca de la población. Supongamos por ejemplo que los investigadores desean conocer la edad promedio en que comienzan a caminar los niños. Como no pueden incluir a todos los lactantes en su estudio, eligen una muestra de lactantes, determinan la edad de la deambulación para cada participante de la muestra y luego calculan el promedio de la muestra. Si la muestra es típica, la edad promedio de la deambulación será muy próxima al promedio para toda la población de lactantes.

La importancia del **tamaño de la muestra** adecuado se puede observar si asumimos, por el momento, que uno de los lactantes de la muestra tenía una discapacidad que no había sido detectada y no caminó hasta los 24 meses. Asumamos también que todos los otros lactantes caminaron a los 12 meses, la norma actual. Si el tamaño de la muestra fuera inferior a los 10 lactantes, el deambulador tardío agregaría más de un mes a la edad en la cual se dice que camina el niño "promedio". Sin embargo, si la muestra contuviera más de 500 niños, el deambulador anormalmente tardío no modificaría los resultados ni siquiera en un día.

Muestra representativa

Es posible que los datos recogidos de un grupo de participantes no sean válidos (es decir, aplicables y exactos) a otras personas que se distinguen en alguna forma importante, como el género o los antecedentes étnicos. Por lo tanto, toda muestra debe ser una **muestra representativa**; es decir, debe consistir en personas que son típicas de la población sobre la cual los investigadores desean aprender. Por ejemplo, en un estudio de la edad promedio de la deambulación, la muestra poblacional debe reflejar –en términos de proporción hombres/mujeres, antecedentes socioeconómicos y étnicos, y otras características– a la totalidad de la población de lactantes. En condiciones ideales, se podrían tener en cuenta también otros factores. Por ejemplo, si existen ciertas pruebas de que los primogénitos caminan antes que los hijos que nacen después, la muestra también debe ser representativa del orden de nacimiento de la población.

La importancia de un muestreo representativo se pone de manifiesto por su ausencia en dos estudios clásicos de la edad en que empiezan a caminar los lactantes en los Estados Unidos (Gesell, 1926; Shirley, 1933). Ambos estudios utilizaron una muestra relativamente pequeña y no representativa (todos los niños eran euroamericanos y la mayoría era de clase media). En parte debido a que las muestras no eran representativas de la población general de lactantes, ambos estudios arribaron a una edad promedio de inicio de 15 meses. Esto es, 3 meses más tarde que la norma actual para los Estados Unidos, que se obtuvo mediante la investigación de una muestra mucho más grande y más representativa que incluyó algunos niños provenientes de hogares de bajos recursos y algunos niños de descendencia africana y latina, grupos que se sabe que tienen una mayor proporción de niños que caminan antes. Otra razón de por qué los estudios anteriores encontraron que los lactantes caminaban 3 meses más tarde es que los niños hace 80 años recibían mucha menos estimulación física, de modo que el desarrollo de sus destrezas motoras era más lento. En otras palabras, los lactantes realmente comenzaban a caminar algo más tarde entonces, tal vez a los 13 meses, hecho que los investigadores hubieran observado si su muestra hubiera sido representativa.

Investigadores y participantes "ciegos"

Cuando los investigadores tienen expectativas específicas sobre los hallazgos de la investigación, esas expectativas pueden afectar involuntariamente los resultados del estudio. Por lo tanto, siempre que sea posible se debe realizar un **"estudio doble ciego"**, es decir que los individuos que efectivamente recopilan los datos no deben conocer el propósito de la investigación.

Supongamos que se evalúa la hipótesis de que los lactantes primogénitos caminan antes que los hijos que no son primogénitos. En condiciones ideales, el examinador que mide la capacidad de caminar de los participantes no debe conocer la hipótesis, la edad de los lactantes ni su orden de nacimiento. Los participantes de la investigación también deben estar ciegos para su propósito, sobre todo cuando los participantes son niños mayores o adultos, cuya conducta podría estar influida por sus propias expectativas.

Definiciones operacionales

Cuando se planifica un estudio, los investigadores establecen *definiciones operacionales* de todos los fenómenos que van a examinar. Es decir, ellos definen cada variable en términos de la conducta observable y específica que pueda medirse

tamaño de la muestra Número de individuos que se estudian en una sola muestra de un proyecto de estudio.

muestra representativa Grupo de participantes de una investigación que reflejan las características relevantes de la población cuyos atributos se están estudiando.

estudio doble ciego Situación en la cual tanto los encargados de recopilar datos como los participantes del estudio desconocen el propósito de la investigación en la que participan, con el fin de no influir involuntariamente en los resultados.

con precisión. Incluso una variable simple, como si un niño pequeño ya camina, requiere una definición operacional. Por ejemplo, ¿"caminar" incluye los pasos que se toman mientras alguien se sostiene de alguien o de algo o deben ser los pasos que se dan sin apoyo? ¿Un único paso inestable es suficiente para cubrir la definición o el lactante debe ser capaz de trasladarse cierta distancia sin vacilar? Para que el estudio de la edad en que empiezan a caminar tenga relevancia, es necesario que los investigadores resuelvan los interrogantes de este tipo en una definición clara y completa. De hecho, la definición operacional habitual de caminar es "dar como mínimo tres pasos sin apoyo".

Es comprensible que sea mucho más difícil establecer definiciones operacionales cuando se estudia la personalidad o las variables intelectuales. No obstante, es esencial que los investigadores que están investigando, digamos la "agresión" o la "acción de compartir" o la "lectura", definan el rasgo en términos que sean tan precisos y mensurables como sea posible. Obviamente, cuanto mayor sea la exactitud con que las definiciones operacionales describen las variables a examinar, más objetivos y válidos serán los resultados del estudio.

Grupo experimental y grupo de control

Para evaluar adecuadamente una hipótesis en un experimento, los investigadores recogen datos sobre dos muestras similares en todos los aspectos importantes excepto en uno. Ellos comparan un **grupo experimental**, que recibe algún tratamiento especial, con un **grupo de comparación** o *grupo de control*, que es similar al grupo experimental en todos los aspectos excepto en uno: no recibe el tratamiento experimental.

Supongamos que un equipo de investigación sostiene la hipótesis de que los lactantes que realizan ejercicios regulares fortalecen sus piernas como para comenzar a caminar antes que los niños que no realizan estos ejercicios. En otras palabras, ellos postulan la hipótesis de que la variable independiente, el ejercicio, afecta a la variable dependiente, edad a la que empieza a caminar. Para investigar si esta hipótesis es verdadera, los investigadores deben seleccionar primero dos muestras de niños representativas y examinar a ambos grupos para asegurarse de que son equivalentes en sus destrezas motoras, como la capacidad para rodar y sentarse. Luego una muestra (el grupo experimental) recibiría "sesiones de entrenamiento" diarias dedicadas al fortalecimiento de las piernas, por ejemplo, entre los 6 y los 12 meses; y la otra muestra (el grupo de control) no realizaría ejercicios especiales con las piernas. Entonces se compararían los resultados de los dos grupos para evaluar la hipótesis.

Para reunir todo esto con las técnicas explicadas en el capítulo 1: un investigador podría encontrar 1 000 participantes (*tamaño de la muestra*), elegidos aleatoriamente entre todos los bebés (*población*) nacidos en todos los Estados Unidos en un día particular (*muestra representativa*), y visitarlos en el hogar una vez al mes desde los 8 meses hasta los 18 meses de vida (*investigación longitudinal*), observar (*observación naturalista*) cuáles niños dan tres pasos sin ayuda (*definición operacional*) y a qué edad lo hacen. Entonces, en una investigación de seguimiento con una muestra similar, dos grupos de participantes serían apareados en todas las variables salvo en una: se instruirían a los padres de los niños (*grupo experimental*) cómo realizar ejercicios con las piernas de sus hijos (*variable independiente*) y se los alentaría, tal vez incluso se les pagaría, para que lo hicieran todos los días. La edad en que estos niños empiezan a caminar (*variable dependiente*) podría ser comparada con la de los niños que no realizaron ejercicios (*grupo comparativo*) por un investigador que no supiera (*estudio doble ciego*) qué niños hay en cada grupo. Si aparecieran diferencias entre los dos grupos, podrían ser analizadas para ver si exceden la variabilidad aleatoria (es decir, se podría evaluar su *significación estadística*).

grupo experimental   Grupo de participantes de una investigación que pasan por la manipulación o tratamiento que constituye la parte principal del experimento.

grupo de comparación (grupo control)
Grupo de participantes de una investigación similares a los del grupo experimental en todos los detalles pertinentes, excepto en que no son sometidos a la manipulación experimental (la variable independiente).

Apéndice C
Sugerencias para las tareas de investigación

La mejor forma de estudiar el desarrollo infantil es hacer una investigación propia, no sólo leer un libro y expresar sus ideas en palabras y por escrito, sino también llevar a cabo alguna investigación. Escribir un protocolo es el modo habitual en la mayoría de los cursos universitarios: usted y su instructor ya conocen la importancia de establecer un plazo para cada etapa (selección del tema, bosquejo, anteproyecto, redacción final), de solicitarle a varias personas que lean su artículo (y tal vez incluir a otros estudiantes o a un profesor) y de escribir la versión definitiva con las referencias correctamente citadas y enumeradas. En el Apéndice B se dan algunas sugerencias sobre el uso adecuado de las revistas y el Internet.

El tema del desarrollo humano también es ideal para un estudio más personal, de modo que ofrecemos aquí sugerencias para llevar a cabo observaciones, estudios de casos, encuestas y experimentos.

Aprendiendo a través de la observación

Se puede aprender mucho con una mayor sistematización de las observaciones de los niños que lo rodean. Una forma de comenzar es recopilar observaciones de diez niños diferentes, en diferentes contextos, durante el semestre. Cada perfil debe tener aproximadamente una página y debe cubrir los cuatro temas siguientes:

1. *Describa el contexto físico y social.* Usted debe describir dónde se encuentra, el día y la hora, y cuántas personas está observando. También pueden tener importancia el clima, la edad y el género de los que son observados. Por ejemplo:

   Patio de juegos del vecindario en (calle) aproximadamente a las 16 horas el (día, fecha), treinta niños y diez adultos presentes.
   O
   Supermercado en (lugar) en la mañana del domingo (día, fecha), hay aproximadamente 20 clientes presentes.

2. *Describa el niño específico que es el centro de su atención.* Estime edad, género y otras características del niño y de cualquier otra persona que interactúe con él. No averigüe la edad del niño sino hasta después de la observación o no lo haga en absoluto. Su objetivo es llevar a cabo una observación natural que no sea invasora. Por ejemplo:

   Varón, de alrededor de 7 años, está jugando con otros cuatro varones, que parecen ser uno o dos años mayores. Todos están muy abrigados (es un día frío) con ropas similares.
   O
   Niña, de unos 18 meses, está en un carrito de supermercado empujado por una mujer de unos 30 años. El carrito está semilleno de artículos de almacén.

3. *Escriba todo lo que el niño hace o dice en tres minutos.* (Utilice un reloj con una segunda aguja.) Registre gestos, expresiones faciales, movimientos y palabras. El registro preciso es el objetivo y tres minutos se convierten en un período sorprendentemente largo si usted escribe todo. Por ejemplo:

El niño corre unos 2 metros, regresa y dice: "Intenta atraparme". Dos varones lo miran, pero no se mueven. El varón frunce el ceño, se escapa y vuelve en 10 segundos, permanece aproximadamente a 1 m de los niños y dice: "¿Alguien quiere jugar a la pega?". (Y continúa.)

O

El niño señala un paquete de copos de cereales azucarados y emite un ruido. (No pude oír si era una palabra.) La madre no dice nada y empuja el carrito pasando el cereal. El niño emite un gemido, mira el cereal y patea con su pie izquierdo. La madre coloca el chupete en la boca del niño. (Y continúa.)

4. *Interprete lo que acaba de observar.* ¿La conducta del niño es típica de los niños de esa edad? ¿La reacción de los otros es útil o no? ¿Qué valores se están alentando y qué destrezas se están dominando? ¿Qué pudo haber sucedido de forma diferente? Esta sección es su opinión, pero debe basarse sobre las características particulares que acaba de observar y sobre su conocimiento del desarrollo infantil, en condiciones ideales haciendo una referencia específica a los conceptos (p. ej., la primera puede ser un niño rechazado; la segunda puede ser que no se estimule el desarrollo del lenguaje en el niño).

Estructuración del estudio de un caso

El estudio de un caso es más elaborado y detallado que el informe de una observación. Seleccione un niño (pregunte a su instructor si puede utilizar a miembros de su familia) y asegúrese el permiso escrito de su cuidador y, si el niño es lo suficientemente grande, del propio niño. Explique que usted no va a comunicar el nombre del niño, que el material es para su clase, que el niño o el cuidador pueden detener el proyecto en cualquier momento y que ellos le van a hacer un gran favor al ayudarlo a aprender sobre el desarrollo infantil. La mayoría de las personas se sentirán muy felices de ayudarlo con su educación si usted lo explica correctamente.

Recopile sus datos

Primero, recopile la información para su artículo utilizando todos los métodos de investigación que ha aprendido. Estos métodos incluyen:

1. *Observación natural.* Pregunte al cuidador cuándo es probable que el niño esté despierto y activo, y observe al niño durante una hora en este período. Intente ser lo menos invasor posible; usted no está allí para jugar con el niño ni para cuidarlo. Si el niño desea jugar, explique que usted debe sentarse y escribir ahora y que más tarde jugará.

   Escriba, minuto a minuto, todo lo que el niño hace y lo que los otros hacen con el niño. Intente ser objetivo, concentrándose en la conducta más que en la interpretación. Así, en lugar de escribir, "Jennifer estaba encantada cuando su padre llegó al hogar y él la adora", usted debe escribir: "17:33 horas: su padre abrió la puerta, Jennifer miró, sonrió, dijo "papá" y corrió hacia él. Él se inclinó, estiró sus brazos, la levantó y dijo: "¿Cómo está mi angelito?". 17:34 horas: él la colocó sobre sus hombros y dijo: "Anda, caballito".

   Después de su observación, resuma los datos de dos formas: (a) Anote el porcentaje de tiempo que pasa en distintas actividades. Por ejemplo, "jugando sola, 15%; jugando con su hermano, 20%; llorando, 3%". (b) Anote la frecuencia de las distintas conductas: "Le solicitó algo a un adulto cinco veces; el adulto le concedió lo solicitado cuatro veces. Actos agresivos (golpear, patear, etc.) dirigidos al hermano, 2; actos agresivos iniciados por el hermano, 6". Las anotaciones de este tipo lo ayudarán a evaluar y cuantificar sus observaciones. Además, anote cualquier circunstancia que pudiera haber hecho que su observación fuera atípica (p. ej., "la madre de Jenny dijo que ella no era la misma desde que tuvo gripe hace una semana" o "Jenny intentaba todo el tiempo tomar mi lapicera, de modo que era difícil escribir").

Observación: recuerde que el porcentaje se puede hallar dividiendo el número total de minutos pasados en una actividad específica por el número total de minutos que usted pasó observando. Por ejemplo, si durante su observación de 45 minutos, la niña jugó sola durante períodos de 2 minutos, 4 minutos y 5 minutos, "jugar sola" totalizaría 11 minutos. Dividir 11 por 45 da 0,244; por lo tanto, la niña pasó el 24% del tiempo jugando sola.

2. *Interacción informal.* Interaccione con el niño por lo menos durante media hora. Su objetivo es observar la personalidad y las capacidades del niño en un ambiente relajado. Las actividades particulares en las que usted participe dependerán de la edad y el temperamento del niño. A la mayoría de los niños les gusta jugar a distintos juegos, leer libros, dibujar y hablar. Pedirle a un niño pequeño que le muestre su habitación y sus juguetes favoritos es una buena forma de romper el hielo; pedirle a un niño mayor que le muestre el vecindario puede proporcionar conocimientos.

3. *Entreviste a los adultos responsables del cuidado del niño.* Estas entrevistas deben ser flexibles y con un final abierto. Sus objetivos son aprender: (a) los antecedentes del niño, sobre todo cualquier enfermedad, estrés o problema que pudiera afectar el desarrollo; (b) la rutina diaria del niño, incluidos los patrones de juego; (c) los problemas actuales que pudieran afectar al niño; (d) una descripción del temperamento y de la personalidad, que incluya fortalezas y debilidades especiales.

    A usted le interesan tanto los valores y las actitudes de los adultos como los hechos; por lo tanto, usted podría concentrarse en conversar durante la entrevista y escribir tal vez algunas palabras. Tan pronto como haya completado la entrevista, escriba todo lo que recuerde.

4. *Evaluación del niño.* Evalúe las capacidades perceptivas, motoras, lingüísticas e intelectuales del niño utilizando los ítem de pruebas específicas que haya preparado por adelantado. Los ítem reales que usted utilice dependerán de la edad del niño. Por ejemplo, usted podría evaluar la permanencia del objeto en un niño de 6 a 24 meses; usted evaluaría la conservación en un niño de 3 a 9 años. Asimismo, la evaluación de las capacidades lingüísticas podría involucrar el balbuceo con un lactante, contar palabras por oración con un preescolar y solicitarle a un niño de edad escolar que le cuente una historia.

Redacte sus hallazgos

Segundo, escriba el informe, utilizando los pasos siguientes:

1. Comience dando la información de los antecedentes relevantes, que incluyen la fecha de nacimiento y el sexo del niño, la edad y el sexo de sus hermanos, los antecedentes económicos y étnicos de la familia, y el estado educativo y marital de los padres.

2. Describa el desarrollo biosocial, cognitivo y psicosocial del niño, citando datos que apoyen su investigación para sustanciar cualquier conclusión que haya alcanzado. *No* transcriba simplemente los datos de su entrevista, prueba u observación, aunque puede agregar las anotaciones como apéndice, si lo desea.

3. Formule una predicción para el desarrollo del niño en el año siguiente, los próximos cinco años y los próximos diez años. Enumere las fortalezas del niño, la familia y la comunidad que, según usted cree, alentarán el desarrollo óptimo. También anote cualquier problema potencial que observe (ya sea en la conducta actual del niño o en el sistema de apoyo familiar y comunitario) que pueda conducir a dificultades futuras para el niño. Incluya una explicación de las razones, ya sea metodológica o teórica, para que sus predicciones no sean completamente precisas.

Por último, muestre su informe a un compañero de clase (su instructor puede designarle a un mentor entre sus compañeros) y pregúntele si ha sido claro en su descripción y sus predicciones. Converse acerca del niño con su compañero para ver si debe agregar más detalles a su informe. El estudio de un caso que usted ha revisado debe ser tipiado y entregado a su profesor, que lo evaluará. Si desea, envíeme una copia (Profesora Kathleen Berger, c/o Worth Publishers, 41 Madison Avenue, New York, NY 10010).

Experimentos y encuestas

Como ha aprendido en el capítulo 1, los estudios experimentales y las encuestas son formas maravillosas de aprender más acerca del desarrollo, pero cada estudio debe ser diseñado y llevado a cabo con mucho cuidado para evitar sesgos y asegurarse de que se tengan en cuenta todas las consideraciones éticas. En consecuencia, recomiendo que el estudio experimental o la encuesta sea llevado a cabo por un grupo de estudiantes y no un solo individuo. Escuchar cuidadosamente las opiniones de los otros, utilizar más de una persona para recopilar los datos y controlar con su profesor antes de comenzar el estudio real son formas de asegurarse de que sus resultados tengan cierta validez.

Si lo hace, estructure su trabajo de modo tal que todos contribuyan y que se alienten las opiniones divergentes. (La respuesta humana normal es que todos estén de acuerdo con todos los demás pero, como aprendió en el capítulo 15, la búsqueda de explicaciones lógicas alternativas puede movilizar a todo un grupo hacia un pensamiento más profundo y más analítico.) Usted podría designar a una persona para que efectúe la crítica o su grupo podría pasar un día diseñando su estudio y otro día encontrando problemas con el diseño. (Algunos problemas simplemente necesitan ser conocidos y reconocidos, pero algunos de ellos se pueden resolver cambiando el diseño.)

Los temas específicos para los estudios experimentales o las encuestas dependen de los intereses de su grupo y de los requerimientos que exija su profesor para el curso. Para obtener ideas, controle el índice temático o la guía para el estudio de este libro. Como el desarrollo es multidisciplinario y multicontextual, casi cualquier tema puede estar relacionado con el desarrollo infantil. Sólo recuerde considerar la teoría y la práctica, el cambio y la continuidad, la interacción social y el impacto cultural... y entonces intente limitar su estudio experimental o encuesta inicial a una pequeña parte de este tema fascinante y siempre cambiante.

Glosario

A

aborto espontáneo *(spontaneous abortion)* Interrupción de un embarazo que ocurre de manera natural antes de que el embrión o feto se desarrolle completamente. Si una mujer toma la decisión de interrumpir el embarazo, el aborto se denomina *aborto provocado*.

abuso de drogas *(drug abuse)* Ingestión de una droga hasta el punto de perjudicar el bienestar biológico o psicológico del individuo. El consumo indebido depende del contexto; aun cuando el consumo ocurra una sola vez, puede considerarse indebido.

abuso infantil *(child abuse)* Acción intencionada que perjudica el bienestar físico, emocional o sexual de un niño.

abuso sexual *(sexual abuse)* Uso de una persona para obtener placer sexual, cuando ésta no ha dado su consentimiento.

abuso sexual de menores *(child sexual abuse)* Tipo de actividad erótica en la que un adulto se excita y provoca sexualmente, avergüenza o confunde a un niño. El abuso ocurre se queje o no la víctima, haya o no contacto genital.

adaptación *(adaptation)* Proceso cognitivo mediante el cual se incorpora nueva información y se responde a ella. La asimilación y la acomodación son tipos de adaptación.

adaptación selectiva *(selective adaptation)* Proceso por el que los seres humanos y otros animales se adaptan gradualmente a su ambiente. Específicamente, la frecuencia de cierto rasgo genético en una población aumenta o disminuye durante varias generaciones, si dicho rasgo contribuye o no, respectivamente, a la supervivencia y reproducción de los miembros de esa población.

ADN (ácido desoxirribonucleico) *DNA (deoxyribonucleic acid)* Molécula que contiene las instrucciones químicas para que las células produzcan diversas proteínas.

agresión intimidatoria *(bullying aggression)* Ataque físico o verbal, repetido y sin provocación previa, especialmente contra víctimas que tienden a no defenderse.

agresión reactiva *(reactive aggression)* Represalia impulsiva ante actos verbales o físicos, ya sean intencionados o no, de otra persona.

agresión relacional *(relational aggression)* Acciones, como insultos o rechazo social, dirigidas a causar daño a las amistades de la víctima.

agresividad instrumental *(instrumental aggression)* Conducta dañina cuyo fin es conseguir o poseer un objeto que pertenece a otra persona.

agresor víctima *(bully-victim)* Agresor que es, o ha sido, víctima. El término indica que el individuo ataca deliberadamente a su provocador.

alelo sutil *(allele)* Variante normal sutil de un gen en particular. Un alelo típico difiere en algunos de los tripletes de aminoácidos, pero se mantiene igual en la mayor parte del código genético.

alfabetismo emergente *(emergent literacy)* Primeras destrezas que permiten al niño aprender a leer, tales como el reconocimiento de las letras y la secuencia de las páginas.

alianza de los padres *(parental alliance)* Cooperación entre la madre y el padre por el compromiso que comparten de criar a sus hijos. En esta alianza, los padres están de acuerdo en darse mutuo apoyo en el papel que cumplen y comparten como progenitores.

ambiente menos restrictivo *(least restrictive environment)* Requisito legal que exige que los niños con necesidades especiales sean asignados al contexto menos restrictivo para el aprendizaje.

amenaza de estereotipos *(stereotype threat)* Preocupación de un individuo de que otra persona podría tener un prejuicio en su contra por ser miembro de una raza, sexo u otro grupo en particular. La ansiedad resultante reduce los logros.

amígdala cerebral *(amygdala)* Estructura encefálica muy pequeña que registra las emociones, especialmente el miedo y la ansiedad.

análisis de riesgo *(risk analysis)* Método que considera los efectos potenciales de un suceso, una sustancia o una experiencia en particular, para determinar la probabilidad de que cause daño. En la teratología, el análisis de riesgo intenta evaluar todo aquello que influye en la probabilidad de que un agente o situación cause daño.

andamiaje *(scaffolding)* Apoyo temporario que se provee a un individuo para ayudarlo a dominar la siguiente tarea en un proceso de aprendizaje determinado.

androginia *(androgyny)* Equilibrio, en una persona, de rasgos psicológicos tradicionalmente masculinos y femeninos.

anorexia nerviosa *(anorexia nervosa)* Trastorno grave de la conducta alimentaria en el cual la persona evita comer hasta el punto de presentar extrema delgadez y posiblemente inanición. La mayoría de las personas afectadas son mujeres adolescentes que han alcanzado grandes logros.

anoxia *(anoxia)* Falta de oxígeno que, de prolongarse durante el parto, llega a causarle al niño daño cerebral o la muerte.

ansiedad de separación *(separation anxiety)* Angustia en el bebé ante la partida de la persona que lo cuida; es más marcada entre los 9 y los 14 meses de vida.

antipatía o aversión *(antipathy)* Sentimiento de enojo, desconfianza, disgusto o incluso odio hacia otra persona.

apego *(attachment)* Según Ainsworth (1973), "lazo afectivo" entre dos personas "que las une en la distancia y que perdura a lo largo del tiempo".

apego desorganizado *(disorganized attachment)* Categoría de apego que se caracteriza por un comportamiento inconstante por parte del niño hacia la persona que lo cría cuando ésta se marcha o retorna.

apego inseguro con resistencia o ambivalencia *(insecure-resistant/ambivalent attachment)* Patrón de apego en el cual son evidentes la ansiedad y la incertidumbre, como en el caso de un bebé que se disgusta mucho al separarse de un cuidador y que al mismo tiempo se resiste y busca contacto cuando se reúne con él.

apego inseguro y evasivo *(insecure-avoidant attachment)* Patrón de apego en el cual una persona evita la conexión con otra, como en el caso de un bebé que parece no interesarse en reconocer la presencia, partida o retorno de la persona que lo cría o cuida.

apego seguro *(secure attachment)* Relación de confianza y seguridad. El apego seguro permite al bebé jugar de manera independiente y alegre, sintiéndose apoyado por la proximidad de quien lo cría.

aprendiz del pensamiento *(apprentice in thinking)* Persona cuya capacidad cognitiva es estimulada y dirigida por miembros de la sociedad que cuentan con más edad y conocimientos.

aprendizaje del pensamiento *(apprenticeship in thinking)* Según la teoría sociocultural, proceso por el cual los aprendices desarrollan competencias cognitivas realizando sus tareas con miembros más experimentados de la sociedad, generalmente los padres o los maestros, que cumplen la función de tutores y mentores.

aprendizaje social *(social learning)* Aprendizaje que ocurre al observar a otras personas.

aptitud *(aptitude)* Potencial para aprender o dominar una destreza o conjunto de conocimientos.

asma *(asthma)* Enfermedad respiratoria crónica en la cual la inflamación causa estrechamiento de las vías respiratorias desde los pulmones hasta la boca y la nariz, y produce dificultad en la respiración. Algunos síntomas son las sibilancias, el aumento de la frecuencia respiratoria y la tos.

atención a la apariencia *(focus on appearance)* Característica del pensamiento preoperacional en el cual el niño muy pequeño ignora todos los atributos que no son aparentes en una cosa.

atención selectiva *(selective attention)* Capacidad de concentrarse en un estímulo y excluir los demás.

autismo *(autism)* Trastorno del desarrollo caracterizado por incapacidad de relacionarse con otras personas de manera normal, ensimismamiento extremo e incapacidad de adquirir el habla normal.

autoconcepto *(self-concept)* Entendimiento por el que una persona llega a saber quién es. El autoconcepto incluye el aspecto físico, la personalidad y varios otros rasgos.

autoconciencia *(self-awareness)* Comprensión que tiene una persona de ser un individuo diferenciado, cuyo cuerpo, mente y acciones son independientes de los de otras personas.

autoeficacia *(self-efficacy)* Según la teoría de aprendizaje social, creencia de que uno es eficaz. La autoeficacia motiva a las personas a cambiarse a sí mismas y a modificar su entorno, porque conocen su capacidad para realizar acciones efectivas.

autoestima *(self-esteem)* Forma en que un individuo evalúa su valor personal, ya sea en detalles específicos (por ejemplo, su inteligencia, su atractivo) o en la totalidad de su ser.

automatización *(automatization)* Proceso mediante el cual la repetición de una secuencia de pensamientos y acciones hace que esa secuencia se torne automática o rutinaria y no requiera pensamiento consciente.

autonomía versus vergüenza y duda *(autonomy versus shame and doubt)* Expresión de Erikson que se refiere a la segunda crisis del desarrollo psicosocial, en la cual los niños en edad de gatear adquieren la sensación de dirigir sus propias acciones y su propio cuerpo o fracasan en el intento.

autorreparación *(self-righting)* Tendencia innata a remediar un déficit del desarrollo.

axón *(axon)* Fibra nerviosa que se extiende desde una neurona y transmite los impulsos eléctricos de la misma a las dendritas de otras neuronas.

B

bajo peso al nacer *(low birthweight)* Peso al nacer de menos de 2,5 kilogramos. La causa puede ser el crecimiento lento durante el desarrollo prenatal, el nacimiento antes de las 36 semanas de gestación o ambas cosas.

balbuceo *(babbling)* Repetición prolongada de ciertas sílabas, tales como *ba-ba-ba,* que comienza aproximadamente a los 6 o 7 meses de edad.

base de conocimientos *(knowledge base)* Conjunto de conocimientos de una materia en particular que facilita el aprendizaje de nuevos conceptos.

brecha generacional *(generation gap)* Diferencia en términos de valores y actitudes entre los adultos de una generación y los jóvenes de la siguiente. El distanciamiento es mayor en las preferencias respecto de la música, el vestido y la forma de llevar el cabello, y menor en cuanto a las creencias y los valores básicos.

bulimia nerviosa *(bulimia nervosa)* Trastorno de la conducta alimentaria en el cual la persona, casi siempre mujer joven o adolescente, ingiere alimentos en exceso y luego se purga induciendo el vómito o ingiriendo laxantes de manera indebida.

C

cambio de códigos *(code-switching)* Cambio de una forma de hablar a otra que generalmente abarca el tono, los gestos, la pronunciación, el largo de las oraciones, el vocabulario y a veces el propio idioma.

caracteres sexuales primarios *(primary sex characteristics)* Partes del cuerpo que participan directamente en la reproducción, incluidos la vagina, el útero, los ovarios, los testículos y el pene.

caracteres sexuales secundarios *(secondary sex characteristics)* Características físicas que no están directamente relacionadas con la reproducción pero que marcan la madurez sexual; por ejemplo, la barba en los hombres y los senos en las mujeres.

centración *(centration)* Característica del pensamiento preoperacional que hace que la persona preste atención o se centre en una idea e ignore todas las demás.

cesárea *(cesarean section)* Parto quirúrgico. Intervención con incisiones en el abdomen y el útero de la madre que permiten extraer rápidamente al bebé en vez de esperar un parto vaginal.

ciencia del desarrollo humano *(science of human development)* Ciencia que trata de entender cómo y por qué las personas cambian o se mantienen iguales a través del tiempo. Dicha ciencia estudia individuos de todas las edades y circunstancias.

cigoto *(zygote)* Célula formada por la fusión de dos gametos: un espermatozoide y un óvulo.

clasificación *(classification)* Principio lógico mediante el cual se ordenan las cosas en grupos (o categorías o clases) de acuerdo con una propiedad que comparten.

clon *(clone)* Organismo que tiene exactamente el mismo genotipo que otro organismo vivo.

código de ética *(code of ethics)* Conjunto de principios que deben seguir los miembros de un grupo o profesión.

cognición social *(social cognition)* Capacidad de entender las interacciones sociales, incluidas las causas y las consecuencias del comportamiento humano.

cohorte *(cohort)* Grupo de personas que nacen en un mismo período de tiempo y, por lo tanto, viven juntas a lo largo de la vida experimentando los mismos cambios históricos de importancia.

comadrona *(doula)* Mujer que asiste en el parto. En la tradición latinoamericana, la comadrona era semejante a una partera, o sea, la única profesional que atendía a la parturienta. En la actualidad, las comadronas a menudo trabajan con el personal médico de un hospital para asistir a la mujer durante el parto.

comparación social *(social comparison)* Tendencia que muestra el individuo a evaluar sus propias capacidades, logros, posición social y otros atributos por comparación con los de otras personas, más especialmente con los de individuos de la misma edad.

complejo de Edipo *(Oedipus complex)* Deseo inconsciente de los varones pequeños de reemplazar al padre y ganarse el afecto exclusivo de la madre.

complejo de Electra *(Electra complex)* Deseo inconsciente de las niñas de reemplazar a la madre y ganarse el afecto exclusivo del padre.

completamente bilingüe *(balanced bilingual)* Persona que habla con soltura en dos idiomas, sin tener mayor habilidad en uno de ellos.

condicionamiento *(conditioning)* De acuerdo con el conductismo, el condicionamiento es el proceso de aprendizaje. El término *condicionamiento* se emplea para enfatizar la importancia de la práctica repetida, como en el caso de un atleta que se pone en forma mediante un entrenamiento que dura varias semanas o meses. (A veces se denomina *condicionamiento ER* [estímulo-respuesta].)

condicionamiento clásico *(classical conditioning)* Proceso de aprendizaje mediante el cual se asocia un estímulo que acarrea significado (tal como el olor de un alimento para un animal) con un estímulo neutro que no tenía ningún significado especial antes del condicionamiento. Por ejemplo, el dinero es neutro para un bebé; sin embargo, los adultos han sido condicionados a desear el dinero porque han aprendido que éste se relaciona con la obtención de alimentos y otras cosas básicas. (También se denomina *condicionamiento pavloviano.*)

condicionamiento operante *(operant conditioning)* Proceso de aprendizaje por el cual una acción en particular es seguida por algo deseable (lo cual hace más factible que la persona o el animal repita la acción) o por algo no deseable (lo cual hace menos factible que se repita la acción). Un estudiante, por ejemplo, estudia durante varias horas porque anteriormente el estudio le proporcionó satisfacción intelectual, notas altas o elogios de sus padres. Su aplicación es consecuencia del condicionamiento operante.

(También se denomina *condicionamiento instrumental*.)

conducta antisocial (*antisocial behavior*) Sentimiento y conducta intencionalmente dañinos o destructivos hacia otra persona.

conducta prosocial (*prosocial behavior*) Sentimientos y comportamientos que son beneficiosos y amables y en los que no hay beneficio evidente para uno mismo.

conductismo (*behaviorism*) Una de las grandes teorías del desarrollo humano, que estudia el comportamiento observable. El conductismo también se denomina *teoría del aprendizaje,* porque describe las leyes y los procesos por los cuales se aprenden los comportamientos.

confianza versus desconfianza (*trust versus mistrust*) Expresión de Erikson que se refiere a la primera etapa psicosocial. Los bebés adquieren un nivel básico de confianza si el mundo es un lugar seguro donde se satisfacen sus necesidades esenciales (alimento, bienestar, atención, etc.).

consejo genético (*genetic counseling*) Programa de consulta y pruebas que le permite a un individuo conocer su herencia genética, incluso la existencia de afecciones que perjudicarían a los hijos que concibiera en el futuro.

conservación (*conservation*) Idea que sostiene que la cantidad de una sustancia se mantiene igual (o sea, se conserva) cuando cambia su apariencia.

construcción social (*social construction*) Idea que se construye principalmente a partir de las percepciones compartidas del orden social más que de la realidad objetiva.

consumo compulsivo de alcohol (*binge drinking*) Consumo masivo de cinco o más "tragos" de bebidas alcohólicas. Algunas autoridades especifican que, en el caso de la mujer, el consumo es compulsivo con cuatro o más tragos, ya que suele tener menor tamaño que el hombre y metabolizar el alcohol más rápidamente.

continuidad (*continuity*) Término que se refiere a los desarrollos a lo largo del tiempo que parecen persistir, sin cambios, de una edad a la siguiente. Los padres pueden reconocer en sus hijos ya crecidos los mismos rasgos de personalidad que veían en ellos cuando eran bebés.

control de lesiones y reducción de daños (*injury control/harm reduction*) Términos que expresan la creencia de que los accidentes no ocurren al azar y que las lesiones son menos serias cuando se ejerce el control adecuado. En la práctica, esto requiere anticipar, controlar y evitar las actividades peligrosas.

control esforzado (*effortful control*) Capacidad de regular las emociones y las acciones mediante el esfuerzo y no por una simple inclinación natural.

control parental (*parental monitoring*) Conocimiento de los padres de lo que hacen sus hijos y de dónde y con quién están.

control psicológico (*psychological control*) Técnica disciplinaria por la cual se amenaza a un niño con retirarle el cariño y el apoyo; depende de los sentimientos de culpabilidad y agradecimiento que éste tiene hacia los padres.

correlación (*correlation*) Número que indica el grado de relación que hay entre dos variables. Se expresa en términos de la probabilidad de que una de las variables se produzca (o no) cuando ocurra (o no ocurra) la otra. La correlación no indica que una variable cause la otra.

corteza cerebral (*cortex*) Capas externas del cerebro de los seres humanos y otros mamíferos. La mayor parte del pensamiento, los sentimientos y las sensaciones se procesan en la corteza cerebral.

corteza prefrontal (*prefrontal cortex*) Parte de la corteza cerebral, en la zona frontal del cerebro, que se especializa en anticipar, planificar y controlar impulsos.

crianza (*nurture*) Término general que se refiere a todas las influencias ambientales que afectan el desarrollo del individuo después de la concepción. A veces se denomina *nurtura*.

crianza autoritaria (*authoritarian parenting*) Estilo de crianza en la cual los estándares de comportamiento son elevados, la mala conducta se castiga estrictamente y la comunicación es limitada.

crianza con parientes (*kinship care*) Tipo de cuidado de crianza en el cual un pariente del niño maltratado se constituye en el padre de crianza legalmente autorizado.

crianza con proximidad física (*proximal parenting*) Estilo de crianza en la que hay contacto físico con todo el cuerpo del niño; por ejemplo, meciéndolo o balanceándolo.

crianza disciplinada (*authoritative parenting*) Estilo de crianza en la cual los padres imponen los límites pero son flexibles y están dispuestos a escuchar a sus hijos.

crianza distante (*distal parenting*) Estilo de crianza que pone más énfasis en la relación intelectual que en la física, con actividades como conversaciones y juegos con objetos.

crianza permisiva (*permissive parenting*) Estilo de crianza en la cual hay mucho cuidado y comunicación pero rara vez se imparten castigos, orientación o control.

cromosoma (*chromosome*) Portador de genes; cada una de las 46 moléculas de ADN (dispuestas en 23 pares) que existen en las células del cuerpo humano y que, en conjunto, contienen la totalidad de los genes. Otras especies tienen un número mayor o menor de cromosomas.

cuerpo calloso (*corpus callosum*) Franja alargada de fibras nerviosas que conecta los hemisferios izquierdo y derecho del cerebro.

cuidado de crianza (*foster care*) Programa legal, financiado con fondos públicos, bajo el cual se transfiere el cuidado de un niño maltratado, de sus padres a otra persona.

cultura infantil (*culture of children*) Hábitos, estilos y valores particulares que reflejan el conjunto de reglas y rituales que caracterizan a los niños y los distinguen de la sociedad adulta.

currículo oculto (*hidden curriculum*) Reglas y prioridades extraoficiales, no comunicadas o implícitas que influyen en el currículo manifiesto y en todas las demás facetas de la enseñanza escolar.

D

delincuente juvenil (*adolescence-limited offender*) Persona que abandona la delincuencia antes de los 21 años de edad.

delincuente permanente (*life-course-persistent offender*) Persona cuya actividad delictiva empieza típicamente al comienzo de la adolescencia y continúa a lo largo de su vida; malhechor profesional.

dendrita (*dendrite*) Fibra nerviosa que se extiende desde una neurona y recibe los impulsos eléctricos que transmiten los axones de otras neuronas.

dependiente de la experiencia (*experience-dependent*) Se aplica a las funciones cerebrales que dependen de experiencias especiales y variables y que, por lo tanto, pueden o no desarrollarse en el recién nacido.

depresión clínica (*clinical depression*) Sentimientos de desesperación, letargo y falta de autoestima que duran dos semanas o más.

depresión puerperal (*postpartum depression*) Sentimiento profundo de tristeza, ineptitud y desesperación que sufre una madre durante los primeros días y semanas después del parto. Estos sentimientos son en parte de origen fisiológico (especialmente hormonal) y en parte cultural, particularmente si la mujer no recibe la asistencia o el aliento apropiados por parte del padre del bebé y otras personas allegadas.

descuido de menores (*child neglect*) Incapacidad para satisfacer las necesidades físicas, educacionales y emocionales básicas de los niños.

desnutrición caloricoproteica (*protein-calorie malnutrition*) Trastorno que ocurre cuando una persona no consume alimentos suficientes de ningún tipo. Esto ocasiona diversas enfermedades, pérdida de peso y, a veces, la muerte.

diferencias de género (*gender differences*) Diferencias en los roles y el comportamiento de varones y mujeres, que se originan en la cultura.

diferencias sexuales (*sex differences*) Diferencias biológicas entre el hombre y la mujer, en cuanto a los órganos, las hormonas y la estructura del cuerpo.

difusión de la identidad (*identity diffusion*) En un adolescente, falta de valores, de rasgos de la personalidad o de compromisos; opuesto al logro de la identidad.

discontinuidad *(discontinuity)* Término que se refiere a los desarrollos que parecen ser muy distintos de los que ocurrieron anteriormente. Una persona o un investigador pueden creer que "todo ha cambiado", por ejemplo, cuando se comienza la escuela o cuando comienza la pubertad.

dislexia *(dyslexia)* Dificultad fuera de lo común con la lectura; se piensa que se debe a un retraso en el desarrollo neurológico.

drogadicción *(drug addiction)* Situación en la cual un individuo desea una mayor cantidad de droga para sentirse cómodo físicamente o psicológicamente.

duplicación *(replication)* Repetición de un estudio científico, en el cual se aplican los mismos procedimientos en otro grupo de participantes, para verificar o cuestionar las conclusiones del estudio original.

E

economía cognitiva *(cognitive economy)* Idea que sostiene que las personas generalmente emplean la mente de la manera más eficiente posible, ahorrando energía cerebral y esfuerzo intelectual. Si bien los adolescentes son capaces de pensar intensiva, sistemática y analíticamente, a menudo prefieren la sencillez y rapidez del pensamiento intuitivo, que es más económico.

edad de viabilidad fetal *(age of viability)* Tiempo de gestación (unas 22 semanas) al cual un feto ya es capaz de sobrevivir fuera del útero de la madre si se dispone de cuidado médico especializado.

efecto de interacción *(interaction effect)* Resultado de la combinación de teratógenos. A veces, el riesgo aumenta enormemente cuando el embrión está expuesto a más de un teratógeno al mismo tiempo.

efecto Flynn *(Flynn effect)* Aumento en el promedio de las puntuaciones de CI (cociente intelectual), que se ha dado a lo largo de las décadas en muchas naciones.

efecto mariposa *(butterfly effect)* Idea que sostiene que un suceso o una cosa de poca importancia es capaz de tener gran impacto si logra alterar el equilibrio reinante, desencadenando cambios que provocan un suceso de grandes proporciones.

efecto umbral *(threshold effect)* Situación en la cual cierto teratógeno es relativamente inofensivo en pequeñas cantidades pero se torna dañino cuando la exposición alcanza cierto nivel (o umbral).

egocentrismo *(egocentrism)* Término de Piaget que se refiere a la tendencia de los niños a pensar acerca del mundo exclusivamente desde su perspectiva personal.

egocentrismo adolescente *(adolescent egocentrism)* Característica del pensamiento adolescente que lleva a los jóvenes a centrarse en sí mismos y a excluir a los demás. La persona piensa, por ejemplo, que sus pensamientos, sentimientos y experiencias son únicos, más

maravillosos o más detestables que los de los demás.

eje hipotálamo-hipófisis suprarrenales *(HPA axis)* Eje compuesto por el hipotálamo, la hipófisis y las glándulas suprarrenales. Constituye la vía que siguen varias hormonas para provocar los cambios de la pubertad y regular el estrés, el crecimiento, el sueño, el apetito, la excitación sexual y muchos otros cambios que ocurren en el organismo.

embrión *(embryo)* Término que se refiere al organismo en desarrollo, desde aproximadamente la tercera hasta la octava semana después de la concepción.

empatía *(empathy)* Capacidad para entender las sentimientos de otra persona, especialmente cuando éstos difieren de los propios.

equilibrio cognitivo *(cognitive equilibrium)* Según la teoría cognitiva, estado de equilibrio mental que permite a una persona emplear procesos mentales ya existentes para comprender sus experiencias e ideas sin confundirse ni desconcertarse.

escala de Apgar *(Apgar scale)* Evaluación rápida del funcionamiento del organismo de un recién nacido. Dos veces, una al minuto de nacer y otra a los cinco minutos, se adjudican puntuaciones (de 0 a 2) al color del recién nacido, la frecuencia cardíaca, los reflejos, el tono muscular y el esfuerzo respiratorio. Las puntuaciones totales se comparan con la ideal, que es 10.

escala de inteligencia de Wechsler para niños *(Wechsler Intelligence Scale for Children [WISC])* Prueba de cociente intelectual diseñada para niños en edad escolar. La prueba evalúa el potencial del niño en varios campos, que incluyen vocabulario, conocimientos generales, memoria y comprensión del espacio.

escuela media *(middle school)* Término que se refiere a los años escolares entre las escuelas de enseñanza primaria y secundaria de Estados Unidos; también se denomina *junior high* o escuela intermedia. Algunos sistemas no tienen escuela media, sólo tienen escuelas para los grados 1ro a 8vo y 7mo a 12do.

espermarquia *(spermarche)* En el varón, la primera eyaculación. Las erecciones pueden ocurrir durante la infancia, pero la eyaculación señala la producción de semen. La espermarquia puede ocurrir durante el sueño ("poluciones nocturnas") o por estimulación directa.

esquematización rápida *(fast-mapping)* Proceso rápido e impreciso por el que los niños adquieren palabras nuevas mediante la producción de "tablas" mentales con categorías ordenadas según los significados.

esterilidad *(infertility)* Incapacidad de concebir un bebé después de intentarlo por lo menos durante un año.

estirón puberal *(growth spurt)* Crecimiento físico relativamente repentino y rápido que ocurre en la pubertad. Todas las partes del cuerpo aumentan de tamaño siguiendo el mismo orden en todas las personas: el aumento de peso generalmente precede al de

la estatura, y el crecimiento de los miembros precede al del tronco.

estradiol *(estradiol)* Hormona sexual considerada como el estrógeno principal. Se produce en cantidades mucho mayores en la mujer que en el hombre.

estructura familiar *(family structure)* Relaciones legales y genéticas (p. ej., de familia nuclear, extendida, de la unión previa de los cónyuges) entre los miembros de una familia que viven en la misma casa.

estudiante del idioma inglés (ELL) *(English-language learner [ELL])* Persona que está aprendiendo inglés.

estudio de caso *(case study)* Método de estudio en el cual se estudia intensivamente a un individuo.

estudio doble ciego *(double blind study)* Situación en la cual tanto los encargados de recopilar datos como los participantes del estudio desconocen el propósito de la investigación en la que participan, con el fin de no influir involuntariamente en los resultados.

estudio experimental Método de investigación en el cual el investigador trata de determinar la relación de causa y efecto que existe entre dos variables, manipulando una de esas variables (denominada *variable independiente*) y luego observando y anotando los cambios resultantes en la otra variable (denominada *variable dependiente*).

estudio longitudinal *(longitudinal research)* Diseño de investigación en el cual se estudian los mismos individuos a lo largo del tiempo, evaluando repetidamente su desarrollo.

estudio o encuesta *(survey)* Método de investigación en el cual se recopila información de un gran número de personas mediante entrevistas personales, cuestionarios escritos u otros medios.

estudio secuencial *(cross-sequential research)* Método de investigación compuesto en el cual los investigadores primeramente estudian varios grupos de personas de distintas edades (enfoque transversal) y luego realizan un seguimiento a esos grupos a lo largo de los años (enfoque longitudinal). (También se denomina *investigación secuencial de cohorte* o *investigación secuencial histórica*.)

estudio transversal *(cross-sectional research)* Diseño de investigación en el cual se comparan grupos de personas que difieren en la edad pero tienen otras características importantes en común.

etapa embrionaria *(embryonic period)* Aproximadamente de la tercera a la octava semana después de la concepción; fase durante la cual se desarrollan las formas básicas de todas las estructuras del cuerpo, incluidos los órganos internos.

etapa fálica *(phallic stage)* Según Freud, tercera etapa del desarrollo, en la cual el pene se convierte en el foco de interés y placer.

etapa fetal *(fetal period)* Etapa del desarrollo prenatal desde la novena semana después de la concepción hasta el nacimiento; período durante el cual los órganos de la persona en desarrollo aumentan de tamaño y maduran en sus funciones. A lo largo de esta etapa también madura el encéfalo y aumenta el peso corporal.

etapa germinal *(germinal period)* En el desarrollo prenatal, primeras dos semanas después de la concepción; se caracteriza por una división celular rápida y el comienzo de la diferenciación celular. Es el período más riesgoso del desarrollo.

etnoteoría *(ethnotheory)* Teoría que subyace tras los valores y las prácticas de una cultura y que se pone de manifiesto por medio del análisis y la comparación de dichas prácticas aunque, por lo general, no es evidente para las personas que son parte de esa cultura.

evaluación de alta exigencia *(high-stakes testing)* Exámenes cuyos resultados son cruciales para determinar el éxito o el fracaso. Un examen se considera de alta exigencia cuando sus resultados determinan, por ejemplo, si el estudiante se graduará de la escuela o pasará al siguiente grado.

expectante de la experiencia *(experience-expectant)* Se dice de las funciones cerebrales que requieren experiencias comunes básicas (que se espera que el recién nacido experimentará) para el desarrollo normal.

externalización de problemas *(externalizing problems)* Dificultad en la regulación de las emociones que se manifiesta expresando emociones exteriormente de manera descontrolada, por ejemplo, dando rienda suelta al enojo y atacando a otras personas o destruyendo cosas.

exuberancia pasajera *(transient exuberance)* Aumento considerable en el número de dendritas que ocurre en el cerebro del niño durante los primeros 2 años de vida.

F

familia extendida *(extended family)* Familia formada por tres o más generaciones de individuos que viven en la misma casa.

familia mezclada o ensamblada *(blended family)* Familia compuesta por dos adultos y los hijos de la unión previa de uno de ellos, de ambos o de su nueva unión.

familia nuclear *(nuclear family)* Familia formada por el padre, la madre y los hijos biológicos de ambos y menores de 18 años.

fecundación in vitro (FIV) *(in vitro fertilization)* Literalmente, fertilización que se realiza "en vidrio", o sea, en una probeta de laboratorio, en vez de realizarse dentro del cuerpo de la mujer. Los espermatozoides se mezclan con óvulos extraídos quirúrgicamente del ovario de la mujer. Si la combinación produce un cigoto, éste se introduce en el útero de la mujer, donde puede implantarse y desarrollarse hasta convertirse en bebé.

fenotipo *(phenotype)* Todas las características observables de una persona, incluidos los rasgos físicos, la personalidad y la inteligencia.

feto *(fetus)* Término que se refiere al organismo en desarrollo a partir de la novena semana después de la concepción hasta el nacimiento.

función familiar *(family function)* Formas en que funciona una familia para satisfacer las necesidades de sus miembros. Los niños necesitan que sus familias satisfagan sus necesidades materiales básicas, estimulen el aprendizaje, alienten el desarrollo de la autoestima, fomenten la amistad con otros niños y proporcionen armonía y estabilidad.

funcionalidad *(affordance)* Oportunidad de percepción y de interacción que ofrecen las personas, los lugares y los objetos del entorno.

G

gameto *(gamete)* Célula reproductora (espermatozoide u óvulo) que es capaz de producir un nuevo individuo al combinarse con un gameto del sexo opuesto y formar un cigoto.

gemelos dicigóticos *(dizygotic twins)* Gemelos que se forman más o menos al mismo tiempo, al ser fecundados dos óvulos distintos por dos espermatozoides distintos. Tales gemelos comparten aproximadamente la mitad de los genes, como ocurre siempre entre hermanos. (También se denominan *gemelos bivitelinos* o *fraternos*.)

gemelos monocigóticos *(monozygotic twins)* Término que significa literalmente "de un cigoto". Gemelos que se formaron a partir de un cigoto que se dividió en etapas tempranas de su desarrollo. (También se denominan *gemelos univitelinos*.)

gen *(gene)* Unidad básica de transmisión de la herencia que consta de una cadena de códigos químicos para la síntesis de ciertas proteínas.

gen aditivo *(additive gene)* Gen que tiene influencia en una característica específica (tal como el color de la piel o la estatura) mediante su interacción con otros genes.

genoma humano *(human genome)* Conjunto de aproximadamente 25 000 genes que constituyen todas las instrucciones para la creación de un ser humano.

genotipo *(genotype)* Totalidad de la herencia genética o potencial genético de un organismo.

glándulas suprarrenales *(adrenal glands)* Par de glándulas ubicadas sobre los riñones que secretan hormonas, entre ellas adrenalina y noradrenalina ("hormonas del estrés").

gónadas *(gonads)* Par de glándulas sexuales (ovarios en la mujer, testículos en el hombre). Las gónadas producen hormonas y gametos.

gramática *(grammar)* Todos los métodos, tales como orden de palabras y conjugaciones verbales, que tienen los idiomas para comunicar un significado, aparte de las palabras en sí.

grandes teorías *(grand theories)* Teorías globales de la psicología que han inspirado y dirigido el pensamiento de los psicólogos acerca del desarrollo de los niños. La teoría psicoanalítica, el conductismo y la teoría cognitiva son consideradas grandes teorías.

grupo de comparación (grupo control) *(comparison group, control group)* Grupo de participantes de una investigación que son similares a los del grupo experimental en todos los detalles pertinentes, excepto en que no son sometidos a la manipulación experimental (la variable independiente).

grupo étnico *(ethnic group)* Personas cuyos antepasados nacieron en la misma región y generalmente comparten el mismo idioma y profesan la misma religión.

grupo experimental *(experimental group)* Grupo de participantes de una investigación que pasan por la manipulación o tratamiento que constituye la parte principal del experimento.

guardería infantil *(center day care)* Centro de cuidado de niños que generalmente presta servicios en un lugar diseñado expresamente para tal propósito y que cuenta con varios empleados pagos que cuidan a varios niños. Normalmente, los niños se agrupan por la edad, el centro tiene licencia y los empleados han obtenido diploma y capacitación pertinente al desarrollo infantil.

guardería infantil familiar *(family day care)* Cuidado de un máximo de seis niños de varias edades que realiza una persona en su casa a cambio de pago por sus servicios.

H

habilidad motora *(motor still)* Destreza para mover una parte del cuerpo, ya sea un gran salto o un ligero movimiento del párpado. Estos movimientos se denominan habilidades porque no son automáticos sino aprendidos.

habituación *(habituation)* Proceso mediante el cual uno se acostumbra a un objeto o suceso mediante el contacto repetido con tal objeto o suceso.

habla privada *(private speech)* Diálogo interior que ocurre cuando un individuo habla consigo mismo (ya sea en silencio o en voz alta).

hipocampo *(hippocampus)* Estructura encefálica que funciona como centro de procesamiento de la memoria, especialmente en lo que se refiere a recordar los lugares y la ubicación de las cosas.

hipófisis *(pituitary gland)* Glándula que produce varias hormonas como respuesta a una señal del hipotálamo. Algunas de ellas regulan el crecimiento y controlan a otras glándulas, como las glándulas suprarrenales y sexuales. También llamada *glándula pituitaria*.

hipotálamo *(hypothalamus)* Área del encéfalo que responde a la amígdala cerebral y el hipocampo para producir hormonas que activan otras partes del encéfalo y el cuerpo.

hipótesis *(hypothesis)* Predicción específica que se hace de manera tal que es posible someterla a prueba y confirmarla o refutarla.

holofrase (*holophrase*) Palabra que expresa un pensamiento completo y con significado.

hormona (*hormone*) Sustancia química orgánica producida por un tejido del cuerpo y transportada por vía sanguínea a otro tejido donde influye en una función fisiológica. Diversas hormonas tienen influencia en los pensamientos, los impulsos, las emociones y el comportamiento.

I

ideación suicida (*suicid ideation*) Pensamientos de suicidio, generalmente con un dejo seriamente emocional e intelectual o cognitivo.

identidad (*identity*) Principio lógico que propone que ciertas características de un objeto se mantienen iguales aun cuando otras cambien. También, definición coherente del "yo" de una persona como ser único en términos de roles, actitudes, creencias y aspiraciones.

identidad de género (*gender identity*) Este término se refería originariamente a todos los comportamientos relacionados con los varones y las mujeres. En la actualidad, la identidad de género se refiere más precisamente a la forma en que una persona se considera a sí misma, ya sea masculina o femenina.

identidad negativa (*negative identity*) Identidad que se asume de manera reactiva, desafiante y rebelde, simplemente porque es opuesta a la que esperan los padres o la sociedad.

identidad prematura (*foreclosure*) Término de Erikson que se refiere a la formación prematura de la identidad, cuando un adolescente adopta la totalidad de los roles y los valores preestablecidos, sin cuestionarlos.

identidad versus difusión (*identity versus diffusion*) Según Erikson, quinta etapa del desarrollo psicosocial, en la cual los adolescentes desean saber quiénes son en cuanto al sexo, la religión, la política y la vocación, pero tienen dificultades para decidir cuáles de los numerosos roles o identidades posibles adoptarán.

identificación (*identification*) Intención de defender el autoconcepto asumiendo las conductas y actitudes de otra persona.

imagen corporal (*body image*) Concepto que tiene una persona de la apariencia de su cuerpo.

imitación diferida (*deferred imitation*) Secuencia en la cual un bebé percibe algo hecho por alguien y luego lleva a cabo la misma acción horas más tarde e incluso días después.

implantación (*implantation*) Penetración del cigoto en el revestimiento del útero, en donde recibirá nutrición y protección mientras se desarrolla, aproximadamente a partir de una semana después de la concepción.

incidencia (*incidence*) Frecuencia con que ocurre una conducta o circunstancia en particular.

inclusión (*inclusion*) Enfoque adoptado en la educación de niños con necesidades especiales en el cual se incluye a dichos niños en los salones de clases habituales, "con materiales y servicios apropiados" tal como requiere la ley correspondiente.

infección de transmisión sexual (*sexually transmitted infection*) Enfermedad que se contagia por contacto sexual y que incluye la sífilis, la gonorrea, el herpes genital, la clamidiasis y el VIH.

inglés como segundo idioma (ESL) (*English as a second language*) Método de enseñanza del idioma inglés en el que todos los niños que no hablan inglés estudian juntos y reciben un curso intensivo de inglés básico que les permita posteriormente recibir educación en el mismo salón de clases que los niños angloparlantes nativos.

inmersión total (*total immersion*) Estrategia de enseñanza de un segundo idioma en la que se imparte toda la instrucción en ese idioma.

inmunización (*immunization*) Proceso que estimula el sistema inmunitario del organismo y lo defiende de una enfermedad contagiosa en particular. La inmunización a veces ocurre de forma natural (cuando se tiene la enfermedad) y otras veces se adquiere mediante la vacunación (por vía inyectable, oral, inhalatoria o mediante el uso de un parche).

integración completa (*mainstreaming*) Práctica de educar a los niños con necesidades especiales en el salón de clases donde estudian los demás niños.

inteligencia emocional (*emotional intelligence*) Entendimiento de cómo interpretar y expresar las emociones.

inteligencia sensoriomotriz (*sensorimotor intelligence*) Término de Piaget que se refiere a la inteligencia de los bebés durante la primera etapa del desarrollo cognitivo, cuando los bebés piensan empleando los sentidos y las habilidades motoras.

interacción satisfactoria (bondad de ajuste) (*goodness of fit*) Similitud de temperamentos y valores que conduce a una relación armoniosa entre el individuo y el entorno social, inclusive la familia, la escuela y la comunidad.

interés generacional (*generational stake*) Necesidad de toda generación de ver las interacciones de la familia desde una perspectiva propia, porque son distintos los intereses que cada cual tiene dentro del escenario familiar.

internalización de problemas (*internalizing problems*) Dificultad en la regulación de las emociones que consiste en que una persona expresa sus aflicciones emocionales interiormente, por ejemplo, sintiéndose demasiado culpable, avergonzada o despreciable.

intimidación o acoso (*bullying*) Intento reiterado y sistemático de causar daño a una persona más débil, mediante ataques físicos, verbales o sociales.

investigación cualitativa (*qualitative research*) Estudio que considera las cualidades en vez de las cantidades. Generalmente, las descripciones de situaciones particulares y las ideas expresadas por los participantes son parte de las investigaciones cualitativas.

investigación cuantitativa (*quantitative research*) Estudio que proporciona datos que se pueden expresar con números tales como niveles o escalas.

irreversibilidad (*irreversibility*) Idea de que no es posible revertir nada; incapacidad de reconocer que a veces, al revertir un proceso, se restablece lo que existía antes de que ocurriera el cambio.

irrupción verbal (*naming explosion*) Ampliación repentina del vocabulario del bebé, especialmente del número de sustantivos, que comienza aproximadamente a los 18 meses de vida.

J

juego de pelea (*rough-and-tumble play*) Juego que imita la agresión, en el que se lucha, persigue o pega, pero en el que no hay intención de causar daño.

juego sociodramático (*sociodramatic play*) Juego en el que los niños representan varios roles y temas de cuentos que ellos mismos crean.

K

kwashiorkor (*kwashiorkor*) Enfermedad de desnutrición crónica durante la niñez, en la cual la deficiencia de proteínas vuelve al niño más vulnerable a otras enfermedades como el sarampión, la diarrea y la gripe.

L

laboriosidad versus inferioridad (*industry versus inferiority*) Según Erikson, la cuarta de las ocho crisis del desarrollo psicosexual, en la cual los niños tratan de dominar muchas destrezas, y desarrollan un sentido de sí mismos como laboriosos o inferiores, competentes o incompetentes.

latencia (*latency*) Término de Freud que se refiere a la etapa que comienza a mediados de la niñez, durante la cual los impulsos emocionales y las necesidades psicosexuales de los niños están en calma (latentes). Freud opinaba que los conflictos sexuales de etapas anteriores están sumergidos sólo temporariamente e irrumpen una vez más con la pubertad.

lateralización (*lateralization*) Palabra que deriva de "lado". Cada lado del cerebro se especializa en ciertas funciones y domina con respecto a determinadas actividades. El lado izquierdo del cerebro controla el lado derecho del cuerpo, y viceversa.

lenguaje dirigido a los niños (*child-directed speech*) Forma de hablar sencilla, repetitiva y con tono agudo, en que los adultos hablan con los bebés. También se denomina *lenguaje infantil* o *lenguaje materno*.

Ley "Que ningún niño se quede atrás" (*No Child Left Behind Act*) Ley controvertida, promulgada en 2001, que emplea múltiples estándares de evaluación y rendimiento para intentar mejorar la educación pública en los Estados Unidos.

ligado al cromosoma X (*X-linked*) Se dice de un gen que está en el cromosoma X. Un niño varón manifiesta una característica recesiva ligada al cromosoma X si la hereda de la madre, ya que el cromosoma Y de su padre no tiene ningún gen que lo contrarreste. Es más probable que las niñas sean portadoras de características ligadas al cromosoma X, aunque es menos probable que las manifiesten.

logro de la identidad (*identity achievement*) Acción que permite saber quién es uno como ser único, aceptando algunos valores culturales y rechazando otros.

M

maltrato confirmado (*substantiated maltreatment*) Maltrato que ha sido denunciado, investigado y verificado.

maltrato de menores (*child maltreatment*) Daño intencional o peligro evitable que se causa a menores de 18 años.

maltrato denunciado (*reported maltreatment*) Maltrato que ha sido informado oficialmente por alguien a las autoridades.

manual diagnóstico y estadístico de los trastornos mentales (DSM-IV-R) (*Diagnostic and Statistical Manual of Mental Disorders [DSM-IV-R]*) Guía oficial de la *American Psychiatric Association* para el diagnóstico (no el tratamiento) de los trastornos mentales. ("IV-R" significa "cuarta edición, revisada".)

marasmo (*marasmus*) Enfermedad de desnutrición extrema por falta de calorías y proteínas al inicio de la infancia, en la cual se interrumpe el crecimiento, los tejidos del cuerpo se consumen y finalmente se produce la muerte del niño.

mecanismo de adquisición del lenguaje (*language acquisition device*) Expresión de Chomsky que se refiere a una estructura cerebral hipotética que permite a los seres humanos aprender el lenguaje, incluso las partes básicas de la gramática, el vocabulario y la entonación.

mediación social (*social mediation*) Función del habla mediante la cual se perfeccionan y amplían las destrezas cognitivas de una persona, a través de la instrucción formal y la conversación informal.

memoria inmediata (*working memory*) Componente del sistema de procesamiento de información en el cual tiene lugar la actividad mental consciente del momento. A veces se denomina *memoria operativa*.

memoria remota (*long-term memory*) Componente del sistema de procesamiento de información en el cual es posible almacenar indefinidamente cantidades ilimitadas de información.

memoria sensorial (*sensory memory*) Componente del sistema de procesamiento de información que almacena por una fracción de segundo la información de los estímulos que entran al organismo para procesarla. A veces se denomina registro sensorial.

menarquia o menarca (*menarche*) Primera menstruación de una niña, que indica que ésta ha comenzado a ovular. El embarazo es posible a nivel biológico, pero la ovulación y la menstruación son generalmente irregulares en los años que siguen a la menarquia.

metacognición (*metacognition*) "Pensar acerca de pensar" o capacidad de evaluar una tarea cognitiva para determinar la mejor manera de llevarla a cabo, y luego de controlar y ajustar el propio desempeño de dicha tarea.

método científico (*scientific method*) Manera de responder a preguntas que requiere una investigación empírica y conclusiones basadas en datos.

método fonético (*phonics approach*) Enseñanza de la lectura que requiere aprender los sonidos de las letras y de las diversas combinaciones de letras.

método global de lectura (*whole-language approach*) Método de enseñanza de lectura que requiere que a una edad temprana se empleen todas las habilidades del lenguaje, por ejemplo, hablar y escuchar, leer y escribir.

mielinización (*myelination*) Proceso mediante el cual los axones se recubren de mielina, una sustancia grasa que acelera la transmisión de impulsos nerviosos de una neurona a otra.

miniteorías (*minitheories*) Teorías que apuntan a un tema específico. En el desarrollo, por ejemplo, son miniteorías varias teorías del aprendizaje infantil del lenguaje. Éstas son menos generales y abarcadoras que las grandes teorías, aun cuando demuestren ser útiles por sí solas.

mito de invencibilidad (*invincibility fable*) Convicción del adolescente, que se origina en el egocentrismo de la edad, de que nada que derrote a un mortal común logrará vencerlo, ni siquiera dañarlo, como en el caso de las relaciones sexuales sin protección, el consumo de drogas o la conducción de un vehículo a altas velocidades.

mito personal (*personal fable*) Creencia falsa del adolescente, que se origina en el egocentrismo de la edad, de que está destinado a tener una vida única, heroica e incluso legendaria.

modelado (*modeling*) Proceso principal del aprendizaje social, mediante el cual los seres humanos observan las acciones de los demás y luego las copian.

modelo de trabajo (*working model*) Según la teoría cognitiva, conjunto de suposiciones que emplea un individuo para ordenar percepciones y experiencias.

moral justiciera (*morality of justice*) Según la perspectiva de Gilligan, postura moral que sostiene que es más importante juzgar en términos absolutos del bien y el mal que demostrar una actitud de cuidado y compasión.

moral protectora (*morality of care*) Según la perspectiva de Gilligan, postura moral que sostiene que es más importante demostrar una actitud de cuidado y compasión que juzgar en términos absolutos del bien y el mal.

moratoria de la identidad (*identity moratorium*) Pausa en la formación de la identidad. Se exploran alternativas pero se pospone la identidad definitiva.

mosaico (*mosaic*) Individuo que presenta un trastorno celular (mosaicismo), en el que unas células son normales y otras tienen un número impar de cromosomas o carecen de una serie de genes.

motivación intrínseca (*intrinsic motivation*) Metas o impulsos que provienen del interior de una persona, como la necesidad de sentirse inteligente o competente. Contrasta con la motivación extrínseca, que es la necesidad de recibir recompensas externas, por ejemplo, las posesiones materiales o el afecto de otra persona.

motricidad fina (*fine motor skills*) Habilidades físicas que implican movimientos ligeros del cuerpo, especialmente de las manos y sus dedos, tales como dibujar y levantar una moneda. ("Fina" en este caso se refiere a los movimientos ligeros.)

motricidad gruesa (*gross motor skills*) Habilidades físicas que implican movimientos amplios del cuerpo, tales como caminar y brincar. ("Gruesa" en este caso se refiere a los movimientos amplios.)

muestra (*sample*) Grupo de individuos seleccionados en una población de interés. Un ejemplo de muestra serían los bebés nacidos con bajo peso en cuatro hospitales en particular, los cuales son representativos de todos los hospitales.

muestra representativa (*representative sample*) Grupo de participantes de una investigación que reflejan las características relevantes de la población cuyos atributos se están estudiando.

multifactorial (*multifactorial*) Término que significa literalmente, "muchos factores". En la genética, *multifactorial* significa que las características de un organismo reciben la influencia de muchos factores, tanto genéticos como ambientales.

muy bajo peso al nacer (*very low birthweight*) Peso de menos de 1,3 kilogramos que presenta un bebé al nacer.

N

naturaleza (*nature*) Término general que se refiere a las características, capacidades y limitaciones que cada individuo hereda genéticamente de sus progenitores en el momento de la concepción. A veces se denomina *natura*.

neurona *(neuron)* Célula nerviosa del sistema nervioso central. La mayoría de las neuronas (miles de millones) se hallan en el cerebro.

niño con necesidades especiales *(child with special needs)* Niño o niña que requiere atención adicional en el aprendizaje por razones de discapacidad física o mental.

normalidad *(norm)* Medición promedio o estándar calculada a partir de las mediciones obtenidas de un gran número de individuos dentro de un grupo o población en especial.

O

obeso *(obese)* En los adultos, persona que tiene un índice de masa corporal (IMC) de 30 o más. En los niños, aquellos que están en el percentil 95 o superior, según los estándares por edad y sexo de 1980.

observación científica *(scientific observation)* Método que examina hipótesis mediante la observación y recopilación de notas sobre el comportamiento de los participantes, sin interferencias y de manera sistemática y objetiva, ya sea en un laboratorio o en un ambiente natural.

olvido generacional *(generational forgetting)* Idea que sostiene que cada nueva generación olvida lo que aprendió la generación anterior acerca del daño que causan las drogas.

operación cognitiva *(cognitive operation)* Proceso por el cual un individuo ordena y evalúa los pensamientos en la mente, para llegar a una conclusión lógica.

orientación sexual *(sexual orientation)* Impulsos y dirección interna de una persona con respecto al interés sexual. El ser humano puede orientarse hacia personas del sexo opuesto (orientación heterosexual), del mismo sexo (orientación homosexual) o de ambos sexos (orientación bisexual). La orientación sexual puede diferir de la expresión sexual, la apariencia, la identidad sexual o el estilo de vida.

P

Par 23 *(23 pair)* de cromosomas que, en los seres humanos, determina el sexo del cigoto (y, por lo tanto, el sexo de la persona). Los otros 22 pares son autosomas, que son iguales en los dos sexos.

parálisis cerebral *(cerebral palsy)* Trastorno ocasionado por una lesión de los centros motores del cerebro. Los individuos que sufren de parálisis cerebral tienen dificultades con el control muscular, lo cual a veces afecta el habla y los movimientos corporales.

parasuicidio *(parasuicide)* Todo acto potencialmente mortal en contra de uno mismo que no ocasiona la muerte.

participación guiada *(guided participation)* Proceso por el cual los individuos aprenden de otros que guían sus experiencias y exploraciones. Según la teoría sociocultural, es la técnica más eficaz empleada por los mentores expertos para asistir a los neófitos en el proceso de aprendizaje. Los mentores no sólo proveen instrucción, sino que permiten una participación directa y compartida en la actividad.

participantes *(participants)* Individuos que se estudian en un trabajo de investigación.

parto prematuro *(preterm birth)* Parto que ocurre tres o más semanas antes del fin normal del embarazo, o sea, como máximo 35 semanas después de la concepción.

patrón dominante y recesivo *(dominant-recessive pattern)* Interacción de un par de alelos de manera tal que el fenotipo manifiesta la influencia de un alelo (el gen dominante) más que el del otro (el gen recesivo).

pelea *(bickering)* Discusión insignificante y fastidiosa que es generalmente repetitiva y prolongada.

pensamiento analítico *(analytic thought)* Pensamiento que resulta del análisis, como en el caso del ordenamiento sistemático de pros y contras, riesgos y consecuencias, posibilidades y hechos. El pensamiento analítico depende de la lógica y el raciocinio.

pensamiento hipotético *(hypothetical thought)* Pensamiento que incluye proposiciones y posibilidades que pueden no reflejar la realidad.

pensamiento intuitivo *(intuitive thought)* Pensamiento que surge de una emoción o un presentimiento y no de una explicación racional. Las experiencias pasadas, las suposiciones culturales y los impulsos repentinos son precursores del *pensamiento intuitivo*. También se denomina *pensamiento heurístico* o *experiencial*.

pensamiento operacional concreto *(concrete operational thought)* Expresión de Piaget que se refiere a la capacidad de razonar lógicamente acerca de experiencias y percepciones directas.

pensamiento operacional formal *(formal operational thought)* En la teoría de Piaget, cuarta y última etapa del desarrollo cognitivo que se caracteriza por una lógica más sistemática y la capacidad de pensar acerca de ideas abstractas.

pensamiento posformal *(postformal thought)* Posiblemente, quinta etapa del desarrollo cognitivo, propuesta por los teóricos del desarrollo que opinan que los adultos progresan en su capacidad de combinar las emociones con la lógica en formas complejas y al mismo tiempo prácticas.

pensamiento preoperacional *(preoperational thought)* Término de Piaget que se refiere al desarrollo cognitivo que se experimenta entre los 2 y los 6 años de edad, antes de que sea posible el pensamiento lógico y operacional.

pequeño científico *(little scientist)* Término de Piaget que se refiere al niño que pasa por la quinta etapa de desarrollo (entre los 12 y 18 meses de edad) y que experimenta sin prever los resultados.

pequeño para la edad gestacional *(small for gestational age)* Término que se refiere al bebé que pesa considerablemente menos de lo debido para el tiempo transcurrido desde la concepción. Por ejemplo, un recién nacido de 2,2 kilogramos es pequeño para la edad gestacional si nació al término del embarazo, pero no lo es si nació dos meses antes.

percentil *(percentile)* Punto en una escala de clasificación del 1 al 99. El percentil 50 es el punto medio de dicha escala; la mitad de las personas de un grupo se clasificarán más alto y la otra mitad, más bajo.

percepción *(perception)* Procesamiento mental de información sensorial, cuando el cerebro interpreta una sensación.

percepción dinámica *(dynamic perception)* Percepción dirigida a enfocarse en el movimiento y el cambio.

período crítico *(critical period)* En el desarrollo prenatal, período en el que un órgano en particular u otra parte del cuerpo del feto es más susceptible al daño causado por teratógenos. También, período en el cual cierto tipo de desarrollo *debe ocurrir* o, de lo contrario, ya no ocurrirá. Por ejemplo, el período embrionario es crucial para el crecimiento de los brazos y las piernas.

período sensible *(sensitive period)* Período en el que es más factible que ocurra cierto tipo de crecimiento o desarrollo, o en el que dicho desarrollo ocurre más fácilmente. Por ejemplo, la primera infancia se considera un período sensible con respecto a la adquisición del lenguaje.

permanencia del objeto *(object permanence)* Entendimiento de que los objetos (inclusive las personas) continúan existiendo cuando no se los ve, toca o escucha.

perseveración *(perseveration)* Tendencia a repetir un pensamiento o acción por largo tiempo.

perspectiva ecléctica *(eclectic perspective)* Enfoque adoptado por la mayoría de los psicólogos del desarrollo, en el que se aplican partes de las distintas teorías del desarrollo en vez de adherirse exclusivamente a una teoría.

peso extremadamente bajo al nacer *(extremely low birthweight)* Peso de menos de 1 kilogramo que presenta un bebé al nacer.

plan de educación individual *(individual education plan)* Documento donde se especifican las metas y los planes educativos para un niño con necesidades especiales.

planificación de permanencia *(permanency planning)* Planificación que se implementa cuando un niño ha experimentado maltrato confirmado. El objetivo es crear un plan definitivo evitando repetidos cambios de escuela o de la persona encargada de la crianza, los cuales pueden resultar perjudiciales para el niño.

población (*population*) Grupo completo de individuos que son de interés particular en un estudio científico, por ejemplo, todos los niños del mundo o todos los recién nacidos que pesan menos de 1 500 gramos.

poligénico (*polygenic*) Literalmente significa "muchos genes". Casi todas las características importantes del ser humano, entre ellas sus habilidades y emociones, son resultado de la interacción de muchos genes.

portador (*carrier*) Persona que tiene un gen en su genotipo que no es evidente en su fenotipo. Los portadores transmiten esos genes no expresados a la mitad de sus gametos y, por lo tanto, a la mitad de sus hijos, quienes también tienen gran probabilidad de ser portadores. Generalmente, la característica aparece en el fenotipo sólo cuando el gen se hereda de ambos padres.

posición socioeconómica (*socioeconomic status*) Parte del contexto socioeconómico por medio del cual se clasifica a las personas como ricas, pobres, de clase media, etc., según factores tales como ingresos, educación y ocupación.

precipicio visual (*visual cliff*) Aparato experimental que da la ilusión de una caída abrupta entre una superficie horizontal y otra.

preferencia por otras personas (*people preference*) Atracción innata que sienten los bebés por otros seres humanos, que se manifiesta en preferencias visuales, auditivas, táctiles, etc.

preformismo (*preformism*) Idea de que las características del desarrollo están determinadas de manera permanente antes del nacimiento. Algunas facetas del desarrollo aparecen en el curso de la maduración, pero surgen debido al paso del tiempo y no por la experiencia.

preservación cerebral (*head-sparing*) Mecanismo biológico de protección encefálica que ocurre cuando la desnutrición afecta el crecimiento del cuerpo. El encéfalo es la última parte del cuerpo en dañarse a causa de la desnutrición.

presión de grupo (*peer pressure*) Presión social que conduce a adaptarse a los amigos o pares en términos de comportamiento, vestimenta y actitud; generalmente se considera una fuerza negativa, como en el caso de los adolescentes que se animan entre sí a desafiar la autoridad de los adultos.

prevalencia (*prevalence*) Medida de la extensión de una conducta o circunstancia en una población.

prevención primaria (*primary prevention*) Acciones que cambian el conjunto de condiciones de un contexto para prevenir una circunstancia o un suceso no deseado (por ejemplo, una herida, una enfermedad o algún tipo de abuso).

prevención secundaria (*secondary prevention*) Acciones que evitan un daño en una situación inmediata, tales como detener un automóvil antes de que atropelle a un peatón.

prevención terciaria (*tertiary prevention*) Acciones que se llevan a cabo después de que ocurre un suceso adverso y que tienen el propósito de reducir el daño o evitar la discapacidad. El tratamiento médico inmediato y eficaz de una enfermedad o herida es un ejemplo de prevención terciaria.

procesos de control (*control processes*) Mecanismos (atención selectiva, recuperación estratégica, metacognición y regulación emocional) que combinan la memoria, la velocidad del procesamiento y el conocimiento para regular el análisis y el flujo de información dentro del sistema de procesamiento de información.

Proyecto Genoma Humano (*Human Genome Project*) Proyecto de colaboración internacional para trazar el código genético completo del ser humano. El proyecto se completó casi en su totalidad en 2001, aunque su análisis continúa.

pruebas de CI (*IQ tests*) Pruebas de aptitud diseñadas para medir la aptitud intelectual, o sea, la capacidad de aprendizaje en la escuela. La inteligencia se definió originalmente como edad mental dividida por edad cronológica, multiplicada por 100 (de ahí la expresión *cociente intelectual* o CI).

pruebas de rendimiento (*achievement tests*) Medidas de dominio y competencia en la lectura, las matemáticas, las ciencias o cualquier otra materia.

psicopatología del desarrollo (*developmental psychopathology*) Campo en el cual se aplican conocimientos relacionados con el desarrollo típico para estudiar y tratar los trastornos del desarrollo, y viceversa.

pubertad (*puberty*) Etapa entre el aumento hormonal y el desarrollo físico completo del adulto. La pubertad generalmente dura de tres a cinco años, pero para alcanzar la madurez psicosocial deben pasar muchos años más.

público imaginario (*imaginary audience*) Creencia egocéntrica de que los demás observan y están interesados en la apariencia, ideas y conducta que uno tiene. Esta creencia de que "todo gira en torno a mi persona" hace que el individuo se torne muy consciente de sí mismo.

R

raza (*race*) Grupo de personas consideradas (por sí mismas o los demás) distintas en términos genéticos sobre la base de sus rasgos físicos.

razonamiento deductivo (*deductive reasoning*) Razonamiento que parte de una afirmación, una premisa o un principio generalizado y sigue pasos lógicos con el fin de deducir detalles. A veces se denomina razonamiento "descendente".

razonamiento estático (*static reasoning*) Pensamiento en el que se cree que nada cambia: todo lo que existe en este momento siempre ha sido y será igual.

razonamiento inductivo (*inductive reasoning*) Razonamiento que va de una o más experiencias o hechos específicos a una conclusión general. A veces se denomina "razonamiento ascendente". La inducción puede considerarse menos avanzada que la deducción.

razonamiento moral convencional (*conventional moral reasoning*) Según Kohlberg, segundo nivel de razonamiento moral, en el cual se pone énfasis en las reglas sociales.
razonamiento moral posconvencional (*postconventional moral reasoning*) Según Kohlberg, tercer nivel de razonamiento moral, en el cual se pone énfasis en los principios morales.

razonamiento moral preconvencional (*preconventional moral reasoning*) Según Kohlberg, primer nivel de razonamiento moral, en el cual se pone énfasis en recompensas y castigos.

reacciones circulares primarias (*primary circular reactions*) El primero de los tres tipos de circuitos de retroalimentación, que está asociado con el cuerpo del bebé. El bebé percibe y trata de entender cómo se mueve, mama, escucha sonidos y otras sensaciones del cuerpo.

reacciones circulares secundarias (*secondary circular reactions*) El segundo de los tres tipos de circuitos de retroalimentación, que está asociado con las personas y los objetos. El bebé es receptivo con respecto a otras personas y a los juguetes y otros objetos que puede manipular.

reacciones circulares terciarias (*tertiary circular reactions*) El tercero de los tres tipos de circuitos de retroalimentación, que está asociado con la exploración activa y la experimentación. El bebé explora una variedad de actividades nuevas y varía sus respuestas para aprender cómo funciona el mundo.

recelo hacia los extraños (*stranger wariness*) Expresión de inquietud que expresa un bebé cuando aparece un extraño, por ejemplo, mirando calladamente, sujetándose a una persona conocida o poniéndose triste. Ésta es una actitud de madurez: el bebé reconoce que ese individuo es un extraño.

reciprocidad (*reciprocity*) Principio que plantea que dos cosas pueden cambiar en sentido contrario y, por lo tanto, se equilibran. (También se denomina *inversión*.)

rechazado por su agresividad (*aggressive-rejected*) Niño rechazado por sus compañeros por su conducta antagonista y contenciosa.

referencia social (*social referencing*) Intento de entender un objeto o suceso desconocido o ambiguo mediante la observación de las expresiones y reacciones de otra persona. La otra persona se convierte en un punto de referencia social.

reflejo (*reflex*) Movimiento de respuesta que parece automático porque casi siempre se produce como respuesta a un estímulo en particular. Los recién nacidos tienen muchos reflejos, algunos de los cuales desaparecen con la maduración.

reforzamiento *(reinforcement)* Técnica empleada en el condicionamiento de una acción en la cual algo deseado sigue a dicha acción, tal como alimento para un animal hambriento o una sonrisa cordial para una persona que se siente sola.

regulación emocional *(emotional regulation)* Control en la expresión de las emociones, de tal modo que la tristeza, el miedo y el enojo, por ejemplo, no son evidentes.

resiliencia *(resilience)* Capacidad de algunas personas de tolerar situaciones que son a menudo dañinas (por ejemplo, la pobreza, la enfermedad mental, los problemas sociales y la poca inteligencia) y de adaptarse hasta el punto de fortalecerse.

resonancia magnética funcional *(fMRI)* Técnica de medición en la cual las propiedades magnéticas del cerebro indican actividad en cualquier parte de dicho órgano. Esta técnica permite ubicar las respuestas neurológicas a los estímulos.

retraído y rechazado *(withdrawn-rejected)* Niño rechazado por sus compañeros por su conducta tímida, retraída y ansiosa.

retraso del crecimiento *(failure to thrive)* Situación en la cual el niño aumenta poco o nada de peso, a pesar de presentar una salud aparentemente normal.

retraso mental *(mental retardation)* Término que, en rigor, se refiere al pensamiento lento o atrasado. En la práctica se considera que una persona presenta retraso mental si tiene una puntuación inferior a 70 en un examen del cociente intelectual o CI, y si está muy por debajo con respecto a las personas de su edad en su adaptación a la vida cotidiana.

reversibilidad *(reversibility)* Principio lógico que sostiene que a veces es posible que una cosa que ha sido cambiada pueda retornar a su estado original si se revierte el proceso por el cual fue cambiada.

rol de género *(gender role)* Rol que, por lo general, se asigna a los hombres o a las mujeres, por ejemplo, ama de casa, enfermera, hombre de la casa y soldado.

S

salón de recursos *(resource room)* Salón donde maestros especialmente capacitados asisten a los niños con necesidades especiales, empleando programas de estudios y equipos especiales.

segunda infancia *(middle childhood)* Etapa entre la primera infancia y el comienzo de la adolescencia, que se extiende más o menos desde los 6 o 7 años de edad hasta los 10 u 11 años.

sensación *(sensation)* Respuesta de un sistema sensorial (la vista, el oído, el tacto, el gusto, el olfato) cuando detecta un estímulo.

sesión para recordar *(reminder session)* Experiencia de percepción que permite a alguien recordar una idea o experiencia, sin hacer una prueba para verificar que la persona en verdad recuerda dicha idea o experiencia en ese momento.

sinapsis *(synapse)* Intersección entre el axón de una neurona y las dendritas de otras neuronas.

sincronía *(synchrony)* Intercambio coordinado, rápido y armonioso entre el bebé y la persona a cargo de su cuidado.

síndrome alcohólico fetal *(fetal alcohol syndrome)* Conjunto de defectos de nacimiento (que incluyen rasgos faciales anormales, crecimiento físico lento y retraso del desarrollo mental) causados por la ingestión materna de alcohol durante el embarazo.

síndrome de Down *(Down syndrome)* Trastorno en el cual la persona tiene 47 cromosomas en vez de 46, que es lo usual, con 3 cromosomas, en vez de 2, en el vigésimo primer par. Los individuos que sufren el síndrome de Down tienen a menudo retraso mental y presentan características distintivas: rasgos faciales inusuales, trastornos cardíacos y dificultades con el lenguaje. (También se denomina trisomía 21.)

síndrome de muerte súbita del lactante (SMSL) *(sudden infant death syndrome)* Situación en la cual un bebé aparentemente saludable, de por lo menos 2 meses de vida, deja de respirar de manera repentina y muere inesperadamente mientras duerme. Se desconoce la causa del síndrome, aunque se lo relaciona con el dormir boca abajo y tener padres que fuman.

síndrome del bebé sacudido *(shaken baby syndrome)* Daño encefálico potencialmente mortal que sufre un bebé a causa de hemorragias internas y ruptura de conexiones nerviosas, cuando una persona lo sacude de manera brusca y rápida.

síndrome del cromosoma X frágil *(fragile X syndrome)* Trastorno genético en el cual una parte del cromosoma X parece estar adherida al resto del cromosoma por una fina cadena de moléculas. La causa verdadera es un exceso de repeticiones de una parte en particular del código de un gen.

situación extraña *(strange situation)* Procedimiento de laboratorio para medir el apego, en el que se provocan las reacciones del bebé al estrés.

sobrepeso *(overweight)* En los adultos, el "sobrepeso" se basa en la relación entre el peso y la estatura; un índice de masa corporal (IMC) de 25 a 29 se clasifica como "sobrepeso". Generalmente, se considera que un niño tiene sobrepeso cuando está por encima del percentil 85 para su edad y sexo.

sobrerregulación *(overregularization)* Acción de aplicar las reglas gramaticales aun en el caso de las excepciones, haciendo que el lenguaje sea más "regular" de lo que es en realidad.

sonrisa social *(social smile)* Sonrisa que suscita el rostro humano en los bebés y que es evidente, por lo general, unas 6 semanas después del nacimiento.

sueño REM o MOR (de movimientos oculares rápidos) *(REM sleep)* Etapa del sueño que se caracteriza por movimientos rápidos de los ojos con los párpados cerrados, sueños y ondas cerebrales rápidas.

suicidios agrupados *(cluster suicides)* Suicidios de miembros de un grupo concentrados en un breve período de tiempo.

superyó *(superego)* Según la teoría psicoanalítica, parte de la personalidad que es autocrítica e internaliza los estándares morales establecidos por los padres.

T

tamaño de la muestra *(sample size)* Número de individuos que se estudian en una sola muestra de un proyecto de estudio.

técnica canguro *(kangaroo care)* Cuidados que aplica la madre de un recién nacido de bajo peso, que consisten en sostener al menos una hora diaria al niño entre los senos, como lo hace la hembra del canguro cuando lleva su cría inmadura en el marsupio o bolsa abdominal. Si el bebé tiene la fortaleza necesaria, será fácilmente amamantado de esta manera.

técnica de la ausencia de expresión *(still-face technique)* Recurso experimental en el cual un adulto mantiene el rostro inmóvil y sin expresión en la interacción de cara a cara con un bebé.

técnicas de reproducción asistida *(assisted reproductive technology)* Término general que se refiere a las técnicas diseñadas para asistir a parejas estériles en la concepción y el mantenimiento del embarazo.

temperamento *(temperament)* Diferencias innatas que hay entre las personas en términos de emociones, actividades y dominio de sí mismas. El temperamento es epigenético, se origina en los genes pero también es afectado por el tipo de crianza.

teoría cognitiva *(cognitive theory)* Una de las grandes teorías del desarrollo humano que estudia los cambios en la manera de pensar a través del tiempo. Según esta teoría, los pensamientos dan forma a la conducta, las actitudes y las creencias del ser humano.

teoría del aprendizaje social *(social learning theory)* Extensión del conductismo que enfatiza el poder que tienen las demás personas sobre nuestra conducta. Aun sin refuerzo específico o castigo, el ser humano aprende muchas cosas observando e imitando a otras personas.

teoría de la mente *(theory of mind)* Serie de ideas que se ha formado una persona acerca de lo que piensan los demás. Para tener una teoría de la mente, los niños deben darse cuenta de que los demás no tienen exactamente los mismos pensamientos que ellos tienen. Esta comprensión difícilmente ocurre antes de la edad de cuatro años.

teoría de los sistemas ecológicos *(ecological-systems approach)* Idea según la cual se debe estudiar el desarrollo de una persona teniendo en cuenta el conjunto de todos los contextos e interacciones que componen una vida.

teoría del desarrollo *(developmental theory)* Grupo de ideas, suposiciones y generalizaciones para interpretar y esclarecer las miles de observaciones relacionadas con el desarrollo o crecimiento del ser humano. De este modo, las teorías del desarrollo proporcionan un marco para explicar los patrones y problemas del desarrollo.

teoría del procesamiento de información *(information-processing theory)* Perspectiva que, por analogía, compara los procesos del pensamiento humano con el análisis de datos que realizan los ordenadores, incluidas la estimulación sensorial, las conexiones, las memorias acumuladas y la respuesta.

teoría epigenética *(epigenetic theory)* Teoría emergente del desarrollo que comprende tanto los orígenes genéticos del comportamiento (en una misma persona y en una misma especie) como la influencia directa y sistemática que tienen las fuerzas ambientales en los genes a lo largo del tiempo. La teoría estudia la interacción dinámica que ocurre entre ambas influencias a lo largo de décadas y siglos.

teoría psicoanalítica *(psychoanalytic theory)* Considerada una de las grandes teorías del desarrollo humano, esta teoría sostiene que detrás del comportamiento humano existen impulsos y motivos irracionales e inconscientes que a menudo se originan en la niñez.

teoría sociocultural *(sociocultural theory)* Teoría emergente que sostiene que el desarrollo humano se debe a la interacción dinámica entre cada persona y las fuerzas sociales y culturales de su entorno. Esta teoría apunta a las similitudes y diferencias que hay entre los niños que se crían en diversas naciones, grupos étnicos y épocas.

teoría-teoría *(theory-theory)* Idea de que los niños construyen teorías para tratar de explicar todo lo que ven y oyen.

teorías emergentes *(emergent theories)* Teorías que reúnen información de muchos campos del conocimiento y se van tornando completas y sistemáticas sus interpretaciones del desarrollo, pero no están aún establecidas ni son suficientemente detalladas como para considerarse grandes teorías.

teratógenos *(teratogens)* Agentes y afecciones (incluidos los virus, los fármacos y las sustancias químicas) que pueden afectar el desarrollo prenatal y provocar defectos de nacimiento e incluso la muerte.

teratógenos conductuales *(behavioral teratogens)* Agentes y trastornos que pueden dañar el cerebro prenatal, afectando el futuro funcionamiento intelectual y emocional del niño.

testosterona *(testosterone)* La hormona sexual del grupo de los andrógenos mejor estudiada (hormonas masculinas); el hombre la secreta en mucho mayor cantidad que la mujer.

tiempo de reacción *(reaction time)* Cantidad de tiempo que lleva responder a un estímulo, ya sea con un movimiento reflejo (por ejemplo, un parpadeo) o con un pensamiento.

tiempo muerto *(time-out)* Técnica disciplinaria en la cual se aparta a un niño durante un período de tiempo específico.

TIMSS (Estudio de tendencias en matemáticas y ciencias) *(TIMSS, Trends in Math and Science Study)* Evaluación internacional de destrezas de matemáticas y ciencias. Si bien dicha evaluación es muy útil, las puntuaciones no son siempre comparables ya que es difícil mantener uniformidad en la selección de las muestras, la formulación de los exámenes y la validez de los contenidos.

trastorno de estrés postraumático *(posttraumatic stress disorder)* Reacción retardada a un trauma o choque emocional, que puede incluir hiperactividad e hipervigilancia, enojo desplazado, insomnio, terror o ansiedad repentinos y confusión entre la fantasía y la realidad.

trastorno del aprendizaje *(learning disability)* Retraso notorio en un área de aprendizaje en particular, que no está causado por una discapacidad física obvia, por retraso mental o por un ambiente hogareño excepcionalmente tenso.

trastorno por déficit de atención (TDA) *(attention-deficit disorder)* Trastorno en el que la persona tiene gran dificultad para mantener la concentración. Dicha persona parece ser soñadora o estar perdida en sus pensamientos, atontada o distraída.

trastorno por déficit de atención con hiperactividad (TDAH) *(attention-deficit hyperactivity disorder)* Trastorno en el que el individuo experimenta gran dificultad para mantener la concentración por más de un momento, y es distraído, impulsivo e hiperactivo.

trastornos generalizados del desarrollo *(pervasive developmental disorders)* Trastornos graves, el autismo por ejemplo, que afectan varias facetas del desarrollo psicológico de un niño pequeño y provocan un retraso evidente en el habla, el movimiento o las destrezas sociales antes de los 6 años de edad.

V

variable dependiente *(dependent variable)* En un estudio experimental, variable que puede cambiar cuando el investigador incorpora una nueva condición o situación. O sea, la variable dependiente *depende* de la variable independiente.

variable independiente *(independent variable)* En un estudio experimental, la variable que se incorpora para observar el efecto que produce en la variable dependiente. (También se denomina *variable experimental.*)

vínculo entre los padres y el bebé *(parent-infant bond)* Fuerte lazo de afecto que se forja cuando los padres cargan en brazos al recién nacido. El vínculo comienza por lo general antes del nacimiento y continúa a lo largo de la infancia, por lo cual el contacto de la madre con el bebé durante los primeros minutos después del nacimiento es importante pero no es crucial.

virus de la inmunodeficiencia humana (VIH) *(human immunodeficiency virus (HIV)* Virus que causa el SIDA (síndrome de inmunodeficiencia adquirida), en el cual el sistema inmunitario se deteriora gradualmente y el individuo se torna vulnerable a infecciones oportunistas. Aun con tratamiento, el SIDA lleva finalmente a la muerte por causa de una enfermedad oportunista.

visión binocular *(binocular vision)* Capacidad de enfocar los dos ojos coordinadamente con el fin de ver una sola imagen.

X

XX *(XX)* Vigésimo tercer par formado por dos cromosomas en forma de X, un cromosoma X proveniente de la madre y otro cromosoma X, del padre. Los cigotos XX se convierten sucesivamente en embriones femeninos, fetos femeninos y niñas.

XY *(XY)* Vigésimo tercer par formado por un cromosoma en forma de X proveniente de la madre y un cromosoma en forma de Y proveniente del padre. Los cigotos XY se convierten sucesivamente en embriones masculinos, fetos masculinos y niños varones.

Y

"yo" falso *(false self)* Conjunto de comportamientos que se adoptan para combatir el rechazo, complacer a los demás o construir una posible identidad.

"yo" posibles *(possible selves)* Diversas personalidades, conjuntos de conductas o imágenes de sí misma que podría asumir una persona. La mayoría de los adultos han escogido un "yo" entre todas las posibilidades. Sin embargo, los adolescentes a menudo continúan explorando los "yo" potenciales.

Z

zona de desarrollo próximo *(zone of proximal development)* Término de Vygotsky que se refiere a una "zona" metafórica donde está incluido el conjunto de todas las destrezas, conocimientos y conceptos que un alumno está "próximo" a adquirir, pero que aún no es capaz de dominar sin ayuda de otros.

Abbott, Lesley, & Nutbrown, Cathy (Eds.). (2001). *Experiencing Reggio Emilia: Implications for pre-school provision.* Buckingham, England: Open University Press.

Abikoff, Howard B., & Hechtman, Lily. (1996). Multimodal therapy and stimulants in the treatment of children with ADHD. En Euthymia D. Hibbs y Peter S. Jensen (Eds.), *Psychosocial treatments for child and adolescent disorders: Empirically based strategies for clinical practice.* (pp. 341–369). Washington, DC: American Psychological Association.

Aboud, Frances E., & Amato, Maria. (2001). Developmental and socialization influences on intergroup bias. En Rupert Brown y Samuel L. Gaertner (Eds.), *Blackwell handbook of social psychology: Intergroup processes* (pp. 65–85). Malden, MA: Blackwell.

Aboud, Frances E., & Mendelson, Morton J. (1998). Determinants of friendship selection and quality: Developmental perspectives. En William M. Bukowski, Andrew F. Newcomb y Willard W. Hartup (Eds.), *The company they keep: Friendship in childhood and adolescence* (pp. 87–112). New York: Cambridge University Press.

Ackerman, Brian P., Brown, Eleanor D., & Izard, Carroll E. (2004). The relations between contextual risk, earned income, and the school adjustment of children from economically disadvantaged families. *Developmental Psychology, 40,* 204–216.

Adam, Emma K. (2004). Beyond quality: Parental and residential stability and children's adjustment. *Current Directions in Psychological Science, 13,* 210–213.

Adams, Marilyn Jager, Treiman, Rebecca, & Pressley, Michael. (1998). Reading, writing, and literacy. En William Damon. (Ed. de la serie) e Irving E. Sigel y K. Ann Renninger (Eds. del vol.), *Handbook of child psychology: Vol. 4. Child psychology in practice* (5ª ed., pp. 275–357). New York: Wiley.

Adler, Bill (Ed.). (2001). *Kids' letters to Harry Potter from around the world: An unauthorized collection.* New York: Carroll & Graf.

Adolph, Karen E., Vereijken, Beatrix, & Denny, Mark A. (1998). Learning to crawl. *Child Development, 69,* 1299–1312.

Adolph, Karen E., Vereijken, Beatrix, & Shrout, Patrick E. (2003). What changes in infant walking and why. *Child Development, 74,* 475–497.

Agarwal, Dharam P., & Seitz, Helmut K. (Eds.). (2001). *Alcohol in health and disease.* New York: Dekker.

Aguirre-Molina, Marilyn, Molina, Carlos W., & Zambrana, Ruth Enid (Eds.). (2001). *Health issues in the Latino community.* San Francisco: Jossey Bass.

Ainsworth, Mary D. Salter. (1973). The development of infant-mother attachment. En Bettye M. Caldwell y Henry N. Ricciuti (Eds.), *Review of child development research* (Vol. 3, pp. 1–94). Chicago: University of Chicago Press.

Akhtar, Nameera, Jipson, Jennifer, & Callanan, Maureen A. (2001). Learning words through overhearing. *Child Development, 72,* 416–430.

Akiba, Daisuke, & García Coll, Cynthia. (2004). Effective interventions with children of color and their families: A contextual developmental approach. En Timothy B. Smith (Ed.), *Practicing multiculturalism: Affirming diversity in counseling and psychology* (pp. 123–144). Boston: Pearson/Allyn and Bacon.

Aksan, Nazan, & Kochanska, Grazyna. (2005). Conscience in childhood: Old questions, new answers. *Developmental Psychology, 41,* 506–516.

Alcock, John. (2001). *The triumph of sociobiology.* New York: Oxford University Press.

Alexander, Robin. (2000). *Culture and pedagogy: International comparisons in primary education.* Malden, MA: Blackwell.

Amato, Paul R., & Fowler, Frieda. (2002). Parenting practices, child adjustment, and family diversity. *Journal of Marriage & the Family, 64,* 703–716.

American Psychiatric Association. (2000). *Diagnostic and statistical manual of mental disorders: DSM-IV-TR* (4ª ed.). Washington, DC: autor.

Ananth, Cande V., Demissie, Kitaw, Kramer, Michael S., & Vintzileos, Anthony M. (2003). Small-for-gestational-age births among black and white women: Temporal trends in the United States. *American Journal of Public Health, 93,* 577–579.

Anderson, Craig A., Berkowitz, Leonard, Donnerstein, Edward, Huesmann, L. Rowell, Johnson, James D., Linz, Daniel, et al. (2003). The influence of media violence on youth. *Psychological Science in the Public Interest, 4,* 81–110.

Anderson, Craig A., & Bushman, Brad J. (2002). Human aggression. *Annual Review of Psychology, 53,* 27–51.

Anderson, Daniel R., Huston, Aletha C., Schmitt, Kelly L., Linebarger, Deborah L., & Wright, John C. (2001). Early childhood television viewing and adolescent behavior: The recontact study. *Monographs of the Society for Research in Child Development, 66*(1, Nº de serie 264).

Anderson, Mark, Johnson, Daniel, & Batal, Holly. (2005). *Sudden infant death syndrome and prenatal maternal smoking: Rising attributed risk in the Back to Sleep era.* Consultado el 23 de junio de 2005 en http://www.biomedcentral.com/1741–7015/3/4

Anderson, Robert N., & Smith, Betty L. (7 de marzo de 2005). Cuadro 2. Deaths, percentage of total deaths, and death rates for the 10 leading causes of death in selected age groups, by Hispanic origin, race for non-Hispanic population, and sex: United States, 2002. *National Vital Statistics Reports, 53*(17), 50–71.

Andrade, Miriam, & Menna-Barreto, L. (2002). Sleep patterns of high school students living in Sao Paulo, Brazil. En Mary A. Carskadon (Ed.), *Adolescent sleep patterns: Biological, social, and psychological influences* (pp. 118–131). New York: Cambridge University Press.

Andrade, Susan E., Gurwitz, Jerry H., Davis, Robert L., Chan, K. Arnold, Finkelstein, Jonathan A., Fortman, Kris, et al. (2004). Prescription drug use in pregnancy. *American Journal of Obstetrics and Gynecology, 191,* 398–407.

Angelou, Maya. (1970). *I know why the caged bird sings.* New York: Random House.

Angold, Adrian, Erkanli, Alaattin, Egger, Helen L., & Costello, E. Jane. (2000). Stimulant treatment for children: A community perspective. *Journal of the American Academy of Child & Adolescent Psychiatry, 39,* 975–984.

Apgar, Virginia. (1953). A proposal for a new method of evaluation of the newborn infant. *Current Researches in Anesthesia and Analgesia, 32,* 260–267.

Arfániarromo, Albert. (2001). Toward a psychosocial and sociocultural understanding of achievement motivation among Latino gang members in U.S. schools. *Journal of Instructional Psychology, 28,* 123–136.

Arlin, Patricia Kennedy. (1984). Adolescent and adult thought: A structural interpretation. En Michael L. Commons, Francis A. Richards y Cheryl Armon (Eds.), *Beyond formal operations: Late adolescent and adult cognitive development* (pp. 258–271). New York: Praeger.

Arlin, Patricia Kennedy. (1989). Problem solving and problem finding in young artists and young scientists. En Michael L. Commons, Jan D. Sinnott, Francis A. Richards y Cheryl Armon (Eds.), *Adult development: Vol. 1. Comparisons and applications of developmental models* (pp. 197–216). New York: Praeger.

Armour-Thomas, Eleanor, & Gopaul-McNicol, Sharon-Ann. (1998). *Assessing intelligence: Applying a bio-cultural model.* Thousand Oaks, CA: Sage.

Arnett, Jeffrey Jensen. (1999). Adolescent storm and stress, reconsidered. *American Psychologist, 54,* 317–326.

Arnett, Jeffrey Jensen. (2002). Adolescents in Western countries in the 21st century: Vast opportunities—for all? En B. Bradford Brown, Reed W. Larson y T. S. Saraswathi (Eds.), *The world's youth: Adolescence in eight regions of the globe* (pp. 307–343). New York: Cambridge University Press.

Aron, David C., Gordon, Howard S., DiGiuseppe, David L., Harper, Dwain L., & Rosenthal, Gary E. (2000). Variations in risk-adjusted cesarean delivery rates according to race and health insurance. *Medical Care, 38,* 35–44.

Aronson, Elliot. (2000). *Nobody left to hate: Teaching compassion after Columbine.* New York: W. H. Freeman.

Aronson, Joshua, Fried, Carrie B., & Good, Catherine. (2002). Reducing the effects of stereotype threat on African American college students by shaping theories of intelligence. *Journal of Experimental Social Psychology, 38,* 113–125.

Aseltine, Robert H., Jr, & DeMartino, Robert. (2004). An outcome evaluation of the SOS suicide prevention program. *American Journal of Public Health, 94,* 446–451.

Ashman, Sharon B., & Dawson, Geraldine. (2002). Maternal depression, infant psychobiological development, and risk for depression. En Sherryl H. Goodman e Ian H. Gotlib (Eds.), *Children of depressed parents: Mechanisms of risk and implications for treatment* (pp. 37–58). Washington, DC: American Psychological Association.

Aslin, Richard N., & Hunt, Ruskin H. (2001). Development, plasticity, and learning in the auditory system. En Charles A. Nelson y Mónica Luciana (Eds.), *Handbook of developmental cognitive neuroscience* (pp. 149–158). Cambridge, MA: MIT Press.

Aslin, Richard N., Jusczyk, Peter W., & Pisoni, David B. (1998). Speech and auditory processing during infancy: Constraints on and precursors to language. En William Damon (Ed. de la serie) y Deanna Kuhn y Robert S. Siegler (Eds. del vol.) *Handbook of child psychology: Vol. 2. Cognition, perception, and language* (5ª ed., pp. 147–198). New York: Wiley.

Astington, Janet Wilde, & Gopnik, Alison. (1988). Knowing you've changed your mind: Children's understanding of representational change. En Janet W. Astington, Paul L. Harris y David R. Olson (Eds.), *Developing theories of mind* (pp. 193–206). New York: Cambridge University Press.

Astington, Janet Wilde, & Jenkins, Jennifer M. (1999). A longitudinal study of the relation between language and theory-of-mind development. *Developmental Psychology, 35,* 1311–1320.

Astuti, Rita, Solomon, Gregg E. A., & Carey, Susan. (2004). Constraints on conceptual development. *Monographs of the Society for Research in Child Development, 69*(3, Nᵒ de serie 277), vii-135.

Atkinson, Janette, & Braddick, Oliver. (2003). Neurobiological models of normal and abnormal visual development. En Michelle De Haan y Mark H. Johnson (Eds.), *The cognitive neuroscience of development* (pp. 43–71). New York: Psychology Press.

Aunola, Kaisa, & Nurmi, Jari-Erik. (2004). Maternal affection moderates the impact of psychological control on a child's mathematical performance. *Developmental Psychology, 40,* 965–978.

Bagwell, Catherine L., Schmidt, Michelle E., Newcomb, Andrew F., & Bukowski, William M. (2001). Friendship and peer rejection as predictors of adult adjustment. En William Damon (Ed. de la serie) y Douglas W. Nangle y Cynthia A. Erdley (Eds. del vol.), *New directions for child and adolescent development: No 91. The role of friendship in psychological adjustment* (pp. 25–49). San Francisco: Jossey-Bass.

Baildam, Eileen M., Hillier, V. F., Menon, S., Bannister, R. P., Bamford, F. N., Moore, W. M. O., et al. (2000). Attention to infants in the first year. *Child: Care, Health and Development, 26,* 199–216.

Bailey, J. Michael, Kirk, Katherine M., Zhu, Gu, Dunne, Michael P., & Martin, Nicholas G. (2000). Do individual differences in sociosexuality represent genetic or environmentally contingent strategies? Evidence from the Australian Twin Registry. *Journal of Personality & Social Psychology, 78,* 537–545.

Baillargeon, Renée. (1999). Young infants' expectations about hidden objects: A reply to three challenges. *Developmental Science, 2,* 115–132.

Baillargeon, Renée, & DeVos, J. (1991). Object permanence in young infants: Further evidence. *Child Development, 62,* 1227–1246.

Baker, Jeffrey P. (2000). Immunization and the American way: 4 childhood vaccines. *American Journal of Public Health, 90,* 199–207.

Baker, Susan P. (2000). Where have we been and where are we going with injury control? En Dinesh Mohan y Geetam Tiwari (Eds.), *Injury prevention and control* (pp. 19–26). London: Taylor & Francis.

Baldwin, Dare A. (1993). Infants' ability to consult the speaker for clues to word reference. *Journal of Child Language, 20,* 395–418.

Baldwin, Dare A. (2000). Interpersonal understanding fuels knowledge acquisition. *Current Directions in Psychological Science, 9,* 40–45.

Ball, David J. (2004). Policy issues and risk-benefit trade-offs of 'safer surfacing' for children's playgrounds. *Accident Analysis & Prevention, 36,* 661–670.

Ballard, Cortney L., & Wood, Ruth I. (2005). Intracerebroventricular self-administration of commonly abused anabolic-androgenic steroids in male hamsters (*Mesocricetus auratus*): Nandrolone, drostanolone, oxymeth olone, and stanozolol. *Behavioral Neuroscience, 119,* 752–758.

Balmford, Andrew, Clegg, Lizzie, Coulson, Tim, & Taylor, Jennie. (2002). Why conservationists should heed Pokémon [Carta al director]. *Science, 295,* 2367.

Baltes, Paul B., Lindenberger, Ulman, & Staudinger, Ursula M. (1998). Lifespan theory in developmental psychology. En William Damon (Ed. de la serie) y Richard M. Lerner (Ed. del vol.), *Handbook of child psychology: Vol. 1. Theoretical models of human development* (5ª ed., pp. 1029–1144). New York: Wiley.

Bandura, Albert. (1977). *Social learning theory.* Englewood Cliffs, NJ: Prentice Hall.

Bandura, Albert. (1986). *Social foundations of thought and action: A social cognitive theory.* Englewood Cliffs, NJ: Prentice-Hall.

Bandura, Albert. (1997). The anatomy of stages of change. *American Journal of Health Promotion, 12,* 8–10.

Bandura, Albert, Barbaranelli, Claudio, Vittorio Caprara, Gian, & Pastorelli, Concetta. (2001). Self-efficacy beliefs as shapers of children's aspirations and career trajectories. *Child Development, 72,* 187–206.

Banerjee, Robin, & Lintern, Vicki. (2000). Boys will be boys: The effect of social evaluation concerns on gender-typing. *Social Development, 9,* 397–408.

Banich, Marie T. (1998). Integration of information between the cerebral hemispheres. *Current Directions in Psychological Science, 7,* 32–37.

Banich, Marie T., & Heller, Wendy. (1998). Evolving perspectives on lateralization of function. *Current Directions in Psychological Science, 7,* 1–2.

Bank, Lew, Burraston, Bert, & Snyder, Jim. (2004). Sibling conflict and ineffective parenting as predictors of adolescent boys' antisocial behavior and peer difficulties: Additive and interactional effects. *Journal of Research on Adolescence, 14,* 99–125.

Barber, Brian K. (Ed.). (2002). *Intrusive parenting: How psychological control affects children and adolescents.* Washington, DC: American Psychological Association.

Barber, Brian K., & Olsen, Joseph A. (2004). Assessing the transitions to middle and high school. *Journal of Adolescent Research, 19,* 3–30.

Barber, Bonnie L., Eccles, Jacquelynne S., & Stone, Margaret R. (2001). Whatever happened to the jock, the brain, and the princess? Young adult pathways linked to adolescent activity involvement and social identity. *Journal of Adolescent Research, 16,* 429–455.

Barber, Bonnie L., Jacobson, Kristen C., Miller, Kristelle E., & Petersen, Anne C. (1998). Ups and downs: Daily cycles of adolescent moods. En Anne C. Crouter y Reed Larson (Eds.), *New directions for child and adolescent development: Nº 82. Temporal rhythms in adolescence: Clocks, calendars, and the coordination of daily life* (pp. 23–36). San Francisco: Jossey-Bass.

Barinaga, Marcia. (2003). Newborn neurons search for meaning. *Science, 299,* 32–34.

Barnard, Kathryn E., & Martell, Louise K. (1995). Mothering. En Marc H. Bornstein (Ed.), *Handbook of parenting: Vol. 3. Status and social conditions of parenting* (pp. 3–26). Hillsdale, NJ: Erlbaum.

Barnett, Rosalind C., & Rivers, Caryl. (2004). *Same difference: How gender myths are hurting our relationships, our children, and our jobs.* New York: Basic Books.

Barnhill, Gena, Hagiwara, Taku, Myles, Brenda Smith, & Simpson, Richard L. (2000). Asperger syndrome: A study of the cognitive profiles of 37 children and adolescents. *Focus on Autism & Other Developmental Disabilities, 15,* 146–153.

Baron-Cohen, Simon. (1995). *Mind-blind ness: An essay on autism and theory of mind.* Cambridge, MA: MIT Press.

Baron-Cohen, Simon. (2000). Is Asperger syndrome/high-functioning autism necessarily a disability? *Development & Psychopathology, 12,* 489–500.

Barrett, Martyn. (1999). An introduction to the nature of language and to the central themes and issues in the study of language development. En Martyn Barrett (Ed.), *The development of language* (pp. 1–24). Hove, England: Psychology Press.

Barrett, Martyn, Lyons, Evanthia, & Valle, Arantza del. (2004). The development of national identity and social identity processes: Do social identity theory and self-categorization theory provide useful heuristic frameworks for developmental research? En Mark Bennett y Fabio Sani (Eds.), *The development of the social self* (pp. 159–188). Hove, England: Psychology Press.

Bateman, Belinda, Warner, John O., Hutchinson, Emma, Dean, Tara, Rowlandson, Piers, Gant, Carole, et al. (2004). The effects of a double blind, placebo controlled, artificial food colourings and benzoate preservative challenge on hyperactivity in a general population sample of preschool children. *Archives of Disease in Childhood, 89,* 506–511.

Bates, Elizabeth, Devescovi, Antonella, & Wulfeck, Beverly. (2001). Psycholinguistics: A cross-language perspective. *Annual Review of Psychology, 52,* 369–396.

Bates, John E., Pettit, Gregory S., Dodge, Kenneth A., & Ridge, Beth. (1998). Interaction of temperamental resistance to control and restrictive parenting in the development of externalizing behavior. *Developmental Psychology, 34,* 982–995.

Bates, John E., Viken, Richard J., Alexander, Douglas B., Beyers, Jennifer, & Stockton, Lesley. (2002). Sleep and adjustment in preschool children: Sleep diary reports by mothers relate to behavior reports by teachers. *Child Development, 73,* 62–74.

Bateson, Patrick. (2005). Desirable scientific conduct. *Science, 307*(5710), 645.

Bau, C. H. D., Almeida, S., Costa, F. T., García, C. E. D., Elias, E. P., Ponso, A. C., et al. (2001). DRD4 and DAT1 as modifying genes in alcoholism: Interaction with novelty seeking on level of alcohol consumption. *Molecular Psychiatry, 6,* 7–9.

Bauer, Amy M., Quas, Jodi A., & Boyce, W. Thomas. (2002). Associations between physiological reactivity and children's behavior: Advantages of a multisystem approach. *Journal of Developmental & Behavioral Pediatrics, 23,* 102–113.

Bauer, Patricia J., & Dow, Gina Annunziato. (1994). Episodic memory in 16- and 20-month-old children: Specifics are generalized but not forgotten. *Developmental Psychology, 30,* 403–417.

Bauer, Patricia J., Liebl, Mónica, & Stennes, Leif. (1998). PRETTY is to DRESS as BRAVE is to SUITCOAT: Gender-based property-to-property inferences by 4¹/₂-year-old children. *Merrill-Palmer Quarterly, 44,* 355–377.

Baumeister, Roy F., Campbell, Jennifer D., Krueger, Joachim I., & Vohs, Kathleen D. (2003). Does high self-esteem cause better performance, interpersonal success, happiness, or healthier lifestyles? *Psychological Science in the Public Interest, 4,* 1–44.

Baumrind, Diana. (1967). Child care practices anteceding three patterns of preschool behavior. *Genetic Psychology Monographs, 75,* 43–88.

Baumrind, Diana. (1971). Current patterns of parental authority. *Developmental Psychology, 4*(1, Pt. 2), 1–103.

Baumrind, Diana. (1991). The influence of parenting style on adolescent competence and substance use. *Journal of Early Adolescence, 11,* 56–95.

BBC News Online. 9 de febrero de 2005. *World's smallest baby goes home.* Consultado el 7 de mayo de 2005 en: http://news.bbc.co.uk/1/hi/health/4249147.stm

Beal, Carole R. (1994). *Boys and girls: The development of gender roles.* New York: McGraw-Hill.

Beal, S., & Porter, C. (1991). Sudden infant death syndrome related to climate. *Acta Paediatrica Scandinavica, 80,* 278–287.

Bearison, David J., Minian, Nadia, & Granowetter, Linda. (2002). Medical management of asthma and folk medicine in a Hispanic community. *Journal of Pediatric Psychology, 27,* 385–392.

Bearman, Peter S., & Brückner, Hannah. (2001). Promising the future: Virginity pledges and first intercourse. *American Journal of Sociology, 106,* 859–912.

Bearman, Peter S., Moody, James, & Stovel, Katherine. (2004). Chains of affection: The structure of adolescent romantic and sexual networks. *American Journal of Sociology, 110,* 44–91.

Beauvais, Fred. (2000). Indian adolescence: Opportunity and challenge. En Raymond Montemayor, Gerald R. Adams y Thomas Gullotta (Eds.), *Advances in adolescent development: Vol. 10. Adolescent diversity in ethnic, economic, and cultural contexts* (pp. 110–140). Thousand Oaks, CA: Sage.

Beck, Martha Nibley. (1999). *Expecting Adam: A true story of birth, rebirth, and everyday magic.* New York: Times Books.

Beckwith, Leila, Cohen, Sarale E., & Hamilton, Claire E. (1999). Maternal sensitivity during infancy and subsequent life events relate to attachment representation at early adulthood. *Developmental Psychology, 35,* 693–700.

Behne, Tanya, Carpenter, Malinda, Call, Josep, & Tomasello, Michael. (2005). Unwilling versus unable: Infants' understanding of intentional action. *Developmental Psychology, 41,* 328–337.

Behrend, Douglas A., Scofield, Jason, & Kleinknecht, Erica E. (2001). Beyond fast mapping: Young children's extensions of novel words and novel facts. *Developmental Psychology, 37,* 698–705.

Behrman, Richard E. (Ed.). (1992). *Nelson textbook of pediatrics* (14ª ed.). Philadelphia: Saunders.

Belamarich, Peter, & Ayoob, Keith-Thomas. (2001). Keeping teenage vegetarians healthy and in the know. *Contemporary Pediatrics, 10,* 89–108.

Belizan, José M., Althabe, Fernando, Barros, Fernando C., & Alexander, Sophie. (1999). Rates and implications of caesarean sections in Latin America: Ecological study. *British Medical Journal, 319,* 1397–1402.

Belka, David. (2004). Substituting skill learning for traditional games in early childhood. *Teaching Elementary Physical Education, 15,* 25–27.

Belsky, Jay. (2001). Emanuel Miller Lecture: Developmental risks (still) associated with early child care. *Journal of Child Psychology & Psychiatry, 42,* 845–859.

Belsky, Jay, Domitrovich, Celene, & Crnic, Keith. (1997). Temperament and parenting antecedents of individual differences in three-year-old boys' pride and shame reactions. *Child Development, 68,* 456–466.

Belsky, Jay, & Fearon, R. M. Pasco. (2002). Infant-mother attachment security, contextual risk, and early development: A moderational analysis. *Deve-*

lopment & Psychopathology, 14, 293–310.

Belsky, Jay, & Fearon, R. M. Pasco. (2004). Exploring marriage-parenting typologies and their contextual antecedents and developmental sequelae. *Development & Psychopathology, 16,* 501–523.

Belsky, Jay, Steinberg, Laurence, & Draper, Patricia. (1991). Childhood experience, interpersonal development, and reproductive strategy: An evolutionary theory of socialization. *Child Development, 62,* 647–670.

Bem, Sandra Lipsitz. (1993). *The lenses of gender: Transforming the debate on sexual inequality.* New Haven, CT: Yale University Press.

Benes, Francine M. (2001). The development of prefrontal cortex: The maturation of neurotransmitter systems and their interactions. En Charles A. Nelson y Mónica Luciana (Eds.), *Handbook of developmental cognitive neuroscience* (pp. 79–92). Cambridge, MA: MIT Press.

Bengtson, Vern L. (1975). Generation and family effects in value socialization. *American Sociological Review, 40,* 358–371.

Benjamin, Georges C. (2004). The solution is injury prevention. *American Journal of Public Health, 94,* 521.

Benjamin, Roger. (2003). *The coming transformation of the American university.* New York: Council for Aid to Education.

Benson, Lee. (8 de junio de 2005). *Little League for 3 years: No tantrums.* Deseret Morning News. Consultado el 10 de setiembre de 2005 en: http://deseretnews.com/dn/view/0,1249,600139765,00.html

Benson, Peter L. (2003). Developmental assets and asset-building community: Conceptual and empirical foundations. En Richard M. Lerner y Peter L. Benson (Eds.), *Developmental assets and asset-building communities: Implications for research, policy, and practice* (pp. 19–43). New York: Kluwer/Plenum.

Bentley, Gillian R., & Mascie-Taylor, C. G. Nicholas. (2000). Introduction. En Gillian R. Bentley y C. G. Nicholas Mascie-Taylor (Eds.), *Infertility in the modern world: Present and future prospects* (pp. 1–13). Cambridge, England: Cambridge University Press.

Benton, David. (2004). Role of parents in the determination of the food preferences of children and the development of obesity. *International Journal of Obe-*

sity & Related Metabolic Disorders, 28, 858–869.

Beppu, Satoshi. (2005). Social cognitive development of autistic children: Attachment relationships and understanding the existence of minds of others. En David W. Shwalb, Jun Nakazawa y Barbara J. Shwalb (Eds.), *Applied developmental psychology: Theory, practice, and research from Japan* (pp. 199–221). Greenwich, CT: Information Age.

Berg, Sandra J., & Wynne-Edwards, Katherine E. (2002). Salivary hormone concentrations in mothers and fathers becoming parents are not correlated. *Hormones & Behavior, 42,* 424–436.

Berger, Joel, Swenson, Jon E., & Persson, Inga-Lill. (2001). Recolonizing carnivores and naïve prey: Conservation lessons from Pleistocene extinctions. *Science, 291,* 1036–1039.

Bering, Jesse M., & Bjorklund, David F. (2004). The natural emergence of reasoning about the afterlife as a developmental regularity. *Developmental Psychology, 40,* 217–233.

Bernal, Guillermo, Trimble, Joseph E., Burlew, Ann Kathleen, & Leong, Frederick T. (Eds.). (2003). *Racial and ethnic minority psychology series: Vol. 4. Handbook of racial & ethnic minority psychology.* Thousand Oaks, CA: Sage.

Berndt, Thomas J. (1999). Friends' influence on children's adjustment to school. En W. Andrew Collins y Brett Laursen (Eds.), *Relationships as developmental contexts* (pp. 85–107). Mahwah, NJ: Erlbaum.

Berndt, Thomas J., & Murphy, Lonna M. (2002). Influences of friends and friendships: Myths, truths, and research recommendations. En Robert V. Kail (Ed.), *Advances in child development and behavior* (Vol. 30, pp. 275–310). San Diego, CA: Academic Press.

Berninger, Virginia Wise, & Richards, Todd L. (2002). *Brain literacy for educators and psychologists.* Amsterdam, The Netherlands: Academic Press.

Berrick, Jill Duerr. (1998). When children cannot remain home: Foster family care and kinship care. *The Future of Children: Protecting Children from Abuse and Neglect, 8*(1), 72–87.

Bertenthal, Bennett I., & Clifton, Rachel K. (1998). Perception and action. En William Damon (Ed. de la serie) y Deanna Kuhn y Robert S. Siegler (Eds. del vol.), *Handbook of child psychology:*

Vol. 2. Cognition, perception, and language (5ª ed., pp. 51–102). New York: Wiley.

Best, Deborah L., & Williams, John E. (2001). Gender and culture. En David Matsumoto (Ed.), *The handbook of culture and psychology* (pp. 195–219). London: Oxford University Press.

Betts, Julian R. (1995). Does school quality matter? Evidence from the National Longitudinal Survey of Youth. *Review of Economics & Statistics, 77,* 231–250.

Bialystok, Ellen. (2001). *Bilingualism in development: Language, literacy, and cognition.* New York: Cambridge University Press.

Bigelow, Ann E. (1999). Infants' sensitivity to imperfect contingency in social interaction. En Philippe Rochat (Ed.), *Early social cognition: Understanding others in the first months of life* (pp. 137–154). Mahwah, NJ: Erlbaum.

Bijou, Sidney William, & Baer, Donald Merle. (1978). *Behavior analysis of child development.* Englewood Cliffs, NJ: Prentice-Hall.

Birch, Susan A. J., & Bloom, Paul. (2003). Children are cursed: An asymmetric bias in mental-state attribution. *Psychological Science, 14,* 283–286.

Biro, Frank M., McMahon, Robert P., Striegel-Moore, Ruth, Crawford, Patricia B., Obarzanek, Eva, Morrison, John A., et al. (2001). Impact of timing of pubertal maturation on growth in black and white female adolescents: The National Heart, Lung, and Blood Institute Growth and Health Study. *Journal of Pediatrics, 138,* 636–643.

Bissex, Glenda L. (1980). *Gnys at wrk: A child learns to write and read.* Cambridge, MA: Harvard University Press.

Bjarnason, Thoroddur, Sigurdardottir, Thordis J., & Thorlindsson, Thorolfur. (1999). Human agency, capable guardians, and structural constraints: A lifestyle approach to the study of violent victimization. *Journal of Youth & Adolescence, 28,* 105–119.

Black, Stephen. (3 de febrero de 2005). *Visual cliff ethics.* Mensaje enviado a la lista de debate PSYCHTEACHER archivado en http://list.kennesaw.edu/archives/psychteacher.html.

Blackburn, Susan Tucker. (2003). *Maternal, fetal & neonatal physiology: A clinical perspective* (2ª ed.). St. Louis, MO: Saunders.

Blair, Peter S., & Ball, Helen L. (2004). The prevalence and characteristics associated with parent-infant bed-sharing in England. *Archives of Disease in Childhood, 89,* 1106–1110.

Blake, Susan M., Simkin, Linda, Ledsky, Rebecca, Perkins, Cheryl, & Calabrese, Joseph M. (2001). Effects of a parent-child communications intervention on young adolescents' risk for early onset of sexual intercourse. *Family Planning Perspectives, 33,* 52–61.

Blanchard-Fields, Fredda. (1999). Social schemacity and causal attributions. En Thomas M. Hess y Fredda Blanchard-Fields (Eds.), *Social cognition and aging* (pp. 219–236). San Diego, CA: Academic Press.

Blatchford, Peter. (2003). *The class size debate: Is small better?* Maidenhead, Berkshire, England: Open University.

Block, Lauren G., Morwitz, Vicki G., Putsis, William P., Jr., & Sen, Subrata K. (2002). Assessing the impact of anti-drug advertising on adolescent drug consumption: Results from a behavioral economic model. *American Journal of Public Health, 92,* 1346–1351.

Bloom, Floyd E., Nelson, Charles A., & Lazerson, Arlyne. (2001). *Brain, mind, and behavior* (3ª ed.). New York: Worth.

Bloom, Lois. (1993). *The transition from infancy to language: Acquiring the power of expression.* New York: Cambridge University Press.

Bloom, Lois. (1998). Language acquisition in its developmental context. En William Damon (Ed. de la serie) y Deanna Kuhn y Robert S. Siegler (Eds. del vol.), *Handbook of child psychology: Vol. 2. Cognition, perception, and language* (5ª ed., pp. 309–370). New York: Wiley.

Bloom, Lois. (2000). Pushing the limits on theories of word learning. *Monographs of the Society for Research in Child Development, 65*(3, Nº de serie 262), 124–135.

Bloom, Lois, & Tinker, Erin. (2001). The intentionality model and language acquisition: Engagement, effort, and the essential tension in development. *Monographs of the Society for Research in Child Development, 66*(4, Nº de serie 267).

Blum, Deborah. (2002). *Love at Goon Park: Harry Harlow and the science of affection.* Cambridge, MA: Perseus.

Blum, Robert Wm., & Nelson-Mmari, Kristin. (2004). Adolescent health from an international perspective. En Richard M. Lerner y Laurence D. Steinberg (Eds.), *Handbook of adolescent psychology* (2ª ed., pp. 553–586). Hoboken, NJ: Wiley.

Blum-Kulka, Shoshana, & Snow, Catherine E. (Eds.). (2002). *Talking to adults.* Mahwah, NJ: Erlbaum.

Blurton-Jones, Nicholas G. (1976). Rough-and-tumble play among nursery school children. En Jerome S. Bruner, Alison Jolly y Kathy Sylva (Eds.), *Play: Its role in development and evolution* (pp. 352–363). New York: Basic Books.

Boaler, Jo. (2002). *Experiencing school mathematics: Traditional and reform approaches to teaching and their impact on student learning* (Ed. de rev.). Mahwah, NJ: Erlbaum.

Bogin, Barry. (1996). Human growth and development from an evolutionary perspective. En C. Jeya K. Henry y Stanley J. Ulijaszek (Eds.), *Long-term consequences of early environment: Growth, development, and the lifespan developmental perspective* (pp. 7–24). Cambridge, UK: Cambridge University Press.

Bolger, Kerry E., & Patterson, Charlotte J. (2003). Sequelae of child maltreatment: Vulnerability and resilience. En Suniya S. Luthar (Ed.), *Resilience and vulnerability: Adaptation in the context of childhood adversities* (pp. 156–181). New York: Cambridge University Press.

Bolger, Kerry E., Patterson, Charlotte J., & Kupersmidt, Janis B. (1998). Peer relationships and self-esteem among children who have been maltreated. *Child Development, 69,* 1171–1197.

Bonanno, George A., Papa, Anthony, Lalande, Kathleen, Westphal, Maren, & Coifman, Karin. (2004). The importance of being flexible: The ability to both enhance and suppress emotional expression predicts long-term adjustment. *Psychological Science, 15,* 482–487.

Bonner, Barbara L., Crow, Sheila M., & Logue, Mary Beth. (1999). Fatal child neglect. En Howard Dubowitz (Ed.), *Neglected children: Research, practice, and policy* (pp. 156–173). Thousand Oaks, CA: Sage.

Books, Sue. (2004). *Poverty and schooling in the U.S.: Contexts and consequences.* Mahwah, NJ: Erlbaum.

Boom, Jan, Brugman, Daniel, & van der Heijden, Peter G. M. (2001). Hierarchical structure of moral stages assessed by a sorting task. *Child Development, 72,* 535–548.

Boonstra, Heather. (2000). Promoting contraceptive use and choice: France's approach to teen pregnancy and abortion. *The Guttmacher Report on Public Policy, 3*(3), 3–4.

Booth, Alan, & Amato, Paul R. (2001). Parental predivorce relations and offspring postdivorce well-being. *Journal of Marriage & the Family, 63,* 197–212.

Booth, Tony, & Ainscow, Mel (Eds.). (1998). *From them to us: An international study of inclusion in education.* New York: Routledge.

Borgaonkar, Digamber S. (1997). *Chromosomal variation in man: A catalog of chromosomal variants and anomalies* (8ª ed.). New York: Wiley-Liss.

Borkowski, John G., Bisconti, Toni, Weed, Keri, Willard, Christine, Keogh, Deborah A., & Whitman, Thomas L. (2002). The adolescent as parent: Influences on children's intellectual, academic, and socioemotional development. En John G. Borkowski, Sharon Landesman Ramey y Marie Bristol-Power (Eds.), *Parenting and the child's world: Influences on academic, intellectual, and social-emotional development* (pp. 161–184). Mahwah, NJ: Erlbaum.

Borland, Moira. (1998). *Middle childhood: The perspectives of children and parents.* London: Jessica Kingsley.

Bornstein, Marc H. (2002). Parenting infants. En Marc H. Bornstein (Ed.), *Handbook of parenting: Vol. 1. Children and parenting* (2ª ed., pp. 3–43). Mahwah, NJ: Erlbaum.

Bornstein, Marc H., & Cote, Linda R. (2004). Mothers' parenting cognitions in cultures of origin, acculturating cultures, and cultures of destination. *Child Development, 75,* 221–235.

Bornstein, Marc H., Cote, Linda R., Maital, Sharone, Painter, Kathleen, Park, Sung-Yun, Pascual, Liliana, et al. (2004). Cross-linguistic analysis of vocabulary in young children: Spanish, Dutch, French, Hebrew, Italian, Korean, and American English. *Child Development, 75,* 1115–1139.

Bornstein, Marc H., Haynes, O. Maurice, Azuma, Hiroshi, Galperin, Celia, Maital, Sharone, Ogino, Misako, et al. (1998). A cross-national study of self-evaluations and attributions in parenting: Argentina, Belgium, France, Israel, Italy, Japan, and the United States. *Developmental Psychology, 34,* 662–676.

Boulton, Michael, & Smith, Peter K. (1989). Issues in the study of children's rough-and-tumble play. En Marianne N. Bloch y Anthony D. Pellegrini (Eds.), *The ecological context of children's play* (pp. 57–83). Norwood, NJ: Ablex.

Bowerman, Melissa, & Levinson, Stephen C. (2001). Introduction. En Melissa Bowerman y Stephen C. Levinson (Eds.), *Language acquisition and conceptual development* (pp. 1–18). Cambridge, UK: Cambridge University Press.

Bowlby, John. (1969). *Attachment and loss: Vol. 1. Attachment.* New York: Basic Books.

Bowlby, John. (1973). *Attachment and loss: Vol. 2. Separation: Anxiety and anger.* New York: Basic Books.

Bowlby, John. (1988). *A secure base: Clinical applications of attachment theory.* London: Routledge.

Bozik, Mary. (2002). The college student as learner: Insight gained through metaphor analysis. *College Student Journal, 36,* 142–151.

Bradley, Robert H., & Corwyn, Robert F. (2005). Productive activity and the prevention of behavior problems. *Developmental Psychology, 41,* 89–98.

Bradley, Robert H., Corwyn, Robert F., McAdoo, Harriette Pipes, y García Coll, Cynthia. (2001). The home environments of children in the United States Part I: Variations by age, ethnicity, and poverty status. *Child Development, 72,* 1844–1867.

Brandtstädter, Jochen. (1998). Action perspectives on human development. En William Damon (Ed. de la serie) y Richard M. Lerner (Ed. del vol.), *Handbook of child psychology: Vol. 1. Theoretical models of human development* (5ª ed., pp. 807–864). New York: Wiley.

Bransford, John, Brown, Ann L., & Cocking, Rodney R. (Eds.). (1999). *How people learn: Brain, mind, experience, and school.* Washington, DC: National Academy Press.

Braver, Sanford L., Hipke, Kathleen N., Ellman, Ira M., & Sandler, Irwin N. (2004). Strengths-building public policy for children of divorce. En Kenneth I. Maton, Cynthia J. Schellenbach, Bonnie J. Leadbeater y Andrea L. Solarz (Eds.), *Investing in children, youth, families, and communities: Strengths-based research and policy* (pp. 53–72). Washington, DC: American Psychological Association.

Breggin, Peter R., & Baughman, Fred A., Jr. (2001). Questioning the treatment for ADHD [Carta al director]. *Science, 291*, 595.

Brendgen, Mara, Vitaro, Frank, Bukowski, William M., Doyle, Anna Beth, & Markiewicz, Dorothy. (2001). Developmental profiles of peer social preference over the course of elementary school: Associations with trajectories of externalizing and internalizing behavior. *Developmental Psychology, 37*, 308–320.

Brennan, Robert T., Kim, Jimmy, Wenz-Gross, Melodie, & Siperstein, Gary N. (2001). The relative equitability of high-stakes testing versus teacher-assigned grades: An analysis of the Massachusetts Comprehensive Assessment System (MCAS). *Harvard Educational Review, 71*, 173–216.

Brenner, Ruth A., Trumble, Ann C., Smith, Gordon S., Kessler, Eileen P., & Overpeck, Mary D. (2001). Where children drown, United States, 1995. *Pediatrics, 108*, 85–89.

Bressler, Steven L. (2002). Understanding cognition through large-scale cortical networks. *Current Directions in Psychological Science, 11*, 58–61.

Bretherton, Inge, & Munholland, Kristine A. (1999). Internal working models in attachment relationships: A construct revisited. En Jude Cassidy y Phillip R. Shaver (Eds.), *Handbook of attachment: Theory, research, and clinical applications* (pp. 89–111). New York: Guilford Press.

Briley, Mike, & Sulser, Fridolin (Eds.). (2001). *Molecular genetics of mental disorders: The place of molecular genetics in basic mechanisms and clinical applications in mental disorders*. London: Martin Dunitz.

Brint, Steven. (2003). Few remaining dreams: Community colleges since 1985. *The Annals of the American Academy of Political and Social Science, 586*, 16–37.

Brisk, Maria. (1998). *Bilingual education: From compensatory to quality schooling*. Mahwah, NJ: Erlbaum.

Brody, Gene H. (2004). Siblings' direct and indirect contributions to child development. *Current Directions in Psychological Science, 13*, 124–126.

Bronfenbrenner, Urie. (1977). Toward an experimental ecology of human development. *American Psychologist, 32*, 513–531.

Bronfenbrenner, Urie, & Morris, Pamela A. (1998). The ecology of developmental processes. En William Damon (Ed. de la serie) y Richard M. Lerner (Ed. del vol.), *Handbook of child psychology: Vol. 1. Theoretical models of human development* (5ª ed., pp. 993–1028). New York: Wiley.

Brooks-Gunn, Jeanne. (1991). Maturational timing variations in adolescent girls, antecedents of. En Richard M. Lerner, Anne C. Petersen y Jeanne Brooks-Gunn (Eds.), *Encyclopedia of adolescence* (pp. 609–618). New York: Garland.

Brooks-Gunn, Jeanne, Han, Wen-Jui, & Waldfogel, Jane. (2002). Maternal employment and child cognitive outcomes in the first three years of life: The NICHD study of early child care. *Child Development, 73*, 1052–1072.

Brown, Bernard. (1999). Optimizing expression of the common human genome for child development. *Current Directions in Psychological Science, 8*, 37–41.

Brown, B. Bradford. (2004). Adolescents' relationships with peers. En Richard M. Lerner y Laurence D. Steinberg (Eds.), *Handbook of adolescent psychology* (2ª ed., pp. 363–394). Hoboken, NJ: Wiley.

Brown, B. Bradford, & Larson, Reed W. (2002). The kaleidoscope of adolescence: Experiences of the world's youth at the beginning of the 21st century. En B. Bradford Brown, Reed W. Larson y T. S. Saraswathi (Eds.), *The world's youth: Adolescence in eight regions of the globe* (pp. 1–20). New York: Cambridge University Press.

Brown, Christia Spears, & Bigler, Rebecca S. (2005). Children's perceptions of discrimination: A developmental model. *Child Development, 76*, 533–553.

Brown, Kathryn. (2003). The medication merry-go-round. *Science, 299*, 1646–1649.

Brown, Nigel A. (1997). Chemical teratogens: Hazards, tools and clues. En Peter Thorogood (Ed.), *Embryos, genes, and birth defects* (pp. 69–88). New York: Wiley.

Bruck, Maggie, & Ceci, Stephen. (2004). Forensic developmental psychology. *Current Directions in Psychological Science, 13*, 229–232.

Bryan, Elizabeth M. (1999). The death of a twin. En Audrey C. Sandbank (Ed.), *Twin and triplet psychology: A profes-sional guide to working with multiples* (pp. 186–200). New York: Routledge.

Buckner, John C., Bassuk, Ellen L., Weinreb, Linda F., & Brooks, Margaret G. (1999). Homelessness and its relation to the mental health and behavior of low-income school-age children. *Developmental Psychology, 35*, 246–257.

Buehler, Cheryl, & Gerard, Jean M. (2002). Marital conflict, ineffective parenting, and children's and adolescents' maladjustment. *Journal of Marriage & Family, 64*, 78–92.

Buekens, Pierre, Curtis, Siân, & Alayón, Silvia. (2003). Demographic and health surveys: Caesarean section rates in sub-Saharan Africa. *British Medical Journal, 326*, 136.

Bugental, Daphne Blunt, & Happaney, Keith. (2004). Predicting infant maltreatment in low-income families: The interactive effects of maternal attributions and child status at birth. *Developmental Psychology, 40*, 234–243.

Bukowski, William M. (2001). Friendship and the worlds of childhood. En Douglas W. Nangle y Cynthia A. Erdley (Eds.), *New directions for child and adolescent development: No 91. The role of friendship in psychological adjustment* (pp. 93–105). San Francisco: Jossey-Bass.

Bukowski, William M., Sippola, Lorrie K., & Newcomb, Andrew F. (2000). Variations in patterns of attraction of same- and other-sex peers during early adolescence. *Developmental Psychology, 36*, 147–154.

Bumpass, Larry, & Lu, Hsien-Hen. (2000). Trends in cohabitation and implications for children's family contexts in the United States. *Population Studies, 54*, 29–41.

Burlingham, Dorothy T., & Freud, Anna. (1942). *Young children in war-time: A year's work in a residential war nursery*. London: Allen & Unwin.

Burniat, Walter, Cole, Tim J., Lissau, Inge, & Poskitt, Elizabeth M. E. (Eds.). (2002). *Child and adolescent obesity: Causes and consequences, prevention and management*. New York: Cambridge University Press.

Burton, Sarah, & Mitchell, Peter. (2003). Judging who knows best about yourself: Developmental change in citing the self across middle childhood. *Child Development, 74*, 426–443.

Buschman, Nina A., Foster kers, Pauline. (2001). Ado' and their babies: Achiev' birthweight. Gestational weight gain and pregnancy outcome in terms of gestation at delivery and infant birth weight: A comparison between adolescents under 16 and adult women. *Child: Care, Health & Development, 27,* 163–171.

Buss, David M., Haselton, Martie G., Shackelford, Todd K., Bleske, April L., & Wakefield, Jerome C. (1998). Adaptations, exaptations, and spandrels. *American Psychologist, 53,* 533–548.

Busse, William W., & Lemanske, Robert F. (Eds.). (2005). *Lung biology in health and disease: Vol. 195. Asthma prevention.* Boca Raton, FL: Taylor & Francis.

Butler, Samantha C., Berthier, Neil E., & Clifton, Rachel K. (2002). Two-year-olds' search strategies and visual tracking in a hidden displacement task. *Developmental Psychology, 38,* 581–590.

Byard, Roger W. (2004). *Sudden death in infancy, childhood, and adolescence* (2ª ed.). Cambridge, England: Cambridge University Press.

Bybee, Jane (Ed.). (1998). *Guilt and children.* San Diego, CA: Academic Press.

Cairns, Robert B., & Cairns, Beverley D. (1994). *Lifelines and risks: Pathways of youth in our time.* New York: Cambridge University Press.

Cairns, Robert B., & Cairns, Beverley D. (2001). Aggression and attachment: The folly of separatism. En Arthur C. Bohart y Deborah J. Stipek (Eds.), *Constructive & destructive behavior: Implications for family, school, & society* (pp. 21–47). Washington, DC: American Psychological Association.

Callaghan, Tara, Rochat, Philippe, Lillard, Angeline, Claux, Mary Louise, Odden, Hal, Itakura, Shoji, et al. (2005). Synchrony in the onset of mental-state reasoning: Evidence from five cultures. *Psychological Science, 16,* 378–384.

Callaghan, Tara C., Rochat, Philippe, MacGillivray, Tanya, & MacLellan, Crystal. (2004). Modeling referential actions in 6- to 18-month-old infants: A precursor to symbolic understanding. *Child Development, 75,* 1733–1744.

Calvert, Karin. (2003). Patterns of childrearing in America. En Willem Koops y Michael Zuckerman (Eds.), *Beyond the century of the child: Cultural history and developmental psychology* (pp. 62–81). Philadelphia: University of Pennsylvania Press.

Cameron, Judy, & Pierce, W. David. (2002). *Rewards and intrinsic motivation: Resolving the controversy.* Westport, CT: Bergin & Garvey.

Cameron, Judy L. (2001). Effects of sex hormones on brain development. En Charles A. Nelson y Monica Luciana (Eds.), *Handbook of developmental cognitive neuroscience* (pp. 59–78). Cambridge, MA: MIT Press.

Cameron, Judy L. (2004). Interrelationships between hormones, behavior, and affect during adolescence: Understanding hormonal, physical, and brain changes occurring in association with pubertal activation of the reproductive axis. Introducción a la Parte III. *Annals of the New York Academy of Sciences, 1021,* 110–123.

Camilli, Gregory, Vargas, Sadako, & Yurecko, Michele. (2003). Teaching children to read: The fragile link between science and federal education policy. *Education Policy Analysis Archives, 11,* 1–52.

Campaign for Fiscal Equity v. State of New York, 719 N.Y.S.2d 475 (2001).

Campbell, Frances A., Pungello, Elizabeth P., Miller-Johnson, Shari, Burchinal, Margaret, & Ramey, Craig T. (2001). The development of cognitive and academic abilities: Growth curves from an early childhood educational experiment. *Developmental Psychology, 37,* 231–242.

Campbell, Thomas F., Dollaghan, Christine A., Rockette, Howard E., Paradise, Jack L., Feldman, Heidi M., Shriberg, Lawrence D., et al. (2003). Risk factors for speech delay of unknown origin in 3-year-old children. *Child Development, 74,* 346–357.

Campos, Joseph J., Frankel, Carl B., & Camras, Linda. (2004). On the nature of emotion regulation. *Child Development, 75,* 377–394.

Campos, Joseph J., Hiatt, Susan, Ramsay, Douglas, Henderson, Charlotte, & Svejda, Marilyn. (1978). The emergence of fear on the visual cliff. En Michael Lewis y Leonard A. Rosenblum (Eds.), *Genesis of behavior: Vol. 1. The development of affect* (pp. 149–182). New York: Plenum Press.

Campos, Paul F. (2004). *The obesity myth: Why America's obsession with weight is hazardous to your health.* New York: Gotham Books.

Canadian Psychological Association. (2000). *Canadian code of ethics for psy-chologists* (3ª ed.). Ottawa, Ontario, Canada: autor.

Cannon, Tyrone D., Rosso, Isabelle M., Bearden, Carrie E., Sánchez, Laura E., & Hadley, Trevor. (1999). A prospective cohort study of neurodevelopmental processes in the genesis and epigenesis of schizophrenia. *Development & Psychopathology, 11,* 467–485.

Caprara, Gian Vittorio, Barbaranelli, Claudio, & Pastorelli, Concetta. (2001). Prosocial behavior and aggression in childhood and pre-adolescence. En Arthur C. Bohart y Deborah J. Stipek (Eds.), *Constructive & destructive behavior: Implications for family, school, & society* (pp. 187–203). Washington, DC: American Psychological Association.

Caretta, Carla Mucignat, Caretta, Antonio, & Cavaggioni, Andrea. (1995). Pheromonally accelerated puberty is enhanced by previous experience of the same stimulus. *Physiology & Behavior, 57,* 901–903.

Carey, Susan. (1985). *Conceptual change in childhood.* Cambridge, MA: MIT Press.

Carlson, Marcia J., & Corcoran, Mary E. (2001). Family structure and children's behavioral and cognitive outcomes. *Journal of Marriage & the Family, 63,* 779–792.

Carlson, Stephanie M. (2003). Executive function in context: Development, measurement, theory and experience. *Monographs of the Society for Research in Child Development, 68*(3, Nº de serie 274), 138–151.

Carpenter, Siri. (14 de agosto de 1999). Modern hygiene's dirty tricks: The clean life may throw off a delicate balance in the immune system. *Science News, 156,* 108–110.

Carskadon, Mary A. (2002a). Factors influencing sleep patterns of adolescents. En Mary A. Carskadon (Ed.), *Adolescent sleep patterns: Biological, social, and psychological influences* (pp. 4–26). New York: Cambridge University Press.

Carskadon, Mary A. (2002b). Risks of driving while sleepy in adolescents and young adults. En Mary A. Carskadon (Ed.), *Adolescent sleep patterns: Biological, social, and psychological influences* (pp. 148–158). New York: Cambridge University Press.

Carskadon, Mary A., Acebo, Christine, & Jenni, Oskar G. (2004). Regulation of adolescent sleep: Implications for behavior. *Annals of the New York Academy of Sciences, 1021,* 276–291.

Case, Robbie. (1998). The development of conceptual structures. En William Damon (Ed. de la serie) y Deanna Kuhn y Robert S. Siegler (Ed. del vol.), *Handbook of child psychology: Vol. 2. Cognition, perception, and language* (5ª ed., pp. 745–800). New York: Wiley.

Casey, Betty Jo. (2001). Disruption of inhibitory control in developmental disorders: A mechanistic model of implicated frontostriatal circuitry. En James L. McClelland y Robert S. Siegler (Eds.), *Mechanisms of cognitive development: Behavioral and neural perspectives* (pp. 327–349). Mahwah, NJ: Erlbaum.

Caspi, Avshalom, McClay, Joseph, Moffitt, Terrie, Mill, Jonathan, Martin, Judy, Craig, Ian W., et al. (2002). Role of genotype in the cycle of violence in maltreated children. *Science, 297,* 851–854.

Caspi, Avshalom, Moffitt, Terrie E., Morgan, Julia, Rutter, Michael, Taylor, Alan, Arseneault, Louise, et al. (2004). Maternal expressed emotion predicts children's antisocial behavior problems: Using monozygotic-twin differences to identify environmental effects on behavioral development. *Developmental Psychology, 40,* 149–161.

Caspi, Avshalom, Sugden, Karen, Moffitt, Terrie E., Taylor, Alan, Craig, Ian W., Harrington, HonaLee, et al. (2003). Influence of life stress on depression: Moderation by a polymorphism in the 5-HTT gene. *Science, 301,* 386–389.

Cassidy, Jude, & Shaver, Phillip R. (Eds.). (1999). *Handbook of attachment: Theory, research, and clinical applications.* New York: Guilford Press.

Caughy, Margaret O'Brien, DiPietro, Janet A., & Strobino, Donna M. (1994). Day-care participation as a protective factor in the cognitive development of low-income children. *Child Development, 65,* 457–471.

Cavanaugh, Sean. (5 de enero de 2005). Poor math scores on world stage trouble U.S. *Education Week, 25,* 1, 18.

Cedergren, Marie I. (2004). Maternal morbid obesity and the risk of adverse pregnancy outcome. *Obstetrics & Gynecology, 103,* 219–224.

Center on Education Policy. (2005). *From the capital to the classroom: Year 3 of the No Child Left Behind Act.* Washington, DC: autor.

Cepeda, Nicholas J., Kramer, Arthur F., & González de Sather, Jessica C. M. (2001). Changes in executive control across the life span: Examination of task-switching performance. *Developmental Psychology, 37,* 715–730.

Chamberlain, Patricia, Fisher, Philip A., & Moore, Kevin. (2002). Multidimensional treatment foster care: Applications of the OSLC intervention model to high-risk youth and their families. En John B. Reid, Gerald R. Patterson y James Snyder (Eds.), *Antisocial behavior in children and adolescents: A developmental analysis and model for intervention* (pp. 203–218). Washington, DC: American Psychological Association.

Chandler, Michael J., Lalonde, Christopher E., Sokol, Bryan W., & Hallett, Darcy. (2003). Personal persistence, identity development, and suicide: A study of Native and non-Native North American adolescents. *Monographs of the Society for Research in Child Development, 68*(2, Nº de serie 273), vii-130.

Chao, Ruth K. (2001). Extending research on the consequences of parenting style for Chinese Americans and European Americans. *Child Development, 72,* 1832–1843.

Chassin, Laurie, Hussong, Andrea, Barrera, Manuel, Jr., Molina, Brooke S. G., Trim, Ryan, & Ritter, Jennifer. (2004). Adolescent substance use. En Richard M. Lerner y Laurence D. Steinberg (Eds.), *Handbook of adolescent psychology* (2ª ed., pp. 665–696). Hoboken, NJ: Wiley.

Chen, Xinyin, Cen, Guozhen, Li, Dan, & He, Yunfeng. (2005). Social functioning and adjustment in Chinese children: The imprint of historical time. *Child Development, 76,* 182–195.

Chen, Xinyin, Rubin, Kenneth H., & Sun, Yuerong. (1992). Social reputation and peer relationships in Chinese and Canadian children: A cross-cultural study. *Child Development, 63,* 1336–1343.

Chess, Stella, Thomas, Alexander, & Birch, Herbert G. (1965). *Your child is a person: A psychological approach to parenthood without guilt.* Oxford, England: Viking Press.

Chikkatur, Anita. (1997). A shortcut to independence. En Youth Communication, Andrea Estepa y Philip Kay (Eds.), *Starting with "I": Personal essays by teenagers* (pp. 12–16). New York: Persea Books.

Chisholm, Kim. (1998). A three year follow-up of attachment and indiscriminate friendliness in children adopted from Romanian orphanages. *Child Development, 69,* 1092–1106.

Chomsky, Noam. (1968). *Language and mind.* New York: Harcourt Brace & World.

Chomsky, Noam. (1980). *Rules and representations.* New York: Columbia University Press.

Chow, Gregory E., & Yancey, Michael K. (2001). Labor and delivery: Normal and abnormal. En Frank W. Ling y W. Patrick Duff (Eds.), *Obstetrics and gynecology: Principles for practice* (pp. 423–458). New York: McGraw-Hill.

Christenson, Sandra L., & Thurlow, Martha L. (2004). School dropouts: Prevention considerations, interventions, and challenges. *Current Directions in Psychological Science, 13,* 36–39.

Christoffel, Tom, & Gallagher, Susan Scavo. (1999). *Injury prevention and public health: Practical knowledge, skills, and strategies.* Gaithersburg, MD: Aspen.

Cianciolo, Anna T., & Sternberg, Robert J. (2004). *Intelligence: A brief history.* Malden, MA: Blackwell.

Cicchetti, Dante, & Barnett, Douglas. (1991). Attachment organization in maltreated preschoolers. *Development & Psychopathology, 3,* 397–411.

Cicchetti, Dante, & Sroufe, L. Alan. (2000). The past as prologue to the future: The times, they've been a-changin'. *Development & Psychopathology, 12,* 255–264.

Cicchetti, Dante, & Toth, Sheree L. (1998). Perspectives on research and practice in developmental psychopathology. En William Damon (Ed. de la serie) e Irving E. Sigel y K. Ann Renninger (Eds. del vol.), *Handbook of child psychology: Vol. 4. Child psychology in practice* (5ª ed., pp. 479–483). New York: Wiley.

Cicchetti, Dante, & Walker, Elaine F. (2001). Stress and development: Biological and psychological consequences. *Development and Psychopathology, 13,* 413–418.

Cillessen, Antonius H. N., & Mayeux, Lara. (2004a). From censure to reinforcement: Developmental changes in the association between aggression and social status. *Child Development, 75,* 147–163.

Cillessen, Antonius H. N., & Mayeux, Lara. (2004b). Sociometric status and peer group behavior: Previous findings and current directions. En Janis B. Kupersmidt y Kenneth A. Dodge (Eds.), *Children's peer relations: From development to intervention* (pp. 3–20). Washington, DC: American Psychological Association.

Clark, Eve Vivienne. (1995). Later lexical development and word formation. En Paul Fletcher y Brian MacWhinney (Eds.), *The handbook of child language* (pp. 393–412). Cambridge, MA: Blackwell.

Clarke, Ann M., & Clarke, Alan D. B. (2003). *Human resilience: A fifty year quest.* London: Jessica Kingsley.

Clarke-Stewart, Alison, & Allhusen, Virginia D. (2005). *What we know about childcare.* Cambridge, MA: Harvard University Press.

Clinchy, Blythe McVicker. (1993). Ways of knowing and ways of being: Epistemological and moral development in undergraduate women. En Andrew Garrod (Ed.), *Approaches to moral development: New research and emerging themes.* New York: Teachers College Press.

Cobb, Paul. (2000). Conducting teaching experiments in collaboration with teachers. En Anthony E. Kelly y Richard A. Lesh (Eds.), *Handbook of research design in mathematics and science education* (pp. 307–334). Mahwah, NJ: Erlbaum.

Cobb, Paul, Wood, Terry, & Yackel, Erna. (1993). Discourse, mathematical thinking, and classroom practice. En Ellice A. Forman, Norris Minick y C. Addison Stone (Eds.), *Contexts for learning: Sociocultural dynamics in children's development* (pp. 91–119). London: Oxford University Press.

Cohen, Deborah, Spear, Suzanne, Scribner, Richard, Kissinger, Patty, Mason, Karen, & Wildgen, John. (2000). "Broken windows" and the risk of gonorrhea. *American Journal of Public Health, 90,* 230–236.

Cohen, Jon. (2004). HIV/AIDS in China: Poised for takeoff? *Science, 304,* 1430–1432.

Cohen, Laurie L., & Shotland, R. Lance. (1996). Timing of first sexual intercourse in a relationship: Expectations, experiences, and perceptions of others. *Journal of Sex Research, 33,* 291–299.

Cohen, Susan A. (2005). U.S. global AIDS policy and sexually active youth: A high-risk strategy. *The Guttmacher Report on Public Policy, 8,* 4–6.

Cokley, Kevin O. (2003). What do we know about the motivation of African American students? Challenging the "anti-intellectual" myth. *Harvard Educational Review, 73,* 524–558.

Colder, Craig R., Mott, Joshua A., & Berman, Arielle S. (2002). The interactive effects of infant activity level and fear on growth trajectories of early childhood behavior problems. *Development & Psychopathology, 14,* 1–23.

Cole, Michael. (1996). *Cultural psychology: A once and future discipline.* Cambridge, MA: Harvard University Press.

Cole, Pamela M., Zahn-Waxler, Carolyn, Fox, Nathan A., Usher, Barbara A., & Welsh, Jean D. (1996). Individual differences in emotion regulation and behavior problems in preschool children. *Journal of Abnormal Psychology, 105,* 518–529.

Coles, Robert. (1990). *The spiritual life of children.* Boston: Houghton Mifflin.

Coles, Robert. (1997). *The moral intelligence of children: How to raise a moral child.* New York: Random House.

Collins, Michael F. (with Kay, Tess). (2003). *Sport and social exclusion.* London: Routledge.

Collins, W. Andrew, & Laursen, Brett. (2004). Parent-adolescent relationships and influences. En Richard M. Lerner y Laurence D. Steinberg (Eds.), *Handbook of adolescent psychology* (2ª ed., pp. 331–361). Hoboken, NJ: Wiley.

Collins, W. Andrew, Maccoby, Eleanor E., Steinberg, Laurence, Hetherington, E. Mavis, & Bornstein, Marc H. (2000). Contemporary research on parenting: The case for nature and nurture. *American Psychologist, 55,* 218–232.

Compas, Bruce E. (2004). Processes of risk and resilience during adolescence: Linking contexts and individuals. En Richard M. Lerner y Laurence D. Steinberg (Eds.), *Handbook of adolescent psychology* (2ª ed., pp. 263–296). Hoboken, NJ: Wiley.

Compian, Laura, Gowen, L. Kris, & Hayward, Chris. (2004). Peripubertal girls' romantic and platonic involvement with boys: Associations with body image and depression symptoms. *Journal of Research on Adolescence, 14,* 23–47.

Compton, Kristi, Snyder, James, Schrepferman, Lynn, Bank, Lew, & Shortt, Joann Wu. (2003). The contribution of parents and siblings to antisocial and depressive behavior in adolescents: A double jeopardy coercion model. *Development & Psychopathology, 15,* 163–182.

Conger, Rand D., Wallace, Lora Ebert, Sun, Yumei, Simons, Ronald L., McLoyd, Vonnie C., & Brody, Gene H. (2002). Economic pressure in African American families: A replication and extension of the family stress model. *Developmental Psychology, 38,* 179–193.

Conley, Dalton. (2004). *The pecking order: Which siblings succeed and why.* New York: Pantheon Books.

Connolly, Jennifer, Furman, Wyndol, & Konarski, Roman. (2000). The role of peers in the emergence of heterosexual romantic relationships in adolescence. *Child Development, 71,* 1395–1408.

Connor, Daniel F. (2002). *Aggression and antisocial behavior in children and adolescents: Research and treatment.* New York: Guilford Press.

Cook, Thomas D., & Furstenberg, Frank F. (2002). Explaining aspects of the transition to adulthood in Italy, Sweden, Germany, and the United States: A cross-disciplinary, case synthesis approach. *Annals of the American Academy of Political & Social Science, 580,* 257–287.

Correa-Chávez, Maricela, Rogoff, Barbara, & Arauz, Rebeca Mejia. (2005). Cultural patterns in attending to two events at once. *Child Development, 76,* 664–678.

Corsaro, William A., & Molinari, Luisa. (2000). Entering and observing in children's worlds: A reflection on a longitudinal ethnography of early education in Italy. En Pia Monrad Christensen y Allison James (Eds.), *Research with children: Perspectives and practices* (pp. 179–200). London: Falmer Press.

Cosby, Ennis. (26 de enero de 1997). Teaching from the heart. *New York Times,* pp. sec. 4, p. 13.

Costello, Anthony, & Manandhar, Dharma (Eds.). (2000). *Improving newborn infant health in developing countries.* London: Imperial College Press.

Covington, Martin V., & Dray, Elizabeth. (2002). The developmental course of achievement motivation: A need-based approach. En Allan Wigfield y Jacquelynne S. Eccles (Eds.), *Development of achievement motivation* (pp. 33–56). San Diego, CA: Academic Press.

Cox, Maureen V. (1993). *Children's drawings of the human figure.* Hillsdale, NJ: Erlbaum.

Cox, Maureen V. (1997). *Drawings of people by the under-5s*. London: Falmer Press.

Coyle, Karin, Basen-Engquist, Karen, Kirby, Douglas, Parcel, Guy, Banspach, Stephen, Collins, Janet, et al. (2001). Safer choices: Reducing teen pregnancy, HIV, and STDs. *Public Health Reports, 116*(Supplement 1), 82–93.

Crain, William C. (2005). *Theories of development: Concepts and applications* (5ª ed.). Upper Saddle River, NJ: Prentice Hall.

Crane, J., Wickens, K., Beasley, R., & Fitzharris, P. (2002). Asthma and allergy: A worldwide problem of meanings and management? *Allergy, 57*, 663–672.

Crick, Nicki R., Casas, Juan F., & Ku, Hyon-Chin. (1999). Relational and physical forms of peer victimization in preschool. *Developmental Psychology, 35*, 376–385.

Criss, Michael M., Pettit, Gregory S., Bates, John E., Dodge, Kenneth A., & Lapp, Amie L. (2002). Family adversity, positive peer relationships, and children's externalizing behavior: A longitudinal perspective on risk and resilience. *Child Development, 73*, 1220–1237.

Crombag, Hans S., & Robinson, Terry E. (2004). Drugs, environment, brain, and behavior. *Current Directions in Psychological Science, 13*, 107–111.

Crosnoe, Robert, & Needham, Belinda. (2004). Holism, contextual variability, and the study of friendships in adolescent development. *Child Development, 75*, 264–279.

Crow, James F. (2003). There's something curious about paternal-age effects. *Science, 301*, 606–607.

Csikszentmihalyi, Mihaly, & Schneider, Barbara. (2000). *Becoming adult: How teenagers prepare for the world of work*. New York: Basic Books.

Cullen, Karen Weber, & Zakeri, Issa. (2004). Fruits, vegetables, milk, and sweetened beverages consumption and access to a la carte/snack bar meals at school. *American Journal of Public Health, 94*, 463–467.

Cummings, E. Mark, & Davies, Patrick. (1994). *Children and marital conflict: The impact of family dispute and resolution*. New York: Guilford Press.

Cummings, E. Mark, Goeke-Morey, Marcie C., & Papp, Lauren M. (2003). Children's responses to everyday marital conflict tactics in the home. *Child Development, 74*, 1918–1929.

Curtis, W. John, & Cicchetti, Dante. (2003). Moving research on resilience into the 21st century: Theoretical and methodological considerations in examining the biological contributors to resilience. *Development & Psychopathology, 15*, 773–810.

Curtis, W. John, & Nelson, Charles A. (2003). Toward building a better brain: Neurobehavioral outcomes, mechanisms, and processes of environmental enrichment. En Suniya S. Luthar (Ed.), *Resilience and vulnerability: Adaptation in the context of childhood adversities* (pp. 463–488). New York: Cambridge University Press.

Cycowicz, Yael M., Friedman, David, & Duff, Martin. (2003). Pictures and their colors: What do children remember? *Journal of Cognitive Neuroscience, 15*, 759–768.

Czech, Christian, Tremp, Günter, & Pradier, Laurent. (2000). Presenilins and Alzheimer's disease: Biological functions and pathogenic mechanisms. *Progress in Neurobiology, 60*, 363–384.

Dahl, Ronald E. (2004). Adolescent brain development: A period of vulnerabilities and opportunities. Keynote address. *Annals of the New York Academy of Sciences, 1021*, 1–22.

Dales, Loring, Hammer, Sandra Jo, & Smith, Natalie J. (2001). Time trends in autism and in MMR immunization coverage in California. *Journal of the American Medical Association, 285*, 1183–1185.

Daley, Tamara C., Whaley, Shannon E., Sigman, Marian D., Espinosa, Michael P., & Neumann, Charlotte. (2003). IQ on the rise: The Flynn effect in rural Kenyan children. *Psychological Science, 14*, 215–219.

Damasio, Antonio R. (2003). *Looking for Spinoza: Joy, sorrow, and the feeling brain*. Orlando, FL: Harcourt.

Danel, Isabella, Berg, Cynthia, Johnson, Christopher H., & Atrash, Hani. (2003). Magnitude of maternal morbidity during labor and delivery: United States, 1993–1997. *American Journal of Public Health, 93*, 631–634.

Danielzik, S., Czerwinski-Mast, M., Langnase, K., Dilba, B., & Muller, M. J. (2004). Parental overweight, socioeconomic status and high birth weight are the major determinants of overweight and obesity in 5–7 year-old children: Baseline data of the Kiel Obesity Prevention Study (KOPS). *International Journal of Obesity, 28*, 1494–1502.

Daniluk, Judith C. (1998). *Women's sexuality across the life span: Challenging myths, creating meanings*. New York: Guilford Press.

Danis, Agnes, Bernard, Jean-Marc, & Leproux, Christine. (2000). Shared picture-book reading: A sequential analysis of adult-child verbal interactions. *British Journal of Developmental Psychology, 18*, 369–388.

Darling, Nancy E., & Steinberg, Laurence. (1997). Community influences on adolescent achievement and deviance. En Jeanne Brooks-Gunn, Greg J. Duncan y J. Lawrence Aber (Eds.), *Neighborhood poverty: Vol. 2. Policy implications in studying neighborhoods* (pp. 120–131). New York: Russell Sage Foundation.

Daro, Deborah. (2002). Public perception of child sexual abuse: Who is to blame? *Child Abuse & Neglect, 26*, 1131–1133.

Darroch, Jacqueline E., Landry, David J., & Singh, Susheela. (2000). Changing emphases in sexuality education in U.S. public secondary schools, 1988–1999. *Family Planning Perspectives, 32*, 204–211, 265.

Dasen, Pierre R. (2003). Theoretical frameworks in cross-cultural developmental psychology: An attempt at integration. En T. S. Saraswati (Ed.), *Cross-cultural perspectives in human development: Theory, research, and applications* (pp. 128–165). New Delhi, India: Sage.

Dasgupta, Nilanjana, & Greenwald, Anthony G. (2001). On the malleability of automatic attitudes: Combating automatic prejudice with images of admired and disliked individuals. *Journal of Personality & Social Psychology, 81*, 800–814.

Datan, Nancy. (1986). Oedipal conflict, platonic love: Centrifugal forces in intergenerational relations. En Nancy Datan, Anita L. Greene y Hayne W. Reese (Eds.), *Life-span developmental psychology: Intergenerational relations* (pp. 29–50). Hillsdale, NJ: Erlbaum.

Daulaire, Nils, Leidl, Pat, Mackin, Laurel, Murphy, Colleen, & Stark, Laura. (2002). *Promises to keep: The toll of unintended pregnancies on women's lives in the developing world*. Washington, DC: Global Health Council.

David, Barbara, Grace, Diane, & Ryan, Michelle K. (2004). The gender wars: A self-categorization perspective on the development of gender identity. En Mark Bennett y Fabio Sani (Eds.), *The development of the social self* (pp. 135–157). Hove, East Sussex, England: Psychology Press.

Davies, Patrick T., & Cicchetti, Dante. (2004). Toward an integration of family systems and developmental psychopathology approaches. *Development & Psychopathology, 16,* 477–481.

Davis, Elysia Poggi, Parker, Susan Whitmore, Tottenham, Nim, & Gunnar, Megan R. (2003). Emotion, cognition, and the hypothalamic-pituitary-adrenocortical axis: A developmental perspective. En Michelle De Haan y Mark H. Johnson (Eds.), *The cognitive neuroscience of development* (pp. 181–206). New York: Psychology Press.

Dawson, Geraldine, & Ashman, Sharon B. (2000). On the origins of a vulnerability to depression: The influence of the early social environment on the development of psychobiological systems related to risk for affective disorder. En Charles A. Nelson (Ed.), *The Minnesota symposia on child psychology: Vol. 31. The effects of early adversity on neurobehavioral development* (pp. 245–279). Mahwah, NJ: Erlbaum.

De Bellis, Michael D. (2001). Developmental traumatology: The psychobiological development of maltreated children and its implications for research, treatment, and policy. *Development and Psychopathology, 13,* 539–564.

De Bellis, Michael D., Clark, Duncan B., Beers, Sue R., Soloff, Paul H., Boring, Amy M., Hall, Julie, et al. (2000). Hippocampal volume in adolescent-onset alcohol use disorders. *American Journal of Psychiatry, 157,* 737–744.

de Boysson-Bardies, Bénédicte. (1999). *How language comes to children: From birth to two years.* (Malcolm DeBevoise, Trans.). Cambridge, MA: MIT Press.

De Haan, Michelle, & Johnson, Mark H. (2003). Mechanisms and theories of brain development. En Michelle De Haan y Mark H. Johnson (Eds.), *The cognitive neuroscience of development* (pp. 1–18). Hove, England: Psychology Press.

De Lee, Joseph Bolivar. (1938). *The principles and practice of obstetrics* (7ª ed.). Philadelphia: Saunders.

de Mey, Langha, Baartman, Herman E. M., & Schulze, Hans-J. (1999). Ethnic variation and the development of

moral judgment of youth in Dutch society. *Youth & Society, 31,* 54–75.

de Roiste, Aine, & Bushnell, Ian W. R. (1996). Tactile stimulation: Short- and long-term benefits for pre-term infants. *British Journal of Developmental Psychology, 14*(Pt. 1), 41–53.

de Villiers, Jill G., & de Villiers, Peter A. (2000). Linguistic determinism and the understanding of false beliefs. En Peter Mitchell y Kevin John Riggs (Eds.), *Children's reasoning and the mind* (pp. 191–228). Hove, England: Psychology Press.

Deater-Deckard, Kirby, Dodge, Kenneth A., Bates, John E., & Pettit, Gregory S. (1998). Multiple risk factors in the development of externalizing behavior problems: Group and individual differences. *Development & Psychopathology, 10,* 469–493.

Deci, Edward L., Koestner, Richard, & Ryan, Richard M. (1999). A meta-analytic review of experiments examining the effects of extrinsic rewards on intrinsic motivation. *Psychological Bulletin, 125,* 627–668.

Deil-Amen, Regina, & Rosenbaum, James E. (2003). The social prerequisites of success: Can college structure reduce the need for social know-how? *The Annals of the American Academy of Political and Social Science, 586,* 120–143.

DeKeseredy, Walter S., & Schwartz, Martin D. (1998). *Women abuse on campus: Results from the Canadian National Survey.* Thousand Oaks, CA: Sage.

Delaney, Carol. (2000). Making babies in a Turkish village. En Judy S. DeLoache y Alma Gottlieb (Eds.), *A world of babies: Imagined childcare guides for seven societies* (pp. 117–144). New York: Cambridge University Press.

Demant, Peter. (2003). Cancer susceptibility in the mouse: Genetics, biology and implications for human cancer. *Nature Reviews Genetics, 4,* 721–734.

Demetriou, Andreas, Christou, Constantinos, Spanoudis, George, & Platsidou, Maria. (2002). The development of mental processing: Efficiency, working memory, and thinking. *Monographs of the Society for Research in Child Development, 67*(1, Serie Nº 268).

Denham, Susanne A. (1998). *Emotional development in young children.* New York: Guilford Press.

Denham, Susanne A., Blair, Kimberly A., DeMulder, Elizabeth, Levitas, Jen-

nifer, Sawyer, Katherine, Auerbach-Major, Sharon, et al. (2003). Preschool emotional competence: Pathway to social competence. *Child Development, 74,* 238–256.

Dennis, Tracy A., Cole, Pamela M., Zahn-Waxler, Carolyn, & Mizuta, Ichiro. (2002). Self in context: Autonomy and relatedness in Japanese and U.S. mother-preschooler dyads. *Child Development, 73,* 1803–1817.

Derryberry, Douglas, Reed, Marjorie A., & Pilkenton-Taylor, Carolyn. (2003). Temperament and coping: Advantages of an individual differences perspective. *Development & Psychopathology, 15,* 1049–1066.

Dershewitz, Robert A. (28 de diciembre de 2002). *Another good year for immunizations.* Journal Watch Gastroenterology. Consultado el 22 de junio de 2005 en http://gastroenterology.jwatch.org/cgi/content/full/2002/1228/11

Deveraux, Lara L., & Hammerman, Ann Jackoway. (1998). *Infertility and identity: New strategies for treatment.* San Francisco: Jossey-Bass.

Diamond, Adele. (2000). Close interrelation of motor development and cognitive development and of the cerebellum and prefrontal cortex. *Child Development, 71,* 44–56.

Diamond, Adele. (2002). A model system for studying the role of dopamine in prefrontal cortex during early development in humans. En Mark H. Johnson, Yuko Munakata y Rick O. Gilmore (Eds.), *Brain development and cognition: A reader* (2ª ed., pp. 441–493). Malden, MA: Blackwell.

Diamond, Adele, & Kirkham, Natasha. (2005). Not quite as grown-up as we like to think: Parallels between cognition in childhood and adulthood. *Psychological Science, 16,* 291–297.

Diamond, David M., Dunwiddie, Thomas V., & Rose, G. M. (1988). Characteristics of hippocampal primed burst potentiation in vitro and in the awake rat. *Journal of Neuroscience, 8,* 4079–4088.

Dickson, Nigel, Paul, Charlotte, Herbison, Peter, & Silva, Phil. (1998). First sexual intercourse: Age, coercion, and later regrets reported by a birth cohort. *British Medical Journal, 316,* 29–33.

Diederich, Paul B. (1973). *Research 1960–1970 on methods and materials in reading, II.* Princeton, NJ: Educational Testing Service. (ERIC Document Reproduction Service Nº ED072115)

Diekstra, René F. W. (1995). Depression and suicidal behaviors in adolescence: Sociocultural and time trends. En Michael Rutter (Ed.), *Psychosocial disturbances in young people: Challenges for prevention* (pp. 212–243). New York: Cambridge University Press.

Diener, Marissa. (2000). Gift from the gods: A Balinese guide to early child rearing. En Judy S. DeLoache y Alma Gottlieb (Eds.), *A world of babies: Imagined childcare guides for seven societies* (pp. 96–116). New York: Cambridge University Press.

Dietz, Tracy L. (1998). An examination of violence and gender role portrayals in video games: Implications for gender socialization and aggressive behavior. *Sex Roles, 38,* 425–442.

DiGirolamo, Ann, Thompson, Nancy, Martorell, Reynaldo, Fein, Sara, & Grummer-Strawn, Laurence. (2005). Intention or experience? Predictors of continued breastfeeding. *Health Education & Behavior, 32,* 208–226.

Dionne, Ginette, Dale, Philip S., Boivin, Michel, & Plomin, Robert. (2003). Genetic evidence for bidirectional effects of early lexical and grammatical development. *Child Development, 74,* 394–412.

DiPietro, Janet A., Hilton, Sterling C., Hawkins, Melissa, Costigan, Kathleen A., & Pressman, Eva K. (2002). Maternal stress and affect influence fetal neurobehavioral development. *Developmental Psychology, 38,* 659–668.

DiPietro, Janet A., Hodgson, Denice M., Costigan, Kathleen A., Hilton, Sterling C., & Johnson, Timothy R. B. (1996). Fetal neurobehavioral development. *Child Development, 67,* 2553–2567.

Dishion, Thomas J., & Bullock, Bernadette Marie. (2002). Parenting and adolescent problem behavior: An ecological analysis of the nurturance hypothesis. En John G. Borkowski, Sharon Landesman Ramey y Marie Bristol-Power (Eds.), *Parenting and the child's world: Influences on academic, intellectual, and social-emotional development* (pp. 231–249). Mahwah, NJ: Erlbaum.

Dishion, Thomas J., Bullock, Bernadette Marie, & Granic, Isabela. (2002). Pragmatism in modeling peer influence: Dynamics, outcomes and change processes. *Development & Psychopathology, 14,* 969–981.

Dishion, Thomas J., & Owen, Lee D. (2002). A longitudinal analysis of friendships and substance use: Bidirectional influence from adolescence to adulthood. *Developmental Psychology, 38,* 480–491.

Dishion, Thomas J., Poulin, François, & Burraston, Bert. (2001). Peer group dynamics associated with iatrogenic effects in group interventions with high-risk young adolescents. En William Damon (Ed. de la serie) y Douglas W. Nangle y Cynthia A. Erdley (Eds. del vol.), *New directions for child and adolescent development: No 91. The role of friendship in psychological adjustment* (pp. 79–92). San Francisco: Jossey-Bass.

Dixon, Roger A., & Lerner, Richard M. (1999). History and systems in developmental psychology. En Marc H. Bornstein y Michael E. Lamb (Eds.), *Developmental psychology: An advanced textbook* (4ª ed., pp. 3–45). Mahwah, NJ: Erlbaum.

Donaldson, Margaret C. (1979). *Children's minds* (1ª ed. norteamericana). New York: Norton.

Douglas, Ann. (2002). *The mother of all pregnancy books.* New York, NY: Hungry Minds.

Doumbo, Ogobara K. (2005). It takes a village: Medical research and ethics in Mali. *Science, 307*(5710), 679–681.

Dounchis, Jennifer Zoler, Hayden, Helen A., & Wilfley, Denise E. (2001). Obesity, body image, and eating disorders in ethnically diverse children and adolescents. En J. Kevin Thompson y Linda Smolak (Eds.), *Body image, eating disorders, and obesity in youth: Assessment, prevention, and treatment* (pp. 67–98). Washington, DC: American Psychological Association.

Dubowitz, Howard. (1999). Neglect of children's health care. En Howard Dubowitz (Ed.), *Neglected children: Research, practice, and policy* (pp. 109–130). Thousand Oaks, CA: Sage.

Dugger, Celia W. (22 de abril de 2001). Abortion in India is tipping scales sharply against girls. *New York Times,* pp. A1, A10.

Duncan, Greg J., & Brooks-Gunn, Jeanne (Eds.). (1997). *Consequences of growing up poor.* New York: Russell Sage Foundation.

Dunn, Judy. (1988). *The beginnings of social understanding.* Cambridge, MA: Harvard University Press.

Dunn, Judy, & Hughes, Claire. (2001). "I got some swords and you're dead!": Violent fantasy, antisocial behavior, friendship, and moral sensibility in young children. *Child Development, 72,* 491–505.

Dunphy, Dexter C. (1963). The social structure of urban adolescent peer groups. *Sociometry, 26,* 230–246.

Durlak, Joseph A. (1998). Common risk and protective factors in successful prevention programs. *American Journal of Orthopsychiatry, 68,* 512–520.

Durrant, Joan E. (1996). Public attitudes toward corporal punishment in Canada. En Detlev Frehsee, Wiebke Horn y Kai-D. Bussmann (Eds.), *Prevention and intervention in childhood and adolescence: Vol. 19. Family violence against children: A challenge for society* (pp. 19-26). Berlin: de Gruyter.

Duster, Troy. (1999). The social consequences of genetic disclosure. En Ronald A. Carson y Mark A. Rothstein (Eds.), *Behavioral genetics: The clash of culture and biology* (pp. 172-188). Baltimore: Johns Hopkins University Press.

Dutton, Donald G. (2000). Witnessing parental violence as a traumatic experience shaping the abusive personality. En Robert A. Geffner, Peter G. Jaffe y Marlies Sudermann (Eds.), *Children exposed to domestic violence: Current issues in research, intervention, prevention, and policy development* (pp. 59–67). Binghamton, NY: Haworth Press.

Dweck, Carol S. (1999). *Self-theories: Their role in motivation, personality, and development.* Philadelphia: Psychology Press.

Dybdahl, Ragnhild. (2001). Children and mothers in war: An outcome study of a psychosocial intervention program. *Child Development, 72,* 1214–1230.

East, Patricia L., & Kiernan, Elizabeth A. (2001). Risks among youths who have multiple sisters who were adolescent parents. *Family Planning Perspectives, 33,* 75–80.

Eccles, Jacquelynne S. (2004). Schools, academic motivation, and stage-environment fit. En Richard M. Lerner y Laurence D. Steinberg (Eds.), *Handbook of adolescent psychology* (2ª ed., pp. 125–153). Hoboken, NJ: Wiley.

Eccles, Jacquelynne S., Wigfield, Allan, & Schiefele, Ulrich. (1998). Motivation to succeed. En William Damon (Ed. de la serie) y Nancy Eisenberg (Ed. del vol.), *Handbook of child psychology: Vol. 3. Social, emotional, and personality development* (5ª ed., pp. 1017–1095). New York: Wiley.

Editors. (2004). Preventing early reading failure. *American Educator, 28,* 5.

Edwards, Carolyn, Gandini, Lella, & Forman, George (Eds.). (1998). *The hundred languages of children: The Reggio Emilia approach–advanced reflections* (2ª ed.). Greenwich, CT: Ablex.

Egan, Kieran, & Ling, Michael. (2002). We began as poets: Conceptual tools and the arts in early childhood. En Liora Bresler y Christine Marme Thompson (Eds.), *The arts in children's lives: Context, culture, and curriculum* (pp. 93–100). Dordrecht, The Netherlands: Kluwer.

Ehrenberg, Ronald G., Brewer, Dominic J., Gamoran, Adam, & Willms, J. Douglas. (2001). Class size and student achievement. *Psychological Science in the Public Interest, 2,* 1–30.

Eid, Michael, & Diener, Ed. (2001). Norms for experiencing emotions in different cultures: Inter- and intranational differences. *Journal of Personality & Social Psychology, 81,* 869–885.

Eiden, Rina Das, Edwards, Ellen Peterson, & Leonard, Kenneth E. (2002). Mother-infant and father-infant attachment among alcoholic families. *Development & Psychopathology, 14,* 253–278.

Eisbach, Anne O'Donnell. (2004). Children's developing awareness of diversity in people's trains of thought. *Child Development, 75,* 1694–1707.

Eisenberg, Marla E., Bearinger, Linda H., Sieving, Renee E., Swain, Carolyne, & Resnick, Michael D. (2004). Parents' beliefs about condoms and oral contraceptives: Are they medically accurate? *Perspectives on Sexual and Reproductive Health, 36,* 50–57.

Eisenberg, Nancy. (2000). Emotion, regulation, and moral development. *Annual Review of Psychology, 51,* 665–697.

Eisenberg, Nancy, Cumberland, Amanda, Spinrad, Tracy L., Fabes, Richard A., Shepard, Stephanie A., Reiser, Mark, et al. (2001). The relations of regulation and emotionality to children's externalizing and internalizing problem behavior. *Child Development, 72,* 1112–1134.

Eisenberg, Nancy, Spinrad, Tracy L., Fabes, Richard A., Reiser, Mark, Cumberland, Amanda, Shepard, Stephanie A., et al. (2004). The relations of effortful control and impulsivity to children's resiliency and adjustment. *Child Development, 75,* 25–46.

Eisner, Manuel. (2002). Crime, problem drinking, and drug use: Patterns of problem behavior in cross-national perspective. *Annals of the American Academy of Political & Social Science, 580,* 201–225.

El-Sheikh, Mona, & Harger, JoAnn. (2001). Appraisals of marital conflict and children's adjustment, health, and physiological reactivity. *Developmental Psychology, 37,* 875–885.

Elder, Glen H., Jr. (1986). Military times and turning points in men's lives. *Developmental Psychology, 22,* 233–245.

Elder, Glen H., Jr. (1998). The life course as developmental theory. *Child Development, 69,* 1–12.

Elder, Glen H., Jr., & Conger, Rand D. (2000). *Children of the land: Adversity and success in rural America.* Chicago: University of Chicago Press.

Elkind, David. (1967). Egocentrism in adolescence. *Child Development, 38,* 1025–1034.

Elkind, David. (1979). *The child and society: Essays in applied child development.* New York: Oxford University Press.

Ellis, Bruce J., & Garber, Judy. (2000). Psychosocial antecedents of variation in girls' pubertal timing: Maternal depression, stepfather presence, and marital and family stress. *Child Development, 71,* 485–501.

Ellison, Peter Thorpe. (2001). *On fertile ground.* Cambridge, MA: Harvard University Press.

Ellison, Peter Thorpe. (2002). Puberty. En Noël Cameron (Ed.), *Human growth and development* (pp. 65–84). San Diego, CA: Academic Press.

Elmore, Richard, Ablemann, Charles, Even, Johanna, Kenyon, Susan, & Marshall, Joanne. (2004). When accountability knocks, will anyone answer? En Richard F. Elmore (Ed.), *School reform from the inside out: Policy, practice, and performance* (pp. 133–200). Cambridge, MA: Harvard Education Press.

Emler, Nicholas. (1998). Sociomoral understanding. En Anne Campbell y Steven Muncer (Eds.), *The social child* (pp. 293–323). Hove, England: Psychology Press.

Enserink, Martin. (2005). Infectious diseases: A puzzling outbreak of Marburg disease, *Science, 308,* 31–33.

Epstein, Ann S., Schweinhart, Lawrence J., & McAdoo, Leslie. (1996). *Models of early childhood education.* Ypsilanti, MI: High/Scope Press.

Epstein, Seymour. (1994). Integration of the cognitive and the psychodynamic unconscious. *American Psychologist, 49,* 709–724.

Erdley, Cynthia A., & Asher, Steven R. (1998). Linkages between children's beliefs about the legitimacy of aggression and their behavior. *Social Development, 7,* 321–339.

Eriks-Brophy, Alice, & Crago, Martha. (2003). Variation in instructional discourse features: Cultural or linguistic? Evidence from Inuit and Non-Inuit teachers of Nunavik. *Anthropology & Education Quarterly, 34,* 396–419.

Erikson, Erik H. (1963). *Childhood and society* (2ª ed.). New York: Norton.

Erikson, Erik H. (1968). *Identity: Youth and crisis.* New York: Norton.

Erwin, Phil. (1998). *Friendship in childhood and adolescence.* London: Routledge.

Ethics Committee of the American Society for Reproductive Medicine. (2001). Preconception gender selection for nonmedical reasons. *Fertility and Sterility, 75,* 861–864.

Evans, David W., Leckman, James F., Carter, Alice, Reznick, J. Steven, Henshaw, Desiree, King, Robert A., et al. (1997). Ritual, habit, and perfectionism: The prevalence and development of compulsive-like behavior in normal young children. *Child Development, 68,* 58–68.

Evans, Jonathan, Heron, Jon, Francomb, Helen, Oke, Sarah, & Golding, Jean. (2001). Cohort study of depressed mood during pregnancy and after childbirth. *British Medical Journal, 323,* 257–260.

Eveleth, Phyllis B., & Tanner, James M. (1990). *Worldwide variation in human growth* (2ª ed.). Cambridge, England: Cambridge University Press.

Evenson, Kelly R., Huston, Sara L., McMillen, Bradley J., Bors, Philip, & Ward, Dianne S. (2003). Statewide prevalence and correlates of walking and bicycling to school. *Archives of Pediatrics & Adolescent Medicine, 157,* 887–892.

Eyer, Diane E. (1992). *Mother-infant bonding: A scientific fiction.* New Haven, CT: Yale University Press.

Fabes, Richard A., Martin, Carol Lynn, Hanish, Laura D., Anders, Mary C., & Madden-Derdich, Debra A. (2003). Early school competence: The roles of sex-segregated play and effortful control. *Developmental Psychology, 39*, 848–858.

Fackelmann, Kathy A. (5 de noviembre de 1994). Beyond the genome: The ethics of DNA testing. *Science News, 146*, 298–299.

Fagot, Beverly I. (1995). Parenting boys and girls. En Marc H. Bornstein (Ed.), *Handbook of parenting: Vol. 1. Children and parenting* (pp. 163–183). Hillsdale, NJ: Erlbaum.

Falk, Ruma, & Wilkening, Friedrich. (1998). Children's construction of fair chances: Adjusting probabilities. *Developmental Psychology, 34*, 1340–1357.

Farbrother, Jane E., & Guggenheim, Jeremy A. (2001). Myopia genetics: The family study of myopia. *Optometry Today, 41*, 41–44.

Farrington, David P. (2004). Conduct disorder, aggression, and delinquency. En Richard M. Lerner y Laurence D. Steinberg (Eds.), *Handbook of adolescent psychology* (2ª ed., pp. 627–664). Hoboken, NJ: Wiley.

Feiring, Candice. (1999). Other-sex friendship networks and the development of romantic relationships in adolescence. *Journal of Youth & Adolescence, 28*, 495–512.

Feldman, Ruth, & Eidelman, Arthur I. (2004). Parent-infant synchrony and the social-emotional development of triplets. *Developmental Psychology, 40*, 1133–1147.

Feldman, Ruth, & Eidelman, Arthur I. (2005). Does a triplet birth pose a special risk for infant development? Assessing cognitive development in relation to intrauterine growth and mother-infant interaction across the first 2 years. *Pediatrics, 115*, 443–452.

Feldman, Ruth, Eidelman, Arthur I., & Rotenberg, Noa. (2004). Parenting stress, infant emotion regulation, maternal sensitivity, and the cognitive development of triplets: A model for parent and child influences in a unique ecology. *Child Development, 75*, 1774–1791.

Feldman, Ruth, & Klein, Pnina S. (2003). Toddlers' self-regulated compliance to mothers, caregivers, and fathers: Implications for theories of socialization. *Developmental Psychology, 39*, 680–692.

Feldman, Ruth, Weller, Aron, Sirota, Lea, & Eidelman, Arthur I. (2002). Skin-to-skin contact (kangaroo care) promotes self-regulation in premature infants: Sleep-wake cyclicity, arousal modulation, and sustained exploration. *Developmental Psychology, 38*, 194–207.

Fenson, Larry, Bates, Elizabeth, Dale, Philip, Goodman, Judith, Reznick, J. Steven, & Thal, Donna. (2000). Measuring variability in early child language: Don't shoot the messenger. *Child Development, 71*, 323–328.

Fenson, Larry, Dale, Philip S., Reznick, J. Steven, Bates, Elizabeth, Thal, Donna J., & Pethick, Stephen J. (1994). Variability in early communicative development. *Monographs of the Society for Research in Child Development, 59*(5, Nº de serie 242), 1–173.

Ferguson, Mark W. J., & Joanen, Ted. (29 de abril de 1982). Temperature of egg incubation determines sex in *Alligator mississippiensis. Nature, 296*, 850–853.

Fergusson, David M., & Horwood, L. John. (2002). Male and female offending trajectories. *Development & Psychopathology, 14*, 159–177.

Fergusson, David M., & Horwood, L. John. (2003). Resilience to childhood adversity: Results of a 12-year study. En Suniya S. Luthar (Ed.), *Resilience and vulnerability: Adaptation in the context of childhood adversities* (pp. 130–155). New York: Cambridge University Press.

Ferrari, Michel, & Sternberg, Robert J. (1998). The development of mental abilities and styles. En William Damon (Ed. de la serie) y Deanna Kuhn y Robert S. Siegler (Eds. del vol.), *Handbook of child psychology: Vol. 2. Cognition, perception, and language* (5ª ed., pp. 899–946). New York: Wiley.

Field, Tiffany. (2001). Massage therapy facilitates weight gain in preterm infants. *Current Directions in Psychological Science, 10*, 51–54.

Finch, Caleb Ellicott, & Kirkwood, Thomas B. L. (2000). *Chance, development, and aging.* New York: Oxford University Press.

Finn, Jeremy D., Gerber, Susan B., Achilles, Charles M., & Boyd-Zaharias, Jayne. (2001). The enduring effects of small classes. *Teachers College Record, 103*, 145–183.

Fischer, Kurt W., & Bidell, Thomas R. (1998). Dynamic development of psychological structures in action and thought. En William Damon (Ed. de la serie) y Richard M. Lerner (Ed. del vol.), *Handbook of child psychology: Vol. 1. Theoretical models of human development* (5ª ed., pp. 467–561). New York: Wiley.

Fish, Jefferson M. (2002). The myth of race. En Jefferson M. Fish (Ed.), *Race and intelligence: Separating science from myth* (pp. 113–141). Mahwah, NJ: Erlbaum.

Fishbein, Martin, Hall-Jamieson, Kathleen, Zimmer, Eric, von Haeften, Ina, & Nabi, Robin. (2002). Avoiding the boomerang: Testing the relative effectiveness of antidrug public service announcements before a national campaign. *American Journal of Public Health, 92*, 238–245.

Flavell, John H., Green, Frances L., Flavell, Eleanor R., & Grossman, James B. (1997). The development of children's knowledge about inner speech. *Child Development, 68*, 39–47.

Flavell, John H., Miller, Patricia H., & Miller, Scott A. (2002). *Cognitive development* (4ª ed.). Upper Saddle River, NJ: Prentice Hall.

Fletcher, Anne C., Steinberg, Laurence, & Williams-Wheeler, Meeshay. (2004). Parental influences on adolescent problem behavior: Revisiting Stattin and Kerr. *Child Development, 75*, 781–796.

Flook, Lisa, Repetti, Rena L., & Ullman, Jodie B. (2005). Classroom social experiences as predictors of academic performance. *Developmental Psychology, 41*, 319–327.

Flores, Glenn, & Zambrana, Ruth Enid. (2001). The early years: The health of children and youth. En Marilyn Aguirre-Molina, Carlos W. Molina y Ruth E. Zambrana (Eds.), *Health issues in the Latino community* (pp. 77–106). San Francisco: Jossey Bass.

Flynn, James R. (1999). Searching for justice: The discovery of IQ gains over time. *American Psychologist, 54*, 5–20.

Fontanet, Arnaud L., Messele, Tsehaynesh, Dejene, Amare, Enquselassie, Fikre, Abebe, Almaz, Cutts, Felicity T., et al. (1998). Age- and sex-specific HIV-1 prevalence in the urban community setting of Addis Ababa, Ethiopia. *Aids, 12*, 315–322.

Ford, Kathleen, Sohn, Woosung, & Lepkowski, James. (2001). Characteristics of adolescents' sexual partners and their association with use of condoms and other contraceptive methods. *Family Planning Perspectives, 33*, 100–105, 132.

Fordham, Signithia, & Ogbu, John U. (1986). Black students' school success: Coping with the "burden of acting white". *Urban Review, 18,* 176–206.

Fortune-Wood, Jan. (2002). Transitions without school. En Hilary Fabian y Aline-Wendy Dunlop (Eds.), *Transitions in the early years: Debating continuity and progression for young children in early education* (pp. 135–145). New York: RoutledgeFalmer.

Fox, Nathan A., Henderson, Heather A., Rubin, Kenneth H., Calkins, Susan D., & Schmidt, Louis A. (2001). Continuity and discontinuity of behavioral inhibition and exuberance: Psychophysiological and behavioral influences across the first four years of life. *Child Development, 72,* 1–21.

Frank, Deborah A., Augustyn, Marilyn, Knight, Wanda Grant, Pell, Tripler, & Zuckerman, Barry. (2001). Growth, development, and behavior in early childhood following prenatal cocaine exposure: A systematic review. *Journal of the American Medical Association, 285,* 1613–1625.

Frankel, Frederick D. (2005). Parent-assisted children's friendship training. En Euthymia D. Hibbs y Peter S. Jensen (Eds.), *Psychosocial treatments for child and adolescent disorders: Empirically based strategies for clinical practice* (2ª ed., pp. 693–715). Washington, DC: American Psychological Association.

Frankenburg, William K., Fandal, A. W., Sciarillo, W., & Burgess, D. (1981). The newly abbreviated and revised Denver Developmental Screening Test. *Journal of Pediatrics, 99,* 995–999.

Fredricks, Jennifer A., Blumenfeld, Phyllis C., & Paris, Alison H. (2004). School engagement: Potential of the concept, state of the evidence. *Review of Educational Research, 74,* 59–109.

Fredricks, Jennifer A., & Eccles, Jacquelynne S. (2002). Children's competence and value beliefs from childhood through adolescence: Growth trajectories in two male-sex-typed domains. *Developmental Psychology, 38,* 519–533.

Fredriksen, Katia, Rhodes, Jean, Reddy, Ranjini, & Way, Niobe. (2004). Sleepless in Chicago: Tracking the effects of adolescent sleep loss during the middle school years. *Child Development, 75,* 84–95.

French, Howard W. (17 de febrero de 2005). As girls 'vanish,' Chinese city battles tide of abortions. *New York Times,* pp. A3.

Freud, Anna. (1958). Adolescence. *Psychoanalytic Study of the Child, 13,* 255–278.

Freud, Sigmund. (1935). *A general introduction to psychoanalysis* (Trad. de Joan Riviere). New York: Liveright.

Freud, Sigmund. (1938). *The basic writings of Sigmund Freud* (Ed. y Trad. A. A. Brill). New York: Modern Library.

Freud, Sigmund. (1964). An outline of psycho-analysis. En James Strachey (Ed. y Trad.), *The standard edition of the complete psychological works of Sigmund Freud* (Vol. 23, pp. 144–207). London: Hogarth Press. (Original publicado en 1940)

Freud, Sigmund. (1965). *New introductory lectures on psychoanalysis* (Ed. y Trad. James Strachey). New York: Norton. (Original publicado en 1933)

Freud, Sigmund. (1966). *The psychopathology of everyday life* (Ed. James Strachey. Trad. Alan Tyson). New York: Norton. (Original publicado en 1901)

Frey, Karin S., Hirschstein, Miriam K., Snell, Jennie L., Van Schoiack-Edstrom, Leihua, MacKenzie, Elizabeth P., & Broderick, Carole J. (2005). Reducing playground bullying and supporting beliefs: An experimental trial of the steps to respect program. *Developmental Psychology, 41,* 479–491.

Frick, Paul J., Cornell, Amy H., Bodin, S. Doug, Dane, Heather E., Barry, Christopher T., & Loney, Bryan R. (2003). Callous-unemotional traits and developmental pathways to severe conduct problems. *Developmental Psychology, 39,* 246–260.

Friedlander, Samuel L., Larkin, Emma K., Rosen, Carol L., Palermo, Tonya M., & Redline, Susan. (2003). Decreased quality of life associated with obesity in school-aged children. *Archives of Pediatrics & Adolescent Medicine, 157,* 1206–1211.

Friedman, Michael S., Powell, Kenneth E., Hutwagner, Lori, Graham, LeRoy M., & Teague, W. Gerald. (2001). Impact of changes in transportation and commuting behaviors during the 1996 Summer Olympic Games in Atlanta on air quality and childhood asthma. *Journal of the American Medical Association, 285,* 897–905.

Fuligni, Andrew J. (1997). The academic achievement of adolescents from immigrant families: The roles of family background, attitudes, and behavior. *Child Development, 68,* 351–363.

Fuligni, Andrew J. (1998). Authority, autonomy, and parent-adolescent conflict and cohesion: A study of adolescents from Mexican, Chinese, Filipino, and European backgrounds. *Developmental Psychology, 34,* 782–792.

Fuligni, Andrew J. (2001). A comparative longitudinal approach to acculturation among children from immigrant families. *Harvard Educational Review, 71,* 566–578.

Fuligni, Andrew J., & Zhang, Wenxin. (2004). Attitudes toward family obligation among adolescents in contemporary urban and rural China. *Child Development, 75,* 180–192.

Furman, Wyndol, Simon, Valerie A., Shaffer, Laura, & Bouchey, Heather A. (2002). Adolescents' working models and styles for relationships with parents, friends, and romantic partners. *Child Development, 73,* 241–255.

Galambos, Nancy L. (2004). Gender and gender role development in adolescence. En Richard M. Lerner y Laurence D. Steinberg (Eds.), *Handbook of adolescent psychology* (2ª ed., pp. 233–262). Hoboken, NJ: Wiley.

Galambos, Nancy L., Barker, Erin T., & Almeida, David M. (2003). Parents do matter: Trajectories of change in externalizing and internalizing problems in early adolescence. *Child Development, 74,* 578–594.

Galinsky, Ellen, Howes, Carollee, Kontos, Susan, & Shinn, Marybeth. (1994). *The study of children in family child care and relative care: Highlights of findings.* New York: Families and Work Institute.

Gall, Stanley (Ed.). (1996). *Multiple pregnancy and delivery.* St. Louis, MO: Mosby.

Galotti, Kathleen M. (1999). Making a "major" real-life decision: College students choosing an academic major. *Journal of Educational Psychology, 91,* 379–387.

Galotti, Kathleen M. (2002). *Making decisions that matter: How people face important life choices.* Mahwah, NJ: Erlbaum.

Gantley, M., Davies, D. P., & Murcott, A. (1993). Sudden infant death syndrome: Links with infant care practices. *British Medical Journal, 306,* 16–20.

Garbarino, James, & Collins, Cyleste C. (1999). Child neglect: The family with a hole in the middle. En Howard Dubowitz (Ed.), *Neglected children: Research, practice and policy* (pp. 1–23). Thousand Oaks, CA: Sage.

García, Cristina. (2004). *Monkey hunting*. New York: Ballantine Books.

Gardner, Howard. (1983). *Frames of mind: The theory of multiple intelligences*. New York: Basic Books.

Gardner, Howard. (1999). Are there additional intelligences? The case for naturalist, spiritual, and existential intelligences. En Jeffrey Kane (Ed.), *Education, information, and transformation: Essays on learning and thinking* (pp. 111–131). Upper Saddle River, NJ: Merrill.

Garner, Leon F., Owens, Helen, Kinnear, Robert F., & Frith, Michael J. (1999). Prevalence of myopia in Sherpa and Tibetan children in Nepal. *Optometry and Vision Science, 76,* 282–285.

Garner, Pamela W., & Spears, Floyd M. (2000). Emotion regulation in low-income preschoolers. *Social Development, 9,* 246–264.

Garofalo, Robert, Wolf, R. Cameron, Wissow, Lawrence S., Woods, Elizabeth R., & Goodman, Elizabeth. (1999). Sexual orientation and risk of suicide attempts among a representative sample of youth. *Archives of Pediatrics & Adolescent Medicine, 153,* 487–493.

Garvin, James. (1994). *Learning how to kiss a frog: Advice for those who work with pre- and early adolescents*. Topsfield, MA: New England League of Middle Schools.

Gaspar de Alba, Alicia. (2003). Rights of passage: From cultural schizophrenia to border consciousness in Cheech Marin's Born in East L.A. En Alicia Gaspar de Alba (Ed.), *Velvet barrios: Popular culture & Chicana/o sexualities*. Basingstoke: Palgrave Macmillan.

Gathercole, Susan E., Pickering, Susan J., Ambridge, Benjamin, & Wearing, Hannah. (2004). The structure of working memory from 4 to 15 years of age. *Developmental Psychology, 40,* 177–190.

Gauvain, Mary. (1998). Cognitive development in social and cultural context. *Current Directions in Psychological Science, 7,* 188–192.

Gazelle, Heidi, & Rudolph, Karen D. (2004). Moving toward and away from the world: Social approach and avoidance trajectories in anxious solitary youth. *Child Development, 75,* 829–849.

Gdalevich, Michael, Mimouni, Daniel, & Mimouni, Marc. (2001). Breast-feeding and the risk of bronchial asthma in childhood: A systematic review with meta-analysis of prospective studies. *Journal of Pediatrics, 139,* 261–266.

Ge, Xiaojia, Conger, Rand D., & Elder, Glen H., Jr. (2001). Pubertal transition, stressful life events, and the emergence of gender differences in adolescent depressive symptoms. *Developmental Psychology, 37,* 404–417.

Ge, Xiaojia, Kim, Irene J., Brody, Gene H., Conger, Rand D., Simons, Ronald L., Gibbons, Frederick X., et al. (2003). It's about timing and change: Pubertal transition effects on symptoms of major depression among African American youths. *Developmental Psychology, 39,* 430–439.

Gelles, Richard J. (1999). Policy issues in child neglect. En Howard Dubowitz (Ed.), *Neglected children: Research, practice, and policy* (pp. 278–298). Thousand Oaks, CA: Sage.

Gelman, Susan A. (2003). *The essential child: Origins of essentialism in everyday thought*. New York: Oxford University Press.

Genesee, Fred. (1998). A case study of multilingual education in Canada. En Jasone Cenoz y Fred Genesee (Eds.), *Beyond bilingualism: Multilingualism and multilingual education* (pp. 243–258). Clevedon, England: Multilingual Matters.

Gennetian, Lisa A., & Miller, Cynthia. (2002). Children and welfare reform: A view from an experimental welfare program in Minnesota. *Child Development, 73,* 601–620.

Gentner, Dedre, & Boroditsky, Lera. (2001). Individuation, relativity, and early word learning. En Melissa Bowerman y Stephen C. Levinson (Eds.), *Language acquisition and conceptual development* (pp. 215–256). Cambridge, UK: Cambridge University Press.

Georgieff, Michael K., & Rao, Raghavendra. (2001). The role of nutrition in cognitive development. En Charles A. Nelson y Mónica Luciana (Eds.), *Handbook of developmental cognitive neuroscience* (pp. 149–158). Cambridge, MA: MIT Press.

Gergely, György, & Watson, John S. (1999). Early socio-emotional development: Contingency perception and the social-biofeedback model. En Philippe Rochat (Ed.), *Early social cognition: Understanding others in the first months of life* (pp. 101–136). Mahwah, NJ: Erlbaum.

Gerris, Jan, Olivennes, François, & De Sutter, Petra (Eds.). (2004). *Assisted reproductive technologies: Quality and safety*. Boca Raton, FL: Parthenon.

Gershoff, Elizabeth Thompson. (2002). Corporal punishment by parents and associated child behaviors and experiences: A meta-analytic and theoretical review. *Psychological Bulletin, 128,* 539–579.

Gerstadt, Cherie L., Hong, Yoon Joo, & Diamond, Adele. (1994). The relationship between cognition and action: Performance of children 3¹/₂–7 years old on a Stroop-like day-night test. *Cognition, 53,* 129–153.

Gibson, Eleanor J. (1969). *Principles of perceptual learning and development*. New York: Appleton-Century-Crofts.

Gibson, Eleanor J. (1988). Levels of description and constraints on perceptual development. En Albert Yonas (Ed.), *Perceptual development in infancy* (pp. 283–296). Hillsdale, NJ: Erlbaum.

Gibson, Eleanor J. (1997). An ecological psychologist's prolegomena for perceptual development: A functional approach. En Cathy Dent-Read y Patricia Zukow-Goldring (Eds.), *Evolving explanations of development: Ecological approaches to organism-environment systems* (pp. 23–54). Washington, DC: American Psychological Association.

Gibson, Eleanor J., & Walk, Richard D. (1960). The "visual cliff." *Scientific American, 202*(4), 64–71.

Gibson, James Jerome. (1979). *The ecological approach to visual perception*. Boston: Houghton Mifflin.

Gibson-Cline, Janice (Ed.). (2000). *Youth and coping in twelve nations: Surveys of 18–20-year-old young people*. New York: Routledge.

Gifford-Smith, Mary E., & Rabiner, David L. (2004). Social information processing and children's social adjustment. En Janis B. Kupersmidt y Kenneth A. Dodge (Eds.), *Children's peer relations: From development to intervention* (pp. 61–79). Washington, DC: American Psychological Association.

Gigerenzer, Gerd, Todd, Peter M., & ABC Research Group. (1999). *Simple heuristics that make us smart*. New York: Oxford University Press.

Gilhooly, Mary. (2002). Ethical issues in researching later life. En Anne Jamieson y Christina R. Victor (Eds.), *Researching ageing and later life: The practice of social gerontology* (pp. 211–225). Philadelphia: Open University Press.

Gilligan, Carol. (1982). *In a different voice: Psychological theory and women's development.* Cambridge, MA: Harvard University Press.

Gilligan, Carol, Murphy, John Michael, & Tappan, Mark B. (1990). Moral development beyond adolescence. En Charles N. Alexander y Ellen J. Langer (Eds.), *Higher stages of human development: Perspectives on adult growth* (pp. 208–225). London: Oxford University Press.

Gilliom, Miles, Shaw, Daniel S., Beck, Joy E., Schonberg, Michael A., & Lukon, JoElla L. (2002). Anger regulation in disadvantaged preschool boys: Strategies, antecedents, and the development of self-control. *Developmental Psychology, 38,* 222–235.

Ginsburg, Herbert P., Klein, Alice, & Starkey, Prentice. (1998). The development of children's mathematical thinking: Connecting research with practice. En William Damon (Ed. de la serie) e Irving E. Sigel y K. Ann Renninger (Ed. del vol.), *Handbook of child psychology: Vol. 4. Child psychology in practice* (5ª ed., pp. 401–476). New York: Wiley.

Girouard, Pascale C., Baillargeon, Raymond H., Tremblay, Richard E., Glorieux, Jacqueline, Lefebvre, Francine, & Robaey, Philippe. (1998). Developmental pathways leading to externalizing behaviors in 5 year olds born before 29 weeks of gestation. *Journal of Developmental & Behavioral Pediatrics, 19,* 244–253.

Gladwell, Malcolm. (2005). *Blink: The power of thinking without thinking.* New York: Little Brown.

Glasgow, Kristan L., Dornbusch, Sanford M., Troyer, Lisa, Steinberg, Laurence, & Ritter, Philip L. (1997). Parenting styles, adolescents' attributions, and educational outcomes in nine heterogeneous high schools. *Child Development, 68,* 507–529.

Glauber, James H., Farber, Harold J., & Homer, Charles J. (2001). Asthma clinical pathways: Toward what end? *Pediatrics, 107,* 590–592.

Glazier, Anne M., Nadeau, Joseph H., & Aitman, Timothy J. (2002). Finding genes that underlie complex traits. *Science, 298,* 2345–2349.

Gleason, Jean Berko, & Ely, Richard. (2002). Gender differences in language development. En Ann McGillicuddy-De Lisi y Richard De Lisi (Eds.), *Advances in applied developmental psychology: Vol. 21. Biology, society, and behavior:*

The development of sex differences in cognition (pp. 127–154). Westport, CT: Ablex.

Glover, Evam Kofi, Bannerman, Angela, Pence, Brian Wells, Jones, Heidi, Miller, Robert, Weiss, Eugene, et al. (2003). Sexual health experiences of adolescents in three Ghanaian towns. *International Family Planning Perspectives, 29,* 32–40.

Gogate, Lakshmi J., Bahrick, Lorraine E., & Watson, Jilayne D. (2000). A study of multimodal motherese: The role of temporal synchrony between verbal labels and gestures. *Child Development, 71,* 878–894.

Goldin-Meadow, Susan. (2000). Beyond words: The importance of gesture to researchers and learners. *Child Development, 71,* 231–239.

Goldman, Herbert I. (2001). Parental reports of 'MAMA' sounds in infants: An exploratory study. *Journal of Child Language, 28,* 497–506.

Goleman, Daniel. (agosto de 1998). *Building emotional intelligence.* Trabajo presentado en la 106ª Convención anual de la American Psychological Association, San Francisco, CA.

Golub, Sharon. (1992). *Periods: From menarche to menopause.* Newbury Park, CA: Sage.

Gomes, Uilho A., Silva, Antônio A., Bettiol, Heloisa, & Barbieri, Marco A. (1999). Risk factors for the increasing caesarean section rate in Southeast Brazil: A comparison of two birth cohorts, 1978–1979 and 1994. *International Journal of Epidemiology, 28,* 687–694.

Goodman, Sherryl H., & Gotlib, Ian H. (1999). Risk for psychopathology in the children of depressed mothers: A developmental model for understanding mechanisms of transmission. *Psychological Review, 106,* 458–490.

Goodman, Sherryl H., & Gotlib, Ian H. (2002). Transmission of risk to children of depressed parents: Integration and conclusions. En Sherryl H. Goodman e Ian H. Gotlib (Eds.), *Children of depressed parents: Mechanisms of risk and implications for treatment* (pp. 307–326). Washington, DC: American Psychological Association.

Gopnik, Alison. (2001). Theories, language, and culture: Whorf without wincing. En Melissa Bowerman y Stephen C. Levinson (Eds.), *Language acquisition and conceptual development* (pp. 45–69).

Cambridge, UK: Cambridge University Press.

Gordon, Richard Allan. (2000). *Eating disorders: Anatomy of a social epidemic* (2ª ed.). Malden, MA: Blackwell.

Gorenstein, Ethan E., & Comer, Ronald J. (2002). *Case studies in abnormal psychology.* New York: Worth.

Gorski, Peter A. (2002). Racing cain. *Journal of Developmental & Behavioral Pediatrics, 23,* 95.

Goss, David A. (2002). More evidence that near work contributes to myopia development. *Indiana Journal of Optometry, 5,* 11–13.

Gottfredson, Linda S., & Deary, Ian J. (2004). Intelligence predicts health and longevity, but why? *Current Directions in Psychological Science, 13,* 1–4.

Gottlieb, Alma. (2000). Luring your child into this life: A Beng path for infant care. En Judy S. DeLoache y Alma Gottlieb (Eds.), *A world of babies: Imagined childcare guides for seven societies* (pp. 55–90). New York: Cambridge University Press.

Gottlieb, Gilbert. (2002). *Individual development and evolution: The genesis of novel behavior.* Mahwah, NJ: Erlbaum.

Gottlieb, Gilbert. (2003). Probabilistic epigenesis of development. En Jaan Valsiner y Kevin J. Connolly (Eds.), *Handbook of developmental psychology* (pp. 3–17). Thousand Oaks, CA: Sage.

Graber, Julia A. (2004). Internalizing problems during adolescence. En Richard M. Lerner y Laurence D. Steinberg (Eds.), *Handbook of adolescent psychology* (2ª ed., pp. 587–626). Hoboken, NJ: Wiley.

Gradin, Maria, Eriksson, Mats, Holmqvist, Gunilla, Holstein, Åsa, & Schollin, Jens. (2002). Pain reduction at venipuncture in newborns: Oral glucose compared with local anesthetic cream. *Pediatrics, 110,* 1053–1057.

Graefe, Deborah Roempke, & Lichter, Daniel T. (2002). Marriage among unwed mothers: Whites, blacks and Hispanics compared. *Perspectives on Sexual and Reproductive Health, 34,* 286–293.

Graham, John W., & Beller, Andrea H. (2002). Nonresident fathers and their children: Child support and visitation from an economic perspective. En Catherine S. Tamis-LeMonda y Natasha Cabrera (Eds.), *Handbook of father involvement: Multidisciplinary perspecti-*

ves (pp. 431–453). Mahwah, NJ: Erlbaum.

Graham, Susan A., Kilbreath, Cari S., & Welder, Andrea N. (2004). Thirteen-month-olds rely on shared labels and shape similarity for inductive inferences. *Child Development, 75,* 409–427.

Granott, Nira, & Parziale, Jim (Eds.). (2002). *Microdevelopment: Transition processes in development and learning.* Cambridge, UK: Cambridge University Press.

Grantham-McGregor, Sally M., & Ani, Cornelius. (2001). Undernutrition and mental development. En John D. Fernstrom, Ricardo Uauy y Pedro Arroyo (Eds.), *Nutrition and brain* (pp. 1–18). Basel, Switzerland: Karger.

Green, Jonathan, Gilchrist, Anne, Burton, Di, & Cox, Anthony. (2000). Social and psychiatric functioning in adolescents with Asperger syndrome compared with conduct disorder. *Journal of Autism & Developmental Disorders, 30,* 279–293.

Greenberger, Ellen, & Chen, Chuansheng. (1996). Perceived family relationships and depressed mood in early and late adolescence: A comparison of European and Asian Americans. *Developmental Psychology, 32,* 707–716.

Greenberger, Ellen, & Steinberg, Laurence D. (1986). *When teenagers work: The psychological and social costs of adolescent employment.* New York: Basic Books.

Greenfield, Patricia M. (1997). You can't take it with you: Why ability assessments don't cross cultures. *American Psychologist, 52,* 1115–1124.

Greenfield, Patricia M., Keller, Heidi, Fuligni, Andrew, & Maynard, Ashley. (2003). Cultural pathways through universal development. *Annual Review of Psychology, 54,* 461–490.

Greenough, William T. (1993). Brain adaptation to experience: An update. En Mark H. Johnson (Ed.), *Brain development and cognition: A reader* (pp. 319–322). Oxford, UK: Blackwell.

Greenough, William T., Black, James E., & Wallace, Christopher S. (1987). Experience and brain development. *Child Development, 58,* 539–559.

Greenough, William T., & Volkmar, Fred R. (1973). Pattern of dendritic branching in occipital cortex of rats reared in complex environments. *Experimental Neurology, 40,* 491–504.

Greenspan, Stanley I., Wieder, Serena, & Simons, Robin. (1998). *The child with special needs: Encouraging intellectual and emotional growth.* Reading, MA: Addison-Wesley.

Gregg, Norman McAlister. (1941). Congenital cataract following German measles in the mother. *Transactions of the Ophthalmological Society of Australia, 3,* 35–46.

Griebel, Wilfried, & Niesel, Renate. (2002). Co-constructing transition into kindergarten and school by children, parents, and teachers. En Hilary Fabian y Aline-Wendy Dunlop (Eds.), *Transitions in the early years: Debating continuity and progression for young children in early education* (pp. 64–75). New York: RoutledgeFalmer.

Grigorenko, Elena L., & O'Keefe, Paul A. (2004). What do children do when they cannot go to school? En Robert J. Sternberg y Elena L. Grigorenko (Eds.), *Culture and competence: Contexts of life success* (pp. 23–53). Washington, DC: American Psychological Association.

Grolnick, Wendy S., Deci, Edward L., & Ryan, Richard M. (1997). Internalization within the family: The self-determination theory perspective. En Joan E. Grusec y Leon Kuczynski (Eds.), *Parenting and children's internalization of values: A handbook of contemporary theory* (pp. 135–161). New York: Wiley.

Grossmann, Klaus E., & Grossmann, Karin. (1990). The wider concept of attachment in cross-cultural research. *Human Development, 33,* 31–47.

Grosvenor, Theodore. (2003). Why is there an epidemic of myopia? *Clinical and Experimental Optometry, 86,* 273–275.

Grotevant, Harold D. (1998). Adolescent development in family contexts. En William Damon (Ed. de la serie) y Nancy Eisenberg (Ed. del vol.), *Handbook of child psychology: Vol. 3. Social, emotional, and personality development* (5ª ed., pp. 1097–1149). New York: Wiley.

Gu, Dongfeng, Reynolds, Kristi, Wu, Xigui, Chen, Jing, Duan, Xiufang, Reynolds, Robert F., et al. (2005). Prevalence of the metabolic syndrome and overweight among adults in China. *Lancet, 365,* 1398–1405.

Guberman, Steven R. (1996). The development of everyday mathematics in Brazilian children with limited formal education. *Child Development, 67,* 1609–1623.

Guillaume, Michele, & Lissau, Inge. (2002). Epidemiology. En Walter Burniat, Tim J. Cole, Inge Lissau y Elizabeth M. E. Poskitt (Eds.), *Child and adolescent obesity: Causes and consequences, prevention and management* (pp. 28–49). New York: Cambridge University Press.

Gunnar, Megan R., & Vázquez, Delia M. (2001). Low cortisol and a flattening of expected daytime rhythm: Potential indices of risk in human development. *Development & Psychopathology, 13,* 515–538.

Gurney, James G., Fritz, Melissa S., Ness, Kirsten K., Sievers, Phillip, Newschaffer, Craig J., & Shapiro, Elsa G. (2003). Analysis of prevalence trends of autism spectrum disorder in Minnesota. *Archives of Pediatrics & Adolescent Medicine, 157,* 622–627.

Guzell, Jacqueline R., & Vernon-Feagans, Lynne. (2004). Parental perceived control over caregiving and its relationship to parent-infant interaction. *Child Development, 75,* 134–146.

Hack, Maureen, Flannery, Daniel J., Schluchter, Mark, Cartar, Lydia, Borawski, Elaine, & Klein, Nancy. (2002). Outcomes in young adulthood for very-low-birth-weight infants. *New England Journal of Medicine, 346,* 149–157.

Haden, Catherine A., Ornstein, Peter A., Eckerman, Carol O., & Didow, Sharon M. (2001). Mother-child conversational interactions as events unfold: Linkages to subsequent remembering. *Child Development, 72,* 1016–1031.

Hagerman, Randi Jenssen. (2002). The physical and behavioral phenotype. En Randi Jenssen Hagerman y Paul J. Hagerman (Eds.), *Fragile X syndrome: Diagnosis, treatment, and research* (3ª ed., pp. 3–109). Baltimore: Johns Hopkins University Press.

Hakuta, Kenji, Bialystok, Ellen, & Wiley, Edward. (2003). Critical evidence: A test of the critical-period hypothesis for second-language acquisition. *Psychological Science, 14,* 31–38.

Hala, Suzanne, & Chandler, Michael. (1996). The role of strategic planning in accessing false-belief understanding. *Child Development, 67,* 2948–2966.

Halberstadt, Amy G., & Eaton, Kimberly L. (2003). A meta-analysis of family expressiveness and children's emotion expressiveness and understanding. *Marriage & Family Review, 34,* 35–62.

Haley, David W., & Stansbury, Kathy. (2003). Infant stress and parent responsiveness: Regulation of physiology and behavior during still-face and reunion. *Child Development, 74,* 1534–1546.

Hamer, Dean. (2002). Rethinking behavior genetics. *Science, 298,* 71–72.

Hamilton, Brady E., Martin, Joyce A., & Sutton, Paul P. (23 de noviembre de 2004). Births: Preliminary data for 2003. *National Vital Statistics Reports, 53*(9), 1–17.

Hamilton, Stephen F., & Lempert, Wolfgang. (1996). The impact of apprenticeship on youth: A prospective analysis. *Journal of Research on Adolescence, 6,* 427–455.

Hamm, Jill V. (2000). Do birds of a feather flock together? The variable bases for African American, Asian American, and European American adolescents' selection of similar friends. *Developmental Psychology, 36,* 209–219.

Hammen, Constance. (2003). Risk and protective factors for children of depressed parents. En Suniya S. Luthar (Ed.), *Resilience and vulnerability: Adaptation in the context of childhood adversities* (pp. 50–75). New York: Cambridge University Press.

Hammond, Christopher J., Andrew, Toby, Mak, Ying Tat, & Spector, Tim D. (2004). A susceptibility locus for myopia in the normal population is linked to the PAX6 gene region on chromosome 11: A genomewide scan of dizygotic twins. *American Journal of Human Genetics, 75,* 294–304.

Hanish, Laura D., & Guerra, Nancy G. (2002). A longitudinal analysis of patterns of adjustment following peer victimization. *Development & Psychopathology, 14,* 69–89.

Hankin, Benjamin L., & Abramson, Lyn Y. (2001). Development of gender differences in depression: An elaborated cognitive vulnerability-transactional stress theory. *Psychological Bulletin, 127,* 773–796.

Hanushek, Eric A. (1999). The evidence on class size. En Susan E. Mayer y Paul E. Peterson (Eds.), *Earning and learning: How schools matter* (pp. 131–168). Washington, DC: Brookings Institution Press/Russell Sage Foundation.

Hardy, John, Singleton, Andrew, & Gwinn-Hardy, Katrina. (2003). Ethnic differences and disease phenotypes. *Science, 300,* 739–740.

Hariri, Ahmad R., Mattay, Venkata S., Tessitore, Alessandro, Kolachana, Bhaskar, Fera, Francesco, Goldman,

David, et al. (2002). Serotonin transporter genetic variation and the response of the human amygdala. *Science, 297,* 400–403.

Harkness, Sara, & Super, Charles M. (2002). Culture and parenting. En Marc H. Bornstein (Ed.), *Handbook of parenting: Vol. 2: Biology and ecology of parenting* (2ª ed., pp. 253–280). Mahwah, NJ: Erlbaum.

Harlow, Clara Mears. (1986). The evolution of Harlow research. En Clara Mears Harlow (Ed.), *From learning to love: The selected papers of H. F. Harlow* (pp. xvii-xxxviii). New York: Praeger.

Harlow, Harry F. (1958). The nature of love. *American Psychologist, 13,* 673–685.

Harmon, Amy. (20 de junio de 2004). In new tests for fetal defects, agonizing choices for parents. *New York Times,* pp. A1, A19.

Harris, Judith Rich. (2002). Beyond the nurture assumption: Testing hypotheses about the child's environment. En John G. Borkowski, Sharon Landesman Ramey y Marie Bristol-Power (Eds.), *Parenting and the child's world: Influences on academic, intellectual, and social-emotional development* (pp. 3–20). Mahwah, NJ: Erlbaum.

Hart, Betty, & Risley, Todd R. (1995). *Meaningful differences in the everyday experience of young American children.* Baltimore: Brookes.

Harter, Susan. (1998). The development of self-representations. En William Damon (Ed. de la serie) y Nancy Eisenberg (Ed. del vol.), *Handbook of child psychology: Vol. 3. Social, emotional and personality development* (5ª ed., pp. 553–618). New York: Wiley.

Harter, Susan. (1999). *The construction of the self: A developmental perspective.* New York: Guilford Press.

Harter, Susan, Waters, Patricia L., & Whitesell, Nancy R. (1997). Lack of voice as a manifestation of false self behavior among adolescents: The school setting as a stage upon which the drama of authenticity is enacted. *Educational Psychologist, 32,* 153–173.

Hartl, Daniel L., & Jones, Elizabeth W. (1999). *Essential genetics* (2ª ed.). Sudbury, MA: Jones and Bartlett.

Hartmann, Donald P., & George, Thomas P. (1999). Design, measurement, and analysis in developmental research. En Marc H. Bornstein y Michael E. Lamb (Eds.), *Developmental psychology:*

An advanced textbook (4ª ed., pp. 125–198). Mahwah, NJ: Erlbaum.

Hartup, Willard W. (1996). The company they keep: Friendships and their developmental significance. *Child Development, 67,* 1–13.

Hartup, Willard W. (2002). Growing points in developmental science: A summing up. En Willard W. Hartup y Rainer K. Silbereisen (Eds.), *Growing points in developmental science: An introduction* (pp. 329–344). New York: Psychology Press.

Hartup, Willard W., & Stevens, Nan. (1999). Friendships and adaptation across the life span. *Current Directions in Psychological Science, 8,* 76–79.

Harwood, Robin L., Miller, Joan G., & Irizarry, Nydia Lucca. (1995). *Culture and attachment: Perceptions of the child in context.* New York: Guilford Press.

Hasebe, Yuki, Nucci, Larry, & Nucci, Maria S. (2004). Parental control of the personal domain and adolescent symptoms of psychopathology: A cross-national study in the United States and Japan. *Child Development, 75,* 815–828.

Haselager, Gerbert J. T., Cillessen, Antonius H. N., Van Lieshout, Cornelis F. M., Riksen-Walraven, J. Marianne A., & Hartup, Willard W. (2002). Heterogeneity among peer-rejected boys across middle childhood: Developmental pathways of social behavior. *Developmental Psychology, 38,* 446–456.

Hashima, Patricia Y., & Finkelhor, David. (1999). Violent victimization of youth versus adults in the National Crime Victimization Survey. *Journal of Interpersonal Violence, 14,* 799–820.

Haskins, Ron. (2005). Child development and child-care policy: Modest impacts. En David B. Pillemer y Sheldon Harold White (Eds.), *Developmental psychology and social change: Research, history, and policy* (pp. 140–170). New York: Cambridge University Press.

Hassold, Terry J., & Patterson, David (Eds.). (1999). *Down syndrome: A promising future, together.* New York: Wiley-Liss.

Hastie, Peter A. (2004). Problem-solving in teaching sports. En Jan Wright, Lisette Burrows y Doune MacDonald (Eds.), *Critical inquiry and problem-solving in physical education* (pp. 62–73). London: Routledge.

Haugaard, Jeffrey J. (2000). The challenge of defining child sexual abuse. *American Psychologist, 55,* 1036–1039.

Hawker, David S. J., & Boulton, Michael J. (2000). Twenty years' research on peer victimization and psychosocial maladjustment: A meta-analytic review of cross-sectional studies. *Journal of Child Psychology & Psychiatry, 41,* 441–455.

Hawkins, J. D., Smith, B. H., Hill, K. G., Kosterman, R. , Catalano, R. F., & Abbott, R. D. (2003). Understanding and preventing crime and violence: Findings from the Seattle social development project. En Terence P. Thornberry y Marvin D. Krohn (Eds.), *Taking stock of delinquency: An overview of findings from contemporary longitudinal studies* (pp. 255–312). New York: Kluwer.

Hawley, Patricia H. (1999). The ontogenesis of social dominance: A strategy-based evolutionary perspective. *Developmental Review, 19,* 97–132.

Hay, Dale F., Pawlby, Susan, Sharp, Deborah, Asten, Paul, Mills, Alice, & Kumar, Ramesh 'Channi.' (2001). Intellectual problems shown by 11-year-old children whose mothers had postnatal depression. *Journal of Child Psychology & Psychiatry & Allied Disciplines, 42,* 871–889.

Hayes, Brett K., & Younger, Katherine. (2004). Category-use effects in children. *Child Development, 75,* 1719–1732.

Health Development Agency. (2003). *Teenage pregnancy and parenthood: A review of reviews.* London: National Health Service.

Heath, Andrew C., Slutske, Wendy S., & Madden, Pamela A. F. (1997). Gender differences in the genetic contribution to alcoholism risk and to alcohol consumption patterns. En Richard W. Wilsnack y Sharon C. Wilsnack (Eds.), *Gender and alcohol: Individual and social perspectives* (pp. 114–149). Piscataway, NJ: Rutgers Center of Alcohol Studies.

Hedley, Allison A., Ogden, Cynthia L., Johnson, Clifford L., Carroll, Margaret D., Curtin, Lester R., & Flegal, Katherine M. (2004). Prevalence of overweight and obesity among U.S. children, adolescents, and adults, 1999–2002. *Journal of the American Medical Association, 291,* 2847–2850.

Heimann, Mikael, & Meltzoff, Andrew N. (1996). Deferred imitation in 9- and 14-month-old infants: A longitudinal study of a Swedish sample. *British Journal of Developmental Psychology, 14*(Pt. 1), 55–64.

Helmuth, Laura. (2001). Where the brain tells a face from a place. *Science, 292,* 196–198.

Helwig, Charles C. (1995). Adolescents' and young adults' conceptions of civil liberties: Freedom of speech and religion. *Child Development, 66,* 152–166.

Helwig, Charles C., & Jasiobedzka, Urszula. (2001). The relation between law and morality: Children's reasoning about socially beneficial and unjust laws. *Child Development, 72,* 1382–1393.

Henderson, Heather A., Marshall, Peter J., Fox, Nathan A., & Rubin, Kenneth H. (2004). Psychophysiological and behavioral evidence for varying forms and functions of nonsocial behavior in preschoolers. *Child Development, 75,* 236–250.

Henry, David B. (mayo de 2004). *Peer selection and socialization effects in sexual risk.* Estudio presentado en la 16ª Convención anual de la American Psychological Society, Chicago.

Herman, Melissa. (2004). Forced to choose: Some determinants of racial identification in multiracial adolescents. *Child Development, 75,* 730–748.

Herman-Giddens, Marcia E., Wang, Lily, & Koch, Gary. (2001). Secondary sexual characteristics in boys: Estimates from the National Health and Nutrition Examination Survey III, 1988–1994. *Archives of Pediatrics & Adolescent Medicine, 155,* 1022–1028.

Hermelin, Beate. (2001). *Bright splinters of the mind: A personal story of research with autistic savants.* Philadelphia: Jessica Kingsley.

Hetherington, E. Mavis, Bridges, Margaret, & Insabella, Glendessa M. (1998). What matters? What does not? Five perspectives on the association between marital transitions and children's adjustment. *American Psychologist, 53,* 167–184.

Hetherington, E. Mavis, & Elmore, Anne Mitchell. (2003). Risk and resilience in children coping with their parents' divorce and remarriage. En Suniya S. Luthar (Ed.), *Resilience and vulnerability: Adaptation in the context of childhood adversities* (pp. 182–212). New York: Cambridge University Press.

Hetherington, E. Mavis, & Kelly, John. (2002). *For better or for worse: Divorce reconsidered.* New York: Norton.

Heuveline, Patrick. (2002). An international comparison of adolescent and young adult mortality. *Annals of the American Academy of Political and Social Science, 580,* 172–200.

Heuveline, Patrick, & Timberlake, Jeffrey M. (2004). The role of cohabitation in family formation: The United States in comparative perspective. *Journal of Marriage & Family, 66,* 1214–1230.

Heyman, Bob, & Henriksen, Mette. (2001). *Risk, age, and pregnancy: A case study of prenatal genetic screening and testing.* New York: Palgrave.

Hill, Andrew J., & Lissau, Inge. (2002). Psychosocial factors. En Walter Burniat, Tim J. Cole, Inge Lissau y Elizabeth M. E. Poskitt (Eds.), *Child and adolescent obesity: Causes and consequences, prevention and management* (pp. 109–128). New York: Cambridge University Press.

Hill, John P., & Holmbeck, Grayson N. (1987). Familial adaptation to biological change during adolescence. En Richard M. Lerner y Terryl T. Foch (Eds.), *Biological-psychosocial interactions in early adolescence* (pp. 207–223). Hillsdale, NJ: Erlbaum.

Hill, Nancy E., Bush, Kevin R., & Roosa, Mark W. (2003). Parenting and family socialization strategies and children's mental health: Low-income Mexican-American and Euro-American mothers and children. *Child Development, 74,* 189–204.

Hinds, David A., Stuve, Laura L., Nilsen, Geoffrey B., Halperin, Eran, Eskin, Eleazar, Ballinger, Dennis G., et al. (2005). Whole-genome patterns of common DNA variation in three human populations. *Science, 307,* 1072–1079.

Hines, Melissa. (2004). *Brain gender.* Oxford, England: Oxford University Press.

Hobbes, Thomas. (1982). *Leviathan.* London: Penguin. (Trabajo original publicado en 1651)

Hock-Long, Linda, Herceg-Baron, Roberta, Cassidy, Amy M., & Whittaker, Paul G. (2003). Access to adolescent reproductive health services: Financial and structural barriers to care. *Perspectives on Sexual and Reproductive Health, 35,* 144–147.

Hodder, Harbour Fraser. (noviembre-diciembre de 1997). The new fertility. *Harvard Magazine, 99,* 54–64, 97–99.

Hodges, Ernest V. E., Boivin, Michel, Vitaro, Frank, & Bukowski, William M. (1999). The power of friendship: Protection against an escalating cycle of peer victimization. *Developmental Psychology, 35,* 94–101.

Hoff, Erika. (2003). The specificity of environmental influence: Socioeconomic status affects early vocabulary development via maternal speech. *Child Development, 74,* 1368–1378.

Hoff, Erika, & Naigles, Letitia. (2002). How children use input to acquire a lexicon. *Child Development, 73,* 418–433.

Hofferth, Sandra. (1999). Changes in American children's time, 1981–1997. University of Michigan's Institute for Social Research, Center Survey (enero de 1999).

Hofmann, Adele Dellenbaugh. (1997). Adolescent growth and development. En Adele Dellenbaugh Hofmann y Donald Everett Greydanus (Eds.), *Adolescent medicine* (3ª ed., pp. 10–22). Norwalk, CT: Appleton & Lange.

Hogan, Dennis P., Sun, Rongjun, & Cornwell, Gretchen T. (2000). Sexual and fertility behaviors of American females aged 15–19 years: 1985, 1990, and 1995. *American Journal of Public Health, 90,* 1421–4125.

Hoh, Josephine, & Ott, Jurg. (2003). Mathematical multi-locus approaches to localizing complex human trait genes. *Nature Reviews Genetics, 4,* 701–709.

Holden, Constance. (2000). The violence of the lambs. *Science, 289,* 580–581.

Hollich, George J., Hirsh-Pasek, Kathy, Golinkoff, Roberta Michnick, Brand, Rebecca J., Brown, Ellie, Chung, He Len, et al. (2000). Breaking the language barrier: An emergentist coalition model for the origins of word learning. *Monographs of the Society for Research in Child Development, 65*(3, Nº de serie 262), v–123.

Hollon, Steven D., Thase, Michael E., & Markowitz, John C. (2002). Treatment and prevention of depression. *Psychological Science in the Public Interest, 3,* 39–77.

Holme, Jennifer Jellison. (2002). Buying homes, buying schools: School choice and the social construction of school quality. *Harvard Educational Review, 72,* 177–205.

Hong, Ying-yi, Morris, Michael W., Chiu, Chi-yue, & Benet-Martinez, Veronica. (2000). Multicultural minds: A dynamic constructivist approach to culture and cognition. *American Psychologist, 55,* 709–720.

Hooley, Jill M. (2004). Do psychiatric patients do better clinically if they live with certain kinds of families? *Current Directions in Psychological Science, 13,* 202–205.

Hosaka, Toru. (2005). School absenteeism, bullying, and loss of peer relationships in Japanese children. En David W. Shwalb, Jun Nakazawa y Barbara J. Shwalb (Eds.), *Applied developmental psychology: Theory, practice, and research from Japan* (pp. 283–299). Greenwich, CT: Information Age.

Howard, Marion, & McCabe, Judith. (1990). Helping teenagers postpone sexual involvement. *Family Planning Perspectives, 22,* 21–26.

Howe, Christine. (1998). *Conceptual structure in childhood and adolescence: The case of everyday physics.* London: Routledge.

Howe, Mark L. (2004). The role of conceptual recoding in reducing children's retroactive interference. *Developmental Psychology, 40,* 131–139.

Howson, Geoffrey. (2002). Some questions on probability. *Teaching Statistics, 24,* 17–21.

Hrdy, Sarah Blaffer. (2000). *Mother nature: Maternal instincts and how they shape the human species* (1ª ed. Ballantine Books). New York: Ballantine Books.

Hsu, Hui-Chin, Fogel, Alan, & Cooper, Rebecca B. (2000). Infant vocal development during the first 6 months: Speech quality and melodic complexity. *Infant & Child Development, 9,* 1–16.

Hubbs-Tait, Laura, Culp, Anne McDonald, Culp, Rex E., & Miller, Carrie E. (2002). Relation of maternal cognitive stimulation, emotional support, and intrusive behavior during Head Start to children's kindergarten cognitive abilities. *Child Development, 73,* 110–131.

Huesmann, L. Rowell, Moise-Titus, Jessica, Podolski, Cheryl-Lynn, & Eron, Leonard D. (2003). Longitudinal relations between children's exposure to TV violence and their aggressive and violent behavior in young adulthood: 1977–1992. *Developmental Psychology, 39,* 201–221.

Hugdahl, Kenneth, & Davidson, Richard J. (Eds.). (2002). *The asymmetrical brain.* Cambridge, MA: MIT Press.

Hulanicka, Barbara. (1999). Acceleration of menarcheal age of girls from dysfunctional families. *Journal of Reproductive & Infant Psychology, 17,* 119–132.

Hulbert, Ann. (2003). *Raising America: Experts, parents, and a century of advice about children.* New York: Knopf.

Humphrey, James Harry. (2003). *Child development through sports.* New York: Haworth Press.

Huston, Aletha C., & Aronson, Stacey Rosenkrantz. (2005). Mothers' time with infant and time in employment as predictors of mother-child relationships and children's early development. *Child Development, 76,* 467–482.

Huttenlocher, Janellen, Levine, Susan, & Vevea, Jack. (1998). Environmental input and cognitive growth: A study using time-period comparisons. *Child Development, 69,* 1012–1029.

Hyde, Kenneth E. (1990). *Religion in childhood and adolescence: A comprehensive review of the research.* Birmingham, AL: Religious Education Press.

Ichikawa, Shin'ichi. (2005). Cognitive counseling to improve students' meta-cognition and cognitive skills. En David W. Shwalb, Jun Nakazawa y Barbara J. Shwalb (Eds.), *Applied developmental psychology: Theory, practice, and research from Japan* (pp. 67–87). Greenwich, CT: Information Age.

Ingold, Tim. (2001). From the transmission of representation to the education of attention. En Harvey Whitehouse (Ed.), *The debated mind: Evolutionary psychology versus ethnography* (pp. 113–153). New York: Berg.

Inhelder, Bärbel, & Piaget, Jean. (1958). *The growth of logical thinking from childhood to adolescence: An essay on the construction of formal operational structures.* New York: Basic Books.

Inhelder, Bärbel, & Piaget, Jean. (1964). *The early growth of logic in the child.* New York: Harper & Row.

Irwin, Scott, Galvez, Roberto, Weiler, Ivan Jeanne, Beckel-Mitchener, Andrea, & Greenough, William. (2002). Brain structure and the functions of FMR1 protein. En Randi Jenssen Hagerman y Paul J. Hagerman (Eds.), *Fragile X syndrome: Diagnosis, treatment, and research* (3ª ed., pp. 191–205). Baltimore: Johns Hopkins University Press.

Isolauri, Erika, Sutas, Yelda, Salo, Matti K., Isosomppi, Riitta, & Kaila, Minna. (1998). Elimination diet in cow's milk allergy: Risk for impaired growth in young children. *Journal of Pediatrics, 132,* 1004–1009.

Iverson, Jana M., & Fagan, Mary K. (2004). Infant vocal-motor coordination: Precursor to the gesture-speech system? *Child Development, 75,* 1053–1066.

Izard, Carroll E., & Ackerman, Brian P. (2000). Motivational, organizational, and regulatory functions of discrete emotions. En Michael Lewis y Jeannette M. Haviland-Jones (Eds.), *Handbook of emotions* (2ª ed., pp. 253–264). New York: Guilford Press.

Izard, Carroll E., Fine, Sarah, Mostow, Allison, Trentacosta, Christopher, & Campbell, Jan. (2002). Emotion processes in normal and abnormal development and preventive intervention. *Development & Psychopathology, 14,* 761–787.

Jaccard, James, & Dittus, Patricia J. (2000). Adolescent perceptions of maternal approval of birth control and sexual risk behavior. *American Journal of Public Health, 90,* 1426–1430.

Jackson, Debra J., Lang, Janet M., Swartz, William H., Ganiats, Theodore G., Fullerton, Judith, Ecker, Jeffrey, et al. (2003). Outcomes, safety, and resource utilization in a collaborative care birth center program compared with traditional physician-based perinatal care. *American Journal of Public Health, 93,* 999–1006.

Jackson, Yo, & Warren, Jared S. (2000). Appraisal, social support, and life events: Predicting outcome behavior in school-age children. *Child Development, 71,* 1441–1457.

Jacob's father. (1997). Jacob's story: A miracle of the heart. *Zero to Three, 17,* 59–64.

Jacobs, Janis E., Lanza, Stephanie, Osgood, D. Wayne, Eccles, Jacquelynne S., & Wigfield, Allan. (2002). Changes in children's self-competence and values: Gender and domain differences across grades one though twelve. *Child Development, 73,* 509–527.

Jacobvitz, Deborah, Hazen, Nancy, Curran, Melissa, & Hitchens, Kristen. (2004). Observations of early triadic family interactions: Boundary disturbances in the family predict symptoms of depression, anxiety, and attention-deficit/hyperactivity disorder in middle childhood. *Development & Psychopathology, 16,* 577–592.

Jaffee, Sara, Caspi, Avshalom, Moffitt, Terrie E., Belsky, Jay, & Silva, Phil. (2001). Why are children born to teen mothers at risk for adverse outcomes in young adulthood? Results from a 20-year longitudinal study. *Development & Psychopathology, 13,* 377–397.

Jaffee, Sara R., Caspi, Avshalom, Moffitt, Terrie E., Dodge, Kenneth A., Rutter, Michael, Taylor, Alan, et al. (2005). Nature X nurture: Genetic vulnerabilities interact with physical maltreatment to promote conduct problems. *Development & Psychopathology, 17,* 67–84.

Jaffee, Sara R., Caspi, Avshalom, Moffitt, Terrie E., Polo-Tomas, Monica, Price, Thomas S., & Taylor, Alan. (2004). The limits of child effects: Evidence for genetically mediated child effects on corporal punishment but not on physical maltreatment. *Developmental Psychology, 40,* 1047–1058.

Jahns, Lisa, Siega-Riz, Anna Maria, & Popkin, Barry M. (2001). The increasing prevalence of snacking among U.S. children from 1977 to 1996. *Journal of Pediatrics, 138,* 493–498.

Jang, Kerry L., McCrae, Robert R., Angleitner, Alois, Riemann, Rainer, & Livesley, W. John. (1998). Heritability of facet-level traits in a cross-cultural twin sample: Support for a hierarchical model of personality. *Journal of Personality & Social Psychology, 74,* 1556–1565.

Jayakody, Rukmalie, & Kalil, Ariel. (2002). Social fathering in low-income, African American families with preschool children. *Journal of Marriage & Family, 64,* 504–516.

Jenkins, Jennifer M., & Astington, Janet Wilde. (1996). Cognitive factors and family structure associated with theory of mind development in young children. *Developmental Psychology, 32,* 70–78.

Johnson, Dana E. (2000). Medical and developmental sequelae of early childhood institutionalization in Eastern European adoptees. En Charles A. Nelson (Ed.), *The Minnesota symposia on child psychology: Vol. 31. The effects of early adversity on neurobehavioral development* (pp. 113–162). Mahwah, NJ: Erlbaum.

Johnson, Deborah J., Jaeger, Elizabeth, Randolph, Suzanne M., Cauce, Ana Mari, & Ward, Janie. (2003). Studying the effects of early child care experiences on the development of children of color in the United States: Toward a more inclusive research agenda. *Child Development, 74,* 1227–1244.

Johnson, Janice, Im-Bolter, Nancie, & Pascual-Leone, Juan. (2003). Development of mental attention in gifted and mainstream children: The role of mental capacity, inhibition, and speed of processing. *Child Development, 74,* 1594–1614.

Johnson, Jeffrey G., Cohen, Patricia, Smailes, Elizabeth M., Kasen, Stephanie, & Brook, Judith S. (2002). Television viewing and aggressive behavior during adolescence and adulthood. *Science, 295,* 2468–2471.

Johnson, Kevin R. (1999). *How did you get to be Mexican? A white/brown man's search for identity.* Philadelphia: Temple University Press.

Johnson, Mark H. (1998). The neural basis of cognitive development. En William Damon (Ed. de la serie) y Deanna Kuhn y Robert S. Siegler (Eds. del vol.), *Handbook of child psychology: Vol. 2. Cognition, perception, and language* (pp. 1–49). New York: Wiley.

Johnson, Mark H., & Morton, John. (1991). *Biology and cognitive development: The case of face recognition.* Oxford, UK: Blackwell.

Johnson, Ruth S. (2002). *Using data to close the achievement gap: How to measure equity in our schools.* Thousand Oaks, CA: Corwin Press.

Johnston, Lloyd D., O'Malley, Patrick M., Bachman, Jerald G., & Schulenberg, John E. (2005). *Monitoring the Future national survey results on drug use, 1975–2004: Vol. I. Secondary school students* (NIH Publicación N° 05-5727). Bethesda, MD: National Institute on Drug Abuse.

Johnston, Lloyd D., O'Malley, Patrick M., Bachman, Jerald G., & Schulenberg, John E. (2005). *Monitoring the Future national results on adolescent drug use: Overview of key findings, 2004* (NIH Publicación N° 05-5726). Bethesda, MD: National Institute on Drug Abuse.

Johnston, Timothy D., & Edwards, Laura. (2002). Genes, interactions, and the development of behavior. *Psychological Review, 109,* 26–34.

Joiner, Thomas E. (1999). The clustering and contagion of suicide. *Current Directions in Psychological Science, 8,* 89–92.

Jones, Edward P. (2003). *The known world.* New York: Amistad.

Jones, Edward P. (2003). *Lost in the city: Stories.* New York: Amistad. (Estudio original publicado en 1992).

Jones, Howard W., Jr., & Cohen, Jean. (2001). IFFS surveillance 01.

Fertility and Sterility, 76(5, Suplemento 1), 5–36.

Jones, Mary Cover. (1965). Psychological correlates of somatic development. *Child Development, 36,* 899–911.

Joseph, Rhawn. (2000). Fetal brain behavior and cognitive development. *Developmental Review, 20,* 81–98.

Jusczyk, Peter W. (1997). *The discovery of spoken language.* Cambridge, MA: MIT Press.

Kagan, Jerome. (1998). *Galen's prophecy: Temperament in human nature.* Boulder, CO: Westview Press.

Kagan, Jerome. (2002). *Surprise, uncertainty, and mental structures.* Cambridge, MA: Harvard University Press.

Kagan, Jerome, & Herschkowitz, Elinore Chapman. (2005). *Young mind in a growing brain.* Mahwah, NJ: Erlbaum.

Kagan, Jerome, & Snidman, Nancy C. (2004). *The long shadow of temperament.* Cambridge, MA: Belknap Press.

Kagitcibasi, Cigdem. (2003). Human development across cultures: A contextual-functional analysis and implications for interventions. En T. S. Saraswati (Ed.), *Cross-cultural perspectives in human development: Theory, research, and applications* (pp. 166–191). New Delhi, India: Sage.

Kahana-Kalman, Ronit, & Walker-Andrews, Arlene S. (2001). The role of person familiarity in young infants' perception of emotional expressions. *Child Development, 72,* 352–369.

Kahn, Jeffrey P., Mastroianni, Anna C., & Sugarman, Jeremy (Eds.). (1998). *Beyond consent: Seeking justice in research.* New York: Oxford University Press.

Kail, Robert. (2000). Speed of information processing: Developmental change and links to intelligence. *Journal of School Psychology, 38,* 51–61.

Källén, Bengt. (2004). Neonate characteristics after maternal use of antidepressants in late pregnancy. *Archives of Pediatric and Adolescent Medicine, 158,* 312–316.

Kanner, Leo. (1943). Autistic disturbances of affective contact. *Nervous Child, 2,* 217–250.

Kaplan, Bonnie J., Crawford, Susan G., Dewey, Deborah M., & Fisher, Geoff C. (2000). The IQs of children with ADHD are normally distributed. *Journal of Learning Disabilities, 33,* 425–432.

Karpov, Yuriy V., & Haywood, H. Carl. (1998). Two ways to elaborate Vygotsky's concept of mediation. *American Psychologist, 53,* 27–36.

Kaufman, Alan S., & Lichtenberger, Elizabeth O. (2000). *Essentials of WISC-III and WPPSI-R assessment.* New York: Wiley.

Kaufman, Joan, & Charney, Dennis. (2001). Effects of early stress on brain structure and function: Implications for understanding the relationship between child maltreatment and depression. *Development & Psychopathology, 13,* 451–471.

Kazdin, Alan E. (2001). *Behavior modification in applied settings* (6ª ed.). Belmont, CA: Wadsworth/Thomson Learning.

Keating, Daniel P. (2004). Cognitive and brain development. En Richard M. Lerner y Laurence D. Steinberg (Eds.), *Handbook of adolescent psychology* (2ª ed., pp. 45–84). Hoboken, NJ: Wiley.

Kegl, Judy, Senghas, Ann, & Coppola, Marie. (1999). Creation through contact: Sign language emergence and sign language change in Nicaragua. En Michel DeGraff (Ed.), *Language creation and language change: Creolization, diachrony, and development* (pp. 179–237). Cambridge, MA: MIT Press.

Keil, Frank C., & Lockhart, Kristi L. (1999). Explanatory understanding in conceptual development. En Ellin Kofsky Scholnick, Katherine Nelson, Susan A. Gelman y Patricia H. Miller (Eds.), *Conceptual development: Piaget's legacy* (pp. 103–130). Mahwah, NJ: Erlbaum.

Keiley, Margaret Kraatz, Howe, Tasha R., Dodge, Kenneth A., Bates, John E., & Pettit, Gregory S. (2001). The timing of child physical maltreatment: A cross-domain growth analysis of impact on adolescent externalizing and internalizing problems. *Development & Psychopathology, 13,* 891–912.

Kelemen, Deborah, Callanan, Maureen A., Casler, Krista, & Pérez-Granados, Deanne R. (2005). Why things happen: Teleological explanation in parent-child conversation. *Developmental Psychology, 41,* 251–264.

Keller, Heidi, Yovsi, Relindis, Borke, Joern, Kartner, Joscha, Jensen, Henning, & Papaligoura, Zaira. (2004). Developmental consequences of early parenting experiences: Self-recognition and self-regulation in three cultural communities. *Child Development, 75,* 1745–1760.

Keller, Monika, Gummerum, Michaela, Wang, Xiao Tien, & Lindsey, Samuel. (2004). Understanding perspectives and emotions in contract violation: Development of deontic and moral reasoning. *Child Development, 75,* 614–635.

Keller, Meret A., & Goldberg, Wendy A. (2004). Co-sleeping: Help or hindrance for young children's independence? *Infant and Child Development, 13,* 369–388.

Kelley, Sue A., Brownell, Celia A., & Campbell, Susan B. (2000). Mastery motivation and self-evaluative affect in toddlers: Longitudinal relations with maternal behavior. *Child Development, 71,* 1061–1071.

Kellman, Philip J., & Banks, Martin S. (1998). Infant visual perception. En William Damon (Ed. de la serie) y Deanna Kuhn y Robert S. Siegler (Eds. del vol.), *Handbook of child psychology: Vol. 2. Cognition, perception, and language* (5ª ed., pp. 103–146). New York: Wiley.

Keltikangas-Jarvinen, Liisa, & Heinonen, Kati. (2003). Childhood roots of adulthood hostility: Family factors as predictors of cognitive and affective hostility. *Child Development, 74,* 1751–1768.

Kendall-Tackett, Kathleen. (2002). The health effects of childhood abuse: Four pathways by which abuse can influence health. *Child Abuse & Neglect, 26,* 715–729.

Keogh, Barbara K. (2004). The importance of longitudinal research for early intervention practices. En Peggy D. McCardle y Vinita Chhabra (Eds.), *The voice of evidence in reading research* (pp. 81–102). Baltimore: Brookes.

Kerig, Patricia K., Fedorowicz, Anne E., Brown, Corina A., & Warren, Michelle. (2000). Assessment and intervention for PTSD in children exposed to violence. En Robert A. Geffner, Peter G. Jaffe y Marlies Sudermann (Eds.), *Children exposed to domestic violence: Current issues in research, intervention, prevention, and policy development* (pp. 161–184). Binghamton, NY: Haworth Press.

Kessler, Seymour. (2000). *Psyche and helix: Psychological aspects of genetic counseling* (Robert G. Resta, Ed.). New York: Wiley-Liss.

Khaleque, Abdul, & Rohner, Ronald P. (2002). Perceived parental acceptance-rejection and psychological adjustment: A meta-analysis of cross-cultural and intracultural studies. *Journal of Marriage & the Family, 64,* 54–64.

Khawaja, Marwan, Jurdi, Rozzet, & Kabakian-Khasholian, Tamar. (2004). Rising trends in cesarean section rates in Egypt. *Birth: Issues in Perinatal Care, 31,* 12–16.

Kiberstis, Paula A. (2005). A surfeit of suspects. *Science, 307,* 369.

Kim, Kenneth, & Smith, Peter K. (1998). Retrospective survey of parental marital relations and child reproductive development. *International Journal of Behavioral Development, 22,* 729–751.

Kim, Karl H. S., Relkin, Norman R., Lee, Kyoung-Min, & Hirsch, Joy. (10 de julio de 1997). Distinct cortical areas associated with native and second languages. *Nature, 388,* 171–174.

Kim-Cohen, Julia, Moffitt, Terrie E., Caspi, Avshalom, & Taylor, Alan. (2004). Genetic and environmental processes in young children's resilience and vulnerability to socioeconomic deprivation. *Child Development, 75,* 651–668.

Kimmel, Michael S. (2004). *The gendered society* (2ª ed.). New York: Oxford University Press.

King, Kendall. (2004). Language policy and local planning in South America: New directions for enrichment bilingual education in the Andes. *International Journal of Bilingual Education & Bilingualism, 7,* 334–347.

King, Pamela Ebstyne, & Furrow, James L. (2004). Religion as a resource for positive youth development: Religion, social capital, and moral outcomes. *Developmental Psychology, 40,* 703–713.

King, Patricia M., & Kitchener, Karen S. (1994). *Developing reflective judgment: Understanding and promoting intellectual growth and critical thinking in adolescents and adults.* San Francisco: Jossey-Bass.

King, Valarie, Harris, Kathleen Mullan, & Heard, Holly E. (2004). Racial and ethnic diversity in nonresident father involvement. *Journal of Marriage & Family, 66,* 1–21.

Kirkwood, Thomas B. L. (2003). Age differences in evolutionary selection benefits. En Ursula M. Staudinger y Ulman Lindenberger (Eds.), *Understanding human development: Dialogues with lifespan psychology* (pp. 45–57). Dordrecht, The Netherlands: Kluwer.

Kitzinger, Sheila. (2001). *Rediscovering birth.* New York: Simon & Schuster.

Klaczynski, Paul A. (2000). Motivated scientific reasoning biases, epistemological beliefs, and theory polarization: A two-process approach to adolescent cognition. *Child Development, 71,* 1347–1366.

Klaczynski, Paul A. (2001). Analytic and heuristic processing influences on adolescent reasoning and decision-making. *Child Development, 72,* 844–861.

Klaus, Marshall H., & Kennell, John H. (1976). *Maternal-infant bonding: The impact of early separation or loss on family development.* St. Louis, MO: Mosby.

Kloo, Daniela, & Perner, Josef. (2003). Training transfer between card sorting and false belief understanding: Helping children apply conflicting descriptions. *Child Development, 74,* 1823–1839.

Klug, William S., & Cummings, Michael R. (2000). *Concepts of genetics* (6ª ed.). Upper Saddle River, NJ: Prentice Hall.

Knudsen, Eric I. (1999). Mechanisms of experience-dependent plasticity in the auditory localization pathway of the barn owl. *Journal of Comparative Physiology A: Sensory, Neural, and Behavioral Physiology, 185,* 305–321.

Kochanska, Grazyna, Coy, Katherine C., & Murray, Kathleen T. (2001). The development of self-regulation in the first four years of life. *Child Development, 72,* 1091–1111.

Kochanska, Grazyna, Gross, Jami N., Lin, Mei-Hua, & Nichols, Kate E. (2002). Guilt in young children: Development, determinants, and relations with a broader system of standards. *Child Development, 73,* 461–482.

Kochenderfer-Ladd, Becky, & Skinner, Karey. (2002). Children's coping strategies: Moderators of the effects of peer victimization? *Developmental Psychology, 38,* 267–278.

Kohlberg, Lawrence. (1963). The development of children's orientations toward a moral order: I. Sequence in the development of moral thought. *Vita Humana, 6*(1-2), 11–33.

Kohlberg, Lawrence, Levine, Charles, & Hewer, Alexandra. (1983). *Moral stages: A current formulation and a response to critics.* New York: Karger.

Kolb, Bryan, & Whishaw, Ian Q. (2003). *Fundamentals of human neuropsychology* (5ª ed.). New York: Worth.

Koops, Willem. (2003). Imaging childhood. En Willem Koops y Michael Zuckerman (Eds.), *Beyond the century of the child: Cultural history and developmental psychology* (pp. 1–18). Philadelphia: University of Pennsylvania Press.

Kovacs, Donna M., Parker, Jeffrey G., & Hoffman, Lois W. (1996). Behavioral, affective, and social correlates of involvement in cross-sex friendship in elementary school. *Child Development, 67,* 2269–2286.

Kovas, Yulia, Hayiou-Thomas, Marianna E., Oliver, Bonamy, Dale, Philip S., Bishop, Dorothy V. M., & Plomin, Robert. (2005). Genetic influences in different aspects of language development: The etiology of language skills in 4.5-year-old twins. *Child Development, 76,* 632–651.

Kozol, Jonathan. (1991). *Savage inequalities: Children in America's schools.* New York: Crown.

Kraft, Joan Creech, & Willhite, Calvin C. (1997). Retinoids in abnormal and normal embryonic development. En Sam Kacew y George H. Lambert (Eds.), *Environmental toxicology and pharmacology of human development* (pp. 15–40). Washington, DC: Taylor & Francis.

Krashen, Stephen D., Tse, Lucy, & McQuilla, Jeff (Eds.). (1998). *Heritage language development.* Culver City, CA: Language Education Associates.

Krieger, Nancy, Chen, Jarvis T., Waterman, Pamela D., Rehkopf, David H., & Subramanian, S. V. (2005). Painting a truer picture of U.S. socioeconomic and racial/ethnic health inequalities: The Public Health Disparities Geocoding Project. *American Journal of Public Health, 95,* 312–323.

Kroger, Jane. (2000). *Identity development: Adolescence through adulthood.* Thousand Oaks, CA: Sage.

Kroger, Jane. (2004). *Identity in adolescence: The balance between self and other* (3ª ed.). Hove, UK: Routledge.

Kuller, Jeffrey A., Strauss, Robert A., & Cefalo, Robert C. (2001). Preconceptional and prenatal care. En Frank W. Ling y W. Patrick Duff (Eds.), *Obstetrics and gynecology: Principles for practice* (pp. 25–54). New York: McGraw-Hill.

Kunkel, Dale, Cope, Kirstie M., Farinola, Wendy Jo Maynard, Biely, Erica, Rollin, Emma, & Donnerstein, Edward. (1999). *Sex on TV: Content and context: A biennial report to the Kaiser Family Foundation* (#1458). Menlo Park, CA: Kaiser Family Foundation.

Kupersmidt, Janis B., Coie, John D., & Howell, James C. (2004). Resilience in children exposed to negative peer influences. En Kenneth I. Maton, Cynthia J. Schellenbach, Bonnie J. Leadbeater y Andrea L. Solarz (Eds.), *Investing in children, youth, families, and communities: Strengths-based research and policy* (pp. 251–268). Washington, DC: American Psychological Association.

Kvalem, Ingela Lundin, & Traeen, Bente. (2000). Self-efficacy, scripts of love and intention to use condoms among Norwegian adolescents. *Journal of Youth & Adolescence, 29,* 337–353.

La Leche League International. (1997). *The womanly art of breastfeeding* (6ª ed.). New York: Plume.

Labouvie-Vief, Gisela. (2003). Dynamic integration: Affect, cognition, and the self in adulthood. *Current Directions in Psychological Science, 12,* 201–206.

Lacourse, Eric, Nagin, Daniel, Tremblay, Richard E., Vitaro, Frank, & Claes, Michel. (2003). Developmental trajectories of boys' delinquent group membership and facilitation of violent behaviors during adolescence. *Development & Psychopathology, 15,* 183–197.

Ladd, Gary W. (1999). Peer relationships and social competence during early and middle childhood. *Annual Review of Psychology, 50,* 333–359.

Ladd, Gary W., & Pettit, Gregory S. (2002). Parenting and the development of children's peer relationships. En Marc H. Bornstein (Ed.), *Handbook of parenting: Vol. 5. Practical issues in parenting* (2ª ed., pp. 269–309). Mahwah, NJ: Erlbaum.

Lagattuta, Kristin Hansen. (2005). When you shouldn't do what you want to do: Young children's understanding of desires, rules, and emotions. *Child Development, 76,* 713–733.

Lagattuta, Kristin Hansen, & Wellman, Henry M. (2002). Differences in early parent-child conversations about negative versus positive emotions: Implications for the development of psychological understanding. *Developmental Psychology, 38,* 564–580.

Laland, Kevin N., & Brown, Gillian R. (2002). *Sense and nonsense: Evolutio-*

nary perspectives on human behaviour. New York: Oxford University Press.

Lamb, Michael E. (1982). Maternal employment and child development: A review. En Michael E. Lamb (Ed.), *Nontraditional families: Parenting and child development* (pp. 45–69). Hillsdale, NJ: Erlbaum.

Lamb, Michael E. (1998). Nonparental child care: Context, quality, correlates, and consequences. En William Damon (Ed. de la serie) e Irving E. Sigel y K. Ann Renninger (Eds. del vol.), *Handbook of child psychology: Vol. 4. Child psychology in practice* (5ª ed., pp. 73–133). New York: Wiley.

Lamb, Michael E. (2000). The history of research on father involvement: An overview. En H. Elizabeth Peters, Gary W. Peterson, Suzanne K. Steinmetz y Randal D. Day (Eds.), *Fatherhood: Research, interventions, and policies* (pp. 23–42). New York: Haworth Press.

Lanclos, Donna M. (2003). *At play in Belfast: Children's folklore and identities in Northern Ireland.* New Brunswick, NJ: Rutgers University Press.

Landry, David J., Darroch, Jacqueline E., Singh, Susheela, & Higgins, Jenny. (2003). Factors associated with the content of sex education in U.S. public secondary schools. *Perspectives on Sexual and Reproductive Health, 35,* 261–269.

Langer, Jonas. (2001). The mosaic evolution of cognitive and linguistic ontogeny. En Melissa Bowerman y Stephen C. Levinson (Eds.), *Language acquisition and conceptual development* (pp. 19–44). Cambridge, UK: Cambridge University Press.

Lansford, Jennifer E., Ceballo, Rosario, Abbey, Antonia, & Stewart, Abigail J. (2001). Does family structure matter? A comparison of adoptive, two-parent biological, single-mother, stepfather, and stepmother households. *Journal of Marriage & the Family, 63,* 840–851.

Lansford, Jennifer E., Dodge, Kenneth A., Pettit, Gregory S., Bates, John E., Crozier, Joseph, & Kaplow, Julie. (2002). A 12-year prospective study of the long-term effects of early child physical maltreatment on psychological, behavioral, and academic problems in adolescence. *Archives of Pediatrics & Adolescent Medicine, 156,* 824–830.

Lapsley, Daniel K. (1993). Toward an integrated theory of adolescent ego development: The "new look" at adoles-

cent egocen trism. *American Journal of Orthopsychiatry, 63,* 562–571.

Larcombe, Duncan. (2005). Content matters: Sometimes even more than we think. *American Educator, 29,* 42–43.

Larner, Mary B., Stevenson, Carol S., & Behrman, Richard E. (1998). Protecting children from abuse and neglect: Analysis and recommendations. *The Future of Children: Protecting Children from Abuse and Neglect, 8*(1), 4–22.

Larose, Simon, Bernier, Annie, & Tarabulsy, George M. (2005). Attachment state of mind, learning dispositions, and academic performance during the college transition. *Developmental Psychology, 41,* 281–289.

Larsen, William J. (1998). *Essentials of human embryology.* New York: Churchill Livingstone.

Larson, David E., & Mayo Clinic. (Eds.). (1990). *Mayo Clinic family health book.* New York: Morrow.

Larson, Reed W. (2000). Toward a psychology of positive youth development. *American Psychologist, 55,* 170–183.

Larson, Reed W. (2001). Commentary. *Monographs of the Society for Research in Child Development, 66*(1, Nº de serie 264), 148–154.

Larson, Reed W., & Gillman, Sally. (1999). Transmission of emotions in the daily interactions of single-mother families. *Journal of Marriage & the Family, 61,* 21–37.

Larson, Reed W., & Richards, Maryse Heather. (1994). *Divergent realities: The emotional lives of mothers, fathers, and adolescents.* New York: Basic Books.

Larson, Reed W., Verma, Suman, & Dworkin, Jodi. (2003). Adolescence without family disengagement: The daily family lives of Indian middle class teenagers. En T. S. Saraswati (Ed.), *Cross-cultural perspectives in human development: Theory, research, and applications* (pp. 258–286). New Delhi, India: Sage.

Larson, Reed W., & Wilson, Suzanne. (2004). Adolescence across place and time: Globalization and the changing pathways to adulthood. En Richard M. Lerner y Laurence D. Steinberg (Eds.), *Handbook of adolescent psychology* (2ª ed., pp. 299–330). Hoboken, NJ: Wiley.

Laumann, Edward O., Gagnon, John H., Michael, Robert T., & Michaels, Stuart. (1994). *The social organization of sexuality: Sexual practices in the United*

States. Chicago: University of Chicago Press.

Laursen, Brett, Coy, Katherine C., & Collins, W. Andrew. (1998). Reconsidering changes in parent-child conflict across adolescence: A meta-analysis. *Child Development, 69*, 817–832.

Laursen, Brett, & Williams, Vickie A. (1997). Perceptions of interdependence and closeness in family and peer relationships among adolescents with and without romantic partners. En Shmuel Shulman y W. Andrew Collins (Eds.), *New directions for child development: No 78. Romantic relationships in adolescence: Developmental perspectives* (pp. 3–20). San Francisco: Jossey-Bass.

Lavelli, Manuela, & Fogel, Alan. (2005). Developmental changes in the relationship between the infant's attention and emotion during early face-to-face communication: The 2-month transition. *Developmental Psychology, 41*, 265–280.

Law, James. (2000). Factors affecting language development in West African children: A pilot study using a qualitative methodology. *Child: Care, Health & Development, 26*, 289–308.

Layden, Tim. (15 de noviembre de 2004). Get out and play! *Sports Illustrated, 101,* 80–93.

Lazar, Mitchell A. (2005). How obesity causes diabetes: Not a tall tale. *Science, 307,* 373–375.

Leach, Penelope. (1997). *Your baby & child: From birth to age five* (3ª ed.). New York: Knopf.

Leaper, Campbell. (2002). Parenting girls and boys. En Marc H. Bornstein (Ed.), *Handbook of parenting: Vol. 1. Children and parenting* (2ª ed., pp. 189–225). Mahwah, NJ: Erlbaum.

Leaper, Campbell, & Smith, Tara E. (2004). A meta-analytic review of gender variations in children's language use: Talkativeness, affiliative speech, and assertive speech. *Developmental Psychology, 40*, 993–1027.

Lee, K. (2000). Crying patterns of Korean infants in institutions. *Child: Care, Health and Development, 26*, 217–228.

Lei, Joy L. (2003). (Un)necessary toughness?: Those "loud black girls" and those "quiet Asian boys." *Anthropology & Education Quarterly, 34*, 158–181.

Lenneberg, Eric H. (1967). *Biological foundations of language.* New York: Wiley.

Leonard, Christiana M. (2003). Neural substrate of speech and language development. En Michelle De Haan y Mark H. Johnson (Eds.), *The cognitive neuroscience of development* (pp. 127–156). New York: Psychology Press.

Leonard, Kenneth E., & Blane, Howard T. (Eds.). (1999). *Psychological theories of drinking and alcoholism* (2ª ed.). New York: Guilford.

Leone, Tiziana, Matthews, Zoë, & Dalla Zuanna, Gianpiero. (2003). Impact and determinants of sex preference in Nepal. *International Family Planning Perspectives, 29*, 69–75.

Lepper, Mark R., Greene, David, & Nisbett, Richard E. (1973). Undermining children's intrinsic interest with extrinsic reward: A test of the "overjustification" hypothesis. *Journal of Personality & Social Psychology, 28,* 129–137.

Lerner, Janet W. (2000). *Learning disabilities: Theories, diagnosis, and teaching strategies* (8ª ed.). Boston: Houghton Mifflin.

Leroy, Valériane, Karon, John M., Alioum, Ahmadou, Ekpini, Ehounou R., Meda, Nicolas, Greenberg, Alan E., et al. (2002). Twenty-four month efficacy of a maternal short-course zidovudine regimen to prevent mother-to-child transmission of HIV-1 in West Africa. *AIDS, 16*, 631–641.

Leventhal, Tama, & Brooks-Gunn, Jeanne. (2004). Diversity in developmental trajectories across adolescence: Neighborhood influences. En Richard M. Lerner y Laurence D. Steinberg (Eds.), *Handbook of adolescent psychology* (2ª ed., pp. 451–486). Hoboken, NJ: Wiley.

Levesque, Roger J. R. (2002). *Not by faith alone: Religion, law, and adolescence.* New York: New York University Press.

Levine, James A., Lanningham-Foster, Lorraine M., McCrady, Shelly K., Krizan, Alisa C., Olson, Leslie R., Kane, Paul H., et al. (2005). Interindividual variation in posture allocation: Possible role in human obesity. *Science, 307,* 584–586.

LeVine, Robert A., LeVine, Sarah E., & Schnell, Beatrice. (2001). "Improve the women": Mass schooling, female literacy, and worldwide social change. *Harvard Educational Review, 71*, 1–50.

Levinson, David. (1989). *Family violence in cross-cultural perspective.* Newbury Park, CA: Sage.

Lewin, Kurt. (1943). Psychology and the process of group living. *Journal of Social Psychology, 17*, 113–131.

Lewis, Ann, & Lindsay, Geoff. (2000). Emerging issues. En Ann Lewis y Geoff Lindsay (Eds.), *Researching children's perspectives* (pp. 189–197). Philadelphia: Open University Press.

Lewis, Lawrence B., Antone, Carol, & Johnson, Jacqueline S. (1999). Effects of prosodic stress and serial position on syllable omission in first words. *Developmental Psychology, 35*, 45–59.

Lewis, Michael. (1997). *Altering fate: Why the past does not predict the future.* New York: Guilford Press.

Lewis, Michael, & Brooks, Jeanne. (1978). Self-knowledge and emotional development. En Michael Lewis y L. A. Rosenblum (Eds.), *Genesis of behavior: Vol. 1. The development of affect* (pp. 205–226). New York: Plenum Press.

Lewis, Michael, & Ramsay, Douglas. (2004). Development of self-recognition, personal pronoun use, and pretend play during the 2nd year. *Child Development, 75*, 1821–1831.

Lewis, Michael, & Ramsay, Douglas. (2005). Infant emotional and cortisol responses to goal blockage. *Child Development, 76*, 518–530.

Lewit, Eugene M., & Kerrebrock, Nancy. (1998). Child indicators: Dental health. *The Future of Children: Protecting Children from Abuse and Neglect, 8*(1), 133–142.

Liebkind, Karmela, & Jasinskaja-Lahti, Inga. (2000). Acculturation and psychological well-being among immigrant adolescents in Finland: A comparative study of adolescents from different cultural backgrounds. *Journal of Adolescent Research, 15*, 446–469.

Lieu, Tracy A., Ray, G. Thomas, Black, Steven B., Butler, Jay C., Klein, Jerome O., Breiman, Robert F., et al. (2000). Projected cost-effectiveness of pneumococcal conjugate vaccination of healthy infants and young children. *Journal of the American Medical Association, 283*, 1460–1468.

Lightfoot, Cynthia. (1997). *The culture of adolescent risk-taking.* New York: Guilford Press.

Lillard, Angeline. (1998). Ethnopsychologies: Cultural variations in theories of mind. *Psychological Bulletin, 123*, 3–32.

Lillard, Angeline Stoll. (2005). *Montessori: The science behind the* *genius*. New York: Oxford University Press.

Lin, B. H., Huang, C. L., & French, S. A. (2004). Factors associated with women's and children's body mass indices by income status. *International Journal of Obesity, 28,* 536–542.

Lindsay, Geoff. (2000). Researching children's perspectives: Ethical issues. En Ann Lewis y Geoff Lindsay (Eds.), *Researching children's perspectives* (pp. 3–20). Philadelphia: Open University Press.

Linville, Patricia W., Fischer, Gregory W., & Fischhoff, Baruch. (1993). AIDS risk perceptions and decision biases. En John B. Pryor y Glenn D. Reeder (Eds.), *The social psychology of HIV infection* (pp. 5–38). Hillsdale, NJ: Erlbaum.

Lippa, Richard A. (2002). *Gender, nature, and nurture*. Mahwah, NJ: Erlbaum.

Lissau, Inge, Overpeck, Mary D., Ruan, W. June, Due, Pernille, Holstein, Bjorn E., & Hediger, Mary L. (2004). Body mass index and overweight in adolescents in 13 European countries, Israel, and the United States. *Archives of Pediatrics & Adolescent Medicine, 158,* 27–33.

Little League Baseball. (2005). *Media guide 2005*. Williamsport, PA: autor.

Little, Peter (Ed.). (2002). *Genetic destinies*. Oxford, England: Oxford University Press.

Lockhart, Kristi L., Chang, Bernard, & Story, Tyler. (2002). Young children's beliefs about the stability of traits: Protective optimism? *Child Development, 73,* 1408–1430.

Loeb, Susanna, Fuller, Bruce, Kagan, Sharon Lynn, & Carrol, Bidemi. (2004). Child care in poor communities: Early learning effects of type, quality, and stability. *Child Development, 75,* 47–65.

Loeber, Rolf, Drinkwater, Matthew, Yin, Yanming, Anderson, Stewart J., Schmidt, Laura C., & Crawford, Anne. (2000). Stability of family interaction from ages 6 to 18. *Journal of Abnormal Child Psychology, 28,* 353–369.

Loeber, Rolf, & Farrington, David P. (2000). Young children who commit crime: Epidemiology, developmental origins, risk factors, early interventions, and policy implications. *Development & Psychopathology, 12,* 737–762.

Loehlin, John C., McCrae, Robert R., Costa, Paul T., & John, Oliver P.

(1998). Heritabilities of common and measure-specific components of the Big Five personality factors. *Journal of Research in Personality, 32,* 431–453.

Loland, Sigmund. (2002). *Fair play in sport: A moral norm system*. London: Routledge.

Lombardi, Joan, & Cubbage, Amy Stephens. (2004). Head Start in the 1990s: Striving for quality through a decade of improvement. En Edward Zigler y Sally J. Styfco (Eds.), *The Head Start debates* (pp. 283–295). Baltimore: Brookes.

López, Nestor L., Vázquez, Delia M., & Olson, Sheryl L. (2004). An integrative approach to the neurophysiological substrates of social withdrawal and aggression. *Development & Psychopathology, 16,* 69–93.

Lorenz, Edward. (diciembre de 1972). *Predictability: Does the flap of a butterfly's wings in Brazil set off a tornado in Texas?* Trabajo presentado ante la American Association for the Advancement of Science, Washington, DC.

Lovaas, O. Ivar. (1987). Behavioral treatment and normal educational and intellectual functioning in young autistic children. *Journal of Consulting & Clinical Psychology, 55,* 3–9.

Lowe, B., Zipfel, S., Buchholz, C., Dupont, Y., Reas, D. L., & Herzog, W. (2001). Long-term outcome of anorexia nervosa in a prospective 21-year follow-up study. *Psychological Medicine, 31,* 881–890.

Luciana, Mónica. (2003). Cognitive development in children born preterm: Implications for theories of brain plasticity following early injury. *Development and Psychopathology, 15,* 1017–1047.

Luciana, Mónica. (2003). The neural and functional development of human prefrontal cortex. En Michelle De Haan y Mark H. Johnson (Eds.), *The cognitive neuroscience of development* (pp. 157–179). New York: Psychology Press.

Luciana, Mónica, Conklin, Heather M., Hooper, Catalina J., & Yarger, Rebecca S. (2005). The development of nonverbal working memory and executive control processes in adolescents. *Child Development, 76,* 697–712.

Lundberg, Shelly, & Rose, Elaina. (2003). Child gender and the transition to marriage. *Demography, 40,* 333–349.

Lundy, Jean E. B. (2002). Age and language skills of deaf children in relation to theory of mind development. *Journal*

of Deaf Studies & Deaf Education, 7, 41–56.

Luthar, Suniya S. (2003). The culture of affluence: Psychological costs of material wealth. *Child Development, 74,* 1581–1593.

Luthar, Suniya S., Cicchetti, Dante, & Becker, Bronwyn. (2000). The construct of resilience: A critical evaluation and guidelines for future work. *Child Development, 71,* 543–562.

Luthar, Suniya S., & Zelazo, Laurel Bidwell. (2003). Research on resilience: An integrative review. En Suniya S. Luthar (Ed.), *Resilience and vulnerability: Adaptation in the context of childhood adversities* (pp. 510–549). New York: Cambridge University Press.

Lutz, Donna J., & Sternberg, Robert J. (1999). Cognitive development. En Marc H. Bornstein y Michael E. Lamb (Eds.), *Developmental psychology: An advanced textbook* (4ª ed., pp. 275–311). Mahwah, NJ: Erlbaum.

Lye, Steve, & Challis, John R. G. (2001). Parturition. En Richard Harding y Alan D. Bocking (Eds.), *Fetal growth and development* (pp. 241–266). New York: Cambridge University Press.

Lykken, David Thoreson. (1995). *The antisocial personalities*. Hillsdale, NJ: Erlbaum.

Lyons, Peter, & Rittner, Barbara. (1998). The construction of the crack babies phenomenon as a social problem. *American Journal of Orthopsychiatry, 68,* 313–320.

Lyons-Ruth, Karlen, Bronfman, Elisa, & Parsons, Elizabeth. (1999). IV. Maternal frightened, frightening, or atypical behavior and disorganized infant attachment patterns. *Monographs of the Society for Research in Child Development, 64*(3, Nº de serie 258), 67–96.

Maccoby, Eleanor E. (1998). *The two sexes: Growing up apart, coming together*. Cambridge, MA: Belknap Press of Harvard University Press.

Maccoby, Eleanor E. (2000). Parenting and its effects on children: On reading and misreading behavior genetics. *Annual Review of Psychology, 51,* 1–27.

Macfie, Jenny, Cicchetti, Dante, & Toth, Sheree L. (2001). The development of dissociation in maltreated preschool-aged children. *Development and Psychopathology, 13,* 233–254.

MacIntyre, U. E., de Villiers, F. P., & Owange-Iraka, J. W. (2001). Increase in childhood asthma admissions in an urbanising population. *South African Medical Journal, 91,* 667–672.

Macpherson, Alison, Roberts, Ian, & Pless, I. Barry. (1998). Children's exposure to traffic and pedestrian injuries. *American Journal of Public Health, 88,* 1840–1843.

Macrae, C. Neil, & Bodenhausen, Galen V. (2000). Social cognition: Thinking categorically about others. *Annual Review of Psychology, 51,* 93–120.

MacWhinney, Brian, & Bornstein, Marc H. (2003). Language and literacy. En Marc H. Bornstein, Lucy Davidson, Corey L. M. Keyes y Kristin Moore (Eds.), *Well-being: Positive development across the life course* (pp. 331–339). Mahwah, NJ: Erlbaum.

Madsen, Kreesten Meldgaard, Hviid, Anders, Vestergaard, Mogens, Schendel, Diana, Wohlfahrt, Jan, Thorsen, Poul, et al. (2002). A population-based study of measles, mumps, and rubella vaccination and autism. *New England Journal of Medicine, 347,* 1477–1482.

Maehr, Martin L., & Yamaguchi, Ryoko. (2001). Cultural diversity, student motivation and achievement. En Farideh Salili, Chi-Yue Chiu y Ying-Yi Hong (Eds.), *Student motivation: The culture and context of learning* (pp. 123–148). Dordrecht, The Netherlands: Kluwer.

Magara, Keiichi. (2005). Children's misconceptions: Research on improving understanding of mathematics and science. En David W. Shwalb, Jun Nakazawa y Barbara J. Shwalb (Eds.), *Applied developmental psychology: Theory, practice, and research from Japan* (pp. 89–108). Greenwich, CT: Information Age.

Magen, Zipora. (1998). *Exploring adolescent happiness: Commitment, purpose, and fulfillment.* Thousand Oaks, CA: Sage.

Maguen, Shira, Floyd, Frank J., Bakeman, Roger, & Armistead, Lisa. (2002). Develop mental milestones and disclosure of sexual orientation among gay, lesbian, and bisexual youths. *Journal of Applied Developmental Psychology, 23,* 219–233.

Maguire, Kathleen, & Pastore, Ann L. (2003). *Sourcebook of criminal justice statistics, 2002* (NCJ 203301). Rockville, MD: National Criminal Justice Reference Service.

Mahler, Margaret S., Pine, Fred, & Bergman, Anni. (1975). *The psychological birth of the human infant: Symbiosis and individuation.* New York: Basic Books.

Mahmoud, Adel. (2004). The global vaccination gap. *Science, 305,* 147.

Mahoney, Joseph L., Stattin, Hakan, & Magnusson, David. (2001). Youth recreation centre participation and criminal offending: A 20-year longitudinal study of Swedish boys. *International Journal of Behavioral Development, 25,* 509–520.

Maier, Susan E., Chen, Wei-Jung A., & West, James R. (1996). The effects of timing and duration of alcohol exposure on development of the fetal brain. En Ernest L. Abel (Ed.), *Fetal alcohol syndrome: From mechanism to prevention* (pp. 27–50). Boca Raton, FL: CRC Press.

Malina, Robert M., Bouchard, Claude, & Bar-Or, Oded. (2004). *Growth, maturation, and physical activity* (2ª ed.). Champaign, IL: Human Kinetics.

Mandel, Denise R., Jusczyk, Peter W., & Pisoni, David B. (1995). Infants' recognition of the sound patterns of their own names. *Psychological Science, 6,* 314–317.

Mandler, Jean Matter. (2004). *The foundations of mind: Origins of conceptual thought.* Oxford, England: Oxford University Press.

Mange, Elaine Johansen, & Mange, Arthur P. (1999). *Basic human genetics* (2ª ed.). Sunderland, MA: Sinauer Associates.

Manlove, Jennifer, Ryan, Suzanne, & Franzetta, Kerry. (2003). Patterns of contraceptive use within teenagers' first sexual relationships. *Perspectives on Sexual and Reproductive Health, 35,* 246–255.

Manly, Jody Todd, Kim, Jungmeen E., Rogosch, Fred A., & Cicchetti, Dante. (2001). Dimensions of child maltreatment and children's adjustment: Contributions of developmental timing and subtype. *Development & Psychopathology, 13,* 759–782.

Manning, Wendy D., Longmore, Monica A., & Giordano, Peggy C. (2000). The relationship context of contraceptive use at first intercourse. *Family Planning Perspectives, 32,* 104–110.

Mao, Amy, Burnham, Melissa M., Goodlin-Jones, Beth L., Gaylor, Erika E., & Anders, Thomas F. (2004). A comparison of the sleep-wake patterns of cosleeping and solitary-sleeping infants. *Child Psychiatry and Human Development, 35,* 95–105.

March, John, Silva, Susan, Petrycki, Stephen, Curry, John, Wells, Karen, Fairbank, John, et al. (2004). Fluoxetine, cognitive-behavioral therapy, and their combination for adolescents with depression: Treatment For Adolescents With Depression Study (TADS) randomized controlled trial. *Journal of the American Medical Association, 292,* 807–820.

March, John S., Franklin, Martin E., Leonard, Henrietta L., & Foa, Edna B. (2004). Obsessive-compulsive disorder. En Tracy K. Morris y John S. March (Eds.), *Anxiety disorders in children and adolescents* (2ª ed., pp. 212–240). New York: Guilford Press.

Marcia, James E. (1966). Development and validation of ego-identity status. *Journal of Personality & Social Psychology, 3,* 551–558.

Marcia, James E. (1980). Identity in adolescence. En Joseph Adelson (Ed.), *Handbook of adolescent psychology* (pp. 159–187). New York: Wiley.

Marcia, James E., Waterman, Alan S., Matteson, David R., Archer, Sally L., & Orlofsky, Jacob L. (1993). *Ego identity: A handbook for psychosocial research.* New York: Springer-Verlag.

Marcin, James P., Schembri, Michael S., He, Jingsong, & Romano, Patrick S. (2003). A population-based analysis of socioeconomic status and insurance status and their relationship with pediatric trauma hospitalization and mortality rates. *American Journal of Public Health, 93,* 461–466.

Marcus, Gary F. (2000). *Pabiku* and *Ga Ti Ga*: Two mechanisms infants use to learn about the world. *Current Directions in Psychological Science, 9,* 145–147.

Marcus, Gary F. (2004). *The birth of the mind: How a tiny number of genes creates the complexities of human thought.* New York: Basic Books.

Marin, Barbara Vanoss, Coyle, Karin K., Gómez, Cynthia A., Carvajal, Scott C., & Kirby, Douglas B. (2000). Older boyfriends and girlfriends increase risk of sexual initiation in young adolescents. *Journal of Adolescent Health, 27,* 409–418.

Markus, Hazel, Cross, Susan, & Wurf, Elissa. (1990). The role of the self-system in competence. En Robert J. Sternberg y John Kolligian, Jr. (Eds.), *Compe-*

tence considered (pp. 205–225). New Haven, CT: Yale University Press.

Markus, Hazel, & Nurius, Paula. (1986). Possible selves. American Psychologist, 41, 954–969.

Marlow, Neil, Wolke, Dieter, Bracewell, Melanie A., & Samara, Muthanna. (2005). Neurologic and developmental disability at six years of age after extremely preterm birth. New England Journal of Medicine, 352, 9–19.

Marlow-Ferguson, Rebecca (Ed.). (2002). World education encyclopedia: A survey of educational systems worldwide (2ª ed.). Detroit, MI: Gale Group.

Marsh, Herbert W. (1989). Age and sex effects in multiple dimensions of self-concept: Preadolescence to early adulthood. Journal of Educational Psychology, 81, 417–430.

Marsh, Herbert W., Hau, Kit-Tai, & Kong, Chit-Kwong. (2000). Late immersion and language of instruction in Hong Kong high schools: Achievement growth in language and nonlanguage subjects. Harvard Educational Review, 70, 302–346.

Marsh, Herbert W., Trautwein, Ulrich, Lüdtke, Oliver, Köller, Olaf, & Baumert, Jürgen. (2005). Academic self-concept, interest, grades, and standardized test scores: Reciprocal effects models of causal ordering. Child Development, 76, 397–416.

Martin, Andres, & Leslie, Douglas. (2003). Trends in psychotropic medication costs for children and adolescents, 1997–2000. Archives of Pediatrics & Adolescent Medicine, 157, 997–1004.

Martin, Carol Lynn. (2000). Cognitive theories of gender development. En Thomas Eckes y Hanns M. Trautner (Eds.), The developmental social psychology of gender (pp. 91–121). Mahwah, NJ: Erlbaum.

Martin, Carol Lynn, Eisenbud, Lisa, & Rose, Hilary. (1995). Children's gender-based reasoning about toys. Child Development, 66, 1453–1471.

Martin, Carol Lynn, & Fabes, Richard A. (2001). The stability and consequences of young children's same-sex peer interactions. Developmental Psychology, 37, 431–446.

Martin, Joyce A., Hamilton, Brady E., Ventura, Stephanie J., Menacker, Fay, & Park, Melissa M. (12 de febrero de 2002). Births: Final data for 2000. National Vital Statistics Reports, 50(5).

Martin, Joyce A., Hamilton, Brady E., Ventura, Stephanie J., Menacker, Fay, Park, Melissa M., & Sutton, Paul D. (18 de diciembre de 2002). Births: Final data for 2001. National Vital Statistics Reports, 51(2).

Martin, Todd F., White, James M., & Perlman, Daniel. (2003). Religious socialization: A test of the channeling hypothesis of parental influence on adolescent faith maturity. Journal of Adolescent Research, 18, 169–187.

Marvin, Robert S. (1997). Ethological and general systems perspectives on child-parent attachment during the toddler and preschool years. En Nancy L. Segal, Glenn E. Weisfeld y Carol C. Weisfeld (Eds.), Uniting psychology and biology: Integrative perspectives on human development (pp. 189–216). Washington, DC: American Psychological Association.

Masten, Ann S. (2001). Ordinary magic: Resilience processes in development. American Psychologist, 56, 227–238.

Masten, Ann S. (2004). Regulatory processes, risk, and resilience in adolescent development. Annals of the New York Academy of Sciences, 1021, 310–319.

Masten, Ann S., & Coatsworth, J. Douglas. (1998). The development of competence in favorable and unfavorable environments: Lessons from research on successful children. American Psychologist, 53, 205–220.

Masterpasqua, Frank, & Perna, Phyllis A. (Eds.). (1997). The psychological meaning of chaos: Translating theory into practice. Washington, DC: American Psychological Association.

Maton, Kenneth I., Schellenbach, Cynthia J., Leadbeater, Bonnie J., & Solarz, Andrea L. (Eds.). (2004). Investing in children, youth, families, and communities: Strengths-based research and policy. Washington, DC: American Psychological Association.

Matsuda, Fumiko. (2001). Development of concepts of interrelationships among duration, distance, and speed. International Journal of Behavioral Development, 25, 466–480.

Matsumoto, David. (2004). Reflections on culture and competence. En Robert J. Sternberg y Elena L. Grigorenko (Eds.), Culture and competence: Contexts of life success (pp. 273–282). Washington, DC: American Psychological Association.

Maugh, Thomas H., II. (18 de octubre de 2002). 'Sobering' state report calls autism an epidemic. Los Angeles Times, pp. A1, 25.

Maughan, Angeline, & Cicchetti, Dante. (2002). Impact of child maltreatment and interadult violence on children's emotion regulation abilities and socioemotional adjustment. Child Development, 73, 1525–1542.

Maurer, Daphne, Lewis, Terri L., Brent, Henry P., & Levin, Alex V. (1999). Rapid improvement in the acuity of infants after visual input. Science, 286, 108–110.

May, Philip A., Serna, Patricia, Hurt, Lance, & DeBruyn, Lemyra M. (2005). Outcome evaluation of a public health approach to suicide prevention in an American Indian tribal nation. American Journal of Public Health, 95, 1238–1244.

Mayberry, Rachel I., & Nicoladis, Elena. (2000). Gesture reflects language development: Evidence from bilingual children. Current Directions in Psychological Science, 9, 192–196.

Maynard, Ashley E. (2002). Cultural teaching: The development of teaching skills in Maya sibling interactions. Child Development, 73, 969–982.

McBride-Chang, Catherine, & Treiman, Rebecca. (2003). Hong Kong Chinese kindergartners learn to read English analytically. Psychological Science, 14, 138–143.

McCabe, Kristen M., Hough, Richard, Wood, Patricia A., & Yeh, May. (2001). Childhood and adolescent onset conduct disorder: A test of the developmental taxonomy. Journal of Abnormal Child Psychology, 29, 305–316.

McCardle, Peggy, & Chhabra, Vinita. (2004). The accumulation of evidence: A continuing process. En Peggy D. McCardle y Vinita Chhabra (Eds.), The voice of evidence in reading research (pp. 463–478). Baltimore: Brookes.

McCarty, Michael E., & Ashmead, Daniel H. (1999). Visual control of reaching and grasping in infants. Developmental Psychology, 35, 620–631.

McCloskey, Laura Ann, & Stuewig, Jeffrey. (2001). The quality of peer relationships among children exposed to family violence. Development & Psychopathology, 13, 83–96.

McCourt, Frank. (1996). Angela's ashes: A memoir. New York: Scribner.

McCourt, Malachy. (1998). *A monk swimming: A memoir.* New York: Hyperion.

McCrae, Robert R., & Costa, Paul T. (2003). *Personality in adulthood: A five-factor theory perspective* (2ª ed.). New York: Guilford Press.

McCree, Donna Hubbard, Wingood, Gina M., DiClemente, Ralph, Davies, Susan, & Harrington, Katherine F. (2003). Religiosity and risky sexual behavior in African-American adolescent females. *Journal of Adolescent Health, 33,* 2–8.

McEwen, Bruce S. (2000). Effects of adverse experiences for brain structure and function. *Biological Psychiatry, 48,* 721–731.

McGue, Matt. (1995). Mediators and moderators of alcoholism inheritance. En J. Rick Turner, Lon R. Cardon y John K. Hewitt (Eds.), *Perspectives on individual differences: Behavior genetic approaches in behavioral medicine* (pp. 17–44). New York: Plenum Press.

McGuffin, Peter, Riley, Brien, & Plomin, Robert. (2001). Toward behavioral genomics. *Science, 291,* 1232–1249.

McGuigan, Fiona, & Salmon, Karen. (2004). The time to talk: The influence of the timing of adult-child talk on children's event memory. *Child Development, 75,* 669–686.

McHale, Susan M., Crouter, Ann C., & Whiteman, Shawn D. (2003). The family contexts of gender development in childhood and adolescence. *Social Development, 12,* 125–148.

McKelvie, Pippa, & Low, Jason. (2002). Listening to Mozart does not improve children's spatial ability: Final curtains for the Mozart effect. *British Journal of Developmental Psychology, 20,* 241–258.

McKenna, James J., & Gartner, Lawrence M. (2000). Sleep location and suffocation: How good is the evidence? [Carta al director]. *Pediatrics, 105*(4, Pt. 1), 917–919.

McKusick, Victor A. (1994). *Mendelian inheritance in man: A catalog of human genes and genetic disorders* (11ª ed.). Baltimore: Johns Hopkins University Press.

McLanahan, Sara, Donahue, Elisabeth, & Haskins, Ron (Eds.). (2005). *The future of children: Marriage and child wellbeing.* Washington, DC: Brookings Institution.

McLoyd, Vonnie C. (1998). Socioeconomic disadvantage and child development. *American Psychologist, 53,* 185–204.

McLoyd, Vonnie C., & Smith, Julia. (2002). Physical discipline and behavior problems in African American, European American, and Hispanic children: Emotional support as a moderator. *Journal of Marriage & the Family, 64,* 40–53.

McQuaid, Elizabeth L., Kopel, Sheryl J., Klein, Robert B., & Fritz, Gregory K. (2003). Medication adherence in pediatric asthma: Reasoning, responsibility, and behavior. *Journal of Pediatric Psychology, 28,* 323–333.

Medved, Michael (octubre de 1995). Holly wood's 3 big lies. *Reader's Digest, 147,* 155–158.

Meltzoff, Andrew N., & Moore, M. Keith. (1989). Imitation in newborn infants: Exploring the range of gestures imitated and the underlying mechanisms. *Developmental Psychology, 25,* 954–962.

Meltzoff, Andrew N., & Moore, M. Keith. (1999). A new foundation for cognitive development in infancy: The birth of the representational infant. En Ellin Kofsky Scholnick, Katherine Nelson, Susan A. Gelman y Patricia H. Miller (Eds.), *Conceptual development: Piaget's legacy* (pp. 53–78). Mahwah, NJ: Erlbaum.

Merline, Alicia C., O'Malley, Patrick M., Schulenberg, John E., Bachman, Jerald G., & Johnston, Lloyd D. (2004). Substance use among adults 35 years of age: Prevalence, adulthood predictors, and impact of adolescent substance use. *American Journal of Public Health, 94,* 96–102.

Merrell, Kenneth W., & Gimpel, Gretchen A. (1998). *Social skills of children and adolescents: Conceptualization, assessment, treatment.* Mahwah, NJ: Erlbaum.

Merriman, William E. (1999). Competition, attention, and young children's lexical processing. En Brian MacWhinney (Ed.), *The emergence of language* (pp. 331–358). Mahwah, NJ: Erlbaum.

Merzenich, Michael M. (2001). Cortical plasticity contributing to child development. En James L. McClelland y Robert S. Siegler (Eds.), *Mechanisms of cognitive development: Behavioral and neural perspectives* (pp. 67–95). Mahwah, NJ: Erlbaum.

Midgley, Carol (Ed.). (2002). *Goals, goal structures, and patterns of adaptive learning.* Mahwah, NJ: Erlbaum.

Midobuche, Eva. (2001). More than empty footprints in the sand: Educating immigrant children. *Harvard Educational Review, 71,* 529–535.

Miller, Brent C., Fan, Xitao, Christensen, Mathew, Grotevant, Harold D., & van Dulmen, Manfred. (2000). Comparisons of adopted and nonadopted adolescents in a large, nationally representative sample. *Child Development, 71,* 1458–1473.

Miller, Brent C., Norton, Maria C., Curtis, Thom, Hill, Jeffrey, Schvaneveldt, Paul, & Young, Margaret H. (1997). The timing of sexual intercourse among adolescents: Family, peer, and other antecedents. *Youth and Society, 29,* 54–83.

Miller, Greg. (2002). Gene's effect seen in brain's fear response. *Science, 297,* 319.

Miller, Jon F., Leddy, Mark Gene, & Leavitt, Lewis A. (Eds.). (1999). *Improving the communication of people with Down syndrome.* Baltimore: Brookes.

Miller, Joan G. (2004). The cultural deep structure of psychological theories of social development. En Robert J. Sternberg y Elena L. Grigorenko (Eds.), *Culture and competence: Contexts of life success* (pp. 111–138). Washington, DC: American Psychological Association.

Miller, M., Bowen, Jennifer R., Gibson, Frances L., Hand, Peter J., & Ungerer, Judy A. (2001). Behaviour problems in extremely low birthweight children at 5 and 8 years of age. *Child: Care, Health & Development, 27,* 569–581.

Miller, Matthew, & Hemenway, David. (2001). Firearm prevalence and the risk of suicide: A review. *Harvard Health Policy Review, 2,* 1–3.

Miller, Orlando J., & Therman, Eeva. (2001). *Human chromosomes* (4ª ed.). New York: Springer.

Miller, Patricia H. (2002). *Theories of developmental psychology* (4ª ed.). New York: Worth.

Miller, Patricia Y., & Simon, William. (1980). The development of sexuality in adolescence. En Joseph Adelson (Ed.), *Handbook of adolescent psychology* (pp. 383–407). New York: Wiley.

Mills, James L., McPartlin, Joseph M., Kirke, Peadar N., Lee, Young J., Conley, Mary R., Weir, Donald G., et

al. (1995). Homocysteine metabolism in pregnancies complicated by neural-tube defects. *Lancet, 345*, 149–151.

Min, Pyong Gap. (2000). Korean Americans' language use. En Sandra Lee McKay y Sau-ling Cynthia Wong (Eds.), *New immigrants in the United States: Readings for second language educators* (pp. 306–332). Cambridge, UK: Cambridge University Press.

Mintz, Toben H. (2005). Linguistic and conceptual influences on adjective acquisition in 24- and 36-month-olds. *Developmental Psychology, 41*, 17–29.

Mitchell, Jean, & McCarthy, Helen. (2000). Eating disorders. En Lorna Champion y Mick Power (Eds.), *Adult psychological problems: An introduction* (2ª ed., pp. 103–130). Hove, England: Psychology Press.

Mitchell, Katharyne. (2001). Education for democratic citizenship: Transnationalism, multiculturalism, and the limits of liberalism. *Harvard Educational Review, 71*, 51–78.

Mitchell, Peter, & Kikuno, Haruo. (2000). Belief as construction: Inference and processing bias. En Peter Mitchell y Kevin John Riggs (Eds.), *Children's reasoning and the mind* (pp. 281–299). Hove, England: Psychology Press.

Mix, Kelly S., Huttenlocher, Janellen, & Levine, Susan Cohen. (2002). *Quantitative development in infancy and early childhood.* New York: Oxford University Press.

MMWR. (5 de abril de 2002). Alcohol use among women of childbearing age—United States, 1991–1999. *Morbidity and Mortality Weekly Report, 51*(13), 273–276.

MMWR. (16 de agosto de 2002). Prevention of perinatal group B streptococcal disease: Revised guidelines from CDC. *MMWR Recommendations and Reports, 51*(RR11), 1–22.

MMWR. (6 de diciembre de 2002). State-specific trends in U.S. live births to women born outside the 50 states and the District of Columbia—United States, 1990 and 2000. *Morbidity and Mortality Weekly Report, 51*(48), 1091–1095.

MMWR. (25 de octubre de 2002). Nonfatal choking-related episodes among children—United States, 2001. *Morbidity and Mortality Weekly Report, 51*, 945–948.

MMWR. (13 de setiembre de 2002). Folic acid and prevention of spina bifida and anencephaly: 10 years after the U.S.

public health service recommendation. *MMWR Recommendations and Reports, 51*(RR13), 1–3.

MMWR. (13 de junio de 2003). Varicella-related deaths—United States, 2002. *Morbidity and Mortality Weekly Report, 52*, 545–547.

MMWR. (24 de diciembre de 2004). Alcohol consumption among women who are pregnant or who might become regnant–United States, 2002. *Morbidity and Mortality Weekly Report, 53*, 178–1181.

MMWR. (2 de julio de 2004). Therapeutic foster care for the prevention of violence: A report on recommendations of the task force on community preventive services. *MMWR Recommendations and Reports, 53*(RR10), 1–8.

MMWR. (30 de julio de 2004). Violence-related behaviors among high school students—United States, 1991–2003. *Morbidity and Mortality Weekly Report, 53*, 651–655.

MMWR. (18 de junio de 2004). Cigarette use among high school students–United States, 1991–2003. *Morbidity and Mortality Weekly Report, 53*, 499–502.

MMWR. (21 de mayo de 2004). Youth risk behavior surveillance—United States, 2003. *MMWR Surveillance Summaries, 53*(SS02), 1–96.

MMWR. (15 de octubre de 2005). Newborn screening for cystic fibrosis: Evaluation of benefits and risks and recommendations for state newborn screening programs. *MMWR: Recommendations and Reports, 53*(RR13), 1–36.

MMWR. (29 de octubre de 2004). Chlamydia screening among sexually active young female enrollees of health plans–United States, 1999–2001. *Morbidity and Mortality Weekly Report, 53*, 983–985.

MMWR. (3 de setiembre de 2004). Surveillance for fatal and nonfatal injuries–United States, 2001. *MMWR Surveillance Summaries, 53*(SS07), 1–57.

MMWR. (17 de setiembre de 2004). Use of vitamins containing folic acid among women of childbearing age—United States, 2004. *Morbidity and Mortality Weekly Report, 53*, 847–850.

MMWR. (14 de enero de 2005). Reducing childhood asthma through community-based service delivery—New York City, 2001–2004. *Morbidity and Mortality Weekly Report, 54*, 11–14.

MMWR. (27 de mayo de 2005). Blood lead levels—United States, 1999–2002.

Morbidity and Mortality Weekly Report, 54, 513–516.

Moats, Louisa C. (2001). Overcoming the language gap: Invest generously in teacher professional development. *American Educator, 25*, 5, 8–9.

Moeller, Thomas G. (2001). *Youth aggression and violence: A psychological approach.* Mahwah, NJ: Erlbaum.

Moffitt, Terrie E. (1997). Adolescence-limited and life-course-persistent offending: A complementary pair of developmental theories. En Terence P. Thornberry (Ed.), *Developmental theories of crime and delinquency* (pp. 11–54). New Brunswick, NJ: Transaction.

Moffitt, Terrie E., Caspi, Avshalom, Belsky, Jay, & Silva, Phil A. (1992). Childhood experience and the onset of menarche: A test of a sociobiological model. *Child Development, 63*, 47–58.

Mohan, Dinesh. (2000). Injury control and safety promotion: Ethics, science, and practice. En Dinesh Mohan y Geetam Tiwari (Eds.), *Injury prevention and control* (pp. 1–12). London: Taylor & Francis.

Molnar, Alex, Smith, Philip, Zahorik, John, Palmer, Amanda, Halbach, Anke, & Ehrle, Karen. (1999). Evaluating the SAGE program: A pilot program in targeted pupil-teacher reduction in Wisconsin. *Educational Evaluation and Policy Analysis, 21*, 165–178.

Monteiro, Carlos A., Conde, Wolney L., & Popkin, Barry M. (2004). The burden of disease from undernutrition and overnutrition in countries undergoing rapid nutrition transition: A view from Brazil. *American Journal of Public Health, 94*, 433–434.

Montessori, Maria. (1966). *The secret of childhood* (Trad. de M. Joseph Costelloe). Notre Dame, IN: Fides. (Trabajo original publicado en 1936)

Moore, Celia L. (2002). On differences and development. En David J. Lewkowicz y Robert Lickliter (Eds.), *Conceptions of development: Lessons from the laboratory* (pp. 57–76). New York: Psychology Press.

Moore, Ginger A., & Calkins, Susan D. (2004). Infants' vagal regulation in the still-face paradigm is related to dyadic coordination of mother-infant interaction. *Developmental Psychology, 40*, 1068–1080.

Moore, Keith L., & Persaud, Trivedi V. N. (2003). *The developing human: Cli-*

nically oriented embryology (7ª ed.). Philadelphia: Saunders.

Moore, Mignon R., & Brooks-Gunn, Jeanne. (2002). Adolescent parenthood. En Marc H. Bornstein (Ed.), *Handbook of parenting: Vol. 3. Being and becoming a parent* (2ª ed., pp. 173–214). Mahwah, NJ: Erlbaum.

Morgan, Ian G. (2003). The biological basis of myopic refractive error. *Clinical and Experimental Optometry, 86,* 276–288.

Morgenstern, Hal, Bingham, Trista, & Reza, Avid. (2000). Effects of pool-fencing ordinances and other factors on childhood drowning in Los Angeles County, 1990–1995. *American Journal of Public Health, 90,* 595–601.

Morris, Jenny. (1998). *Still missing? Vol 1: The experiences of disabled children living away from their families.* London: The Who Cares? Trust.

Morrison, Frederick J., Griffith, Elizabeth M., & Alberts, Denise M. (1997). Nature-nurture in the classroom: Entrance age, school readiness, and learning in children. *Developmental Psychology, 33,* 254–262.

Morrongiello, Barbara A., Fenwick, Kimberley D., & Chance, Graham. (1998). Crossmodal learning in newborn infants: Inferences about properties of auditory-visual events. *Infant Behavior & Development, 21,* 543–553.

Mortensen, Preben Bo, Pedersen, Carsten Bocker, Westergaard, Tine, Wohlfahrt, Jan, Ewald, Henrik, Mors, Ole, et al. (1999). Effects of family history and place and season of birth on the risk of schizophrenia. *New England Journal of Medicine, 340,* 603–608.

Mortimer, Jeylan T. (2003). *Working and growing up in America.* Cambridge, MA: Harvard University Press.

Morton, J. Bruce, & Trehub, Sandra E. (2001). Children's understanding of emotion in speech. *Child Development, 72,* 834–843.

Morton, J. Bruce, Trehub, Sandra E., & Zelazo, Philip David. (2003). Sources of inflexibility in 6-year-olds' understanding of emotion in speech. *Child Development, 74,* 1857–1868.

Moshman, David. (1999). *Adolescent psychological development: Rationality, morality, and identity.* Mahwah, NJ: Erlbaum.

Moshman, David. (2000). Diversity in reasoning and rationality: Metacogniti-ve and developmental considerations. *Behavioral and Brain Sciences, 23,* 689–690.

Moshman, David, & Geil, Molly. (1998). Collaborative reasoning: Evidence for collective rationality. *Thinking & Reasoning, 4,* 231–248.

Moss, Ellen, Cyr, Chantal, & Dubois-Comtois, Karine. (2004). Attachment at early school age and developmental risk: Exam ining family contexts and behavior problems of controlling-caregiving, controlling-punitive, and behaviorally disorganized children. *Developmental Psychology, 40,* 519–532.

Moster, Dag, Lie, Rolv T., Irgens, Lorentz M., Bjerkedal, Tor, & Markestad, Trond. (2001). The association of Apgar score with subsequent death and cerebral palsy: A population-based study in term infants. *Journal of Pediatrics, 138,* 798–803.

Mpofu, Elias, & van de Vijver, Fons J. R. (2000). Taxonomic structure in early to middle childhood: A longitudinal study with Zim bab wean schoolchildren. *International Journal of Behavioral Development, 24,* 204–212.

Msall, Michael E., Avery, Roger C., Tremont, Michelle R., Lima, Julie C., Rogers, Michelle L., & Hogan, Dennis P. (2003). Functional disability and school activity limitations in 41,300 school-age children: Relationship to medical impairments. *Pediatrics, 111,* 548–553.

Mullis, Ina V. S., Martin, Michael O., Gonzalez, Eugenio J., & Chrostowski, Steven J. (2004). *TIMSS 2003 international mathematics report: Findings from IEA's trends in international mathematics and science study at the eighth and fourth grades.* Chestnut Hill, MA: TIMSS & PIRLS International Study Center, Lynch School of Education, Boston College.

Mullis, Ina V. S., Martin, Michael O., Gonzalez, Eugenio J., & Kennedy, Ann M. (2003). *PIRLS 2001 international report: IEA's study of reading literacy achievement in primary school in 35 countries.* Chestnut Hill, MA: PIRLS International Study Center, Lynch School of Education, Boston College.

Mulvey, Edward P., & Cauffman, Elizabeth. (2001). The inherent limits of predicting school violence. *American Psychologist, 56,* 797–802.

Mumme, Donna L., & Fernald, Anne. (2003). The infant as onlooker: Learning from emotional reactions observed in a television scenario. *Child Development, 74,* 221–237.

Murphy, J. Michael, Wehler, Cheryl A., Pagona, Maria E., Little, Michelle, Kleinman, Ronald E., & Jellinek, Michael S. (2001). Relationship between hunger and psychosocial functioning in low-income American children. En Margaret Hertzig y Ellen Farber (Eds.), *Annual Progress in Child Psychiatry and Child Development 1999* (pp. 215–228). Philadelphia: Brunner-Routledge.

Murphy, Shane M. (1999). *The cheers and the tears: A healthy alternative to the dark side of youth sports today.* San Francisco: Jossey-Bass.

Musick, Kelly. (2002). Planned and un-planned childbearing among unmarried women. *Journal of Marriage & Family, 64,* 915–929.

Mustillo, Sarah, Worthman, Carol, Erkanli, Alaattin, Keeler, Gordon, Angold, Adrian, & Costello, E. Jane. (2003). Obesity and psychiatric disorder: Developmental trajectories. *Pediatrics, 111,* 851–859.

Muter, Valerie, Hulme, Charles, Snowling, Margaret J., & Stevenson, Jim. (2004). Phonemes, rimes, vocabulary, and grammatical skills as foundations of early reading development: Evidence from a longitudinal study. *Developmental Psychology, 40,* 665–681.

Naito, Mika, & Miura, Hisayoshi. (2001). Japanese children's numerical competencies: Age- and schooling-related influences on the development of number concepts and addition skills. *Developmental Psychology, 37,* 217–230.

Nakamura, Suad, Wind, Marilyn, & Danello, Mary Ann. (1999). Review of hazards associated with children placed in adult beds. *Archives of Pediatrics and Adolescent Medicine, 153,* 1019–1023.

Nantais, Kristin M., & Schellenberg, E. Glenn. (1999). The Mozart effect: An artifact of preference. *Psychological Science, 10,* 370–373.

National Academy of Sciences. (1994). *Assessing genetic risks: Implications for health and social policy* (Lori B. Andrews, Jane E. Fullarton, Neil A. Holtzman y Arno G. Motulsky, Ed.). Washington, DC: National Academy Press.

National Center for Education Statistics. (2005). *The condition of education 2005: Appendix 1—Supplemental table 27-1.* Consultado el 11 de setiembre de 2005 en: http://nces.ed.gov/pubs2005/ 2005094_App1.pdf

National Center for Health Statistics. (21 de setiembre de 2000). Deaths: Final data for 1999. *National vital statistics reports, 49*(8).

National Center for Health Statistics. (16 de setiembre de 2002). Deaths: Leading causes for 2000. *National Vital Statistics Reports, 50*(16).

National Center for Health Statistics. (12 de octubre de 2004). Deaths: Final data for 2002, cuadro 3. *National Vital Statistics Reports, 53*(5), 21.

National Research Council and Institute of Medicine, Board on Children, Youth, and Families (U.S.), Committee on Integrating the Science of Early Child hood Development. (2000). *From neurons to neighborhoods: The science of early childhood development.* Washington, DC: National Academy Press.

National Task Force on Fetal Alcohol Syndrome and Fetal Alcohol Effect. (20 de setiembre de 2002). Defining the national agenda for fetal alcohol syndrome and other prenatal alcohol-related effects. *MMWR Recommendations and Reports, 51*(RR-14), 9–12.

Nell, Victor. (2002). Why young men drive dangerously: Implications for injury prevention. *Current Directions in Psychological Science, 11,* 75–79.

Nelson, Adie. (2000). The pink dragon is female: Halloween costumes and gender markers. *Psychology of Women Quarterly, 24,* 137–144.

Nelson, Charles A. (2004). Brain development during puberty and adolescence: Comments on Part II. *Annals of the New York Academy of Sciences, 1021,* 105–109.

Nelson, Charles A., Bloom, Floyd E., Cameron, Judy L., Amaral, David, Dahl, Ronald E., & Pine, Daniel. (2002). An integrative, multidisciplinary approach to the study of brain-behavior relations in the context of typical and atypical development. *Development & Psychopathology, 14,* 499–520.

Nelson, Charles A., & Webb, Sara J. (2003). A cognitive neuroscience perspective on early memory development. En Michelle De Haan y Mark H. Johnson (Eds.), *The cognitive neuroscience of development* (pp. 99–126). New York: Psychology Press.

Nelson, Jennifer A., Chiasson, Mary Ann, & Ford, Viola. (2004). Childhood overweight in a New York City WIC population. *American Journal of Public Health, 94,* 458–462.

Nelson, Katherine. (1996). *Language in cognitive development: The emergence of the mediated mind.* New York: Cambridge University Press.

Nemy, Enid (with Alexander, Ron). (2 de noviembre de 1998). Periódico. *New York Times,* pp. B2.

Nesdale, Drew. (2004). Social identity processes and children's ethnic prejudice. En Mark Bennett y Fabio Sani (Eds.), *The development of the social self* (pp. 219–245). Hove, East Sussex, England: Psychology Press.

Nesselroade, John R., & Molenaar, Peter C. M. (2003). Quantitative models for developmental processes. En Jaan Valsiner y Kevin J. Connolly (Eds.), *Handbook of developmental psychology* (pp. 622–639). Thousand Oaks, CA: Sage.

Neuman, Michelle J. (2002). The wider context: An international overview of transition issues. En Hilary Fabian y Aline-Wendy Dunlop (Eds.), *Transitions in the early years: Debating continuity and progression for young children in early education* (pp. 8–22). New York: RoutledgeFalmer.

Newcomb, Andrew F., Bukowski, William M., & Pattee, Linda. (1993). Children's peer relations: A meta-analytic review of popular, rejected, neglected, controversial, and average sociometric status. *Psychological Bulletin, 113,* 99–128.

Newman, Rochelle S. (2005). The cocktail party effect in infants revisited: Listening to one's name in noise. *Developmental Psychology, 41,* 352–362.

Newnham, John P., Doherty, Dorota A., Kendall, Garth E., Zubrick, Stephen R., Landau, Louis L., & Stanley, Fiona J. (2004). Effects of repeated prenatal ultrasound examinations on childhood outcome up to 8 years of age: Follow-up of a randomised controlled trial. *Lancet, 364,* 2038–2044.

Nguyen, Huong Q., Jumaan, Aisha O., & Seward, Jane F. (2005). Decline in mortality due to varicella after implementation of varicella vaccination in the United States. *New England Journal of Medicine, 352,* 450–458.

Nguyen, Simone P., & Murphy, Gregory L. (2003). An apple is more than just a fruit: Cross-classification in children's concepts. *Child Development, 74,* 1783–1806.

NICHD Early Child Care Research Network. (1999). Child care and mother-child interaction in the first 3 years of life. *Developmental Psychology, 35,* 1399–1413.

NICHD Early Child Care Research Network. (2000). The relation of child care to cognitive and language development. *Child Development, 71,* 960–980.

NICHD Early Child Care Research Network. (2001). Child care and children's peer interaction at 24 and 36 months: The NICHD study of early child care. *Child Development, 72,* 1478–1500.

NICHD Early Child Care Research Network. (2003). Does quality of child care affect child outcomes at age 4^1/$_2$? *Developmental Psychology, 39,* 451–469.

NICHD Early Child Care Research Network. (2003). Do children's attention processes mediate the link between family predictors and school readiness? *Developmental Psychology, 39,* 581–593.

NICHD Early Child Care Research Network. (2003). Does amount of time spent in child care predict socioemotional adjustment during the transition to kindergarten? *Child Development, 74,* 976–1005.

NICHD Early Child Care Research Network. (2004). Does class size in first grade relate to children's academic and social performance or observed classroom processes? *Developmental Psychology, 40,* 651–664.

NICHD Early Child Care Research Network. (2004). Are child developmental outcomes related to before- and after-school care arrangements? Results from the NICHD Study of Early Child Care. *Child Development, 75,* 280–295.

NICHD Early Child Care Research Network. (2005). Pathways to reading: The role of oral language in the transition to reading. *Developmental Psychology, 41,* 428–442.

NICHD Early Child Care Research Network (Ed.). (2005). *Child care and child development: Results from the NICHD study of early child care and youth development.* New York: Guilford Press.

Nielsen, David A., Virkkunen, Matti, Lappalainen, Jaakko, Eggert, Monica, Brown, Gerald L., Long, Jeffrey C., et al. (1998). A tryptophan hydroxylase gene marker for suicidality and alcoholism. *Archives of General Psychiatry, 55,* 593–602.

Nieto, Sonia. (2000). *Affirming diversity: The sociopolitical context of multicultural education* (3ª ed.). New York: Longman.

Nishina, Adrienne, & Juvonen, Jaana. (2005). Daily reports of witnessing and experiencing peer harassment in middle school. *Child Development, 76,* 435–450.

Nixon, James. (2000). Injury prevention and children's rights. En Dinesh Mohan y Geetam Tiwari (Eds.), *Injury prevention and control* (pp. 167–180). London: Taylor y Francis.

No Child Left Behind Act of 2001, 20 U.S.C. § 6301 (2002).

Nsamenang, A. Bame. (2002). Adolescence in sub-Saharan Africa: An image constructed from Africa's triple inheritance. En B. Bradford Brown, Reed W. Larson y T. S. Saraswathi (Eds.), *The world's youth: Adolescence in eight regions of the globe* (pp. 61–104). New York: Cambridge University Press.

Nunan, David, & Lam, Agnes. (1998). Teacher education for multilingual contexts: Models and issues. En Jasone Cenoz y Fred Genesee (Eds.), *Beyond bilingualism: Multilingualism and multilingual education* (pp. 117–140). Clevedon, England: Multilingual Matters.

Nurmi, Jari-Erik. (2004). Socialization and self-development: Channeling, selection, adjustment, and reflection. En Richard M. Lerner y Laurence D. Steinberg (Eds.), *Handbook of adolescent psychology* (2ª ed., pp. 85–124). Hoboken, NJ: Wiley.

O'Connor, Thomas G. (2002). The 'effects' of parenting reconsidered: Findings, challenges, and applications. *Journal of Child Psychology & Psychiatry, 43,* 555–572.

O'Connor, Thomas G., Rutter, Michael, Beckett, Celia, Keaveney, Lisa, Kreppner, Jana M., & English & Romanian Adoptees Study Team. (2000). The effects of global severe privation on cognitive competence: Extension and longitudinal follow-up. *Child Development, 71,* 376–390.

O'Dell, Laura E., Bruijnzeel, Adrie W., Ghozland, Sandy, Markou, Athina, & Koob, George F. (2004). Nicotine withdrawal in adolescent and adult rats. *Annals of the New York Academy of Sciences, 1021,* 167–174.

O'Donoghue, Ted, & Rabin, Matthew. (2001). Risky behavior among youths: Some issues from behavioral economics. En Jonathan Gruber (Ed.), *Risky behavior among youths: An economic analysis* (pp. 29–67). Chicago: University of Chicago Press.

O'Rahilly, Ronan R., & Müller, Fabiola. (2001). *Human embryology & teratology* (3ª ed.). New York: Wiley-Liss.

Oddy, Wendy H. (2004). A review of the effects of breastfeeding on respiratory infections, atopy, and childhood asthma. *Journal of Asthma, 41,* 605–621.

Ogbu, John U. (1993). Differences in cultural frame of reference. *International Journal of Behavioral Development, 16,* 483–506.

Ohring, Richard, Graber, Julia A., & Brooks-Gunn, Jeanne. (2002). Girls' recurrent and concurrent body dissatisfaction: Correlates and consequences over 8 years. *International Journal of Eating Disorders, 31,* 404–415.

Olausson, Petra Otterblad, Haglund, Bengt, Weitoft, Gunilla Ringbäck, & Cnattingius, Sven. (2001). Teenage childbearing and long-term socioeconomic consequences: A case study in Sweden. *Family Planning Perspectives, 33,* 70–74.

Olivo, Warren. (2003). "Quit talking and learn English!": Conflicting language ideologies in an ESL classroom. *Anthropology & Education Quarterly, 34,* 50–71.

Olson, Lynn. (22 de junio de 2005). States raise bar for high school diploma. *Education Week, 24,* 1, 28.

Olson, Sheryl L., Kashiwagi, Keiko, & Crystal, David. (2001). Concepts of adaptive and maladaptive child behavior: A comparison of U.S. and Japanese mothers of preschool-age children. *Journal of Cross-Cultural Psychology, 32,* 43–57.

Olweus, Dan. (1992). Bullying among schoolchildren: Intervention and prevention. En Ray DeV. Peters, Robert Joseph McMahon y Vernon L. Quinsey (Eds.), *Aggression and violence throughout the life span* (pp. 100–125). Thousand Oaks, CA: Sage.

Olweus, Dan. (1993). Victimization by peers: Antecedents and long-term outcomes. En Kenneth H. Rubin y Jens B. Asendorpf (Eds.), *Social withdrawal, inhibition, and shyness in childhood* (pp. 315–341). Hillsdale, NJ: Erlbaum.

Olweus, Dan. (1999). Norway. En Peter K. Smith, Yohji Morita, Josine Junger-Tas, Dan Olweus, Richard F. Catalano y Phillip Slee (Eds.), *The nature of school bullying: A cross-national perspective* (pp. 28–48). London: Routledge.

Oosterlaan, Jaap, Logan, Gordon D., & Sergeant, Joseph A. (1998). Response inhibition in AD/HD, CD, comorbid AD/HD + CD, anxious, and control children: A meta-analysis of studies with the stop task. *Journal of Child Psychology & Psychiatry & Allied Disciplines, 39,* 411–425.

Oppenheim, David. (1998). Perspectives on infant mental health from Israel: The case of changes in collective sleeping on the kibbutz. *Infant Mental Health Journal, 19,* 76–86.

Orfield, Gary, & Kornhaber, Mindy L. (2001). *Raising standards or raising barriers? Inequality and high-stakes testing in public education.* New York: Century Foundation Press.

Orford, Jim. (2001). *Excessive appetites: A psychological view of addictions* (2ª ed.). New York: Wiley.

Orsini, Alfonso J. (13 de julio de 2005). Big tests, big sticks: The social contexts of high-stakes testing in China and the United States. *Education Week, 24,* 37–38.

Pang, Jenny W. Y., Heffelfinger, James D., Huang, Greg J., Benedetti, Thomas J., & Weiss, Noel S. (2002). Outcomes of planned home births in Washington State: 1989–1996. *Obstetrics & Gynecology, 100,* 253–259.

Panksepp, Jaak. (1998). Attention deficit hyperactivity disorders, psychostimulants and intolerance of childhood playfulness: A tragedy in the making? *Current Directions in Psychological Science, 7,* 91–98.

Parízková, Jana, & Hills, Andrew P. (2005). *Childhood obesity: Prevention and treatment* (2ª ed.). Boca Raton, FL: CRC Press.

Park, D. J. J., & Congdon, Nathan G. (2004). Evidence for an "epidemic" of myopia. *Annals, Academy of Medicine, Singapore, 33,* 21–26.

Parke, Ross D. (1996). *Fatherhood.* Cambridge, MA: Harvard University Press.

Parke, Ross D., Coltrane, Scott, Duffy, Sharon, Buriel, Raymond, Dennis, Jessica, Powers, Justina, et al. (2004). Economic stress, parenting, and child adjustment in Mexican American and European American families. *Child Development, 75,* 1632–1656.

Parke, Ross D., Ornstein, Peter A., Rieser, John J., & Zahn-Waxler, Carolyn. (1994). The past as prologue: An overview of a century of developmental psychology. En Ross D. Parke, Peter A. Ornstein, John J. Rieser y Carolyn Zahn-Waxler (Eds.), *A century of developmental psychology* (pp. 1–72). Washington, DC: American Psychological Association.

Parker, Richard. (2002). The global HIV/AIDS pandemic, structural inequalities, and the politics of international health. *American Journal of Public Health, 92,* 343–347.

Parker, Susan W., & Nelson, Charles A. (2005). The impact of early institutional rearing on the ability to discriminate facial expressions of emotion: An event-related potential study. *Child Development, 76,* 54–72.

Parsell, Diana. (13 de noviembre de 2004). Assault on autism. *Science News, 166,* 311–312.

Parten, Mildred B. (1932). Social participation among pre-school children. *Journal of Abnormal & Social Psychology, 27,* 243–269.

Pascarella, Ernest T., & Terenzini, Patrick T. (1991). *How college affects students: Findings and insights from twenty years of research.* San Francisco: Jossey-Bass.

Pascual-Leone, Álvaro, & Torres, Fernando. (1993). Plasticity of the sensorimotor cortex representation of the reading finger in Braille readers. *Brain, 116,* 39–52.

Patel, Dilip R., & Luckstead, Eugene F. (2000). Sport participation, risk taking, and health risk behaviors. *Adolescent Medicine, 11,* 141–155.

Patrick, Kevin, Norman, Gregory J., Calfas, Karen J., Sallis, James F., Zabinski, Marion F., Rupp, Joan, et al. (2004). Diet, physical activity, and sedentary behaviors as risk factors for overweight in adolescence. *Archives of Pediatrics & Adolescent Medicine, 158,* 385–390.

Patterson, Charlotte J. (2002). Lesbian and gay parenthood. En Marc H. Bornstein (Ed.), *Handbook of parenting: Vol. 3. Being and becoming a parent* (2ª ed., pp. 317–338). Mahwah, NJ: Erlbaum.

Patterson, Gerald R. (1998). Continuities—A search for causal mechanisms: Comment on the special section. *Developmental Psychology, 34,* 1263–1268.

Paulesu, Eraldo, Demonet, J.-F., Fazio, F., McCrory, E., Chanoine, V., Brunswick, N., et al. (2001). Dyslexia: Cultural diversity and biological unity. *Science, 291,* 2165–2167.

Pauli-Pott, Ursula, Mertesacker, Bettina, & Beckmann, Dieter. (2004). Predicting the development of infant emotionality from maternal characteristics. *Development & Psychopathology, 16,* 19–42.

Pedersen, Sara, Seidman, Edward, Yoshikawa, Hirokazu, Rivera, Ann C., Allen, LaRue, & Aber, J. Lawrence. (2005). Contextual competence: Multiple manifestations among urban adolescents. *American Journal of Community Psychology, 35,* 65–82.

Pellegrini, Anthony D., & Galda, Lee. (1998). *The development of school-based literacy: A social ecological perspective.* New York: Routledge.

Pellegrini, Anthony D., & Smith, Peter K. (2001). Physical activity play: The nature and function of a neglected aspect of play. En Margaret Hertzig y Ellen Farber (Eds.), *Annual Progress in Child Psychiatry and Child Development 1999* (pp. 1–36). Philadelphia: Brunner-Routledge.

Peltonen, Leena, & McKusick, Victor A. (2001). Genomics and medicine: Dissecting human disease in the postgenomic era. *Science, 291,* 1224–1229.

Pennington, Bruce F. (2001). Genetic methods. En Charles A. Nelson y Mónica Luciana (Eds.), *Handbook of developmental cognitive neuroscience* (pp. 149–158). Cambridge, MA: MIT Press.

Pennington, Bruce Franklin. (2002). *The development of psychopathology: Nature and nurture.* New York: Guilford Press.

Pepler, Debra, Craig, Wendy, Yuile, Amy, & Connolly, Jennifer. (2004). Girls who bully: A developmental and relational perspective. En Martha Putallaz y Karen L. Bierman (Eds.), *Aggression, antisocial behavior, and violence among girls: A developmental perspective* (pp. 90–109). New York: Guilford.

Perfetti, Jennifer, Clark, Roseanne, & Fillmore, Capri-Mara. (2004). Postpartum depression: Identification, screening, and treatment. *Wisconsin Medical Journal, 103*(6), 56–63.

Perner, Josef. (2000). About + belief + counterfactual. En Peter Mitchell y Kevin John Riggs (Eds.), *Children's reasoning and the mind* (pp. 367–401). Hove, England: Psychology Press.

Perner, Josef, Lang, Birgit, & Kloo, Daniela. (2002). Theory of mind and self-control: More than a common problem of inhibition. *Child Development, 73,* 752–767.

Perriello, Vito A., Jr. (setiembre de 2001). Aiming for healthy weight in wrestlers and other athletes. *Contemporary Pediatrics, 18*(9), 55–56, 58, 61–62, 65–66, 68, 72–74.

Perry, William G., Jr. (1981). Cognitive and ethical growth: The making of meaning. En Arthur W. Chickering (Ed.), *The modern American college: Responding to the new realities of diverse students and a changing society* (pp. 76–116). San Francisco: Jossey-Bass.

Persaud, Trivedi V. N., Chudley, Albert E., & Skalko, Richard G. (1985). *Basic concepts in teratology.* New York: Liss.

Pérusse, Louis, & Bouchard, Claude. (1999). Role of genetic factors in childhood obesity and in susceptibility to dietary variations. *Annals of Medicine, 31*(Suplemento 1), 19–25.

Peterson, James C. (2001). *Genetic turning points: The ethics of human genetic intervention.* Grand Rapids, MI: Eerdmans.

Petitto, Laura Ann, & Marentette, Paula F. (1991). Babbling in the manual mode: Evidence for the ontogeny of language. *Science, 251,* 1493–1496.

Petrou, Stavros, Sach, Tracey, & Davidson, Leslie L. (2001). The long-term costs of preterm birth and low birth weight: Results of a systematic review. *Child: Care, Health & Development, 27,* 97–115.

Pettit, Gregory S. (2004). Violent children in developmental perspective: Risk and protective factors and the mechanisms through which they (may) operate. *Current Directions in Psychological Science, 13,* 194–197.

Pettit, Gregory S., Bates, John E., & Dodge, Kenneth A. (1997). Supportive parenting, ecological context, and children's adjustment: A seven-year longitudinal study. *Child Development, 68,* 908–923.

Pettit, Gregory S., Laird, Robert D., Dodge, Kenneth A., Bates, John E., & Criss, Michael M. (2001). Antecedents and behavior-problem outcomes of parental monitoring and psychological control in early adolescence. *Child Development, 72,* 583–598.

Pew Environmental Health Commission. (2000). *Attack asthma: Why America needs a public health defense system to battle environmental threats.* Baltimore: Johns Hopkins School of Public Health.

Phelps, Elizabeth A., O'Connor, Kevin J., Cunningham, William A., Funayama, E. Sumie, Gatenby, J. Christopher, Gore, John C., et al. (2000). Performance on indirect measures of race evaluation predicts amygdala activation. *Journal of Cognitive Neuroscience, 12,* 729–738.

Philip, John, Silver, Richard K., Wilson, R. Douglas, Thom, Elizabeth A., Zachary, Julia M., Mohide, Patrick, et al. (2004). Late first-trimester invasive prenatal diagnosis: Results of an international randomized trial. *Obstetrics & Gynecology, 103,* 1164–1173.

Phillips, Deborah A., & White, Sheldon H. (2004). New possibilities for research on Head Start. En Edward Zigler y Sally J. Styfco (Eds.), *The Head Start debates* (pp. 263–278). Baltimore: Brookes.

Phipps, Maureen G., & Sowers, MaryFran. (2002). Defining early adolescent childbearing. *American Journal of Public Health, 92,* 125–128.

Piaget, Jean. (1929). *The child's conception of the world* (Trads. Joan y Andrew Tomlinson). London: K. Paul Trench Trubner.

Piaget, Jean. (1932). *The moral judgment of the child* (Trad. Marjorie Gabain). London: K. Paul Trench Trubner.

Piaget, Jean. (1952). *The origins of intelligence in children* (Trad. M. Cook). Oxford, England: International Universities Press. (Trabajo original publicado en 1936)

Piaget, Jean. (1962). *Play, dreams and imitation in childhood* (Trads. C. Gattegno y F. M. Hodgson). New York: Norton. (Trabajo original publicado en 1945)

Piaget, Jean, & Moreau, Albert. (2001). *The inversion of arithmetic operations* (Trad. y Ed. Robert L. Campbell). Hove, E. Sussex, England: Psychology Press. (Trabajo original publicado en 1977)

Piaget, Jean, Voelin-Liambey, Daphne, & Berthoud-Papandropoulou, Ioanna. (2001). *Problems of class inclusion and logical implication* (Ed. y Trad. Robert L. Campbell). Hove, E. Sussex, England: Psychology Press. (Trabajo original publicado en 1977)

Pickett, Kate E., Mookherjee, Jessica, & Wilkinson, Richard G. (2005). Adolescent birth rates, total homicides, and income inequality in rich countries. *American Journal of Public Health, 95,* 1181–1183.

Pinborg, Anja, Loft, Anne, & Nyboe Andersen, Anders. (2004). Neonatal outcome in a Danish national cohort of 8602 children born after in vitro fertilization or intracytoplasmic sperm injection: The role of twin pregnancy. *Acta Obstetricia et Gynecologica Scandinavica, 83,* 1071–1078.

Pinker, Steven. (1994). *The language instinct.* New York: William Morrow.

Piontelli, Alessandra. (2002). *Twins: From fetus to child.* London: Routledge.

Pitt, W. Robert, & Cass, Danny T. (2001). Preventing children drowning in Australia. *Medical Journal of Australia, 175,* 603–604.

Plank, Stephen B., & MacIver, Douglas J. (2003). Educational achievement. En Marc H. Bornstein, Lucy Davidson, Corey L. M. Keyes y Kristin Moore (Eds.), *Well-being: Positive development across the life course* (pp. 341–354). Mahwah, NJ: Erlbaum.

Plomin, Robert. (2002). Behavioural genetics in the 21st century. En Willard W. Hartup y Rainer K. Silbereisen (Eds.), *Growing points in developmental science: An introduction* (pp. 47–63). Philadelphia: Psychology Press.

Plomin, Robert, DeFries, John C., McClearn, Gerald E., & McGuffin, Peter. (2001). *Behavioral genetics* (4ª ed.). New York: Worth.

Plomin, Robert, & McGuffin, Peter. (2003). Psychopathology in the postgenomic era. *Annual Review of Psychology, 54,* 205–228.

Plutchik, Robert. (2003). *Emotions and life: Perspectives from psychology, biology, and evolution.* Washington, DC: American Psychological Association.

Pollack, Harold, & Frohna, John. (2001). A competing risk model of sudden infant death syndrome incidence in two U.S. birth cohorts. *Journal of Pediatrics, 138,* 661–667.

Pollak, Seth D., Cicchetti, Dante, Hornung, Katherine, & Reed, Alex. (2000). Recognizing emotion in faces: Developmental effects of child abuse and neglect. *Developmental Psychology, 36,* 679–688.

Pomerantz, Eva M., & Rudolph, Karen D. (2003). What ensues from emotional distress? Implications for competence estimation. *Child Development, 74,* 329–345.

Pong, Suet-ling, Dronkers, Jaap, & Hampden-Thompson, Gillian. (2003). Family policies and children's school achievement in single- versus two-parent families. *Journal of Marriage and Family, 65,* 681–699.

Ponsonby, Anne-Louise, Dwyer, Terence, Gibbons, Laura E., Cochrane, Jennifer A., & Wang, You-Gan. (1993). Factors potentiating the risk of sudden infant death syndrome associated with the prone position. *New England Journal of Medicine, 329,* 377–382.

Posner, Michael I., & Rothbart, Mary K. (2000). Developing mechanisms of self-regulation. *Development and Psychopathology, 12,* 427–441.

Powlishta, Kimberly. (2004). Gender as a social category: Intergroup processes and gender-role development. En Mark Bennett y Fabio Sani (Eds.), *The development of the social self* (pp. 103–133). Hove, East Sussex, England: Psychology Press.

Prinzie, Peter, Onghena, P., Hellinckx, W., Grietens, H., Ghesquiere, P., & Colpin, H. (2003). The additive and interactive effects of parenting and children's personality on externalizing behaviour. *European Journal of Personality, 17,* 95–117.

Putallaz, Martha, Kupersmidt, Janis B., Cole, John D., McKnight, Kate, & Grimes, Christina L. (2004). A behavioral analysis of girls' aggression and victimization. En Martha Putallaz y Karen L. Bierman (Eds.), *Aggression, antisocial behavior, and violence among girls: A developmental perspective* (pp. 110–134). New York: Guilford.

Quinn, Paul C. (2004). Development of subordinate-level categorization in 3- to 7-month-old infants. *Child Development, 75,* 886–899.

Qvortrup, Jens. (2000). Microanalysis of childhood. En Pia Monrad Christensen y Allison James (Eds.), *Research with children: Perspectives and practices* (pp. 77–97). London: Falmer Press.

Raley, R. Kelly, & Wildsmith, Elizabeth. (2004). Cohabitation and children's family instability. *Journal of Marriage & Family, 66,* 210–219.

Ramey, Craig T., Ramey, Sharon Landesman, Lanzi, Robin Gaines, & Cotton, Janice N. (2002). Early educational interventions for high-risk children: How center-based treatment can augment and improve parenting effectiveness. En John G. Borkowski, Sharon Landesman Ramey y Marie Bristol-Power (Eds.), *Parenting and the child's world: Influences on academic, intellectual, and social-emotional development* (pp. 125–140). Mahwah, NJ: Erlbaum.

Ramey, Sharon Landesman. (2002). The science and art of parenting. En John G. Borkowski, Sharon Landesman Ramey y Marie Bristol-Power (Eds.), *Parenting and the child's world: Influences on academic, intellectual, and social-*

emotional development (pp. 47–71). Mahwah, NJ: Erlbaum.

Ramey, Sharon Landesman. (2005). Human developmental science serving children and families: Contributions of the NICHD study of early child care. En NICHD Early Child Care Research Network (Ed.), *Child care and child development: Results from the NICHD study of early child care and youth development* (pp. 427–436). New York: Guilford Press.

Rankin, Jane L., Lane, David J., Gibbons, Frederick X., & Gerrard, Meg. (2004). Adolescent self-consciousness: Longitudinal age changes and gender differences in two cohorts. *Journal of Research on Adolescence, 14*, 1–21.

Rao, Raghavendra, & Georgieff, Michael K. (2000). Early nutrition and brain development. En Charles A. Nelson (Ed.), *The Minnesota symposia on child psychology: Vol. 31. The effects of early adversity on neurobehavioral development* (pp. 1–30). Mahwah, NJ: Erlbaum.

Rauscher, Frances H., & Shaw, Gordon L. (1998). Key components of the Mozart effect. *Perceptual & Motor Skills, 86*(3, Pt. 1), 835–841.

Rauscher, Frances H., Shaw, Gordon L., & Ky, Catherine N. (14 de octubre de 1993). Music and spatial task performance. *Nature, 365,* 611.

Rayco-Solon, Pura, Fulford, Anthony J., & Prentice, Andrew M. (2005). Differential effects of seasonality on preterm birth and intrauterine growth restriction in rural Africans. *American Journal of Clinical Nutrition, 81,* 134–139.

Rayner, Keith, Foorman, Barbara R., Perfetti, Charles A., Pesetsky, David, & Seidenberg, Mark S. (2001). How psychological science informs the teaching of reading. *Psychological Science in the Public Interest, 2,* 31–74.

Reid, John B., Patterson, Gerald R., & Snyder, James J. (Eds.). (2002). *Antisocial behavior in children and adolescents: A developmental analysis and the Oregon model for intervention.* Washington, DC: American Psychological Association.

Reiss, David, & Neiderhiser, Jenae M. (2000). The interplay of genetic influences and social processes in developmental theory: Specific mechanisms are coming into view. *Development & Psychopathology, 12,* 357–374.

Reiss, David, Neiderhiser, Jenae M., Hetherington, E. Mavis, & Plomin, Robert. (2000). *The relationship code: Deciphering genetic and social influences on adolescent development.* Cambridge, MA: Harvard University Press.

Reiter, Edward O., & Lee, Peter A. (2001). Have the onset and tempo of puberty changed? *Archives of Pediatrics & Adolescent Medicine, 155,* 988–989.

Remage-Healey, Luke, & Bass, Andrew H. (2004). Rapid, hierarchical modulation of vocal patterning by steroid hormones. *Journal of Neuroscience, 24,* 5892–5900.

Renninger, K. Ann, & Amsel, Eric. (1997). Change and development: An introduction. En Eric Amsel y K. Ann Renninger (Eds.), *Change and development: Issues of theory, method, and application.* Mahwah, NJ: Erlbaum.

Repetti, Rena L., Taylor, Shelley E., & Seeman, Teresa E. (2002). Risky families: Family social environments and the mental and physical health of offspring. *Psychological Bulletin, 128,* 330–366.

Research Advisory Committee of the National Council of Teachers of Mathematics. (1989). The mathematics education of underserved and underrepresented groups: A continuing challenge. *Journal for Research in Mathematics Education, 20,* 371–375.

Resnick, Lauren, & Zurawsky, Chris. (2005). Getting back on course: Standards-based reform and accountability. *American Educator, 29,* 8–19, 44.

Rest, James, Narvaez, Darcia, Bebeau, Muriel J., & Thoma, Stephen J. (1999). *Postconventional moral thinking: A neo-Kohlbergian approach.* Mahwah, NJ: Erlbaum.

Retting, Richard A., Ferguson, Susan A., & McCartt, Anne T. (2003). A review of evidence-based traffic engineering measures designed to reduce pedestrian-motor vehicle crashes. *American Journal of Public Health, 93,* 1456–1463.

Reyna, Valerie F. (2004). How people make decisions that involve risk: A dual-processes approach. *Current Directions in Psychological Science, 13,* 60–66.

Reynolds, Arthur J. (2000). *Success in early intervention: The Chicago child-parent centers.* Lincoln, NE: University of Nebraska Press.

Rhodes, Jean E., & Roffman, Jennifer G. (2003). Nonparental adults as asset builders in the lives of youth.

En Richard M. Lerner y Peter L. Benson (Eds.), *Developmental assets and asset-building communities: Implications for research, policy, and practice* (pp. 195–209). New York: Kluwer/Plenum.

Rice, Amy L., Sacco, Lisa, Hyder, Adnan, & Black, Robert E. (2000). Malnutrition as an underlying cause of childhood deaths associated with infectious diseases in developing countries. *Bulletin of the World Health Organization, 78,* 1207–1221.

Richardson, Chinué Turner, & Dailard, Cynthia. (2005). Politicizing statutory rape reporting requirements: A mounting campaign? *The Guttmacher Report on Public Policy, 8,* 1–3.

Ridley, Matt. (1999). *Genome: The autobiography of a species in 23 chapters.* New York: HarperCollins.

Ridley, Matt. (2004). *The agile gene: How nature turns on nurture* (1st Perennial ed.). New York: Perennial.

Riordan, Jan (Ed.). (2005). *Breastfeeding and human lactation* (3ª ed.). Sudbury, MA: Jones and Bartlett.

Roberts, Donald F., & Foehr, Ulla G. (2004). *Kids and media in America: Patterns of use at the millennium.* New York: Cambridge University Press.

Roberts, Donald F., Henriksen, Lisa, & Foehr, Ulla G. (2004). Adolescents and media. En Richard M. Lerner y Laurence D. Steinberg (Eds.), *Handbook of adolescent psychology* (2ª ed., pp. 487–521). Hoboken, NJ: Wiley.

Roberts, Robert E., Roberts, Catherine Ramsay, & Chen, Irene Ger. (2002). Impact of insomnia on future functioning of adolescents. *Journal of Psychosomatic Research, 53,* 561–569.

Robin, Daniel J., Berthier, Neil E., & Clifton, Rachel K. (1996). Infants' predictive reaching for moving objects in the dark. *Developmental Psychology, 32,* 824–835.

Robins, Lee N., Helzer, John E., & Davis, Darlene H. (1975). Narcotic use in southeast Asia and afterward. An interview study of 898 Vietnam returnees. *Archives of General Psychiatry, 32,* 955–961.

Robitaille, David F., & Beaton, Albert E. (Eds.). (2002). *Secondary analysis of the TIMSS data.* Boston: Kluwer.

Rochat, Philippe. (2001). *The infant's world.* Cambridge, MA: Harvard University Press.

Rodgers, Kathleen Boyce. (1999). Parenting processes related to sexual risk-taking behaviors of adolescent males and females. *Journal of Marriage & the Family, 61,* 99–109.

Rodier, Patricia M. (febrero de 2000). The early origins of autism. *Scientific American, 282,* 56–63.

Rodkin, Philip C., Farmer, Thomas W., Pearl, Ruth, & Van Acker, Richard. (2000). Heterogeneity of popular boys: Antisocial and prosocial configurations. *Developmental Psychology, 36,* 14–24.

Rogoff, Barbara. (1998). Cognition as a collaborative process. En William Damon (Ed. de la serie) y Deanna Kuhn y Robert S. Siegler (Eds. del vol.), *Handbook of child psychology: Vol. 2. Cognition, perception, and language* (5ª ed., pp. 679–744). New York: Wiley.

Rogoff, Barbara. (2003). *The cultural nature of human development.* New York: Oxford University Press.

Roid, Gale. (2003). *Stanford-Binet intelligence scales, fifth edition.* Itasca, IL: Riverside.

Roisman, Glenn I., Masten, Ann S., Coatsworth, J. Douglas, & Tellegen, Auke. (2004). Salient and emerging developmental tasks in the transition to adulthood. *Child Development, 75,* 123–133.

Rolland-Cachera, Marie Françoise, & Bellisle, France. (2002). Nutrition. En Walter Burniat, Tim J. Cole, Inge Lissau y Elizabeth M. E. Poskitt (Eds.), *Child and adolescent obesity: Causes and consequences, prevention and management* (pp. 69–92). New York: Cambridge University Press.

Romaine, Suzanne. (1999). Bilingual language development. En Martyn Barrett (Ed.), *The development of language* (pp. 251–275). Hove, England: Psychology Press.

Roschelle, Anne R. (1997). *No more kin: Exploring race, class, and gender in family networks.* Thousand Oaks, CA: Sage.

Rose, Amanda J., & Asher, Steven R. (1999). Children's goals and strategies in response to conflicts within a friendship. *Developmental Psychology, 35,* 69–79.

Rose, Amanda J., & Asher, Steven R. (2004). Children's strategies and goals in response to help-giving and help-seeking tasks within a friendship. *Child Development, 75,* 749–763.

Rose-Jacobs, Ruth, Cabral, Howard, Posner, Michael A., Epstein, Jennifer, & Frank, Deborah A. (2002). Do "we just know?" Masked assessors' ability to accurately identify children with prenatal cocaine exposure. *Journal of Developmental & Behavioral Pediatrics, 23,* 340–346.

Rosenberg, Noah A., Pritchard, Jonathan K., Weber, James L., Cann, Howard M., Kidd, Kenneth K., Zhivotovsky, Lev A., et al. (2002). Genetic structure of human populations. *Science, 298,* 2381–2385.

Rosenthal, Doreen A., Demetriou, Andreas, & Efklides, Anastasia. (1989). A cross-national study of the influence of culture on conflict between parents and adolescents. *International Journal of Behavioral Development, 12,* 207–219.

Rothbart, Mary K., & Bates, John E. (1998). Temperament. En William Damon (Ed. de la serie) y Nancy Eisenberg (Ed. del vol.), *Handbook of child psychology: Vol. 3. Social, emotional, and personality development* (5ª ed., pp. 105–176). New York: Wiley.

Rothbaum, Fred, Pott, Martha, Azuma, Hiroshi, Miyake, Kazuo, & Weisz, John. (2000). The development of close relationships in Japan and the United States: Paths of symbiotic harmony and generative tension. *Child Development, 71,* 1121–1142.

Rovee-Collier, Carolyn. (1987). Learning and memory in infancy. En Joy Doniger Osofsky (Ed.), *Handbook of infant development* (2ª ed., pp. 98–148). New York: Wiley.

Rovee-Collier, Carolyn. (1990). The "memory system" of prelinguistic infants. En Adele Diamond (Ed.), *Annals of the New York Academy of Sciences: Vol. 608. The development and neural bases of higher cognitive functions* (pp. 517–542). New York: New York Academy of Sciences.

Rovee-Collier, Carolyn. (2001). Information pick-up by infants: What is it, and how can we tell? *Journal of Experimental Child Psychology, 78,* 35–49.

Rovee-Collier, Carolyn, & Gerhardstein, Peter. (1997). The development of infant memory. En Nelson Cowan (Ed.), *The development of memory in childhood* (pp. 5–39). Hove, East Sussex, UK: Psychology Press.

Rovee-Collier, Carolyn, & Hayne, Harlene. (1987). Reactivation of infant memory: Implications for cognitive development. En Hayne W. Reese (Ed.), *Advances in child development and behavior* (Vol. 20, pp. 185–238). San Diego, CA: Academic Press.

Rovi, Sue, Chen, Ping-Hsin, & Johnson, Mark S. (2004). The economic burden of hospitalizations associated with child abuse and neglect. *American Journal of Public Health, 94,* 586–590.

Rowland, Andrew S., Umbach, David M., Stallone, Lil, Naftel, A. Jack, Bohlig, E. Michael, & Sandler, Dale P. (2002). Prevalence of medication treatment for attention deficit-hyperactivity disorder among elementary school children in Johnston County, North Carolina. *American Journal of Public Health, 92,* 231–234.

Royal College of Obstetricians and Gynaecologists Clinical Effectiveness Support Unit. (2001). *National sentinel caesarean section audit.* London: RCOG Press.

Rubin, Kenneth H. (2000). *The play observation scale (revised).* College Park, MD: University of Maryland.

Rubin, Kenneth H., Bukowski, William, & Parker, Jeffrey G. (1998). Peer interactions, relationships, and groups. En William Damon (Ed. de la serie) y Nancy Eisenberg (Ed. del vol.), *Handbook of child psychology: Vol. 3. Social, emotional, and personality development* (5ª ed., pp. 619–700). New York: Wiley.

Rubin, Kenneth H., Burgess, Kim B., & Hastings, Paul D. (2002). Stability and social-behavioral consequences of toddlers' inhibited temperament and parenting behaviors. *Child Development, 73,* 483–495.

Ruble, Diane, Álvarez, Jeanette, Bachman, Meredith, Cameron, Jessica, Fuligni, Andrew, Coll, Cynthia García, et al. (2004). The development of a sense of "we": The emergence and implications of children's collective identity. En Mark Bennett y Fabio Sani (Eds.), *The development of the social self* (pp. 29–76). Hove, East Sussex, England: Psychology Press.

Ruble, Diane N., & Martin, Carol Lynn. (1998). Gender development. En William Damon (Ed. de la serie) y Nancy Eisenberg (Ed. del vol.), *Handbook of child psychology: Vol. 3. Social, emotional, and personality development* (5ª ed., pp. 933–1016). New York: Wiley.

Ruffman, Ted, Slade, Lance, & Crowe, Elena. (2002). The relation between children's and mothers' mental state language and theory-of-mind understanding. *Child Development, 73,* 734–751.

Ruffman, Ted, Slade, Lance, Sandino, Juan Carlos, & Fletcher, Amanda. (2005). Are A-not-B errors caused by a belief about object location? *Child Development, 76,* 122–136.

Rumbaut, Rubén G., & Portes, Alejandro (Eds.). (2001). *Ethnicities: Children of immigrants in America.* Berkeley, CA and New York: University of California Press and the Russell Sage Foundation.

Russell, Mark. (2002). South Korea: Institute helps spread use of vaccines in Asia. *Science, 295,* 611–612.

Rust, John, Golombok, Susan, Hines, Melissa, Johnston, Katie, Golding, Jean, & The ALSPAC Study Team. (2000). The role of brothers and sisters in the gender development of preschool children. *Journal of Experimental Child Psychology, 77,* 292–303.

Rutland, Adam, Cameron, Lindsey, Milne, Alan, & McGeorge, Peter. (2005). Social norms and self-presentation: Children's implicit and explicit intergroup attitudes. *Child Development, 76,* 451–466.

Rutstein, Shea O. (2000). Factors associated with trends in infant and child mortality in developing countries during the 1990s. *Bulletin of the World Health Organization, 78,* 1256–1270.

Rutter, Michael. (1998). Some research considerations on intergenerational continuities and discontinuities: Comment on the special section. *Developmental Psychology, 34,* 1269–1273.

Rutter, Michael. (2002). The interplay of nature, nurture, and developmental influences: The challenge ahead for mental health. *Archives of General Psychiatry, 59,* 996–1000.

Rutter, Michael, Giller, Henri, & Hagell, Ann. (1998). *Antisocial behavior by young people.* New York: Cambridge University Press.

Rutter, Michael, & O'Connor, Thomas G. (2004). Are there biological programming effects for psychological development? Findings from a study of Romanian adoptees. *Developmental Psychology, 40,* 81–94.

Rutter, Michael, & Sroufe, L. Alan. (2000). Developmental psychopathology: Concepts and challenges. *Development & Psychopathology, 12,* 265–296.

Rutter, Michael, Thorpe, Karen, Greenwood, Rosemary, Northstone, Kate, & Golding, Jean. (2003). Twins as a natural experiment to study the causes of mild language delay: I: Design; twin-singleton differences in language, and obstetric risks. *Journal of Child Psychology and Psychiatry, 44,* 326–341.

Ryalls, Brigette Oliver. (2000). Dimensional adjectives: Factors affecting children's ability to compare objects using novel words. *Journal of Experimental Child Psychology, 76,* 26–49.

Ryalls, Brigette Oliver, Gul, Robina E., & Ryalls, Kenneth R. (2000). Infant imitation of peer and adult models: Evidence for a peer model advantage. *Merrill-Palmer Quarterly, 46,* 188–202.

Ryan, Michael J. (8 de junio de 2005). *Punching out in Little League.* Boston Herald. Consultado el 11 de setiembre de 2005 en: http://news.bostonherald.com/blogs/rapSheet/index.bg?mode=viewid&post_id=190

Sackett, Paul R., Hardison, Chaitra M., & Cullen, Michael J. (2004). On interpreting stereotype threat as accounting for African American-White differences on cognitive tests. *American Psychologist, 59,* 7–13.

Sackett, Paul R., Schmitt, Neal, Ellingson, Jill E., & Kabin, Melissa B. (2001). High-stakes testing in employment, credentialing, and higher education: Prospects in a post-affirmative-action world. *American Psychologist, 56,* 302–318.

Sacks, Oliver W. (1998). *The man who mistook his wife for a hat and other clinical tales.* New York: Simon & Schuster. (Trabajo original publicado en 1970.)

Sadeh, Avi, Raviv, Amiram, & Gruber, Reut. (2000). Sleep patterns and sleep disruptions in school-age children. *Developmental Psychology, 36,* 291–301.

Sagi, Abraham, Koren-Karie, Nina, Gini, Motti, Ziv, Yair, & Joels, Tirtsa. (2002). Shedding further light on the effects of various types and quality of early child care on infant-mother attachment relationship: The Haifa study of early child care. *Child Development, 73,* 1166–1186.

Salazar, Lilia P., Schludermann, Shirin M., Schludermann, Eduard H., & Huynh, Cam-Loi. (2000). Filipino adolescents' parental socialization for academic achievement in the United States. *Journal of Adolescent Research, 15,* 564–586.

Salkind, Neil J. (2004). *An introduction to theories of human development.* Thousand Oaks, CA: Sage.

Salmivalli, Christina, Ojanen, Tiina, Haanpaa, Jemina, & Peets, Katlin. (2005). "I'm OK but you're not" and other peer-relational schemas: Explaining individual differences in children's social goals. *Developmental Psychology, 41,* 363–375.

Salzarulo, Piero, & Fagioli, Igino. (1999). Changes of sleep states and physiological activities across the first year of life. En Alex Fedde Kalverboer, María Luisa Genta y J. B. Hopkins (Eds.), *Current issues in developmental psychology: Biopsychological perspectives* (pp. 53–73). Dordrecht, The Netherlands: Kluwer.

Sameroff, Arnold J. (2000). Developmental systems and psychopathology. *Development & Psychopathology, 12,* 297–312.

Sameroff, Arnold J., & MacKenzie, Michael J. (2003). Research strategies for capturing transactional models of development: The limits of the possible. *Development & Psychopathology, 15,* 613–640.

Sampaio, Ricardo C., & Truwit, Charles L. (2001). Myelination in the developing human brain. En Charles A. Nelson y Mónica Luciana (Eds.), *Handbook of developmental cognitive neuroscience* (pp. 35–44). Cambridge, MA: MIT Press.

Sampson, Robert J., & Laub, John H. (1993). *Crime in the making: Pathways and turning points through life.* Cambridge, MA: Harvard University Press.

Sampson, Robert J., Raudenbush, Stephen W., & Earls, Felton. (1997). Neighborhoods and violent crime: A multilevel study of collective efficacy. *Science, 277,* 918–924.

Sánchez, María del Mar, Ladd, Charlotte O., & Plotsky, Paul M. (2001). Early adverse experience as a developmental risk factor for later psychopathology: Evidence from rodent and primate models. *Development & Psychopathology, 13,* 419–449.

Sandler, Irwin, Wolchik, Sharlene, Davis, Caroline, Haine, Rachel, & Ayers, Tim. (2003). Correlational and experimental study of resilience in children of divorce and parentally bereaved children. En Suniya S. Luthar (Ed.), *Resilience and vulnerability: Adaptation in the context of childhood adversities* (pp. 213–240). New York: Cambridge University Press.

Sandstrom, Marlene J., & Zakriski, Audrey L. (2004). Understanding the experience of peer rejection. En Janis B. Kupersmidt y Kenneth A. Dodge (Eds.),

Children's peer relations: From development to intervention (pp. 101–118). Washington, DC: American Psychological Association.

Sani, Fabio, & Bennett, Mark. (2004). Developmental aspects of social identity. En Mark Bennett y Fabio Sani (Eds.), *The development of the social self* (pp. 77–100). Hove, East Sussex, England: Psychology Press.

Santelli, John S., Lindberg, Laura Duberstein, Abma, Joyce, McNeely, Clea Sucoff, & Resnick, Michael. (2000). Adolescent sexual behavior: Estimates and trends from four nationally representative surveys. *Family Planning Perspectives, 32,* 156–165, 194.

Santora, Marc. (30 de enero de 2005). U.S. is close to eliminating AIDS in infants, officials say. *New York Times,* pp. A1.

Sapp, Felicity, Lee, Kang, & Muir, Darwin. (2000). Three-year-olds' difficulty with the appearance-reality distinction: Is it real or is it apparent? *Developmental Psychology, 36,* 547–560.

Sarroub, Loukia K. (2001). The sojourner experience of Yemeni American high school students: An ethnographic portrait. *Harvard Educational Review, 71,* 390–415.

Satcher, David. (2001). *Women and smoking: A report of the Surgeon General.* Rockville, MD: U.S. Department of Health and Human Services.

Satcher, David. (2001). *The Surgeon General's call to action to promote sexual health and responsible sexual behavior.* Rockville, MD: Office of the Surgeon General.

Savage, Felicity, & Lhotska, Lida. (2000). Recommendations on feeding infants of HIV positive mothers. WHO, UNICEF, UNAIDS guidelines. En Nathan Back, Irun R. Cohen, David Kritchevsky, Abel Lajtha y Rodolfo Paoletti (Eds. de la serie) y Berthold Koletzko, Kim Fleischer Michaelsen y Olle Hernell (Eds. del vol.), *Advances in experimental medicine and biology: Vol. 478. Short and long term effects of breast feeding on child health* (pp. 225–230). Dordrecht, The Netherlands: Kluwer Academic/Plenum.

Savin-Williams, Ritch C., & Diamond, Lisa M. (1997). Sexual orientation as a developmental context for lesbians, gays, and bisexuals: Biological perspectives. En Nancy L. Segal, Glenn E. Weisfeld y Carol C. Weisfeld (Eds.), *Uniting psychology and biology: Integrative perspectives on human development*

(pp. 217–238). Washington, DC: American Psychological Association.

Savin-Williams, Ritch C., & Diamond, Lisa M. (2004). Sex. En Richard M. Lerner y Laurence D. Steinberg (Eds.), *Handbook of adolescent psychology* (2ª ed., pp. 189–231). Hoboken, NJ: Wiley.

Saw, Seang-Mei. (2003). A synopsis of the prevalence rates and environmental risk factors for myopia. *Clinical and Experimental Optometry, 86,* 289–294.

Saxe, Geoffrey B. (1991). *Culture and cognitive development: Studies in mathematical understanding.* Hillsdale, NJ: Erlbaum.

Saxe, Geoffrey B. (1999). Sources of concepts: A cultural-developmental perspective. En Ellin Kofsky Scholnick, Katherine Nelson, Susan A. Gelman y Patricia H. Miller (Eds.), *Conceptual development: Piaget's legacy* (pp. 253–267). Mahwah, NJ: Erlbaum.

Saylor, Megan M., & Sabbagh, Mark A. (2004). Different kinds of information affect word learning in the preschool years: The case of part-term learning. *Child Development, 75,* 395–408.

Schacter, Daniel L., & Badgaiyan, Rajendra D. (2001). Neuroimaging of priming: New perspectives on implicit and explicit memory. *Current Directions in Psychological Science, 10,* 1–4.

Schaffer, H. Rudolph. (2000). The early experience assumption: Past, present, and future. *International Journal of Behavioral Development, 24,* 5–14.

Schaie, K. Warner. (1996). *Intellectual development in adulthood: The Seattle Longitudinal Study.* New York: Cambridge University Press.

Schardein, James L. (1976). *Drugs as teratogens.* Cleveland, OH: CRC Press.

Scharf, Miri. (2001). A "natural experiment" in childrearing ecologies and adolescents' attachment and separation representations. *Child Development, 72,* 236–251.

Schifter, Jacobo, & Madrigal Pana, Johnny. (2000). *The sexual construction of Latino youth: Implications for the spread of HIV/AIDS.* New York: Haworth Hispanic/Latino Press.

Schlegel, Alice. (2003). Modernization and changes in adolescent social life. En T. S. Saraswati (Ed.), *Cross-cultural perspectives in human development: Theory, research, and applications* (pp. 236–257). New Delhi, India: Sage.

Schlegel, Alice, & Barry, Herbert. (1991). *Adolescence: An anthropological inquiry.* New York: Free Press.

Schmader, Toni. (2002). Gender identification moderates stereotype threat effects on women's math performance. *Journal of Experimental Social Psychology, 38,* 194–201.

Schneider, Wolfgang. (1998). The development of procedural metamemory in childhood and adolescence. En Giuliana Mazzoni y Thomas O. Nelson (Eds.), *Metacognition and cognitive neuropsychology: Monitoring and control processes* (pp. 1–21). Mahwah, NJ: Erlbaum.

Schneider, Wolfgang, & Pressley, Michael. (1997). *Memory development between two and twenty* (2ª ed.). Mahwah, NJ: Erlbaum.

Schore, Allan N. (2001). Effects of a secure attachment relationship on right brain development, affect regulation, and infant mental health. *Infant Mental Health Journal, 22*(1-2), 7–66.

Schult, Carolyn A. (2002). Children's understanding of the distinction between intentions and desires. *Child Development, 73,* 1727–1747.

Schumann, Cynthia Mills, Hamstra, Julia, Goodlin-Jones, Beth L., Lotspeich, Linda J., Kwon, Hower, Buonocore, Michael H., et al. (2004). The amygdala Is enlarged in children but not adolescents with autism; the hippocampus Is enlarged at all ages. *Journal of Neuroscience, 24,* 6392–6401.

Schwab, Jacqueline, Kulin, Howard E., Susman, Elizabeth J., Finkelstein, Jordan W., Chinchilli, Vernon M., Kunselman, Susan J., et al. (2001). The role of sex hormone replacement therapy on self-perceived competence in adolescents with delayed puberty. *Child Development, 72,* 1439–1450.

Schwartz, David, Proctor, Laura J., & Chien, Deborah H. (2001). The aggressive victim of bullying: Emotional and behavioral dysregulation as a pathway to victimization by peers. En Jaana Juvonen y Sandra Graham (Eds.), *Peer harassment in school: The plight of the vulnerable and victimized* (pp. 147–174). New York: Guilford Press.

Schwartz, Jeffrey, & Begley, Sharon. (2002). *The mind and the brain: Neuroplasticity and the power of mental force.* New York: Regan Books.

Schweinhart, Lawrence J., & Weikart, David P. (1997). *Lasting differences: The High/Scope preschool curriculum comparison study through age 23.*

Ypsilanti, MI: High/Scope Educational Research Foundation.

Scott, Jacqueline. (2000). Children as respondents: The challenge for quantitative methods. En Pia Monrad Christensen y Allison James (Eds.), *Research with children: Perspectives and practices* (pp. 98–119). London: Falmer Press.

Scovel, Thomas. (1988). *A time to speak: A psycholinguistic inquiry into the critical period for human speech.* New York: Newbury House.

Segal, Nancy L. (1999). *Entwined lives: Twins and what they tell us about human behavior.* New York: Dutton.

Seifer, Ronald, LaGasse, Linda L., Lester, Barry, Bauer, Charles R., Shankaran, Seetha, Bada, Henrietta S., et al. (2004). Attachment status in children prenatally exposed to cocaine and other substances. *Child Development, 75,* 850–868.

Seifer, Ronald, Schiller, Masha, Sameroff, Arnold, Resnick, Staci, & Riordan, Kate. (1996). Attachment, maternal sensitivity, and infant temperament during the first year of life. *Developmental Psychology, 32,* 12–25.

Senechal, Monique, & LeFevre, Jo-Anne. (2002). Parental involvement in the development of children's reading skill: A five-year longitudinal study. *Child Development, 73,* 445–460.

Serpell, Robert, & Haynes, Brenda Pitts. (2004). The cultural practice of intelligence testing: Problems of international export. En Robert J. Sternberg y Elena L. Grigorenko (Eds.), *Culture and competence: Contexts of life success* (pp. 163–185). Washington, DC: American Psychological Association.

Shafir, Eldar, & LeBoeuf, Robyn A. (2002). Rationality. *Annual Review of Psychology, 53,* 491–517.

Shahin, Hashem, Walsh, Tom, Sobe, Tama, Lynch, Eric, King, Mary-Claire, Avraham, Karen, et al. (2002). Genetics of congenital deafness in the Palestinian population: Multiple connexin 26 alleles with shared origins in the Middle East. *Human Genetics, 110,* 284–289.

Shattuck, Roger. (2005). Curriculum first: A case history. *American Educator, 29,* 28–34.

Shatz, Marilyn. (1994). *A toddler's life: Becoming a person.* New York: Oxford University Press.

Shaw, Daniel S., Vondra, Joan I., Hommerding, Katherine Dowdell,

Keenan, Kate, & Dunn, Marija G. (1994). Chronic family adversity and early child behavior problems: A longitudinal study of low income families. *Journal of Child Psychology & Psychiatry & Allied Disciplines, 35,* 1109–1122.

Shearer, Darlene L., Mulvihill, Beverly A., Klerman, Lorraine V., Wallander, Jan L., Hovinga, Mary E., & Redden, David T. (2002). Association of early childbearing and low cognitive ability. *Perspectives on Sexual and Reproductive Health, 34,* 236–243.

Sheinberg, Marcia, & Fraenkel, Peter. (2001). *The relational trauma of incest.* New York: Guilford Press.

Sherman, Stephanie. (2002). Epidemiology. En Randi Jenssen Hagerman y Paul J. Hagerman (Eds.), *Fragile X syndrome: Diagnosis, treatment, and research* (3ª ed., pp. 136–168). Baltimore: Johns Hopkins University Press.

Shields, Alexandra E., Fortun, Michael, Hammonds, Evelynn M., King, Patricia A., Lerman, Caryn, Rapp, Rayna, et al. (2005). The use of race variables in genetic studies of complex traits and the goal of reducing health disparities: A transdisciplinary perspective. *American Psychologist, 60,* 77–103.

Shoji, Junichi. (2005). Child abuse in Japan: Developmental, cultural, and clinical perspectives. En David W. Shwalb, Jun Nakazawa y Barbara J. Shwalb (Eds.), *Applied developmental psychology: Theory, practice, and research from Japan* (pp. 261–279). Greenwich, CT: Information Age.

Shweder, Richard. (2003). *Why do men barbecue? Recipes for cultural psychology.* Cambridge, MA: Harvard University Press.

Shweder, Richard A., Goodnow, Jacqueline, Hatano, Giyoo, LeVine, Robert A., Markus, Hazel, & Miller, Peggy. (1998). The cultural psychology of development: One mind, many mentalities. En William Damon (Ed. de la serie) y Richard M. Lerner (Ed. del vol.), *Handbook of child psychology: Vol. 1. Theoretical models of human development* (5ª ed., pp. 865–937). New York: Wiley.

Siegal, Michael. (2004). Signposts to the essence of language. *Science, 305,* 1720–1721.

Siegel, Judith M., Yancey, Antronette K., Aneshensel, Carol S., & Schuler, Roberleigh. (1999). Body image, perceived pubertal timing, and adolescent

mental health. *Journal of Adolescent Health, 25,* 155–165.

Siegler, Robert S. (1998). *Children's thinking* (3ª ed.). Upper Saddle River, NJ: Prentice Hall.

Siegler, Robert S., & Jenkins, Eric. (1989). *How children discover new strategies.* Hillsdale, NJ: Erlbaum.

Silk, Jennifer S., Nath, Sanjay R., Siegel, Lori R., & Kendall, Philip C. (2000). Conceptualizing mental disorders in children: Where have we been and where are we going? *Development & Psychopathology, 12,* 713–735.

Silver, Archie A., & Hagin, Rosa A. (2002). *Disorders of learning in childhood* (2ª ed.). New York: Wiley.

Silverman, Wendy K., & Dick-Niederhauser, Andreas. (2004). Separation anxiety disorder. En Tracy L. Morris y John S. March (Eds.), *Anxiety disorders in children and adolescents* (2ª ed., pp. 164–188). New York: Guilford Press.

Simmons, Roberta G., & Blyth, Dale A. (1987). *Moving into adolescence: The impact of pubertal change and school context.* New York: de Gruyter.

Simon, Herbert A. (2001). Learning to research about learning. En Sharon M. Carver y David Klahr (Eds.), *Cognition and instruction: Twenty-five years of progress* (pp. 205–226). Mahwah, NJ: Erlbaum.

Singer, Dorothy G., & Singer, Jerome L. (2005). *Imagination and play in the electronic age.* Cambridge, MA: Harvard University Press.

Singer, Lynn T. (1999). Advances and redirections in understanding effects of fetal drug exposure. *Journal of Drug Issues, 29,* 253–262.

Singer, Lynn T., Arendt, Robert, Minnes, Sonia, Farkas, Kathleen, Salvator, Ann, Kirchner, H. Lester, et al. (2002). Cognitive and motor outcomes of cocaine-exposed infants. *Journal of the American Medical Association, 287,* 1952–1960.

Singer, Wolf. (2003). The nature-nurture problem revisited. En Ursula M. Staudinger y Ulman Lindenberger (Eds.), *Under standing human development: Dialogues with lifespan psychology* (pp. 437–447). Dordrecht, The Netherlands: Kluwer.

Sinnott, Jan D. (1998). *The development of logic in adulthood: Postformal thought and its applications.* New York: Plenum Press.

Siqueira, Lorena M., Rolnitzky, Linda M., & Rickert, Vaughn I. (2001). Smoking cessation in adolescents: The role of nicotine dependence, stress, and coping methods. *Archives of Pediatrics & Adolescent Medicine, 155,* 489–495.

Sirard, John R., Ainsworth, Barbara E., McIver, Kerri L., & Pate, Russell R. (2005). Prevalence of active commuting at urban and suburban elementary schools in Columbia, SC. *American Journal of Public Health, 95,* 236–237.

Skinner, B. F. (1953). *Science and human behavior.* New York: Macmillan.

Skinner, B. F. (1957). *Verbal behavior.* New York: Appleton-Century-Crofts.

Slobin, Dan I. (2001). Form-function relations: How do children find out what they are? En Melissa Bowerman y Stephen C. Levinson (Eds.), *Language acquisition and conceptual development* (pp. 406–449). Cambridge, UK: Cambridge University Press.

Smedley, Audrey, & Smedley, Brian D. (2005). Race as biology is fiction, racism as a social problem is real: Anthropological and historical perspectives on the social construction of race. *American Psychologist, 60,* 16–26.

Smetana, Judith G. (2002). Culture, autonomy, and personal jurisdiction in adolescent-parent relationships. En Robert V. Kail y Hayne W. Reese (Eds.), *Advances in child development and behavior* (Vol. 29, pp. 51–87). San Diego, CA: Academic Press.

Smetana, Judith G., Metzger, Aaron, & Campione-Barr, Nicole. (2004). African American late adolescents' relationships with parents: Developmental transitions and longitudinal patterns. *Child Development, 75,* 932–947.

Smith, Jacqui, & Baltes, Paul B. (1999). Trends and profiles of psychological functioning in very old age. En Paul B. Baltes y Karl Ulrich Mayer (Eds.), *The Berlin Aging Study: Aging from 70 to 100* (pp. 197–226). New York: Cambridge University Press.

Smith, Jonathan, & Dunworth, Fraser. (2003). Qualitative methodology. En Jaan Valsiner y Kevin J. Connolly (Eds.), *Handbook of developmental psychology* (pp. 603–621). Thousand Oaks, CA: Sage.

Smith, Leslie. (2002). *Reasoning by mathematical induction in children's arithmetic.* Amsterdam, The Netherlands: Pergamon.

Smith, Linda B. (1995). Self-organizing processes in learning to learn words:

Development is not induction. En Charles Alexander Nelson (Ed.), *The Minnesota symposia on child psychology: Vol. 28. Basic and applied perspectives on learning, cognition, and development* (pp. 1–32). Hillsdale, NJ: Erlbaum.

Smith, Margaret G., & Fong, Rowena. (2004). *The children of neglect: When no one cares.* New York: Brunner-Routledge.

Smith, Mary Lee, & Glass, Gene V. (1979). *Relationship of class size to classroom processes, teacher satisfaction and pupil affect: A meta-analysis.* San Francisco: Far West Laboratory for Educational Research and Development.

Smith, Peter K., & Ananiadou, Katerina. (2003). The nature of school bullying and the effectiveness of school-based interventions. *Journal of Applied Psychoanalytic Studies, 5,* 189–209.

Smith, Russ. (10 de junio de 2005). *Little League lives.* Wall Street Journal. Consultado el 11 de setiembre de 2005 en: http://www.opinionjournal.com/taste/?id=110006802

Snarey, John R. (1993). *How fathers care for the next generation: A four-decade study.* Cambridge, MA: Harvard University Press.

Snijders, R. J. M., & Nicolaides, K. H. (1996). *Ultrasound markers for fetal chromosomal defects.* New York: Parthenon.

Snow, Catherine E. (1984). Parent-child interaction and the development of communicative ability. En Richard L. Schiefelbusch y Joanne Pickar (Eds.), *The acquisition of communicative competence* (pp. 69–107). Baltimore: University Park Press.

Snyder, Howard N. (1998). Appendix: Serious, violent, and chronic juvenile offenders—An assessment of the extent of and trends in officially recognized serious criminal behavior in a delinquent population. En Rolf Loeber y David P. Farrington (Eds.), *Serious & violent juvenile offenders: Risk factors and successful interventions* (pp. 428–444). Thousand Oaks, CA: Sage.

Snyder, James, Schrepferman, Lynn, Oeser, Jessica, Patterson, Gerald, Stoolmiller, Mike, Johnson, Kassy, et al. (2005). Deviancy training and association with deviant peers in young children: Occurrence and contribution to early-onset conduct problems. *Development & Psychopathology, 17,* 397–413.

Snyder, Thomas D., Tan, Alexandra G., & Hoffman, Charlene M. (2004).

Digest of education statistics, 2003 (NCES 2005025). Washington, DC: U.S. Government Printing Office.

Social Security Administration. (7 de mayo de 2004). *Popular baby names.* Consultado el 29 de marzo de 2005 en: http://www.ssa.gov/OACT/babynames/

Society for Assisted Reproductive Technology and the American Society for Reproductive Medicine. (2002). Assisted reproductive technology in the United States: 1998 results generated from the American Society for Reproductive Medicine/Society for Assisted Reproductive Technology Registry. *Fertility and Sterility, 77,* 18–31.

Sofie, Cecilia A., & Riccio, Cynthia A. (2002). A comparison of multiple methods for the identification of children with reading disabilities. *Journal of Learning Disabilities, 35,* 234–244.

Song, Miri. (2003). *Choosing ethnic identity.* Cambridge, UK: Polity Press.

Sorenson, Susan B., & Vittes, Katherine A. (2004). Adolescents and firearms: A California statewide survey. *American Journal of Public Health, 94,* 852–858.

Spelke, Elizabeth S. (1993). Object perception. En Alvin I. Goldman (Ed.), *Readings in philosophy and cognitive science* (pp. 447–460). Cambridge, MA: MIT Press.

Spock, Benjamin. (1976). *Baby and child care* (Ed. ampliada, revisada y actualizada). New York: Pocket Books.

Sroufe, L. Alan. (1996). *Emotional development: The organization of emotional life in the early years.* Cambridge, UK: Cambridge University Press.

Staff, Jeremy, Mortimer, Jeylan T., & Uggen, Christopher. (2004). Work and leisure in adolescence. En Richard M. Lerner y Laurence D. Steinberg (Eds.), *Handbook of adolescent psychology* (2ª ed., pp. 429–450). Hoboken, NJ: Wiley.

Stanovich, Keith E. (1999). *Who is rational? Studies of individual differences in reasoning.* Mahwah, NJ: Erlbaum.

Stanovich, Keith E. (2000). *Progress in understanding reading: Scientific foundations and new frontiers.* New York: Guilford Press.

Stansfeld, S. A., Berglund, B., Clark, C., López-Barrio, I., Fischer, P., Ohrstrom, E., et al. (2005). Aircraft and road traffic noise and children's cognition and health: A cross-national study. *Lancet, 365,* 1942–1949.

Stattin, Hakan, & Kerr, Margaret. (2000). Parental monitoring: A reinterpretation. *Child Development, 71,* 1072–1085.

Staudinger, Ursula M., & Lindenberger, Ulman. (2003). Why read another book on human development? Understanding human development takes a metatheory and multiple disciplines. En Ursula M. Staudinger y Ulman E. R. Lindenberger (Eds.), *Under standing human development: Dialogues with lifespan psychology* (pp. 1–13). Boston: Kluwer.

Stecher, Brian M., & Bohrnstedt, George W. (2000). *Class size reduction in California: The 1998–99 evaluation findings.* Sacramento, CA: California Department of Education.

Steele, Claude M. (1997). A threat in the air: How stereotypes shape intellectual identity and performance. *American Psychologist, 52,* 613–629.

Steele, Kenneth M., Bass, Karen E., & Crook, Melissa D. (1999). The mystery of the Mozart effect: Failure to replicate. *Psychological Science, 10,* 366–369.

Steinberg, Adria. (1993). *Adolescents and schools: Improving the fit.* Cambridge, MA: Harvard Education Letter.

Steinberg, Laurence. (2004). Risk taking in adolescence: What changes, and why? *Annals of the New York Academy of Sciences, 1021,* 51–58.

Steinberg, Laurence, Lamborn, Susie D., Darling, Nancy, Mounts, Nina S., & Dornbusch, Sanford M. (1994). Over-time changes in adjustment and competence among adolescents from authoritative, authoritarian, indulgent, and neglectful families. *Child Development, 65,* 754–770.

Stephanopoulos, George. (1999). *All too human: A political education.* Boston: Little Brown.

Stern, Daniel N. (1985). *The interpersonal world of the infant: A view from psychoanalysis and developmental psychology.* New York: Basic Books.

Sternberg, Robert J. (1996). *Successful intelligence: How practical and creative intelligence determine success in life.* New York: Simon & Schuster.

Sternberg, Robert J. (2004). Culture and intelligence. *American Psychologist, 59,* 325–338.

Sternberg, Robert J., & Grigorenko, Elena (Eds.). (2004). *Culture and competence: Contexts of life success.* Washington, DC: American Psychological Association.

Sternberg, Robert J., Grigorenko, Elena L., & Bundy, Donald A. (2001). The predictive value of IQ. *Merrill-Palmer Quarterly, 47,* 1–41.

Sternberg, Robert J., Grigorenko, Elena L., & Kidd, Kenneth K. (2005). Intelligence, race, and genetics. *American Psychologist, 60,* 46–59.

Stevenson, Harold W., Chen, Chuansheng, & Lee, Shin-ying. (1993). Mathematics achievement of Chinese, Japanese, and American children: Ten years later. *Science, 259,* 53–58.

Stevenson, Harold W., Lee, Shin-ying, Chen, Chuansheng, Stigler, James W., Hsu, Chen-Chin, & Kitamura, Seiro. (1990). Contexts of achievement: A study of American, Chinese, and Japanese children. *Monographs of the Society for Research in Child Development, 55*(1-2, Nº de serie 221), 1–123.

Stevenson, Harold W., & Zusho, Akane. (2002). Adolescence in China and Japan: Adapting to a changing environment. En B. Bradford Brown, Reed W. Larson y T. S. Saraswathi (Eds.), *The world's youth: Adolescence in eight regions of the globe* (pp. 141–170). New York: Cambridge University Press.

Stevick, Richard A. (2001). The Amish: Case study of a religious community. En Clive Erricker y Jane Erricker (Eds.), *Contemporary spiritualities: Social and religious contexts* (pp. 159–172). London: Continuum.

Stewart, Susan D., Manning, Wendy D., & Smock, Pamela J. (2003). Union formation among men in the U.S.: Does having prior children matter? *Journal of Marriage and Family, 65,* 90–104.

Stewart, Sunita Mahtani, & Bond, Michael Harris. (2002). A critical look at parenting research from the mainstream: Problems uncovered while adapting Western research to non-Western cultures. *British Journal of Developmental Psychol ogy, 20,* 379–392.

Stigler, James W., & Hiebert, James. (1999). *The teaching gap: Best ideas from the world's teachers for improving education in the classroom.* New York: Free Press.

Stiles, Joan. (1998). The effects of early focal brain injury on lateralization of

cognitive function. *Current Directions in Psychological Science, 7,* 21–26.

Stipek, Deborah, Feiler, Rachelle, Daniels, Denise, & Milburn, Sharon. (1995). Effects of different instructional approaches on young children's achievement and motivation. *Child Development, 66,* 209–223.

Stone, Nicole, & Ingham, Roger. (2003). When and why do young people in the United Kingdom first use sexual health services? *Perspectives on Sexual and Reproductive Health, 35,* 114–120.

Strachan, David P. (1999). The epidemiology of childhood asthma. *Allergy, 54*(Suplemento 49), 7–11.

Strassberg, Zvi, Dodge, Kenneth A., Pettit, Gregory S., & Bates, John E. (1994). Spanking in the home and children's subsequent aggression toward kindergarten peers. *Development & Psychopathology, 6,* 445–461.

Straus, Murray A., & Donnelly, Denise A. (1994). *Beating the devil out of them: Corporal punishment in American families.* New York: Lexington Books.

Strauss, David, & Eyman, Richard K. (1996). Mortality of people with mental retardation in California with and without Down syndrome, 1986–1991. *American Journal on Mental Retardation, 100,* 643–653.

Streissguth, Ann P., & Connor, Paul D. (2001). Fetal alcohol syndrome and other effects of prenatal alcohol: Developmental cognitive neuroscience implications. En Charles A. Nelson y Mónica Luciana (Eds.), *Handbook of developmental cognitive neuroscience* (pp. 505–518). Cambridge, MA: MIT Press.

Striano, Tricia. (2004). Direction of regard and the still-face effect in the first year: Does intention matter? *Child Development, 75,* 468–479.

Suárez-Orozco, Carola, & Suárez-Orozco, Marcelo M. (2001). *Children of immigration.* Cambridge, MA: Harvard University Press.

Suomi, Steven J. (2002). Parents, peers, and the process of socialization in primates. En John G. Borkowski, Sharon Landesman Ramey y Marie Bristol-Power (Eds.), *Parenting and the child's world: Influences on academic, intellectual, and social-emotional development* (pp. 265–279). Mahwah, NJ: Erlbaum.

Susman, Elizabeth J. (1997). Modeling developmental complexity in adolescence: Hormones and behavior in context.

Journal of Research on Adolescence, 7, 283–306.

Susman, Elizabeth J., & Rogol, Alan. (2004). Puberty and psychological development. En Richard M. Lerner y Laurence D. Steinberg (Eds.), *Handbook of adolescent psychology* (2ª ed., pp. 15–44). Hoboken, NJ: Wiley.

Sutherland, Lisa A. (abril de 2003). *Health trends in U.S. adolescents over the past 20 years.* Trabajo presentado en la reunión "Translating the Genome" de la Federation of American Societies for Experimental Biology, San Diego, CA.

Sutton-Smith, Brian. (1997). *The ambiguity of play.* Cambridge, MA: Harvard University Press.

Swain, Merrill, & Johnson, Robert Keith. (1997). Immersion education: A category within bilingual education. En Robert Keith Johnson y Merrill Swain (Eds.), *Immersion education: International perspectives* (pp. 1–16). Cambridge, England: Cambridge University Press.

Sweet, Matthew P., Hodgman, Joan E., Pena, Ivette, Barton, Lorayne, Pavlova, Zdena, & Ramanathan, Rangasamy. (2003). Two-year outcome of infants weighing 600 grams or less at birth and born 1994 through 1998. *Obstetrics & Gynecology, 101*, 18–23.

Swenson, Nora C. (2000). Comparing traditional and collaborative settings for language intervention. *Communication Disorders Quarterly, 22*, 12–18.

Szatmari, Peter. (2001). Thinking about autism, Asperger syndrome and PDD-NOS. *PRISME, 34*, 24–34.

Szkrybalo, Joel, & Ruble, Diane N. (1999). "God made me a girl": Sex-category constancy judgments and explanations revisited. *Developmental Psychology, 35*, 392–402.

Tamis-LeMonda, Catherine S., Bornstein, Marc H., & Baumwell, Lisa. (2001). Maternal responsiveness and children's achievement of language milestones. *Child Development, 72*, 748–767.

Tanaka, Yuko, & Nakazawa, Jun. (2005). Job-related temporary father absence (Tanshinfunin) and child development. En David W. Shwalb, Jun Nakazawa y Barbara J. Shwalb (Eds.), *Applied developmental psychology: Theory, practice, and research from Japan* (pp. 241–260). Greenwich, CT: Information Age.

Tangney, June Price. (2001). Constructive and destructive aspects of shame and guilt. En Arthur C. Bohart y Deborah J. Stipek (Eds.), *Constructive & destructive behavior: Implications for family, school, & society* (pp. 127–145). Washington, DC: American Psychological Association.

Tanner, James Mourilyan. (1990). *Foetus into man: Physical growth from conception to maturity* (Ed. revisada y comentada). Cambridge, MA: Harvard University Press.

Tarter, Ralph E., Vanyukov, Michael, Giancola, Peter, Dawes, Michael, Blackson, Timothy, Mezzich, Ada, et al. (1999). Etiology of early age onset substance use disorder: A maturational perspective. *Development & Psychopathology, 11*, 657–683.

Tatz, Colin Martin. (2001). *Aboriginal suicide is different: A portrait of life and self-destruction.* Canberra, Australia: Aboriginal Studies Press.

Tay, Marc Tze-Hsin, Au Eong, Kah Guan, Ng, C. Y., & Lim, M. K. (1992). Myopia and educational attainment in 421,116 young Singaporean males. *Annals, Academy of Medicine, Singapore, 21*, 785–791.

Taylor, H. Gerry, Klein, Nancy, & Hack, Maureen. (2000). School-age consequences of birth weight less than 750 g: A review and update. *Developmental Neuropsychology, 17*, 289–321.

Taylor, Marjorie, Carlson, Stephanie M., Maring, Bayta L., Gerow, Lynn, & Charley, Carolyn M. (2004). The characteristics and correlates of fantasy in school-age children: Imaginary companions, impersonation, and social understanding. *Developmental Psychology, 40*, 1173–1187.

Teicher, Martin H. (marzo de 2002). Scars that won't heal: The neurobiology of child abuse. *Scientific American, 286*, 68–75.

Teitelbaum, Philip, Teitelbaum, Osnat, Nye, Jennifer, Fryman, Joshua, & Maurer, Ralph G. (1998). Movement analysis in infancy may be useful for early diagnosis of autism. *Proceedings of the National Academy of Sciences, 95*, 13982–13987.

Teitler, Julien O. (2002). Trends in youth sexual initiation and fertility in developed countries: 1960–1995. *Annals of the American Academy of Political & Social Science, 580*, 134–152.

Tenenbaum, Harriet R., & Leaper, Campbell. (2002). Are parents' gender schemas related to their children's gender-related cognitions? A meta-analysis. *Developmental Psychology, 38*, 615–630.

Tester, June M., Rutherford, George W., Wald, Zachary, & Rutherford, Mary W. (2004). A matched case-control study evaluating the effectiveness of speed humps in reducing child pedestrian injuries. *American Journal of Public Health, 94*, 646–650.

Thelen, Esther, & Corbetta, Daniela. (2002). Microdevelopment and dynamic systems: Applications to infant motor development. En Nira Granott y Jim Parziale (Eds.), *Microdevelopment: Transition processes in development and learning* (pp. 59–79). New York: Cambridge University Press.

Thomas, Kathleen M., & Casey, Betty Jo. (2003). Methods for imaging the developing brain. En Michelle De Haan y Mark H. Johnson (Eds.), *The cognitive neuroscience of development* (pp. 19–41). New York: Psychology Press.

Thompson, Christine. (2002). Drawing together: Peer influence in preschool-kindergarten art classes. En Liora Bresler y Christine Marme Thompson (Eds.), *The arts in children's lives: Context, culture, and curriculum* (pp. 129–138). Dordrecht, The Netherlands: Kluwer.

Thompson, Ross A. (1998). Early sociopersonality development. En William Damon (Ed. de la serie) y Nancy Eisenberg (Ed. del vol.), *Handbook of child psychology: Vol. 3. Social, emotional, and personality development* (5ª ed., pp. 24–104). New York: Wiley.

Thompson, Ross A., & Nelson, Charles A. (2001). Developmental science and the media: Early brain development. *American Psychologist, 56*, 5–15.

Thompson, Ross A., & Raikes, H. Abigail. (2003). Toward the next quarter-century: Conceptual and methodological challenges for attachment theory. *Development & Psychopathology, 15*, 691–718.

Thompson, Ron A., & Sherman, Roberta Trattner. (1993). *Helping athletes with eating disorders.* Champaign, IL: Human Kinetics.

Thompson, Richard F. (2000). *The brain: A neuroscience primer* (3ª ed.). New York: Worth.

TIMSS. (2004). *Highlights from the Trends in International Mathematics and Science Study: TIMSS 2003* (NCES 2005005). Washington, DC: National Center for Education Statistics.

Tishkoff, Sarah A, & Kidd, Kenneth K. (2004). Implications of biogeography of human populations for 'race' and medicine. *Nature Genetics, 36,* S21-S27.

Tomasello, Michael. (2001). Perceiving intentions and learning words in the second year of life. En Melissa Bowerman y Stephen C. Levinson (Eds.), *Language acquisition and conceptual development* (pp. 132–158). Cambridge, UK: Cambridge University Press.

Torgesen, Joseph K. (2004). Preventing early reading failure—And its devastating downward spiral. *American Educator, 28,* 6–9, 12–13, 17–19, 45–47.

Torney-Purta, Judith, Lehmann, Rainer, Oswald, Hans, & Schulz, Wolfram. (2001). *Citizenship and education in twenty-eight countries: Civic knowledge and engagement at age fourteen.* Amsterdam, The Netherlands: International Association for the Evaluation of Educational Achievement.

Towne, Bradford, Demerath, Ellen W., & Czerwinski, Stefan A. (2002). The genetic epidemiology of growth and development. En Noël Cameron (Ed.), *Human growth and development* (pp. 103–137). San Diego, CA: Academic Press.

Toyama, Miki. (2001). Developmental changes in social comparison in preschool and elementary school children: Perceptions, feelings, and behavior. *Japanese Journal of Educational Psychology, 49,* 500–507.

Trimble, Joseph, Root, Maria P. P., & Helms, Janet E. (2003). Psychological perspectives on ethnic and racial psychology. En Guillermo Bernal, Joseph E. Trimble, Ann Kathleen Burlew y Frederick T. Leong (Eds.), *Racial and ethnic minority psychology series: Vol. 4. Handbook of racial & ethnic minority psychology* (pp. 239–275). Thousand Oaks, CA: Sage.

Tronick, Edward Z. (1989). Emotions and emotional communication in infants. *American Psychologist, 44,* 112–119.

Tronick, Edward Z., Als, H., Adamson, L., Wise, S., & Brazelton, T. B. (1978). The infant's response to entrapment between contradictory messages in face-to-face interaction. *Journal of the American Academy of Child Psychiatry, 17,* 1–13.

Tronick, Edward Z., & Weinberg, M. Katherine. (1997). Depressed mothers and infants: Failure to form dyadic states of consciousness. En Lynne Murray y Peter J. Cooper (Eds.), *Postpartum depression and child development* (pp. 54–81). New York: Guilford Press.

True, Mary McMahan, Pisani, Lelia, & Oumar, Fadimata. (2001). Infant-mother attachment among the Dogon of Mali. *Child Development, 72,* 1451–1466.

Tsao, Feng-Ming, Liu, Huei-Mei, & Kuhl, Patricia K. (2004). Speech perception in infancy predicts language development in the second year of life: A longitudinal study. *Child Development, 75,* 1067–1084.

Tseng, Vivian. (2004). Family interdependence and academic adjustment in college: Youth from immigrant and U.S.-born families. *Child Development, 75,* 966–983.

Tucker, G. Richard. (1998). A global perspective on multilingualism and multilingual education. En Jasone Cenoz y Fred Genesee (Eds.), *Beyond bilingualism: Multilingualism and multilingual education* (pp. 3–15). Clevedon, England: Multilingual Matters.

Tuerk, Peter W. (2005). Research in the high-stakes era: Achievement, resources, and No Child Left Behind. *Psychological Science, 16,* 419–425.

Turiel, Elliot. (2002). *The culture of morality: Social development, context, and conflict.* New York: Cambridge University Press.

Turley, Ruth N. López. (2003). Are children of young mothers disadvantaged because of their mother's age or family background? *Child Development, 74,* 465–474.

Turner, Lindsey, Mermelstein, Robin, & Flay, Brian. (2004). Individual and contextual influences on adolescent smoking. En Ronald E. Dahl y Linda Patia Spear (Eds.), *Adolescent brain development: Vulnerabilities and opportunities* (Vol. 1021, pp. 175–197). New York: New York Academy of Sciences.

U.S. Bureau of the Census. (1991). *Statistical abstract of the United States: 1991* (111[a] ed.). Washington, DC: U.S. Government Printing Office.

U.S. Bureau of the Census. (2002). *Statistical abstract of the United States, 2001: The national data book* (121[a] ed.). Washington, DC: U.S. Department of Commerce.

U.S. Bureau of the Census. (2003). *Statistical abstract of the United States, 2002: The national data book* (122[a] ed.). Washington, DC: U.S. Government Printing Office.

U.S. Bureau of the Census. (2004). *Statistical abstract of the United States: 2004–2005: The national data book* (124[a] ed.). Washington, DC: U.S. Government Printing Office.

U.S. Bureau of the Census. (2005). *Living arrangements of children: 2001* (Current Population Reports, P70-104). Washington, DC: autor.

U.S. Department of Education, Office of Special Education Programs. (2003). *Data tables for OSEP state reported data: Tables AB8, AB10.* Consultado el 14 de setiembre de 2005 en: http://www.ideadata.org/arc_toc5.asp#partbLRE

U.S. Department of Health and Human Services. (2004). *Trends in the well-being of America's children and youth, 2003* (017-022-01571-4). Washington, DC: U.S. Government Printing Office.

U.S. Department Of Health And Human Services, & Administration for Children and Families. (abril de 2005). *Foster care FY1999-FY2003 entries, exits, and numbers of children in care on the last day of each federal fiscal year.* Consultado el 7 de setiembre de 2005 en: http://www.acf.hhs.gov/programs/cb/dis/tables/entryexit2002.htm

U.S. Department of Health and Human Services, Administration on Children, Youth and Families. (2005). *Child Maltreatment 2003.* Washington, DC: U.S. Government Printing Office.

U.S. Department of Health and Human Services. Administration on Children, Youth and Families. (2001). *Child maltreatment 1999: Reports from the states to the National Child Abuse and Neglect Data System.* Washington, DC: U.S. Government Printing Office.

Udovitch, Mim. (8 de setiembre de 2002). A secret society of the starving. *New York Times Magazine, 151,* 18–22.

Underwood, Marion K. (2004). Gender and peer relations: Are the two gender cultures really all that different? En Janis B. Kupersmidt y Kenneth A. Dodge (Eds.), *Children's peer relations: From development to intervention* (pp. 21–36). Washington, DC: American Psychological Association.

Ungar, Michael T. (2000). The myth of peer pressure. *Adolescence, 35,* 167–180.

UNICEF (United Nations Children's Fund). (2002). *The state of the world's children 2003.* New York: autor.

UNICEF (United Nations Children's Fund). (2003). *The state of the world's children 2004: Infants with low birthweight.* Consultado el 3 de setiembre de 2005 en: http://hdr.undp.org/statistics/data/indic/indic_68_1_1.html

Uttal, William R. (2000). *The war between mentalism and behaviorism: On the accessibility of mental processes.* Mahwah, NJ: Erlbaum.

Vaillant, George E. (2002). *Aging well: Surprising guideposts to a happier life from the landmark Harvard Study of Adult Development.* Boston: Little Brown.

Van Hoorn, Judith Lieberman. (2000). *Adolescent development and rapid social change: Perspectives from Eastern Europe.* Albany, NY: State University of New York Press.

Van IJzendoorn, Marinus H. (1992). Intergenerational transmission of parenting: A review of studies in nonclinical populations. *Developmental Review, 12,* 76–99.

Van Leeuwen, Karla, De Fruyt, Filip, & Mervielde, Ivan. (2004). A longitudinal study of the utility of the resilient, overcontrolled, and undercontrolled personality types as predictors of children's and adolescents' problem behaviour. *International Journal of Behavioral Development, 28,* 210–220.

Van Leeuwen, Karla G., Mervielde, Ivan, Braet, Caroline, & Bosmans, Guy. (2004). Child personality and parental behavior as moderators of problem behavior: variable- and person-centered approaches. *Developmental Psychology, 40,* 1028–1046.

Vartanian, Lesa Rae. (2001). Adolescents' reactions to hypothetical peer group conversations: Evidence for an imaginary audience? *Adolescence, 36,* 347–380.

Vasa, Roma A., & Pine, Daniel S. (2004). Neurobiology. En Tracy L. Morris y John S. March (Eds.), *Anxiety disorders in children and adolescents* (2ª ed., pp. 3–26). New York: Guilford Press.

Venn, John J. (Ed.). (2004). *Assessing children with special needs* (3ª ed.). Upper Saddle River, NJ: Pearson.

Verkuyten, Maykel. (2004). Ethnic minority identity and social context. En Mark Bennett y Fabio Sani (Eds.), *The development of the social self* (pp. 189–216). Hove, East Sussex, England: Psychology Press.

Verma, Suman, & Saraswathi, T. S. (2002). Adolescence in India: Street ur-chins or Silicon Valley millionaires? En B. Bradford Brown, Reed W. Larson y T. S. Saraswathi (Eds.), *The world's youth: Adolescence in eight regions of the globe* (pp. 105–140). New York: Cambridge University Press.

Verona, Sergiu. (2003). Romanian policy regarding adoptions. En Victor Littel (Ed.), *Adoption update.* New York: Nova Science.

Verté, Sylvie, Geurts, Hilde M., Roeyers, Herbert, Oosterlaan, Jaap, & Sergeant, Joseph A. (2005). Executive functioning in children with autism and Tourette syndrome. *Development & Psychopathology, 17,* 415–445.

Vinden, Penelope G. (1996). Junin Quechua children's understanding of mind. *Child Development, 67,* 1707–1716.

Vizmanos, Barbara, & Martí-Henneberg, Carlos. (2000). Puberty begins with a characteristic subcutaneous body fat mass in each sex. *European Journal of Clinical Nutrition, 54,* 203–208.

Votruba-Drzal, Elizabeth, Coley, Rebekah Levine, & Chase-Lansdale, P. Lindsay. (2004). Child care and low-income children's development: Direct and moderated effects. *Child Development, 75,* 296–312.

Vygotsky, Lev S. (1978). *Mind in society: The development of higher psychological processes* (Michael Cole, Vera John-Steiner, Sylvia Scribner y Ellen Souberman, Ed.). Cambridge, MA: Harvard University Press. (Trabajo original publicado en 1935)

Vygotsky, Lev S. (1986). *Thought and language* (Alex Kozulin, Ed., Trads. Eugenia Hanfmann y Gertrude Vakar). Cambridge, MA: MIT Press. (Trabajo original publicado en 1934)

Vygotsky, Lev S. (1987). Thinking and speech (Trad. Norris Minick). En R. W. Rieber y Aaron S. Carton (Eds.), *The collected works of L. S. Vygotsky* (Vol. 1, pp. 39–285). New York: Plenum Press. (Trabajo original publicado en 1934)

Vygotsky, Lev S. (1994). Principles of social education for deaf and dumb children in Russia (Trad. Theresa Prout). En Rene van der Veer y Jaan Valsiner (Eds.), *The Vygotsky reader* (pp. 19–26). Cambridge, MA: Blackwell. (Trabajo original publicado en 1925)

Vygotsky, Lev S. (1994). The development of academic concepts in school aged children (Trad. Theresa Prout). En Rene van der Veer y Jaan Valsiner (Eds.), *The Vygotsky reader* (pp. 355–370). Cambridge, MA: Blackwell. (Trabajo original publicado en 1934)

Wachs, Theodore D. (1999). Celebrating complexity: Conceptualization and assessment of the environment. En Sarah L. Friedman y Theodore D. Wachs (Eds.), *Measuring environment across the life span: Emerging methods and concepts* (pp. 357–392). Washington, DC: American Psychological Association.

Wachs, Theodore D. (2000). *Necessary but not sufficient: The respective roles of single and multiple influences on individual development.* Washington, DC: American Psychological Association.

Wagener, Linda Mans, Furrow, James L., King, Pamela Ebstyne, Leffert, Nancy, & Benson, Peter L. (2003). Religious involvement and developmental resources in youth. *Review of Religious Research, 44,* 271–284.

Wahlsten, Douglas. (2003). Genetics and the development of brain and behavior. En Jaan Valsiner y Kevin J. Connolly (Eds.), *Handbook of developmental psychology* (pp. 18–47). Thousand Oaks, CA: Sage.

Wahlstrom, Kyla L. (2002). Accommodating the sleep patterns of adolescents within current educational structures: An uncharted path. En Mary A. Carskadon (Ed.), *Adolescent sleep patterns: Biological, social, and psychological influences* (pp. 172–197). New York: Cambridge University Press.

Wailoo, Michael, Ball, Helen L., Fleming, Peter, & Ward Platt, Martin. (2004). Infants bed-sharing with mothers. *Archives of Disease in Childhood, 89,* 1082–1083.

Wainright, Jennifer L., Russell, Stephen T., & Patterson, Charlotte J. (2004). Psychosocial adjustment, school outcomes, and romantic relationships of adolescents with same-sex parents. *Child Development, 75,* 1886–1898.

Wainryb, Cecilia, Shaw, Leigh A., Langley, Marcie, Cottam, Kim, & Lewis, Renee. (2004). Children's thinking about diversity of belief in the early school years: Judgments of relativism, tolerance, and disagreeing persons. *Child Development, 75,* 687–703.

Wainryb, Cecilia, & Turiel, Elliot. (1995). Diversity in social development: Between or within cultures? En Melanie Killen y Daniel Hart (Eds.), *Morality in everyday life: Developmental perspectives* (pp. 283–313). New York: Cambridge University Press.

Walcott, Delores D., Pratt, Helen D., & Patel, Dilip R. (2003). Adolescents and eating disorders: Gender, racial, ethnic, sociocultural and socioeconomic issues. *Journal of Adolescent Research, 18,* 223–243.

Waldron, Nancy L., & McLeskey, James. (1998). The effects of an inclusive school program on students with mild and severe learning disabilities. *Exceptional Children, 64,* 395–405.

Walker, Elaine F. (2002). Adolescent neurodevelopment and psychopathology. *Current Directions in Psychological Science, 11,* 24–28.

Walker, Lawrence J. (1988). The development of moral reasoning. *Annals of Child Development, 5,* 33–78.

Walker, Lawrence J., Gustafson, Paul, & Hennig, Karl H. (2001). The consolidation/transition model in moral reasoning development. *Developmental Psychology, 37,* 187–197.

Walker-Barnes, Chanequa J., & Mason, Craig A. (2001). Ethnic differences in the effect of parenting on gang involvement and gang delinquency: A longitudinal, hierarchical linear modeling perspective. *Child Development, 72,* 1814–1831.

Walsh, Froma. (2002). A family resilience framework: Innovative practice applications. *Family Relations, 51,* 130–137.

Wardley, Bridget L., Puntis, John W. L., & Taitz, Leonard S. (1997). *Handbook of child nutrition* (2ª ed.). New York: Oxford University Press.

Warshofsky, Fred. (1999). *Stealing time: The new science of aging.* New York: TV Books.

Waterman, Alan S. (1999). Issues of identity formation revisited: United States and The Netherlands. *Developmental Review, 19,* 462–479.

Watson, John B. (1928). *Psychological care of infant and child.* New York: Norton.

Watson, John B. (1998). *Behaviorism.* New Brunswick, NJ: Transaction. (Trabajo original publicado en 1924)

Wayne, Andrew J., & Youngs, Peter. (2003). Teacher characteristics and student achievement gains: A review. *Review of Educational Research, 73,* 89–122.

Webb, Wilse B. (1994). Sleep as a biological rhythm: A historical view. *Sleep:*

Journal of Sleep Research & Sleep Medicine, 17, 188–194.

Wechsler, David. (2003). *Wechsler intelligence scale for children—Fourth edition (WISC-IV).* San Antonio, TX: The Psychological Corporation.

Weikart, David P. (Ed.). (1999). *What should young children learn? Teacher and parent views in 15 countries.* Ypsilanti, MI: High/Scope Press.

Weinstock, Marta. (1997). Does prenatal stress impair coping and regulation of hypothalamic-pituitary-adrenal axis? *Neuroscience & Biobehavioral Reviews, 21,* 1–10.

Weisfeld, Glenn E. (1999). *Evolutionary principles of human adolescence.* New York: Basic Books.

Weissbluth, Marc. (1999). *Healthy sleep habits, happy child* (Rev. ed.). New York: Ballantine.

Weizman, Zehava Oz, & Snow, Catherine E. (2001). Lexical output as related to children's vocabulary acquisition: Effects of sophisticated exposure and support for meaning. *Developmental Psychology, 37,* 265–279.

Wellman, Henry M., Cross, David, & Watson, Julanne. (2001). Meta-analysis of theory-of-mind development: The truth about false belief. *Child Development, 72,* 655–684.

Welner, Kevin Grant. (2001). *Legal rights, local wrongs: When community control collides with educational equity.* Albany, NY: State University of New York Press.

Welti, Carlos. (2002). Adolescents in Latin America: Facing the future with skepticism. En B. Bradford Brown, Reed W. Larson y T. S. Saraswathi (Eds.), *The world's youth: Adolescence in eight regions of the globe* (pp. 276–306). New York: Cambridge University Press.

Wendland-Carro, Jacqueline, Piccinini, Cesar A., & Millar, W. Stuart. (1999). The role of an early intervention on enhancing the quality of mother-infant interaction. *Child Development, 70,* 713–721.

Werner, Emmy E., & Smith, Ruth S. (1992). *Overcoming the odds: High risk children from birth to adulthood.* Ithaca, NY: Cornell University Press.

Werner, Emmy E., & Smith, Ruth S. (2001). *Journeys from childhood to midlife: Risk, resilience, and recovery.* Ithaca, NY: Cornell University Press.

Wertsch, James V. (1998). *Mind as action.* New York: Oxford University Press.

Wertsch, James V., & Tulviste, Peeter. (1992). L. S. Vygotsky and contemporary developmental psychology. *Developmental Psychology, 28,* 548–557.

West, Sheila, & Sommer, Alfred. (2001). Prevention of blindness and priorities for the future. *Bulletin of the World Health Organization, 79,* 244–248.

West, Steven L., & O'Neal, Keri K. (2004). Project D.A.R.E. outcome effectiveness revisited. *American Journal of Public Health, 94,* 1027–1029.

Wheeler, Mary E., & Fiske, Susan T. (2005). Controlling racial prejudice: Social-cognitive goals affect amygdala and stereotype activation. *Psychological Science, 16,* 56–63.

Wheeler, Patricia G., Bresnahan, Karen, Shephard, Barbara A., Lau, Joseph, & Balk, Ethan M. (2004). Short stature and functional impairment: A systematic review. *Archives of Pediatrics & Adolescent Medicine, 158,* 236–243.

White, Aaron M., Ghia, Amol J., Levin, Edward D., & Swartzwelder, H. Scott. (2000). Binge pattern ethanol exposure in adolescent and adult rats: Differential impact on subsequent responsiveness to ethanol. *Alcoholism: Clinical & Experimental Research, 24,* 1251–1256.

White, Aaron M., & Swartzwelder, H. Scott. (2004). Hippocampal function during adolescence: A unique target of ethanol effects. *Annals of the New York Academy of Sciences, 1021,* 206–220.

Whitehurst, Grover J., & Massetti, Greta M. (2004). How well does Head Start prepare children to learn to read? En Edward Zigler y Sally J. Styfco (Eds.), *The Head Start debates* (pp. 251–262). Baltimore: Brookes.

Whiteman, Shawn D., & Buchanan, Christy M. (2002). Mothers' and children's expectations for adolescence: The impact of perceptions of an older sibling's experience. *Journal of Family Psychology, 16,* 157–171.

Whitfield, Keith E., & McClearn, Gerald. (2005). Genes, environment, and race: Quantitative genetic approaches. *American Psychologist, 60,* 104–114.

Wiener, Judith, & Schneider, Barry H. (2002). A multisource exploration of the friendship patterns of children with and without learning disabilities. *Jour-*

nal of Abnormal Child Psychology, 30, 127–141.

Wigfield, Allan, Eccles, Jacquelynne S., Yoon, Kwang Suk, Harold, Rena D., Arbreton, Amy J. A., Freedman-Doan, Carol, et al. (1997). Change in children's competence beliefs and subjective task values across the elementary school years: A 3-year study. *Journal of Educational Psychology, 89,* 451–469.

Wilder, Esther I., & Watt, Toni Terling. (2002). Risky parental behavior and adolescent sexual activity at first coitus. *Milbank Quarterly, 80,* 481–524.

Willatts, Peter. (1999). Development of means-end behavior in young infants: Pulling a support to retrieve a distant object. *Developmental Psychology, 35,* 651–667.

Williams, Benjamin R., Ponesse, Jonathan S., Schachar, Russell J., Logan, Gordon D., & Tannock, Rosemary. (1999). Development of inhibitory control across the life span. *Developmental Psychology, 35,* 205–213.

Winsler, Adam, Carlton, Martha P., & Barry, Maryann J. (2000). Age-related changes in preschool children's systematic use of private speech in a natural setting. *Journal of Child Language, 27,* 665–687.

Winsler, Adam, Díaz, Rafael M., Espinosa, Linda, & Rodríguez, James L. (1999). When learning a second language does not mean losing the first: Bilingual language development in low-income, Spanish-speaking children attending bilingual preschool. *Child Development, 70,* 349–362.

Wishart, Jennifer G. (1999). Learning and development in children with Down's syndrome. En Alan Slater y Darwin Muir (Eds.), *The Blackwell reader in developmental psychology* (pp. 493–508). Malden, MA: Blackwell.

Witt, Whitney P., Riley, Anne W., & Coiro, Mary Jo. (2003). Childhood functional status, family stressors, and psychosocial adjustment among school-aged children with disabilities in the United States. *Archives of Pediatrics & Adolescent Medicine, 157,* 687–695.

Wolfe, David A., Wekerle, Christine, Reitzel-Jaffe, Deborah, & Lefebvre, Lorrie. (1998). Factors associated with abusive relationships among maltreated and nonmaltreated youth. *Development and Psychopathology, 10,* 61–85.

Wollons, Roberta Lyn (Ed.). (2000). *Kinder gartens and cultures: The global diffusion of an idea.* New Haven, CT: Yale University Press.

Wong, Sheila, Chan, Kingsley, Wong, Virginia, & Wong, Wilfred. (2002). Use of chopsticks in Chinese children. *Child: Care, Health & Development, 28,* 157–161.

Wong, Sau-ling Cynthia, & López, Miguel G. (2000). English language learners of Chinese background: A portrait of diversity. En Sandra Lee McKay y Sau-ling Cynthia Wong (Eds.), *New immigrants in the United States: Readings for second language educators* (pp. 263–305). Cambridge, UK: Cambridge University Press.

Woodward, Amanda L., & Markman, Ellen M. (1998). Early word learning. En William Damon (Ed. de la serie) y Deanna Kuhn y Robert S. Siegler (Ed. del vol.), *Handbook of child psychology: Vol. 2. Cognition, perception and language* (5ª ed., pp. 371–420). New York: Wiley.

Woolley, Jacqueline D., & Boerger, Elizabeth A. (2002). Development of beliefs about the origins and controllability of dreams. *Developmental Psychology, 38,* 24–41.

World Health Organization. (2000). *New data on the prevention of mother-to-child transmission of HIV and their policy implications–Conclusions and recommendations.* Consultado el 3 de setiembre de 2005 en: http://www.who.int/child-adolescent-health/New_Publications/CHILD_HEALTH/MTCT_Consultation.htm

World Health Organization. (2003). *World atlas of birth defects* (2ª ed.). Geneva, Switzerland: autor.

World Health Organization. (2005). *Sexually transmitted infections among adolescents: Issues in adolescent health and development.* Geneva, Switzerland: autor.

Wright, Jan, Burrows, Lisette, & MacDonald, Doune. (2004). *Critical inquiry and problem-solving in physical education.* London: Routledge.

Wyman, Peter A., Cowen, Emory L., Work, William C., Hoyt-Meyers, Lynn, Magnus, Keith B., & Fagen, Douglas B. (1999). Caregiving and developmental factors differentiating young at-risk urban children showing resilient versus stress-affected outcomes: A replication and extension. *Child Development, 70,* 645–659.

Xu, Fujie, Schillinger, Julia A., Markowitz, Lauri E., Sternberg, Maya R.,

Aubin, Mark R., & St. Louis, Michael E. (2000). Repeat *Chlamydia trachomatis* infection in women: Analysis through a surveillance case registry in Washington state, 1993–1998. *American Journal of Epidemiology, 152,* 1164–1170.

Yates, Tuppett M., Egeland, Byron, & Sroufe, L. Alan. (2003). Rethinking resilience: A developmental process perspective. En Suniya S. Luthar (Ed.), *Resilience and vulnerability: Adaptation in the context of childhood adversities* (pp. 243–266). New York: Cambridge University Press.

Yeung, W. Jean, Linver, Miriam R., & Brooks-Gunn, Jeanne. (2002). How money matters for young children's development: Parental investment and family processes. *Child Development, 73,* 1861–1879.

Yoder, Kevin A., Hoyt, Dan R., & Whitbeck, Les B. (1998). Suicidal behavior among homeless and runaway adolescents. *Journal of Youth & Adolescence, 27,* 753–771.

Yoos, H. Lorrie, Kitzman, Harriet, & Cole, Robert. (1999). Family routines and the feeding process. En Daniel B. Kessler y Peter Dawson (Eds.), *Failure to thrive and pediatric undernutrition: A transdiciplinary approach* (pp. 375–384). Baltimore: Brookes.

Young-Hyman, Deborah, Schlundt, David G., Herman-Wenderoth, Leanna, & Bozylinski, Khristine. (2003). Obesity, appearance, and psychosocial adaptation in young African American children. *Journal of Pediatric Psychology, 28,* 463–472.

Youniss, James, McLellan, Jeffrey A., & Yates, Miranda. (1999). Religion, community service, and identity in American youth. *Journal of Adolescence, 22,* 243–253.

Zahn-Waxler, Carolyn. (2000). The development of empathy, guilt, and internalization of distress: Implications for gender differentiation in internalizing and externalizing problems. En Richard J. Davidson (Ed.), *Anxiety, depression, and emotion* (pp. 222–265). New York: Oxford University Press.

Zeedyk, M. Suzanne, Wallace, Linda, & Spry, Linsay. (2002). Stop, look, listen, and think? What young children really do when crossing the road. *Accident Analysis & Prevention, 34,* 43–50.

Zehler, Annette M., Fleischman, Howard L., Hopstock, Paul J., Stephenson, Todd G., Pendzick, Michelle L., & Sapru, Saloni. (2003). *Descriptive study of services to LEP students and LEP stu-*

dents with disabilities: Vol. 1. Research report. Arlington, VA: Development Associates.

Zehr, Mary Ann. (14 de enero de 2004). Report updates portrait of LEP students. *Education Week, 23,* 3.

Zeifman, Debra, Delaney, Sarah, & Blass, Elliott M. (1996). Sweet taste, looking, and calm in 2- and 4-week-old infants: The eyes have it. *Developmental Psychology, 32,* 1090–1099.

Zelazo, Philip David, Frye, Douglas, & Rapus, Tanja. (1996). An age-related dissociation between knowing rules and using them. *Cognitive Development, 11,* 37–63.

Zigler, Edward, & Styfco, Sally J. (2001). Can early childhood intervention prevent delinquency? A real possibility. En Arthur C. Bohart y Deborah J. Stipek (Eds.), *Constructive & destructive behavior: Implications for family, school, & society* (pp. 231–248). Washington, DC: American Psychological Association.

Zigler, Edward, & Styfco, Sally J. (Eds.). (2004). *The Head Start debates*. Baltimore: Brookes.

Zigler, Edward F., Kagan, Sharon Lynn, & Hall, Nancy Wilson (Eds.). (1996). *Children, families, and government: Preparing for the twenty-first century*. New York: Cambridge University Press.

Zito, Julie Magno, Safer, Daniel J., dosReis, Susan, Gardner, James F., Magder, Laurence, Soeken, Karen, et al. (2003). Psychotropic practice patterns for youth: A 10-year perspective. *Archives of Pediatrics & Adolescent Medicine, 157,* 17–25.

Índice de nombres

Índice analítico